本教材荣获全国普通高等学校

优秀教材二等奖

国家高等学校精品课程教材
研究生核心课程教材

医学免疫学

Medical Immunology

第4版

龚非力 主编

科学出版社
北京

内 容 简 介

本教材是主编及编者根据多年教学和科研实践,充分考虑到目前高等院校研究生“医学免疫学”教学的现状和需要,并参考国内外最新文献和专著所编撰的医学免疫学教课书。全书分为“免疫分子”、“免疫细胞”、“免疫应答”、“免疫病理”、“区域免疫生理与病理”五篇,包括33章约90万字,并有267幅插图和3篇附录。本书系统地阐述了现代医学免疫学基本概念和基础理论,并结合免疫学最新进展,简明扼要、深入浅出地介绍了重要免疫学现象的分子机制,尤其突出免疫学与临床医学的关系。

本书主要适用于高等医学院校基础医学、临床医学和综合大学生命学科各专业研究生(博士和硕士)作为“医学免疫学”或“免疫生物学”课程的教材,也可作为免疫学专业人员和临床各科医务人员掌握、学习现代免疫学理论的参考书。

图书在版编目(CIP)数据

医学免疫学 / 龚非力主编.—4版.—北京:科学出版社,2014.8
国家高等学校精品课程教材 · 研究生核心课程教材
ISBN 978-7-03-041594-3

Ⅰ.医… Ⅱ.龚… Ⅲ.医学-免疫学-高等学校-教材 Ⅳ.R392

中国版本图书馆CIP数据核字(2014)第182159号

责任编辑:邹梦娜 李国红 / 责任校对:赵桂芬 刘亚琦
责任印制:李 彤 / 封面设计:范 唯

科学出版社 出版
北京东黄城根北街16号
邮政编码:100717
http://www.sciencep.com
北京虎彩文化传播有限公司 印刷
科学出版社发行 各地新华书店经销
*
2000年6月第 一 版 开本:850×1168 1/16
2014年8月第 四 版 印张:29
2022年10月第二十三次印刷 字数:910 000
定价:118.00元
(如有印装质量问题,我社负责调换)

《医学免疫学》编委会

（第4版）

主　编　龚非力

副主编　尹丙姣　沈关心　李卓娅　吴雄文

编　委　(按姓氏笔画排序)

王　晶　华中科技大学同济医学院免疫学系
王从义　华中科技大学同济医学院附属同济医院
方　敏　华中科技大学同济医学院免疫学系
尹丙姣　华中科技大学同济医学院免疫学系
孔维佳　华中科技大学同济医学院附属协和医院
孙　军　华中科技大学同济医学院生物化学系
孙　汭　中国科学技术大学生命科学学院
田志刚　中国科学技术大学生命科学学院
苏　莉　华中科技大学生命科学院
杨培增　重庆医科大学附属第一医院
杨想平　华中科技大学同济医学院免疫学系
李大金　复旦大学附属妇产科医院
李卓娅　华中科技大学同济医学院免疫学系
吴雄文　华中科技大学同济医学院免疫学系
余学峰　华中科技大学同济医学院附属同济医院
沈关心　华中科技大学同济医学院免疫学系
陈政良　南方医科大学
陈莉莉　华中科技大学同济医学院附属协和医院
周剑锋　华中科技大学同济医学院附属同济医院
郑　芳　华中科技大学同济医学院免疫学系
施焕中　华中科技大学同济医学院附属协和医院
施福东　天津医科大学总医院
徐　刚　华中科技大学同济医学院附属同济医院
袁　萍　华中科技大学同济医学院生物化学系
侯晓华　华中科技大学同济医学院附属协和医院
翁秀芳　华中科技大学同济医学院免疫学系

陶　娟　华中科技大学同济医学院附属协和医院
黄　波　北京协和医学院
龚非力　华中科技大学同济医学院免疫学系
董凌莉　华中科技大学同济医学院附属同济医院
韩军艳　华中科技大学同济医学院免疫学系
雷　萍　华中科技大学同济医学院免疫学系
廖玉华　华中科技大学同济医学院附属协和医院

参编者

操　明　张　述　何文涛　高荣芬(华中科技大学同济医学院附属同济医院)
付　妤　张建初(华中科技大学同济医学院附属协和医院)
闫亚平　李敏淑(天津医科大学总医院)
姚晓英　杜美蓉(复旦大学上海医学院附属妇产科医院)
杜利平(重庆医科大学附属第一医院)

前　　言

现代免疫学发展极为迅速。根据高等医学院校研究生教学的现状,同时考虑到免疫学专业人员和临床医师的知识更新,故在前一版教材的基础上,编写第四版“医学免疫学”研究生教学参考书。为适应医学院校不同层次和不同专业研究生免疫学教学的需要,新版教材秉承前几版的编写原则,并做若干改进。

1. 编写原则　本教材主要面对医学院校临床医学、基础医学及综合大学生命学科各专业研究生,也可作为多学科临床医生掌握现代免疫学进展的参考书。鉴于多数读者并非免疫学专业人员,同时对研究生教育而言,更重要的是培养其自学能力,故本本编写原则为:①保持全书内容系统性和完整性,务求较全面、准确地阐明免疫学基本概念和基础理论;②突出研究生教材的特点,也兼顾不同读者群需要,某些阐述仅“点到为止”,仅为读者深入钻研和开展相关科研提供思路和线索;③文字简明扼要、深入浅出、逻辑清晰,力求不同专业的读者均可“读懂”复杂的免疫学理论;④医学免疫学进展迅速,内容繁杂,鉴于本教材并非专著,故所引用的文献均不设角码,每章仅列6~8篇近年在权威期刊发表的综述,汇总后列于相关网址(网址见后面),有兴趣的读者可据此追踪相关领域最新进展。

2. 章节设置　本教材进行若干探索。

(1) 新设第五篇“区域免疫生理与病理”:现有的教材和专著多从整体水平阐述免疫学基本原理,但免疫相关的生理或病理应答(尤其是所引发的疾病)往往发生于机体的特定组织系统和器官。为此,本教材特设专篇,邀请多名免疫学和临床学科专家,分别撰写区域免疫(器官和系统免疫)的特征及相关免疫性疾病的发病机制。

(2) 新设第八章“免疫细胞内分子生物学事件及生物学行为”:免疫学属生命学科,免疫细胞具有人体其他组织细胞所共有的代谢、生化及行为特征。本书尝试从生物化学和细胞生物学角度阐述免疫细胞的功能、作用机制及病理生理意义,以拓宽读者知识面,并突出免疫学与其他学科的交叉。

(3) 保留第九章“免疫相关的信号转导”:着眼于各章篇幅的均衡,并有助于读者融会贯通,本教材仍专设“信号转导”一章,其他各章基本不介绍涉及该领域的相关内容。

3. 内容取舍

(1) 较详尽介绍近年的免疫学新进展,如“补体激活的新途径”、“黏膜免疫的功能及特点”、“新的细胞因子”、“固有免疫细胞的分类及其亚群”、“固有免疫模式识别”、“T细胞功能亚群的分化及转换”、“Tfh细胞辅助B细胞应答”、“免疫记忆机制”等。

(2) 结合某些开拓性的免疫学进展简述学科发展简史,但一般不详述相关科学实验(如方法、技术、动物模型等)。另外,选择性简介某些尚存争议的观点或理论,以利读者开拓思路。

(3) 凡在其他章节已专门介绍的内容,一般均省略或注明参见相关章节。考虑到本教材可作为各科临床医生了解现代医学免疫学进展的参考书,为兼顾系统性及完整性,某些必要的重复在所难免。

(4) 免疫学是与临床医学密切联系的基础学科,也是医学转化的重点领域。为此,本书在介绍免疫学基础理论的同时,尽可能详细阐述相关疾病的免疫学发病机制和基于免疫学的临床防治策略。

4. 教学建议

(1) 本书分为“免疫分子”、“免疫细胞”、“免疫应答”、“免疫病理”、“区域免疫生理与病理”五篇,相关章节的划分、涵盖的内容及其排列顺序,乃根据编者对免疫学理论的理解及多年教学经验而定,不同院校在“教”与“学”时可根据具体情况而适当取舍及调整。

(2) 作为医学免疫学参考书,为有助于读者全面、系统地理解免疫学理论,各章均简述相关领域的基础知识,可不必纳入研究生课堂教学。

5. 附录

(1) 为便于读者查阅,书末列附录Ⅰ"中英文名词及缩略语对照"、附录Ⅱ"主要参考书目"及附录Ⅲ"索引"。

(2) 为缩减本教材篇幅,附录"趋化因子总表"、附录"趋化因子受体总表"、附录"人 CD 分子主要特征"、附录"每章参考文献",均在印刷文本中省略,有需要的读者可以上网查阅,具体网址为国家教育部资源共享-爱课程网站:http://www.icourses.cn/mooc/,注册后,搜索"医学免疫学",点击"华中科技大学的医学免疫学图标"进入,点击"教学单元"栏目最下方的拓展符号,展开后,点击"本课其他资源",展开第二页。

本教材是华中科技大学同济医学院免疫学系全体教师共同努力的成果。编著过程中,尹丙姣教授负责编务;尹丙姣、韩军艳教授参与全书审校,免疫学系博士研究生杨沐阳负责绘制插图,硕士研究生马思旻、符明鹏、郑山、朱雅祯、张萌、徐林利、李晨曦、李铖、肖一帆、赖林等参与文字校对及中英文免疫学词汇的汇总。本书邀请南方医科大学陈政良教授,北京协和医学院黄波教授,华中科技大学生命科学院苏莉教授,华中科技大学同济医学院生物化学系孙军教授、袁萍副教授,附属同济医院王从义教授编写基础免疫学相关章节,邀请中国科学技术大学生命科学院田志刚、孙汭教授、华中科技大学同济医学院附属协和医院施焕中教授,重庆医科大学第一医院杨培增教授,天津医科大学总医院施福东教授,复旦大学上海医学院附属妇产科医院李大金教授,华中科技大学同济医学院附属协和医院廖玉华、孔维佳、侯晓华、陈莉莉、陶娟教授,附属同济医院周剑锋、徐刚、余学峰、董凌莉教授编写区域免疫学相关章节。另外,第四军医大学金伯泉教授提供"CD 分子总表",本书特邀军事医学科学院张纪岩教授审阅"免疫细胞信号转导"一章,特邀香港大学吕力为教授审阅"参与适应性免疫应答的淋巴细胞"一章,在此一并致谢。

现代免疫学进展日新月异,受限于编者学识和水平,本书在内容、文字、编排、图表等方面必然存在疏漏和错误之处,恳请读者和同道们指正。

龚非力(flgong@163.com)
2014年5月于武汉

目　录

第一篇　免疫分子

第二篇 免疫细胞

第三篇 免疫应答

第四篇 免疫病理

第五篇　区域免疫生理与病理

第一篇 免疫分子

免疫系统(immune system)是产生免疫应答并执行免疫功能的复杂组织系统。免疫系统的组成包括免疫器官和免疫细胞,从微观角度,免疫分子也被视为免疫系统组分。

免疫分子种类众多,其结构各异、功能多样,同一分子可具有不同异构体并呈现不同功能。根据免疫分子结构特点和功能规律,可将其归纳为若干类(class)、组(group)或群(cluster)。按照其在体内的分布,免疫分子可分为两大类:①可溶性免疫分子,其存在于体液中,包括抗体、补体、细胞因子等;②表达于免疫细胞表面的跨膜免疫分子,包括特异性抗原受体(TCR、BCR)、CD分子、黏附分子、主要组织相容性分子(MHC抗原)、补体受体、细胞因子受体、模式识别受体、Fc受体、死亡受体等。

第一章 可溶性免疫分子之一——抗体

抗体(antibody,Ab)指血液和组织液中一组活性或化学结构相似的糖蛋白,由B细胞在抗原刺激下增殖分化为浆细胞所产生,是介导体液免疫的重要效应分子。因此,将抗体介导的免疫效应称为体液免疫(humoral immunity)。

抗体的化学性质属球蛋白,故将其称为免疫球蛋白(immunoglobulin,Ig)。按照免疫球蛋白的分布形式,可将其分为两大类:①分泌型免疫球蛋白(secreted Ig,SIg),即上述存在于血液、组织液及外分泌液中的抗体;②膜型免疫球蛋白(membrane Ig,mIg),表达于B细胞膜表面,即B细胞的抗原识别受体(见第六章)。

抗体生成是受到高度关注的研究领域,从19世纪末至20世纪中叶,提出许多理论。

(1) Ehrlich P于1897年提出抗体生成的侧链学说(side chain theory),其要点是:细胞表面存在许多不同侧链,其可分别与进入体内的抗原特异性结合,刺激细胞产生更多侧链;侧链可由细胞表面脱落至体液中,即为抗体。侧链学说为其后的选择学说奠定了理论依据。Ehrlich P因此于1908年获诺贝尔生理学或医学奖。

(2) 1930年Breinl F与Haurowitz F等认为,抗体分子是在抗原直接影响下形成,并提出抗体生成的模板学说(template theory):①直接模板学说认为,抗原决定簇具有模板功能,可使一般的球蛋白转变为相应的特异性抗体;②间接模板学说则认为,抗原决定簇首先影响基因,后者再影响球蛋白的分子结构。简而言之,抗原如同铸模,抗体信息直接来源于抗原,由此决定抗原-抗体反应的特异性。但该学说难以解释抗原消失后抗体仍可持续生成,以及同一抗原可激发机体产生二次免疫应答。

(3) 侧链学说及模板学说均以抗原及抗体的化学分子为中心,但忽视了免疫细胞的作用。1955年Jerne提出自然选择学说(natural selection theory),认为体内存在种类繁多的“自然抗体”,任何外来抗原均可与相应“自然抗体”结合,并将抗原转运至抗体产生细胞,促使后者分裂、增殖,进而产生大量特异性抗体。

在上述理论基础上,Burnet FM于1957年提出抗体生成的克隆选择学说(clonal selection theory),其要点是:体内存在随机形成的多样性免疫细胞克隆,每一克隆的细胞均表达同一特异性受体;抗原进入机体后,与相应抗原受体结合,即选择表达特异性受体的免疫细胞与之反应,致该细胞发生克隆扩增,产生大量子代细胞,合成大量具有相同特异性的抗体。该学说被视为免疫学发展史上的一个里程碑,不仅阐明了抗体产生机制,同时解释了抗原识别、免疫记忆、自身耐受以及自身免疫应答等重要的免疫生物学现象。Burnet FM因此于1960年获诺贝尔生理学或医学奖。

其后,Kohler和Milstein于1975年成功建立单克隆抗体技术,证实了一个细胞克隆产生一种特异性抗体的预见,为克隆选择学说提供了确凿依据,并因此于1984年获诺贝尔生理学或医学奖。

另外,20世纪70年代中期,利根川进(Tonegawa)

通过解析 Ig 基因结构，阐明了抗体多样性的遗传基础，于 1987 年获诺贝尔生理学或医学奖。

第一节 抗体的分子生物学特征

一、抗体的分子结构

（一）抗体分子的一级结构

以 IgG 为代表，Ig 分子基本结构（basic structure）是一“Y”字形四肽链（图 1-1），由两条相同的重链和两条相同的轻链借助二硫键连接而成。该基本结构亦称 Ig 的单体。

1. 重链和轻链 Ig 重链（heavy chain，H）分子量为 50～75kD，由 450～550 个氨基酸残基组成。Ig 轻链（light chain，L）分子量约为 25kD，约含 210 个氨基酸残基。

2. 可变区与恒定区（图 1-1）

（1）可变区：通过分析不同 Ig 重链和轻链氨基酸序列发现，在多肽链氨基端（N 端），约占轻链 1/2 或重链 1/4，此区域氨基酸排列顺序随抗体特异性不同而有所变化，称为可变区（variable region，V 区）。在重链和轻链 V 区（分别称为 V_H 和 V_L），各有 3 个区域的氨基酸组成和排列顺序高度可变，如轻链第 24～34、50～60、89～97 位和重链第 30～35、50～63、95～102 位，这些区域称为高变区（hypervariable region，HVR）。高变区是 Ig 与抗原（表位）特异性结合的部位。已证实，可变区大部分序列并不直接与抗原接触，而是形成稳定的抗原接触面，称为 Ig 的裂隙（cleft），由轻链和重链各 3 个高变区形成的 3 个环状结构所组成。这些高变区序列与抗原表位在空间结构上互补，故又称为互补决定区（complementarity determining region，CDR）。免疫球蛋白的独特型决定基（idiotypic determinant）主要也在该区域。因此，Ig 高变区、Ig 的抗原结合部位和 Ig 独特型决定基这三个不同概念，实际上建立在同一结构基础上，即 Ig 分子可变区球形顶端凹陷的立体结构，亦称抗体的独特型标志。

可变区中的非 HVR 部位，氨基酸组成与排列变化相对较少，这些氨基酸残基有助于使可变区的空间构象形成较稳定的支架结构，夹持着 CDR，称为骨架区（framework region，FR）。可变区的 3 个 CDR 分别被 4 个 FR（1～4）隔开。V_H 和 V_L 的 3 个 CDR 共同组成 Ig 的抗原结合部位，负责识别及结合抗原，从而发挥特异性免疫效应。

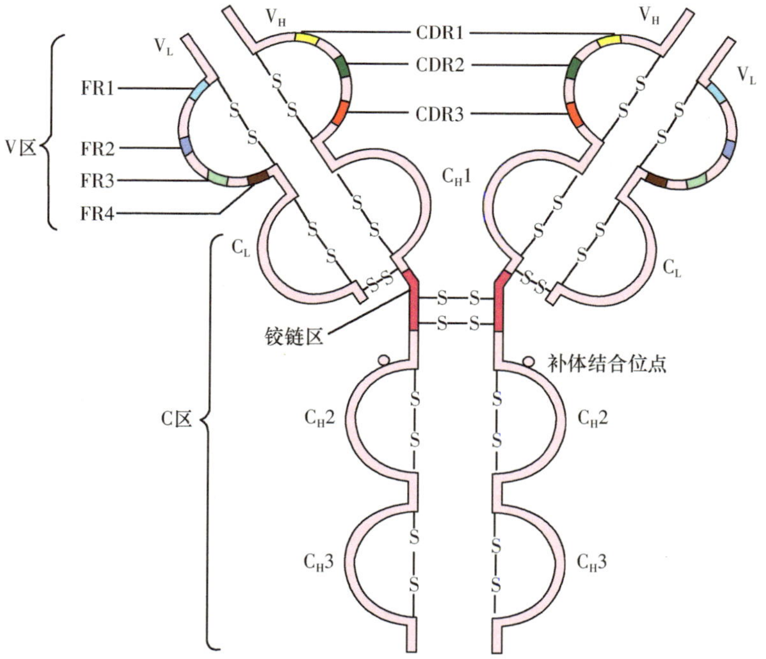

图 1-1 免疫球蛋白（IgG）基本结构示意图

（2）恒定区：此区在多肽链 C 端，占轻链 1/2 和重链的 3/4，其氨基酸数量、种类、排列顺序及含糖量均较稳定，故称为恒定区（constant region，C 区）。

重链和轻链的 C 区分别称为 C_H 和 C_L，不同型 Ig 其 C_L 长度基本一致，但不同类 Ig 其 C_H 长度不一，可为 C_H1～C_H3 或 C_H1～C_H4。同一种属个体，针对不同抗原所产生的同一类别 Ig，其 C 区氨基酸组成和排列顺序较恒定，即免疫原性相同，但 V 区各异。

同一动物种属中,同一类别 Ig 恒定区氨基酸仅有少数可被取代、增加或缺如;但不同类别 Ig,其恒定区的氨基酸组成和排列顺序差异很大。

3. 结构域 Ig 多肽链分子可折叠成由链内二硫键连接的若干球形结构域(domain),每一结构域均有其独特功能。IgG、IgA、IgD 重链有 4 个球形结构,分别为 V_H、C_H1、C_H2、C_H3;IgM 和 IgE 有 5 个球形结构,即比 IgG 多一个 C_H4。轻链则有 V_L 和 C_L 两个球形结构,各由约 110 个氨基酸残基组成。以 IgG 为例,各结构域的功能为:①V_H 和 V_L 是结合抗原的部位;②C_H1 为遗传标志所在;③C_H2 是补体结合位点所在,参与活化补体;④C_H3 与细胞表面的 Fc 受体结合。这些结构域又称同源区,它们的功能虽不同,但结构却有明显相似性,提示这些结构域最初可能由同一单基因编码,通过基因复制和突变,进化而成。

4. 铰链区 在 C_H1 和 C_H2 之间,即重链的链间二硫键连接处附近,有一个可转动的铰链区(hinge region),由 2~5 个链间二硫键、C_H1 尾部和 C_H2 头部的小段肽链构成(209~240 位)。铰链区含较多脯氨酸残基,不易构成氢键,加之此区富含二硫键,阻碍螺旋结构形成,从而呈伸展状态,保持相当程度的柔软性。铰链区对蛋白酶敏感,易被水解。经蛋白酶处理的 Ig,多在此区被切断。

铰链区功能为:①Ig 与抗原结合时,该区可转动,以使 Ig 分子两个可变区的抗原结合部位尽量与不同位置的 2 个抗原表位(epitope)配合,起弹性和调节作用;②利于 Ig 分子变构,暴露 Ig 的补体结合位点。

(二) 抗体分子的立体结构

X 射线衍射晶体分析显示,各类 Ig 分子的折叠基本相似。如图 1-2 所示,Ig 多肽链属 β-片层(β-sheet)结构,其走向与分子结构长轴平行。相邻的 β-片层为反向平行,形成两个 β-片层的平面,两个 β-片层中心的两个半胱氨酸残基由一个链内二硫键垂直连接,形成一"β 桶状(β-barrel)"结构,或称 β 三明治(β-sandwich)结构;两层平行的 β-片层间集中排列着疏水氨基酸,极性氨基酸残基在外侧。这种特殊的空间结构称为 Ig 折叠(fold)。目前已发现许多膜型和分泌型分子含这种独特的 β 桶状结构,此类分子均属免疫球蛋白超家族。Ig 的 Fab 段由 C_H1、C_L 和 V_H、V_L 四个功能区组成,在 C 区和 V 区间具有较大伸缩性,称为转折区(switch region),以使 C 区和 V 区间可有一定扭转。V_H 和 V_L 的 3 条 β-片层组成平面,构成与抗原结合的裂隙;C_H1 和 C_L、C_H2 和 C_H2、C_H3 和 C_H3 之间是由 4 条 β-片层组成的平面,从而使 Ig 具有稳定的空间构象。(图 1-2)

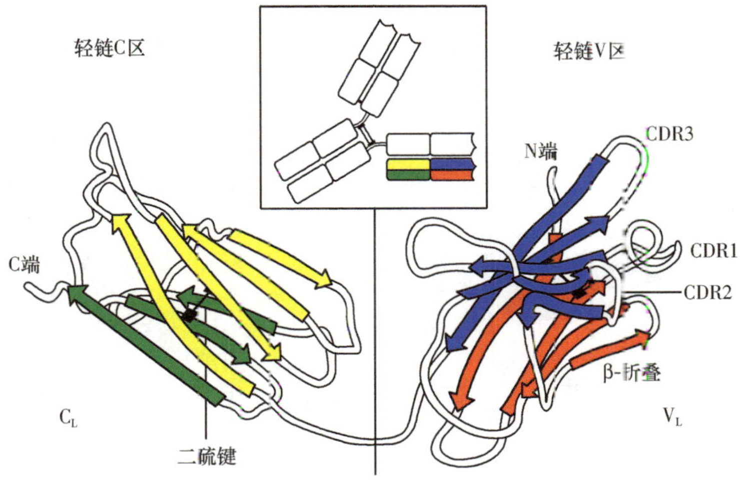

图 1-2 免疫球蛋白(IgG)分子的立体结构

(三) 免疫球蛋白的其他成分和水解片段

1. Ig 的其他成分 除基本结构外,某些类别 Ig 还含 J 链和分泌片等辅助成分(图 1-3)。

(1) 连接链(joining chain,J 链):由浆细胞合成,主要功能是以二硫键形式与 Ig 重链共价结合,将单体 Ig 分子连接为多聚体,并使之稳定。5 个单体 IgM 由一条 J 链连接为五聚体,2 个单体 IgA 由 J 链连接成双聚体(图 1-3)。IgG、IgD 和 IgE 常为单体,无 J 链。

(2) 分泌片(secretory piece,SP):IgA 与 J 链在浆细胞内合成并连接,在穿越黏膜上皮细胞过程中,上皮细胞所合成的分泌片以非共价形式与 IgA 二聚体结合,使其成为分泌型 IgA(SIgA)。分泌片的功能是:保护 IgA,使之不受环境中酶的破坏;介导 IgA 转运,使 IgA 分泌至黏膜表面,发挥黏膜免疫效应。

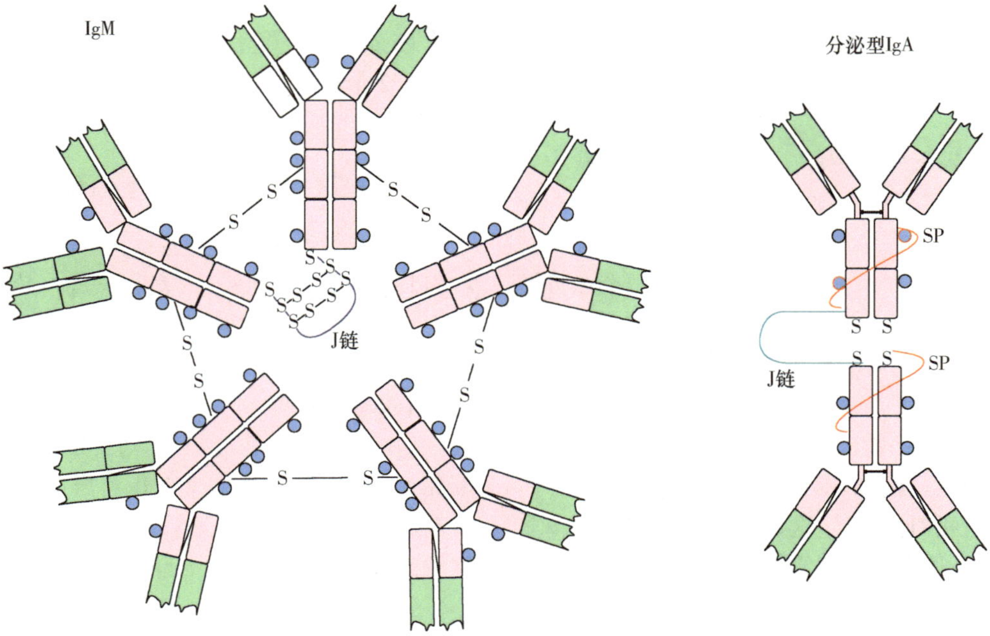

图 1-3 免疫球蛋白 J 链和 SP 结构

左. 5 个 IgM 单体由一条 J 链连接为五聚体；右. 2 个 IgA 单体由 J 链连接为二聚体

2. Ig 的水解片段 一定条件下，Ig 分子肽链的某些部分易被蛋白酶水解为各种片段，可用于研究 Ig 的基本结构和功能特点（图 1-4）。

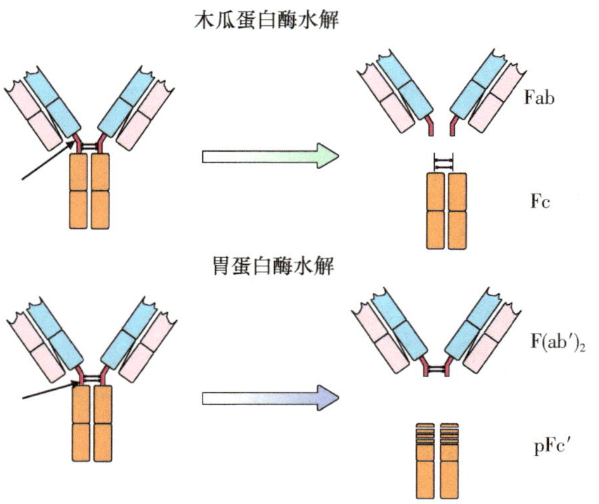

图 1-4 免疫球蛋白的水解片段

（1）木瓜蛋白酶水解片段：应用木瓜蛋白酶（papain）可将 IgG 于重链链间二硫键近氨基端处切断，获得 2 个相同的抗原结合片段（fragment of antigen binding，Fab）和 1 个可结晶片段（fragment crystallizable，Fc）。每一 Fab 段含一条完整轻链和部分重链（Fd 段）。Fab 段是具有抗体活性的部分。Fc 片段由两条重链 C 端的一半组成，包含 C_H2、C_H3。Fc 段不能与抗原结合，但其具有各类 Ig 的抗原表位，也执行 Ig 的其他生物学活性。Ig 所含的糖类亦位于 Fc 段。

（2）胃蛋白酶水解片段：应用胃蛋白酶（pepsin）可将 IgG 于重链链间二硫键近羧基端切断，获得 1 个大片段 $F(ab')_2$ 和若干小分子多肽碎片（pFc′），后者无生物活性。$F(ab')_2$ 由 2 个 Fab 及铰链区组成，可同时结合 2 个抗原表位，故能形成凝集反应或沉淀反应。白喉或破伤风抗毒素经胃蛋白酶消化后精制提纯的制剂可减少超敏反应发生，原因即在于去除了重链的 Fc 段。

二、抗体的生物合成、表达与代谢

（一）抗体的生物合成与组装

1. Ig 的生物合成过程 Ig 主要由脾、淋巴结和其他淋巴组织内的浆细胞所产生。浆细胞中控制 Ig 合成的基因通过转录和翻译，在核糖体上形成多肽链。轻链和重链分别在小核糖体和大核糖体上合成，然后进行装配。正常情况下，轻、重链合成处于平衡状态，从而保证两者按比例结合为完整 Ig 分子。恶性转化的浆细胞其重、轻链合成可出现比例失衡，最常见为轻链合成过量，如浆细胞瘤患者尿中出现大量均一的同型轻链（本-周蛋白）。

2. Ig 的组装 Ig 生物合成与组装经历 4 个阶段：①Ig 基因转录并经剪接加工而移至粗面内质网核糖体，重链和轻链分别在大、小两种核糖体上合成；②粗面内质网是 Ig 装配的主要场所，重链和轻链在其中进行 Ig 四肽链装配；③装配完成的 Ig 被转运至滑面内质网，最终进入高尔基体，Ig 经加工修饰并按顺序依次结合糖基，形成完整 Ig 分子。糖基化的 Ig 分子更易从胞内释出，并更易与膜接触；④完整的 Ig 分子由高尔基体向细胞膜转运，分泌至胞外者成为游离抗体（即分泌型 Ig），以跨膜形式表达于胞膜表面则成为 B 细胞抗原受体（即膜型 Ig）。合成一条多肽链仅耗时数分钟。

B 细胞合成 Ig 存在两类排斥现象：①早期成熟阶段的 B 细胞仅表达 Ig 两个等位基因中的一个，即等位基因排斥（allelic exclusion）；②每个 B 细胞合成两型轻链（κ 或 λ 链）中的一种，即轻链同种型排斥（light chain isotype exclusion）（见后述）。

（二）免疫球蛋白的表达

1. 处于不同分化阶段 B 细胞的 Ig 表达　祖 B（pro-B）细胞不产生 Ig，前 B（pre-B）细胞仅合成胞质内 μ 链，但不表达功能性膜型 IgM，故不具备识别抗原和产生特异性应答的能力。在非成熟 B 细胞阶段，可合成 κ 及 λ 轻链，它们与 μ 链组装成 IgM，表达于细胞表面（即 BCR），并与 Igα 及 Igβ 形成复合物。在该阶段，抗原刺激并不诱导细胞增殖及分化，相反可引起免疫失能或耐受，此种“负性选择”对免疫系统区别“自己”与“非己”具有重要意义。

B 细胞一旦表达完整 Ig 并具有特异性识别能力后即迁出骨髓，进入血液及外周淋巴组织，此时共表达 IgM 及 IgD，两者具有共同的 V 区及抗原特异性，此阶段细胞称为初始 B 细胞，可对抗原产生应答。成熟 B 细胞接受抗原刺激即成为活化的 B 细胞，后者增殖分化，其分泌型 Ig 逐渐增多，而表达膜型 Ig 逐渐减少。

2. 膜型 Ig 与分泌型 Ig 的转变　Ig 除以可溶性蛋白形式存在于体液中，还可以跨膜形式表达于其分泌细胞（B 细胞）表面，即膜型 Ig（mIg），这是 B 细胞最重要的表面标志。任一 B 细胞所表达 mIg 及其（分化为浆细胞）所合成、分泌的 Ig 具有相同特异性和类别，分子结构也基本相同，两型 Ig 共用同一基因，差别仅在于 mIg C 末端含跨膜区和胞内区。

3. B 细胞活化后 Ig 重链 C 区转换　膜表面表达特异性 BCR 的初始 B 细胞与相应抗原作用，在其他辅助细胞及辅助因子参与下，可被激活并进一步成熟、增殖、分化为产生抗体的浆细胞或记忆细胞。在此抗原依赖性分化阶段，可发生 Ig 重链 C 区基因重排与转换。

Ig 类型转换（class switch）亦称同种型转换（isotype switch）或 S/S 转换，即 B 细胞接受抗原刺激后首先合成 IgM，在某些因素影响下可转变为合成 IgG、IgA 或 IgE 的 B 细胞。类型转换的机制为：B 细胞在分化过程中其 C_H 基因节段发生重排。产生 IgM 的 B 细胞，其 Ig 重链基因第一次重组后，编码重链 μ 的基因若为 V2D4J5-Cμ，当其转变为合成 IgG 的 B 细胞时，编码重链 μ 的基因经第二次重排为 V2D4J5-Cγ。经重排后的基因产物其 V 区不变，仅重链 C 区由 Cμ 转换为 Cγ。换言之，Ig 的类别和亚类发生改变，而识别抗原的特异性不变。Ig 类别转换可能是通过同源重组与转换、缺失模式或 RNA 剪接而实现。总之，一个 Ig 重链基因须先经 V/D/J 重排（编码可变区），然后再经 S/S 转换，才能成为有功能的表达基因。（见第十二章）

类别转换乃 Ig 重链所特有。C_H 基因含多个外显子，编码相应的结构区，外显子间的间隔序列在 RNA 转录时通过剪拼机制而被删除。重链 C 区基因转换发生在 C_H 基因编码序列 5′端一段内部重复 DNA 序列（internally repetitive DNA sequences）上，此序列称为 S 序列或 S 区（switch region），分别命名为 Sμ、Sγ、Sα、Sε。重链 C 基因转换乃通过 S 序列而进行，使得任一 C 区基因均可与 VDJ 单位连接。

DNA 片段重排时，中间间隔的 C 区 DNA 被剪切，使新 C 区与原有 V 区基因（V_H-DJH）结合，转录新的 Ig 重链。B 细胞分化时，1 个 VDJ_H 基因先与染色体上同一等位基因 Cμ 结合，开始表达 Cμ/Cδ，随后同一 VDJ_H 基因可与不同 C_H 基因重排，表达不同类别 C 区。

有关 Ig 类型转换的机制目前尚不完全清楚，可能存在两种类型重组。

（1）DNA 水平重组：亦称转换重组（switch recombination）或 S-S 重组。S 区均有一段共同序列，对该同源序列的识别可能是重链转换的机制。B 细胞内含不同的类型特异性重组酶（class specific recombinase），能识别 Sμ 区和即将发生转换的 C_H 基因 S 区序列。例如：由合成 IgM 转变为 IgG 时，V-D-J 由与 Cμ 连接转变为与 Cγ 基因连接，此时重组酶与 Sμ 及 Sγ 区结合，并将 Sμ 与 Sγ 间碱基序列切除，通过重组形式完成转换，Cγ 即与 V-D-J 连接；若重组酶识别 Sμ 区与其他 S 区序列，则 B 细胞由合成 IgM 转变为合成其他类型 Ig。转换重组后，B 细胞所产生 Ig 保持重组前的抗原结合特异性，仅改变重链类型。

（2）RNA 水平的类型转换：亦称转录物加工转换（transcript processing switch），Ig 重链基因在核内转录为原始转录物，经不同剪接形式，形成不同类型 Ig 的 mRNA，也有可能利用不同终止信号，最后所形成 mRNA 与转换重组一样，其 V 区相同，但 C 区各异。

T 细胞对 B 细胞 Ig 重链基因转换有重要影响。Th 细胞表面 CD40L 与 B 细胞表面 CD40 结合，可启动和促进重链类别转换。例如,人类 T 细胞 CD40L 基因突变时,重链类别转换受阻,导致 X 性联高 IgM 综合征,血清中 IgM 量高,并缺乏 IgG、IgA、IgE。T 细胞分泌的多种细胞因子,亦可调节 Ig 类别转换(表 1-1)。例如,IL-4 可促进 IgM 转换为 IgE;转化生长因子-β(TGF-β)可促进 IgG 转换为 IgA。目前认为,某些细胞因子有类似转换因子的作用,可选择性诱导重链 C 基因活化,从而发生重组。IFN-γ 可促进 IgM 转换为 IgG2a 和 IgG3,并抑制 IL-4 促进 IgE 转换的作用。

表 1-1 细胞因子对小鼠 Ig 类别转换的调节

	刺激 B 细胞的抗原		
细胞因子	Ⅰ型 TI-Ag(LPS)	Ⅱ型 TI-Ag(αδ-葡聚糖)	TD-Ag
IL-4	IgG1、IgE	IgG1	IgG1、IgE
IFN-γ	IgG2a	IgG2a、IgG3	IgG2a、IgG3
TGF-β	IgG2b、IgA	IgA	IgA?、IgG2b

(三)免疫球蛋白的代谢

Ig 代谢特征为:①IgG 半寿期最长(23 日),转化率最低(4%~10%/12 小时),但 IgG3 半寿期仅 7 日,IgA 为 5~6 日,IgM 为 5 日;②多数 Ig 均匀分布于血管内、外环境中,但 IgM、IgD 和含量较低的 IgG3 主要分布于血管内;③IgA1 合成率[24mg/(kg·d)]与 IgG1[25mg/(kg·d)]相近,但血清 IgA1 浓度仅为 IgG1 的 1/3,因为 IgA1 转化率(24%/d)是 IgG1 的 3 倍;④IgE 转化率最高(74%),半寿期最短(2~4 日),合成率最低[2μg/(kg·d)]。

IgG 分解代谢受循环 IgG 水平影响,其机制为:IgG 高浓度时,吞饮泡内多数 IgG 分子由于不能与泡内相应受体结合而被降解,导致高分解代谢率。

B 细胞接受抗原刺激发生增殖、分化的过程中,最初几代仅合成 IgM 抗体。若有足够抗原存在,细胞继续增殖分化,最后几代形成的浆细胞可合成 IgG、IgA、IgD 和 IgE 类抗体。但就单个浆细胞而言,仅能产生一种 Ig,且仅能形成含一种类型重链和轻链的 Ig。

第二节 抗体的异质性和免疫球蛋白超家族

抗体的异质性即 Ig 分子的不均一性,指抗体由多种多样的 Ig 分子所组成。抗体的异质性表现为:不同抗原表位刺激所产生的抗体分子,其结合抗原的特异性不同(即可变区有差异);同一抗原表位刺激所产生的抗体分子,其结合抗原的特异性相同,但恒定区可不同(即重链类别和轻链型别有差异)。

一、抗体的异质性

(一)抗体可变区的高度多样性和恒定区的异质性

1. 抗体可变区的高度多样性 自然界存在千变万化的抗原分子及抗原表位。外源性抗原包括蛋白质、多糖、脂类等,均具有十分复杂的分子结构,可含多种不同抗原表位(第十章)。抗原刺激机体后,其所含的每一种表位均可选择表达相应 BCR 的 B 细胞,使其增殖、分化并产生针对该表位的特异性抗体。因此,天然抗原免疫动物后,机体可产生针对该抗原不同表位的多种抗体,所谓抗血清即异质性抗体的总和(图 1-5)。针对不同抗原表位的 Ig,其结构差异主要取决于 Fab 段高变区(HVR)的高度多样性。抗体多样性的产生机制及其生物学意义见第十二章。

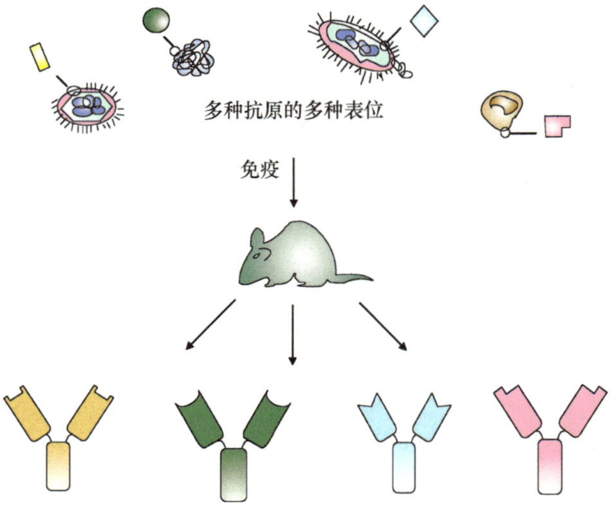

图 1-5 抗原多样性所致抗体异质性

2. 抗体恒定区的异质性 Ig 属蛋白质大分子,对不同种系动物或同一种系不同个体也具有免疫原性。决定 Ig 抗原特异性的某些表位位于 Ig 恒定区,由此造成抗体恒定区的异质性。根据 Ig 恒定区免疫原性的不同,可将 Ig 分为不同类、亚类、型、亚型。

(1)类(class):同一种属所有个体体内的 Ig,根据其重链免疫原性不同,可分为 μ、γ、α、δ 和 ε5 类,所组成的 Ig 分别为 IgM、IgG、IgA、IgD、IgE。不同类别 Ig 免疫原性的差异是由重链恒定区氨基酸组成、排列顺序不同所决定。每一 Ig 分子内,其重链的类别相同,如 IgM 五聚体的 10 条重链、分泌型 IgA 双聚体的 4 条重链及各单体 Ig 的 2 条重链均相同。

（2）亚类（subclass）：同一类Ig，根据其重链恒定区氨基酸组成的较小差异，以及二硫键位置、数目不同，又可分为不同亚类。如人类IgG有IgG1、IgG2、IgG3和IgG4四个亚类；IgA有IgA1、IgA2；IgD和IgE尚未发现亚类。

（3）型（type）：同一种属所有个体内，根据各类Ig轻链恒定区结构（氨基酸组成和排列顺序）与免疫原性差异，可分为κ和λ两型。同一天然Ig分子其两条轻链的型别必然相同，但同一个体内可存在分别带有κ或λ链的Ig分子。正常人血清中κ型和λ型Ig含量之比约为2∶1。

（4）亚型（subtype）：所有κ链恒定区的结构基本相同。但根据λ链恒定区个别氨基酸残基的差异，可分为λ1、λ2、λ3和λ4四个亚型。

上述Ig类、亚类、型、亚型的免疫原性差异，均由Ig恒定区具有的抗原表位所决定。同一种属所有个体的Ig分子共有的抗原特异性标志，称为同种型（isotype）。应用抗H链和L链C区的抗体，借助血清学方法可鉴定此类同种型标志。另外，同一种属不同个体间Ig C区也具有不同抗原特异性标志，此为同种异型（allotype）。

（二）抗体的独特型

每一B细胞克隆所产生的抗体分子，均含有异于同种型和同种异型的抗原特异性标志，此为抗体的独特型（idiotype，Id）。决定独特型的表位称为独特位（idiotope）。抗体分子每一Fab段（位于V区）均含5～6个独特位。本质上，独特型的差异主要由V_L和V_H高变区氨基酸序列不同所致。这种氨基酸序列差异也是抗体特异性的分子基础，不同特异性的抗体分子，其独特型各异。Id表位不仅存在于抗体分子中，也存在于BCR、TCR中。独特型可刺激异种、同种异体以及自体产生相应抗体，即抗独特型抗体（anti-idiotype antibody，AId）。抗体分子同种型、同种异型和独特型的抗原特异性标志见图1-6。

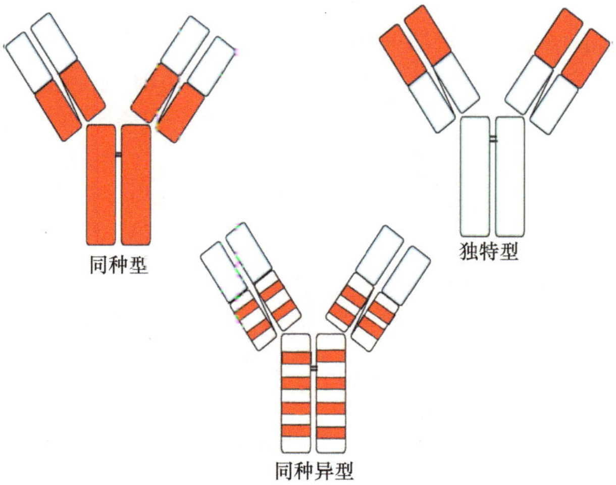

图1-6 免疫球蛋白同种型、同种异型和独特型

①同种型，指同种间所有个体均具有的Ig抗原特异性标志，抗原决定基位于C区；②同种异型，指同种不同个体间Ig结构和免疫原性的差异，抗原决定基位于C区，由同一基因位点上数个等位基因控制；③独特型，指每一B细胞克隆所产生Ig分子特有的抗原特异性标志，抗原决定基位于V区

1. 独特型和抗独特型抗体的类别（图1-7） 抗体可变区具有不同Id，可诱导产生不同AId。根据AId与Id血清学反应特点和Ab2的功能，可将AId分为若干类别。

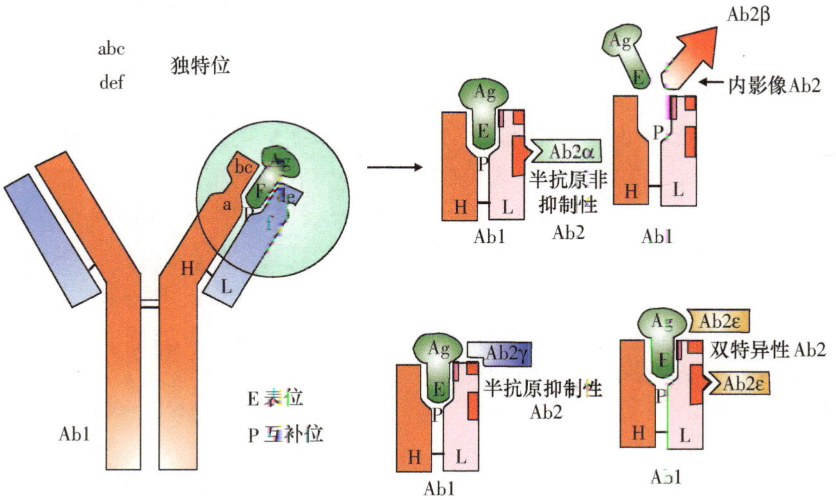

图1-7 免疫球蛋白独特型

每一Ig（Ab1）V区含若干独特位，可诱生抗独特型抗体Ab2：①Ab2α，可识别并结合Ab1骨架区附近的独特型，为半抗原非抑制性Ab2；②Ab2β，针对Ab1补位诱生的AId，为抗原"内影像"，可模拟抗原表位，竞争性抑制Ab1与抗原结合；③Ab2γ，可识别Ab1上与补位相关的独特位，能抑制抗原与Ab1结合，属半抗原抑制性Ab2；④Ab2ε，可识别Ab1骨架区的独特位，同时识别自身或外来抗原的抗原表位（E为抗原表位；P为补位，指Ab1分子与抗原表位结合的部位；a、b、c、d、e、f为独特位）

(1) Ab2α:可识别并结合 Ig(Ab1)骨架区附近的独特型,其与 Ab1 结合不影响 Ab1 与相应抗原结合,属半抗原非抑制性 Ab2。

(2) Ab2β:可识别 Ab1 上与抗原互补的表位,能完全抑制抗原与 Id 结合。其具有类似抗原的结构,可"模拟"抗原诱导机体产生针对原始抗原的特异性免疫应答,故被称为外源性抗原在机体免疫系统中的内影像(internal image)。Ab2β 的特点为:①能与不同种属个体产生的相应 Ab1 发生特异性反应;②能与类别不同、但具有相同特异性的抗体(Ab1)反应;③能与抗原竞争性结合 Ab1,两者间存在竞争性抑制作用;④能诱导不同种属个体产生特异性免疫应答。

Ab2β 的上述特性为受体蛋白纯化及其功能研究、蛋白质结构分析以及疫苗研制等开辟了新途径。例如,可设计 AId,使其取代某些难以分离或有害的抗原,用于制备疫苗。

(3) Ab2γ:能识别并结合 Ab1 上与互补位相关及邻近的独特位,能抑制或部分抑制 Ab1 与抗原结合,属半抗原抑制性 Ab2,是参与免疫调节的 Ab2 主要类型,此类 Ab2 可用于自身免疫病的免疫抑制治疗。

(4) Ab2ε:其可识别 Ab1 骨架区附近的独特位,也可识别抗原的表位,又称双特异性抗体,与自身免疫病发生相关。

2. 独特型及抗独特型网络 Jerne 等于 20 世纪 70 年代中期提出网络学说(network theory),其要点是:在肯定克隆选择学说的基础上,强调免疫系统中各细胞克隆不是处于独立状态,而是通过自我识别、相互刺激和相互制约构成一个动态平衡的网络结构。构成相互刺激和相互制约的物质基础是独特型和抗独特型。Id 表位具有自身免疫原性,体内存在能识别自身 Id 的淋巴细胞。机体接受外来抗原刺激时,能识别外来抗原的淋巴细胞克隆首先被激活,Id 表位数量增多,随后能识别某一个克隆 Id 的第二个克隆被激活。依此类推还可有第 3 个、第 4 个……克隆被激活。由此构成相互作用的网络,通过这些克隆相互识别、相互刺激、相互制约、相互连锁,形成一个闭合型、多层次的级联网络。体内 Id-AId 组成的独特型网络在免疫调节中起重要作用。

独特型网络的形成与抗体的双重性质密切相关:抗体既能通过抗原结合位点与抗原结合,也能借助其独特位刺激机体产生 AId。机体接受抗原刺激后,针对该抗原的特异性淋巴细胞克隆增殖,产生大量抗体(Ab1)和表达特定独特型的 BCR 的淋巴细胞克隆,两者又可作为抗原,诱导 AId (Ab2α 和 Ab2β)产生。作为负反馈因子,AId 中的 Ab2α 可抑制 Ab1 产生并调节抗原特异性淋巴细胞克隆的应答。(图 1-8)

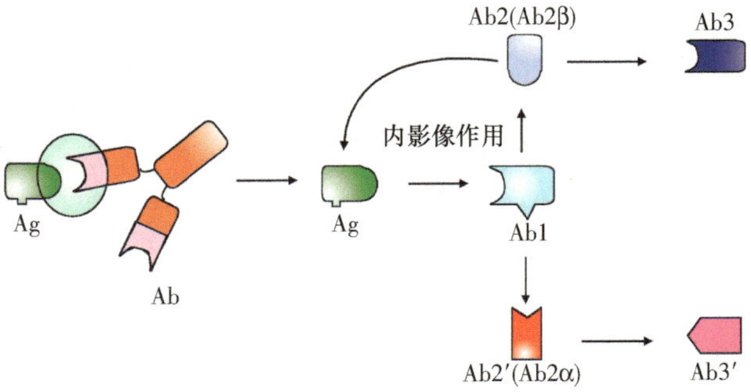

图 1-8 独特型网络的免疫调节作用

抗原刺激机体产生特异性抗体 Ab1→Ab1 独特型作为抗原诱生 AId(Ab2)→Ab2 诱生 Ab3→级联反应。该网络中,Ab2α 封闭 Ab1,而 Ab2β(内影像)模拟抗原,可增强和放大抗原的免疫效应

AId 也能刺激免疫应答产生:Ab2β 作为抗原内影像,可模拟抗原激活 T、B 细胞,使免疫系统持续处于"戒备"的致敏状态,从而保证机体能对入侵的病原微生物迅速产生应答,并能增强、放大抗原的免疫效应。由于独特型网络是机体免疫调节的重要机制之一,已尝试以抗独特型抗体作为疫苗,代替相应抗原用于疾病防治。例如,对某些不易获得其抗原成分的病原体或难以精确分离、纯化抗原的肿瘤组分,研制抗独特型疫苗具有重要意义。在自身免疫病防治中,将自身反应性淋巴细胞克隆灭活后体内注射,可诱生一组相当于 Ab2 的调节性 T 细胞克隆,从而清除体内自身反应性 T 细胞。

二、免疫球蛋白超家族

(一) 免疫球蛋白超家族的组成

如上所述,免疫球蛋白分子立体结构中通过折叠而形成 β 桶状结构,目前已发现许多膜型和分泌型分子含这种独特结构,它们在 DNA 和氨基酸序列上与 Ig 有较高相似性,被统称为免疫球蛋白超家族(Ig superfamily,IgSF),其编码基因称为免疫球蛋白基因超家族。IgSF 成员种类繁多,分布广泛,主要 IgSF 成员见表 1-2、图 1-9。

多数 IgSF 主要分布于各类血细胞表面。此外,各种上皮细胞、血管内皮细胞、神经细胞及神经髓鞘表面,亦各表达某些特有的 IgSF。某些 IgSF 成员的功能单位为单一肽链,有的由同源或异源肽链构成二聚体或多聚体,有的还以不同方式连接一至数条附属肽链,组成复合体,共同完成接受刺激、传递信息、激活细胞的功能。

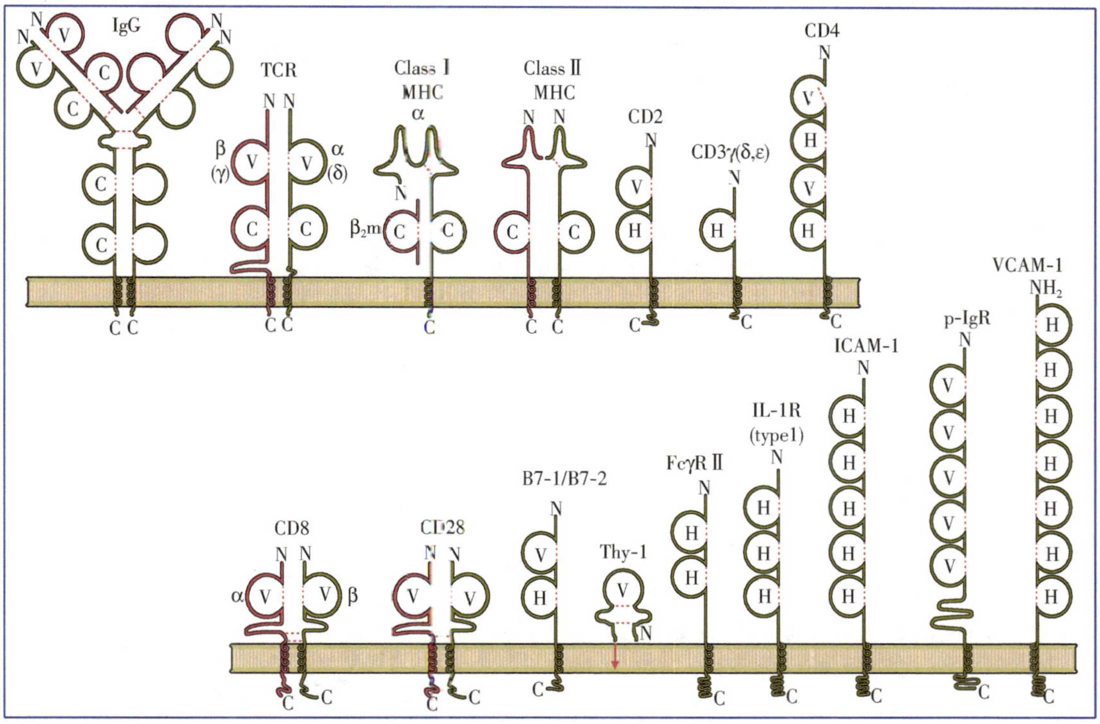

图 1-9 免疫球蛋白超家族成员

表 1-2 免疫球蛋白超家族主要成员一览表

1. 免疫球蛋白
2. 抗原受体:T 细胞抗原受体复合体(TCRC)、B 细胞抗原受体复合体(BCRC)
3. 提呈抗原的分子:
(1) MHC Ⅰ类分子及 MHC Ⅰ类样分子、MHC Ⅱ类分子及 MHC Ⅱ类样分子
(2) CD1 类抗原
4. IgSF 中的黏附分子
(1) 依赖 MHC 分子发挥作用的黏附分子:CD4、CD8
(2) 不依赖 MHC 分子发挥作用的黏附分子
1) CD 分子:CD2、CD7、CD19、CD22、CD28、CD33、CD44、CD48、CD80、CD86、CD96
2) 黏附分子及其配体:CTLA-4、LFA-3、ICAM、VCAM-1、PECAM(CD31)、NCAM(CD56)、髓鞘相关糖蛋白(MAG)、髓磷脂糖蛋白(PO)
5. 免疫球蛋白受体:Ig FcR、多聚免疫球蛋白受体(Poly Ig-R)
6. IgSF 中的细胞因子受体:IL-1R、IL-6R、PDGF-R、CSF-1R、FGF-R、SCF-R、VEGF-R
7. IgSF 中的其他成员:血型分子(B-G)、α-1B 蛋白、病毒受体

(二) 免疫球蛋白超家族分子的结构特点

典型的 IgSF 膜蛋白由三部分组成:①胞外区,有识别功能,可选择性接受微环境的刺激信号;②跨膜区,由疏水性氨基酸组成,将 IgSF 分子锚着于胞膜脂质双层中;③胞内区,其肽段主要传递胞外区输入细胞内的信号,引起细胞内代谢改变,发挥细胞各自的功能。IgSF 中不同成员的胞外区长短不一,可含一个或数个 Ig 样结构域。每个 V 区或 C 区外形相似,均由 90~110 个氨基酸残基组成,其肽链经数次 β 折叠形成两个片层的立体结构,并由链内半胱氨酸形成双硫键,连接两个片层,以稳定球形立体结构,此与 Igλ 型轻链结构极相似。

与典型 Ig 比较,某些 IgSF 成员的功能区已发生变异,表现为:丢失某段氨基酸序列;失去双硫键的连接;失去形成环形结构的能力。IgSF 成员的跨膜区及胞内区变化很大:某些成员跨膜区完善,能将 IgSF 成员锚着在胞膜上;某些能以盐桥形式与附属蛋白稳定连接,形成功能完整的复合体型膜蛋白结构;某些 IgSF 成员仅与胞膜呈松散联络,并易从膜上脱落,以可溶性状态游离于体液中;某些成员无胞内区,或胞内区肽链很短,仅含 3 个氨基酸;某些成员的胞内区肽链很长,达 700 余个氨基酸残基,结构复杂,或具有酶活性。

(三) 免疫球蛋白超家族的生物学功能

IgSF 成员种类繁多,功能各异,其主要参与细胞间相互识别和相互作用:①识别并提呈抗原,引发特异性免疫应答;②接受细胞因子刺激,调节免疫细胞分化、增殖、合成与分泌；③与其他细胞膜表面分子结合，介导细胞间相互黏附，参与免疫细胞激活、分化与选择、移行、归巢与定居；④参与免疫球蛋白转运与分泌。

IgSF 基因缺陷与突变可导致免疫功能紊乱，引发免疫相关性疾病。

第三节　抗体的生物学功能与特性

一、抗体的主要生物学功能

（一）IgV 区的功能

1. 特异性识别、结合抗原　V 区 CDR 在识别和结合特异性抗原中起决定性作用。由于 Ig 可为单体、二聚体和五聚体，故其结合抗原表位的数目不同。Ig 结合抗原表位的个数称为抗原结合价。IgV 区与抗原结合后，其 Fc 段变构，从而发挥其他生物学活性，如调理作用、介导 ADCC、激活补体等。V 区本身可中和毒素、阻断病原体入侵。

2. 免疫调节　位于可变区的独特型可诱导自身产生抗独特型抗体，两者组成复杂的独特型网络调节（见前述），此乃抗体参与免疫调节的机制之一。

3. 超抗体（superantibody，sAb）活性　借助定点突变、FR 和 CDR 合成肽研究、胰蛋白酶解图谱及分子模建等技术，发现抗体可变区存在非经典活性部位。换言之，某些 Ig 除可与特异性抗原结合外，还可与核苷酸及超抗原结合，兼具自身聚合作用及化学催化作用。据此，将这些 Ig 称为具有超抗体（superantibody）活性的蛋白质，指其可在抗原结合部位以外的部位（多位于 IgV 区骨架残基处）与多种配体结合，从而发挥多种功能。如图 1-10 所示，抗血管肠多肽（vasoactive intestinal polypeptide，VIP）抗体的可变区非传统结合部位即具有此效应。超抗体活性可能参与自身免疫病和抗感染、抗肿瘤免疫，具有重要生物学意义。

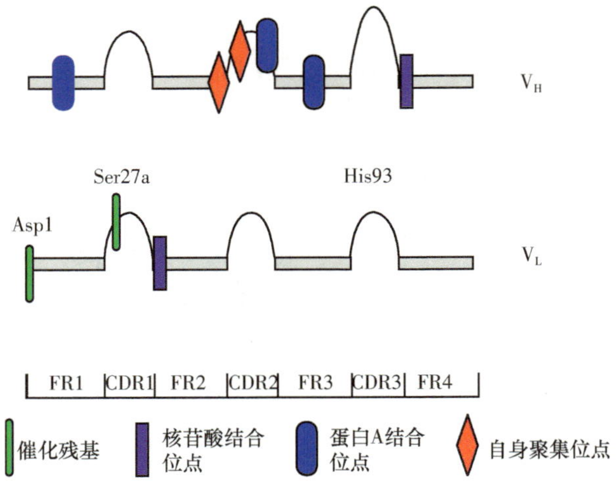

图 1-10　抗 VIP 抗体可变区非传统结合部位

（二）IgC 区的功能

1. 激活补体　IgG1～3 和 IgM 与相应抗原结合后，可因构型改变而使其 C_H2/C_H3 功能区内的补体结合位点暴露，从而激活补体经典途径。IgG1、IgG3 和 IgM 通过经典途径激活补体的能力最强，IgG2 虽有激活作用，但作用较弱。IgG4、IgA 和 IgE 不能通过经典途径激活补体，但其凝聚物可激活补体旁路途径。

2. 与细胞表面 Fc 受体结合　Ig Fc 段可与多种细胞（如巨噬细胞、淋巴细胞、嗜碱粒细胞、肥大细胞、中性粒细胞和血小板等）表面的 Fc 受体结合。Ig 与 Fc 受体的结合部位因 Ig 类别而异：IgG 的 C_H3 功能区与巨噬细胞 Fc 受体结合；IgE 的 C_H4 区与嗜碱粒细胞 Fc 受体结合。不同类别 Ig 可与不同细胞结合，产生不同效应。

（1）IgE 的 Fc 段：可与肥大细胞和嗜碱粒细胞表面 IgE Fc 受体（FcεR）高亲和力结合，这种结合往往发生在 IgE 尚未与抗原分子结合前。已与细胞结合的 IgE 一旦与特异性抗原结合，即触发这些细胞脱颗粒而导致 Ⅰ 型超敏反应（见第十五章）。

（2）IgG 的 Fc 段：能与吞噬细胞、NK 细胞、B 细胞表面 Fc 受体结合，分别介导调理作用（opsonization）、抗体依赖性细胞介导的细胞毒性作用（antibody dependent cell-mediated cytotoxicity，ADCC）、胞饮抗原等。

3. 通过胎盘　在人类，IgG 是唯一能从母体通过胎盘转移到胎儿体内的 Ig。正常胎儿仅合成微量 IgG，其抗感染免疫主要依赖由母体转移来的 IgG。已证实，胎盘母体一侧滋养层细胞能摄取各类血浆 Ig，但其吞饮泡内仅含 FcγR。与 FcγR 结合的 IgG 得以避免被酶分解，进而通过细胞外排作用，分泌至胎盘的胎儿一侧，进入胎儿循环。

二、各类抗体的特性和作用

（一）IgG

IgG 是再次体液免疫应答产生的主要 Ig，多为单体，少量 IgG 以多聚体形式存在。IgG 主要由脾脏和淋巴结内浆细胞合成，其体内含量高、分布广，且较其他 Ig 更易透过毛细血管壁弥散至组织间隙，发挥重要的抗感染、中和毒素及调理作用。IgG 分布于全身所有组织及体液（包括脑脊液），在血浆和组织液中约各占50%。IgG是唯一能通过胎盘的Ig，对新生儿抗感染起重要作用。

IgG的Fc段可与多种细胞表面FcγR结合，发挥调理作用及ADCC效应。某些亚类IgG的Fc段可固定于皮肤引发Ⅰ型超敏反应，还能与金黄色葡萄球菌A蛋白（staphylococcus protein A，SPA）结合。

多数抗菌性、抗病毒性抗体属IgG类，某些自身抗体（如SLE患者的抗核抗体、抗甲状腺球蛋白抗体）、引起Ⅱ、Ⅲ型超敏反应的抗体、可促进肿瘤生长的封闭性抗体等均属IgG。正常人血清中的IgG有4个亚类，其生物学特征不尽相同。

（二）IgM

IgM是初次体液免疫应答早期阶段产生的主要Ig。IgM不嗜细胞，但可结合补体。IgM主要产生于脾脏和淋巴结，主要分布于血液中，抗全身感染的作用较强。

IgM属五聚体，是5类Ig中分子量最大者，又称巨球蛋白。IgM可被二巯基乙醇分解而失去凝集活性，并借此与IgG或其他Ig相区别。理论上，IgM的抗原结合价为10价，但与大分子抗原结合时，由于受空间结构限制，实际仅为5价。IgM有较多结合价，属高效能抗微生物抗体，其杀菌、溶菌、溶血、促吞噬以及凝集作用比IgG强。IgM可中和毒素和病毒，人体缺乏IgM可能发生致死性败血症。IgM在感染早期即已产生，检测IgM水平可用于传染病早期诊断。IgM是在个体发育过程中最早出现的抗体，胚胎晚期已能合成。新生儿脐带血中若IgM水平升高，表示曾有宫内感染。IgM可激活补体经典途径，亦为引起Ⅱ、Ⅲ型超敏反应的抗体。Waldenstroem巨球蛋白血症、SLE等患者血清中有较高浓度7sIgM，类风湿因子、冷凝集素、天然血型抗体等均为IgM。

（三）IgA

1. 血清型IgA　主要由肠系膜淋巴组织的浆细胞产生，多为单体，具有抗菌、抗病毒作用。血清IgA具多种抗体活性，如同种血凝素、抗胰岛素、抗白喉毒素、抗脊髓灰质炎病毒抗体等。有人认为IgA与组织抗原具有特殊亲和力，可消除循环中的此类抗原，防止后者所致的炎症或自身免疫应答。体内IgA缺乏，可伴有抗甲状腺球蛋白、肾上腺组织、DNA等自身抗体水平升高。

2. 分泌型IgA（secretory IgA，SIgA）　由呼吸道、消化道、泌尿生殖道等黏膜固有层中浆细胞所产生，其在浆细胞内已由J链连接成双聚体，通过黏膜或浆膜上皮细胞向外分泌时，与上皮细胞所产生分泌片连接成完整的SIgA，释放到分泌液中，与上皮细胞紧密黏合，分布于黏膜或浆膜表面。

SIgA参与机体局部免疫，在呼吸道、消化道黏膜防御机制中发挥重要作用。老年性支气管炎以及幼儿易患呼吸道或消化道感染，均可能与SIgA合成降低有关。外分泌液中SIgA含量多，且不易被一般蛋白酶破坏，故成为机体抗感染、抗过敏的重要免疫“屏障”。SIgA具有如下免疫学效应：

（1）阻抑黏附：微生物引起感染的前提是黏附于组织细胞上，进而生长繁殖，形成集落并在局部定居。SIgA可阻止病原微生物黏附于黏膜上皮细胞，其机制是：①使病原微生物凝集，因丧失活动能力而不能黏附于黏膜上皮细胞；②与微生物结合，阻断微生物表面的特异结合点，使之丧失黏附能力；③与病原微生物结合，可刺激呼吸道、消化道等黏膜中的杯状细胞分泌大量黏液，“冲洗”黏膜上皮，妨碍微生物黏附。

（2）溶解细菌：两类IgA均无直接杀菌作用，但可与溶菌酶、补体共同介导细菌溶解。

（3）介导ADCC效应：小肠淋巴细胞表达IgA的FcR，可通过IgA所介导ADCC效应损伤上皮细胞。

（4）中和病毒：存在于呼吸道、消化道黏膜部位的特异性SIgA，其无需补体参与即能中和局部病毒。另外，SIgA覆盖于病毒表面，使其不能吸附于易感细胞上。

（5）中和毒素：抗霍乱弧菌和大肠杆菌肠毒素的SIgA能中和相应肠毒素的毒性作用。

（6）免疫排除作用：对由食物或空气进入体内的某些抗原物质具有封闭作用，使这些抗原游离于分泌物，易被排除，或使抗原物质限制于黏膜表面，不致进入机体，从而避免超敏反应发生。

（四）IgD

迄今对IgD功能知之不多，其生物学特征是：不稳定，易被胰酶水解；不能激活补体经典途径，但凝聚的IgD Fc碎片在高浓度时能激活补体旁路途径。

血清IgD功能尚不清楚。有报道IgD可能与某些超敏反应有关，如抗青霉素和牛奶过敏性抗体以及SLE、类风湿性关节炎、甲状腺炎等自身免疫病中的自身抗体，有属IgD者。IgD是B细胞的重要表面标志：幼稚B细胞分化过程中，表面先出现mIgM，后出现mIgD；B细胞若仅表达mIgM，接受抗原刺激后易致耐受性，若同时表达mIgM与mIgD，则受抗原刺激后可被激活。

（五）IgE

IgE又称反应素或亲细胞抗体。正常人血清中含量极微，且含量较稳定，一般借助放射免疫分析法才能测出。超敏反应性疾病患者血清 IgE 水平波动很大。在鼻液、支气管分泌液、乳汁及尿液中可检出 IgE，其水平与血清 IgE 相似。某些寄生虫病、某些真菌和金黄色葡萄球菌感染后，可诱导 IgE 大量产生。某些肝病和骨髓瘤时，IgE 含量也异常升高。IgE 由呼吸道和消化道黏膜固有层中浆细胞产生，分布于这些部位的黏膜组织、外分泌液和血流内。

IgE 为单体，其重链含 4 个功能区。IgE 耐热性差，56℃4 小时即失去结合能力。IgE 易与皮肤组织、肥大细胞、血液中的嗜碱粒细胞和血管内皮细胞结合。FcεR 还可表达于 B 细胞和部分 T 细胞、巨噬细胞表面，这在调节 IgE 抗体产生和防御感染中可能起重要作用。肥大细胞和嗜碱粒细胞表面的 FcεR 为 FcεRⅠ，在 B 细胞和 T 细胞表面者为 FcεRⅡ。

IgE 是引发Ⅰ型超敏反应的主要抗体，其机制见第十五章。

第四节　抗 体 工 程

抗体在疾病诊断和防治中发挥重要作用，人工制备抗体是大量获得抗体的重要途径。早年人工制备抗体的方法主要是以相应抗原免疫动物，获得抗血清。由于天然抗原具高度异质性，常含多种不同抗原表位，同时抗血清也未经免疫纯化，故传统上通过接种动物所获得的免疫血清或抗血清是多种抗体的混合物，称为多克隆抗体（polyclonal antibody），乃由多株 B 细胞及其子代在多种抗原表位刺激下所产生。此类抗血清用于分析鉴定抗原时常发生交叉反应，即使经免疫吸收处理后亦难以避免，更不适用于抗体结构和基因组成的研究。经多年实践，用于制备抗血清的动物由早期的小鼠、大鼠、兔、羊等小动物发展到马等大动物，但所获抗体的质与量均不敷现代医学生物学之需。

一、单克隆抗体

单克隆抗体技术是免疫学领域具有里程碑意义的事件，极大促进了生物医学发展。

Milstein 当年为探讨抗体多样性产生的机制，需要获得大量特异性抗体作为实验研究的材料。由于可产生抗体的致敏 B 细胞难以在体外存活和培养，他最初应用可在体外长期存活并培养、扩增的骨髓瘤（一种恶性浆细胞瘤）细胞作为产生抗体的来源，但所获抗体均无生物学活性；其后又尝试用骨髓瘤细胞与突变的体细胞融合，但也未能获得具有生物学活性的特异性抗体。

Kohler 在 Milstein 团队前期研究的基础上，开展了如下创新性实验研究：①用绵羊红细胞作为抗原免疫小鼠，获得致敏动物脾细胞（多为可产生特异性抗体的浆细胞）；②成功在体外建立将小鼠脾细胞与骨髓瘤细胞株融合的技术；③借助 Jerne 建立的 B 细胞斑点实验，检测可分泌抗绵羊红细胞特异性抗体的杂交瘤细胞（hybridoma）（既保存骨髓瘤细胞无限制迅速繁殖的特点；又继承免疫 B 细胞可合成和分泌特异性抗体的能力）；④通过选择培养条件，使得只有融合的杂交瘤细胞才能在培养体系中生长和扩增；⑤通过有限稀释法，成功获得永生化、可持续分泌特异性抗体的杂交瘤细胞（图 1-11）。

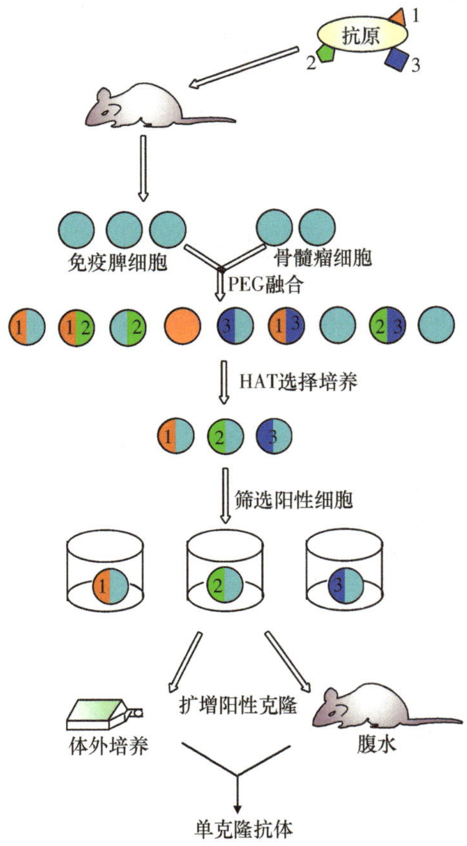

图 1-11　杂交瘤技术及单克隆抗体制备

取抗原免疫小鼠的脾细胞与骨髓瘤细胞→细胞融合→HAT 选择性培养（杂交瘤细胞存活）→杂交瘤细胞单克隆化→筛选阳性杂交瘤细胞→制备高度均一、单一特异性的单克隆抗体

单个 B 细胞杂交瘤细胞经增殖而形成细胞纯系，其基因背景完全相同，所产生的抗体有均一特异性，且 Ig 的类、亚类、型也具有均一性，称为单克隆抗体（monoclonal antibody，mAb）。其特点是：仅针对某一特定抗原决定簇；纯度高；可规模化制备高特异性、均质性抗体。杂交瘤技术的建立不仅具有广泛实用价值，且为研究抗体生成理论和抗体遗传控制提供了有

效手段。Koehler 及 Milstein 因此于 1984 年获诺贝尔生理学或医学奖。

迄今，mAb 已被广泛应用于医学生物学各领域。例如：①作为检验试剂，用于检测各种抗原和活性物质，包括肿瘤抗原、细胞表面抗原及受体、激素、神经递质以及细胞因子等；②mAb 与抗癌药物、毒素或放射性物质偶联，用于肿瘤的体内定位诊断和导向治疗；③将抗体固定于层析柱，通过亲和层析，可用于蛋白质的分离和纯化；④与标记物偶联作为探针，用于检测相应分子在细胞中定位和分布；等等。

但是，人体内应用鼠源性 mAb 可能产生人抗鼠抗体（human anti-murine antibody，HAMA）并引发超敏反应，从而严重限制 mAb 在人体内的应用。

二、基因工程抗体

基因工程抗体（genetic engineering antibody）亦称重组抗体，其原理为：借助 DNA 重组和蛋白质工程技术，按人们意愿在基因水平上对 Ig 分子进行切割、拼接或修饰，重新组装成新型抗体分子。基因工程抗体保留了天然抗体的特异性和主要生物学活性，但去除或减少了无关结构，并赋予抗体分子新的生物学活性，故比天然抗体具有更广泛的应用前景。

迄今已成功构建多种基因工程抗体（图 1-12）。

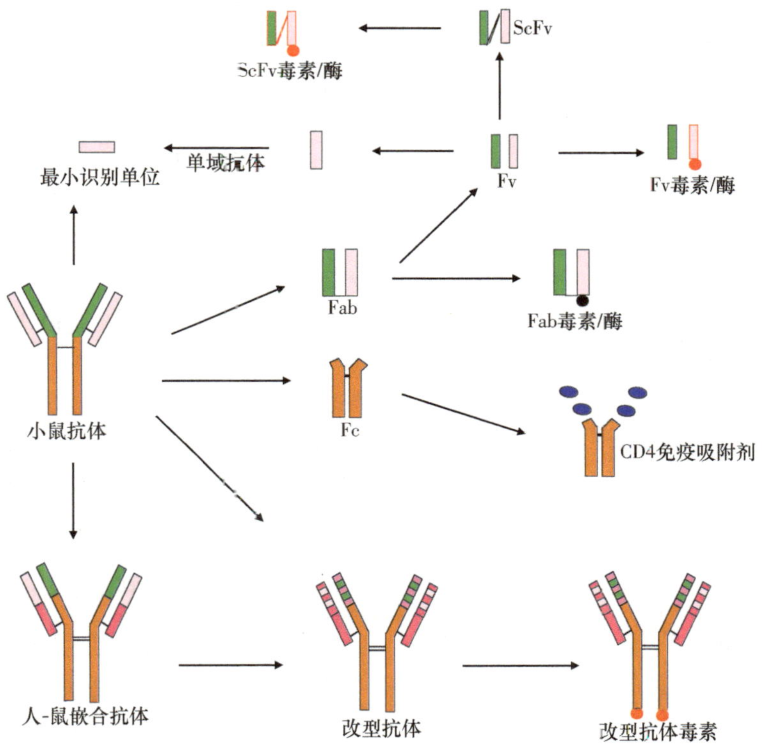

图 1-12　基因工程抗体种类及其分子片段

（一）改造鼠源性抗体

1. 人-鼠嵌合抗体（chimeric Ab）　此类抗体保留了鼠源单抗的特异性、亲和力，又显著减少其对人体的免疫原性，同时还可对抗体进行不同亚类转换，从而产生特异性相同、但可介导不同效应的抗体分子。例如，将细胞毒性较弱的 IgG2b 转换成细胞毒性较强的 IgG1 和 IgG3，从而增强抗体免疫治疗的效应。

2. 改型抗体（reshaping Ab）或人源化抗体（humanized Ab）　为进一步减少嵌合抗体的鼠源性成分，减弱人抗鼠抗体产生，可进一步改造嵌合抗体中的鼠源性 V 区结构。现已建立 CDR 移植技术，即将鼠单抗 V 区中 CDR 序列取代人源抗体相应 CDR 序列，重构成既具有鼠源性单抗特异性，又保持人抗体亲和力的 CDR 移植抗体（CDR-grafted Ab），即改型抗体或人源化抗体。

改型抗体分子中异源性蛋白质的含量较低，且在将鼠源性 CDR 或抗原结合位点移植至人 FR 的过程中丢失了某些 Id 结构，后者可能即是诱导 HAMA 产生的抗原表位，故改型抗体的免疫原性比嵌合抗体显著减弱。

3. 小分子抗体（minimolecular Ab）　指由 Fab 和 Fv 组成的抗体片段，优点为：仅含 V 区结构，免疫原性较弱；分子量小，易通过血管壁，可有效克服肿瘤灶组织对抗体的生理阻抗；无 Fc 段，不与非靶细胞的 FcR 结合，易渗透至病灶局部，用于体内肿瘤定位成像时，本底低、图像清晰，并有利于作为导向药物的载体。易进行分子改造，其基因片段还可与某些酶基因或毒素蛋白基因重组，据此可制备酶联抗体或重组免疫毒素。局限性为：与靶细胞表面抗原的结合力较弱，半寿期短，易从血液中被清除，从而影响到达肿瘤局部的抗体浓度。小分子抗体包括如下几类：

（1）Fab 片段：Fab 片段由重链 V_H 加 C_H1 及完整的轻链构成，大小为完整抗体的 1/3。Fab 穿透实体瘤的能力很强，且在体内有较高的肿瘤灶/血液浓度比。

（2）单域抗体（single domain antibody）：指由 V_H 或 V_L 单一功能结构域所组成的抗体，其分子大小仅为完整抗体的 1/12。

（3）F_V 片段：由 V_H 和 C_H1 组成，是抗体的抗原结合部位，分子量仅为完整分子的 1/6。

（4）单链抗体（single chain Fv，ScFv）：由 1 条单一肽链按 V_H-Linker-V_L 或 V_L-Linker-V_H 的顺序所组成，大小仅为完整抗体分子的 1/6，是抗体与抗原结合的最小单位。其制备流程较简单，易进行分子改造。

（5）最小识别单位（minimal recognition unit，MRU）：为单个 CDR 构成的小分子抗体，分子量约为完整抗体的 1%，其也具有与抗原结合的能力，但亲和力极低，使其实际应用受限。

（6）双价小分子抗体（diabody）：将 ScFv 中两个可变区之间的接头缩短，使两分子间 V_H 和 V_L 配对形成。

（7）双特异性小分子抗体：将两种不同特异性的 V 基因配对而构成。

（8）微抗体（minibody）：在 ScFv 的一端加双聚化或多聚化结构，可构建不同类型的双价或双特异性小分子抗体，甚至四价抗体。

（二）人源抗体

人源化抗体仍具有 5%～10% 的异源性，故人源抗体成为研制治疗性抗体的热点。已建立的技术为：EB 病毒转化人 B 细胞、人×人杂交瘤技术、抗体库技术和转基因动物。前两种技术有一定局限性，目前常借助抗体库技术和转基因小鼠技术制备人源抗体。

1. 抗体库技术 包括噬菌体抗体库、合成抗体库和核糖体展示抗体库等。以噬菌体抗体（phage antibody）为例，其原理是：将抗体基因与单链噬菌体的外壳蛋白基因融合，使抗体表达于噬菌体表面，借助固相化抗原吸附相应噬菌体抗体，经数轮“吸附-洗脱-扩增”而获得所需抗体。该技术中，噬菌体在一定意义上相当于一个人 B 细胞克隆，将 B 细胞全套（repertoire）可变区基因克隆出来与噬菌体 DNA 相连，导入细菌体内使之表达，可制备人全套抗体，称为噬菌体抗体库。通过用不同抗原进行筛选，可获得携带特异抗体基因的克隆，从而大量制备相应的特异性抗体。该技术称为噬菌体抗体库技术，其可不经免疫制备抗体，为制备人源抗体开辟了新途径。

表面呈现技术具有如下独特的优点：①多数外源抗原对人体有害，不能随意对人体进行免疫，噬菌体抗体无须免疫，可直接从非免疫动物抗体库中筛选出特异性抗体，并能筛选针对该种属自身抗原的抗体；②重、轻链随机组合的多样性多于供体 B 细胞产生抗体的多样性，构建一种噬菌体抗体文库，可供产生针对多种特异性抗原的人源抗体，从而克服建立人-人杂交瘤的困难；③细菌增殖快，培养成本低廉，适合工业化大规模生产，为临床上大量应用抗体提供了可能性。

此外，抗体库技术还有助于在基因水平研究免疫应答过程及自身免疫病的机制。

2. 转基因小鼠 其原理为：①培养小鼠 ES 细胞；②敲除灭活小鼠内源性 Ig 基因重链 IgH 和轻链 Igκ；③构建 Ig-酵母人工染色体（yeast artificial chromosomes，YAC）文库，筛选获得人 IgH 和 Igκ 基因，获得含完整人 Ig-YAC 克隆；④将人 Ig-YAC 克隆导入 ES 细胞；⑤含人 Ig-YAC 克隆的 ES 细胞移入小鼠胚胎；⑥含人 Ig-YAC ES 细胞的小鼠胚胎重植入小鼠体内进行嵌合，产生纯合小鼠并进行鉴定；⑦借助纯合小鼠制备特异性的全人源化抗体。（图 1-13）

（三）抗体的改造

治疗用药物须满足生物制剂的要求，如亲和力、特异性、稳定性、溶解度、聚合度、表达水平和功能等。抗体作为治疗性药物存在如下缺点：分子量大；结构复杂；组织摄入率低；需在真核细胞系统表达；制备及优化耗时长、耗费大。因此，必须对人工制备的抗体进行改造，其主要策略为：①改变抗体分子大小，使之易于穿透血管进入实体瘤灶；②提高抗体 Fab 段与特异性抗原的亲和力，以降低用量和减缓毒性作用；③增强抗体 Fc 段与 FcγR 亲和力，增强抗体的 ADCC、调理或 CDC 效应；④改善抗体药动学，提高稳定性、延长抗体在体内的半寿期、改变抗体分布（如从血浆进入间质）；⑤将抗体与细胞毒性物质（放射性同位素、药物、毒素、细胞因子等）交联或融合，抗体作为导向分子而增强毒性药物的疗效。

1. 双特异性抗体（bispecific Ab，BsAb） 亦称双功能抗体（bifunction antibody，BfAb），即同一抗体分子的两个抗原结合部位可分别结合两种不同抗原表位。其功能为：BsAb 一个臂可与靶细胞（如肿瘤细

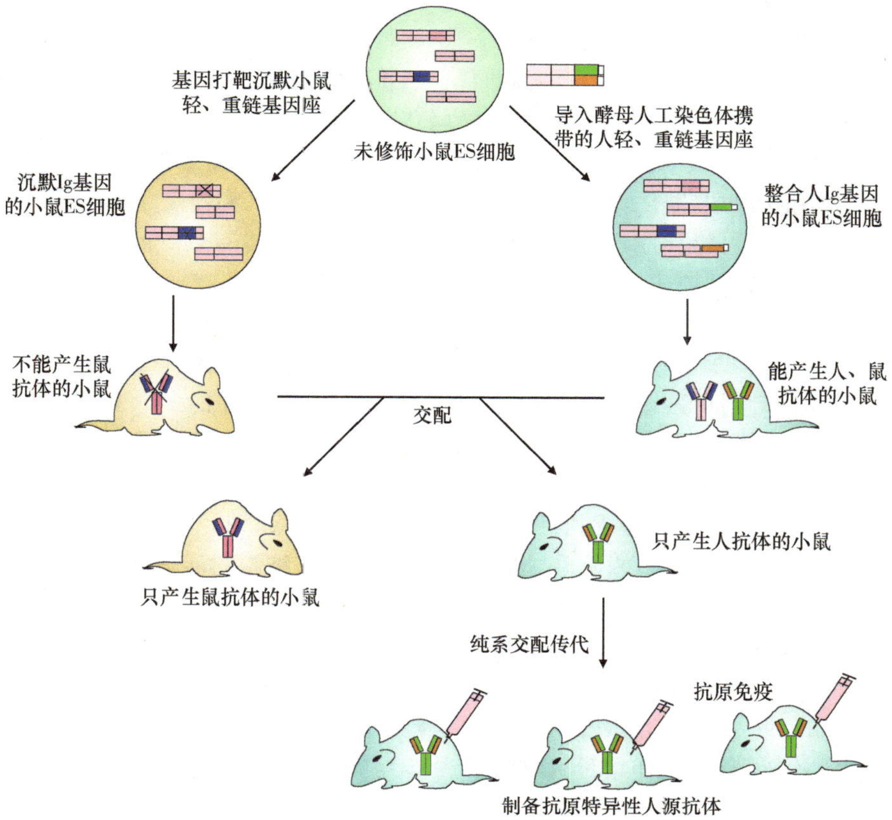

图 1-13 产生人源 Ig 的小鼠及人源抗体制备

胞）表面抗原结合，而另一个臂可与效应物（药物、效应细胞等）结合，从而将效应物直接导向靶组织细胞，并在局部聚集和发挥作用。例如：抗 CD19×抗 CD3、抗 EPCAM×抗 CD3 双特异性抗体治疗肿瘤；抗 HER2×抗 FcγRI 双特异性抗体治疗乳腺癌。另外，免疫学实验中，BsAb 可用于进行免疫组化、抗原定位分析等。

2. 抗体的抗原化技术 天然抗原结构复杂且纯化困难，而人工制备的肽段存在免疫原性弱、结合力弱和结构稳定性差等诸多缺陷，从而限制对抗原的研究和应用。借助构建人源化抗体的技术，以抗体 V 区作为分子载体而表达多肽或外源性抗原表位，即为抗原化抗体（antigenized antibody，AgAb）。

AgAb 制备原理为：将编码抗原表位的核苷酸片段插入重链 CDR3 序列中进行表达，产生具有天然抗原表位构象和免疫原性的新型抗体。AgAb 的优点为：①能在 IgV 区的三维折叠结构内表达寡肽，使肽获得与相应天然蛋白相似的稳定构象，从而增强其诱导机体对天然蛋白抗原产生应答的能力；②使免疫应答局限于抗原或受体所选定的部位，此种聚焦效应可排除对抗原功能无关部分的不良应答，并可防止产生针对相邻区域的抗体，从而避免后者对空间构象的阻碍。

通过表达外源性蛋白肽（如 NP、RGD 等）和自身蛋白分子（如 CD4），AgAb 可在免疫应答的不同阶段发挥作用，故在疾病的免疫防治上具有广阔应用前景。目前已尝试将 AgAb 基因转染 B 细胞系，以获得可特异性诱导 CTL 活化的新型疫苗。AgAb 还可发展成提供两个以上肽段的表位表达系统。作为一种理想的疫苗，AgAb 可诱导构象依赖性抗体以攻击病原体、中和毒素，或阻断异常的免疫应答。

3. 抗体融合蛋白和免疫毒素 将编码抗原结合部位的基因片段（如 Fab 或 Fv 段）与毒素或酶的基因融合，可将特定的生物活性物质导向特定组织部位。

（1）重组抗体融合蛋白：基因工程抗体分子不仅局限于改造抗原结合位点，且可改造抗体 C 区。例如：Fc 融合蛋白（Fc fusion protein）可增强效应蛋白的稳定性和体内半寿期。

（2）重组免疫毒素（immunotoxin）：借助 DNA 重组技术连接编码抗体和毒素的基因，可构建重组免疫毒素，其组合类型包括 ScFv/毒素、ScFv/细胞因子或细胞因子/毒素等。其优点为：导向性能高；体内稳定性较好；易穿透肿瘤；体内使用安全。

4. 催化抗体（catalytic antibody） 亦称抗体酶（abzyme），其原理为：以酶促反应过渡态中间体的结构类似物为抗原，通过免疫应答而获得的抗体具有催化活性。抗体酶的本质是免疫球蛋白,其可变区具有酶的属性,故也称为催化抗体。催化抗体可被视为一种模拟酶,与天然酶相比,它更能按照人们意愿和目的发挥对底物的催化功能,甚至能“创造”出生物体内天然不存在的催化功能。

催化抗体的特点在于将酶的催化特性与抗体本身特性有机结合,优点为:①可特异性、立体选择性、高亲和性地与底物可逆性结合,加速催化特定反应,其反应速度比非催化反应快 10^4 ~ 10^8 倍,某些反应已接近天然酶促反应速度,抗体酶还具有与天然酶相近的米氏方程动力学及 pH 依赖性等;②鉴于理论上可获得针对任一抗原的高特异性抗体,使催化抗体具有酶所难以比拟的高度多样性;③该技术对抗体特异性的选择仅需数周,而酶的天然选择须经历几百万年,从而使人工构建的催化抗体具有天然酶所难以比拟的可操作性。催化抗体的出现,为开发新型生物催化剂提供了新的可能,临床上可用于某些代谢性疾病(如尿酸症等)的替代疗法、肿瘤的前体药物治疗等。

5. 胞内抗体(intrabody) 胞内抗体指借助基因工程手段,获得仅在细胞内表达并仅作用于胞内靶分子的抗体或其片段,多为 ScFv。其原理为:通过在其 N 端连接定位信号肽,引导 ScFv 进入特定细胞部位;通过在 C 端连接滞留信号肽,使 ScFv 滞留在该细胞内。

胞内抗体可特异性作用于胞内靶分子,从而发挥特定的生物学效应。例如:在胞内表达针对 HIVgp120 的胞内抗体,使 gp120 滞留于胞内,前体蛋白被水解,阻止其向细胞表面转移,从而减弱 gp120 介导的细胞感染效应。

6. 重组多克隆抗体 多克隆抗体的优点是:与特异性抗原的亲和力及疗效较强,且可能对表位发生改变的抗原同样有效。近年,借助全人抗体库构建、筛选和位点特异性整合技术,已成功制备重组多克隆抗体,其类似于机体产生的天然多抗,具有多样性、安全性、可重复性、基因可操作性;可针对特定病原体多个抗原或同一抗原的多个表位,从而具有良好临床应用前景。

7. 嵌合抗原受体(chimeric antigen receptor, CAR) CAR 是将识别肿瘤相关抗原(TAA)的单链抗体(scFv)和 T 细胞的活化序列(共刺激分子-免疫受体酪氨酸活化基序)在体外进行基因重组,形成重组质粒(图),转染至经纯化和大规模扩增的 T 细胞,产生所谓 CAR-T 细胞。CAR-T 细胞较其他基于 T 细胞的治疗策略具有如下优势:①使用患者自体细胞,降低排斥反应的风险;②鉴于很多肿瘤细胞可表达相同肿瘤抗原,CAR-T 细胞具有较广泛的抗瘤谱;③CAR 既可针对肿瘤蛋白质抗原,也可针对糖脂类非蛋白质抗原,从而扩大了肿瘤抗原靶点的范围;④CAR-T 细胞作用不受 MHC 限制,且具有免疫记忆功能,可在体内长期存活。(图 1-14)

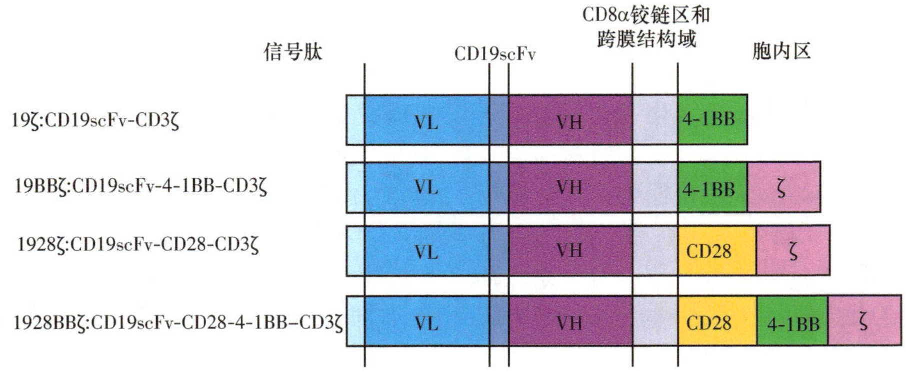

图 1-14 不同 CAR 模式构建示意图

(19ζ)CD19scFv-CD8 铰链区和跨膜区-CD3ζ 融合基因;(19BBζ)CD19scFv-CD8 铰链区和跨膜区-4-1BB 胞质区-CD3ζ 融合基因;(1928ζ)CD19scFv-CD8 铰链区和跨膜区-CD28 胞质区-CD3ζ 融合基因;(1928BBζ)CD19scFv-CD8 铰链区和跨膜区-CD28 胞质区-4-1BB 胞质区-CD3ζ 融合基因

目前,抗体药物(尤其是人源抗体)发展极为迅速,已占据整个生物制药销售额的 1/3(表 1-3)。今后的研发趋势是:探寻新的抗体靶点;设计更为有效的新型抗体分子;扩大抗体药物的临床适应证;发现新的分子生物标记,指导抗体的个体化治疗。

表 1-3 已获美国 FDA 批准临床应用的单克隆抗体药物

单克隆抗体名称	靶向	应用疾病
Muromonab-CD3	TCR/CD3	移植排斥
Abciximab	糖蛋白 IIb/IIIa	心血管疾病
Daclizumab	IL-2 受体 α 链(CD25)	移植排斥
Rituximab	CD20	非霍奇金淋巴瘤

续表

单克隆抗体名称	靶向	应用疾病
Basiliximab	IL-2 受体 α 链(CD25)	移植排斥
Infliximab	TNF-α 信号	自身免疫病
Palivizumab	RSV F 蛋白	呼吸道合胞病毒
Trastuzumab	ErbB2	乳腺癌
Gemtuzumab	CD33	急性髓系白血病
Alemtuzumab	CD52	慢性淋巴性白血病
Adalimumab	TNF-α 信号	自身免疫病
Efalizumab	CD11a	银屑病
Ibritumomab tiuxetan	CD20	非霍奇金淋巴瘤
Tositumomab	CD20	非霍奇金淋巴瘤
Bevacizumab	血管内皮生长因子(VEGF)	直肠结肠癌
Cetuximab	表皮生长因子	直肠结肠癌
Omalizumab	IgE	变态原相关的哮喘
Natalizumab	α4 整合素	多样性硬化、克罗恩病
Panitumumab	表皮生长因子受体	直肠结肠癌

续表

单克隆抗体名称	靶向	应用疾病
Ranibizumab	血管内皮生长因子-A(VEGF-A)	黄斑变性
Eculizumab	补体 C5	阵发性睡眠性血红蛋白尿
Certolizumab pegol	TNF-α 信号	克罗恩病
Canakinumab	IL-1β	Cryopyrin 蛋白相关综合征
Golimumab	TNF-α	类风湿性关节炎、强直性脊柱炎
Ofatumumab	CD20	慢性淋巴性白血病
Denosumab	RANK 配体	绝经后骨质疏松症
Tocilizumab	IL-6R	类风湿性关节炎
Belimumab	B 细胞活化因子	SLE
Brentuximab vedotin	CD30	未分化大细胞淋巴瘤(ALCL)和霍奇金淋巴瘤
Ipilimumab(MDX-101)	CTLA-4	黑色素瘤
Ustekinumab	IL-12 和 IL-23 的 p40 亚单位	中重度鳞屑病

(沈关心　雷　萍)

第二章　可溶性免疫分子之二——补体

补体(complement,C)是存在于人和动物血清和组织液中一组不耐热、经活化后具有酶活性、可介导免疫和炎症反应的蛋白质。补体可通过若干条既独立又交叉的途径被激活(包括经典途径、旁路途径、凝集素途径,以及近年发现的备解素途径、蛋白酶解途径)。补体活化过程及其活化所形成的产物可介导细胞溶破、调理吞噬、炎症反应、清除免疫复合物等一系列重要的生物学效应。补体不仅是机体固有免疫防御的重要组成部分,也是固有免疫与适应性免疫之间的重要桥梁。补体缺陷、功能障碍或异常活化等参与多种疾病的发生和发展。

补体是免疫学研究中最古老的领域之一。自19世纪末Bordet发现补体以来,补体研究已逾一个世纪,随着现代生物学技术飞跃发展,已基本阐明补体成分的结构与功能、补体系统激活机制。目前,补体领域的研究重点已转向补体与适应性免疫的关系、补体与疾病的关系及相关干预策略。

补体包括30多种可溶性蛋白和膜结合蛋白,统称为补体系统(complement system),可分为三类组分。

1. 补体固有成分　指存在于体液中、参与补体激活级联反应的补体成分,包括:①参与经典途径的C1q、C1r、C1s、C4和C2;②参与凝集素途径的甘露聚糖结合凝集素、纤维胶原素和某些MBL相关丝氨酸蛋白酶;③参与旁路的B因子、D因子和备解素;④参与3条激活途径的共同成分C3,以及3条激活途径共同末端通路的C5、C6、C7、C8和C9。

2. 补体调节蛋白　此类分子可通过调节补体激活途径中的关键酶而控制补体活化的强度和范围,包括:①存在于血浆中的可溶性因子,如H因子、I因子、C1抑制因子、C4结合蛋白、S蛋白、群集素等;②表达于细胞表面的膜分子,如衰变加速因子、膜辅蛋白、CD59、同源限制因子等。

3. 补体受体(complement receptor,CR)　其表达于不同细胞膜表面,能与补体激活过程中所形成的活性片段相结合,从而介导多种生物效应。已发现的补体受体有CR1、CR2、CR3、CR4、CR5及C3aR、C4aR、C5aR、C1qR、C3eR、fH受体等。

第一节　补体的激活及生物学作用

补体系统是高度复杂的生物反应系统。正常情况下,血浆中补体成分多呈无活性状态,亦无生物学功能。受到某些激活因子作用后,补体按一定顺序(即通过级联酶促反应)被活化,从而生成具有生物学活性的产物。多种外源性或内源性物质可通过不同途径激活补体系统。补体活化过程中,不断组成新的中间复合物,它们具有不同的酶活性,可将相应补体分子裂解为大小不等的片段,并表现出不同的生物学活性。鉴于一般免疫学教材对补体激活途径已有详细阐述,本章重点介绍凝集素途径及近年新发现的补体激活途径。

一、补体激活途径

(一)传统的补体激活途径

1. 经典途径(classic pathway,CP)　其级联酶促反应过程为:C1q与激活物结合,顺序活化C1r、C1s、C4、C2、C3,形成C3转化酶(C3 convertase)(C4b2a)和C5转化酶(C5 convertase)(C4b2a3b)。免疫复合物(IC)为主要激活物。另外,C反应蛋白、DNA、血清淀粉样蛋白P成分、β淀粉样蛋白多肽及G-细菌的脂多糖(LPS)等也能通过结合C1q而激活CP。

2. 旁路途径(alternative pathway,AP)　其级联酶促反应过程为:B因子(factor B,fB)与固相(如微生物或外源性异物)表面的C3b结合为C3bB,在D因子(factor D,fD)和备解素(properdin,P因子,fP)参与下,形成C3转化酶(C3bBb或C3bBbP),并通过C3正反馈放大环路,产生更多C3转化酶和C5转化酶(C3bBb3b)。

3. 凝集素途径(lectin pathway,LP)　其级联酶促反应过程为:甘露聚糖结合凝集素或纤维胶原素直接识别病原体表面的糖结构,通过活化MBL相关丝氨酸蛋白酶、C4、C2、C3而形成C3转化酶(C4b2a和C3bBb)与C5转化酶(C4b2a3b和C3bBb3b)。(详见后文)

（二）新发现的补体激活途径

近年发现二条新的补体激活途径。

1. 备解素途径（properdin pathway，PP） 存在该途径的依据为：①在体外，AP 可在无 fP 的条件下被激活；②fP 结合于靶表面无须 C3b 存在，且能直接激活补体。AP 与 PP 的 C3 转化酶均为 C3bBbP，但其装配过程不同：AP 无识别分子，初生 C3b 非特异性共价结合于靶表面（起始步骤）；fP 是 PP 的识别分子，在激活过程中其特异性识别并非共价结合于靶表面（图 2-1）。据认为，血浆 fP 的作用是稳定 AP 的 C3 转化酶，而组织局部 fP（由 Mϕ、PMN、肥大细胞等合成）则启动 PP，参与局部防御、炎症和自身免疫。（图 2-2）

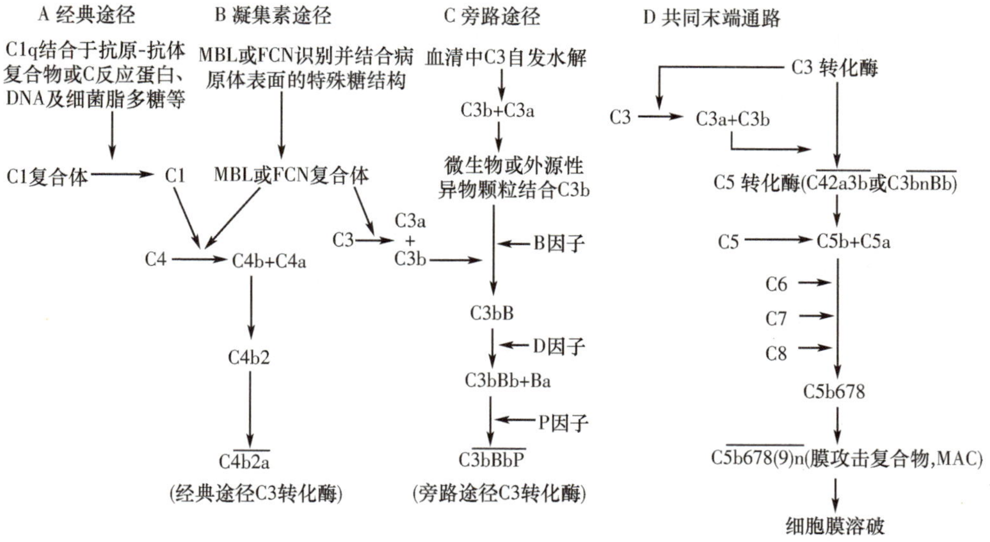

图 2-1 三条传统的补体激活途径

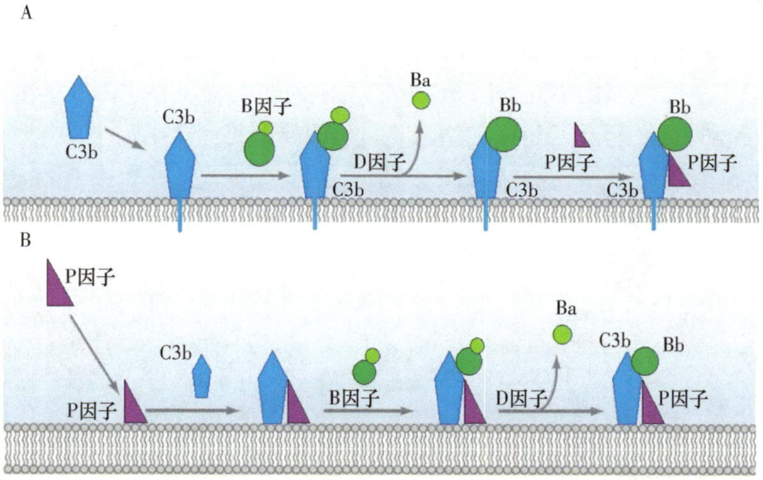

图 2-2 补体激活旁路途径和备解素途径 C3 转化酶的形成

A. AP 的 C3 转化酶 C3bBbP 装配：血浆 C3 持续"慢转（tickover）"→形成初生 C3b（C3b＊）→非特异性共价结合于靶表面→与 fB 结合形成 C3bB→在 fD 作用下形成 C3bBb（但半衰期极短）→fP 与之结合→形成稳定的 C3 转化酶 C3bBbP；B. PP 的 C3 转化酶 C3bBbP 装配：fP 特异性识别→非共价结合于靶表面→招募体液中 C3b 和 fB→形成 C3bBP→在 fD 作用下生成 C3bBbP

2. 蛋白酶解途径（proteolytic pathway，PlP） 血液中其他级联反应系统（凝血、纤溶、激肽系统）与补体系统间存在广泛而复杂的相互作用。某些蛋白酶或因子可直接激活补体，例如：凝血酶能直接裂解 C3 和 C5，产生 C3a、C5a，并刺激不能形成 C5 转化酶的 C3 缺陷小鼠体内局部产生 C5a；FXa、FXIa、FXIIa、纤溶酶及激肽释放酶可裂解 C3 和 C5。上述效应在全身炎症性疾病发生发展中起关键作用。激活 PlP 的另一方式是 Mϕ（诱导性）和 PMN（组成性）表达膜型丝氨酸蛋白酶，可裂解 C3 和 C5，在补体介导的 T 细胞免疫调节中起重要作用。浸润至气道的 Mϕ、PMN 可释放丝氨酸蛋白酶，裂解 C3、C5 产生 C3a 和 C5a，这是哮喘和急性呼吸窘迫综合征(acute respiratory distress syndrome，ARDS)患者支气管灌洗液中 C3a 和 C5a 水平增高的原因。

5 条补体激活途径汇集于 C3b 产生(图 2-3)，其后是 C5 转化酶(C4b2a3b 或 C3bBb3b)形成及共同的末端通路，其过程为：将 C5 裂解为 C5a 和 C5b；C5b 结合于细胞表面，依次与 C6、C7 结合为 C5b67 复合物并插入脂质双层膜中，然后与 C8 结合为 C5b678，继而与 12～15 个 C9 分子结合为 C5b6789n 巨分子复合体，即攻膜复合体(membrane attack complex，MAC)。补体激活的共同终末效应为细胞溶解。5 条补体激活途径的过程总结于图 2-3。

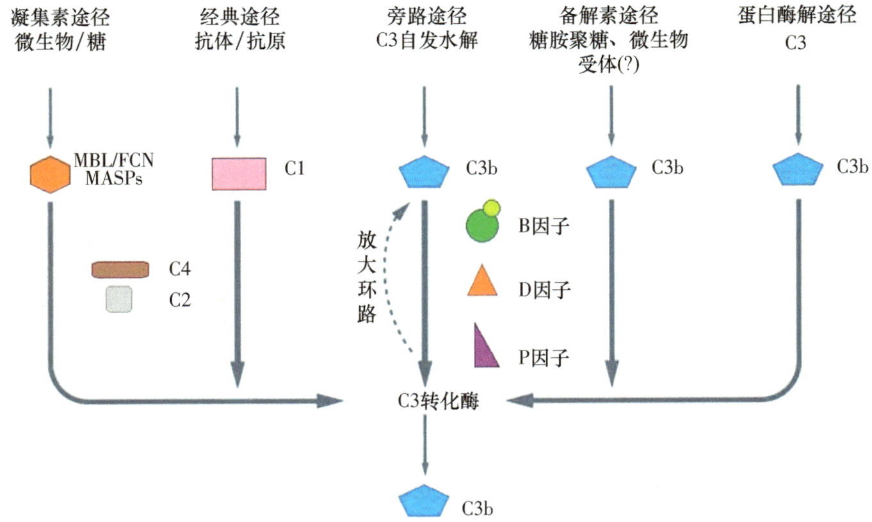

图 2-3 五条补体激活途径示意图

(三) 三条传统补体激活途径的比较

欲深入了解复杂的补体系统，须全面考察其起源、进化及多样性。已从后口动物海胆克隆出 C3 和 fB 样基因，从尾索动物分离出 MBL、FCN 和 MASP，表明补体作为相对独立的天然免疫防御机制，早在无脊椎动物体内即已存在，进化过程中最早出现的是 AP，至尾索动物才有 LP。软骨鱼产生 C4 和抗体，故补体 CP 最早出现于软骨鱼。补体进化的概况见图 2-4。

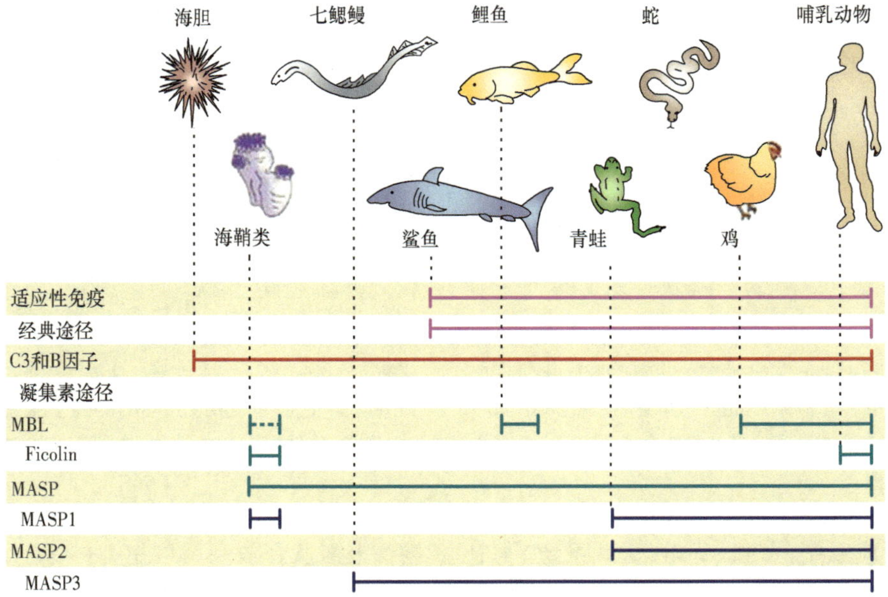

图 2-4 补体系统的进化

适应性免疫和进化完全(具有三条激活途径)的补体系统出现于有颌类脊椎动物进化的早期(软骨鱼，如鲨鱼)；棘皮动物海胆已出现 C3 和 fB/C2 样分子，标志 AP 形成；尾索动物海鞘出现 MBL 样分子、FCN 和 MASP，标志 LP 形成另外，构成CP的成分与构成AP、LP者一一对应，例如：C1q与MBL；C1r/C1s与MASP；C2与fB；C4与C3。据此认为，补体CP是由AP和LP经基因组广泛复制后进化而来。无脊椎动物补体系统仅有少数成分，包括C3、fD、fB、MBL和MASP，但无C1和末端成分，表明其功能仅限于补体的调理吞噬作用。通过不断进化，经基因复制和基因修饰（如外显子漂移、添加或缺失某些其他蛋白的结构模块），产生新的补体分子。至高等哺乳动物，最终形成一个由固有成分、CCP及CR等30余种蛋白质组成、具有精密调控机制的复杂生物反应系统。传统的经典途径、凝集素途径和旁路途径的特点为：

1. 经典途径的特点　①激活因子主要是IC；②C1q是CP的识别分子，其识别IC是CP的起始步骤；③补体固有成分C1～C9全部参与；④涉及的丝氨酸蛋白酶（serine protease，SP）包括C1r、C1s和C2，前二者的天然抑制物是C1INH；⑤C3转化酶（convertase）是C4b2a，其产生需Mg^{2+}存在；⑥C5转化酶是C4b2a3b；⑦有赖于特异性抗体产生后才能激活补体，故其抗感染的生物学意义是作为体液免疫的效应机制之一，在感染后期（或恢复期）发挥作用，或抵抗相同病原体第二次入侵机体。

2. 旁路途径的特点　①激活物是细菌、真菌、病毒感染细胞等；②绕过C1、C4和C2，直接激活C3；③涉及的SP是fB和fD，无天然抑制物；④C3转化酶是C3bBb，其产生需Mg^{2+}存在；⑤C5转化酶是C3bBb3b；⑥产生C3转化酶C3bBbP，形成AP的正反馈放大环；⑦无需抗体存在即可激活补体，故在感染早期或初次感染即可发挥防御作用，从而为未免疫个体提供抵抗病原体感染的能力。

3. 凝集素途径的特点　①激活物质广泛，包括表面表达以Man、ManNAc、GlcNAc、Fuc等为末端糖基的糖结构的病原体，如细菌、病毒、真菌、寄生虫及病毒感染细胞等；②MBL或FCN识别病原体表面或其感染细胞表面的特殊糖结构是LP的起始步骤；③除C1外，所有补体固有成分均全部参与；④涉及的SP包括MASP、C2、fB及fD，MASP可被C1INH和α2M抑制；⑤C3转化酶是C4b2a和C3bBb，二者的产生均需Mg^{2+}存在；⑥C5转化酶是C4b2a3b和C3bBb3b；⑦无需抗体和C1即可激活补体，对CP和AP具交叉促进作用；⑧在感染早期或未免疫宿主体内发挥抵御病原体感染的作用。

表2-1比较三条传统补体激活途径的特点。

表2-1　三条传统补体激活途径的比较

	经典途径	旁路途径	凝集素途径
激活物质	IC、C反应蛋白、DNA、血清淀粉样蛋白P成分、β淀粉蛋白多肽、LPS等	微生物颗粒或外源性异物颗粒	病原体表面的特殊糖结构
识别分子	C1q	无	MBL或FCN
参与成分	C1～C9	C3、C5～C9、fB、fD、fP	除C1外所有补体固有成分
离子依赖性	Ca^{2+}、Mg^{2+}	Mg^{2+}	Ca^{2+}、Mg^{2+}
丝氨酸蛋白酶（SP）	C1r、C1s和C2	fB和fD	MASP、C2、fB、fD
SP天然抑制物	C1r、C1s受C1INH抑制	无	MASP受C1INH和a2M抑制
C3转化酶	C4b2a	C3bBb	C4b2a、C3bBb
C3b正反馈环	无	有	有
C5转化酶	C4b2a3b	C3bBb3b	C4b2a3b、C3bBb3b
进化	出现于脊椎动物软骨鱼	出现于后口动物海胆	出现于尾索动物海鞘
作用	适应性体液免疫的效应机制	固有免疫	固有免疫
意义	参与感染后期或二次感染的防御	早期抗感染	早期抗感染

二、补体激活的凝集素途径

LP的识别分子是甘露糖结合凝集素（mannose-binding lectin，MBL）或纤维胶原素（ficolin，FCN）。MBL或FCN作为模式识别分子，其识别病原体表面的特殊糖结构后，可活化MBL相关丝氨酸蛋白酶（MBL-associated serine protease，MASP）、C4、C2、C3，生成CP的C3转化酶和C5转化酶；活化的MASP1能直接裂解C3生成C3b，形成AP的C3转化酶和C5转化酶，然后通过共同的末端通路形成MAC，完成补体激活过程。

（一）参与凝集素途径的组分

1. MBL与FCN

（1）MBL：胶原凝集素（collectin）简称胶凝素，是含胶原样结构域(collagen-like domain)和凝集素结构域(lectin domain)的分子。胶凝素属C型凝集素超级家族的亚家族,MBL为该家族成员。MBL由肝细胞合成分泌,主要存在于血浆,其分子结构与C1q高度同源。成熟MBL肽链有4个功能区,即含Cys残基的N端连接区、由Gly-X-Y三联体重复顺序组成的胶原样区(collagen-like region,CLR)、颈区和C端糖识别域(carbohydrate- recognition domain,CRD)。3条MBL肽链通过N端区的Cys形成二硫键而连接,CLR则相互缠绕成3股螺旋,3个独立折叠的CRD在C末端共同形成1个球形头部,组成同质性三肽链亚单位。后者借二硫键或非共价键连接成寡聚体,多至六聚体,电镜下亦呈类似C1q的花样外观。MBL分子的寡聚化程度直接影响其功能,仅四聚体以上的多聚体才具激活补体的活性(图2-5)。

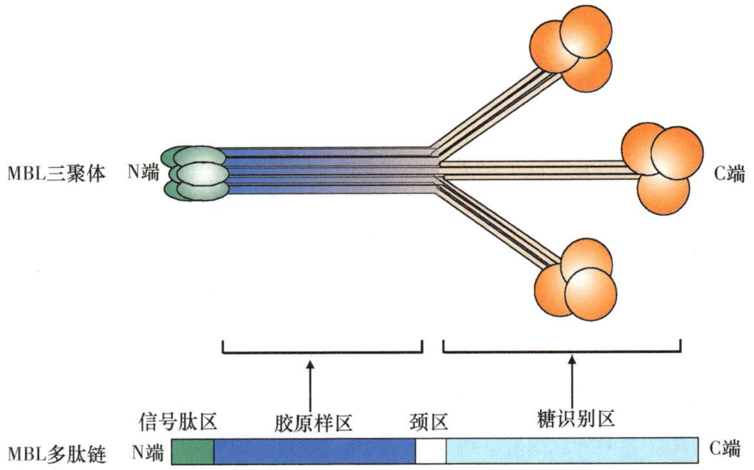

图2-5 MBL分子结构示意图

MBL肽链包括富含Cys的N末端区、胶原样区、颈区和C端糖识别域;3条MBL肽链连接成同质性三肽链亚单位;亚单位连接成寡聚体,图中为三聚体

CRD是MBL的识别功能区,可选择性识别多种病原体表面以甘露糖(mannose,Man)、*N*-乙酰甘露糖氨(*N*-acetylnannosamine,ManNAc)、*N*-乙酰葡萄糖氨(*N*-acetylglucosamine,GlcNAc)、岩藻糖(fucose,Fuc)等为末端糖基的糖结构。CRD上糖结合位点的位置及距离相对固定。单个CRD与单糖间相互作用的亲和力很弱,但CRD上多个适当排列的糖结合位点与天然寡糖多个末端糖基间的多点相互作用则可导致两者高亲和性结合。哺乳动物MBL的CRD对"自身"成分无或仅有极低亲和力,但可高亲和性结合"非己"病原体,其机制是:①哺乳动物体内罕见(因其通常被唾液酸所覆盖)含末端Man、ManNAc、GlcNAc、Fuc等糖基的糖结构;②许多"非己"病原体(细菌、真菌及寄生虫细胞)表面的糖结构常含上述糖基,且均以规律重复的间隔出现,因而适于与MBL的CRD的多个糖结合位点相互作用,成为MBL的识别靶点。(图2-6)

CLR为MBL的效应功能区,结合MASP和胶凝素受体的功能定位于此。

(2)纤维胶凝蛋白(ficolin,FCN):为一类含纤维蛋白原样区(fibrinogen-like domain,FBD)和胶原样区(collagen- like region,CLR)的蛋白质,取两者词头缩写为ficolin(FCN)。脊椎动物(包括人类)FCN有3类,即L-、H-和M-FCN。前两者主要来源于肝脏,存在于血浆;后者作为吞噬受体表达于单核细胞表面。FCN的结构与MBL相似。FCN的凝集素活性位于FGD,可选择性识别以GlcNAc或GalNAc为末端糖基的糖结构,但其凝集素活性不依赖于Ca^{2+}。同样,CLR为FCN的效应功能区,能结合MASP并进而激活补体LP。

2. MASP MASP与C1r、C1s同属丝氨酸蛋白酶(serine proteases,SP)超家族。迄今发现的MASP家族成员包括3种SP(MASP1、MASP2和MASP3)和非酶蛋白MAp19。MASP分子均为单肽链,在血浆中以酶原形式存在。其成熟肽链由6个功能区组成,依次为CUB区(complement subcomponent C1r/C1s-like domain)、EGF区(epidermal growth factor-like domain)、CUB区、CCP区、CCP区和SP区。MAp19仅含2个与MASP2相同的CUB区、EGF区和另4个氨基酸残基,而无其他功能区(图2-7)。

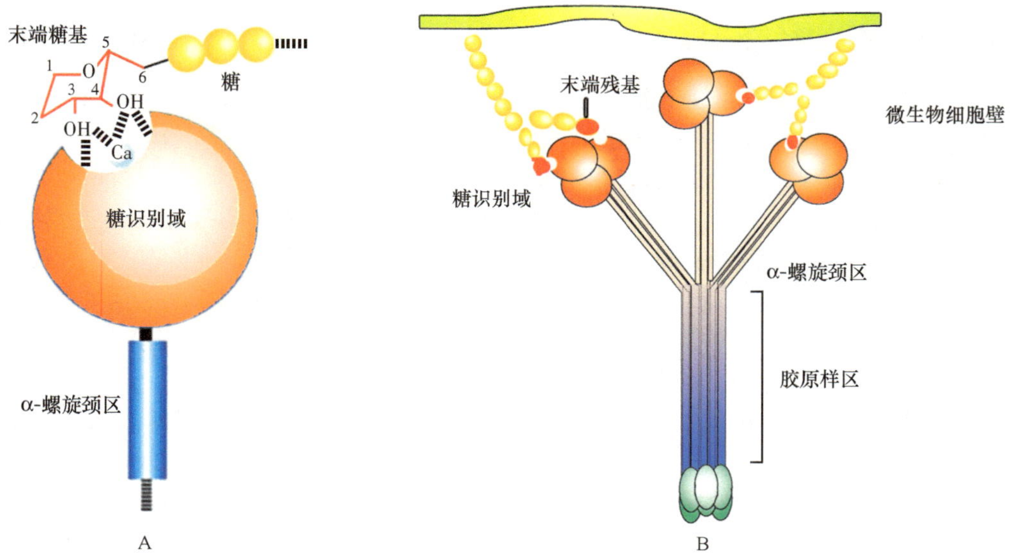

图 2-6　人 MBL 识别糖基配体

A. 单个 CRD 对寡糖配体单个末端糖基的识别作用；B. 多个 CRD 与微生物表面具有适当间隔末端糖基的寡糖发生多点相互作用

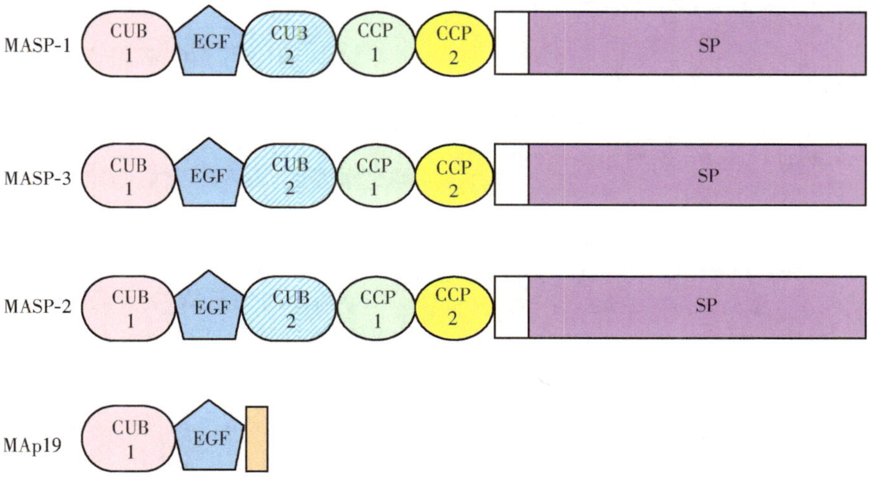

图 2-7　MASP 分子结构示意图

3 个 MASP 分子均为单肽链，由 6 个功能区组成，从 N 端至 C 端依次为 CUB、EGF、CUB、CCP、CCP 和 SP 区；MAp19 仅含 2 个与 MASP2 相同的功能区（即 CUB、EGF）及另 4 个氨基酸残基

补体活化时，MASP 分子第 2 个 CCP 区与 SP 区间的 Arg-Ile 肽键断裂，所产生的 2 条肽链由 1 个二硫键相连。MASP 的 CUB 区参与其同质二聚体形成，并涉及与 MBL 的 CLR 结合。EGF 区含 Ca^{2+} 结合模体（motif），故具 Ca^{2+} 结合能力，也与 MBL-MASP 复合物形成有关。CCP 区涉及与 C4、C3 相互作用，而 SP 区是其催化功能区。

MASP 与 C1r、C1s 高度同源：①MASP2 与 C1s 具有高同源性，可高效裂解 C4、C2 而产生 C3 转化酶 C4b2a，且其 SP 区单独能自身活化并裂解 C2；②MASP1 更接近于 C1r，可水解 C2，也能低效率地裂解 C3 而直接激活 C3，但 MASP2 则无此活性。MASP1 还具有明确的抗微生物效应，机制为：①裂解纤维蛋白原释放纤维蛋白肽 B；②裂解激活Ⅻ因子。

MASP1、MASP2 也受 C1INH 调控，还可被 α2-巨球蛋白（α2-macroglobulin，α2M）所抑制。

3. MBL-MASP 复合物　血浆中 MBL 多以寡聚体形式存在，从而有利于结合 MASP 二聚体，此乃有效激活补体系统的分子基础。不同寡聚状态的 MBL 分子结合不同 MASP，例如：①MASP1、MAp19 与较小 MBL 寡聚体形成复合物，可直接激活 C3 而启动补体 AP；②MASP2、MASP3 多与较大 MBL 寡聚体结合，可活化 C4 和 C2 而激活补体 CP，其中 MASP3 可能抑制 MASP2 裂解 C4 和 C2 的活性。由于血浆 MBL 存在多种寡聚形式，几种 MASP 与 MBL 的亲和力各异，故血循环中 MBL-MASP 复合物可能有多种。另外，FCN 也可与某些 MASP 结合为复合物，并通过识别特殊的糖结构而激活补体 LP。

（二）凝集素激活途径的过程

MBL-MASP 复合物激活补体系统的细节未明。一般认为，MBL-MASP 复合物与病原体表面糖结构结合，使 MASP1 和 MASP2 被独立地激活，其后续效应为：①活化的 MASP2 发挥其 SP 活性，裂解 C4，所产生的 C4b 片段共价结合于病原体表面，通过与 C2 相互作用，使后者也被 MASP2 裂解，形成 C3 转化酶 C4b2a，继之活化补体 CP；②活化的 MASP1 能直接裂解 C3 产生 C3b，在 fD 和 fP 参与下，形成 C3 转化酶 C3bBb 或 C3bBbP，并产生 C5 转化酶 C3bBb3b，激活补体 AP。（图 3-1）

综上所述，LP 途径不依赖于抗体和 C1q，其类似于但不同于 CP 和 AP，乃由 C 型凝集素 MBL 所启动。另外，FCN 激活补体系统的机制尚待阐明。

三、补体的生物学作用

补体作为固有免疫和适应性免疫的组成部分，在机体防御机制中起重要作用：CP 由 IC 激活，是抗体介导免疫的主要效应机制；LP 和 AP 由病原体直接激活，在固有免疫防御机制中发挥重要作用。补体活化的终末效应是在细胞膜上组装 MAC，导致细胞溶破。同时，补体活化过程中产生多种活性片段，可介导多种生物学效应。补体系统的生物学作用总结于表 2-2。

表 2-2 补体系统的生物学作用

功能	参与成分	作用机制
溶解细胞	C5～C9	形成 MAC
调理作用	C3b、C4b、iC3b	与吞噬细胞表面相应受体结合而促进吞噬
炎症介质作用	C5a >C3a >>C4a	刺激肥大细胞或嗜碱粒细胞脱颗粒，释放生物活性物质，引起血管扩张、毛细血管通透性增高、平滑肌收缩等；趋化中性粒细胞并刺激其氧化代谢
清除免疫复合物		C3b 的免疫黏附作用；C3b 抑制 IC 形成并溶解 IC
免疫调节作用	主要是 C3 各片段及相应受体	①C3b/C4b-CR1 相互作用，促进 APC 的调理与抗原捕获、加工，刺激 B 细胞增殖、分化或诱导和维持耐受；②C3d-CR2 相互作用，刺激 B 细胞表达共刺激分子、促进或抑制 B 细胞活化；③C3b/C3d-CR1/CR2 相互作用，可促进抗原特异性 T 细胞增殖；④C3b/C4b-CD46 相互作用，诱导调节性 T 细胞；⑤C3a-C3aR 相互作用，促进 Th2 应答

（一）溶解细胞及溶菌、溶解病毒作用

补体系统通过 3 条途径激活，最后均在靶细胞表面产生 MAC 并介导细胞溶解，补体依赖的细胞毒作用（complement dependent cytotoxicity，CDC）其机制为：①插入局部磷脂双层膜的 MAC 可形成穿膜的亲水性孔道，使细胞内外渗透压失衡，最终导致细胞溶破；②细胞膜上形成大量 MAC，其与磷脂结合可引起脂质双层膜全面崩解，此效应是裂解有包膜病毒的重要机制。

溶膜效应的生物学意义为：①参与宿主抗细菌（主要是 G^- 细菌）、抗病毒（有包膜病毒如流感病毒，HIV 等反转录病毒）及抗寄生虫等的防御机制；②参与机体抗肿瘤免疫机制；③某些病理情况下引起机体自身细胞溶解，导致组织损伤与疾病（如自身免疫病）。

（二）补体对固有免疫的调节作用

1. 调理作用 血清内含调理素，其与细菌及其他颗粒性物质结合，可促进吞噬细胞对其吞噬，此即调理作用。补体激活过程中产生的 C3b、C4b 和 iC3b 均是重要的调理素，它们固定于细菌或其他颗粒性物质表面，可通过与吞噬细胞表面 CR1（C3b/C4bR）、CR3（iC3bR，CD11b/CD18）或 CR4（iC3bR，CD11c/CD18）结合而促进吞噬细胞的吞噬作用。调理吞噬作用可能是机体抵御全身性细菌感染和真菌感染的主要机制之一。

2. 炎症介质作用 补体活化过程中产生多种具有炎症介质作用的活性片段，如 C5a、C3a 和 C4a 等。C3a 和 C5a 被称为过敏毒素，它们可与肥大细胞或嗜碱粒细胞表面 C3aR 和 C5aR 结合，触发靶细胞脱颗粒，释放组胺和其他生物活性物质，引起血管扩张、毛细血管通透性增高、平滑肌收缩等，从而介导局部炎症反应。C5a 对中性粒细胞有强趋化活性，还可诱导中性粒细胞表达黏附分子，刺激其产生氧自由基、前列腺素和花生四烯酸等。

3. 清除免疫复合物 补体成分参与清除循环 IC，其可能机制为：

（1）免疫黏附（immune adherence）：可溶性 IC 活化补体后，所产生的 C3b 可共价结合至 IC 上，通过 C3b 与 $CR1^+$ 红细胞、血小板黏附，将 IC 运送至肝脏和脾脏内，被巨噬细胞吞噬清除。

（2）抑制 IC 形成或溶解已形成 IC：C3b 与 Ig 共价结合，可在空间上干扰抗体 Fab 段与抗原结合，或干扰抗体 Fc 段间的相互作用，从而抑制新的 IC 形成，或使已形成的 IC 解离。此作用主要依赖于 AP 的 C3 正反馈放大环。

（三）补体对体液免疫应答的调节作用

CR2 及结合抗原的 C3d 是参与调控 B 细胞应答的关键组分。

1. CR2-C3d 调控 B 细胞激活与应答　C3b 在 FI 及其他蛋白酶作用下被依次降解为 iC3b、C3dg 和 C3d，这些片段仍共价连接于抗原。CR2 主要表达于 B 细胞和滤泡树突状细胞（FDC）表面，C3d 是其主要配体。CR2-C3d 参与启动体液免疫应答的机制可能为：①C3d-抗原复合物可使 BCR 及 CR2 在膜脂筏中重新分布而发生交联，并增强相关信号，尤其在抗原有限的情况下，BCR 与 CR2 交联可有效降低 B 细胞克隆激活/扩增所需的抗原剂量阈值，从而放大抗原信号；②生发中心 FDC 表面 CR2 可捕获 C3d-抗原复合物，将其提呈给 B 细胞，使激活 B 细胞所需抗原阈值降低 2～4 个数量级，被称为补体的分子佐剂效应（图 2-8）；③淋巴结输入淋巴管内 C3d-IC 被淋巴窦 Mϕ 表面 CR3 和 FcγR 捕获，继而转运至淋巴滤泡，表达 CR2 的 FDC 结合 C3d-IC 后被激活并诱导性表达 FcγRII，使 C3d-IC 长期滞留于 FDC 表面，成为触发 B 细胞应答的最主要抗原来源（图 2-9）。

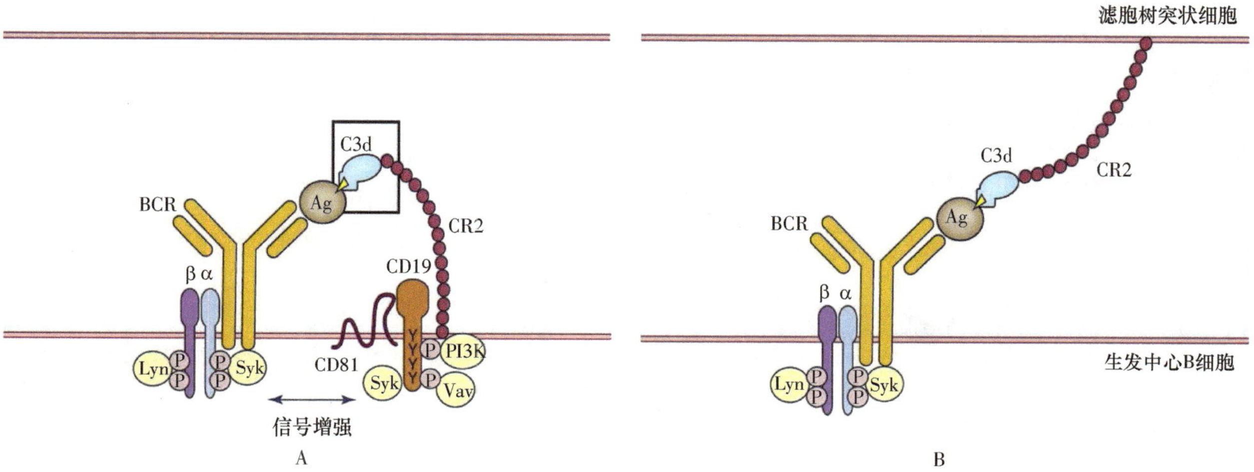

图 2-8　抗原连接 C3d 的分子佐剂效应

A. 初始 B 细胞初次接触抗原被激活并启动克隆扩增时，C3d-抗原复合物与 CR2 和 BCR 结合，使 BCR 与 CR2/CD19/CD81 共受体交联，导致抗原刺激信号增强；B. FDC 表面 CR2 捕获 C3d-抗原，将抗原提呈给淋巴结生发中心的 B 细胞

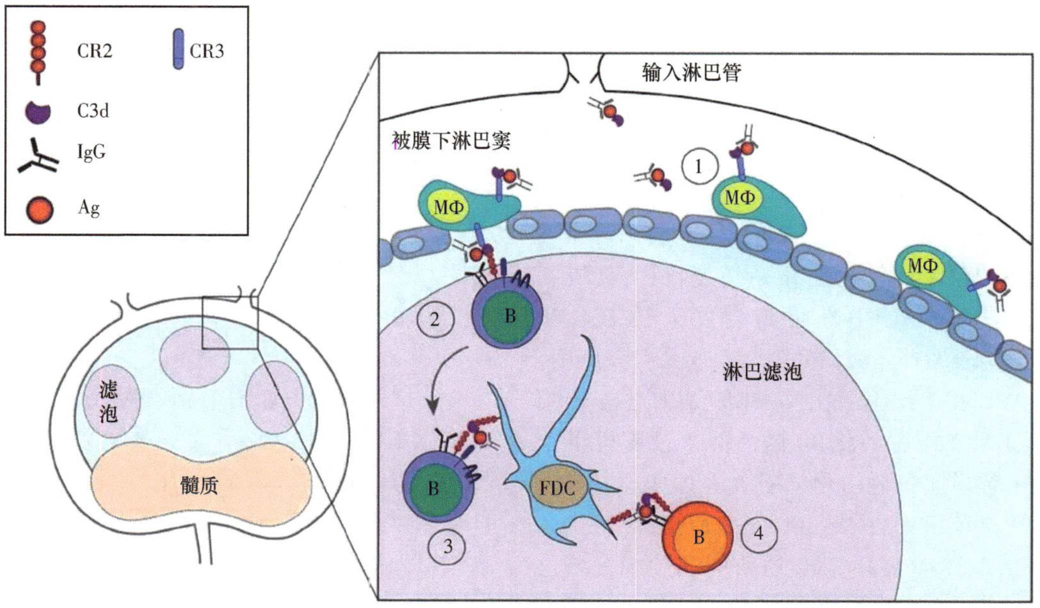

图 2-9　淋巴结内 B 细胞识别抗原的途径

①C3d-IC 与被膜下淋巴窦（SCS）Mϕ 表面 CR3 结合；②初始 B 细胞接受 Mϕ 表面 C3d-IC，并将其从 SCS 转运至淋巴滤泡；③C3d-IC 通过初始 B 细胞表面 CR2 转移至 FDC；④B 细胞直接捕获 FDC 表面 CR2 所结合的抗原

2. CR2-C3d 参与 B 细胞记忆的产生和维持 目前认为，IC 长期滞留于 FDC 表面是维持 B 细胞免疫记忆的重要机制。上述 Mϕ、B 细胞、FDC 间 CR2-C3d 依赖性的抗原转运和提呈，使记忆 B 细胞有可能在外周淋巴组织中直接、长期接触抗原，从而产生和维持 B 细胞记忆。

3. CR2-C3d 参与维持生发中心 ①FDC 长期滞留抗原，乃维持生发中心所必需，用可溶性 CR2 阻断 B 细胞共受体可使生发中心消失；②FDC 是 B 细胞趋化因子 CXCL-13 主要来源，后者为 B 细胞迁入滤泡所必需。

此外，补体还可通过如下机制调节体液免疫应答：①与抗原结合的单价 C3d 可使 BCR 与 CR2 交联，但发挥抑制性效应；②C3b 与 B 细胞表面 CR1 结合，可使 B 细胞增殖分化为浆细胞。

（四）补体对细胞免疫应答的调节作用

补体可直接或通过影响 APC 而调节 T 细胞应答的各个阶段（诱导期、效应期、衰退期）。须强调的是，组织局部活化的 Mϕ、DC、上皮细胞甚至静止 T 细胞均可产生 C3 等补体组分，这些局部补体是调控细胞免疫应答的关键因素。

1. 补体参与诱导 T 细胞应答 机制为：①T 细胞与 APC 相互作用中，启动 CD28-CD80/CD86 和 CD154-CD40 共刺激信号，从而上调补体分泌及细胞表面 C3aR 和 C5aR 表达，并短暂下调 DAF 表达；②局部补体激活可产生 C3a、C5a，与局部 T 细胞和 APC 表面 C3aR 和 C5aR 结合，启动 C3a-C3aR 和 C5a-C5aR 信号途径，上调 Bcl2 表达并下调 Fas 表达，从而促进 T 细胞增殖、效应 T 细胞库扩增并减少 T 细胞凋亡；③C3a-C3aR 和 C5a-C5aR 信号途径可诱导 Th1 应答极化（图 2-10）；④DC 产生的 C1q 可与 DC 表面 C1qR 结合，通过整合 CD40 信号，上调 IL-12 产生和 CD80/CD86 表达，从而促进 T 细胞活化和分化；⑤C3b 与 CD46 结合使之激活，可上调 T 细胞 Notch 1、2 及 Jagged-1（Notch 配体）表达，促进 T 细胞活化。

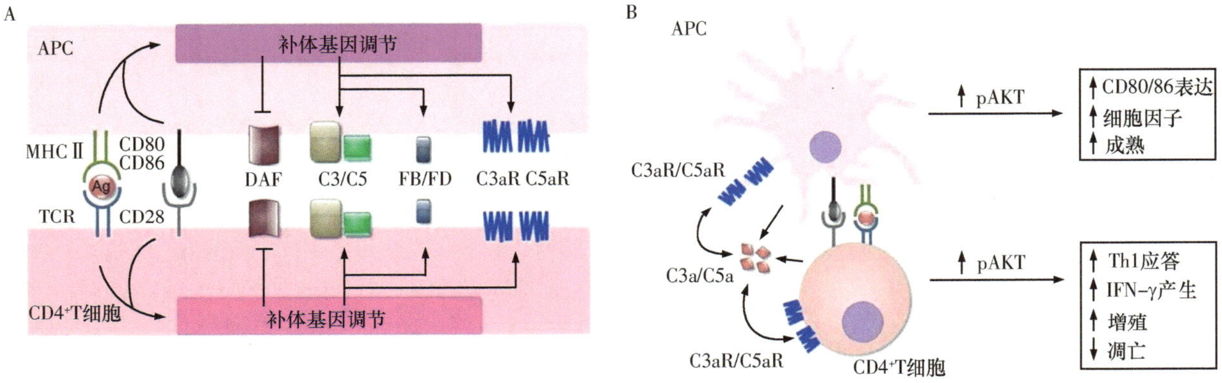

图 2-10 补体对 T 细胞、APC 的调节作用

A. APC 与 T 细胞相互作用→启动 CD80/CD86-CD28 共刺激信号→产生补体、短暂下调 DAF、上调 C3aR/C5aR 表达、局部 AP 激活→局部 C3a 和 C5a 水平增高→刺激 APC 和 T 细胞；B. APC 和 T 细胞表面 C3aR/C5aR 信号→AKT 途径→APC 成熟、细胞因子产生及 CD80/CD86 表达→促进 T 细胞增殖及分泌 IFN-γ，降低 T 细胞对致凋亡作用的敏感性

2. 补体参与 T 细胞应答的消退 补体可参与 T 细胞（主要是 Th1）应答消退，维持免疫自稳，其机制为：①CD35、CD55 及 CD46 可结合并灭活 C3b 和 C4b，抑制细胞表面补体激活并阻断 C3a 及 C5a 产生，从而限制 APC 和 T 细胞活化；②CD59 以补体非依赖方式抑制 $CD4^+$ T 细胞活化；③激活的 T 细胞可诱生 C3b 或 C4b，提供 T 细胞活化早期激活 CD46 的信号，在低水平 IL-2 环境中，诱导 IFN-γ^+Th1 应答；一旦产生高水平 IL-2，CD46-C3b/C4b 通路则诱导 Th1 分化为 IL-10^+Treg，进入应答消退期（图 2-11）。此模式为阐明 Th1 应答诱导与转归、IL-2 协同局部补体（CD46-C3b/C4b）调控 Th1 应答从而维持免疫自稳的机制等提供了重要理论依据。

第二节 补体调节蛋白对补体激活途径的调控作用

补体系统是一个有着精密调控机制的复杂蛋白质反应系统。补体激活受一系列调节机制严格控制，使之反应适度，以防止补体成分过度消耗和对自身组织造成损伤。这种调控作用主要通过补体调节蛋白（complement control protein，CCP），即体液中可溶性（液相）调控蛋白和细胞表面膜结合（膜相）调控蛋白，针对补体激活途径中各关键环节（主要是 C3 转化酶 C4b2a 和 C3bBb，以及 MAC）的控制而实现（图 2-12）。

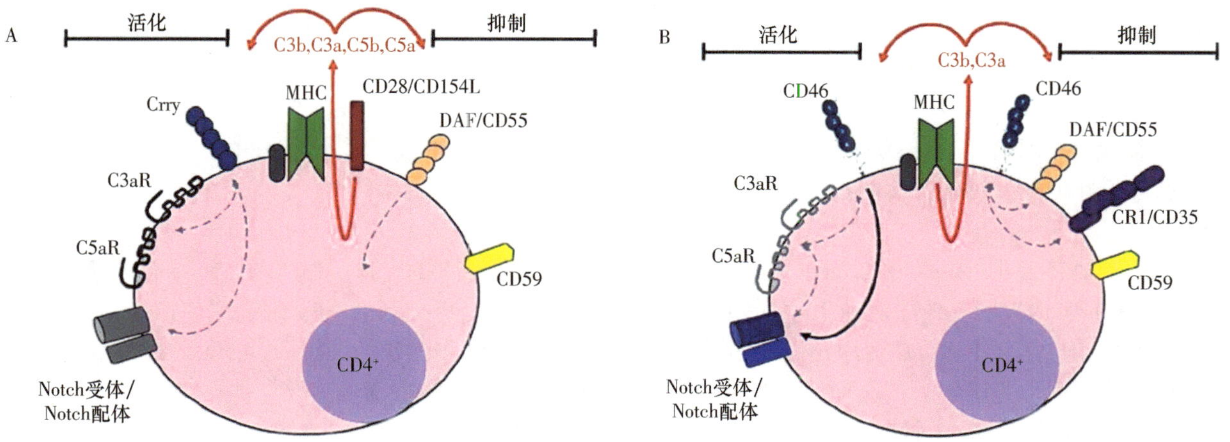

图 2-11 补体对小鼠和人 CD4$^+$T 细胞的调节作用

A. 小鼠 CD4$^+$T 细胞经 CD28 或 CD154 信号而活化→诱导 C3、fB、fD 和 fI 分泌(未标出)→激活局部补体产生 C3a、C3b、C5a 及 C5b(也由 APC 产生,进一步提高局部补体水平)→补体片段与 T 细胞表面相应受体结合→诱导多种细胞应答(Crry 诱导 Th2 细胞应答;其他受体可诱导或调节 Th1 细胞应答);B. C3aR 和/或 C5aR 信号对人 CD4$^+$T 细胞活化的作用待证实;人 T 细胞存在补体-Notch 相互联系和整合信号途径(灰色虚线箭头),在小鼠尚未发现;CR1、DAF 和 CD46 间也可能存在相互联系

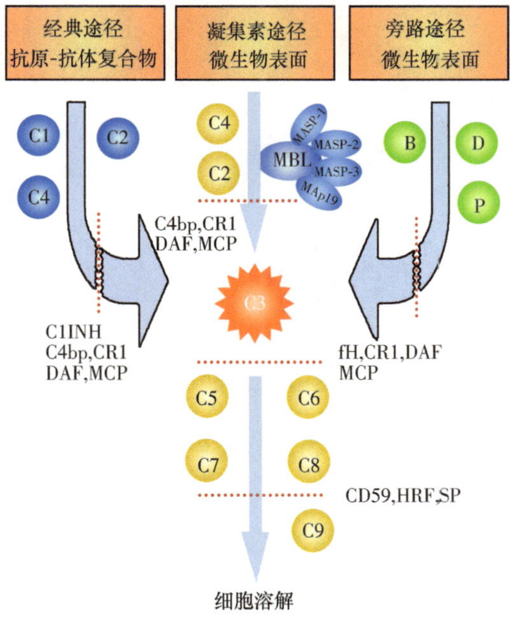

图 2-12 补体调节蛋白对补体激活的调节作用

补体调节蛋白主要通过调控补体激活途径中若干关键环节(包括 C3 转化酶 C4b2a、C3 转化酶 C3bBb 和攻膜复合体 MAC 的形成与活性)而发挥作用

一、针对 C3 转化酶 C4b2a 的调节作用

1. C1 抑制因子(C1 inhibitor, C1INH) C1INH 可抑制 C1r/C1s 和 MASP 活性,使之不能裂解 C4 和 C2,从而阻断 C4b2a 形成。其机制是:①C1INH 与活化的 C1r 和 C1s 结合,抑制其酶活性;②C1INH 与 C1r、C1s 共价结合,使之从 C1q 上解离,并介导 C1 巨分子解聚;③C1INH 与 MASP2 结合,抑制其酶活性。另外,C1INH 还能抑制 XIIa 和 XIa 因子、激肽释放酶和纤溶酶,从而在调节凝血、激肽及纤溶系统中发挥重要作用。

2. 补体受体 1(CR1, CD35) CR1、CR2、C4bp、fH 和 DAF 基因紧密连锁于染色体 1q32,它们的编码产物均参与对 C3 转化酶和 C5 转化酶的调控,故称为补体活化调节蛋白(regulator of complement activation, RCA)家族。该家族均含类似的一级结构单位即短同源重复序列(short consensus repeats, SCR),亦称 CCP 重复单位。每个 SCR 含 60～70 个氨基酸残基,SCR 间同源性达 20%～40%。SCR 是 C3/C4 结合蛋白的共同结构基础。CR1 为单链跨膜蛋白,含 30 个 SCR,广泛表达于红细胞及有核细胞膜,所识别的主要配体是 C3b 和 C4b。CR1 与 C4b 结合,阻断其与 C2 结合,从而抑制 C4b2a 形成。CR1 亦是 fI 的辅因子,能促进 fI 对 C4b 的灭活作用。

3. C4 结合蛋白(C4 binding protein, C4bp) 为可溶性补体调节因子,其作用机制为:①C4bp 与 C4b 的结合能力比 C2 高 27 倍,其与 C2 竞争结合 C4b,可置换 C4b2a 中的 C2a,使已形成的 C4b2a 灭活;②C4bp 与 C4b 结合,可完全抑制 C4b 与 C2 结合,从而阻断 C4b2a 组装;③C4bp 可作为 fI 的辅因子,促进 fI 对 C4b 的裂解作用。

4. MCP(CD46) 为单链蛋白,通过糖基化磷脂酰肌醇(glycosylphosphatidylinositol, GPI)锚定于细胞膜上,广泛表达于白细胞、血小板、造血细胞、上皮细胞和成纤维细胞等表面。MCP 作为辅助因子,可促进fI介导的C4b裂解，但并不直接促进C4b2a分解。

5. I因子(factor I,fI) 旧称C3b灭活因子，是可溶性调节因子，具SP活性，在fH、C4bp、CR1、MCP等辅助下，可将C4b裂解为C4c和C4d。该作用既可阻断C4b2a形成，又能抑制已形成C4b2a的活性。

6. 衰变加速因子(decay-accelerating factor,DAF,CD55) DAF表达于所有外周血细胞、内皮细胞和各种黏膜上皮细胞表面，其与C2竞争结合C4b，从而抑制C4b2a形成并促进其分解。这种抑制作用仅限于直接结合于细胞膜上的C3转化酶，其无fI辅因子的作用(图2-13A)。

另外，C5转化酶C4b2a3b亦受上述机制调控。

二、针对旁路途径C3转化酶C3bBb的调节作用

1. 抑制C3bBb形成及其活性

(1) I因子(factor I,fI)：fI可将C3b裂解为C3f和iC3b，后者进一步裂解为C3dg、C3c和C3d，既阻断C3bBb形成，又可抑制已形成C3bBb的活性。

(2) H因子(factor H,fH)：其可与fB或Bb竞争性结合C3b，阻断C3bBb形成或使已形成的C3bBb解离。fH还是fI的辅因子，使C3b易被fI水解失活，从而抑制C3bBb的酶活性。

(3) 补体受体1(complement receptor 1,CR1)：CR1也是C3b的受体。CR1与C3b结合，阻断其与fB或Bb结合，可抑制C3bBb组装或使已形成的C3bBb解离。CR1作为fI的辅因子，可增强fI对C3b的灭活作用，抑制C3bBb活性。

(4) 膜辅蛋白(membrane co-factor protein,MCP,CD46)：MCP作为fI的辅因子，可增强fI所介导的C3b裂解，抑制C3bBb形成及其活性。(图2-13B)

另外，C5转化酶C3bBb3b亦受上述机制调控。

2. 稳定C3bBb C3bBb不稳定，易被降解。fP与C3bBb结合而形成稳定的C3转化酶C3bBbP，其半衰期比C3bBb长10倍，从而增强C3bBb裂解C3的作用。

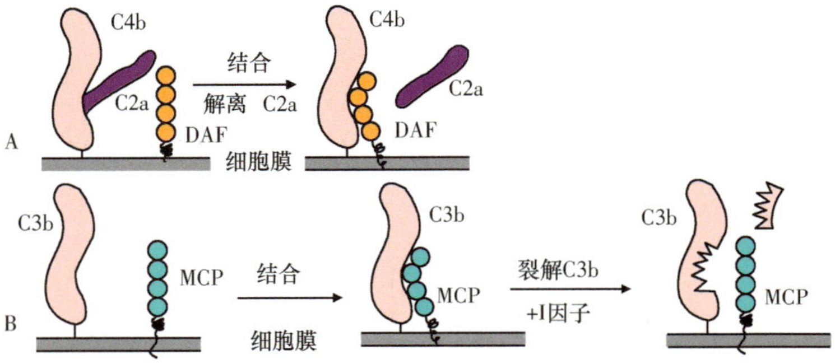

图2-13 DAF和MCP对C3转化酶的调节作用

A. DAF的调节作用；B. MCP的调节作用

三、针对攻膜复合体的调节作用

体内存在多种调节蛋白可抑制MAC形成，从而保护自身正常细胞免遭补体攻击。

1. CD59 亦称膜反应性溶破抑制物(membrane inhibitor of reactive lysis,MIRL)或同源限制因子20(homologous restriction factor 20,HRF20)。CD59广泛分布于皮肤、肝脏、肺脏、肾脏、胰脏、胎盘、神经系统组织器官及各种血细胞，精子细胞亦高表达。CD59可阻止C8、C9分别与C5b～7、C5b～8结合，从而抑制MAC形成，限制补体系统对自身或同种细胞的溶破作用。

2. 同源限制因子(homologous restriction factor,HRF) 亦称C8结合蛋白(C8 binding protein,C8bp)，存在于正常人血细胞，能抑制C9与C5b～8结合及C9聚合，从而阻断MAC形成及其对靶细胞的溶破作用。

3. S蛋白(S protein,SP) 亦称玻璃连结蛋白(vitronectin,VN)，可与C5b67复合物结合，妨碍其插入靶细胞脂质双层膜，从而抑制MAC形成。

4. 群集素(clusterin,SP40/40) 是由分子量均为40kD的α链和β链所组成的异二聚体，亦称SP40/40。群集素可与C5b～7、C5b～8、C5b～9结合，抑制MAC组装，还可与SP协同作用，令膜结合的MAC释放而成为可溶性MAC，使之丧失溶细胞作用。

兹将针对补体激活途径中各关键环节的主要调控蛋白总结于表2-3。

表 2-3 补体调控蛋白及其功能

调控蛋白	CD 编号	功能
液相调控蛋白		
C1INH		抑制 C1r、C1s 和 MASP 活性，阻断 C4b2a 形成
C4bp		抑制 C4b2a 和 C4b2a3b 形成及活性
fI		抑制 C4b2a、C3bBb、C4b2a3b、C3bBb3b 形成及活性
fH		抑制 C3bBb 和 C3bBb3b 形成及活性
fP		稳定 C3bBb
SP		抑制 MAC 形成
群集素		抑制 MAC 形成
跨膜调控蛋白		
CR1	CD35	抑制 C4b2a、C3bBb、C4b2a3b、C3bBb3b 形成及活性
DAF	CD55	抑制 C4b2a、C3bBb、C4b2a3b、C3bBb3b 形成及活性
MCP	CD46	抑制 C4b2a、C3bBb、C4b2a3b、C3bBb3b 形成及活性
MIRL	CD59	抑制 MAC 形成
HRF		抑制 MAC 形成

第三节 补体相关疾病及干预策略

正常情况下，机体内补体系统各成分含量相对稳定，适时、适度地被激活而发挥生物学功能，并受到精密调控。某些情况下，补体异常参与某些疾病的发生，例如：①遗传性补体成分缺陷；②补体异常激活；③某些微生物借助多种机制逃避宿主补体系统的攻击，甚至利用补体蛋白增强其感染性；④肿瘤细胞可通过某些机制逃避补体攻击。

一、遗传性补体缺陷与临床

（一）遗传性补体缺陷

几乎所有补体成分均可能发生遗传性缺陷。多数补体成分缺陷属常染色体隐性遗传，少数为常染色体显性遗传，个别成分（如 fP 缺陷）则是 X 性连锁隐性遗传。遗传性 CP 和 AP 成分缺陷所致免疫缺陷病约占原发性免疫缺陷病的 2%，以 CP 成分缺陷较常见。遗传性补体缺陷的男女发病率相近，但 C2 缺陷多见于女性，而 fP 缺陷仅见于男性。人群中遗传性补体缺陷的总体发病率约万分之一，以 C2、C1q 和 C1INH 缺陷较常见。由于多数补体缺陷是杂合子背景，一般仅在纯合子或 X-性联基础上的完全功能性缺陷才纳入统计，且不同人群的流行情况各异，故难以准确分析遗传性补体缺陷的流行情况。临床上 CP、AP 及末端共同通路各成分缺陷的漏诊率可能高达 90%。另外，人群中 MBL（10% 以上）、MASP2 缺陷（5.5%）频率非常高。表 2-4 总结遗传性补体成分缺陷及其临床表现。

表 2-4 遗传性补体缺陷的分子基础及主要临床表现

缺损成分	分子基础	染色体定位	遗传方式	主要临床表现
经典途径成分				
C1q	B 链基因点突变、B 或 C 链合成障碍	1	AR	SLE 样综合征、化脓菌及脑膜炎球菌感染
C1r	?	12	AR	同上
C1s	?	12	AR	同上
C2	基因片段缺失所致 C2 零基因	6	AR	SLE 样综合征、RA、脉管炎、多发性肌炎、化脓菌感染
C4	基因片段缺失所致 C4 零基因、突变或插入引起转录障碍	6	AR	SLE 样综合征、化脓菌及脑膜炎球菌感染
旁路途径成分				
fD	?	?	?	奈瑟球菌感染
fP	?	X	XR	奈瑟球菌感染、化脓菌感染
凝集素途径成分				
MBL	结构基因点突变、启动子区多态性	10	AD	各种病原体反复感染、自身免疫病
MASP2	结构基因点突变	1	AD	同上
共同成分				
C3	基因片段缺失、点突变和剪接位点突变	19	AR	化脓性细菌感染、肾小球肾炎、SLE 样综合征

续表

缺损成分	分子基础	染色体定位	遗传方式	主要临床表现
C5	点突变	9	AR	奈瑟菌感染、SLE
C6	?	5	AR	同上
C7	?	5	AR	同上
C8α、C8γ	?	1、9	AR	同上
C8β	点突变	1	AR	同上
C9	?	5	AR	同上，多数无表现
调控蛋白与受体				
C1INF	外显子缺失或复制、点突变、单密码缺失或插入等	11	AD	遗传性血管神经性水肿
I因子	?	4	AR	化脓菌感染、肾小球肾炎、SLE样综合征
H因子	?	1	AR	同上，血尿综合征
CR1	?	1	AD	化脓菌感染、SLE样综合征
CR3	?	16、21	AR	白细胞黏附缺陷症
DAF	点突变	1	AR	阵发性夜间血红蛋白尿
CD59	单碱基缺失致读码框异常	11	AR	阵发性夜间血红蛋白尿

注：AD：autosomal dominant，常染色体显性遗传；AR：autosomal recessive，常染色体隐性遗传；XR：X-linked recessive，X连锁隐性遗传；SLE：systemic lupus erythematosus，系统性红斑狼疮；RA：rheumatoid arthritis，类风湿关节炎

1. 经典途径成分缺陷

（1）C1缺损：C1巨分子由C1q、C1r和C1s组成。遗传性C1q缺陷的类型为：①不能合成C1q，血清中无C1q蛋白，其机制为C1q B链基因第150位密码点突变为终止密码（GCT150ACT），导致B链合成提前终止；②血清中存在C1q，但C1q无功能，可能与B链或C链合成异常有关。

C1r、C1s缺陷少见，至今仅报道10余例，其分子基础不明。

（2）C2和C4缺陷：C2、C4和fB基因位于MHCⅢ类基因区。C2和fB各有1个基因，但C4有2个基因（C4A、C4B）。C2缺陷常见，人群中C2缺陷杂合子频率高达1%。C2缺陷的分子基础是出现C2零基因（C2QO）：①Ⅰ型C2QO，有正常C2 mRNA但无蛋白合成，机制是C2基因外显子6缺失1个28bp片段，使阅读框移动，导致其下游12bp处出现终止密码；②Ⅱ型C2QO，系C2分泌的选择性障碍所致，其机制未明。C4A和C4B基因同时出现零基因的情况极少，一般是其中1个基因缺陷。C4AQO和C4BQO均主要由基因片段缺失所致。

2. 旁路途径成分缺陷

（1）fD缺陷：遗传性fD缺陷少见，迄今仅报道3个家系，其分子基础尚不清楚。

（2）fP缺陷：属X连锁隐性遗传，迄今所发现缺陷者均为男性。根据蛋白表达情况分为3类，即检测不到fP、fP降低、fP含量正常但无功能，其分子基础未明。

3. 凝集素途径成分缺陷

（1）MBL缺陷：血清MBL水平低下和MBL基因第54位密码点突变GGC54GAC与反复感染相关。另在57、52位密码鉴定出2个类似的点突变GGA57GAA和CGT52TGT。人群MBL基因突变频率约10%，故MBL缺陷是目前所发现最常见的免疫缺陷。此外，在MBL基因启动子区发现若干单核苷酸多态性（single nucleotide polymorphisms，SNP）位点，其影响MBL的基础表达水平。

（2）MASP缺陷：迄今仅报道1例反复感染并狼疮样症状的病例，其MASP2基因第120位密码存在GAC→GGC纯合点突变，突变型杂合子血清MASP2浓度为野生型个体的45%，纯合子则仅5%。该突变型MASP2蛋白丧失与MBL或FCN结合的能力。

4. 补体激活途径共同成分缺陷

（1）C3缺陷：迄今共报道20余例遗传性C3缺陷患者，其基因异常包括C3基因片段缺失、点突变和剪接位点突变等。

（2）C5～C9缺陷：①C5缺陷迄今仅报道数十例，其C5β链基因第1位密码发生无义突变（CAG1TAG），可能是C5缺陷的分子基础；②C6缺陷在白种人较常见，多数患者血清中未能检出C6蛋白或仅含少量功能异常的C6蛋白；③C7缺陷在日本人群常见，多数患者血清中含少量功能异常的C7蛋白；④已报道C6和C7联合缺陷，可能与连锁的该两基因

缺失或突变有关;⑤C8 缺陷包括 C8 α-γ缺陷、C8β 链缺陷、C8β 链变异所致功能异常;⑥C9 缺陷是日本人群最常见的遗传性补体缺陷病,其机制不清。

5. 补体调节蛋白及补体受体缺陷

(1) C1INH 缺陷:①Ⅰ型缺陷,主要因 C1INH 基因外显子缺失、复制或点突变引起无义突变所致,患者血清 C1INH 浓度降低;②Ⅱ型缺陷,主要因点突变或插入导致 C1INH 酶活性中心关键残基改变或空间构象变化所致,患者血清 C1INH 水平正常但功能异常。C1INH 缺陷为常染色体显性遗传,患者多为杂合子。

(2) fI、fH、CR1 和 CR3 缺陷:偶有报道,其分子基础不明。

(3) DAF 和 CD59 缺陷:DAF 缺陷的纯合子患者,其基因第 53 位密码由于点突变而形成终止密码。CD59 缺陷者其基因编码区第 16 位和 96 位密码发生单碱基缺失,导致读码框移位,不能翻译有功能的 CD59 分子。

(二) 遗传性补体缺陷的临床表现

由于补体成分缺陷,使补体系统不能激活,导致患者对病原体易感,并因体内 IC 清除障碍而出现 IC 相关的自身免疫病。一般而言,CP 成分缺陷者易感自身免疫病,风险依次是 C1q>C4>C2>C3,尤其易感化脓性细菌及脑膜炎球菌;AP 和末端共同通路成分缺陷患者易患奈瑟球菌感染;LP 成分缺陷者对各种病原体易感,其自身免疫病发病率增高。少数补体成分缺陷具有特殊的临床表现(见表 2-4)。

1. 感染性疾病 ①少数 C1q 缺陷患者可表现为严重细菌感染,C1r 和 C1s 缺陷者临床表现与 C1q 缺陷相似,有易感染倾向;②C2 缺陷患者常反复发生由肺炎球菌、金黄色葡萄球菌、奈瑟球菌和流感杆菌所致的肺炎、脑膜炎或菌血症;③C4 缺陷者可表现为反复发作的严重全身性化脓性细菌感染;④fP 和 fD 缺陷者易患感染性(尤其奈瑟球菌如脑膜炎球菌)疾病;⑤MBL 识别谱广泛,故 MBL 缺陷者可出现各种病原体反复急、慢性感染,全身各器官系统均可受累,化疗、手术或移植后感染也与 MBL 缺陷有关;⑥MASP2 缺陷者临床表现与 MBL 缺陷相似,但后果更为严重,因其还介导 FCN 激活的凝集素途径;⑦C3 遗传性缺陷者对化脓性有荚膜细菌(如金黄色葡萄球菌、肺炎球菌及奈瑟球菌)易感,常反复发生肺炎、菌血症或脑膜炎;⑧末端成分 C5 ~ C9 缺陷者常反复发生严重的全身感染,表现为球菌性脑膜炎和菌血症,有时可发生淋球菌菌血症造成全身淋球菌感染;⑨fI、fH 遗传性缺陷使 C3 过度消耗,导致继发性 C3 缺陷,其表现与遗传性 C3 缺陷一样;⑩CR1 缺陷可致调理吞噬障碍,表现为化脓性细菌感染;CR3 缺陷者由于 β2 链基因突变而致白细胞 CR3 表达缺陷,使白细胞不能与血管内皮细胞表面 ICAM-1 结合,不能趋化至炎症部位,从而引起白细胞黏附缺陷症(leukocyte adhesion deficiency,LAD),其临床特征为反复发生难以治愈的感染,尤其是严重的化脓性细菌和真菌感染,表现为皮肤感染经久不愈并形成溃疡。

2. 免疫性疾病 ①几乎所有 C1q 缺陷均患 IC 相关疾病,常见 SLE、盘状狼疮、肾小球肾炎或血管炎;②C1r 和 C1s 缺陷易患 SLE 样疾病;③约 50% C2 缺陷者患 SLE 或其他自身免疫病,尤以皮损及关节表现明显;④C4 纯合缺陷者常早发严重的 SLE 症状和进行性 IC 性肾脏病变,C4A 阻止 IC 沉积的功能比 C4B 强,故 C4AQO 患者更易患 IC 病如 SLE,并参与其他自身免疫病发生;⑤MBL 缺陷者对 SLE、RA 易感性增高,MASP2 缺陷者有 SLE 样症状,伴溃疡性结肠炎;⑥C3 缺陷和 CR1 缺陷均可能影响循环 IC 的清除,患者常出现自身免疫病的临床表现;⑦部分末端成分如 C6、C7 缺陷者可出现关节症状。

3. 特殊的补体缺陷病

(1) 遗传性血管神经性水肿(hereditary angioedema,HAE):由 C1INH 缺陷所引起,为常染色体显性遗传。ClINH 缺陷导致 C1 活化失控,C4 和 C2 裂解增多,C2b 具有激肽样活性,使血管扩张、毛细血管通透性增高,出现皮肤黏膜水肿。ClINH 缺乏时,凝血、激肽和纤溶系统亦失控,凝血因子 XII 和纤溶系统异常激活,使激肽系统活化,产生激肽,使小血管扩张、毛细血管和微静脉通透性增高,导致水肿。临床特征为反复发作的局限性皮肤和黏膜水肿,可累及全身各部位,常见皮下水肿和胃肠道水肿所致消化道症状,若喉头水肿可引起窒息死亡。

(2) 夜间阵发性血红蛋白尿症(paroxysmal nocturnal hemoglobinuria,PNH):是一种获得性克隆性造血干细胞疾病,由于一种或多种 GPI 锚连蛋白(如 DAF 或 CD59)缺乏,导致细胞膜失去保护,易遭补体攻击而破坏。临床表现为全血细胞减少、血管内溶血、反复静脉血栓形成和骨髓衰竭,患者常有反复发作的血红蛋白尿和持久性贫血。

必须强调,阐明遗传性补体缺陷病发病机制相当困难,原因为:①除少数单基因疾病(如 PNH 和 HEA)外,一种补体缺陷病通常与一种以上补体基因突变/多态性有关,如 aHUS、DDD、AMD 均存在 5 种以上补体成分缺陷,而同一基因或数个基因缺陷也可出现于若干不同疾病;②非遗传风险因素也参与此类疾病发生发展,目前对基因-环境协同参与疾病发生的机制了解甚微。

二、补体功能异常相关的主要临床疾病

（一）补体与炎症性疾病

补体异常激活（包括程度和发生部位）参与炎症性疾病发生和发展。C3a、C5a 是重要的炎症介质，可促进细胞活化并释放炎症介质（包括促炎细胞因子），使炎症反应进一步放大，从而直接、间接导致组织损伤。

补体异常活化相关的炎症疾病包括肾脏疾病（如肾炎）、呼吸系统疾病（如急性呼吸窘迫综合征）、神经系统疾病（如老年性痴呆）、局部缺血再灌注损伤（如心肌梗塞）、某些自身免疫病、全身炎症反应、严重创伤和烧伤、血液暴露于异物（如心肺旁路术、血液透析后反应）等。

1. 自身免疫病 补体活性异常可致 IC 和凋亡/死亡细胞清除障碍，以及适应性免疫失调，从而引发自身免疫病（如 SLE、RA、抗磷脂抗体综合征等），其机制各异：①补体与 FcγR 相互作用影响体液免疫应答格局；②抗 C1q 自身抗体或 CP 组分缺陷，可影响自身 IC 介导的 CP 激活和补体消耗，参与 SLE 发病；③实验性变应性脑脊髓炎（*experimental allergic encephalomyelitis*，EAE）模型中，$Daf1^{-/-}$ 小鼠比 WT 鼠发生更严重的麻痹，此效应为 C5aR 和 C3aR 依赖性；④自身免疫性局灶节段性肾小球硬化、IL-17 依赖自身免疫性关节炎及链脲佐菌素诱导糖尿病等动物模型中，局部 C5a/C3a 及 C5aR/C3aR 通路发挥关键作用。

2. 溶血性疾病 ①补体参与溶血性疾病如输血反应、新生儿溶血症等发病，因红细胞对补体的溶破作用高度敏感；②补体参与 PNH 发病，因患者糖基磷脂酰肌醇锚合成障碍使血细胞不表达 CD55 和 CD59，而红细胞为 $CD46^{-}$，故红细胞对补体攻击敏感，导致严重溶血和血栓形成；③补体介导溶血也参与 aHUS 及冷凝集素病发病。

3. 肾脏疾病 肾脏对补体攻击敏感，多种肾小球疾病与 AP 失调密切相关：①非典型性溶血尿毒综合征（aHUS）与补体多态性（如 fH、CD46、C3）、补体缺失［如补体 H 因子相关蛋白（complement factor H relative protein，CFHR）］或抗补体（如 fH）自身抗体有关；②P-选凝素和血小板血栓可激活 AP，参与产志贺毒素大肠杆菌所致溶血尿毒综合征（HUS caused by Shiga toxin-releasing Escherichia coli，STEC-HUS）和血栓性血小板减少性紫癜发病；③补体异常激活参与 C3 肾小球病［如致密沉积病（dense deposit disease，DDD）、CFHR5 肾病等］发病。

4. 缺血-再灌注损伤 IRI 相关疾病包括脑卒中、心肌梗死、创伤、脓毒症、休克及心肺旁路术（cardiopulmonary bypass，CPB）综合征等。补体参与 IRI 发生的机制为：识别新表位、调理、放大、C5a 效应、黏附分子表达上调等。LP（尤其是 MBL/MASP-2 复合体）在 IRI 发病中起重要作用。

5. 全身性炎症反应综合征（systemic inflammatory response syndrome，SIRS） SIRS 发生与高强度 DAMP/PAMP 刺激有关，补体参与此病理过程的机制为：①创伤及创伤后 IRI 可触发广泛而强烈、补体参与的瀑布式炎症反应，导致 SIRS；②严重感染可摧毁补体和 TLR 等构建的防御屏障，引发脓毒症；③早期 PAMP 诱导高炎症应答，在补体激活、细胞因子风暴及凝血障碍等共同作用下，最终导致 SIRS，C5a 信号在其中起主要作用。

6. 其他炎症性疾病 ①变应原-抗体复合物可通过 CP 激活补体，C3 和 C5 也可被某些变应原（如屋尘螨）所含蛋白酶裂解，产生 C3a 和 C5a 参与变应性哮喘发病（但 C5a 也能抑制致敏期 Th2 细胞应答）；②C5a 促成慢性阻塞性肺病（chronic obstructive pulmonary disease，COPD）恶化；③补体片段及其受体（C5aR、CR3）、TLR 系统（TLR4、CD14）与口腔微生物组间相互作用，可影响牙周炎发生发展；④补体参与骨相关疾病和损伤，如过敏毒素可影响破骨细胞生成。

7. 年龄相关变性疾病 年龄相关黄斑变性（age-related macular degeneration，AMD）是老年人致盲的主要眼病，其与 fH 多态性相关，因补体活性异常而导致地图样萎缩（干性 AMD）和脉络膜新生血管（湿性 AMD）。此外，补体参与老年痴呆（AD）发病，相关依据为：①发病与 CR1 及丛集素相关；②大脑局部合成补体参与突触形成及中枢炎症；③AD 中淀粉样蛋白沉积可通过 C1q 激活 CP；④C5a/C5aR 轴通过参与炎症应答而在发病中起作用。

必须强调，补体相关炎症性疾病的发病机制极为复杂：①补体相关疾病一般为多因素所致，且补体在疾病中通常发挥双向效应；②补体与免疫、凝血、纤溶、激肽等系统间存在极为复杂的相互作用；③此类疾病虽具有某些共同规律，但在不同疾病中，补体激活的触发因素、部位、动力学及程度可能各异；④即使同一疾病，不同个体的补体型、免疫状态及体内外环境不尽相同，导致补体参与疾病发生的机制各异。

（二）补体与感染性疾病

补体是机体抵御病原体感染的重要因素（见前文

“补体的生物学功能”），但补体过度激活可导致脓毒症等全身性炎症。另一方面，病原体（尤其是病毒）经长期进化，可通过多种机制逃避补体系统攻击。

1. 病原体表达CCP的模拟蛋白　某些病毒编码和表达与RCA家族分子或其他CCP功能相似的蛋白，可保护病毒包膜或病毒感染细胞膜免遭补体系统攻击（表2-5）。

表2-5　病毒表达的补体调节蛋白模拟蛋白

病毒	病毒蛋白	功能
CRA同源性蛋白		
痘苗病毒（VV）	VCP	结合于C3b、C4b，作为fI的辅因子
天花病毒（SPV）	SPICE	结合于C3b、C4b，作为fI的辅因子
牛痘病毒（CPV）	IMP	下调趋化性补体片段C3a、C4a和C5a产生
松鼠猴疱疹病毒（HVS）	CCPH	抑制C3转化酶形成并加速其衰变
非CRA同源性蛋白		
单纯疱疹病毒（HSV）-1	糖蛋白C1	结合于人C3b，加速AP C3转化酶衰变，抑制C5与fP结合
单纯疱疹病毒（HSV）-2	糖蛋白C2	结合于人C3b，加速AP C3转化酶衰变
伪狂犬病毒（PRV）、牛疱疹病毒（BHV）-1、马疱疹病毒（EHV）-1、-4	糖蛋白C	结合于种属特异性C3b
EB病毒	EBV蛋白	加速AP C3转化酶衰变，fI的辅因子

注：CCPH：complement control protein homologue，补体调控蛋白同源物；IMP：inflammation modulatory protein，炎症调节蛋白；SPICE：smallpox inhibitor of complement enzymes，天花病毒补体酶抑制因子；VCP：vaccinia virus complement control protein，痘苗病毒补体调控蛋白

例如：①VV编码的VCP含4个SCR，其与RCA中C4bp的SCR1相似，能结合C4b和C3b，并辅助fI将其裂解而失活，从而抑制CP和AP活性；②SPV编码的SPICE具fI辅因子的作用，CPV的IMP能下调C3a、C4a、C5a产生，抑制巨噬细胞向感染部位浸润；③HVS编码的CCPH与RCA家族中DAF序列相似，可抑制C3转化酶形成并加速其衰变，增强其对补体裂解的抵抗力；④疱疹病毒表达的糖蛋白C能结合C3b，加速AP C3转化酶衰变；⑤EBV的一种包膜蛋白可加速AP C3转化酶衰变；⑥黏液瘤病毒和猪痘病毒CCP的序列与哺乳动物CCP及VCP相似；⑦鼠疱疹病毒编码一种与哺乳动物RCA相似的含4个SCR的蛋白，能抑制CP和AP激活。

2. 病原体整合、上调或结合补体调节蛋白　某些病原体能将宿主细胞的CCP整合至其包膜，或上调其感染细胞上CCP表达，或结合CCP（表2-6），从而逃避补体系统攻击。

表2-6　病原体整合、上调或结合补体调节蛋白

病毒	对补体调控蛋白的利用
人免疫缺陷病毒（HIV）	整合CD59和DAF
痘苗病毒（VV）	整合CD46、CD55、CD59
人巨细胞病毒（HCMV）	上调CD55和CD46
人T细胞白血病病毒（HTLV）	整合CD55和CD59
伪狂犬病毒（PRV）	整合膜相补体调控蛋白
人免疫缺陷病毒（HIV）	结合fH
链球菌	结合MCP和fH

有包膜病毒选择在富含胆固醇的特殊微膜区（脂筏）出芽释放，而GPI锚定的CCP（如DAF和CD59）可与这种脂筏相连。CCP整合处的病毒包膜可能就来自病毒出芽的脂筏聚集区域。例如：①HIV出芽时将DAF、CD59整合至病毒包膜上，HCMV、HTLV能整合多种CCP于其包膜上；②HIV的gp41能与fH高亲和力结合；③链球菌的M蛋白能结合MCP和fH；④辛德毕斯病毒出芽时获得宿主细胞膜的唾液酸，使包膜上结合的C3b易受fH的作用而失活。上述逃避补体攻击的机制，可保护病原体及其感染细胞免遭补体裂解作用。

3. 病原体干扰补体与免疫复合物结合　某些病毒可表达FcR及其类似蛋白或其他蛋白（表2-7），通过干扰补体与IC结合而抑制CP启动，使病毒得以逃避抗体依赖的补体裂解作用。其机制为：①FcR及其类似蛋白可在空间上阻碍病毒与特异性抗体接近；②病毒包膜或感染细胞表面的病毒蛋白可与抗体超变区结合，同时抗体Fc段与病毒FcR结合，使抗体两端桥联，不能启动CP。例如：①HSV及其感染细胞膜上存在能结合IgG的糖蛋白gE，具FcR活性，并可与另一糖蛋白gI形成复合物，从而加强gE的FcR活性；②HCMV和MCMV均表达FcR样分子，且其结构与人FcR相似；③MHV、BCV和TGEV的刺突蛋白对其天然宿主的IgG具亲和力；等等。

表2-7　干扰补体与IC结合的病毒成分

病毒	病毒蛋白或基因产物	功能
单纯疱疹病毒（HSV）、伪狂犬病毒PRV	糖蛋白E-I	FcR活性
水痘-带状疱疹病毒（VZV）	糖蛋白Ⅰ、Ⅳ	FcR活性

续表

病毒	病毒蛋白或基因产物	功能
人巨细胞病毒(HCMV)、鼠巨细胞病毒(MCMV)	FcR 基因-1	FcR 活性
鼠肝炎病毒(MHV)、牛冠状病毒(BCV)、传染性胃肠炎病毒(TGEV)	刺突蛋白	FcR 活性
人巨细胞病毒(HCMV)	UL119/UL118	FcR 活性
人巨细胞病毒(HCMV)	TRL11/IRL11	FcR 活性
伪狂犬病毒(PRV)	糖蛋白 E-I	使病毒蛋白-抗体复合物脱落
伪狂犬病毒(PRV)	糖蛋白 B、D	内化病毒蛋白-抗体复合物

4. 病原体利用补体受体或补体调节蛋白作为受体 多种病原体(如病毒、细菌、寄生虫)均可利用补体受体或补体调节蛋白作为受体或辅受体而感染靶细胞(表 2-8),即病原体通过相应补体分子而易化其感染过程。例如:①HIV 进入机体可激活补体系统,C3 裂解片段沉积于 HIV 表面,被调理的 HIV 借助 CR 进入 CR^+ 靶细胞;②MV 感染靶细胞时,首先由 MCP 介导 MV 外壳蛋白吸附到细胞膜上,随之血凝素构象改变,使病毒融合素构象变化,释出其疏水肽段而插入细胞膜中,最终病毒与靶细胞膜完全融合;③EBV 可通过与 CR2 结合而选择性感染人 B 细胞。

表 2-8 感染靶细胞的受体或辅受体

病原体	受体或辅受体
HIV	CR1、CR2、CR3
麻疹病毒(MV)	MCP
EB 病毒	CR2
大肠杆菌、柯萨奇病毒、埃可病毒	DAF
分枝杆菌、军团菌、利什曼原虫、梨浆虫	CR1

探讨补体系统与病原体相互作用的机制,有助于阐明病原体识别、黏附或进入靶细胞的分子机制及其致病机制,并为传染病的防治提供新策略。例如,针对病原体利用补体蛋白作为受体而感染靶细胞,可通过阻断病原体与其受体结合而防止感染。相关的策略为:①抗相关补体分子的抗体可能防止病原体感染靶细胞,如抗 DAF 单抗可阻断柯萨其病毒、HIV 感染靶细胞;②补体抑制因子或可溶性补体受体可用于抗微生物治疗,已发现 sCR1、sCR2 可抑制 HIV 感染靶细胞;③应用多肽中和病毒的受体结合位点,阻断受体功能,从而抑制病毒与细胞膜融合及合胞体形成。

(三) 补体与肿瘤

补体对肿瘤的作用具有双向性:①补体参与机体抗肿瘤的免疫效应机制;②肿瘤细胞可高表达 CCP(如 MCP、DAF、CD59),并通过释放可溶性 CCP 至微环境及血液,使肿瘤逃避补体攻击;③某些肿瘤模型中,补体激活和释放 C5a 可促进免疫细胞亚群分化和/或血管生成,形成利于肿瘤生长的微环境。

1. 肿瘤细胞表达 CCP 而导致免疫逃逸 补体依赖的细胞毒作用在机体抗肿瘤免疫机制中起重要作用,但肿瘤细胞可通过各种机制逃避补体攻击。近年发现,多种肿瘤细胞表面高表达一种或多种 CCP,而肿瘤细胞高表达 CCP 的患者比低表达者预后更差,这可能是肿瘤逃避补体攻击和抵抗抗体治疗的重要机制。例如:①各系统肿瘤细胞表面均高表达 MCP、DAF 或 CD59,还可释放可溶性 CCP 至微环境及血液中;②肿瘤细胞高表达 DAF,可通过抑制 CDC 而使肿瘤细胞免遭补体介导的溶破,还能抑制 C3b 在细胞表面沉积而阻止吞噬作用,并赋予肿瘤细胞抵抗 NK 细胞杀瘤效应的能力。

2. CCP 相关抗瘤策略 基于对肿瘤细胞表达 CCP 及其导致肿瘤免疫逃逸的认识,已提出相关的抗瘤策略:①使用特异性抗体封闭肿瘤细胞表面 CCP,提高肿瘤对补体攻击的敏感性,为保证抗体仅选择性作用于肿瘤细胞,已研制同时识别肿瘤抗原和肿瘤 CCP 的双特异性抗体;②同时使用抗瘤抗体和针对肿瘤所表达 CCP 的单克隆抗体,能有效抑制肿瘤生长;③抗 CD20 抗体(Rituximab)用于治疗非何杰金淋巴瘤,联合应用抗 DAF 或 CD59 抗体可增强肿瘤细胞对 Rituximab 的反应性;④使用抗肿瘤抗体的同时应用 CCP 模拟分子(如 DAF 独特型抗体),可诱导抗 CCP 抗体生成,使肿瘤细胞表面 CCP 表达降低甚至消失,从而提高肿瘤对补体攻击的敏感性;⑤应用某些细胞因子下调 CCP 表达。

(四) 补体与母胎免疫

1. 妊娠相关并发症 妊娠个体易受补体攻击,相关依据为:①补体是抗体依赖性(如磷脂抗体综合征)和抗体非依赖性流产的主要致病因素,其机制可能涉及 C5a 介导的胎盘血管生成受损;②C5a 信号是先兆子痫发病的决定因素;③早产儿补体活性明显增高,补体活化产物(如 Bb 或 C3a)可作为预测早产的标志物。

2. 母胎耐受 生殖系统细胞和体液高表达 CCP,表明补体系统参与母胎免疫,可能与精子和胎儿不被母体排斥有关。例如:①精子和精浆高表达

CD59及DAF,可保护精子免遭女性生殖道中抗精子抗体和补体的攻击;②胎盘滋养层上皮细胞高表达CD59、DAF和MCP,可保护胎儿免受来自母体或胎血的补体攻击。阐明补体在母胎免疫中的作用及其机制,有可能提供干预避孕和不孕的新策略。

(五)补体与器官移植排斥反应

1. 同种移植排斥　补体参与发病的机制为:①移植物局部补体激活可直接损伤组织或影响同种反应性T细胞应答;②IRI导致移植物损伤(尤其是供者循环停止后的器官移植);③C5a的趋化和致炎效应;④亚溶破型MAC沉积直接激活炎症细胞,伴炎症介质IL-6或TNF释放;⑤参与体液免疫所致急性和超急性排斥反应;⑥快速补体激活参与"即时血液介导炎症反应"所致凝血性炎症,损伤胰岛移植物;⑦生物医药装置和植入物、药物赋形剂、体外循环、血液透析及其他人造材料等均可触发补体和凝血炎症应答,如CPB术中,循环材料、氧合器中血/气界面、鱼精蛋白复合物均能激活补体,并可引发全身炎症反应综合征(SIRS)。

2. 异种移植排斥　猪的解剖形态和生理功能等与人相似,成为异种移植物的首选来源。已发现,猪血管内皮细胞表面表达Galα1-3Gal糖基表位,可与人体内相应天然抗体(IgM)结合而激活补体,导致超急性排斥反应。据此,可能的干预策略为:①借助血浆交换法去除IgM天然抗体;②应用眼镜蛇毒因子(cobra venom factor,CVF)去除补体;③应用C1INH、sCR1、sDAF和sCD59、重组人MCP/FcγRII嵌合蛋白等抑制补体;④预先用抗C5或C8单抗灌洗待移植器官,降低补体所致损伤;⑤培育跨膜CCP的转基因猪,提供转基因动物器官;⑥转基因或基因敲除,改变供者器官表面抗原。

三、补体相关的生物治疗策略

(一)遗传性补体缺陷的治疗原则

1. 抗感染　补体缺陷患者发生感染时,一般对抗生素治疗的反应良好。

2. 纠正补体缺陷　可给予补充性治疗:①输注纯化的补体缺陷成分,使患者体内补体成分达到正常水平;②输入新鲜血浆,补充所需补体成分。其潜在危险是,多次输注可能诱导患者产生免疫应答。

3. 免疫抑制疗法　有自身免疫病表现者,可考虑进行免疫抑制治疗。

4. HAE的治疗措施　①补充C1INH,如输注新鲜血浆或纯化C1INH,前者疗效较好;②应用纤溶抑制剂降低缓激肽生成,有助于控制HAE发作;③应用雄激素刺激C1INH生成。

5. PNH的治疗　骨髓移植可根治该病,但风险很大。近年发现,抗人C5的重组人源单克隆抗体(Eculizumab)能有效抑制MAC形成,明显缓解病情并提高生存质量。

6. LAD的治疗　尚无有效的常规疗法,现多采用骨髓移植。

(二)基于补体的干预策略

随着补体研究的不断深入(如发现补体系统新功能;证明补体与免疫-炎症反应存在密切联系并阐明其机制;不断发现新的补体相关疾病),使得补体成为免疫调节和抗炎的重要靶点。基于补体的治疗主要涉及抑制或阻断补体的异常激活,基本策略为:①用CCP(如C1INH、CR1、DAF、MCP、CD59)控制补体系统激活;②用阻断性抗体(如抗C5、C5a抗体)抑制补体活化或中和相应补体片段的活性;③用补体受体拮抗剂(如C5aR拮抗剂)阻断相应受体活化;④用补体阻断性多肽抑制某些补体成分的功能。

1. 补体激活途径特异性抑制剂

(1)针对CP和LP的干预策略:①C1s抑制剂;②抗C1q抗体,如单链抗体片段QuVHVL9,可阻断C1q识别IgG和CRP而抑制CP;③针对LP相关靶点的抑制剂,如抗MASP-2抗体OMS721,对aHUS、缺血性疾病、AMD等有潜在治疗价值;④针对MASP-1和MASP-2的短肽,可高效抑制LP;⑤内源性LP调节因子MBL/Ficolin结合蛋白1,可从MBL-MASP复合体中置换MASP,用于治疗心肌梗死。

(2)针对AP的干预策略:①短肽Compstatin及其类似物,可抑制转化酶激活C3,从而阻断C3b的调理作用、抑制放大环路及C3a/C5a产生,已用于AMD临床试验和脓毒症、血液透析诱导血栓性炎症、哮喘、COPD等模型;②抗C3b、fB及fD的抗体,如抗C3b mAb S77可阻断fB与C3b结合而抑制转化酶形成,对PNH模型有疗效,而抗fD mAb FCFD4514S用于治疗干性AMD;③抗fP抗体,用于治疗关节炎和腹主动脉瘤模型;④CVF及其人源化产物HC3-1496,可持续形成C3转化酶而快速耗竭C3,用于AMD、移植等模型。

2. C3转化酶抑制剂　①sCR1用于治疗冠状动脉旁路移植术并发症及其他多种疾病模型;②TT30是fH的5个CCP与CR2分子N端4个结构域的复合物,可抑制AMD、PNH模型的AP;③嵌合蛋白TT32,是将CR1与CR2 N端区连接而制成,可抑制CP、LP和AP,用于关节炎模型;④将fH分子的调节域与靶向域连接制成 fH 衍生物 mini-fH，用于治疗 PNH 模型；将 fH 结合肽 5C6 或 AMY-301 包被表面，通过结合宿主 fH 而阻断 AP 的放大环路，用于抗血栓性炎症。

3. C5 及 MAC 抑制剂 ①抗 C5 抗体 Eculizumab（见前述）用于治疗心肌梗死、CPB 术后并发症及其他疾病模型；②全人源化 C5 mAb FG316 用于 AMD、多灶性脉络膜炎及全葡萄膜炎临床试验；③抗 C5 中和抗体 Mubodina 用于治疗 aHUS 和 DDD；④抗 C5 抗体 ARC1905 用于治疗 AMD；⑤金葡菌 SSL7 和蜱来源 OmCI 可阻断末端通路激活，用于治疗或缓解脓毒症模型及预防大鼠实验性重症肌无力；⑥抗 C5a 中和抗体治疗实验性脓毒症（mAb IFX-1 已用于临床试验）；⑦反义肽 C5aIP 用于胰岛移植和脓毒症模型；⑧C5aR 小分子拮抗剂如 C5aR 模拟肽拮抗剂 PMX53 和 CCX168，用于脓毒症、癌症、IRI、炎症性肠病、关节炎及妊娠相关并发症等模型；⑨抗 C5aR 抗体治疗 RA；⑩靶向 MAC 治疗尚无明显进展，仅见靶向 CD59 用于治疗 PNH 和 AMD 模型。

4. 组织特异性抑制剂 ①路易斯糖 sLex 的受体是选凝素，糖化 sCR1 制备 sCR1-sLex（命名为 TP-20），可将 sCR1 导向炎症部位的内皮细胞表面，作用于 C3 转化酶、C4b 和 C3b，已用于干预肺损伤、脑卒中、心脏病等动物模型；②Mubodina 为抗 C5 小抗体，Ergidina 是将 RGD 尾加至 Mubodina 的衍生物，可将小抗体靶向内皮细胞，用于治疗移植相关 IRI。

5. 其他制剂 如人血浆来源 MBL 或重组人 MBL，用于辅助治疗 MBL 缺陷。

6. 目前已获准用于临床治疗的补体靶向药物

（1）纯化或重组 C1 INH：主要适应症是 HAE，也可治疗其他补体相关疾病如心肌梗死、移植排斥、I 型糖尿病等，并可减轻创伤和肾移植后血栓炎症。其药效学机制为：①抑制 C1 复合体活性；②作用于 MASP 而抑制 CP 和 LP 激活；③抑制激肽、凝血和纤溶系统的丝氨酸蛋白酶；④抗炎效应。

（2）抗 C5 抗体 Eculizumab：可阻断 C5 激活产生 C5a 和形成 MAC，最初获准用于治疗 PNH，可高效防止血管内溶血，目前适应症扩展到 aHUS，也试用于治疗 STEC-HUS、AMD、移植排斥等。

（陈政良）

第三章　可溶性免疫分子之三——细胞因子

第一节　细胞因子概述

免疫细胞相互作用过程中，通过两种方式传递信息：细胞表面跨膜受体与配体间相互作用；细胞产生的可溶性细胞因子。细胞因子（cytokine，CK）指由免疫细胞（如单核/巨噬细胞、T细胞、B细胞、NK细胞等）和某些非免疫细胞（如内皮细胞、表皮细胞、纤维母细胞等）经刺激而合成、分泌的一类具有广泛生物学活性的小分子蛋白质，是参与免疫细胞间信息传递的重要介质，在免疫应答与调节、免疫细胞分化和发育、组织修复、炎症反应、造血中发挥重要功能。

一、细胞因子的类别

迄今已发现200余种人类细胞因子，可进行不同分类：

1. 按细胞因子的细胞来源分类　①淋巴因子（lymphokine），主要由淋巴细胞产生，包括IL-2、IL-3、IL-4、IL-5、IL-6、IL-9、IL-10、IL-12、IL-13、IL-14、IL-16、IL-17、IFN-γ、TNF-β、GM-CSF等；②单核因子（monokine），主要由单核/巨噬细胞产生，包括IL-1、IL-6、IL-8、IL-10、TNF-α、G-CSF和M-CSF等；③脂肪因子（adipokine or adipocytokine），主要由脂肪细胞产生，包括瘦素（leptin）、抵抗素（resistin）、脂联素（adiponectin）、内脏脂肪素（visfatin）、视黄醇结合蛋白4（Retinol-binding protein4，RBP4）、TNF-α、IL-6等；④其他来源（如上皮细胞、血管内皮细胞、成纤维细胞、骨髓及胸腺基质细胞等）的细胞因子，如EPO、IL-11、IL-8、SCF和IFN-β等。

2. 按照细胞因子主要功能分类　早期的功能命名为：①白细胞介素（interleukin，IL），其主要由白细胞产生，可参与白细胞间信息交流，故得名，迄今已正式命名的为IL-1～IL-38；②干扰素（interferon，IFN），具有干扰病毒复制的作用，参与免疫应答和免疫调节，也是重要的促炎细胞因子；③肿瘤坏死因子（tumor necrosis factor，TNF），在体内外均可直接杀伤肿瘤细胞，其家族成员约30个，主要成员为TNF-α和TNF-β；④集落刺激因子（colony stimulating factor，CSF），是一组在体内外均可选择性刺激造血祖细胞增殖、分化并形成某一谱系细胞集落的细胞因子；⑤生长因子（growth factor，GF），是一类可介导不同类型细胞生长和分化的细胞因子，其根据功能和所作用靶细胞不同而有不同命名；⑥趋化因子（chemokine），是一类对不同靶细胞具有趋化效应的CK家族，已发现50余个成员。

近年对细胞因子生物学功能认识不断深化，据此进行新的分类：①按细胞因子在炎症级联反应中的作用分为炎性细胞因子（IL-1、TNF-α、IL-6、IL-17、IL-23等）、炎症抑制因子（IL-10、TGF-β、IL-1Ra、IL-37等）；②按照细胞因子对免疫系统的影响，分为主要调控固有免疫的TNF-α、IFN-α/β、IL-1、IL-6、IL-10、IL-12、IL-15、IL-18、IL-23、IL-27，及主要调控适应性免疫的IFN-γ、IL-2、IL-4、IL-5、IL-10、IL-12、IL-13、IL-17、TGF-β；③按照调节不同免疫细胞生长，可分为促进T细胞生长的细胞因子（IL-2、IL-4、IL-7、IL-9、IL-12、IL-15、IL-21）、促进B细胞生长的细胞因子（IL-2、IL-4、IL-5、IL-6、IL-7、IL-10、IL-13、IL-14、IL-21）和促进造血细胞生长的细胞因子（IL-3、IL-7、IL-9、IL-11、GM-CSF、M-CSF、SCF）；④参与胚胎发育的细胞因子（VEGF、FGF、TGF-β、SSF）；⑤参与组织修复/愈合的细胞因子（TGF-α、TGF-β、EGF、PDGF、FGF）。

3. 按细胞因子分子结构特点分类　包括造血因子（如CSF、IL-2、IL-7、IL-11、IL-13、IL-15等）、干扰素、肿瘤坏死因子、趋化因子家族等。

4. 按细胞因子表达形式分类　①分泌型CK，一般CK均属此类；②跨膜型CK，一般为分泌型CK的前体，经某些水解酶作用或mRNA不同剪接而成为分泌型CK。TNF-α、TGF-α、M-CSF、SCF及某些生长因子[如EGF、肝素结合生长因子（HBGF）、神经鞘瘤生长因子（schwannoma-derived growth factor）、c-erb B2/HER2配体等]均具有跨膜型，主要通过细胞间直接接触而发挥作用，参与细胞间黏附、邻近细胞的刺激、细胞毒及杀瘤作用等。

5. 按细胞因子及其受体的分子结构特征分类（表3-1）

表 3-1 细胞因子家族及其成员

家族	成员
IL-1 家族	IL-1α，IL-1β，IL-1Ra，IL-18，IL-33/ST2L，IL-36α、β、γ，IL-37
IL-2/γc 共用链受体家族(含扩展成员)	IL-2，IL-4，IL-7，IL-9，IL-15，IL-21(IL-13，TSLP)
IL-6/gp130 共用链受体家族	IL-6，IL-11，LIF，OSM，IL-31，CNTF，CT-1
IL-12 家族	IL-12，IL-23，IL-27，IL-35
CSF 家族	IL-3，IL-5，GM-CSF，G-CSF，M-CSF，EPO，TPO，SCF，flt3L
IL-10 家族	IL-10，IL-19，IL-20，IL-22，IL-24，IL-26
Ⅰ型干扰素	IFN-α(14 亚型)，IFN-β，IFN-ε，IFN-ω，IFN-κ
Ⅱ型干扰素	IFN-γ
IFN-λs	IL-28A/IFN λ-2，IL-28B/IFN λ-3，IL-29/IFN λ-1
IL-17 家族	IL-17A，IL-17B，IL-17C，IL-17D，IL-17E/IL-25，IL-17F
TGF-β超家族	有 47 个成员，如 TGF-β(1、2、3、4)，Activin，Inhibin，BMP，MIS 等
VEGF/PDGF 家族	20 个成员，如 VEGF-A ~ E，PIGF，PDGF-AA、BB、AB 等
FGF 家族	23 个成员，如 FGF1 ~ FGF23
EGF 家族	11 个成员，如 EGF、TGF-α、HB-EGF，AR 和 BTC 等
TNF 超家族	18 个成员，如 TNFα，LT-α，CD40L 等
趋化因子家族	49 个成员，如 IL-8，SDF-1，MCP，MIP，RANTES 等
未分类 IL	IL-14，IL-16，IL-32

二、细胞因子的共同特点

细胞因子一般是分子量为 8 ~ 80kD 的多肽或糖蛋白，生物半衰期极短，其成熟分泌型分子所含氨基酸多在 200 个以内。多数细胞因子是单链，少数以二聚体(如 IL-5、IL-12、M-CSF、TGF-β)或三聚体形式(如 TNF)存在。不同细胞因子各有其独特的分子结构、理化特性及生物学功能，但也具有某些共同特点。

(一) 分泌特点

1. 多细胞来源 ①一种细胞因子可由不同类型细胞产生，如 IL-1 可由单核/巨噬细胞、内皮细胞、B 细胞、成纤维细胞、表皮细胞等产生；②一种细胞也可产生多种细胞因子，如活化的 T 细胞可产生 IL-2 ~ IL-6、IL-9、IL-10、IL-13、IFN-γ、TGF-β、GM-CSF 等。

2. 短暂的自限性分泌 细胞因子一般无前体状态的储存。当细胞受刺激后，启动细胞因子基因转录，该过程通常十分短暂，且细胞因子的 mRNA 极易降解，故细胞因子合成具有自限性。

(二) 生物学作用特点

1. 作用方式 多数细胞因子以自分泌(autocrine)或旁分泌(paracrine)形式发挥效应，即主要作用于产生细胞本身和(或)邻近细胞，多在局部发挥效应。一定条件下，某些细胞因子(如 IL-1、TGF-β)也可以内分泌(endocrine)形式作用于远端靶细胞，介导全身性反应。

此外，某些细胞因子还可通过细胞内分泌(intracrine)，直接与细胞内受体结合，或以内化的 CK/CKR 复合物形式在细胞内发挥效应。

膜型细胞因子具有不同的作用方式：①近分泌(juxtacrine)形式发挥作用，即与临近细胞的膜型受体结合，在有限的空间发挥作用；②反分泌(retrocrine)作用，指可溶性受体与相应膜配体作用，诱导表达膜配体的细胞产生效应；③某些膜型细胞因子(如膜型 TNF-α)在其胞外端水解后，所余片段的胞内结构域(intracellular domain，ICD)可被胞内相关酶水解，这种 ICD 可转移至细胞核内发挥效应，促进其他细胞因子表达。

2. 通过细胞因子受体(cytokine receptor，CKR)发挥效应 细胞因子须与靶细胞表面相应受体结合才能发挥其生物学效应。绝大多数细胞因子有特异性受体，但多数趋化因子可与 2 种或 2 种以上趋化因子受体结合。此外，细胞因子受体与细胞因子的亲和力远高于抗原-抗体或抗原肽-MHC 间的亲和力，故极微量细胞因子(pmol/L 水平)即可发挥明显生物学效应。

3. 生物学作用的多样性 细胞因子可介导和调节免疫应答、炎症反应，或作为生长因子促进靶细胞增殖、分化，并刺激造血、促进组织修复等。

4. 生物学效应的复杂性

(1) 多效性：一种细胞因子可作用于多种不同类型靶细胞，产生多种生物学效应，如 IFN-γ可上调有核细胞表达 MHC Ⅰ类分子，并可活化巨噬细胞及抑制 Th2 细胞。

(2) 重叠性：数种不同细胞因子可作用于同一类靶细胞，产生相同或相似的生物学效应，如 IL-4、IL-5 和 IL-6 等均可促进 B 细胞增殖和分化。

(3) 拮抗性：不同细胞因子对同一靶细胞产生相互拮抗的生物学效应，如 IFN-γ可活化巨噬细胞，而 IL-4 则抑制巨噬细胞功能。

（4）协同性：一种细胞因子可强化另一细胞因子功能，如 TNF-α可增强巨噬细胞对 IFN-γ的敏感性，即低浓度 IFN-γ 或 TNF 单独应用均不能激活巨噬细胞，但联合使用则具显著激活作用。

（5）双向性：适量细胞因子具有生理性调节作用；过量细胞因子则可能损伤机体。此外，同一细胞因子的生物学作用可能具有双向性，如 TNF-α可杀伤肿瘤，但肿瘤细胞本身表达 TNF-α则抵抗凋亡，利于自身存活。

（三）细胞因子的网络性

细胞因子的产生、生物学作用、受体表达、相互调节等均具有网络性。

1. 细胞因子间相互诱生　例如：①IL-1 可诱生 IFN-α 及 β、IL-1、IL-2、IL-4、IL-5、IL-6、IL-8 等，由此形成级联反应；②IL-10、IL-4 可抑制 Th1 型细胞因子产生，IFN-γ则可抑制 Th2 型细胞因子产生，从而形成细胞因子相互正向或负向调节的网络。

2. 细胞因子受体（CKR）和细胞因子相互调控　细胞因子可调节 CKR 表达，例如：IL-1、IL-5、IL-6、IL-7、TNF 等均能促进 IL-2R 表达；IL-1 能降低 TNFR 密度；多数细胞因子对自身受体表达呈负调节，对其他 CKR 表达呈正调节。反之，CKR 也可调节细胞因子活性，例如：①细胞因子浓度低时，sCKR 可保护细胞因子，延长其作用时间，起正调节作用；②细胞因子浓度高时，sCKR 又可缓冲多余的细胞因子，起负调节作用。

三、细胞因子表达与功能的调节

（一）调节细胞因子表达与活性的因素

1. 神经-内分泌调节　详见本节后述和第十二章。

2. 细胞因子间调节　CK 间相互促进或彼此约束，形成 CK 网络，表现为：①细胞因子相互诱生，如 IL-2 可促进其他多种细胞因子产生；②细胞因子相互间功能调节，如 IL-4、IL-10 和 TGF-β 对 IL-1、TNF、IL-6、IL-8 等生物学活性具有负调节作用；③细胞因子自身调节作用，如 IL-2、TNF-α 等通过自分泌效应对自身发挥正调节作用。

3. 外源性或内源性调节因子的作用　①各种抗原（包括病原微生物）和丝裂原是诱导细胞因子产生并显示活性的主要刺激物；②体内某些介质（如 PGE2）可下调 TNF、IL-1、IL-2、G-CSF 等表达与活性；③某些药物（如地塞米松、环孢霉素等）可抑制 IFN-γ、IL-1、IL-2、IL-3、IL-4、IL-6、TNF 等合成。

4. 细胞因子基因多态性　细胞因子基因多态性可影响该细胞因子表达水平，从而与某些疾病易感性相关，例如：①肥胖患者 TNF-α 基因启动子区-308bp 发生 G→A 变异，导致 TNF-α 转录效率增加，血浆胰岛素增高，胰岛素敏感指数（IAI）明显下降；②上述位点单个核苷酸多态性（single-nucleotide polymorphism，SNP）与类风湿性关节炎、脑性疟疾、哮喘和移植排斥反应相关；③基因 SNP、单倍体及微卫星等可决定 IL-10 水平差异；④IL-10 基因启动子-1082AA 与乳腺癌和前列腺癌易感性相关，-1082AG 与宫颈癌易感性相关。

（二）细胞因子生物合成的调节机制

1. 转录水平调节　多数调节因素在转录水平调节细胞因子表达。如内毒素可激活单核/巨噬细胞的 NF-κB，从而启动 IL-6、TNF 等基因转录。细胞因子基因功能调节区多存在数种转录控制元件，如糖皮质激素反应元件（GRE）、AP-1 结合位点、cAMP 反应元件（CRE）、NF-κB 结合位点及核因子 IL-6（NF-IL-6）等识别位点。已证实，炎症反应中 NF-κB 和 NF-IL-6 共同表达是调节 IL-1、TNF、IL-6 产生的重要机制。

2. 翻译水平调节　①内毒素可使靶细胞内 TNF 转录活性提高 3 倍，但 TNF mRNA 水平增加 100 倍，合成的蛋白量则增长 1 万倍；②促进 mRNA 稳定性，如放线菌酮可延长 TNF-α mRNA 的半寿期，从而促进 LPS 诱导的 TNF-α 表达。

3. 翻译后水平调节　细胞因子多属糖蛋白，糖基化过程异常可影响其表达与活性。

4. 分泌水平调节　某些跨膜型细胞因子通过酶解作用而转化为分泌型细胞因子，该过程可受体内外多种因素（如强抗原刺激、PKC 等）调节。

（三）细胞因子生物学活性的调节机制

1. 细胞因子受体的调节　细胞因子与相应受体结合后才能显示效应，故受体表达水平、构型和亲和力直接影响细胞因子活性。细胞因子可通过影响细胞因子受体表达，进而调节自身或其他细胞因子的生物学活性。

（1）调节自身受体表达：如 IL-2 可通过自分泌和旁分泌，促进靶细胞表达 IL-2R，而多数细胞因子可负调节自身受体表达。

（2）诱导或抑制其他细胞因子受体表达：如 IL-1、IL-6、TNF、IFN-γ 等可促进 IL-2R 表达，而 TGF-β 则可降低 IL-2R 表达。

2. 可溶性细胞因子受体的调节作用　多数可溶性 CKR 可与膜受体竞争性结合细胞因子，从而抑制细胞因子生物学活性（详见第二节）。

**3. 细胞因子诱饵受体（decoy receptor）的调节作

用　某些细胞可表达细胞因子诱饵受体，如 TNF 诱饵受体、IL-13R α2 亚单位和 IL-1 Ⅱ型受体等。此类受体胞质段缺乏信号结构域，与相应细胞因子结合后并不启动生物学效应，反可使细胞因子失活，或介导细胞因子内化并使之降解，从而负调节细胞因子生物学活性。

4. 天然细胞因子抑制物的调节作用　体内存在某些天然细胞因子抑制物，如 IL-1 抑制物可占据 IL-1R 但却不启动信号转导，从而抑制 IL-1 生物学活性。此类抑制物还有 IL-4 δ2、IL-6 δ4 等。

5. 细胞因子信号抑制物（suppressor of cytokine signaling，SOCS）的负调控　细胞因子受体具有自身胞内负调节蛋白，其由 SOCS 和 CIS［（cytokine-inducible SRC homology 2（SH2）-domain-containing protein）］组成。CIS-SOCS 家族有 8 个成员，其分子均含 SH2 结构域，C 端含 1 个 SOCS 盒。SH2 决定 SOCS 和 CIS 所结合的靶分子，例如：①CIS 和 SOCS2、SOCS3 可与活化的 CKR 磷酸化酪氨酸残基结合；②SOCS1 可直接与活化的 JAK 结合，并可直接与某些 CKR 结合；③SOCS 盒具有泛素 3 连接酶的功能，介导 SH2 所结合分子的降解，从而抑制细胞因子信号转导。

6. 抗细胞因子自身抗体的调节作用　正常人或某些自身免疫病、感染性疾病患者血清可检出抗细胞因子自身抗体。此类抗体对机体具有双重作用：①生理状态下，低浓度抗细胞因子抗体并不干扰细胞因子活性，而是作为细胞因子的载体，使之免遭蛋白水解酶降解，从而延长其半寿期和活性；②病理情况下，抗细胞因子抗体可中和细胞因子活性，从而可能缓解细胞因子所致病理损害，但也可能因此干扰细胞因子的防御作用（如抗 IFN 抗体可抑制 IFN 的抗病毒和抗瘤活性）。

四、细胞因子受体

（一）细胞因子受体分类及结构

1. 细胞因子受体超家族　根据细胞因子受体胞外结构与氨基酸序列同源性及胞内信号机制的共同性，可分为 5 个超家族（图 3-1）。

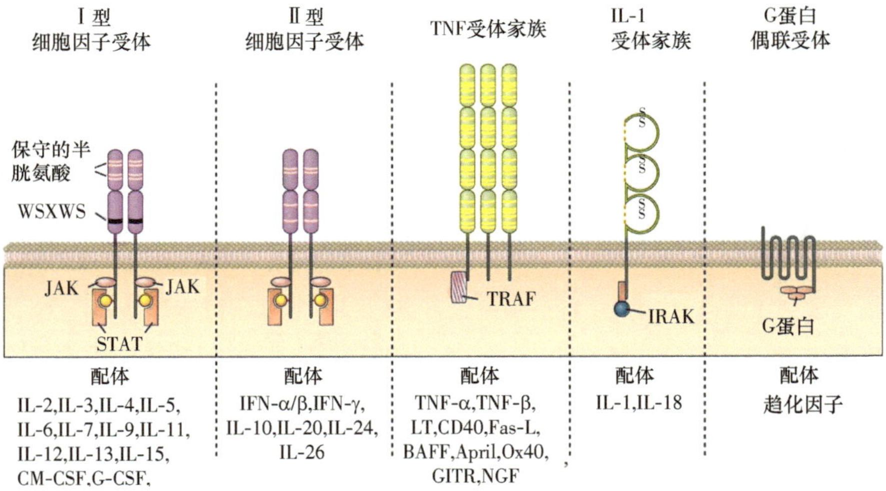

图 3-1　细胞因子受体超家族

（1）Ⅰ型细胞因子受体超家族：亦称造血因子受体家族，是最大的细胞因子受体家族，其胞外区均含由 200 个氨基酸组成的同源区，N 端有 4 个保守的半胱氨酸，其 C 端存在由 Trp-Ser-X-Trp-Ser 组成的 WSXWS 构型。

（2）Ⅱ型细胞因子受体家族：亦称干扰素受体家族，其分子结构与Ⅰ型 CKR 家族相似，但 N 端及近膜处分别含 2 个保守的半胱氨酸。

Ⅰ型与Ⅱ型受体后信号转导循 JAK-STAT 通路。

（3）Ⅲ型细胞因子受体家族：属 TNF 受体超家族，或称神经生长因子受体超家族。其分子结构特征是胞外区有多个由 40 个氨基酸组成、富含半胱氨酸（Cys）的结构域。其受体后信号转导主要循 NF-κB 通路。

（4）Ⅳ型细胞因子受体家族：亦称 IL-1R 家族或免疫球蛋白超家族，其结构特点是其胞外区含 Ig 样功能区。其胞质段与 TLR 家族相同，循泛素 E3 依赖的 NF-κB 通路转导信号。某些 CKR 胞外段可同时含两种不同类型 CKR 的结构，例如：IL-6R 既含 Ig 样功能区，也含 WSXWS 构型；M-CSFR 既属免疫球蛋白超家族，又属Ⅱ型 CKR。

（5）趋化因子受体家族：属 G 蛋白偶联受体超家族，包括 CCR1～11、CXCR1～6、CX3CR1、XCR1。此类受体亦称七次跨膜受体家族，其分子均含 7 个疏水性跨膜α螺旋结构，与GTP结合蛋白偶联，发挥作用依赖于G蛋白。

2. 细胞因子受体分子结构　多数细胞因子受体由2条或2条以上多肽链构成：①结合链或私有链，专司与细胞因子结合；②转导链或公有链，负责转导受体信号，可被若干细胞因子共同使用，是某些细胞因子功能相似或重叠的结构基础（图3-2）。现已发现如下公有链：①γ公有链，如IL-2R由α、β、γ链组成，α链是配体特异结合链，β与γ链含WSXWS结构并共同参与信号转导，γ链是IL-4R、IL-7R、IL-9R、IL-15R和IL-21R信号转导的公有链；②β公有链，如IL-3R、IL-5R、GM-CSFR分别具有可与配体特异结合的α链，另具有一条相同的公有链，即β链（KH97）；③gp130，如IL-6R、IL-11R、白细胞移动抑制因子受体（leukocyte migration inhibitory factor，LIFR）、抑瘤素受体（oncostatin M receptor，OSMR）及睫状神经营养因子受体（ciliary neurotrophic factor receptor，CNTFR）由各自的私有链和负责转导信号的公有链gp130所组成。

多数细胞因子有相应特异性受体，但某些趋化因子常共用同一受体。例如：TNF-α和LTα共用TNFR；IL-19、IL-20和IL-24共用IL-20R；IL-28A、IL-28B与IL-29共用IL-28R。

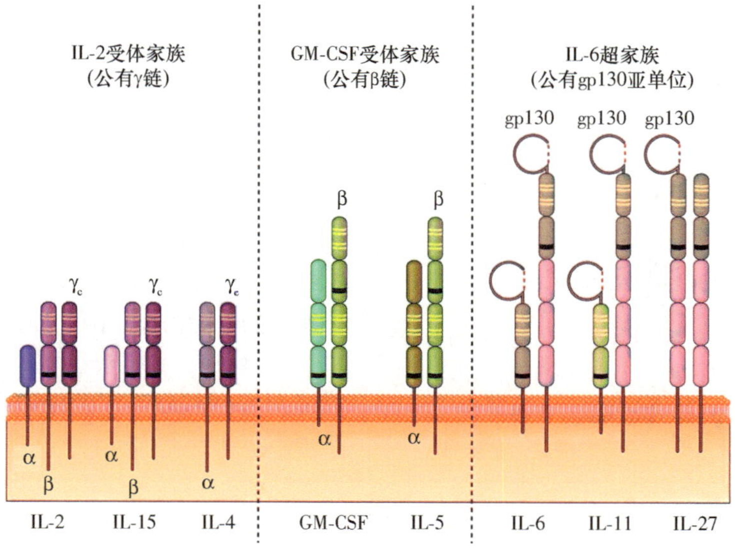

图3-2　细胞因子受体的共用亚基

（二）可溶性细胞因子受体

可溶性细胞因子受体（soluble CKR，sCKR）是细胞因子受体的一种特殊形式，其氨基酸序列与膜结合型CKR（membrane-bound CKR，mCKR）胞膜外区同源，仅缺少跨膜区和胞质区。sCKR可与相应配体特异性结合，但其亲和力一般比mCKR低。

1. sCKR产生机制

（1）蛋白水平：膜受体脱落是形成sCKR的主要途径，此过程受多种因素调节。例如：PMA可促进sIL-6R从mIL-6R脱落，而PKC抑制剂则可抑制上述过程，提示PKC参与调节sCKR产生。膜受体脱落是通过酶解作用而实现，已证实丝氨酸蛋白酶抑制剂可促进mIL-1R表达，但抑制sIL-1R产生。

（2）基因水平：通过受体mRNA的不同剪接或阅读框架后移，使可溶性受体mRNA翻译后，如同分泌型细胞因子一样直接分泌至胞外。

2. sCKR生物学功能

（1）作为细胞因子转运蛋白：sCKR与相应细胞因子结合，可将细胞因子转运至机体特定部位，增加局部细胞因子浓度，从而有利于细胞因子在局部发挥作用。此外，sCKR还可稳定细胞因子并减缓细胞因子"衰变"，从而发挥细胞因子"慢性释放库"的作用，以维持并延长体内低水平细胞因子的生物学活性。

（2）调节细胞因子生物学活性：其机制为：①作为膜受体清除形式之一，下调细胞对细胞因子反应性；②与mCKR竞争性结合细胞因子，对过量产生的细胞因子起缓冲作用；③上调细胞因子效应，如sIL-6R与IL-6特异性结合后可被靶细胞表面gp130蛋白识别并传递刺激信号，从而促进IL-6效应；④可与膜型细胞因子结合，通过逆向分泌（retrocrine）启动反向信号而发挥生物学效应。

细胞因子与sCKR间浓度比可决定sCKR对细胞因子活性的调节作用。一般而言，高浓度sCKR可抑制相应细胞因子活性；低浓度sCKR则可起增强作用。

3. sCKR的临床意义

（1）sCKR与疾病诊断和预后：检测sCKR水平可

用于某些疾病的早期辅助诊断，有助于判断病程发展与转归，评估患者免疫功能状态及预后。例如：类风湿性关节炎患者滑膜液 sIL-2R 水平升高，可用于与其他关节炎的鉴别诊断；毛细胞白血病对 IFN-α 治疗有效者，其 sIL-2R 水平下降，复发时上升。

（2）sCKR 与临床治疗：多数 sCKR 与 CK 结合可阻断细胞因子与膜受体结合，从而负调节细胞因子生物学活性，故可用于防治细胞因子过量所致病理过程。例如：应用 sTNFR 可减轻 TNF 在类风湿性关节炎及 Crohn's 病中介导的病理损害，并可缓解内毒素性休克病情；给动物局部注射 sIL-1R 可抑制 IL-1 介导的炎症反应；等等。

五、细胞因子的生物学作用

细胞因子生物学作用广泛而复杂，不同细胞因子其功能既有特殊性又有重叠性、协同性与拮抗性。

（一）参与免疫应答和免疫调节

1. 调控免疫识别 例如：IFN-γ等可诱导 APC 表达 MHC Ⅱ类分子，从而促进抗原提呈作用；IL-10 则可减少 MHC Ⅱ类分子和 B7 等共刺激分子表达，抑制抗原提呈。

2. 参与免疫细胞增殖 例如：IL-2、IL-4、IL-5、IL-6 等可促进 T、B 细胞活化、增殖和分化；TGF-β 则发挥负调节作用。

3. 参与免疫效应 例如：①CD8$^+$CTL 释放 IFN-γ，可抑制病毒复制；②Th17 细胞分泌 IL-17、IL-6、TNF 和 CXCL1，可在应答早期募集中性粒细胞至感染部位；③Th1 细胞产生 TNF-α、IFN-γ、GM-CSF 等，可促进巨噬细胞活化并增强其吞噬、杀伤活性；④Th2 细胞分泌 IL-4、IL-5、IL-9、IL-13 等，可促进 B 细胞活化和增殖；⑤Th1 和 Th2 细胞产生 IL-3 和 GM-CSF，可刺激骨髓产生巨噬细胞、粒细胞和 DC；⑥淋巴毒素和 TNF-α 具有胞毒作用。

4. 参与免疫调节 免疫细胞间可通过分泌细胞因子而相互刺激、彼此约束，从而调节免疫应答。例如：①无感染时，Treg 细胞产生的 TGF-β可抑制初始 T 细胞活化，阻止 Th17、Th1 和 Th2 细胞应答；②在感染期，DC 产生 IL-6，可诱导 Th17 细胞分化；③随 Th17 应答发展，Treg 下调，TGF-β减少；④Th1 细胞所分泌 IFN-γ和 Th2 细胞所分泌 IL-4 可抑制 Th17 细胞分化；⑤Th2 细胞产生 TGF-β和 IL-10，可抑制 Th1 细胞活化和生长；⑥Th1 细胞产生 IFN-γ，可抑制 Th2 细胞增殖；⑦IL-2 可增强 T 细胞对 FasL 的敏感性，增强 AICD 效应（图 3-3）。

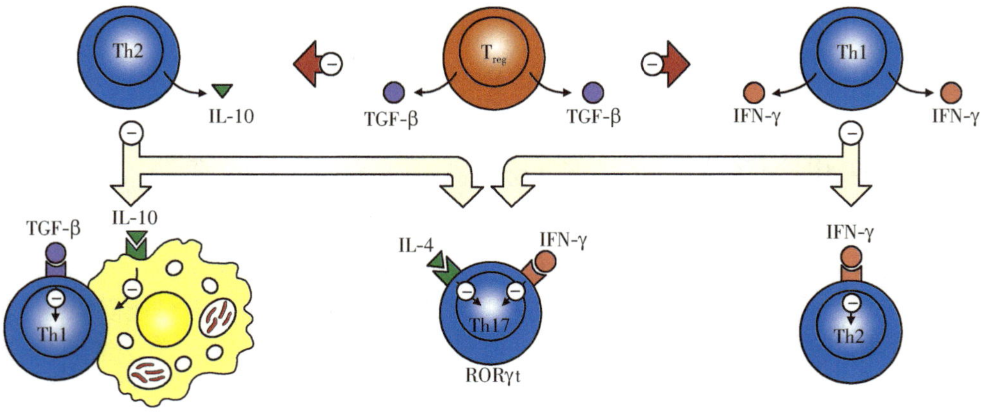

图 3-3 细胞因子参与 T 细胞亚群间相互调节

（二）刺激造血

多种 CK 可促进造血功能，从而参与机体生理或病理过程。例如：①IL-3 可刺激多能干细胞和多种祖细胞增殖与分化；②GM-CSF、G-CSF、M-CSF 可促进粒细胞和巨噬细胞等增殖与分化；③EPO 可促进红细胞生成（图 3-4）。

（三）细胞因子与神经-内分泌-免疫网络

神经-内分泌-免疫网络是体内重要的调节机制。在该网络中，细胞因子作为免疫细胞的递质，与激素、神经肽、神经递质共同构成细胞间信号分子系统。

1. 细胞因子对神经和内分泌的影响 例如：①IL-1、IL-6、TNF 等可促进星形胶质细胞有丝分裂；②bFGF 可参与神经元分化、存活和再生，刺激神经胶质细胞移行；③上述细胞因子共同参与中枢神经系统正常发育和损伤修复；④IL-1、TNF、IFN-γ、PAF 等可诱导下丘脑合成和释放促皮质激素释放因子，诱导垂体释放 ACTH，进而促进皮质激素释放。

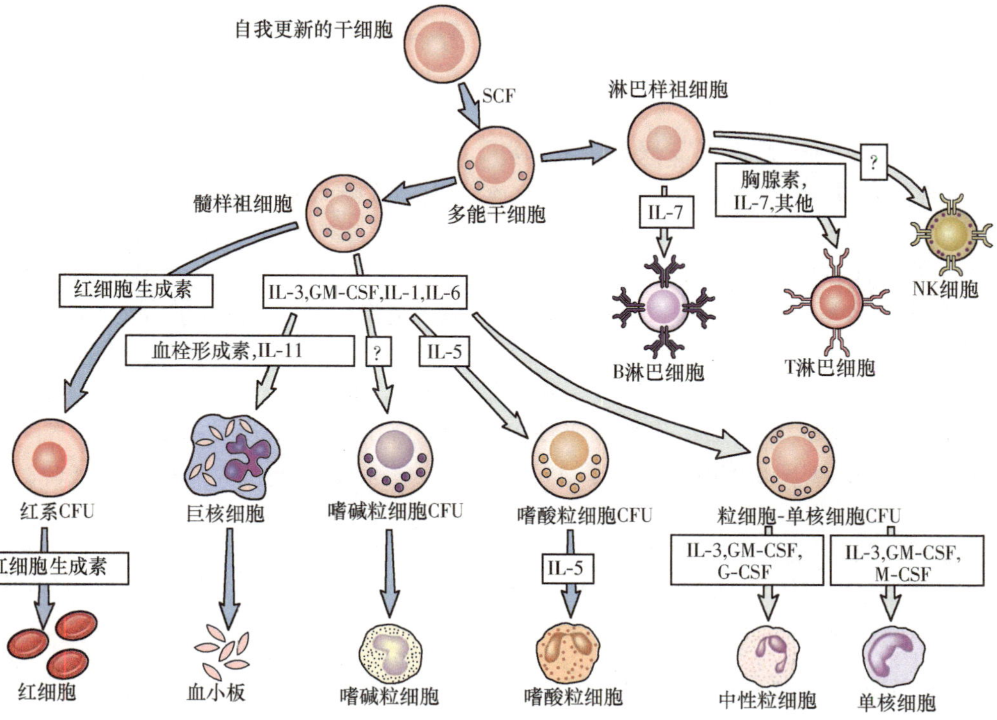

图 3-4　细胞因子调控造血干细胞的作用

干细胞因子作用于多能干细胞→分化为多能干细胞→髓样祖细胞和淋巴样祖细胞；IL-7 等作用于淋巴样祖细胞→分化为 T 细胞、B 细胞、NK 细胞；红细胞生成素和血小板生成素作用于髓样祖细胞→分化为红细胞和血小板；IL-3、IL-5 等作用于髓样祖细胞→分化为嗜酸粒细胞和嗜碱粒细胞；GM-CSF、G-CSF、M-CSF 等作用于髓样祖细胞→分化为中性粒细胞和单核细胞

2. 神经-内分泌系统对细胞因子的影响　例如：应激时交感神经兴奋，使儿茶酚胺和糖皮质类固醇分泌增多，进而抑制 IL-1、IL-6 和 TNF 等合成和分泌。

六、细胞因子参与某些病理过程

某些病理过程常伴有细胞因子异常表达，并直接影响疾病发生、发展及预后。

（一）细胞因子与炎症

感染可诱生多种细胞因子，参与炎症反应，既抵御病原体感染，也可导致组织损伤。

1. 促进炎性细胞渗出与趋化　细胞因子可上调血管内皮细胞和白细胞表达黏附分子，例如：IL-1、TNF、IFN-γ 等可促进内皮细胞表达 ICAM-1、VCAM-1 等，并促进中性粒细胞表达 CD11b/CD18、CD11c/CD18 等，从而增强白细胞与血管内皮细胞间黏附作用，有助于白细胞炎性渗出；IL-8、MCP 等趋化因子可吸引中性粒细胞、单核/巨噬细胞等迁移至炎症灶，并促进它们的生物学功能。

2. 激活炎性细胞　例如：①IL-1、TNF-α、IFN-γ、GM-CSF、趋化因子等可激活单核/巨噬细胞、中性粒细胞等，增强其吞噬杀伤功能，并诱导它们释放炎症介质，参与炎症过程；②IL-1、TNF-α 和 IL-6 可促进肝细胞合成急性期蛋白（如 C-反应蛋白、血清淀粉样 A 蛋白、α 酸性糖蛋白和某些补体成分等），有利于机体抵御病原微生物感染。

此外，细胞因子还参与抗病毒感染，以 IFN 为例：①直接抑制病毒复制；②激活 NK 细胞杀伤病毒感染细胞；③促进病毒感染细胞表达 MHC Ⅰ类分子，促进 CTL 杀伤作用。

3. 参与炎症病理性损害　例如：①IL-1、TNF-α 和 IL-6 均为内源性致热原，可作用于体温调节中枢，引起发热；②TNF-α、IL-1 等可刺激内皮细胞和白细胞释放炎性介质（如一氧化氮、氧自由基等），可影响凝血功能并导致组织损伤、弥漫性血管内凝血，从而在感染性休克中起重要作用；③上述细胞因子可促进成纤维细胞增殖，参与慢性炎症的纤维性病变。

（二）细胞因子与肿瘤

细胞因子对肿瘤的作用十分复杂，既可杀伤肿瘤，也可促进肿瘤生长，或在不同微环境中分别发挥抑瘤或促瘤效应。

1. 抗肿瘤作用　多种细胞因子可直接或间接抗瘤，例如：①TNF-α 和 LT 可直接杀伤肿瘤细胞；②IFN、IL-4、OSM 可抑制多种肿瘤细胞生长；③LIF 可抑制造血系统肿瘤细胞增殖；④IL-2、IL-1、IFN 等可诱导 CTL、NK 和 LAK 细胞杀伤活性；⑤IFN 可诱导肿瘤细胞表达 MHC Ⅰ类抗原，增强机体对瘤细胞的免疫应答。

2. 促肿瘤生长 某些肿瘤可高表达 IL-6、M-CSF、EGF，促使细胞增殖失控，参与肿瘤发生、发展。以 IL-6 为例：①IL-6 高表达与多发性骨髓瘤发生有关；②IL-6 在体外可促进浆细胞瘤和骨髓瘤细胞生长；③IL-6 还参与 Hodgkin 淋巴瘤、慢性淋巴细胞白血病和急性髓样白血病发病。

细胞因子参与肿瘤发生的机制可能是：①某些肿瘤细胞可高分泌 EGF 或 IL-6，从而出现自分泌性生长，并成为维持这些肿瘤细胞在体内长期生存的关键因素；②肿瘤细胞高表达 IL-6R 或 EGFR，使其对相应 CK 呈高反应性；③EGF 与某些癌基因（如 src）产物的肽链具有高度同源性，后者可直接与 EGFR 结合，使受体持续激活并导致细胞不断生长和恶变。

（三）细胞因子与移植排斥反应

急性排斥反应时，血清 IL-2、IL-1、TNF-α、IFN-γ、IL-6 等水平升高；移植物局部 IL-1、TNF 和 M-CSF 水平升高。骨髓移植后，IFN-γ 水平升高预示发生感染或移植物抗宿主病。

（四）细胞因子与免疫性疾病

1. 免疫缺陷病 例如：①IL-2Rγ 公有链基因突变可使 IL-2R、IL-4R、IL-7R、IL-9R、IL-15R 及 IL-21R 等丧失功能，见于 X-性连锁重症联合免疫缺陷病；②TNF 使 HIV 感染的 $CD4^+$细胞中 NF-κB 活化，后者与 HIV 的长末端重复序列增强子位点结合，可活化 HIV 基因并参与 AIDS 发病；③AIDS 患者血清 TNF-α、IL-1 水平升高，可引起长期发热，TNF-α 还可导致恶液质。

2. 超敏反应性疾病 例如：①IL-4、IL-5 和 IL-6 可正向调节 IgE 生成与活性，而 IFN-γ 则可抑制 IL-4 对 IgE 的诱生作用；②IL-4 分泌过度和（或）IFN-γ 产生不足可能是诱导变态反应发生的重要因素；③变态反应时，黏膜和皮肤肥大细胞增生依赖于 IL-3；④PAF 参与过敏性休克、过敏性鼻炎、支气管哮喘等发生。

3. 自身免疫病 例如：①IFN-γ 等可诱导某些自身组织细胞表达 MHC Ⅱ类抗原，使这些细胞将自身抗原提呈给自身反应性 T 细胞，导致自身组织损害（如 Grave 病、IDDM）。②SLE、硬皮病、类风湿性关节炎等自身免疫病患者血清 IL-2 水平升高。③应用 IL-2 者有 10%～20% 可发生自身免疫性甲状腺功能减退。④心脏黏液瘤、类风湿性关节炎、SLE、Castleman 病、硬皮病患者血清 IL-6 明显增加，且往往伴多克隆 B 细胞激活。

（五）细胞因子与代谢性疾病

细胞因子参与糖尿病发病，其机制为：①TNF-α 参与杀伤胰岛细胞；②IL-1、IL-6、IL-18、TNF 等参与胰岛炎症反应；③TNF-α干扰胰岛素受体信号转导，降低外周组织对胰岛素的敏感性。近期发现，许多脂肪细胞因子参与糖和脂肪代谢，其分泌异常与糖尿病发生相关：①瘦素和脂联素均可改善胰岛素抵抗，降低高糖血症；②肥胖病人血清瘦素水平升高，但肥胖却导致中枢神经系统抵抗瘦素；③抵抗素、内脏脂肪素和 RBP4 可促进胰岛素抵抗。

七、细胞因子及其受体药物研发及应用

细胞因子及其受体的药物研发和应用始终是生物医学领域研究的热点，迄今已取得重要进展，并在临床得到广泛应用。

1. 重组细胞因子（表 3-2）

（1）白细胞介素类：①IL-2 用于肿瘤治疗，但大剂量可致毛细血管渗漏综合征；②IL-11，主要用于治疗造血障碍性疾病，如大量放疗、化疗或辐射事故所致白细胞和血小板减少症；③IL-12，可诱导 NK 细胞产生 IFN-γ，激活 Th1 细胞，主要用于抗肿瘤，以及 AIDS 和丙型肝炎的抗病毒治疗；④IL-1 受体拮抗剂（IL-1R α），可阻断 IL-1 的致炎效应，用于治疗败血症。

（2）干扰素类（IFN-α）：①主要用于治疗病毒性肝炎；②对白细胞具有细胞毒作用，可用于抗白血病；③用于多发性骨髓瘤、原发性血小板增多症、肾癌等。

（3）集落刺激因子类：①GM-CSF 和 G-CSF，主要用于治疗各种原因所致中性粒细胞减少；②GM-CSF 可用于造血干细胞移植供者，动员骨髓中造血干细胞进入外周血；③CSF 和抗生素联合治疗严重感染；④EPO 治疗贫血相关疾病。

（4）趋化因子类：①CCR5 和 CXCR4 是 HIVgp 120 的共受体，CCR5 抑制剂 Maraviroc 已用于治疗 HIV-1 感染；②CXCR4 抑制剂 AMD3100 和 G-CSF 联合，可增加外周血干细胞数，用于自体造血干细胞移植预处理；③AMD3100 用于治疗乳腺癌（高表达 CXCR4）等肿瘤。

2. 靶向 CK 及其受体的抗体药物 全球已上市的 32 个单克隆抗体药物中，有 11 个以细胞因子及其

受体为靶点，例如：①中和 TNF-α的抗体（infliximab、Adalimumab、Certolizumab 和 Golimumab）治疗类风湿性关节炎、银屑病等自身免疫病；②中和 VEGF 的抗体（Bevacizumab 和 Ranibizum）用于抗肿瘤治疗；③中和 IL-1β 的抗体（Canakinumab）和抗 IL-12/23 抗体用于治疗自身免疫病；④封闭 IL-6R（Tocilizumab）和 EGFR（Cetuximab，Panitumumab）的抗体。

表 3-2　已用于临床治疗的重组细胞因子

名称	效应	临床用途
IFN-α	抗病毒、抗增殖	慢性丙型肝炎、AIDS 相关 Kaposi 肉瘤、黑色素瘤
IFN-β	抗病毒、抗增殖	缓解多发性硬化所致间歇疼痛
IFN-γ	免疫刺激、抗病毒	慢性肉芽肿病、恶性骨硬化病
IL-2	免疫刺激	肾细胞癌、转移性黑色素瘤
IL-11	血小板生长因子	化疗后引起的低血小板症
EPO	促红细胞生成	慢性肾衰竭的贫血、化疗后引起的贫血等
G-CSF	促粒细胞生成	化放疗后的粒细胞减少症
GM-CSF	促粒细胞、单核巨噬细胞生成	化放疗后的粒细胞减少症

第二节　重要的细胞因子

（一）白介素

1. IL-1　IL-1 家族共有 11 个成员，包括 7 个激动剂（IL-1 α、IL-1 β、IL-18、IL-33、IL-36 α、IL-36β 和 IL-36 γ）、3 个受体拮抗剂（IL-1Ra、IL-36a 和 IL-38）及抗炎症因子 IL-37。根据其 N 端结构域，IL-1 家族可分为 4 个亚家族，即 IL-1 亚家族、IL-1R 拮抗剂、IL-18 亚家族和 IL-36 亚家族。（图 3-5A）

IL-1R 家族也有 11 个成员，即 IL-1R1（IL-1RI）、IL-1R2（IL-1RII）、IL-1R3（IL-1RAcP）、IL-1R4（ST2）、IL-1R5（IL-18R α）、IL-1R6（IL-1Rrp2，IL-36R）、IL-1R7（IL-18R β）、IL-1R8（TIR8，亦称 SIGIRR）、IL-1R9（TIGIRR-2）和 IL-1R10（TIGIRR-1）。它们共同的结构特征是：胞外段含 3 个免疫球蛋白样区（IL-18BP、TIR8 除外），胞内含 MyD88 信号通路所需的 TIR 结构域，与 TLR 信号通路相同。TIR 结构域是细胞感受微生物感染、启动固有免疫和炎症反应的关键感受器。IL-1 受体家族成员可形成 4 个受体复合物，即 IL-1R 复合物（IL-1R1 和 IL-1RAcP）、IL-33 受体复合物（ST2 和 IL-1RAcP）、IL-18 受体复合物（IL-18Ra 和 IL-18Rb）、IL-36 受体复合物（IL-1Rrp2 和 IL-1RAcP），还有 2 个伪受体（IL-R2 和 IL-18BP），以及未发现配体的 TIR8（是 IL-1 负调节因子）。（图 3-5B）

IL-1 家族成员命名和主要功能见表 3-3。

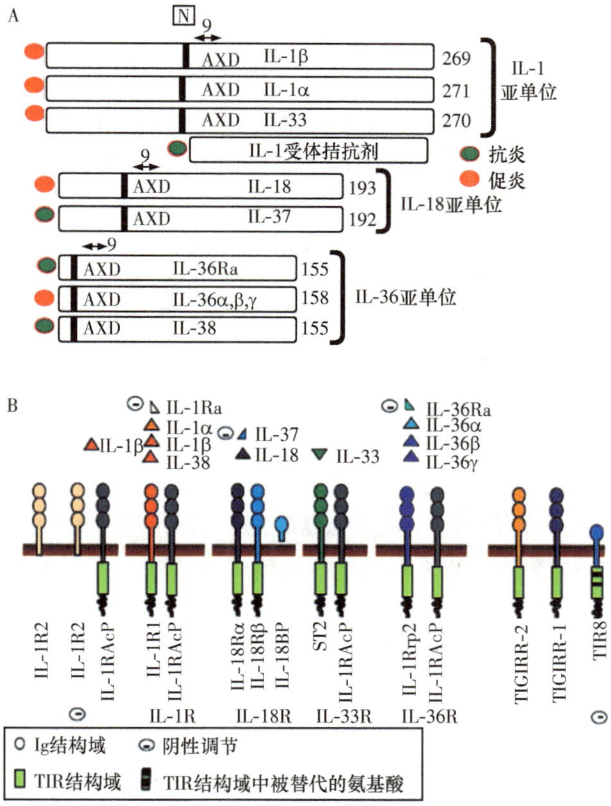

图 3-5　IL-1 家族的配体和受体

A. IL-1 家族配体亚家族，根据蛋白质 N 端结构域序列长短分为 4 个亚家族，数字代表氨基酸氨基酸数目，N 代表位于离 N 末端到 AXD（保守基序）之间 9 个氨基酸的酶切位点，A 代表脂肪族氨基酸；B. IL-1 家族的配体与受体链，TIR8 亦称 SIGIRR，含 2 个氨基酸（Cys222 和 Leu305）替代经典的氨基酸 Ser447 和 Tyr536

表 3-3　IL-1 家族成员的命名和主要功能

细胞因子	别名	受体	拟议命名		共受体	功能
			共受体	受体		
IL-1α	IL-1F1	IL-1R1 IL-1R2	IL-1RAcP		IL-1R3	警报素，炎症，Th17 细胞应答
IL-1β	IL-1F2	IL-1R1 IL-1R2	IL-1RAcP		IL-1R3	耐药性，炎症，Th17 细胞应答
IL-1Ra	IL-1F3	IL-1R1				抑制炎症
IL-18	IL-1F4	IL-18Rα	IL-18Rβ	IL-1R5	IL-1R7	炎症，Th1 细胞应答
IL-33	IL-1F11	ST2	IL-1RAcP	IL-1R4	IL-1R3	炎症，Th2 细胞应答

续表

细胞因子	别名	受体	拟议命名		共受体	功能
			共受体	受体		
IL-36α	IL-1F6	IL-1Rrp2(IL-36R)	IL-1RAcP	IL-1R6	IL-1R3	皮肤和肺部炎症
IL-36β	IL-1F7	IL-1Rrp2(IL-36R)	IL-1RAcP	IL-1R6	IL-1R3	
IL-36γ	IL-1F8	IL-1Rrp2(IL-36R)	IL-1RAcP	IL-1R6	IL-1R3	
IL-36Ra	IL-1F5	IL-1Rrp2(IL-36R)		IL-1R6		抑制炎症
IL-37	IL-1F7	IL-18Rα				抑制炎症
IL-38	IL-1F10	IL-1Rrp2(IL-36R)				抑制炎症
		TIR8(SIGIRR)		IL-1R8		抑制炎症
		TIGIRR-1(IL1RAPL2)		IL-1R9		未知
		TIGIRR-2		IL-1R10		未知
		IL-1R1(?)	IL-1RAcPb		IL-1R3b	抑制炎症

?,未被正式证明可与 IL-1RAcPb 发生作用。

(1) IL-1 α与IL-1 β:二者由不同基因编码,分子结构均不含信号肽,结合共同受体(IL-1R),具有相似的生物学特征,可在局部或全身发挥作用,参与发热、免疫应答、炎症反应、促进伤口愈合、刺激造血功能等。

IL-1 α前体组成性表达于单核/巨噬细胞、中性粒细胞、胃肠道、肺、肝、肾的上皮层细胞及血管内皮细胞和星形胶质细胞内,细胞坏死时,IL-1 α作为"警报素"被释放,迅速启动炎性细胞因子和趋化因子级联反应,引起无菌性炎症。IL-1 α具有核引导序列,可作为核转录因子而定位于细胞核,其前体可快速穿梭于胞核与胞质间,一旦启动细胞凋亡信号,即迅速由胞浆转移至胞核,并与染色质牢固结合;相反,若细胞接受坏死信号刺激(如低氧),IL-1 α可离开胞核而进入胞浆,随细胞坏死而被释放,引发炎症反应。此外,IL-1 α还可以跨膜形式表达于活化的单核细胞表面。

在 TLR 信号、补体及炎性细胞因子(包括 IL-1 自身)等激活下,单核/巨噬细胞、皮肤 DC 和脑组织小胶质细胞可分泌 IL-1 β。与 IL-1 α不同,IL-1 β前体无生物活性,须经 caspase-1 剪切后释放至胞外才具有活性。单核/巨噬细胞内富含 cappase-1,其前体须由炎症小体(见第十三章)剪切,若组成炎症小体的 NLRP3 单个氨基酸发生功能性突变,则有活性的 IL-1 β分泌剧增,可导致自身炎症性疾病。但是,并非所有 IL-1 β所致炎症均与 NLRP3 和 caspase-1 活性相关,caspase-1 缺陷小鼠也可发生 IL-1 β所致炎症疾病。胞外无活性的 IL-1 β前体由中性粒细胞酶(如蛋白酶-3)剪切,也可由 caspase-11 剪切。

IL-1R 分为两型:①IL-1R1,IL-1 与该受体和 IL-1R 辅佐蛋白(IL-1 receptor accessory protein,IL-1RAcP)结合为复合物,并启动信号转导(图 3-6A);②IL-1R2,为诱饵受体,其胞浆段很短,可负调节 IL-1 生物学活性(图 3-6D、E)。

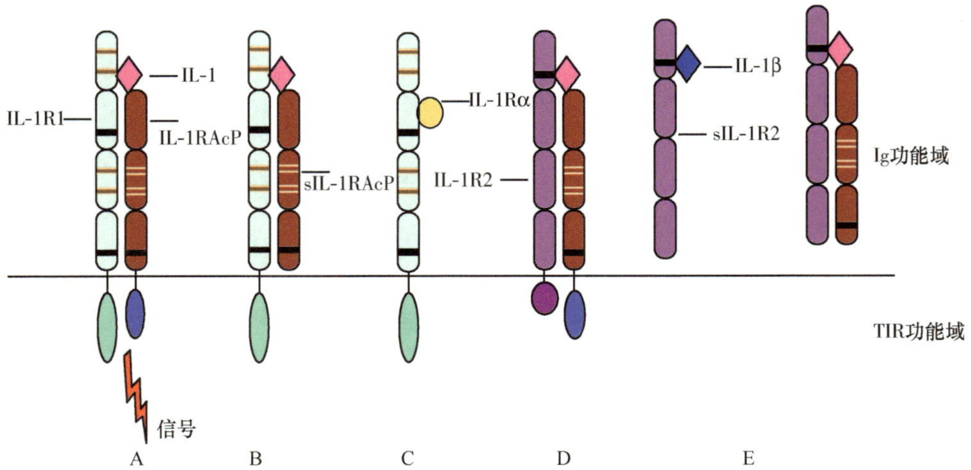

图 3-6 IL-1 功能的调控

A. IL-1 与 IL-1R1/IL-1RAcP 结合→启动信号转导;B. IL-1 与 IL-1R1 及 sIL-1RAcP 结合→不启动信号转导;C. IL-1Ra 与 IL-1R 结合→阻止 IL-1R 与 IL-1RAcP 结合→不能启动信号转导;D. IL-1R2(诱饵受体)→与 IL-1R1 竞争结合 IL-1→不启动信号转导;E. sIL-1RII→与 IL-1R1 竞争结合 IL-1→不启动信号转导

（2）IL-1受体拮抗剂（IL-1 receptor antagonist，IL-1ra）：主要由单核/巨噬细胞产生，其次为中性粒细胞、角质化上皮细胞、滑膜细胞等。IL-1ra是天然的特异性CK抑制物，其作用机制为：①与靶细胞表面IL-1R结合，但不能与IL-1RAcP结合，故不能触发胞内信号传递，从而发挥竞争性抑制作用（图3-6C）；②IL-1ra有3个胞内IL-1ra变异体（表达于成纤维细胞、单核细胞、角质细胞、上皮细胞和内皮细胞等），均缺乏信号肽而被滞留于胞内，可抑制IL-1诱导的基因表达，下调细胞对IL-1的应答。

2. IL-2 IL-2主要由$CD4^+$和$CD8^+$T细胞产生，另外NK细胞、LAK细胞、转化的B细胞、白血病细胞亦可产生。IL-2主要以自分泌或旁分泌方式发挥效应。不同种属间，IL-2沿种系谱向上有约束性，向下则无约束性。例如：人IL-2能促进小鼠T细胞增殖，但小鼠IL-2促进人T细胞增殖的效应很低。

3种多肽链参与构成不同的IL-2R：①α链（CD25）单独构成低亲和力受体，其不能传导信号，但对形成高亲和力受体有重要意义；②β链（CD122）和γ链（CD132）共同构成中等亲和力受体，为IL-2信号传递所必需；③αβγ链三聚体构成高亲和力受体。此外，γ链亦是其他多种CK（如IL-4、IL-7、IL-9、IL-13、IL-15、IL-21等）受体的功能性组成单位，而β链则是IL-15R的组成单位。

IL-2R分布于活化的T细胞、B细胞、NK细胞表面。慢性刺激T细胞可使IL-2Rα脱落，所形成的sIL-2R可与游离的IL-2结合，从而干扰IL-2与靶细胞的相互作用。在感染、自身免疫病、白血病和器官移植等病理过程中，sIL-2R可增高100倍。

IL-2在体外具有如下生物学作用：①促进所有T细胞亚群增殖及产生CK；②促进NK细胞胞毒活性及产生CK；③诱导LAK细胞扩增；④促进活化B细胞增殖及产生抗体；⑤激活单核/巨噬细胞，并增强其杀瘤活性。体内IL-2是参与免疫应答的重要细胞因子，并参与炎症反应、抗肿瘤效应和移植排斥反应。

3. IL-3 见集落刺激因子。

4. IL-4 IL-4主要由Th2细胞产生，其他T细胞亚群、双阳性胸腺细胞、激活的肥大细胞等也能产生。IL-4的天然变异体为IL4 Δ2（缺乏第2外显子），可拮抗IL-4的作用。IL-4R有两型：①Ⅰ型IL-4R，主要分布于造血细胞表面，由α链（CD124）与CK受体γ公有链组成；②Ⅱ型IL-4R，分布于造血和非造血细胞，由IL-4Rα链和IL-13Rα1链（CD213A1）组成，此受体可分别与IL-4和IL-13结合。sIL-4R和IL-4与膜IL-4R的亲和力相似，是膜IL-4R强有力的竞争性抑制剂，可用于抗移植排斥反应或阻断IgE介导的Ⅰ型超敏反应。

IL-4生物学作用为：①以自分泌方式促进Th2细胞分化，但抑制Th1细胞分化；②刺激B细胞Ig重链类别转换，产生IgE；③联合IL-13诱导M2型巨噬细胞分化；④联合IL-13刺激胃肠道蠕动，还可促进嗜酸粒细胞募集并参与变态反应；⑤促进DN和DP胸腺细胞增殖。敲除IL-4基因的小鼠，T细胞及其亚群发育虽正常，但不能诱导Th2型细胞因子产生。

5. IL-5 IL-5主要由Th2细胞和活化的肥大细胞产生。IL-5R由α链（CD125）和CK受体公有β链（CD131）组成。IL-5生物学作用为：①促进嗜酸粒细胞生长、活化和分化，参与变态反应和抵抗蠕虫感染；②促进活化的B细胞分化成浆细胞，分泌IgE和IgA；③协同IL-2和IL-4等参与体液免疫应答和诱导胸腺细胞分化。

6. IL-6 产生IL-6的细胞主要有单核/巨噬细胞、血管内皮细胞、成纤维细胞、角质细胞、T细胞（主要是Th2）和B细胞等，此外还包括骨髓瘤细胞株、宫颈癌细胞株等。可能由于其糖基化或磷酸化不同，单核细胞至少表达5种不同分子量的IL-6。IL-6 Δ4缺少第4外显子，可与IL-6Rα链结合为复合物，但不能传递信号，从而竞争性抑制IL-6的生物学活性。

IL-6R由配体结合的α链（CD126）和信号传递链（gp130，CD130）组成，后者无配体结合能力，但参与组成IL-6高亲和力结合位点，且是LIFR、OSMR、CNTFR、IL-11R和CT-1R的公用链。IL-6R广泛表达于活化B细胞、静止T细胞、NK细胞、骨髓瘤细胞、肝细胞、髓样白血病细胞等表面。sIL-6R能与IL-6形成复合物，进一步结合gp130，发挥IL-6的生物学作用。故sIL-6R并非膜受体拮抗剂，而是膜受体激动剂。此外，sIL6R/IL-6复合物不仅可作用于表达IL-6R的靶细胞，还可作用于不表达IL-6R、但表达gp130的靶细胞。

IL-6生物学作用为：①促进B细胞增殖、分化和分泌抗体；②联合IL-1和IL-23诱导$CD4^+$Th0细胞向Th17细胞分化；③促进肝合成急性期蛋白；④属内源性致热原，参与炎症反应；⑤对神经和造血系统具有广泛效应；⑥抗瘤效应，并增强NK细胞及CTL杀瘤活性。

7. IL-7 IL-7主要由骨髓基质细胞和胸腺细胞组成性表达，人和小鼠角质细胞也可分泌IL-7。IL-7R由IL-7受体α链（CD127，低亲和力）和CK受体γ公有链共同组成高亲和力受体。IL-7R分布于T细胞、前B细胞及骨髓巨噬细胞表面。

IL-7生物学作用为：①促进早B及前B细胞增殖；②促进巨核细胞成熟；③协同或直接刺激DN或

DP 胸腺细胞增殖；④协同 IL-2 刺激成熟 T 细胞活化；⑤调控 TCR β链基因重排及表达；⑥促进 CTL 增殖、分化及杀伤活性；⑦刺激 LAK 细胞活性；⑧诱导单核细胞分泌 IL-1、IL-6 和 MIP。IL-7R α链表达缺陷的小鼠其γδT 细胞缺如，但 NK 细胞发育和功能均正常。

8. IL-8 见本章“趋化因子超家族”。

9. IL-9 IL-9 主要由 Th 细胞产生。IL-9R 由配体结合链（CD129）与 CKR 公有 γ 链组成。IL-9R 主要分布于 Th2 细胞、肥大细胞、巨噬细胞及部分胸腺瘤细胞。人 IL-9 不能作用小鼠细胞，但小鼠 IL-9 可作用于人细胞。

IL-9 生物学作用是：①与 IL-3 协同促进肥大细胞生长和分化；②促进 Th 细胞生长；③增强 IL-4 诱导 B 细胞产生 IgM、IgG 和 IgE，在超敏反应性炎症中发挥重要作用；④刺激人红细胞集落形成；⑤促进某些白血病细胞株增殖。

10. IL-10 IL-10 主要由活化的巨噬细胞和 DC 分泌，并能抑制两者功能，属典型的负调节因子。另外，Treg 细胞、Th1 细胞、Th2 细胞和某些非免疫细胞（如角质细胞）也可产生。IL-10 为异源二聚体，每条肽链均含 1 个可插入另 1 条链的六螺旋捆绑式结构域，其受体类似于干扰素受体，属Ⅱ型细胞因子受体家族，两条肽链均与 JAK1 和 TYK2 Janus 家族激酶相关，可活化 STAT3。

IL-10 生物学功能为：①抑制活化的巨噬细胞和 DC 产生 IL-12，从而负调节 IFN-γ分泌；②抑制巨噬细胞和 DC 表达共刺激分子和 MHC Ⅱ类分子；③参与黏膜（尤其是胃肠道黏膜）炎症反应，IL-10R 基因突变可致重症肠炎（罕见的自身免疫病），IL-10 基因敲除小鼠也易感肠炎，均因 IL-10 缺陷使抗肠道微生物的巨噬细胞活化失控而致病。

11. IL-11 IL-11 主要来源于间质细胞和骨髓成纤维细胞。IL-11R 由与配体结合的 α 链和信号转导亚单位 CK 受体 gp130 所组成。后者为 IL-6R、LIFR、OSMR、CNTFR 所公有。

IL-11 主要功能是：①协同 IL-3 促进巨核细胞集落形成，促进血小板生成；②刺激依赖于 T 细胞的 B 细胞发育；③协同 IL-3 或 SCF 促进多系祖细胞扩增和分化；④调节红系祖细胞增殖；⑤刺激 IL-6 依赖的浆细胞瘤细胞增殖；⑥抑制脂肪细胞分化。

12. IL-12 IL-12 由 p35（IL-12A）及 p40（IL-12B）两条肽链组成，p40 也是 IL-23 的亚基。IL-12 主要由 DC、巨噬细胞、B 细胞及 T 细胞产生。人 IL-12 不能作用于小鼠，而小鼠 IL-12 可作用于人。IL-12R（CD212）由 β1 和 β2 链组成，表达于激活的 T 细胞和活化的 CD56+NK 细胞表面，其中 Th1 细胞表达 β2 链，而 Th2 细胞不表达。抗 p40 单抗可阻断 IL-12 与 IL-12R 结合，表明 p40 含与 IL-12R 结合的部位。p40 可形成同源二聚体 IL-12p80，竞争性抑制 IL-12 和 IL-23 与受体结合。

IL-12 生物学作用是：①刺激 NK 细胞和 T 细胞产生 IFN-γ；②增强 NK 细胞和 CTL 胞毒作用；③促进 $CD4^+$Th0 细胞分化为 Th1 细胞；④抑制 Th2 细胞合成 IL-4、IL-5 和 IL-10；⑤选择性抑制 IL-4 诱导的 IgE 合成。IL-12 基因敲除小鼠的 Th1 应答和 IFN-γ产生明显受损。

13. IL-13 IL-13 结构和功能类似 IL-4，主要由 Th2 细胞和 ICL2 产生（嗜碱粒细胞、嗜酸粒细胞和 NKT 细胞也可产生）。IL-13R 是由 IL-13 α1 链和 IL-4R α链组成的异源二聚体，可高亲和力结合 IL-4 和 IL-13。IL-13R 可表达于 B 细胞、单核/巨噬细胞、DC、嗜碱粒细胞、嗜酸性细胞、纤维母细胞、内皮细胞和支气管上皮细胞表面（T 细胞不表达）。

IL-13 功能与 IL-4 有部分重叠：①联合 IL-4 诱导 M2 型巨噬细胞活化，参与组织修复和纤维化；②诱导 B 细胞增殖、分化和抗体类型转换，促进 IgM、IgG4 和 IgE 产生；③增强胃肠蠕动、刺激呼吸道上皮细胞黏液分泌；④协同 G-CSF 及 GM-CSF，促进集落形成。

14. IL-14 其实质为他西林α蛋白（taxilin），是 Syntaxin 的结合蛋白。

15. IL-15 IL-15（14 ~ 15kD）组织分布极为广泛，骨骼肌及胎盘组织 IL-15 mRNA 水平很高。人 IL-15 与 IL-2 的氨基酸序列不同，但空间结构相似，具有某些相似的生物学作用。高亲和力 IL-15R 为异源三聚体，即 IL-15R α链、IL-2R β链和 CK 受体公有链，表达于淋巴样细胞、单核细胞、NK 细胞、骨髓基质细胞等表面。

IL-15 生物学作用与 IL-2 相似，主要为：促进 T 细胞增殖；诱导 B 细胞增殖分化；促进 NK 细胞成熟及其杀伤活性；刺激肥大细胞增殖。由于 IL-15 的细胞来源及靶细胞分布均较 IL-2 广，故 IL-15 可能在不表达 IL-2 的组织中发挥类似 IL-2 的效应。此外，IL-15 可抑制活化的 T 细胞和 B 细胞由抗 Fas 抗体、细胞因子耗竭、地塞米松等因素所致的凋亡。

16. IL-16 IL-16 由活化的 T 细胞、中性粒细胞、嗜酸粒细胞、DC、肥大细胞等产生。组胺与 5-HT 可刺激 $CD8^+$T 细胞分泌 IL-16；丝裂原、抗原或抗 CD3 抗体可诱导 $CD4^+$T 细胞产生 IL-16。IL-16R 为 CD4 分子，但可能还有另一分子作为主要受体。

IL-16 生物学作用为：趋化 $CD4^+$细胞（包括 T 细胞、DC、单核/巨噬细胞、朗格汉斯细胞）和嗜酸粒细胞；诱导 $CD4^+$T 细胞表达 IL-2R，继而在 IL-2 作用下，

使之从 G_0 期进入 G_1 期；上调 HLA-DR 表达；抑制 HIV 复制。

17. IL-17　IL-17 家族成员包括 IL-17A、IL-17B、IL-17C、IL-17D、IL-17E（IL-25）和 IL-17F 等 6 个结构相关的蛋白，其中 IL-17A 和 IL-17F 最相似，但其生物学活性主要由 IL-17A 介导。IL-17A 主要由 Th17 细胞分泌，其他家族成员由多种细胞产生。IL-17 受体不与任何其他已知的细胞因子受体同源。

IL-17 是联系固有免疫和适应性免疫的重要因子，也是参与固有免疫的重要炎症细胞因子，主要功能为：①刺激趋化因子和其他细胞因子（如 TNF）产生，募集中性粒细胞、单核细胞至炎症局部；②诱导 G-CSF 及其受体表达，促进中性粒细胞生成；③诱导防御素产生。

18. IL-18　IL-18 结构类似于 IL-1，其缺乏分泌蛋白所具有的信号肽，故首先以前体形式表达于单核/巨噬细胞、未成熟 DC、T 细胞、B 细胞、破骨细胞、角质细胞等表面，在 Caspase-1 和其他酶的作用下，可转变为生物活性分子。

IL-18R 由α链和β链组成，广泛表达于初始 T 细胞、NK 细胞、巨噬细胞、中性粒细胞、内皮细胞和平滑肌细胞。IL-18R α链（CDw218a）与 IL-18 结合，IL-18R β链（CDw218b）不能直接与 IL-18 结合，但可与 IL-18R α/IL-18 复合物结合，启动信号转导。此外，已发现 IL-18 结合蛋白可与分泌型 IL-18 结合，起中和作用。

IL-18 功能类似于 IL-12，例如：①促进 Th1 细胞生长、分化；②诱导活化的 B 细胞、T 细胞和 NK 产生 IFN-γ，参与抗感染免疫；③通过上调 FasL 表达而促进 NK 细胞胞毒活性；④活化中性粒细胞、促进 GM-CSF 和 CXC 表达；⑤抗瘤效应及缓解慢性 GVHD；⑥参与黏膜免疫。

19. IL-19　单核细胞在 LPS 刺激下可产生 IL-19。IL-19 与Ⅰ型 IL-20R 复合物结合。IL-19 生物学作用为：促进单核细胞产生 IL-6、TNF-α及活性氧；促进 Th2 细胞应答。

20. IL-20　IL-20 主要由角质细胞和单核细胞产生，在银屑病患者皮肤与类风湿性关节炎患者滑膜液中 IL-20 增高。过表达 IL-20 可导致表皮分化障碍，小鼠在新生期即因皮肤形成缺陷而继发性死亡。IL-20R 有两型：①Ⅰ型 IL-20R 由 IL-20R α链和 IL-20R β链组成；②Ⅱ型 IL-20R 由 IL-22R α链和 IL-20R β链组成。IL-20 和 IL-24 可与上述两型受体结合，而 IL-19 则仅能与Ⅰ型 IL-20R 结合。

21. IL-21　IL-21 主要由活化的 $CD4^+$ T 细胞（Tfh、Th17）和 NKT 细胞产生。IL-21R 由 IL-21R α链和 CK 受体γ公有链（CD132）组成异源二聚体，主要表达于 T 细胞（Tfh、Th17）、B 细胞、NK 细胞和 DC 表面。

IL-21 生物学作用为：①通过自分泌促进 Tfh 细胞表面表达 CXCR5 和 ICOS，在诱导 Tfh 细胞分化、向淋巴结生发中心迁移、与 B 细胞相互作用及 GC 形成中发挥关键作用；②Tfh 细胞产生的 IL-21 在 B 细胞对 TD-Ag 应答中发挥关键作用，可协同刺激 B 细胞增殖并分化为浆细胞；③通过自分泌促进 Th17 细胞分化与扩增；④促进 NK 细胞和 $CD8^+$ T 增殖和胞毒作用。

22. IL-22　IL-22 属 IL-10 家族成员，由活化 T 细胞（主要是 Th17 细胞）和活化 NK 细胞产生。IL-22R 由 IL-22R α链和 IL-10 β链组成，主要表达于皮肤、肾、呼吸和消化系统。

有关 IL-22 生物学作用的报道存在矛盾：①发现 IL-22 参与炎症和组织损伤；②IL-22 在上皮组织（尤其是皮肤、胃肠道等部位）产生，可增强上皮屏障功能、刺激上皮修复，从而维持上皮完整性。

23. IL-23　IL-23 由 p19 和 IL-12 亚基 p40 组成。p19 本身无生物学活性，仅当与 p40 结合为复合物才具有活性。IL-23 主要由活化的 DC 和巨噬细胞分泌。IL-23R 由 IL-23R 链和 IL-12R β1 链组成。IL-23 生物学作用为：①促进小鼠 $CD4^+CD45Rb+(low)$ 记忆 T 细胞增殖；②诱导 T 淋巴母细胞和记忆 T 细胞产生 IFN-γ，并促进它们增殖；③维持活化 Th17 细胞产生 IL-17，并稳定 Th17 细胞。

24. IL-24　IL-24 为人黑色素细胞终极分化上调基因，另单核细胞和 Th2 细胞也可产生 IL-24。IL-24R 是Ⅰ型/Ⅱ型 IL-20R 复合物。IL-24 生物学作用是：①转 IL-24 基因的人黑色素瘤细胞生长减缓，不能形成集落；②抑制多种肿瘤细胞生长并诱导它们凋亡；③抑制内皮细胞迁移和分化，阻断 VEGF 诱导的血管生成；④促进单核细胞产生 TNF-α和 IL-6。

25. IL-25　IL-25（IL-17E）由活化的 Th2 细胞、肥大细胞及上皮细胞产生，可诱导 Th2 细胞和 ICL2 分泌 IL-5、IL-9 和 IL-13。与其他 IL-17 家族成员不同，IL-25 主要通过诱导 IL-5 募集嗜酸粒细胞，故在变态反应中发挥重要作用。

26. IL-26　IL-26 为同源二聚体，主要由单核细胞、记忆 T 细胞产生。其受体由 IL-20R α链和 IL-10R β链组成。IL-26 生物学作用为：在感染后的 T 细胞转化中发挥重要作用；诱导 IL-8、IL-10 和 ICAM-1 产生；参与皮肤和黏膜免疫。

27. IL-27　IL-27 由 IL-12 亚基 p40 相关蛋白 EBI-3（EB virus-induced gene 3）和 IL-12 亚基 p35 相

关蛋白p28（即IL-30）组成，主要由DC产生。IL-27生物学作用为：①迅速介导初始$CD4^+$T细胞增殖；②诱导初始$CD4^+$T细胞向Th1分化；③抑制外周T细胞转变为Treg；④直接阻断Th17细胞在中枢神经系统内发育，限制Th17细胞介导的葡萄膜炎和巩膜炎；⑤限制中枢神经系统、眼睛、胎盘、前列腺等部位炎症反应，可能参与相关器官的免疫赦免；⑥中和IL-27可保护小鼠抵御致死性内毒素性腹膜炎，提示可调节急性感染早期炎症反应。

28. IL-28 IL-28A（IFN-λ2）和IL28B（IFN-λ3）均为Ⅲ型干扰素家族成员。IL-28R由IFN λ-1链和IL-10R β链组成，IL-28A、IL-28B和IL-29结合相同的受体，其受体后信号与Ⅰ型干扰素相同。IL-28生物学作用为：①抗病毒和抗肿瘤；②协同Ⅰ型和Ⅱ型IFN诱导基因表达；③诱导耐受型DC产生。

29. IL-29 IL-29属Ⅲ型干扰素家族成员，亦称IFN λ-1，其受体与IL-28R相同。IL-29生物学作用与IL-28基本相同。

30. IL-30 IL-30亦称T细胞活化淋巴因子，由ConA刺激的脾细胞和T杂交瘤细胞产生，是IL-27亚基p28的新名称。

31. IL-31 IL-31主要由活化的Th2细胞产生，IL-31R由IL-31R α链和抑瘤素M（oncostatin）受体组成异源二聚体，其表达于活化的单核细胞和角质细胞表面。其中IL-31R α链类似于gp130，负责传递信号。IL-31参与T细胞介导的免疫应答，并参与炎症和退行性皮肤疾病发生。IL-31转基因导致过敏性皮炎、秃头、搔痒症、皮肤损害等。

32. IL-32 IL-32主要由活化的淋巴细胞、NK细胞、上皮细胞以及IL-18转基因细胞产生，有6个异构体（α、β、γ、δ、ε、ξ）。IL-32功能为：①活化NF-κB和MAPK，促进不同细胞表达促炎CK；②促进CXC趋化因子表达，促进中性粒细胞吞噬和杀伤作用；③与单核细胞和中性粒细胞内颗粒丝氨酸蛋白酶3（PR3）结合，水解某些生物活性物质，如表皮细胞的PR3可水解IL-18前体，释放具有活性的IL-18，后者可有限水解IL-32 α，形成的水解片段具有更强活性；④在类风湿性关节炎中介导软骨和骨骼破坏；⑤诱导PGE2产生，抑制细胞免疫应答；⑥参与活化诱导的细胞死亡（AICD）。

33. IL-33 IL-33属IL-1家族成员，可由平滑肌细胞和上皮细胞组成性合成，由成纤维细胞、角质细胞和固有免疫细胞等诱导性表达。静止细胞中，IL-33主要位于细胞核，可直接结合NK-κB，阻碍其激活的基因转录。组织损伤时，细胞核内IL-33被释放。IL-33受体为ST2（亦称ST2L），表达于活化的Th2细胞、肥大细胞、嗜碱粒细胞、嗜酸粒细胞和ILC2细胞表面。

释放至胞外的IL-33可参与局部炎症反应，亦被归于损伤相关分子模式（DAMP）。IL-33作用机制是：刺激Th2细胞产生IL-5、IL-13，参与抗线虫类感染；过表达IL-33可促进Ⅰ型超敏反应性疾病和某些自身免疫病发生。

34. IL-34 IL-34受体是CSF-1R，可刺激单核细胞存活。

35. IL-35 IL-35是由EBI-3和IL-12p35组成的异源二聚体，组成性表达于小鼠Treg细胞，可下调Th17功能，是Treg细胞发挥负调节作用所必需，也可缓解胶原所诱导关节炎。

36. IL-36 IL-36 α、IL-36 β、IL-36 γ和IL-36R构成IL-36亚家族。IL-36需经（至今尚不清楚的）酶剪切后才具有生物活性。IL-36 α、IL-36 β和IL-36 γ是IL-36R激动剂，IL-36Ra是IL-36R拮抗剂。IL-36由固有免疫细胞、淋巴细胞、皮肤表皮细胞和肺支气管上皮细胞产生，功能为：诱导炎性细胞因子、趋化因子和共刺激分子表达；促进Th1和Th17分化；参与皮肤和肺组织的固有免疫和炎症反应。IL-36功能类似IL-1，但具有组织选择性（如皮肤和肺）。

37. IL-37 IL-37属IL-1家族成员（亦称IL-1F7），仅存在人体内。如同其他IL-1家族成员，IL-37无信号肽，其前体含caspase-1的酶切位点，但caspase-1在IL-37剪切和分泌中的作用尚未确定。IL-37存在于胞核内，通过与核转录因子Smad3结合而抑制基因转录。细胞坏死时IL-37被释放，通过与IL-18R α链结合而抑制炎症反应。已发现，转IL-37基因的小鼠可抵抗LPS所致体温降低、酸中毒、高血钾、肝炎、脱水和炎症因子分泌，提示内源性IL-37是一种处于上游位置的固有免疫抑炎因子。

38. IL-38 IL-38属IL-1家族成员（亦称IL-1F10），其基因序列与IL-1Ra、IL-36Ra分别有41%、43%同源性，三维结构类似于IL-1Ra。IL-38由皮肤基底上皮和扁桃体内增殖的B细胞分泌，受体为IL-36R。IL-38可抑制炎症反应，机制为：抑制Th17细胞分泌IL-17、IL-22等炎症介质；抑制IL-36 γ所致IL-8产生。

（二）肿瘤坏死因子家族

肿瘤坏死因子超家族包括约20个成员（如TNF-α、TNF-β（LT α）、LT β、LIGHT、CD27L、CD30L、CD40L、CD95L（FasL）、41BB、OX40L、TRILL等），除LT α外，均属Ⅱ型膜蛋白，并以三聚体膜分子或可溶性分子发挥作用。本章主要介绍TNF核心家族（TNF core family)成员,包括 TNF-α、LT α、LT β和 LIGHT。

1. TNF-α TNF-α 可由各种免疫细胞、内皮细胞、成纤维细胞、表皮细胞、角质细胞、平滑肌细胞、星形胶质细胞、成骨细胞等产生。人 TNF-α 基因编码前体蛋白,其信号肽将前体蛋白固定于细胞膜表面,成为具有活性的跨膜 TNF-α(26kD)。后者经酶切去除信号肽,形成 17kD 的分泌型 TNF-α;所余跨膜片段的胞浆段可被信号肽酶水解,转移至核内,促进 IL-12 等基因表达。NK 细胞可组成性表达跨膜型 TNF-α,参与其杀伤活性。

TNFR 表达于(除红细胞外)所有体细胞和多种肿瘤细胞表面,分为 55kD(CD120a)和 75kD(CD120b)两型,分别由不同基因编码。二型 TNFR 胞外结构区相似,但胞内结构区差别很大,提示其信号转导存在差异。TNF-α 与 β 均能与两型受体结合,但亲和力不同。此外,在肝脏还发现第三类 TNFR,其仅能与 TNF-α结合,而不能与 TNF-β结合。

TNF-α 具有广泛生物学活性,例如:参与炎性反应和免疫应答;抗肿瘤;参与内毒素性休克、动脉硬化、静脉血栓形成和脉管炎等病理过程;引起恶液质。

2. TNF-β TNF-β 亦称淋巴毒素(lymphotoxin, LT),包括:①分泌型(即 LTα 同源三聚体),由活化的 $CD4^+$和 $CD8^+$T 细胞、NK 细胞、B 淋巴母细胞样细胞、骨髓瘤细胞等产生,可与两型 TNF 受体结合,亦称为 TNF-β;②膜结合型(由 LT α与膜分子 LT β组成),表达于活化的 T、B 细胞和 LAK 细胞表面,可分为 LTα1β2(占多数,与 LT-βR 结合)和 LT α2 β1(占少数,与两型 TNFR 结合),生物学作用尚不清楚。

LT 与 TNF-α 的细胞来源不尽相同,且核苷酸同源性仅 28%,但二者生物学性质和作用极其相似。如同 TNF-α,TNF-β也可趋化和激活中性粒细胞,促进黏附分子表达,但其不参与内毒素性休克等病理过程。TNF-β基因敲除小鼠外周淋巴结消失,提示 TNF-β在外周淋巴器官发育中发挥重要作用。

3. LIGHT LIGHT[homologous to LT, inducible expression, competes with herpes simplex virus (HSV) glycoprotein D for HSV entry mediator (HVEM), a receptor expressed on T lymphocyte]主要由淋巴细胞、单核细胞、粒细胞等产生,可与 LT-βR 和 HVEM 两种受体结合。

LIGHT 生物学作用为:①诱导表达 LT-βR 和 HVEM 的肿瘤细胞凋亡,对于仅表达其中一种受体的肿瘤细胞或其他细胞(如淋巴细胞等)无胞毒作用;②激活 Caspase3、6、7、8、9,但 Caspase 抑制剂不能阻断 LIGHT 所致凋亡;③促进活化淋巴细胞释放 IFN-γ,诱导趋化因子 CCL21 和黏附分子 MAdCAM-1 表达;④参与胸腺 T 细胞阴性选择;⑤组成性表达 LIGHT 或转基因,可破坏外周耐受,导致自身免疫病;⑥参与免疫应答,可促进 CTL 分化,缺失该基因可选择性减弱 $CD8^+$T 细胞增殖。

(三)干扰素(IFN)

干扰素是第一个为人类所发现和应用的细胞因子。重组 IFN 于 1986 年获美国食品与药品监督管理局(FDA)批准用于治疗毛细胞型白血病,其后 IFN-α(治疗疣状病毒感染所致尖锐湿疣、丙型肝炎和乙型肝炎)、IFN-β(治疗多发性硬化)和 IFNα-2a(治疗丙型肝炎和乙型肝炎)均获准临床应用并获良好疗效。

干扰素根据其分子结构特征、所结合受体及生物学活性,可分为 3 个亚类。

1. Ⅰ型干扰素 Ⅰ型 IFN 包括 IFN-α、IFN-β、IFN-ε、IFN-κ、IFN-ω、IFN-δ、IFN-τ、IFN-ν、IFN-ζ,它们均与相同受体结合,具有相似的生物学功能。IFN-α 主要由单核/巨噬细胞产生,B 细胞和成纤维细胞也能产生;IFN-β 主要由成纤维细胞产生。Ⅰ型 IFN 成员结合相同的受体,即由 IFN-αR1 和 IFN-αR2 组成的 IFN-α/βR,其表达于单核/巨噬细胞、多形核白细胞、B 细胞、T 细胞、血小板、上皮细胞、内皮细胞与肿瘤细胞等表面。

Ⅰ型 IFN 主要生物学作用是:①抑制病毒复制;②上调 T 细胞表面 CD69 表达及下调 S1PR1 表达,使 T 细胞滞留于淋巴结接受抗原刺激;③促进 NK 细胞和 $CD8^+$T 细胞的胞毒作用,促进 Th1 细胞分化;④上调 MHC Ⅰ类分子表达,促进病毒感染的细胞被 $CD8^+$ CTL 识别和杀伤。

Ⅰ型干扰素家族其他成员(如表皮角质细胞表达的 IFN-κ、子宫基蜕膜表达的 IFN-ω和 IFN-τ等)也可抑制病毒复制和抗肿瘤,尤其是子宫基蜕膜干扰素在保护胎儿免遭母体排斥中发挥重要作用。

2. Ⅱ型干扰素 Ⅱ型干扰素即 γ-干扰素(IFN-γ),主要由活化的 Th1 细胞和几乎所有 $CD8^+$T 细胞和 NK 细胞产生。IFN-γR 由 IFN-γR1(CDw119)和 IFN-γR2 组成,分布于(除成熟红细胞外)几乎所有细胞表面。

IFN-γ 生物学功能:①激活巨噬细胞的关键细胞因子,抵御胞内感染;②促进 B 细胞产生 IgG,抑制 IgE 产生;③促进 Th0 细胞分化为 Th1 细胞,并抑制 Th2 和 Th17 细胞分化;④刺激抗原提呈相关分子(如 TAP、HLA-DM、B7 等)表达。

3. Ⅲ型干扰素 Ⅲ型干扰素即 IFN-λ1(IL-29)、IFN-λ2(IL-28A)和 IFN-λ3(IL-28B),其共同受体为 IL-28R,后者表达和分布仅局限于上皮细胞和少数免疫细胞表面(详见白介素)。

(四)集落刺激因子(CSF)

造血干细胞成熟涉及不同谱系细胞分化和增殖,且分化为某一特定谱系细胞后即不能再分化为其他谱系细胞。选择性刺激造血干细胞增殖、分化为某一谱系的细胞因子,称为集落刺激因子(CSF),它们可刺激不同造血细胞系或不同分化阶段的细胞在半固体培养基中形成细胞集落(图3-4)。CSF主要包括巨噬细胞CSF(macrophage-CSF, M-CSF)、粒细胞CSF(granulocyte-CSF, G-CSF)、巨噬细胞/粒细胞CSF(GM-CSF)、IL-3、干细胞因子(stem cell factor, SCF)、红细胞生成素(erythropoietin, EPO)等。此外,IL-1、IL-6和IL-11也参与骨髓多能干细胞早期分化。

1. IL-3 IL-3(亦称multi-CSF)可刺激骨髓多谱系细胞集落形成,属多克隆集落刺激因子。IL-3的产生细胞包括活化的$CD4^+$Th1和Th2细胞、活化的NK细胞、嗜酸粒细胞及活化的肥大细胞(鼠源性)。IL-3高亲和力受体由α(CD123)、β两条链组成。β链为公有链,可分别与IL-5R和GM-CSFR的α链组成相应受体。IL-3R分布于骨髓多能干细胞和多种定向祖细胞、肥大细胞、单核细胞及T细胞表面。

IL-3主要生物学作用为:促进多谱系造血干细胞增殖、分化、成熟,并形成集落;增强不同靶细胞的功能。

2. GM-CSF GM-CSF主要由活化的T细胞、活化的巨噬细胞、成纤维细胞及内皮细胞产生。GM-CSFR由含WSXWS的α链(CD116)及β公有链组成(IL-3R、IL-5R公用)。GM-CSFR主要分布于中性粒细胞、单核细胞、嗜酸粒细胞及嗜碱粒细胞表面。

GM-CSF主要生物学作用为:①刺激骨髓细胞形成中性粒细胞集落和巨噬细胞集落;②刺激胚肝祖细胞形成嗜酸粒细胞集落;③促进胞毒活性;④增强粒细胞、单核细胞和嗜酸粒细胞杀菌、抗寄生虫及抗肿瘤作用;⑤增强粒细胞吞噬活性并上调其黏附分子表达;⑥促进单核细胞释放CK;⑦趋化粒细胞及单核细胞;⑧体外刺激相对不成熟DC的产生;⑨刺激造血祖细胞和急、慢性髓样白血病细胞增殖。

3. M-CSF M-CSF主要来源于成纤维细胞、内皮细胞、活化的单核细胞、骨髓基质细胞、成骨细胞、活化的T、B细胞及多种肿瘤细胞。M-CSF包括膜结合型和分泌型糖蛋白及蛋白多糖(PG-M-CSF)。M-CSFR(CD115)由FMS原癌基因编码,是同源二聚体,为高亲和力受体,分布于单核/巨噬细胞及相应细胞系表面。

人M-CSF可作用于小鼠,而小鼠M-CSF则不能作用于人。M-CSF主要生物学作用是:①促使骨髓前体细胞发育为单核/巨噬细胞;②激活成熟单核/巨噬细胞,促进其黏附和增殖;③通过促进单核/巨噬细胞增殖活化,诱生IL-1、TNF、G-CSF、IFN并参与炎症反应。

4. G-CSF G-CSF主要由活化的单核/巨噬细胞、成纤维细胞、内皮细胞、骨髓基质细胞等产生。G-CSF受体(CD114)含WSXWS结构,为高亲和力受体,分布于造血祖细胞、中性粒细胞、内皮细胞、髓样白血病细胞株(如HL-60)等。

G-CSF可进入循环,发挥全身性作用,例如:刺激骨髓内中性粒细胞前体细胞如成髓细胞、早幼粒细胞的存活、增殖及分化;在外周促进成熟中性粒细胞的活化与功能。

5. SCF SCF亦称C-kit配体或肥大细胞生长因子(mast cell growth factor, MGF),主要由骨髓基质细胞、成纤维细胞和内皮细胞等产生。SCF以分泌型(SCF-1)和跨膜型(SCF-2)两种形式存在。SCFR即C-kit(CD117),表达于多种干细胞和肥大细胞表面。

SCF主要生物学作用为:①与各种CSF和IL-7共同刺激干细胞分化为不同谱系血细胞;②是造血干细胞、肥大细胞和黑色素细胞的生长因子;③给予SCF可提高巨核细胞和血小板数量;④是C-kit+细胞的有效趋化剂;⑤高表达C-kit与肿瘤发生相关。

6. EPO 成人体内90% EPO由肾小球基底膜外侧肾小管周围毛细血管内皮细胞产生。此外,胚胎肝脏及某些肝、肾肿瘤细胞、巨噬细胞也可产生EPO。EPOR为EPO特异性的高亲和力受体,与其他生长因子不发生反应,除表达于造血祖细胞外,生殖器官、心、肝、肾、脑、内皮细胞和平滑肌细胞也可表达。

EPO主要生物学作用为:刺激骨髓内红细胞样前体细胞产生红细胞样集落形成单位(CFU-E)和红细胞样爆发形成单位(BFU-E),使红细胞样前体细胞增殖分化为成熟红细胞。此外,EPO还具有某些与造血功能无关的效应,例如:阻止细胞死亡;促进血管形成;促进内皮细胞表达eNOS,并产生NO。

(五)趋化因子家族

见第三节。

(六)其他细胞因子

1. 转化生长因子β(transforming growth factor-β, TGF-β) TGF-β是由不同基因编码、可调节细胞生长和分化的家族,包括TGF-β1、β2、β3。其中,TGF-β1为同源二聚体,主要由$CD4^+$Treg细胞、活化的巨噬细胞和其他细胞合成、分泌。TGF-β受体包括TGF-βR1

和 TGF-βR2，其与 TGF-β结合，受体分子丝氨酸/苏氨酸激酶区即使 SMAD2 和 SMAD3 磷酸化，继而结合 SMAD4 并转入核内，结合启动子、调节其转录。

TGF-β具有重要而独特的功能：①抑制 T 细胞增殖和效应，抑制 M1 型巨噬细胞活化；②调节 T 细胞功能亚群分化，如参与 FoxP3+Treg 细胞分化，协同 IL-1 和 IL-6 参与 Th17 细胞分化；③诱导抗体类别转换，刺激 IgA 抗体产生；④局部免疫和炎症反应中，刺激巨噬细胞和纤维母细胞合成胶原及产生基质调节酶，并刺激血管形成，从而参与组织修复和纤维化。

2. 白血病抑制因子（leukemia inhibitory factor，LIF） LIF 由活化的 T 细胞、单核细胞、神经胶质细胞、骨髓基质细胞等多种细胞产生。LIFRα 链为低亲和力受体，gp130 与 LIFα 链共同组成高亲和力受体。LIF 功能为：①调节细胞增殖、分化和表型。②增加血小板数量。③诱导肝急性期蛋白产生。④抑制干细胞分化，并促进干细胞存活和增殖，被用于干细胞基础研究和应用研究。

3. 表皮生长因子（epithelial growth factor，EGF）家族 该家族包括 4 个成员，均有跨膜型和分泌型，并有共同的 EGF 受体。

（1）EGF：其作用为①促进上皮细胞、成纤维细胞、间质和内皮细胞增殖；②促进血管形成，加速伤口愈合；③促肿瘤生长。

（2）TGF-α：其作用与 EGF 相似。

（3）肝素结合 EGF 样生长因子（heparin-binding EGF-like growth factor，HB-EGF）：主要功能是作为强丝裂原，刺激成纤维细胞、血管平滑肌细胞、角质细胞和肝细胞增殖。

（4）双向调节素（amphiregulin，Areg）：主要功能是双向调节细胞生长。

4. 成纤维细胞生长因子（fibroblast growth factor，FGF）家族 其广泛存在于中胚层和神经胚层来源的器官和肿瘤，包括两类结构相关、PI 值不同的成员：①酸性 FGF（acid FGF，aFGF），主要来源于脑、视网膜、骨基质和骨肉瘤；②碱性 FGF（basic FGF，bFGF），主要来源于神经组织、垂体、肾上腺皮质、黄体和胎盘。

aFGF 和 bFGF 均与 FGFR 结合而发挥效应：①刺激中胚层、神经外胚层来源的多种细胞增殖和分化；②（血管生成过程中）趋化内皮细胞；③促进肉芽组织形成和角膜伤口愈合；④影响神经细胞功能。

5. 血小板源生长因子家族

（1）血小板源生长因子（platelet-derived growth factor，PDGF）：多种细胞经刺激可产生 PDGF，其生物学效应为：①促进成纤维细胞、神经胶质细胞、平滑肌细胞、上皮及内皮细胞增殖；②刺激成纤维细胞、血管平滑肌细胞、中性粒细胞和单核细胞的趋化运动；③加速创伤愈合；④引起血管收缩。

（2）血管内皮细胞生长因子（vascular endothelial cell growth factor，VEGF）：多种细胞可产生 VEGF。VEGFR 仅表达于血管内皮细胞表面。VEGF 主要功能为：增强血管通透性；促进血管形成。VEGF 表达与肿瘤发生、发展密切相关，调控 VEGF 表达是具有应用前景的抗瘤生物治疗策略。

6. 神经生长因子（nerve growth factor，NGF） NGF 由其效应神经元支配的靶组织细胞合成和分泌，功能为：①维持感觉、交感神经元存活；②促进受损神经纤维修复；③促进单核细胞及中性粒细胞增殖、分化；④促进淋巴细胞增殖和分化；⑤促进肥大细胞和嗜碱粒细胞增殖；⑥促进伤口愈合。

7. 肿瘤抑制素-M（oncostatin M，OSM） 亦称抑瘤素 M，由激活的巨噬细胞和 T 细胞产生，广泛分布于多种肿瘤细胞、内皮细胞和上皮细胞表面。OSM 主要功能是：抑制肿瘤细胞生长；诱导某些肿瘤细胞分化。

8. 脂肪因子（adipokine） 指脂肪组织分泌的细胞因子，包括瘦素（leptin）、抵抗素（resistin）、脂联素（adiponectin）、内脂素（visfatin）、视黄醇结合蛋白 4（retinol binding protein 4，RBP4）、网膜素（omentin）、TNF-α和 IL-6 等，它们以自分泌、旁分泌或内分泌方式作用于脂肪组织自身或其他组织，广泛参与调节和维持糖、脂代谢平衡及血管内皮功能，调控机体内分泌、能量代谢及炎症发生、发展。

第三节 趋化因子家族

趋化因子（chemokine）是一类结构相似、分子量约 8～12kD、具有趋化功能的细胞因子。趋化因子分子均含 4 个半胱氨酸，并形成 2 个内部二硫键。多数趋化因子是单体，也有部分天然趋化因子以二聚体（如 IL-8/CXCL8、MCP-1/CCL2）或四聚体（如 PF-4/CXCL4，IP-10/CXCL10）形式存在。

一、趋化因子的类别

趋化因子种类繁多，已发现 47 种人趋化因子和 18 种趋化因子受体，是目前已知细胞因子中最大的亚群（见附录 1）。

（一）依据趋化因子结构特点分类

根据肽链 N 端半胱氨酸的数目及间隔，可将趋化因子分为4类:①C-X-C亚族(α亚族),包括CXCL1～16,典型代表是IL-8,主要由激活的单核细胞、组织细胞(内皮细胞、成纤维细胞)及巨核细胞产生,可趋化外周血中性粒细胞至炎症部位,发挥抗感染作用;②C-C亚族(β亚族),包括CCL1～28,代表成员是单核细胞趋化蛋白(MCP-1,即CCL2),主要由活化T细胞产生,可趋化单核/巨噬细胞和淋巴细胞;③C型亚族(γ亚族),包括XCL1～2,主要趋化成熟T细胞(尤其$CD8^+$T细胞);④CX3C亚族(δ亚族),唯一成员是CX3CL1,包括膜型和分泌型,后者可趋化白细胞向炎症组织聚集,发挥抗感染作用。

(二)按照趋化因子功能和表达特点分类

1. 自稳性趋化因子(homeostatic chemokine) 亦称组成性趋化因子(constitutive chemokine),主要表达于胸腺、淋巴结、脾脏等,其表达水平稳定,主要参与淋巴细胞(包括初始T细胞、胸腺细胞和记忆细胞等)成熟、归巢和再循环,维持淋巴系统自身稳定等。包括:①CCL19、CCL21(相应受体为CCR7)可介导白细胞从外周组织进入淋巴器官,参与免疫器官发育和抗原提呈;②CCR9、CCR10、CXCR5和CXCR4等,亦称细胞地址密码(cellular address code),可介导白细胞亚群归巢至特定组织,如CCR9介导T细胞迁移至小肠黏膜固有层、CCR10介导T细胞迁移至皮肤组织、CXCR5介导B细胞迁移至淋巴滤泡、CXCR4介导造血干细胞进入骨髓,等等。

此类趋化因子的受体具有相对"专一性",即一种受体仅可与1～2种配体结合。因此,任一自稳性趋化因子或其受体缺陷,均可影响特定细胞的趋化运动。

2. 炎性趋化因子(inflammatory chemokine) 多数趋化因子属于此类(如CCL2、CCL3、CCL5和CXCL1、CXCL2、CXCL8等)。生理状态下,正常机体并不表达此类趋化因子及其受体,但在组织炎症和损伤情况下,受炎性细胞因子(IL-1、IFN-γ、TNF-α)或LPS等刺激,可诱导性高表达,继而募集白细胞(单核细胞、中性粒细胞、淋巴细胞等)至炎症和损伤组织局部,一旦炎症消退,又可在转录水平出现沉默。(图3-6)

此类趋化因子及相应受体缺乏专一性,即一种受体可与多种配体结合,一种配体也可有多种受体。小鼠实验中,缺失任一炎性趋化因子或其受体,均显示部分重叠表型,难以确定单一趋化因子的作用。

另外,某些组成性趋化因子[如STCP-1(CCL22)]也可以诱导方式表达;而在特定微环境中(如某些肿瘤灶),某些诱导表达的趋化因子也可组成性表达。上述趋化因子亦称为双功能趋化因子(dual-function chemokine)。

(三)非经典趋化因子(non-classical chemokine)

近年陆续发现一系列其他活性介质,也具有介导白细胞定向运动的功能,包括脂类物质(如PAF、LTB4等)、多肽(如C5a、fMLP等)、蛋白质(如HMGB1等)。它们的来源为:微生物组分或代谢产物;人体自身细胞产物;某些分泌蛋白[如巨噬细胞移动抑制因子(MIF)、巨噬细胞集落刺激因子(M-CSF)、血管内皮生长因子(VEGF)等];胞内蛋白、细胞外基质及胞内蛋白降解产物等。上述物质的分子结构及作用机制有别于趋化因子,称为非经典趋化因子,亦称趋化因子样功能类别(chemokine-like function class,CLF class)、高度非常规趋化因子(highly unconventional chemokine,HULCK)等。

非经典趋化因子种类繁多,作用机制各异,例如:①MIF可与CXCR2和CXCR4结合而发挥趋化作用;②细胞外泛素蛋白可与CXCR4结合而发挥趋化作用;③抗微生物多肽(如β-防御素2)可与CCR6结合,对未成熟DC和记忆性T细胞具有趋化作用;④气道感染时,胞外基质降解后产生大量N-acetyl Pro-Gly-Pro(PGP)多肽,可与CXCR1和CXCR2结合,招募中性粒细胞浸润;⑤释放至细胞外的HMGB1可与CXCR4结合而介导趋化作用。

二、趋化因子受体

趋化因子受体主要表达于白细胞表面,不同类型白细胞所表达的趋化因子受体谱各异,如中性粒细胞(CXCR1、CXCR2)、嗜酸粒细胞(CCR3)、嗜碱粒细胞(CCR3)、单核细胞(CCR1、CCR2、CCR5)、未成熟DC(CCR1、CCR6)、成熟DC(CCR7)、pDC(CXCR3、CCR2、CCR5)、NK细胞(CXCR3、XCR1、CX3CR1)、NKT细胞(CXCR3、CXCR6)、皮肤γδT细胞(CCR8)、B细胞(CXCR4、CXCR5)、初始T细胞(CXCR4、CCR7)、记忆T细胞(CXCR6、CCR9、CCR10)、Th1细胞(CXCR3、CCR6)、Th2细胞(CCR4、CCR8)、Th17细胞(CCR4、CCR6、CXCR3)、Tfh细胞(CXCR5)、CTL(CXCR1、CXCR3)、Treg细胞(CCR4、CCR7、CCR8、CXCR3)等。另外,同一类白细胞处于不同生理、病理状态下,其趋化因子表达谱也可发生改变,故可作为判断免疫细胞发育、分化、成熟和活化的标志物。

趋化因子具有与其他细胞因子不同的特点:少数趋化因子受体仅与一种配体结合,如CXCR4仅能结合CXCL12,此为特异性趋化因子受体;多数情况下,同一种趋化因子受体可结合多个配体(多属同一趋化因子亚族),同一配体也可与多个受体结合,此为共享性趋化因子受体。

另外,趋化因子与相应受体结合多发挥正向生物学效应,但少数趋化因子也可成为其他趋化因子及受体的天然拮抗剂。例如:CXCL9～11是CXCR3激动剂,也是CCR3拮抗剂;CCL11是CCR3激动剂,也是CXCR3拮抗剂。

(一)经典趋化因子受体(classic signalling chemokine receptor)

此类受体属视紫红质样G蛋白偶联受体超家族。其与相应配体结合后,可通过偶联的G蛋白传递信号,引起胞内钙离子浓度改变,进而介导细胞迁移等生物学效应。现已发现19种功能性受体(图3-6),即CC亚族受体CCR1～10、CXC亚族受体CXCR1～7、CX3C亚族受体CX3CR1和C亚族受体XCR1。

某些趋化因子有专一受体,如CXCL12的专一受体CXCR4;某些趋化因子共用同一受体(即共享性趋化因子受体),如C-C亚族CCL4和CCL5共用1个受体,C-X-C亚族CXCL1、CXCL2、CXCL5、CXCL6和CXCL8共用CXCR2;某些趋化因子与病毒共用受体,如CXCR4和CCR5是HIVgp120的共受体,CX3CR1是呼吸道合胞体病毒(RSV)糖蛋白G的共受体;等等。

(二)非典型趋化因子受体(atypical chemokine receptor,ACR)

此类受体属A类G蛋白偶联受体,亦称诱饵受体(decoy receptor)或沉默受体(silent receptor)、非典型趋化因子结合物(atypical chemokine binders,ACB)、清除槽(sink)、清道夫(scavenger)或内化受体(interceptor)等。此类受体与相应配体结合后不启动信号转导,在调控趋化因子网络平衡中发挥重要作用。此类受体功能特征及其机制为:①缺乏胞内功能区,与相应配体结合但不能启动细胞内信号转导,故丧失触发细胞反应和趋化的能力;②可与功能性趋化因子受体形成异源二聚体或直接结合配体,从而抑制配体活性或清除配体。

目前已发现5种ACR(图3-7),即DARC、D6、CXCR7、CCRL1、CCRL2,分别称为ACR1～5。它们被视为趋化因子清道夫,在调节炎症反应、免疫应答、组织损伤修复、胚胎发育等过程中发挥重要作用,也与某些免疫性疾病(如疟疾、HIV感染、肿瘤等)密切相关。

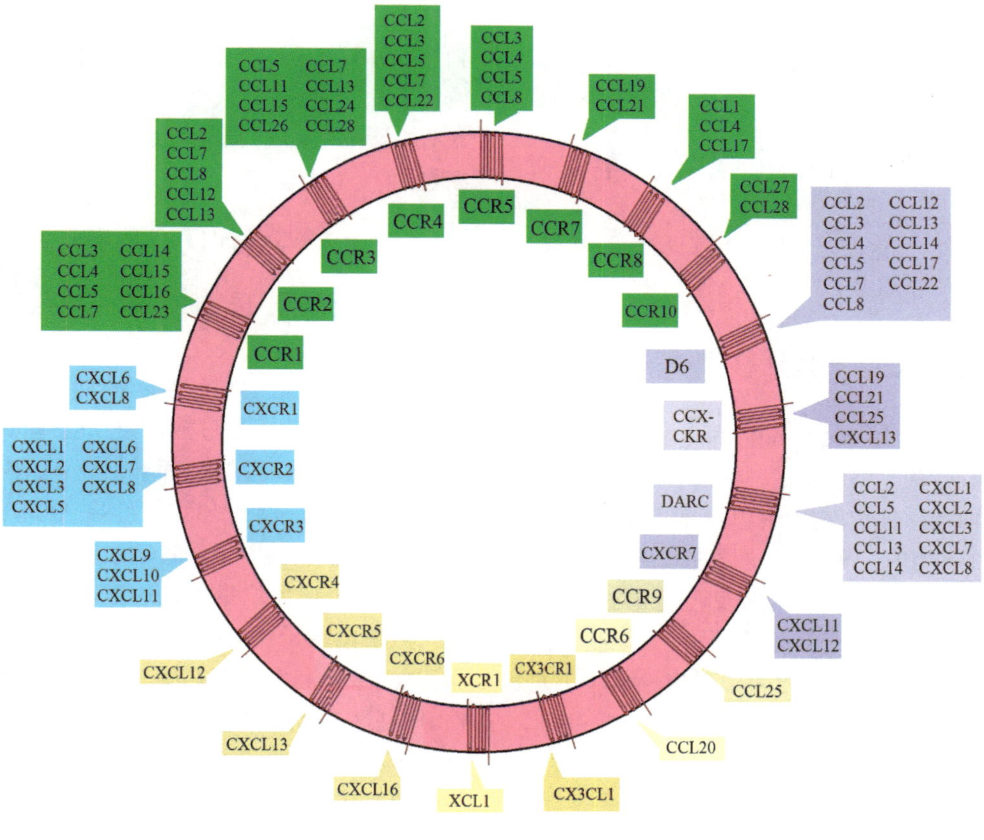

图3-7　趋化因子及趋化因子受体家族

C-C亚家族(绿色)和CXC亚家族(淡蓝色)的特点是:1种趋化因子可与多种受体结合,1种受体可结合多种趋化因子。诱饵受体(紫色)一般也可结合多种趋化因子,仅极少数受体(黄色)仅结合一种配体

1. Duffy 抗原趋化因子受体(Duffer antigen receptor for chemokine,DARC) 属红细胞膜表面血型抗原,也是间日疟原虫入侵红细胞和 HIV 入侵 T 细胞的辅助受体。DARC 属广谱趋化因子清除槽,其作用为:高亲和力结合多种 CXC 和 CC 趋化因子,以维持后者在体内的合适浓度,并可参与上述趋化因子转运。

2. D6 其高表达于肺、胎盘、小肠和皮肤淋巴管的内皮细胞。白细胞可能也表达 D6,并可作为 D6 的载运体(vehicle)。D6 可结合几乎所有炎性 CC 族趋化因子,但不结合自稳性 CC 族趋化因子(CCR6 ~ CCR10 的配基)及其他趋化因子亚家族。D6 与配基结合后,细胞可迅速将配体内化并降解。

3. CXCR7 其可与 CXCL11(I-TAC)及 CXCL12(SDF-1)结合,具有功能性受体和诱饵受体双重属性。CXCR7 与相应配体结合后并不启动信号转导,但可通过形成合适的趋化因子梯度而参与干细胞迁移、心肌瓣膜重建和肿瘤生长、转移。

4. ChemoCentryx 趋化因子受体(ChemoCentryx chemokine receptor,CCX-CKR) 其与自稳性趋化因子 CCL19、CCL21、CCL25 和 CXCL13 等结合。已证实,CCX-CKR 可导致 CCL19 持续内化和降解,从而调控相关趋化因子的功能。

5. CCRL2 其配体和功能尚存争议,可能结合 CCL19,参与调控 CCL19/CCR7 趋化因子轴。

三、趋化因子的生物学功能

趋化因子除介导免疫细胞定向移动外,还具有极为广泛的生物学作用。

(一) 介导免疫细胞迁移

免疫细胞在体内迁徙(trafficking)是其分化发育及参与炎症反应和免疫应答的前提,涉及白细胞穿越血管内皮并向炎症部位浸润;淋巴细胞再循环并在全身各脏器分布及定位;DC 捕获抗原进入引流淋巴结;等等。趋化因子及其受体在免疫细胞迁移过程中发挥关键作用。不同类型免疫细胞所表达趋化因子受体谱不同,由此决定其对趋化因子反应性各异,以及脏器分布的选择性及组织定位各异。

例如:①皮肤局部,CCL27-CCR10 通路可诱导记忆性 T 细胞向局部皮肤组织聚集,参与皮肤炎症反应;可招募骨髓来源角质前体细胞到损伤部分,促进损伤修复;皮肤肿瘤细胞产生 CCL27 降低,可减少淋巴细胞向肿瘤灶浸润,有利于肿瘤逃逸;②黏膜局部,CCL25-CCR9 通路可诱导表达 $\alpha_4\beta_7$ 整合素的 T 细胞浸润小肠黏膜固有层,参与 Crohn 病发生;③淋巴结和脾等外周淋巴器官中,CCL21、CCL19-CCR7 通路介导 T 细胞进入 T 细胞聚集区,CXCL13-CXCR5 通路介导 B 细胞进入 B 细胞聚集区;④骨髓中,CXCL12-CXCR4 通路介导造血干细胞迁移;等等。

另外,免疫细胞迁移涉及滚动、激活、捕获和穿越血管内皮等阶段,全过程有赖趋化因子和黏附分子协同作用:黏附分子介导免疫细胞"锚定";趋化因子介导免疫细胞定向运动。(见第四章)

(二) 参与免疫系统及免疫细胞发育

自稳性趋化因子(如 CXCL12、CXCL13、CCL19、CCL21 等)表达于胸腺、淋巴结、脾脏等免疫器官,其与淋巴毒素形成正反馈环路,共同促进淋巴器官发育。例如:CXCR5 及其配体参与外周免疫器官(如 Peyer 淋巴结、脾脏初级淋巴滤泡及生发中心)发育;CCR6 及其配体参与孤立淋巴滤泡发育。

趋化因子也参与淋巴细胞发育,例如:①CCL21、CCL25 参与胚胎期胸腺发育、T 系造血祖细胞向胸腺归巢及定位,直接影响 T 细胞发育和成熟;②CXCL12-CXCR4 通路可诱导双阴性细胞(DN)进入胸腺并在皮质内定位、迁移;③CCL25-CCR9 通路诱导 DN 细胞定位于胸腺被膜下及进一步发育;④CCL21、CCL19-CCR7 通路诱导单阳性细胞(SP)从皮质迁移至髓质,完成阴性选择和功能成熟;⑤CXCL12-CXCR4 通路参与 B 细胞及髓系细胞发育。(见第七章)

(三) 参与炎症反应及免疫应答

趋化因子通过诱导和调控不同类别免疫细胞迁移和组织浸润,参与炎症反应,并启动和调控适应性免疫应答。以抗感染免疫为例:①病原体感染机体后,DC、内皮细胞等通过模式识别受体(PRR)识别病原相关分子模式(PAMP)而被活化,分泌 IL-1、TNF-α 等炎性细胞因子及趋化因子,介导白细胞向炎症部位聚集;②炎性趋化因子(如 CCL20 等)可介导未成熟 DC 迅速向炎症部位集聚,DC 摄取抗原并活化后,产生大量趋化因子,诱导更多炎症细胞向炎症部位浸润;③淋巴管上皮细胞高表达 CCL21,趋化 CCR7 阳性 DC 进入输入淋巴管,进一步在 CCL19 作用下,使 DC 定位于淋巴结 T 细胞区;④成熟 DC 与淋巴结 T 细胞相互作用,启动适应性免疫应答;⑤活化的 T 细胞高表达 CXCR3 等,进入输出淋巴管并最终进入血循环,继而在 CXCL10 等介导下向炎症部位趋化,发挥抗感染作用。

（四）调控免疫应答类型

不同病理状态下，微环境中趋化因子谱各异，从而诱导不同类型免疫细胞浸润，影响炎症反应进程。例如：①Th1 细胞产生 IFN-γ，可诱导内皮细胞、上皮细胞产生 CXCL10、CCL2、CCL5 等，趋化单核细胞等浸润；②Th2 细胞产生 IL-4 和 IL-13，可诱导 Eotaxin、前列腺素 D2（PGD2）等产生，招募 CCR3 阳性白细胞（如嗜酸粒细胞）；③Th17 细胞产生 IL-17，可诱导 ELR-CXC 类趋化因子表达，招募中性粒细胞。

四、趋化因子与临床

趋化因子在炎症反应和免疫应答中发挥重要作用，也参与免疫相关疾病的发生和发展。

1. 趋化因子与感染　病原微生物免疫逃逸的机制之一是分子模拟（molecular mimicry），通过编码与宿主蛋白相似的分子，或模拟宿主蛋白相互作用，从而感染宿主细胞并逃避免疫系统识别和攻击。已发现，病毒可编码病毒趋化因子、病毒趋化因子受体、病毒趋化因子结合蛋白等模拟分子，通过改变宿主微环境，调节免疫细胞趋化及免疫应答类型，有助于病毒感染、复制、生存，从而抵抗宿主抗病毒免疫应答。

另外，某些病毒可借助趋化因子受体而感染宿主细胞，例如：CXCR4、CCR5 是 HIV 感染的共受体；CX3CR1 是呼吸道合胞病毒（RSV）感染宿主细胞的旁路途径。

2. 趋化因子与超敏反应性疾病　微环境中趋化因子通过介导不同类型免疫细胞向炎症灶聚集，参与超敏反应性疾病发生和发展。以哮喘为例，嗜酸粒细胞和 Th2 细胞是介导局部炎症损伤和气道高反应性的重要效应细胞：气道表皮细胞分泌高水平 CCL5、CCL11 等，可诱导高表达 CCR3 的嗜酸粒细胞浸润支气管；哮喘患者气道局部或全身 CCL17 表达增高，可诱导高表达 CCR4 的 Th2 细胞向气道聚集。

3. 趋化因子与自身免疫病　趋化因子参与多种自身免疫病发生（如系统性红斑狼疮、类风湿关节炎、多发性硬化症、银屑病、Ⅰ型糖尿病等），其机制各异。例如：系统性硬化病患者皮肤细胞持续活化，可表达 CCL20、CCL2、CCL5 等并介导单个核细胞向炎症局部浸润，从而参与早期发病和纤维化。

4. 趋化因子与肿瘤　肿瘤细胞可产生趋化因子并表达趋化因子受体，从而直接参与肿瘤发生及其恶性生物学行为。

（1）介导肿瘤的免疫逃逸：趋化因子可诱导调节性细胞亚群［Th2 细胞、髓样抑制细胞（MDSC）、M2 型巨噬细胞、肿瘤相关的中性粒细胞（TAN）等］浸润和分化，形成抑制性微环境，有利于肿瘤的免疫逃逸。例如：微环境 CCL2、CCL5、CCL7、CXCL8、CXCL12 等可趋化单核细胞浸润，并分化为肿瘤相关巨噬细胞（TAM）；CCL17、CCL22 可招募 Th2 细胞。

（2）促进肿瘤血管形成：ELR-CXC 趋化因子（第一个半胱氨酸前含谷氨酸-亮氨酸-精氨酸序列，如 CXCL1～3、CXCL5～8 等）可趋化血管内皮细胞，促进血管生成，介导肿瘤生长和转移。

（3）促进肿瘤转移：肿瘤细胞表面所表达趋化因子受体的类别，以及肿瘤局部微环境的趋化因子组成，可诱导肿瘤细胞选择性转移至特定器官。例如：①人肿瘤细胞表面表达 CXCR4，易向肺、肝和骨髓转移；②乳腺癌、黑色素瘤、结直肠癌、非小细胞肺癌等异常表达 CCR7，与淋巴结转移相关；③CCR9 阳性的黑色素瘤易向小肠转移（肠道黏膜组织表达 CCL25）；④T 细胞淋巴瘤表达 CCR4、CCR10，易向皮肤转移。

（4）促进肿瘤细胞生长：①肿瘤细胞可分泌趋化因子并表达相应受体，通过自分泌作用方式形成正反馈，从而促进肿瘤细胞存活，并抵抗化疗所致凋亡；②趋化因子可以旁分泌形式刺激肿瘤细胞生长。

由于趋化因子与疾病密切相关，基于趋化因子/趋化因子受体的干预策略（如重组趋化因子及其衍生物、小分子抑制剂、肽类抑制剂、单克隆抗体等）受到广泛关注。

（李卓娅　尹丙姣）

第四章　免疫细胞膜分子

免疫应答依赖于各种免疫细胞之间、免疫细胞与介质之间的相互作用，其相互作用的物质基础是表达于免疫细胞表面的膜分子。各种免疫细胞在不同谱系(lineage)、不同分化阶段、不同功能状态时，表达的膜分子有所不同，膜分子不仅是免疫细胞产生功能的分子基础，而且是对其鉴定和分离的实验依据，所以又称为细胞表面标志(surface marker)。由于早期对免疫细胞膜分子的研究多用单克隆抗体检测白细胞膜分子，故将免疫细胞膜分子称为白细胞分化抗原(leukocyte differentiation antigen，LDA)，亦称白细胞分化分子(leukocyte differentiation molecule，LDM)。此外，本章还介绍某些并未归于白细胞分化抗原的膜分子(包括膜抗原及膜受体)。

白细胞分化抗原是不同谱系(lineage)白细胞在正常分化成熟的不同阶段以及活化过程中，出现或消失的细胞表面标记。LDA 种类繁多，分布广泛，除表达于白细胞表面，还广泛分布于不同分化阶段的淋巴干细胞、髓样干细胞、红细胞系、巨核细胞/血小板谱系和非造血细胞(如血管内皮细胞、成纤维细胞、上皮细胞、神经内分泌细胞等)表面。LDA 多为跨膜的蛋白或糖蛋白，某些 LDA 以糖基化磷脂酰肌醇(glycosy phosphatidylinositol，GPI)锚着于细胞膜表面；少数 LDA 是碳水化合物。

单克隆抗体是鉴定 LDA 的主要工具，在研究初期，不同实验室制备的、针对同一膜分子的单抗具有不同名称，命名较为混乱。1982 年人类 LDA 国际研讨会将世界上各实验室所制备、针对人 LDA 的单克隆抗体经过系统鉴定后统一命名为分化群(cluster of differentiation，CD)。一个膜分子可具有多个不同表位，从而可诱导产生多种不同单克隆抗体。习惯上将某一分化抗原及其相应单克隆抗体均用同一序号表示，如 CD3 代表一种抗原，抗 CD3 单克隆抗体代表针对 CD3 抗原的抗体。迄今，人 CD 序号已命名至 CD363，可分为 14 个组(T 细胞、B 细胞、髓样细胞、NK 细胞、血小板、黏附分子、内皮细胞、细胞因子受体、非谱系、碳水化合物、DC、干细胞/祖细胞、基质细胞、红细胞。此外，还包括为数众多的亚群(见附录Ⅲ)。

LDA 属膜整合蛋白(integral membrane protein，IMP)，其种类繁多，但具有基本的分子结构：①包膜外区，可分为免疫球蛋白结构域和免疫球蛋白超家族、Ⅲ型纤联蛋白结构域、细胞因子受体结构域、整合素家族、C 型凝集素结构域、补体调节蛋白结构域、表皮生长因子结构域、肿瘤坏死因子超家族、肿瘤坏死因子受体超家族、富含半胱氨酸清除剂(或清道夫)受体超家族、富含亮氨酸重复序列；②跨膜区，分为Ⅰ型 IMP(一次跨膜，N 端在胞外)、Ⅱ型 IMP(一次跨膜，C 端在胞外)、Ⅲ型 IMP(分为 2、3、4、5、7 跨膜)、糖基磷脂酰肌醇(GPI)连接膜分子等；③胞质区，包括蛋白酪氨酸激酶结构域、蛋白酪氨酸磷酸酶结构域、死亡结构域、免疫受体酪氨酸活化基序(ITAM)/免疫受体酪氨酸抑制基序(ITIM)。

LDA 具有重要的生物学意义，不仅可作为表面标志用于细胞鉴定和分离，还广泛参与细胞生长、成熟、分化、发育、迁移、激活及效应。LDA/CD 参与固有免疫和适应性免疫应答的全过程，包括免疫识别、淋巴细胞活化、增殖、分化、免疫效应以及免疫调节和免疫耐受，从而在免疫防御、免疫监视和免疫自稳中发挥重要作用。另外，LDA 表达改变也与某些病理过程发生和发展有关(如肿瘤、自身免疫病、免疫增生和缺陷及移植排斥反应等)。深入研究 LDA 生物学特征，有助于在分子水平认识免疫应答的本质，并对探讨疾病发病机制及诊断、预防和治疗具有重要意义。

第一节　白细胞分化抗原

一、参与抗原提呈及 T 细胞/B 细胞激活的膜分子

(一) 参与抗原提呈的膜分子

此类分子包括参与抗原摄取的膜分子(Ig Fc 受体和补体受体)及提呈脂类抗原的 CD1 分子，本节主要介绍 CD1 分子。

CD1 分子为Ⅰ型跨膜糖蛋白，其分子结构类似 MHC Ⅰ类分子，可识别脂类抗原，但其加工提呈抗原的途径与 MHC Ⅱ类分子途径相似，且 MHC Ⅱ类分子和 MHC Ⅱ类分子相关恒定链(Ii)可影响 CD1 的胞内转运。CD1 主要分布于胸腺、各类免疫细胞、胃肠道、肝细胞、血管内皮细胞、平滑肌细胞及上皮细胞。

CD1 分子具有如下功能：

（1）提呈抗原：见第十章。

（2）参与抗感染免疫：CD1 限制性的 T 细胞亚群又称 CD1 反应性 T 细胞亚群（如 NKT、DNT、αβT 细胞和 γδT 细胞等），其识别抗原不受 MHC 限制。当 CD1 分子-脂质抗原复合物与 T 细胞的 TCR 结合后，T 细胞被激活，FasL 表达增强，同时分泌 IFN-γ 促进 $CD1^+$ 靶细胞表达 Fas，通过 Fas/FasL 途径导致病原寄生的 $CD1^+$ 靶细胞凋亡。CD1 分子和 CD1 限制性 T 细胞共同组成第一道防线，对抵御肠道病原微生物入侵具有重要意义。

（3）参与自身免疫和耐受：CD1 限制性 T 细胞对自身免疫应答具有双重作用：①防止自身免疫病发生，如 CD1 限制性 T 细胞可辅助胰岛生成细胞维持耐受，进而防止Ⅰ型糖尿病发生；②CD1 限制性 T 细胞参与某些疾病发生，如可刺激机体产生致病性自身抗体。

（4）参与肿瘤免疫：CD1 限制性 T 细胞抗瘤效应的机制为：①直接识别 CD1+肿瘤细胞表面的糖脂抗原而发挥抗肿瘤作用；②通过产生 Th1 型细胞因子或促进 DC 分泌 IL-12 而参与抗肿瘤。另外，CD1 限制性 T 细胞可抑制 IL-13 依赖的 CTL，从而削弱 CTL 的抗肿瘤效应。

（二）参与 T 细胞识别抗原与活化的主要膜分子（表 4-1）

T 细胞特异性识别抗原并被激活，此乃适应性免疫应答的关键环节。多种膜分子参与上述过程，例如：①CD3 分子负责传递 TCR 特异识别抗原肽的信号；②CD4/CD8 分别通过与 MHC Ⅱ或Ⅰ类分子的相互作用，可使 APC 与 T 细胞的结合更为牢固；③CD2-LFA3、B7-CD28 等可提供共刺激信号，辅助 T 细胞活化；等等。

表 4-1　与 T 细胞功能有关的主要膜分子

CD	表达细胞	功　能
TCR	T 细胞	特异性识别并结合抗原肽-MHC 分子复合物
CD2	T 细胞、NK 细胞、胸腺细胞	即绵羊红细胞受体，与 LFA-3 结合，黏附作用
CD3	T 细胞、胸腺细胞	传递 T 细胞激活信号
CD4	T 细胞亚群（部分 B 细胞？）、胸腺细胞	与 MHC Ⅱ类分子结合，介导黏附和信号转导，HIV 的受体
CD8	T 细胞、胸腺细胞	与 MHC Ⅰ类分子结合，介导黏附和信号转导
CD25	活化 T 细胞、部分活化 B 细胞	即 IL-2Rα，参与组成高亲和力 IL-2R，参与 T 细胞活化
CD26	胸腺细胞、活化 T 细胞	丝氨酸蛋白酶，参与 T 细胞激活、肿瘤发生和 HIV 感染
CD28	T 细胞、部分活化 B 细胞、浆细胞、瘤细胞	与 CD80 结合，是 T 细胞激活的主要共刺激分子
CD44	白细胞	黏附 ECM，T 细胞活化，淋巴细胞归巢受体
CD45	白细胞	PTPase，参与细胞生长、活化的信号转导
CD58	T 细胞、B 细胞、单核细胞、上皮细胞、内皮细胞、中性粒细胞、成纤维细胞	即 LFA-3，CD2 配体，发挥黏附作用
CD86	活化 B、T 细胞、Mϕ	CD28 配体，提供 T 细胞激活的共刺激信号
ICOS	活化 T 细胞	促进 T 细胞分泌细胞因子，参与再次免疫应答

1. TCR-CD3 复合物　T 细胞受体（T cell receptor，TCR）和 CD3 均为成熟 T 细胞的特征性表面标志，TCR-CD3 复合物是 T 细胞识别特异性抗原肽并提供 T 细胞激活第一信号的分子基础。

多数成熟 T 细胞的 TCR 是由 α 链和 β 链组成的异二聚体，两条链的 V 区分别由两个链内二硫键各形成一环状结构，类似于 IgV 区。如同 Ig 分子，编码 TCRα 链的 V-J（类似 Ig 轻链）和编码 TCRβ 链的 V-D-J（类似 Ig 重链）基因片段经过重排，形成 TCR 的高度多样性，从而可特异性识别千变万化的抗原表位（第十二章）。CD3 由 γ、δ、ε、ζ 和 η5 种链组成。在 T 细胞表面，TCR 与 CD3 通过非共价键形成 TCR-CD3 复合物（图 4-1），其最常见的组成形式为 αβ：γδεδεζ2。

TCR 胞内段很短，不具备传递信号的功能，由 CD3 分子负责将抗原信号传入 T 细胞内，其机制为：TCR 识别并结合由 MHC 分子提呈的抗原肽，导致 CD3 分子胞内段免疫受体酪氨酸活化基序（immunoreceptor tyrosine-based activation motif，ITAM）所含酪氨酸磷酸化，通过与 ZAP-70 等信号分子中 SH2 结构域结合，活化相关激酶，从而将识别信号转入 T 细胞内，此即 T 细胞激活的第一信号。此外，CD3 分子通过与 TCR 相互作用，还可稳定 TCR 表达和结构。因此，CD3 是介导 TCR 信号转导的关键分子，其参与 T 细胞活化信号转导早期阶段的重要系列生化反应。CD3 肽链缺陷或缺失，将导致 T 细胞活化缺陷。（第十一章）

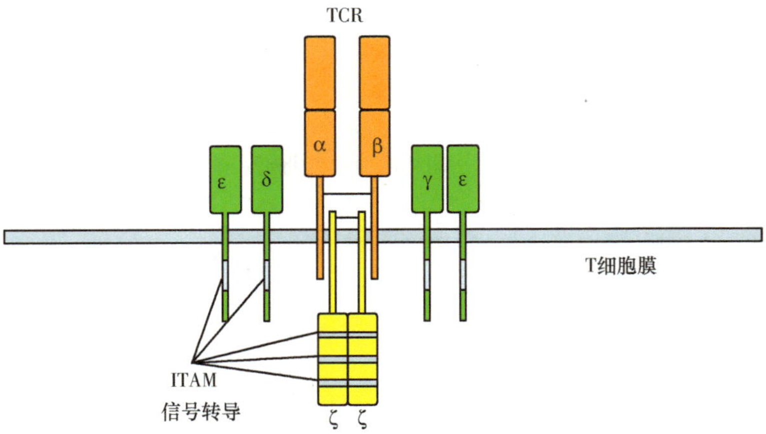

图 4-1 CD3 分子结构及 TCR-CD3 复合物

2. 参与 T 细胞第一信号的共受体

(1) CD4:CD4 为单链糖蛋白(图 4-2),表达于部分 T 细胞、胸腺细胞及某些 B 细胞、EB 病毒转化的 B 细胞、单核吞噬细胞及脑细胞膜表面,其生物学功能为:

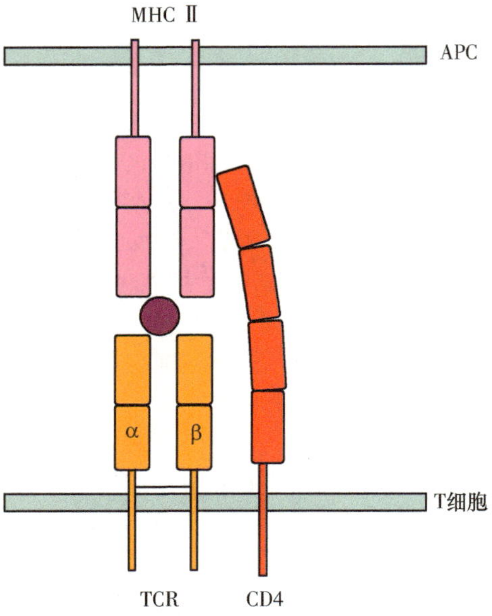

图 4-2 CD4 分子及其配体

1) 黏附功能:CD4/MHC Ⅱ类分子是一组重要的辅助分子。$CD4^+$T 细胞 TCR 可识别抗原肽-MHC Ⅱ类分子复合物。CD4 分子通过其第 1、2 功能区与 MHC Ⅱ类分子非多态部分结合,有助于稳定 TCR 与抗原肽-MHC Ⅱ类分子复合物间的相互作用。因此,CD4 分子又被称为参与 Th 细胞激活的共受体(co-receptor)。CD4 分子亦是人类免疫缺陷病毒(HIV)的主要受体,通过第一个 V 样结构域与 HIVgp120 相结合。

2) 信号转导作用:CD4 分子可参与细胞内信号转导,其胞浆段直接与酪氨酸蛋白激酶 Src 家族成员 $P56^{lck}$ 相连。T 细胞受刺激后,CD4 与 MHC Ⅱ类分子相互作用,通过激活 $P56^{lck}$,促进胞内酪氨酸磷酸化。

(2) CD8:CD8 分子(图 4-3)表达于部分 T 细胞和胸腺细胞,其生物学功能为:

1) 介导细胞间黏附作用:CTL 在特异性识别靶细胞时,其 CD8 分子与 MHC Ⅰ类分子非多态区结合,有助于稳定 TCR 与抗原肽-MHC Ⅰ类分子复合物间的相互作用。因此,CD8 分子又被称为参与 CTL 激活的共受体。

2) 参与信号转导:CD8α 链 V 样区与 MHC Ⅰ类分子非多态性 α3 区域结合,胞浆区可与 $p56^{lck}$ 相连,从而参与 T 细胞活化和增殖的信号转导,由此启动 MHC Ⅰ类限制性 T 细胞应答。TCR 与配体结合后,CD8 分子胞质区快速磷酸化,从而参与 $CD8^+$T 细胞活化的信号传递。

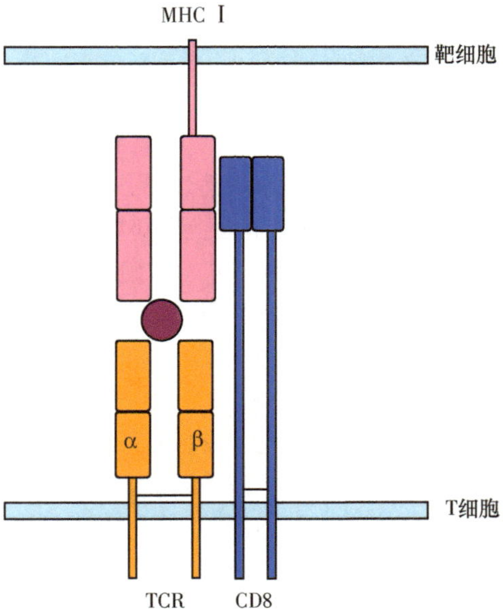

图 4-3 CD8 分子及其配体

3. 共刺激分子(co-stimulatory molecule)　T细胞激活有赖于双信号,TCR/CD3识别抗原肽提供第一信号,T细胞和抗原提呈细胞(APC)表面多种黏附分子的作用提供第二细胞。第二信号又称共刺激信号,提供该信号的分子称为共刺激分子(图4-4)。其中,尤以CD28(表达于T细胞表面)和CD80/CD86(表达于APC表面)最为重要。(第十一章)

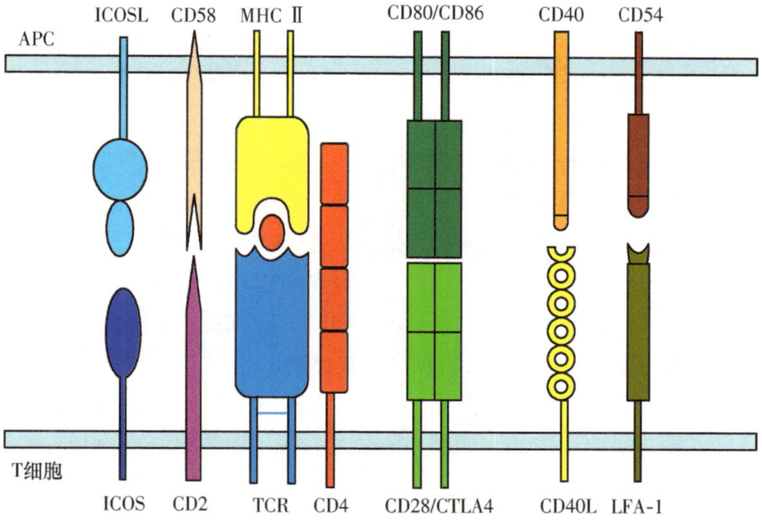

图4-4　参与T细胞共刺激信号的CD分子

(1) CD28:外周血中几乎所有$CD4^+$ T细胞和50% $CD8^+$ T细胞表达CD28。此外,浆细胞和部分活化B细胞也表达CD28。活化的T细胞其CD28表达水平升高。CD28的配体是表达于B细胞和APC表面的B7家族分子。

(2) CD80和CD86:CD80(B7-1)主要表达于B细胞、激活的单核细胞、DC、激活的T细胞及NK细胞等表面。静止B细胞表面CD86(B7-2)表达水平极低,经LPS刺激后,B7-2表达迅速增加,24小时后可达高峰;而B7-1表达水平在刺激几天后才达高峰。由此提示,B7-2是参与初次B细胞应答的主要共刺激分子。另外,B7-2胞质区有3个PKC磷酸化位点,故具有信号转导功能。

(3) 诱导性共刺激分子(inducible co-stimulator, ICOS)　ICOS即CD278,属CD28家族成员,诱导性表达于活化的T细胞(主要为生发中心明区顶部的Tfh细胞)表面。人ICOS配体(ICOS ligand)即CD275,是B7同源物(B7 homologue2,B7-H2),主要分布于扁桃体等组织,组成性表达于单核细胞和B细胞等APC表面。

ICOS的功能为(图4-5):①初始T细胞主要依赖CD28提供共刺激信号,ICOS则在CD28之后起作用,B细胞表面ICOSL与Tfh细胞表面ICOS相互作用,对Tfh细胞分化和维持、生发中心和记忆B细胞形成等发挥重要作用;②再次免疫应答中,ICOS提供T细胞活化依赖的信号;③诱导IL-10产生,促进B细胞分化为记忆细胞和浆细胞并产生抗体;④参与B细胞抗体应答的类别转换。

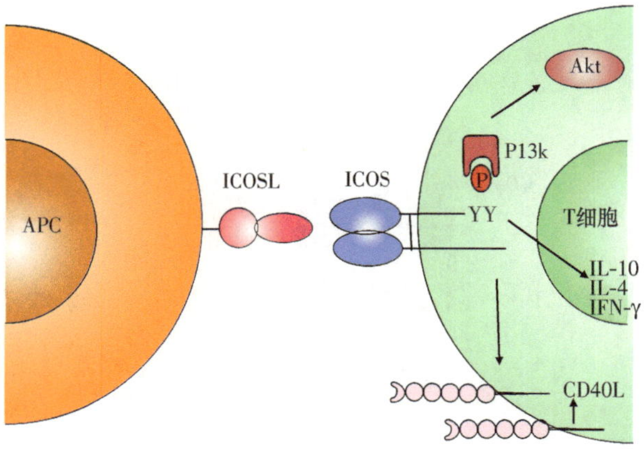

图4-5　ICOS-ICOSL共刺激信号途径的效应
ICOS与ICOSL结合→促进活化T细胞表达CD40L并分泌多种细胞因子

4. 共抑制分子(co-inhibitory molecule)　近期发现,T/B细胞表面还表达一类共抑制分子,其胞内段含抑制基序(ITIM),免疫细胞相互作用中,这些分子向BCR或TCR附近聚集,参与免疫突触形成,通过与相应配体结合,启动抑制信号,从而对T细胞激活发挥负调节作用。

(1) CD152:即细胞毒性T细胞抗原4(CTLA-4),主要表达于活化的T细胞,静止T细胞则不表达。CD152的配体也是CD80/CD86。CD28和CD152分别与CD80/CD86分子结合,在T细胞活化的不同阶段发挥正负调节作用：

1）CD28 与 CD80/CD86 介导共刺激信号：T 细胞激活需要双信号，CD28 与 CD80/CD86 结合是参与 T 细胞活化的最重要共刺激分子（第十一章）。

2）CD152 与 CD80/CD86 结合发挥负调节作用：CD152 属共抑制分子，其作用机制为：T 细胞应答开始时，其表面 CD28 通过与 CD80/CD86 结合而介导 T 细胞活化和克隆扩增；已活化的 $CD8^+$T 细胞逐渐高表达 CD152，通过与 CD80/CD86 结合而抑制 T 细胞过度扩增，从而发挥负调节作用。应用 CTLA4/Ig 融合蛋白竞争性抑制 CD28 与 B7 结合，可发挥强的免疫抑制作用。（第十一章、十二章）

（2）程序性死亡分子 1（programmed death-1，PD-1）：其主要表达于活化的 T 细胞表面，配体为 PD-L1（B7-H1）和 PD-L2（B7-DC）。PD-1 与配体结合后，可抑制 T 细胞增殖和产生 IL-10、IFN-γ 等，在免疫反应起始和效应阶段均可发挥负调节作用，有利于维持机体免疫自稳，从而防止过度的免疫损伤和自身免疫病发生。

（3）单纯疱疹病毒侵入介质（herpes virus entry mediator，HVEM）：其高表达于单核细胞、B、T 细胞及肺、脾和胸腺。HVEM 的作用具有双重性：①作为 LIGHT 的受体，可启动共刺激信号，促进 T 细胞活化与增殖；②作为 B/T 细胞衰减子（B and T lymphocyte attenuator，BTLA）的配体，可启动共抑制信号，负调节 T、B 细胞活化，从而在调控免疫应答和维持自身免疫稳定中起重要作用。

共刺激分子和共抑制分子被统称为共信号分子（co- signaling molecule）。共信号分子超家族成员按其分子结构特征可分为 TNF/TNFR 超家族（包括 CD40/CD40L、OX40/OX40L、TNFR/TNF、4-1BB/4-1BBL、LIGHT/HVEM、CD95/CD95L、CD30/CD30L、RANK/RANKL 等）和 Ig 超家族［包括 CD28（CTLA-4）/ B7-1（B7-2）、ICOS/ICOSL、PD-1/PD-L1（PD-L2）、CD2/LAF-3、LFA-1/ICAM-1（2、3）、? /B7-H3、BTLA/HVEM 等］。它们构成调控 T 细胞激活的重要机制。（图 4-6）

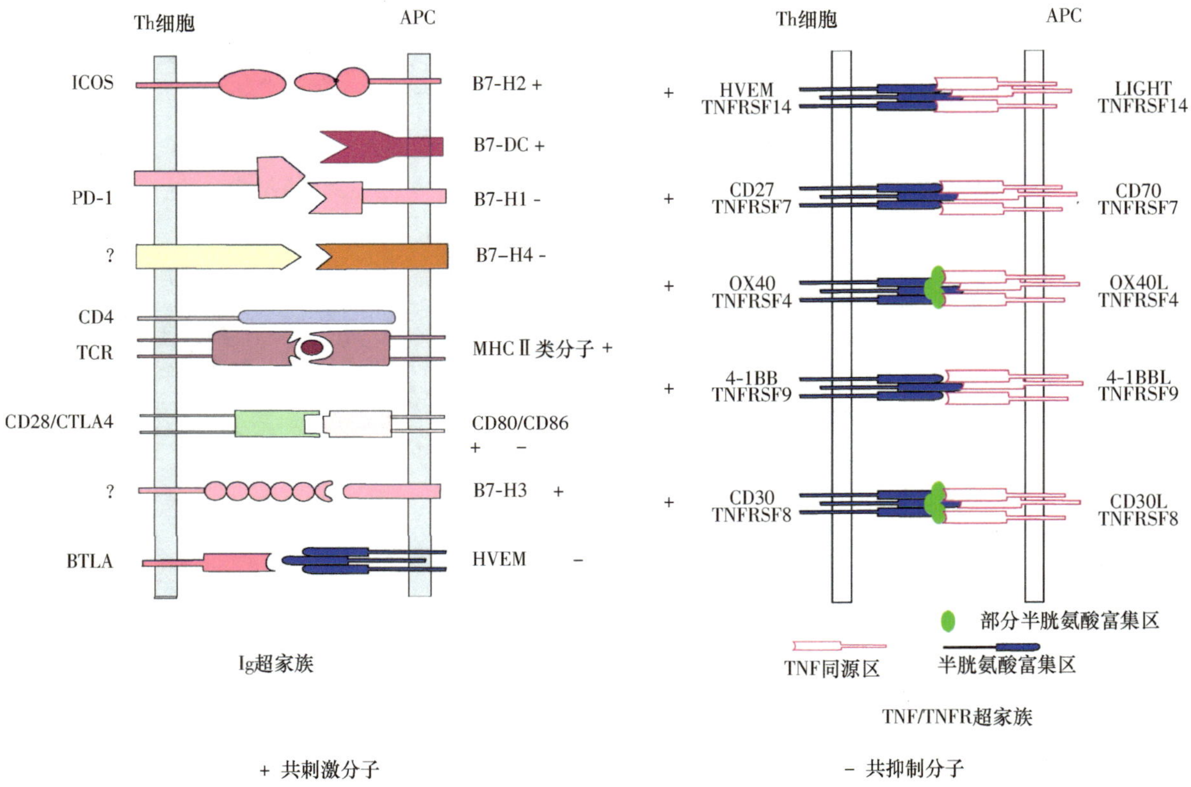

图 4-6 Th 细胞-APC 间共信号分子示意图

5. 参与 T 细胞活化的其他膜分子

（1）CD45：即白细胞共同抗原（leukocyte common antigen，LCA），至少有 9 个变构体（isoform），如 CD45RA、CD45RB、CD45RC 和 CD45RO 等。CD45 变构体在 T 细胞、B 细胞的表达各异，在 T 细胞各功能亚群及在 T 细胞发育和活化的各阶段也存在不同，例如：①CD45RA 表达于髓质胸腺细胞和外周血初始 T 细胞；②CD45RO 表达于皮质胸腺细胞和外周血记忆 T 细胞。

CD45 属膜结合的蛋白酪氨酸磷酸酶（PTP）家族成员，其胞内段 2 个功能亚区均具有 PTP 活性，是 TCR 信号转导所必需。CD45 分子通过胞外段与其他细胞表面分子相互作用及其胞内区的PTP活性，调节T、B细胞等的信号转导和效应。CD45的生物学功能为：

1）参与胸腺中T细胞选择：多数胸腺细胞仅表达CD45RO，但成熟T细胞则表达CD45RA。$CD45RA^+$和$CD45RA^-$T细胞可相互转化，胸腺内T细胞发育过程中CD45亚型表达的转变次序为：RA^-RO^-或RA^+RO^-（$CD4^-CD8^-$双阴性细胞）→RA^-RO^+（双阳性和大部分单阳性细胞）。成熟的胸腺细胞由CD45RO阳性变为CD45RA阳性，继而进入血液循环，不能转化的$CD45RO^+$胸腺细胞则在胸腺内被清除。

2）参与T细胞活化：人淋巴细胞表面CD45与CD2相连，可能通过调控细胞表面分子间相互作用及其胞质区PTP活性，参与调节CD2和CD3途径诱导的T细胞增殖。

3）参与B细胞活化：CD45可增强B细胞表面其他活化相关分子（如BCR、CD19/CD21、CD22等）的功能，从而参与抗原受体交联并引发B细胞活化。

（2）CD2-CD58：CD2即淋巴细胞功能相关抗原2（lymphocyte function associated antigen 2，LFA-2）或绵羊红细胞受体（sheep red blood cell receptor，SRBCR），可表达于所有外周血T细胞、95%以上人胸腺细胞、多数NK细胞及部分恶变B细胞表面，但正常B细胞不表达。人CD2的配体是跨膜单链CD58（LFA-3）分子，两者结构相似，均属IgSF成员。

CD58亦称LFA-3，是表达于人红细胞和绵羊红细胞表面的CD2天然配体，可介导绵羊红细胞与人T细胞形成玫瑰花环。CD58还广泛分布于T细胞、B细胞、单核细胞、上皮细胞、内皮细胞、结缔组织、中性粒细胞、血小板等表面。

CD2/CD58的生物学功能为：

1）黏附作用：CD2与CD58结合可介导T细胞与其他免疫细胞间的黏附作用，从而参与T细胞多种功能，例如：CTL胞毒活性；丝裂原、同种异体抗原、可溶性抗原诱导的T细胞增殖；T细胞产生IL-2。此外，CD2和CD58相互作用也参与NK细胞活性。

2）T细胞旁路激活：CD2激活T细胞的途径与传统经抗原激活T细胞的途径不同，其不依赖TCR-CD3复合体，亦无需APC参与，不依赖IL-1，为抗原非特异性，故被称为“T细胞激活旁路”（alternative pathway of T cell activation）。该途径的生物学意义为：介导免疫细胞聚集和淋巴因子产生；在缺乏持续性抗原刺激时维持免疫功能状态。

3）参与胸腺细胞分化成熟：CD2是胸腺细胞最早表达的分化抗原，胸腺上皮细胞及胸腺其他多种细胞表面则表达CD58，在胸腺对T细胞的选择过程中发挥作用。其机制为：①若胸腺细胞TCR-CD3复合物不能与DC表面MHC分子高亲和力结合，则CD3激活途径被抑制，此时$CD2^+$胸腺细胞与$CD58^+$基质细胞结合，可产生早期胸腺细胞的活化信号，导致该克隆增殖和分化；②若TCR-CD3复合物与DC表面MHC分子高亲和力结合，由于胸腺皮质微环境无IL-1存在，故这种结合不能产生阳性刺激，同时还抑制胸腺细胞的CD2激活途径，导致该克隆被淘汰。

（三）参与B细胞识别抗原与活化的主要膜分子

与T细胞类似，B细胞激活也有赖于其表面辅助分子与相应配体结合所提供的共刺激信号。此外，上述辅助分子还在B细胞生长、发育、分化中发挥重要作用。参与B细胞识别抗原、活化、增殖、分化或耐受的膜分子见表4-2。

表4-2　与B细胞识别抗原与活化相关的主要膜分子

CD	表达细胞	功能
CD79a	成熟B细胞	即Igα，传递BCR识别信号
CD79b	成熟B细胞	即Igβ，传递BCR识别信号
CD19	前B细胞、成熟B细胞	B细胞活化及发育的调节
CD20	前B细胞、成熟B细胞	B细胞活化、增殖、分化
CD21	成熟B细胞	B细胞活化及发育的调节
CD22	成熟B细胞	B细胞活化调节
CD40	活化B细胞	B细胞增殖、分化调节
CD45	成熟B细胞	B细胞活化调节

1. BCR-CD79a（Igα）/CD79b（Igβ）复合物　B细胞（抗原）受体（B cell receptor，BCR）即膜表面免疫球蛋白（mIg），是参与B细胞特异性应答的关键分子。B细胞接受抗原刺激后，BCR特异性识别并结合抗原，在识别信号和共刺激信号共同作用下，引起胞质内一系列生化改变及核内基因活化、转录与表达，从而发生活化、增殖或分化。

CD79a（即Igα或mb-1）和CD79b（即Igβ或B29）连接为异源二聚体，表达于除浆细胞外各分化阶段的B细胞表面，为B细胞特征性表面标志。2个CD79a/CD79b通过非共价键与mIg相连，组成BCR-CD79a/CD79b复合物。CD79a/CD79b的作用与CD3类似，其胞质区含ITAM，能将BCR特异性识别和结合抗原的活化信号转入B细胞内，从而提供B细胞活化所需的第一信号。（见第十一章）

2. CD19/CD21/CD81复合物　是B细胞活化

的共受体，CD19分子胞质区与多种激酶结合，能加强跨膜信号转导，促进B细胞活化。该复合物可调节BCR活化的阈值，其中CD21(CR2)借助补体C3裂解片段而介导CD19与BCR交联，从而促进B细胞活化，在B细胞初次应答中发挥重要作用。

(1) CD19：分布于除浆细胞外不同发育阶段的B细胞和滤泡DC表面，是鉴定B细胞的重要标志之一。CD19参与B细胞活化、信号转导及生长调节。CD19介导信号传递有赖与膜表面CD21、CD81组成的复合物结构。最近提出的双重抗原识别(dual antigen recognition)模型认为：BCR与抗原结合后，使CD19与CD21相互接近形成复合物，抗原既可与BCR结合，也可通过补体C3dg与CD21相连，后者激活CD19/CD21复合物中与CD19紧密结合的Src家族Lyn，使CD19分子胞质段酪氨酸发生磷酸化，从而参与B细胞内信号传递。

(2) CD21：表达于静止的成熟B细胞、淋巴滤泡样DC及咽部与宫颈上皮细胞表面，是B细胞重要表面标志之一。CD21即补体受体2(CR2)和EB病毒受体，其配体为某些C3裂解片段(iC3b、C3dg、C3d)和EB病毒。CD21的功能为：

1) 参与免疫记忆：覆盖于病原微生物的C3b可部分被裂解为C3dg，后者仍结合于病原微生物上或抗原表面，并与淋巴滤泡内$CD21^+$DC结合，从而在诱导免疫记忆过程中起重要作用。

2) 参与B细胞增殖分化：CD21仅表达于成熟B细胞表面，前B细胞、未成熟B细胞以及浆细胞均不表达，表明CD21表达与B细胞增殖分化有关。CD21具有生长因子受体样作用，外周血B细胞被某些刺激因子激活后，CD21可转导增殖信号，介导B细胞进入细胞周期。

3) 参与调节IgE产生：CD23是CD21配体之一，CD23与CD21结合可促使B细胞发生同种型转换而诱导IgE产生。

4) 参与信号转导和调节：CD21与CD19和CD81共同组成复合受体，参与信号转导。

(3) CD81：广泛分布于B细胞、活化T细胞、巨噬细胞、DC、NK细胞和嗜酸粒细胞等表面。CD81与CD19和CD21组成B细胞信号转导的复合物，从而参与BCR介导的信号转导。(第十一章)

B细胞表面CD81与MHC Ⅰ类/Ⅱ类分子、CD20、CD37、CD53和CD82等分子共价相连；T细胞表面CD81与CD4、CD8和CD82相连。新近发现，CD81是丙型肝炎病毒(HCV)的受体。CD81可能充当跨膜连接子，连接胞外区的相互作用蛋白和胞浆尾部相互作用的信号蛋白(如PI4-K和PKC)，从而增强信号转导。CD81和MHC Ⅱ类分子相互作用，可使相互作用的膜蛋白聚集，从而增强与配体的亲和力及相互作用。

3. CD20 表达于早期B细胞和成熟B细胞，分化为浆细胞后表达消失。其功能为

(1) 参与跨膜Ca^{2+}流动：机制可能为：①CD20是启动第二信使通道的信号转导分子，并通过内源性通道调节跨膜Ca^{2+}流动；②CD20可能与Ca^{2+}通道复合体在结构上靠近，从而参与调节跨膜Ca^{2+}流动；③CD20本身可能就是一种Ca^{2+}通道。

(2) 调节B细胞增殖、分化：胞内Ca^{2+}浓度低时，细胞进入生长周期。CD20与抗体交联后，在浆膜上形成Ca^{2+}通道，胞内钙离子浓度增加，抑制B细胞从G1期进入S/G2+M期，抑制B细胞发育分化，并抑制EBV或美洲商陆诱导的Ig分泌，甚至引起细胞凋亡。

4. CD22 表达于B细胞系，B细胞活化时其表达增加，一旦分化为浆细胞则表达下降。人CD22主要分布于淋巴结皮质外带(未受刺激的)B细胞，而生发中心和体外活化的B细胞不再表达CD22和mIgD。CD22功能为：

(1) 信号转导功能：mIgM发生交联时，与其相关的CD22分子胞内段Tyr迅速磷酸化，CD22所携带的ITIM磷酸化，能迅速募集Tyr磷酸化酶SHP-1，后者在CD22介导的抑制信号作用中起关键性作用。另外，CD22还具有独立于mIgM/BCR之外的信号转导功能。

(2) 黏附分子作用：CD22不仅可介导B-B细胞和T-B细胞间相互作用，还可通过与表达于同一细胞表面的自身配体(CD45)结合，介导后者的胞内信号转导。

5. CD40与CD154 CD40主要表达于B细胞、DC、某些上皮细胞、内皮细胞、成纤维细胞及活化的单核细胞表面。CD154即CD40配体(CD40L)，主要表达于活化的$CD4^+$T细胞和肥大细胞表面。CD40与CD40L相互作用具有重要的生物学意义：

(1) 是参与B细胞活化的最重要共刺激信号(第十一章)。

(2) 参与调节$CD4^+$T细胞应答：活化Th细胞表达CD40L增加，可与B细胞表面CD40结合，其结果为：①刺激B细胞分泌IL-4，后者与IL-4R结合诱导B细胞表达B7分子；②CD40直接诱导B7表达；③CD40L表达缺失或阻断CD40L的作用可导致T细胞失能。

另外，CD40分子在Ig产生和类型转换、记忆B细胞分化等方面发挥关键作用。

二、参与免疫效应的膜分子

补体受体(见第二章)、细胞因子受体(见第三章)、Ig Fc受体及凋亡相关膜分子均参与免疫效应。本节主要介绍后两类膜分子。

(一) Ig Fc受体

体内多种细胞能表达不同类或亚类Ig的Fc受体,Ig通过其Fc段与Fc受体结合,可发挥不同生理功能或介导相关病理过程。Fc受体包括FcγR、FcαR和FcεR。其中FcγR分为Ⅰ、Ⅱ和Ⅲ三类;FcεR分为Ⅰ和Ⅱ两类(图4-7)。某些Ig FcR的胞外区结构相似,有高度同源性,能与同一类IgFc结合,但胞内区显著不同,故与IgFc结合后所介导的生物学效应各异。

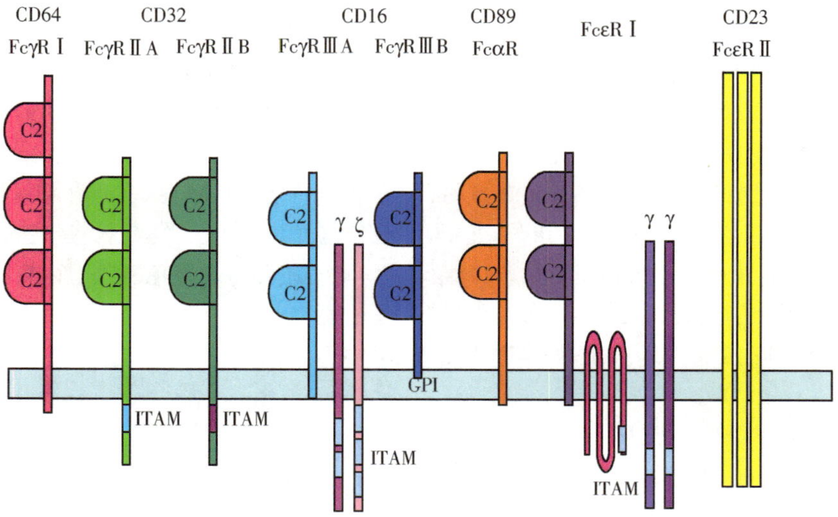

图4-7 免疫球蛋白Fc受体的分子结构

GPI(glycosylphosphatidylinositol,糖基磷脂酰肌醇);C1和C2代表IgSF成员的Ig结构域

1. Ig FcR的类别

(1) FcγRⅠ:即CD64,是IgG高亲和力受体,主要表达于单核吞噬细胞表面,中性粒细胞也有低水平表达。IFN-γ和G-CSF可刺激单核吞噬细胞及中性粒细胞表达FcγRⅠ。FcγRⅠ可与人IgG1、IgG3单体高亲和力结合,与IgG4亲和力明显降低。CD64可介导ADCC,促进吞噬细胞吞噬和清除免疫复合物或颗粒性抗原,并促进吞噬细胞释放IL-1、IL-6、TNF-α等炎症介质。

(2) FcγRⅡ:即CD32,广泛分布于单核吞噬细胞、朗格汉斯细胞、粒细胞、B细胞、血小板和胎盘内皮细胞表面。CD32为低亲和力IgGFc受体,可介导中性粒细胞和单核细胞吞噬和氧暴发。B细胞表达的CD32能转导抑制信号,下调体液免疫应答;胎盘上皮细胞表达CD32则与母体IgG通过胎盘有关。

(3) FcγRⅢ:即CD16,分布于NK细胞、中性粒细胞、吞噬细胞及激活的T细胞表面,是低亲和力IgGFc受体,主要与人IgG1、IgG3的Fc段结合,可促进吞噬和介导ADCC。CD16有两个结合位点:一个与C_H2功能区结合,介导溶解信号;另一个与C_H3功能区结合,似可参与补体介导的溶细胞效应。

(4) FcαR:即CD89,为中亲和力受体,主要表达于外周血和黏膜组织的单核吞噬细胞、中性粒细胞等表面。其功能为:能与血清型和分泌型IgA1、IgA2结合,促进吞噬细胞的吞噬作用、超氧阴离子产生、释放炎症介质及发挥ADCC效应。

(5) FcεRⅠ:其尚无CD编号,为高亲和力IgE Fc受体,主要分布于肥大细胞和嗜碱粒细胞表面,也表达于嗜酸粒细胞、单核细胞及皮肤朗格汉斯细胞表面。多价变应原与肥大细胞、嗜碱粒细胞表面IgE/FcεRⅠ复合物中的IgE结合,促使FcεRⅠ发生交联,启动胞内信号,导致效应细胞脱颗粒并释放组胺等活性介质,引起Ⅰ型超敏反应。

(6) FcεRⅡ:即CD23,为低亲和力IgE Fc受体,主要分布于B细胞、单核细胞、嗜酸粒细胞等表面,活化B细胞表达水平明显增高。FcεRⅡ也是T细胞来源的低分子量B细胞生长因子($T\text{-}BCGF^{low}$)的受体,两者结合能使FcεRⅡ裂解,释放出两种物质:①B细胞来源的B细胞生长因子(B-BCGF),可促进B细胞自身增殖;②IgE结合因子(IgE-BF),即可溶性FcεRⅡ(sCD23),可诱导B细胞定向分化为$mIgE^+$ B细胞,促进 IgE 合成。

(7) 新生 Fc 段受体(neonatal FcR,FcRn):最初是在新生大鼠体内发现的 Fc 段受体(FcR),其后在小鼠和人类也被发现。FcRn 与经典 MHC Ⅰ类分子重链在氨基酸序列上有 30% 同源性,且空间结构相似,属 MHC 样分子。机体许多组织细胞可表达 FcRn,其功能为:通过胎盘转运母体 IgG;通过肠上皮转运母体 IgG;防止循环中 IgG 降解。

2. Ig FcR 的功能 FcR 与 Ig Fc 段结合可激发多种免疫效应,包括抗原识别、吞噬作用、抗原提呈和免疫细胞活化等。本节仅介绍 T、B 细胞表面 FcR 的功能。

(1) 调节 T、B 细胞生长与分化:不同类别 FcR 其功能各异,并介导表达细胞产生不同应答。FcR 既可活化 B 细胞,又可抑制 B 细胞活化,这主要取决于 FcR 类型和结构。例如:B 细胞的 FcγRⅡ与 IgG 结合,可抑制 B 细胞功能;B 细胞表面 IgE FcR 参与促进而非抑制 B 细胞活化;FcεRⅡ可增强 IL-4 促进人 B 细胞增殖的效应。

(2) 调节 Ig 重链的同种型转换:表达 FcγR 和 FcεR 的 T 细胞所产生 IgG、IgE 结合因子(IgG-BF、IgE-BF),可分别抑制 IgG 和 IgE 产生。FcεR 调节同种型转换的机制可能是由于 ε 重链基因复制受损,导致进行性、选择性丢失 ε 重链。

(3) 参与细胞间黏附作用:淋巴细胞 FcR 可促进细胞与细胞间相互作用。在存在免疫复合物情况下,淋巴细胞 FcR 的黏附功能主要是促进淋巴细胞与其他表达 FcR 的细胞(如内皮细胞、病毒感染的上皮细胞、巨噬细胞等)间的接触。

(4) 参与抗原摄取:B 细胞表面 FcR 可与抗原-抗体复合物结合,使抗原内化,经处理和加工后提呈给 T 细胞。这是 B 细胞摄取抗原的另一条途径。

(5) 产生可溶性 Ig 结合因子:FcR 分子胞膜外部分被裂解所形成的片段称为 Ig 结合因子(Ig-binding factor,Ig-BF),亦称可溶性 FcR。Ig-BF 具有多种功能,例如:①IgE-BF(sCD23)具有 B 细胞生长因子活性;②sCD21 保留膜 CD21 配体结合特性,参与过敏和炎症,可诱导胞内 GMP 水平增高,并促进 IL-4 诱导 $CD23^+$ 单核细胞产生 IgE、IL-6 和 TNF-α;③IgG-BF 在体外可抑制 IgG 产生。另外,膜型及可溶性 FcR 同种型相互作用,可形成调节网络,参与调节抗体产生及功能。

(二) 细胞凋亡相关的膜分子

1. Fas 即 CD95,亦称 APO-1,可组成性或诱导性表达于不同细胞表面,如活化的 T/B 细胞、NK 细胞、单核细胞、胸腺细胞、成纤维细胞等,在乳腺、卵巢、结肠、前列腺和肝脏等器官的实体瘤中也可检出其表达。Fas 分子胞内区含 60～70 个氨基酸的保守序列,与细胞死亡有关,称死亡结构域(DD)。Fas 主要以膜受体形式存在,通过转录水平不同拼接也可形成可溶性 Fas 分子。

2. Fas 配体(Fas ligand,FasL) 即 CD178,主要分布于活化的 T 细胞表面。FasL 亦可分泌或脱落至细胞外,成为可溶性活性分子。

Fas 是一类极为重要的死亡受体,其与 FasL 或抗 Fas 抗体结合,可介导 Fas 表达细胞凋亡。CTL 表面 FasL 可与靶细胞表面 Fas 结合,通过启动 Fas 死亡信号而介导靶细胞凋亡。Fas 介导的细胞凋亡在淋巴细胞分化发育、增殖、胞毒效应、免疫调节中起重要作用,同时还参与自身免疫病、移植排斥、肿瘤等免疫病理过程。

三、参与免疫细胞黏附的膜分子

黏附分子(adhesion molecule,AM)是一类介导细胞与细胞、细胞与细胞外基质(extracellular matrix,ECM)间相互接触和黏附作用的分子。黏附分子通过与相应配体结合,参与细胞的识别、活化、信号传导、增殖分化及移动,并在胚胎发育和分化、正常组织结构的维持、炎症与免疫应答、伤口修复、凝血与血栓形成以及肿瘤浸润和转移等多种生理、病理过程中发挥重要作用。

(一) 黏附分子分类及其特性

根据黏附分子的结构,可分为 5 大类,此外还包括某些尚未归类的分子。

1. 选择素家族(selectin family)(表 4-3) 选择素全名是选择凝集素,selectin 一词源自 select 和 lectin。该家族包括血小板选择素(platelet-selectin,即选择素 P)、内皮细胞选择素(endothelium-selectin,即选择素 E)和白细胞选择素(leukocyte -selectin,即选择素 L),其命名源于此类选择素最早被发现的表达细胞。

选择素表达于白细胞、活化的内皮细胞以及血小板表面,可在血流状态下介导白细胞与血管内皮间的起始黏附。此过程的特征为白细胞与血管内皮细胞附着和从血管内皮上脱落相互交替,故又称为滚动(rolling)。

表 4-3 选择素家族成员

	表达细胞	靶细胞	功能	配体
选择素 P(CD62P)	迅速活化的血管内皮细胞、血小板、巨核细胞	PMN、单核细胞、淋巴细胞亚群	介导白细胞或单核细胞与内皮细胞、血小板黏附,诱导单核细胞释放超氧阴离子、组织因子、细胞因子、PAF,促吞噬作用	SLe^x,PSGL-1
选择素 E(CD62E,ELAM-1)	细胞因子活化的内皮细胞(主要为毛细血管后静脉)	PMN、单核细胞、淋巴细胞亚群	介导白细胞向炎症区迁移	SLe^x, CLA, ESL-1, PSGL-1,CD103
选择素 L(CD62L,LECM-1)	PMN、单核细胞、淋巴细胞亚群	淋巴结高内皮小静脉,活化的内皮细胞	介导白细胞向炎症区迁移,淋巴细胞归巢和再循环	SLe^x, Mad-CAM-1^x, CD34,Gly-CAM-1

注:LECAM(leukocyte endothelial cell adhesion molecule,白细胞内皮细胞黏附分子);ELAM-1(endothelial leukocyte adhesion molecule-1,内皮细胞白细胞黏附分子-1);PSGL-1(P-selectin glycoprotein ligand 1,P 选择素配体-1);SLe^x[Sialyl Lewis(x),唾液酸化的路易斯寡糖];CLA(conjugated linoleic acid,共轭亚油酸);ESL-1(E-Selectin Ligand 1,E 选择素配体-1);Mad-CAM-1^x(mucosal addressin cell adhesion molecule,黏膜地址素细胞黏附分子)

(1) 选择素家族成员

1) 选择素 P:通常储存于内皮细胞分泌颗粒(Weibel Palade 小体)内,内皮细胞受凝血酶或组胺等刺激,选择素 P 迅速表达于内皮细胞表面。选择素 P 主要参与白细胞与内皮细胞的起始黏附,其与白细胞表面相应配体结合,即介导白细胞滚动,并将其锚定(tethering)于内皮细胞上。该效应有赖血小板活化因子(PAF)协同,从而诱导稳定的黏附作用。选择素 P 亦可存在于静止的血小板 α 颗粒和致密颗粒中,经刺激活化后迅速分布于血小板表面。活化的血小板可借助所表达的选择素 P 与不同类型白细胞结合。P-选择素既是血小板/内皮细胞的活化标志,也是参与炎症和血栓形成等的重要介质。体内存在可溶性选择素 P,乃由于选择素 P mRNA 不同剪接方式而产生。

2) 选择素 E:选择素 E 局限性表达于活化的内皮细胞,主要介导多形核白细胞(PMN)与内皮细胞的起始黏附。选择素 E 还可介导单核细胞和静止的 $CD4^+$记忆性 T 细胞黏附于活化的内皮细胞。此外,嗜酸粒细胞和嗜碱粒细胞亦表达选择素 E 配体。选择素 E 介导的黏附作用既不依赖于白细胞活化,也无需白细胞整合素参与。

最近发现,选择素 E 可作为皮肤血管地址素(vascular addressin),与位于皮肤炎症部位的记忆性 T 细胞表面的皮肤淋巴细胞相关抗原(cutaneous lymphocyte-associated antigen,CLA)结合,介导记忆 T 细胞归巢。因此,CLA 属皮肤淋巴细胞归巢受体(homing receptor)。粒细胞和单核细胞表面 E-选择素的配体为唾液酸-SLe^x。另外,选择素 E 可从血管内皮细胞表面脱落,成为可溶性选择素 E,其机制尚不清楚。

3) 选择素 L:其表达于白细胞表面,IL-8、丝裂原、GM-CSF、LPS 等可刺激其表达。选择素 L 不仅介导 PMN 和淋巴细胞起始黏附于活化的内皮细胞,还可作为归巢受体介导某些淋巴细胞亚群归巢于外周淋巴器官特定部位。白细胞功能活性很大程度上受控于细胞表面选择素 L 的表达和丢失。此外,构型变化也可影响选择素 L 的功能。L-选择素可从活化的白细胞表面脱落而成为可溶性分子。

(2) 选择素家族的配体:选择素可与多种天然和人工合成的糖类配体结合:①与 SLe^x(sialyl $Lewis^x$)和 SLe^a 相关的寡聚糖,前者为含唾液酸、半乳糖、N-乙酰葡糖胺和岩藻糖末端的糖类(存在于白细胞膜糖脂和糖蛋白中),是选择素 P 和 E 识别的主要结构,后者是 SLe^x 的变异体,通常表达于某些肿瘤细胞表面,可能参与肿瘤转移;②磷酸化的单糖和多糖;③硫酸化的多糖。

此外,选择素 P 和 L 还可与某些细胞表面的糖蛋白高亲和力结合。例如,选择素 L 等归巢受体可选择性与 HEV 特定部位独有的配体(血管地址素)结合。选择素的其他配体见黏蛋白样家族。

2. 黏蛋白样家族(mucin like family) 黏蛋白样家族成员主要包括 3 类:①CD34,主要分布于造血祖细胞和某些淋巴结的内皮细胞表面,是选择素 L 的配体,可调控早期造血,同时也是外周淋巴结的地址素,介导淋巴细胞归巢;②糖酰化依赖的细胞黏附分子-1(glycosylation dependent cell adhesion molecule-1,GlyCAM-1),分布于某些淋巴结的内皮细胞表面,是选择素 L 的配体;③P 选择素糖蛋白配体(P-selectin glycoprotein ligand-1,PSGL-1),主要分布于 PMN 表面,介导 PMN 向炎症部位迁移,是选择素 E 和 P 的配体。

3. 整合素家族(integrin family) 整合素家族是一组细胞表面糖蛋白受体,其配体为细胞外基质(ECM)成分,目前已知的整合素有22种,均为由α和β亚单位构成的异二聚体。其作用依赖于Ca^{2+},可介导细胞与细胞间相互作用及细胞与细胞外基质间相互作用。整合素表达于几乎所有细胞,其功能为:参与免疫细胞间黏附;调节机体发生、发育;参与伤口修复及血栓形成。

(1) 整合素家族成员:根据整合素分子中β亚单位不同,可将其分为8个亚家族,每个亚家族成员的β亚单位均相同,但α亚单位各异。另外,一种α亚单位可与多种β亚单位结合。因此,整合素亚家族的划分并非绝对严格。

1) 迟现抗原(very late appearing antigen,VLA)亚家族或称β-1亚家族:包括VLA-1~6,可表达于各类细胞表面。该家族成员在丝裂原或同种异体抗原激活T细胞后2~4周才出现,故命名为很迟出现的抗原。VLA家族成员的配体各异,某些成员可有多种配体,且依其表达的细胞不同而与不同配体结合。黏附作用的稳定有赖于多种整合素协同。

2) 白细胞整合素(leukocyte integrin)亚家族:该家族即β2亚家族或白细胞黏附分子(leukocyte adhesion molecule)亚家族,其成员局限表达于白细胞表面,包括:①淋巴细胞功能相关抗原1(lymphocyte function associated antigen1,LFA-1),即CD11a/CD18,功能为参与CTL、NK细胞的杀伤效应;参与Th细胞增殖反应;参与粒细胞及单核吞噬细胞介导的ADCC;参与白细胞定位、渗出和迁移,以及淋巴细胞向外周淋巴结归巢等;②Mac-1,即CD11b/CD18或补体受体3(CR3),在人类被称为Mo1,表达于PMN、单核吞噬细胞和某些淋巴细胞表面,参与补体结合和吞噬调理,并在PMN和单核细胞黏附于内皮细胞的过程中发挥重要作用;③P150/95,即CD11c/CD18或补体受体4(CR4),亦可结合iC3b,主要分布于单核细胞、PMN和某些活化淋巴细胞表面,参与黏附、迁移、趋化和吞噬作用。

3) 细胞黏附素(cytoadhesin)亚家族:包括:①gpⅡb/Ⅲa,高表达于血小板表面,其配体主要为FB,也可与FN、vWF和TSP低亲和力结合;活化血小板表面gpⅡ/Ⅲa通过结合FN和VN而发生黏附和凝集,也介导血小板与内皮下基质的黏附;②玻璃连接蛋白受体(vitronectin receptor,VnR),代表αvβ3整合素,分布于大多数间质细胞,可与多种配体结合,参与细胞间相互作用。

4) 其他β亚单位组成的整合素:其他β亚单位(如$β_4$、$β_5$、$β_6$、$β_7$、$β_8$等)可分别与不同α亚单位结合,介导细胞间相互作用。

(2) 整合素家族的配体:整合素家族的配体主要为某些细胞基质成分,如纤连蛋白(fibronectin,FN)、纤维蛋白原(fibrinogen,FB)、胶原蛋白(collagen,CA)、玻璃连接蛋白(vitronectin,VN)、层黏蛋白(laminin,LM)、血栓海绵蛋白(thrombospondin,TSP)和von Willebrand因子(vWF)等,参与介导细胞与ECM间相互作用。某些整合素可与胞膜表面相应配体结合,从而介导细胞间黏附作用。

1) FN:FN可与$β_1$、$β_2$、$β_3$、$β_5$、$β_6$和$β_7$多组整合素结合,参与细胞发育、生长、分化、活化和迁移。此外FN还可结合胶原蛋白、肝素、血纤维蛋白和其他细胞表面受体。

FN主要参与保持组织完整性以及细胞与组织间的黏附,也与抗感染、结缔组织增生纤维化、血栓形成、组织发育和分化等相关。

2) LM:LM主要分布于细胞基底膜基质的透明层和某些肿瘤细胞的结缔组织中,其主要来源于基膜上皮细胞、血管内皮细胞和某些肿瘤细胞。LM主要功能为:参与介导PMN向炎症部位迁移;参与NK细胞杀细胞效应;参与肿瘤转移。

整合素分子与配体结合时,其所识别的仅是配体分子中由数个氨基酸组成的短肽序列。不同整合素分子可能识别相同的短肽序列或同一个配体中不同的短肽序列。由于同一短肽序列可存在于数种不同配体中,故每一整合素分子均可能以数种细胞外间质成分作为配体,而每一种细胞外间质中的配体也可能被数种不同整合素分子所识别。

4. 免疫球蛋白超家族(IgSF)(表4-4) IgSF分子胞外段均具有与IgV区或C区相似的折叠结构,其氨基酸序列也有一定同源性。在黏附作用中,它们通常作为整合素或其他IgSF的配体。

(1) 细胞间黏附分子(intercellular adhesion molecule,ICAM):是LFA-1的配体,包括:①ICAM-1(CD54),在IL-1、TNF-α、IFN-γ、内毒素等刺激下,其可广泛表达于造血和非造血系统来源的多种细胞表面;ICAM-1与LFA-1结合可参与T-T细胞、T细胞-基质细胞、效应细胞-靶细胞间相互作用和炎症反应;②ICAM-2(CD102),是LFA-1的第二种配体,其高表达于静止的内皮细胞表面;③ICAM-3(CD50),是LFA-1的第三种配体,高表达于所有静止白细胞表面。

(2) 血管细胞黏附分子(vascular cell adhesion molecule,VCAM):是VLA-4($α_4β_1$)整合素的配体,表达于细胞因子活化的内皮细胞表面,其主要功能为:参与单核/吞噬细胞和淋巴细胞向炎症部位浸润;参与NK细胞黏附和迁移；参与超敏反应中IL-4对嗜酸粒细胞的选择性趋化作用；参与造血细胞分化发育过程中细胞集落形成。

表4-4 黏附分子的免疫球蛋白超家族成员

IgSF黏附分子	分布	配体
LFA-2(CD2)	T细胞、胸腺细胞、NK细胞	LFA-3(IHSF)
LFA-3(CD58)	广泛	LFA-2(IHSF)
ICAM-1(CD54)	广泛	LFA-1(integrin)
ICAM-2(CD102)	内皮细胞	LFA-1(integrin)
ICAM-3(CD50)	外周血静止白细胞	LFA-1(integrin)
CD4	Treg细胞、Th细胞亚群	MHC Ⅱ(IgSF)
CD8	CTL	MHC Ⅰ(IgSF)
MHC Ⅰ	所有有核细胞	CD8(IgSF)
MHC Ⅱ	APC(DC、Mϕ、活化T细胞和内皮细胞)	CD4(IgSF)
CD28	T细胞	B7(IgSF)
B7(CD80)	活化B细胞、单核细胞和DC等	CD28(IgSF)
NCAM-1(CD56)	神经元、胚胎细胞、NK细胞	NCAM-1(IgSF)
VCAM-1(CD106)	内皮细胞、上皮细胞、DC、Mϕ	VLA-4(integrin)
PECAM-1(CD31)	白细胞、血小板、内皮细胞	PECAM-1(IgSF)

注：NCAM(neural cell adhesion molecule，神经细胞黏附分子)；PECAM(platelet-endothelial cell adhesion molecule-1，血小板内皮细胞黏附分子)

(3) 黏膜地址素细胞黏附分子-1(mucosal addressin cell adhesion molecule-1，MAdCAM-1)：高表达于肠相关淋巴组织(GALT)，如集合淋巴结和肠系膜淋巴结的高内皮小静脉(HEV)表面。MAdCAM-1的受体主要是$\alpha_4\beta_7$和选择素L，其主要作用是通过与淋巴细胞表面归巢受体结合，介导淋巴细胞向黏膜部位定向归巢，对维持体内淋巴细胞正常迁移有重要作用。

(4) Ig超家族NK细胞受体(IgSF-NKR)：IgSF-NKR按其分子量可分为4个亚家族，即P50、P58、P70和P140。IgSF-NKR的配体主要是MHC Ⅰ类分子，在人类为经典HLA Ⅰ类分子和HLA-G。IgSF-NKR可分为两类：①活化性受体(NKAR)，其与靶细胞表面相应糖类配体结合，通过ITAM信号转导途径而产生杀伤效应；②抑制性受体(NKIR)，其与靶细胞表面MHC Ⅰ类分子结合，可启动杀伤抑制信号(第六章)。

5. 钙依赖细胞黏附素家族(Ca^{2+} dependent cell adhesion molecule family，Cadherin) 属一类介导细胞间相互聚集的黏附分子，在Ca^{2+}存在时可抵抗蛋白酶的水解作用。该家族成员对生长发育过程中细胞的选择性聚集具有重要作用。该家族包括E-Cadherin(见于成人上皮细胞)、N-Cadherin(见于成人神经、肌肉组织)和P-Cadherin(主要见于胎盘和上皮组织，但亦可在发育阶段见于其他组织)。三者在体内的组织分布各异，其表达随细胞生长、发育状态不同而改变。钙黏素分子以独特的方式相互作用，其配体是与自身相同的钙黏素分子。钙黏素家族主要参与介导同型细胞间的黏附作用，在调节胚胎形态发生和维持成人组织结构完整性与极性中具有重要作用。

6. 其他黏附分子

(1) CD36：CD36又称血小板糖蛋白Ⅳ(platelet glycoprotein Ⅳ)，表达于血小板、单核细胞、红系前体细胞、内皮细胞及某些肿瘤细胞表面。CD36可与TSP、CA及镰形疟原虫感染的红细胞结合，介导血小板和单核细胞间的黏附作用，也是参与镰形疟原虫感染的红细胞与内皮细胞结合的靶结构。

(2) CD44：CD44分子由单一基因编码，但由于基因转录后的拼接和翻译后修饰方式不同，其产物是一组具有高度异质性的膜表面单链糖蛋白，也称为CD44家族。CD44分子在紧邻跨膜区的胞外区存在一个可变区，从而形成多种变异体：①CD44标准异构体(standard isoform of CD44，CD44s)，其不含变异体外显子的编码序列(即不含可变区)；②CD44拼接变异体(splicing variant of CD44，CD44v)，其含有不同变异体外显子的编码序列。

CD44分布广泛，其配体为透明质酸、FN、Ⅰ型和Ⅵ型胶原蛋白等。作为淋巴细胞归巢受体，CD44还可与黏膜地址素结合。CD44可介导多种细胞与细胞、细胞与ECM间的黏附作用，其具有多种生物学功能：①参与炎症反应和淋巴细胞归巢；②促进T、B细胞分化及T细胞活化；③某些CD44变异体的表达与肿瘤发展和转移有关。

(3) CD45：CD45/CD22黏附分子对在调节T细胞信号转导中起重要作用。另外，CD22是B细胞表达的主要黏附分子，CD45/CD22可能参与T-B细胞间活化信号的传递。

(二) 黏附分子的功能

黏附分子家族成员众多、功能各异，但具有如下共同特点：①均通过受体与配体结合的形式发挥作用，这种结合通常为可逆性，并呈非专一性，即同一黏附分子可与若干配体结合;②黏附分子几乎无多态性,同一种属不同个体的同类黏附分子基本相同;③同一细胞表面可表达多种不同类别黏附分子;④黏附分子效应往往通过多对受体和配体共同作用而实现;⑤同一黏附分子在不同细胞表面可能发挥不同作用,同一生物学功能也可能由不同黏附分子所介导;⑥黏附分子在介导黏附作用的同时往往也启动信号传递,黏附和信号传递效应与黏附分子密度及其与配体的亲和力有关。

1. 黏附分子的免疫学功能

(1) 参与免疫细胞发育和分化:胸腺细胞的发育成熟依赖于胸腺基质细胞(TSC)及其分泌的细胞因子所构成的微环境。随着发育成熟,胸腺细胞由胸腺皮质移行进入髓质,该过程涉及多种黏附分子介导的胸腺细胞-TSC 间相互作用,例如:TSC 表面 MHC Ⅰ、Ⅱ类分子分别与胸腺细胞表面 CD8 和 CD4 相互作用;胸腺细胞表面 CD2 和 LFA-1 分别与胸腺上皮细胞表面 LFA-3 和 ICAM-1 相互作用。

(2) 参与免疫应答和免疫调节

1) T 细胞激活与调节:T 细胞活化需要双信号(第十一章),CD80/CD28、CD86/ CD28、LFA-1/ICAM-1、LFA-1/ICAM-2、LFA-1/ICAM-3、CD2/LFA-3、CD44/FN 等分子对间的相互作用,可提高 T 细胞对抗原刺激的敏感性,稳定细胞间接触,从而提供 T 细胞激活所不可缺少的共刺激信号。T 细胞活化后,上述多种黏附分子表达水平均增高。

2) B 细胞激活与调节:静止的 B 细胞可借助 CD40/CD40L、LFA-1/ICAM-1、CD2/LFA-3 等黏附分子对的相互作用与活化 T 细胞黏附,使 T 细胞得以向 B 细胞传递活化信号(第十一章),并促进 B 细胞向浆细胞分化和产生抗体。

3) T 细胞免疫效应及其调节:在 CTL 激活及发挥杀伤效应过程中,CD8/MHC Ⅰ类分子、LFA-1/ICAM-1、LFA-2/LFA-3 等黏附分子对的相互作用保证效-靶细胞紧密接触,提供 CTL 激活所必需的共刺激信号,并使活化 CTL 产生的胞毒介质得以有效发挥作用。另外,在免疫应答的效应阶段,LFA-1/ICAM-1 可参与介导 CTL 对靶细胞的杀伤作用;LFA-1/ICAM-1 和某些 VLA 还参与巨噬细胞、NK 细胞等对靶细胞的非特异性杀伤作用。

4) 调节 APC 功能:某些黏附分子(如 ICAM-1)表达增高可增强 APC 的抗原提呈功能。

(3) 参与炎症反应:白细胞黏附并穿越血管内皮细胞向炎症部位移行,是炎症反应的重要特征,其分子基础在于白细胞与血管内皮细胞表面黏附分子间相互作用,以及细胞因子等对黏附分子表达的调节。炎症过程中,巨噬细胞、肥大细胞聚集至炎症部位并释放 IL-1、TNF、TGF-β 和某些趋化因子,细菌感染可产生内毒素,上述因素均可促进内皮细胞表达选择素 P 和 E、ICAM-1、VCAM-1 等,同时促进血管腔内的白细胞表达整合素和 ICAM-1,从而介导白细胞黏附于活化的血管壁上,并穿越血管内皮而进入病灶部位。

炎症过程中,白细胞(以 PMN 为例)-内皮细胞间相互作用可分为如下阶段:

1) 选择素介导可逆性起始黏附:静止的 PMN 表面可高表达选择素 L。在组织损伤后数分钟内,PMN 表面的选择素 L 即与炎症部位内皮细胞表面的选择素 P 和 E 相互作用,在血流状态下介导 PMN 与内皮细胞的起始黏附(即滚动作用),并将 PMN 锚定于内皮细胞上。这种滚动作用是一种短暂、可逆的过程。(图 4-8)

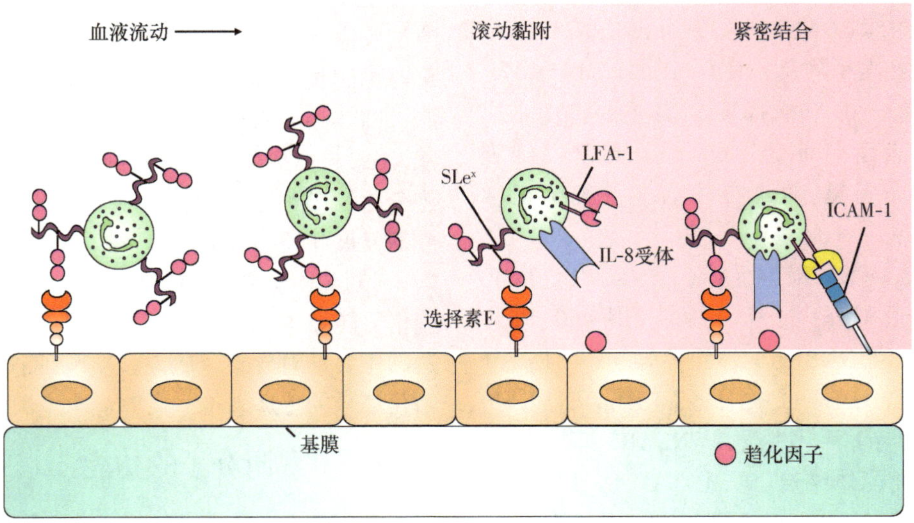

图 4-8 黏附分子参与中性粒细胞在血管内皮表面滚动

静止的 PMN 表面高表达选择素 L→组织损伤后数分钟内,PMN 表面选择素 L 即与炎症部位内皮细胞表面选择素 P 和 E 相互作用→在血流状态下介导 PMN 与内皮细胞的起始黏附(即滚动作用)→将 PMN 锚定于内皮细胞上(滚动作用是一种短暂、可逆的过程)

2）白细胞活化：在某些趋化因子/活化因子（如C5a、LTB4、血小板因子4、IL-8、PAF）或其他分子（如CD31）作用下，起始黏附于内皮细胞表面的白细胞活化。

3）稳定黏附：PMN被血小板因子4、IL-8和PAF等激活，其LFA-1（CD11a/CD18）表达上调，更紧密地与ICAM-1结合，使黏附作用更为稳固。同时PMN表面活化的整合素分子其胞外配体结合区发生构型变化，介导PMN与内皮细胞的稳定黏附。此外，LFA-1/ICAM-2、Mac-1/ICAM-1、VLA-4/VCAM-1、CD44及其配体、P150/95及其配体等也参与稳定黏附。

4）白细胞穿越内皮细胞向炎症部位移行：稳定黏附后，白细胞活化，选择素L迅速从白细胞表面脱落，白细胞-内皮细胞间黏附作用减弱，使黏附的白细胞易与内皮细胞分离，继而白细胞发生定向迁移。白细胞的移动与细胞骨架蛋白的重排相关，而ICAM-1与LFA-1结合所致的级联反应介导这种重排。

（4）参与淋巴细胞再循环：淋巴细胞可借助精细的调节机制与正常内皮细胞相互作用，归巢至淋巴和非淋巴组织，继而经淋巴管、胸导管进入血液，进行淋巴细胞再循环。淋巴细胞通过其表面归巢受体与淋巴结HEV内皮细胞结合而进入淋巴结。不同类型淋巴结HEV内皮细胞在某些细胞因子（如IFN-γ、IL-1和TNF-α）作用下活化，选择性表达ICAM-1、ICAM-2、ICAM-3和选择素P、E，它们均是归巢受体的配体。在外周淋巴结或肠道相关淋巴组织HEV上选择性表达的血管地址素（addressin）分别称为外周淋巴结地址素（peripheral node addressin，PNAd）和黏膜地址素（mucosal addressin，MAd）。选择素L和CD44可作为归巢受体分别与PNAd和MAd结合，介导淋巴细胞-HEV间相互作用，从而参与淋巴细胞再循环。LFA-1也可能通过与HEV表面ICAM-2结合，参与介导淋巴细胞向外周淋巴结归巢。此外，VLA-4以及LPAM-1亦可作为归巢受体，介导淋巴细胞归巢于外周淋巴结或黏膜淋巴组织。

淋巴细胞还可与皮肤等组织的血管内皮细胞发生相互作用而进入皮肤组织间隙，继而经输入淋巴管进入淋巴结。例如，选择素E可介导一类CLA^+记忆T细胞归巢于皮肤；VLA-4/VCAM-1亦可参与介导皮肤特异性淋巴细胞归巢。

（5）参与调节免疫细胞凋亡：大部分细胞须与胞外基质黏附才能增殖，即“锚定依赖”。细胞一旦与基质分离，即可发生凋亡。整合素与配体结合可有效阻抑凋亡，其机制涉及某些细胞生理调节过程，包括整合素聚集、FAP形成、FAK酪氨酸磷酸化、RAS活化，进而刺激MAPK级联反应，通过激活RAS-RAF-MEK-ERK信号通路，促进细胞增殖，抑制细胞凋亡。

近期发现，整合素与其配体结合可形成黏着斑复合物，通过激活黏着斑激酶（focal adhesion kinase，FAK）而启动信号传递，介导一系列生物学效应，例如：①细胞骨架蛋白磷酸化，使骨架蛋白发生重排，细胞形态以及黏附、迁移行为等均发生改变；②通过衔接蛋白的SH2（Src homology domain）区偶联多种胞质蛋白，启动下游信号传递，从而调节TNF-α、c-fos、c-myc等基因表达，影响细胞生长和分化。

2. 黏附分子的其他生物学作用

（1）参与生殖和胚胎发育：有性繁殖受精过程中，整合素及其配体的相互作用参与精子和卵细胞膜的黏附融合，也参与受精卵着床。胚胎发育阶段，细胞间选择性黏附是整个形态发生过程的一个基本特征。Cadherin是一类重要的形态调节分子，在同型细胞间选择性黏附过程中具有重要作用。凡是参与形成实体组织的所有类型细胞，均可表达Cadherin家族中的某个成员，后者可选择性介导某种同型细胞间结合，从而决定整个组织的形态。而且，表达相同Cadherin的细胞会从分散状态下重新聚集，提示Cadherin可参与细胞间连接复合体和细胞极性的形成，也与胚胎细胞定向分化有关。

（2）参与伤口愈合和血栓形成：组织损伤后，血小板通过β_1和β_3整合素与暴露的基质结合，从而启动凝血级联反应，产生凝血酶，后者活化血小板表面gpⅡb/Ⅲa，继而促进血小板凝集和颗粒释放，形成包括血小板、FN、FB和纤维蛋白的临时性伤口基质。随后，血小板颗粒内容物（如TGF-β）、凝血酶和组织因子释放或暴露，诱发炎症反应，发生内皮细胞和白细胞的级联活化反应，其过程为：白细胞穿越血管壁进入伤口部位；活化的白细胞释放细胞因子；血小板在损伤部位聚集。上述因素可刺激成纤维细胞、巨噬细胞和上皮细胞表达黏附分子，从而促进这些细胞向伤口部位迁移。

（3）影响生物活性物质产生：黏附分子可通过多种机制作用于不同类型细胞，调节靶细胞表达和分泌某些生物活性分子。例如：选择素E与中性粒细胞表面配基结合，可活化CD11/CD18的受体，还能刺激单核细胞，促进其表达CD36分子；选择素P可刺激单核细胞产生组织因子，且两者具有明显剂量依赖性关系。

（4）参与信号转导：黏附分子不仅介导细胞间以及细胞与细胞基质间的黏附，还参与信号转导。CD2/LFA-1、CD28/CD80或CD86、CD45/CD22、整合素/FN或LM等黏附分子均参与T细胞活化信号的转导和调节，包括酪氨酸磷酸化途径和磷酸肌醇途径

(见第九章)。

3. 影响黏附分子功能的因素 微环境、细胞功能状态、某些病理过程等均可影响黏附分子表达和构象,从而调控其功能。

(1) 微环境活性介质的调控作用:例如:①凝血酶、组胺可诱导内皮细胞内贮存的CD62分子迅速转移至细胞表面;②TNF-α、IL-1可刺激中性粒细胞胞质颗粒内CD11b/CD18、CD 11c/CD18转移至细胞表面;③IL-1、TNF-α可诱导血管内皮细胞表达E-选择素、VCAM-1;④细胞因子(IL-1、IL-3、IL-8、GM-CSF、TNF-α等)和炎症介质(白三烯、组胺、凝血酶等)可调节白细胞及血管内皮细胞黏附分子表达水平。

(2) 淋巴细胞功能状态的调控作用:①淋巴细胞活化过程中,其表面ICAM/LFA-1分子构象及在细胞表面的分布发生改变,从而提高ICAM/LFA-1相互作用的亲和力,促进活化淋巴细胞的黏附能力;②不同分化、发育阶段的淋巴细胞其表达黏附分子的种类与水平发生改变,如记忆性T细胞(比初始T细胞)CD2、LFA-1、CD44等表达上调而选择素L表达下调。

(3) 免疫病理过程的影响:不同免疫病理过程可调控黏附分子表达,继而影响病理过程发生和发展。例如:肿瘤发生过程中,肿瘤细胞所表达的黏附分子种类和水平出现动态改变,从而参与介导肿瘤的浸润和转移。

第二节 免疫细胞表面的离子通道和神经介质受体

免疫细胞膜除表达白细胞分化抗原外,也表达不同类型的其他受体及膜抗原(如激素受体、神经介质受体、离子通道等),它们在免疫应答及免疫调节中发挥重要作用。

一、免疫细胞相关的离子通道

离子通道(ion channel)是细胞表面重要的膜蛋白,其通过构象改变而开、关,控制细胞内外离子交流。免疫细胞膜表面表达多种离子通道,通过调控胞内离子浓度,影响免疫细胞多种效应功能,如细胞因子分泌、细胞分化和胞毒作用等,从而参与调控免疫应答。

1. 钙离子释放激活的钙通道(Ca^{2+} **release-activated** Ca^{2+} **channel,CRAC通道)** 钙离子是重要的第二信使,其胞内浓度变化直接影响细胞功能。其机制为:①静息T、B细胞内,内质网钙库充盈,胞浆内钙离子浓度维持在50~100nM,比血清钙离子浓度低上万倍;②T细胞(TCR)、B细胞(BCR)激活后,活化信号导致内质网钙库将钙离子释放入胞浆,胞浆内钙离子浓度可升至1 μM,而钙库中钙离子浓度降低,从而激活细胞膜表面CRAC通道,使之开放,胞外钙离子内流进入胞浆,进而激活钙离子依赖的酶与核因子[如钙调磷酸酶和活化T细胞核因子(NFAT)等],促进增殖与分化相关的分子和细胞因子转录表达。CRAC通道参与淋巴细胞增殖、细胞因子分泌、胞毒作用,也在抗感染免疫、T细胞介导的自身免疫和炎症反应、同种T细胞应答和Treg细胞发育中发挥关键作用。

2. 钾离子通道 淋巴细胞的钙离子内流不仅依赖细胞内外钙离子浓度梯度,且依赖钾离子通道和钠离子通道所维持的细胞电压梯度(内负外正)。K+通道种类繁多,约占离子通道家族成员50%。钾离子通道依据其结构、活化模式和穿膜区数量,可分为4类,即K_{ir}(内向整流型,含2个穿膜区)、K_{2P}(双孔道型,含4个穿膜区)、K_{Ca}(钙离子激活型,含6或7个穿膜区)和K_V(电压门控型,含6个穿膜区)。每一型K+通道又可分为若干亚型。

T细胞表面表达多种钾离子通道,其中对K_V1.3和K_{Ca}3.1(影响细胞内外电压梯度的主要钾通道)研究最为深入:①静息T细胞主要表达K_V1.3,活化的T细胞其K_{Ca}3.1表达上调;②Th1和Th2细胞优势表达K_{Ca}3.1,依赖此钾通道维持TCR激活的钙离子流和细胞因子分泌;③Th17细胞优势表达并依赖K_V1.3;④效应记忆T细胞优势表达K_V1.3;⑤中心记忆T细胞优势表达K_{Ca}3.1。通过阻断不同类型钾离子通道,可调控相应T细胞亚群的功能,并干预相关的免疫性疾病。

3. 钠离子通道

(1) 电压门控钠离子通道(Voltage-gated sodium channels,VGSC):VGSC是专一的钠离子通道,其分子含1个大的α亚单位和2个小的β亚单位。α亚单位形成穿膜孔道,β亚单位调控通道转运和定位。目前已发现9种α亚单位,参与组成9种钠通道(NaV1.1~NaV1.9)。另有NaX,是钠离子浓度敏感通道,不属电压门控通道。VGSC具有如下免疫相关功能:①VGSC的表达和功能,是淋巴细胞和巨噬细胞活化和增殖所必需;②参与调控T细胞容积、迁移和凋亡;③参与巨噬细胞吞噬作用和炎症反应;④VGSC阻断剂可抑制Th1细胞应答,促进Th2细胞应答,调节免疫球蛋白水平。

(2) 瞬时受体电压阳离子通道(transient receptor potential cation channel M4,TRPM4):TRPM4是与淋巴细胞功能密切相关的钠离子通道,其主要允许钠离子和钾离子通过，对钙离子也具有非常微弱的通透性。胞浆内钙离子浓度升高可导致 TRPM4 开放，钠离子内流，膜电位去极化，驱动钙离子内流的电压差降低。换言之，TRPM4 可负反馈调控钙离子内流，防止胞内钙离子超载。TRPM4 缺陷可致胞内钙离子浓度升高，从而影响与钙离子相关的免疫细胞功能。

4. 酸敏感离子通道(acid-sensing ion channel, ASIC) ASIC 可被胞外质子或其他配体激活而开放，主要允许钠离子和少量钙离子内流，导致细胞膜电位去极化，进而激活电压门控钙通道和钠通道，引发更多钠离子和钙离子内流，并调控与胞内钙离子水平相关的生物学功能。目前已发现，ASIC 可表达于 DC 和巨噬细胞等 APC 表面，参与调控抗原摄取与提呈。

二、免疫细胞表面的激素、神经介质受体

免疫细胞膜表面或胞内(甾体类激素受体)表达某些激素和神经介质(神经递质和神经肽)受体，它们是神经-内分泌系统调节免疫功能的重要物质基础。已发现，免疫细胞表面表达大多数神经介质和激素的受体，其特点是：不同免疫细胞所表达的神经介质和激素受体各异；同一免疫细胞在不同功能状态下(静止、活化)所表达的神经介质和激素受体各异；不同免疫细胞所表达的相同受体，其生物学功能也不尽相同。例如：淋巴细胞和单核细胞表面均表达糖皮质激素受体；T/B 细胞及其他白细胞表面均表达肾上腺素 β 受体；T/B 细胞均表达多巴胺受体和组胺受体；T/B 细胞、NK 细胞、单核/巨噬细胞、中性粒细胞和肥大细胞等均表达阿片样受体；未成熟胸腺细胞高表达糖皮质激素受体，而脾脏 T 细胞低表达、中性粒细胞极低表达；等等。

1. 非性激素受体

(1) 肾上腺糖皮质激素受体：肾上腺糖皮质激素是最早被发现具有免疫调节功能的激素，其受体表达于细胞内，与配体结合可转入细胞核。糖皮质激素几乎对所有免疫细胞均有抑制作用，例如：抑制单核/巨噬细胞提呈抗原；抗炎作用；减少中性粒细胞等炎性细胞募集和浸润；抑制 IL-2、IL-4、IFN-γ 等细胞因子产生；抑制 NK 细胞活性；抑制 T 细胞成熟；等等。目前认为，肾上腺糖皮质激素的效应是使机体免遭过度免疫(或炎症)损伤的反馈性保护机制，应激所致免疫功能减低与此类激素的作用密切相关。

(2) 生长激素受体(growth hormone receptor, GHR)：GHR 表达于几乎所有免疫细胞，其具有重要的正向调节作用，可促进淋巴细胞、巨噬细胞、NK 细胞、中性粒细胞、胸腺细胞等分化和功能。

2. 性激素受体(sex hormone receptor)

(1) 雄激素受体(androgen receptor)：表达于多种免疫细胞，其作用为：促进中性粒细胞、单核/巨噬细胞参与伤口愈合；抑制 T/B 细胞成熟和功能。

(2) 雌激素受体(estrogen receptor, ER)：分为两类：①ER α主要表达于生殖器官(子宫、卵巢)、乳腺、肾、骨组织、白色脂肪组织和肝脏，相关的信号通路可促进细胞增殖；②ER β高表达于卵巢、中枢神经系统、循环系统、肺、男性生殖器官、前列腺、直肠、肾脏和免疫细胞，相关的信号通路可抑制细胞增殖，促进细胞凋亡。ER α和 ER β还有某些异构体，可表达于 PBMC 和中性粒细胞表面。雌激素通过与免疫细胞表面相应受体结合而调节免疫应答，例如，雌二醇(erstradiol, E2)的作用如同双刃剑，可通过与 ER α或 ER β结合，分别促进 Th1 细胞应答和 Th2 细胞应答。此外，E2 还能调节 Mo/M ϕ及 DC 的成熟、分化、迁移和吞噬。

3. 神经介质受体 神经介质种类繁多，包括降钙素基因相关肽(CGRP)、P 物质、神经肽 Y(NPY)、舒血管肠肽(VIP)、垂体腺苷酸环化酶激活肽等。它们由神经末梢释放，多数通过与 G 蛋白偶联受体结合而调节免疫细胞(包括 T/B 细胞、DC 和肥大细胞等)功能。例如，P 物质(substance P)有 2 类受体，即经典的全长神经激肽 1 受体(neurokinin 1 receptor, NK1R)和 C 端丢失 96 个氨基酸的 NKIR。已发现，P 物质通过与免疫细胞表面相应受体结合，发挥如下效应：①通过与缩短的 NK1R 结合，激活巨噬细胞，促进其分泌细胞因子、趋化因子和生长因子；②激活肥大细胞，使之释放花生四烯酸化合物、细胞因子/趋化因子和组胺等。

第三节 免疫细胞膜分子的修饰和转换

一、免疫细胞膜分子多聚化及其生物学意义

免疫细胞间、免疫细胞与微环境分子间相互识别是实现免疫细胞生物学行为的物质基础。免疫细胞膜表面表达多种受体(如 MHC 分子、TCR、BCR、CD 分子、黏附分子等)，它们与相应配体或其他(同源、异源)受体间以非共价键形式相互接触、识别、聚集等物理作用，形成较为稳定的分子间相互作用分子簇，

从而行使特定生物学功能。

(一) 细胞膜分子多聚化及其机制

免疫细胞膜表面受体有单体、同源二聚体、异源二聚体或多聚体形式,受体与配体(或其他受体)以非共价键形式结合并聚集在一起,称为膜分子多聚化(multimerization),包括组成性多聚化(如离子通道受体)和诱导性多聚化(如 pMHC-TCR 复合体)。

活化的免疫细胞其膜分子基因表达上调、膜分子合成及密度增加、稳定性增强,相关分子发生局部位移、聚集、偶联和构象改变,并募集下游相关分子与膜分子特定位点相互作用,通过磷酸化、去磷酸化、G 蛋白活化等,引发相关信号通路分子级联反应。上述过程被称为诱导性接近(induced proximity),包括:①免疫细胞间受体与配体结合,如 TCR 与 APC 表面 pMHC 结合,被黏附分子围绕,在结合部位聚合形成免疫突触(immune synapse),可确保 T 细胞准确、有效地识别抗原肽,并被激活(见本章下文);②免疫细胞外信号分子与膜表面受体结合为受体/配体复合物,如 IL-2 与 IL-2R 结合及聚合;抗原分子与 B 细胞表面 BCR 结合,并通过自我偶联而聚合,引起 CD79 胞内 ITAM 区酪氨酸残基磷酸化,招募 SYK 及促进钙离子内流,介导 B 细胞增殖。(见第十一章)

此外,多聚化而活化的膜分子可通过蛋白质表面特殊结构或共价修饰,使之借助静电作用等非共价方式与细胞内支架蛋白结合,继而发生构象变化,将一系列下游蛋白分子招募至细胞膜胞质面,形成蛋白质分子聚合体,并激活下游信号分子,从而发挥生理功能。

(二) 膜分子多聚化与免疫突触形成

免疫细胞通过直接接触而相互作用。在此过程中,相互作用的免疫细胞(如 T 细胞-APC、T-B 细胞、细胞毒性细胞-靶细胞)在接触面可通过多聚化而形成超分子结构功能区,称为免疫突触(immunological synapse)。免疫突触形成和发挥功能的机制为:胞膜脂质双分子结构中的胆固醇和鞘磷脂组成"脂筏"(lipid raft),后者聚集成簇,将多种膜分子和胞内亚显微结构凝聚在一起,形成细胞间相互作用的微环境(突触),从而有效启动并转导相关信号通路。

以 T 细胞和 APC 间免疫突触为例,其形成过程为:①突触形成初期,T 细胞和 APC 膜单纯物理接触,T 细胞表面 LFA-1、CD2 等分别与 APC 表面 ICAM-1、CD58 等黏附分子相互作用,促发 T 细胞膜、细胞骨架等高度有序地变化;②镶嵌于细胞膜的 ICAM-1 和 pMHC 可随意漂移,ICAM-1 在 T 细胞表面聚集形成中央区,以此为支点,T 细胞膜在其周围形成一个环状结构,后者与 TCR-pMHC 并行位于外周;③TCR 激活,肌动蛋白等细胞骨架聚合成树突状网络,TCR-pMHC 向接触界面的中心移动、聚集,形成中央束,伴随 LFA-1/ICAM-1 向接触区域外侧移动,在外周形成另一环状结构,即稳定接触域;④细胞骨架分子重排、极化并形成网络,可稳定免疫突触分子结构,并参与募集 PKC 信号分子。(详见第十一章)

免疫突触的分子结构为:①中央超分子活化簇(central supramolecular activation cluster SMAC, c-SMAC),位于突触中央,由 TCR-pMHC 及辅助分子(CD4、CD2、CD28 等)构成;②外周超分子活化簇(peripheral SMAC, p-SMAC),是位于突触周边的环状结构,主要含整合素 LFA-1、CIM3 和 CIM5 等。(见第十一章)

免疫突触(以 T 细胞和 APC 为例)的形成具有如下生物学意义:

(1) 维持免疫细胞间紧密接触和相互作用:TCR 与 pMHC 形成稳定复合物,有助于 T 细胞与 APC 紧密接触和相互作用,促使 T 细胞完全活化。其机制为:pMHC 与 TCR 结合的亲和力通常较低,但形成免疫突触后,T 细胞和 APC 胞膜的环状结构可缩小两者相互作用的范围,且稳定的超分子结构形成多个 TCR 分子簇,以平行方式有效启动 T 细胞活化信号,激活 TCR 相关的 Lck、ZAP-70 等信号分子,连续触发 T 细胞活化。

(2) 选择性提供免疫细胞间相互作用的微环境:不同类型免疫细胞通过产生细胞因子和其他活性介质而互相调控。适应性免疫应答中,T/B 细胞分别通过 TCR 和 BCR 特异性识别抗原,但免疫细胞所产生活性介质其作用为非特异性。有赖于免疫突触形成,为免疫细胞间相互作用提供了一个生化反应的极化界面,并将细胞因子等活性介质的效应限制于彼此接触的免疫细胞之间,例如:成熟 APC 所产生的细胞因子仅作用于与之形成免疫突触的特异性 T 细胞;CTL 所分泌的胞毒介质(颗粒酶、穿孔素)仅杀伤表达特异性膜抗原并与之形成免疫突触的靶细胞。

(三) 膜分子多聚化与免疫性疾病

免疫细胞相互作用中,膜分子多聚化是产生应答的关键环节。若受体或配体基因出现突变、异常修饰或缺陷,可导致膜分子多聚化异常,从而介导某些免疫病理过程(如肿瘤、自身免疫病等)发生。例如:弥漫性大 B 细胞淋巴瘤可能是某些 BCR 信号途径相关基因突变所致,其中 CD79 基因突变可促进 BCR 在 B 细胞膜表面聚集,在无抗原刺激的情况下,仍能持续启动 BCR 活化信号,从而导致弥漫性大 B 细胞淋巴瘤发生。

二、免疫细胞跨膜分子与可溶性分子的转换

多种细胞膜分子(如各种细胞因子受体、黏附分子、TNF 超家族分子、跨膜型细胞因子、MHC 及某些 CD 分子)均具有相应可溶性分子。两型分子转换的机制为:①基因水平的转换,即 mRNA 的不同剪切体,可剪切编码跨膜段的基因片段,直接合成分泌蛋白;②蛋白水平的转换,即不同蛋白酶(尤其是膜型 MMP 或 ADAM)可水解跨膜分子胞外段,使之成为分泌分子(图 4-9);③某些膜分子胞外段水解后,其跨膜段可进一步被信号肽酶水解,释放胞浆段并转入胞核,促进某些基因转录,这种转录后修饰所致的转换,使同一基因所编码分子可以不同形式显示不同生物学活性,参与生理功能和防御功能。

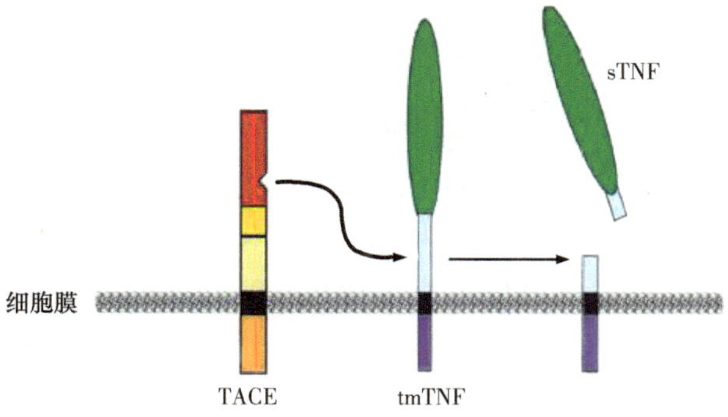

图 4-9 跨膜型与可溶性 TNF 转换的机制

TNF-α以两种形式存在,即 17kD 的分泌型(secreted TNF-α,sTNF-α)和 26kD 的跨膜型(tmTNF-α)。TNF-α基因编码的蛋白首先通过其信号肽锚定于细胞膜,成为有活性的 tmTNF-α,然后由金属基质蛋白酶即 TNF-α转化酶(TNF alpha-converting enzyme TACE)水解 tmTNF-α胞外段,形成 sTNF-α

本节主要介绍分泌型免疫球蛋白、可溶性 HLA 分子、可溶性黏附分子,阐述其产生机制及相关病理生理意义。

(一)跨膜型与分泌型免疫球蛋白的转换

免疫球蛋白在体内以两种形式存在:①膜表面免疫球蛋白,表达于所有 B 细胞表面,即 B 细胞的抗原识别受体(BCR);②分泌性免疫球蛋白,是由活化的 B 细胞分化而来的浆细胞所产生,即分布血液和组织液中的抗体。

跨膜型与分泌型免疫球蛋白分子的转换是其重链 C 区末端改变的结果。以 IgM 为例,跨膜型 IgM 的μ链 CH4 区 C 末端含 26 个疏水氨基酸残基组成的跨膜区,以及含 3 个氨基酸残基的胞质区(赖氨酸-缬氨酸-赖氨酸);分泌型 IgM 的μ链 CH4 区 C 末端是由极化氨基酸残基组成的尾片段。该重链 C 区末端改变机制是,编码μ链的初始 RNA 发生选择性剪接(图 4-10)。产生 IgM 的 B 细胞内,编码μ链的初始 RNA 转录体包含重排后的 VDJ 基因、4 个 CH 外显子、2 个分别编码跨膜区和胞质区的外显子,在加工成为编码μ链的成熟 mRNA 过程中,通过 RNA 剪切和多聚腺苷位点选择,形成包含和不包含跨膜区及胞质区外显子的两种成熟 mRNA。包含跨膜区及胞质区外显子的 mRNA 编码跨模型 IgM,而不包含跨膜区及胞质区外显子的 mRNA 编码分泌型 IgM,其μ链 C 末端含 20 多个氨基酸残基组成的尾片段。5 类免疫球蛋白基因均含类似的跨膜区外显子,故均可形成跨膜型分子。但是,IgD 重链很少形成分泌型,通常以跨膜型分子表达于 B 细胞表面。

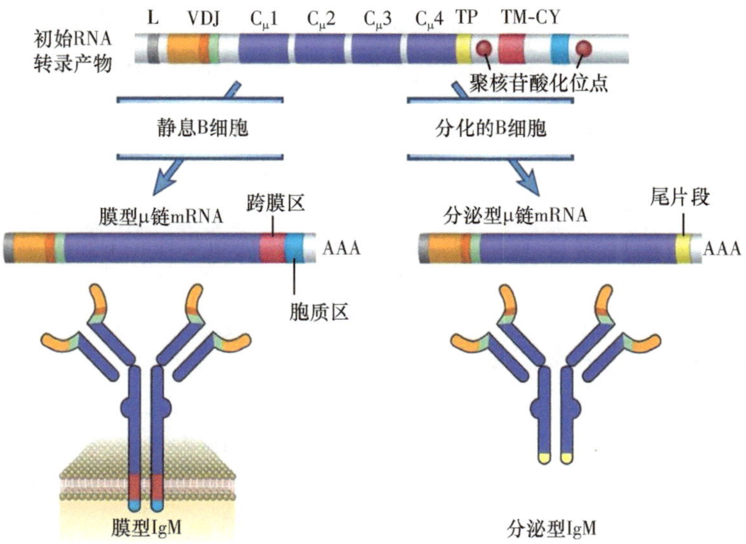

图 4-10 B 细胞产生跨膜型和分泌型 IgM 的机制

编码μ链基因的初始 RNA 在加工过程中发生选择性剪接,形成二种编码μ链的成熟 mRNA:含跨膜区及胞质区外显子的 mRNA 编码跨膜型μ链;不含跨膜区及胞质区外显子的 mRNA 编码分泌型μ链(TP=尾片段,TM=跨膜区,CY=胞质区)

跨膜型与分泌型免疫球蛋白分别是B细胞识别特异性抗原表位的受体及与抗原表位结合的效应分子,故两型分子转换保证了B细胞应答的识别和效应具有相同特异性。发生慢性炎症的器官和组织中,存在由淋巴细胞和抗原提呈细胞聚集而成、类似于次级淋巴样器官的结构,称为三级淋巴样器官(tertiary lymphoid organ, TLO),其中的B细胞仅表达跨膜型免疫球蛋白,但不产生分泌型抗体,其机制和意义有待阐明。

(二)可溶性HLA分子

人类主要组织相容性复合体(MHC)编码的HLA分子主要表达于细胞膜表面,但也可以可溶性分子形式存在于体液中,即可溶性HLA(soluble HLA, sHLA)。sHLA包括(经典与非经典)sHLA Ⅰ及sHLA Ⅱ。本节重点介绍sHLA Ⅰ类分子。

体内存在分子量及形成机制各异的三种sHLA Ⅰ(图4-11):①44~46kD的sHLA Ⅰ类分子,是从胞膜脱落下来的完整HLA Ⅰ类分子,包括跨膜区和胞浆区;②35~37 kD的sHLA Ⅰ类分子,是胞膜表面HLA Ⅰ类分子被酶解而形成,其不含跨膜区和胞浆区;③39~41kD的sHLA Ⅰ类分子,由于初始RNA加工过程中发生选择性剪接,使成熟mRNA缺乏跨膜区外显子,所编码的sHLA Ⅰ类分子缺乏跨膜区,其形成机制类似于分泌型免疫球蛋白。

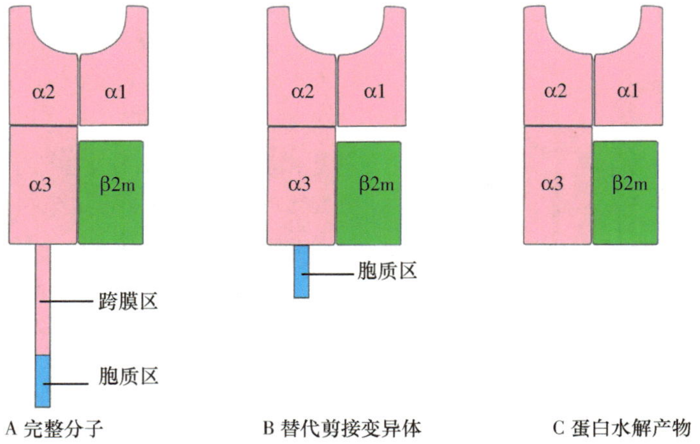

图4-11 sHLA Ⅰ类分子的三种形式

A. 细胞膜表面脱落的完整sHLA Ⅰ类分子,包括跨膜区和胞质区;B. 由mRNA选择性剪接形成的sHLA Ⅰ类分子,缺乏跨膜区;C. 由细胞膜表面HLA Ⅰ类分子酶解形成的sHLA Ⅰ类分子,缺乏跨膜区和胞质区

正常人血清sHLA Ⅰ类分子浓度约1 μg/ml,但不同个体存在较大差异,主要取决于人种及个体所携带HLA等位基因型别。自身免疫病、器官移植排斥反应、感染和肿瘤时,sHLA Ⅰ类分子水平通常增高,例如:类风湿关节炎活动期和全身性红斑狼疮患者血清sHLA Ⅰ类分子显著增高;同种异体心脏、肾脏和肝脏移植排斥反应中,供者和受者来源sHLA Ⅰ类分子均增高;巨细胞病毒、乙肝病毒、丙肝病毒、人类免疫缺陷病毒、带状疱疹病毒感染时,患者sHLA Ⅰ类分子水平显著增高,其原因之一是IFN-γ增高,给予外源性IFN-γ进行治疗也可上调sHLA Ⅰ类分子水平。

不同种类肿瘤患者sHLA Ⅰ类分子水平的改变各异,可能与肿瘤类型相关。例如,非何杰金淋巴瘤患者血清sHLA Ⅰ类分子水平与生存期呈负相关,其机制可能是:与肿瘤抗原肽结合的sHLA Ⅰ类分子可与肿瘤特异性T细胞TCR结合,使之失能或凋亡;sHLA Ⅰ类分子可与NK细胞表面KIR结合,抑制NK细胞杀瘤效应。

(三)可溶性黏附分子(soluble adhesion molecule, sAM)

黏附分子除以跨膜形式存在外,也以可溶性形式存在于血清、脑脊液、肺泡灌洗液、尿、滑膜液及腹水中,其产生机制为:①跨膜黏附分子经酶解而脱落进入体液;②黏附分子mRNA有不同剪接方式,翻译后成为不同形式产物,其中包括无跨膜区和胞质区而直接进入体液的可溶性分子。sAM可反映局部黏附分子表达和代谢状况,其生物学意义为:通过与膜型配体分子结合而调节黏附作用;sAM水平增高,可作为疾病监测和判断预后的指标。

(1)可溶性L-selectin:其具有结合活性,但亲和力较膜型分子低。体外生理浓度sL-selectin对淋巴细胞与内皮细胞间黏附的抑制率约15%~20%,败血症和HIV感染患者血清sL-selectin水平比正常人增高2～3倍,反映体内白细胞活化。

(2) 可溶性 P-selectin:血红蛋白尿综合征(haemolytic uremic syndrome)和血栓性血小板减少性紫癜患者血清 sP-selectin 水平显著升高。

(3) 可溶性 E-selectin:其在体外可抑制膜型 E-selectin 介导的白细胞与内皮细胞黏附。感染、肿瘤、糖尿病等患者血液 sE-selectin 水平升高,尤其脓毒败血症患者可达正常人2～3倍,并与疾病严重程度和预后相关。

(4) 可溶性 ICAM-1:其水平与黑素瘤病情发展及其他肿瘤的肝脏转移呈正相关。神经系统炎症性疾病患者脑脊液、类风湿关节炎患者滑膜积液、卵巢癌患者腹水、间质性肺疾患患者肺泡灌洗液中均可检出 sICAM-1。

(5) 可溶性 VCAM-1:肿瘤与炎症患者血清 sVCAM-1 可高于正常水平;肾脏移植患者血清 sVCAM-1 与肌酸酐水平变化趋势一致;SLE 患者血清 sVCAM-1 水平与其病情活动程度相关。

另外,多种细胞因子受体也可转换为可溶性分子,而某些细胞因子也具有相应的跨膜形式(详见第三章)。

第四节 免疫细胞膜分子与临床

膜分子是免疫细胞发育、分化、活化、效应调节的重要物质基础,也参与多种疾病发生、发展,检测膜分子表达水平可用于相关疾病的诊断、分型、疗效和预后判断,而针对膜分子的干预措施,可用于防治某些临床疾病。

一、免疫细胞膜分子参与疾病发生

(一) 遗传性疾病

1. 白细胞黏附缺陷症(leukocyte adhesion deficiency,LAD) 该症又称 LAD-1,是一种罕见的常染色体隐性遗传病,其本质为白细胞整合素 β_2 亚单位表达异常。患者出现反复、难治性多部位感染,其机制可能是由于吞噬细胞不能到达血管外炎症部位。患者吞噬细胞聚集、吞噬、ADCC、淋巴细胞增殖反应、NK 细胞和 CTL 胞毒作用、Th 细胞活性等均有异常,但淋巴细胞迁移未受影响。

另一类 LAD 患者(LAD-2)白细胞不表达 SLe^x、CD15 和 CLA,故不能与选择素 E、P 结合,导致白细胞在内皮上滚动作用明显被抑制。

2. Glantzman 病 亦称血小板功能不全症,乃血小板表达 gpⅡb/Ⅲa 缺陷所致,为常染色体隐性遗传病。患者血小板活化障碍,不能发生凝集,出血时间延长,易出血。

(二) 病毒感染性疾病

某些病毒可与免疫细胞膜分子结合,将其作为感染免疫细胞的门户(即病毒受体),如 CD4、CD21、CD54、CD49b/CD29、CD81、CD155 分别为 HIV、EBV、埃可病毒、鼻病毒和 HCV 等的受体。

以获得性免疫缺陷综合征为例:①CD4 是 HIV 的主要受体,HIV 外壳被膜蛋白 gp120 可与 CD4 结合为复合物,在某些趋化因子受体辅助下,HIV 得以入侵 $CD4^+$阳性细胞;②HIV 感染 $CD4^+$细胞,通过表达病毒包膜蛋白 gp120 的细胞与 $CD4^+$细胞间相互作用而生成合胞体;③CD11a/CD18 参与 HIV 感染和合胞体形成的早期阶段,它们所介导的黏附作用有助于细胞间病毒传递,可能是造成体内病毒扩散的重要机制。

(三) 自身免疫病

1. 淋巴增殖性疾病 小鼠模型发现,Fas 基因突变可引起淋巴增殖性疾病(lymphoproliferative disorder),其机制为:Fas 蛋白异常使凋亡信号转导受阻,导致活化诱导的细胞死亡(AICD)障碍(见第十一章)。患病小鼠体内出现大量自身反应性 $CD4^+$T 细胞,辅助 B 细胞产生大量 IgG 和 IgM 类自身抗体(包括抗 DNA 抗体和类风湿因子),患鼠出现淋巴结病、脾肿大、免疫复合物型肾炎和关节炎。在人类已发现,由于 Fas 基因部分缺失而致类似 Lpr 小鼠的疾病,患儿出现淋巴结病和脾肿大,幼年发生自身免疫病。

2. 胰岛素依赖性糖尿病(IDDM) Fas 参与该病发生的机制为:患者胰腺局部 APC 和 CTL 相互作用,所产生的 IL-1β 和 NO 可选择性诱导 β 细胞表达 Fas;多克隆自身反应性 CTL 活化后表达 FasL,或释放可溶性 FasL(sFasL),从而使 Fas^+“旁观者 β 细胞”(stander β cell)遭损伤。另外,Fas 缺陷的 NOD(nonobese diabetic,非肥胖性糖尿病)Lpr/Lpr 小鼠不发生自发性糖尿病,为 Fas 参与 IDDM 发病机制提供了新证据。

3. 多发性硬化症(MS) 正常神经系统白质不表达 Fas,仅少数少突神经胶质细胞低表达 Fas。MS 患者的急性或慢性 MS 空斑区域广泛高表达 Fas,而局部浸润的 CTL 和小神经胶质细胞表达 FasL,从而触发 Fas 介导的少突神经胶质细胞凋亡。

4. 桥本甲状腺炎(HT) HT 疾病过程中,自身免疫应答所产生的 IL-1β 可诱导甲状腺细胞表达 Fas,同时上调 FasL 表达,从而介导甲状腺细胞凋亡。此外,Fas/FasL 信号途径异常还可能参与 Sjögren 综合征、自身免疫性肝炎、溃疡性结肠炎、再生障碍性贫血和不育症等疾病发生。

5. 类风湿关节炎 此病发病中，淋巴细胞穿越HEV样内皮细胞向炎症部位聚集。淋巴细胞与内皮细胞间黏附作用异常可影响疾病过程。例如：①患者T细胞表面黏附分子CD2、LAF-1、VLA-4、VLA-5、VLA-6等表达明显增高，从而增强淋巴细胞与内皮细胞黏附，并促进单核吞噬细胞和粒细胞向炎症部位浸润；②浸润关节的淋巴细胞、单核细胞、粒细胞可表达归巢受体（如CD44或选择素L），并产生大量细胞因子作用于内皮细胞，促进ICAM-1、CD31等表达增高，从而增强白细胞与内皮细胞间黏附作用。

由于多种细胞间、细胞与ECM间、细胞因子/炎症介质与细胞间的相互作用，最终导致炎症病变加重、组织增生、血管翳形成和关节功能损害。此外，患者滑膜液中可溶性选择素E、ICAM-1和VCAM-1水平均升高。

（四）炎症性疾病

1. 炎症性肠病 血小板功能异常在炎症性肠病发生及发展中起重要作用。例如：炎症细胞释放刺激因子，诱导血小板及内皮细胞表达选择素，后者可介导白细胞等炎症细胞向受损部位聚集，如此形成恶性循环，这可能是导致炎症迁延不愈和发展的重要原因。

2. 急性肺损伤（acute lung injury，ALI） 此症是由严重感染、创伤等所致的一种失控性炎症反应，属急性呼吸窘迫综合征早期阶段。肺毛细血管内皮受损是ALI发生、发展的病理基础。中性粒细胞（PMN）在肺内聚集、黏附、激活并释放大量炎症介质，此乃引起肺血管内皮损伤的重要机制。PMN的聚集、与内皮细胞黏附及炎症介质释放，均有赖于多种黏附分子参与。E选择素为仅表达于血管内皮细胞表面的黏附分子，其在介导内皮细胞与PMN相互作用中至关重要。血浆可溶性E选择素可作为鉴别脓毒症SIRS与非脓毒症SIRS的指标，也可作为判断SIRS患者病情危重程度和预后的指标。

3. 肾小球肾炎 肾脏内皮细胞表面黏附分子介导的黏附作用与肾小球肾炎的发生密切相关。这些黏附分子参与肾小球肾炎时的白细胞浸润、细胞增殖及细胞外基质增生等。例如：①ICAM-1与LFA-1结合，可介导内皮细胞与所有白细胞结合；②E-选择素通过与sialyl寡聚糖相互作用，使内皮细胞与中性粒细胞、单核细胞和某些T细胞亚群发生黏附；③VCAM-1通过VLA-4与单核细胞、嗜碱粒细胞、嗜酸粒细胞、淋巴细胞结合；④肾炎病变组织系膜区域表达β_1整合素和VNR增多，细胞性半月体VNR表达增高。上述变化伴随系膜细胞增殖和基质积聚，提示整合素异常表达参与肾小球炎症的进展。

4. 支气管哮喘 ICAM-1可介导嗜酸粒细胞与血管内皮细胞黏附。支气管黏膜上皮发生过敏性炎症时，ICAM-1水平增高，用抗ICAM-1单抗可缓解支气管哮喘症状。

（五）肿瘤

黏附分子在肿瘤发展和转移过程中发挥重要作用。癌细胞间黏附作用较正常细胞间低。癌细胞侵袭转移的过程为：①癌细胞间同质黏附降低，细胞从原发瘤体分离；②血管内同质或异质瘤栓形成；③癌细胞游出血管。上述过程中，瘤细胞与血管内皮及皮下基膜异质黏附是其侵袭、转移的关键。

1. 选择素与肿瘤 多数人结肠癌细胞高表达SLe^x和SLe^a，选择素E可通过与两者结合而参与瘤细胞血道转移。选择素P也可能通过参与血小板和瘤细胞的相互作用而影响肿瘤转移。此外，乳腺癌和胃肠道肿瘤患者血清sE-selectin水平升高。

2. 整合素与肿瘤 许多恶性肿瘤生长和转移与整合素表达异常或分子结构改变相关。整合素与肿瘤的关系具有两重性：①肿瘤发生早期，整合素表达降低导致瘤细胞与基膜或ECM的黏附作用减弱，有利于肿瘤在局部生长和扩散；②瘤细胞进入血循环后，整合素表达增高有利于瘤细胞黏附于血管内皮，继而发生转移。例如，黑素瘤细胞高表达ICAM-1，后者与白细胞表面LFA-1结合而发生黏附，有利于癌细胞在血管内停留。

3. IgSF与肿瘤 ①循环中sICAM-1水平与黑素瘤进程和多种肿瘤的肝转移相关；②卵巢癌患者恶性腹水中可检出sICAM-1；③某些瘤细胞可在体内外表达VLA-4；④某些肿瘤血清sVCAM-1水平升高；⑤转移的骨髓瘤组织内神经细胞黏附分子（NCAM，CD56）丧失，提示NCAM可能具有限制瘤细胞转移的作用。

4. 钙依赖黏附素与肿瘤 Cadherin表达缺失与转化的上皮细胞侵袭性增强相关。以E-Cadherin为例，其表达水平及定位与肿瘤分化程度、转移潜能相关：①正常组织、腺癌、不典型增生及分化较好的鳞癌，E-Cadherin位于细胞的侧缘；②中度和分化差的鳞癌，E-Cadherin表达下降，呈斑点状或弥散分布，表明鳞癌和腺癌的侵袭转移机制不同。

5. CD44与肿瘤 CD44参与肿瘤进展和转移：①多种人类恶性肿瘤除表达CD44s外，还表达不同亚型CD44v，而相应良性肿瘤或正常组织一般仅表达CD44s；②CD44v表达形式改变和表达水平增高与上述恶性肿瘤转移能力相关,转移能力强的非霍奇金淋巴瘤与未转移者相比,前者高表达 CD44v6,且预后较差;③含 v9 外显子的 CD44v,其表达水平与胃癌复发和死亡率呈正相关。因此,分析瘤细胞 CD44v 分子表达水平及其类型,将有助于评价肿瘤转移能力、复发倾向和预后,并有助于不同肿瘤的鉴别诊断乃至早期诊断。

综上所述,恶变细胞在其生长分化的不同阶段呈现不同的黏附特性,不同类型肿瘤的进展和转移可能涉及一种或多种黏附分子的异常表达。

(六) 移植排斥反应

多种免疫细胞膜分子参与器官移植排斥反应发生,例如:介导白细胞向移植部位浸润;提供 T 细胞激活的共刺激信号;参与效应细胞溶解靶细胞等。联合应用抗 LFA-1(CD11a/CD18)单抗与免疫抑制药,可延长骨髓移植患儿存活期;联合应用抗 ICAM-1 单抗与环孢素 A,可延长猴同种异体肾移植物存活期。另外,循环中 sICAM-1 和 sVCAM-1 水平变化可作为监控移植排斥反应的指标。

二、基于免疫细胞膜分子的疾病诊疗

(一) 基于膜分子的免疫学诊断

例如:①检测外周血 CD4/CD8 比例和 CD4 细胞绝对数,对于辅助诊断和判断 AIDS 病情有重要临床意义;②检测细胞表面膜分子表达,可鉴别白血病细胞的属性、分化阶段或变异,有助于白血病诊断和分类,并指导临床治疗和判断预后;③借助免疫组织化学技术对病理切片检测膜分子表达,可用于诊断淋巴瘤。

(二) 基于膜分子的免疫学防治

例如:①抗人 CD3 单抗可与 T 细胞表面 CD3 结合,通过补体依赖性细胞毒作用而清除 T 细胞,从而防治移植排斥反应;②抗 CD20 或抗 CD19/CD20 单抗的免疫毒素可用于治疗 B 细胞非霍奇金淋巴瘤(NHL)等;③借助基因转染使肿瘤细胞表达 B7 分子,可促进效/靶细胞间黏附,诱导肿瘤特异性 CTL 激活,增强机体杀瘤效应;④应用 CTLA-Ig 融合蛋白阻断 B7-CD28 相互作用,可能干扰 T 细胞激活,使之失能,从而治疗器官移植排斥反应和自身免疫病;⑤抗 CD4 单抗已被成功用于治疗多种自身免疫病和移植排斥反应等。

(吴雄文　沈关心)

第五章　主要组织相容性复合体及其编码分子

20世纪初即发现组织不相容现象，指同一种属不同个体间进行正常组织或肿瘤移植会发生排斥反应。其后证明，同种异体间的排斥现象本质上是一种免疫应答，乃由细胞表面的同种异型抗原所诱导。这种代表个体特异性的抗原称为组织相容性抗原（histocompatibility antigen）。至20世纪中叶证实，机体参与排斥反应的抗原系统多达20个以上，其中凡能引起强烈而迅速排斥反应的抗原被称为主要（major）组织相容性抗原，引起较弱和缓慢排斥反应的抗原被称为次要（minor）组织相容性抗原。

在哺乳动物，编码主要组织相容性抗原的基因位于同一染色体上，是一组紧密连锁的基因群，称为主要组织相容性复合体（major histocompatibility complex，MHC）。不同种属动物的MHC及其编码的抗原系统有不同命名，但其组成、结构、分布和功能等相似。

在所有脊椎动物均已检出MHC，而器官移植术本身并非自然现象，提示MHC编码产物必然具有重要的生物学功能。现代免疫学理论认为，MHC的产物是参与抗原提呈和T细胞激活的关键分子。TCR识别的配体是抗原肽与MHC分子形成的抗原肽-MHC复合物（peptide-MHC complex，pMHC），TCR须同时识别抗原肽及与之结合成复合物的MHC分子，才能产生T细胞激活所需的信号（见第十一章）。因此，MHC在免疫应答的启动和免疫调节中发挥重要作用，并成为现代免疫学研究中最富活力的领域之一。基于此，传统上将MHC简单地归于免疫遗传学范畴有其片面性，更不宜机械地将MHC的生物学意义等同于移植排斥反应。

MHC首先在小鼠模型中被发现。Snell等于20世纪30年代使用近交系小鼠分析肿瘤和其他组织移植后的排斥反应，发现一组与组织相容性有关的抗原。其中能引起较强排斥反应的抗原称为主要组织相容性抗原，并命名为H-2（histocompatibility-2）。编码H-2抗原的基因位于小鼠第17号染色体短臂上，称为H-2复合体（图5-1）。这是一组紧密连锁的基因群，包括K、I、S、D等基因座（locus），可分为3类：①Ⅰ类基因，包括K、D和L等基因座，分别编码单一肽链H-2K、H-2D和H-2L；②Ⅱ类基因，指I（非罗马字）区基因，包括Ab、Aa、Eb和Ea基因座，分别编码H-2Ⅱ类分子，即I-A（Aα/Aβ异二聚体）和I-E（Eα/Eβ异二聚体）等；③Ⅲ类基因，指H-2S区基因，包括C4、C2、Bf基因座等，分别编码相应补体成分。

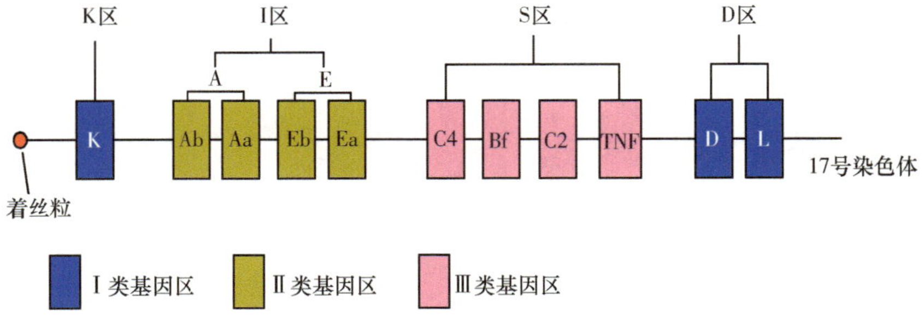

图5-1　小鼠H-2复合体结构示意图

在MHC研究中，小鼠由于具有繁殖快、易于饲养等特点，成为最重要的动物模型，迄今对人类MHC的研究多借鉴小鼠MHC（即H-2复合体）的资料。目前，已建立一系列用于MHC研究的小鼠品系，例如：①近交系小鼠（inbred mice），亦称纯系小鼠，是通过连续20代以上的同胞交配培育而成，其具有完全一致的遗传背景，同源染色体为纯合型；②同类系小鼠（congenic mice），指除MHC不同而其他遗传背景完全相同的纯系小鼠，是研究MHC各基因及其编码产物功能的重要工具；③重组体小鼠（recombinant mice)，是由不同近交系或同类系小鼠杂交而成，其后代 H-2 的某一区域可发生交换，通过培育不同重组体小鼠，可用于特定 MHC 基因功能研究。

由于上述各种品系实验小鼠的 H-2 型别已知，可方便地应用于相关研究，常见近交系小鼠的 H-2 型别见表 5-1。MHC 单体型指 H-2 各基因座位在一条染色体上的组合，在近交系小鼠中，MHC 单体型的型别代表各基因座位上等位基因的型别，如 BALB/C 小鼠的 MHC 单体型为 d，其 H-2K、H-2D、H-2L、I-A 和 I-E 座位上的等位基因均为 d。

本章侧重介绍直接参与抗原提呈的人 MHC 分子及其相应基因的结构、特点和功能。

表 5-1　实验常用小鼠的品系

品系	缩写	毛色	MHC 单体型	注释
A/J	A	白色	k	
AKR	AK	白色	k	
BALB/C	C	白色	d	多数患骨髓瘤的亲代为异基因
CBA	CB	野鼠色	k	
C3H	C3	野鼠色	k	
C57BL/6	B6	黑色	b	常用作转基因 F2 的亲代
C57BL/10	B10	黑色	b	多数 H2 是同基因
DBA/2		淡褐色	d	常用作转基因 F2 的亲代
NZB		黑色	d	适合制作抗自身抗体
SJL		白色	s	常用作转基因 F2 的亲代
129		白色或浅银灰色	b	许多畸胎瘤的亲代

第一节　人类 MHC(HLA 复合体)

Dausset 于 1958 年首先发现，肾移植后出现排斥反应的患者及多次接受输血的患者，血清中含有能与供者白细胞发生反应的循环抗体。这些抗体所针对的靶分子即人主要组织相容性抗原，后者分布于人体所有有核细胞表面。由于该抗原首先在白细胞表面被发现，且白细胞是开展相关研究的最适宜材料来源，故人类主要组织相容性抗原被称为人白细胞抗原(human leukocyte antigen，HLA)。为避免混淆，本章中人类 MHC 称为 HLA 复合体或 HLA 基因，其编码产物称为 HLA 抗原或 HLA 分子。

一、HLA 复合体定位、结构及分类

HLA 复合体位于人第 6 号染色体短臂 6p21.31 区域，长度约 4 厘摩(centimorgan)或 DNA 片段长度 3600kb，占人基因组的 1/3000。HLA 复合体结构十分复杂，表现为多基因性和多态性(见后述)。迄今，HLA 复合体内已鉴定出 224 个基因座，其中有产物表达的功能性基因为 128 个。这些基因按其产物的功能被分为三群，即经典 HLA 基因、免疫功能相关基因以及免疫无关基因。另外，习惯上按 HLA 基因在染色体上的排列分为 3 个区(图 5-2)：① Ⅰ类基因区，位于 HLA 复合体远离着丝点一端，含 122 个基因座位；② Ⅱ类基因区，位于 HLA 复合体近着丝点一端，含 34 个基因座位；③ Ⅲ类基因区，位于上述二者之间，含 62 个基因座位，包括编码某些补体(C2、C4、Bf)、细胞因子(TNF-α、LT)、热休克蛋白 70(heat shock protein 70，HSP70)等产物的基因，以及参与调节 NF-κB 活性的 NFKBIL1 基因等。

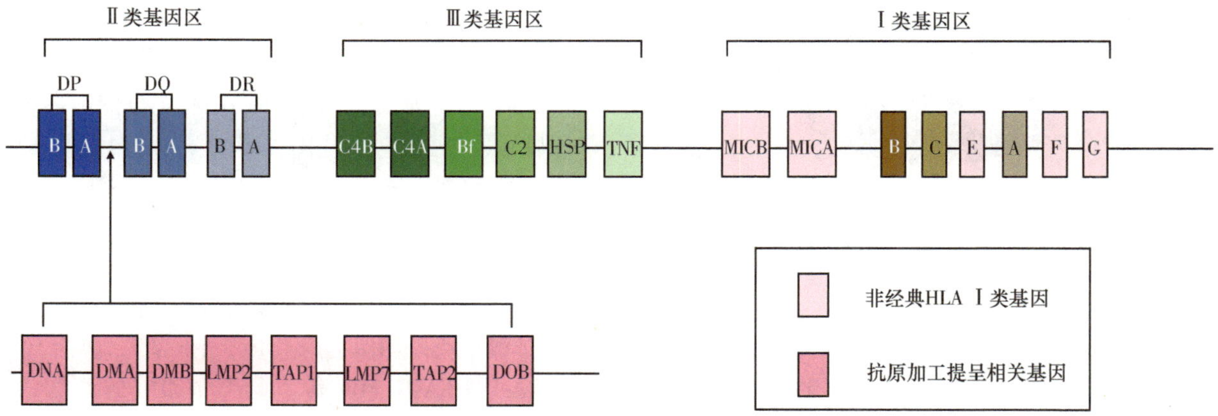

图 5-2　人 HLA 复合体结构示意图

（一）经典 HLA 基因

所谓经典 HLA 基因（classical HLA gene），指其编码产物直接参与抗原提呈并决定个体组织相容性。本章除特别注明外，一般所指即为经典 HLA。

1. 经典 HLA Ⅰ类基因 位于Ⅰ类基因区的 HLA-A、HLA-B、HLA-C 基因属经典 HLA Ⅰ类基因，又称 HLA Ⅰa 基因，它们编码相应 HLA Ⅰ类分子的重链。其产物的组织分布极为广泛，且具有高度多态性。

2. 经典 HLA Ⅱ 类基因 位于Ⅱ类基因区的 HLA-DR、HLA-DP 和 HLA-DQ 属经典Ⅱ类基因，其编码产物均为双肽链（α、β）分子。某些 HLA Ⅱ类基因可有 2 个或 2 个以上 β 链功能基因，但一般仅有 1 个 α 链功能基因。3 个经典Ⅱ类基因亚区中，DPA1 和 DPB1 是功能基因，DPA2 和 DPB2 为假基因；DQA1 和 DQB1 是功能基因，DQA2、DQB2、DQB3 基因产物尚未检出；DR 亚区包括 1 个 DRA 基因及 9 个 DRB 基因，其中 DRB1、DRB3、DRB4、DRB5 是功能基因（基因座数量有个体差异），DRB2、DRB6、DRB7、DRB8、DRB9 是假基因。（图 5-3）

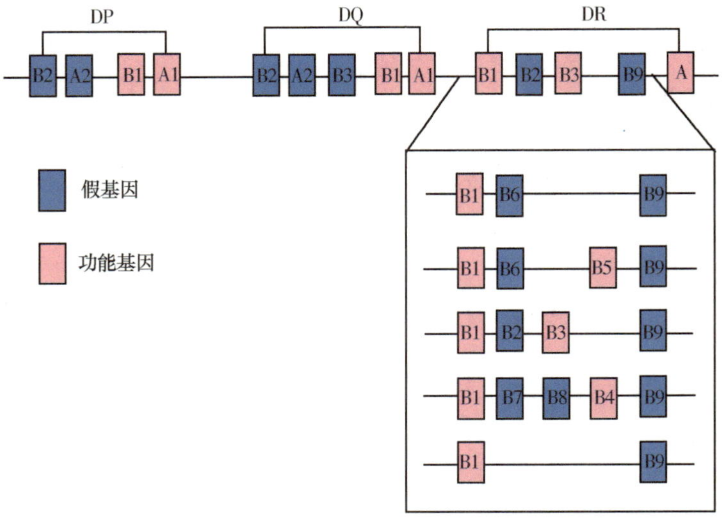

图 5-3 经典 HLA Ⅱ类基因结构

图上方显示经典 HLA Ⅱ类基因的组成；右下方所列为几种常见 HLA-DR 单体型，显示人群中不同个体携带不同 HLA-DRB 基因座，其中某些为假基因（或尚未检出基因编码产物）

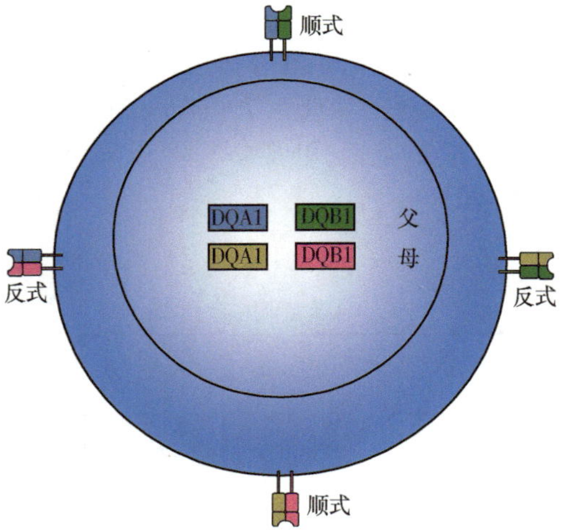

图 5-4 HLA-DQ 基因编码产物的多样性

图中所示为一个细胞，不同颜色代表不同 DQA1 和 DQB1 等位基因。一对同源染色体上每一 DQ 等位基因均能共显性表达 α 链和 β 链，它们在细胞膜表面的 4 种产物可有如下组合：①顺式组合，HLA-DQα 和 β 链由同一条染色体的 DQA1 和 DQB1 基因所编码；②反式组合，HLA-DQα 和 β 链分别由不同染色体的 DQA1 和 DQB1 基因所编码

HLA Ⅱ类分子在个体水平具有极为丰富的多样性，其机制是：①HLA-DRB 有多个功能基因，故可表达两种以上 HLA-DR 产物（顺式，cis）；②一对同源染色体上每一对 HLA Ⅱ类等位基因产物可出现反式（trans）组合，如 DQ 分子可有顺式和反式组合各 2 种（图 5-4）。须指出，经典 HLA 基因虽具多基因性特点，但其编码产物的分子结构十分相似。

（二）HLA 复合体的其他基因

除上述经典 HLA 基因外，HLA 复合体中还存在其他基因，包括非经典 HLA 基因（non-classical HLA gene）、抗原加工提呈相关基因、炎症相关基因、补体编码基因等。

1. HLA Ⅰ类基因区的其他基因

（1）非经典 HLA Ⅰ类基因：此类基因位于 HLA 复合体的Ⅰ类基因区，亦称 HLA Ⅰb 基因，包括 HLA-E、HLA-F、HLA-G、MIC 等。此类基因编码产物的分子结构与经典 HLA Ⅰ类分子相似，即存在 MHC 折叠，均与 β2m 组成异源二聚体表达。但是，非经典

HLA 分子也有如下不同于经典Ⅰ类分子的特点：①肽结合沟槽较窄，且多态性有限，影响其结合并提呈抗原的能力；②表达于组织细胞表面，但分布较局限；③功能尚未完全阐明，主要参与免疫调节。

1）HLA-E 基因：该基因已检出 11 个等位基因，其产物表达与 HLA-G 表达密切相关，广泛低水平分布于全身细胞，但高表达于羊膜和滋养层细胞表面。HLA-E 可提呈抗原，其抗原结合槽具有高度疏水性，能结合一种结构十分保守的 9 肽，即 HLA-Ⅰa 和 HLA-G 分子重链的信号肽，故 HLA-E 表达与其他Ⅰ类分子（尤其是 HLA-G）表达密切相关。

HLA-E 分子是 C 型凝集素受体家族（CD94/NKG2）的专一性配体，可分别与 NK 细胞表面 CD94/NKG2A（抑制性受体）和 CD94/NKG2C（激活性受体）等结合，但与前者结合的亲和力明显高于后者。因此，HLA-E 可负调节 CTL 和 NK 细胞的杀伤活性，并可能在维持母胎耐受中发挥重要作用。

2）HLA-G 基因：该基因结构与 HLA-A2 基因高度同源，其重链的基因座已检出 50 个等位基因。表达产物以跨膜型和分泌型两种形式存在，前者主要分布于母胎组织接触界面（浸入母体蜕膜的绒毛外滋养层细胞），可与杀伤细胞抑制性受体结合，发挥抑制效应，直接参与维持母胎耐受。HLA-G 还可表达于角膜、单核细胞、胸腺细胞等表面，发挥重要的免疫调节作用，并参与移植排斥反应、炎症反应及自身免疫病发生。近期发现，某些肿瘤细胞表面可表达 HLA-G，从而为探讨肿瘤免疫逃逸的机制提出新的解释。

（2）MHC Ⅰ类链相关基因（MHC class Ⅰ chain related gene，MIC）家族：该基因家族邻近 HLA-B 基因座的着丝点侧。其中仅 MICA 和 MICB 基因可编码功能性产物，MICC、MICD、MICE 为假基因。MICA 和 MICB 编码产物与经典 HLA Ⅰ类分子具有 18%～30% 同源性，主要表达于胃肠黏膜上皮细胞和成纤维细胞表面，其不与 β2m 和 CD8 分子结合，也不结合抗原肽。MIC 基因家族成员具有多态性，其中 MICA 座位已检出 84 个等位基因，MICB 有 40 个等位基因，数量之多可与经典 HLA 基因相比，提示其具有重要生物学功能。

MICA/B 主要分布于上皮细胞（尤其是胃、小肠上皮细胞），也表达于成纤维细胞及胸腺皮质上皮细胞表面。MICA 和 MICB 相应的受体为 NKG2D-DAP10 复合物，后者表达于 NK 细胞、γδT 细胞和 $CD8^+$αβT 细胞表面。MIC 分子的生物学功能为：①作为配体，与 NK 细胞和 $CD8^+$ CTL 表面激活性受体 NKG2D 结合，从而激活胞毒细胞；②与胃肠道上皮 $V\delta1^+$γδT 细胞相互作用，促进后者发挥胞毒作用，并参与保持胃肠上皮完整性；③表达于胸腺皮质上皮细胞，可能参与胸腺细胞的阳性选择过程。

2. HLA Ⅱ类基因区的其他基因

（1）非经典 HLA Ⅱ类基因：此类基因位于 HLA Ⅱ类基因区，其编码产物的分子结构类似 HLA Ⅱ类分子，但多态性有限，主要参与外源性抗原的处理（见第十章）。

1）HLA-DM 基因：包括 DMA 和 DMB 基因座位，位于Ⅱ类基因区。在 APC 加工处理外源性抗原过程中，HLA-DM 作为分子伴侣，组成性表达于抗原提呈细胞内，参与 MHC Ⅱ类小室（MHC class Ⅱ compartment，MⅡC）中抗原肽与 HLA Ⅱ类分子抗原肽结合槽结合的过程。HLA-DM 的氨基酸顺序与 HLA Ⅰ和 HLA Ⅱ类分子均有同源性，但其多态性有限。HLA-DM 分子的抗原肽结合槽塌陷，故难以执行抗原提呈功能。

2）HLA-DO 基因：包括 DOA 和 DOB 两个座位，分别编码 HLA-DO 分子的 α 和 β 链，无多态性。HLA-DO 主要表达于 B 细胞，能与 HLA-DM 分子稳定结合，以 DM/DO 复合物形式存在，可负调节 HLA-DM 的功能。

（2）抗原加工提呈相关基因：包括位于 HLA Ⅱ类基因区域中的 3 组基因，各由两个基因座组成，编码相应异二聚体分子。这些基因所编码产物的功能见本章第四节和第十章。

1）抗原肽转运蛋白（transporter of antigen peptide，TAP）基因：亦称抗原处理相关转运蛋白（transporter associated with antigen processing）基因，包括 TAP1 和 TAP2 两个基因座位，均位于Ⅱ类基因区，其产物构成内质网膜上的异二聚体分子，参与将内源性抗原肽从胞质溶胶转运至内质网腔。

2）β 型蛋白酶体亚单位（proteasome subunit，beta type，PSMB）：旧称巨大多功能蛋白酶体（large multifunctional proteasome，LMP）或低分子量多肽（low molecular weight polypeptide，LMP）基因，包括 PSMB9、PSMB8（即 LMP7、LMP2）两个基因座，其产物存在于胞质溶胶中，参与对胞质中内源性抗原的处理。

3）TAP 相关蛋白基因：该基因位于 HLA 复合体近着丝点处，其产物为 TAP 相关蛋白（TAP associated protein，tapasin）。该蛋白参与内源性抗原的加工提呈，主要对 HLA Ⅰ类分子在内质网中的装配发挥关键作用。

此外，前述非经典 HLA Ⅱ类基因（HLA-DM、HLA-DO）的功能与此类基因产物相同。

3. HLA Ⅲ类基因区的基因

（1）炎症相关基因：HLA Ⅲ类基因区靠Ⅰ类基因

一侧,存在多个炎症基因(图5-2左上)。

1) TNF基因家族:包括TNF、LTA和LTB三个座位,相应产物TNF-α、LT-α和LT-β参与炎症、抗病毒和抗肿瘤免疫应答。(见第三章)

2) 转录调节基因或类转录因子基因家族:包括类I-κB(IkBL)基因,其参与调节DNA结合蛋白NF-κB的活性。该基因家族成员还包括B144基因、锌指基因ZNF173和ZNF178(ZNF173定位于Ⅰ类基因区)。

3) 热休克蛋白(heat shock protein,HSP)基因家族:HSP基因家族在进化上高度保守,热休克状态可上调其表达。HSP70在蛋白合成、折叠、组装和降解过程中发挥分子伴侣作用,并参与内源性抗原的加工和提呈。另外,组织损伤过程中,胞内HSP被释放至胞外,可作为损伤相关的模式分子(DAMP),通过与靶细胞表面相应TLR结合而参与炎症和应激反应(见第十三章)。

(2) 血清补体成分编码基因:包括编码C2、C4A、C4B、Bf基因座,其编码产物为相应补体成分(见第二章)。

(3) HLA复合体中还存在某些免疫无关基因,如位于Ⅲ类基因区的21-羟化酶(CYP21)基因和位于HLA Ⅰ类基因区的HLA-H基因(与铁代谢有关)等。

另外,某些位于MHC复合体外的基因,其编码产物的某些结构或功能特点与MHC分子相近,称为MHC样分子(MHC like molecule),如CD1(见第四章、第十章)及新生Fc段受体等(第四章)。

二、HLA复合体多态性及其他遗传特征

HLA复合体具备某些有别于其他真核基因系统的遗传特征,包括多基因性、多态性、单体型遗传和连锁不平衡等。其中,多态性是最重要的遗传特征。

(一) HLA复合体的高度多态性

多态性(polymorphism)指在一随机婚配群体中,染色体上同一基因座具有两个以上等位基因,即可能编码两种以上产物,且变异型在群体中的基因频率大于1%。HLA复合体是人体内已知的最复杂基因系统,具有高度多态性。迄今,HLA复合体各基因座总共已鉴定出近万个等位基因。必须强调的是,多态性与下文所提及的多基因性乃从不同水平反映HLA复合体的高度多样性(diversity):多基因性指同一个体中HLA复合体在基因座数量构成上的多样性;多态性则指群体中HLA各基因座的等位基因(及其产物)在数量构成上的多样性。

1. HLA多态性形成的遗传学基础

(1) 复等位基因:位于同源染色体上对应位置的一对基因称为等位基因(allele)。由于群体中出现的突变,同一座位所有可能出现的基因系列称为复等位基因(multiple allele)。HLA复合体的每一座位均存在为数众多的复等位基因,这是HLA高度多态性的主要表现。例如,HLA-A、HLA-B、DRB座位已分别鉴定出数百至数千个等位基因。即使仅以HLA Ⅰ、HLA Ⅱ类12个主要的功能基因(人为二倍体动物)计算,若各座位基因为随机组合,群体中可能出现的HLA基因型别可达$10^{8\sim10}$个之多。

(2) 多基因性(polygeny):已进行基因克隆并被命名的HLA基因座位数达100个以上,仅经典的HLA基因座位有6个,如HLA Ⅰ类基因座包括HLA-A、-B、-C,HLA Ⅱ类基因座包括HLA-DR、-DQ、-DP。

(3) 共显性:共显性(codominant)指两条同源染色体上同一基因座位的每一等位基因均为显性基因,均能编码和表达各自的HLA分子,共显性遗传进一步增加了HLA抗原系统的复杂性。

2. HLA等位基因分类与命名 HLA复合体是已知最复杂的人类基因系统,其不仅具有多个基因座,且各基因座均有众多的复等位基因,每一等位基因编码相应型别HLA抗原(见下文)。早期主要借助血清学技术或细胞学技术,通过检测抗原特异性而对HLA基因产物进行分型,至2014年1月已鉴定出165种HLA抗原特异性。

近20年来,通过检测各等位基因DNA序列而进行HLA分型,极大促进了HLA研究和应用。HLA等位基因命名原则为:星号(*)前为基因座位,星号后一般至少应有4位数字表示等位基因。根据结构差异,等位基因可分为若干主型(一般代表基因编码产物的抗原特异性),用前两位数字表示;主型又分为若干亚型,用后两位数字表示。例如HLA-DRB1*1102,星号前的DRB1代表HLA Ⅱ类基因DRB1座位,星号后的1102代表等位基因,为第11主型(编码HLA-DR11抗原)第2亚型。

迄今,已进行基因克隆并被命名的HLA基因座位数超过100个,有25个基因座显示复等位性,文献报道已发现的人群HLA等位基因总数达1万多个,成为人体内多态性最为丰富的基因系统。表5-2为已鉴定的常见HLA等位基因及抗原特异性数目。

表 5-2 HLA 等位基因、蛋白表型及抗原特异性数目

基因型别	Ⅰ类基因								合计
	A	B	C	E	F	G	MICA	MICB	
等位基因	965 (2579)	1543 (3285)	626 (2133)	9 (15)	21 (22)	46 (50)	68 (94)	30 (40)	3306 (8218)
抗原特异性	28(28)	60(62)	10(10)	—	—	—	—	—	98(100)

基因型别	Ⅱ类基因											合计
	DRA	DRB	DQA1	DQB1	DPA1	DPB1	DMA	DMB	DOA	DOB	DW	
等位基因	3 (7)	852 (1512)	35 (51)	107 (509)	28 (37)	138 (248)	4 (7)	7 (7)	12 (12)	9 (13)		1195 2409
抗原特异性		21(24)	9(9)	6(6)	—	—	—	—	26			62

基因型别	其他		合计
	TAP1	TAP2	
等位基因	7(12)	4(12)	11(24)
抗原特异性	—	—	—

(各栏括号中的数字是截止 2014 年文献报道已发现的不同 HLA 基因座等位基因数目)

20 世纪 90 年代前,主要借助血清学方法或混合淋巴细胞培养鉴定 HLA 基因表达产物的型别,此即"抗原特异性";其后借助基于 PCR 的基因分析技术鉴定 HLA 型别,此即"等位基因"

DRB 的等位基因数为 DRB1-DRB9 之和;Dw 代表能激发同种异体淋巴细胞增殖的抗原表位,是 DR、DQ 等Ⅱ类基因产物效应的总和

资料来源为 Marsh SG, Albert ED, Bodmer WF, et al. Nomenclature for factors of the HLA system, 2010. Tissue Antigens. 2010 Apr;75(4):291-455.(2010 年 WHO 的 HLA 命名委员会资料)

3. HLA 多态性的发生机制及生物学意义 HLA 多态性的机制尚未完全清楚。一般认为,HLA 复合体通过基因点突变、基因重组、基因转换等机制导致其基因结构发生变异。这些不断产生的大量变异能否以等位基因形式保留下来,则取决于环境压力(尤其是病原体感染)对群体进行的自然选择:凡能有效提呈抗原、诱导免疫应答、使个体对环境因素(主要是病原体感染)具有较强抵抗力(有利于个体存活)的新等位基因,有较多机会遗传给后代。人类长期进化过程中,面临极为复杂的生存条件,通过长期的自然选择,那些能在群体中不断延续的新等位基因得以逐渐积累,最终形成现代人类 HLA 复合体的高度多态性。

HLA 高度多态性具有重要生物学意义,例如:威胁人类的病原体种类繁多,并常发生变异,而特定 HLA 等位基因产物对所提呈的抗原具有一定选择性。正是由于 HLA 复合体具有极端复杂多态性,其与 HLA 复合体的多基因性共同决定了 HLA 遗传背景的高度多样性,从而极大扩展了处于病原体(及其变异体)感染威胁的个体和群体所能提呈抗原肽种类的范围。这可能是高等动物抵御不利环境因素的一种适应性表现,有利于维持种群生存与延续。

另外,由于 HLA 是人体中多态性最为丰富的遗传系统,人群中不同个体间 HLA 型别全相同的概率极低,故每一个体所携带的 HLA 等位基因及其产物可被视为该个体独特性(即个体性,individuality)的标志。另一方面,HLA 高度多态性也给人类器官移植中选择组织型别合适的供者造成很大困难。

必须指出,HLA 多态性具有明显区域性(地域或族群),特别在某些相对封闭的区域(如海岛、少数种族聚居处),为适应其相对隔离的独特生活环境,可能形成某些特殊的 HLA 多态性(HLA 型别)。例如:

(1)黄种和白种人群 HLA-B53 等位基因频率小于 1%,而非洲冈比亚黑人 HLA-B53 频率为 28%、尼日利亚则为 40%。造成上述 HLA-B53 等位基因频率差异的原因为:非洲当地流行死亡率极高的恶性疟疾,而携带 HLA-B53 等位基因者对恶性疟疾有一定抗性,其发病、死亡的危险低于不携带 HLA-B53 等位基因者,故繁衍后代并遗传 HLA-B53 等位基因的可能性明显增加。上述状态经长期持续,HLA-B53 作为抵抗恶性疟疾的优势等位基因,在该区域人群中出现的频率逐渐升高。

(2)亚洲巴布亚新几内亚流行 EB 病毒感染,而 HLA-A11 抗原可有效提呈 EB 病毒抗原,经长期环境压力选择,当地 60% 土著人群携带 HLA-A11 等位基因。令人感兴趣的是,近年该地区人群 EB 病毒感染率逐渐上升。研究证实,当地 EB 病毒流行株的抗原表位发生变异,不能被 HLA-A11 分子提呈给 T 细胞,此乃病原体逃避免疫识别的策略,即病原体的"适者生存"。

（3）欧洲荷兰的50个家庭（367个成员）于1845年移民至南美，抵达后两周内，50%移民因感染伤寒而死亡；其后6年内，又有20%幸存者死于枯草热；随后这批移民死亡率逐渐与原住民趋同。20世纪90年代研究发现，与欧洲荷兰人群相比，这些移民后代HLA-B7等位基因频率明显下降，而HLA-BW13、-B50、-B38等位基因频率则明显升高。分析其原因为：欧洲极少流行伤寒、枯草热，故HLA-B7等位基因（两种传染病的易感基因）得以在人群中保留；移民迁至南美后，因环境压力（传染病流行）导致该易感基因频率逐渐下降，而对疾病具有抗性的等位基因（HLA-BW13、-B50、-B38）频率则明显升高。简言之，群体水平的HLA多态性赋予个体适应环境的生存优势，从而限制病原体传播。

（二）HLA复合体的其他遗传特点

1. 多基因性 如前所述，HLA复合体含多个不同HLA Ⅰ类和Ⅱ类基因座，其编码产物的结构和功能相似（如HLA-A、HLA-B和HLA-C），此为多基因性。HLA多基因性的生物学意义为：每一个体的细胞表面均表达一组结构和功能相似、但又不完全相同的HLA分子，且各具不同的抗原肽结合特性。每一个体从遗传所获的经典HLA Ⅰ类和Ⅱ类分子，足以结合其一生中可能遭遇的绝大多数抗原。

2. 单体型遗传 HLA复合体是一组紧密连锁的基因群，这些连锁在一条染色体上的等位基因很少发生同源染色体间的交换，从而构成一个单体型（haplotype）。换言之，单体型指同一条染色体上HLA等位基因的组合，其在遗传过程中作为一个完整的遗传单位由亲代传给子代。这里有必要区分HLA表型、基因型与单体型三者概念的不同：某一个体HLA抗原特异性型别称为表型（phenotype）；HLA基因在体细胞两条染色体上的组合称为基因型（genotype）；HLA基因在同一条染色体上的组合则称为单体型（表5-3）。

表5-3 HLA的表型、基因型与单体型

个体	甲 A1 | | A2 B8 | | B12	乙 A1 | | A1 B8 | | B12	丙 A1 | | A1 B8 | | B8
表型（phenotype）	HLA-A1、2；B8、12	HLA-A1；B8、12	HLA-A1、B8
基因型（genotype）	HLA-A1、A2 HLA-B8、B12	HLA-A1、A1 HLA-B8、B12	HLA-A1、A1 HLA-B8、B8
单体型（haplotype）	HLA-A1、B8/ A2、B12	HLA-A1、B8/ A1、B12	HLA-A1、B8 A1、B8

人是二倍体（diploid）动物，每一细胞均有两个同源染色体组，分别来自父母双方，故子女的HLA单体型必然一个来自父方，一个来自母方。在同胞之间比较HLA单体型型别，存在3种可能性：①两个单体型完全相同，其概率为25%；②两个单体型完全不同，其概率为25%；③有一个单体型相同，其概率为50%。至于亲代与子代之间，则必然有一个单体型相同，也只可能有一个单体型相同（图5-5）。

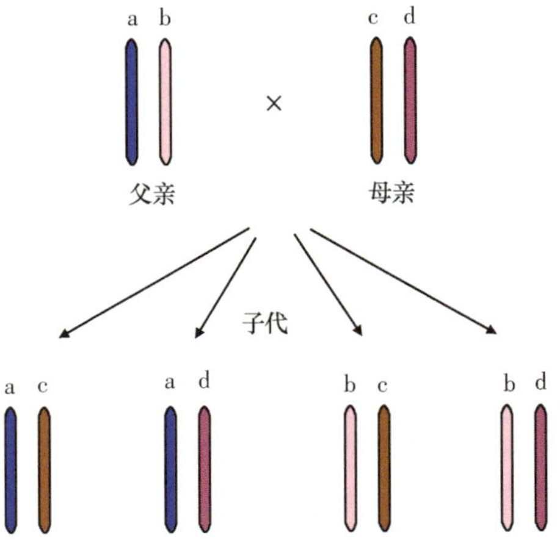

图5-5 HLA单体型遗传示意图

3. 连锁不平衡 HLA复合体各等位基因均有其各自的基因频率。所谓基因频率（gene frequency）指群体中某一等位基因的数目占该座位所有等位基因数目总和的比例。随机婚配的群体中，在无新突变和自然选择的情况下，基因频率可代代维持不变。由于HLA复合体各基因座位紧密连锁，若各座位的等位基因随机组合构成单体型，则某一单体型型别的出现频率应等于组成该单体型各基因频率的乘积。但实际上，HLA各基因并非完全随机地组成单体型，即某些基因可能比其他基因能更多或更少地连锁在一起形成单体型，从而出现连锁不平衡（linkage disequilibrium）。例如，北欧白人中HLA-A1和HLA-B8频率分别为0.17和0.11。若随机组合，则单体型A1-B8的预期频率应为$0.17 \times 0.11 = 0.019$。但实际所测得的A1-B8单体型频率是0.088，即单体型A1-B8处于连锁不平衡。实测频率与预期频率间的差值（$\Delta = 0.088 - 0.019 = 0.069$）为连锁不平衡参数。HLA复合体中已发现有50余对等位基因显示连锁不平衡，其产生机制和意义尚不清楚。

第二节 HLA 抗 原

一、HLA抗原的分子结构

借助X射线晶体衍射技术，已解析HLA-A2分子及其他 HLA Ⅰ类和Ⅱ类分子的立体结构，从而对 HLA 分子的生物学功能提供了较确切解释。

（一）HLA Ⅰ类分子

所有 HLA Ⅰ类分子均含两条多肽链：①由 HLA 基因编码的 α 链或重链；②由第 15 号染色体上非 HLA 基因所编码的 β 链或轻链，即 β2 微球蛋白。根据对 HLA-A2 和 Aw68 分子的晶体结构分析，Ⅰ类分子重链可分为 3 个区（图 5-6 左）。

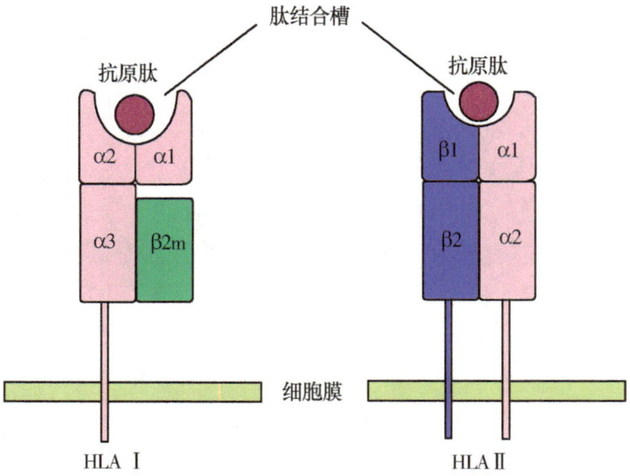

图 5-6 HLA Ⅰ类和Ⅱ类分子结构示意图

1. 胞外区 由 3 个结构域组成，从 N 端起依次为 α1、α2 和 α3，分别由 HLA Ⅰ类基因外显子 2、3、4 所编码，每个结构域含 90 个氨基酸残基。α1 和 α2 结构域构成 HLA Ⅰ类分子的肽结合槽（peptide binding cleft），其为 HLA Ⅰ类分子与抗原肽结合的部位，也是Ⅰ类分子被 TCR 识别的部位。肽结合槽由 2 个 α 螺旋和 1 个 β 片层结构组成，长约 2.5nm、宽 1nm、深 1.1nm，其大小与形状适合于容纳已被处理的内源性抗原片段（含 8～10 个氨基酸残基）。Ⅰ类分子的多态性（即不同型别 HLA 分子的结构差异）主要位于该区域，并因此决定不同 HLA Ⅰ类分子所能结合并提呈的抗原肽及其亲和力。α3 结构域序列高度保守，与 Ig C 区具有同源性，也称为 Ig 样结构域。Ⅰ类分子与 T 细胞表面 CD8 分子的结合部位即在 α3 结构域。

2. 跨膜区 该区由 25 个氨基酸残基组成，它们形成螺旋状穿过胞膜脂质双层，并将Ⅰ类分子锚定于细胞膜上。

3. 胞内区 Ⅰ类分子 α 链羧基末端含约 30 个氨基酸，位于胞质中，其性质高度保守。该区可能参与调节 HLA Ⅰ类分子与其他膜蛋白或细胞骨架成分间的相互作用，也与胞内外信号传递有关。

Ⅰ类分子的 β 链（β2m）并不插入胞膜，其以非共价键与重链胞外 α3 相互作用，这对维持Ⅰ类分子天然构型的稳定性及其分子表达具有重要意义。已发现，缺乏 β2 微球蛋白的突变型小鼠不表达 MHC Ⅰ类分子。人类 β2 微球蛋白无多态性。

（二）HLA Ⅱ类分子

Ⅱ类分子是由 α 链和 β 链组成的异源二聚体，两条肽链分别由 HLA Ⅱ类 α 和 β 基因编码，均具有多态性。两条多肽链的基本结构相似，氨基端在胞外，羧基端在胞内，胞外部分占整条链的 2/3。晶体衍射分析证实，Ⅱ类分子的基本结构与Ⅰ类分子相似（图 5-6 右）。

1. 胞外区 α 链与 β 链胞外部位均可再分为 2 个各含 90 个氨基酸残基的结构域，称为 α1、α2 和 β1、β2，分别由 HLA Ⅱ类基因外显子 2 和 3 编码。其中 α1 和 β1 构成肽结合槽。与Ⅰ类分子相比，Ⅱ类分子肽结合槽的显著特征是其两端更为开放，可容纳 13 个或更多氨基酸残基。Ⅱ类分子多态性残基主要集中于 α1 和 β1。如同Ⅰ类分子，HLA Ⅱ类基因的多态性决定其肽结合槽的生化特点，也决定 HLA Ⅱ类分子与抗原肽结合以及被 T 细胞识别的选择性和亲和力。α2 和 β2 属免疫球蛋白基因超家族，在抗原提呈过程中，Th 细胞表面 CD4 分子与Ⅱ类分子结合的部位即位于该 Ig 样非多态区域的 β2 结构域。

2. 跨膜区和胞内区 跨膜区含 25 个氨基酸残基，所形成的二肽链盘绕成螺旋样，借助一个很短的疏水区与胞外部分相连，并将整条多肽链固定于胞膜。Ⅱ类分子的羧基端游离于胞质中，含 10～15 个氨基酸残基。胞内区可能参与跨膜信号传递。

二、抗原肽-MHC 分子复合物

MHC 分子以一定的亲和力与抗原肽结合为复合物（pMHC）并表达于细胞（主要是 APC）表面，其生物学意义为：①是 MHC 分子有效提呈抗原的前提；②保证表达于细胞表面的 MHC 分子具有稳定性，空载的 MHC 分子极易从细胞膜表面脱落，或被内化而进入细胞内。

由于胞膜表面的 pMHC 具有稳定性，使得有可能从胞膜上分离和纯化 pMHC，并对其进行结构和序列分析。目前常用于分离和分析 pMHC 的方法是：从特定建系细胞表面沉淀 pMHC，用酸洗脱所结合的肽段，通过分离和纯化，继而进行肽段测序。目前对 pMHC 的生物学特征已获得某些规律性的认识，并由此阐明某些免疫学现象的本质。

(一) pMHC 的特征

本节仅以 pMHC Ⅰ类分子复合物为例,阐述其特点。

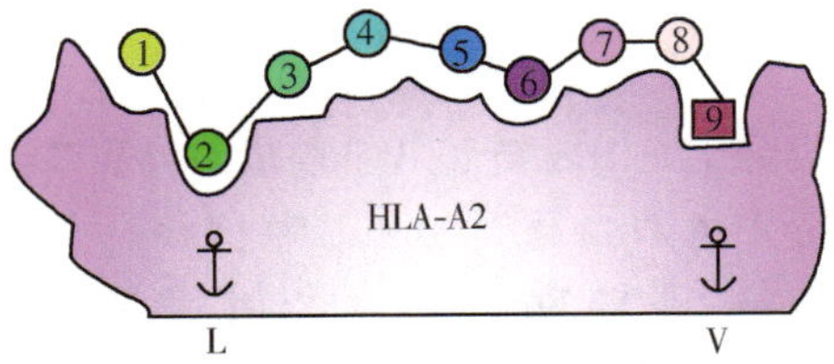

图 5-7 HLA Ⅰ类分子与抗原肽结合示意图

HLA-A2 分子结合的抗原肽,其第 2 位亮氨酸(L)和第 9 位缬氨酸(V)为锚着残基(即抗原肽第 2 位及第 9 位是锚着位),HLA-A2 分子容纳锚着残基的部位形成口袋

1. MHC 分子与抗原肽的共同基序相结合 被提呈的抗原肽往往携带两个或两个以上专司与 MHC 分子的肽结合槽结合的氨基酸残基,称为锚定残基(anchor residue);MHC 分子肽结合槽中容纳锚着残基的位置形成小袋(pocket);抗原肽中与 MHC 分子小袋相互作用的特定位点称为锚定位(anchor site)(图 5-7)。不同 MHC 分子结构的差异主要体现于“小袋”的大小、形状和电荷各异,并因此决定特定 MHC 分子所能结合(并提呈)的抗原肽。

与同一型别 MHC 分子结合的不同抗原肽,其锚着残基往往相同或相似。如表 5-4 所示:进入小鼠 H-2K^{d} 分子凹槽中的 9 肽,其第 2 位皆为酪氨酸(Y),是为相同;构成第 9 位锚着残基的氨基酸虽不尽相同,但其中的缬氨酸(V)、异亮氨酸(I)、亮氨酸(L)同属疏水氨基酸,是为相似。此现象表明:H-2K^{d} 分子所接纳的抗原肽,其锚着位和锚着残基往往相同或相似,即具有可与该 MHC 分子结合的特征性共同基序(consensus motif)(表中为 xY * xxxxxxV/L * ,Y * 和 V/L * 为锚着残基,而 x 为具有较大任意性的残基组成)。同样,表 5-4 中与 H-2K^{b} 相结合的 8 肽,其第 8 位皆为亮氨酸(L),而第 5 位皆为属于芳香氨基酸的酪氨酸(Y)和苯丙氨酸(F),这些肽段具有的共同基序是 xxxxY/F * xxL * 。处于抗原肽 C 端的氨基酸无例外地成为锚着残基。

表 5-4 已被加工的天然抗原肽藉锚着残基与 MHC 分子结合

MHC 等位基因分子	N 端←抗原肽残基的组成及其位置→C 端										肽长
	1	2	3	4	5	6	7	8	9		
小鼠Ⅰ类分子											
H-2K^{d}	T	Y*	Q	R	T	R	A	L	V*		9 肽
	S	Y*	F	P	E	I	T	H	I*		9 肽
	K	Y*	Q	I	V	T	T	T	L*		9 肽
	G	Y*	K	D	G	N	E	Y	I*		9 肽
	K	Y*	G	V	S	V	Q	D	I*		9 肽
	G	Y*	L	G	Q	V	T	X	Y*		9 肽
H-2K^{b}	R	G	Y	V	Y*	Q	G	L*			8 肽
	S	I	I	N	F*	E	K	L*			8 肽
	H	I	V	E	F*	P	O	L*			8 肽
人Ⅱ类分子											
DRB1 * 0405											
QRAR	Y*	Q	W	V	R	C	N*	P	D*	SNS	16 肽
KPPQ	Y*	I	A	V	H	V	V*	P	D*	Q	14 肽
YEPDH	Y*	V	V	V	G	A	Q*	R	D*	A	15 肽
YLL	Y*	Y	T	E	F	T	P*	T	E*	KD	14 肽
DPIL	Y*	R	P	V	A	V	A*	L	D*	TKGP	17 肽

* 锚着残基

2. MHC 分子与抗原肽结合的相对选择性 与不同型别 MHC 分子结合的抗原肽其共同基序各异。换言之,不同型别 MHC 分子选择性与某些抗原肽结合,其选择性结合的基础是抗原肽是否具有可与该型别 MHC 分子结合的锚着残基。

3. MHC 分子与抗原肽结合的包容性 包容性(flexibility)含义是:MHC 分子与抗原肽的结合无严格的专一性,而是一种 MHC 分子可结合携带特定共同基序的一群肽段。这种包容性(但并非随意性)体现在不同层次:①组成共同基序的“x”氨基酸并非完全“任意”和随机，其变异具有一定功能意义；②特定MHC分子所“选择”的锚着残基并非专一，以致相当数量的肽段可“符合”特定共同基序的条件；③不同MHC分子所接纳的抗原肽，可能拥有相似的共同基序。

据此，可将能结合拥有相近共同基序的抗原肽的HLA分子归纳为一类，后者的编码基因称为HLA超型(supertype)。目前已鉴定出9个HLA Ⅰ类基因的超型，即A1、A2、A3、A24、B7、B27、B44、B58、B62(表5-5)，可覆盖80%以上HLA-A和HLA-B等位基因(近期资料又报道2个新的超型：A6X，成员为A*6901、A*6802；B8，成员为B*0801、B*0802、B*0807)。同一超型成员(涵盖同一基因座不同等位基因)的编码产物，均可结合拥有相似共同基序的抗原肽。换言之，被某一HLA Ⅰ类基因座等位基因编码产物提呈的抗原肽，也可被同一超型内其他等位基因编码产物所识别和提呈。

表5-5　HLA Ⅰ类基因超型

超型	家族成员
A1	A*0101，A*2501，A*2601，A*2602，A*3201
A2	A*0201，A*0202，A*0203，A*0204，A*0205，A*0206，A*0207，A*6802，A*6901
A3	A*03，A*11，A*3101，A*3301，A*6801
A24	A*2301，A*2402，A*2403，A*2404，A*3001，A*3002，A*3003
B7	B*0702，B*3501，B*3502，B*3503，B*51，B*5301，B*5401
B27	B*1401，B*1402，B*1503，B*1509，B*1510，B*1518，B*3801～02，B*3901，B*3902，B*3903～04，B*4801～02，B*7301，B*2701～08
B44	B*1801，B*4001，B*4002，B*4402，B*4403，B*4501
B58	B*1516，B*1517，B*5701，B*5702，B*58
B62	B*4601，B*52，B*1501，B*1502，B*1513，B*1301～02，B*1506，B*1512，B*1514，B*1519，B*1521

借助HLA超型，可将人群所携带的多态性HLA等位基因归纳为有限的若干类型，每一超型在群体中的频率均较高，有助于据此预测和鉴定抗原肽表位。这对设计并应用多肽疫苗或T细胞疫苗进行免疫学防治奠定了重要理论基础，也为拓宽器官移植供者的选择范围提供了重要线索。

4. pMHC Ⅱ特点　MHC Ⅱ类分子的情况较复杂，其肽结合槽两端开放，可容纳含13～25个残基(或更长)的肽段，但结合后通常被酶解为含13～17个氨基酸残基的肽段。由于Ⅱ类分子肽结合槽具有较大包容性，分析其所结合抗原肽锚着残基极为困难。但已发现，Ⅱ类分子与抗原肽结合的特点与HLA Ⅰ类分子基本相似。表5-4下方为与人HLA-DRB1*0405分子结合的抗原肽。所列5种与之结合的抗原肽长度为13～17个氨基酸，共有3个锚着残基：对应于Ⅰ类分子的第1位皆为酪氨酸(Y)；第9位为天门冬氨酸(D)或谷氨酸(E)；第7位氨基酸残基组成虽完全不同，但也有相似理化特性。

综上所述：①不同型别MHC分子的结构差异主要集中于肽结合槽，从而决定特定型别MHC分子选择性与某一类抗原肽结合；②任一个体可能感染的病原体种类繁多，且不同病原体的抗原表位各异，但通常均能被T细胞识别，表示MHC与抗原肽的结合具有包容性，而有别于一般受体与配体(如激素/受体或抗原/抗体)结合所显示的严格专一性。

值得注意的是：MHC分子与抗原肽的结合本身并不能区分自己和非己，只要符合特定MHC分子抗原肽结合槽的要求，无论自身抗原肽抑或外源性抗原肽均可与之结合。事实上，表达于正常细胞表面的MHC分子多以与自身肽结合为复合物的形式才能稳定存在。无感染和未接种疫苗的正常人，其HLA分子所结合的肽中99.5%为自身肽。自身肽-HLA复合物通常并不激发体内T细胞活化，其原因是，自身反应性T细胞克隆在胸腺发育过程中已通过阴性选择而被清除或抑制。

(二) pMHC的生物学意义

综上所述，抗原肽通过锚着残基与MHC分子结合，这种结合具有相对选择性。与特定型别MHC分子结合的抗原肽，其锚着残基的组成称为序列基序(sequence motif)。基于pMHC的分子生物学特征，同时HLA复合体具有多基因性和高度多态性的特点，使人们对pMHC的生物学意义有了更深入了解。

对特定个体而言，其所携带的MHC型别由遗传所决定，且终生不变。以经典HLA Ⅰ类分子为例：由于多基因性，其包括HLA-A、-B和-C基因座；随机婚配的群体中，由于HLA基因的高度多态性，特定个体HLA Ⅰ类等位基因一般为杂合子，故该个体所有有核细胞表面均同时表达6种经典HLA Ⅰ类分子。由于每一分子均可提呈一系列含共同基序的抗原肽，从而保证任一个体均能对自然界绝大多数种类抗原产生免疫应答。

反之，若某一蛋白质缺乏适合的序列基序，以至不能与个体所携带的MHC分子结合，则该个体将不对此蛋白质产生应答。应用近交系小鼠进行研究已发现，个体对某种蛋白质不能产生免疫应答的情况并非少见，其机制是：近交系小鼠是通过连续20代以上的同胞间交配培育而成，其遗传背景完全一致，同源染色体为纯合型，MHC Ⅰ类基因座的等位基因也均为纯合子，故所能结合和提呈的抗原肽种类仅为杂合子的50%。

对序列基序的认识有助于确定某种蛋白质能否被特定型别MHC分子所结合和提呈，从而可为设计多肽疫苗提供重要线索。而且，通过对序列基序的认识，有助于阐明为何不同个体（其MHC等位基因型别各异）对同一抗原的免疫应答格局各异。例如，若某一病毒抗原能被加工和提呈的肽段有3个，且由3个不同肽段所激活的适应性应答对抗病毒免疫产生不同功效，由于携带不同型别MHC分子的个体结合与提呈这3种肽段的能力存在差异，导致不同个体对同一病毒产生应答的能力和所发挥的效应出现差异。这可能是MHC以其多态性参与并调控免疫应答的一种重要机制。

另外，基于对pMHC的认识，已建立相关的检测技术。一般情况下，TCR与APC（或靶细胞）表面特异性pMHC结合的亲和力较低，会迅速解离。为此，通过构建pMHC多聚体以增强TCR与pMHC亲和力，可直接检出抗原特异性T细胞。以多肽/MHC四聚体（peptide-MHC tetramer）技术为例，其原理为：体外将人工表达的MHC重、轻链分子及短肽共孵育，使其折叠成正确构象，形成MHC/多肽复合体，经纯化，借助半胱氨酸的巯基与生物素结合，使1个标记荧光的链亲和素与4个生物素标记的MHC-肽复合体结合为四聚体（图5-8）。MHC-肽四聚体与特异性CTL表面TCR结合，应用流式细胞仪检测。借助此技术，可特异性、高效、定量检测抗原特异性T细胞及其生物学活性，其用途为：探讨病毒感染、肿瘤及自身免疫病发病机制；细胞过继治疗肿瘤；检测疫苗疗效。

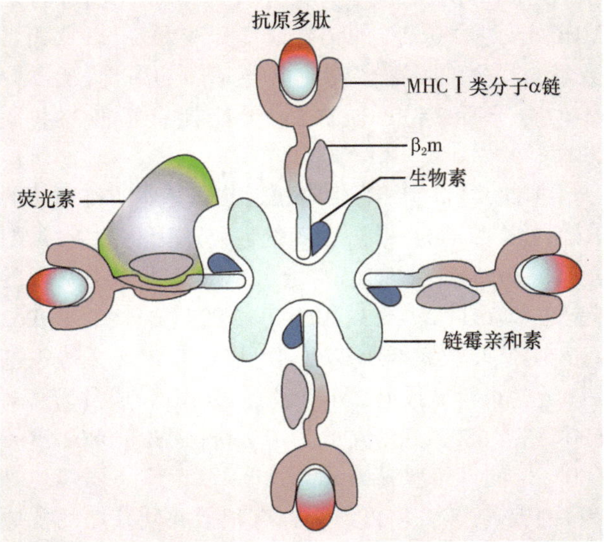

图5-8 多肽-MHC四聚体技术

三、HLA分子表达及其调控

（一）HLA分子的组织分布

1. HLA Ⅰ类分子 Ⅰ类分子广泛分布于体内各种有核细胞表面（包括血小板和网织红细胞）。但是，绒毛外滋养细胞仅表达HLA-C分子，而不表达HLA-A和HLA-B分子。成熟的红细胞一般不表达HLA分子，但某些特殊血型的红细胞也能检出Ⅰ类分子。不同组织细胞表达Ⅰ类分子的密度各异：外周血白细胞和淋巴结、脾脏淋巴细胞Ⅰ类分子表达水平最高；其次为肝、肾、皮肤、主动脉和肌肉细胞；神经细胞和成熟的滋养层细胞不表达经典Ⅰ类分子。体内任何有核细胞均可能被病毒或胞内菌感染，由于HLA Ⅰ类分子参与对内源性抗原（包括病毒抗原或肿瘤抗原）的加工、处理和提呈，故其广泛分布具有重要生物学意义。

2. HLA Ⅱ类分子 Ⅱ类分子分布相对局限，主要表达于抗原提呈细胞表面。另外，内皮细胞、某些组织的上皮细胞和激活的人T细胞也可诱导性表达HLA Ⅱ类分子。由于HLA Ⅱ类分子主要参与对外源性抗原（例如胞外寄生的病原体）加工、处理和提呈，而此功能主要由APC承担，其他体细胞并不参与。因此，HLA Ⅱ类分子仅表达于APC，不失为一种经济有效的表达模式。

通常HLA分子需结合抗原肽才能稳定地表达于细胞表面，空载的HLA分子则被内化或从细胞膜表面脱落。已发现，人体血清、尿液、唾液、精液及乳汁等多种体液中均可检出从细胞膜表面脱落的可溶性HLA分子。

（二）HLA分子表达的调控

1. HLA分子表达的调控机制 HLA基因转录直接受转录起始点5′端上游调节区（upstream regulatory region，URR）调节。此种调节主要通过两类成分完成。

（1）顺式作用元件（cis acting element）：指URR中含一组稳定的核苷酸共有序列，亦称框或小盒（box），它们可对启动子、增强子或抑制子进行正、负调节。在HLA Ⅱ类基因URR中，这些基序分布于-1～-150位DNA区段，属启动子近端区。

（2）反式作用因子（trans acting factor）：是一类能与各小盒基序发生作用的DNA结合蛋白，或称核因子（nuclear factor）。不同小盒须经不同核因子与之结合才能发挥作用。

以 HLA Ⅱ类分子为例：HLA Ⅱ类基因 5′端上游调节区含 S、X1、X2、Y 四个顺式作用元件，与 S、X1 盒作用的反式作用因子为Ⅱ类转录活化因子（class Ⅱ transactivator，CⅡTA）和调节因子（regulatory factor X，RFX）复合物，后者由 RFX5、RFXAP 和 RFXANK 组成。RFX 复合物可直接与 S、X1 盒结合，形成一个平台结合 CⅡTA，进而由 CⅡTA 募集其他通用转录因子，促进 HLA Ⅱ类分子表达（图 5-9）。

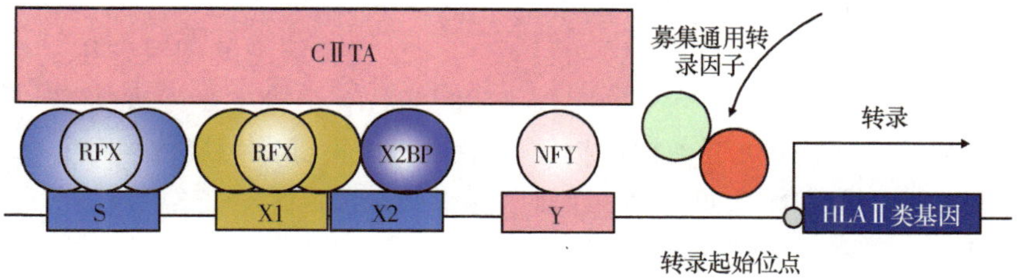

图 5-9　调控 HLA Ⅱ类基因表达的顺式作用元件和反式作用因子

下排方框为 HLA Ⅱ类基因专一性顺式作用元件（S、X1、X2 与 Y），其上方为结合各顺式作用元件的转录因子，即反式作用因子（RFX、X2BP、NFY 与 CIITA）；右侧为 HLA Ⅱ类基因转录起始位点和 HLA Ⅱ类分子编码基因。HLAⅡ类基因顺式作用元件与转录因子结合，可通过募集其他通用转录因子，促进 HLAⅡ类分子表达

对于 HLA Ⅱ类分子表达调控的认识主要源于一种先天性免疫缺陷病，即 HLA Ⅱ类分子缺陷症（HLA Ⅱ deficiency），旧称裸淋巴细胞综合征（bare lymphocyte syndrome，BLS）。患者存在 CⅡTA 或 RFX 基因突变，导致 HLA Ⅱ类分子（包括 HLA-DM、Ii）表达缺陷，导致 $CD4^{+}$T 细胞活化障碍，不能有效产生细胞和体液免疫应答。目前已知 CⅡTA 基因自身亦具有 4 种不同启动子，在不同类型和不同发育阶段的细胞中，以及不同细胞因子存在的情况下，可通过调控 CⅡTA 基因表达而调控 HLA Ⅱ类分子表达。

2. 影响 HLA 分子表达的因素

（1）组织细胞的分化阶段：HLA 分子是造血干细胞和某些免疫细胞的分化抗原，在细胞分化、成熟的不同阶段，各类 HLA 分子表达可有改变。例如：①HLA-DR、HLA-DP 分子几乎表达于所有单核细胞表面，但 HLA-DQ 仅表达于部分单核细胞亚群表面；②早期造血干细胞的表型特点之一是 HLA-DR 分子阴性；③红细胞系和髓细胞/粒细胞系祖细胞表达 HLA-DR 和-DP 分子；④成熟的粒细胞不表达Ⅱ类分子；⑤成熟红细胞不表达Ⅰ类和Ⅱ类分子；⑥Ⅱ类分子仅表达于激活（而非静止）的人 T 细胞表面；⑦B 细胞表达 HLA 分子，但分化为浆细胞后不再表达；⑧某些分化阶段的精细胞不表达 HLA Ⅰ类分子。

（2）某些疾病状态：某些传染性疾病（尤其是病毒感染）、免疫性疾病、造血系统疾病和肿瘤等均可影响细胞表面 HLA 分子表达。例如：①AIDS 患者单核细胞Ⅱ类分子表达明显减少；②某些人体肿瘤或肿瘤细胞系其Ⅰ类分子表达缺失或减少；③某些自身免疫病靶器官可异常表达Ⅱ类分子。

（3）某些生物活性物质：①激素类物质，如胰岛素、甲状腺素、雄激素可促进Ⅱ类抗原表达，前列腺素、糖皮质激素可抑制Ⅱ类分子表达；②神经递质和神经肽类（如去甲肾上腺素、乙酰胆碱、内啡肽、脑啡肽等）可调控Ⅱ类分子表达。

（4）细胞因子：多种细胞因子可调控 HLA 分子表达，例如：①IFN-α、IFN-β、TNF 和 LT 可促进 MHC Ⅰ类分子表达，尤其是 IFN-γ 可促进所有组织细胞表达 HLA Ⅰ类分子；② TNF-α、IL-6、IL-4、IL-13、GM-CSF 等可促进Ⅱ类分子表达，尤其是 IFN-γ 可有效诱导内皮细胞、上皮细胞和基质细胞表达 HLA Ⅱ类分子；③IFN-β、TGF-β 和 IL-10 可下调 HLA Ⅱ类分子表达。

与Ⅰ类分子不同的是，各类细胞对细胞因子诱导Ⅱ类分子表达的反应性有很大差别。例如：IFN-γ 可促进大多数 APC 表达Ⅱ类分子，但对 DC 却无此作用；IL-4 可促进静止期 B 细胞表达Ⅱ类分子，但 IFN-γ 的作用则相反。多数促进 HLA 分子表达的细胞因子均由 T 细胞所分泌，而 HLA 分子本身又是关键的抗原提呈分子，故细胞因子对 HLA 分子表达的调控成为 T 细胞应答的一个重要放大机制。

免疫应答与免疫调节中，HLA 分子是一类关键分子，故各种因素对 HLA 分子表达的调节可能是体内免疫调节网络的重要组成部分。同时，受各种调节因子的影响，HLA 分子异常表达也参与某些疾病发生和发展。

第三节　MHC 分子的功能及临床意义

MHC 始终是免疫学领域的研究热点，并不断取得突破性进展，例如：20 世纪 60 年代发现 Ir 基因；70 年代发现 CTL 与靶细胞间相互作用的 MHC 限制性；80 年代阐明 MHC 分子结构。迄今，人们对 MHC 的生物学作用已有较深入认识。

一、MHC 分子的功能

(一) 作为抗原肽受体参与抗原处理和提呈

经典 MHC Ⅰ类和Ⅱ类分子通过加工、处理、提呈抗原肽而激活 T 细胞，参与适应性免疫应答，这是 MHC 分子主要的生物学功能。T 细胞通常仅识别 APC 表面 pMHC。这一识别是通过 T 细胞和 APC 间"TCR-pMHC"三元体或称三分子复合结构而完成，亦称 T 细胞激活的双识别(见十一章)。

TCR 属 IgSF，其 CDR 主要位于高变区，后者是 TCR 与配体(即 pMHC)结合的关键部位。TCRα、β 链分别以各自 CDR1 和 CDR2 结构域识别 MHC 分子，而以其 CDR3 识别位于 MHC 分子肽结合槽中的抗原肽(CDR1 也参与识别小部分抗原肽)。另一方面，Th 细胞表面 CD4 分子作为共受体与 MHC Ⅱ类分子非多态性的 α2/β2 结构域结合；CTL 表面 CD8 分子也作为共受体与 MHC Ⅰ类分子的 α3 结构域结合。由此，Ⅱ类分子参与 $CD4^+$Th 细胞对外源性抗原的识别，而Ⅰ类分子参与 $CD8^+$CTL 对内源性抗原的识别，此乃Ⅰ类分子和Ⅱ类分子在提呈抗原过程中的主要区别(见第十章)。

(二) MHC 分子的其他生物学作用

如上所述，MHC 分子的主要生物学作用是参与抗原加工和提呈，其他作用主要由其抗原提呈作用派生而来。

1. 参与对免疫应答的遗传控制 机体对特定抗原物质是否产生应答以及应答的强弱受遗传控制。Benceraf 证实，豚鼠和小鼠对人工合成抗原的免疫应答能力受单个常染色体显性基因控制，并将这种控制免疫应答的基因称为 Ir 基因。其后证实，Ir 基因位于小鼠 H-2 Ⅰ区内。有关人类 Ir 基因定位目前尚无充分的直接证据，但一般认为也位于人 HLA Ⅱ类基因区内。近期文献报道，某些Ⅰ类基因也参与对免疫应答的遗传控制。目前，对遗传控制机体免疫应答的机制有了更深入认识：MHC 具有高度多态性，群体中不同个体所携带 MHC 等位基因型别不同，故 MHC 分子抗原结合凹槽的结构、凹槽与抗原肽锚着残基的亲和力亦各异，由此决定 APC 对特定抗原的提呈能力以及机体的免疫应答效应各异。因此，所谓 Ir 基因对免疫应答的遗传控制，其本质即 MHC 分子抗原结合槽能否结合特定抗原肽，及其亲和力的大小。

MHC 也参与构成种群基因结构的异质性。由于不同 MHC 分子所能提呈的抗原肽不尽相同，导致携带不同 MHC 等位基因产物的个体其抗病能力存在差异，从而在群体水平有利于增强物种对环境的适应能力，并推动生命的进化。

2. 免疫细胞间相互作用的限制性 Zinkernagel 和 Doherty 于 1975 年发现，实验动物感染病毒后，激活的 CTL 可杀伤感染该病毒并携带相同 H-2 单体型的靶细胞，而不杀死感染该病毒但 H-2 单体型不同的靶细胞。以后证实，不仅 CTL-靶细胞间，而且 M-Th 和 Th-B 间的相互作用也同样受 MHC 限制。这一现象称为 MHC 限制性(MHC restriction)，两位科学家因此荣获 1996 年诺贝尔生理学或医学奖。MHC 限制性的本质为：TCR 须同时识别抗原肽和与之结合为复合物的 MHC 分子。换言之，TCR 不仅识别特异性抗原肽，同时须识别 MHC 分子的多态性氨基酸残基。同一抗原肽与不同型别 MHC 分子结合，所形成的复合物其构象各异，由此决定该多肽能否被特异性 TCR 所识别。

近年对 TCR 识别 pMHC 特点的研究获得新进展，已发现同一 TCR 可识别不同 pMHC，此现象称为 TCR 识别的简并性(degeneracy)，其中包含一种 TCR 可识别由同种异型 MHC 分子所提呈的抗原肽。由此提示，TCR 识别抗原的 MHC 限制性，其实质是 TCR 须同时识别抗原肽以及与抗原肽结合为复合物的 MHC 分子，而并非限定 APC 表面 pMHC 中的 MHC 分子必须与特异性 T 细胞表面 MHC 分子同型。正常情况下，体内不会出现异型 MHC 分子。但在器官移植术受者体内，会出现抗原肽-异型 MHC 复合物，故移植排斥反应的发生是 TCR 识别具有简并性的重要证据(见第十八章)。

3. 参与免疫调节 如上所述，MHC 分子可参与抗原提呈并制约免疫细胞间相互作用，从而调控适应性免疫应答发生及其强度。同时，MHC 分子作为参与抗原提呈的关键成分，其表达水平高低也直接决定机体对抗原应答的强弱。因此，通过调控 MHC 分子表达水平，可有效发挥免疫调节作用。

近期发现，可溶性 MHC 分子(尤其以多聚体形式存在的可溶性 pMHC 分子)通过与表位特异性 T 细胞结合，可发挥免疫调节作用，其机制为：①封闭特异性 TCR；②可溶性 pMHC 与 TCR 结合仅提供 T 细胞激活的第一信号，但缺乏第二信号，导致 T 细胞失能和克隆清除，从而抑制 T 细胞对抗原的应答(见第十一章)。

4. 参与免疫细胞发育、成熟及中枢性自身耐受的建立 MHC 抗原参与早期 T 细胞在胸腺的发育过程。Ⅰ、Ⅱ类分子阳性细胞分别参与 $CD8^+$ 和 $CD4^+$T 细胞分化发育，并参与建立 T 细胞对自身抗原的中枢性耐受（见第六章、十二章）。

5. 调节 NK 细胞和 CTL 胞毒作用　NK 细胞杀伤活性受其膜表面所表达的抑制性受体（KIR）和活化受体（KAR）调控。KIR 的配体是细胞表面自身 MHC Ⅰ类分子（包括Ⅰa 和Ⅰb 分子），二者结合可启动抑制信号。KAR 的配体为糖类蛋白，二者结合启动活化信号。两种信号同时存在的情况下，KIR 的抑制信号占主导作用。正常宿主组织细胞均表达自身 MHC Ⅰ类分子，故 NK 细胞不活化。病毒感染细胞、肿瘤细胞或移植物细胞表面 MHC 分子表达减少、缺失或结构改变，此时 KIR 信号缺失而仅有 KAR 的活化信号，故 NK 细胞被激活。

KIR 与Ⅰ类分子结合具有“群特异性”，即一种 KIR 可识别数种Ⅰ类分子。因此，MHC Ⅰ类型别不相符的供、受者间进行器官移植，可出现 NK 活化（群特异性不同）或抑制（群特异性相同）的不同情况。另外，MICA 和 MICB 可与 NK 细胞或γδT 细胞表面活化受体 NKG2D 结合，启动活化信号。另外，KIR 和 KAR 也广泛表达于 CTL 表面，故通过相关信号通路及 TCR 活化信号的共同作用，可有效调节 CTL 杀伤活性。

综上所述，MHC 从多方面参与机体免疫应答的产生和调节，尤其是 MHC 分子参与对抗原的处理和提呈，这是免疫应答和免疫调节的最关键环节。

二、HLA 与医学的关系

（一）HLA 与疾病关联

在某些相同外因作用下，不同个体对疾病的易感性各异。这种个体差异在很大程度上是由遗传因素所决定。在群体中比较患者与正常人某些特定等位基因及其产物的频率，这是研究由遗传所决定疾病易感性的主要方法。

半个世纪前，通过群体调查分析人群中不同型别 HLA 分子的频率，发现某些疾病与特定 HLA 分子型别呈非随机分布。最典型的例子是，北美白人强直性脊柱炎患者有 91% 以上携带 HLA-B27 分子。这种现象，即两个遗传学性状在群体中同时出现呈非随机分布，称为关联（association）。特定疾病与某种 HLA 分子型别的关联可通过相对危险性（relative risk，RR）进行评估，计算公式为：$RR = P+ \times C- / P- \times C+$。式中 P+ 代表携带某型 HLA 分子的病人数；C- 代表不带此分子的对照组人数；P- 代表不带此分子的病人数；C+ 代表携带此分子的对照组人数。RR 代表携带某种 HLA 分子型别的个体与无此种分子的个体患某种疾病危险性的比较：RR>1，提示此病与某种 HLA 分子型别有关联；RR 值越大，表示携带此分子者患某病的危险性越大；RR<1，提示携带某分子者对某病有抵抗性（表 5-6）。

表 5-6　HLA 分子与疾病相关性

疾病	HLA 分子型别	HLA 频率（%）患者	HLA 频率（%）对照	相对危险性（R. R）
霍奇金病	A1	40	32	1.4
特发性血色素沉着症	A3	76	28.2	8.2
强直性脊柱炎	B27	90	9.4	87.4
急性前葡萄膜炎	B27	52	9.4	10.4
亚急性甲状腺炎	B35	70	14.6	13.7
疱疹性皮炎	DR3	85	26.3	15.4
乳糜泻	DR3	79	26.3	10.8
特发性艾迪生病	DR3	69	26.3	6.8
胰岛素依赖性糖尿病	DR3	56	28.2	3.3
重症肌无力	DR4	75	32.2	6.4
	DR3	50	28.2	2.5
	B8	47	24.6	2.7
系统性红斑狼疮（SLE）	DR3	70	28.2	5.8
天疱疮	DR4	87	3.21	14.4
类风湿关节炎	DR4	50	19.4	4.2
桥本甲状腺炎	DR5	19	6.9	3.2
多发性硬化症	DR2	59	25.8	4.1
恶性贫血	DR5	25	5.8	5.4

以 1 型糖尿病为例，与该病关联的 HLA 等位基因高达 15 个，包含 HLA 复合体内一组与 1 型糖尿病关联的连锁位点，主要是 DRB1、DQA1 和 DQB1 等位基因，分别决定 IDDM 的易感性和抗性。例如：DR β链或 DQ β链第 57 位氨基酸为天冬氨酸时，对 IDDM 具有抗性，包括 DRB1＊0602、0402、0401 和 0301 等；若第 57 位氨基酸为丙氨酸，则表现为易感 IDDM，包括 DRB1＊0201 和 0302 等。

HLA 与疾病关联这一现象对认识 HLA 功能提供了重要的基础性资料。随 HLA 分型技术进展，目前已有可能在 DNA 水平探讨 HLA 与疾病相关性，甚至发现某些与 HLA 分子（表型）未显示关联、但与 HLA 基因多态性关联的疾病。这将有助于阐明某些疾病发生的分子机制，并在此基础上制订全新的防治策略。

HLA 与疾病关联的机制尚未完全清楚，其原因为：①目前已发现与 HLA 关联的疾病，均为多基因免疫性疾病，环境因素在此类疾病发病中起重要作用，从而极大增加了研究的难度；②HLA 具有高度多态性，群体中基因型、单体型组合的种类极为繁多，连锁不平衡的情况也极为复杂，不同人群（人种、民族、地域）中特定HLA等位基因和单体型的频率各异。

目前对HLA与疾病关联的机制提出若干假说：①分子模拟学说，指由于HLA分子本身与某种病原物质相似，机体不能对该病原物质产生有效应答，或对病原体产生的应答与自身组织发生交叉反应，导致自身组织损伤；②受体学说，指HLA分子可能作为外来病原物质的受体（如小鼠MHC Ⅱ类抗原是乳酸脱氢酶病毒的受体），两者结合而导致组织损伤；③免疫应答基因学说，指人HLA基因即是Ir基因，特定Ⅱ类基因型可能导致特定的异常免疫应答，从而表现为易感某种疾病；④连锁不平衡学说，指特定HLA基因可能与某病易感基因连锁，HLA分子型别仅是一种可被检出的遗传标志。

同一个HLA座位的等位基因，其结构上可能仅有数个核苷酸之差，却可导致对特定疾病易感或抵抗等完全不同的结果。因此，从相应HLA分子构-效关系进行分析，可能有助于阐明HLA与疾病关联的分子机制。目前，已开展如下相关研究：①分析特定HLA等位基因产物参与提呈疾病相关抗原肽的机制；②寻找相关自身抗原的T细胞表位和B细胞表位，分析携带这些表位的肽段与特定型别HLA分子结合的共用基序（例如，多发性硬化症中，与之关联的HLA-DRB1*0501等位基因产物所结合并提呈的自身抗原肽，是髓鞘碱性蛋白MBP分子中84～102位和143～278位抗原片段，从而为制备肽疫苗和进行免疫干预提供了重要依据）；③分析不同（与易感和抵抗关联的）HLA等位基因产物在TCR库发育及其参与中枢耐受的作用，以探寻识别特定pMHC的T细胞克隆，并分析其特性；④分析Treg细胞活性改变与疾病易感基因间的关系。

分析HLA与疾病关联不仅有助于阐明HLA在免疫应答中的作用和疾病发生机制，而且可能有助于某些疾病的辅助诊断、疾病的预测、分类及预后判断。一般认为，不同疾病与HLA关联的机制可能各异。随着人类基因组研究逐渐深入及现代分子生物学技术的进展，有可能为在基因水平阐明HLA和疾病关联的机制提供新的线索。

（二）HLA分子表达异常与疾病的关系

HLA表达异常可能参与某些疾病的发生和发展。

1. HLA Ⅰ类分子表达异常 在小鼠及许多人类肿瘤或肿瘤衍生的细胞株，均已发现MHC Ⅰ类分子表达缺失或密度降低。若将Ⅰ类基因转染给肿瘤细胞株，则后者的成癌性与转移性即消失或降低。上述现象的机制可能是：Ⅰ类分子表达缺失的肿瘤细胞不能被CTL识别和攻击，从而导致肿瘤的免疫逃逸（sneaking through）。

2. HLA Ⅱ类分子表达异常 某些器官特异性自身免疫病的靶细胞可异常表达HLA Ⅱ类分子。诸如Graves病患者甲状腺上皮细胞、原发性胆管肝硬化患者胆管上皮细胞、Sjöegren综合征患者唾液腺上皮细胞、1型糖尿病患者胰岛B细胞等，均可出现Ⅱ类分子异常表达。这种现象及其参与疾病发生的机制可能是：局部非特异性感染可诱生IFN-γ，进而诱导组织细胞异常表达Ⅱ类分子，后者是参与抗原提呈的关键分子，可能以组织特异性方式把自身组织抗原提呈给自身反应性T细胞，从而启动致病性自身免疫应答。激活的自身反应性Th还可能分泌大量IFN-γ，诱导更多靶细胞表达Ⅱ类分子，加重和延续自身免疫应答，最终导致迁延不愈的自身组织损伤。

此外，某些免疫性疾病、传染性疾病或内分泌疾病患者APC表面Ⅱ类分子表达可发生改变，如AIDS患者单核细胞表面HLA Ⅱ类分子表达减少。

（三）HLA与其他免疫病理和生理过程的关系

1. 器官移植 器官移植物存活很大程度上取决于供、受者间HLA型别是否匹配。肾脏移植中，各HLA基因座匹配的重要性依次为HLA-DR、-B、-A。骨髓移植中，为预防移植物抗宿主病，一般选择HLA全相同者作为供者。（见第十八章）

2. HLA与输血反应 多次接受输血的患者体内可产生抗HLA抗体，从而发生因白细胞或血小板受到破坏而引起的非溶血性输血反应。理论上，对多次接受输血的患者应尽量选择HLA相同的供血者。

3. HLA与母胎关系 成熟的胎盘滋养层细胞表达HLA分子具有自身特点，并可能参与母体对胎儿（携带有父方HLA单体型）的耐受，其机制可能是：①滋养层细胞表面不表达经典Ⅰ类分子，从而影响母体T细胞识别胎儿组织；②滋养层细胞（尤其是浸入宫蜕膜与母体血液接触的绒毛外滋养细胞）可表达非经典Ⅰ类分子（HLA-E、-F和-G）及HLA-C，它们可与母体NK细胞或CTL表面杀伤细胞抑制性受体（KIR）结合，抑制对胚胎细胞的杀伤作用。（见第三十章）

（吴雄文 龚非力）

第二篇　免疫细胞

免疫系统中具体执行免疫功能的主要是各类免疫细胞，免疫细胞可分为两大类：①T 细胞和 B 细胞，分别表达特异性抗原识别受体（TCR/BCR），是参与适应性免疫应答的关键细胞；②固有免疫细胞，指除 T、B 细胞外的所有免疫细胞类别，包括抗原提呈细胞（如树突状细胞、单核/巨噬细胞）、NK 细胞、固有样淋巴细胞（如 γδT 细胞、NKT 细胞、B1 细胞）、固有淋巴样细胞、各类粒细胞、其他参与免疫应答和效应的细胞（如肥大细胞、血小板、红细胞等）。两类细胞相互作用，彼此调控，共同执行机体免疫系统的功能。

各类免疫细胞均来源于骨髓多能干细胞，后者分化为两个细胞谱系（lineage）：①髓样祖细胞（myeloid progenitor），进一步分化为单核细胞、巨噬细胞和中性粒细胞；②淋巴样祖细胞（lymphoid progenitor），进一步分化为 T、B 淋巴细胞和 NK 细胞。

诸多免疫细胞在免疫应答中发挥不同功能：T/B 细胞是参与特异性免疫应答的关键细胞，分别发挥细胞免疫和体液免疫效应；抗原提呈细胞具有摄取、加工、处理抗原的能力，并可将经过处理的抗原肽提呈给特异性 T 细胞；各类粒细胞主要发挥非特异性免疫效应。

如同机体其他组织细胞，微环境不断向免疫细胞传递信息，通过启动胞内极为复杂的分子生物学事件（如代谢、酶对底物的催化、胞内分子化学修饰、表观遗传调节、信号转导等），介导免疫细胞的多种生物学行为（如大分子的跨膜转运、免疫细胞迁徙、激活与增殖、分化和发育、老化、自噬、凋亡等）。

本篇分别介绍固有免疫细胞及适应性免疫细胞，并概述免疫细胞相关的胞内分子生物学事件及免疫细胞的生物学行为。

第六章　固有免疫细胞

免疫细胞是一群分类极为复杂的细胞，按照免疫应答的类型，可分为参与固有免疫的细胞和参与适应性免疫应答的细胞。固有免疫细胞主要参与固有免疫应答，包括单核/巨噬细胞、NK 细胞、各类粒细胞、肥大细胞等，也包括来源于骨髓淋巴样细胞、主要参与固有免疫的固有免疫样淋巴细胞（如 NKT 细胞、γδT 细胞、B1 细胞等）。另外，以树突状细胞为代表的抗原提呈细胞属固有免疫细胞，但也是参与启动适应性免疫应答的关键细胞。

第一节　吞噬细胞及单核吞噬细胞系统

吞噬细胞（phagocyte）在固有免疫中发挥重要作用，是清除致病微生物的重要效应细胞（图 6-1）。

一、吞噬细胞概述

（一）吞噬细胞的类别

吞噬细胞包括两类，即中性粒细胞（小吞噬细胞）及单核/巨噬细胞（大吞噬细胞）。两类吞噬细胞对入侵体内的微生物可极为快速地产生应答，尤以巨噬细胞的作用更为持久，是参与晚期固有免疫应答的主要效应细胞。

1. 中性粒细胞　属小吞噬细胞，广泛分布于骨髓、血液和结缔组织（比例为 28∶1∶25），成人外周血中性粒细胞数量约占白细胞总数的 55%～70%，浓度为（2～7.5）$\times10^9$/L，其寿命短、更新快、数量多。成人每天产生 1×10^{11} 中性粒细胞，血循环中性粒细胞若 6 小时内未被募集至炎症灶，即发生凋亡，被肝或脾巨噬细胞所吞噬。中性粒细胞可黏附于大静脉内皮细胞表面，形成中性粒细胞库，在感染和应激时可被快速动员。

中性粒细胞胞质内有中性颗粒，其内含多种溶酶体酶，如组织蛋白酶、溶菌酶、磷酸酶、过氧化酶、碱性磷酸酶、吞噬素和多种水解酶（如胶原酶、弹性蛋白酶、激肽酶、磷脂酶、核苷酸酶、β-葡萄糖苷酶）等。这些酶类参与中性粒细胞生物学功能，也可介导某些病理性损伤。此外，中性粒细胞内还含较多糖原颗粒，可为中性粒细胞活跃的运动能力和强大的杀菌作用提供能量。

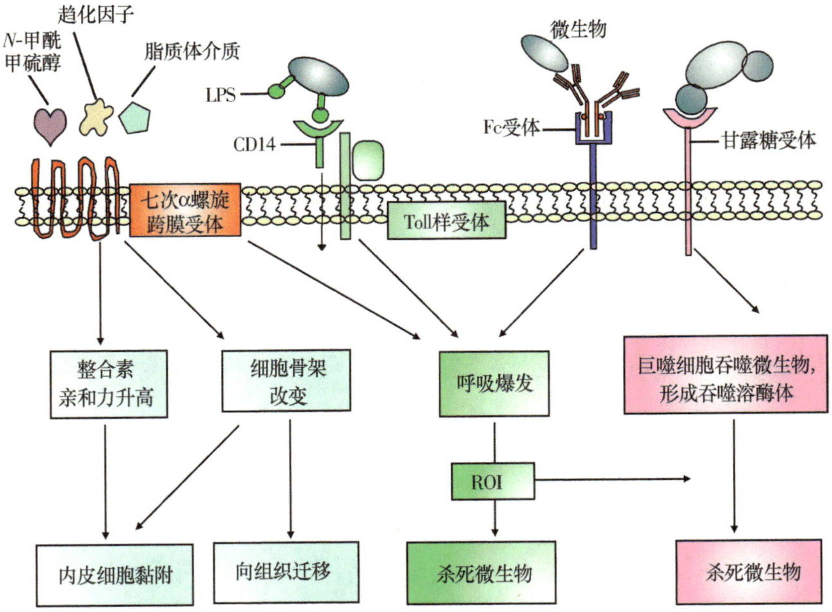

图 6-1 吞噬细胞功能

吞噬细胞表达多种表面受体→识别微生物及其分泌产物(均属PAMP)→吞噬微生物→吞噬细胞激活→黏附于血管内皮→募集和迁移→启动(氧依赖性或非依赖性)杀菌效应→清除微生物

中性粒细胞处于机体抵御病原体的第一线，在固有免疫中起重要作用。炎症发生时，大量中性粒细胞趋化至炎症部位，其作用为：吞噬病原体；释放溶酶体酶，水解胞内细菌和组织碎片，防止病原微生物在体内扩散；释放多种细胞毒性分子，发挥杀伤作用；解体的中性粒细胞释放各溶酶体酶类，溶解周围组织而形成脓肿；释放花生四烯酸、嗜酸粒细胞趋化因子、激肽酶原、血纤维蛋白溶酶原、凝血因子、白三烯等，参与炎症反应。

近期对中性粒细胞的效应机制获得新的认识。文献报道：中性粒细胞活化后死亡(表现为胞核膜崩溃、胞核与胞质基质混合、细胞器消失)，进而在胞外形成由胞外染色质和颗粒蛋白构成的纤维样结构，即中性粒细胞胞外杀菌网(neutrophil extracellular trap，NET)。其作用机制为：①NET定位于感染部位并具有黏性，可有效捕获细菌；②NET内含高浓度活性分子，可有效降解致病因子并杀灭细菌。已发现，NET可捕获并杀灭革兰阳性/阴性菌、真菌及某些寄生虫(如利什曼原虫、牛艾美耳球虫等)。有学者认为：死亡的中性粒细胞形成NET结构，可被视为一种不同于坏死和凋亡的新的细胞死亡途径。

2. 单核/巨噬细胞(见下文)

(二) 吞噬细胞的生物学功能

吞噬细胞对入侵体内微生物的应答极为快速，其中巨噬细胞的作用更为持续(感染后1~2天)，是参与固有免疫晚期应答的主要效应细胞。吞噬细胞发挥功能涉及定向迁移、识别、吞噬和杀伤等环节。

1. 募集和迁移 吞噬细胞向炎症灶募集和迁移，是其发挥固有免疫功能的前提。

(1) 吞噬细胞穿越血管内皮：感染最初1~2小时，在炎性细胞因子(如TNF等)、某些细菌组分或产物(如LPS等)作用下，血管内皮细胞可表达E-选择素。中性粒细胞等吞噬细胞可表达相应配体，借此与血管内皮细胞发生松弛、可逆性黏附，并沿内皮细胞表面滚动。随感染过程延续(6~12小时后)，吞噬细胞表面LFA-1、Mac-1与内皮细胞表面VCAM-1、ICAM-1相互作用，逐渐发生稳定、牢固的黏附，并最终导致白细胞穿越血管内皮而渗出至组织间隙。(见第四章)

(2) 吞噬细胞募集至感染灶：能介导吞噬细胞定向运动的化学介质称为趋化因子，包括一大类细胞因子、补体激活产生的裂解片段(C3a、C5a等)、某些脂质炎性介质(如血小板活化因子、前列腺素E和白三烯B4等)、某些细菌菌体成分及其产物等。进入组织间隙的吞噬细胞可循局部微环境中趋化因子的浓度梯度，向感染灶定向运动，此作用称为趋化(chemotaxis)。其机制是：中性粒细胞、单核/巨噬细胞表面均表达不同趋化因子受体，通过与相应趋化因子结合，向炎症灶募集和迁移。

2. 识别 吞噬细胞表达多种表面受体，可识别并结合微生物及其分泌产物，不同受体其生物学作用各异，但某些功能存在重叠，主要效应是：①使微生物与吞噬细胞胞膜发生黏附；②启动、传递胞内活化信号；③启动吞噬细胞杀菌效应。参与吞噬细胞识别作用的主要表面受体如下：

（1）甘露糖受体：此类受体属凝集素，可识别并结合糖蛋白及糖脂分子的末端甘露糖和岩藻糖残基，这些残基是微生物细胞壁的典型组分。哺乳动物的糖蛋白和糖脂中则含末端唾液酸和N-乙酰半乳糖胺（N-acetylglactosamine，GalNAc）。因此，巨噬细胞甘露糖受体仅识别微生物而非宿主细胞本身（详见下文）。

（2）IgG Fc受体：IgG抗体Fab段可与相应微生物结合，抗体Fc段可与吞噬细胞表面高亲和力Fcγ受体（FcγRI）结合，从而增强吞噬细胞对致病微生物的吞噬作用（即调理）。

（3）补体受体：补体激活可产生某些活性片段（如C3b），它们覆被于微生物，并通过与吞噬细胞表面相应补体受体结合，促进吞噬细胞对微生物的吞噬作用，此即补体介导的调理作用。某些胞浆蛋白（如纤溶酶、纤维蛋白原、MBL、C反应蛋白）可作为非特异性调理素（抗体非依赖性）覆盖微生物，例如：纤溶酶覆盖的颗粒可与Mac-1和$\alpha_v\beta_3$调理素结合；C1q受体可与C1q结合，也可与MBL结合。非特异性调理比抗体介导的特异性调理作用弱，主要在感染早期（特异性抗体产生前）发挥效应。

（4）Toll样受体（详见下文）：例如，革兰阴性菌的脂多糖（LPS）可与巨噬细胞表面LPS受体（属Toll样受体）结合，刺激细胞杀菌活性并分泌细胞因子。

3. 吞噬　微生物及其产物被吞噬细胞表面受体识别并结合，通过内化而被摄入细胞内，形成吞噬体，继而与胞浆中溶酶体融合为吞噬溶酶体。吞噬细胞表面受体在吞噬过程中发挥如下作用：①吞噬细胞借助其受体而黏附于细菌膜表面；②受体可启动并传递活化信号，此效应主要由G蛋白的Rho和Rab家族介导，涉及吞噬细胞膜重构、细胞膜包绕微生物颗粒、吞噬体从胞浆膜脱落等环节；③受体再次作用于Rab和Rho系统，触发吞噬细胞的杀菌活性，即形成吞噬溶酶体。

4. 杀菌　在吞噬溶酶体内，微生物通过不同途径被杀伤。（图6-2）

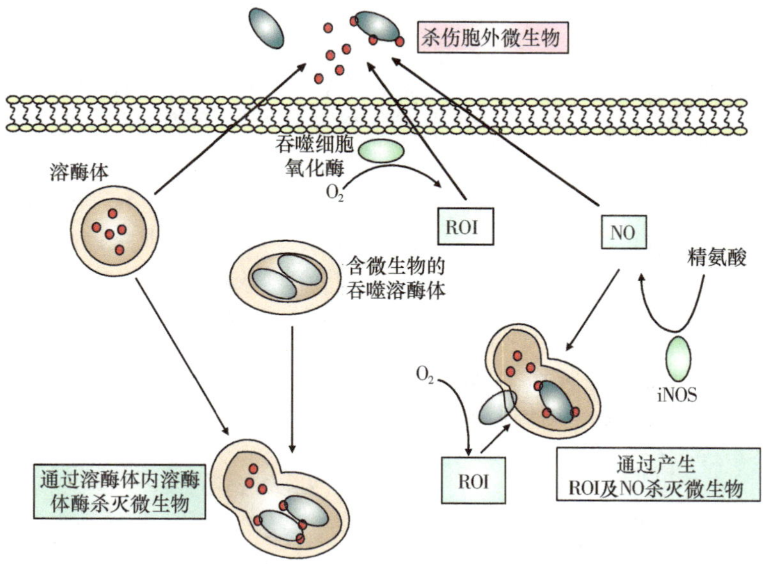

图6-2　吞噬细胞的杀伤机制

活化的吞噬细胞通过氧依赖性（ROI、NO）途径及氧非依赖性途径（溶酶体酶等）杀伤微生物

（1）氧依赖性杀菌途径：吞噬细胞吞噬微生物后，启动胞内不同酶系统，通过产生反应性氧中介物和反应性氮中介物而杀伤微生物。

1）氧化酶系统：激活的吞噬细胞可活化胞内的膜结合氧化酶，后者使还原型辅酶II（nicotinamide adenine dinucleotide phosphate，NADPH）氧化，继而催化分子氧还原为活性氧中间物（reactive oxygen intermediate，ROI），包括过氧化氢（H_2O_2）和多种氧自由基，如超氧阴离子（O_2^-）、游离羟基（OH^-）、单态氧（$^1O_2$）等。上述产生ROI的过程亦称呼吸爆发（respiratory burst）或氧爆发（oxygen burst），所产生的ROI为强氧化剂，可杀伤吞噬细胞所吞噬的微生物。例如：过氧化氢可在髓过氧化物酶（myeloperoxidase，MPO）作用下，将正常情况下无毒性的卤化物转化为具有细菌毒性的物质。TNF和LPS可增强中性粒细胞对某些微生物产物（如细菌产生的N-甲酰甲硫醇和趋化因子）

的反应性，从而产生大量ROI。

2）诱导型NO合酶（inducible nitric oxide synthase，iNOS）系统：是巨噬细胞活化后所产生的活性氮中建物（reactive nitrogen intermediates，RNI）。iNOS属胞浆酶，其不存在于静息巨噬细胞中，但可被LPS和IFN-γ所诱生。iNOS在还原型辅酶Ⅱ或四氢生物喋呤存在下，可催化L-精氨酸与氧分子反应，生成胍氨酸和一氧化氮（nitric oxide，NO）。NO与吞噬细胞氧化酶所产生的过氧化氢或过氧化物酶结合，在吞噬体酸性环境中产生可杀伤细菌的过（氧化）亚硝酸盐基。

吞噬细胞有效杀伤微生物，有赖于iNOS和氧化酶系统共同作用，其实验依据为：iNOS基因敲除小鼠其免疫防御功能受损不严重，但iNOS和吞噬细胞氧化酶系统基因双重缺失的动物与单纯氧化酶系统基因缺失的动物相比，前者更易患细菌感染。

（2）氧非依赖性杀菌途径：主要机制为：①吞噬体或吞噬溶酶体形成后，其内糖酵解作用增强，乳酸累积，pH降低（3.5～4.0），从而发挥杀菌或抑菌作用；②酸性条件下，溶酶体内溶菌酶使G^+菌胞壁肽聚糖破坏，发挥杀菌作用；③防御素（defensin）、阳离子蛋白等可在细胞脂质双层形成"离子通道"，导致细胞裂解；④激活的吞噬细胞合成多种蛋白水解酶，如中性粒细胞溶酶体富含弹性蛋白酶，该酶主要靶分子是细菌蛋白，弹性蛋白酶遗传缺陷小鼠可吞噬革兰阴性细菌，但不能有效杀灭进入吞噬溶酶体的细菌。

5. 消化和清除 病原体被杀伤或破坏后，在吞噬溶酶体内多种水解酶（如蛋白酶、核酸酶、脂酶和磷酸酶等）作用下，可进一步被消化、降解：①大部分产物通过胞吐作用而排出胞外；②部分被加工、处理为免疫原性肽段，与MHC分子结合为复合物而被提呈给T细胞，启动特异性免疫应答。

二、单核吞噬细胞系统

单核吞噬细胞系统（mononuclear phagocyte system，MPS）包括骨髓前单核细胞（pre-monocyte）、外周血单核细胞（monocyte，Mon）和各种组织巨噬细胞（macrophage，Mϕ）。Mon和Mϕ的功能并非仅限于吞噬，其广泛参与抗感染、抗肿瘤、免疫应答和免疫调节等。另外，单核吞噬细胞具有黏附玻璃及塑料表面的特性，亦称黏附细胞（adherent cell）。

（一）MPS生物学特征

1. 来源与分化 MPS由骨髓干细胞分化而来。骨髓髓样干细胞受某些细胞因子（如M-CSF及单核细胞生长因子）作用而发育为前Mon；前Mon在单核诱生因子刺激下发育为Mon，并不断进入血液；Mon在血液中存留仅数小时至数日，随即移行至全身各组织器官，发育成熟为Mϕ，其寿命可达数月以上。定居于组织的Mϕ一般不再返回血流，但可在组织间隙自由移动，成为游动的Mϕ（如腹腔Mϕ、脾脏及淋巴结中的游走Mϕ），或在组织中成为固定的Mϕ（在不同器官组织中名称各异）（表6-1）。

另外，与中性粒细胞不同，巨噬细胞在炎性灶中可发生细胞分裂。

表6-1 正常组织中的单核-吞噬细胞

部位	细胞名称
骨髓	干细胞→单核母细胞→前单核细胞→进入血液
血液	单核细胞→进入组织
组织	组织细胞（结缔组织）、库普弗（Kupffer）细胞（肝）、肺泡Mϕ、腹腔和胸腔Mϕ、游走及固定的Mϕ（淋巴结、脾、骨髓）、破骨细胞（骨）、小胶质细胞（神经组织）、组织细胞及滑膜A型细胞（关节）

2. 表面标志 成熟单核/巨噬细胞高表达CD14，可被视为其相对特异性表面标志。此外，成熟的单核/巨噬细胞（尤其是Mϕ）还表达其他许多表面标志，包括MHC（Ⅰ类和Ⅱ类）分子、某些黏附分子和共刺激分子（如B7分子）、多种受体[趋化因子受体、细胞因子（GM-CSF、M-CSF等）受体、补体受体（CR1、CR3）、Fc受体（FcγRI、FcγRII、FcγRIII）、激素、神经肽、多糖、糖蛋白、脂蛋白的受体、模式识别受体（甘露糖受体、清道夫受体、Toll样受体）]等。这些表面标志多为跨膜蛋白或糖蛋白，参与单核吞噬细胞迁移、黏附、识别抗原、吞噬等，并在机体免疫防御、炎症反应、组织修复等生理、病理过程中发挥重要作用。

3. 激活 活化的Mϕ其功能明显增强。Mϕ活化涉及如下过程：

（1）病原体（尤其是PAMP组分）等异物与静止状态的Mϕ表面某些模式识别受体结合，并启动相应信号转导途径，导致Mϕ内cAMP/cGMP比值升高，激发胞内生化反应。此阶段Mϕ具有增殖、趋化和吞噬异物功能，但提呈抗原和杀伤瘤细胞的功能微弱。

（2）Mϕ受某些细胞因子（如MAF、IFN-γ等）刺激，其胞内Ca^{2+}缓慢、持续升高，激活蛋白激酶C，导致代谢活跃，可表达MHC Ⅱ类分子和LFA-1，从而具有提呈抗原功能。

（3）Mϕ受LPS、CD40信号、TNF、分枝杆菌、肿瘤细胞等刺激，其胞内Ca^{2+}浓度迅速而短暂地升高，促进PKC对蛋白质进行磷酸化，使Mϕ充分激活，产生TNF等效应分子。

4. 分类 Mϕ 生物学特征具有很大可塑性，不同微环境可明显改变其生物学功能，并分化为不同功能亚群：

（1）1 型巨噬细胞（type 1 macrophage，M1）：其在 LPS、IFN-γ、GM-CSF 和 TNF-α 等刺激下分化，亦称经典激活的 Mϕ（classically activated macrophage），具有强吞噬和胞毒作用，可分泌大量炎症细胞因子，参与杀灭微生物及促炎，并在 Th1 细胞介导的细胞免疫应答中被激活，作为效应细胞参与某些免疫病理过程的发生。

（2）2 型巨噬细胞（type 2 macrophage，M2）：其在 IL-4、IL-13、IL-10 及免疫复合物等刺激下活化，表达精氨酸酶-1、甘露糖受体（CD206）与 IL-4Rα，亦称旁路激活的巨噬细胞（alternatively activated macrophage），主要参与免疫调节、抑制炎症、清除寄生虫及组织修复，并与感染性疾病慢性进展相关。在不同微环境中，此类 M ϕ又可分化为不同功能亚群，例如：①（参与）创伤愈合的巨噬细胞（wound-healing macrophage）；②调节性巨噬细胞（regulatory macrophage），指过度激活的 M ϕ，可通过产生 PGE 等发挥负调节作用；③肿瘤相关巨噬细胞（tumor-associated macrophage，TAM），指浸润于肿瘤灶慢性炎症部位的 M ϕ，可分泌某些生长因子（如纤维生长因子、血管内皮细胞生长因子等）促进血管与淋巴管生成，从而促进肿瘤生长与迁移。（图 6-3、图 6-4）

已发现，在不同病理过程和微环境中，M1 和 M2 型巨噬细胞可互相转化。另外，M2 还可进一步分为 M2a、M2b、M2c 等亚型，它们在不同微环境中发挥不同生物学作用。

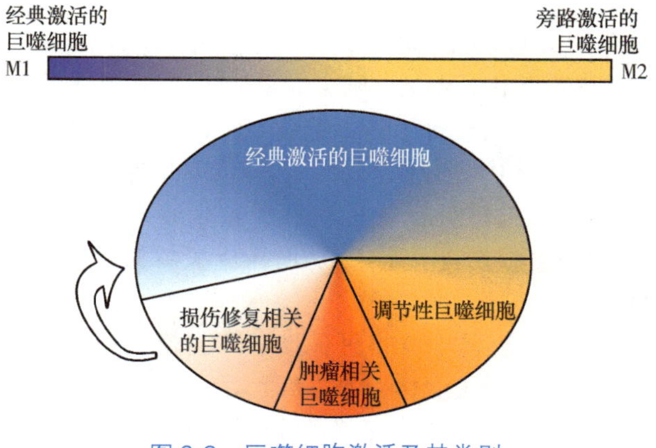

图 6-3 巨噬细胞激活及其类别

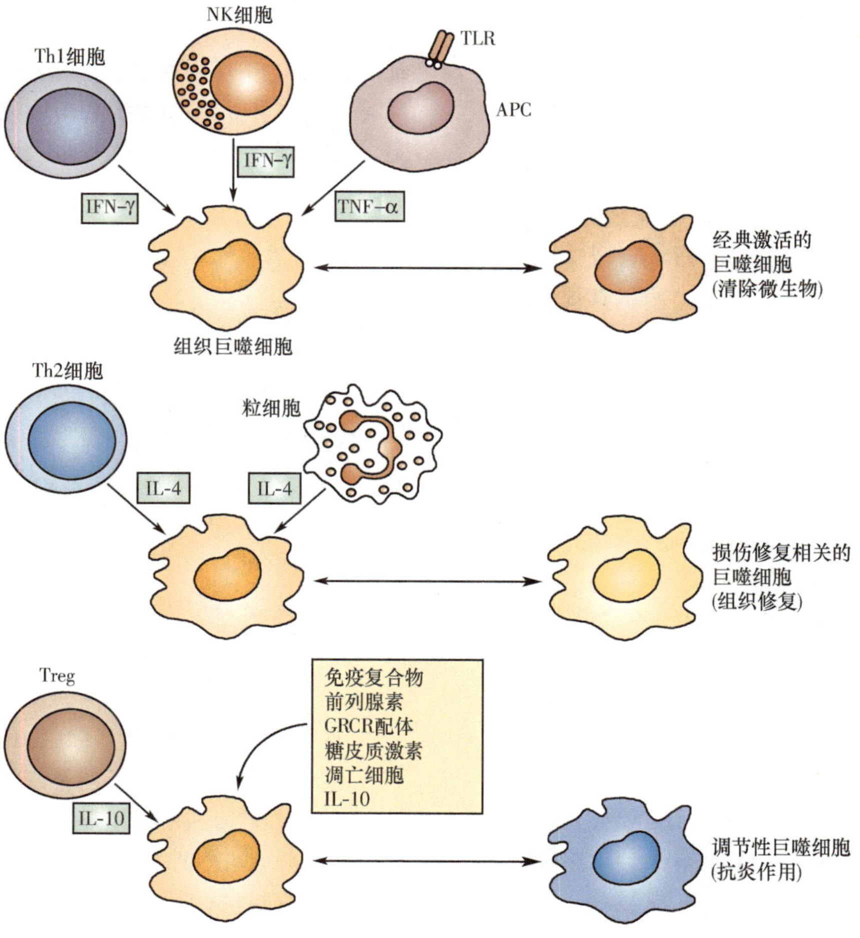

图 6-4 细胞因子诱导巨噬细胞亚群分化

（二）Mϕ的生物学功能

Mϕ寿命长、富含细胞器，是体内具有最活跃生物学功能的细胞类型之一。其可产生数十种酶、分泌百余种生物活性介质，在免疫防御、免疫自稳和监视、抗原提呈及免疫调节中发挥重要作用。

1. 趋化性 Mϕ表面表达多种趋化因子受体，可在相应趋化因子作用下，呈阿米巴样定向移动，穿越毛细血管内皮细胞间隙而向炎症灶聚集，发挥生物学功能。到达炎症灶的Mϕ被局部炎症因子激活，进一步分泌MIP-1α/β、MCP-1、IL-8等趋化因子，从而诱导更多Mϕ活化和聚集。随炎症反应进程，病灶中病原体和异物逐渐被清除，Mϕ趋化反应随之减弱并自行停止。在体内，通过趋化因子产生和灭活的自我调节，使Mϕ趋化反应既有利于清除病原微生物和异物，又不至损伤自身组织，从而构成人体的有效防御机制。

2. 吞噬作用 Mϕ可借助其表面模式识别受体（如TLR、清道夫受体）识别病原体的病原相关分子模式（PAMP），从而有效吞噬病原微生物，也可通过不同机制吞噬不溶性颗粒抗原和内源性物质（如损伤或死亡的宿主细胞、细胞碎片、血栓等）。Mϕ首先在趋化因子作用下向炎症灶或抗原侵入部位趋化，然后与抗原发生黏附，并伸出伪足包围被黏附的抗原，继而伪足融合、内陷形成吞噬体（phagosome），吞噬体再与溶酶体融合形成吞噬溶酶体（phagolysome），溶酶体中溶菌酶和蛋白水解酶等可水解、消化病原体等异物，最后通过胞吐作用（exocytosis）而清除裂解后形成的小分子物质，或通过复杂的加工过程将其提呈给T细胞。（见第十章）

吞噬细胞（包括Mϕ）表面还表达Fc受体和补体受体，两者均可结合被抗体或补体覆盖的抗原（如细菌），通过调理作用增强吞噬细胞吞噬功能。

3. 抗原处理及提呈 Mϕ属专职APC，其通过吞噬（phagocytosis）、胞饮（pinocytosis）、受体介导的胞吞作用（receptor mediated endocytosis）等方式摄取抗原，经加工、处理，以抗原肽-MHC Ⅱ类分子复合物的形式提呈给$CD4^+$T细胞。（见第十章）

4. 抗微生物和胞毒作用 静息巨噬细胞其杀伤作用微弱。LPS和某些细胞因子（如IFN-γ、GM-CSF等）可激活巨噬细胞，从而有效增强其杀伤肿瘤和病毒感染细胞的功能，机制为：①PRR和调理性受体表达增加；②胞内溶酶体数目及ROI、RNI和各种水解酶浓度显著增高；③胞毒性细胞因子（TNF-α）分泌增加。

5. 分泌功能 活化的Mϕ具有活跃的分泌功能，能产生多种酶类（如各种溶酶体酶、溶菌酶、髓过氧化物酶等）、细胞因子、补体成分、凝血因子、反应性氧中介物、反应性氮中介物、防御素及其他活性物质（如前列腺素、白三烯、血小板活化因子、ACTH、内啡肽等）。

6. 免疫调节作用

（1）Mϕ正调节作用的机制：①摄取、加工处理、提呈抗原并启动免疫应答；②分泌多种具有免疫增强作用的细胞因子（如IL-1、IL-12、TNF-α等），促进免疫细胞活化、增殖、分化和产生免疫效应分子。

（2）Mϕ负调节作用的机制：过度活化的Mϕ可转变为抑制性Mϕ，通过分泌前列腺素、TGF-β、活性氧分子等抑制性因子，抑制免疫细胞活化、增殖或直接杀伤靶细胞。

7. 促炎作用 Mϕ通过上述趋化反应、吞噬作用、分泌功能等，在炎症发生、发展中发挥重要作用。尤其是Mϕ可分泌多种炎性细胞因子，具有明显致炎效应，例如：①IL-1，可激活血管内皮细胞和淋巴细胞，促进局部炎症反应；②IL-8，可趋化和激活中性粒细胞；③TNF-α，可激活血管内皮细胞和淋巴细胞，增加血管通透性；④IL-6，可激活淋巴细胞，促进抗体产生，引起发热；⑤IL-12，可激活NK细胞，并促进Th1细胞分化；⑥IFN-γ，可激活NK细胞和CTL，增强免疫应答；⑦MIP-1α/β、MCP-1和IL-8等趋化因子，可募集、活化更多巨噬细胞、中性粒细胞和淋巴细胞，发挥抗感染作用。

第二节　NK细胞和其他参与固有免疫的淋巴细胞

除T细胞和B细胞外，体内还存在一类无T和B细胞特征性表面标志的淋巴细胞，其形态学特点为胞浆内有许多嗜苯胺颗粒，故又称为大颗粒淋巴细胞（large granular lymphocyte，LGL）。此类细胞以自然杀伤细胞（natural killer cell，NK细胞）为代表，亦称（与T和B细胞并列的）第三类淋巴细胞。

一、NK细胞的一般特征

NK细胞是不同于T、B细胞、具有直接杀伤靶细胞效应的一类淋巴细胞，其对靶细胞的杀伤作用表现为一种速发效应（immediate effect），无须预先致敏，与靶细胞混合后4小时内即发挥杀伤效应。NK细胞杀伤效应的机制与CTL相似，靶细胞包括肿瘤细胞、病毒或细菌感染的细胞及机体某些正常细胞。NK细胞具有抗肿瘤、抗感染、免疫调节等功能，并参与移植排斥反应、自身免疫病和超敏反应发生。

(一) NK 细胞来源、分布及分化

NK 细胞由骨髓造血干细胞分化发育而来，具有独立于T、B细胞之外的发育途径。NK 细胞发育主要依赖于骨髓基质微环境，骨髓基质细胞来源的 IL-15 对 NK 细胞发育成熟起关键作用。另外，NK 细胞也存在骨髓外发育成熟路径，包括淋巴结、肠道、肝脏、脾脏和胸腺等微环境。

NK 细胞属性尚无一致看法，但其具有许多与T细胞相似的特征，例如：①表型为 CD2、CD8、FcεRⅡ阳性；②表达 IL-2R，在 IL-2 刺激下可增殖；③活化的 NK 细胞可产生 IFN-γ；等等。由于 NK 细胞与 T 细胞在发生上密切相关，但其受体基因不发生重排，故有人认为 NK 细胞代表 T 细胞分化中处于中间阶段的独立分支，属 T 细胞系一个特殊类型。NK 细胞由骨髓直接迁移至外周组织，绕过胸腺发育阶段，在胸腺外发育成熟，其具体过程和确切机制尚不清楚。

人和小鼠 NK 细胞主要分布于外周血（约占淋巴细胞总数 10%～15%）、脾脏，淋巴结及其他组织也有少量 NK 细胞。人肝脏含大量 NK 细胞，可达肝脏淋巴细胞总数的30%以上。肝脏遭病毒感染后，在局部微环境高水平趋化因子（如 CCL2、CCL3 和 CXCL10 等）及肝组织细胞黏附分子作用下，可进一步富集 NK 细胞。肝脏 NK 细胞的特点为：①多为不成熟 NK 细胞，在局部 IL-10 作用下可高表达抑制性受体 NKG2A，参与肝脏免疫耐受；②含肝脏特有的 iNK，可能参与胎肝造血；③杀瘤作用低下，但高表达 TRAIL，可杀伤 TRAIL 敏感的靶细胞，并参与病毒性肝炎发生；④高表达 CXCR6，参与介导 NK 细胞相关的免疫记忆。

(二) NK 细胞表面标志及分类

1. 表面标志　NK 细胞直径 10～16μm，形态上具异质性。NK 细胞表面标志多为其他免疫细胞所共有，缺少特征性标志。小鼠 NK 细胞表达 NK1.1、DX5、NK-1、Asialo GM1、Thy-1 和 Lyt、Qa、Ly49 等抗原。目前常用于检测人 NK 细胞的表面标志为：①CD16（即 Leu 抗原），是 NK 细胞表面的低亲和力 IgG Fc 受体（FcγRⅢ），此分子亦表达于中性粒细胞和嗜碱粒细胞表面；②CD56（亦称 Leu19 或 NKH-1 抗原），亦表达于 T 细胞表面；③CD57（HNK-1、Leu-7）、CD2（OKT-11、Leu-5）、CD8、P58、P70、P30 等（表 6-2）。

表 6-2　人 NK 细胞表面标志

表面标志	NK 细胞阳性率(%)	其他阳性细胞
CD16(FcγRⅢ)	80～90	粒细胞、Mf、少数 T 细胞
CD56	>95	少数 T 细胞
CD57	50～70	部分 T 细胞
CD2	10～80	所有 T 细胞
CD7		所有 T 细胞
CD8	10～80	部分 T 细胞
CD11b		粒细胞、单核细胞、部分 T 细胞
CD38	10～80	活化 T 细胞、浆细胞、造血前体细胞
CD94		部分 T 细胞
IL-2R(β 链 70)		活化 T 细胞
p58 家族		部分 T 细胞

2. 分类　NK 细胞属异质性细胞群，可分为不同功能亚类。

（1）小鼠 NK 细胞按照表型及功能分类：按 CD27 表达水平，可将 $CD11b^{hi}$ 成熟 NK 细胞分为 2 个亚群：①$CD11b^{hi}CD27^{lo}$NK 细胞，主要分布于肺脏或外周血，不存在于淋巴结中，其高表达 Ly49C/I 和 KLRG1，细胞因子分泌能力和细胞毒活性较低，受抑制性受体严格调控，具有较高活化阈值；②$CD11b^{hi}CD27^{hi}$NK 细胞，主要分布于脾脏，其低表达 Ly49C/I，可在细胞因子刺激下增殖、应答，具有较强细胞因子分泌能力、细胞毒活性和迁移能力，并可与 DC 相互作用。

（2）人 NK 细胞按照表型及功能分类：按 CD56 表达水平，可将人 NK 细胞分为 2 个亚群：①$CD56^{dim}$ NK 细胞，占外周血 NK 细胞的 90%，其低表达 CD94/NKG2A，可表达中亲和力 IL-2 受体（IL-2R βγ），高表达 CD16 和杀伤细胞免疫球蛋白样受体（KIR），以杀伤功能为主，产生细胞因子能力较低；②$CD56^{bright}$ NK 细胞，占外周血 NK 细胞总数的 10%，但占淋巴结、母胎界面、肝脏、炎症病变组织 NK 细胞总数 80%～100%，其高表达 CD94/NKG2A，可表达高中亲和力的 IL-2 受体（IL-2R αβγ），低表达 CD16、KIR、CCR7，可在细胞因子刺激下增殖、应答，具有较强分泌细胞因子能力，细胞毒活性较低。

（3）按照细胞因子表达谱分类：体外条件下，可诱导 NK 细胞分化为具有不同细胞因子表达谱的两个亚类：①NK1 细胞，可分泌 IFN-γ，对 CTL、Th1 和 γδT 细胞发挥正调控作用，参与抗肿瘤、抗病毒、抗结核应答；②NK2 细胞，可分泌 IL-5、IL-13，对 T 细胞应答具有负调节作用，参与自身免疫病（如多发性硬化

症、哮喘)等发生。

二、NK细胞表面调节性受体

NK细胞表面受体种类繁多,根据受体分子特征及功能可分为活化性受体、抑制性受体、黏附分子受体、细胞因子受体和趋化因子受体等。这些受体通过启动不同的胞内信号转导途径而介导NK细胞与靶细胞间相互作用,发挥NK细胞功能。本节仅介绍NK细胞表面的调节性受体。

(一) NK细胞调节性受体的类别

1. 按照受体对NK细胞杀伤效应的调节功能分类 NK细胞可杀伤病毒感染细胞和肿瘤细胞,而对机体正常自身细胞则无胞毒作用,表明其具有识别正常和异常组织细胞的能力。这种能力主要取决于NK细胞表面所表达的杀伤功能相关调节性受体。

(1) 活化型杀伤细胞受体(activatory killer receptor,AKR),AKR与相应配体结合可激发NK细胞杀伤作用,机制为,AKR分子胞质段较短,不能直接传递信号,但AKR可通过位于跨膜区的带电荷氨基酸残基与某些携带相反电荷的接头分子(如DAP12、DAP10或FcR)形成复合物;AKR与相应配体结合后,上述接头分子所含的免疫受体酪氨酸活化基序(ITAM)被磷酸化,从而将活化信号传至胞核内。

(2) 抑制型杀伤细胞受体(inhibitory killer receptor,IKR):IKR与相应配体结合可抑制NK细胞杀伤作用,机制为,IKR分子胞质段较长,含多个免疫受体酪氨酸抑制基序(ITIM);IKR与相应配体结合后,ITIM中的酪氨酸发生磷酸化并吸引酪氨酸磷酸化酶-1,从而抑制AKR的活化信号。

2. 根据识别受体分子结构分类 根据分子结构,可将NK细胞识别受体分为两个家族,两者均含活化性受体和抑制性受体。

(1) 杀伤细胞免疫球蛋白样受体(killer imunoglobulin-like receptor,KIR):属Ig超家族,胞外段有2~3个Ig样结构域,能识别经典HLAⅠ类分子(主要是HLA-C)。

KIR依据其胞外区所含Ig样结构区数目可分为KIR2D和KIR3D,依据KIR胞内区长短可分为"长尾"(longer,L型)和"短尾"(shorter,S型)。KIR家族中拥有长胞质段(含ITIM)的成员(如KIR2DL2、KIR2DL3)属IKR,可介导抑制信号,使NK细胞丧失杀伤活性;KIR家族中拥有短胞质段的成员(如KIR2DS2、KIR2DS3)均属AKR,其胞质内既无ITIM也无ITAM,但其跨膜区含带电荷的赖氨酸,可募集含ITAM的分子,从而介导NK细胞活化。

(2) 杀伤细胞凝集素样受体(killer lectin-like receptor,KLR):此类受体属C型凝集素分子(C-type lectin molecule)家族。

1) CD94/NKG2复合物:CD94是与C型凝集素同源的膜蛋白,但其胞质区缺乏信号传递装置,须与Ⅱ型膜分子NKG2共价结合成二聚体。NKG2家族成员包括NKG2A~F,可与CD94结合为不同复合物,①NKG2A为跨膜蛋白,其胞外区含C型凝集素结构,胞浆区含ITIM,CD94/NKG2A属IKR,可阻断NK细胞介导的胞毒作用;②NKG2C胞浆段既无ITIM也无ITAM,但其跨膜区含带电荷的赖氨酸,可募集胞浆区含ITAM基序的分子(如DAP12),故CD94/NKG2C为AKR,介导NK细胞活化。

CD94/NKG2A和CD94/NKG2C的配体均为非经典MHCⅠ类分子(人HLA-E、小鼠Qa-1b分子),但前者的亲和力更大,故生理状况下IKR作用占优势。经典MHC在内质网内合成过程中释放引导肽,从而稳定功能性HLA-E;细胞若缺乏经典MHCⅠ类分子,则影响HLA-E表达,使NK细胞缺乏抑制信号。

2) NKR-P1:属AKR,亦称NK1.1,为Ⅱ型跨膜糖蛋白。NKP-P1胞膜外C型凝集素区域含糖类蛋白识别受体,能广泛识别和结合分布于自身组织细胞、病毒感染细胞和某些肿瘤细胞表面的糖类配体,其胞浆区含ITAM,可参与NK细胞活化。

3. 根据NK细胞识别受体所结合的配体分类 根据所识别配体的性质,可将NK细胞识别受体分为两类。

(1) MHC Ⅰ类分子特异性受体:包括Ly49家族、KIR和C型凝集素分子,配体均为MHC Ⅰ类分子。例如,表达于小鼠NK细胞表面的Ly49家族,属C型凝集素家族,主要识别小鼠自身组织细胞表面MHC Ⅰa类分子($H\text{-}2D^d$、$H\text{-}2D^k$)。Ly49胞浆段含ITIM,可介导抑制信号,阻断NK细胞内ITAM转导的活化信号。

(2) 非MHC Ⅰ类分子特异性受体:其识别MHC Ⅰ类分子之外的配体(图6-5)。

1) 自然胞毒受体(natural cytotoxicity receptor,NCR):NCR是NK细胞特有的表面标志,通常在IKR/AKR丧失识别"自我"能力时参与转导NK细胞的活化信号,其配体尚不明确。NCR成员包括:①NKp46和NKp30,二者组成性表达于不同分化阶段的NK细胞表面,其本身无信号转导功能,通过与胞质区含ITAM基序的CD3ζζ结合而转导活化信号;②NKp44,是活化NK细胞的特征性标志,其本身无信号转导功能,通过与胞质区含ITAM基序的DAP-12

结合而转导活化信号。

2）NKG2D：属 NKG2 家族，但与该家族其他成员（NKG2A、B、C、E 和 F）同源性较低，也不与 CD94 结合。NKG2D 主要表达于 NK 细胞和 γδT 细胞表面，其本身无信号转导功能，通过与胞浆区含 ITAM 基序的 DAP10 结合而转导活化信号。NKG2D 的配体是人 MHC Ⅰ类分子相关基因 A、B（MICA、MICB）、UL-16 结合蛋白（ULBP）和小鼠的 Rae-1、H-60 分子。MIC A/B 主要表达于乳腺癌、卵巢癌、结肠癌、胃癌和肺癌等上皮肿瘤细胞表面，而在正常组织细胞表面缺失。

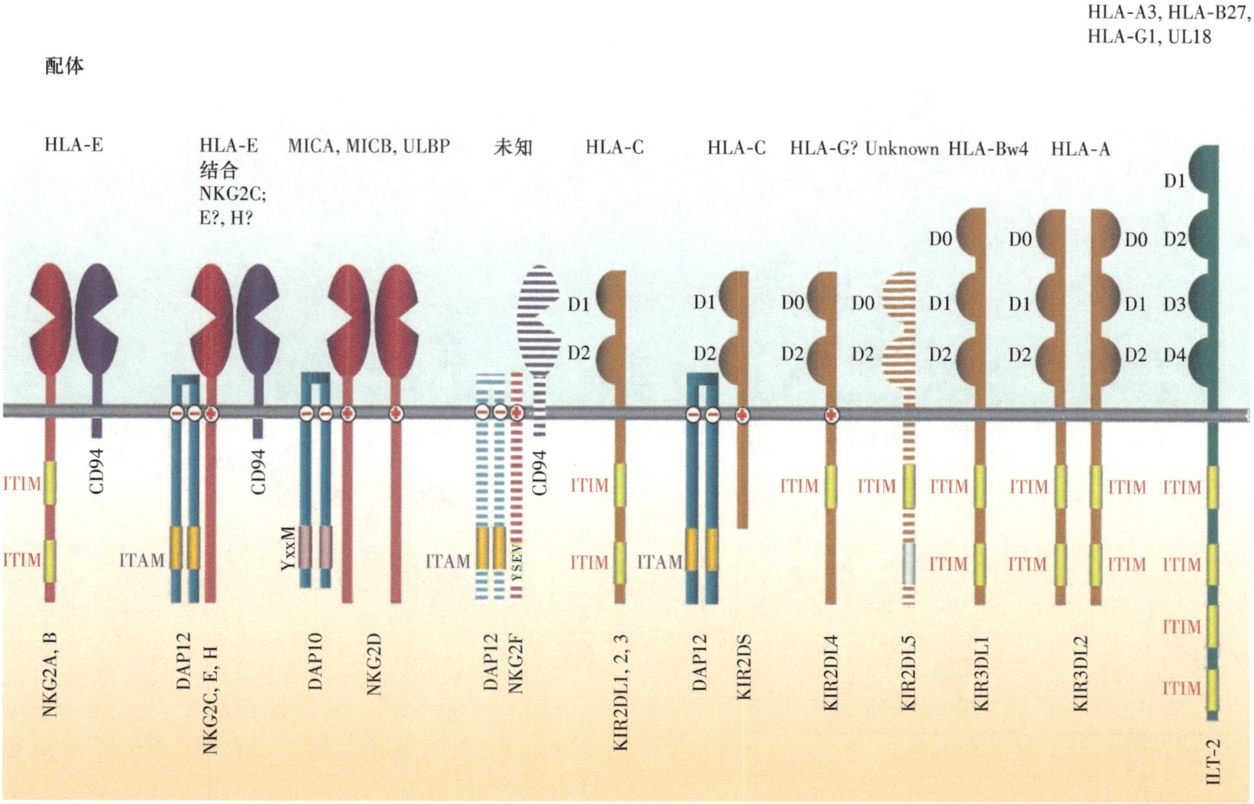

图 6-5　NK 细胞表面的调节性受体

IKR 分子胞浆段含 ITIM，AKR 分子胞浆段含 ITAM。二类受体的配体为不同类别 MHC Ⅰ类分子

（二）NK 细胞调节性受体的功能及其生物学意义

1. 调节性受体的功能　AKR 与 IKR 对调节 NK 细胞杀伤作用至关重要：①KIR 家族和 CD94/NKG2 受体家族中，能结合同一 MHC Ⅰ类基因座不同等位基因产物的 IKR 和 AKR，前者与配体具有更高亲和力，故抑制效应占优势，得以避免 NK 细胞对自身组织细胞的杀伤作用；②若靶细胞不表达能与 IKR 结合的配体，但表达可供 AKR 结合的配体，则 NK 细胞杀伤效应被激活；③若靶细胞既不表达 IKR 的配体，也不表达 AKR 的配体，则 NK 细胞不杀伤靶细胞。

2. 调节性受体的生物学意义　正常情况下，机体组织细胞表面表达自身 MHC Ⅰ类分子，故 IKR 介导的抑制作用占主导地位，表现为 NK 细胞失活，自身组织细胞不被破坏。病毒感染细胞和肿瘤细胞表面 MHC Ⅰ类分子表达减少、缺失，或 MHC Ⅰ类分子结构发生异常（如病毒肽/肿瘤肽取代自身肽，形成病毒肽/肿瘤肽-MHC Ⅰ类分子复合体，表达于细胞表面），则可影响 NK 细胞 IKR 识别相应配体，使 AKR 作用占主导地位，表现为 NK 细胞激活并发挥杀伤效应，介导靶细胞坏死或凋亡（图 6-6）。另外，滋养层细胞表面表达 HLA-G，通过与母体 NK 细胞表面 IKR 结合，参与维持母胎耐受。

对不表达 MHC Ⅰ类分子的靶细胞，NK 细胞主要依赖非 MHC Ⅰ类分子特异性的受体（即 NCR 和 NKG2D，均属 AKR）发挥杀伤作用，其机制为：①NCR 通过与接头分子 DAP12 或含 ITAM 的 CD3 ζ或 Fc εRI γ形成复合物，参与对多种肿瘤细胞的识别与杀伤；②NKG2D 与接头分子 DAP10 形成复合物，参与杀伤应激状态下发生改变的细胞或新生转化细胞。

另外，其他免疫细胞表面也可表达调节性受体，例如：①活化的 CTL 表达 HLA Ⅰ类分子特异性 IKR，后者可抑制 CTL 活化和功能；②单核细胞、DC 和髓样前体细胞可表达抑制性受体。

广义上，凡胞内段含 ITAM 结构域的受体均可被视为激活性受体，含 ITIM 的受体则为抑制性受体。不同免疫细胞表面可表达不同激活性受体及抑制性受体(表 6-3)。

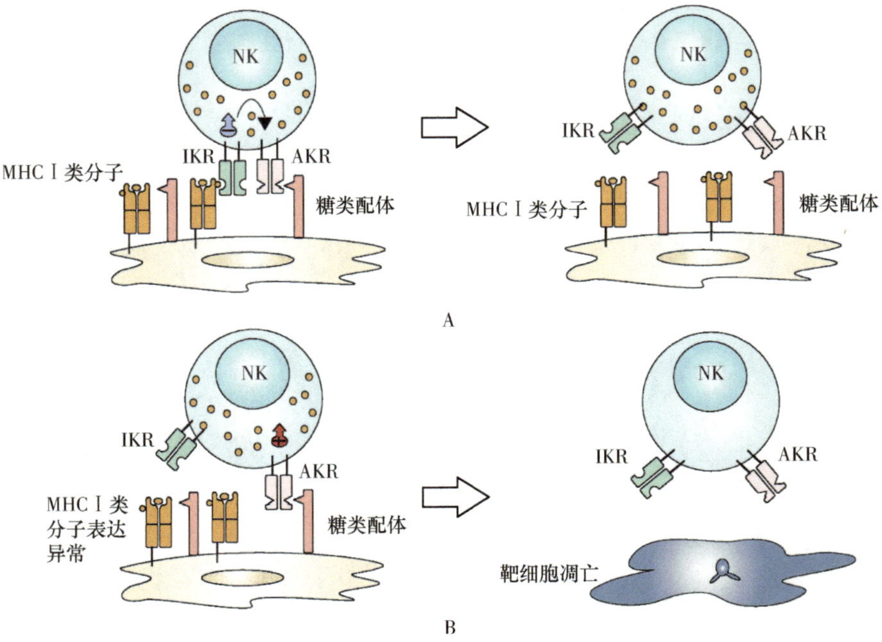

图 6-6 AKR 与 IKR 调节 NK 细胞杀伤活性

A. NK 细胞表面 IKR 识别机体正常组织细胞表面 MHC Ⅰ类分子→抑制 AKR 启动的活化信号→NK 细胞不杀伤正常细胞；B. 靶细胞表面 MHC Ⅰ类分子表达异常(缺失或表达同种异型 MHC 分子)→不能结合 IKR→AKR 被激活→NK 细胞杀伤靶细胞

表 6-3 免疫细胞调节受体

免疫细胞	激活性受体	抑制性受体
B 细胞	BCR/Igα/β	FcγRⅡB
T 细胞	TCR/CD3	CTLA-4，KIR
NK 细胞	CD16，DAP12	KIR，CD94/NKG2
肥大细胞	FcεRⅠ	FcγRⅡB，gp49B1

三、NK 细胞主要生物学功能

(一) 非特异性杀伤作用

1. 抗感染 病毒感染后，首先刺激吞噬细胞等固有免疫细胞产生 IFN-α/β、TNF-α 和 IL-12 等。这些细胞因子对控制病毒和胞内寄生菌感染具有重要意义。一般在病毒感染后 2～3 天，NK 细胞即趋化、聚集至感染灶，在上述细胞因子作用下被激活，并杀伤病毒感染细胞；同时，NK 细胞分泌 IFN-γ 和 TNF-α 等，通过干扰病毒复制和进一步活化吞噬细胞，扩大和增强机体抗感染免疫能力。NK 细胞效应发生于适应性免疫应答之前，甚至发生于病毒复制之前，故在机体针对病毒和寄生虫的抗感染免疫早期阶段发挥重要作用。

2. 抗肿瘤 NK 细胞杀瘤谱较广，可通过与瘤细胞密切接触而直接杀伤同系、同种及异种瘤细胞，也可通过 ADCC 效应杀伤被特异性 IgG 包被的瘤细胞。NK 细胞杀伤靶细胞的机制与 CTL 相似。(见第六章)

(二) 免疫调节作用

除杀伤活性外，NK 细胞具有重要的免疫调节作用，表现为：①抑制美洲商陆(PWM)诱导的 B 细胞增殖、分化，对骨髓造血干细胞有一定抑制作用；②释放 IFN-g、TNF-b 和 GM-CSF 等细胞因子，对机体免疫功能进行调节，增强机体早期抗感染免疫能力和免疫监视作用；③感染早期，NK 细胞可早于活化的 T 细胞产生 IFN-γ，从而诱导巨噬细胞活化并产生 NO、氧自由基等效应分子；④分泌 TNF-α、IFN-γ，促进 DC 表达共刺激分子和 MHC 分子，诱导单核细胞转化为成熟 DC，也可通过 NKp30、NKp46 等杀伤未成熟 DC(iDC)，发挥免疫抑制作用；⑤分泌 IFN-γ，促进 Th1 细胞极化，也可通过杀伤活化的抗原特异性 T 细胞，诱导免疫耐受形成；⑥在微环境 TGF-β作用下，人子宫蜕膜组织 $CD56^{bright}$NK 细胞高表达 CD103、CD9 和抑制性 KIR，可诱导母胎耐受；子宫 NK 细胞分泌 CXCL8 和 CXCL10，可招募滋养细胞，促进母胎界面组织重塑；子宫 NK 细胞还可分泌 IFN-γ，抑制 Th17 细胞应答，保护胎盘免受免疫攻击。

另外，NK 细胞功能也受某些细胞因子调控：①IL-12 和 TNF-α共同作用，可诱导 NK 细胞产生大量 IFN-γ；②IFN-α、IFN-β和 IL-12 协同作用，可明显增强 NK 细胞杀伤活性。

四、固有样淋巴细胞

固有样淋巴细胞（innate-like lymphocyte，ILL）包括 B1 细胞、γδT 细胞和 NKT 细胞。此类细胞可表达 RAG-1 和 RAG-2，抗原受体经历基因重排，故严格意义上仍属适应性免疫系统，但它们的功能更接近固有免疫细胞。

（一）B1 细胞

1. 来源与发育　B1 细胞即 $CD5^+$B 细胞，是个体发育中出现较早的“原始”B 细胞。根据 B1 细胞来源可将其分为 2 个亚群：①B1a，表达高水平 CD5，来源于胚胎肝脏；②B1b，表达低水平 CD5，来源于围产期肝脏和骨髓。成熟的 B1 细胞主要定居于腹腔、胸腔以及肠壁固有层。另外，慢性淋巴细胞白血病的 B 细胞均表达 CD5，一般认为来源于 B1 细胞。

B1 细胞 BCR 多为 IgM，少数为 IgD，属具有自我更新能力的长寿 B 细胞。B1 细胞在小鼠和人类占 B 细胞总数的 5%。B1 细胞发育成熟过程尚不清楚。有证据表明，B1 细胞和 B2 细胞来源于相同前体细胞，选择过程导致两个亚群分化。

2. 功能特征　B1 细胞 BCR 缺乏多样性，其识别的抗原主要为：①某些细菌表面共有的多糖抗原，如细菌脂多糖、肺炎球菌荚膜多糖和葡聚糖等，以及肠道菌群表面胆碱磷酸；②某些变性的自身抗原，如变性红细胞、变性 Ig、ssDNA 等。

B1 细胞扩增和维持依赖特异性抗原刺激，其抗体应答特点为：①对多糖抗原刺激快速应答（48 小时内），无需 T 细胞辅助，产生以 IgM 为主（以及 IgA 和 IgG3）的低亲和力抗体，这对机体早期抗感染免疫（尤其对肠道感染）和清除变性自身抗原（维持免疫自稳）具有重要意义；②增殖、分化过程中不发生 Ig 类别转换，每个 B1 细胞克隆仅产生一种类型 Ig；③无免疫记忆，再次接受相同抗原刺激后，其抗体效价与初次应答无明显差别。

B1 细胞主要承担腹腔、胸腔部位的非特异性免疫防御功能，其生物学特征见表 6-4。

表 6-4　B1 细胞生物学特征和功能

表面标志	IgM^{hi}、IgD^{low}、$B220^{low}$、$CD23^-$、$Mac\text{-}1^+$、$CD5^+$
分布	胚胎期：网膜、肝脏
	新生期：脾脏、腹腔
	成年期：腹腔、胸腔
产生 Ab 特点	类别：主要为 IgM（部分为 IgA 和 IgG3）
	反应性：多特异性、低亲和力
	识别的 Ag：细菌 Ag 成分[磷酰胆碱、α(1-3)葡聚糖、LPS]
	自身 Ag（ssDNA、Ig、甲状腺球蛋白）
	其他：卵磷脂等
相关的自身免疫病	人类：类风湿关节炎、Sjogren 综合征、SLE
	小鼠：ZB、NZB/w F1
可能的功能	产生抗细菌抗体，抵御微生物感染
	产生多种自身抗体，清除变性的自身抗原
	产生致病性自身抗体，诱发自身免疫病

另外，小鼠和人脾脏白髓边缘窦以及人淋巴结生发中心边缘区存在一类静息状态 B 细胞亚群（约占脾脏 B 细胞总数的 5%），被称为边缘区 B 细胞（marginal zone B cell，MZB）。MZB 与 B1 细胞同属固有样 B 淋巴细胞（innate-like B lymphocyte，ILB），其具有如下特征：①表型为 $IgM^{high}IgD^{low}CD21^{high}CD23^{low}CD35^{high}$，可表达 CD9，但并不高表达 CD5；②不参与淋巴细胞再循环，细胞周期短；③可对 TI-2 抗原（如 LPS）快速应答，产生 IgM 类抗体；④是机体抗感染的第一道防线（主要防御进入血流的病原体），也是体内预存的天然抗体的主要来源。（见第十二章）

B 细胞各亚类的比较见表 6-5。

表 6-5　B 细胞各亚类的比较

B 细胞亚群	功能	抗体基因	起源	定居部位
B1a	产生天然抗体	无变异	胎肝	腹腔和脾脏（分泌 Ig）
B1b	产生天然抗体	突变（+/-）	胎肝和骨髓	腹腔和脾脏（分泌 Ig）
边缘区 B 细胞	针对多糖	有少量公有突变	成年骨髓	脾脏边缘窦及淋巴结生发中心边缘
B2	针对常规蛋白	高频突变	成年骨髓	参与再循环、脾脏、血液、淋巴结

（二）γδT 细胞

γδT 细胞指 TCR 由γ链和δ链组成的 T 细胞，其生物学特征见表 6-6。

表 6-6 γδT 细胞生物学特征

特征	αβT 细胞	γδT 细胞	B 细胞
抗原-受体结构	CD3 复合物+αβTCR	CD3 复合物+γδTCR	Ig
受体数量的理论值	~10^{15}	~10^{20}	~10^{11}
抗原识别	抗原肽-MHC	蛋白质和非蛋白质	蛋白质和非蛋白质
MHC 限制性	有	罕见	无
表型	$CD4^+$或 $CD8^+$	部分为 $CD4^-CD8^-$；黏膜上皮内为 CD8（αα）单阳性	$CD19^+CD20^+$
分布	血液和淋巴组织	血液，上皮和淋巴组织	血液和淋巴组织
主要效应	CTL（$CD8^+$）	CTL	产生抗体
	释放细胞因子（Th1/Th2）	释放细胞因子（Th1>Th2）	
功能	免疫保护和消灭病原体	免疫调节和免疫监视	体液免疫

1. 来源、发育及分布 γδT 细胞与αβT 细胞具有共同的祖细胞，也在胸腺发育成熟。γδT 细胞主要分布于黏膜、上皮组织及外周血，据此可分为两个亚群：①分布于淋巴组织的亚群，其 TCR 具有高度多态性；②分布于黏膜上皮内的亚群，其 TCR 多样性非常有限。

2. 表型特征 ①γδT 细胞组成性表达 TCRγδ-CD3 复合物和 CD2 分子；②位于黏膜上皮的γδT 细胞占局部 T 细胞总数的 50%，表型多为 CD8 αα单阳性；③外周血γδT 细胞仅占成熟 T 细胞的 2%~7%，表型为 CD4 和 CD8 双阴性。

3. 识别特点 γδT 细胞 TCR 一般缺乏多样性，可直接识别某些完整的多肽抗原，无 MHC 限制性。γδT 细胞所能识别的抗原谱较窄，主要针对分枝杆菌等胞内菌的热休克蛋白（heat shock protein，HSP）、CD1 提呈的非多肽抗原（如分枝杆菌的脂类抗原）、某些磷酸化抗原（如细菌裂解产物）、疱疹病毒和牛痘病毒等糖蛋白、MHC Ⅰb 抗原、变性的核苷酸和磷脂类分子等。

4. 功能特点 γδT 细胞是表达原始 TCR 受体的第一线防御细胞，其功能为：①是皮肤黏膜局部参与早期抗感染免疫（主要针对胞内菌和某些病毒）的主要效应细胞，尤其在抗分枝杆菌感染中发挥重要作用；②对肿瘤细胞具有一定杀伤作用，也可能参与对坏死细胞的清除；③活化的 γδT 细胞可分泌多种细胞因子（如 IL-2、-4、-5、-6、-10、IFN-γ、GM-CSF 和 TNF-α 等），从而参与免疫调节。

（三）NKT 细胞

NKT 细胞（nature killer T cell）既表达 T 细胞谱系标志αβTCR 和 CD3，也表达 NK 细胞谱系标志（如人 CD56 和小鼠 NK1.1 即 CD161），由此得名。目前对 NKT 细胞命名提出质疑：①并非所有 $CD161^+$T 细胞均为 NKT 细胞，也并非全部 NKT 细胞均表达 CD161；②NKT 细胞可表达穿孔素、FasL 及其他 NK 细胞调节性受体（如 NKG2D），其主要功能并非自然杀伤的细胞毒活性。由于此类细胞仅识别由 CD1d 分子提呈的脂类和糖脂类抗原，故其更准确的命名是 CD1d 依赖性自然杀伤样 T 细胞（CD1d-dependent natural killer-like T cell）。

1. 来源与发育 NKT 细胞主要在胸腺内发育。双阳性胸腺细胞表面 CD1d 在 NKT 细胞阳性选择中发挥作用。NKT 细胞前体细胞来源于 $CD4^+CD8^+$双阳性胸腺细胞，在表达相应 TCR α链后，NKT 前体细胞与表达 CD1d-iGb3 复合物的其他双阳性细胞相互作用，发生阳性选择。存活的双阳性 NKT 前体细胞其 CD8 和 CD4 表达相继下调，发育为 $CD4^-CD8^-$双阴性细胞。经数轮分裂，这些细胞在迁出胸腺前获得记忆/效应 T 细胞表型。大部分 NKT 细胞的 NK 谱系标志（如 NK1.1）是在外周组织获得。小鼠 NKT 细胞占血和外周淋巴结中 T 细胞总数的 0.5%，占脾脏 T 细胞总数的 2.5%，占肝脏 T 细胞总数的 30%。人 NKT 细胞在相应器官的比例较低，仅相当于小鼠的 1/10。

2. 分类 根据 TCR（小鼠 Vα14-Jα18，人类 Vα24-Jα18）表达与否，可将 NKT 细胞分为两型：①Ⅰ型 NKT 细胞（type 1 NKT cell），亦称恒定 NKT 细胞（invariant NKT，iNKT），其 TCR 库多样性较局限，在小鼠由 Vα14-Jα18 和 Vβ8、Vβ7 或 Vβ2 链组成，在人由 Vα24-Jα18 和 Vβ11 链组成；②Ⅱ型 NKT 细胞，指Ⅰ型外的

其他 NKT 细胞，其 TCR 库相对多样。目前对 NKT 细胞的研究主要集中于 iNKT 细胞，其具有记忆 T 细胞或活化 T 细胞表型，TCR 与抗原结合即可诱生大量致炎和抗炎细胞因子。这些细胞因子通过影响 NK 细胞、DC、B 细胞和 T 细胞成熟而调节适应性免疫。

3. 识别及激活机制　NKT 细胞 TCR 缺乏多样性，抗原识别谱较窄，主要识别 CD1d 分子所提呈的脂类[如内源性 isoglobotrihexosylceramide（iGb3）]或微生物细胞壁糖脂类成分[如α-半乳糖苷神经酰胺（α-branched galactosylceramide，α-GalCer）]，其激活过程涉及多种免疫细胞间复杂的相互作用，尤其 NKT 细胞和 APC 相互活化是中心环节：①首先，静息的 DC 提呈α-GalCer 给 NKT 细胞，诱导 CD40L、趋化因子和 Th1、Th2 型细胞因子表达；②CD40L 与 CD40 结合，上调 DC 表达 CD40、共刺激分子（B7-1、B7-2）、IL-12 和 MHC Ⅰ、Ⅱ类分子，增强 DC 对 $CD4^+$ 和 $CD8^+$T 细胞提呈抗原，从而激发 T 细胞应答；③IL-12 进一步促进 NKT 细胞活化和 IFN-γ、IL-4、IL-13 等产生，诱导 NK 细胞、B 细胞成熟与活化。（图 6-7）

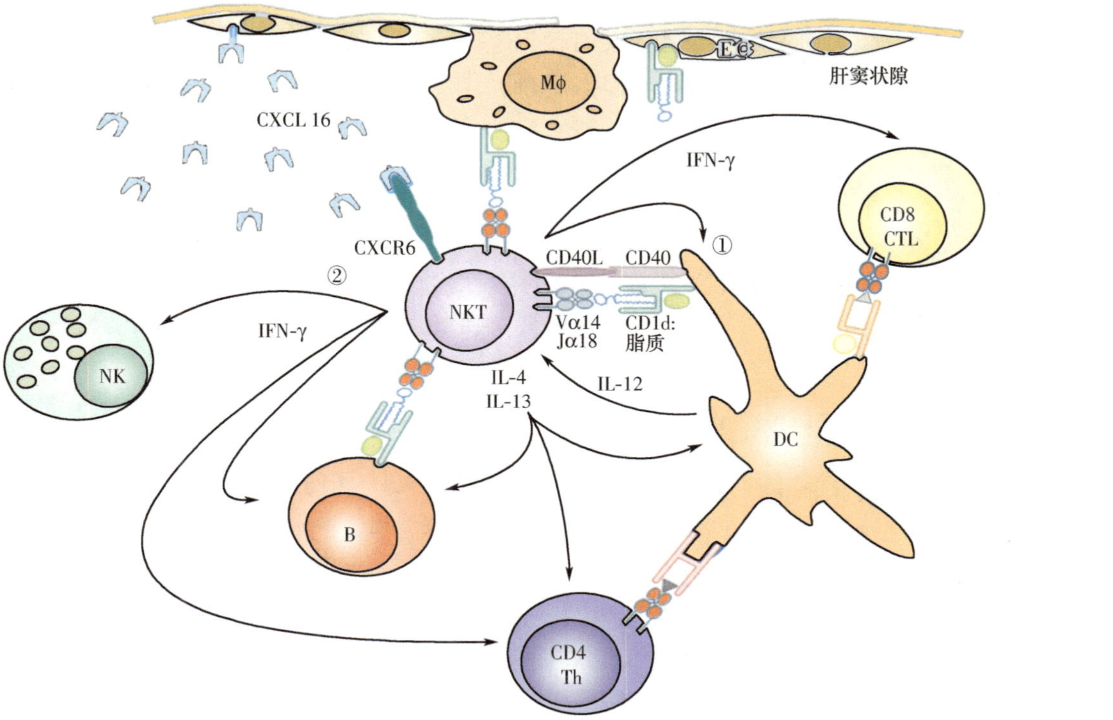

图 6-7　NKT 细胞活化及与其他免疫细胞的相互作用

①NKT 细胞活化→表达 CD40L，分泌 Th1 和 Th2 型细胞因子及趋化因子→活化 DC→引发 CD4 和 CD8T 细胞应答；②NKT 细胞→促进 B 细胞产生抗体，并快速活化 NK 细胞

4. 功能　①病毒刺激下可分泌 Th1 型细胞因子（IFN-γ），发挥保护作用；②分枝杆菌细胞壁的脂类和磷脂酰胆碱甘露糖苷，可趋化激活的 NKT 细胞，使之募集于分枝杆菌感染病灶，参与肉芽肿形成和局部抗感染免疫；③参与炎症反应及免疫调节；④参与器官移植、肿瘤、自身免疫病、过敏性疾病和感染性疾病等多种免疫病理过程。

五、固有淋巴样细胞

固有淋巴样细胞（innate lymphoid cell，ILC）是近年发现或定义的一类细胞，其在组织重构及针对微生物的固有免疫中发挥关键作用。固有淋巴样细胞尚缺乏特征性表面标志，但可表达某些淋巴样前体标志，如 IL-7 受体 α 链（IL-7Rα）和细胞因子共同受体 γ 链（γc），其发育有赖于 IL-7 参与。

ILC 可分为 3 组：①第一组 ILC（group 1 ILC），可产生 IFN-γ，但不产生 Th2 细胞与 Th17 细胞相关的细胞因子，典型代表为 NK 细胞；②第二组 ILC（group 2 ILC），即自然辅助细胞（natural helper cell 或 nuocyte），其分化有赖于 IL-7，在 IL-25、IL-33 和 TSLP（thymic stromal lymphopoietin，TSLP）刺激下，产生 Th2 型细胞因子；③第三组 ILC（group 3 ILC），指可产生 IL-17A 和/或 IL-22 的细胞（即 ILC17 和 ILC22），其分化和功能依赖转录因子 RORγt，以及 IL-7Rα，典型的细胞为淋巴样组织诱导细胞（lymphoid tissue inducer，LTi），在胚胎发育期次级淋巴器官形成中发挥重要作用。

LTi 表型为 $Lin^-c\text{-}kit^+ CD4^+ CD44^+ CD127^+ CD25^+ CD90^+ CCR6^+$，依赖转录因子 RORγt、Id-2 和 IL-7 调节其生成和功能。胚胎发育期，LTi 是首先募集至次级淋巴组织的造血来源细胞，起组织生成作用。基质细胞产生 IL-7 和 RANKL，可诱导 LTi 表达淋巴毒素-α1β2，从而激活基质细胞表达黏附分子和趋化因子，促进次级淋巴组织生成。

第三节 抗原提呈细胞及树突状细胞

早在 20 世纪 60 年代即发现，T 细胞不能直接识别天然抗原分子，而是须有赖于其他细胞辅助，并将后者称为辅助细胞（accessory cell，A cell），当时主要指巨噬细胞。其后，陆续发现其他具有此种辅助功能的细胞类别，统称为抗原提呈细胞（antigen-presenting cell，APC），指能摄取、加工、处理抗原，并以抗原肽/MHC 分子复合物形式将抗原信息表达于膜表面的一类免疫细胞，其在机体免疫应答过程中发挥重要作用。

一、抗原提呈细胞的类别

根据 APC 表面膜分子表达和功能的差异，可将其分为专职 APC 和非专职 APC（见下文）。另外，体内有核细胞均能将内源性蛋白抗原（如肿瘤抗原、病毒抗原等）降解、处理为多肽片段，以抗原肽-MHC Ⅰ类分子复合物的形式表达于细胞表面，并提呈给 $CD8^+T$ 细胞。这些细胞被称为 $CD8^+T$ 细胞杀伤作用的靶细胞，但广义上可被视为特殊类型的 APC。

（一）专职 APC

专职 APC（professional APC）可组成性表达 MHC Ⅱ类分子和共刺激分子，包括 DC（见下文）、Mϕ（见前述）、B 细胞等。

B 细胞是参与体液免疫应答的关键细胞，也是一类重要的专职 APC。B 细胞可持续表达 MHC Ⅱ类分子，有效提呈抗原给 $CD4^+T$ 细胞，也表达 CD80（尤其在病原体及 LPS 等刺激下可高表达 CD80、CD86），对活化的 Th 细胞发挥共刺激效应。与其他 APC 比较，B 细胞的抗原提呈作用具有如下特点：

（1）摄取抗原的类型：B 细胞主要摄取可溶性抗原，如某些半抗原、细菌毒素、大分子蛋白、病毒抗原、自身抗原、变应原等。DC 和巨噬细胞主要摄取颗粒抗原。另外，在局部抗原浓度很高的情况下，B 细胞也可通过胞饮作用摄入异物抗原。

（2）摄取及处理抗原的方式：B 细胞可借助其表面 BCR 与可溶性抗原的特异性 B 细胞表位结合，所形成的 BCR-抗原肽复合物被内化。摄入的抗原在 B 细胞内经处理后与 MHC Ⅱ类分子结合为复合物，表达于 B 细胞表面，并提呈给 $CD4^+T$ 细胞。由于 B 细胞通过 BCR 的特异性识别和结合而摄入抗原，故其效率极高，可将极微量（浓度可降低 1000 倍）的可溶性抗原提呈给 T 细胞。

（3）生物学意义：B 细胞的抗原提呈功能在胸腺依赖性抗原诱导的抗体产生中有重要作用，是再次免疫应答（尤其是抗原浓度低的情况下）起主要作用的 APC。

三种专职 APC 摄取和提呈抗原作用的比较见图 6-8。

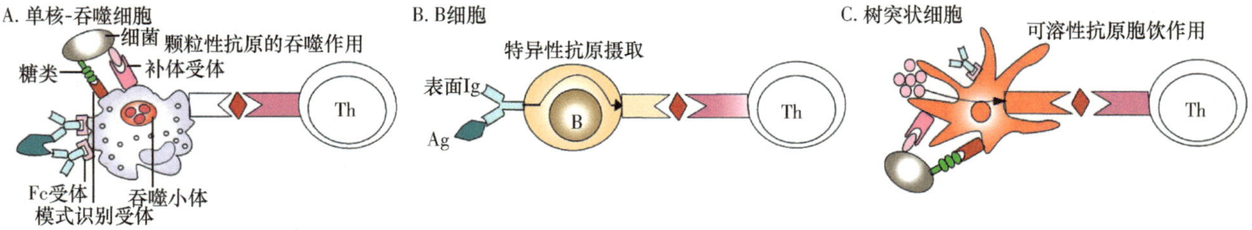

图 6-8 三类专职 APC 对抗原的摄取和提呈

巨噬细胞、B 细胞和 DC 均能对抗原进行加工、处理，并以抗原肽-MHC Ⅱ类分子复合物的形式提呈给 Th 细胞；A. 单核/巨噬细胞（及 DC）借助其表面 Fc 受体、补体受体及甘露糖受体等摄入细菌或颗粒性抗原；B. B 细胞通过其表面 BCR 特异性结合并摄取抗原；C. DC 通过胞饮作用摄取可溶性抗原

（二）非专职 APC

非专职 APC（non-professional APC）正常情况下并无抗原提呈功能，但在炎症过程中或接受 IFN-γ 等刺激后，可诱导表达 MHC Ⅱ类分子和共刺激分子，并能处理和提呈抗原。非专职 APC 包括血管内皮细胞、某些（如胸腺、甲状腺）上皮细胞和间质细胞、皮肤成纤维细胞、脑胶质细胞、胰岛 B 细胞及活化的 T 细胞等。兼职 APC 可参与炎症反应或某些自身免疫病发生，例如：人静脉内皮细胞受 IFN-γ 刺激可表达

MHC Ⅱ类分子并能提呈抗原，从而介导细胞免疫应答；甲状腺滤泡上皮细胞在某些情况下能表达MHC Ⅱ类分子，并将甲状腺球蛋白提呈给Th细胞，从而参与自身免疫性Graves甲状腺炎发生。

1. 内皮细胞 衬贴于心血管内腔表面的单层扁平细胞为血管内皮细胞，简称内皮细胞（endothelial cell，EC）。某些病理状态下（如细胞免疫应答发生的部位），EC形态与功能发生改变，表现为细胞丰满肥大、胞质内充满生物合成颗粒，呈“激活”状态，其膜抗原表达随之发生相应变化。多种因子（如血管生成素、上皮细胞生长因子、胰岛素及胰岛素样生长因子、血小板生长因子、巨噬细胞生长因子等）可调节EC增殖和生长；某些因子（如佛波醇酯、树脂样因子、TGF-β、TNF、IFN-γ、肝素等）可抑制EC生长和增殖。

EC表达多种膜分子，通过与免疫细胞相互作用而参与免疫应答，例如：

（1）ABO血型抗原：同一个体其EC与红细胞表面所表达的ABO抗原型别一致。

（2）HLA抗原：所有EC均表达HLA Ⅰ类抗原，而HLA Ⅱ类抗原表达具有选择性。例如：①人肝血窦和肾小球毛细血管EC可表达HLA DR抗原；②生理情况下，人脐静脉、动脉壁的EC不表达HLA Ⅱ类抗原；③在IFN-γ、TNF、IL-1、淋巴毒素、丝裂原等作用下，体外培养的EC可表达HLA-DR、HLA-DQ、HLA-DP抗原。

EC表面表达HLA抗原具有如下生物学意义：①混合淋巴细胞培养中，HLA Ⅱ类抗原阳性EC可刺激同种异体淋巴细胞增殖；②HLA Ⅱ类抗原阳性EC可将可溶性或颗粒抗原提呈给T细胞；③移植物EC是同种移植排斥反应的主要靶细胞，即使移植物内不含过路细胞，移植物EC表面同种异型HLA抗原仍足以强烈刺激宿主淋巴细胞，导致排斥反应。

（3）CD分子：EC表面可组成性或诱导性表达多种CD分子，从而介导EC与其他免疫细胞间相互作用，其免疫生物学意义为：①参与淋巴细胞激活与增殖反应；②参与生理状况下淋巴细胞再循环，以及炎症和免疫应答过程中血流白细胞向局部组织迁移。

（4）血管内皮细胞抗原（VEC抗原）系统：VEC抗原表达于EC表面，属次要组织相容性抗原，其编码基因也位于人第6号染色体，与HLA基因紧密连锁，并具高度多态性。VEC抗原参与移植排斥反应及某些自身免疫病发生。

2. 成纤维细胞 IFN-γ等可诱导组织成纤维细胞（fibroblastic cell）表达MHC Ⅱ类分子，使之具有抗原提呈能力，从而参与T细胞应答。另外，成纤维细胞也具有吞噬作用，但其机制不同于巨噬细胞。

3. 活化的T细胞 静止状态T细胞仅表达MHC Ⅰ类抗原，但某些激活的T细胞还能表达MHC Ⅱ类分子，从而具有提呈抗原功能，故亦属兼职APC。例如，可溶性gp120分子可被活化的$CD4^+T$细胞摄取，在胞内被处理并与MHC Ⅱ类分子结合，表达于细胞表面，从而诱发$CD4^+CTL$介导的细胞毒性效应，清除HIV感染的$CD4^+T$细胞。

二、树突状细胞

树突状细胞（dendritic cell，DC）是体内最重要的专职APC（见下文），负责对抗原的摄取、加工、处理与分类，并将抗原信息提呈给T细胞，启动抗原特异性T细胞应答。

（一）DC的生物学特征

1. 形态学和表型特征 成熟DC表面具有许多树突状突起，故得名。其胞质内无溶酶体和吞噬体，胞核形状不规则，也少见其他细胞器。DC并无特异性表面标志，其共同表面标志是Flt3受体，并表达抗原提呈分子（MHC Ⅰ类和Ⅱ类分子、CD1）、共刺激分子（CD80、CD86等）、黏附分子（CD40、CD54、β1和2整合素家族等）、细胞因子受体（GM-CSFR、IL-1R、IL-10R、IL-4R等）、与吞噬有关的受体（如FcγR、FcεR、补体受体、甘露糖受体、TLR等）。另外，小鼠DC表达NL、DC145、33D1等相对特异性标志，人DC表达CD1a、CD11c、CD83和BDCA2等相对特异性标志。

2. 来源和分布 体内DC可由骨髓髓样干细胞或淋巴样干细胞分化而来。（图6-9）

（1）DC的髓系起源：小鼠骨髓髓样前体细胞具有分化为巨噬细胞、粒细胞以及在GM-CSF作用下转化为DC的潜能。人类$CD34^+$骨髓来源的前体细胞可分化为$CD1a^-$粒细胞前体和具双潜能的前体细胞群，后者的转归为：在GM-CSF和TNF-α诱导下转化为成熟DC；在M-CSF诱导下转化为巨噬细胞。DC的髓系起源有如下依据：①GM-CSF和IL-4可在体外诱导单核细胞转化为DC；②将小鼠骨髓共同髓系前体（common myeloid progenitor，CMP）植入放射线照射的受者小鼠，可重建其脾脏和胸腺cDC和pDC（见下文）。

（2）DC的淋巴系起源：胸腺cDC及小鼠脾脏、淋巴结cDC的某些亚群可表达淋巴样细胞相关的标志分子，包括CD8α、CD4、CD2、BP1、CD25等，提示某些DC为淋巴系起源。将胸腺内低表达CD4的淋巴样前体细胞转移到放射线照射的受者小鼠，可转化为T细胞和$CD8^+$胸腺cDC。

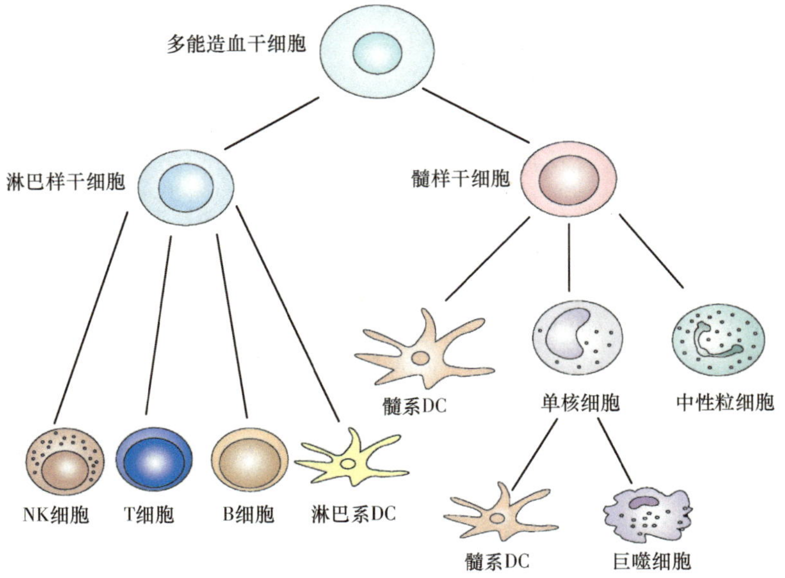

图6-9 DC的来源

DC在人体内广泛分布于脑以外的所有脏器，但其数量很少，人外周血DC不足单个核细胞的1%，小鼠脾细胞中DC仅占0.2%~0.5%。

3. 分化和成熟 不同分化、成熟阶段的DC，其生物学特征及功能各异。

（1）DC前体细胞（precursor DC，pre-DC）：指在稳态下、尚无DC表型或功能的细胞，如血循环单核细胞是髓样DC的前体。DC前体细胞经血循环或淋巴循环进入多种实体器官及非淋巴组织的上皮部位，在微生物感染、炎症刺激及某些细胞因子作用下分化、发育为未成熟DC，其确切机制尚不清楚。

（2）未成熟DC（immature DC）：外周组织的CD34+前体细胞即未成熟DC，其特征为：①高表达吞噬相关受体（如Fc受体、补体受体、甘露糖受体），可通过受体介导的内吞作用或巨吞饮、吞噬作用而有效摄取抗原；②能表达MHC Ⅱ类分子，具有强的加工、处理抗原的能力；③低表达CD80、CD86、CD40等共刺激分子和ICAM等黏附分子，故提呈抗原并刺激初始T细胞活化的能力很弱；④体外激发混合淋巴细胞反应（MLR）的能力较弱；⑤可参与诱导免疫耐受。

稳态条件下，体内绝大多数DC处于未成熟状态。来源于造血组织的未成熟DC广泛分布于全身非淋巴组织，包括上皮组织、胃肠道、生殖和泌尿管道、气道以及肝、心、肾等实质脏器的间质等，构成初级保护屏障。

（3）成熟DC（mature DC）：未成熟DC可通过其TLR直接"感知"PAMP和DAMP（见第十二章），一旦接触和摄取抗原，或受局部微环境[如微生物产物（LPS、CpG等）、炎性细胞因子（GM-CSF、IFN-γ、IL-1β、TNF-α、IL-6、IL-12等）、DC表面黏附分子]等影响，即开始从组织局部向外周淋巴器官迁移。迁移过程中，未成熟DC发生结构、功能改变而逐渐成熟，表现为：抗原摄取能力逐渐下降；膜表面高表达MHC Ⅰ类/Ⅱ类分子和共刺激分子，抗原提呈能力逐渐增强；可分泌细胞因子与趋化因子，介导炎症反应。成熟DC穿越淋巴管和（或）血管而迁移至次级淋巴组织T细胞区。

某些转录因子可调控造血前体细胞向DC分化的过程。例如：①PU.1，属ETS转录因子家族，其表达于DC和DC前体细胞，是常规DC和pDC在体内发育必需的转录因子，也调控GM-CSFR信号和FLT3L诱导造血干细胞分化为DC的作用；②Ikros，是参与调节造血功能的锌-指转录因子，其表达缺陷可致常规DC缺失。此外，GFI1（growth factor independent 1）、STAT3和STAT5也在DC发育中起作用。

4. 迁移 DC的一个重要特征是具有特殊的迁移能力，这是DC分化、成熟和发挥抗原提呈功能所必需的环节。DC迁移过程为：

（1）趋化因子介导骨髓来源的DC迁移至外周非淋巴组织：在外伤或炎症因子刺激下，单核吞噬细胞系统释放CC类趋化因子（如MIP-1α、MIP-1β、PANTES、MCP-3等），诱导骨髓或脐血CD34+DC前体细胞（高表达趋化因子受体CCR1、CCR2、CCR5、CXCR1和CXCR2）经毛细血管进入血流，进而穿越血管壁并浸润外周组织，在组织局部捕获抗原。

（2）DC由外周非淋巴组织迁移至淋巴结：进入外周非淋巴组织的DC捕获抗原，并在后续的迁移过程中逐渐成熟，其机制为：①捕获抗原而被激活的DC

其 CCR5(配体为 MIP、PANTES、MCP)表达相对减少,而 CXCR4 和 CCR7 表达增高;②淋巴结输入管高内皮小静脉(HEV)高表达 CXCL12(CXCR4 的配体)、CCL19 和 CCL21(CCR7 的配体),从而介导 DC 从外周非淋巴组织穿越 HEV 进入淋巴结(归巢)。

(3) 进入淋巴结的 DC 定居于 T 细胞区:进入淋巴结的 DC 表面高表达 CCR7、CXCR4,对淋巴结 T 细胞区高浓度 CXC 亚类趋化因子(SDF-α、MIP-3β 等)反应性明显增强,使 DC 向淋巴结 T 细胞区迁移。同时,脾脏、淋巴结 T 细胞区的成纤维网状细胞表面组成性高表达 CCL21,促进 DC 和 T 细胞间相互作用。

DC 完成迁移并定居于淋巴结 T 细胞区后,即停止合成 MHC Ⅱ类分子,但稳定高表达 p-MHC Ⅱ类分子复合物、黏附分子和多种共刺激分子,故具有很强的抗原提呈能力。成熟 DC 在 CD40L 作用下,能分泌各类细胞因子,从而有效激活初始 T 细胞并产生免疫应答。

(二) DC 分类

DC 是一类异质性的细胞群,广泛分布于机体所有组织和器官,并可分为若干类别。

1. 稳态下的 DC 类别 小鼠和人非淋巴组织、循环血液和淋巴组织内 DC 可分为 4 类。

(1) 常规 DC(conventional DC,cDC):即由骨髓共同髓系前体(CMP)分化而来的髓样 DC(myeloid DC,mDC),亦称 DC1,主要功能是参与抗原处理和提呈,也参与维持自身耐受。依据组织分布和循环迁移路径不同,cDC 可分为 2 类:①迁移 DC(migratory DC),其由外周组织的早期前体细胞发育而来,在外周组织摄取抗原后,沿引流输入淋巴管进入局部淋巴结,将抗原提呈给 T 细胞;cDC 还可分为 $CD11b^+$ DC 和 $CD11b^-$DC(后者表达 CD103);②淋巴组织定居 DC,主要分布于淋巴组织(淋巴结、脾脏和胸腺),是由淋巴组织本身前体细胞发育而来,可分为 $CD8\alpha^+$ DC(具有交叉提呈抗原的能力,主要激活 $CD8^+$CTL)、$CD4^+$ DC 和 $CD4^-CD8\alpha^-$DC(后两者可循 MHC Ⅱ类分子途径有效提呈外源性抗原)。

人 MDC 在血液中有两类前体细胞:① $CD14^+CD11c^+CD1^-$单核细胞,可在 GM-CSF、IL-4 诱导下分化为 DC1;②$CD14^-CD11^+CD1^+$细胞,可在 GM-CSF、IL-4、TGF-β 诱导下分化为郎格汉斯细胞。成熟 DC1 高表达共刺激分子、HLA-DR、CD1a 等表面标志。

(2) 浆细胞样 DC(plasmacytoid DC,pDC):即由共同淋巴系前体分化而来的淋巴样 DC(lymophoid DC,LDC),亦称 DC2,是分布于全身的静止细胞,由于其形态类似浆细胞而得名。病毒感染时,pDC 可产生大量Ⅰ型干扰素,亦称为干扰素产生细胞(IPC)。pDC 的特征性表面标志为唾液酸结合性免疫球蛋白样凝集素 H(sialic acid-binding immunoglobulin-like lectin H,SIGLECH)。另外:小鼠和人 pDC 均表达 CD45RA;小鼠 pDC 还表达骨髓基质抗原-2(BST2);人 pDC 还表达血液 DC 抗原 2(blood DC antigen 2,BDCA2)及白细胞免疫球蛋白亚家族 A 成员 4(LILRA4)。pDC 的抗原提呈功能弱,其可能通过产生大量Ⅰ型干扰素而参与针对血源性病原微生物(尤其是病毒)的抗感染免疫。另外,pDC 细胞前体在 IL-3 刺激下可分化为未成熟 pDC;在 IL-3、CD40L 共同刺激下可分化为成熟 pDC。

人 LDC 前体细胞的表型为 CD14-CD11c-IL-3Rα+(CD123),可在 IL-3 诱导下分化为 DC2。近年发现,cDC 和 pDC 均可由表达 Flt3 的早期髓系或淋巴系前体细胞产生。

(3) 朗格汉斯细胞(Langerhans cell,LC):LC 是位于皮肤表皮基底层和棘细胞间或胃肠道上皮的未成熟 DC,表面高表达 MHC Ⅰ、Ⅱ类分子和 FcγR、C3bR,胞质内含特征性 Birbeck 颗粒。皮肤中活化的 LC 很少,通过体外培养经 GM-CSF、IL-1 刺激而活化,可发生如下变化:MHC Ⅱ类分子和 CD40 表达上调;刺激同种异体 T 细胞增殖的能力增强;隐蔽的突起展开且数量和长度增加;胞内酸性细胞器和 Birbeck 颗粒减少甚至消失;特征性 CD1a 标记可能消失。

LC 与迁移性 DC 相似,可迁移至淋巴结提呈抗原。皮肤 LC 功能受神经-内分泌调控,提示神经末梢可能与皮肤 LC 的分布有关。LC 并非来源于骨髓前体细胞,而是由皮肤 Ly6C+髓样单核细胞前体细胞(是起源于胚胎发育早期的巨噬细胞)分化而来。

(4) 单核细胞来源 DC(monocyte-derived DC):炎症状态下,循环中 M-CSFR+单核细胞可快速动员并分化为具有 DC 典型特征的细胞。

2. 根据 DC 分布部位分类 DC 按其组织分布可分为 3 类:①淋巴样组织 DC,包括滤泡 DC、并指状 DC 和胸腺 DC;②非淋巴样组织 DC,包括朗格汉斯细胞和间质 DC;③循环 DC,包括外周血 DC 和隐蔽细胞。不同部位 DC 其生物学特征及命名各异(图 6-10)。

(1) 滤泡树突状细胞(follicular dendritic cell,FDC):FDC 是参与再次免疫应答的主要 APC。一般认为,FDC 可能由间质 DC 迁移至淋巴组织而生成,其表面具有树枝状突起,主要分布于淋巴结、脾脏和肠相关淋巴组织(GALT)B 细胞区的初级和次级淋巴滤泡中,是一种非迁移性细胞群体。FDC 不表达 MHC Ⅱ类分子而高表达 FcR 和 CD35(CR1)、CD21

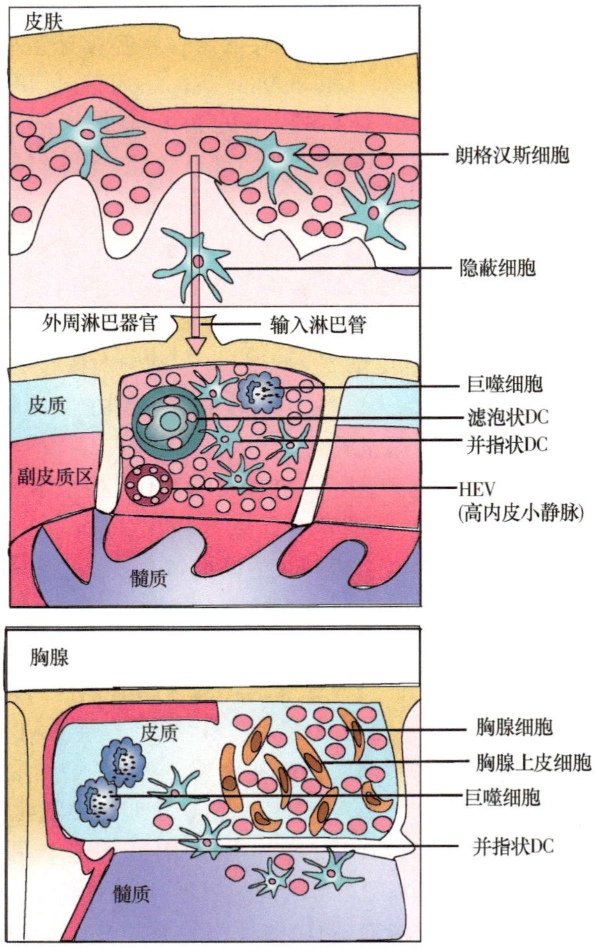

图6-10 分布于不同组织部位的 DC

骨髓来源的 DC 主要分布于淋巴组织、皮肤和黏膜；朗格汉斯细胞位于上皮组织；摄取抗原的朗格汉斯细胞经输入淋巴管（在此处称隐蔽细胞）迁入引流淋巴结的副皮质区（在此称为并指状 DC），并与 T 细胞相互作用；胸腺并指状 DC 分布于胸腺髓质；生发中心滤泡 DC（FDC）可向 B 细胞提呈抗原

（CR2），可与抗原-抗体复合物和（或）抗原-抗体-补体复合物结合，但并不发生内吞，使抗原长期滞留于细胞表面（数周、数月、甚至数年），从而参与记忆性 B 细胞产生和维持，也参与诱导和维持免疫耐受。FDC 周围聚集的 B 细胞能识别和结合被 FDC 滞留、浓缩的复合物形式的抗原，并经加工处理后提呈给 Th 细胞，从而有效激发再次免疫应答（图 6-11）。

近年发现，富含 B 细胞的次级淋巴滤泡生发中心有一类表达 MHC Ⅱ类分子的 DC，即生发中心 DC（germinal centre dendritic cell，GCDC），其可迁移至 T 细胞区并激活 T 细胞。

（2）并指状 DC（interdigitating DC，IDC）：IDC 属成熟 DC，是参与初次免疫应答的主要 APC，由皮肤 LC 移行至淋巴结衍生而来，分布于胸腺髓质和次级淋巴组织的 T 细胞区，其表面缺乏 FcR 和 C3bR，但富含 MHC Ⅰ类和Ⅱ类分子。IDC 通过其突起与周围 T 细胞密切接触，可有效将抗原提呈给特异性 T 细胞。多数 IDC 易发生凋亡，寿命短；少量 IDC 为长寿 APC，可能与维持 T 细胞免疫记忆有关。

（3）胸腺树突状细胞（thymic dendritic cell）：胸腺 DC 即胸腺并指状细胞，约占骨髓来源胸腺细胞的 0.1%，主要位于胸腺皮质/髓质交界处和髓质部分。胸腺 DC 与外周淋巴器官 IDC 均主要来源于骨髓，但两者表面标志不完全一致。人胸腺 DC 高表达自身抗原、MHC Ⅱ类分子和 CD11，其主要功能是参与 T 细胞在胸腺的阴性选择，通过清除自身反应性 T 细胞而诱导中枢自身耐受。胸腺 DC 生命周期很短，仅 2～3 周。

（4）朗格汉斯细胞（LC）：见上述。

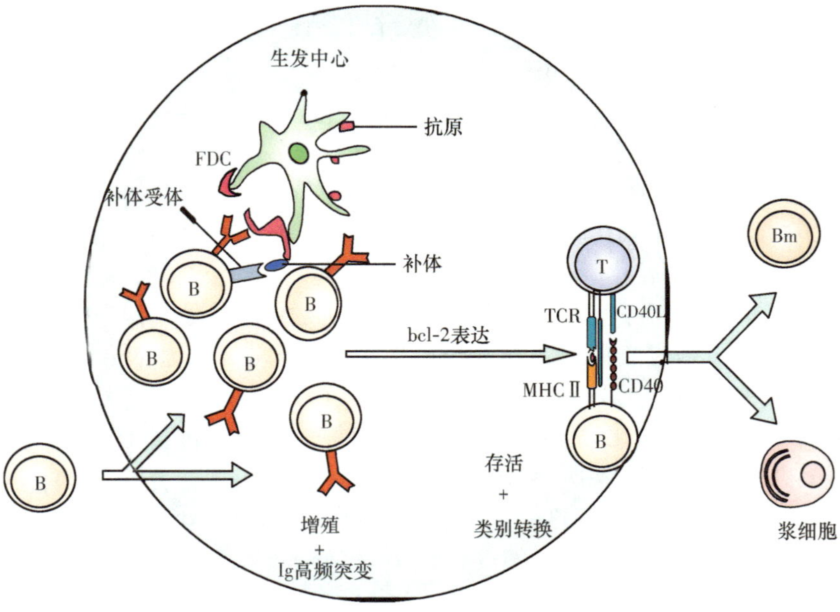

图6-11 滤泡状 DC 参与记忆性 B 细胞产生

生发中心 FDC 借助 FcR 和补体受体将 IC 和抗原长期滞留在其表面。初次识别抗原的 B 细胞进入生发中心后快速增殖并发生 BCR 基因高频突变。其中，只有表达高亲和力 BCR 的 B 细胞才能有效与 FDC 表面滞留的抗原结合，通过摄取抗原及表达 bcl-2，并与 T 细胞相互作用后免于凋亡，进而分化为记忆性 B 细胞和浆细胞

（5）间质树突状细胞（interstitial DC）：间质 DC 是分布于心、肝、肾、肺等实质器官间质毛细血管附近的未成熟 DC，其高表达 MHC Ⅱ类分子，具有不规则膜突起。间质 DC 也可分布于骨骼肌和大血管内皮下，可能与动脉粥样硬化发生有关。分布于消化道、呼吸道和泌尿生殖道黏膜的间质 DC（即黏膜 DC）是一群特殊的 DC，也称为哨兵细胞（sentinel cell），其形态和表面标志随环境不同而各异。例如，口腔黏膜 DC 表达 CD1a，含 Birbeck 颗粒；直肠 DC 表达 CD1a；气管、支气管、肺泡、大肠、小肠、阴道和宫颈黏膜 DC 高表达 MHC Ⅱ类分子。另外，大鼠间质 DC 可分布于某些免疫赦免区。

（6）循环树突状细胞（circulating DC）：循环 DC 包括两类：①外周血 DC，仅占白细胞总数的 0.1%，主要为来自骨髓的 DC 前体细胞和经血循环迁移、携带抗原的 LC 及间质 DC；②隐蔽细胞（veiled cell，VC），为输入淋巴管和淋巴液中迁移形式的 DC，分布在全身淋巴管中，其来源广泛，机体受感染、损伤等刺激后，全身各器官 DC 均迁移至淋巴管中成为 VC，故此群细胞的标志和形态各异，但一般均高表达 MHC Ⅱ类分子。VC 的生物学功能为：较强的摄取抗原能力；能在体外自发与 T 细胞形成 DC-T 细胞簇；可激活未致敏 T 细胞，启动初次免疫应答。

3. 根据 DC 成熟程度分类　包括未成熟 DC 和成熟 DC（见前文）

4. 根据 DC 功能状态分类　依据 DC 功能状态不同，可分为耐受性 DC 和调节性 DC。

（1）耐受性 DC（tolerogenic DC）：①表达吲哚胺 2，3-二氧化酶（Indoleamine 2，3-dioxygenase，IDO）的 DC，IDO 是色氨酸代谢限速酶，可促进色氨酸分解，导致色氨酸耗竭，缺少色氨酸（必需氨基酸）的 T 细胞其增殖被抑制；另外，色氨酸分解代谢产物具有细胞毒性，可介导 T 细胞凋亡；②高表达免疫球蛋白样转录物（immunoglobulin-like transcript 4，ILT4）的 DC，ILT4 与相应配体（MHC Ⅰ类分子）结合，可通过募集含 SH2 结构的磷酸酶 SHP-1 而抑制胞外信号传递，并介导胞内 Ca 离子动员和酪氨酸磷酸化，最终下调依赖 NF-κB 的共刺激分子表达，抑制抗原特异性 T 细胞活化，从而诱导免疫耐受；③未成熟 DC，其在功能上也可被视为耐受性 DC（见上文）。

（2）调节性 DC（regulatory DC）：指一类具有免疫负调节作用的 DC，例如：在含 IL-10、GM-CSF、TNF-α 或脾脏基质细胞的培养体系中，小鼠骨髓细胞可分化为 $CD11c^{low}CD45RB^{high}$ 调节性 DC；体内也存在调节性 DC 亚群，主要分布于小鼠脾脏和淋巴结，具有浆细胞样和未成熟 DC 样表型，不表达 B220、CD8、Gr-1，低表达 CD11c、CD11b、DEC-205、MHC Ⅱ、CD80 和 CD86，活化后高表达 IL-10，不表达 IL-2、IL-4、IFN-γ。此类调节性 DC 可诱导 $CD4^+CD25^-$ T 细胞转化为高分泌 IL-10 的 Tr1 细胞，介导细胞免疫耐受。

（三）DC 生物学功能

1. 抗原提呈　DC 是迄今所发现抗原提呈能力最强的一类 APC，也是唯一可活化初始 Th 细胞的 APC，是适应性免疫应答的始动者。

（1）DC 捕获可溶性抗原的途径：①受体介导的内吞作用，指 DC 借助膜表面不同受体可有效捕获低浓度抗原，如借助 Fc 受体捕获免疫复合物性抗原，借助甘露糖受体捕获甘露糖化/岩藻糖化的抗原；此途径具高效性、选择性及饱和性等特点；DC 成熟过程中，Fc 受体及甘露糖受体表达下调，其摄取抗原能力随之下降；②巨吞饮作用，DC 具有强大的液相吞饮功能，能在极低抗原浓度（10^{-10}mol/L）下有效摄取抗原；未成熟 DC 吞饮速度快、吞饮量大；③吞噬作用，DC 仅在某些特定发育阶段具一定吞噬功能；某些部位或幼稚阶段 DC 可通过吞噬作用摄取大颗粒或微生物（>0.5μm）；FDC 表面可长期储存所捕获的抗原，从而维持记忆性 B 细胞克隆和血清抗体水平。

（2）DC 对抗原的加工和处理：①DC 摄入的外源性蛋白质抗原，多数在富含 MHC Ⅱ类分子的细胞内隔室（MⅡC）中被降解成多肽，并与 MHC Ⅱ类分子结合为复合物而表达于 DC 表面，提呈给 $CD4^+$T 细胞；②少数外源性蛋白质抗原通过胞质的 TAP 依赖途径或内吞体的 TAP 非依赖途径，循 MHC Ⅰ类分子途径提呈给 $CD8^+$T 细胞；③DC 摄取的外源性脂类或糖脂类抗原主要通过 CD1 途径被加工和提呈（第九章）。

2. 激活初始 T 细胞　DC 是体内激活初始 T 细胞的最重要 APC，它既能提供初始 T 细胞活化的抗原刺激信号，也能提供共刺激信号。

3. 参与 T 细胞分化、发育

（1）参与 T 细胞在胸腺内发育：DC 作为重要的胸腺间质细胞，对 T 细胞在胸腺中的选择过程起重要作用。胸腺 DC 表面高表达 MHC Ⅱ类分子，双阳性胸腺细胞在 TCR 重排后识别 DC 表面的自身 MHC 分子，通过阳性选择而存活；进入胸腺髓质的单阳性 T 细胞，通过识别胸腺 DC 表面自身肽-MHC 分子复合物而经历阴性选择。同时，胸腺 DC 还表达 LFA-1、CD40、CD30L 和 FasL 等膜分子，它们通过与 T 细胞表面 ICAM-1、CD40L、CD30 和 Fas 相互作用，参与介导 T 细胞对自身抗原的中枢耐受。

（2）参与外周 T 细胞分化：一般认为，DC1 可分泌 IL-12，诱导 Th0 向 Th1 细胞分化；DC2 可分泌 IL-4，作用于Th0细胞使之向Th2细胞分化。

(3) 参与记忆性T细胞形成：外周淋巴器官T细胞依赖区中有极少量长寿IDC，它们可能与T记忆细胞形成和维持有关。

4. 诱导免疫耐受

(1) DC与中枢免疫耐受：①胸腺髓质DC参与T细胞的阴性选择，通过排除自身反应性克隆，在建立中枢免疫耐受中发挥重要作用；②近期发现，成熟的pDC表达CCR9及整合素α_4，从而可通过静脉途径而进入胸腺，并将内吞的抗原转运提呈给胸腺细胞，从而参与建立中枢免疫耐受。

(2) DC与外周免疫耐受：未成熟DC在外周免疫耐受中也发挥关键性作用，其机制可能是，①未成熟DC不表达或低表达共刺激分子CD80、CD86，抗原提呈时因缺乏共刺激分子信号而诱导T细胞失能(anergy)；②接受自身抗原刺激的未成熟DC，可诱导调节性T细胞产生，后者可分泌具有负调节作用的IL-10，从而参与外周耐受的建立；③高表达IDO的DC亚群(如pDC、$CD8\alpha^+DC$)，可通过耗竭色氨酸并产生致T细胞凋亡的色氨酸代谢产物而诱导T细胞耐受。

未成熟DC诱导外周耐受的特点为：①未成熟DC须摄入一定量自身抗原，此乃诱导外周耐受的前提；②未成熟DC表面的DC-SIGN受体与静止T细胞表面的ICAM-3结合，可提供自身反应性T细胞激活信号；③摄取自身抗原的未成熟DC本身可分泌IL-10，有助于耐受的诱导；④具有可逆性；⑤未成熟DC诱生的Treg细胞通过产生IL-10、TGF-β及表达CTLA-4，可下调DC表面MHC Ⅱ类分子、共刺激分子(CD80、CD86等)表达，使DC维持未成熟状态，这一反馈性调节机制有助于免疫耐受的建立。

5. 参与免疫调节 DC通过分泌不同细胞因子及改变其膜表面共刺激分子表达，可调节Th亚群分化、发育，并影响特异性免疫应答类型和强度。已报道，DC对不同$CD4^+$Th细胞功能亚群分化和功能具有调节作用。例如：①DC1通过分泌IL-12促使Th0向Th1细胞分化，并介导细胞免疫应答；②DC2通过分泌IL-4而促进Th0向Th2细胞分化，并介导体液免疫应答；③DC所分泌的IL-6、TGF-β可促进小鼠Th17细胞分化；④DC所分泌的IL-10与TGF-β可诱导Treg产生。另一方面，不同Th细胞亚群所产生的细胞因子也能影响DC发育、分化与成熟。

6. 参与B细胞发育、分化及激活 位于外周淋巴器官B细胞依赖区的FDC可参与B细胞发育、分化、激活及记忆B细胞形成和维持，其主要机制为：①促进生发中心淋巴细胞对抗原产生特异性反应；②参与B细胞膜表面高亲和力Ig表达和V基因重排；③高表达FcR、CR等受体，有利于持续附着一定量抗原，通过长时间刺激记忆B细胞，使其保持免疫记忆；④促进静止B细胞表达B7分子，并发挥抗原提呈功能；⑤释放可溶性因子，直接调节B细胞生长与分化；⑥增强细胞因子诱导的$CD40^+$B细胞生长和分化。

（四）DC与临床医学

DC是启动适应性免疫应答的关键细胞，DC分化、成熟和功能异常(过度活化或低反应性)可导致炎症反应过度或失控，参与多种免疫病理过程发生和发展。

1. DC与感染性疾病 DC与机体针对病原体(细菌、病毒、原虫)感染产生的保护性应答密切相关。DC数量和功能改变是导致感染发生、发展的重要因素。

2. DC与自身免疫病 例如：①内分泌自身免疫病患者和自发性器官特异性自身免疫病动物模型中，均存在髓系DC功能缺陷，导致调节性T细胞数量和功能异常；②SLE患者pDC表面TLR可识别宿主自身DNA、RNA及相关蛋白而被激活，从而产生大量Ⅰ型干扰素，参与SLE发病；③将正常小鼠胰腺引流淋巴液中未成熟DC输注给糖尿病小鼠，可通过诱导外周耐受而缓解病情。

3. DC与肿瘤 动物模型和临床资料显示，肿瘤微环境浸润大量抑制性细胞亚群(包括耐受性DC及M2细胞等)，与肿瘤免疫逃逸及转移密切相关。近年来，基于DC的肿瘤生物治疗获得重要进展，如2010年FDA已批准首个DC疫苗(Provenge)治疗晚期前列腺癌，其原理为：前列腺酸性磷酸酶(PAP)表达于绝大多数前列腺癌细胞和正常前列腺组织；将负载重组PAP和GM-CSF(作为佐剂)融合蛋白的自身DC回输患者，可诱导PAP特异性T细胞应答，从而杀伤表达PAP的前列腺癌细胞。其他策略包括：构建DC与肿瘤细胞的融合细胞；应用TLR9和TLR7激动剂募集pDC(具有明确的杀瘤效应)至肿瘤局部；等等。

目前，DC疫苗的临床应仍受某些因素制约，例如：多数肿瘤尚未能确定其特异性肿瘤抗原；负载单一肿瘤抗原肽的DC有可能介导肿瘤免疫耐受；DC体外扩增技术的优化及规范；DC疫苗临床应用的剂量、疗程及免疫途径等有待进一步标准化；DC疫苗可能导致部分患者出现自身耐受或超敏反应等。

第四节 其他免疫相关细胞

除上述细胞外，红细胞、各种粒细胞、肥大细胞等均参与免疫应答，也属免疫细胞。

1. 嗜酸粒细胞　嗜酸粒细胞（eosinophil，Eos）起源于骨髓多能造血干细胞，主要存在于骨髓和组织中，外周血中仅占全身嗜酸粒细胞总数的1%左右，绝对值为（0.05～0.5）×10^9/L。嗜酸粒细胞膜表面表达补体C3a、C5a、C567受体、嗜酸粒细胞趋化因子（ECF-A）受体和IgFc受体。嗜酸粒细胞胞质充满颗粒，内含多种酶类。活化的嗜酸粒细胞在体外具有弱吞噬作用。Eos具有如下功能：

（1）拮抗和调节速发型超敏反应：速发型超敏反应时，嗜酸粒细胞在ECF-A等趋化因子作用下到达反应局部，在吞噬抗原-抗体复合物和嗜碱性颗粒的同时，细胞发生脱颗粒，所释放的内容物具有如下生物学效应，组胺酶可灭活组胺；碱性蛋白MBP可中和肝素；芳香硫酸酯酶可灭活白三烯。另外，嗜酸粒细胞膜表面的花生四烯酸代谢后形成前列腺素E_1，可促使嗜碱粒细胞及肥大细胞内cAMP浓度增高，抑制细胞脱颗粒。

（2）吞噬作用：嗜酸粒细胞具有吞噬能力，但吞噬作用较缓慢，主要是选择性吞噬抗原-抗体复合物。其溶酶体可对吞噬物进行酶解，补体和抗体能增强其吞噬功能。

（3）抗寄生虫和病毒感染：例如，①在IgG和C3b参与下，嗜酸粒细胞与虫体黏附，释放碱性蛋白（MBP）、嗜酸性阳离子蛋白（ECP）、过氧化物酶、氧自由基等，杀伤血吸虫幼虫、旋毛虫和蛔虫幼虫；②嗜酸粒细胞通过释放过氧化物酶，可加强对靶细胞的攻击作用，并可清除被抗体覆盖的单纯疱疹病毒。

（4）产生炎症介质：例如，①释放白三烯等，引起毛细血管通透性增加、支气管平滑肌痉挛；②释放蛋白酶，能分解结缔组织的组织蛋白；③释放胶原酶，能分解结缔组织和肺组织的Ⅰ型、Ⅱ型胶原；④释放碱性蛋白MBP和ECP，能诱发支气管痉挛。

2. 嗜碱粒细胞　嗜碱粒细胞（basophil）来源于造血干细胞，是人血液中含量最少的白细胞，约占白细胞的0.2%。嗜碱粒细胞与肥大细胞有某些共同特征，例如：胞内均含丰富的嗜碱性颗粒；细胞膜表面表达高亲和力FcεRI和C3aR、C5aR、C567R等。嗜碱粒细胞的生物学功能为：

（1）介导超敏反应：机制为，①通过膜表面FcεR所结合的IgE特异性识别变应原，迅速脱颗粒，介导Ⅰ型超敏反应；②通过膜表面补体受体结合相应补体片段（C3a、C5a）而脱颗粒，导致血管通透性增强，利于免疫复合物沉积，参与Ⅲ型超敏反应。

（2）参与炎症反应及免疫应答：①高表达多种趋化因子受体（如CCR1、CCR2、CCR3、CXCR3和CXCR4），有利于在体内迁徙；②在LPS或C3a、C5a作用下，可释放胞内活性介质，发挥趋化、激活补体和致炎反应；③分泌IL-4和IL-13，启动和维持Th2型细胞应答，并促进IgE抗体类别转换。

3. 肥大细胞　肥大细胞（mast cell，MC）来源于造血干细胞，在祖细胞阶段即迁移至外周组织中，就地发育成熟，主要分布于皮肤、呼吸道、胃肠道黏膜下结缔组织和血管壁周围组织中。肥大细胞胞浆内充满很多特异性颗粒，其内含大量组胺、肝素、TNF-α，以及超氧化歧化酶、过氧化物酶、酸性水解酶等。黏膜中肥大细胞增殖依赖于T细胞，其颗粒中含组胺较少；结缔组织中肥大细胞增殖不依赖于T细胞，其颗粒中含组胺较多。微环境中干细胞因子（SCF）、IL-13、IL-4和IL-9可调控肥大细胞增殖和表型。

肥大细胞表面表达模式识别受体（PRR）、过敏毒素C3a/C5a受体和高亲和力IgE Fc受体，并通过与相应配体（如病原微生物或其产物的PAMP、过敏毒素C3a/C5a和特异性IgE）结合而被激活或处于致敏状态。另外，腺苷、某些趋化因子和细胞因子（如干细胞因子）、神经鞘氨醇1-磷酸（S1P）也可诱导肥大细胞激活。

肥大细胞定居的部位（邻近血管、神经和腺体）决定其易遭遇入侵的病原体，其免疫学功能为：①具有较弱吞噬作用；②可参与对病原体抗原的处理和提呈；③在LPS（或补体C3a和C5a）作用下，可释放促炎细胞因子（IL-1、4、8和TNF等），发挥趋化和致炎效应；④在变应原作用下，可释放胞内活性介质（组胺、白三烯、前列腺素D_2等），参与Ⅰ型超敏反应。

近期发现，按照肥大细胞胞质颗粒内容物的组分，可将其分为两个亚型：①MC_T，其胞质颗粒含胰蛋白酶（tryptase），主要位于呼吸道和胃肠道黏膜，肺部90% MC为此型；②MC_{TC}，其胞内含胰蛋白酶和MC特异性糜蛋白酶（chymase），主要位于结缔组织（如真皮层、胃肠道黏膜下层）。

4. 红细胞　红细胞可表达补体受体（CR），并借此与抗原-抗体-C3b复合物结合，此即免疫黏附，其生物学意义为：

（1）促进吞噬：红细胞与（结合有抗体和补体的）病毒、细菌或肿瘤细胞等黏附，可明显增强吞噬细胞对病原体和瘤细胞的吞噬作用。

（2）清除循环免疫复合物：血循环中95%以上C3b受体表达于红细胞表面，且红细胞数远大于白细胞，循环免疫复合物（CIC）与红细胞相遇的机会比白细胞大500～1000倍，故红细胞在清除体内CIC中发挥重要作用。黏附有IC的红细胞经过肝脏和脾脏，IC可脱落下来，而红细胞再次进入循环。由此，红细胞可结合、固定、聚集 IC 或微生物，并将后者递交给吞噬细胞，从而避免 IC 沉积致病。

(3) 调节免疫应答：红细胞可吸附和携带血流中的抗原，阻止抗原全部或同时被 APC 摄取，或同时与 B 细胞接触，从而在调节机体免疫应答强度中发挥独特的缓冲作用。

(4) 增强 T 细胞依赖性应答：红细胞有双重黏附特性，既可黏附 IC，又可与自身胸腺细胞和 T 细胞黏附，从而可将抗原传递给胸腺细胞和 T 细胞，增强 T 细胞依赖的免疫应答。

5. 血小板 血小板(platelet)除凝血作用外，还参与免疫应答和炎症反应。例如：多种免疫病理过程导致内皮细胞损伤，血小板黏附并聚集在受损的血管组织内皮细胞表面，释放含血清素和纤维蛋白原的颗粒，从而增强毛细血管通透性、激活补体并吸引白细胞，并参与微血栓形成，进一步加重组织损伤。

(方 敏 郑 芳 龚非力)

第七章 参与适应性免疫应答的淋巴细胞

参与适应性免疫应答的细胞包括T淋巴细胞、B淋巴细胞和抗原提呈细胞(见第六章)。T、B淋巴细胞是构成机体免疫系统的主要细胞类别,分布于淋巴器官、淋巴组织及外周血血循环中,淋巴细胞约占外周血白细胞总数的30%。淋巴细胞及其亚群在免疫应答过程中相互协作、相互制约,共同完成对抗原物质的识别、应答和清除,从而维持机体内环境稳定。

T淋巴细胞(T lymphocyte)即胸腺依赖性淋巴细胞(thymus-dependent lymphocyte),简称T细胞(T cell),是一类功能极为活跃的细胞群体,其介导细胞免疫应答,并在针对TD-Ag的体液免疫应答中发挥重要辅助及调节作用。T细胞来源于造血干细胞,在胸腺中发育成熟。外周血中,T细胞约占淋巴细胞总数的60%左右。

B淋巴细胞(B lymphocyte)简称B细胞(B cell),由哺乳动物骨髓或鸟类法氏囊内淋巴样前体细胞分化、发育而来。成熟B细胞主要定居于淋巴结皮质浅层淋巴小结和脾脏红髓及白髓淋巴小结内。外周血中,B细胞约占淋巴细胞总数的10%~15%。B细胞是机体产生抗体(免疫球蛋白)的细胞,主要执行体液免疫,也具有抗原提呈功能。

第一节 T/B淋巴细胞来源与分化

如同所有血液细胞,T、B细胞均由骨髓造血干细胞(HSC)分化、发育而来(图7-1)。在骨髓微环境影响下,HSC在骨髓中依次分化为多能祖细胞(multipotent progenitor, MPP)→共同淋巴样祖细胞(common lymphoid progenitor, CLP)和共同髓样祖细胞(common myeloid progenitor, CMP),CLP进一步分化为祖T细胞和祖B细胞。祖T细胞随血循环迁移至胸腺,分化、发育为成熟T细胞,被输送至外周淋巴组织;祖B细胞继续在骨髓分化、发育,成熟后被输送至外周淋巴器官。

骨髓HSC发育分化为淋巴细胞过程中,涉及一系列非常复杂的发育生物学事件,如抗原识别受体基因重排、阳性选择和阴性选择、淋巴细胞分化过程中的转录因子调控等。

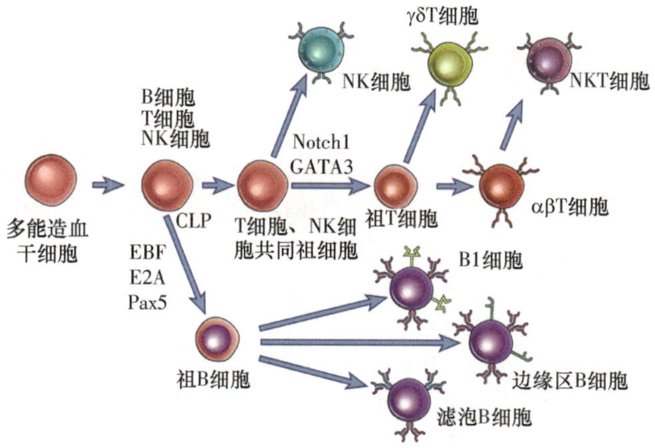

图7-1 骨髓HSC-淋巴干细胞分化、发育示意图

HSC分化为CMP(未显示)和CLP,CLP经祖细胞阶段分化为T细胞、B细胞、NK细胞和部分DC(未显示);转录因子EBF、E2A和Pax-5介导CLP→祖B细胞→滤泡B细胞、边缘区B细胞和B1细胞;Notch-1和GATA-3介导T细胞、NK细胞共同祖细胞→祖T细胞→αβT、γδT或NKT细胞

一、T细胞分化、发育

淋巴样前体细胞(lymphoid precursor)进入胸腺,经历一系列有序的TCR基因重排与表达、细胞增殖、抗原诱导选择等过程,发育为成熟T细胞。胸腺是T细胞分化、发育的主要场所,胸腺中处于不同分化阶段的T细胞统称胸腺细胞(thymocyte),胸腺微环境是诱导并调控T细胞分化、发育的关键因素。T细胞发育的不同阶段,其表型(如TCRαβ、CD3、CD4和CD8等)各异(图7-2),涉及严密而复杂的调节机制。

体内存在可识别各种抗原的特异性T细胞,其总和称为T细胞库(T cell repertoire)。成熟的T细胞库具有两个基本特征:①T细胞识别抗原受MHC限制,即TCR不仅特异性识别由APC加工、处理的抗原肽,同时须识别与抗原肽结合为复合物的MHC分子(见第五章);②机体T细胞库一般不对自身MHC分子所结合的自身抗原肽产生应答,此即自身耐受。

1. T细胞发育阶段与胸腺细胞TCR-V区基因随机重排 小鼠实验显示,进入胸腺的T细胞前体首先进入胸腺小叶皮、髓质交界处,随后迁移至皮质并聚集于被膜下区,含TCR胚系基因的$CD4^-CD8^-$胸腺细胞在此分化为表达功能性TCR的$CD4^+CD8^+$双阳性细胞，继而迁移至髓质，在该处分化为成熟 T 细胞。此过程中，T 细胞受体（TCR）逐渐成熟，表达不同分化抗原（如 CD4 和 CD8 等），并获得 MHC 限制性识别能力。

以αβT 细胞为例：最初进入胸腺的前体细胞为 $CD34^+CD1A^-$，既无 TCR 基因重排，也无重组活化基因 1（recombination-activating gene 1，RAG1）表达。前体细胞在胸腺微环境中分化发育为 $CD34^+CD1A^+$，具备了定向分化为 T 细胞的能力，并依次分化为不成熟的 CD4 单阳性细胞（$CD4^+$，$CD4^+$ISP）、早期双阳性细胞（$CD4^+$ CD8 α^+，early double positive cell，EDP）和 $CD4^+CD8^+$双阳性细胞（double positive cell，DP）。在上述阶段，仅进行 TCR β链基因重排的细胞才能被选择存活并继续发育，此过程称为β选择（βselection）（图 7-3）。此后启动 TCR α链基因重排，表达功能性αβTCR 的双阳性 T 细胞进入后续的阳性和阴性选择过程。

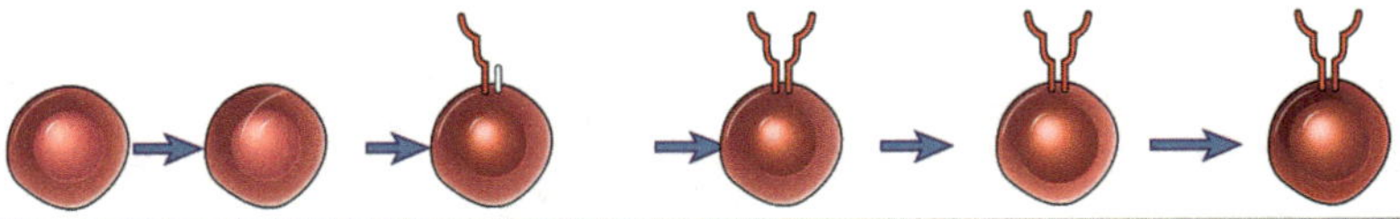

细胞成熟阶段	干细胞	祖T细胞	前T细胞	双阳性T细胞(DP)	单阳性T细胞(SP)	初始成熟T细胞
增殖						
RAG 表达						
TdT 表达						
TCR DNA RNA	胚系DNA	胚系DNA	重组β,α链基因 [V(D)J–C] β链mRNA	重组β,α链基因 [V(D)J–C] β、α链mRNA	重组β,α链基因 [V(D)J–C] β、α链mRNA	重组β,α链基因 [V(D)J–C] β、α链mRNA
TCR 表达	无	无	前TCR (β链/前Tα)	膜αβTCR	膜αβTCR	膜αβTCR
表面标志	c-kit$^+$ CD44$^+$ CD25$^-$	c-kit$^+$ CD44$^+$ CD25$^+$	c-kit$^+$ CD44$^-$ CD25$^+$	$CD4^+CD8^+$ TCR/$CD3^{lo}$	$CD4^+CD8^-$or $CD4^-CD8^+$ TCR/$CD3^{hi}$	$CD4^+CD8^-$or $CD4^-CD8^+$ TCR/$CD3^{hi}$
解剖学定位	骨髓	胸腺	胸腺	胸腺	胸腺	外周
对抗原反应性	无	无	无	阳性和阴性选择		激活（增殖和分化）

图 7-2 不同发育阶段的 T 细胞及其表型

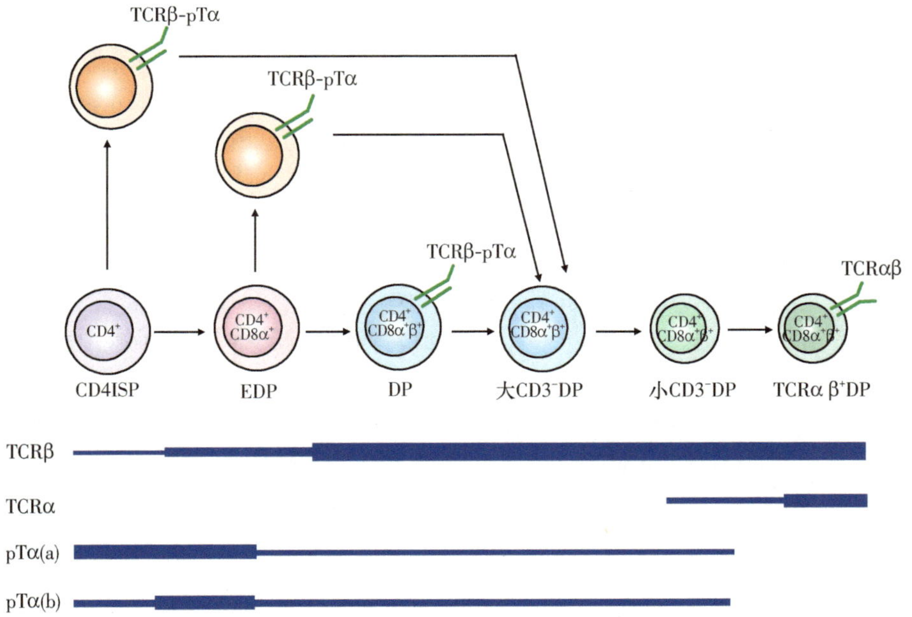

图 7-3 T 细胞发育阶段的β选择

未成熟 CD4 单阳性（$CD4^+$ immature single-positive，CD4ISP），早期双阳性（early double positive，EDP），双阳性（double positive，DP）

T 细胞发育过程中,TCR 发生一系列有序的基因表达和关闭。最早开始表达的 T 细胞特异性基因是 CD3δ;随即出现 pre-TCR 替代轻链 pTα mRNA,以及 TCRβ 的胚系转录本;其后 RAG-1 和 RAG-2 表达。在 RAG 作用下,TCRβ 基因进行 V、D、J 基因片段重排及表达。胸腺细胞表面出现由 pTα 和 TCRβ 片段组装而成的 pre-TCR,其与 CD3(γ、δ、ε 链)共同启动信号转导,可介导下列效应:①T 细胞进一步增殖(克隆扩增);②暂时性下调 RAG-1 和 RAG-2 表达;③关闭 TCRβ 基因的进一步重排,以确保只有一个 TCRβ 等位基因进行重排,此即等位基因排除(allelic exclusion)。同时,TCRα 基因也开始重排,但该基因 V、J 片段正常水平的重排发生于细胞已回复至静止状态后,故此前 RAG 活性尚处于抑制状态。最后,这些细胞表达成熟的 TCRαβ,而 pTα 及 RAG-1、RAG-2 表达被关闭。仅功能性 TCRαβ 表达关闭的细胞才能经历选择过程。

在此阶段,由于每个胸腺细胞发生的 V 区基因重排为随机性,所表达 TCR 是自己所特有,故在胸腺中形成众多胸腺细胞克隆,这是机体 T 细胞库可识别各种抗原的基础。

2. T 细胞发育的 MHC 限制性选择 T 细胞发育的 MHC 限制性选择依赖于其 TCR 在胸腺识别 pMHC,DP 细胞经历阳性选择,分化为仅表达 CD4 或 CD8 的单阳性细胞(single positive cell,SP),并获得 MHC 限制性识别能力;SP 经历阴性选择,获得对自身抗原的耐受性,最终发育为成熟的 T 细胞,然后迁出胸腺进入血循环,移居于周围淋巴组织。

(1)T 细胞发育的阳性选择:$CD4^+CD8^+$TCR αβ 细胞属非成熟细胞,尚需经历由 TCR αβ介导的阳性选择(positive selection),其机制为,①若 DP 细胞的 TCR αβ能与胸腺皮质上皮细胞表面自身肽-MHC Ⅰ类分子复合物以适度亲和力结合,转录因子 Runx 3 活化,则 DP 细胞表面 CD8 表达上调,CD4 表达下调直至缺失,分化为 $CD4^-CD8^+$SP 细胞;②若 DP 细胞 TCR αβ可与胸腺皮质基质细胞表面自身肽-MHC Ⅱ类分子复合物以适度亲和力结合,Thpok 活化,则 DP 细胞表面 CD4 表达上调,CD8 表达下调直至缺失,分化为 $CD4^+CD8^-$SP 细胞;③若 DP 细胞 TCR αβ不能与自身肽-MHC 分子复合物结合,则在胸腺皮质内凋亡而被清除。通过阳性选择,$CD4^-CD8^+$和 $CD4^+CD8^-$ T 细胞分别获得 MHC Ⅰ类分子和 MHC Ⅱ类分子限制性的识别能力。

(2)T 细胞发育的阴性选择:经历阳性选择的胸腺细胞还须通过阴性选择(negative selection),才发育为成熟的、能识别外来抗原的 T 细胞。已发现,胸腺髓质上皮细胞(medullary thymic epithelial cell,mTEC)受自身免疫调节蛋白(autoimmune regulator,AIRE)和表观遗传机制调控,可镜像表达与其功能无关的自身外周组织限制性抗原(tissue-restricted antigen,TRA)。mTEC 所表达的 TRA 可通过播散或胞外转运等方式,被位于胸腺皮质与髓质交界处的 DC 和巨噬细胞摄取,并以自身异位抗原(TRA)-MHC 复合物的形式提呈给胸腺细胞。在胸腺髓质内,凡能识别并高亲和力结合异位抗原-MHC 复合物的自身反应性 T 细胞,即发生凋亡而被清除,或转变为失能(anergy);不能识别该复合物的胸腺细胞克隆则继续发育。由此,胸腺细胞通过阴性选择而获得对自身抗原的耐受性。此外,mTEC 亦可直接参与阴性选择,其机制是:经历阳性选择的胸腺细胞若能以高亲和力与 mTEC 所表达的 TRA-MHC 分子复合物结合,将发生凋亡而被清除。

经历上述阳性和阴性选择,胸腺细胞分化、发育为成熟 T 细胞,其特征为:①表达功能性 TCR;②属 CD4 或 CD8 单阳性细胞;③具有 MHC 限制性识别能力;④一般不针对自身抗原产生应答。成熟 T 细胞离开胸腺,随血循环迁移至周围淋巴器官(图 7-4)。

二、B 细胞分化、发育

B 细胞分化、发育可分为两个阶段(图 7-5):①祖 B 细胞来源于骨髓淋巴干细胞,其在骨髓内分化、发育为成熟 B 细胞,此为中枢发育;②成熟 B 细胞迁移至外周淋巴组织,经抗原刺激而分化为可产生抗体的浆细胞,此为外周发育。

1. 中枢发育 骨髓中祖 B 细胞在骨髓内经历祖 B 细胞、前 B 细胞、未成熟 B 细胞等阶段而发育为成熟 B 细胞,此过程即 B 细胞的中枢发育,亦称 B 细胞发育的抗原非依赖期(图 7-6)。B 细胞中枢发育始终围绕功能性 BCR V 区基因重排、BCR 表达、阴性选择与受体编辑等,此过程与骨髓造血微环境密切相关,尤其骨髓基质中细胞因子和黏附分子是参与 B 细胞发育的关键因素。

(1)祖 B 细胞(progenitor B cell)阶段:此阶段,Ig 先发生重链 μ 链 D-J 区基因重排,然后进行 V-D-J 区基因重排。并表达 CD19、CD20 和 MHC Ⅱ类分子。

(2)前 B 细胞(precursor B cell)阶段:前 B 细胞开始表达重链 μ 链(Igμ),并由 Igμ 与 λ 和 Vpre-B 构成的假性轻链及信各异转导分子 Igα、Igβ 链共同构成前 B 细胞受体(pre-B cell receptor,pre-BCR)。pre-BCR 可增强 B 细胞对 IL-7 的反应性,与 IL-7 信号协同促进前 B 细胞大量增殖。在 pre-B 细胞阶段的后期，Ig轻链开始进行重排。由于mIg表达阴性，故pre-B细胞并不能识别抗原物质，无免疫功能。

（3）未成熟B细胞（immature B cell）阶段：Ig轻链开始表达，并代替假性轻链，和Igμ形成可识别抗原、特异性各异的BCR，进入未成熟B细胞（$mIgM^{+}$ $mIgD^{-}$）分化阶段。

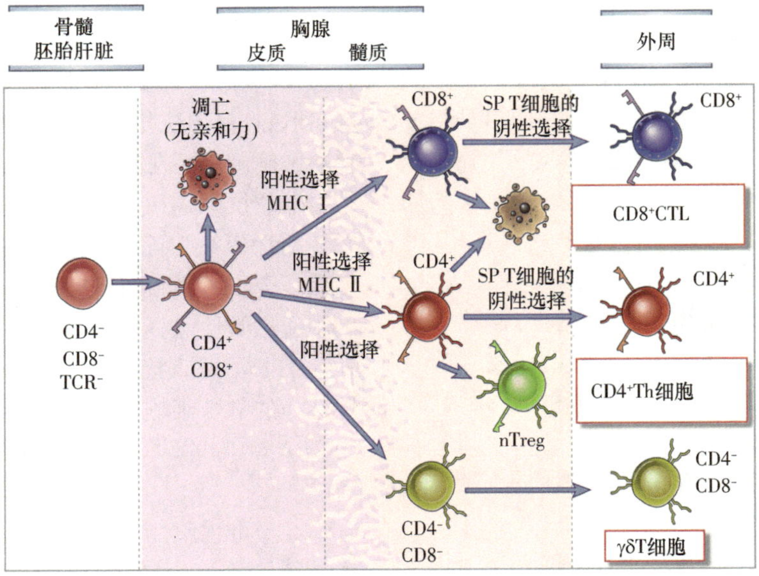

图7-4　T细胞在胸腺经历阳性选择与阴性选择

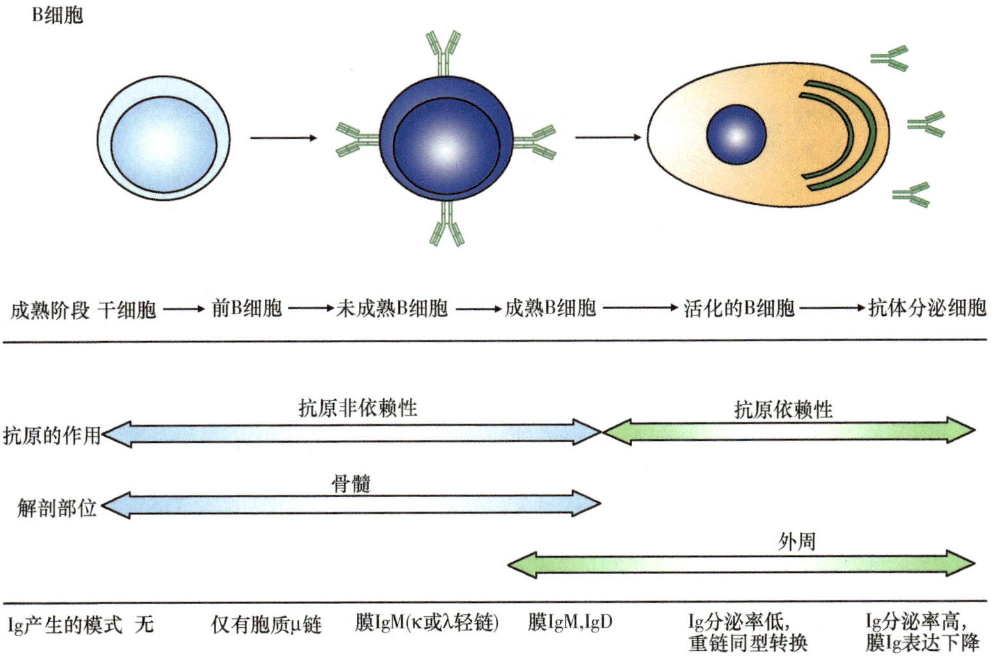

图7-5　B细胞分化、发育的两个阶段

抗原非依赖期：骨髓多能造血干细胞→祖B细胞→前B细胞→未成熟B细胞（mIgM+）→成熟B细胞（mIgM+mIgD+）；抗原依赖期：成熟B细胞（mIgM+mIgD+）迁移至外周→初始B细胞→抗原刺激→增殖、分化为产生抗体的浆细胞（mIgD消失）和记忆性B细胞

1）阴性选择：①凡BCR可高亲和力结合多价自身抗原（多为膜结合抗原）的B细胞克隆，即发生凋亡而被删除；②BCR与单价可溶性抗原结合，启动胞内抑制信号，可导致自身反应性B细胞克隆失能或忽视。

2）受体编辑：部分未成熟自身反应性B细胞与自身抗原以高亲和力结合，激活重组激活基因（recombination activating gene，RAG），通过轻链V-Jκ链基因重排，产生新的轻链，其BCR特异性改变，不对自身抗原产生应答。（见第十二章）

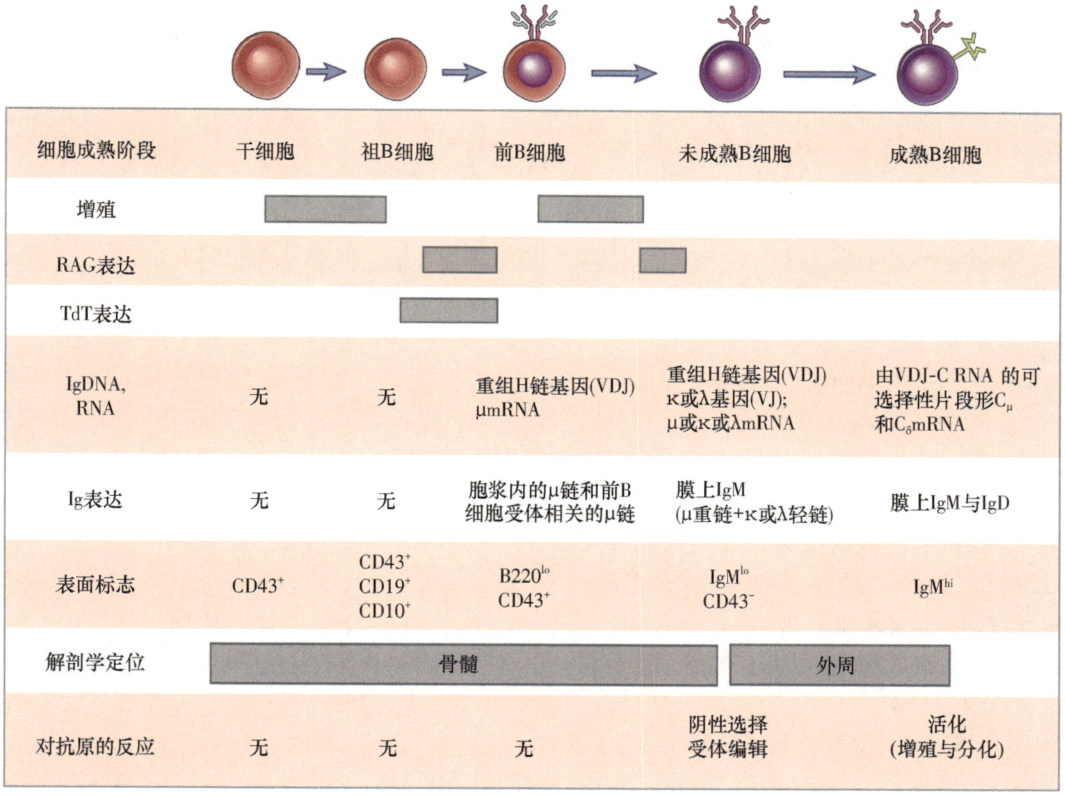

图 7-6 不同发育阶段的 B 细胞及其表型

3）凡 BCR 不能与自身抗原结合的 B 细胞克隆，则将发育成熟，形成能识别外来抗原的众多特异性 B 细胞克隆。异常情况下，自身反应性 B 细胞若逃逸上述选择而存活，则将导致自身免疫病发生。

通过上述选择过程，部分 B 细胞留在骨髓中继续分化、发育，另一部分 B 细胞则进入脾脏继续生长，称为过渡型 B 细胞（transitional B cell），按照表型不同可分为 T1B 细胞（$IgM^{high}IgD^{low}CD21^{-}CD23^{+}$）和 T2B 细胞（$IgM^{inter}IgD^{high}CD21^{+}CD23^{+}$）。

（4）成熟 B 细胞（mature B cell）：经上述分化、发育过程所形成的成熟 B 细胞，其生物学特征为：细胞表面同时表达 mIgM 和 mIgD，且均与 Igα 和 Igβ 结合为复合物；表达 CD19、CD21 和 CD81 组成的辅助受体，并表达补体受体、丝裂原受体和细胞因子受体等。成熟 B 细胞随血液循环进入外周淋巴器官，未受抗原刺激的成熟 B 细胞称为初始 B 细胞（naïve B cell）。

2. 外周发育 成熟 B 细胞迁移、定居于外周免疫器官。若接受抗原刺激，B 细胞即增殖、分化为浆细胞并产生抗体，此即 B 细胞的外周发育，亦称 B 细胞发育的抗原依赖期，此分化过程有赖于 T 细胞辅助。其过程为：成熟 B 细胞接受外来抗原刺激，在外周淋巴组织内特异性 T 细胞辅助下被激活，随之进入增殖状态并形成生发中心；生发中心母细胞（$IgM^{+}IgD^{-}CD38^{+}CD77^{+}$B 细胞）分裂、增殖并紧密聚集，形成生发中心暗区，与众多滤泡树突状细胞（FDC）接触而形成明区；在 APC（主要是 FDC）和 Th 细胞（主要是 Th2 和 Tfh 细胞）协助下，生发中心母细胞快速分裂，增殖为体积较小的子代细胞即生发中心细胞（$IgM^{+}IgD^{-}CD38^{+}CD77^{+}$），其中大部分 B 细胞发生凋亡，仅部分 B 细胞继续分化发育，发生体细胞高频突变、Ig 亲和力成熟（affinity maturation）和类别转换（class switching），可高亲和力结合抗原并表达 Bcl-2 蛋白，从而避免凋亡，并最终形成浆细胞和记忆性 B 细胞（见第十一章、第十二章）。

三、淋巴细胞发育的调节

1. 转录性调节 淋巴细胞发育过程中，基因表达是一个有序、受到严密调控的过程，其中转录调节（transcriptional regulation）即为一种重要的调节方式。此调节作用通过一系列转录因子与基因调控元件（即启动子和增强子）相结合而实现（图 7-7）。

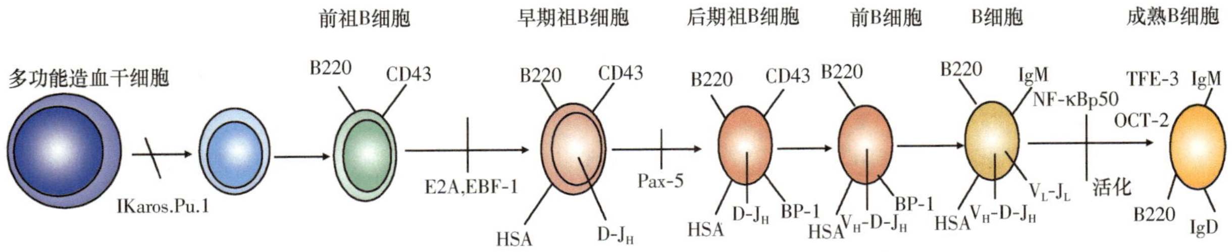

图 7-7 转录因子基因敲除与小鼠造血细胞发育阻滞模式图

图中横线表示敲除相应转录因子导致 B 细胞发育受阻

2. SUMO 修饰 SUMO 属泛素相关蛋白 Sentrin 家族，其通过与细胞内其他蛋白结合，可修饰蛋白分子或参与蛋白迁移，发挥相应调节作用。已发现，SUMO 可修饰 1000 余种蛋白（多为转录因子），参与转录调节、核转运、维持基因组完整性及信号转导等多种细胞内分子事件。例如：SUMO 修饰 STAT5 蛋白，可阻断胚胎期 B 细胞和 T 细胞发育；SUMO 通过影响 STAT5 磷酸化和乙酰化，可调控淋巴细胞分化。

3. microRNA（miRNA）调节 淋巴细胞发育时基因表达最初由转录因子驱使，后一阶段则由 miRNA 介导。miRNA 是内源性非编码 RNA，最初在核内产生。较长的初始 miRNA 转录产物由核糖核酸内切酶 Drosha 加工为较短的前 miRNA，并被转运至细胞质。在胞质内，前 miRNA 被另一种核糖核酸内切酶 Dicer 加工为短的（约含 21 ~ 22 碱基）双链 miRNA，其中一条链可与细胞内多种 mRNA 互补配对。这些相关的 mRNA 与蛋白质组成 RNA 诱导的沉默复合物（RISC）。若其中含 6 ~ 8 个碱基对的 miRNA 种子序列不能与 mRNA 完全互补，则这种 mRNA 即不能被有效翻译。一旦完全互补，mRNA 会被降解。无论哪种情况，均导致 miRNA 靶向的基因所编码蛋白质丰度减少。已证明，miRNA 参与 T/B 细胞发育、活化、Th 细胞亚群可塑性及相互转化。

第二节 T 细胞

成熟的 T 细胞在外周淋巴器官识别抗原提呈细胞所提呈的特异性抗原并被激活，分化为效应性和记忆性 T 细胞，参与适应性免疫应答和免疫记忆的维持。依据 T 细胞表面标志及功能特征，可将 T 细胞分为不同亚群。

一、T 细胞的重要表面标志

T 细胞表面标志即其表面膜蛋白（包括各种表面受体和表面抗原），是 T 细胞与其他免疫细胞相互作用、接受信号刺激并产生应答的物质基础，亦是鉴定 T 细胞及其亚群的重要依据，并可用于 T 细胞分离。其中，TCR、CD3 和 CD2 是成熟 T 细胞各亚群的共同标志。

（一）T 细胞表面受体

1. T 细胞抗原受体（T cell antigen receptor，TCR） TCR 是 T 细胞特异性识别抗原的受体，也是成熟 T 细胞共有的特征性表面标志。在 T 细胞表面，TCR 与 CD3 分子通过非共价键结合，形成 TCR-CD3 复合物：TCR 与 pMHC 结合；CD3 分子负责将抗原信号传入 T 细胞内。（见第四章）

TCR 是由二硫键连接两条肽链而成的异二聚体，每条肽链胞外段各含 2 个 Ig 样功能区，1 个为膜近端的恒定区，另 1 个为膜远端的可变区，其结构类似于免疫球蛋白分子的 1 个 Fab 段。TCR 具有两种形式：①TCRαβ，由 α、β 链组成，两条链均属 Ig 超家族，它们的可变区分别由 V-J-C 及 V-D-J-C 基因片段重排后所编码，从而形成多样性的 TCR 分子，由此决定 T 细胞识别抗原的特异性，并可对环境中千变万化的抗原产生特异性应答。TCRαβ$^+$ T 细胞占外周血 T 细胞 90% 以上；②TCRγδ，由 γ、δ 链组成，其基因重排与 TCRαβ 相似，但多样性较少。

2. 细胞因子受体（CKR） T 细胞表面表达多种细胞因子受体（如 IL-1R、IL-2R、IL-4R、IL-6R、IL-7R、IL-8R 及 IL-23R 等），不同细胞因子通过与相应受体结合而发挥作用，参与 T 细胞活化、增殖和分化。活化状态的 T 细胞，其表面细胞因子受体的种类、密度及与配体的亲和力均发生改变，例如：静止 T 细胞仅表达低亲和力 IL-2Rβγ 链；活化的 T 细胞则表达高亲和力 IL-2Rαβγ 链。

3. 丝裂原受体 T 细胞表达刀豆素 A（ConA）、植物血凝素（PHA）和美洲商陆（PWM）等丝裂原受体。体外淋巴细胞转化试验（lymphocyte transforming test）中，应用 PHA 等刺激人外周血 T 细胞，后者增殖水平可用于判断机体细胞免疫功能状态。

4. 其他表面受体 T 细胞表面还表达其他表面受

体,如绵羊红细胞受体(sheep red blood cell receptor, SRBCR)、补体受体CR1(CD35)、人类免疫缺陷病毒受体(HIV受体,CD4)等(见第四章)。T细胞还表达参与APC或内皮细胞黏附的膜蛋白(如CD44)、参与趋化作用的趋化因子受体(如CCR7、CXCR3、CXCR4和CCR5)、参与淋巴细胞归巢的膜蛋白(如CD62L)、参与T细胞功能(如胞毒活性)的膜蛋白(如Fas)。

(二)表面抗原

1. MHC抗原 所有T细胞均表达MHC Ⅰ类抗原,激活的人T细胞可表达MHC Ⅱ类抗原,故后者可视为T细胞活化的标志。

2. 分化抗原(CD分子) T细胞表达多种CD分子[如CD2、CD3、CD4和CD8、CD28、CD154(CD40L)、CD62L、CD45等],它们分别在T细胞特异性识别、激活及与其他免疫细胞相互作用中发挥不同作用(见第四、第十一章)。某些CD分子也是区分和鉴定T细胞亚群的主要依据。

必须强调:与静止T细胞相比,激活的T细胞所表达膜分子的种类和密度等有明显差异,表现为某些表面标志出现、高表达、低表达或消失。例如:活化的T细胞可新表达IL-2Rα(CD25)、MHC Ⅱ类分子、转铁蛋白受体(transferrin receptor, TfR,即CD71)、CD154(CD40L),并高表达CD178(FasL)、Fas(CD95)、CTLA4(CD152)、趋化因子受体CXCR3等。上述表面标志均直接参与活化T细胞的生物学效应,检测这些膜分子有助于判断机体免疫功能状态。

二、T细胞的类别及功能亚群

(一)T细胞的类别

T细胞是不均一的细胞群体,根据其表面标志及功能特征,可分为不同类别(图7-8)。

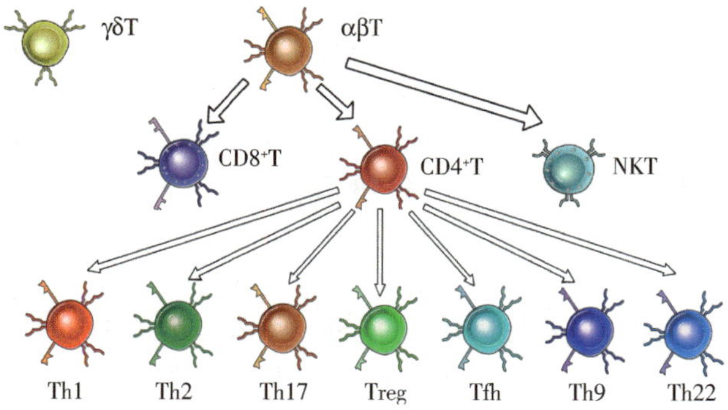

图7-8 T细胞按TCR肽链组成及CD4/CD8表型分类

1. 按照TCR双肽链组成分类 T细胞可分为TCRαβT细胞(αβT细胞)和TCRγδT细胞(γδT细胞),两者均为$CD2^+CD3^+$,其生物学特征见表7-1。γδT细胞和αβT细胞均来源于共同的前体T细胞,多见于胸腺内早期T细胞($CD4^-CD8^-TCR\gamma\delta^+$)。两类细胞的生物学特征比较见表7-1。

表7-1 αβT细胞和γδT细胞生物学特征的比较

特性	αβT细胞	γδT细胞
TCR	高度多样性	有限的多样性
分布	外周血(占成熟T细胞90%~95%)	占外周血成熟T细胞5%~10%,主要分布于表皮及肠黏膜上皮
表型特征		
$CD2^+CD3^+$	100%	100%
$CD4^+CD8^-$	60%~65%	<1%
$CD4^-CD8^+$	30%~35%	20%~50%
$CD4^-CD8^-$	<5%	>50%
识别的抗原	8~17个氨基酸	简单多肽、多糖、热休克蛋白
MHC限制性	经典MHC分子	MHC样分子(如CD1)

(1)αβT细胞:即通常所指T细胞,是参与机体适应性免疫应答的主要T细胞群体。成熟的αβT细胞多为CD4或CD8单阳性细胞,其占外周血成熟T细胞的90%~95%,能识别由APC所提呈的pMHC。

(2)γδT细胞:多为$CD4^-CD8^-$双阴性细胞(部分为$CD8^+$),仅占外周血成熟T细胞的5%~10%,其广泛分布于皮肤和黏膜下,或存在于胸腺内,属固有免疫细胞(见第六章)。

2. 根据T细胞表面CD4和CD8表达分类 人成熟T细胞可分为$CD2^+CD3^+CD4^+CD8^-$和$CD2^+CD3^+CD4^-CD8^+$T细胞,简称$CD4^+$T细胞和$CD8^+$T细胞。外周淋巴组织中$CD4^+$T细胞约占65%,$CD8^+$T细胞约占35%。一般而言,两者均为αβT细胞,但所识别的抗原肽及提呈抗原肽的MHC分子类别不同,它们的主要生物学特征见表7-2。

表7-2 $CD4^+$T细胞与$CD8^+$T细胞的比较

	$CD4^+$T细胞	$CD8^+$T细胞
表型	αβTCR, CD3, CD4, CCR7, $CD62L^{hi}$, IL-7R(CD127)	αβTCR, CD3, CD8, CCR7, $CD62L^{hi}$, IL-7R(CD127)
主要转录因子	Thpox	Runx3
识别的抗原肽	13~17个氨基酸	8~10个氨基酸
MHC限制性	MHC Ⅱ类分子	MHC Ⅰ类分子
Th细胞效应	+++	-
Tc细胞效应	+	+++

(1) $CD4^+$T 细胞：$CD4^+$T 细胞识别 MHC Ⅱ类分子提呈的抗原肽，即其识别抗原受 MHC Ⅱ类分子限制，激活后主要通过分泌多种细胞因子而发挥效应。$CD4^+$T 细胞主要生物学功能为：①促进 T 细胞、B 细胞及其他免疫细胞增殖、分化；②调节免疫细胞间相互作用；③辅助 B 细胞活化并产生抗体；④辅助 $CD8^+$ T 细胞活化；⑤激活巨噬细胞，增强其杀伤胞内菌和抗原提呈能力，介导迟发型超敏反应；⑥少部分 $CD4^+$ T 细胞具有杀伤作用，称为 $CD4^+$CTL。

此外，根据 $CD4^+$T 细胞所产生细胞因子谱、对各种细胞因子反应性及所介导免疫效应的差异，可将其分为不同功能亚群(见下述)。

(2) $CD8^+$T 细胞：其 TCR 识别靶细胞(如病毒感染细胞、肿瘤细胞等)表面抗原肽-MHC Ⅰ类分子复合物，即其识别抗原受 MHC Ⅰ类分子限制。活化的 $CD8^+$T 细胞主要是一类具有杀伤活性的效应细胞，称为细胞毒性 T 细胞(cytotoxic T lymphocyte，CTL 或 cytotoxic T cell，Tc)，其杀伤作用的机制为(见第十一章)：①分泌穿孔素(perforin)、颗粒酶(granzyme)等直接杀伤靶细胞；②通过 FasL/Fas 途径介导靶细胞凋亡；③分泌 TNF-α 等细胞因子发挥胞毒效应。此外，还存在少量 $CD4^-CD8^-$T 细胞。

3. 根据对抗原的应答及活化状态分类

(1) 初始 T 细胞(naïve T cell，Tn)：指未经抗原刺激的成熟 T 细胞。初始 T 细胞在胸腺中发育成熟后迁移至外周淋巴组织，未接触抗原刺激前处于相对静止状态。初始 T 细胞表达 CD45RA 和高水平 L-选择素(CD62L)。未经免疫的机体内，针对任一抗原(表位)的特异性初始 T 细胞克隆仅占总 T 细胞(库)的 $1\times10^4\sim1\times10^5$，其被抗原激活后迅速增殖，并分化为效应性 T 细胞。

(2) 效应性 T 细胞(effector T cell，Te)：抗原可选择性激活表达特异性 TCR 的初始 T 细胞克隆，并在微环境影响下使之分化为效应性 T 细胞，发挥细胞免疫功能。按照 Te 细胞功能活性，又可分为辅助性 T 细胞(包括 Th1、Th2、Th9、Th17、Th22、Tfh 细胞亚群等)、细胞毒性 T 细胞(CTL)、调节性 T 细胞(Treg)等。

(3) 记忆性 T 细胞(memory T cell，Tm)：免疫应答后期，大部分效应性 T 细胞通过 Fas/FasL、TNF/TNFR 等途径而凋亡，少量分化为长寿命的记忆性 T 细胞(表达 CD45RO)，一旦经相同抗原刺激，可迅速活化并启动再次免疫应答(见第十二章)。

相同刺激条件下，$CD8^+$初始 T 细胞较 $CD4^+$初始 T 细胞更易分化为效应/记忆 T 细胞，故体内抗原特异性 $CD8^+$ Te 细胞的频率通常高于 $CD4^+$ Te 细胞。

(二) $CD4^+$T 细胞功能亚群

不同类别的 T 细胞均非终末细胞，以 $CD4^+$Th 细胞为代表，在特定微环境(尤其是特定细胞因子)诱导下，可分化为不同功能亚群。一般而言，可按如下条件区分不同功能亚群：①细胞膜选择性表达某些表面标志；②胞内表达特征性转录因子；③分泌某些特定细胞因子发挥生物学效应。例如：微环境 IL-12 可诱导 Th1 细胞分化，其胞内表达转录因子 STAT4 和 T-bet，分泌 IFNγ；微环境 IL-4 可诱导 Th2 细胞分化，其胞内表达转录因子 GATA-3 和 STAT6，分泌 IL-4、IL-5 和 IL-13；微环境 IL-6、IL-23 和 TGF-β 可诱导 Th17 细胞分化，其胞内表达转录因子 RORγt 和 STAT3，分泌 IL-17；微环境 IL-6、IL-21 可诱导 Tfh 细胞分化，其表面标志为 $CXCR5^+CD40L^+ICOS^+$，胞内表达转录因子 Bcl-6，分泌 IL-21。

另外，受微环境中细胞因子及表观遗传学机制调控，某些亚群(如 Th17 细胞和 Treg 细胞)可发生相互转化。

T 细胞功能亚群的分化分为 3 个阶段：①诱导期，不同病原体刺激 APC 等固有免疫细胞产生不同细胞因子，作用于已识别特异性抗原的 Th0 细胞，诱导特征性转录因子表达与活化；②定型期，T 细胞持续活化导致表观遗传学改变(基因甲基化或乙酰化)，选择性促进该亚群相关的细胞因子基因开放，同时关闭其他亚群相关的细胞因子基因关闭，向特定亚群方向分化；③放大期，任一特定亚群细胞所产生的细胞因子，在促进本亚群细胞进一步分化的同时，抑制细胞向其他亚群分化，通过正负反馈机制导致更多特定亚群细胞极化和产生，显示放大效应。

Th0 细胞指接受抗原刺激但尚未分化的 Th 细胞，是不同 Th 细胞功能亚群的共同前体，可分泌低水平 IL-4、IFN-γ 等细胞因子。细胞因子是调控 Th 细胞亚群分化的关键因素(图 7-9)。此外，抗原种类、结构、剂量甚至给药途径，也可影响 Th 细胞亚群分化。

1. Th1 细胞与 Th2 细胞 Th1 和 Th2 细胞是最先被发现的 $CD4^+$T 细胞功能亚群。

(1) Th1 和 Th2 细胞生物学特征的比较：

1) 表型特征：①CD30，仅表达于 Th2 细胞表面，而 Th1 细胞不表达；②趋化因子受体 CCR5 和 CCR3，分别是人 Th1 和 Th2 细胞的重要分类标志；③Tim-3(T cell immunoglobulin and mucin domain)，表达于 Th1 细胞表面，Th2 细胞不表达，该分子配体是 galectin-9，与 Tim-3 结合后，可介导 Th1 细胞死亡，从而削弱 Th1 细胞应答。

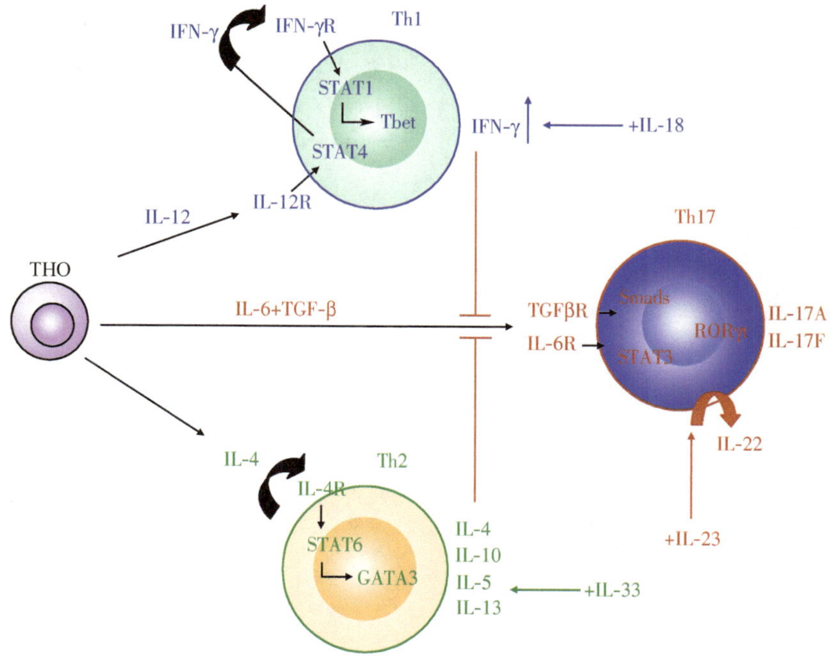

图 7-9 微环境细胞因子调控 Th1、Th2 和 Th17 细胞分化

微环境细胞因子诱导 CD4$^+$Th0 细胞分化为不同功能亚群：①IL-12 诱导 Th0 分化为 Th1 细胞；②IL-4 诱导 Th0 分化为 Th2 细胞；③IL-6 和 TGF-β共同诱导 Th0 分化为 Th17 细胞。不同转录因子参与不同 Th 细胞亚群分化

2）分泌的细胞因子谱：Th1 细胞可分泌 IL-2、IL-12、IFN-γ 和 TNF-β/α 等；Th2 细胞可分泌 IL-4、IL-5、IL-6、IL-13 和 IL-25 等。

3）免疫学功能：①Th1 细胞旧称迟发型超敏反应 T 细胞(delayed type hypersensitivity T lymphocyte，T_{DTH} 细胞)，主要通过所产生的炎性细胞因子(Th1 型细胞因子，如 IFN-γ、IL-2 等)介导细胞免疫及迟发型超敏反应性炎症，IFN-γ 还可促进 B 细胞所合成抗体向 IgG2a 和 IgG3 转换；②Th2 细胞主要通过分泌 Th2 型细胞因子(IL-4 等)而介导体液免疫应答，例如，促进 B 细胞活化；促进 B 细胞所合成抗体向 IgE 和 IgG4 转换；趋化 B 细胞、嗜酸粒细胞、嗜碱粒细胞等，在抵抗蠕虫感染中发挥重要作用；IL-4 和 IL-13 促进黏膜分泌黏液和肠蠕动，构成免疫屏障，并促进组织修复。

4）参与的免疫病理过程：人 Th1 和 Th2 细胞参与不同免疫病理过程发生和发展。例如：①胞内细菌感染时，Th1 细胞优先分化并引发吞噬细胞介导的宿主防御应答；②蠕虫感染及对环境变应原的应答中，主要是 Th2 细胞参与，以介导体液免疫为主；③持续、强烈的 Th1 细胞，可能与器官特异性自身免疫病、接触性皮炎、不明原因的慢性炎症性疾病、迟发型超敏反应、移植排斥反应等有关；④持续、过度的 Th2 细胞应答，则可能削弱机体对感染因子(包括 HIV)的保护性防御机制，并介导遗传易感的个体发生过敏性特应症(见第十五章)。

(2) Th1 细胞和 Th2 细胞的分化及其调控机制

1）诱导 Th1 细胞分化的机制：胞内细菌(如分枝杆菌、李斯特菌等)、病毒或某些寄生虫(如利什曼虫)感染，可使 DC 和巨噬细胞分泌 IL-12 及 NK 细胞分泌 IFN-γ，从而诱导 Th1 细胞分化，其机制为：①IFN-γ作用于 T 细胞，通过激活 STAT1 而诱导转录因子 T-bet 表达，使 T 细胞产生 IFN-γ和表达 IL-12 受体；②IL-12 通过活化 T 细胞内 STAT4，发挥 T 细胞分化定型作用，进一步增强 IFN-γ产生；③IFN-γ-T-bet 互相正性放大反馈，可促使 T 细胞增殖分化为 Th1 细胞；④Th1 细胞一旦形成，其分泌的 IFN-γ具有放大效应，即不断促进 Th1 细胞分化，同时抑制细胞向 Th2 和 Th17 细胞分化。(图 7-10)

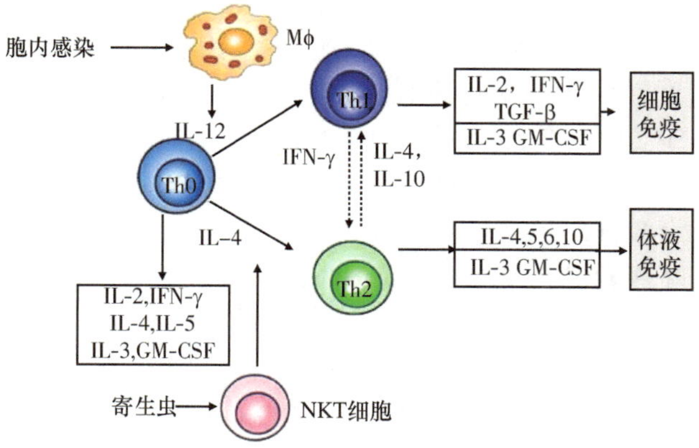

图 7-10 Th1/Th2 细胞分化及功能

2）诱导 Th2 细胞分化的机制：真菌、蠕虫感染或变应原可导致嗜酸粒细胞、嗜碱粒细胞和肥大细胞产生 IL-4。IL-4 可使活化的 T 细胞内 STAT6 激活，STAT6 和 TCR 信号继而共同诱导转录因子 GATA-3 表达，后者的功能为：①促进 Th2 型细胞因子（如 IL-4、IL-5 和 IL-13）基因表达；②参与染色质重构并开放相应基因座位，使其他转录因子可与之结合而发挥作用；③抑制 IL-12 受体信号链表达，从而阻止向 Th1 细胞分化。另外，Th2 细胞所产生的 IL-4 发挥放大效应，并抑制 Th1 和 Th17 细胞分化。（图 7-10）

另外，应答早期由 NK T 细胞（见后文）所产生的 IL-4 也可促进 Th0 细胞分化为 Th2 细胞。

3）调控 Th1、Th2 细胞分化的其他因素：除微环境细胞因子外，其他诸多因素也可调控 Th1、Th2 细胞分化：①抗原类型和浓度，如纯化蛋白衍生物（purified protein derivative，PPD）主要诱导 Th1 细胞分化，而超抗原 TESS 则诱导 Th2 细胞分化，低剂量抗原促使 Th0 细胞分化为 Th1 细胞，而高剂量抗原则诱导 Th0 细胞分化为 Th2 细胞；②APC 类型，如利什曼病小鼠巨噬细胞提呈抗原可诱导 Th1 细胞分化和激活，B 细胞提呈抗原则诱导 Th2 细胞分化和激活；③黏附分子的作用，如郎格汉斯细胞向 Th1 细胞提呈抗原时，有赖其表面 ICAM-1 和 LFA-1 等共刺激分子与 Th1 细胞表面相应配体结合，才能有效激活之，而向 Th2 细胞提呈抗原时，无需上述黏附分子参与；④激素的作用，如糖皮质激素可增强 Th2 细胞活性，而脱氢表雄甾酮（dehydroepiandrosterone，DHA）可增强 Th1 细胞活性。

2. Th9 细胞 Th9 细胞是近年新发现的一类 $CD4^+Th$ 细胞亚群，因可分泌大量 IL-9 而得名，其表型特征为 $CD4^+IL\text{-}9^+IL\text{-}4^-IL\text{-}17^-IFN\gamma^-$，主要存在于超敏反应性疾病患者外周血及正常或炎症皮肤组织。健康人皮肤和黑素瘤患者肿瘤组织均可检出 Th9 细胞，但转移性黑色素瘤患者 T 细胞所产生 IL-9 水平比健康人低。

（1）Th9 细胞分化：含 IL-2、TGF-β和 IL-4（IL-1）的培养基可诱导初始前体 Th 细胞分化为 Th9 细胞，TGF-β和 IL-4 可诱导 Th2 细胞转分化为 Th9 细胞。其他活性介质也可调控 Th9 细胞分化、发育及功能，例如：IL-1 和 IL-33 可促进 Th9 细胞分化；IFN-γ 和 IL-23 可抑制 IL-9 表达；IL-25、COX-2、1，25-二羟维生素 D3、降钙素基因相关肽（calcitonin gene-related peptide，CGRP）、TNF 超家族成员 4（TNFRSF4）、胸腺基质淋巴细胞生成素（thymic stromal lymphopoietin，TSLP）可促进 Th9 细胞发育；转录因子 STAT-6、PU.1（ETS-domain transcription factor）、IRF4（interferon response factor 4）和 GATA-3 参与 Th9 细胞分化。

（2）Th9 细胞的病理生理意义（图 7-11）：①IL-9 可介导中枢神经系统炎症，参与某些自身免疫病（如小鼠 EAE）发生；②Th9 细胞参与过敏性炎症，机制为促进小鼠肺部嗜酸粒细胞募集、组织肥大细胞增加及血清 IgE 水平升高，刺激肥大细胞，与 Th2 细胞协同；③Th9 细胞通过释放颗粒酶 B 直接杀伤肿瘤细胞，通过募集 $CD8^+T$ 细胞抑制黑色素瘤生长，或介导肥大细胞和/或 DC 依赖性抗肿瘤效应，从而参与肿瘤免疫；④Th9 细胞参与抗寄生虫（主要是线虫类）感染。

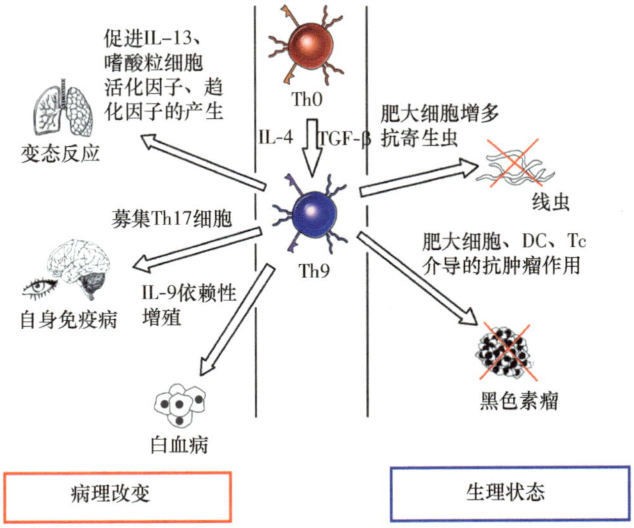

图 7-11 Th9 细胞分化与功能

3. Th17 细胞 该功能亚群可选择性高分泌 IL-17 而被命名。Th17 细胞表面表达 CCR6、IL-23R、IL-1R 等炎症相关受体，核内表达孤儿核受体（RORγt）、STAT3。其中，RORγt 是调控 Th17 细胞分化的关键转录因子。小鼠 Th17 细胞表达多种细胞因子受体（如 IL-6R、IL-23R、IL-21R、IL-1R 和 TGF-βR 等）。

（1）分化及调控：多种细菌和真菌感染可刺激 DC 产生 IL-6、IL-1 和 IL-23，①TGF-β（由微环境中其他细胞产生）、IL-6、IL-1 可诱导 $CD4^+Th0$ 细胞表达转录因子 ROR γt，后者与 IL-6 活化的 STAT3 共同驱动 T 细胞表达 IL-23 受体，从而向 Th17 谱系分化；②IL-23 通过 IL-23R 信号通路而激活胞内 STAT1、STAT3 和 STAT5，促进 Th17 细胞增殖与维持；③Th17 细胞产生的 IL-21、IL-6 通过自分泌作用对 Th17 细胞分化发挥放大效应（图 7-12）。

已发现，脐血和胸腺中存在 Th17 前体细胞，后者高表达 RORγt、IL-23R、IL-1R 和 CCR6，在胸腺自身抗原选择及 TGF-β、IL-6 作用下，定向分化为 Th17 细胞。TGF-β 可能通过抑制 T-bet 表达、IFN-γ 产生及 Th1 细胞分化，间接促进 Th17 细胞分化。这些胸腺内形成的 Th17 细胞表达 RORγt 和 IL-23R、IL-1R、α4β1 整合素及趋化因子受体 CCR6，并迁移至肺、消化道和肝脏，通过产生 IL-22 而在炎性疾病过程中发挥保护宿主的效应。

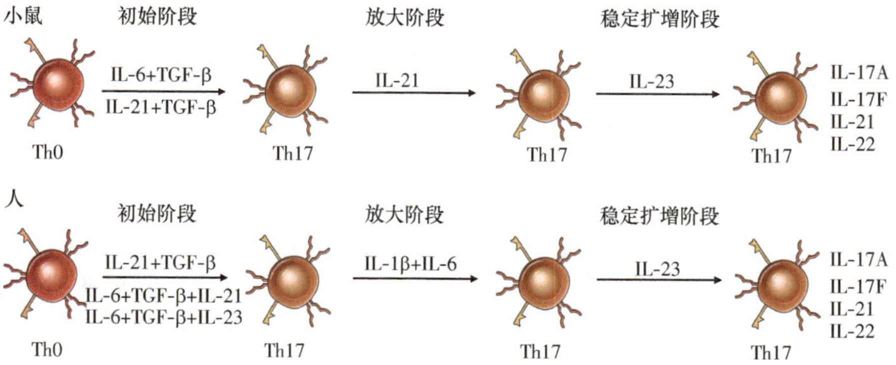

图 7-12 Th17 细胞分化与扩增的调控

（2）分泌的细胞因子谱与生物学功能：Th17 细胞可分泌 IL-17A、IL-17F、IL-6、IL-21、IL-22、IL-26、CXCL8、TNF-α 和 GM-CSF 等炎性细胞因子，促进炎症反应，在慢性感染和自身免疫病发生、发展中起重要作用。Th17 细胞来源细胞因子的功能为：①IL-17 通常指 IL-17A，具有促炎作用；②IL-17A/F 可诱导内皮细胞、上皮细胞和成纤维细胞等产生趋化因子 CXCL8，趋化和募集中性粒细胞，促进中性粒细胞增殖和成熟，对 T 细胞的活化起协同刺激作用，并能促进 DC 成熟；③IL-17A/F 与 GM-CSF 协同，可促进巨噬细胞产生 CXCL8，或通过分泌 CXCL8 和 GM-CSF 而募集中性粒细胞；④TNF-α 和 GM-CSF 参与中性粒细胞活化和生存；⑤IL-17A/F、IL-22 和 IL-26 可刺激上皮细胞产生 CCL20，作为 CCR6 的配体募集 Th17 细胞；⑥IL-21 可作用于 Th17 细胞自身，以及 NK 细胞、$CD8^+$CTL 和 B 细胞。

活化的 Th17 细胞主要抵御胞外病原微生物感染，是最早参与抗感染应答的效应 T 细胞，尤其在肠道和肺黏膜等暴露于大量潜在病原体的部位，可促进上皮屏障功能。另外，Th 17 细胞是强有力的致炎效应细胞，参与关节炎、多发性硬化和实验性自身反应性脑脊髓炎等病理过程发生。

4. Th22 细胞 2009 年在炎症性皮肤病患者皮表浸润的 Th 细胞中鉴定出一个新的 Th 细胞亚群，可分泌 IL-22 和 TNF-α，但不产生 IFN-γ、IL-4 及 IL-17，被命名为 Th22 细胞，其表面表达 CCR6、CCR4、CCR10 等炎症相关受体，芳香烃受体（aryl hydrocarbon receptor，AhR）是控制 Th22 细胞分化的关键转录因子。

（1）分化：皮肤固有层边缘区的 LC 与 DC 均可诱导初始 $CD4^+$T 细胞分化为 Th22 细胞，其部分依赖于微环境 IL- 6 和 TNF-α。体外条件下，TNF-α 联合 IL-6 可诱导初始 $CD4^+$T 细胞分化为 Th22 细胞。

（2）分泌的细胞因子谱及生物学功能：IL-22 属 IL-10 家族，可由 Th22 细胞、Th17 细胞、Th1 细胞、CTL、NK 细胞和 NKT 细胞等产生，Th22 细胞所产生 IL-22 占总量的 37%～63%。IL-22 通过 IL-22R、IL-10R 和 Janus 激酶信号组成的跨膜异二聚体受体结合而发挥作用。

Th22 细胞的作用为：①分泌 IL-22 和 TNF-α，诱导表皮角质细胞表达一系列参与固有免疫和适应性免疫应答的介质，参与皮肤炎症反应和自身免疫病；②分泌 IL-22，与 TNF-α、IL- 1 或 IL- 17 协同，对皮肤炎症性疾病有预警和保护受损组织的作用，但若过度反应则可引起损伤；③Th22 细胞主要分布于皮肤表皮层，可产生与组织修复与重构相关的介质，如高表达成纤维细胞生长因子（FGF1），作用于包括内皮细胞在内的多种细胞，参与修复表皮损伤、血管生成和纤维化；④机体感染病毒或细菌等病原体后，Th22 细胞可激活其他免疫细胞，控制炎症并抵御感染。

5. 滤泡辅助性 T 细胞（T follicular helper cell，Tfh） 该亚群因定位于淋巴滤泡而得名，表型为 $CXCR5^+CD40L^{hi}ICOS^{hi}$，可高表达 Bcl6（B cell CLL/Lymphoma 6），低表达 T-bet、RORγt 和 GATA-3 等转录因子。Tfh 细胞可高分泌 IL-21、中等分泌 IL-4、低分泌 IL-17 和 IFN-γ。Bcl-6 是调控 Tfh 细胞分化的关键转录因子，而 IL-6 和 IL-21 是诱导其发育的关键细胞因子。近期发现，转录因子 Ascl2（achaete-scute homologue 2）在 Tfh 细胞选择性表达上调，其作用为：①体外实验中，异位表达 Ascl2 可上调 T 细胞表达 CXCR5，下调 CCR7 表达，而 Bcl6 则不受影响；②体内实验中，异位表达 Ascl2 可加速 T 细胞迁移至滤泡，并促进 Tfh 细胞发育。

（1）Tfh 细胞分化和效应机制：初始 T 细胞分化为 Tfh 细胞涉及与 APC（包括淋巴组织 T 细胞区 DC

及滤泡交界处活化 B 细胞）的相互作用，也与生发中心形成及功能密切相关。Tfh 细胞分化条件尚未完全清楚，IL-6 可能发挥重要作用。Tfh 细胞的特征性转录因子是 Bcl-6，可促进其表达 CXCR5，使之定位于淋巴滤泡；Tfh 细胞表面 ICOS 与 B 细胞表面 ICOSL 结合，对 Tfh 细胞的辅助活性发挥关键作用（ICOS 缺陷小鼠其 T 细胞依赖的抗体应答严重受损）。

1）位于淋巴结副皮质区的 Th0 细胞经 DC 提呈抗原而分化为不同功能亚群（如 Th1/Th2/Th17 细胞等），CD40/CD40L 相互作用和 IFN-γ 分泌可促进 DC 活化，IL-6、IL-12、OX40L 表达增强，其中部分效应细胞或 Tfh 前体细胞经 DC 诱导，其表面 CXCR5 和诱导性共刺激分子（ICOS）表达上调，而 CCR7 表达下调。

2）活化的 Th1/Th2/Th17 细胞或 Tfh 前体细胞在淋巴滤泡所产生的 CXCL13（CXCR5 的配体）趋化下，移行至淋巴滤泡与副皮质区交界处，并与该处 B 细胞通过 ICOSL/ICOS 途径相互作用，上调 Bcl-6 和 CD40L 表达，开始向 Tfh 细胞分化。

3）初步分化的 Tfh 细胞进入生发中心，其表面 CD40L 和 ICOS 可分别与生发中心内 B 细胞表面 CD40 和 ICOSL 相互作用，进而分化为成熟的 Tfh 细胞并分泌 IL-21，辅助生发中心 B 细胞存活、增殖、分化，介导 B 细胞向浆细胞分化、抗体产生及类别转换。

4）Tfh 细胞形成和维持有赖识别生发中心 B 细胞表面 pMHC Ⅱ，B 细胞提供的相互作用信号对 Tfh 细胞分化与维持起重要作用，在大量抗原存在的条件下，可由 DC 提供持续抗原刺激。胞浆接头蛋白信号淋巴细胞激活分子相关蛋白（SLAM-associated protein，SAP）参与淋巴细胞间相互作用。

5）浆细胞可向 $CD4^+$T 细胞提呈抗原，从而抑制 Tfh 细胞分化和功能。

另外，IL-21 可参与 Tfh 细胞分化、发育，IL-21 基因缺陷小鼠 Tfh 细胞发育障碍。

（2）Tfh 细胞的生物学作用：Tfh 细胞主要功能是促进 B 细胞分化和记忆细胞产生，IL-21 可促进成熟 B 细胞分化为长寿命浆细胞并促进抗体产生，其机制为，①Tfh 细胞高表达 IL-6R 和 IL-21R，通过参与自分泌 IL-21，可诱导 Tfh 细胞分化并表达 CXCR5（重要表面标志），在淋巴滤泡局部 B 细胞趋化因子-1（B cell attracting chemokine 1，BCA-1/CXCL13）作用下，被募集至淋巴滤泡，与 B 细胞共定位并相互作用；②Tfh 细胞表面 CD40L 和 ICOS 分别与 B 细胞表面 CD40 和 ICOSL 结合，向 B 细胞提供共刺激信号；③Tfh 细胞分泌 IL-21，在诱导 B 细胞增殖、分化、Ig 产生和类别转换中起关键作用；④生发中心边缘区 Tfh-B 细胞相互作用，使 B 细胞分化为短寿命的滤泡外浆细胞；生发中心内 Tfh 细胞持续向 B 细胞提供共刺激信号，产生长寿命浆细胞和记忆 B 细胞；⑤Tfh 细胞可表达 PD-1 和 B、T 细胞弱化因子（BTLA）等共抑制分子，参与调节免疫应答。

目前认为：Tfh 细胞是辅助 B 细胞的主要 T 细胞功能亚群。但是，Th1 细胞、Th2 细胞等 T 细胞亚群（及其分泌的细胞因子）也参与辅助 B 细胞活化和 Ig 类别转换（在滤泡和其他淋巴组织内）。例如：①IL-4 对初始 B 细胞的作用强于对记忆 B 细胞的作用；②IL-10 优先促进生发中心 B 细胞和记忆 B 细胞分化为 Ig 分泌细胞；③IL-21 在 B 细胞对 TD 抗原的初始/再次免疫应答及体液免疫长期维持中均发挥重要作用。

Tfh 细胞功能失调与多种免疫病理过程（如自身免疫病、免疫缺陷和肿瘤等）发生相关。

另外，近期发现滤泡内存在一类 $CD25^+Foxp3^+$T 细胞亚群，其也表达 Tfh 的表面标志（CXCR5、ICOS 和 PD-1）及 BTLA，称为滤泡调节性 T 细胞（T follicular regulatory，Tfr）。其功能为：对 B 细胞无辅助作用；选择性减少 Tfh 细胞和 GC 数量；阻止非抗原特异性 B 细胞增殖；阻止自身反应性 B 细胞的选择过程与产生。

6. 调节性 T 细胞（regulatory T cell，Treg） Treg 细胞是一类具有免疫负调节功能的 T 细胞亚群，约占外周血 $CD4^+$T 细胞的 5%～10%，另外，$CD8^+$T 细胞也存在 Treg 细胞。体外培养时，TGF-β、IL-2 和/或视黄酸（retinonic acid）可促进 Treg 细胞分化、发育。根据 $CD4^+$Treg 细胞来源、表面标志、所产生细胞因子及作用机制，可将其分为两类。

（1）自然调节性 T 细胞（natural Treg，nTreg）：其在胸腺内分化、发育、成熟，释放至外周血发挥作用，约占正常人或小鼠外周 $CD4^+$ T 细胞的 5%～10%。nTreg 细胞功能特征是：具有天然的免疫抑制作用，可抑制 $CD4^+$和 $CD8^+$T 细胞活化、增殖，并能抑制初始 T 细胞和记忆性 T 细胞，以及抑制 DC 和单核细胞功能。

nTreg 来源于胸腺细胞，其在胸腺发育过程与其他 T 细胞亚群类似，均经历选择过程，但经历阳性选择的胸腺细胞 TCR 与 mTEC 所表达的异位自身肽-MHC 复合物结合，通过释放抗凋亡分子而逃脱阴性选择，使其处于失能状态，分化为 nTreg 细胞。

nTreg 表型特征为 $CD4^+CD25^+$，还表达 CD38、CD62L、OX-40L、CD103、CTLA4、GITR（glucocorticoid-induced TNF receptor）、TNFR2、TGF-βR1、galectin-1、Ly6、4-1BB、PD1。另外，Treg 细胞高表达 CD5、L-selectin、CD45RO；低表达 CD45RC；不表达 T 细胞活化的表面标志 CD69，低表达 IL-7 受体 CD127。

nTreg 细胞特征性标志为：①FoxP3（forkhead/

winged-helix transcription factor)，无论在胸腺或外周，均为参与 Treg 细胞分化、发育的关键调节分子；②LAG-3(lymphocyte activation gene 3)，表达于小鼠 nTreg 细胞表面，具有负调节功能，可通过细胞接触而抑制静息 T 细胞增殖；③neuropilin-1(Nrp1)，是 VEGF 受体家族成员的共受体，近年发现，其他 T 细胞亚群活化时 Nrp1 表达显著下调，但 nTreg 细胞表达 Nrp1 不受其活化状态影响，故被视为 nTreg 细胞特征性表面标志之一。另外，高表达 FoxP3 的 $CD4^+Nrp1^{high}$T 细胞能抑制静息 T 细胞增殖。

(2) 诱导型调节性 T 细胞(inducible Treg，iTreg)：在未发生感染且无 IL-6、IFN-γ、IL-12 或 IL-4 等炎性细胞因子存在的情况下，TGF-β可单独诱导外周初始 T 细胞表达 Foxp3，使之分化为 Treg 细胞，亦称适应性 Treg 细胞(adaptive Treg，aTreg)。此类细胞表面标志是 CD4、CD25，主要产生 IL-10 和 TGF-β。因此，IL-6 等促炎细胞因子存在与否，可决定 Treg 或 Th17 细胞分化，而病原体则是诱导免疫细胞产生相关细胞因子的决定因素。

此外，体内还存在 Foxp3 阴性 Treg 细胞，包括：①Th3 细胞，主要位于黏膜，TGF-β存在的条件下，通过口服低剂量抗原，可刺激机体产生 TGF-β、IL-4、IL-10 等细胞因子，进而诱导 $CD4^+$Th0 细胞分化为 Th3 细胞，其在调控黏膜免疫和口服耐受中发挥重要作用；②Tr1 细胞，其在 IL-10、不成熟 DC 反复刺激或抗 CD3 单抗和 CD46 单抗联合刺激等条件下被诱生，可高表达 IL-10 及中等表达 TGF-β、IFN-γ、IL-5 等，其中 IL-10 是发挥负调节作用的主要因子，功能为抑制静息 $CD4^+CD25^-$T 细胞、Th1 细胞和 Th2 细胞增殖及细胞因子分泌；抑制炎性自身免疫反应及 Th1 细胞介导的淋巴细胞增殖和排斥反应；抑制 B 细胞产生免疫球蛋白；下调单核细胞和 DC 抗原提呈。

目前发现，不同类型淋巴细胞(包括 Th1、Th2、Th17 细胞和 B 细胞)在某些情况下均可产生 IL-10，故对 Tr1 细胞的独立存在存疑。

Treg 细胞作用机制为：①组成性表达 CTLA-4 和跨膜型 TGF-β，通过细胞间直接接触而下调靶细胞表达 IL-2Rα 链，抑制靶细胞增殖；②分泌 IL-35、IL-10 和 TGF-β 等细胞因子，发挥免疫抑制作用；③通过 granzyme A、granzyme B 及 perforin 途径溶解 CTL 和 NK 细胞；④表达 IL-2 的高亲和力受体，通过与 IL-2 高亲和力结合而耗竭邻近活化 T 细胞所需 IL-2，导致其增殖抑制和凋亡；⑤Treg 细胞表面 CTLA-4 与 DC 表面 CD80 及 CD86 结合，抑制 DC 成熟及其抗原提呈功能，Treg 细胞分泌 IL-35，可诱导 DC 表达 PD-L1，促进抑制性 DC 产生。(图 7-13)

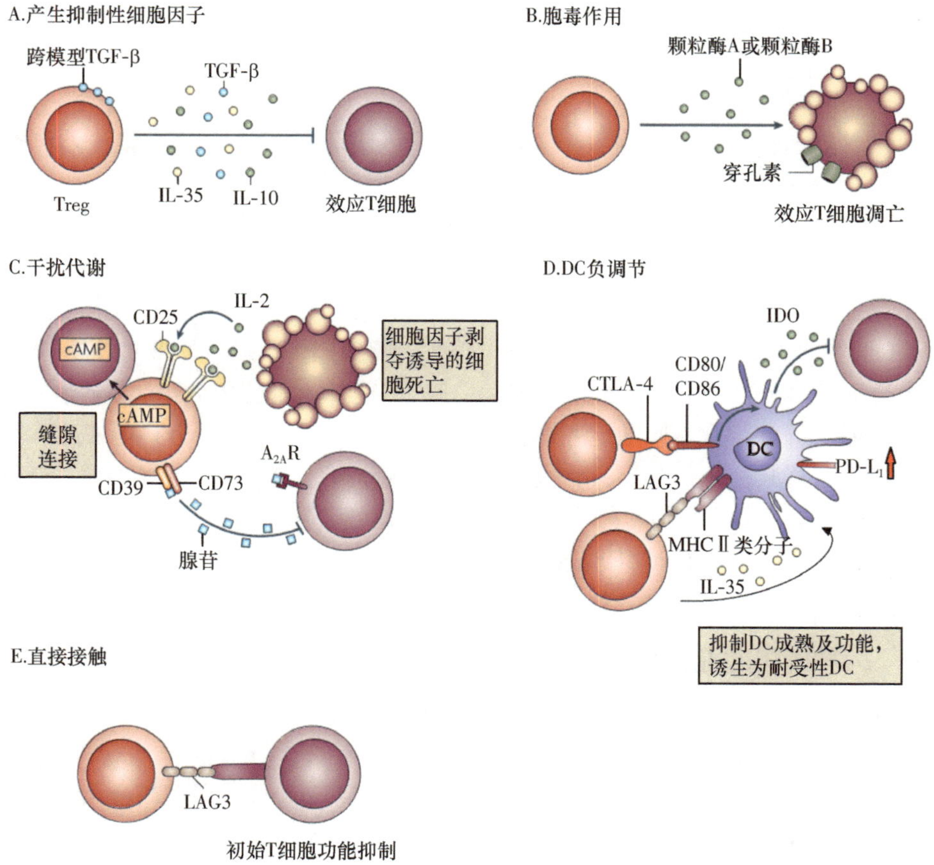

图 7-13 Treg 细胞免疫负调节作用的机制

Treg 细胞在维持机体内环境稳态、肿瘤免疫监视、诱导移植耐受及自身免疫病发生中发挥重要作用。因此,基于 Treg 细胞的干预策略具有重要临床意义,例如:①增强 Treg 细胞功能,有利于防治自身免疫病、超敏反应性疾病及移植排斥反应;②通过抑制 Treg 细胞功能,可增强机体对所接种疫苗的免疫应答或促进机体抗肿瘤免疫效应;③Th3 细胞在口服耐受和黏膜免疫中发挥重要作用;④Tr1 细胞可调控自身免疫性炎症反应并抑制 Th1 细胞增殖,可用于诱导移植耐受及自身耐受。

7. $CD4^+$CTL 其作用特点为:

(1) MHC 限制性:$CD4^+$CTL 在活化阶段受 MHC Ⅱ类分子限制,但其效应无 MHC 限制性,亦无抗原特异性,主要发挥旁观者(bystander)杀伤效应,即不针对特异性靶细胞,可伤及无关细胞。

(2) 作用机制:$CD4^+$CTL 主要通过 Fas/FasL 途径介导细胞凋亡,释放颗粒酶的效应较弱。

(3) 靶细胞:$CD4^+$CTL 主要参与清除活化的 APC(如巨噬细胞、B 细胞等)和活化的 T 细胞,从而对免疫应答发挥负调节作用,防止应答过度,并适时终止之,故也可被视为一类具有负调节作用的抑制性 T 细胞亚群。此外,$CD4^+$CTL 也可通过旁观者效应杀伤自身组织细胞,并参与某些病理过程发生。

各类 $\alpha\beta TCR^+CD3^+CD4^+$T 细胞亚群的生物学特征见表 7-3。

表 7-3 各类 $CD4^+$T 细胞亚群的生物学特征

$CD4^+$T 亚群	发育分化所需细胞因子	表达的主要表面分子	关键转录因子	产生的细胞因子	功能	相关的免疫性疾病
Th1	IL-12,IFN-γ	CXCR3,CCR5,IL-12R,IFNγR	T-bet,STAT4,STAT1	IFNγ,IL-2,TNF-α	抗胞内病原体	器官特异性自身免疫病
Th2	IL-4	IL-4R,IL-33R,CCR4,IL-17RB	GATA-3,STAT-6	IL-4,IL-5,IL-13,IL-10	抗蠕虫感染 Ig 类别转换	Ⅰ型超敏反应
Th9	TGF-β,IL-4		PU.1,STAT-6,GATA-3,IRF4	IL-9,IL-10	抗胞外寄生虫,抗肿瘤	变态反应性炎症,自身免疫病
Th17	TGF-β,IL-6,IL-21,IL-23	IL-23R,CCR6,IL-1R	ROR γt,STAT3,RORα	IL-17A/F,IL-21,IL-22,CCL20,GM-CSF,TNF-α	抗胞外菌和真菌	早期炎症反应,炎症性疾病
Th22	TNF-α,IL-6	CCR10	AHR	IL-22,TNF-α	组织修复	皮肤炎症反应和自身免疫病
Tfh	IL-6,IL-21	CXCR5,BTLA,CD40L,ICOS,IL-21R,PD1	Bcl-6,STAT-3	IL-21,IL-10	辅助 B 细胞产生抗体	抗体相关自身免疫病、免疫缺陷
Treg	IL-10,TGF-β	CTLA4,GITR	Foxp3,STAT5,FOXO1/3,SMAD2,	IL-10,TGFβ,IL-35	免疫负调节,免疫耐受	肿瘤、自身免疫病

MAF:musculoaponeurotic fibrosarcoma oncogene;CRTH2:chemoattractant receptorhomologous molecule expressed on Th2 cell

综上所述,接受抗原刺激的 $CD4^+$Th0 细胞在微环境特定细胞因子诱导下,可分化为不同功能亚群,其特征是:膜表面选择性表达某些表面标志;胞内表达特征性转录因子;分泌某些特定细胞因子发挥生物学效应。图 7-14 显示参与 $CD4^+$T 细胞分化的转录因子与微环境条件,及其分泌的主要细胞因子谱。

(三) $CD4^+$ T 细胞功能亚群的可塑性与相互转化

不同 $CD4^+$Th 细胞亚群所分泌细胞因子谱及特征性转录因子各异,早期曾认为不同 $CD4^+$Th 细胞亚群均为终末分化细胞,其可塑性有限。但随着新亚群不断被发现,对可塑性有了新的认识。目前认为,T 细胞功能亚群并非终末分化的 T 细胞,它们在特定微环境中仍可被重新塑型为其他亚型。例如:TGF-β 和 IL-4 可诱导 Th2 细胞重新塑型为 Th9 细胞。

1. Th 细胞亚群细胞因子表达谱相对广泛与其可塑性 尽管不同 Th 亚群选择性表达某些细胞因子,但表达谱较广。例如最初认为 Th2 细胞表达 IL-10,但现在发现 Th1、Th2、Treg 细胞及多种固有免疫细胞均表达 IL-10。IL-21 是 Tfh 细胞的“信号因子”,但 Th1、Th2 和 Th17 细胞亦可表达。现已证明,Th 细胞的细胞因子表达谱亦可改变(图 7-15),如最初认为 Th17 仅分泌 IL-17,现发现也可分泌 IFN-γ。

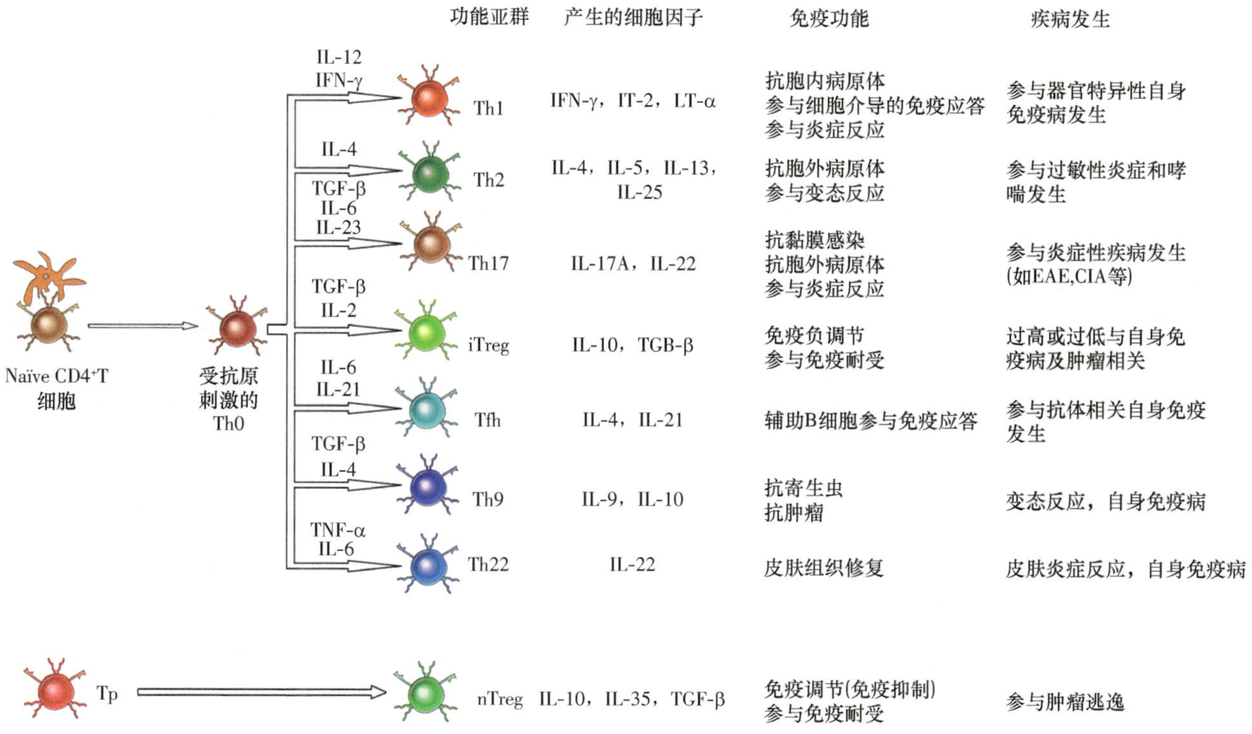

图 7-14　CD4$^+$T 细胞亚群分化与功能

微环境细胞因子诱导 CD4$^+$T 细胞分化为不同功能亚群；①IL-12 诱导 Th0 分化为 Th1 细胞；②IL-4 诱导 Th0 分化为 Th2 细胞；③TGF-β 和 IL-4 诱导 Th0 分化为 Th9 细胞；④IL-6 和 TGF-β诱导 Th0 分化为 Th17 细胞；⑤IL- 6 和 TNF-α 诱导 Th0 分化为 Th22 细胞；⑥TGF-β 诱导 Th0 分化为 Treg 细胞；⑦IL-6 和 IL-21 诱导 Th0 分化为 Tfh 细胞

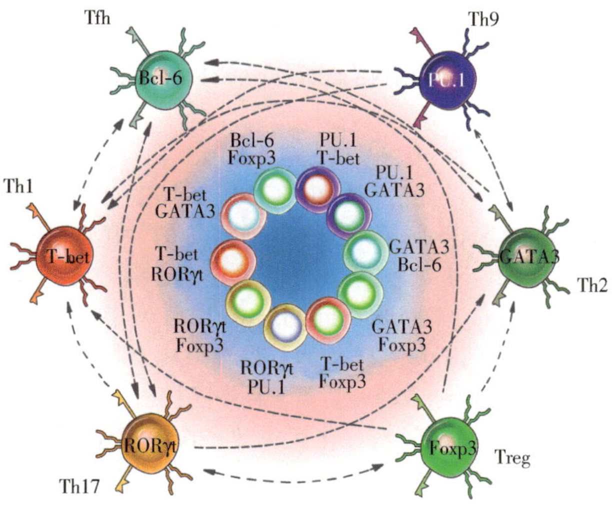

图 7-15　CD4$^+$Th 细胞的可塑性

微环境(细胞因子)→调控转录因子表达及表型改变→信号因子及信号转导通路→T 细胞功能亚群转换

2. CD4$^+$T 细胞功能亚群转录因子表达的可塑性

CD4$^+$T 细胞可分泌多种细胞因子并表达多种转录因子，转录因子表达的可塑性可能影响其分化与功能。以 Treg 细胞为例：

（1）FoxP3$^+$ 细胞可表达 T-bet、Gata3、RORγt、STAT3 和 Bcl6，例如：①某些 Treg 细胞表达 T-bet，可驱动 CXCR3 表达并介导 Th1 细胞相关炎症；②位于胃肠道和皮肤的 Treg 细胞可表达 Th2 细胞特征性转录因子 Gata3，从而在炎症反应中维持 FoxP3 表达，限制 Treg 细胞转换为效应 T 细胞。另外，病毒感染时，Gata3$^+$Th2 细胞可程序性重塑表达 T-bet 和 IFN-γ，后者是重要的驱动程序重排因子，从而改变细胞因子与基因表达模式。

（2）Treg 细胞属异质性和潜在的动态细胞群，例如：①许多人 CD4$^+$Th 细胞共表达 FoxP3 和 RORγt，它们在活化状态下可表达 CCR6 和产生 IL-17，但显示抑制活性；②特异性敲除 Treg 细胞 STAT3 基因（驱动 Th17 和 Tfh 分化的因子），可导致自身免疫病发生；③Treg 细胞 FoxP3 表达可消失，继而分泌炎性细胞因子；④近期发现，Treg 细胞具有高度可塑性，几乎可转分化为所有其他 CD4$^+$Th 细胞功能亚群。

3. Th1 细胞和 Th2 细胞相互作用与转化

GATA-3 是 Th2 型细胞因子表达的必要和充分条件，而 T-bet 是调控 Th1 型细胞因子 IFN-γ 的转录因子，T-bet 表达可促进 IFN-γ 基因转录活性和内源性 IFN-γ 转录因子表达。通过转染 T-bet 基因，可诱导向 Th2 和 Tc2 分化偏移的 T 细胞下调其 IL-4 和 IL-5 表达，而上调 IFN-γ 表达，表明 T-bet 可诱导 Th2 和 Tc2 细胞重新向 Th1 和 Tc1 细胞分化。由此证明，T-bet 是控制初始 T 细胞向 Th1 分化并抑制其向 Th2 分化的关键转录因子。

4. Tfh 细胞多样性与可塑性 Tfh 细胞已被发现是更为可变的亚群，主要表现在：①体外 Tfh 细胞可转化为 Th1、Th2 和 Th17 细胞，相应表达 IFN-γ、IL-4 和 IL-17，同样 Th1、Th2 和 Th17 细胞也可获得 Tfh 细胞特性；②体内分离的 Tfh 细胞可表达其他 Th 细胞亚群的细胞因子谱，显示细胞亚群的异质性；③Peyer's 结的 FoxP3+T 细胞可转分化为 Tfh 细胞；④Tfh 细胞可表达多种转录因子［如 Bcl-6、BATF、干扰素调节因子 4（IRF4）和 STAT3 等］，并可表达其他 Th 细胞亚群的特征性转录因子（如 Gata-3 和 T-bet），提示 Tfh 细胞具有转分化为其他 Th 细胞亚群的可塑性。上述可塑性可能与表观遗传学相关。

目前根据 Tfh 细胞所产生的细胞因子谱，可将其进一步分为 Tfh1、Tfh2、Tfh10、Tfh17、Tfh21、Tfr 和 NKTfh 细胞等。已发现：病毒感染模型鼠 Tfh 细胞可产生 IFN-γ；EAE 小鼠模型 Tfh 细胞可产生 IL-17；蠕虫感染动物淋巴结 Tfh 细胞可产生 IL-4。另外，上述情况下 Tfh 细胞均可产生 IL-21。

5. Th9 细胞稳定性与可塑性 体内 Th9 细胞的稳定性尚存在争议，有报道体外分化的 Th9 细胞过继输注体内存在高度可塑性。例如：MOG35-55 诱导的 EAE 小鼠模型中，输注特异性 Th9 细胞，除分泌 IL-9 外，尚可分泌 IFN-γ 和 IL-17。

另一方面，急性过敏性炎症中，Th2 细胞可转换为 Th9 表型，使炎症过程转变为慢性，此过程有助于炎症恢复，并发挥气道重塑的作用。

6. Th17 细胞多功能性和可塑性 近年发现，Th17 细胞可能是 $CD4^+$T 细胞的一种过渡态亚群，微环境可诱导其转分化为其他 Th 细胞亚群，此过程中可形成许多过渡态亚群。

（1）Th17/Th1 细胞：亦称 $IL\text{-}17^+$ $IFN\text{-}\gamma^+$细胞，可同时分泌 IL-17 和 IFN-γ。某些炎性条件下，Th17 细胞可转分化为 Th1 细胞，而 Th17/Th1 是不同于两者的中间态。Th17/Th1 是炎性细胞的重要代表，慢性炎症患者体内 Th17/Th1 数量明显上升。作为一种过渡态亚群，Th17/Th1 细胞具有不稳定性，易转分化为 Th17 或 Th1 细胞。例如：IL-12 可上调 Th17/Th1 细胞 T-bet 表达，下调 RORγt 表达，并抑制 IL-17 基因，从而使 Th17/Th1 细胞转分化为 Th1 细胞。

（2）Th17/Th2 细胞：亦称 $IL\text{-}17^+$ $IL\text{-}4^+$细胞，可同时分泌 IL-17 和 IL-4。IL-4 可诱导部分 $CD4^+CD161^+$ $CCR6^+$细胞（Th17）分泌 IL-17 和 IL-4，转分化为 Th17/Th2 细胞。体外条件下，Th17/Th2 细胞还可分泌 IL-5、IL-8、IL-9、IL-13、IL-21 和 IL-22，促进 IgE 产生。

（3）Th17/ Treg 细胞：亦称 $IL\text{-}17^+Foxp3^+$细胞，表达转录因子 Foxp3、RORγt，同时分泌 IL-17。TGF-β 单独刺激可上调初始 T 细胞 Foxp3、RORγt 表达，形成具有分化为 Treg 细胞或 Th17 细胞潜能的中间态 $Foxp3^+$ $ROR\gamma t^+$细胞。

Treg 细胞与 Th17 细胞功能对立，在不同微环境中可相互转化，而 $Foxp3^+$ $ROR\gamma t^+$即是 Treg/Th17 细胞转分化的重要表型。例如：维甲酸和 IL-2 可诱导 Th17 细胞转分化为 Treg/Th17 细胞，进而分化为 Treg 细胞；炎性细胞因子可诱导 $Foxp3^+$Treg 细胞转分化为 Treg/Th17 细胞，表达 RORγt 并分泌 IL-17，随后可能使其丧失 Foxp3 表达，转分化为 Th17 细胞。

某些自身免疫病中，Th17 细胞数量升高的同时，部分 Treg 细胞会丧失 Foxp3 表达，转分化为 Th17。例如，自身免疫性关节炎中，IL-6 等炎性细胞因子可诱导 $CD4^+$ $CD25^{low}Foxp3^+$ Treg 细胞转分化为 $Foxp3^+$ Th17，其机制为：滑膜成纤维细胞分泌 IL-6，下调 $CD4^+CD25^{low}Foxp3^+$Treg 细胞 Foxp3 表达，同时上调类风湿性关节炎相关基因（如 Ptpn22、Ccr6 和 Tnfrsf14 等）及 Th17 细胞相关基因（如 Ccr6、Ccl20、Il23r、Il17re、Tnfrsf21 等）表达，促进 IL-17 分泌，转分化为 exFoxp3+Th17 细胞，且 IL-17 又可促进滑膜成纤维细胞分泌 IL-6，形成炎性正反馈。另外，$exFoxp3^+$Th17 细胞高表达破骨细胞分化因子，诱导破骨细胞生成，加重关节炎病情。

（4）$IL\text{-}17^+$ $IL\text{-}10^+$细胞：该细胞亚群可同时分泌 IL-17 和 IL-10，是一群特殊的 Th17 细胞亚群。例如：IL-6 和 TGF-β 可诱导经髓磷脂处理的 T 细胞转分化为 $IL\text{-}17^+IL\text{-}10^+$细胞，阻止炎性效应蔓延；某些病原体诱生的 Th17 细胞也可分泌 IL-10。$IL\text{-}17^+$ $IL\text{-}10^+$细胞具有 Th17 细胞和 Treg 细胞亚群双重功能特点，可能是 Th17/Treg 细胞的一类或一种中间状态。

T 细胞亚群间转分化意味免疫应答及调控的再平衡，其确切机制尚待进一步阐明。Th 细胞可塑性给予如下启示：①即使关键调节子（master regulator）是 Th 细胞亚类分化所必需，但并不足以决定该亚类所有表型；②Th 细胞功能亚群的命名过于简单化，从而可能限制对免疫应答和免疫调节的全面认识；③Th 细胞功能亚群的定义须结合其转录因子表达的比例、时相及所处微环境等进行"动态"评价；④Th 细胞亚群的可塑性是机体抵御病原体感染并维持内环境稳定所必需。

Th 细胞亚群可塑性的机制可能为：①表观遗传学机制，通过组蛋白 N 端赖氨酸乙酰化、甲基化、磷酸化、泛素化等松弛/紧缩染色质结构，从而活化/抑制基因转录，如 H3K4me3 基因活化、H3K27me3 基因抑制、DNA 胞嘧啶甲基化可调控基因表达；②microRNA 调节机制，如 miR-146a 可抑制 Treg 细胞功能；miR-155 影响 Th1、Th2 细胞分化和 Treg 细胞发育；miR-326 可促进 Th17 细胞分化；miR-29 可调节 Th1 细胞分化；等等。

（四）$CD8^+$T 细胞

CD8 和 CD4 一样，是鉴定 T 细胞亚群的重要表面标志。$CD8^+$T 细胞也并非均一的细胞群体，可按其表面标志或功能特征分为不同亚群。

（1）按 CD28 标志分类：①$CD8^+CD28^+$T 细胞亚群，其在活化信号作用下可产生 IL-2；②$CD8^+CD28^-$T 细胞亚群，可对 IL-2 产生应答，但不产生 IL-2，并可表达异二聚体 CD11b/CD18，并高表达杀伤细胞抑制性受体 CD94。该亚群 T 细胞无杀伤功能，但可调节免疫应答，通过抑制 APC 对 Th 细胞的激活而维持免疫耐受。

（2）按所分泌的细胞因子分类：$CD8^+$T 细胞如同 $CD4^+$T 细胞，也可按其所分泌细胞因子谱而分为 Tc1 和 Tc2 细胞亚群，两者具有类似 Th1 和 Th2 细胞的生物学特征，如分化条件、细胞因子谱、参与免疫应答的类型、分化的调节机制等。Tc1 细胞主要分泌 IFN-γ 和 TNF-α，Tc2 细胞主要分泌 IL-4 等。IFN-γ 和 IL-2 可诱导 Tc1 细胞分化，而 IL-4 可诱导 Tc2 细胞分化。

1. 细胞毒性 T 细胞（cytotoxic T lymphocyte，CTL 或 cytotoxic T cell，Tc） $CD8^+$CTL 是机体发挥特异性细胞毒作用的主要效应细胞，其表型为 TCRαβ $CD2^+CD3^+CD4^-CD8^+$。静止的 CTL 以前体细胞形式存在，识别并结合靶细胞表面 pMHC 复合物后，被激活为抗原特异性 CTL 效应细胞，可特异性杀伤靶细胞，主要参与抗胞内微生物感染、抗肿瘤及参与移植排斥反应（第十一章）。随着病原微生物被清除，大部分效应性 $CD8^+$ T 细胞凋亡，仅约 5%～10% 的细胞分化为特异性记忆 $CD8^+$T 细胞。

2. $CD8^+$ααT 细胞 属定居消化道的上皮内淋巴细胞，可从胸腺或外周发育而来，表达 αβ 或 γδTCR。$γδTCR^+$T 细胞表达角质细胞生长因子（keratinocyte growth factor，KGF），而 $αβTCR^+$细胞则不表达 KGF。多数 αβ TCR^+T 细胞具有自身反应性，其产生和维持有赖 MHC Ⅰ类分子表达，通过产生 IL-10 和 TGF-β 发挥负调节作用（见下述）。

3. $CD8^+$Treg 细胞 该亚群存在于胸腺、淋巴结和脾脏，仅占 $CD8^+$T 细胞总数的不足 1%，其生物学特征为：①表型特征为 CD8 $αα^+$、TCR $αβ^+$，同时表达活化的 T 细胞所有的其他表面标志，如 CD122、CD25、$CD45RC^{low}$；②TCR 缺乏多样性，可与非经典 MHC Ⅰ类分子（小鼠的 Qa-1 或人的 HLA-E）结合；③可直接杀伤活化的 T 细胞，或通过分泌 IL-10 和 TGF-β而抑制 APC 功能。

体外研究表明，用 GM-CSF 刺激后，单核细胞分泌的 IL-10 对诱生 CD^+8 Treg 细胞起重要作用。$CD8^+$ Treg 分为 $CD28^+$和 $CD28^-$两个亚群，目前研究较多的是 $CD8^+CD28^-$T 细胞，属具有免疫抑制作用的 Treg 细胞，又分为 3 型：①Ⅰ型细胞，通过直接接触而调控 DC 表达共刺激分子并发挥抑制作用；②Ⅱ型细胞，通过细胞因子 IFN-γ、IL-6 等发挥抑制作用，无须与 APC 直接接触；③Ⅲ型细胞，主要通过分泌 IL-10 发挥负调节作用。

4. $CD4^-CD8^-$ T 细胞（DN T） 外周 DN T 细胞是在小鼠器官移植模型中被发现，其表面标志为αβ $TCR^+CD4^-CD8^-CD25^+CD28^-CD30^+CD44^-$。该亚群细胞能诱导 $CD8^+$T 细胞凋亡，从而发挥负调节作用，其作用机制为：①DN T 细胞 TCR 与 $CD8^+$CTL 表面 MHC 分子结合，或 $CD8^+$ CTL 的 TCR 与 DN T 细胞表面 MHC 分子结合，实现 T 细胞与靶细胞直接接触，②随后 DN T 细胞表面 FasL 与靶细胞表面 Fas 相互作用，导致靶细胞凋亡。（图 7-16）

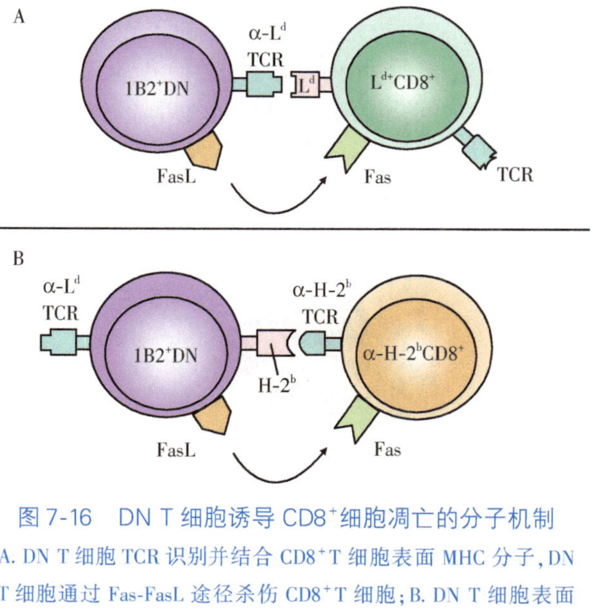

图 7-16 DN T 细胞诱导 $CD8^+$细胞凋亡的分子机制

A. DN T 细胞 TCR 识别并结合 $CD8^+$T 细胞表面 MHC 分子，DN T 细胞通过 Fas-FasL 途径杀伤 $CD8^+$T 细胞；B. DN T 细胞表面 MHC Ⅱ类分子被 $CD8^+$T 细胞 TCR 识别并结合，DN T 细胞通过 Fas-FasL 途径杀伤 $CD8^+$T 细胞

T 细胞亚群种类繁多，其功能各异。须强调的是：有必要淡化传统上所谓"效应性 T 细胞/调节性 T 细胞"及"辅助性 T 细胞/抑制性 T 细胞"的概念。实际上，无论 $CD4^+$T 或 $CD8^+$T 细胞，均包括可发挥正、

负调节功能的细胞亚群。而且，即使是同一细胞亚群，在不同生理、病理条件下（如所处微环境、所针对靶细胞的类型、个体遗传背景、不同种类和不同剂量抗原刺激等），可发挥不同、甚至是相反的效应。另外，Th 细胞亚群具有可塑性。

第三节 B 细 胞

B 淋巴细胞（B lymphocyte）简称 B 细胞，是由哺乳动物骨髓或鸟类法氏囊中的淋巴样前体细胞分化成熟而来。成熟 B 细胞主要定居于淋巴结皮质浅层的淋巴小结和脾脏红髓及白髓的淋巴小结内。在外周血中，B 细胞约占淋巴细胞总数的 20% 左右。B 细胞是体内产生抗体的细胞，并具有抗原提呈功能。B 细胞的特征性表面标志为 mIg，即 BCR。

（一）B 细胞表面标志（详见第四章）

B 细胞抗原受体（BCR）即膜表面免疫球蛋白（mIg），是 B 细胞特征性表面标志，也是 B 细胞特异性识别抗原表位的分子基础。mIg 类别随 B 细胞发育阶段而异：未成熟 B 细胞仅表达 mIgM；成熟 B 细胞同时表达 mIgM 和 mIgD；接受抗原刺激后，B 细胞表面的 mIgD 很快消失；记忆性 B 细胞不表达 mIgD。人外周血大部分 B 细胞同时表达 mIgM 和 mIgD，低于 10% 的 B 细胞表达 mIgG、mIgA 或 mIgE。

B 细胞表面 BCR 与 2 个 CD79a（Igα）/CD79b（Igβ）通过非共价键结合为复合物，后者可将 BCR 特异性识别抗原的信号转入 B 细胞内，从而提供 B 细胞活化所需的第一信号。CD19/CD21/CD81 复合物是 B 细胞活化的共受体，可启动 B 细胞跨膜信号转导，促进 B 细胞活化。B 细胞表面还表达 CD40、CD80（B7-1）、CD86（B7-2）、CD275 等共刺激分子。（见第十一章）

B 细胞表面的其他膜分子包括 MHC Ⅰ类分子和 MHC Ⅱ类分子、细胞因子受体（如 IL-1R、IL-2R、IL-4R、IL-5R、IL-6R、IL-7R 及 IFN-γR 等）、补体受体[如 CR1（CD35）、CR2（CD21）]、Fc 受体[IgG Fc 受体Ⅱ（FcγRⅡ）、FcγRⅡb、FcαR、FcεRⅡ受体（CD23）]、丝裂原受体[如美洲商陆（PWM）及脂多糖（LPS）受体]等。此外，B 细胞还表达 CD20。抗 CD20 可交联 CD20，启动凋亡信号，可用于治疗非何杰金 B 细胞淋巴瘤。

（二）B 细胞功能亚群

人 B 细胞具有不同分类方法：①根据是否表达 CD5，分为 B1（$CD5^+$）和 B2（$CD5^-$）细胞；②根据 BCR 表达情况，分为未成熟 B 细胞、成熟 B 细胞以及过渡期 B 细胞；③根据所分泌产物不同，分为分泌 Th1 类细胞因子的 Be1、分泌 Th2 类细胞因子的 Be2 及分泌抗体的浆细胞；④根据免疫效应，可分为调节性 B 细胞和效应性 B 细胞；⑤根据发育阶段及功能状态，分为初始 B 细胞、成熟 B 细胞、记忆性 B 细胞和浆细胞。

1. B1 细胞和 B2 细胞 B1 细胞属固有免疫样 B 细胞（ILB），由胚肝来源的 HSC（B1 前体细胞）分化而来，主要针对多糖类物质（属 TI-2 抗原）产生应答（见第六章）。B2 细胞是参与体液免疫应答的主要细胞类别，其由骨髓多能造血干细胞分化而来，属形态较小、较成熟的 B 细胞，在体内出现较晚，定位于淋巴器官。（图 7-17）

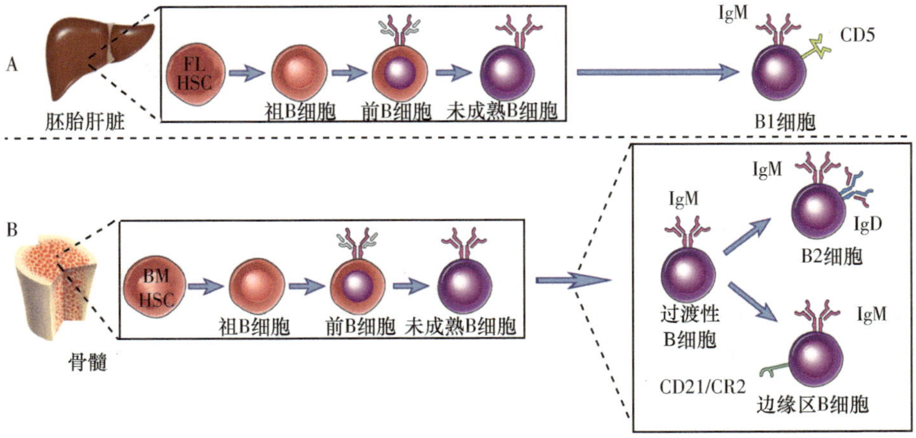

图 7-17 B1 细胞与 B2 细胞分化示意图

A. 由胚肝细胞来源的干细胞分化为 B1 细胞；B. 骨髓多能造血干细胞分化为 B2 细胞（即滤泡 B 细胞），是体内再循环的淋巴细胞。[其中，边缘区 B 细胞主要存在于啮齿类动物及人类的脾脏白髓边缘窦，以及人类淋巴结生发中心边缘，其类似 B1 细胞，属固有免疫样 B 细胞，见第六章、第十二章]

B2 细胞主要生物学功能为：①成熟 B 细胞多处于静止期，在抗原刺激及 Th 细胞辅助下被激活，经历细胞增殖、抗原选择、免疫球蛋白类型转换、细胞表面某些标志的改变及体细胞突变，最终分化为浆细胞（即抗体形成细胞），可产生高亲和力抗体，行使体液免疫功能（见第十一章）；②BCR 可特异性识别、结合并摄取抗原，进而进行加工、处理，将抗原肽-MHC Ⅱ类分子复合物提呈给 $CD4^+$Th 细胞（见第十章）；③活化的 B 细胞可产生多种细胞因子，发挥免疫调节作用。

2. 调节性 B 细胞（regulatory B cell，Breg）　对 B 细胞功能亚群的认识相对滞后。近年的重要发现是，体内存在一类调节性 B 细胞，其主要通过分泌 IL-10 而发挥免疫负调节作用，亦称 B10 细胞，具有如下生物学特征：

（1）表型：小鼠 B10 细胞表面标志为 $CD19^+CD1d^{hi}CD5^+$，以及 $IgM^{hi}IgD^{hi/lo}CD9^+$ $CD11b^{lo}CD21^{hi}$ $CD23^{-/lo}$ $CD24^{hi}$ $CD43^{+/-}$ CD93 $B220^+$。人 B10 细胞表面标志是 $CD24^{hi}CD27^+$。调节性 DC 可诱生 B10 细胞（表型 $CD19^{hi}Fc\gamma R Ⅱ b^{hi}$），TIM-1 配体也可诱生 B10 细胞（表型 $CD19^+TIM^+$）。

（2）来源与分化：小鼠体外实验发现，B10 细胞分化可分为三个阶段（图 7-18A、B），①B10 细胞前体：可能存在于 B1-a 细胞、过渡型 2B 细胞（T2B）和边缘区 B 细胞等亚群内；②抗 CD40 抗体诱导 B10 细胞前体发育为具有分泌 IL-10 潜能的 B10 细胞（表型 $CD1d^{hi}CD5^+$）；③L+PIM（LPS、PMA、Ionomycin、monensin）刺激“具有分泌 IL-10 潜能的 B10 细胞”分化为分泌 IL-10 的 B10 细胞。

Breg 细胞也可分为两类：①天然 Breg 细胞，其分化依赖于 TLR 信号；②诱导型 Breg 细胞，其分化依赖于 CD40 信号和自身抗原。（图 7-18C）

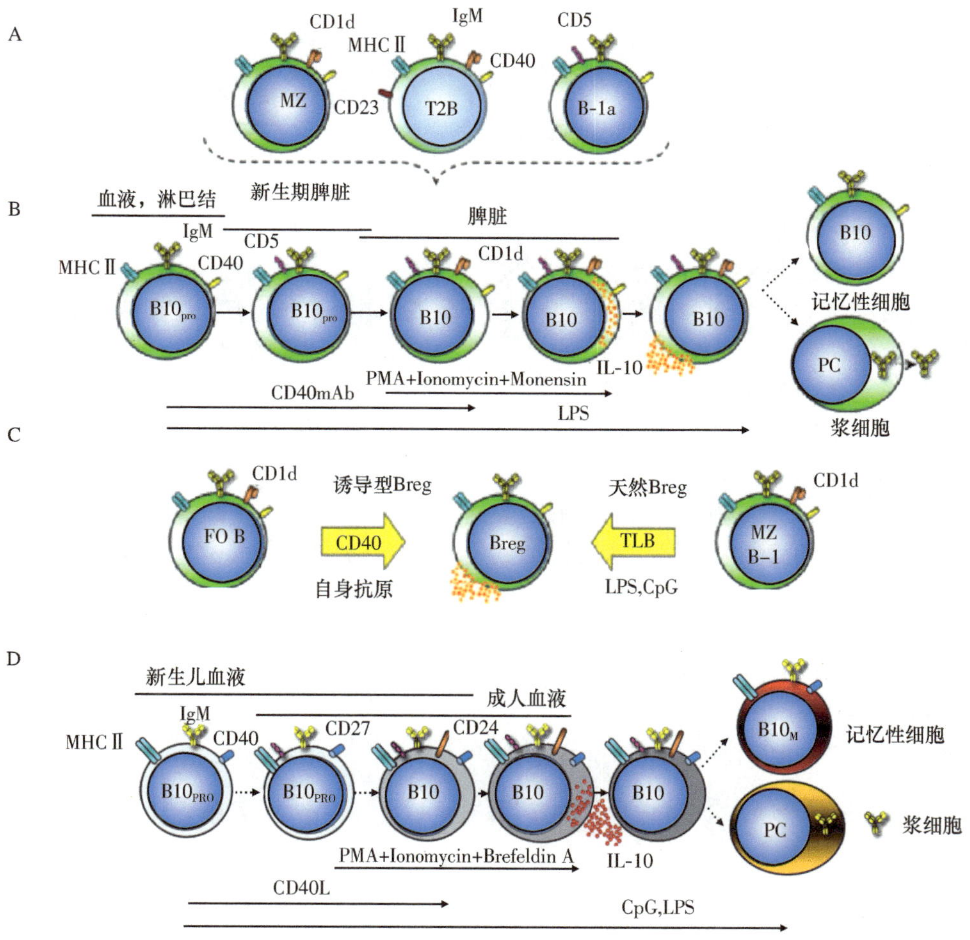

图 7-18　小鼠和人 B10 细胞分化发育示意图

A. B10 前体细胞存在于 B1a 细胞、T2B 细胞（过渡型 2B 细胞）和 MZB 细胞亚群中；B. 抗 CD40 抗体、L+PIM（LPS、PMA、Ionomycin、monensin）诱导 B10 前体细胞分化为 B10 细胞；C. TLR 及自身抗原信号分别介导天然和诱导型 B10 细胞分化；D. 人 Breg 细胞分化发育

多种机制参与调控 B10 细胞分化，例如：①BCR 相关信号通路对 B10 细胞分化至关重要，提示其生成具有抗原特异性；②B10 细胞生成与 CD40 信号，以及 IL-21 和 MHC-Ⅱ分子密切相关，提示 T 细胞参与其分

化；③ LPS-TLR4 和 CpG-TLR9 通路均可诱生 B10 细胞。

(3) 生物学功能：B10 细胞主要通过分泌 IL-10 而发挥如下功能，①调节 Th1/Th2 细胞平衡（抑制 Th1 细胞；促进 Th2 细胞）；②抑制 Th17 细胞；③抑制巨噬细胞激活；④抑制 DC 的抗原提呈作用（图 7-19）。

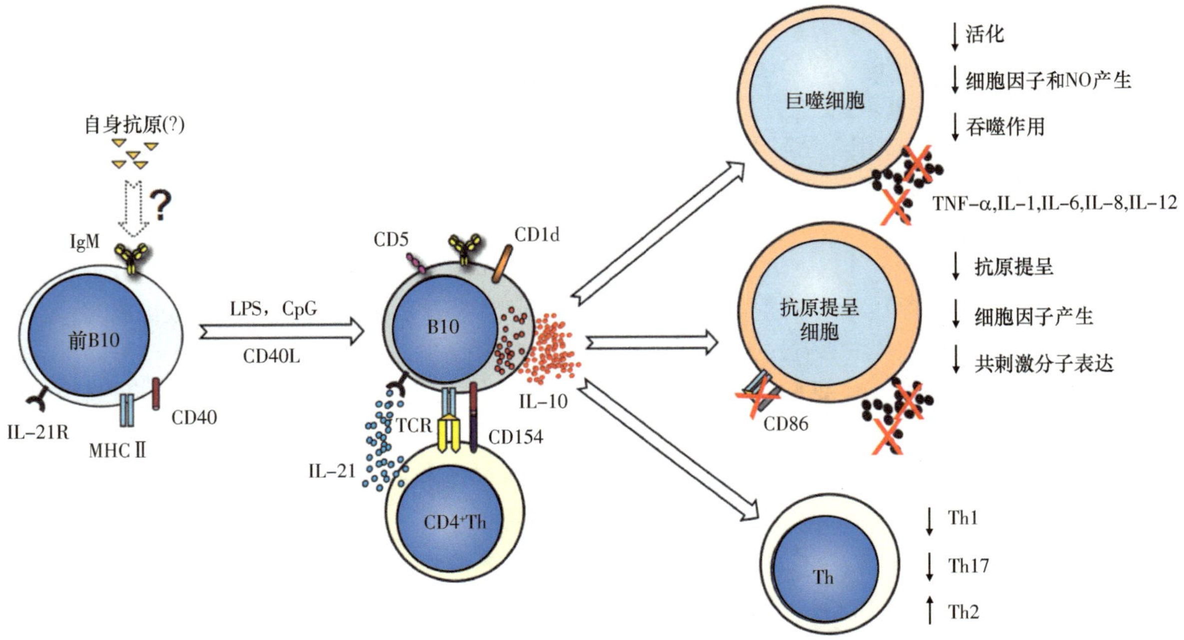

图 7-19 Breg 细胞免疫抑制作用的机制

在体内，B10 细胞可抑制过度的炎症反应，可介导免疫耐受，并在某些慢性炎性疾病（如肠炎、类风湿性关节炎、多发性硬化症）、感染和肿瘤等发生、发展中起重要调节作用。

近期发现，尚存在其他 B 细胞功能亚群，它们均参与免疫调节，例如：①某些 $CD5^+$ B 细胞可表达 IL-10、PD-L2、颗粒酶 B 和 FasL 等，提示该亚群可能属多能的抑制性 B 细胞；②L2pB1 细胞可表达 PD-L2，通过 PD-L2 与 PD-1 相互作用而刺激或调节其他免疫细胞功能；③人类调节性杀伤 B 细胞可分泌颗粒酶，并表达 FasL 和/或 TRAIL 等。上述 B 细胞亚群可对其他免疫细胞（如 $CD4^+$ T 细胞、$CD8^+$T 细胞、NKT 细胞、APC 等）发挥免疫调节作用。

3. 记忆性 B 细胞 根据 CD27 表达可对 B 细胞分类：①初始 B 细胞，其不表达 CD27，IgV 区基因未发生高频突变；②记忆性 B 细胞，其高表达 CD27，IgV 区基因已发生高频突变，主要产生于生发中心，是初次免疫应答克隆消除后保留下来的高亲和力细胞。

记忆性 B 细胞约占全部外周血 B 细胞的 40%～60%，依据其表面 IgM 和 IgD 表达可分为两类：①IgM 记忆性 B 细胞（$CD19^+CD27^+IgM^+IgD^+$），位于生发中心边缘区，属边缘区 B 细胞（marginal zone B cell），针对 TI 抗原产生应答；②类型转换的记忆性 B 细胞（$CD19^+CD27^+IgM^+IgD^-$），为经典的记忆性 B 细胞，位于生发中心 B 细胞区，主要针对 TD 抗原产生应答。两类记忆性 B 细胞亚群在正常人体内约各占 50%。（见第十二章）

（郑 芳 沈关心）

第八章　免疫细胞内分子生物学事件及生物学行为

免疫细胞结构完整性和功能正常是维持机体免疫自稳的重要基础。免疫细胞与其他器官系统的组织细胞具有许多共性，但其分化、发育、代谢、表型、功能等也具有自身特点。本章从细胞生物学、分子生物学水平介绍免疫细胞相关的主要分子生物学事件及生物学行为，以助读者更深入地理解免疫细胞功能及其与疾病发生的关系。

第一节　免疫细胞内分子生物学事件

免疫细胞增殖、分化、运动与死亡等是机体正常生理功能的体现，这些细胞生物学行为受到免疫细胞内一系列分子生物学事件的调控，例如细胞内活性分子（如核酸、蛋白质、糖、脂类等）表达和代谢、表观遗传学改变及分子的化学修饰等。由此，免疫细胞才得以正常生存和扩增，并对来自内外环境的刺激产生适度应答，从而执行免疫系统防御、监视和自稳功能。

一、免疫细胞的物质、能量代谢

新陈代谢与免疫紧密相关。早期研究表明，脂肪和肝脏等组织器官中免疫细胞（包括巨噬细胞、嗜酸粒细胞、T细胞等）可调节相关器官的代谢；近期研究表明，物质及能量代谢方式及中间产物也可调控免疫细胞（尤其是T细胞）分化和功能。

（一）T细胞应答与代谢

T细胞的能量来源是葡萄糖、脂肪酸及氨基酸，三者分别通过糖酵解（glycolysis）、脂肪酸β-氧化代谢（fatty acid β-oxidation，FAO）及谷氨酰胺代谢（glutaminolysis）途径产生ATP。上述三种代谢途径可同时生成丙酮酸，在有氧环境下进入线粒体，参与三羧酸循环，进行线粒体氧化磷酸化（oxidative phosphorylation，OXPHOS）产生更多ATP（图8-1）。以葡萄糖代谢为例，1分子葡萄糖在胞浆内经多级酶促反应可生成2分子丙酮酸，并在无氧条件下分解为乳酸，此过程伴随少量ATP产生，称为糖酵解（1个葡萄糖分子产生2个ATP分子）。在有氧环境中，葡萄糖代谢产生的丙酮酸可进入线粒体参与三羧酸循环，通过线粒体氧化磷酸化高效产生能量（1个葡萄糖分子产生38个ATP分子）。在T细胞活化及效应阶段，同时存在多种代谢途径，但依赖的程度各异。其中，胞浆内糖酵解和线粒体内脂肪酸β-氧化代谢途径的偏倚，与T细胞功能状态及分化密切相关。

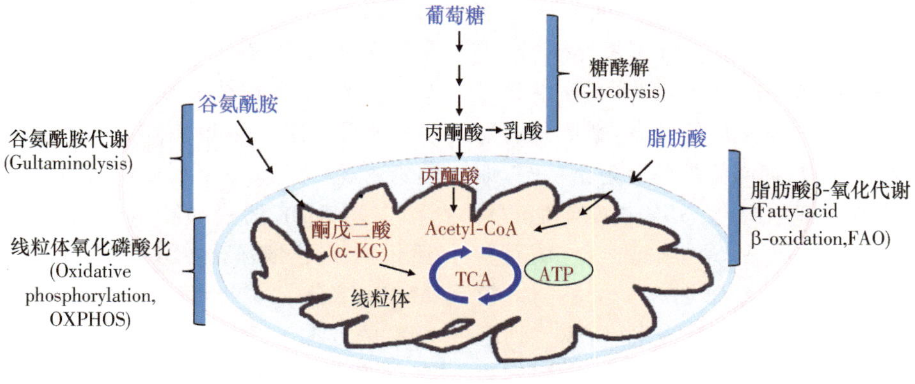

图8-1　三大能量物质的代谢途径

1. 不同T细胞亚群的代谢特征　不同功能状态下，T细胞能量代谢特征截然不同：①静息状态的初始T细胞主要依赖线粒体脂肪酸β-氧化代谢（FAO）及氧化磷酸化（OXPHOS）维持细胞生存与生长；②活化增殖的T细胞，其代谢方式类似于肿瘤细胞，即使在有氧环境下也更依赖于糖酵解（有氧糖酵解，

aerobic glycolysis）这种低效方式快速获得能量，且谷氨酰胺代谢（gultaminolysis）增强。而且，不同T细胞功能亚群对不同代谢途径各有偏倚（图8-2）：

（1）效应性T细胞：Th1、Th2、Th17细胞及$CD8^+$ CTL更依赖有氧糖酵解这种低效的方式获得能量，从而实现快速应答。上述细胞内，参与糖酵解的相关分子［如关键性的葡萄糖转运分子（glucose transporter 1，Glut1）］表达上调，从而保证效应性T细胞快速有效地摄取葡萄糖。必须指出，此时效应性T细胞内线粒体氧化磷酸化途径依然存在，且参与辅助细胞生长和功能发挥。

（2）记忆性T细胞：记忆性T细胞属静息状态T细胞，其代谢特征更接近于初始T细胞，主要依赖线粒体氧化磷酸化提供能量。但与初始T细胞相比，记忆性T细胞内线粒体功能和脂肪酸β-氧化代谢率增强，从而为机体再次接触相同抗原时迅速而有效地产生记忆应答奠定了基础。

（3）调节性T细胞（Treg）：Treg细胞也属静息状态T细胞，与效应性T细胞相比，其葡萄糖转运分子（Glut1）表达较低，但线粒体膜通透性及线粒体脂肪酸β-氧化代谢率升高，从而保证Treg细胞在体内生存和自我更新。

（4）固有免疫样T细胞：以iNKT细胞为例：体内参与适应性免疫的T细胞多处于静息状态，但天然状态的iNKT细胞呈预激活状态，可持续表达活化与效应性T细胞的表面标志（如$CD69^{high}CD62L^{low}CD44^{high}$），且糖酵解增强。已证明，效应性T细胞快速应答能力与其较高的糖酵解率密切相关，故iNKT细胞代谢特征也在一定程度反映其功能特征（即活化后快速分泌细胞因子）。

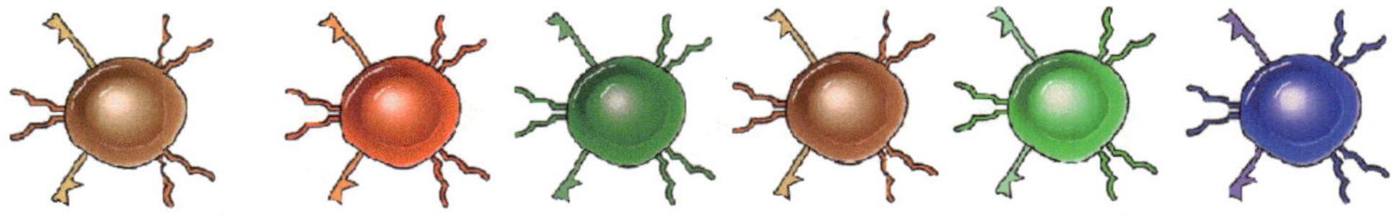

细胞亚群	Naïve T	Th1	Th2	Th17	Treg	记忆T细胞
主要代谢方式	混合物质氧化磷酸化	有氧酵解	有氧酵解	有氧酵解	线粒体脂肪酸氧化	线粒体脂肪酸氧化
关键信号分子		mTORC1	mTORC2	mTORC1 HIF-1α	AMPK	AMPK
细胞功能	免疫监视	细胞免疫	体液免疫	炎症	免疫调节	免疫记忆

图8-2 各T细胞亚群主要代谢方式与关键信号分子

2. 代谢途径转换影响T细胞功能与分化 如上所述，T细胞功能状态可影响其选择代谢途径。另一方面，代谢途径转换也可影响T细胞功能及亚群分化，例如：①营养供应相对限制的组织局部（如肿瘤快速生长的环境），葡萄糖快速消耗可抑制效应性T细胞的有氧糖酵解，并代偿性增强线粒体氧化磷酸化，从而抑制T细胞分泌IFN-γ及Th1细胞功能，由此可部分解释肿瘤局部T细胞的低应答状态；②体外诱生Th17与Treg细胞过程中，抑制糖酵解可阻断Th17细胞分化，同时促进Treg细胞产生；③增强$CD4^+$T细胞的线粒体脂肪酸氧化，可促进Treg细胞分化，从而发挥抗自身免疫病的作用；④增强$CD8^+$T细胞的线粒体脂肪酸及氧化代谢率，可促进记忆性$CD8^+$T细胞产生和分化，在动物模型中促进抗瘤效应。上述实验依据为T细胞的功能调控提供了新思路。

3. T细胞代谢途径转换的机制及调控 T细胞代谢不仅为T细胞生存、增殖及发挥功能提供能量，也可能成为调控T细胞的“开关”。已有文献报道，通过调控T细胞代谢途径可定向诱导T细胞亚群分化。迄今已发现多种信号通路及相关转录因子与T细胞代谢途径的调控密切相关。

（1）AMPK-mTOR信号通路：AMP-活化蛋白激酶（AMPK）和哺乳类雷帕霉素靶分子（mammalian target of rapamycin，mTOR）是参与T细胞活化并感应T细胞能量需求的重要信号分子。二者相互抑制，在糖酵解和线粒体脂肪酸代谢转换中发挥重要作用，从而调控Treg细胞与效应性T细胞比例，维持免疫稳态。

1）AMPK通路：AMPK在AMP/ATP比率升高时活化，该过程依赖肝激酶B1（liver kinase B1，LKB1）与AMPK结合，亦称LKB1/AMPK通路，其激活可抑制糖酵解，增强脂肪酸氧化代谢，并限制T细胞应答强度。该通路缺陷的效应性T细胞IFN-γ表达上调。AMPK激活剂metformin可通过活化该信号通路并抑制mTOR通路，增强线粒体脂肪酸β-氧化代谢，从而诱导T细胞分化为（静息状态的）记忆性T细胞及Treg细胞。

2）mTOR通路：亦称PI3K/AKT/mTOR信号通

路。在营养富足(高葡萄糖与高氨基酸)的微环境中,T 细胞活化信号可激活磷脂酰肌醇 3-激酶(PI3K)及 AKT[亦称蛋白激酶 B(protein kinase B,PKB)],进而活化 mTOR(尤其是 mTORC1)通路。mTOR 通路活化可促进糖酵解与谷氨酰胺代谢,为 T 细胞活化快速提供能量,从而促进效应性 T 细胞分化。mTOR 缺失的 T 细胞可分化为 Treg 细胞,但不能分化为效应性 T 细胞,提示 mTOR 信号通路在效应性 T 细胞分化中发挥重要作用。Rapamycin 是 mTOR 信号通路的特异性抑制剂,具有类似 AMPK 激活剂的效应,如抑制糖酵解并促进脂肪酸代谢,从而诱导记忆性 T 细胞及 Treg 细胞分化。

(2) 癌基因 c-Myc 的调控作用:c-Myc 作为转录因子,对 T 细胞生长、增殖及能量代谢具有综合调控作用。活化的 T 细胞 c-Myc 表达上调,可促进 T 细胞糖酵解代谢,从而诱导 T 细胞增殖并进入细胞周期。c-Myc 缺失的成熟 T 细胞,其活化时很多参与糖酵解的基因表达下调,谷氨酰胺代谢途径及其产物酮戊二酸也显著降低。

(3) 缺氧诱导因子 1(hypoxia-inducing factor 1,HIF1)的调控作用:转录因子 HIF1 在缺氧环境下可定向转换细胞能量代谢方式。作为 mTOR 通路的下游信号分子,HIF1 活化后,通过上调糖酵解相关基因表达,可促进糖酵解,使细胞减少对线粒体氧化磷酸化的依赖,从而在缺氧条件下获足够能量。HIF-1 基因缺陷小鼠中,初始 T 细胞分化为 Th17 细胞的能力显著减弱,伴随 Treg 细胞分化增强,从而对自身免疫性脑脊髓炎发挥保护作用。

(4) 雌激素相关受体(estrogen related receptor,ERR)的调控作用:ERR 是最早被发现的孤儿核受体(即配体未知的受体),近年证实其与细胞代谢调控密切相关。ERR 可广泛影响糖酵解与线粒体代谢相关基因表达,从而调控效应性 T 细胞增殖、功能及 Treg 细胞分化。已发现,ERR 缺失的 T 细胞,前期酵解相关基因表达降低,葡萄糖摄入减少,导致效应性 T 细胞分化抑制。

(二) B 细胞应答与代谢

B 细胞应答过程也伴随 B 细胞能量代谢方式的转换。

1. 不同功能状态 B 细胞活化后的代谢与功能特征　B 细胞糖酵解率与其活化、增殖及抗体分泌密切相关:①B 细胞接受 BCR 活化信号或被 LPS 刺激,其能量需求明显增高,可特征性表现为葡萄糖摄取能力增高及对有氧糖酵解途径的依赖;②阻断 B 细胞糖酵解途径,可明显降低 B 细胞存活率,并抑制其在体内外增殖及抗体分泌;③失能 B 细胞接受 BCR 活化信号或 LPS 刺激后,维持代谢上的静息状态,仅出现微弱的糖酵解率增高及较低的抗体分泌;④自身反应性 B 细胞接受刺激后,可快速增高糖酵解率与抗体表达。

2. B 细胞能量代谢相关的调控机制　对 B 细胞代谢转换及其调控机制的研究,滞后于 T 细胞领域。近年取得如下进展:

(1) PI3K/AKT 信号:①BCR 交联信号介导的葡萄糖分解代谢(糖酵解)依赖于 PI3K 活化,一旦 PI3K 活化被抑制,BCR 交联信号即无法有效诱导增高的糖酵解,并导致 B 细胞生长与增殖抑制;②单独激活 AKT 可有效促进 B 细胞的葡萄糖利用,提示 PI3K 主要通过活化 AKT 而促进 B 细胞能量代谢转换;③FcγRIIB 作为 B 细胞生长与活化的调节受体,可通过调节 PI3K 及后续 AKT 活化,抑制 BCR 交联所致糖酵解增高。上述实验依据提示,BCR 介导的活化信号与 FcγRIIB 介导的抑制信号,可分别通过对 B 细胞糖酵解代谢的正向与反向调控,实现对 B 细胞活化及功能的调节。

(2) PKCβ 信号:蛋白激酶 C(PKC)家族在 B 细胞存活及应答中起关键作用。其中,PKCβ 可明显促进 BCR 交联诱导的糖酵解。PKCβ 缺陷小鼠,其 B 细胞多种糖酵解相关基因表达明显下调,且糖酵解率下降,导致 B 细胞活化和功能障碍。

(3) IL-4 与 Stat6 信号通路:IL-4 不仅可介导 B 细胞活化及分化,也可调控 B 细胞能量代谢。IL-4 可通过上调 B 细胞 Glut1 表达,促进 B 细胞摄取葡萄糖,从而提高 B 细胞糖酵解率。该过程依赖 Stat6 信号通路活化,并在维持 B 细胞存活中起重要作用。对 Stat6 缺陷的 B 细胞,IL-4 不能增强其糖酵解。

(三) 固有免疫与代谢

1. 粒细胞与代谢　粒细胞(包括中性粒细胞、嗜酸粒细胞和嗜碱粒细胞)属终末分化细胞,在外周组织一般不发生大量增殖。粒细胞(尤其是中性粒细胞)含很少线粒体,耗氧率低,主要依靠糖酵解方式供能。感染早期,中性粒细胞快速迁移至感染组织,被 PAMP 等激活,迅速增加葡萄糖和 O_2 消耗量,但线粒体氧化磷酸化率并不增加,而是通过增强糖酵解和戊糖磷酸途径而产生还原型辅酶Ⅱ(nicotinamide adenine dinucleotide phosphate,NADPH),在 NADPH 氧化酶作用下消耗氧并产生大量活性氧(H_2O_2 等),发挥杀菌效应。

2. DC 与代谢　DC 具有异质性,目前体外研究所用 DC 多来源于 GM-CSF 刺激的骨髓细胞，可分泌 TNF-α 和 iNOS。静息状态下，DC 通过线粒体氧化磷酸化途径供能，基本不产生乳酸，一旦 TLR 通路被激活，即迅速转变为利用有氧糖酵解供能而生存，产生大量乳酸，PI3K/AKT 在此过程中起关键作用。某些 DC 亚群（如肠道相关淋巴组织的 $CD103^+DC$）可产生 Vitamin A 代谢中间物维甲酸（retinoic acid），通过诱生 Treg 细胞和能分泌 IgA 的 B 细胞，介导机体对肠道正常菌群的耐受。

3. 巨噬细胞与代谢 巨噬细胞可分为两类，其代谢途径各异：

（1）M1：其具有致炎性，一般不能增殖。M1 通过增强糖酵解途径（尤其是戊糖磷酸途径）和抑制线粒体呼吸而产生 NAPDH，后者产生活性氧和 iNOS。多种 HIF-1 亚型在巨噬细胞和 DC 活化中起关键作用。低氧条件和某些致炎性细胞因子（如 TNF-α 和 IL-1）可诱导 HIF-1 表达，后者上调乳酸脱氢酶和丙酮酸脱氢激酶表达，通过增强磷酸化及抑制丙酮酸脱氢酶活性，从而抑制氧化磷酸化，并促进 M1 内糖的有氧酵解。

（2）M2：其在特定情况下可增殖，参与炎症反应和组织修复，在脂肪组织和肝脏中起重要调节作用。M2 主要利用脂肪酸有氧氧化代谢途径，某些脂肪酸配体能活化过氧化物增殖物激活受体（peroxisome proliferator-activator receptor，PPAR）家族成员，促使许多参与底物磷酸化和氧化磷酸化的基因表达上调，在 M2 分化过程中起关键作用。

二、免疫细胞相关的酶

参与细胞内代谢的多种酶类具有重要的免疫调节作用，可调控免疫细胞分化及功能，并与某些免疫病理过程相关。

1. 具有免疫负调节作用的酶类

（1）血红素加氧酶-1（heme oxygenase-1，HO-1）：HO 是血红素分解代谢的限速酶。目前已发现 3 种 HO 同工酶，其中 HO-1 可诱导性表达于人体多数细胞内质网、线粒体及胞核内，HO-2 组成性表达于多数组织内皮细胞和神经元细胞线粒体内，HO-3 是伪基因。近年发现，HO-1 属应激蛋白，在正常体内仅低表达，但在多种损伤性刺激作用下可被诱导高表达。HO-1 可催化血红素分解，生成 CO、胆绿素和游离铁等中间产物，从而发挥免疫调节作用。

1）一氧化碳（CO）：①CO 可下调炎性细胞因子表达（TNF-α、IL-6、IL-18 等）或促进抑炎细胞因子表达（如 IL-10），从而发挥抗炎和免疫抑制作用；②CO 可调节鸟苷酸环化酶活性而抑制细胞增殖，如通过 P38 和 MAPK 途径抑制血管平滑肌细胞增殖，通过抑制 ERK 活化而抑制 T 细胞增殖。另外，CO 还可阻止细胞死亡及抗氧化损伤。（图 8-3）

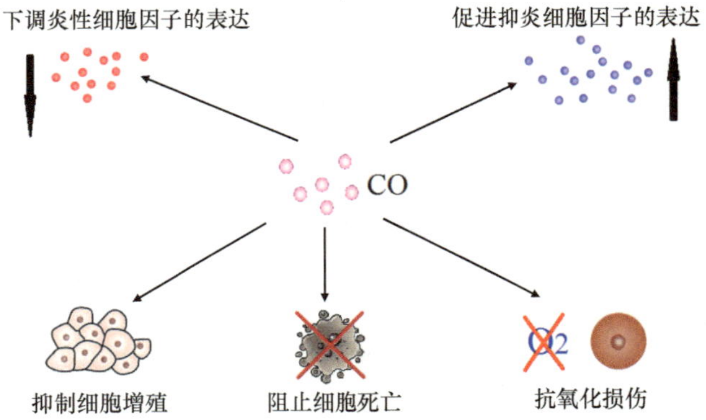

图 8-3 CO 的免疫负调节作用

2）胆绿素（biliverdin）：为胆红素的前体，后者是强效抗氧化剂，其功能为，①抑制活性氧（ROS）产生，阻断 ROS 上调炎症因子表达而致细胞凋亡的作用；②有效清除过氧化物激活剂，抑制脂质过氧化反应，通过清除 ROS 而减少炎症细胞募集并发挥保护作用。

HO-1 具有重要的免疫负调节作用，并影响某些免疫病理过程发生，例如①：HO-1 基因敲除小鼠出现 T 细胞功能异常；②诱导 HO-1 表达可抑制炎性细胞因子产生和内皮细胞凋亡，增加局部灌注量，改善微循环障碍，从而延长移植物存活；③HO-1 参与活化诱导的细胞死亡（AICD），从而负调节 T 细胞应答；④HO-1 可促进调节性 T 细胞（Treg）分化及其功能；⑤HO-1 高表达可通过抑制炎症细胞（如中性粒细胞、T 细胞、巨噬细胞）浸润而对缺血再灌注损伤发挥保护作用。

（2）吲哚胺 2,3 双加氧酶（indoleamine 2,3-dioxygenase，IDO）：IDO 是胞内一种含亚铁血红素的酶，是肝脏以外唯一可催化色氨酸分子中吲哚环氧化裂解，使其经犬尿酸途径分解代谢的限速酶，广泛分布于人和其他哺乳动物除肝脏以外的组织中。IDO 主要由外周血单核/巨噬细胞、DC、胎盘滋养细胞等分泌，正常状态下呈低表达，在炎症或感染过程中表达显著增加，脂多糖（LPS）、细胞因子（如 IFN-γ）等均可诱导其表达。

IDO 可通过降解色氨酸而负调节 T 细胞增殖和分化，其机制为：①IDO 高表达促进色氨酸水解，导致色氨酸降低或耗竭，使 T 细胞增殖滞留于 G_1 期中期且易于凋亡；②IDO 催化色氨酸水解产生的犬尿氨酸（kynurenine），对 T 细胞具有明显毒性作用，可诱导 T

细胞凋亡；③IDO 可介导 Th1 细胞向 Th2 细胞偏移，产生 Th2 型细胞因子（IL-4、IL-10 等），拮抗 Th1 细胞分化和功能。

已发现，IDO 参与某些免疫病理过程发生，例如：①胎盘合体滋养层细胞可合成 IDO，从而在维持母胎耐受中发挥重要作用；②IDO 通过诱导 Th2 细胞偏移并抑制 T 细胞增殖而参与移植耐受的建立；③IDO 通过诱生调节性 B 细胞而抑制异常的自身免疫应答。

2. 参与免疫细胞功能及分化、发育的酶类

（1）鞘氨醇激酶（sphingosine kinase，SphK）：SphK 可催化鞘氨醇磷酸化，产生 1-磷酸-鞘氨醇（sphingosine-1-phosphate，S1P）。SphK-1 和 SphK-2 是存在于哺乳类动物的同工酶，主要分布于细胞质。SphK-1 可刺激 S1P 产生，促进细胞生长和抗凋亡，而 SphK-2 则抑制上述过程。

鞘氨醇广泛参与细胞存活、Ca^{2+} 释放、细胞骨架重组，从而与免疫细胞分化、激活、增殖、趋化、致炎效应等密切相关。生长因子、细胞因子和 G 蛋白偶联受体激动剂可激活 SphK 并促进 S1P 合成，后者可作为第二信使促进细胞内源性 Ca^{2+} 释放，或作为细胞外介质作用于胞膜特异性 G 蛋白偶联受体。SphK 具有如下免疫相关功能：①抑制 SphK 激活可显著（甚至完全）抑制免疫细胞脱颗粒、趋化和细胞因子分泌；②激活 SphK 能提高 T 细胞抵抗神经酰胺或 Fas 所致凋亡；③鞘氨醇及相关负调节脂类间的平衡，参与调控 Th 细胞应答；④S1P 受体介导淋巴细胞从免疫器官流出，S1P 拮抗剂可使淋巴细胞滞留于二级淋巴组织，新型免疫抑制剂 FTY 720 即通过此机制而发挥免疫抑制作用；⑤SphK2 可促进 IL-12 介导 T 细胞合成 IFN-γ 的作用；⑥SphK 可调控中性粒细胞激活、趋化、超氧化物生成及相关的炎症反应；⑦巨噬细胞内 SphK 被激活而产生 S1P，参与损伤组织的修复；⑧单核细胞表面高亲和力 IgG（FcγRI）激活可触发 SphK1 激活，导致细内储存的 Ca^{2+} 释放，并调节单核细胞 NADPH 氧化酶活性；⑨TNF-α 介导单核细胞内 Ca^{2+} 释放、NF-κB 激活和细胞因子生成均依赖 SphK1 激活。

综上所述，SphK 参与调控多种免疫细胞功能及致炎效应，其通过促进 S1P 产生还可进一步放大炎症反应，故抑制免疫细胞 SphK 活性可下调该酶所致促炎效应。

（2）诱导型 NO 合酶（inducible nitric oxide synthase，iNOS）：iNOS 属一类 NO 合酶，可催化精氨酸的胍基氮氧化生成一氧化氮（NO）。LPS 及 Th1 型细胞因子（如 IL-2、IL-12 和 IFN-γ）可单独或协同诱导巨噬细胞等表达 iNOS，促进 NO 生成。TGFβ 及 Th2 型细胞因子（如 IL-4、IL-10 等）可抑制 NO 产生。

NO 的生物学功能为：①通过抑制 Janus 激酶激活而抑制 T 细胞增殖；②抑制 B 细胞应答和肥大细胞反应性；③激活 NK 细胞及单核细胞；④调控 T 细胞和巨噬细胞分泌细胞因子，并诱导巨噬细胞凋亡；⑤反馈调节 T 细胞分泌细胞因子，促进 Th2 型细胞因子产生，抑制 Th1 型细胞因子产生；⑥与吞噬细胞内过氧化氢酶及过氧化物酶结合，在酸性环境中产生过（氧化）亚硝基酸盐，发挥杀菌作用。

（3）脂加氧合酶（lipoxygenase，LPO）：LPO 表达于巨噬细胞、DC、肥大细胞和中性粒细胞内，可催化花生四烯酸（arachidonic acid，AA）循脂氧代谢途径生成羟基二十碳四烯酸（HETE）、白三烯及脂氧素，这些代谢产物具有重要免疫功能。

1）白三烯（leukotriene，LT）：①促进中性粒细胞吞噬、分泌活性氧和水解酶、杀灭微生物等；②LTB4 具有强的趋化中性粒细胞作用和致炎效应；③作为肥大细胞和嗜碱粒细胞内颗粒物质，参与Ⅰ型超敏反应发生（见第十五章）；④LTB4 可通过增加淋巴细胞 cAMP 含量，促进 IL-1 分泌，从而增强 NK 细胞活性；⑤LTD4 和 LTE4 可抑制淋巴细胞对有丝分裂原刺激的反应，后者还可抑制抗体产生。

2）脂氧素（lipoxin，LX）：脂氧素是花生四烯酸经多种脂氧合酶相继作用后生成，包括 LXA4 和 LXB4 等，它们具有明显的免疫负调节作用，例如：①LXA4 和 LXB4 可抑制 LTB4 所致中性粒细胞趋化作用，及血小板激活因子（PAF）所致嗜酸粒细胞趋化及脱颗粒；②LXA4 和 LXB4 均可抑制 NK 细胞活性，但其机制与前列腺素（PGE2）不同，脂氧素并不影响 NK 细胞与靶细胞结合，也不提高细胞内 cAMP 水平。

另一方面，脂氧素也可能增强某些免疫细胞的功能，例如：①脂氧素及其类似物可刺激单核细胞趋化和黏附作用，脂氧素可促进巨噬细胞吞噬凋亡的中性粒细胞；②脂氧素是 NK 细胞调节剂，10^{-8}mol/L 的 LXA4 可提高 NK 细胞活性。

（4）脾酪氨酸激酶（spleen tyrosine kinase，Syk）：Syk 是一种非受体型酪氨酸激酶，表达于所有造血细胞，在 B 细胞表达水平较高，在 T 细胞、血小板和骨髓细胞表达水平较低。Syk 的免疫相关功能为：①参与祖 B 细胞发育为前 B 细胞，促使未成熟 B 细胞进入脾白髓，Syk 缺陷可致成熟 B 细胞完全缺失；②表达于 CD4 和 CD8 双阳性或双阴性胸腺细胞，参与 T 细胞在胸腺分化和发育；③在 T 细胞受体信号转导中，Syk 和 ZAP-70 均发挥重要作用；④与 Fc 受体及 C 型凝集素（如 dectin-1 受体）等信号通路相关。

3. 编码基因异常导致免疫缺陷的酶类

(1)腺苷脱氨酶(adenosine deaminase, ADA):ADA是参与腺苷代谢的关键酶,可催化腺苷不可逆性水解脱氨,产生次黄苷及氨,继而转变为黄嘌呤及尿酸。ADA存在于大多数哺乳动物多数组织细胞内,在红细胞及淋巴细胞(尤其是T细胞)中含量特别高。ADA基因缺陷(突变或缺失)可致重症联合免疫缺陷病(severe combined immunodeficiency disease, SCID)。其机制为:ADA缺乏,导致腺苷、脱氧腺苷、dATP/dAMP等毒性代谢产物在细胞内聚积;这些代谢产物进一步抑制核糖核苷酸还原酶(ribonucleotide reductase)和S腺苷同型半胱氨酸水解酶,使S腺苷同型半胱氨酸增多,抑制甲基转移反应,影响RNA、DNA、蛋白质和磷脂合成。ADA在淋巴细胞内特别丰富,且活性最高,故患者主要表现为T、B细胞受损。

(2)嘌呤核苷磷酸化酶(purine nucleotide phosphorylase, PNP):PNP是嘌呤代谢的降解酶,使肌苷转换为次黄嘌呤和鸟苷,并使脱氧鸟苷转换为鸟嘌呤。PNP基因缺陷(突变或缺失)可致SCID,机制为:PNP缺乏使脱氧鸟苷转化为鸟嘌呤以及肌苷转化为次黄嘌呤的通路受阻,鸟苷、脱氧鸟苷和dGTP等毒性代谢产物积聚于细胞内,并可抑制DNA合成所需核糖核苷酸还原酶,影响淋巴细胞分化和成熟。

(3)还原型辅酶Ⅱ(NADPH)氧化酶(NADPH oxidase):此酶参与细胞内葡萄糖氧化过程,从而产生活性氧[如过氧化氢、超氧离子(O_2^-)及单态氧离子等],其编码基因缺陷可导致慢性肉芽肿病(chronic granulomatous disease, CGD),机制为:吞噬细胞内缺乏NADPH氧化酶系统,使葡萄糖氧化过程中不能生成足量活性氧,导致胞内杀菌能力低下,吞入的过氧化氢酶阳性细菌(如葡萄球菌、大肠杆菌、沙雷菌、白色念球菌等)不能被杀灭,而在细胞内存活和繁殖。由于吞噬细胞趋化与吞噬功能正常,致使杀菌能力低下的吞噬细胞游走播散至其他组织器官,持续的慢性感染可引起巨噬细胞在局部聚集,并刺激$CD4^+$T细胞,形成脓灶和肉芽肿。

三、免疫细胞胞内蛋白分子的修饰

胞内蛋白质翻译后需经多种修饰,以维持蛋白质正常结构和功能。蛋白质结构改变或化学修饰可改变生化代谢平衡、反应途径、生物体系化学平衡及反应方向,进而影响信号转导及相关基因表达,介导细胞增殖、分化、凋亡。免疫细胞内蛋白修饰的方式极为复杂,包括氧化修饰(oxidative modification)、泛素化(ubiquitination)、SUMO化(sumoylation)、磷酸化(phosphorylation)、乙酰化(acetylation)、糖基化(glycosylation)等。本章主要介绍免疫细胞功能蛋白相关的修饰。

(一)氧化还原修饰

氧化应激(oxidative stress, OS)指在内外因子刺激下,细胞内活性氧(reactive oxygen species, ROS)和活性氮(reactive nitrogen species, RNS)产生过多,造成氧化系统和抗氧化系统失去平衡的现象。活性氧(如超氧阴离子、羟自由基、过氧化氢等)和活性氮(如一氧化氮、二氧化氮、过氧化亚硝酸盐等)可对多种蛋白质半胱氨酸残基进行可逆性氧化还原修饰,主要方式为巯基/二硫键转换反应、S-亚硝基化及谷胱甘肽化等,这些修饰方式构成胞内氧化还原信号转导的主要机制。过量产生的ROS和RNS可直接损伤组织,也参与某些免疫病理过程发生、发展。

1. 氧化应激与肿瘤 氧化应激参与肿瘤发生的作用具有双向性,表现为:

(1)氧化应激参与肿瘤发生:①SENP3是SUMO蛋白酶,可快速对轻度氧化应激产生应答,进而调控底物SUMO化修饰;发生轻度氧化应激的细胞内,SENP3肽链C243和C274两个半胱氨酸位点发生氧化修饰,导致SENP3快速积累,瘤细胞内SENP3明显高于正常;ROS可通过SENP3改变胞内蛋白质SUMO修饰格局,从而促进肿瘤细胞的恶性表型;②ROS水平增加可降低肿瘤细胞对致凋亡作用的敏感性,参与肿瘤发生;③实体瘤细胞存在氧化还原敏感信号通路(如RhoA、NF-κB、HIF-1等),可发挥抗凋亡作用。

(2)氧化应激抑制肿瘤发生:①ROS升高可激活Caspase-9等凋亡信号,抑制RhoA、NF-κB、HIF-1等抗凋亡信号激活;②肿瘤抑制因子p53是对氧化还原敏感的转录因子,氧化应激时p53表达上调,其mRNA翻译加速并发生翻译后修饰(如磷酸化、乙酰化、泛素化、SUMO化、NEDD化等),导致p53蛋白累积、功能增强,最终调控细胞周期、细胞衰老及凋亡。

2. 氧化应激与炎症反应 氧化应激可激活多种炎症细胞,参与炎症反应发生和发展。另一方面,炎症微环境产生多种炎性细胞因子,可诱导氧化应激发生。例如:IL-1β是参与诱导氧化应激的重要因子;肝脏炎症反应中,多种细胞因子通过诱导氧化应激而参与肝脏免疫病理过程。

(二)磷酸化修饰

蛋白质磷酸化(phosphorylation)是最常见、最重要的蛋白质翻译后修饰方式。蛋白磷酸化的生物学意义为:蛋白质氨基酸侧链加入带有强负电的磷酸基团,可发生酯化,通过影响其构型、活性及与其他分子相互作用,从而对信号转导、基因表达和细胞分裂等发挥重要调控作用。

1. 磷酸化修饰与细胞因子信号转导　JAK-STAT 通路是众多细胞因子信号转导的重要途径。正常状态下,JAK-STAT 通路相关的信号分子通常以非磷酸化的无活性状态存在;一旦 JAK-STAT 信号通路被启动,JAK、STAT 分子即发生磷酸化,可广泛参与细胞增殖、分化、成熟、凋亡及免疫调节等。

2. 磷酸化修饰与肿瘤发生　例如:①乳房外湿疹样癌(extramammary pagets disease,EMPD)细胞中,磷酸化 p38 细胞丝裂原活化蛋白激酶 α(phospho-p38 mitogen-activated protein kinase α,p-p38MAPKα)、磷酸化核因子-κB(phosphor-nuclear factor kappaB,p-NF-κB)及细胞周期蛋白 D1(cyclin D1)等过度表达,p38 MAPK/NF-κB/cyclin D1 信号转导通路在 EMPD 肿瘤发生中起重要作用;②抑制大肠癌 CT26 细胞株内聚(腺苷二磷酸核糖)水解酶[poly(ADP-ribose)glycohydrolase,PARG],可下调 PARP 和 NF-κB,并增强 AKT 磷酸化,通过降低 VEGF、FGF-2 等血管生成相关因子表达,抑制肿瘤细胞生长、浸润和转移。

3. 磷酸化修饰与炎症反应　聚(腺苷二磷酸核糖)水解酶[poly(ADP-ribose)glycohydrolase,PARG]可影响多(腺苷二磷酸核糖)聚合酶[poly(ADP-ribose)polymerase,PARP]和蛋白激酶 B(protein kinase B,PKB)磷酸化,在炎症反应中发挥重要作用。

4. 磷酸化修饰与淋巴细胞分化、功能　FOXO 家族是转录调节因子,也是 INS/IGF-1 信号通路的关键分子,其氨基酸序列含 3 个高度保守 PKB 磷酸化基序,其活性与磷酸化状态密切相关。磷酸化的 FOXO 可调节免疫细胞(T 细胞、B 细胞及 DC)分化、增殖、凋亡和功能,并维持亚群间平衡。FOXO 磷酸化异常,可导致急性早幼粒细胞白血病发生。

5. 磷酸化修饰与自身免疫病　胞内蛋白质经磷酸化修饰,可出现新的抗原表位,导致机体产生异常自身免疫应答,出现自身免疫病。例如:实验性自身免疫性脑脊髓膜炎(EAE)中,αB 晶体蛋白(alpha B-crystallin)发生磷酸化,可出现新的 T 细胞表位,打破外周免疫耐受;系统性红斑狼疮中,多种自身抗原发生磷酸化修饰,从而激活相应自身反应性淋巴细胞,引发疾病。

(三) 泛素化修饰

泛素(ubiquitin)是普遍存在于真核生物中、高度保守的一种蛋白质。泛素化(ubiquitination)属一种酶促的蛋白质翻译后修饰,可参与调控细胞周期、细胞增生、分化及信号转导等。胞内蛋白质泛素化降解是蛋白质转录后修饰的重要方式之一。泛素化底物及随后的降解过程涉及整个细胞质膜系统(细胞膜、内质网膜、核膜等)。泛素化系统的作用位点主要位于细胞膜表面、内质网和细胞核。

1. 泛素化与免疫应答　NF-κB 是多种免疫相关信号途径的下游分子。NF-κB 蛋白可循两条途径被激活:①经典活化途径,多数免疫细胞在刺激信号作用下,IκB 激酶复合体(IκB kinase,IKK)介导 IκB 蛋白快速发生磷酸化修饰,继而发生多泛素化修饰;②非经典活化途径,主要发生于 B 细胞,NF-κB 蛋白前体蛋白(p100)经处理而转化为成熟的 p52 亚单位,进而促进 B 细胞成熟及活化,泛素-蛋白酶体途径(ubiquitin-proteasome pathway,UPP)在此过程中发挥重要作用。

泛素化修饰参与启动和调节多种免疫相关信号途径(如 TNF、TLR、NLR、RLR、TCR 信号通路等),在固有免疫和适应性免疫应答中发挥重要调节作用。

2. 泛素化与抗感染免疫　RIG-1 样受体(RIG-1-like receptor,RLR)激活可启动抗病毒固有免疫级联反应发生,而抑制 RLR 信号传递强度是保护机体正常功能所必需。RLR 信号通路中,靶蛋白[如环指蛋白 5(ring finger protein 5,RNF5)、三结构基序(tripartite motif,TRIM)家族成员 TRIM25]泛素化和类泛素化修饰,对机体产生抗病原免疫应答和自身稳态具有重要调节作用。

3. 泛素化修饰与肿瘤　细胞内蛋白质泛素化和去泛素化修饰与肿瘤发生密切相关,例如:①胞内 Np95/ICBP90 样环指蛋白(Np95/ICBP90-like RING finger protein,NIRF)可与 p53 特异性结合,将其泛素化降解,通过负调控 p53(抑癌基因)而参与肿瘤发生;②某些泛素-蛋白酶体系统的底物为生长因子,该系统功能异常可致细胞内生长因子降解受阻,引起肿瘤发生;③泛素可与多种癌基因产物(N-myc、P-myc、c-fos、c-jun、Scr 等)结合,发挥抑癌作用。

4. 泛素化与组织纤维化　泛素化-蛋白酶体途径(UPP)异常可影响肾脏纤维化相关信号分子(如转化生长因子 8、丝裂原活化蛋白激酶、NF-κB)降解,导致信号通路过度、持久活化,促进肾脏纤维化。

(四) SUMO 化修饰

小类泛素修饰因子(small ubiquitin-related modifier,SUMO)是一种可通过异肽键修饰其他蛋白质的小分子多肽,SUMO 化(sumoylation)指动物体所发现类似于泛素的蛋白修饰方式。SUMO 化修饰可参与转录调节、核转运、维持基因组完整性、信号转导、DNA损伤修复、调控离子通道和生物节律等。SUMO化修饰为一动态平衡过程，若发生紊乱，则可引发肿瘤等。（图8-4）

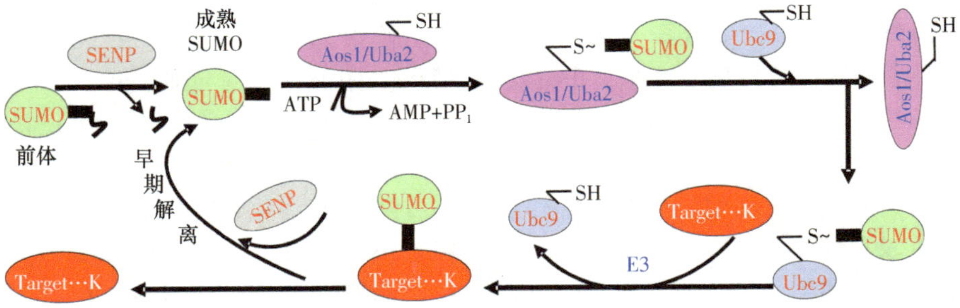

图8-4 SUMO化修饰示意图

SUMO蛋白前体经SENP处理→成熟SUMO→与SUMO活化酶、结合酶及连接酶相互作用→对靶蛋白进行共价修饰→SUMO-靶蛋白复合物在SENP作用下→去SUMO化小类泛素修饰因子特异性蛋白酶（sentrin/SUMO-specific protease，SENP）、SUMO活化酶亚基1/泛素样修饰因子活化酶2（SUMO-activating enzyme subunit 1/Ubiquitin-Like modifier activating enzyme 2，SAE1/Uba2）、泛素结合酶9（ubiquitin-conjugating enzyme，9 Ubc9）、赖氨酸（lysine，K）

1. SUMO化与炎症反应及免疫应答 SUMO可通过不同机制调节NF-κB信号通路，从而调控炎症反应和免疫应答：①通过生化级联反应与靶蛋白（如Irma）结合，对其进行SUMO化修饰，间接调控NF-κB转录；②SUMO介导蛋白质与蛋白质间相互作用，直接调控NF-κB信号通路相关因子转录；③SUMO修饰STAT5蛋白，可阻断胚胎期B细胞和T细胞发育，并调控淋巴细胞分化（见第七章）。

2. SUMO化与免疫相关疾病

（1）糖尿病：SUMO修饰NF-κB信号通路参与糖尿病及其并发症发生。例如：SUM04过度表达可对IκBα进行SUMO化修饰，可抑制NF-κB转录及TNFα刺激NF-κB活化的作用，由此作为一种保护机制，抑制糖尿病所致血管内皮损伤。

（2）肿瘤：①核内亚核蛋白复合物——PML核体（为高等真核细胞间期核内形态不同的亚核结构域）是许多转录因子、辅激活因子、辅阻遏因子的定位所在，PML的SUMO化参与核体组装并维持核体稳定。早幼粒细胞白血病细胞中，其PML核体被破坏成大量异常微小结构；②细胞内SUMO-1可激活野生型p53转录，并通过共价形式与p53结合，修饰和增强p53蛋白稳定性，提示p53的SUMO-1修饰可能是p53蛋白稳定调节的机制之一；但也有报道，SUMO修饰可抑制p53活性。

综上所述，细胞内免疫相关蛋白的修饰形式多样，所引发的结果各异，但均可调控蛋白质功能。各种蛋白修饰涉及细胞生命活动的诸多环节，免疫相关蛋白经修饰后才得以发挥正常功能，若修饰不当则可引发病理改变，如细胞凋亡、炎症反应、免疫异常及免疫相关疾病（如自身免疫病、肿瘤等）。

四、免疫细胞相关表观遗传学

表观遗传学（epigenetic）主要研究基因与决定表型的基因产物间因果关系、生物发育过程中基因活化的时空变化规律、可遗传性基因表达和调控变化的过程和机制、非DNA序列差异的遗传现象等。根据基因表达模式的信息标记或表观遗传修饰（epigenetic modification），表观遗传可分为两类：①DNA甲基化修饰（DNA methylation modification）指DNA甲基化改变启动子空间结构，阻碍转录因子复合物与DNA正常结合，导致基因沉默，而DNA去甲基化往往伴随沉默基因重新激活；②染色质构型重塑（chromatin remodeling），指染色质结构中组蛋白延伸至核小体外，其N端氨基酸残基易受多种化学修饰（如乙酰化、甲基化、磷酸化、泛素化、SUMO化等），导致染色质结构改变，从而影响相应基因表达。

表观遗传调控基因表达的特点为：①不涉及DNA序列改变；②可通过有丝分裂或减数分裂在细胞或个体世代间遗传，即所发生的信息改变可引起遗传性表型变化；③真核生物表观遗传表现为短期、瞬时或可逆性调控，导致基因活性或功能改变。

（一）表观遗传与免疫细胞分化

表观遗传改变（如DNA去甲基化、组蛋白乙酰化等）可直接影响T细胞、B细胞、NK细胞、DC等多种免疫细胞发育、增殖、分化、成熟及受体表达。

1. 表观遗传调控T细胞分化和发育 ①TCR基因激活前处于高度甲基化状态，激活后TCR基因位点发生多处DNA酶Ⅰ（DNase Ⅰ）超敏位点及寡核苷酸CpG去甲基化，使DNase易接近染色质，从而顺利启动 TCR 基因转录，促进 T 细胞分化、成熟；②组蛋白 H3 乙酰化与 TCR 基因重排在时空上非常吻合并决定 T 细胞命运，不能正确表达 TCR 的细胞将被诱导发生凋亡；③不同分化阶段的 T 细胞（DN、DP），其表面 CD4、CD8 表达受 DNA 甲基化及组蛋白修饰的调控。

2. 表观遗传参与 BCR 多样性形成　BCR 的 D-J 基因重排起始时，起始复合物所含 RNA 聚合酶 II 本身具有乙酰化酶特性，使得 D-J-C 区发生大量组蛋白 H3 乙酰化，从而促进启动子与起始复合物结合。

3. 表观遗传调控自然杀伤细胞调节性受体表达　KIR 基因去甲基化可促进 3DL1 基因表达；DNA 甲基化酶抑制剂可致 KIR 基因 DNA 低甲基化，促进多个异源 KIR 基因表达，表现出 KIR 多样性。

4. 表观遗传参与 DC 成熟　微环境信号可使未成熟 DC 内转录因子 EGR1 及基因启动子区 DNA 去甲基化，从而促进 CD86、CD80 等共刺激分子表达，诱导未成熟 DC 分化为成熟 DC。

5. 表观遗传调控 T 细胞功能亚群分化

（1）Th1/Th2 细胞分化：表观遗传可通过调控基因转录和表达，调节 Th1 和 Th2 细胞特征性细胞因子 IFN-γ 和 IL-4 分泌。例如：IL-4 基因转录起始阶段，其基因位点（尤其是 CNS-2 和 CNS-2 的保守性非编码序列 DNase 高敏感性位点）多发生 DNA 去甲基化及组蛋白乙酰化，导致 DNA 构型松解，促发转录因子与顺式激活部位结合，促进 IL-4 基因转录。

（2）Treg 细胞分化：FoxP3 是 Treg 细胞特征性转录因子，参与 Treg 细胞分化和功能，而表观遗传是调控 FoxP3 表达的重要机制：①人 $CD4^+CD25^{high}$T 细胞和 $CD4^+CD25^{low}$T 细胞 Foxp3 基因启动子序列 CpG 区域的甲基化程度分别为 5% 和 70%，若用硫唑嘌呤（azathiopurine）处理使之去甲基化，即可促进 FoxP3 基因表达；②Treg 细胞 FoxP3 基因启动子序列的组蛋白乙酰化程度，远高于 FoxP3 阴性 T 细胞，故组蛋白乙酰化是调控 FoxP3 基因表达的另一因素。

（二）表观遗传与适应性免疫应答

1. 调控抗原提呈　如前所述，表观遗传可通过去甲基化而启动基因表达，促进 DC 成熟并向 T 细胞提呈抗原，激活 T 细胞介导的免疫应答。

2. 调控 T 细胞活化和增殖　IL-2 是参与 T 细胞活化和增殖的关键细胞因子，T 细胞在双信号刺激下，IL-2 基因启动子及其远端出现数个 DNase 高敏区，发生 DNA 去甲基化和染色质重塑，从而启动 IL-2 基因转录和表达。

3. 调控 B 细胞分化　Blimp-1 是调控 B 细胞转化为浆细胞的重要分子。初始 B 细胞内 Blimp-1 表达低，而活化的 B 细胞内 Blimp-1 表达上调，其作用机制之一是转录因子 Blimp-1 通过自身组蛋白甲基化酶和去乙酰化酶活性，对相关基因进行修饰，抑制相关基因表达，阻止 B 细胞增殖，促进 B 细胞向浆细胞分化。

（三）表观遗传与自身免疫病

尽管自身免疫病病因不清且发病机制极为复杂，但已有证据表明，表观遗传改变（DNA 甲基化和组蛋白修饰等）可触发自身免疫病发生。例如：①系统性红斑狼疮（SLE）患者 T 细胞 DNA 甲基化转移酶表达下调及活性降低，而共刺激分子基因低甲基化而表达上调，导致自身反应性 T 细胞和 B 细胞异常活化，产生自身抗体；②类风湿关节炎（rheumatoid arthritis，RA）患者体细胞基因组 DNA 呈低甲基化状态，尤其是滑膜成纤维细胞 DNA 或长散布核元件（LINE-1）启动子上富含 GC 的 CpG 岛序列发生低甲基化，导致相关基因异常高表达，引发 RA。

第二节　免疫细胞生物学行为

免疫细胞如同机体其他组织细胞，具有复杂而多样的生物学行为：①免疫细胞通过运动、迁移及大分子跨膜运输等，行使其生理功能（免疫防御、监视和自稳）；②免疫细胞通过增殖（细胞周期）、分化、老化、自噬及死亡（坏死与凋亡）等，在执行正常功能的同时，维持机体内环境稳定。免疫细胞的上述生物学行为通过复杂的机制而发挥生理作用，一旦生物学行为异常，可导致某些免疫病理过程发生、发展。

一、免疫细胞迁徙

（一）细胞迁徙概述

1. 细胞迁徙的概念　细胞迁徙（trafficking）指在多种膜分子（黏附分子、膜受体等）和可溶性分子（趋化因子、趋化物等）作用下，细胞在体内定位的改变，其包括两类形式：①迁移（migration），指细胞接受某些刺激信号（如生长因子、被感染的靶细胞等）后所发生的随机运动（random movement）；②趋化（chemotaxis），指细胞在微环境化学介质（趋化因子等）诱导下，由低浓度向高浓度部位发生的定向迁移。另外，细胞内部的分子也可在细胞器之间转移，此为细胞的分子迁徙。（图 8-5）

2. 细胞迁徙的过程及机制　细胞迁徙的基本过程是：细胞移动端伸出伪足、锚定、细胞骨架收缩产生拉力；细胞后端降低黏附、脱离锚定、细胞向前滑动。

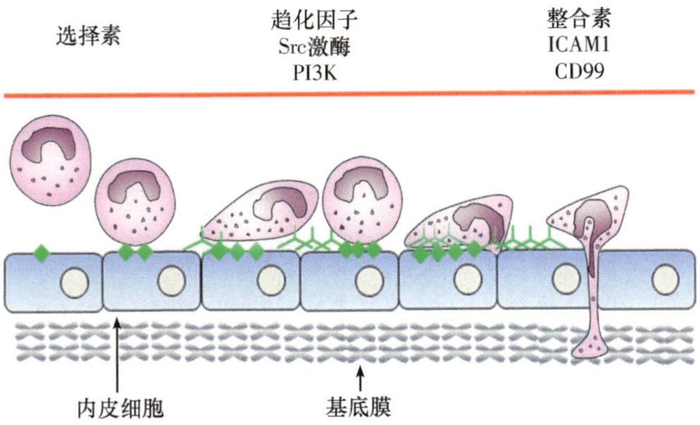

图 8-5 血管内白细胞迁徙示意图

此过程重复发生，致使细胞发生迁移。细胞骨架及其相关蛋白是参与细胞移动的重要物质基础，而细胞因子、黏附分子等微环境因素可对细胞移动进行精细调控。

以巨噬细胞为例，其迁徙的主要步骤及所伴随的生物学事件如下：①处于不断伸出伪足后又不断将之收回的伸展期巨噬细胞，一旦接受来自周围环境信号的刺激，即循刺激信号浓度梯度或以某些特定分子为路标，确定前进方向；②细胞表面内皮细胞生长因子受体（EGFR）、尿激酶型纤溶酶原激活因子受体（urokinase-type plasminogen activator receptor，uPAR）、整合素等膜分子分别启动相应信号转导，促使细胞发生位置改变；③细胞内蛋白质、离子等重新排列，呈不均匀分布，出现极化；④极化后的细胞前端形成极状足，与细胞前方基质附着，形成黏着斑；⑤胞体主体被牵拉向前，细胞后端与基质剥离。

3. 细胞迁徙的生物学意义 细胞迁徙参与诸多生理和病理过程。例如：①胚胎发育中，从原肠胚形成到神经系统发育均伴随细胞不断迁徙；②瘤细胞从原发部位经淋巴道、血管或体腔等途径迁移至其他部位，此过程是决定肿瘤恶性生物学行为（浸润和转移）的关键；③免疫细胞迁徙是免疫应答产生和免疫细胞发挥效应的前提（详见下文）。

（二）免疫细胞迁徙及其生物学意义

迁徙是参与免疫细胞成熟、分化及功能的重要生物学行为。

1. 炎症细胞迁徙与炎症反应 免疫细胞迁入炎症灶，是其发挥致炎作用和免疫学效应的前提。免疫细胞浸润炎症灶的过程为：炎症反应中，局部细胞因子和细菌产物、补体成分、白三烯等炎症介质分泌增加；固有免疫细胞（中性粒细胞、单核细胞和嗜酸粒细胞等）经滚动、激活和黏附，迁移至炎症部位血管内皮细胞并与之紧密结合，进而渗出至组织，参与炎症反应。

2. DC 迁徙与其分化、成熟 DC 捕获侵入体内的抗原异物或受到炎性刺激后逐渐成熟，此过程伴随 DC 从非淋巴组织迁移至次级淋巴器官，从而激发 T 细胞应答。

3. 淋巴细胞迁徙与其分化、成熟 骨髓来源的未成熟 T 细胞经血循环迁徙至胸腺；未成熟 T 细胞由胸腺皮质逐渐移行至髓质，此过程中经历阳性选择和阴性选择而分化、成熟；成熟的 T 细胞迁移至血循环。

4. 淋巴细胞迁徙与适应性免疫应答 ①成熟的 T、B 细胞经淋巴循环及血液循环在全身游走，并可归巢至外周淋巴组织，保证其在体内的合理分布；②摄取抗原的成熟 DC 进入外周淋巴组织，向 T 细胞提呈抗原；③T、B 细胞在外周免疫组织不同区域（T 细胞区、B 细胞区、淋巴滤泡、生发中心）移行，激活、分化为效应性 T 细胞和浆细胞；④效应淋巴细胞离开外周淋巴组织迁徙至抗原异物入侵部位，发挥免疫效应；⑤部分浆细胞由外周淋巴组织迁移至骨髓，并在该处产生高亲和力抗体。

5. 记忆细胞迁徙与免疫记忆 效应性记忆细胞在全身游走，适时接受相同抗原再次刺激并快速启动记忆应答；中枢性记忆细胞迁移至外周并转化为效应性记忆细胞。

另外，成纤维细胞和血管内皮细胞迁移可参与组织损伤修复。

（三）免疫细胞迁徙的调控

1. 免疫细胞所处微环境的调控 正常生理状态下，免疫细胞与胞外微环境处于动态平衡。机体遭异物入侵或细胞本身功能异常的情况下，免疫细胞借其表面受体识别某些介导定向移动的信号分子，驱动免疫细胞循信号分子浓度梯度，向后者分泌的源头移动。其中，微环境趋化因子和细胞表面黏附分子是招募吞噬细胞和效应淋巴细胞迁移至炎症灶的关键因子。

以中性粒细胞浸润炎症组织为例：①中性粒细胞与内皮细胞表面 E-选择素和 P-选择素相互作用，使中性粒细胞与内皮细胞结合，但血流可将其冲脱，并介导其在内皮细胞上翻滚（rolling）；②中性粒细胞（表达 CXCR1、-2 和-4）被趋化因子、巨噬细胞炎症蛋白（MIP-1β）、血小板激活因子（PAF）等激活，启动 G 蛋白及其偶联受体相关的信号转导，引起整合素分子构象改变，增加它们和内皮细胞表面黏附分子相互作用的亲和力，使中性粒细胞紧密附着于内皮细胞，进而穿越内皮细胞浸润炎症组织。

另外：DC 可循趋化因子 CCL21 浓度梯度，迁移至淋巴管，趋向浓度更高的区域；初始淋巴细胞表面 L-选择素可与小静脉高内皮细胞（HEV）表面 GlyCAM-1 和 CD34 等相互作用，归巢至次级淋巴组织。

2. 免疫细胞自身动力调控　细胞迁移的发生和进程受细胞骨架蛋白、相关调节蛋白及上、下游信号分子共同调控。其机制为：①细胞受外界信号刺激，激活 G 蛋白偶联受体或酪氨酸激酶，活化细胞运动相关的蛋白（cdc42、Rac 等），并募集 WASP/WAVE 家族蛋白、Arp2/3 复合物等调控分子，导致细胞骨架结构改变和极化，形成局部突起；②细胞表面黏附分子（如整合素等）介导细胞黏附，形成黏着斑并锚定于细胞；③Rho 蛋白激酶、FAK、ERK、Src 等信号分子调控细胞内拉力的形成并解除细胞黏附。

不同类型免疫细胞迁移的自身动力调控机制各异：①白细胞移动中，胞内 Cdc42、RhoA 等小 G 蛋白参与调节 PTEN 磷酸化、细胞后端定位及 Akt 去磷酸化，促进细胞极性后端形成；②淋巴细胞滚动迁移和稳定黏附受 Integrinα4β7 调节；③小 G 蛋白 Rap1 通过在质膜区聚集和增强活性，可促进 T 细胞与血管内皮黏附，使之跨越血管内皮细胞移动至其他部位；④ERK 和 p38 可分别增强或抑制 G 蛋白偶联受体激酶 2（G protein-coupled receptor kinase 2，GRK2）活性，从而抑制或促进中性粒细胞迁移及稳定黏附。

二、免疫细胞的大分子跨膜转运

免疫细胞的大分子（蛋白质、多糖、多肽、病原体等）跨膜转运，包括大分子的摄入和排出，是其获取营养、执行功能并维持细胞自稳的重要前提。

（一）胞外分子向胞内转运及膜分子内化——胞吞

胞吞（endocytosis）亦称内吞，泛指免疫细胞跨膜摄入胞外大分子（或膜分子）的作用，其方式包括吞噬、转胞吞、胞饮、受体介导的内吞、内化等。胞吞的基本过程是：细胞质膜包裹胞外营养物质、病原、抗原等首先吸附于细胞表面，吸附区域的胞膜向内凹陷形成囊，囊口部分的膜融合封闭而形成囊泡，从膜上脱落而进入细胞质内形成独立小泡，实现胞外物质跨膜转运至胞内。

1. 吞噬（phagaocytosis）　指吞噬细胞摄入外周组织和血液中颗粒抗原（如病原体、衰老的红细胞、凋亡的白细胞和肿瘤细胞等）的作用，其过程为：吞噬细胞通过外胞质伪足捕获颗粒抗原；在胞内形成直径大于 250nm 的吞噬小体（phagosome）；与溶酶体融合形成吞噬溶酶体；溶酶体酶对病原体或细胞碎片进行消化、降解和清除。免疫细胞的吞噬作用是一种防御机制，参与机体免疫防御和自稳功能。

2. 转胞吞（transcytosis）　黏膜免疫应答中，附着于黏膜上皮细胞表面的抗原物质以内吞形式形成囊泡，由上皮细胞外侧转运至内侧，再运送至 Peyer 小结等淋巴组织，诱导免疫应答，此过程称为抗原转胞吞。转胞吞也是某些病原体入侵小肠上皮细胞的重要方式。M 细胞是黏膜组织中一类特化的上皮细胞，其表面表达糖蛋白-2（glycoprotein 2），可选择性结合 Ⅰ 型肠道细菌（大肠杆菌、沙门菌、血清型鼠伤寒沙门菌等）外膜 fimH 分子，介导病原菌的转胞吞，促发黏膜免疫应答。

3. 胞饮（pinocytosis 或 cellular drinking）　指免疫细胞（如 DC 等）将吸附于细胞膜外的盐溶液、病毒、可溶性抗原等液体或液态溶解物，以液滴形式与胞膜融合，形成直径小于 150nm 的胞饮泡，然后输入胞内，是一种主动转运大分子的过程。

4. 受体介导的内吞（receptor-mediated endocytosis）　此胞吞作用的过程是：胞外可溶性配体与胞膜表面相应受体结合，在胞膜小窝（coated pit）区域聚集，被网格蛋白包裹而形成被膜小泡；进入胞内的被膜小泡其被膜被快速解聚，成为无被小泡并与溶酶体融合；继而内容物被酶解、消化。此胞吞方式可将特定大分子物质（如细菌、免疫球蛋白、抗原肽、转铁蛋白、低密度脂蛋白、胰岛素等）转运至细胞内。受体介导的内吞是 DC 识别并摄取抗原的途径之一，例如：DC 表面 FcγRIII 可捕获抗原-抗体复合物，甘露糖受体可摄取携带甘露糖残基的抗原。

5. 细胞膜分子内化（internalization）　指膜分子或膜表面受体-配体复合物被周围的胞膜包裹而向胞内凹陷，继而脱离膜表面、进入胞内的过程。内化的实质是胞吞，是“回收”膜分子的一种方式，也是配体与受体结合而启动胞内信号转导的机制之一。

膜分子内化是通过网格蛋白、衔接蛋白，将聚集有膜分子或受体/配体复合物的质膜“拉”向细胞内，使其与质膜分离，形成被网格蛋白包裹的小囊泡。其机制为：①组构性内化，指生理状况下，膜分子以相似速率快速频繁地插入和撤离细胞膜，该过程不涉及信号分子激活，由网格蛋白介导，是耗能的分子事件；②活性依赖性受体内化，指信号分子（配体）与受体结合为复合物，通过激活相关信号通路而介导内化。

膜分子内化通过如下机制参与免疫应答：

（1）内化与细胞因子功能发挥：某些细胞因子与胞膜表面受体结合为复合物，后者通过内化而在胞内启动相关信号转导。例如：TNF-α 与 TNFR 结合，所形成的复合物可被内化，在胞内募集转接分子并启动相关信号转导，介导细胞凋亡。

（2）内化与空载 HLA 分子回收：APC 加工、处理所摄取的抗原，以多肽-MHC 分子复合物的形式表达于细胞膜表面，提呈给 T 细胞。但是，少量由内质网合成、未与抗原肽结合的 MHC 分子也可能被转运至细胞膜表面。此类"空载"的 MHC 分子并不稳定，可通过内化而被 APC 回收。

（3）内化与免疫突触形成：亲离子型兴奋性谷氨酸受体 NMDA（N-methyl-D-aspartic acid，N-甲基-D-天冬氨酸）被激活后，可非选择性开放离子通道，使 Na^+ 和 Ca^{2+} 内流，K^+ 外流，内流的 Ca^{2+} 在突触可塑性中发挥关键作用。抗 NMDA 受体抗体可介导 NMDA 受体交联和内化，由此影响突触形成和分布，干扰免疫细胞间相互作用。

（4）内化与 B 细胞分化：磷脂酰丝氨酸内化可调节 B 细胞分化，pro-B 胞膜的磷脂翻转酶 P4 ATPase 基因突变，磷脂酰丝氨酸转运下降，可致 pre-B 细胞和 B 细胞数目明显减少。

（5）内化与 T 细胞增殖、分化：DC 表面 CD1d 向 T 细胞提呈抗原，T 细胞表面 α-半乳糖神经酰胺可促进 CD1d 内化，通过激活 iNKT 细胞并分泌 IL-2，促进 T 细胞增殖和分化。

（6）内化与病毒感染：口蹄疫病毒（FMDV）吸附于细胞表面，可与 αVβ6 整合素结合成复合物，通过内化而形成网格蛋白包裹的吞噬小泡，FMDV 在吞噬小泡内复制，使病毒衣壳发生构象变化而破裂，释出病毒基因组。

（二）胞内分子向胞外转运（胞吐）

胞吐（exocytosis）指胞内大分子物质以分泌囊泡的形式排出细胞的过程，其基本途径是：蛋白分子在粗面内质网的核糖体合成→转移至高尔基体→被修饰成由质膜包裹的分泌囊泡→转移至胞膜内侧→囊泡膜与细胞膜融合→分子被释放至胞外。胞吐包括两种形式，即分泌和脱颗粒。

分泌（secretion）指胞内分子的即时生成与释放。根据释放前处理方式的不同，可分为如下类型：①直接分泌，指无需特殊处理而释放，如 IFN-γ等；②切割分泌，指先以跨膜分子形式运输至细胞膜，再被蛋白酶切割而释放，如 TNF-α等，或先产生前体分子，再被 Caspase1 切割为活性形式而被释放，如 IL-1 β等；③适当的修饰后释放，如 HMGB1 属核内分子，被修饰后（乙酰化、甲基化、磷酸化），可从细胞核转位至胞浆，进而分泌至胞外。

脱颗粒（degranulation）多指胞内预存分子的释放。多种免疫细胞（如各类粒细胞、肥大细胞、NK 细胞等）可预先合成多种生物活性介质（如细胞因子、细胞毒素、趋化因子、蛋白酶、血管活性胺类等），将其储存于光镜下可见的颗粒样结构内，一旦细胞被胞外微环境（细胞因子、致敏原等）或胞内致炎因子等激活，颗粒即转运至细胞膜附近，通过与胞膜融合而将内容物释放。脱颗粒是免疫细胞及某些神经细胞释放胞内蛋白分子的一种形式，具有重要病理生理意义。本节主要介绍脱颗粒。

1. 免疫细胞脱颗粒过程及其调控 以参与Ⅰ型超敏反应的效应细胞（肥大细胞和嗜碱粒细胞）为例，脱颗粒过程为：致敏原刺激机体产生 IgE 抗体；效应细胞表面 FcεR 与 IgE 结合，呈致敏状态；相同致敏原再次进入体内，可直接与致敏细胞表面 IgE 结合，使 FcεR 形成桥连，激活甲基化转移酶，使膜磷脂甲基化，进而激活钙通道；同时腺苷酸环化酶被抑制，使 cAMP 减少或通过 G 蛋白激活磷脂酶 C，将二磷酸磷脂酰肌醇水解为 IP3 和 DG，促进胞内钙库贮存的 Ca^{2+} 释入胞浆，导致胞内游离 Ca^{2+} 浓度升高，促进细胞脱颗粒。

上述细胞脱颗粒受多种信号通路调节：①FcεR 活化→γ 链和 β 链所含 ITAM 结构域构象改变，被磷酸化→招募 Lyn 激酶与 FcεRIβ 相互作用→激活 Syk 激酶→激活 T 细胞活化连接分子（linker of activated T cell，LAT）骨架分子→启动 PLC-IP3 级联反应→促进细胞脱颗粒、细胞因子产生及胞内 Ca^{2+} 释放；②DAG（二酯酰甘油）→激活 PKC→活化 Tec 家族 Btk 和 Em 等靶基因→促进细胞脱颗粒。此外，肥大细胞脱颗粒受 Fyn 蛋白酪氨酸激酶调控，机制为：Fyn→促进非选择性阳离子通道 TRPC1 表达→促进胞内钙库 Ca^{2+} 释放及胞外 Ca^{2+} 内流→加速 F-actin 解聚→促进质膜融合→肥大细胞脱颗粒（图 8-6）。若 LAT、Fyn 基因缺陷，可致 FcεRI 交联受损，从而抑制肥大细胞脱颗粒。

2. 免疫细胞脱颗粒的生物学意义

（1）中性粒细胞脱颗粒：炎症因子可诱导中性粒细胞跨越血管并迁移至炎症病灶，中性粒细胞通过吞噬而被激活，可启动脱颗粒过程并释放活性介质（溶菌酶、吞噬素、髓过氧化物酶、蛋白酶、细胞因子等），发挥致炎作用。例如：酸性蛋白酶和中性蛋白酶可分解血管基底膜、结缔组织的胶原蛋白；某些颗粒物质属中性粒细胞趋化因子，可招募更多中性粒细胞向炎症部位迁移。（见第六章）

（2）嗜碱粒细胞、肥大细胞、嗜酸粒细胞脱颗粒：3 类细胞表面均表达 FcεR，可特异性结合 IgE Fc 段，一旦再次受相同抗原刺激，可脱颗粒释放多种活性介质（如组胺、激肽原酶、白三烯 C4、D4、B4、前列腺素、

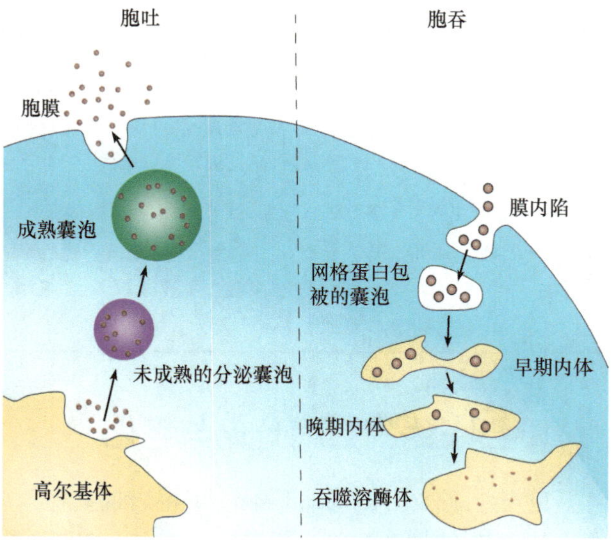

图 8-6　免疫细胞胞吞和胞吐

细胞因子、血小板激活因子、蛋白酶等），引起平滑肌收缩、小血管扩张、毛细血管通透性增强、腺体分泌增加等，导致Ⅰ型超敏反应。（见第十五章）

（3）细胞毒性 T 细胞和 NK 细胞脱颗粒：两类细胞通过与靶细胞直接接触，可通过脱颗粒释放穿孔蛋白、颗粒酶等效应分子，杀死靶细胞。（见第六章、第十一章）

三、免疫细胞增殖及调控

（一）细胞增殖概述

细胞增殖（proliferation）指 1 个亲代细胞通过细胞分裂而变为 2 个子代细胞，使细胞数量以指数增加的过程。细胞周期（cell cycle）指细胞从上一次分裂结束至下一次分裂结束所经历的核分裂和细胞质分离过程，可分为 4 个阶段：①G1 期（gap1），指亲代细胞有丝分裂完成后至 DNA 复制前的间隙；②S 期（synthesis phase），即 DNA 复制期；③G2 期（gap2），指 DNA 复制完成到有丝分裂开始前的间隙；④M 期（mitosis），指从细胞分裂开始到结束的时期。细胞经过细胞分裂间期和细胞分裂期，完成一个细胞周期，细胞数量增加一倍，并将遗传物质通过复制而均等分配到子细胞，保证细胞遗传物质数量、结构特征和功能的稳定性。

增殖的细胞其转归为：①若增殖信号持续存在，子细胞将继续进入新的细胞周期；②处于 G1 期的细胞，若增殖信号减弱或停止，则将停止于 G0 期，亦称休止期；③若细胞丧失增殖能力，且凋亡信号被激活，则细胞不再分裂，离开细胞周期并最终死亡。

细胞分裂与增殖是复杂而精确的生命活动过程。当微环境不适合细胞分裂时，存在若干可中断细胞周期的阶段，此即细胞周期检查点（checkpoint），包括：①G1 /S 期和 G2 /M 期检查点，若成功通过检查，细胞即进入下一阶段；若出现细胞生长状态不佳、营养缺乏、环境不适或 DNA 突变、缺失、基因扩增和染色体重组等，细胞将暂时停滞于此，以利于细胞自我保护和修复；若损伤严重，则细胞被诱导凋亡；②S 期检查点，主要监测 DNA 复制情况，若 DNA 复制不完全或未复制，则通过抑制有丝分裂促进因子活性而阻止细胞分裂；③M 期检查点，主要监测有丝分裂的纺锤体结构是否完整，每条染色体借助微管与纺锤体两极相连，以保证染色体均等分配给子细胞。若细胞周期检查点缺失，则细胞发生基因扩增、重排、突变和恶变的概率增加。

细胞周期受 cyclin-Cdk 复合物严密调控：①周期蛋白（cyclin）含量随细胞周期进程而变化，在间期合成增加，在分裂期突然降解；②周期蛋白依赖性激酶（cyclin-dependent kinase，Cdk）通过与 cyclin 结合及解聚，导致 Cdk 蛋白质丝氨酸和苏氨酸残基在不同细胞周期阶段发生周期性磷酸化改变，调控激酶活性升高和降低，从而调节细胞周期相应事件。例如：M 期促进因子（M-phase-promoting factor，MPF）是 M 期 cyclin-Cdk 复合物，M 期 cyclin 含量最高，可诱导染色体凝集并促使细胞有丝分裂，若 cyclin 或 Cdk 蛋白发生异常，可致细胞周期调控紊乱，导致细胞死亡或恶性增殖。

（二）免疫细胞增殖的调控及免疫增生病

增殖是免疫细胞（尤其是 T 细胞、B 细胞）的重要生物学特征，是免疫细胞对正常或病理性刺激的反应，从而发挥相应生物学效应，并维持机体免疫细胞库数量稳定。免疫细胞增殖受（细胞因子、钙离子信号等）严密而复杂的调控，以保证子代细胞与亲代细胞遗传的稳定性，异常增殖的细胞则被清除或发生恶变。

1. 免疫细胞增殖的调控

（1）B 细胞增殖：①B 细胞发育早期，IL-7 与 B 细胞表面 IL-7R 结合，启动 PI3K、JAK3 及 STAT5 信号分子的活化，促进前 B 细胞受体 CD79a（Igα）和 CD79b（Igβ）的表达，通过进一步激活酪氨酸激酶 SYK 和 BTK 激活下游 PI3K-AKT、RAS/ERK、NF-κB 等信号通路，促使 B 细胞增殖；②B 细胞发育后期，钙离子内流引发蛋白激酶 PKCβ 活化，IKK 被激活而抑制 NF-κB 表达，并使之降解，进而引起 FOXO1 入核，启动 BCL-6 活化，通过抑制 cyclin D2 和 Myc 信号通路，或通过

BLINK 抑制 STAT5 活化，抑制 B 细胞增殖。（图 8-7）

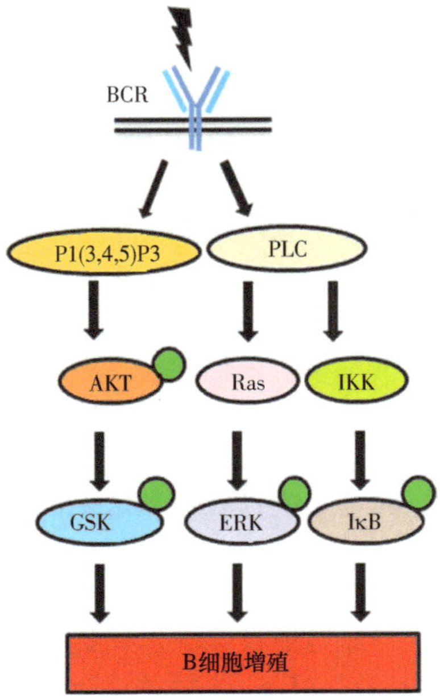

图 8-7 B 细胞增殖相关的信号转导

（2）T 细胞增殖：①T 细胞激活后，可启动 PLC 和 Ras-MAPK 激酶途径，经激酶磷酸化级联反应，激活 NFAT、NF-kB、AP-1 和 Oct-1 等转录因子，促进增殖相关基因、细胞因子及其受体基因表达，并通过细胞因子自分泌和旁分泌作用，使 T 细胞进入细胞周期，发生分裂、增殖；②T 细胞增殖受 PD-1 调节，通过抑制 SKP2 而抑制 PI3K/Akt、Ras / MEK / ERK 通路，下调 T 细胞增殖。

2. 免疫增生病 免疫增生病（immuno- proliferative disease）指免疫细胞分化发育中出现失控性增生及恶性变，包括良性增生和恶性增生两类，以后者较多见。恶性免疫增生的外因是病毒感染、照射、化学致癌物质等，内因是遗传因素、内分泌或免疫功能紊乱。免疫细胞恶性增生可致局部组织侵袭性损伤及全身性疾病，且由于增生的异常细胞绝对数量极大且分泌产物极多，导致免疫功能发生障碍。

免疫细胞恶性增生可发生于细胞分化的不同阶段，常见恶性免疫增生病见表 8-1。例如：①射线、丝裂原、药物等可致肥大细胞恶性增殖，促进 TNF-α、TGF-β、FGF 等分泌，增强血管生成，破坏细胞外基质，导致肥大细胞白血病（Mast cell leukemia，MCL）发生；②急性 T 细胞白血病患者出现 Notch 基因突变，可上调 IL-7R 表达，进而上调 Bcl-2、下调 CDKI 表达，从而抑制 PTEN、p27Kip1、p53 活性，启动 PI3K-AKT-mTOR 信号通路并激活 NFAT、c-Myc 等转录因子，促进白血病细胞存活和增殖。

表 8-1 常见免疫增生性疾病

分类	代表性疾病
淋巴细胞恶性增生病	人 T 细胞性白血病、毛细胞白血病、霍奇金病、非霍奇金病，急性淋巴细胞性白血病、慢性淋巴细胞性白血病
浆细胞恶性增生病	多发性骨髓瘤、巨球蛋白血症、重链病
感染性单核细胞增多症	传染性单核细胞增多症、其他病毒性单核细胞增多症、弓形体单核细胞增多症

四、免疫细胞分化与老化

免疫细胞分化（differentiation）指免疫细胞生长过程中其形态、结构和功能出现稳定性差异，产生不同细胞类群的过程。细胞分化是维持机体正常生理功能的基础，也是保障机体主动适应环境变化的机制之一。细胞老化（senescence）指细胞成长过程中逐渐发生功能性衰退、生物学行为能力降低等现象。老化的免疫细胞对环境变化的适应能力降低，由此影响机体免疫防御、监视和自稳功能。

（一）免疫细胞分化

1. 骨髓造血干细胞分化为不同类型免疫细胞

免疫细胞均来源于骨髓多能干细胞，后者具有自我更新和分化能力，在骨髓微环境中分化为两个谱系：①淋巴样祖细胞，进一步分化为 T 细胞、B 细胞、NK 细胞和淋巴系树突状细胞；②髓样祖细胞，进一步分化为红细胞、巨核细胞/血小板、肥大细胞、嗜酸粒细胞、嗜碱粒细胞、中性粒细胞、单核/巨噬细胞和髓系树突状细胞等。（见第二十章）

（1）淋巴样祖细胞分化：①B 细胞分化，指骨髓微环境中，淋巴样祖细胞依次分化为祖 B 细胞、前 B 细胞、未成熟 B 细胞和成熟 B 细胞，并经历免疫球蛋白基因重排、基因活化、转录表达等（第七章、第十二章）；②T 细胞分化，指淋巴样祖细胞在骨髓微环境中分化为前 T 细胞，经血循环进入胸腺，经历阳性和阴性选择而分化为成熟 T 细胞（第七章）。

（2）髓样祖细胞分化：①红系祖细胞表面 EPO 受体与红细胞生成素（EPO）等结合，通过启动相关信号通路而促进红系祖细胞增殖、分化和成熟（此外，人类干细胞因子可通过 c-kit 相关信号通路刺激造血干细胞、髓样祖细胞增殖和定向分化）；②巨核系祖细胞受巨核系集落刺激因子（Meg-CSF）和促血小板生成素（TPO）刺激，可促进巨核细胞增殖和血小板生成；③粒单系祖细胞在不同细胞因子作用下进一步分化，如 GM-CSF、SCF、IL-3 等可诱导髓样祖细胞分化为粒细胞-单核细胞共同前体集落形成单位，后者在 G-CSF/GM-CSF/IL-3 或 M-CSF/GM-CSF/IL-3 等作用下分化为中性粒细胞和单核/巨噬细胞；GM-CSF、IL-5、IL-3 可诱导髓样祖细胞分化为嗜酸粒细胞集落形成单位，进而分化为嗜酸粒细胞；IL-5、TGF-β 等可诱导髓样祖细胞分化为嗜碱粒细胞集落形成单位，进而在 IL-3 和 IL-5 作用下分化为嗜碱粒细胞。

2. 成熟免疫细胞分化为不同功能亚群 在不同病理生理状态下，成熟的免疫细胞可进一步分化为不同功能亚群。其中，微环境（尤其是细胞因子）是调控免疫细胞功能亚群分化的关键因素。以 $CD4^+$Th 细胞为例，在微环境不同细胞因子刺激下，可分别分化为 Th1、Th2、Th17、Th22、Th9、Treg、Tfh 细胞等功能亚群。此外，树突状细胞、巨噬细胞、B 细胞等也可分别分化为不同功能亚群。（见第六章、第七章）

（二）免疫细胞老化

免疫老化(senescence)属机体正常生理现象，是一种伴随年龄增长而出现的机体免疫系统退行性改变，以细胞和体液免疫功能降低为主要特征，主要改变包括胸腺退化萎缩、胸腺输出初始 T 细胞减少、外周记忆性淋巴细胞增加、T 细胞端粒酶活性降低、端粒长度缩短、$CD4^+CD28^-$T 细胞数量增加、自身抗体水平升高、共刺激分子表达降低等。上述改变导致机体免疫功能失衡（减退或异常亢进），引起各种老年性疾病发生。

免疫老化的诱因及其分子机制目前尚未完全清楚。迄今为止的研究表明：①慢性巨细胞病毒、肺炎衣原体，幽门螺杆菌等感染是导致机体免疫老化的重要因素，与心脑血管病等老年性疾病发生与发展密切相关；②DNA 甲基化水平改变可能是慢性感染促发免疫老化的重要分子机制，DNA 去甲基化可影响染色体正常结构的维持，增加染色体断裂机会，增加基因突变概率，使细胞无法通过检测点进入细胞周期，引发细胞老化，而细胞老化又可加速 DNA 低甲基化，两者相互影响。已发现全基因组甲基化水平随年龄增加而降低，多数动物组织或器官基因组中 5-MC 含量随年龄而降低，提示基因组 DNA 甲基化降低趋势普遍存在于衰老过程中。

免疫细胞老化可明显影响机体固有免疫和适应性免疫应答。

1. 骨髓造血器官老化 表现为骨髓内造血组分被脂肪组织所替代，微环境发生紊乱，导致骨髓形态学改变及造血干细胞数量降低。例如：老化可影响巨噬细胞分泌 TNF 及 IL-1，并使骨髓基质细胞分泌 IL-7 减少，从而降低造血干细胞分化为淋巴样祖细胞的数量及淋巴样祖细胞的增殖速率。

2. B 细胞老化 老年小鼠体内，B 细胞对 IL-7 刺激的敏感度降低，免疫球蛋白 V-DJ 重排及 λ 轻链表达降低，导致祖 B 细胞至前 B 细胞分化受阻。尽管外周 B 细胞数量并不随年龄增长而下降，但 B 细胞表面 B7 表达、激活能力、抗体产生水平、抗体亲和力、IgG 类别转换等均降低。

3. 胸腺及 T 细胞老化 随年龄增长，胸腺微环境改变，IL-7 等细胞因子缺失，导致胸腺萎缩，使成熟的初始 T 细胞数量降低。同时，前 T 细胞老化，TCR-β 基因重排缺陷，$CD4^+$ T 细胞表面共刺激分子 CD40L 表达降低，产生 IL-2 能力下降。

五、免疫细胞自噬

细胞自噬(autophagy)指正常细胞在个体遭遇营养危机或细胞凋亡关键因子受抑制时，将其胞内异常蛋白、衰老的细胞器、入侵的病原体等包裹，形成具有双层膜结构的自噬囊泡，并与溶酶体融合形成自噬溶酶体，从而将内容物消化、酶解成小肽或氨基酸，为细胞提供营养。自噬参与维持细胞内环境稳定，满足细胞自身代谢需要，并有助于某些细胞器更新。细胞自噬是通过降解自身物质而产生能量、无需吞噬细胞协助所发生的自我吞噬(self-eating)过程，其最终将导致细胞程序性死亡。

（一）免疫细胞自噬及其调控机制

1. 自噬参与病原体清除 病原体感染所启动的自噬过程为：①当机体受到细菌、病毒感染后，单核/巨噬细胞、中性粒细胞等吞噬细胞通过其表面或胞质内模式识别受体(PRR)识别病原体，启动和活化 Toll 样受体(TLR)介导的自噬相关蛋白(autophagy-related protein，ARP)家族相关信号通路，诱导部分胞质成分形成双层膜结构的分离膜；②微管相关蛋白在轻链 LC3 相关吞噬蛋白(LC3-Associated Phagocytosis，LAP)促进作用下，将内容物包裹，形成自噬前体(pre-autophagosomal structure，PAS)；③膜泡扩张，包裹自噬底物，形成自噬泡，亦称自噬体(autophagosome)；④自噬体与溶酶体融合，底物被酶解、消化成小肽、核苷酸等小分子物质，为细胞再利用。

例如：脂多糖(LPS)与 TLR4 结合，可诱发单核/巨噬细胞自噬，降解或清除病原体；结核分支杆菌可诱导机体产生 IFN-γ、TNF-α，调控吞噬细胞自噬，促进吞噬泡降解，杀伤或清除入侵的病菌（图 8-8）。

2. 自噬与适应性免疫 自噬参与适应性免疫应答的多个环节。（表 8-2）

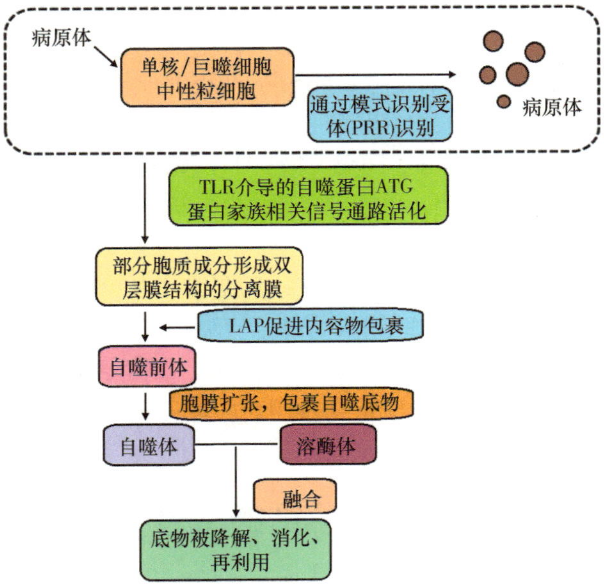

图 8-8 吞噬细胞自噬参与抵御病原体

表 8-2 免疫细胞自噬参与固有免疫和适应性免疫应答

自噬与固有免疫	自噬与适应性免疫	自噬与抗感染免疫
调控炎症因子转录	淋巴细胞自稳	形成和释放抗菌肽
调控炎症因子分泌	T 细胞分化	降解病原体
调控 I 型干扰素产生	抗原提呈	吞噬体成熟
清除凋亡细胞	吞噬体成熟	招募免疫效应因子
参与植物过敏原所致超敏反应	清除凋亡细胞	保护细胞抵抗微生物毒素

（1）自噬参与抗原提呈：APC 摄取病原体后，可通过自噬途径将病原降解为小分子多肽，后者在某些模式识别受体（如 NOD2 等）参与下，与 LC3 融合形成小窝，并与 MHC Ⅱ 分子结合为复合物，被提呈给 $CD4^+$T 细胞。另外，自噬也参与内源性抗原的交叉提呈。（见第十章）

（2）自噬调节 T 细胞发育、成熟、自稳及功能：维持胞内钙离子浓度稳定是未成熟 T 细胞在胸腺中发育和成熟的保障。未成熟 T 细胞通过自噬而清除线粒体和内质网，可保证胞内钙离子稳态，并促进 TCR 表达及镶嵌于细胞膜。

（3）自噬调节 B 细胞发育、分化及浆细胞功能：B 细胞发育、成熟、增殖（尤其是 B1 细胞）过程中也伴随细胞自噬。B 细胞自噬是维持浆细胞分化和抗体分泌的重要生物学行为之一，例如：ATG5 基因表达异常可导致 B1 细胞数目减少，浆细胞内出现较大内质网；激活内质网应激信号，促进转录抑制因子 Blim-1 表达，增强免疫球蛋白合成及抗体分泌。ATG5 基因缺陷动物体内缺乏抗原特异性长寿骨髓浆细胞。

（4）自噬调节效应细胞功能：细胞自噬可调节细胞因子分泌，从而调控适应性免疫应答的效应。例如：自噬促进 Th2 细胞分泌 IL-4、IL-13，后者可反馈性调节细胞自噬；自噬可促进免疫调节分子（如 Cathepsin K、IL-1、IL-6、IL-8、IL-18 等）分泌和释放，进而调节免疫应答。

（二）细胞自噬相关的免疫病理

1. 自噬与感染免疫 ①细胞自噬是将大分子物质转运至溶酶体的主要途径，从而可选择性清除胞内菌、寄生虫和病毒；若细胞自噬功能缺失或下降，病原体感染可致细胞死亡，并被吞噬细胞吞噬；②巨噬细胞吞噬结核杆菌形成吞噬囊泡，IFN-γ 可促进吞噬囊泡与自噬体融合，从而降解病原体；③细胞自噬紊乱可增加病原体感染机会，且易感慢性炎症性疾病（如 Crohn 病、慢性肠炎等）和自身免疫病（如系统性红斑狼疮、肺囊性纤维化、糖尿病等）。

全基因组关联研究证实：自噬相关易感基因（IRGM、NOD2 和 ATG16L1）表达和功能异常，可致细胞自噬减弱，直接影响细菌清除，触发肠道炎症。

2. 自噬与自身免疫病 系统性红斑狼疮（SLE）及类风湿关节炎（RA）等自身免疫病发生、发展与免疫细胞自噬密切相关。SLE 患者外周血淋巴细胞内参与自噬的关键分子（如 LC3 等）表达明显上调，细胞自噬活性增强；RA 和骨关节炎患者关节滑膜成纤维细胞内均发生内质网应激，胞内自噬体数量明显增加。

3. 自噬与肿瘤发生 免疫细胞自噬参与肿瘤发生和发展。例如：①TNF 通路可激活转录因子 NF-κB，导致 IκBα 降解，促发自噬小体形成，进而促进免疫细胞增殖和活化，发挥抗瘤效应；②NF-κB 基因重排紊乱可致 NF-κB 持续激活，引发 T 细胞自噬及活化失控，导致 T 细胞白血病发生；③Burkitt B 细胞瘤、慢性髓样白血病（CML）等发生也与淋巴细胞自噬相关；④ATG 基因缺陷的 K-Ras 转基因小鼠 Treg 细胞自噬增强，促进 Treg 细胞存活和浸润，参与肿瘤发生，若下调 Treg 细胞自噬，可控制肿瘤发生。

六、免疫细胞凋亡

细胞死亡是多细胞生物的主要生命过程，在生物体发育、防御及自稳中起重要作用。细胞死亡主要可分为二种方式：①细胞坏死（necrosis），一般均伴随细胞及细胞器肿胀、胞膜破坏及胞浆内容物释放，可致坏死细胞周围的炎症反应；②细胞凋亡（apoptosis），指一种由基因控制、形态学特征与坏死截然不同的自主性死亡方式，凋亡细胞可被吞噬细胞快速吞噬而不激发炎症反应。

多数细胞(尤其是正常生理状态下的细胞,包括免疫细胞),主要通过凋亡方式而死亡。凋亡细胞具有如下特征:①形态学特征,表现为细胞皱缩、染色质浓集伴随胞核片段化、胞膜内陷并包裹胞内成分形成"泡"样结构,即凋亡小体(apoptotic body);②生化特征,表现为胞内 Ca^{2+} 浓度增高、内源性核酸内切酶激活及生物大分子合成;③功能特征,表现为细胞凋亡广泛参与免疫应答、免疫效应及免疫病理过程。

细胞凋亡受相关信号转导途径调控。其中免疫细胞凋亡信号转导主要包括死亡受体介导的信号途径(内源性途径)、线粒体途径(外源性途径)、颗粒酶B途径。前两条途径中,含半胱氨酸的天冬氨酸酶(cysteine containing aspartate specific protease,caspase)均被激活而剪切胞内底物,导致凋亡特有的生化和形态学改变。(图8-9)

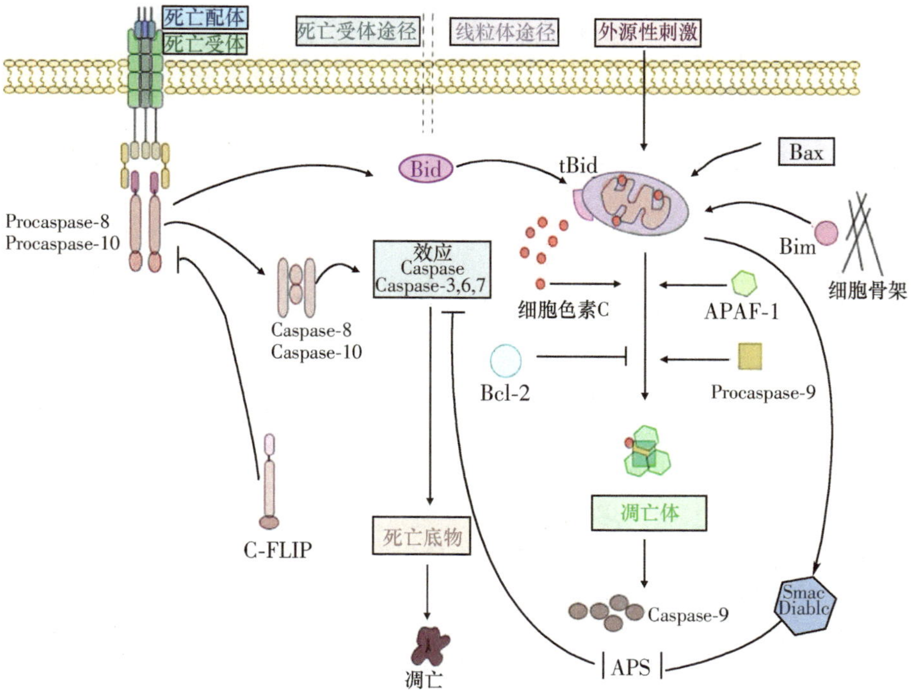

图8-9　细胞凋亡的死亡受体途径和线粒体途径

(死亡受体途径)FasL与Fas结合→Fas多聚化→形成DISC复合物→募集procaspase-8→caspase-8激活→效应caspase激活→凋亡;(线粒体途径)外源性刺激→线粒体外膜通透化→释放细胞色素C→与Apaf-1和procaspase-9、ATP组装成凋亡体→Caspase-9激活→效应caspase激活→凋亡;(两条途径的相互作用)caspase-8→酶解Bid为tBid→tBid转位至线粒体→通过Bax/Bak→细胞色素C释放→凋亡体组装→凋亡

(一) 细胞凋亡与免疫生理

细胞凋亡发生于淋巴细胞分化、发育的全过程,参与调节免疫系统成熟、受体多样性选择及免疫自稳。免疫细胞凋亡主要涉及两种途径,即前文已提及的死亡受体途径,以及忽视所致死亡(death by neglect)。后者指免疫细胞缺少或丢失赖以维持生存的外来信号(称为忽视细胞),继而通过线粒体途径而发生凋亡,例如:①淋巴细胞发育过程中未能表达具有正确读码框的抗原受体;②淋巴细胞在中枢或外周发育中未能接受足够的细胞因子或抗原刺激;③体细胞在高频突变中丧失与抗体结合的亲和力;④免疫应答终末期,抗原及炎性细胞因子逐渐撤离。(图8-10)

中枢和外周免疫器官内淋巴细胞凋亡见于下列情况:①静止淋巴细胞不能竞争外源信号或不能进入再循环;②接受外源抗原刺激的T细胞和B细胞,可循死亡受体途径或因生长因子撤除而发生凋亡;③生发中心中丧失抗原亲和力或具自身反应性的B细胞,通过凋亡而被清除;④未分化为记忆细胞的淋巴细胞,在抗原清除后发生凋亡而被清除。

1. 凋亡与免疫细胞的中枢发育

(1) 凋亡与胸腺内T细胞分化发育:T细胞在胸腺内分化、发育的全过程均涉及凋亡,其机制为:①TCR基因重排前,前体T细胞在IL-7作用下,高表达Bcl-2或缺失Bax,从而维持存活,反之则通过线粒体途径而发生凋亡;②TCR基因发生重排后,其中仅1/3的T细胞表达具有完整阅读框的功能性TCR并存活,不表达功能性TCR的前T细胞则通过死亡受体途径而凋亡;③表达功能性TCR的 $CD4^+CD8^+$ DP细胞,凡TCR可与胸腺基质细胞MHC分子以合适亲

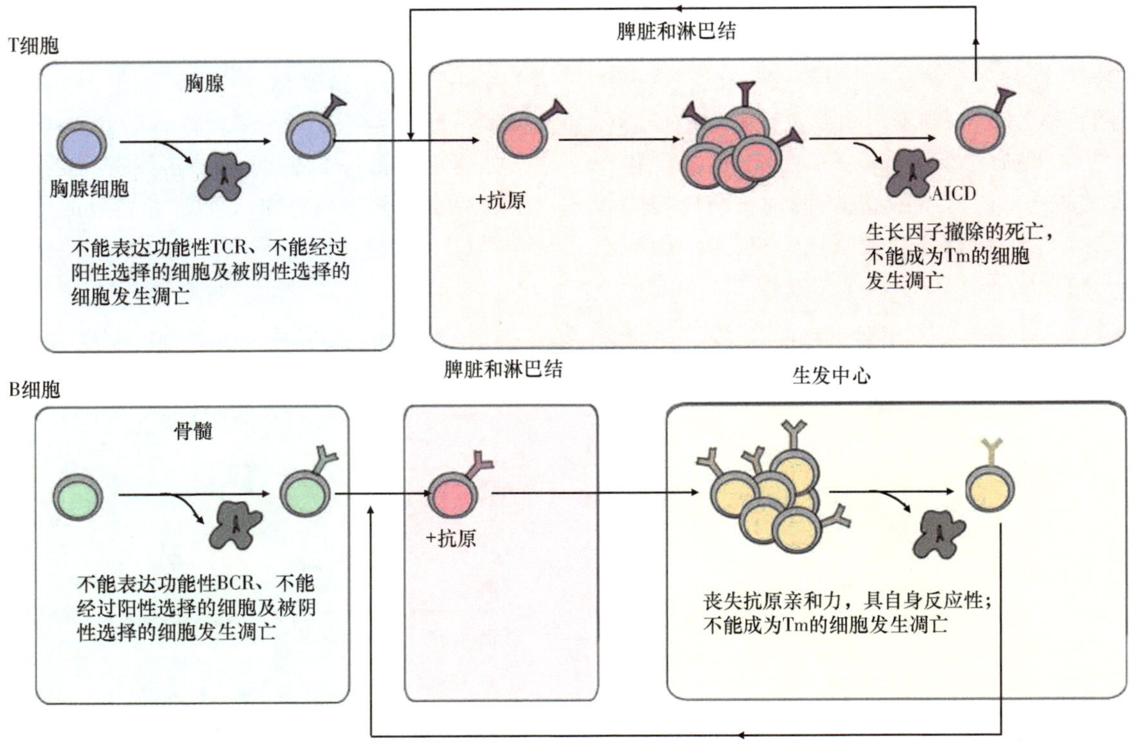

图 8-10 T 细胞、B 细胞分化发育相关的细胞凋亡

和力结合者，则存活并分化为 SP 细胞，否则发生凋亡（阳性选择）；④经历阳性选择的 SP 细胞，凡能与胸腺髓质中基质细胞表面自身肽-MHC 分子复合物高亲和力结合者，即发生凋亡（阴性选择）。

上述选择过程中，T 细胞发生凋亡的机制为：①阳性选择中，TCR 的刺激提供存活和分化信号，Bcl-2 参与的线粒体途径可影响未成熟 T 细胞存活，并可清除“无用”的 DP 细胞；②阴性选择可能涉及 Fas 死亡受体途径。另外，在 TCR 信号作用下，Bcl-2 家族成员 Bim 在阴性选择中起重要作用，其依据为：$Bim^{-/-}$ 小鼠丧失清除自身反应性胸腺细胞的能力。

此外，糖皮质激素、细胞因子、共刺激分子、细胞表面受体、转录因子及一氧化氮等也不同程度参与调节胸腺细胞存活与凋亡。

（2）凋亡与骨髓内 B 细胞发育：B 细胞在骨髓中经历祖 B 细胞（pro-B）、前 B 细胞（pre-B）、未成熟（immature）B 细胞及成熟 B 细胞等不同阶段。BCR 可介导 B 细胞增殖分化中的选择过程；①BCR 基因重排中，Bax/Bak 可诱导未成功重排的 B 细胞凋亡；②表达功能性 BCR 的未成熟 B 细胞将经历选择过程，Bcl-2 在自身反应性 B 细胞阴性选择中起关键作用。

2. 凋亡与外周淋巴细胞删除 机体免疫系统功能具有双重性：适度应答有利于清除非己抗原；应答过度或针对自身抗原产生应答，则可能导致疾病发生。因此，对免疫应答（尤其是特异性 T 细胞增殖）进行严密调控，这是实现机体免疫自稳的关键。已证实：接受抗原刺激后，特异性淋巴细胞增殖至一定水平后即发生凋亡，从而实现对免疫应答的调节。

（1）凋亡与成熟 T 细胞删除：初始 T 细胞识别 APC 提呈的 pMHC 而被活化，并经历如下变化：①抗原刺激后出现 IL-2 依赖性克隆增殖和效应期，此时 T 细胞对凋亡具抵抗力；②多数抗原特异性 T 细胞发生凋亡而被清除，以维持 T 细胞数量的稳定（图 8-11）；③少数 T 细胞存活并分化为记忆性 T 细胞。

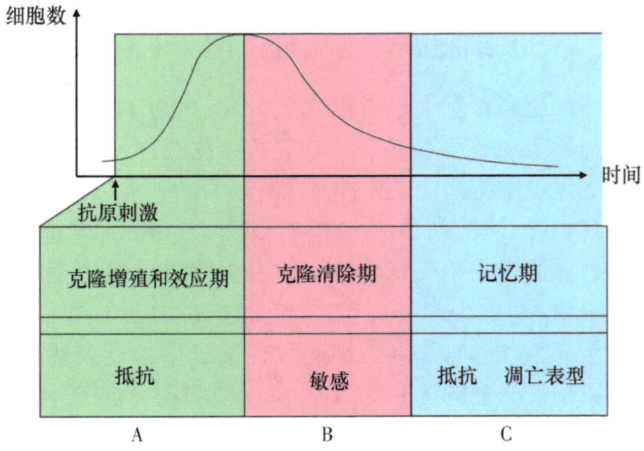

图 8-11 免疫应答不同阶段 T 细胞对凋亡的敏感性

A. 经抗原刺激的 T 细胞后进入 IL-2 依赖的克隆增殖和效应期，对凋亡具抵抗力；B. 多数抗原特异性 T 细胞逐渐对凋亡敏感，被清除以维持 T 细胞库数量稳定；C. 长寿命 T 细胞分化为记忆性 T 细胞，对凋亡具相对抗性

免疫应答末期可发生活化 T 细胞凋亡，其机制为：

1）活化诱导的细胞死亡（activation induced cell death，AICD）：①激活的 T 细胞高表达 Fas 及 FasL，二者结合可启动 Caspase 级联反应而导致细胞凋亡；②CD95（Fas）缺失的 lpr 小鼠及 CD95L（FasL）缺失的 gld 小鼠，其体内活化的 $CD8^+$T 细胞通过 TNF-R/TNF 途径发生凋亡；③持续病毒感染中，穿孔素/颗粒酶途径介导的细胞凋亡可能参与清除抗原特异性 T 细胞。

AICD 主要发生于免疫应答末期，其原因是，处于不同应答阶段的活化 T 细胞其细胞生物学特征各异。短期激活的 T 细胞可抵抗死亡受体介导的凋亡，机制为：①胞内 DISC 复合物和 Caspase-8 水平极低，故级联反应的效应较弱；②高表达抗凋亡蛋白 Bcl-2 和 Bcl-xL。

应答晚期，T 细胞经长期激活后，虽也高表达 Bcl-2 或 Bcl-xL，但其胞内含较多 DISC，故 Caspase 级联反应效应较强，细胞易发生凋亡。（图 8-12）

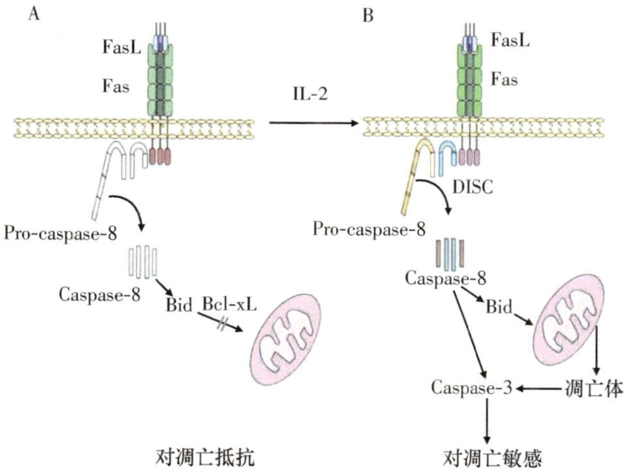

图 8-12　激活的 T 细胞对 AICD 抵抗及敏感的机制

A. 短期激活的 T 细胞仅含极少量 DISC，但高表达 Bcl-xL，不能激活线粒体放大途径；B. 长期激活的 T 细胞含大量 DISC；Caspase-8 可直接激活 Caspase-3；Bcl-xL 表达降低→解除对线粒体途径的抑制

AICD 效应的生物学意义为：①使特异性 T 细胞克隆的总数保持一定水平，从而维持免疫自稳；②清除激活的自身反应性 T 细胞，有助于维持外周免疫耐受。

2）死亡忽略途径：该途径也发生于免疫应答末期，是由细胞因子撤离所致。其机制为：应答末期抗原刺激逐渐消失，活化的 T 细胞表达 IL-2 及 IL-2R 水平降低，由于缺乏活性信号刺激而发生凋亡。死亡忽略途径的生理学意义为：在免疫应答末期，随抗原量逐渐降低，及时清除外源性抗原特异性 T 细胞，从而维持免疫自稳状态。

与上述致凋亡效应相反，T 细胞所表达的某些共刺激分子具有抗凋亡效应，从而维持 T 细胞存活和完全活化。以 CD28/B7 分子对为例，其干扰凋亡信号通路的机制为：①上调抗凋亡分子 Bcl-xL 表达，使 T 细胞免遭死亡忽略；②下调细胞 FasL 和 Fas 的 RNA 及蛋白表达，抑制相关的 AICD 效应；③上调 c-FLIP，使 T 细胞免于凋亡；④诱导 IL-2、IL-4 等细胞因子产生，启动 T 细胞活化信号，阻止凋亡发生。

（2）凋亡与成熟 B 细胞删除：成熟 B 细胞离开骨髓后进入外周淋巴组织生发中心（germinal center，GC），在抗原刺激下，通过体细胞高频突变而实现亲和力成熟。表达低亲和力 BCR 的 B 细胞或自身反应性 B 细胞通过凋亡而被清除；表达高亲和力 BCR 的 B 细胞通过阳性选择而存活，其中部分 B 细胞分化为记忆性 B 细胞和浆细胞。

Fas/FasL 途径在生发中心 B 细胞凋亡中发挥重要作用，Caspase-8 激活是 GC 内 B 细胞凋亡的早期事件之一。

3. 凋亡与淋巴细胞胞毒作用　CTL 和 NK 细胞胞毒作用也涉及细胞凋亡，其机制为（图 8-13）：①通过颗粒外吐方式，释放颗粒酶和穿孔素等进入靶细胞而发挥致凋亡效应；②通过 Fas/FasL 等途径，导致表达死亡受体的靶细胞凋亡。（见第六、七、十一章）

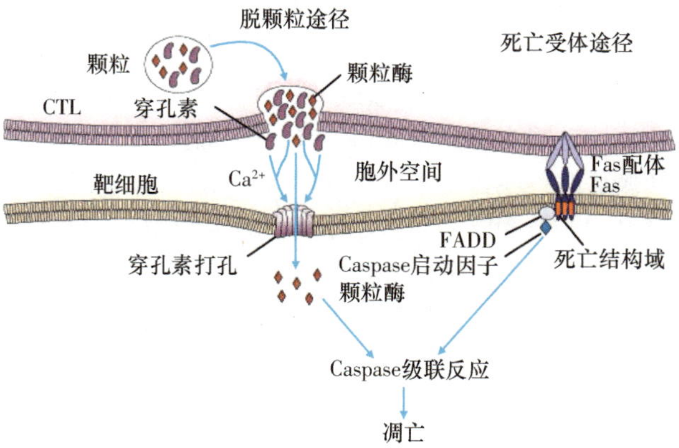

图 8-13　CTL 介导靶细胞凋亡的机制

（二）细胞凋亡与免疫病理

1. 细胞凋亡与自身免疫病　体内存在调控免疫细胞死亡的生理性机制，这对于清除潜在的自身反应性淋巴细胞及免疫应答后剩余的激活效应细胞或突变细胞具有重要意义。若该机制发生障碍，即可能导致自身免疫病发生。

另一方面，细胞凋亡与致病性自身抗原的产生有关，其机制可能是：①细胞凋亡可诱导具有潜在免疫原性的细胞组分聚集成簇；②凋亡细胞所释放的核小体 DNA 可能作为诱导自身免疫应答的免疫原；③SLE 患者核小体释放增加，故核小体所含抗原表位可能作为刺激机体产生自身抗体（如抗核抗体、抗 DNA 抗体等）的免疫原。

某些实验动物易感自身免疫病与细胞凋亡受阻有关，例如：①MRL/Lpr 小鼠，主要特征是内源性逆转录病毒所致 Fas 基因插入突变，导致 Fas 低表达；②C3H/gld 小鼠，特征是 FasL 基因发生点突变（FasL 胞外区 273 位苯丙氨酸被亮氨酸替代），使 FasL 分子结构发生异常。

上述两种动物模型由于 Fas 或 FasL 表达异常，导致 Fas/FasL 介导的细胞凋亡受阻，使大量自身反应性 T 细胞逃避胸腺阴性选择而进入外周循环，并聚集于外周免疫器官，引发过强自身免疫应答，从而发生自身免疫病。若用正常 Fas 基因取代转基因 MRL/Lpr 鼠体内突变的 Lpr 基因，可有效纠正 Fas 缺陷，从而阻断自身免疫病发生。

另外，NOD（非肥胖型糖尿病）鼠 bcl-2（抗凋亡基因）功能异常，易感Ⅰ型糖尿病（IDDM）。

2. 细胞凋亡与病毒感染

（1）细胞凋亡参与宿主抗病毒防御机制：病毒感染后，机体可通过调控靶细胞凋亡而影响病毒与宿主间生存平衡。

1）机体诱导病毒感染细胞凋亡：通常情况下，宿主针对入侵的病毒可产生一系列与凋亡相关的防御性应答，例如：①病毒感染可激活免疫细胞，产生 TNF、p53 蛋白等活性分子，引起病毒感染细胞凋亡；②病毒感染使宿主细胞信号转导紊乱，导致感染细胞凋亡；③CTL 可特异性识别病毒感染细胞，并介导靶细胞凋亡（见前述）。通过上述机制，机体在诱导病毒感染细胞凋亡的同时，清除入侵的病毒。

2）病毒抵抗凋亡：病毒可通过多种途径干扰机体介导感染细胞凋亡的作用，以在宿主体内长期生存。例如，病毒感染可促进宿主细胞自身基因表达，或激活宿主细胞内凋亡相关基因，从而干扰宿主细胞凋亡过程，并有利于病毒在宿主细胞内长期潜伏。

另外，细胞凋亡参与病毒性肝炎所致肝衰竭，机制为：HCV 感染的肝细胞（尤其是急性炎症区和濒临坏死的浸润细胞）表面普遍高表达 Fas，且炎症严重程度与 Fas 表达水平呈正相关。病毒感染肝细胞后，CTL 受病毒刺激而高表达 FasL，后者与肝细胞表面 Fas 结合，触发细胞凋亡。若该反应过强，则可能诱发暴发性肝功能衰竭。

（2）细胞凋亡与 AIDS 发病：①HIV 包膜蛋白 gp120 与靶细胞表面 CD4 分子结合，可激活钙通道，使胞内 Ca^{2+}浓度增高，导致 $CD4^{+}$细胞凋亡；②HIV-1 膜蛋白 gp120 可使靶细胞表面 CD4 分子发生交联，诱导 HIV 感染的 T 细胞高表达 Fas，进而通过 Fas 途径发生凋亡；③AIDS 患者体内 Th2 型细胞因子分泌增多，可提高 Th1 细胞对凋亡的敏感性；④HIV 感染使 $CD8^{+}$T 细胞慢性激活，继而发生凋亡。

3. 细胞凋亡与肿瘤 细胞凋亡受阻在肿瘤发病中发挥重要作用，例如：①bcl-2 过度表达使细胞生理性死亡减少，导致肿瘤发生；②多种原癌基因及肿瘤抑制基因（如 c-myc、p53、Rb 等）通过调控细胞凋亡而参与肿瘤发生；③恶性实体瘤细胞表面 Fas 抗原表达明显减少，或可溶性 Fas 水平增高，从而限制瘤细胞凋亡；④某些激素依赖性肿瘤（如乳腺癌、前列腺癌、卵巢癌等）发生与凋亡有关；⑤化学致癌剂可能通过抑制细胞凋亡而致癌，而多数抗癌化疗制剂通过诱导瘤细胞凋亡而发挥治疗作用。

（苏 莉 翁秀芳 孙 军 杨想平）

第九章 免疫相关的信号转导

第一节 细胞内信号转导概述

多细胞生物适应环境、调节代谢有赖于内外环境与细胞、细胞与细胞之间的细胞通讯(cell communication),此乃生物体存活、生长、分化,以及多细胞、多组织系统执行正常功能的前提。这种针对内、外源信息所产生的细胞应答过程,称为信号转导(signal transduction),其功能是使机体针对内外环境变化产生最适宜的应答。

一、细胞内信号转导系统的分子基础

细胞间信息传递可通过两个途径:①相邻细胞直接接触,包括通过细胞表面分子相互作用,或者通过细胞间通道进行直接物质交换等;②细胞分泌各种化学物质,即信使(messenger),从而调节自身和其他细胞代谢及功能。

(一) 信号分子及其分类

1. 按信号分子功能分类

(1) 第一信使:指细胞外信息分子。分为两类:①脂溶性分子,主要是甾体激素,具有疏水特性,易透过脂质双层自由进入细胞内,与胞浆或核内相应受体结合;②水溶性分子,主要是蛋白质、肽类、生物胺类信息物质,如抗原、丝裂原、细胞因子、抗体等,它们均不能直接穿过膜脂质双层,而是通过与细胞膜表面相应受体结合而启动信息传递。

(2) 第二信使:胞外第一信使携带的信息通过细胞膜表面的接受器,被传递给胞内信息分子,进而触发信息放大和传递,直至细胞产生效应。这种细胞内信息分子称为第二信使,包括 cAMP、cGMP、Ca^{2+}、DAG(甘油二酯)、NO、神经酰胺等。

(3) 第三信使:亦称核信使,指一类在胞浆和细胞核间进行信息传递的信使分子。多半为 DNA 结合蛋白或转录调控因子,参与基因表达的调控。

2. 按信号分子分布分类

(1) 可溶性信号分子:按照可溶性分子的溶解特性,可分为脂溶性和水溶性两大类。另外,按照可溶性信号分子的作用距离,可分为 3 类:①内分泌系统的激素,可通过血液运输至远端靶细胞;②旁分泌的细胞因子,主要作用于邻近细胞;③自分泌的细胞因子,作用于分泌细胞自身。

(2) 膜表面信号分子:细胞膜外表面分布众多蛋白质、糖蛋白、蛋白聚糖分子。相邻细胞通过表面分子的特异性识别和相互作用而传递信号。这种通讯方式称为膜表面分子通讯。细胞间黏附分子、APC 与 T 细胞、T 细胞与 B 细胞等之间的相互作用都采用这类通讯方式。

(二) 受体

受体(receptor)指表达于细胞膜表面或细胞内、能识别特定生物活性分子并与之结合的成分,其可将所识别的信号正确无误地放大并传递至细胞内部,从而介导生物学效应。受体的化学本质是蛋白质,少数为糖脂。可与受体特异性结合的分子称为配体(ligand)。受体的作用为:①识别配体;②转换配体信号为细胞内分子可识别的信号,并传递至其他分子,引起细胞应答。

细胞间分子均为相互作用,一个细胞表面的受体,也可能是另一细胞表面受体的配体,或称为另一细胞表面受体的反受体(counter receptor)。

1. 受体的类别

(1) 细胞膜受体:膜受体位于细胞膜表面,多为镶嵌的糖蛋白,依据其结构和信号转导机制的差异,可分为 3 类。

1) 离子通道型受体:此类受体自身为离子通道,其开放或关闭直接受配体控制,称为配体门控受体通道(ligand-gated receptor channel)。相应配体主要为神经递质。

2) G 蛋白偶联受体(G-protein coupled receptor, GPCR):此受体为单体,其肽链反复跨膜七次。此类受体信号须通过激活胞内 G 蛋白而介导,是成员最多、分布最广、功能最多的受体超家族,其配体包括激素、神经递质、趋化因子、钙离子等。

3) 酶偶联受体(enzyme linked receptor):此类受体为自身具有酶活性或自身无酶活性但与酶分子结合的一类受体。酶偶联受体种类繁多,如受体型酪氨酸蛋白激酶(receptors tyrosine kinase, RTK)、受体型

丝/苏氨酸蛋白激酶(receptor serine/threonine protein kinase,RSTK)、酪氨酸激酶偶联受体(tyrosine kinase-coupled receptor,TKCR)和受体型鸟苷酸环化酶(receptor guanylate cyclase,RGC)等。免疫细胞表面TCR、BCR、IgE FcR、TGF-βR以及细胞因子和生长因子受体等均属此类。

(2)细胞内受体:位于细胞内的受体多为转录因子,能与DNA结合而调节基因表达,又称核受体。其配体是可自由透过细胞膜及核膜的脂溶性信息分子。当没有配体存在时,受体往往与其抑制因子形成复合物,从而无法与DNA结合。核受体按其在胞内分布可分为两类:①I型核受体(NR-I),位于胞浆内,与相应配体结合后可转位入核;②Ⅱ型核受体(NR-Ⅱ),直接定位于核内。

2. 受体与配体相互作用及特点 受体与配体结合是信号转导的起始环节,两者的结合具有如下特点:

(1)高度专一性:由分子空间构象所决定,受体仅识别和结合特定配体,这是保证机体调控精确性的前提。但受体与配体也存在交叉结合现象,即不同配体可结合同一受体,或一种配体可结合多种受体。例如:趋化因子受体CCR5可与多种趋化因子结合,也是HIV侵入T细胞的辅助受体。

(2)高度亲和力:受体与配体的亲和力极高,保证了很低浓度的信号分子亦可充分发挥效应。

(3)可饱和性:膜受体或胞内核受体数目均有限,随配体浓度增加,受体逐渐饱和。一旦受体全部被配体占据,则配体浓度升高并不伴随效应增强,此乃细胞对环境变化的自我保护机制。另一方面,受体数目也可被调节,如高剂量、长时间刺激可诱导细胞对同一信号产生耐受,即细胞对信号反应"脱敏(desensitization)",机制之一就是受体数目被下调。

(4)可逆性:细胞接受胞外信息而发生功能改变后,可迅速恢复至正常状态。机制之一是:受体与配体以非共价键结合,当生物效应发生后,两者即解离。

(5)特定的作用模式:受体的分布和含量具有组织和细胞特异性,受体与配体结合后可引起特定的生理效应。

3. 可溶性受体 体内存在某些可溶性受体,如可溶性细胞因子受体(soluble cytokine receptor,sCKR),其产生机制是:①蛋白酶水解跨膜蛋白胞外区;②mRNA选择性剪接;③PI-PLC水解GPI连接膜分子。

可溶性受体的功能为:①充当配体与膜受体结合的阻断剂;②充当配体与相应受体作用的协同剂;③模拟膜分子的刺激或抑制作用;④充当配体的载体或生长因子;等等。

(三)其他参与信号转导的基本元件

1. 脂筏(lipid raft) 免疫受体和参与信号级联的组分在空间上有序分布,这一特性对信号的起始和调节十分重要。信号受体的重要元件之一是细胞膜表面富含胆固醇、鞘磷脂的微区,即脂筏(图9-1)。

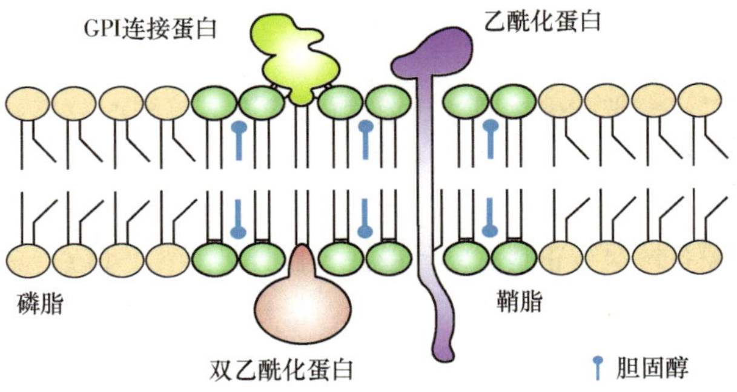

图9-1 脂筏的组成

脂筏主要由胆固醇、鞘脂及磷脂组成,还包括乙酰化及双乙酰化蛋白质、GPI-连接蛋白质等

(1)脂筏参与细胞信号转导的模式:

1)简单模式:脂筏作为募集特定信号分子的平台,受体、偶合因子、效应酶和底物共定位于其中,其意义为:①由于各种信号分子彼此相邻,故细胞信号转导事件可快速有效地发生;②通过将受体分子严格定位至含有一组特定信号元件的脂筏区域,有助于限制受体与其他信号通路分子发生相互作用,从而提高信号转导的特异性。

2)复杂模式:信号通路上相互作用的分子分散于不同脂筏区域,激素或生长因子可介导脂筏瞬间融合。一旦正常定位于质膜非脂筏微区的受体或其他特定分子积聚到脂筏微区,脂筏即含有相关信号转导通路所有的信号分子,从而促进它们之间相互作用并激活信号通路。此模式中,脂筏微区可对不同转导途径的信号分子进行区域化,严格限定信号分子之间的流动,从而有效调控信号转导。

(2)脂筏参与免疫识别受体信号的起始:免疫细胞表面表达多链免疫识别受体(multichain immune recognition receptor,MIRR),如TCR、BCR和FcεR1等。MIRR的配体结合链仅含较短的胞内段,并不直接参与信号转导,须通过与胞膜表面含较长胞内段的跨膜蛋白结合,才能启动信号。

脂筏在MIRR信号传递中发挥重要作用,其作用模式为:①静息状态下,MIRR单体并不位于脂筏,仅与脂筏发生短暂、低亲和力的接触;②配体与MIRR结合后,MIRR发生寡聚化,与脂筏亲和力增高,得以长时间占据脂筏;③若MIRR寡聚体足够稳定,可在脂筏上持续足够时间，则通过脂筏聚集而组装成含接头分子和其他信号成分的信号小体（signalosome），即形成免疫突触，后者对于产生稳定、持续性信号并介导细胞完全活化至关重要；④受体复合体与细胞骨架附着，可使受体进一步稳定于脂筏上。若受体与配体结合不牢固，则受体单体将扩散出脂筏，信号随即终止。因此，任何影响受体与脂筏亲和力或脂筏组成的因素，均可影响信号启动和传递。

（3）脂筏参与淋巴细胞分化与功能：

1）脂筏参与淋巴细胞激活：共信号分子在淋巴细胞激活中发挥重要作用，此与共信号分子影响脂筏及脂筏与 TCR/BCR 结合有关。例如：①T 细胞表面共刺激分子 CD28 可提高 T 细胞膜上脂筏浓度，还可介导免疫突触形成时的再分布并促进 TCR 与脂筏结合，从而参与 T 细胞激活；②T 细胞表面共抑制性分子 CTLA-4 可抑制 CD28 所致细胞内脂筏转运至胞膜，从而负调节 T 细胞激活。

2）脂筏参与淋巴细胞分化和发育：淋巴细胞分化发育的不同时期，抗原受体与脂筏的结合也发生变化。例如：①大部分前 TCR 和前 BCR 组成性分布于脂筏内，产生有利于细胞生存的信号；②阴性选择过程中，未成熟 T 细胞和 B 细胞表面 TCR、BCR 被排斥至脂筏之外，受体交联后也不再与脂筏结合，致使脂筏不出现于信号传递的位点。

3）脂筏参与淋巴细胞功能：脂筏组成和丰度可决定 TCR 膜区室化分布的模式，从而调节 Th1 和 Th2 细胞信号转导和活化，并影响不同 T 细胞亚群功能。

2. 蛋白激酶　催化蛋白质磷酸化的酶称为蛋白激酶（protein kinase，PK）。PK 种类繁多（已超过 800 种），胞内 PK 逐级磷酸化是细胞信号通路的重要特征和表现，对细胞应答极为重要。

（1）PK 共同特征：不同 PK 超家族成员其分子大小、亚基结构、亚细胞定位、激活机制和底物专一性等各异，但具有如下共同特征：①PK 均由保守的催化核心区和活性中心外区域组成，后者往往与该酶的活性调节或亚细胞定位有关；②PK 分子均含磷酸化位点，可通过变构后的自身磷酸化方式或被其他 PK 磷酸化，从而调节酶活性；③PK 自身数量和质量受到严格调控。

（2）PK 分类：根据底物磷酸化位点的不同，可将蛋白质激酶分为蛋白丝/苏氨酸激酶、蛋白酪氨酸激酶、蛋白组/赖/精氨酸激酶、蛋白半胱氨酸激酶、蛋白天冬/谷氨酸激酶等。

（3）PK 的功能：目前对蛋白丝/苏氨酸激酶、蛋白酪氨酸激酶认识较深入。

1）蛋白丝/苏氨酸激酶：如 PKA、PKC、PKB、PKG、Ca^{2+}/CaM-PK、MAPK 等，可催化多种信息分子的丝氨酸或苏氨酸残基发生磷酸化，从而广泛调节细胞代谢、活化、生长、增殖等生命活动。

2）蛋白酪氨酸激酶（protein tyrosine kinase，PTK）：可催化蛋白分子酪氨酸残基磷酸化，从而参与细胞增殖及 T 细胞、B 细胞活化等。细胞内酪氨酸激酶分为两型：①受体型，如生长因子受体胞浆段含酪氨酸激酶结构域，配体与受体结合可激活其酪氨酸激酶活性，并使受体自身酪氨酸磷酸化而被活化；②非受体型，主要作为受体和效应分子间的信号转导分子。多数免疫分子和造血因子与受体结合后，可诱导受体二聚化，进而活化非受体型酪氨酸激酶。

（4）PK 活性调节：PK 活性可通过自身磷酸化（如 PTK）或“假底物自身抑制性结构域”而被调节。后者基本过程为：自身抑制性结构域（包括假底物）与变构激活因子（如 Ca^{2+}、CaM）结合，通过诱导假底物抑制区构象变化而阻止其与激酶分子的催化结构域结合，解除对催化活性的抑制，使 PK 激活，继而外源底物发生磷酸化。由于在 PK 活化前，其自身抑制结构域与激酶的外源性底物间发生竞争性结合，并占有优势，从而抑制 PK 活性，故该区域称为“假底物”。

3. 磷酸酯酶　磷酸酯酶（phospholipase）即磷蛋白磷酸酶（phosphoprotein phosphatase，PPP），可催化磷蛋白脱磷酸化，与蛋白激酶共同构成蛋白质活性的开关系统，对蛋白激酶功能发挥衰减或终止效应。

（1）磷酸酯酶分类：根据所作用的氨基酸残基，可将磷酸酯酶分为 3 类，①蛋白丝/苏氨酸磷酸酯酶，如含 SH2 的蛋白质酪氨酸磷酸酶 SHP-1/2（SH2-containing protein tyrosine phosphatase-1/2）；②蛋白酪氨酸磷酸酶（protein tyrosine phosphatase，PTP）家族；③具有双重作用的磷酸酯酶。

（2）PTP 家族：该家族能专一性水解蛋白分子磷酸化的酪氨酸残基上的磷酸根基团，具有重要生物学功能。细胞酪氨酸磷酸化水平实际上反映细胞内磷酸化酶类和脱磷酸化酶类之间的动态平衡。PTP 家族可分为两类：①受体型 PTP，其膜外段具有高度多态性，膜内段大都含两个重复的催化功能域；②非受体型 PTP，仅含 1 个催化功能域，其非催化区可位于 N 端或 C 端，可能与 PTP 在胞内定位和调节酶的催化活性有关。PTP 参与调节诸多生理过程，如 CD45（属受体型 PTP）具有如下活性：参与淋巴细胞激活；调控细胞周期和细胞转化；抑制肿瘤发生；等等。PTP 自身也可被磷酸化，从而对其酶活性进行调节。

4. 接头蛋白　接头蛋白（adaptor protein）是一类无催化或转录活性、但能与其他信号转导分子以非共价键结合的蛋白质，其主要功能是为其他信号蛋白提供停泊位点(docking site),加速多组份信号传递复合物形成,从而促进信号由细胞表面向胞内传递。接头蛋白含多个蛋白质相互作用结构域,如 Src 同源序列(Src homology)SH2 及 SH3、酪氨酸残基(是 PTK 的可能结合靶点)、与 SH3 结合的富含脯氨酸的序列 PH 等。

5. 支架蛋白(scaffold protein) 其分子量较大,可同时结合同一信号通路中的多个分子。信号分子结合于支架蛋白上,其意义为:①保证相关分子聚集于一个相对隔离且稳定的信号通路内,避免与其他通路发生交叉,以维持信号通路的特异性;②增加信号转导调控的复杂性和多样性。

除磷酸化修饰外,蛋白质的泛素化修饰、SUMO 化修饰等也参与或调节免疫细胞信号转导(见第八章)。

二、主要的信号转导途径

(一)GPCR 介导的信号转导途径

1. G 蛋白循环 G 蛋白即鸟苷酸结合蛋白(guanylate binding protein),是一类能与 GTP 或 GDP 结合、位于细胞膜胞浆面的外周蛋白,由 α、β 和 γ 三个亚基组成。G 蛋白有两种构象:①非活化型,以 αβγ 三聚体存在,并与 GDP 结合;②活化型,α 亚基与 GTP 结合而成为活化的 G 蛋白,βγ 二聚体脱落。G 蛋白种类繁多,其差别主要在于 α 亚基不同。G 蛋白在非活化型-活化型-非活化型之间转化,形成 G 蛋白循环(图 9-2)。

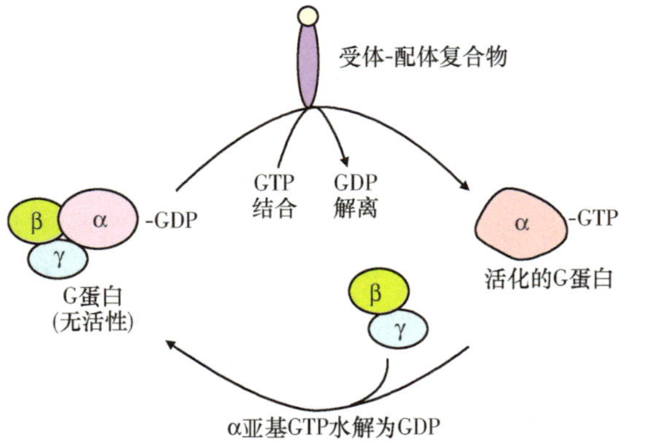

图 9-2 G 蛋白循环

活化的受体与 G 蛋白相互作用→促进 GDP 解离及 GTP 结合→使 α 亚基与 βγ 解离→激活 G 蛋白;α 亚基水解 GTP 为 GDP,α、β 和 γ 亚基重新聚合而恢复无活性状态

2. GPCR 介导的信号途径 G 蛋白偶联受体介导的信号转导途径包括 cAMP/PKA 途径、Ga^{2+}-GaM 途径、DAG/PKC 途径等。

(1) cAMP/PKA 途径:该途径以靶细胞内 cAMP 浓度改变和激活 PKA 为主要特征。具体过程为:配体与受体结合后使受体活化,继而活化 G 蛋白并激活附近的腺苷酸环化酶(adenylyl cyclase, AC),后者催化 ATP 生成 cAMP,cAMP 与胞浆 PKA 结合并使其活化,通过使效应蛋白磷酸化而调节细胞代谢和基因表达。

与免疫细胞活化相关的 PKA 底物包括转录因子、MAP 信号途径组分及磷脂酶等。PKA 可调节与免疫细胞活化和免疫调控相关的许多重要过程,例如:①调节与免疫突触形成有关的蛋白质;②淋巴细胞抗原受体活化后,胞内 cAMP 水平会短暂升高;③前列腺素等通过升高 cAMP 而导致免疫抑制;④cAMP-PKA 过度活化可能与 HIV 等病原体感染及普通变异型免疫缺陷(common variable immunodeficiency, CVID)所致 T 细胞功能失常相关。

细胞内磷酸二酯酶(phosphodiesterases, PDE)可将 cAMP 降解为 AMP 而失去上述功能。淋巴细胞内,PDE 活性是调节环腺苷酸信号途径的重要因素。

(2) IP_3/DAG 信号转导途径:活化受体可激活细胞膜表面磷脂酶 C,催化底物 PIP_2 生成三磷酸肌醇(IP_3)和甘油二酯(DAG),两者分别作为第二信使介导不同下游信号途径(图 9-3)。

IP_3 与内质网膜的 Ca^{2+} 通道受体结合并使其开放,导致内质网 Ca^{2+} 释放,胞浆 Ca^{2+} 升高,并与钙调蛋白(Calmodulin, CaM)结合而激活 Ca^{2+}/CaM 蛋白激酶,导致特异蛋白质磷酸化而发挥效应。

DAG 与磷脂酰丝氨酸、Ca^{2+} 共同激活蛋白激酶 C(protein kinase C, PKC)。PKC 是一种依赖 Ca^{2+}/磷脂的蛋白丝/苏氨酸激酶,在细胞增殖、生长、分化及癌变相关的信号转导中,PKC 家族所催化的磷酸化反应处于信号通路的中心。

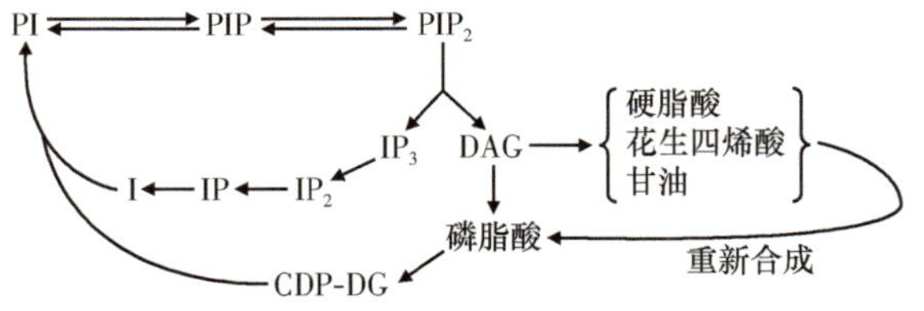

图 9-3 磷脂酰肌醇循环

磷脂酰肌醇(PI)磷酸化→生成 4-磷酸-磷脂酰肌醇(PIP)→磷酸化为 4,5-2 磷酸-磷脂酰肌醇(PIP_2)→分解为 IP_3 和 DAG。IP_3 依次水解为 IP_2、IP 及 I;DAG 分解为脂酸和甘油,或转变为磷脂酸,并和 I 共同参与 PI 重新合成

Ca^{2+} 是重要的细胞内第二信使,除 GPCR 介导的 Ca^{2+} 升高,在 TCR、BCR、FcR 活化过程中,均出现细胞内 Ca^{2+} 升高。Ca^{2+} 除激活 PKC 和 CaM 外,还可通过其

他途径(如活化钙调磷酸酶 Calcineurin 等)发挥生物学效应。

(二) 受体酪氨酸激酶(receptor tyrosine kinase,RTK)信号转导途径

该途径是将外界信号传递至细胞核内的最重要途径。配体与受体胞外区结合后,受体发生二聚化而导致自身磷酸化,从而激活酪氨酸蛋白激酶,并提供含磷酸化酪氨酸结合模块(如 SH2 结构域)的信号蛋白识别和结合位点,继而催化底物蛋白特定酪氨酸残基磷酸化。这些信号蛋白包括酶(如 PLC-γ、PI-3K、Ras 等)和接头蛋白(如 Grb-2)。

RTK 下游信号转导有赖于多种丝氨酸/苏氨酸蛋白激酶(如 MAPK、PKC、PI-3K 等)的级联激活,从而引发相应生物学效应(图 9-4)。例如,MAPK 途径可使转录因子、细胞骨架蛋白、激酶和其他酶类磷酸化,从而广泛影响基因表达、物质代谢及细胞分裂、形态和生存。

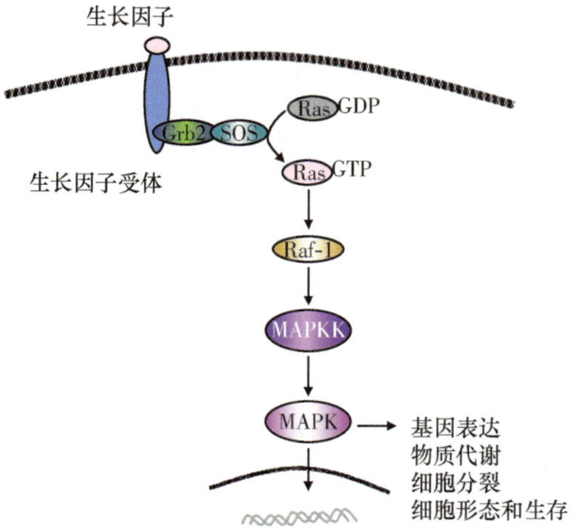

图 9-4 Ras/MAPK 信号途径

具有 PTK 活性的生长因子受体→含 SH2、SH3 结构的接头蛋白→鸟嘌呤核苷酸释放蛋白→Ras 蛋白→Raf-1→MAPKK→MAPK

(三) 非受体型酪氨酸激酶介导的信号转导途径

非受体型 PTK 即非跨膜蛋白酪氨酸激酶(NT-PTK),活化的 NT-PTK 可磷酸化多种底物蛋白,发挥募集信号分子、转导下游信号、放大信号效应及调控效应等作用。

NT-PTK 的许多同源序列(如 SH2、SH3 和 PH 等)与其功能特性有密切联系。SH2 功能域可高亲和力结合于磷酸化的酪氨酸肽序列上,从而提高蛋白修饰依赖的蛋白间相互作用,在 NT-PTK 信号转导中极为重要。其主要功能为:①参与维持酶非活性状态;②募集信号分子;③参与酶与调节蛋白的相互作用;等等。

兹以 Src 家族激酶为例介绍 NT-PTK 活化机制。TCR、BCR、Fc γR、Fc εR 等均属多链免疫识别受体(MIRR),它们胞浆区内参与信号转导的结构主要是 ITAM,后者酪氨酸磷酸化后可与 1 个 SH2 功能域相连。非活化状态下,Src 家族激酶已与受体蛋白相联系。配体与受体胞外段结合引起受体二聚体化,与之相联系的 Src PTK 被带至足够近的距离,最先活化。活化的 Src PTK 使受体的 ITAM 磷酸化,继而募集其他含 SH2 或结合蛋白酪氨酸(protein tyrosine binding,PTB)功能域的蛋白(包括 PTK、接头蛋白及调节蛋白等)并激活下游信号途径(图 9-5)。

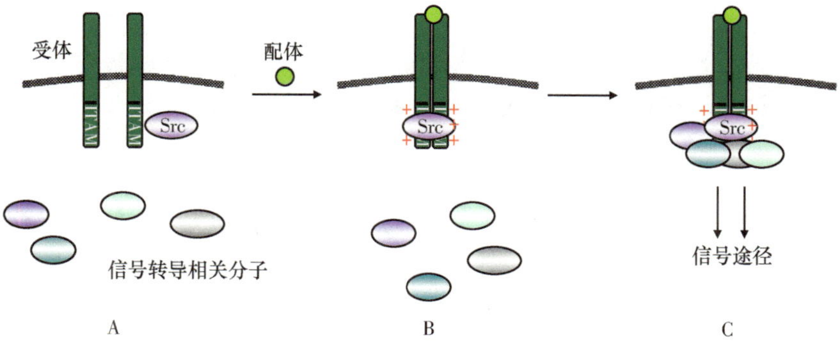

图 9-5 NT-PKT 途径活化机制

A. 静息状态;B. 受体与配体结合→受体二聚化→激活 Src→ITAM 磷酸化;C. 其他信号分子募集至活化的受体→形成信号转导复合物→激活下游途径

(四) 丝/苏氨酸激酶受体介导的信号转导途径

TGF-β 通过 TGF-β 受体的丝/苏氨酸蛋白激酶活性传递信息。TGF-β 受体家族包括Ⅰ型受体(TGF-βRⅠ)和Ⅱ型受体(TGF-βRⅡ)。Smad3 是参与该途径的胞内蛋白质,其信号传递过程是(图 9-6):TGF-β 与Ⅱ型受体结合,产生与Ⅰ型受体具有高亲和力的受

体-配体复合体，Ⅱ型受体可使Ⅰ型受体磷酸化，形成活性复合物。Ⅰ型受体使细胞质内 Smad 家族磷酸化，形成 Smad 异源二聚体；随后 Smad 二聚体转运至胞核内，与 DNA 结合并激活转录。TGF-β 超家族中每一配体结合 1 个特定受体，借助特定 Smad 蛋白复合物传递信号。

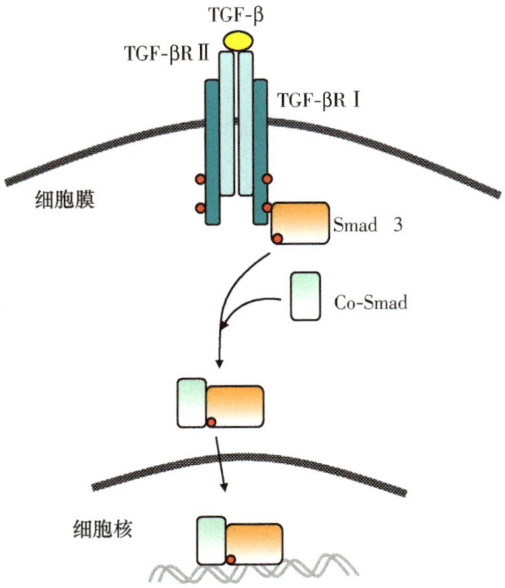

图 9-6 TGF-βR 介导的信号转导途径

TGF-β 与Ⅰ、Ⅱ型受体结合→形成受体-配体复合体→磷酸化活化 Smad3 分子→促使其形成二聚体→转运至胞核内→与 DNA 结合→激活转录

（五）JAK/STAT 途径

在哺乳动物细胞，JAK/STAT 途径是许多细胞因子和生长因子的主要信号途径，可介导细胞增殖、分化、迁移和凋亡，从而在炎症反应、免疫发育和造血中发挥关键作用。

JAK（Janus kinase 或 Just another kinase）是一种非受体型酪氨酸蛋白激酶。哺乳动物细胞中已发现 4 个成员：①JAK1、2、3，在人和小鼠分布广泛；②Tyk2，仅见于造血细胞、髓样组织和肿瘤细胞等，同源性为 40%～70%。

JAK 主要底物是信号转导和转录激活因子（signal transducer and activator of transcription，STAT）。在人和动物已发现 8 个 STAT，其分布于多种组织和细胞。

JAK/STAT 途径主要由细胞因子受体超家族活化，其过程为：细胞因子结合引起受体二聚化，JAK 与二聚化受体的 box 功能区结合，JAK 的酪氨酸被磷酸化；磷酸化的 JAK 使受体的酪氨酸残基磷酸化，招募含 SH2 结构域的 STAT 与受体结合，并使 STAT 磷酸化及二聚化；随后与受体分离而转位至核内；入核的 STAT 聚合物与相关基因启动子区的 γ 干扰素活化序列（IFN-γ-activated sequence，GAS）或其他相关序列结合，从而调控基因表达（图 9-7）。

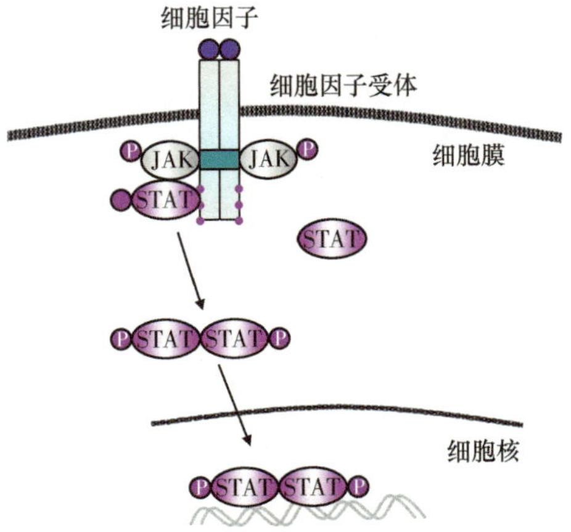

图 9-7 JAK/STAT 信号途径

细胞因子与受体结合→受体二聚化→磷酸化并激活 JAK→受体酪氨酸残基磷酸化→募集 STAT→STAT 磷酸化→二聚化→转位至核内→调控基因表达

（六）核因子-κB 途径

核因子-κB（nuclear factor-κB，NF-κB）属 Rel 家族的转录因子，主要涉及免疫、炎症反应、细胞分化相关的基因转录。NF-κB 活化和核转位受其抑制因子（inhibitor of NF-κB，IκB）调控。静息状态下，NF-κB 二聚体与 IκB 结合为三聚体，覆盖了 NF-κB 的核定位信号，使其滞留在细胞质中。NF-κB 途径活化可分为两个阶段：①应激、致炎因子（如 TNF、IL-1 等）、脂多糖（LPS）等通过各自信号途径导致 IκB 激酶（IκB kinase，IKK）复合体激活，胞内其他信号途径活化（如 Ras/MAPK 途径等）也可激活 IKK 复合体。IKK 复合体含有具催化活性的 IKKα/β 及接头蛋白 IKKγ/NEMO（NF-κB essential modulator），IKKα/β 具有 Ser、Trp 蛋白激酶的活性，IKKγ 通过对 α/β 构象改变调节它们的激酶活性。上游信号使 IKKγ 泛素化降解而促使 IKKα/β 活化；②激活的 IKK 使 IκB N 端的丝氨酸发生磷酸化，继而被泛素化降解，使 NF-κB 得以游离出来并转位至核内，作为转录因子调节基因表达。（图 9-8）

第二节 固有免疫相关的信号转导

一、Toll 样受体相关的信号转导

（一）TLR 信号转导途径概述

TLR 可识别不同病原体的 PAMP，从而启动相关

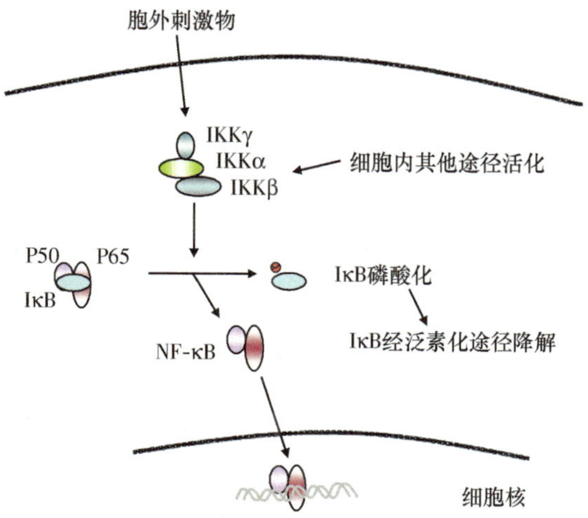

图 9-8 NF-κB 信号途径

上游途径激活 IKK→IκB 磷酸化→泛素化降解→NF-κB 转位至核内→调控基因表达

的信号转导途径。TLR1、2、4、5 和 6 主要表达在细胞膜上，识别来自胞外的病原体 PAMPs，而 TLR3、7、8 和 9 位于胞内，主要识别来自病毒和细菌的核酸等 PAMPs。兹以 TLR4 为例，介绍 TLR 介导的两种不同的信号途径（图 9-9）。

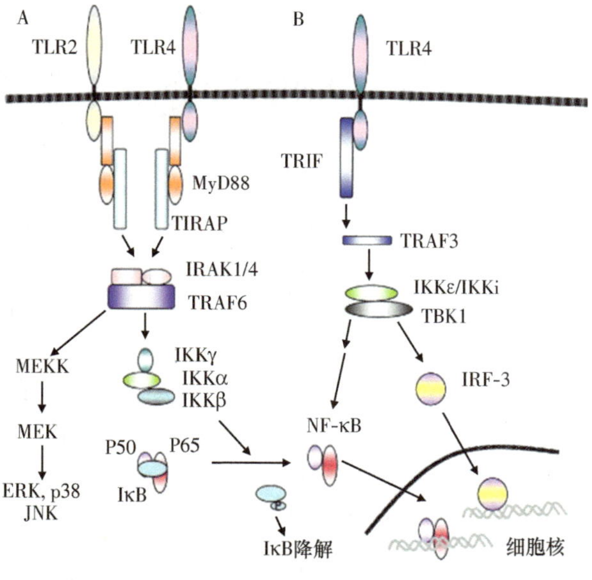

图 9-9 TLR(2、4) 介导的信号转导途径

A.（MyD88 依赖性途径）配基与 TLR2/4 结合→与 MyD88 等结合→形成 TLR-MyD88 活性复合体→募集 IRAK1、IRAK4 和 TRAF6→活化 IKK 或 MAPK→激活转录因子 NF-κB、AP-1→促进炎症因子和共刺激分子表达；B.（MyD88 非依赖性途径）配基与 TLR4 结合→募集 TRIF→激活转录因子 IRF-3 和 NF-κB

1. MyD88 依赖性途径 髓样分化因子 88（myeloid differentiation factor 88，MyD88）是一种接头蛋白，由 N 端的死亡结构域（DD）和 C 端的的 TIR 结构域（Toll/IL-1R domain）组成。除 TLR3 以外，所有 TLR 均可启动 MyD88 依赖途径。其过程为：配基与 TLR 胞外段结合，使之二聚化并通过 TIRAP（TIR domain-containing adaptor protein，亦称 MyD88-adapter-like，Mal）与 MyD88 的 TIR 结合，同时诱导 MyD88 的 DD 活化，形成 TLR-MyD88 活性复合体；然后募集 IRAK（IL-1 receptor-associated kinase）1、IRAK4 和 TRAF6（the tumor necrosis factor receptor -associated factor 6）等信号分子。静息态细胞中 IRAK-1 因同 Tollip（Toll-interacting protein）结合而保持一定的稳定性。经配体刺激后，IRAK-4 发挥激酶的作用使 IRAK-1 磷酸化，从而降低其与 Tollip 结合能力转而与 MyD88 结合。随后磷酸化的 IRAK1-TRAF6 复合物和受体解离，与胞膜的 TAK1（transformation growth factor-β-activated kinase 1）及 TAB（TAK1-binding protein）1、2 作用，然后整个复合物进入胞浆，并与泛素结合酶 Ubc13 和 Uev1A 形成更大复合物，使 TAK1 活化，活化的 TAK-1 分别使 MAPK 和 IKK 复合物磷酸化，引起 2 条不同途径的信号转导：一条是 MAPK 途径，通过 ERK、JNK 和 p38 等激酶，激活转录因子 AP-1（c-Jun 和 c-fos 复合物），调控 IL-1、IL-6 和 TNF-α 等炎症因子的转录；另一条是转录因子 NF-κB 途径。

2. MyD88 非依赖性途径 TLR4、TLR3 及 TLR5 等能活化 MyD88 非依赖性途径。TLR4 募集 TRIF（TIR domain-containing adaptor inducing IFN-β），进而募集 TRAF3、激酶 TBK 和 IKKε/IKKi，导致 IRF3 的磷酸化，后者发生核转位并诱导Ⅰ型干扰素表达。此外，TRAM 和 TRIF 也能募集 TRAF5 此途径也可激活 NF-κB 和 MAPK 途径而诱导炎症因子表达。

（二）TLR 信号转导途径的调节

多种机制参与 TLR 的负调节，此处主要介绍负调节蛋白的作用。

1. 位于胞浆的负调节蛋白

（1）IRAK-M：仅表达于单核/巨噬细胞，TLR 信号途径激活可使其表达上调。IRAK-M 通过与 MyD88 及 TRAF6 直接作用，可阻止 IRAK1-IRAK4 复合物从 MyD88 解离，进而影响 IRAK1-TRAF6 复合物形成，从而负调节 TLR 信号途径。

（2）细胞因子信号转导抑制因子 1（suppressor of cytokine signaling，SOCS1）：其由细胞因子诱导产生，并负调节细胞因子信号途径。LPS 和含 CpG 的 DNA 能诱导巨噬细胞内 SOCS1 表达，而 SOCS1 可在多个水平直接下调 TLR 信号，其靶分子包括 TIRAP、IRAK 和 NF-κB 等。

（3）MyD88 短体（MyD88 short，MyD88）：其为 MyD88 选择性剪接产生的变异体，可由 LPS 刺激诱导产生。MyD88 不能与 IRAK4 结合，可抑制 IRAK4 介导的 IRAK1 磷酸化，进而抑制 LPS 诱导的 NF-κB 活化。

2. 表达于胞膜的负调节蛋白 主要包括 SIGIRR（signal immunoglobumin IL-1R-related molecule）和 ST2，均含 TIR 结构域。TLR 激活后，SIGIRR 能短暂与 TLR4、TRAK1 和 TRAF6 相互作用而发挥抑制效应。ST2 可能通过与 MyD88 和 TIRAP 相互作用而调节 TLR 信号。

某些情况下，病原体活化特定 TLR 信号可能使病原体逃避宿主防御，其主要机制为：①TLR2 促进 IL-10 释放，介导免疫抑制；②阻断 TLR 识别；③TLR 可介导病毒复制。

目前已发现的 TLR 信号途径抑制分子见表 9-1。

表 9-1 TLR 信号途径的抑制分子

蛋白名称	蛋白来源	作用机制
A20	内源性	去除结合于 TRAF6 分子的泛素分子，抑制 MyD88-及 TRIF-依赖途径
A46R	外源性/病毒	结合 MyD88、Mal、TRIF 和 TRAM，抑制 NF-κB、MAPK 和 IRF3 活化
A52R	外源性/病毒	与 IRAK-2、TRAF6 结合，抑制 NF-κB 活化
IRAK-2	内源性（鼠）	未明，可能抑制活化的 IRAK 募集至受体复合物
IRAK-M	内源性（鼠）	抑制 IRAK-1、IRAK-4 与 MyD88 解离
IRF-4	内源性	与 MyD88 结合，抑制其与 IRF5 结合
MyD88s	内源性	抑制 IRAK-4 募集
NS3/4A	外源性/病毒	丝氨酸蛋白酶，水解 TRIF
PIASy	内源性	与 TRIF、IRF3 和 IRF7 相互作用，抑制其介导的信号途径
RIP3	内源性	与 RIP1 结合，抑制其与 TRIF 的作用
SARM	内源性	与 TRIF 作用，直接或间接抑制其作用
SHP-2	内源性	结合 TBK-1，抑制 TRIF 依赖的信号
SIKE	内源性	阻止 TBK1/IKKε 与 TRIF/IRF3 的相互作用，抑制 IRAF-3 介导的 TRIF 依赖性信号途径
SOCS-1	内源性	对 Mal 的降解很重要
ST2	内源性	捕获 MyD88 和 Mal，竞争抑制其与 TLR 结合
TGF-β	内源性	促使 MyD88 泛素化降解
TRAF-1	内源性	TRIF 导致 TRAF-1 水解，其水解片段反馈抑制 TRIF 依赖途径
TRAF-4	内源性	捕获 TRIF 和 TRAF6

二、NOD 样受体（NLR）相关的信号转导

NOD 样受体（NOD like receptor，NLR）是一类含核苷酸结合寡聚域（nucleotide-binding oligomerzation domain，NOD）的蛋白质家族，广泛存在于人类细胞胞浆内，是重要的胞内模式识别受体之一。

（一）NLR 的结构

NLR 受体包括 NOD（NOD1～5）、NLRP（NOD like receptor protein）和 IPAF 亚家族，其成员分子结构的一般特点是：①N 末端效应器结合区域，通过蛋白质相互作用结构域与下游效应分子结合，主要结构域包括胱冬酶募集域（caspase recruitment domain，CARD）、神经原性细胞凋亡抑制蛋白（neuronal apoptosis inhibitory protein，NAIP）结合域、pyrin 效应器（pyrin effector domain，PYD）结构域；②位于中央的核苷酸结合域（nucleotide-binding domain，NBD，亦称 NACHT 结构域），对核苷酸（ATP）的结合、水解及自我寡聚化非常重要；③C 端有数目不定的亮氨酸重复结构域（leucine-rich repeats，LRR），主要介导配体识别反应和调节 NLR 活性。

（二）NLR 介导的信号途径

1. NLR-RIP2 介导的信号途径 是 NOD1 和 NOD2 相关的信号通路。新合成的 NLR 处于自我抑制的无活性状态，其 LRR 可回折至蛋白自身其他活性部分，从而阻断 NOD 所致蛋白寡聚体形成。配体直接或间接与 LRR 结合可激活 NLR，形成高度有序的 NOD 蛋白寡聚体，后者通过 CARD-CARD 相互作用而募集受体相互作用蛋白 2（receptor interacting protein 2，RIP2）。RIP2 属丝/苏氨酸激酶，可促进 TAK1（TGF-β activated kinase 1）-TAB2（TAK1-binding protein 2）-TAB3 复合物募集和活化，继而激活 IKK 复合体，RIP2 也可直接结合 IKKγ 从而激活 IKK 复合体，进而激活 NF-κB。NOD1 和 NOD2 信号通路还可激活 ERK1/2、JNK 和 p38 等 MAPK 信号途径，介导炎性细胞因子（如 TNF、IL-6、CCL2、CXCL8 和 CXCL2 等）表达，并促进抗菌肽产生。

2. 炎症小体（inflammasome）介导的信号途径 某些 NLRP 家族成员（如 NLRP1、NLRP3、NLRP6、NLRP7、NLRP12、NLRC4、NLRC5、NAIP2 和 NAIP5 等）主要与此通路相关。炎症小体是一组多蛋白复合体，其形成有赖配体刺激和 ATP。炎症小体主要组分是：①含 PYD 的 NLR；②适配器蛋白如含 CARD 的凋亡

相关微粒样蛋白(apoptosis-associated speck-like protein containing a CARD, ASC);③pro-caspase-1。ASC含1个CARD和1个PYD结构域,以桥梁形式将某些NLR家族成员与Caspase-1连接,形成炎症小体。炎症小体活化可将pro-Caspase-1剪切为成熟Caspase-1,后者继而剪切炎症因子前体,使之成熟。因此,炎症小体的主要功能是提供一个大分子剪切的平台,特异地剪切炎症因子前体(图9-10)。

其中研究最清楚的NLRP3炎症小体。多种PAMPs、DAMPs,如LPS、MDP、细菌RNA、尿酸盐、HSP等,能被NLRP3识别和结合,并导致NLRP3寡聚化。随后通过其PYD结构域招募含PYD的ASC分子,后者通过其另一端CARD结构域招募同样含有CARD结构域的pro-Caspase-1而形成炎症小体。Pro-Caspase-1聚集可激活自我剪切活性,形成成熟的Caspase-1,并进一步剪切pro-IL-1β和pro-IL-18形成活化的IL-1β和IL-18,最终分泌至细胞外,介导炎症反应。

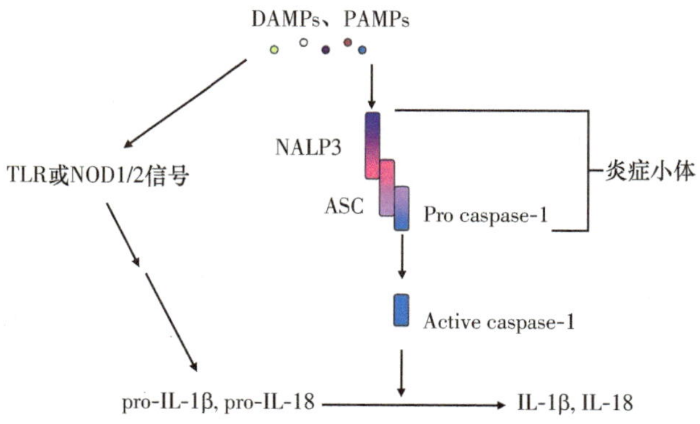

图9-10　炎症小体相关的信号转导途径

一旦NALP3基因突变,则无需配体刺激即可自发寡聚化,从而诱导相关细胞分泌IL-1β从而导致严重的自身炎症性疾病,如Muckle-Wells综合征(Muckle-Wells syndrome, MWS)、家族性寒冷型自身炎症综合征(familial cold autoinflammatory syndrome)和新生儿多系统性感染(neonatal onset multisystemic inflammatory disease)。

3. 调节其他信号通路　NLR参与调控Ⅰ型干扰素通路,NLR成员NLRX1(即NOD5)定位于线粒体外膜,通过LRR结构域与线粒体外膜蛋白MAVS的CARD结构域相互作用。MAVS是与RNA病毒相关的转接蛋白,MAVS复合体可刺激IRF3激活和IFN-β产生。另外,某些NLR也可介导抗炎效应。如NLRP2可抑制多种因素所致NF-κB激活;某些细胞内NF-κB激活可上调NLRP2表达,并形成NF-κB-NLRP2启动子复合物,可能通过负反馈环机制调控NF-κB激活,从而参与抗炎过程。

第三节　适应性免疫应答相关的信号转导

一、TCR-CD3介导的信号转导

(一) TCR-CD3信号途径的分子基础

1. TCR-CD3复合物及相关分子结构

(1) TCR:T细胞表面TCR与CD3组成复合物。TCR是由α/β或γ/δ组成的异源二聚体。多数胸腺和外周T细胞表达TCR α/β。TCR负责特异性识别pMHC复合物,其胞内段仅含3~5个氨基酸,无转导信号的功能。

(2) CD3:人CD3由γ、δ、ε、ζ链组成,负责转导TCR的识别信号。CD3胞浆段含免疫受体酪氨酸活化基序(ITAM),该基序中两个酪氨酸残基发生磷酸化,可结合具有两个串联SH2结构域的蛋白酪氨酸激酶分子,导致蛋白酪氨酸激酶激活和信号下传。CD3γ、δ、ε链各含1个ITAM序列,ζ链含3个ITAM序列。CD3各ITAM可与胞浆内不同下游分子结合,从而启动不同信号途径。

(3) TCR共受体:指CD4和CD8,可协助TCR识别pMHC中的MHC分子,并辅助TCR信号传递。CD4、CD8募集有赖于TCR磷酸化,且TCR信号可增强CD4、CD8与MHC Ⅱ类、Ⅰ类分子结合。

2. 免疫突触(immunological synapse)　亦称超分子活化群(supermolecular activation cluster, SMAC),是T细胞与APC(或其他免疫细胞)相互作用过程中,多种跨膜分子聚集成簇而形成的细胞间相互结合部位,使T细胞得以高亲和力方式识别及结合抗原,并促进T细胞信号分子相互作用和信号通路的激活。突触中央包括与pMHC结合并发生聚集的TCR-CD3分子、与TCR-CD3分子胞浆区相关联的蛋白激酶(Lck、Fyn等)、辅助分子(CD4/CD8、CD2和CD28等)及其配体等。突触外围主要是整合素家族的淋巴细胞功能相关抗原1(LFA-1)及其配体、肌动蛋白等细胞骨架成分,以及CD45、CD43等与TCR信号转导相关的分子。由于免疫突触由TCR、辅助受体、黏附分子及信号转导分子等组成,故能维持其结构相对稳定并发挥信号转导功能。(见第八章、十一章)

免疫突触形成分为若干阶段:①TCR与pMHC连接;②借助肌动蛋白,pMHC移动至细胞接触区中央,形成中央群;③维持稳定状态(成熟的免疫突触能维持1个多小时)。免疫突触形成过程中伴随大量细胞表面分子重排，T 细胞表面脂筏结构有利于这种重排并增强膜蛋白间相互作用的亲和力，使免疫突触更趋稳定。

（二）TCR 信号转导途径

TCR 介导的信号转导涉及多种接头分子、PTK 和效应分子，它们围绕 TCR 周围而形成一个整体，即抗原受体信号小体（antigen receptor signalosome）。为描述的方便，以下分成初始阶段和下游信号途径两部分来描述。

1. 初始阶段

（1）TCR 信号的启动：其过程为，①TCRα、β 链特异性识别结合 pMHC；②共受体 CD4 或 CD8 分别与 APC 表面 MHC Ⅱ类或Ⅰ类分子非多态样区结合，从而在 APC 和 T 细胞间形成稳定的分子间聚合体，其包括 MHC 分子、抗原肽、TCR、CD4 或 CD8；③TCR 复合物募集 Lck 或 Fyn，使 CD3 ζ亚基的 ITAM 被磷酸化，进而募集胞浆中蛋白酪氨酸激酶 ZAP-70，将其磷酸化；④磷酸化的 ZAP-70 继而磷酸化激活其底物，包括 T 细胞活化连接分子（linker activated T cell，LAT）和接头分子 SLP-76（SH2 domain containing leukocyte specific phosphoprotein of 76kD）等。（图 9-11）

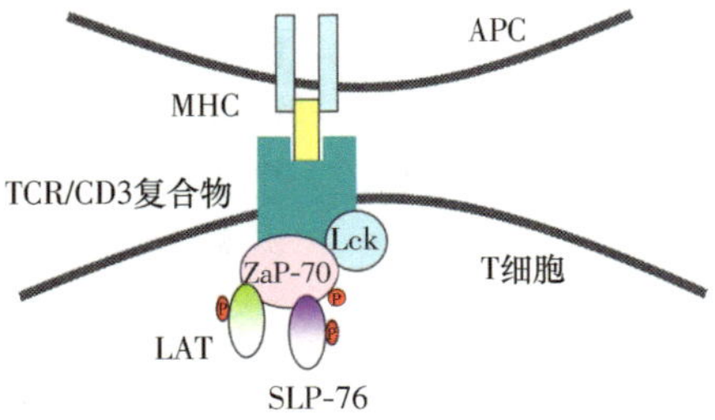

图 9-11 TCR 活化的早期事件

MHC 与 TCR/CD3 结合为复合物→借共受体 CD4 或 CD8 募集 Lck、ZAP-70 等→LAT 和 SLP-76 磷酸化

（2）ZAP-70 磷酸化的后续事件

1）LAT 磷酸化：LAT 是跨膜的接头分子，无酶活性，但含多个可与其他分子结合的结构，如蛋白模块（SH2、SH3、PH、PTB、DD 等）或与蛋白模块结合的基团（磷酸化酪氨酸、富含脯氨酸序列、磷脂等）。上游和下游信号分子通过这些结构相连接。ZAP-70 使 LAT 磷酸化，此乃激活下游信息分子的关键环节：①LAT 以其磷酸化的酪氨酸位点募集 PLC-γ、Grb2、Gads（Grb2-related adaptor downstream of shc）和 PI3K 的 p85 亚基；②Gads 再以其 SH3 与 SLP-76 的 PR 区结合；③SLP-76 随即被 ZAP-70 酪氨酸磷酸化。

2）SLP-76 磷酸化：①SLP-76 通过磷酸化的酪氨酸而募集另一 PTK 分子 Itk，后者被 Lck 激活，再通过酪氨酸磷酸化而激活 PLC-γ；②SLP-76 与 LAT 和 SOS 等可通过 Grb2 形成间接结合，Grb2 可间接募集 Vav（属 Db1 超家族成员，为 Rac/Rho 特异性的鸟苷酸交换蛋白因子）而介导 Rho 家族的 GTP 酶 Rac 和 Cdc42 活化；③Vav 还与 TCR 介导的 NF-κB 有关，并参与 NFAT、JNK 活化和 Ca^{2+} 信号途径；④SLP-76 还可与 PLCγ1 结合，从而成为连接 ZAP-70 与 Ras 和 Ca^{2+} 途径的接头分子。这些效应分子互相协同的、准确的加入形成复合物，不仅有助于维持复合物的稳定，也决定了活化效应的准确性。

2. 下游信号途径

TCR 激活可引发不同下游信号转导通路。（图 9-12）

（1）Ras/MAPK 途径：①TCR 活化促使某些酪氨酸磷酸化的蛋白质（如 Shc、SLP-76 和 Cbl 等）与 Grb2-SOS 复合物结合，从而激活 Ras；②Vav 可调控 Ras 及钙离子信号通路；③PKC 参与 Ras 激活。Ras 活化的下游信号包括 Raf/MAPKK/Erk1/2 激酶级联反应，激活转录因子 Elk，Elk 诱导表达 c-fos、c-jun，形成 AP-1（Jun/Fos 二聚体），最终调节基因表达。

（2）磷脂酰肌醇代谢和 Ca^{2+} 动员：激活的 PLC-γ 分解磷脂酰肌醇，产生第二信使 IP_3 和 DAG。两者分别激活 PKC 和内质网膜 IP_3 受体（钙通道），使胞内 Ca^{2+} 增加。IP_3 受体活化还受 Fyn 介导的酪氨酸磷酸化所调节。依赖于 Ca^{2+}/CaM 的钙调磷酸酶（calcineurin），使 T 细胞核因子（nuclear factor of activated T cell，NFAT）去磷酸化和核转位。DAG 可激活 Ras 及 PKCθ，最终也激活 AP-1。NFAT 和 AP-1 诱导 T 细胞活化有关的基因表达。值得注意的是，当 DAG 信号缺失的时候，Ca^{2+}-calcineurin-NFAT 信号通路通过促进 T 细胞失能有关的分子表达而导致 T 细胞失能。除 NFAT 以外，Ca^{2+} 也能激活钙调蛋白依赖的蛋白激酶（calmodulin-dependent kinase，CaMK），进而激活转录因子 CREB（cyclic-AMP-responsive- element binding protein）和 MEF2（myocyte enhancer factor 2）而介导 T 细胞活化。

（3）NF-κB 活化：该过程涉及 ZAP-70、SLP-76、PLCγ1、SAP、Fyn、PKCθ、Vav1、Bcl-10、Carma1、Malt1/paracaspase、RIP-2 等信号分子参与。以 PKCθ 为例：TCR 活化使 PKCθ 被转位至胞膜，随后作用于 CBM（由 Carma1、Bcl-10 和 Malt1 组成的复合物），Bcl-10 和 Malt-1 的结合促使 TRAF-6 募集，后者是 E3 泛素连接酶，可使 IKKγ 泛素化降解，继而活化 IKKα、β，最终激活 NF-κB。PKCθ-IKK-NFκB 途径在 T 细胞活化、生存、自稳以及 iNKT 和 Treg 细胞发育中均发挥重要作用。该途径异常可导致严重后果，如重症联合免疫缺陷(SCID)、自身免疫病、淋巴瘤、T细胞活化及存活缺陷等。

以上是主要的TCR信号途径。在不同效应T细胞的分化过程中,还涉及更多的效应分子,从而形成更具特征性的信号通路。或者与其他信号分子引发的信号通路协同作用而调节细胞的发育和功能,如在Treg的分化过程中,TCR、IL-2R、TGF-βR及retinoic acid信号通路都发挥着重要作用。

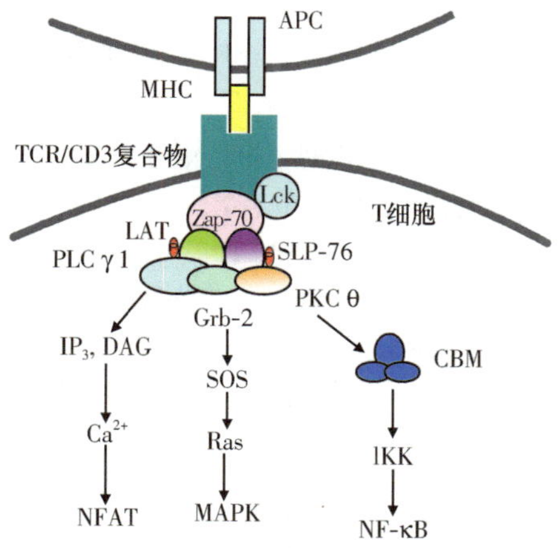

图9-12　TCR介导的主要信号转导途径

TCR激活→介导磷脂酰肌醇代谢、Ca^{2+}动员、Ras/MAPK及NF-κB途径

3. TCR信号转导的负调节　主要涉及蛋白质磷酸化、去磷酸化及蛋白质降解。

(1) 蛋白质磷酸化相关的调节:TCR信号途径的关键蛋白均可被PTK调节。例如:①ZAP-70的磷酸化位点Y493被Lck磷酸化,可激活ZAP-70的激酶活性,继而使Y492磷酸化(下调ZAP-70激酶活性)和Y292磷酸化(作为某些抑制蛋白的结合位点);②Csk(属PTK)使Lck和Fyn磷酸化而失活,从而负调节Src家族PTK及TCR信号;③Syk的SH2结构域中Tyr130磷酸化,能下调Syk激酶活性,使Syk与磷酸化的ITAM分离;④TCR活化可激活PTK,从而使PLC(磷脂酰肌醇代谢的关键酶)磷酸化;⑤IP_3受体是介导Ca^{2+}动员的重要Ca^{2+}通道,Fyn介导的磷酸化可调节其活性;⑥Ras活化受某些与Grb2结合的酪氨酸磷酸化的蛋白质(如Shc、SLP-76和Cbl等)所调节。

(2) 蛋白质去磷酸化相关的调节:蛋白磷酸酶可作用于TCR信号传递的不同阶段的效应分子而干预TCR信号转导。

1) 早期调节:如SHP-1能使Lck活性位点去磷酸化而致其失活。

2) 中期调节:TCR/CD3与配体结合,信号经级联放大,使偶联分子MAPKK酪氨酸磷酸化而被激活;但膜型蛋白磷酸酶CD45可与CD3共凝集而致CD3浓度降低,则可导致MAPKK酪氨酸磷酸化水平降低。

3) 晚期调节:如TCR活化可诱导表达一种细胞黏附分子CEACAM-1(carcinoembryonic antigen-related cell adhesion molecule 1),其ITIM基序磷酸化能募集SHP-1而使Lck失活,进而终止TCR信号。

(3) 蛋白质降解相关的调节:T细胞可通过蛋白质降解方式而清除活化的TCR及其信号转导分子,从而调节TCR信号持续的时间和特异性。如B系淋巴瘤蛋白(casitas B-lineage lymphoma protein, Cbl)家族是一组对淋巴细胞活化信号具有负调节作用的E3连接酶。CD3ζ链胞内段富含赖氨酸,是泛素化的靶标。Cbl使活化TCR复合物中的CD3泛素化降解,导致TCR内化或降解。TCR下游的Src-和Syk-家族的PTKs也可被Cbl泛素化而导致信号下调。在静息T细胞中,Cbl-b与Vav1结合,可促使Lck从脂筏上脱落,通过泛素化而被降解。

(4) 其他负调节TCR信号转导的机制:①下调共刺激信号,如Cbl-b可介导共刺激分子降解,并阻碍PI-3K的p85亚基与CD28和CD3ζ链结合,通过负调控共刺激信号而影响TCR信号传递;②某些抑制性受体(如T细胞表面的CD5、NK细胞和CTL表面的杀伤细胞抑制受体IKR、活化T细胞表面的CTLA-4等)可在T细胞活化的不同阶段发挥负调节作用,其中IKR和CTLA-4的效应分别与SHP-1和SHP-2(均属PTPase)相关。

二、BCR-Igα/Igβ介导的信号转导

(一) BCR信号途径的分子基础

1. BCR复合体分子结构　BCR复合体包括膜表面免疫球蛋白(mIg),以及通过非共价键与mIg结合的异源二聚体Igα/Igβ。mIg负责特异性识别和结合抗原,识别信号由Igα/Igβ异源二聚体传递。Igα和Igβ均属Ig超家族,分别由mb-1和B29基因编码,其分子结构类似于CD3γ、δ和ξ链。Igα和Igβ胞浆区各含1个ITAM,参与传递活化信号。

B细胞应答中,还有其他成分与mIg结合为复合物:①Ig-γ,由B29基因编码,其在B淋巴母细胞瘤和骨髓B细胞中可取代Igβ而存在;②CD22,其与mIg交联后被迅速磷酸化,参与BCR信号传递;③CD45,属淋巴细胞表面的蛋白酪氨酸磷酸酯酶,其与mIg交联,可使Igα和Igβ脱磷酸化,参与维持细胞内磷酸化/脱磷酸化平衡,也与mIg介导的胞内Ca^{2+}动员、Ras激活及细胞增殖相关。

2. BCR共受体　BCR共受体可对B细胞应答

发挥正性或负性调节作用。

（1）激活性共受体（CD19/CD21/CD81）：该受体与 BCR 交联可正调节 B 细胞应答。其机制为：抗原与 BCR 结合，同时借助抗原分子表面 C3dg 等与 CD21（CR2）连接，而 CD21 与 CD19 形成寡聚体，通过 BCR 与 CD21、CD19 的多聚化反应，促进 B 细胞应答。

（2）抑制性共受体：此类受体胞内段 ITIM 磷酸化后，可募集细胞内抑制性信号传递蛋白，如 SHP-1/-2 及肌醇多聚磷酸 5-磷酸酶（SH2-containing inositol polyphosphate 5-phosphatase，SHIP）。BCR 与抗原结合后，通过信号分子磷酸化所致级联反应而传递信号，上述磷酸酶则通过去磷酸化而对 BCR 信号发挥负调节作用。主要的抑制性共受体为：①FcγRIIb，其通过与 BCR 和抗原-IgG 复合物交联，可抑制 B 细胞激活；②CD22 和 CD72，共同作为开关，调节信号及功能，决定抗原激活的 B 细胞转归（凋亡或增殖）。

（3）pre-BCR：pre-BCR 表达于前体 B 细胞表面，是在抗原非依赖阶段调节 B 细胞发育的关键因子。pre-BCR 由膜表面 Ig 重链（μ 链）、λ5、λVpreB 蛋白（后两者代替轻链）以及 Igα、Igβ 组成，并与其他信号分子相偶联。

（二）BCR 信号转导途径

1. BCR 信号途径的早期事件 多价抗原与 BCR 结合后，通过两种机制，即变构效应和依赖于受体聚集的反式激活作用（receptor aggregation-dependent transactivation phenomenon），触发邻近或受体自身的 PTK 活性。两种机制的运行取决于抗原和 BCR 的特征和结构状态，不同激活机制决定细胞应答的不同类型。但两种机制均使 PTK 活化，其前提是使受体 ITAM 基序中的酪氨酸磷酸化。

活化的 ITAM 首先募集并激活多种激酶，其结果是：①暴露激酶分子原被遮盖的区域，使上述激酶的效应分子被募集至膜附近，从而提高酶促反应的底物浓度；②Igα-Src 家族激酶复合物重新定向，促使激酶分子 SH3 结构域与 PI-3K 结合，并使之激活，磷酸化的 ITAM 又能与激酶 SH2 序列结合，进一步解除 Src 家族 PTK 的阻遏状态；③磷酸化的 Igα 和 Igβ 可与 Syk（spleen tyrosine kinase）结合并使之活化，其 SH2 域募集含 SH2 域的支架蛋白 BLNK 并使之磷酸化，后者帮助募集下游其他信号分子（如某些 PTK、PLC-γ、Ras、PI3K 等），启动信号途径。

2. BCR 信号途径的下游事件（图 9-13） BCR 活化后激活的下游信号通路主要有：

（1）磷脂酰肌醇代谢途径：Syk→募集酪氨酸激酶 Btk→激活 PLCγ→水解 PIP2→产生 IP_3 和 DAG。IP_3 与内质网 IP_3 受体结合→上调胞内 Ca^{2+}→激活 Ca^{2+}依赖性的酶及转录因子 NFAT。DAG 则激活 PKC→下游效应分子磷酸化→生物学效应。例如，PKCβ 使 CARMA1 磷酸化，进而募集 Bcl10 和 MALT1 等形成复合物，后者再结合和激活 IKK，从而激活 NF-κB 途径。

（2）Ras/MAPK 途径：活化的 Syk 可通过 DAG-PKC 途径、或者通过 Vav 和 Grb2 等接头分子直接激活 Ras/MAPK 途径。这条途径能活化多种转录因子，如通过 Erk 激活 Elk1 和 c-Myc，通过 JNK 激活 C-jun 和 ATF2，或通过 p38 激活 ATF 和 Max。根据 B 细胞的成熟程度和活化情况的不同，这些转录因子的活化能导致 B 细胞增殖、生存或凋亡。

（3）Akt 途径：PI3K 被磷酸化，使磷脂酰肌醇中肌醇环的第三个羟基磷酸化，所产生的 PIP3，进而激活 Akt。Akt 途径主要促进 B 细胞生存，其机制涉及：使促凋亡蛋白 Bad 和 FOXO3a 磷酸化而失活，增强 NFAT 的核内聚集，参与 NF-κB 途径等。

G 蛋白也参与 BCR 激活后的信号传递过程，可调节 PPLC 的酪氨酸被 PTK 磷酸化的程度。

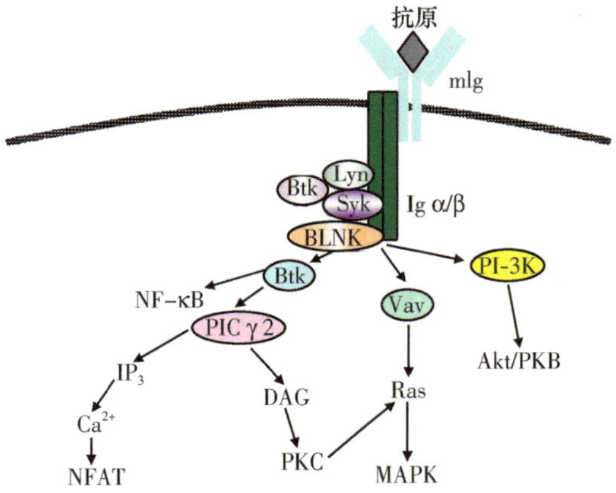

图 9-13 BCR 介导的信号转导途径

配体与 BCR 结合→激活 ITAM 基序→募集并激活 Src 家族激酶 Lyn、Fyn 和 Blk→激活磷脂酰肌醇代谢途径、Ras/MAPK 途径及 PI3K 途径等

3. pre-BCR 介导的信号转导途径 pre-BCR 信号无需外源性配体，一旦受体复合物组装完成，随即启动酪氨酸激酶依赖的信号传递，并参与受体内吞和降解。其下游信号途径与 BCR 途径类似。

pre-BCR 信号途径活化，可导致 pre-B 细胞增殖及 Ig 轻链重排。此外，μHC 链表达可抑制 μHC 基因位点继续重排，此为等位基因排斥（allelic exclusion）。Syk 是早期 Pre-B 细胞分裂、增殖所必需。BLNK 还介导 pre-BCR 的负反馈信号，下调包括 vPreB、λ5 等基因表达，终止 pre-B 细胞分裂，促进晚期 pre-B 发育为小前 B 细胞，继而启动轻链重排，分化为未成熟 B 细胞。

（三）BCR 信号转导的调节

1. PTK 的负调节 胞外信号可通过负调控 PTK 活性而调节 BCR 信号转导，使 B 细胞对抗原刺激产生适度应答。胞浆蛋白质酪氨酸磷酸酶 1C（PTP1C）是参与负调控的关键酶之一，其表达于所有血源性细胞，作用机制为：①水解许多蛋白质（包括 Igα 和 Igβ）的磷酸化酪氨酸，从而削弱活化信号；②降低静息状态下 BCR 复合物的酪氨酸磷酸化水平。

该负调控作用的生理意义在于：负反馈调控抗体产生，防止抗体过量。

2. 抑制性受体 FcγRⅡb 表达于 B 细胞，有两种剪接异构体，即 FcγRⅡb1、FcγRⅡb2。BCR 与 FcγRⅡb1 交联，可抑制 B 细胞活化，其机制为：BCR 交联后，若与 FcγRⅡb1 共交联，则后者胞内段 ITIM 发生酪氨酸磷酸化，可与 PTP1C 的 SH2 结合，从而明显提高 PTP1C 活性。FcγRⅡb1 主要参与抗体应答后期的调节，其生理意义为负反馈调节抗体产生，防止抗体产生过量。

CD22 仅表达于 B 细胞。BCR 交联后，CD22 酪氨酸磷酸化水平升高，并富集 PTP1C。CD22 在胞膜表面具有一定流动性，可将 PTP1C 带至 BCR 附近，或 CD22 本来就在 BCR 附近，上述情况均能提高 BCR 活化的刺激阈值。CD22 配体主要表达于 B 细胞和 T 细胞表面。淋巴组织中，B 细胞表面 CD22 分子一旦与旁邻细胞表面相应配体结合，即与同一 B 细胞表面 BCR 隔离。此时，仅需较小刺激即可使 B 细胞活化。

三、T/B 细胞激活的共刺激信号通路

（一）共刺激信号途径概述

共刺激分子与相应配体结合可产生共刺激信号，在 T/B 细胞活化、辅助 T 细胞分化、信号转导及细胞因子分泌中起重要作用。

参与 T 细胞共刺激信号途径的共刺激分子包括：①APC 表面 B7-1（CD80）、B7-2（CD86）、CD40、ICAM-1（CD54）、LFA-3（CD58）、OX40L、4-1BBL、HVEM；②T 细胞表面 CD28/CTLA-4（CD152）、CD40L（CD154）、LFA-1（CD11a/CD18）、LFA-2（CD2）、OX40（CD134）、4-1BB（CD137）、LIGHT 等。其中，CD28/CTLA-4 与 B7-1/2 为主要的共刺激途径。参与 B 细胞共刺激信号途径的共刺激分子主要为 CD40 和 CD40 配体（CD40L）。（见第四章、第十一章）

1. CD28/B7 信号转导途径 CD28 胞浆段可与不同胞浆分子结合，从而启动多个信号转导途径。

（1）PI-3K 参与的途径：PI-3K 由 p110（催化亚基）和 p85（调节亚基）组成。p85 含 2 个 SH2 结构域，可与 CD28 胞浆段磷酸化的 Tyr173 结合，导致 PI-3K 激活。后者使磷脂酰肌醇 PI、PI-4-P、PI-4,5-P_2 肌醇环上的 D-3 磷酸化，产生 PI-3P、PI-3,4-P_2 和 PI-3,4,5-P_3。此外，PI-3K 还可与 PTK 结合，进一步使 PLCγ1 磷酸化，导致 IP_3 形成和胞内钙离子增加。PI-3K 的不同作用可能与不同 T 细胞亚群激活状态有关。

（2）Ras/MAPK 途径：磷酸化的 CD28 与接头蛋白 Grb2 结合，Grb2 再与鸟苷酸交换蛋白 SOS 结合。CD28 与 Grb2/SOS 结合能将 Grb2/SOS 锚定于胞膜上，进而激活膜上的 Ras→Raf→Mek→激活 MAPK（包括 JNK 等）。

CD28 与 APC 表面相应配体结合可显著放大 TCR 转导的信号。其机制为：①CD28 或 LFA-1 等共刺激信号可使肌动蛋白等细胞骨架结构重组，启动肌动蛋白-肌球蛋白驱动的主动运输过程，将受体和信号复合体运送至免疫突触，后者进而协调、调整并放大 TCR 转导的信号；②CD28 可促进特殊的脂筏形成，加速 TCR 信号传导。

CD28/B7 共刺激信号参与启动初始 T 细胞激活，促进多种细胞因子及其受体、CTLA-4、CD40L 等表达，且 CD28 也是 JNK 和 NF-κB 的活化因子。

2. CTLA-4/B7 信号转导通路 CTLA-4 在 T 细胞活化后才被诱导，通过参与 AICD 而负调节 T 细胞激活（见第十一章）。CTLA-4 与 CD80/CD86 有高亲和力，两者结合可发挥如下抑制效应：抑制 T 细胞增殖；参与诱导免疫耐受；促进抗原特异性 T 细胞凋亡；抑制 Th1 和 Th2 型细胞因子产生。CTLA-4 的抑制作用通过其胞浆段 ITIM 结构域而介导。ITIM 中酪氨酸磷酸化后，可募集 SHP 或含 SH2 域的肌醇磷酸酶（SHIP），导致信号分子去磷酸化，从而终止 TCR 通路活化。CTLA-4 抑制作用还涉及其他机制，包括与 CD28 竞争配体、扣压信号分子、破坏信号复合物等。

3. ICOS/B7h 信号转导通路 ICOS 属 Ig 超家族成员，主要表达于激活的 $CD4^+$ 和 $CD8^+$ T 细胞表面。ICOS 的配体为 B7h，可表达于淋巴组织或非淋巴组织。

ICOS/B7h 信号途径与 CD28/B7 途径类似。ICOS 与 CD28 胞浆段略有不同，使其仅与 PI-3K 结合而不能与 Grb2 结合，导致两者的效应存在差异。ICOS 的重要性在于能促进已启动的免疫应答，增强 T 细胞活化、增殖和 T 细胞对 B 细胞的辅助作用。ICOS/B7h 信号主要参与再次免疫应答及炎症局部免

疫细胞的效应,如通过促进趋化因子表达而募集更多B细胞、T细胞迁移至生发中心,从而促进生发中心形成。

(二) 共刺激信号途径的调节

B7/CD28、CTLA-4信号途径的调节机制十分复杂,原因为:①涉及两类受体(CD28、CTLA-4)和两类配体(B7-1、B7-2);②CD28通路和CTLA-4通路调控T细胞活化的效应截然相反;③T细胞应答不同时相和不同生理病理状态下,二组分子表达的动态变化各异。T细胞应答早期,CD28/B7信号通路的共刺激效应占优势;T细胞应答后期,CTLA-4表达增加,显示共抑制效应。CD28/B7和CTLA-4/B7信号通路的平衡在建立、维持和终止T细胞应答中发挥关键作用。

第四节 免疫效应分子相关的信号转导

一、细胞因子信号转导途径

(一) 细胞因子信号转导概述

1. 细胞因子信号的JAK/STAT途径 细胞因子受体结构特点及分类见第三章。细胞因子与其受体结合可导致受体二聚化或寡聚化,使得与受体偶联的JAK激酶相互聚集,并通过交互自身磷酸化作用而活化。典型的细胞因子信号是通过受体募集胞浆内相应STAT,使其酪氨酸磷酸化,从而启动JAK/STAT信号通路。活化的STAT在胞浆内形成同源或异源二聚体,再移位入细胞核,结合于特定基因并启动其转录(见图9-7)。

2. 细胞因子信号转导的调节 体内存在严密的调节机制,以避免持续或过度的细胞因子活化信号对机体造成损伤。例如:可溶性细胞因子受体竞争性结合配体;信号活化后受体的内吞;信号分子被蛋白酶降解等。

(1) SOCS:已发现8个SOCS家族成员,它们发挥负调节作用的机制为(见第三章),①SOCS与CKR结合,妨碍JAK、STAT与CKR结合;②通过其SH2结构域与其他信号分子竞争结合受体;③通过其SOCS盒,SOCS可介导受体复合物及相关信号蛋白发生泛素化降解。简言之,细胞因子通过JAK/STAT信号转导通路而诱导SOCS表达,继而反馈性抑制细胞因子信号转导。另外,SOCS在控制细胞分化和决定细胞命运方面起重要作用,并参与自身免疫病、超敏反应和肿瘤发生(图9-14)。

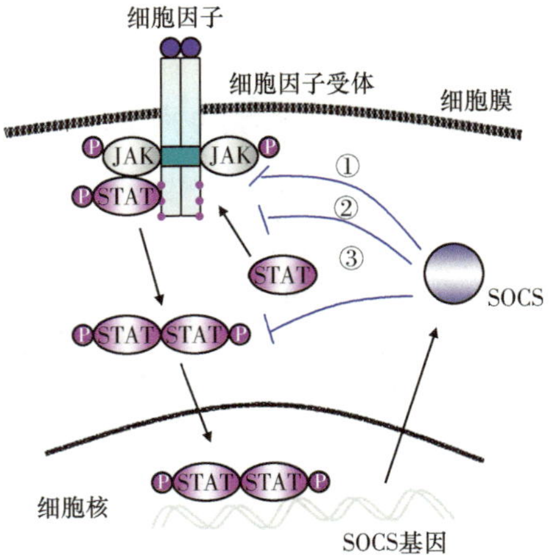

图9-14 SOCS对细胞因子信号转导的负反馈作用
①SOCS与CKR结合→妨碍JAK、STAT与CKR结合;②SOCS通过SH2结构域与其他信号分子竞争结合受体;③SDCS通过其box→受体复合物及相关信号蛋白泛素化降解

(2) 蛋白酪氨酸磷酸酶:SHP家族包括SHP-1和SHP-2,其结构中含N端的2个SH2结构域和C端的PTP结构域。SH-PTP1即含SH2功能域的酪氨酸磷酸酶(PTPase 1),亦称PTP-1C、HCP或SHP,是抑制JAK/STAT信号途径的主要分子,其缺陷往往导致造血异常和某些免疫性疾病发生。SHP的SH2域与磷酸化的CKR结合,通过使CKR和JAK去磷酸化而发挥负性调节作用。

(3) PIAS:活化STAT抑制蛋白(protein inhibitor of activated STAT, PIAS)家族包括PIAS1、PIAS3、PIASx和PIASy,可分别抑制STAT3、STAT1和STAT4,但作用机制不尽相同。PIAS1和PIAS3分别结合STAT1和STAT3,并抑制它们与DNA相互作用,而PIASx和PIASy则通过其他机制发挥作用。

(二) 不同细胞因子受体介导的信号转导途径

1. Ig超家族细胞因子受体介导的信号转导 IgSF的细胞因子受体胞外段均含Ig样结构域,成员包括IL-1RⅠ(CD121a)、IL-1RⅡ(CD121b)、IL-6Rα链(CD126)、gp130(CDw130)、G-CSFR、M-CSFR(CD115)、SCFR(CD117)和PDGFR等。

IL-1R是典型的IgSF成员。IL-1家族包括IL-1α、IL-1β和IL-1rα(IL-1 receptor antagonist),相应受体为:①IL-1R I,是具有生物学活性的IL-1R;②IL-1R II,被视为IL-1的诱饵受体,表达于胞膜或作为可溶性受体与IL-1结合,阻止IL-1与IL-1R I结合。

IL-1α或IL-1β与IL-1R I结合,随之结合IL-1受体相关蛋白(IL-1 receptor accessory protein, IL-1R

AcP)，然后依次募集 MyD88、Tollip、丝/苏氨酸激酶 I-RAK(IRAK、IRAK-4)，使后者磷酸化并从受体复合物解离，与 TRAF6 结合，通过一系列激酶磷酸化步骤而活化 NF-κB。此外，TRAF6 也可通过泛素化机制使 TAK1、IKK 及 MAPK 活化，最终激活 NF-κB 途径，或通过活化 MKK6 而激活 JNK 和 p38 激酶途径(图 9-15)。NF-κB 活化可促进炎症相关基因表达并发挥抗凋亡效应；MAPK 磷酸化可激活 AP-1，从而参与应激反应并调节细胞凋亡和存活。(亦见第三章)

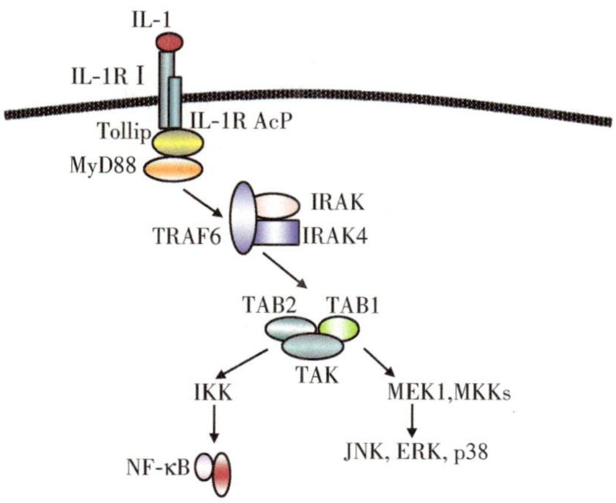

图 9-15　IL-1/IL-1R 信号转导途径

IL-1 与 IL-1R Ⅰ结合→继而结合 IL-1R AcP→依次募集 MyD88、Tollip、IRAK、TRAF6→激活 NF-κB、MAPK 途径

2. 抑制性 Ig 超家族细胞因子受体的信号转导

白细胞免疫球蛋白样受体(leukocyte immunoglobulin like receptor，LILR)广泛表达于 NK 细胞、T 细胞、单核细胞、DC、B 细胞等表面，其配体为 MHC Ⅰ类分子或 MHC 相关分子。现已发现 9 个 LILR 家族成员，根据其结构和功能可分为 3 类：①LILR-1、-2、-3、-5 和-8，为含 2～4 个 ITIM 的跨膜分子，可启动抑制性信号转导；②LILR-6a、-6b 和-7，具有短胞浆区，其与相应配体结合可转导刺激信号；③LILR-4，为可溶性分子，可能与膜型 LILR 竞争相同配体，发挥拮抗剂作用。

不同亚类 LILR 通过转导抑制性或刺激性信号而发挥免疫调节作用：①抑制效应细胞杀伤效应；②调节 DC 与 T 细胞间信息交流；③调节 B 细胞激活阈；④参与 DC 捕获抗原；⑤防止母体 NK 细胞对胎儿组织的免疫攻击。

抑制性受体活化后，其胞内段 ITIM 的酪氨酸残基被 Src 家族激酶磷酸化，磷酸化的 ITIM 可招募含 SH2 功能区的磷酸酶(如 SHP-1、SHP-2)。这些磷酸酶的底物包括一系列磷酸化蛋白(如 Src 家族的蛋白酪氨酸激酶、Syc 家族的蛋白酪氨酸激酶)，磷酸酶可使上述底物分子去磷酸化，阻碍胞内激动性信号向下游信号分子转导，从而抑制效应细胞功能。

3. 造血因子超家族细胞因子受体介导的信号转导

(1) 分类与成员：属该家族的细胞因子受体成员最多，其功能均与造血细胞增殖与分化密切相关。该家族成员按其亚基数目和(或)所具有的共有亚基而分为若干亚类。

1) gp130 家族：包括 IL-6、IL-11、IL-12 及白血病抑制因子(LIF)的受体等，均借助 gp130 或 gp130 相关蛋白传递信号。此类受体除含共同的负责信号传递的 β 链 gp130 蛋白外，还含与配体结合的 α 亚基。

2) IL-2 受体家族：包括 IL-2、IL-4、IL-7、IL-9、IL-15 的受体，它们多含 α、β 和 γ 亚基。其中 α 亚基与配体结合，β 和 γ 亚基负责传递信号。

3) 生长激素受体家族：包括生长激素、催乳素、EPO、G-CSF 和血小板生成素等的受体。此类受体仅有一条单链，与配体结合后形成同源二聚体。

4) 干扰素受体家族：包括 IFN-αR、IFN-γR 及 IL-10R。此类受体均含 2 个或以上亚基，且每个亚基均参与信号转导，与下游信号分子(如 JAK 和 STAT)结合。

5) gp140 家族：包括 IL-3、IL-5 和 GM-CSF 的受体。此类受体含有与配体结合的 α-亚基，依靠共同的 β-亚基(gp140)传递信号。

(2) 造血因子超家族细胞因子受体介导的信号转导：以干扰素为例，介绍 IFN-α/β 及 IFN-γ 受体介导的信号转导途径。IFN-α/β 与受体 IFNAR1/2 结合，募集并激活受体相关酪氨酸蛋白激酶 JAK1 和 TYK2，后者使 STAT1、STAT2 磷酸化形成异源二聚体并转位至胞核，并与干扰素调节因子 9(IFN-regulatory factor 9，IRF9)结合而形成三聚体复合物干扰素刺激基因因子 3(IFN-stimulated gene factor 3，ISGF3)，该复合物与 DNA 上的干扰素刺激反应元件(IFN-stimulated response element，ISRE)结合而激活有关基因表达(图 9-16)。而 IFN-γ 则结合 IFNGR1、2，通过 JAK1/2 而磷酸化 STAT1，后者形成同源二聚体入核，通过与 γ 活化序列(gamma-activated sequence，GAS)结合而调节基因表达。

4. 趋化因子受体家族介导的信号转导

(1) 趋化因子受体的信号转导途径：趋化因子受体均为七次跨膜的单链 G 蛋白偶联受体，根据相应配体亚类加上数字而命名，可分为 4 类，即 CC 受体(CCR1-CCR10)、CXC 受体(CXCR1-CXCR6)、C 受体(XCR)及 CX3C 受体(CX3CR)。趋化因子受体胞外区 N 端及 1 个以上胞外环参与同配体结合，且 N 端序列在很大程度上决定受体对趋化因子的选择性。趋化因子受体 C 端(胞内部分)多为富含丝氨酸和苏氨酸残基的片段，其磷酸化可能参与受体活化后的信号

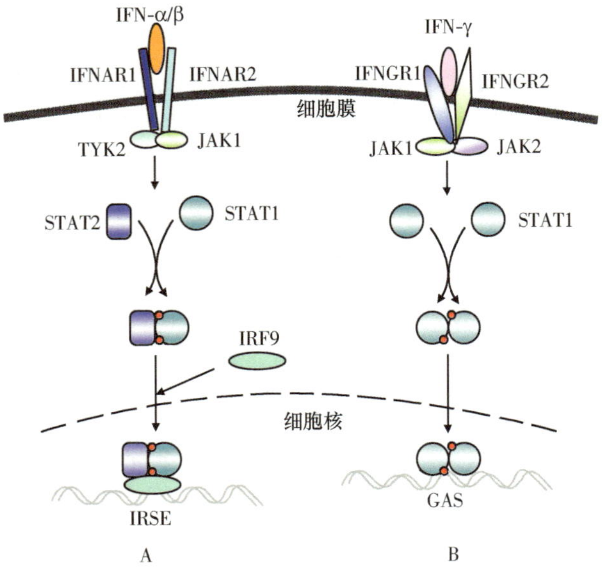

图 9-16 干扰素受体介导的信号转导途径

A. IFN-α/β 结合 IFNAR1、2→激活 JAK1、TYK2→磷酸化 STAT1、STAT2→形成异源二聚体→入核→调节基因表达；B. IFN-γ 结合 IFNGR1、2→激活 JAK1、JAK2→磷酸化 STAT1→形成同源二聚体→入核→调节基因表达

转导和内化。

趋化因子与相应受体结合，使与 G 蛋白偶联的受体构象发生改变，导致与 Gα 亚基结合的 GDP 脱落，代之以 GTP。Gα 与 GTP 结合导致空间构象变化，α、β 和 γ 亚基解聚，启动下游级联反应，激活磷脂酶 C（PLC）、AC、环腺苷酸核糖环化酶；继而激活 PKA、PKC、MAPK 及 Ca^{2+} 等信号途径，产生不同生物学效应。以 CC 类趋化因子为例，介绍此类受体介导的信号转导途径（见图 9-17）。

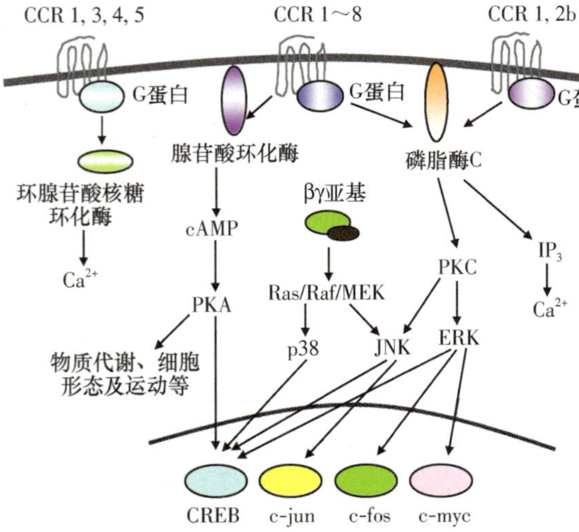

图 9-17 CC 类趋化因子受体介导的信号转导途径

CC 类趋化因子与相应受体结合→激活 G 蛋白→活化的 α 亚基激活 AC、环腺苷酸核糖环化酶及 PLC→继而活化 PKA、PKC、MAPK 及 Ca^{2+} 等信号途径；β 和 γ 亚基→活化 MAPK 途径

（2）趋化因子内化和运输：趋化因子受体的另一功能是内化和细胞内运输。内化作用主要通过 clathrin 介导的途径，也可借助脂筏或内陷（caveolae）方式进行。进入胞内的受体可被降解，或通过再循环而重新分布于胞膜表面。诸多因素可影响内吞受体的命运，如配体作用时间、配体浓度及受体胞内段的分选基序（sorting motif）。例如，CXCL8 与 CXCR2 结合初期，可促进受体再循环；随作用时间延长，则以降解为主。

趋化因子受体通常存在基础水平的内化和运输，一旦与配体结合，即可加速内化及再循环/降解的动力学变化。配体刺激后，受体去路（再循环或降解）可影响胞内信号延续的时间、强度及信号类型。另外，受体的翻译后修饰也可影响受体运输及信号传递。例如，受体胞外段修饰（如 Tyr 硫化或糖基化）可影响受体与配体结合及信号传递，而受体胞内段泛素化或棕榈酸修饰，将影响受体的膜相关性、运输、内吞、转换及信号传递。

（3）趋化因子诱饵受体：诱饵受体（decoy receptor）可与趋化因子高亲和力结合，但缺乏细胞内的与信号传递相关的结构域，故不能启动胞内信号转导，而是通过内吞而使趋化因子降解。此类受体包括：①Duffy 抗原受体（Duffy antigen receptor for chemokine，DARC），可结合多种 CXC 类和 CC 类趋化因子，通过将趋化因子传递给功能受体而发挥正调节作用，或与功能受体竞争结合趋化因子而发挥负调节作用；②D6，可与多种 CC 类趋化因子结合但不产生信号，而是促进趋化因子的摄取、内吞和降解；③UL33、UL78、US28 和 US27 等，由人巨细胞病毒表达，可与趋化因子高亲和力结合并使之降解，如 US28 基因产物能结合 CC 类趋化因子 MIP-1α、MIP-1β、MCP-1、MCP-3 和 RANTES，使 HCMV 感染细胞周围环境中的 CC 类趋化因子减少，从而让病毒逃脱免疫攻击。

5. TNF 受体超家族介导的信号转导 TNF 超家族包括 19 个成员，它们与相应 TNFR 超家族成员结合而启动信号转导。TNFR 超家族根据胞内段的分子结构可分为两类：①死亡受体（DR），如 TNFR Ⅰ、Fas（即 CD95 或 APO-1）、APO-3（即 DR3）、WSL-1（即 TRAMP 或 LARD）、TRAILR-1（即 DR4）和 TRAILR2（即 DR5）等，其胞内段含死亡结构域（DD），参与介导或调节细胞凋亡；②胞内段不含 DD 的 TNFR，包括 TNFR Ⅱ、NGFR、LTβ-R、TR1、RANK、CD27、CD30、CD40、4-IBB/ILA/CD137 和 GITR 等，它们与相应配体结合后发生寡聚化，继而启动信号转导。

TNFR 胞浆段长度适中，含信号分子结合位点。主要接头分子为 TRAF 和含 DD 的分子，可分别与受体胞浆段 TRAF 或 DD 基序发生同源结合，从而迅速启动特定信号转导通路。

兹以 TNF-α 为例，配体分为膜型 TNF-α（mTNF-α）和可溶性 TNF-α；受体也有两种：TNFR Ⅰ 和 TNFR Ⅱ。TNFR Ⅰ广泛分布于所有细胞（除红细胞外）表面，而 TNFR Ⅱ多表达于内皮和造血系细胞表面。膜型 TNF-α主要激活 TNFR Ⅱ，而可溶性 TNF-α与 TNFR Ⅰ亲和力较高，TNF-α多数生物学功能由 TNFR Ⅰ 介导，包括细胞凋亡、细胞毒性、纤维母细胞增殖、PGE2 释放及抵御微生物入侵等。

（1）TNFR Ⅰ介导的信号转导途径：在 TNFR Ⅰ未与 TNF 结合之前，TNFR Ⅰ的胞内区与死亡结构域沉默子（silencer of death domain，SODD）结合而被抑制。TNF-α与 TNFR Ⅰ结合引起 TNFR Ⅰ三聚化，胞内区的 SODD 被释放，TNFR Ⅰ通过其胞内段 DD 募集 TNFR Ⅰ相关死亡结构域蛋白（TNFR Ⅰ-associated death domain protein，TRADD）。后者继而与受体作用蛋白 1（receptor-interacting protein 1，RIP1）、Fas 相关死亡结构域（Fas associated death domain，FADD）和 TNF 受体相关因子 2（TNF-receptor-associated factor 2，TRAF2）结合并使其激活。TNFRI 信号的下游途径及生物学效应为（图 9-18）：

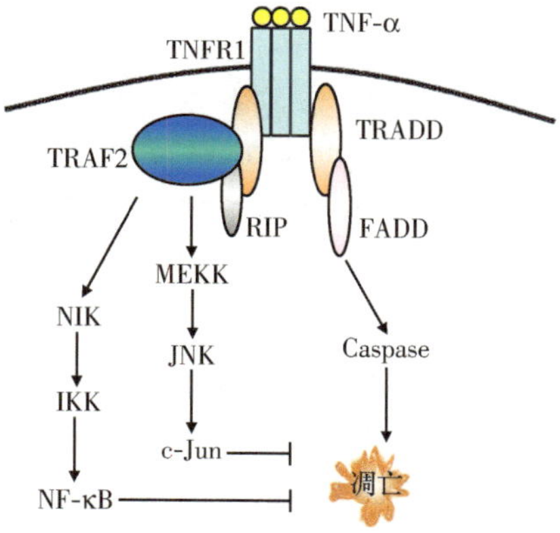

图 9-18　TNFR Ⅰ介导的信号转导途径

TNF-α与 TNFR Ⅰ 结合→TNFR Ⅰ 三聚化→通过 TRADD 募集 FADD→介导凋亡（右）；或通过 TRAF2 等→激活 NF-κB 途径、MAPK 途径（左）

1）细胞凋亡途径：激活的 FADD 活化 FADD 样 ICE 蛋白酶（FADD-like interleukin-1β-converting enzymase protease，FLICE），再依次活化 Caspase-9 和 Caspase-3，导致细胞凋亡。

2）NF-κB 途径的活化：尽管 TRAF2 和 RIP1 各自独立地与 TNFR Ⅰ结合，但在功能上相互联系。TNF-α介导的 IKK 活化依赖于 RIP1 与 IKKγ/NEMO 相互作用，而 IKK 复合体与活化 TNFR Ⅰ 的结合有赖于 TRAF2。IRAK 也被募集至 TNFR Ⅰ复合体上，并介导 IKK 活化。此外，TNF-α与 TNFR 结合后通过激活膜上 PC-PLC，水解 PC 生成 DAG，进而激活 PKC 或激活胞浆内小体 P 溶酶体上的 aSMase，水解鞘磷脂（SM）生成神经酰胺（CM），后者通过依赖其的激酶和 Raf 途径，也可激活 NF-κB。

3）MAPK 途径的活化：TRAF2 的聚集能激活 MAPKKK，并通过 MAPKKKS-MKK4，MKK7（MAP-ERK 激酶）激活 JNK 和（或）p38。JNK 和 p38 最主要的功能是介导 TNFα 诱导的 AP-1 活化，从而诱导 TNF-α 目标基因表达；此外，还与 TNF-α 所致细胞增殖有关。

TNFR Ⅰ介导的、TRAF2 依赖的 NF-κB 活化，可上调 cIAP1、cIAP2、TRAF1 和 A20 等多种抗凋亡因子表达，且 TRAF2 还能与上述蛋白共同阻断 TNFR Ⅰ诱导的 caspase-8 活化；而凋亡途径也能裂解 caspase 依赖的 NF-κB 信号途径成员，从而抑制 NF-κB 活化。由此可见，TRAF2 表达水平对维持 TNF 所致细胞生存或死亡的平衡具有重要意义。

（2）TNFR Ⅱ介导的信号转导途径：仅被膜型 TNF 激活。TNFR Ⅱ与之结合后，募集 TRAF2，并通过 TRAF2 募集 TRAF3、cIAP1 和 cIAP2。TRAF2 N 末端的环指和锌指结构是其稳定结合并激活下游效应分子所必需。其下游信号途径包括激活转录因子 NF-κB 以及通过激活 MAPKKK/JNK 而激活转录因子 AP-1。值得注意的是，TRAF2 是参与 TNFR Ⅰ和Ⅱ的关键分子，而 TNFR Ⅱ活化也能诱导 TRAF2 的降解，不仅反馈抑制 TNFR Ⅱ自身信号，还能调节 TNFR Ⅰ途径，导致凋亡效应增强，而抑制 NF-κB 的活化。

二、免疫球蛋白 Fc 受体介导的信号转导

（一）FcR 信号转导途径及生物学效应

免疫球蛋白 Fc 段受体（FcR）属 Ig 超家族，其与 TCR、BCR 具有某些相同的结构和功能特点，被统称为多链免疫识别受体（MIRR）家族，细胞表面该家族成员间交联可启动信号转导途径而致细胞活化。

1. FcγR 介导的信号转导通路　FcγR 可分为 FcγRI（CD64）、FcγRII（CD32）、FcγRIII（CD16）、FcγR Ⅳ。FcγR 按其功能可分为激活性受体和抑制性受体，两者在功能上相互联系，共同调节免疫应答。

（1）激活性受体：此类受体胞内段含 ITAM。配体与 FcγR 结合，导致 FcγR 胞内段 ITAM 的酪氨酸被 Src 家族激酶磷酸化，随后募集含 SH2 结构域的信号分子（多为 Syk 激酶家族成员）。FcγR 活化的下游信号途径与其他含 ITAM 的受体类似，其过程为：早期

事件为 PI3-K 激活→产生 PIP_3→PIP_3-PH 相互作用→募集含 PH 结构域的分子(如 PLCγ 和 Tec 激酶)。髓系细胞含多种 Tec 激酶(如 Btk、Itk 和 Bmt 等),均能由 FcγR 激活。FcR 依赖的巨噬细胞活化中,接头分子 SLP-76 和 BLNK 将 Syk 活化与 Btk、PLCγ 相联系。活化的 PLCγ 催化 PIP_3 分解,产生 IP_3 和 DAG,进而介导钙离子动员。FcγR 活化可介导脱颗粒、ADCC、细胞因子基因转录和炎症介质释放。

(2)抑制性受体:FcγRIIb 是唯一的抑制性 FcγR,广泛表达于 B 细胞及巨噬细胞、中性粒细胞、肥大细胞等表面,但 T 细胞和 NK 细胞未见表达。FcγRIIb 可对众多含 ITAM 的受体(如 BCR、FcγRI、FcγRⅢ、FcγRⅣ和 FcεR)发挥负调节作用,从而调节 B 细胞活化、B 细胞/DC 介导的抗原提呈、DC 成熟及介质释放等。

FcγRIIb 抑制效应的机制为:

1)ITIM 依赖性途径:配体与 FcγRIIb 结合→FcγRIIb 交联→lyn 活化→ITIM 的酪氨酸磷酸化→SH2 结构域识别位点与 SHIP 结合→水解 PIP3→削弱相关信号转导途径。

抑制钙离子动员和阻碍细胞增殖均通过 ITIM 依赖性途径,但下游信号途径各异:①若缺乏 PIP3→某些含 PH 结构域的分子(如 Btk 和 PLCγ 等)从胞膜脱落→阻断钙内流→抑制钙依赖的细胞功能(如脱颗粒、ADCC 等);②FcγRIIb 激活可干扰 MAPK 活化并阻碍抗凋亡的蛋白激酶 Akt 募集,从而阻碍 BCR 信号引发的细胞增殖。

另外,SHIP 也可抑制细胞增殖,机制为:①SHIP 具有磷酸酶活性,可阻止含 PH 结构域的生存因子 Akt 的募集;②SHIP 含 PTB 结构域,可将 dok 募集至细胞膜上并与激酶 Lyn 靠近,后者介导 SHIP 活化。

2)ITIM 非依赖性途径:FcγRIIb 与配体结合导致同源聚集,通过跨膜序列产生致凋亡信号。若 FcγRIIb 通过抗原-抗体复合物与 BCR 结合,则上述致凋亡信号因 SHIP 募集而被中断,因为该凋亡途径有赖于 Btk 募集。目前此途径仅见于 B 细胞,被认为是体细胞高频突变过程中维持外周 B 细胞耐受的机制之一。以免疫复合物形式存在于滤泡 DC 表面的抗原,可通过 FcγRIIb 而介导不同效应:①免疫复合物中的抗体单独与 B 细胞表面 FcγRIIb 作用,导致 B 细胞凋亡;②免疫复合物中的抗体和抗原分别连接 FcγRIIb 和 BCR,使细胞继续存活(图 9-19)。

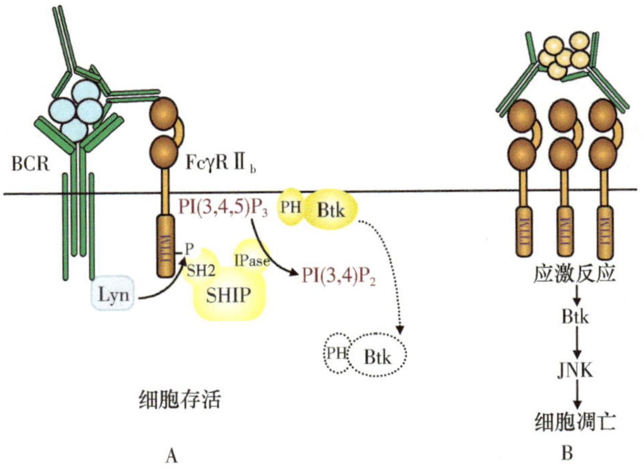

图 9-19 FcγRIIb 作用机制示意图

A.(ITIM 依赖性途径)IgG Fc 段与 FcγRIIb 结合→ITIM 酪氨酸磷酸化→募集 SHIP→水解 PIP3→削弱 ITAM 信号途径;B.(ITIM 非依赖性途径)免疫复合物中 IgGFc 段与 FcγRIIb 结合→同源聚集→募集 Btk→凋亡信号

2. FcαRI 介导的信号转导通路 IgA 相关的受体包括 Fcα/μR、脱唾液酸糖蛋白受体(asialoglycoprotein-receptor,ASGP-R)、转铁蛋白受体(TfR)、分泌成分受体(secretory component receptor)、M 细胞受体、多聚 Ig 受体等,它们可分别与 IgA Fc 段、碳链或分泌成分结合。其中对髓系细胞表面 IgAFc 受体(FcαRI,即 CD89)的研究最为深入。

FcαRI 广泛分布于髓系细胞,其与 IgA 单体的亲和力很低,两者结合后很快解聚,但可与多聚 IgA(polymeric IgA,pIgA)和 IgA 复合物牢固结合。FcαRI 胞内段缺乏信号基序,其通过与 FcRγ 链相互作用而传递信号并引发效应(除胞吞作用外)。其机制为:FcαRI 与配体结合介导 FcαRI 交联,使其在脂筏内再定位,同时 FcRγ 链(含 ITAM)的酪氨酸被 Src 家族激酶 $p56^{Lyn}$ 磷酸化,使与 ITAM 结合的激酶分子 $p72^{Syk}$ 被磷酸化,形成多聚接头分子复合物(包括 Cbl、Shc、SHIP、Grb2、SOS、SLP-72 及 CrkL 等)。同时,某些酶分子(如磷酸肌醇激酶 PI-3K、PLCγ2 及丝/苏氨酸激酶 PKC、PKB 等)也被募集。

此外,单核细胞和中性粒细胞表达某些不与 FcRγ 链结合的 FcαRI,称为 γ-less FcαRI,其介导所结合 IgA 的内吞和再循环,从而延长 IgA 半衰期。机制为:①IgA 与 FcαRI 结合为 pH 依赖性,复合物被运输至晚期溶酶体(pH 约 5.0),使 IgA 与 γ-less FcαRI 的亲和力下降 60~70 倍,两者解离,IgA 被降解;②γ-less FcαRI 将 IgA 运输至早期溶酶体(pH 约 6.0),IgA 与 γ-less FcαRI 的亲和力仅下降 4~5 倍,故大量 IgA 可持续与受体结合,通过再循环而表达于细胞表面。

单核细胞表面 FcαRI 交联可导致 FcαRI 脱落为可溶性分子(soluble FcαRI,sFcαRI)。目前已发现两种 sFcαRI:一种通过 FcR γ 链依赖的蛋白酶水解而产生;另一种见于 IgA 肾病患者。sFcαRI 可与 pIgA 结合,在血循环中形成 IgA- sFcαRI 复合物。

3. FcεRI 介导的信号转导通路　FcεRI 是 IgE 的高亲和力受体。典型的 FcεRI 是由 $\alpha\beta\gamma_2$ 组成的异源四聚体，表达于肥大细胞和嗜碱粒细胞表面，也见于嗜酸粒细胞和 APC（为 $\alpha\gamma_2$ 三聚体）。FcεRI 复合物中，α 链提供 IgE 结合位点，β 链 4 次跨膜，其 N 端、C 端均位于胞内，可放大信号传递过程；2 条 γ 链由二硫键相连，是信号传递亚基。β 链和 γ 链均含 ITAM，其中的酪氨酸磷酸化后，可激活有关激酶，引发 FcεRI 介导的活化信号途径。

IgE 与抗原或其他含多共价键的化合物交联，可介导 FcεRI 在细胞膜表面聚集而激活，其机制为：①静息时 Lyn 与 β 链胞内段相连，FcεRI 一旦发生交联，Lyn 即被激活，继而 β、γ 链 ITAM 的酪氨酸残基磷酸化，使 β、γ 链可结合更多含 SH2 结构域的激酶 Lyn 和 Syk；②与 γ 链结合的 Syk 通过自身构象改变或活化的 Lyn、Syk 磷酸化作用而激活，进一步磷酸化接头蛋白 Lay、SLP-76 和 Vav，从而启动下游信号途径，分别激活 NFAT、NF-κB、c-fos、c-myc 和 c-jun 等，产生相应生物学效应。

FcεRI 主要功能是：①介导肥大细胞和嗜碱粒细胞脱颗粒，释放介质；②促进细胞因子、趋化因子合成和分泌；③促进脂类介质合成和释放；④单聚 IgE 与 FcεRI 结合，可促进肥大细胞生长发育，并上调 FcεRI 表达；⑤APC 表面 FcεRI 活化，可以 IgE 依赖性方式摄取抗原并将抗原提呈给 T 细胞。

（二）FcR 介导信号转导的调节

多种信号调节分子（signal regulator，SR）可调控 FcR 介导的信号转导。

1. 唾液酸结合 Ig 样凝集素　唾液酸结合 Ig 样凝集素（sialic acid-binding Ig-like lectin，Siglec）主要表达于造血细胞表面，其胞内段多含 ITIM 样序列，可对免疫细胞活化进行负调节。其中，Siglec-3（CD33）是单核细胞活化的抑制分子，其与 FcγRI 相互作用，通过募集 SHP-1 和 SHP-2 而抑制 FcR 诱导的 Ca^{2+} 动员。

携带唾液酸的宿主细胞不会被表达 Siglec 的效应细胞攻击，但缺乏唾液酸的细胞则被视为“非己”。多数抗原分子缺乏唾液酸，某些微生物则能通过合成或从宿主细胞摄取唾液酸而逃避免疫系统识别和攻击。

2. 免疫球蛋白样转录体　免疫球蛋白样转录物（Ig-like transcript，ILT）家族主要表达于髓系细胞，已发现 10 余个成员。ILT 胞外段含 2 或 4 个 Ig 样结构域、1 个跨膜段和含 ITIM 的胞内段。某些 ILT（ILT1、ILT8、ILT6a 和 ILT7）胞内段较短，不含 ITIM，可通过与含 ITAM 的蛋白（如某些 FcR γ 链）结合而引发活化信号。

在巨噬细胞、单核细胞，ILT3 与 FcγRIII 连接能抑制后者引发的 Ca^{2+} 信号；ILT4 或 ILT5 能抑制 FcεRI 诱导的血清素释放。ILT 在 FcγR 介导的淋巴细胞活化中发挥重要负调节作用。

3. 信号调节蛋白　信号调节蛋白（signal regulatory protein，SIRP）通过与多种细胞表面配体结合而调节 FcR 介导的信号。例如，SIRPα 竞争性与 FcεRI 结合，能抑制后者所介导的细胞因子分泌和介质释放；巨噬细胞表面 SIRPα 与红细胞表面 CD47 结合，通过募集酪氨酸磷酸酶 SHP-1、SHP-2，可抑制 FcγR 或补体介导的红细胞吞噬作用，从而负调节红细胞的清除。

（袁　萍）

第三篇　免疫应答

机体的“免疫”可分为固有免疫和适应性免疫两类。(表A)

1. 固有免疫(innate immunity)　亦称天然免疫或非特异性免疫(nonspecific immunity),乃种群长期进化过程中逐渐形成,是机体抵御病原体侵袭的第一道防线。其特点是:个体出生时即具备,作用范围广,并非针对特定抗原。固有免疫的主要效应机制为:皮肤、黏膜及其分泌的抑菌/杀菌物质具有屏障效应;体内多种非特异性免疫效应细胞和效应分子发挥生物学作用。

现代免疫学取得的突破性进展之一是,发现固有免疫也具有识别功能,其靶目标是病原或组织损伤相关的分子模式。识别上述分子模式的结构基础,是表达于吞噬细胞、树突状细胞表面的模式识别受体,包括Toll样受体(TLR)、甘露糖凝集素受体、清道夫受体、NLR等。(见第十三章)

2. 适应性免疫(adaptive immunity)　亦称特异性免疫(specific immunity)或获得性免疫(acquired immunity),是个体接触抗原而产生,仅针对该特定抗原而产生应答。此类免疫主要由可特异性识别抗原的淋巴细胞(即T细胞和B细胞)所承担,其在机体免疫效应机制中发挥主导作用。

适应性免疫应答可分为3个阶段:T/B细胞特异性识别阶段;T/B细胞活化、增殖阶段;免疫效应阶段。另外,适应性免疫应答可分为若干类型。(见第十一章)

(1) 体液免疫和细胞免疫:①体液免疫,由B细胞介导,主要通过抗体发挥免疫效应;②细胞免疫,由T细胞介导,主要通过T细胞胞毒作用和所分泌细胞因子而发挥免疫效应。

(2) 初次应答和再次应答:①初次应答,其潜伏期长,应答强度低;②再次应答,即免疫记忆应答,其潜伏期短,应答强度大。

(3) 主动免疫(active immunization)和被动免疫(passive immunization):①主动免疫,指外来抗原刺激机体所产生的特异性应答;②被动免疫,指从抗原致敏的机体获得免疫细胞或血清,将其过继转移至另一未致敏个体,使之产生对该抗原的特异性应答能力。

表A　固有免疫和适应性免疫比较

	固有免疫	适应性免疫
参与应答的细胞	黏膜和上皮细胞、吞噬细胞、	T细胞、B细胞、
	NK细胞、NKT细胞、	抗原提呈细胞
	γδT细胞、B-1细胞	
应答时效	即刻~96小时内	96小时后
	作用时间短	作用时间长
应答特点	先天获得,无须抗原刺激	依赖于抗原刺激
	非特异性	特异性
	不涉及免疫细胞增殖分化	特异性细胞克隆增殖和分化
	应答迅速	应答速度较慢
	无免疫记忆	有免疫记忆
刺激应答的物质	病原相关分子模式	非己蛋白质抗原
识别分子	模式识别受体	TCR、BCR

本篇介绍抗原及抗原提呈、适应性免疫应答及其特点、固有免疫、黏膜免疫。

第十章　抗原与抗原提呈

第一节　抗原的概念与特征

抗原(antigen, Ag)是一类能刺激机体免疫系统使之产生特异性免疫应答、并能与相应免疫应答产物(抗体和致敏淋巴细胞)在体内外发生特异性结合的物质,亦称免疫原(immunogen)。抗原的前一种特性称为免疫原性(immunogenicity),即抗原能刺激特异性免疫细胞,使之活化、增殖、分化,最终产生免疫效应物质(抗体和致敏淋巴细胞);后一种特性称为抗原性(antigenicity),即抗原可在体内外与相应免疫效应物质发生特异性结合。凡具有免疫原性和抗原性的物质称为完全抗原(complete antigen),如大多数蛋白质、细菌、病毒等。仅有抗原性而无免疫原性的物质称为半抗原(hapten)或不完全抗原(incomplete antigen)。半抗原多为简单的小分子物质(分子量小于4kD),其单独作用时无免疫原性,但与蛋白质载体(carrier)结合后可具有免疫原性。大多数多糖、类脂、某些药物等均属于半抗原。

抗原刺激是引起机体产生适应性免疫应答的先决条件。某些情况下,抗原也可诱导相应淋巴细胞克隆对该抗原表现为特异性无应答状态,称为免疫耐受。某些抗原还可引起机体发生病理性免疫应答,如超敏反应。上述抗原分别称为耐受原和变应原。

近20余年,随着对固有免疫及模式识别的认识逐渐深入,人们对免疫原的概念有所修正。广义上,免疫原泛指所有启动和参与免疫应答的物质,包括两类:①固有分子模式(innate molecule pattern,IMP),指激发和诱导固有免疫应答的物质,包括病原相关分子模式(PAMP)和损伤相关分子模式(DAMP)(见第十三章);②抗原,指被TCR、BCR识别,可激活T细胞、B细胞,介导适应性免疫应答的物质。

一、抗原的性质与分类

(一)抗原的性质

抗原物质是否具有免疫原性,既取决于抗原本身性质,也取决于机体对抗原刺激的反应性。自然界中物质种类繁多,作为抗原物质须具备下列性质。

1. 异物性 某种物质,若其化学结构与宿主自身成分相异或机体免疫细胞在胚胎期未与其接触过,这种物质称为异物。免疫应答的本质即识别异物和排斥异物,故激发免疫应答的抗原一般须是异物,包括异种物质、同种异体物质等(见后文)。

2. 一定的理化性状 抗原均为有机物,但有机物成为抗原须具备一定理化性状。

(1)大分子胶体:在一定范围内,抗原分子量越大,则免疫原性越强。蛋白质分子一般至少含100个以上氨基酸,多为大分子胶体,且具有复杂的化学结构,故为良好的抗原。抗原须是大分子物质,其原因为:①分子量越大,其表面抗原表位越多,从而对淋巴细胞具有更强刺激作用;②大分子胶体物质其化学结构稳定,不易被破坏和清除,在体内停留时间较长,能持续刺激淋巴细胞。

(2)一定的化学组成和结构:抗原物质的化学组成和结构可决定其免疫原性。例如:含芳香族氨基酸(尤其是酪氨酸等)的蛋白质,其免疫原性较强;某些多糖的免疫原性乃由单糖的数目和类型所决定;核酸的免疫原性很弱,但与蛋白质载体结合后则可刺激机体产生抗体;脂类则一般无免疫原性。

(3)分子构象与易接近性:分子构象指抗原分子中某些特殊化学基团的三维结构,其决定该抗原分子能否与相应淋巴细胞表面抗原受体互相吻合,从而启动免疫应答。因此,抗原分子构象的细微变化,可能导致其免疫原性发生改变。易接近性(accessibility)指抗原分子的特殊化学基团与淋巴细胞表面相应抗原受体相互接触的难易程度。

(4)一定的物理性状:一般具有环状结构的蛋白质其免疫原性比直链分子强;聚合状态的蛋白质较其单体免疫原性强;颗粒性抗原较可溶性抗原免疫原性强。

3. 完整性 具备上述性状的物质须经非消化道途径进入机体(包括注射、吸入、混入伤口等),并接触淋巴细胞,才能成为良好抗原。如大分子胶体异物口服后,可被消化酶水解成胨、氨基酸,破坏其抗原表位和载体,使之丧失免疫原性。在肠壁通透性增高的情况下(如新生儿、烧伤等),抗原异物易通过肠壁,并具有免疫原性。此外,抗原免疫原性也与机体应答能力有关,后者受遗传因素控制。

(二)抗原的类别

抗原物质种类繁多,目前一般按如下原则对其分类。

1. 根据抗原来源与机体的亲缘关系分类 包括:①异种抗原(xenoantigen),指来自另一物种的抗原性物质,如各种动物血清(如马血清)、微生物及其代谢产物(如外毒素)等;②同种异型抗原(alloantigen),指来自同一物种而基因型不同的个体的抗原性物质,如人类白细胞抗原(HLA)、红细胞抗原(ABO、Rh血型抗原)等;③自身抗原,指能引起自身免疫应答的自身组织成分;④异嗜性抗原(heterophile antigen),指在不同种属动物、植物和微生物细胞表面存在的共同抗原,它们之间存在广泛的交叉反应性,如Forssman抗原(即将豚鼠多种脏器制成的悬液用于免疫家兔,所得抗体除能与豚鼠相应脏器抗原发生反应外,还可凝集绵羊红细胞)。

2. 根据抗原激发机体免疫应答对T细胞的依赖性分类

(1)胸腺依赖性抗原(thymus-dependent antigen,TD-Ag):此类抗原须在APC及Th细胞参与下才能激活B细胞产生抗体。绝大多数蛋白质抗原属TD抗原,其共同特点是:均为蛋白质抗原;分子量大;表面表位多，但每种表位数量不多，且分布不均匀。此外，TD 抗原分子中既具有可被 Th 细胞识别的载体表位，也具有半抗原表位。TD 抗原主要是大分子蛋白质，其刺激机体主要产生 IgG 类抗体，还可刺激机体产生细胞免疫应答和记忆应答。

（2）胸腺非依赖性抗原（thymus-independent antigen，TI-Ag）：此类抗原刺激 B 细胞产生抗体时无须 T 细胞辅助。仅少数抗原物质属 TI 抗原，其降解缓慢，且无载体表位，故不能激活 Th 细胞，只能激发 B 细胞产生 IgM 类抗体，仅发生有限的抗体类别转换，也不引起记忆应答。此外，TI 抗原多不能引起细胞免疫应答。（见第十一章）

TI-Ag 可分为两类：①TI-1 抗原，如细菌脂多糖（LPS）等，其既含抗原表位，又具有丝裂原性质，可非特异性激活多克隆 B 细胞；②TI-2 抗原，如肺炎球菌荚膜多糖、聚合鞭毛素等，其含多个重复 B 细胞表位，通过交联 BCR 仅能刺激成熟 B 细胞应答。婴儿和新生动物 B 细胞发育不成熟，故仅对 TI-1 抗原产生应答而对 TI-2 抗原无应答或低应答。

3. 其他分类方法

（1）根据抗原来源分类：①外源性抗原（exogenous antigen），指非 APC 自身所产生的抗原，它们须被 APC 摄取，并以与 MHC Ⅱ类分子结合成复合物的形式被提呈给 $CD4^+$Th 细胞（见下文），包括各种天然抗原（动物/植物蛋白质、微生物、同种异型抗原等）、人工抗原（与化学物质结合的天然抗原如偶氮蛋白等）、合成抗原（化学合成的高分子氨基酸聚合物）、基因工程抗原（如基因工程疫苗）等；②内源性抗原（endogenous antigen），指 APC 与免疫效应细胞的靶细胞自身所产生的抗原，它们与 MHC Ⅰ类分子结合成复合物，表达于细胞表面并被提呈给 $CD8^+$ 细胞毒性 T 细胞，包括自身隐蔽抗原、变性的自身成分、TCR 和 BCR 的独特型表位、肿瘤抗原、病毒感染细胞合成的抗原等。

（2）根据免疫性分类：可分为完全抗原和不完全抗原即半抗原。

（3）根据抗原的化学组成分类：可分为蛋白质抗原、脂蛋白抗原、糖蛋白抗原、多糖和核蛋白抗原等。

二、抗原特异性的分子基础

抗原特异性（specificity）指物质间的相互吻合性或针对性、专一性。抗原的特异性表现在两个方面：①免疫原性的特异性，指某一抗原仅能激发机体产生特定的免疫应答，即产生针对该抗原的特异性抗体和（或）致敏淋巴细胞；②抗原性的特异性，指某一抗原仅能与其诱导产生的相应抗体和（或）致敏淋巴细胞特异性结合而发生反应。

特异性是免疫应答最重要的特点，也是免疫学诊断与防治的理论依据。根据抗原-抗体反应具有特异性这一特点，可借助免疫学手段区分某些甚至用精细化学方法都难以区别的物质之间的细微差异。决定抗原特异性的物质基础是抗原分子中的抗原表位。

（一）抗原表位——抗原特异性的物质基础

抗原决定基（antigenic determinant，AD）指抗原分子中决定抗原特异性的特殊化学基团，亦称表位（epitope）。抗原通过抗原表位与相应淋巴细胞表面的抗原受体结合，从而激活淋巴细胞，产生免疫应答；抗原也借表位与相应抗体或致敏淋巴细胞发生特异性结合而发挥免疫效应。因此，抗原表位既是被免疫细胞识别的靶结构，也是免疫反应具有特异性的物质基础。抗原表位的性质、数目和空间构型决定抗原的特异性。抗原表位的特异性由组成它的所有残基共同决定，但其中某些残基在与抗体结合时比其他残基起更大作用，这些残基被称为免疫显性基团（immunodominant group）。

多数天然抗原分子结构十分复杂，分子表面携带多个相同和不同的抗原表位，属多价抗原。根据表位的结构或识别特点等，可对抗原表位进行分类。

1. 覆盖型和非覆盖型表位 某些抗原分子表面，不同表位之间相对分离，各自结合特异性抗体，互不影响，这类表位被称为非覆盖型（non-overlapping）表位。若某一表位与相应抗体结合会影响另一表位与抗体的结合，此类表位称为覆盖型（overlapping）表位。极少数情况下，某一抗体与表位的结合可导致抗原构象改变，并因此影响后续表位与抗体的结合，此称为构象效应。

2. 功能性和隐蔽表位 1 个抗原分子可具有一种或多种不同抗原表位，每种表位仅具有一种特异性。位于抗原分子表面的表位易被相应淋巴细胞所识别，即具有易接近性，可直接启动免疫应答，故称为功能性表位。存在于抗原分子内部的表位无直接触发免疫应答的功能，称为隐蔽表位。若通过理化因素处理抗原，使其结构发生改变（即抗原变性），内部的隐蔽表位被暴露，可能成为新的有功能的表位。例如烧伤、感染或射线等因素可使自身组织发生变性，变性的自身抗原可能引发自身免疫应答。另外，抗原物质被 APC 摄取后，经处理和加工，其隐蔽表位可被充分暴露而变为功能性表位，从而启动免疫应答。

3. T 细胞和 B 细胞表位　免疫应答过程中，T 细胞的 TCR 和 B 细胞的 BCR 所识别的表位具有不同特点，分别被称为 T 细胞表位和 B 细胞表位（图 10-1）。

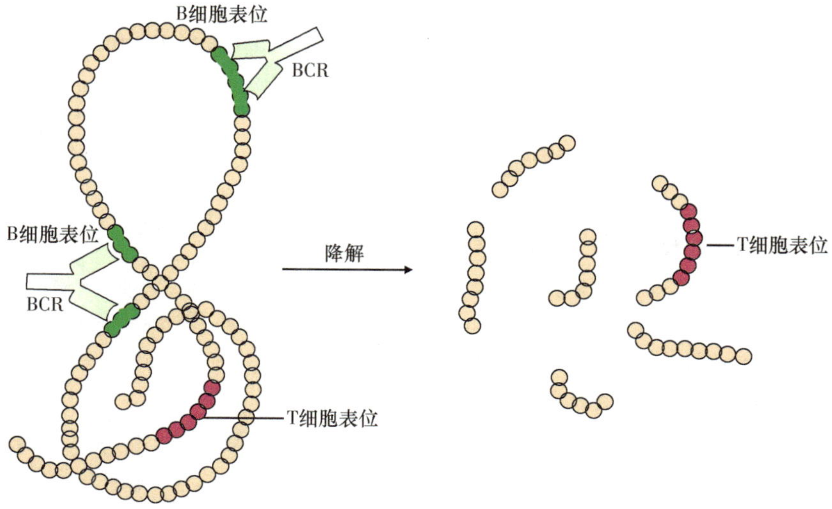

图 10-1　T 细胞表位和 B 细胞表位

BCR 可识别连续性与非连续性表位，TCR 仅能识别被加工提呈的连续性表位

（1）T 细胞表位：TCR 仅能识别约含 10～20 个氨基酸左右的小分子多肽。这些表位由序列上相连的氨基酸组成，主要存在于抗原分子的疏水区，称为线性决定基（linear determinant）或序列决定基（sequential determinant）。此类表位一般并不位于抗原分子表面，须由 APC 将抗原加工处理为小分子多肽并与 MHC 分子结合，然后才能被 TCR 识别（图 10-1）。由于 T 细胞仅能识别经加工处理的表位，故一般不识别天然抗原的构象型表位。近年发现，某些 MHC 样分子或非 MHC 类分子（如 H2Q、H2T 和 CD1 等）也可结合简单多肽、多糖和脂类抗原，并直接提呈给 αβT 细胞。

由于胸腺依赖性抗原诱导 B 细胞应答依赖于 T 细胞辅助，故 T 细胞表位也是大多数 B 细胞应答所必需。半抗原仅有 B 细胞表位而无 T 细胞表位，只能作为与抗体结合的靶分子，而不能诱导免疫应答。

（2）B 细胞表位：BCR 或抗体能与未经 APC 加工的抗原发生反应，其识别的靶结构主要是位于抗原表面的表位。这些表位一般由序列上相连或不相连、但在空间结构上相互邻近的氨基酸或多糖构成，称为构象决定基（conformational determinant）。此类表位大小不一，约由 5～15 个氨基酸残基或糖基组成。B 细胞表位一般存在于天然抗原分子表面，不经加工处理即可直接被 B 细胞识别（图 10-1）。

构成 B 细胞表位的氨基酸或单糖残基须形成严格的三维空间构型，才能保证 BCR 或抗体分子高变区（CDR）对其的严格识别和结合。因此，B 细胞表位一般位于抗原三维大分子表面的氨基酸长链或糖链弯曲折叠处。若蛋白质抗原发生变性，其三维结构被破坏或折叠不正确，则 B 细胞表位功能即丧失。某些情况下，若天然状态的线性表位位于蛋白质表面或呈延伸的构象，则也可直接被 BCR 或抗体识别。此外，简单的连续多肽序列所形成的 α 螺旋也可作为一种 B 细胞构象表位与抗体特异性结合，但绝大多数 B 细胞表位为非线性表位。T 细胞表位和 B 细胞表位的不同特点见表 10-1。

表 10-1　T 细胞表位和 B 细胞表位特点比较

特点	T 细胞表位	B 细胞表位
识别的受体	TCR	BCR
抗原的性质	小分子多肽	多肽、蛋白质、多糖、核酸、小分子化合物等
表位的性质	变性后的肽片段	天然构象
氨基酸排列	线性	非线性或线性
定位	抗原分子内部	抗原分子表面
大小	8～12 个氨基酸（$CD8^+$ T 细胞） 12～20 个氨基酸（$CD4^+$T 细胞）	5～15 个氨基酸、单糖、核苷酸
人工合成抗原效应	载体	半抗原
被识别的条件		
APC 处理	需要	不需要
MHC 限制性	有	无

4. 载体表位与半抗原表位　在研究人工蛋白质性质时，将半抗原偶氮化后再结合至蛋白载体上，成

为半抗原-蛋白质结合物，此结合物称为偶氮蛋白(azoprotein)或结合抗原(conjugated antigen)。这种结合抗原除带有蛋白质载体原有的抗原表位外，还附加了半抗原表位。用此抗原免疫动物，可刺激机体产生针对半抗原的特异性抗体。因此，一个完全抗原分子既具有载体表位(T表位)也具有半抗原表位(B表位)，而天然抗原可被视为含蛋白质载体和大量多种“天然”半抗原的大分子。

B细胞识别半抗原表位，并将携带这一半抗原的载体蛋白的T细胞表位提呈给Th细胞识别，以获得Th细胞辅助。换言之，B细胞和Th细胞须识别同一抗原分子(的不同表位)，才能相互作用。因此，初次和再次免疫中，半抗原须结合在相同载体上，才能产生抗半抗原的抗体，此现象即载体效应。基于此，T细胞可被视为载体反应细胞，对抗体产生发挥辅助作用；B细胞可被视为半抗原反应细胞，是产生抗体的细胞。

(二) 抗原-抗体反应的特异性

抗原-抗体反应的高度特异性可精确区分物质间极细微差异。此种特异性不仅取决于抗原表位的化学组成，也与化学基团的空间排列和立体构型密切相关。

通过对人工抗原的研究发现：①抗原-抗体反应犹如锁和钥匙，具有高度特异性，例如由结合苯胺的抗原所激发产生的抗体，只能与苯胺表位起反应，而不能与其他表位起反应；②特异性乃由抗原表位所决定，而非由整个抗原分子决定，例如将甲酸基、磺酸基、砷酸基连接在苯胺上，再经偶氮化与蛋白质结合，将此化合物免疫动物所产生抗体仅能与相应基团起反应；③抗原表位的空间位置很重要，即使抗原表位相同，但其位置不同，特异性亦各异，例如对位氨基苯甲酸蛋白抗原免疫动物所产生的抗体，只能与对位氨基苯甲酸蛋白抗原起反应，而不能与邻位和间位的氨基苯甲酸蛋白抗原起反应；④抗原结构的旋光度也与抗原特异性有关，例如右旋酒石酸偶氮蛋白抗原激发产生的抗体，仅对右旋酒石酸偶氮蛋白抗原起反应。因为两者的结合呈互补方式，犹如左手的手套不适于右手一样。不同种属动物血清白蛋白末端氨基酸序列不同，从而表现出种属特异性差异。

另外，抗原(或抗体)除与其相应抗体(或抗原)发生特异性反应外，有时还可与其他抗体(或抗原)发生反应，此为交叉反应(cross reaction)。天然抗原表面常携带多种抗原表位，每种表位均可刺激机体产生一种特异性抗体。因此，复杂抗原能激发机体产生多种特异性抗体。例如，伤寒患者血清可检出针对伤寒杆菌鞭毛的抗体、抗表面成分的抗体及多种抗菌体抗体。若两种不同微生物抗原具有相同或相似的抗原表位，即称为共同抗原(common antigen)或交叉反应抗原(cross reacting antigen)。

三、诱导免疫细胞激活、增殖的其他物质

(一) 免疫佐剂

某些物质若先于抗原或与抗原一起注入机体，可增强机体对该抗原的特异性免疫应答或改变免疫应答类型，此类物质称为免疫佐剂(immunoadjuvant)，简称佐剂(adjuvant)。

1. 佐剂的种类 佐剂一般包括如下几类：①无机佐剂，如氢氧化铝、明矾等；②有机佐剂，包括微生物及其代谢产物，如分枝杆菌(结核杆菌、卡介苗)、短小棒状杆菌、百日咳杆菌、革兰阴性杆菌的内毒素(脂多糖)、某些细胞因子(如IL-2、IL-4)等；③合成佐剂，包括人工合成的双链多聚核苷酸，如聚肌胞苷酸(polyinosinic acid-polycytidylic acid, poly I:C)和聚腺苷酸聚尿苷酸(polyadenylic acid-polyuridylic acid, poly A:U)等；④油剂，如弗氏佐剂、花生油乳化佐剂、矿物油、植物油等；⑤纳米佐剂。

弗氏佐剂是动物实验中最常使用的佐剂，可分为完全弗氏佐剂(complete Freund's adjuvant, CFA)和不完全弗氏佐剂(incomplete Freund's adjuvant, IFA)两种。后者是将抗原和油剂(石蜡油或花生油)混合，再加入乳化剂(羊毛脂或吐温-80)，使之成为油包水乳剂，即为IFA。在IFA中加入死的分枝杆菌即为CFA。CFA作用较强，但易在注射局部形成肉芽肿和持久性溃疡，故不适于人体使用。

近年来，人工合成一种卡介苗细胞壁中的有效佐剂成分胞壁酰二肽(muramyl dipeptide, MDP)，其分子量小于500kD，并含D异谷氨酰胺，特点是：对生物降解作用有抗性；易溶于水；可口服；无不良反应。MDP能增强机体免疫功能并提高疫苗接种的效果。

纳米技术是近年迅速发展的新技术，借助该技术而制备的纳米颗粒(nanoparticles, NP)，已显示具有广泛应用前景。纳米颗粒指粒径尺度为0.1～100nm的聚合物胶体，按制备流程不同可分为纳米球和纳米囊。纳米颗粒的作用特点为：可改善难溶性药物的口服吸收；可靶向和定位释药；可作为生物大分子的特殊载体。纳米粒给药系统具有独特的药物保护作用和控释特性。纳米化的有机药物可提高其生物利用度，以及制剂的均匀性、分散性和吸收性。

用纳米颗粒作为蛋白质和肽类药物的载体可改进肽类药物的药动学参数，同时有效促进肽类药物穿越生物屏障。将纳米颗粒应用于疫苗制备，可赋予疫苗某些新的性质，例如：①靶向性，从而更为有效地提呈抗原；②缓释性，使进入体内的疫苗缓慢释放抗原，从而提高抗原生物利用度，更为充分地加工、处理、表达抗原，免疫效应更为持久。

借助理化方法，可将 DNA 药物和多肽疫苗改造为分子佐剂，并明显增强其免疫效应。例如，原位合成的纳米佐剂在油相包围水相（W/O）的微乳液体系中，能提高乙肝疫苗诱导的体液免疫应答水平。

2. 佐剂的免疫生物学作用及其机制

（1）佐剂的生物学作用为：①增强抗原的免疫原性，使无或仅具微弱免疫原性的物质变为有效免疫原；②增强机体对抗原刺激的反应性，提高初次应答和再次应答所产生的抗体滴度；③改变抗体类型，使由产生 IgM 转变为产生 IgG；④引起或增强迟发型超敏反应。

由于佐剂的综合效应能增强机体免疫功能，故佐剂应用范围很广。例如，免疫动物时加用弗氏佐剂可获得高效价抗体；预防接种时加佐剂（氢氧化铝等）可增强疫苗的免疫效果。临床上将佐剂（如卡介苗等）作为免疫增强剂，可用于肿瘤或慢性感染患者的辅助治疗。

（2）佐剂的作用机制：佐剂增强免疫应答的机制尚未完全阐明，不同佐剂的作用也不尽相同。概括而言，佐剂的作用机制为：①佐剂与抗原物质一起注入机体，可改变抗原物理性状，形成抗原储存库，有利于抗原缓慢释放，延长抗原在体内滞留时间；②被佐剂吸附的抗原（尤其是可溶性抗原）易被巨噬细胞吞噬，促进对抗原的处理，在局部形成炎症反应；③刺激淋巴细胞增殖和分化，从而增强和扩大免疫应答的效应；④增强巨噬细胞和淋巴细胞胞膜通透性，促进其对抗原的有效处理。

3. 佐剂研究进展 佐剂已广泛应用于多种临床生物制剂，例如：①用于疫苗成分，以增强机体体液免疫应答，提高抗血清水平；②作为非特异性免疫增强剂，用于抗肿瘤与抗感染的辅助治疗。

目前已被批准应用于人类疫苗的佐剂包括 6 种，即铝盐（Alum）、MF59™（水包油型乳剂）、MPL®（糖脂）、病毒样颗粒（VLP，Viral Like Particle）、免疫增强的再造流感病毒小体（IRIV，immunopotentiating reconstituted influenza virosome）和霍乱肠毒素（CT，cholera toxin），它们的作用主要是诱导 Th2 细胞偏移和抗体应答。在研的新型疫苗佐剂包括皂苷及其衍生物 QS-21 及 ISCOM（immunostimulating complex）、固有免疫激动剂（如 TLR 天然及合成配体）和细菌/真菌来源的 β-葡聚糖等、新型细胞因子佐剂、新型 Th1/Th2 佐剂、黏膜佐剂等。

细菌来源的质粒载体具有非特异性激活作用，机制是：细菌抗性基因含多个免疫激活序列（ISS），即富含 CpG 基序的非甲基化 CpG 寡核苷酸序列。人工合成含 CpG 基序的 ODN 序列，开创了 CpG 佐剂新领域。CpG 作为 TLR9 的配体，可激活 DC 和巨噬细胞分泌多种促炎细胞因子，从而有效增强 Th1 细胞和 CTL 效应。根据 DNA 骨架差异，CpG 分为两型：①K/B 型 CpG DNA，其具有磷硫酰 DNA 骨架，可激活人 pDC 分化并分泌 TNF-α，还可促进 B 细胞分泌抗体；②D/A 型 CpG DNA，其骨架含磷酸二酯和磷硫酰，可激活人 pDC 分化并分泌 IFN-α，但对 B 细胞无作用。多数情况下，K/B 型 CpG DNA 在初次和再次免疫中具有更强诱生抗体的作用。出于安全性考虑，CpG 佐剂被限制在治疗性疫苗领域。

此外，环二鸟苷酸（cyclic-diguanylic acid，c-di-GMP）是新近证实的强 Th1 细胞佐剂；天花粉蛋白（trichosanthin，TCS）是候选的新型 Th2 细胞佐剂。

（二）丝裂原

丝裂原（mitogen）是一类能在体外激活淋巴细胞（T/B 细胞）的物质，其为非特异性多克隆激活剂，能使某一群淋巴细胞的所有克隆均被激活。丝裂原属外源性凝集素（lectin），多为植物种子中提取的糖蛋白以及细菌结构成分或产物等。另外，某些抗淋巴细胞表面标志的单抗（如抗 CD3 抗体）也具有丝裂原样效应。

T、B 细胞表面均表达多种丝裂原受体（表 10-2）。丝裂原在体外可刺激静止的淋巴细胞转化为淋巴母细胞，表现为体积增大、胞质增多、DNA 合成增加、出现有丝分裂等。利用淋巴细胞对丝裂原刺激产生的增殖反应，可检测机体免疫系统功能状态。例如，根据对 PHA 或 ConA 刺激的增殖反应检测 T 细胞功能；根据对金黄色葡萄球菌蛋白 A（SPA）的反应性检测人 B 细胞功能；根据对 LPS 的反应性检测小鼠 B 细胞功能；根据对 PWM 的反应性检测机体体液免疫和细胞免疫功能。对上述丝裂原的反应性下降，表明 T 细胞或 B 细胞数量减少或功能障碍。

表 10-2 重要的丝裂原

	对T和B细胞的作用			
	小鼠T细胞	小鼠B细胞	人T细胞	人B细胞
刀豆素 A(Con A)	+	-	+	-
植物血凝素(PHA)	+	-	+	-
美洲商陆(PWM)	+	+	+	+
脂多糖(LPS)	-	+	-	-
金黄色葡萄球菌A蛋白(SPA)	-	-	-	+
葡聚糖	-	+	-	-
抗Ig抗体	-	+	-	+
抗CD3抗体	+	-	+	-

注:Con A:concanavalin;PHA:phytohemagglutinin;LPS:lipopolysaccharide;PWM:pokeweed mitogen;SPA:staphylococcus protein A

(三)超抗原

已发现,某些细菌或病毒产物具有强大的刺激(多克隆)T/B细胞活化的能力,故被称为超抗原(superantigen,SAg),其作用特点是:可与MHC抗原结合凹槽外的部位与TCRβ链V区或V_H3基因家族的BCR结合,非特异性刺激T、B细胞克隆增殖。

1. 超抗原的种类 SAg可分为T细胞SAg和B细胞SAg。

(1)T细胞SAg:可分为TCRαβ型和TCRγδ型SAg。TCRαβ型SAg又可分为外源性和内源性。

1)外源性SAg:主要是某些细菌毒素,包括金黄色葡萄球菌肠毒素(staphylococcus enterotoxin,SE)、A族链球菌M蛋白和致热外毒素A~C、关节炎支原体丝裂原(mycoplasma arthritis mitogen,MAM)、小肠结肠类耶氏菌膜蛋白等。SE有5种主要血清型,即SEA、SEB、SEC(1~3)、SED和SEE。细菌性SAg的共同特点是:均属由细菌所分泌的水溶性蛋白质;对靶细胞无直接损伤作用;可与MHC Ⅱ类分子结合;激活$CD4^+$T细胞。

2)内源性SAg:病毒(主要是逆转录病毒)感染机体后,病毒DNA整合到宿主细胞DNA中,可产生内源性SAg。如小鼠乳腺肿瘤病毒侵犯淋巴细胞,其DNA整合至淋巴细胞DNA中,在体内持续表达病毒蛋白质产物,即内源性SAg,亦被称为小鼠次要淋巴细胞刺激抗原(minor lymphocyte stimulating antigen,MLSA)。人类免疫缺陷病毒(HIV)在体内的表达产物也属人的内源性SAg。

此外,热休克蛋白(HSP)能强烈刺激γδT细胞增殖,并激活其杀瘤活性。

(2)B细胞SAg:葡萄球菌(菌膜)A蛋白(SPA)、HIV的gp120和pFv(human gut associated sailoprotein)能与某些B细胞亚群的BCR结合,并刺激其增殖,故属B细胞SAg。前两者属外源性,而pFv则为内源性B细胞SAg。

2. SAg激活T细胞的特点 T细胞SAg具有不同于一般抗原的特点(表10-3)。

表 10-3 T细胞超抗原与普通抗原比较

特点	普通抗原	T细胞超抗原
化学性质	蛋白质、多糖	细菌外毒素、某些逆转录病毒(如HIV)
免疫识别位	T细胞表位	与TCR Vβ结合的T细胞表位
	B细胞表位	MHC结合位
抗原提呈特点		
APC存在	+	+
APC处理	+	-
与MHC Ⅱ分子结合部位	抗原结合槽	非多态区
诱导应答的特点		
识别	被T细胞识别	直接刺激T细胞
应答细胞	B细胞、T细胞	T细胞(间接B细胞)
T细胞反应频率	$1/10^6$~$1/10^4$	5%~20%
与TCR结合部位	α链V、J区	
	β链V、D、J区	β链V区
MHC限制性	+	-

(1)强大的刺激能力:一般多肽抗原刺激机体后,仅能激活体内T细胞库中$1/10^6$~$1/10^4$的T细胞,而SAg在较低浓度(10^{-12}克分子)下即可刺激大量表达TCRVβ序列的T细胞增殖,被激活的T细胞占体内T细胞克隆总数的5%~20%。

(2)无需抗原处理:典型的多肽抗原须经APC处理,再在APC表面以pMHC Ⅱ形式被提呈(详见后述)。该复合物中,多肽与 MHC Ⅱ类分子 α、β 链中 α1、β1 结构域组成的抗原结合槽结合;抗原肽从 MHC Ⅱ类分子凹槽中暴露出来的部分,则被 TCR 的 α 和 β 链(主要是 CDR3)特异性识别,产生激活信号。SAg 被 T 细胞识别前无须经 APC 处理,其分子的一端直接与 APC 表面 MHC Ⅱ类分子非多态性区域结合,另一端与 T 细胞 TCRβ 链 V 区连接,从而产生激活信号,使 T 细胞激活和增殖(图 10-2)。

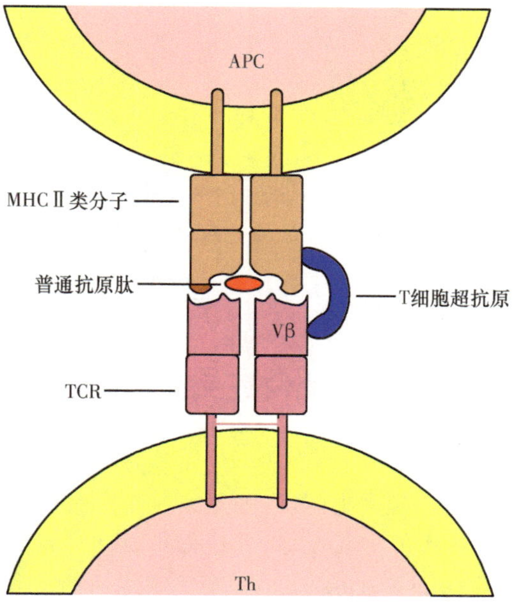

图 10-2 T 细胞超抗原作用机制

普通抗原肽结合于 MHC Ⅱ类分子多态性区的肽结合槽,由 TCR 识别;T 细胞 SAg 分子直接作用于 MHC Ⅱ类分子非多态性区和 T 细胞 TCRβ 链 V 区,与 MHC 分子多态性无关且不受限制

(3) 与 T 细胞相互作用无 MHC 限制性:SAg 与 APC 表面 MHC Ⅱ类分子结合,但不受 MHC Ⅱ类型别限制,即不论 APC 与应答 T 细胞所表达 MHC 是否同型,T 细胞均能接受刺激而增殖。有人认为,MHC Ⅱ类分子的作用在于协助 SAg,使其与 TCR 有高亲和力,以启动激活信号。

(4) 选择性取用 TCRβ 链 V 区:对普通抗原肽-MHC 分子复合物,T 细胞特异性识别涉及 TCR 的 Vα、Jα、Vβ、Dβ、Jβ 片段。而 SAg 分子仅选择性与 TCRβ 链 V 片段结合。TCRVβ 基因共有 64 个片段,并分为 22 个不同的家族。一种 SAg 通常专一性地与某些(数个)Vβ 家族的片段结合,从而选择性地激活表达相应 Vβ 链的 T 细胞。因此,一种 SAg 可激活机体 T 细胞库中 5%~20% 的 T 细胞,而普通抗原仅能激活 $1/10^6$~$1/10^4$ 的 T 细胞。

(5) 作用特点:SAg 不仅可激活 T 细胞,且可诱导 T 细胞耐受。SAg 与丝裂原具有不同作用特点:丝裂原可直接刺激 T 细胞使之增殖,无须表达 MHC Ⅱ类分子的 APC 存在;而 SAg 则须与 MHC Ⅱ类分子结合成复合物才能刺激相应 T 细胞。因此,SAg 激活 T 细胞的量比丝裂原少。

(6) 表位特点:从上述 SAg 激活 T 细胞的特点可知,SAg 的免疫识别位包括 MHC 结合位(MHC binding site)和 TCR Vβ 链识别的 T 细胞表位。新近发现,MHC Ⅱ类分子并非超抗原体外激活 T 细胞所必需。在 PMA 和某些细胞因子辅助下,SAg 无须 MHC Ⅱ类分子参与即可以 TCR Vβ 特异性方式激活 T 细胞。这一发现为用人工合成多肽探寻 SAg 的 T 细胞表位提供了理论依据。

3. SAg 激活 B 细胞的特点 B 细胞 SAg 可特异结合重链 V_H3 基因家族的 BCR Fab 段(V_HFR3)。在人的 22 个功能性 V_H3 种系基因中,有 16 个基因能编码 B 细胞 Sag(SPA)的结合位点。因此,SPA 可激活外周循环中 25%~46% 的 B 细胞,而一般抗原仅能激活少于 0.1% 的静止 B 细胞。

SAg 介导 T、B 细胞活化均有赖于膜相关抗原受体的交联:T 细胞 SAg 通过与 MHC 分子抗原结合槽外侧结合而介导 TCR 交联;B 细胞 SAg 通过其所含多个 Fab 结合位点(如 SPA、pFv)或以聚合形式(如 HIVgp120)而介导 BCR 交联(图 10-3)。某种程度上,B 细胞 SAg 的分子结构与Ⅱ型 TI 抗原(LPS)相仿,两者均具有多个重复结构。

B 细胞 SAg 在激活淋巴细胞时需辅助信号,如重组的 SPA 在体外激活 B 细胞需细胞因子(IL-2 或 IL-4)或 CD40 相关信号的辅助。

4. SAg 的生物学意义 SAg 可介导多种病理或生理效应。

(1) SAg 参与某些病理过程:SAg 刺激大量 T 细胞激活,后者产生多种细胞因子,并使巨噬细胞及其他免疫细胞激活。这种过强的应答(尤其是大量细胞因子的作用)可导致毒性效应,引起发热、体重减轻、渗透压平衡失调等,并参与细菌性食物中毒、某些类型休克、AIDS 等的发生和发展。例如,HIV 的 gp120 作为 B 细胞 SAg,在 HIV 致病过程中发挥重要作用。

(2) SAg 参与自身免疫应答:其机制为,①正常外周血或淋巴组织中可能存在少量自身反应性 T 细胞,但一般不足以引发自身免疫病,SAg 的强大刺激效应可能激活体内自身反应性 T 细胞,从而诱发某些自身免疫病;②SAg 可在 T 细胞 TCRVβ 与 B 细胞表面 MHC Ⅱ类分子间发挥桥联作用,从而可能激活多克隆 B 细胞,产生自身抗体;③B 细胞 SAg 介导的应答可促进自身抗体产生,导致自身免疫病发生。例如,类风湿关节炎患者体内产生类风湿因子(RF)的

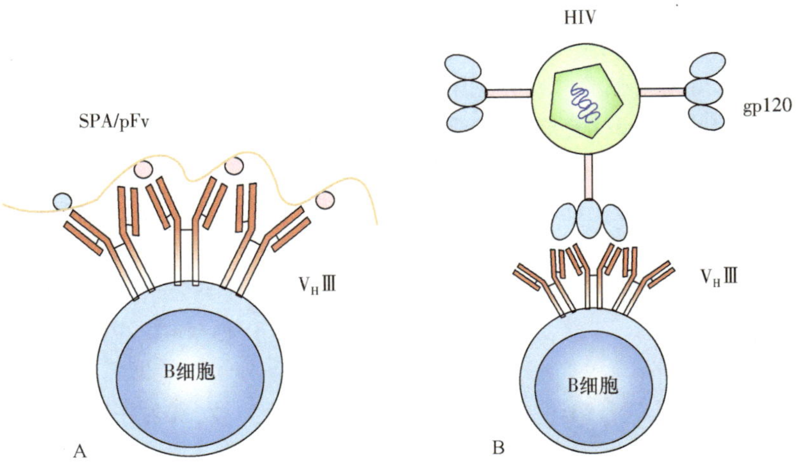

图 10-3 B 细胞超抗原作用机制

A. B 细胞 SAg 可特异结合 BCR Fab 段的 V_H3 基因家族重链（V_HⅢ）；B. 含多个重复抗原表位的 SPA、pFv 或聚合形式 HIVgp120，可与多个 BCR 的 Fab 结合而介导 BCR 交联，使之活化

B 细胞有 85% 属 V_H3 家族。V_H3 特异的 SAg 可作为起始因子而激发自身免疫应答。

(3) SAg 介导免疫抑制：在 SAg 强刺激下，T 细胞可能因过度激活而被耗竭，导致 T 细胞功能或数量失调，继发免疫抑制状态。

(4) SAg 介导免疫耐受：内源性 SAg 作用于胸腺细胞，可通过克隆选择而清除 SAg 反应细胞，从而建立免疫耐受。相关的实验依据为：将外源性 SAg（如 SEB）注入新生小鼠体内，可诱导免疫耐受；若给成年小鼠少量、多次注射，也可诱导免疫耐受。此外，若将内源性 SAg（MlSA-1）或可溶性 SEB 直接注入小鼠体内，可诱导强免疫应答，随后出现免疫无反应性。此现象的机制可能涉及 T 细胞与 SAg 的亲和力：多数高亲和力 T 细胞在强免疫应答中发生凋亡，使得反应性 T 细胞被清除；部分低亲和力 T 细胞被保留，但无反应性。大量微生物 SAg 的长期刺激可引起 B 细胞克隆失能或 V_H 限制性 B 细胞克隆被清除，此乃中枢和外周免疫耐受的机制之一。

(5) SAg 与免疫自稳：在淋巴细胞发育过程中，SAg 可能参与阳性选择，从而有利于免疫自稳。如 pFv 可能在胎肝以及肠相关淋巴组织的克隆选择过程中，参与 B 细胞前体克隆选择。B 细胞 SAg 可选择性使部分 V_H3 种系基因（V3-16、V3-19）被监禁。在成熟个体中，这些被禁闭的基因产物无法与 B 细胞 SAg 相互作用。

(6) SAg 与抗瘤效应：在 SAg 直接刺激下，CTL 大量被激活，其他 T 细胞亚类也可被激活并分泌多种细胞因子，从而显示对肿瘤细胞的杀伤效应。由此提示，SAg 有可能成为新一代抗瘤效应分子。已发现，SEA 或 SEB 能激活 CTL，杀伤 MHC Ⅰ类抗原阳性的结肠癌细胞。

第二节 抗原提呈的分子机制

APC 将胞浆内自身产生或由胞外摄入的抗原消化、降解为一定大小（具有强免疫原性）的抗原片段，以适合与 MHC 分子结合，此过程称为抗原加工或处理（antigen processing）。APC 与 T 细胞相互作用过程中，APC 表面抗原肽-MHC 复合物（pMHC）被 T 细胞识别，从而将抗原信息传递给 T 细胞，此过程称为抗原提呈（antigen presentation）。大多数胞质抗原在细胞内合成，少数胞外抗原被 APC 吞噬后再转运至细胞质。根据抗原来源或性质不同，APC 通过不同途径进行加工、处理，将它们提呈给 T 细胞。

多种分子伴侣（molecular chaperone）参与抗原的加工、处理。所谓分子伴侣，指一类参与辅助抗原肽正确装配而自身并不装配至终产物的蛋白，它们在胞内分布广泛（如胞浆、内质网和线粒体等），在维持分子稳定、辅助分子装配和转运中起重要作用。

一、提呈外源性抗原的内体-溶酶体途径

被 APC 摄取的外源性抗原（如病原体及其产物），或寄生于 APC（如巨噬细胞）内囊泡的病原体，被 APC 胞质溶酶体系统降解为肽段，与 MHC Ⅱ类分子结合为复合物，提呈给 $CD4^+$T 细胞识别，此为内体-溶酶体途径（endosome-lysosome pathway），亦称溶酶体途径（lysosome pathway）或 MHC Ⅱ类分子途径。

另外，某些病原体［如原虫（利什曼原虫）、分枝杆菌（麻风杆菌和结核杆菌）］可在巨噬细胞小囊泡内繁殖，其不与胞质内蛋白酶体接触，巨噬细胞活化

后，这些病原体可循外源性抗原处理途径，被囊腔内活化的蛋白酶降解为抗原肽。

（一）外源性抗原的摄取及加工、处理

1. 外源性抗原的摄取 外源性抗原进入机体后，数分钟内即在淋巴结中两个主要区域被捕获：①初次应答中，抗原在深皮质区（即胸腺依赖区）和淋巴窦壁被巨噬细胞或 DC 捕获；②再次应答中，抗原与体内初次应答中产生的抗体形成抗原-抗体复合物，在浅皮质区淋巴滤泡内被 FDC 捕获。

APC 通过不同机制从细胞外环境摄取外源性抗原。各类 APC 摄取抗原的途径各异。

（1）Mφ 对抗原的摄取：Mφ 可通过多种方式摄取抗原，例如，①吞噬（phagocytosis），指 Mφ 非特异性摄入颗粒抗原（如细菌、细胞及其碎片等）；②吞饮（pinocytosis），指 Mφ 非特异性吞入可溶性抗原或极微小颗粒；③被动吸附作用；④受体介导的胞吞作用（receptor mediated endocytosis），指 Mφ 可借助其表面 Fc 受体（如 FcγR）和补体受体（如 C3bR 等）识别和结合抗原，然后通过膜囊泡系统摄入抗原。

（2）DC 对抗原的摄取：未成熟 DC 仅具有弱的吞噬能力，一般通过受体摄入抗原，FcγR Ⅱ 可捕捉抗原抗体复合物，摄入的 FcR、Ig 与抗原一起被降解；模式识别受体（PRR）识别并结合携带病原相关分子模式（PAMP）的抗原，内化后在吞噬体酸性环境下释放配体，PRR 通过再循环而重新转运至细胞膜。成熟的 DC、IDC 和 LC 吞噬能力极弱。FDC 有长的伪足交织在滤泡内的淋巴细胞之间，通过其膜表面 FcγR 和 C3bR 吸附免疫复合物形式的抗原，将抗原递交给淋巴细胞。此外，DC 还具有强大的吞饮能力。由于 DC 内所含溶酶体不多，抗原-抗体复合物可在其表面长期保留，这对维持免疫记忆以及再次免疫应答时提呈抗原起重要作用。

（3）B 细胞对抗原的摄取：B 细胞可非特异性胞饮未经处理的抗原，也可借助 B 细胞膜表面 BCR 特异性结合天然蛋白质，然后胞膜将抗原和受体卷入胞内。由于 BCR 与抗原具有高亲和力，可在 B 细胞表面富集抗原，这对摄取和提呈低浓度可溶性抗原（如破伤风类毒素等）有重要意义。

2. 外源性抗原在内体-溶酶体被处理 外源性抗原被质膜包裹形成内体（endosome）或吞噬体（phagosome），后者与胞膜分离后向胞内迁移，并逐步酸化，继而与初级溶酶体（lysosome）融合成内体-溶酶体[即吞噬溶酶体（phagolysosome）]。晚期内体-溶酶体均含多种酸性蛋白酶（如蛋白酶、核酸酶、糖苷酶、脂肪酶、磷脂酶、磷酸酶等），它们在酸性环境中被活化，可将囊泡内抗原降解为小分子肽（约含 12～18 个氨基酸），从而暴露出能被特异性 T 细胞识别的表位（即免疫显位）。1 个蛋白分子仅含少数几个免疫显位，常出现于运动性强、能折叠形成 α 螺旋结构的肽段。螺旋的一面为亲水性残基，暴露于外面，含有可供 Th 细胞 TCR 识别的抗原表位；螺旋的另一面为疏水性残基，隐蔽于内面，含有可与特定 MHC Ⅱ类分子抗原结合槽结合的锚着残基。

（二）MHC Ⅱ类分子的合成、组装和转运

外源性抗原的处理和提呈有赖于 APC 内 MHC Ⅱ类分子参与。MHCαβ 异二聚体在内质网（endoplasmic reticulum，ER）合成，并与恒定链（Ia associated invariant chain，Ii）（亦称 γ 链）非共价结合，形成九聚体$(\alpha\text{-}\beta\text{-Ii})_3$（图 10-4A）。Ii（CD74）属分子伴侣，其功能为：①以非共价键形式与 MHC Ⅱ类分子肽结合区结合，阻止其与内质网中的肽和折叠不全的蛋白结合（图 10-4Ba）；②促进 MHC Ⅱ类分子折叠及组装；③引导 MHC Ⅱ类分子向含已降解抗原肽的晚期内体和溶酶体迁移。ER 内钙联蛋白（calnexin）等分子伴侣也参与Ⅱ类分子的组装，其作用是保证 α、β 链的正确折叠。

九聚体一旦形成即与钙联蛋白解离，携有九聚体的囊泡被运出内质网，多数与早期内体-溶酶体融合，形成富含 MHC Ⅱ类分子的溶酶体样细胞器，即 MHC Ⅱ类小室（MHC class Ⅱ compartment，MⅡC）。内体所含酸性蛋白酶（如组织蛋白酶 S）可降解 Ii 链，仅残留含 24 个氨基酸的短片段 CLIP（class Ⅱ-associated invariant-chain peptide），其占据Ⅱ类分子的肽结合槽中，直至被待提呈的肽段所取代（图 10-4Bb）。

此外，还存在 Ii 非依赖性途径（或称替代途径），其过程为：APC 表面的成熟Ⅱ类分子可重新内化，进行再循环，进入内体与新被处理的抗原肽片段结合。MHC Ⅱ类分子 α 或 β 链的胞质尾部参与此内化过程，在替代途径中发挥重要作用。

（三）抗原肽-MHC Ⅱ类分子复合物形成及提呈

1. pMHC Ⅱ形成 抗原肽与 MHC Ⅱ类分子在 MⅡC 内结合，形成 pMHC Ⅱ。某些分子伴侣参与此结合过程（图 10-4Bc、d）。

（1）HLA-DM：属非经典 MHC Ⅱ类分子，其参与 CLIP 与肽的交换，机制为：①与 MHC Ⅱ类分子结合，催化其释放 CLIP，并与抗原肽结合；②促使低亲和力的抗原肽与 MHC Ⅱ类分子解离，以高亲和力的抗原

肽取而代之，形成稳定的 pMHC Ⅱ复合物，此功能即肽编辑(peptide editing)。与 MHC Ⅱ类分子结合的抗原肽进一步被酶修剪至适宜大小(通常含 10 ~ 30 氨基酸)。

(2) HLA-DO：属非经典 MHC Ⅱ类分子，是 HLA-DM 的负调节分子，由胸腺上皮细胞、DC 和 B 细胞表达，通过与 HLA-DM 结合而阻止其催化 MHC Ⅱ释放 CLIP 及结合抗原肽。炎症反应中，T 细胞与 NK 细胞释放 IFN-γ 增加，可上调 HLA-DM 表达，以控制 HLA-DO 的抑制效应，促进抗原提呈。

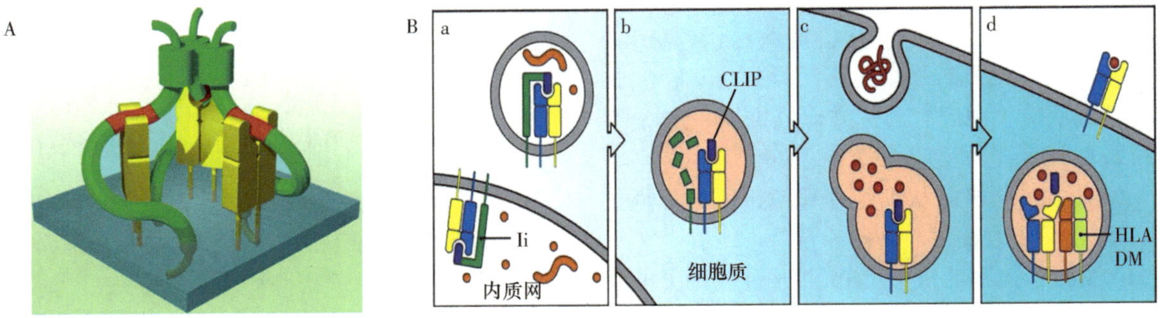

图 10-4 MHC Ⅱ类分子提呈途径

A. Ii/MHC Ⅱ九聚体：Ii 链三聚体与 3 个 MHC Ⅱ类分子的肽结合区结合，形成九聚体；B. MHC Ⅱ类分子提呈途径：(a) Ii 链与新合成的 MHC Ⅱ类分子结合为复合物，阻止内质网中肽与错误折叠的蛋白与 MHC Ⅱ类分子结合；(b) MHC Ⅱ类分子转运至内体，蛋白酶水解 Ii 链，仅残留 CLIP 仍占据 MHC Ⅱ类分子肽结合区；(c) 吞噬或内化的抗原在内体被降解为肽，CLIP 可阻止肽与 MHC Ⅱ类分子结合；(d) HLA-DM 与 MHC Ⅱ类分子结合，促进 CLIP 释放及肽与 MHC Ⅱ类分子结合，pMHC 复合物被转运至 APC 表面

2. pMHC Ⅱ的特征 肽与 MHC Ⅱ类分子的相互作用具有如下特点：①抗原肽与 MHC Ⅱ类分子复合物具有“低结合率”和“低解离率”特点，从而保证复合物长时间存在于 APC 表面，并持续与 T 细胞发生相互作用；②每一 MHC Ⅱ类分子均借助其抗原结合槽与抗原肽结合，氨基酸序列不同的多种抗原肽可借助共同基序与同一 MHC 分子结合，但不同多肽分子结构的差异限制它们与同一个体所表达的所有类别 MHC 分子任意结合；换言之，每一个体所表达有限数目的 MHC 等位基因产物可与多种抗原肽结合，表明 MHC 分子与抗原肽的结合具有较广泛的选择性；③MHC Ⅱ类分子的抗原肽结合槽其两末端为开端结构，允许与之结合的多肽在氨基和羧基两端均可有一定的延长，故能与含 10 ~ 20 个氨基酸残基的肽结合。(与之相反，MHC Ⅰ类分子的肽结合凹槽两末端呈封闭状，适于与含 9 ~ 11 个氨基酸的肽段结合。)

决定蛋白质抗原免疫原性的分子基础是：①通常情况下，若将含多个抗原表位的蛋白质抗原免疫机体，产生应答的多为特异性识别该抗原一个或数个免疫显性表位的 T 细胞；这些免疫显性表位常包含在与 MHC 分子具有高亲和力的肽段中，这一特点对分子疫苗的设计具有重要意义；②MHC Ⅱ类基因型决定个体的免疫应答能力，对不同 MHC Ⅱ类等位基因产物而言，其分子的抗原结合凹槽与不同抗原肽的亲和力各异，从而决定何种抗原肽可被提呈，并激活相应的特异性 Th 细胞克隆。换言之，由个体所携带的 MHC 等位基因产物决定何种蛋白质抗原对该个体具有免疫原性。

3. 外源性抗原肽的提呈 多肽抗原与Ⅱ类分子结合后，受Ⅱ类分子井状结构部位的保护，可避免被进一步酶解为氨基酸。pMHC Ⅱ被高尔基体转运至 APC 表面，提呈给 CD4$^+$T 细胞识别，后者增殖分化为效应性 T 细胞；B 细胞将胞外病原体抗原肽提呈给 Th 细胞，进而受其辅助而产生抗体；巨噬细胞将囊泡内寄生病原体的抗原肽提呈给 Th 细胞，后者可激活巨噬细胞，杀伤囊泡内寄生病原体。

综上所述，外源性抗原提呈的基本过程如下：①抗原被 APC 内化而形成内体；②内体与溶酶体融合，抗原在酸性环境中被酶解，形成免疫原性肽段；③在 ER 中，新合成的 MHC Ⅱ类分子 α、β 链与恒定链组装成九聚体，经高尔基体转运；④携有 MHC Ⅱ类分子的分泌囊泡与带有抗原肽的内体-溶酶体融合形成 MⅡC，抗原肽与 MHC Ⅱ类分子在其中结合成 pMHC Ⅱ；⑤pMHC Ⅱ被转运并表达于 APC 表面；⑥pMHC Ⅱ被特异性 T 细胞 TCR 所识别。

二、提呈内源性抗原的胞质溶胶途径

内源性抗原指由细胞自身产生，被胞质内蛋白酶体系统降解为肽段，继而与 MHC Ⅰ类分子结合为复合物，提呈给 CD8$^+$T 细胞识别，此为胞质溶胶途径(cytosolic pathway)或 MHC Ⅰ类分子途径。内源性抗原主要包括胞内感染的微生物(如病毒等)以及肿瘤细胞所表达的突变基因产物或过表达的基因产物。

（一）内源性（胞质）抗原在蛋白酶体的加工和处理

1. 内源性抗原的泛素化（ubiquitination） 待降解的内源性抗原首先须与胞内泛素（ubiquitin）结合，其过程为：泛素酶激活泛素，使泛素分子与抗原肽结合为多聚泛素-抗原肽复合物，后者使抗原肽解除折叠、降低稳定性，并提供蛋白酶体的识别、结合部位，使之更易被水解。胞质溶胶中未泛素化的功能蛋白不被水解。

2. 内源性抗原的降解 泛素化的抗原在胞质溶胶中被降解。胞质蛋白降解系统称为蛋白酶体（proteasome），为28个亚单位组成的中空圆柱体结构，由4个环状体串联而成：①两端的环状体各由7个α亚单位组成，如同一道“门”，是蛋白质进入“空腔”的必经之路；②中间两个环状体分别由7个β亚单位组成，各含3个催化亚单位（β1、β2、β5），具有酶解活性，其蛋白酶活性位点位于环的内表面，故蛋白质须进入蛋白酶体“空腔”内才能被降解。（图10-5A）

蛋白酶体以两种形式存在：①组成性蛋白酶体，存在于所有细胞；②免疫蛋白酶体（immunoproteasome），存在于干扰素激活的细胞内，其β1、β2、β5亚单位被3个同源亚单位，即β型蛋白酶体亚单位8、9（PSMB8、PSMB9，旧称LMP7、LMP2，见第五章）和MECL-1（multicatalytic endopeptidase complex-like-1）取代，从而改变蛋白酶体降解作用的选择性，促进疏水残基的酶切，减少酸性残基的剪切。在免疫蛋白酶体作用下，泛素化的内源性蛋白被降解为约5～15个氨基酸且含羧基端残基的肽段，其长度、特征均适合与MHC Ⅰ类分子凹槽结构及TAP结合。

免疫蛋白酶体具有广泛的底物特异性，可将胞质蛋白降解成不同肽段，但通常不会完全降解至单个氨基酸。由蛋白酶体释放至胞质的抗原肽可与分子伴侣结合（见下文），以阻止抗原肽进一步降解，并适宜与TAP结合；若抗原肽过长，则不适合与MHC Ⅰ类分子结合。

（二）抗原肽与MHC Ⅰ类分子结合为pMHC Ⅰ复合物

粗面内质网多聚核糖体新合成的MHC Ⅰ α链、β2-m，与经修剪、由TAP转运的内源性蛋白片段结合，形成具有稳定分子构象的抗原肽/MHC Ⅰ类分子复合物（pMHC Ⅰ），继而由高尔基体转运至细胞表面。（图10-5B）

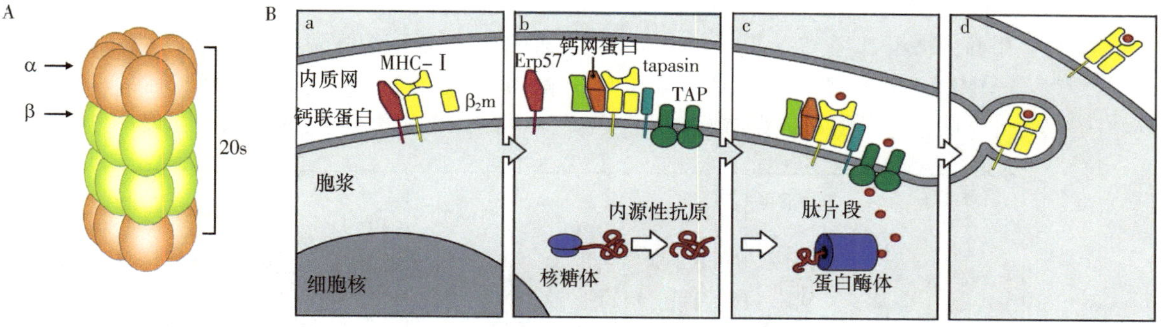

图10-5 蛋白酶体结构及MHC Ⅰ类分子途径

A. 蛋白酶体结构：由28个亚单位组成的中空圆柱体结构，每7个亚单位组成一个环状体，中间两个环各由7个β亚基组成，外部2个环各由7个α亚基组成；B. MHC Ⅰ类分子抗原提呈途径：（a）内质网新合成的部分折叠的MHC Ⅰ类分子α链与钙联蛋白结合，直至β2微球蛋白与之结合；（b）MHC Ⅰ类分子释放钙联蛋白，与分子伴侣复合体（钙网蛋白和Erp57）结合，并通过tapasin与TAP结合；（c）内源性抗原由蛋白酶体降解成肽，被TAP转运至内质网；（d）肽与MHC Ⅰ类分子结合，使之完成折叠；pMHC被TAP复合物释放，并被转运至细胞表面

1. 抗原肽的修饰 在胞质经蛋白酶体降解的抗原肽，须进入内质网才可与新合成的MHC Ⅰ类分子结合。TAP转运体（见后述）选择性将抗原肽从胞质转运至内质网腔内，其偏好转运羧基端含疏水或碱性氨基酸、由8～16个氨基酸构成的肽。因此，转运至内质网的抗原肽或在内质网产生的肽（如信号肽），通常有赖氨基肽酶（endoplasmic reticulum-resident aminopeptidase，ERAP）将其氨基端进一步修剪，以适合与MHC Ⅰ类分子结合。ERAP基因敲除小鼠，可致抗原肽与MHC Ⅰ类分子结合缺陷，$CD8^+$T细胞应答受损。经蛋白酶体切割的内源性肽段极不稳定，胞质内的分子伴侣即热休克蛋白（HSP70、HSP90）可与之结合，从而稳定抗原肽段并将其运送至内质网表面与TAP结合。

2. MHC Ⅰ类分子在内质网内的修饰 多种分子伴侣参与修饰MHCI类分子：①钙联蛋白，可与内质网新合成的 MHC Ⅰ类分子 α 链结合，以保持其部分折叠状态，直至 β2 微球蛋白与 α 链结合，钙联蛋白即被释放；②钙网蛋白（calreticulin），可取代钙联蛋白而与 α 链-β2m 异源二聚体结合，并稳定 MHC Ⅰ类分子的空槽构象；③TAP 相关蛋白（TAP -associated protein，tapasin），是分布于内质网中的 IgSF 成员，其作为 TAP 和Ⅰ类分子间的"桥梁"，参与 TAP 与Ⅰ类重链结合，保持 TAP1/TAP2 复合物稳定性，增强Ⅰ类分子与抗原肽结合的稳定性（tapasin 基因缺陷的个体，其细胞表面Ⅰ类分子表达受阻，可发生Ⅰ型裸淋巴细胞综合征）；④内质网腔蛋白 57（endoplasmic reticulum protein57，ERp57），为硫羟氧化还原酶，在 MHC Ⅰ类分子 α 链装载抗原肽过程中，使其分子内部形成或打断二硫键。内质网中，ERp57 与 tapasin、钙联蛋白、钙网蛋白等分子伴侣组成 MHC Ⅰ类分子肽装载复合物（MHC class Ⅰ peptide-loading complex，PLC），通过与 MHC Ⅰ类分子结合而对后者进行修饰。

3. 胞质内抗原肽转运至内质网 抗原加工相关转运体（TAP）由干扰素诱导表达，TAP1 和 TAP2 形成异源二聚体，依赖 ATP 供能，负责转运内源性抗原肽，其机制为：TAP1 和 TAP2 均含突入粗面内质网内腔的结构域及伸入胞浆的 ATP 结合结构域，其肽链 N 端与肽段（尤其是含 9～16 个氨基酸的肽段）结合，导致 ATP 结构域水解及 TAP 构象变化，继而将内源性蛋白片段转运至粗面内质网。

4. 抗原肽与 MHC Ⅰ类分子在内质网内结合 转运至内质网的抗原肽首先以低亲和力与 MHC Ⅰ类分子肽结合区结合，MHC Ⅰ类分子围绕抗原肽进一步折叠，直至形成一个致密稳定的复合物结构（pMHC）。TAP 基因突变可致 MHC Ⅰ类分子与肽结合受阻，游离的 MHC Ⅰ类分子不稳定，转位至胞质而被降解。

（三）内源性抗原肽的提呈

一旦抗原肽与 MHC Ⅰ类分子结合形成 pMHC，即丧失与 tapasin 的亲和力，进而离开内质网，通过高尔基复合体转运至细胞表面，提呈给 $CD8^+T$ 细胞识别，从而激活 $CD8^+T$ 细胞应答，使之增殖分化成 CTL，杀伤向其提呈特异性抗原的靶细胞（病毒感染靶细胞、肿瘤细胞等）。

已发现，某些病毒可产生免疫逃逸素（immunoevasin），通过干扰 MHC Ⅰ 类分子提呈抗原而逃逸免疫应答，其机制为（图 10-6）：①阻止 pMHC Ⅰ复合物表达于感染细胞表面，如腺病毒产生 E19 与 MHC Ⅰ类分子结合，使其滞留于内质网，E19 还可阻断 tapasin 与 TAP 相互作用，从而阻止 MHC Ⅰ类分子装载抗原肽；②阻断抗原肽向内质网转运，如单纯疱疹病毒可产生免疫逃逸素（ICP47）与 TAP 胞质面结合，阻断抗原肽向内质网转运；人类巨细胞病毒产生 US6，通过抑制 ATP 酶活性，阻止 TAP 转运抗原肽；③通过错位（dislocation），使 MHC Ⅰ类分子返回胞质而被降解，如巨细胞病毒产生 US11 蛋白，可与新合成的 MHC Ⅰ类分子结合，并与内质网膜蛋白 derlin-1 协同，将 MHC Ⅰ类分子错位至胞质降解。

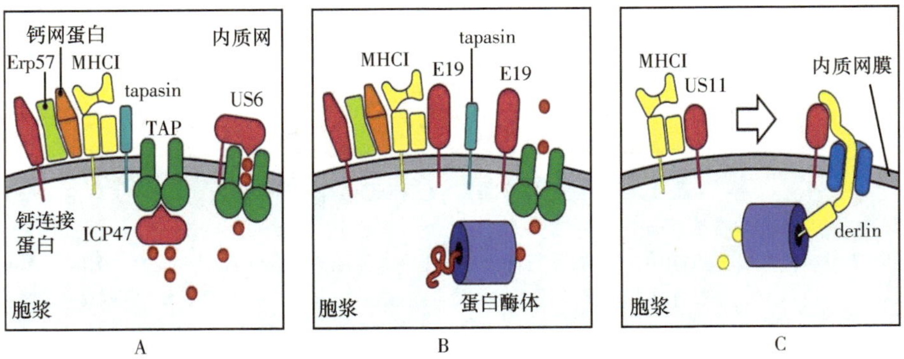

图 10-6 病毒通过干扰 MHC Ⅰ类分子途径逃逸免疫应答

A. 病毒产生逃逸素 US6 和 ICP47，通过干扰 TAP，阻止抗原肽被转运至内质网；B. 腺病毒蛋白 E19 与 tapasin 竞争 MHC Ⅰ类分子，阻止 MHC Ⅰ类分子装载抗原肽；C. 巨细胞病毒蛋白 US11 与 derlin 协同，将新合成的 MHC Ⅰ类分子错位至胞浆降解

综上所述，内源性抗原在胞质溶胶内泛素化，继而被蛋白酶体降解，在 HSP70 等参与下，水解形成的肽段借助 TAP 转运至内质网（ER）腔内，经修剪后提交给新合成的Ⅰ类分子，形成 pMHC Ⅰ并转运至细胞表面，供 $CD8^+T$ 细胞 TCR 识别。

三、抗原的交叉提呈途径

某些外源性抗原也可通过 MHC Ⅰ类分子途径被提呈，激活 $CD8^+T$ 细胞，此为交叉提呈（cross-presentation）。另外，某些情况下内源性抗原也可通过 MHC

Ⅱ类途径被提呈。一般认为，交叉提呈途径参与机体针对某些病毒（如疱疹病毒）、细菌（如李斯特菌）感染和肿瘤的免疫应答，在免疫耐受、抗胞内感染和抗肿瘤免疫中发挥作用。

（一）外源性抗原的交叉提呈

外源性抗原循 MHC Ⅰ类分子途径被提呈给 $CD8^+$T 细胞，此为外源性抗原交叉提呈。其可能的机制为：①内体与含 MHC Ⅰ类分子的颗粒融合，外源性抗原与再循环的 MHC Ⅰ类分子结合而被提呈；②内体-溶酶体与内质网融合，前者所含外源性抗原肽逆向转运至融合体的胞质面，被胞质内蛋白酶体降解，在胞质 HSP70 参与下，由内质网表面 TAP 将抗原肽转运至融合体，与 MHC Ⅰ类分子结合，进而转运至细胞膜表面被提呈给 $CD8^+$T 细胞；③内体中（甚至细胞外）外源性抗原肽直接进入胞浆，循 MHC Ⅰ类途径被处理和提呈。

外源性抗原的交叉提呈可见于如下情况：①特定 DC 亚群（如小鼠 CD8α+DC、人 BDCA-3+DC 等）可将外源性抗原摄入内体系统，然后转位至胞质，被蛋白酶体降解为抗原肽并与 MHC Ⅰ类分子结合，提呈给 $CD8^+$T 细胞（图 10-7A），此途径在未感染病毒的 DC 激活初始 $CD8^+$T 细胞过程中尤为重要；②单纯疱疹病毒感染中，皮肤朗格汉斯细胞在感染局部摄取抗原，将其运至淋巴结并转给淋巴结定居的 CD9+DC，后者交叉提呈给 $CD8^+$T 细胞；③某些胞外感染的微生物及其产物（如李斯特菌所产生的李斯特溶解素）被摄取至吞噬小体后，可通过损伤吞噬体膜，从囊泡逃逸至胞质；④病原微生物（如李斯特单孢杆菌）抗原直接进入宿主 APC 胞质中，循胞质溶胶途径被提呈。

（二）内源性抗原的交叉提呈

内源性抗原循 MHC Ⅱ类分子途径被提呈给 $CD4^+$T 细胞，此为内源性抗原交叉提呈。已证实，胞质肌动蛋白的某些抗原肽可与 MHC Ⅱ类分子结合，提呈给 $CD4^+$T 细胞。

自噬（autophagy）参与内源性抗原交叉提呈，其机制为：细胞应激状态（如饥饿等）下，待降解的胞浆组分及细胞器被包裹而形成自噬小体（autophagosome），由 HSP70 和溶酶体相关膜蛋白 2 转送而与内体-溶酶体融合，使之降解，并循 MHC Ⅱ分子途径被提呈（图 10-7 右）。自噬小体形成的方式为：①微自噬（micro-autophagy），由溶酶体内陷直接包裹胞质而形成；②巨自噬（macroautophagy），通过形成双层膜的自噬小体，将胞质吞噬，并与内体溶酶体融合。例如，自噬参与处理（内源性）EB 病毒核抗原 1，并将后者交叉提呈给 $CD4^+$T 细胞。

另外，内质网腔中产生的 Ii 链由于突变等原因，不能与 MHC Ⅱ类分子结合，或因结合的亲和力降低而不能覆盖 II 类分子的抗原结合槽，导致循经典途径进入内质网腔的内源性抗原有可能直接被 II 类分子接纳。

已发现，热休克蛋白家族成员（包括 gp96、HSP70、HSP90 等）在交叉提呈中发挥重要作用。例如，肿瘤细胞生长过程中可裂解、释放 gp96-内源性抗原肽复合物，后者作为外源性抗原被 APC 摄取和加工，通过交叉提呈，以肿瘤抗原肽-MHC Ⅰ类分子复合物的形式表达于 APC 表面，供 CTL 识别。

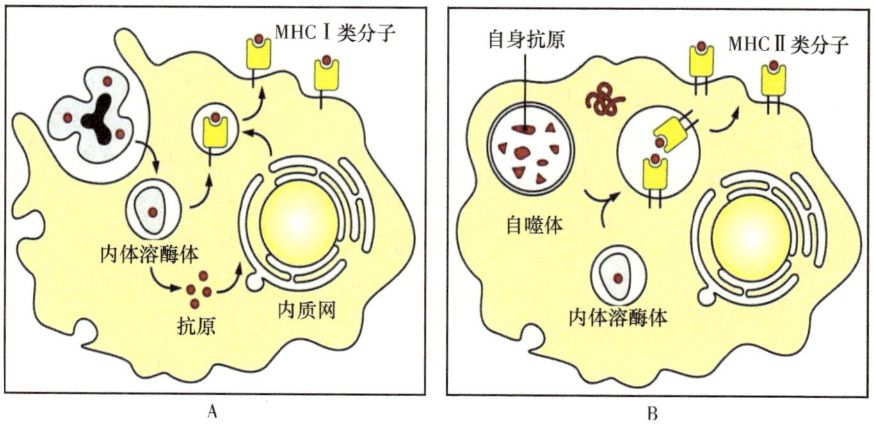

图 10-7　抗原的交叉提呈

A. 外源性抗原通过 MHC Ⅰ类分子途径交叉提呈：外源性抗原通过 APC 表面受体而内化→部分降解→被转位至胞质→由蛋白酶体降解；或抗原直接从吞噬溶酶体转位至另一小室→与成熟 MHC Ⅰ类分子结合；B. 内源性抗原通过 MHC Ⅱ类分子途径交叉提呈：细胞自身胞浆蛋白被摄入自噬体→与内体-溶酶体融合→内源性蛋白被降解成肽→由 MHC Ⅱ类分子提呈

(三) 交叉提呈的病理与生理意义

1. 交叉提呈与自身耐受 自身抗原的交叉提呈在维持外周耐受中发挥重要作用。次要组织相容性抗原在胸腺中被交叉提呈可导致CTL耐受,此过程称交叉耐受。最近,在某些胸腺外器官(如胰腺和肾)中也发现交叉耐受现象:胰腺和肾的抗原可由骨髓来源DC交叉提呈给引流淋巴结中淋巴细胞,导致静止的$CD8^+$T细胞增殖,并随即使之被清除。另外,高剂量自身抗原可通过交叉提呈而诱导T细胞发生AICD;低剂量抗原则通过免疫忽视而维持耐受。

2. 交叉提呈与抗病毒感染 若病毒(如乳头瘤病毒)仅感染局部非淋巴组织细胞(无迁移能力),或病毒感染DC后抑制其MHC Ⅰ类分子表达,从而使CTL活化受阻,此时CTL交叉激活在抗病毒感染中发挥重要作用。现已发现,多种病毒(如逆转录病毒、牛痘病毒及脑膜炎病毒等)可抑制DC的抗原提呈功能。借助交叉提呈机制,DC无须感染病毒(而是主动摄取病毒),即可循MHC Ⅰ类分子途径而提呈病毒抗原,并激活CTL。

四、提呈脂类抗原的CD1分子途径

上述MHC限制的途径主要提呈蛋白质抗原。近年发现,某些非MHC分子(如CD1分子、某些分子伴侣)可参与加工、提呈脂类抗原。

人CD1编码基因包括5个非多态性基因(CD1A、CD1B、CD1C、CD1D、CD1E),前4种基因可编码CD1a、CD1b、CD1c和CD1d分子,而CD1E不表达蛋白产物。CD1分子属Ⅰ型跨膜蛋白,与MHC Ⅰ类分子有30%同源性。CD1基因编码的产物为CD1分子重链,与轻链β2微球蛋白非共价结合。根据CD1分子结构和组织分布,可将其分为两类:①CD1 Ⅰ包括CD1a、CD1b和CD1c,主要表达于专职APC(如朗格汉斯细胞、皮肤和淋巴结DC、皮质B细胞和激活的单核细胞等)表面;②CD1 Ⅱ(即CD1d),主要表达于肠上皮细胞和造血干细胞。

(一) CD1分子提呈途径的机制

1. CD1所提呈的抗原 CD1分子主要提呈糖脂或脂类抗原,尤其是分枝杆菌某些菌体成分。以鼠CD1d分子为例,其具有一个较深的电中性、疏水的抗原结合槽,适宜与脂质或糖脂抗原结合,这些抗原的极性基团均暴露在上面,可被某些类型T细胞TCR识别。能被CD1提呈的脂质抗原大多具有相同的基序,即带有疏水的分支烃链。CD1分子的疏水结合槽可与不同长度乙酰基团结合,但与TCR的作用具有高度特异性。

2. CD1提呈途径的过程 CD1分子加工处理脂类抗原的方式类似外源性抗原的内体溶酶体途径(图10-8)。

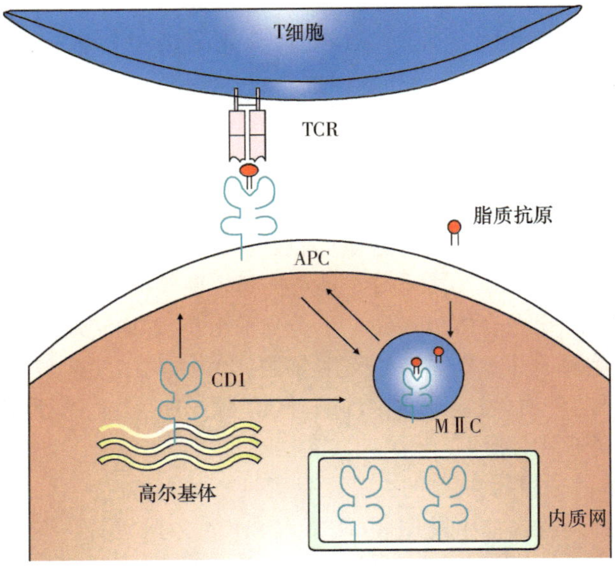

图10-8 脂类抗原的CD1分子提呈途径

APC摄入脂质抗原并转运至MⅡC→MⅡC内的酶可降解脂质抗原的糖基;新合成的CD1分子经高尔基体转运→进入MⅡC并与脂质抗原结合→转运至细胞表面→提呈给双阴性和$CD8^+$T细胞识别

(1) APC摄取脂类抗原:APC表面模式识别受体(如甘露糖受体,MR)可结合分支杆菌膜糖脂的甘露糖而介导其内吞,并转运至酸性MⅡC。

(2) CD1分子进入内体囊泡:不同CD1分子异构体可选择性进入不同内体囊泡,其取决于各类异构体分子胞内段特定的酪氨酸基序(YXXZ:Y为酪氨酸;X为任意氨基酸;Z为疏水残基),此酪氨酸基序可与胞内接头蛋白(adapter protein,AP)相互作用,从而决定CD1分子进入不同囊泡并结合脂质抗原。例如,①CD1a缺少与AP结合的基序,被直接转运至细胞表面,再转运至早期内体;②CD1c和CD1d可结合AP2,被转运至早期和晚期内体,CD1d还可进入溶酶体;③CD1b和小鼠CD1d可与AP2、AP3结合,被运送至晚期内体、溶酶体和MIIC。

(3) CD1与脂类分子结合为复合物:以CD1b为例,其定向进入MⅡC。富含脂质的MⅡC提供了一个理想场所:MⅡC酸性环境(pH约4.0)可导致CD1b分子构象改变,从而使脂质抗原易于接近其疏水凹槽;MⅡC中大量的酶可降解脂质抗原的糖基。

已证明,外源性(通过吞噬或内化摄取的病原微生物)或内源性(病原微生物感染的APC所产生)脂质抗原均可通过 CD1 分子提呈给 CD1 限制性 T 细胞识别（图 10-8）。不同 CD1 异构体所提呈的抗原有所不同，例如：具有饱和长烃链的脂质从内体系统分选出来进入溶酶体，由 CD1b 提呈；带有不饱和短烃链的脂质则优先转运至循环的内体中，与 CD1a 结合并被提呈。

3. CD1 限制性 T 细胞　小鼠 CD1 限制性 T 细胞主要是 $CD4^+$ 细胞，也包括 CD4-CD8-DN 细胞。在人类，携带 TCRαβ 链的 CD4-CD8-αβT 细胞、$CD8^+$ T 细胞、γδT 细胞及 NKT 细胞均属 CD1 限制性细胞。这些 CD1 限制性细胞在胸腺中分化而成，并具有某些独特性质。其中，NKT 细胞是一类特殊的固有免疫细胞，其主要特征为：①共表达 αβTCR 和 NK1.1 分子；②选择性表达恒定的 Vα14 和 Vβ8、7、2 受体（C57BL/6 鼠）；③识别由 CD1 途径提呈的抗原。CD1 分子提呈非肽类（如酯类或糖酯类）抗原给 NKT 细胞，使之激活并分泌大量 IL-4，从而在免疫调节中起重要作用。

不同 CD1 亚型其提呈的抗原及激活的 T 细胞各异：①CD1a、CD1b 和 CD1c 可结合微生物来源的糖脂、磷脂和脂肽抗原（如分支杆菌膜的真菌酸、葡萄糖单霉菌的酸酯、磷脂酰肌醇甘露糖苷等），主要将脂类抗原提呈给特异性 T 细胞，介导针对相关病原微生物的适应性免疫应答；②CD1d 主要结合自身脂类抗原（如鞘脂和二酰甘油），将后者提呈给恒定 NKT 细胞（iNKT），参与固有免疫应答。

4. CD1 提呈途径的生物学意义　CD1 和 CD1 限制性 T 细胞的上述特殊性质，及其在不同种系动物中所表现的保守性，提示 CD1 提呈途径具有特殊的生物学意义。非肽和脂质抗原可被 CD1 限制性 T 细胞识别，由此提供了一个独特的抗感染机制，这种 MHC 非依赖性的 T 细胞激活方式可有效增强机体免疫应答。尤其在针对分枝杆菌的免疫应答中，CD1 参与的抗原提呈发挥关键作用，并构成机体抗感染免疫的重要一环。

此外，CD1 分子提呈脂质抗原的模式为疫苗研制开拓了新领域。由于群体中存在 MHC 多态性，蛋白亚基疫苗的免疫效应具有明显个体差异，而非多态性 CD1 分子所提呈的脂质抗原通常是病原微生物不易随机突变的关键组分，将其作为疫苗亚单位具有适用面广的独特优势。

（李卓娅）

第十一章　适应性免疫应答分子机制

适应性免疫应答(adaptive immune response)指机体受抗原刺激后，抗原特异性淋巴细胞识别抗原，发生活化、增殖、分化或失能、凋亡，进而显示生物学效应的全过程。淋巴细胞对抗原的特异性识别能力受遗传基因控制，并在个体发育过程中形成。

适应性免疫应答的过程十分复杂，可人为分为如下阶段：①感应阶段，指抗原被APC摄取、加工、处理并提呈给T细胞；②增殖和分化阶段，指T、B细胞特异性识别抗原(提供第一信号)，T/B细胞与APC表面多种黏附分子间相互作用(提供第二信号)，并在激活的APC和T细胞所产生淋巴因子作用下，淋巴细胞增殖、分化，最终形成T效应细胞和浆细胞；③效应阶段，指免疫效应细胞和效应分子共同发挥作用，清除非己抗原物质或诱导机体产生免疫耐受；④恢复阶段，指非己抗原被清除，活化增殖的淋巴细胞克隆通过被动性死亡及活化诱导的细胞死亡，使免疫系统恢复平衡，并产生长寿命的抗原特异性记忆淋巴细胞(图11-1)。

根据参与免疫应答和介导免疫效应的组分和细胞种类不同，适应性免疫应答可分为T细胞介导的细胞免疫(cellular immunity)和B细胞介导的体液免疫(humoral immunity)。本章重点介绍适应性免疫应答中T细胞和B细胞激活、增殖、分化的过程和机制；T/B细胞效应及其机制、功能亚群分化和特征等详见第五章；免疫记忆及记忆细胞详见第十二章。

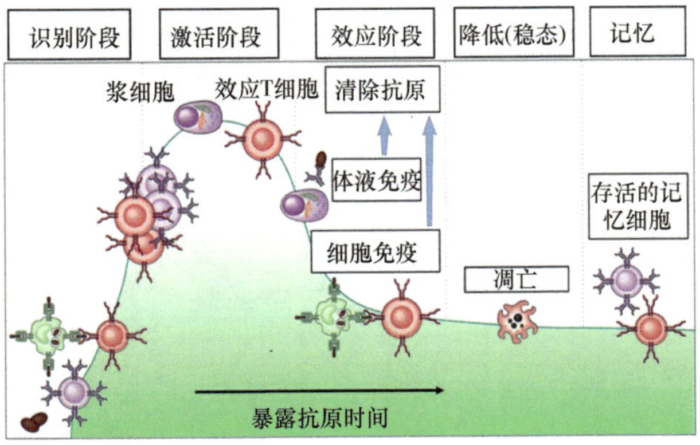

图11-1　适应性免疫应答的过程

第一节　T细胞介导的细胞免疫应答

一、T细胞对抗原的识别

侵入机体任何部位的非己抗原，可通过两个途径被APC摄取：①位于不同组织的未成熟DC，可在局部摄取侵入的抗原，随之向淋巴结迁移；②淋巴组织内APC可摄取进入的游离抗原(如游离的病原体及其代谢产物可随血液进入脾脏；感染皮肤的病原体可通过淋巴液进入附近淋巴结；感染黏膜的病原体可直接穿越黏膜而进入黏膜淋巴组织)。APC摄取的外源性抗原，通过溶酶体途径降解为肽段，与MHC Ⅱ类分子结合，表达于细胞表面，供$CD4^+T$细胞识别。而内源性抗原(如肿瘤和病毒感染细胞表达的抗原)则被宿主细胞胞质内的蛋白酶体系统降解为肽段，继而与MHC Ⅰ类分子结合成复合物，供特异性$CD8^+T$细胞识别。

在胸腺内发育成熟的初始T细胞(naïve T cell)进入血循环，归巢至外周淋巴器官，并周而复始地在血液和外周淋巴组织间再循环，直至在外周淋巴结副皮质区遭遇提呈特异性抗原的APC。APC向特异性T细胞提呈抗原，涉及如下两种细胞表面分子间如下相互作用：

1. T细胞与APC的可逆性、非特异性结合　由高内皮静脉进入淋巴结皮质区深部的初始T细胞与APC(主要是DC)接触，T细胞表面黏附分子(LFA-1、CD2)与APC表面相应配体(ICAM-1或ICAM-2、CD58)发生短暂、可逆性结合(图11-2A)，为TCR提供时间和机会，从APC表面大量pMHC复合物中筛选特异性抗原肽。多数T细胞未遭遇特异性抗原，即与APC分离，仍定居于淋巴结胸腺依赖区或离开淋巴结而进入血循环。

2. T细胞与APC的稳定、特异性结合　上述APC与T细胞短暂结合中，若TCR遭遇特异性抗原肽，则两者发生特异性结合，TCR双识别抗原肽和自身MHC分子，由CD3传递特异性识别信号，导致LFA-1

变构并增强其与 ICAM 亲和力，从而稳定并延长 APC 与 T 细胞的接触（图 11-2B），并在两者接触界面形成免疫突触（见下文）。两者结合可持续数天，其间增殖的子代细胞仍与 APC 黏附，直至分化为效应细胞。

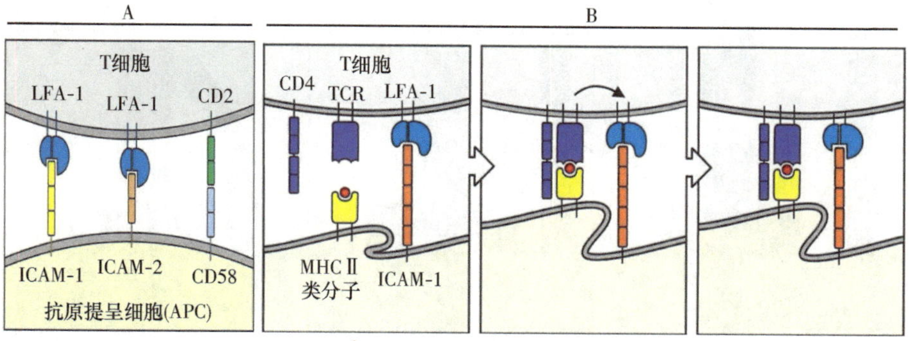

图 11-2　T 细胞与 APC 相互作用

A. T 细胞与 APC 可逆性、非特异性结合：T 细胞表面黏附分子（LFA-1、CD2）与 APC 表面相应配体（ICAM-1 或 ICAM-2、CD58）非特异性、低亲和力、可逆性结合→给 TCR 提供识别特异性抗原的机会；B. T 细胞通过特异性识别抗原而稳定其与 APC 间黏附作用：若 TCR 可识别 APC 表面特异性 pMHC→启动 TCR 相关信号→LFA-1 变构→增强 LFA-1 与 ICAM-1 亲和力→稳定并延长 APC 与 T 细胞间接触→T 细胞激活及应答

3. 共受体增强 T 细胞识别信号　T 细胞表面 CD4 和 CD8 分子是参与 TCR 识别抗原的共受体。CD4 或 CD8 可分别与 APC（或靶细胞）表面 MHC Ⅱ 或 MHC Ⅰ 类分子结合，从而增强 TCR 与特异性 pMHC 的亲和力，使 T 细胞对抗原刺激的敏感性提高约 100 倍（图 11-3）。

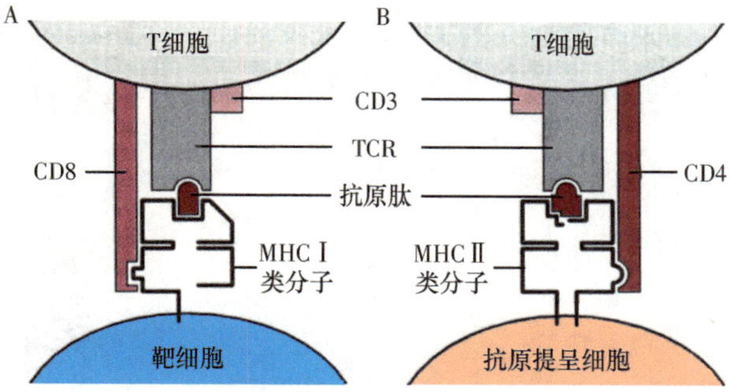

图 11-3　T 细胞激活的抗原识别信号（第一信号）

TCR 同时识别特异性抗原肽及提呈抗原肽的 MHC 分子，此即双识别。$CD4^+T$ 细胞借助共受体 CD4 与 MHC Ⅱ类分子结合；$CD8^+T$ 细胞借助共受体 CD8 与 MHC Ⅰ类分子结合；共受体结合使 T 细胞对抗原刺激的敏感性提高 100 倍。CD3 传递 TCR 识别抗原的信号

二、T 细胞活化、增殖和分化

通常情况下，体内表达某一特异性 TCR 的 T 细胞克隆仅占总 T 细胞库的 $1/10^4 \sim 1/10^5$。仅当被抗原激活后，数量极少的特异性 T 细胞通过克隆扩增而产生大量效应细胞，才能有效发挥作用。T 细胞活化需 3 个信号（图 11-4），即抗原识别信号、共刺激信号和细胞因子信号。

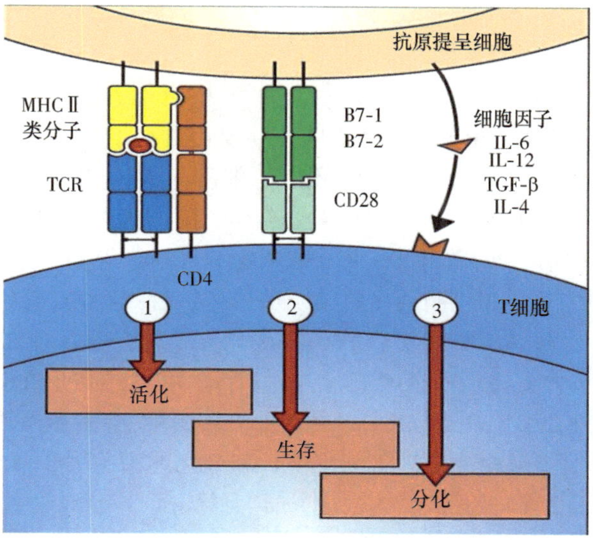

图 11-4　Th 细胞激活的双信号和细胞因子信号

Th 细胞与 APC 相互接触：TCR 识别并结合特异性 pMHC，共受体 CD4 与 MHC Ⅱ类分子结合，CD3 传递抗原识别信号，活化 T 细胞；APC 表面共刺激分子（B7-1、B7-2）与 T 细胞表面相应配体（CD28）结合，向 T 细胞传递共刺激信号，促进 T 细胞生存和增殖；激活的 APC 等分泌多种细胞因子，诱导 T 细胞分化为不同功能亚群

（一）$CD4^+$Th 细胞活化

1. $CD4^+$T 细胞活化的第一信号　APC 将 pMHC 提呈给 T 细胞，TCR 特异性识别 MHC 分子凹槽中的抗原肽与自身 MHC 分子，CD4 与 MHC Ⅱ类分子结合，使 CD4 与 CD3 胞浆段尾部相聚，激活与之相连的酪氨酸激酶，促进 CD3 分子胞浆段 ITAM 的酪氨酸磷酸化，启动激酶活化级联反应，介导转录因子、细胞因子、细胞因子受体等基因转录和产物合成（图 11-5）。（详见第九章）

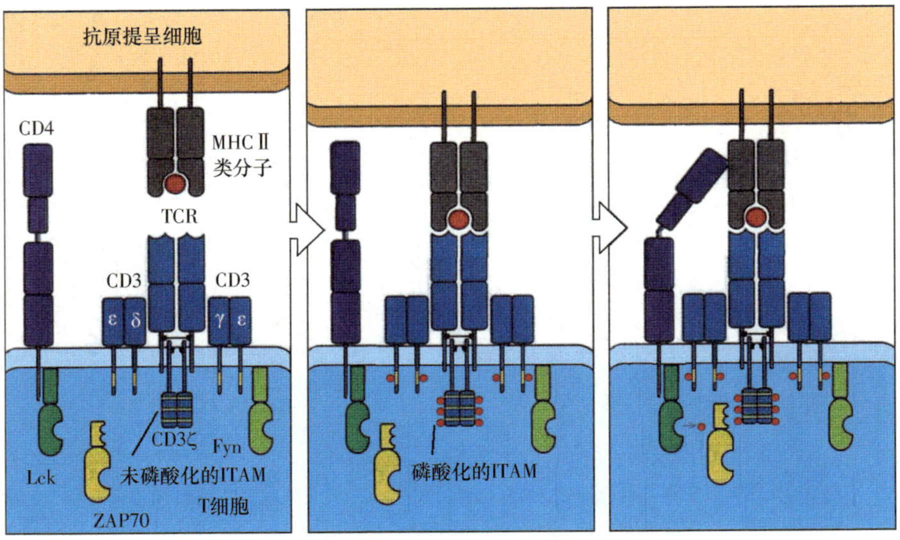

图 11-5 T 细胞激活的第一信号及其转导

静止 T 细胞 TCR/CD3 胞浆段 ITAM 未磷酸化。TCR 一旦与 pMHC 结合→受体相关激酶活化→CD3 胞浆段 ITAM 发生磷酸化→ZAP-70 与 ITAM 磷酸化部位结合。共受体 CD4 与 MHC Ⅱ类分子结合→CD4 胞浆段偶联的激酶在空间位置上向 TCR/CD3 复合物靠近→该酶进一步使 ZAP70 和 CD3 胞浆段 ITAM 发生磷酸化→转导第一信号

2. $CD4^+$T 细胞活化的第二信号 仅有 TCR 来源的抗原识别信号尚不足以激活 T 细胞，只有具备双信号 T 细胞才能完全活化。T 细胞与 APC 表面多个共刺激分子对（如 CD28、CTLA-4/CD80、CD86，PD-1/PD-L1、PD-L2，ICOS/ICOSL，CD40L/CD40 等）相互作用，产生 T 细胞活化的第二信号（共刺激信号），其中尤以 APC 表面 B7（CD80、CD86）与 T 细胞表面 CD28 最为重要（图 11-6）。在双信号作用下，通过 PLC-PKC、IP3 及 PI-3K-Ras-MAPK 信号途径，激活各种转录因子，诱导促进 T 细胞生长和分化的细胞因子（如 IL-2 等）及相应受体表达。（详见第九章）

（1）第二信号参与 $CD4^+$T 细胞激活的作用：①初始 T 细胞仅表达由β和γ链组成的中等亲和力 IL-2R，第一信号诱导 T 细胞表达α链，与β和γ链组成高亲和力 IL-2R；②双信号可促进 IL-2 mRNA 转录并延长 IL-2 mRNA 半寿期，使 IL-2 表达水平增加 100 倍，IL-2 不仅参与 T 细胞存活、增殖和分化，也是 Treg 细胞存活和发挥功能所必需；③APC 表面 4-1BBL、ICOSL、OX40L 等分别与 T 细胞表面 4-1BB、ICOS、OX40 等结合，可进一步促进 T 细胞活化和增殖，尤其 ICOS/ICOSL 参与滤泡 Th 细胞（Tfh 细胞）活化和分化，在胸腺依赖性抗体应答中发挥重要作用。

另一方面，已识别特异性抗原（获得第一信号）的 T 细胞若缺乏第二信号，则可出现失能（anergy）或克隆丢失（clonal deletion）。例如：自身反应性 T 细胞虽可识别宿主细胞提呈的自身抗原肽，但由于自身抗原不能诱导正常组织及 APC 表达共刺激分子，导致自身反应性 T 细胞失能，并建立自身免疫耐受。

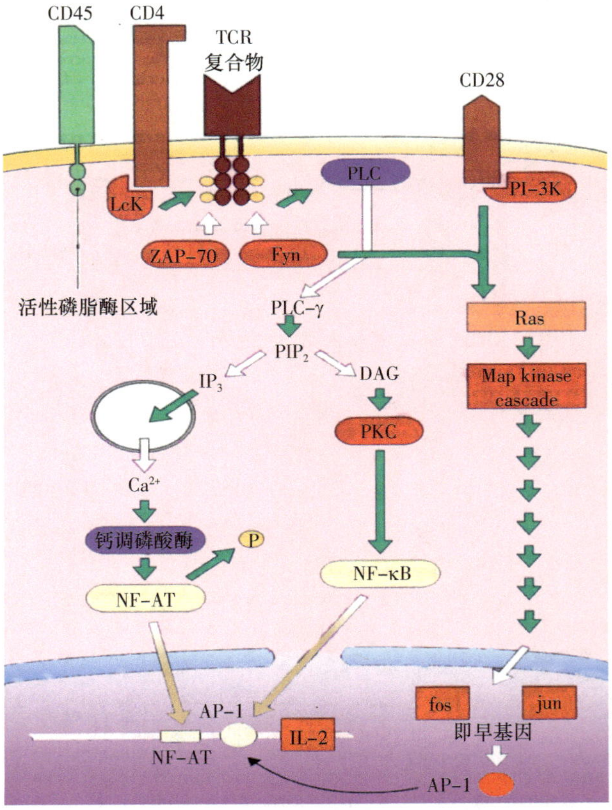

图 11-6 T 细胞激活的双信号

TCR/CD3 与共受体启动的第一活化信号激活 PLC-γ→活化 PKC 和 IP3 通路→部分转录因子（如 NF-AT、NF-κB）活化，但不足以诱导 IL-2 基因转录；CD28 与配体结合→启动共刺激信号→活化 PI-3K-Ras-MAPK 途径→激活转录因子 AP-1；双信号激活的转录因子（NF-AT、NF-κB 与 AP-1）共同作用→IL-2 基因转录，并稳定 IL-2mRNA→IL-2 等细胞因子产生增加

此外，必须指出，效应T细胞发挥功能(如$CD8^+$ CTL特异性杀伤靶细胞、$CD4^+$T细胞激活B细胞和巨噬细胞)，不依赖共刺激分子表达。

(2) 第二信号的调控：①活化T细胞表面CD40L与APC表面CD40结合，可双向传递活化信号，诱导APC表达更多共刺激分子(如B7)；②共抑制分子的负调节作用，如CTLA-4(CD152)与CD28具有高度同源性，其胞浆段不含ITIM，但与B7亲和力比CD28高20倍，故可竞争性抑制CD28与B7结合，有效限制T细胞活化与增殖反应(图11-7)；PD-1胞浆段含ITIM，与PD-L结合可向T细胞转导抑制信号。

生理情况下，通过调控第二信号可使T细胞维持适度活化，既保证免疫应答的效应，也防止应答过强所致组织损伤。据此，通过阻断共刺激/共抑制信号，可用于治疗某些免疫相关疾病。例如：①应用CTLA-4-Ig阻断CD28与B7相互作用(图11-8)，已被批准用于治疗类风湿性关节炎，也用于抗移植排斥反应、银屑病和Crohn's病的临床试验；②应用抗CTLA-4和PD-1抗体封闭共抑制信号，已用于抗肿瘤的临床试验。

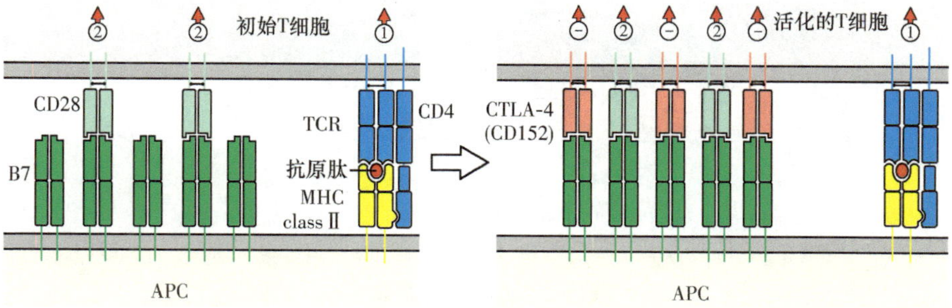

图11-7 CD28/B7和CTLA-4/B7介导的不同效应

APC表面B7与T细胞表面CD28结合→向T细胞提供共刺激信号，使之完全活化。活化的T细胞表达共抑制分子CTLA-4→高亲和力与APC表面B7分子结合→启动抑制T细胞活化的信号

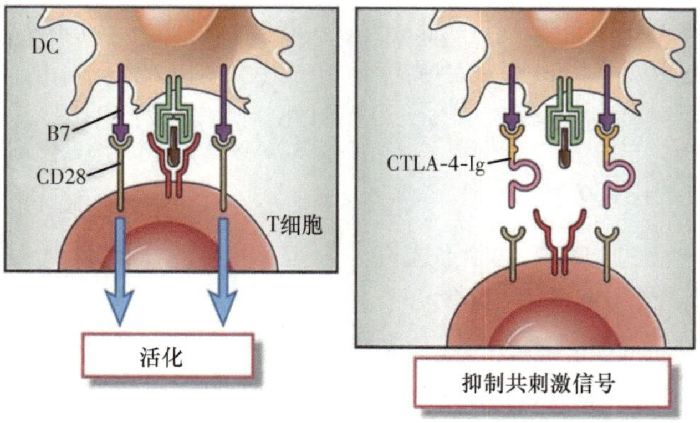

图11-8 基于抑制共刺激信号的治疗策略

CTLA-4胞外段与IgG Fc段的融合蛋白竞争性结合B7→阻断B7与CD28结合→抑制T细胞活化

3. 细胞因子参与$CD4^+$T细胞激活 除双信号外，T细胞充分活化以及增殖、分化还有赖于多种细胞因子参与。这些细胞因子分别来源于T细胞(如IL-2、IL-4、IL-10、IL-12、IL-15和IFN-γ等)和APC(如IL-1、IL-6)。其中，IL-1和IL-2对T细胞增殖至关重要；其他细胞因子参与T细胞分化和激活。

4. 免疫细胞相互作用的分子结构基础——免疫突触 T细胞与其他细胞(T-B、T-APC、T-靶细胞)相互作用过程中，一旦TCR与特异性pMHC结合，TCR和共受体即聚集于细胞接触部位，形成超分子黏附复合物(supermolecular adhesion complex，SMAC)，或称免疫突触(immunological synapse)。其结构为：①外环，即外周SMAC(peripheral SMAC)，含T细胞表面LFA和其他细胞表面ICAM等黏附分子，以及细胞骨架蛋白踝蛋白(talin)，亦称黏附环(adhesion ring)，在TCR和其共受体周围形成分子密封圈；②内环，即中心SMAC(central SMAC)，含信号区(由积聚的TCR-pMHC、共受体、共刺激分子等组成)和分泌区(容纳T细胞或APC等分泌的效应分子和细胞因子)。(图11-9)(见第九章)

免疫突触使T细胞和与其相互作用的细胞间得以形成稳定、紧密、功能被区隔的狭窄空间，其意义为：①保证各种信号的有序转导及彼此协同作用；

②避免无抗原特异性的效应分子（如细胞因子、穿孔素等）扩散，使其在局部以有效浓度选择性作用于 T 细胞和表达特异性抗原的靶细胞，以确保免疫应答和免疫反应的特异性。例如：T 细胞表面聚集于免疫突触内的 IL-2R 与其自身分泌到分泌区的 IL-2 结合，可启动相应的应答。

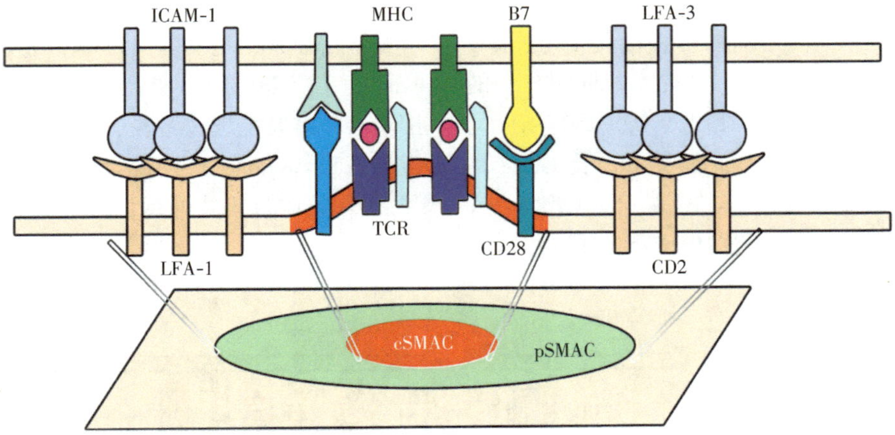

图 11-9 免疫突触的分子结构

CD4⁺T 细胞和 B 细胞接触区域（共聚焦显微镜观察）：外环（绿色荧光）为 T 细胞表面 LFA-1 与 B 细胞表面 ICAM-1 等黏附分子结合组成的黏附环及细胞骨架蛋白踝蛋白；内环（红色荧光）是 TCR/CD3 复合物、CD4、CD28、CD2 和 PKC-θ 等

免疫突触一旦形成，成簇的 TCR 启动信号，使骨架蛋白、分泌器向突触形成部位重新分布，细胞极化，利于效应分子向与靶细胞接触的部位释放。TCR 诱导的骨架蛋白重新分布由 WA 综合征蛋白（Wiskott-Aldrich syndrome protein，WASP）介导，该分子缺陷导致 T 细胞极化障碍，可引发免疫缺陷综合征。

（二）$CD4^+T$ 细胞增殖和分化

1. $CD4^+T$ 细胞增殖 激活的 $CD4^+T$ 细胞迅速进入细胞周期，在多种细胞因子参与下，通过有丝分裂而快速增殖（4～5 天），分化为高表达效应分子（包括膜分子和细胞因子等）的效应 T 细胞，然后离开淋巴器官，随血循环到达抗原入侵部位发挥效应。经扩增后，特异性 $CD4^+T$ 细胞数量可增加 1000～10000 倍，占 T 细胞库 1/100～1/1000。此外，部分活化的 T 细胞分化为长寿命记忆性 T 细胞。

2. $CD4^+T$ 细胞分化 $CD4^+T$ 细胞被激活、增殖后，进而分化为不同的 Th 细胞功能亚群。病原体类型、APC 种类和细胞因子等因素均可影响 $CD4^+T$ 细胞分化的方向。（详见第七章）

（1）Th1 细胞分化：感染可导致 NK 细胞、DC 和巨噬细胞释放 IFN-γ，作用于 T 细胞，激活 STAT1，诱导转录因子 T-bet 表达，导致 T 细胞产生 IFN-γ和 IL-12 受体的信号转导链，而 DC 和巨噬细胞产生的 IL-12 通过活化 T 细胞内 STAT4，进一步使 T 细胞增殖、分化为 Th1 细胞（主要产生 IL-2 和 IFN-γ）。

（2）Th2 细胞分化：Il-4 是促进初始 T 细胞分化为 Th2 细胞的重要因子。初始 T 细胞识别抗原被活化，IL-4 可激活 T 细胞内 STAT6，介导转录因子 GATA-3 表达，后者继而促进 IL-4 等 Th2 型细胞因子（如 IL-4 和 IL-5 等）表达。

（3）Th17 细胞分化：初始 T 细胞被抗原活化，在 IL-6 和 TGF-β作用下，激活转录因子 ROR γT，介导 IL-23 受体表达，在 IL-23 作用下，T 细胞进一步增殖、分化为 Th17 细胞（主要产生 IL-17 和 IL-6）。

（4）Tfh 细胞分化：其分化条件尚不十分清楚，IL-6 可能是 Tfh 细胞分化所需细胞因子。Tfh 细胞的转录因子是 Bcl-6，可促进其表达 CXCR5，使之定位于淋巴滤泡中；Tfh 细胞表达 ICOS，可与 B 细胞表面 ICOSL 结合，对 Tfh 细胞的辅助活性具有重要作用。ICOS 缺陷小鼠其 T 细胞依赖性抗体应答严重受损。

（5）诱导性 Treg 细胞（iTreg）分化：与天然 Treg 细胞（nTreg）不同，在外周组织缺乏病原体且无 IL-6、IFN-γ和 IL-12 存在时，较大量 TGF-β可刺激 T 细胞表达 FoxP3，使之分化为 Treg 细胞（产生 IL-10 和 TGF-β）。nTreg 在胸腺通过与自身抗原肽/MHC 复合物高亲合力结合而被选择，故为自身反应性 T 细胞，主要通过细胞间接触发挥抑制效应，主要功能是阻止自身免疫病发生。iTreg 主要功能则是阻止、限制过度或不适宜免疫应答发生。

此外，还有 Foxp3 阴性的其他类型 Treg 细胞，例如：①Th3 细胞，主要位于黏膜，可产生 IL-4、IL-10 和 TGF-β，在控制黏膜免疫应答和口服免疫耐受中发挥重要作用；②Tr1 细胞，主要通过分泌 IL-10、TGF-β发挥免疫抑制作用，未成熟DC提呈抗原中所分泌的IL-10和IFN-α可促进Tr1细胞分化。

局部微环境中细胞因子种类可调控$CD4^+T$细胞定向分化，从而决定免疫应答的类型。例如：①选择性促进Th1细胞分化，可介导细胞免疫应答并产生调理性抗体（IgG）；②Th2细胞占优势，主要介导体液免疫应答（特别是IgM、IgA和IgE分泌）；③Th17细胞在感染早期对募集中性粒细胞具有重要作用；④调节性T细胞可阻止炎症反应并维持免疫耐受。

（三）$CD8^+T$细胞激活、增殖和分化

1. $CD8^+T$细胞激活与增殖　初始$CD8^+T$细胞激活比$CD4^+T$细胞需要更强的共刺激信号。其主要活化方式为（图11-10）：

（1）直接激活：某些病毒感染时，成熟DC被完全活化，可高表达共刺激分子，直接向$CD8^+T$细胞提供双信号，刺激其合成IL-2并促使自身增殖，进而分化为细胞毒性T细胞，该过程无需Th细胞辅助。

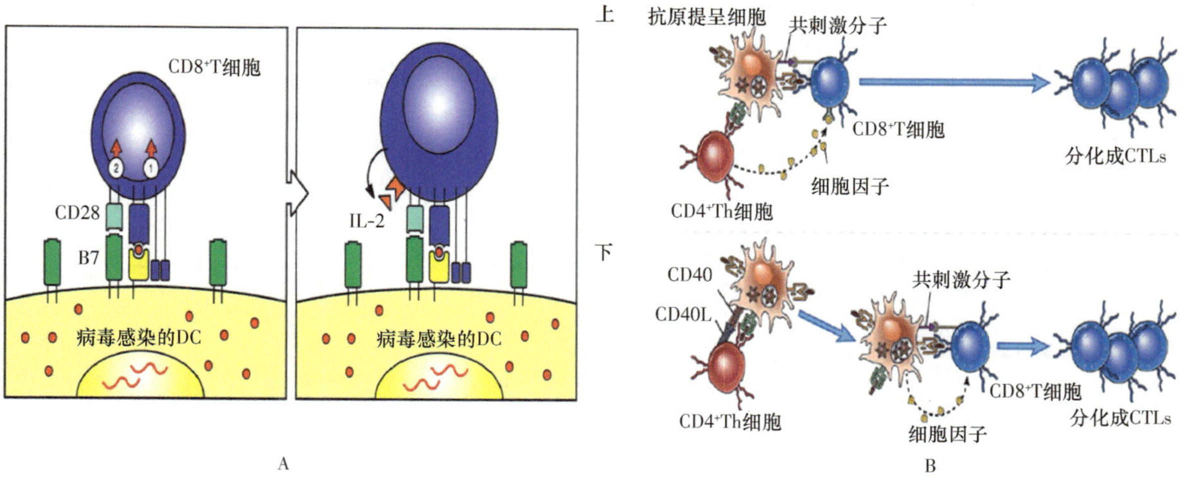

图11-10　$CD8^+T$细胞的直接激活与间接激活

A. $CD8^+T$细胞的直接激活：感染病毒的DC高表达B7，直接向初始$CD8^+T$细胞提供双信号，使之活化并产生IL-2，促进其增殖、分化；B. $CD8^+T$细胞的间接激活：（上）若APC所提供的共刺激信号较弱，即有赖Th细胞辅助：效应Th细胞与$CD8^+T$细胞需与同一APC结合，Th细胞分泌IL-2等细胞因子，辅助$CD8^+T$细胞活化；（下）效应Th细胞激活APC，上调其表达共刺激分子，使之激活$CD8^+T$细胞

（2）间接激活：多数情况下，APC仅低表达共刺激分子，则$CD8^+T$细胞激活有赖$CD4^+Th$细胞辅助。机制为：$CD4^+T$细胞和$CD8^+T$细胞识别同一APC所提呈的特异性抗原，Th细胞旁分泌IL-2而诱导$CD8^+T$细胞活化、增殖和分化；效应性$CD4^+Th$细胞识别APC提呈的特异性pMHC Ⅱ，$CD4^+Th$细胞表面CD40L与APC表面CD40结合，可上调APC表达共刺激分子（B7和4-1BBL），从而向$CD8^+T$细胞提供足够强度的共刺激信号，诱导其产生IL-2并增殖、分化。

特异性$CD8^+T$细胞增殖后，其数量较特异性初始T细胞增加5万倍。

2. $CD8^+T$细胞的分化　有关$CD8^+T$细胞功能亚群的分化及其机制，目前的认识较肤浅。文献报道，按照所分泌的细胞因子谱，$CD8^+T$细胞也可分化为Tc1、Tc2、Tc17等功能亚群。

三、T细胞的功能及其机制

与初始T细胞相比，效应T细胞具有如下特征：①可合成、分泌多种效应分子，如细胞毒素（穿孔素、颗粒酶等）、各种蛋白酶、细胞因子等；②膜分子表达改变，可表达FasL，介导靶细胞凋亡；不表达L-选择素，表达整合素（VLA-4），可与炎症部位血管内皮细胞黏附，并浸润炎症灶发挥效应；高表达CD2和LFA-1，增强其与靶细胞结合的亲和力；不表达CD45RA，但表达CD45RO，故对低剂量抗原刺激更为敏感；表达CD40L，参与$CD4^+T$细胞（Th1和Th2细胞）效应功能，如激活B细胞，促进其增殖和抗体类型转换，促进巨噬细胞分泌TNF-α，并对低剂量IFN-γ敏感。

不同类型效应T细胞作用于不同靶细胞，其生物学效应及机制各异（详见第六章）。例如：$CD8^+CTL$通过释放毒性颗粒及死亡受体途径，特异性杀伤靶细胞；$CD4^+T$细胞的不同亚群功能各异，Th1细胞主要通过分泌细胞因子激活巨噬细胞，介导迟发型超敏反应；Th2细胞主要通过促进嗜酸粒细胞、肥大细胞和IgE介导的应答控制寄生虫特别是蠕虫感染；Th17细胞在适应性免疫应答早期刺激中性粒细胞应答，吞噬和清除细胞外细菌和真菌；存在于淋巴组织淋巴滤泡内的Tfh细胞则可辅助B细胞产生高亲和力抗体，介导体液免疫应答（详见第二节）。本节重点介绍$CD8^+$

T 细胞和 CD4$^+$Th1 细胞介导的细胞免疫应答。

(一) CTL 功能及其机制

CTL 主要杀伤胞内寄生病原体(病毒、某些胞内寄生菌等)的宿主细胞、肿瘤细胞等。CTL 多为 CD8$^+$ T 细胞,可识别 MHC Ⅰ类分子提呈的抗原;约 10% CTL 为 CD4$^+$T 细胞(主要为 Th1 及一些 Th2 细胞),可识别 MHC Ⅱ类分子提呈的抗原。CTL 可高效、特异性杀伤携带抗原的靶细胞,而不损害正常组织。本章重点介绍 CD8$^+$CTL 的胞毒效应。

1. 效-靶细胞结合 CD8$^+$T 细胞在淋巴组织内增殖、分化为效应 CTL,在趋化因子作用下离开淋巴组织向感染灶集聚。效应性 CTL 表达黏附分子(如 LFA-1、CD2 等)的水平比初始细胞高 2~4 倍,可有效结合低表达相应受体(ICAM、LFA-3 等)的靶细胞。若靶细胞不携带特异性抗原,则 CTL 脱离该细胞,继而与其他靶细胞黏附,直至遇到特异性抗原(图 11-11)。CTL 的 TCR 与靶细胞特异性 pMHC Ⅰ结合,其激活信号(不需共刺激信号)使 T 细胞表面黏附分子与靶细胞相应受体的亲和力增加,效-靶细胞结合更牢固,在两者间形成紧密、狭小的空间(即免疫突触),使 CTL 所分泌的非特异性效应分子集中于此空间,选择性杀伤与之接触的靶细胞,而不影响邻近正常细胞。

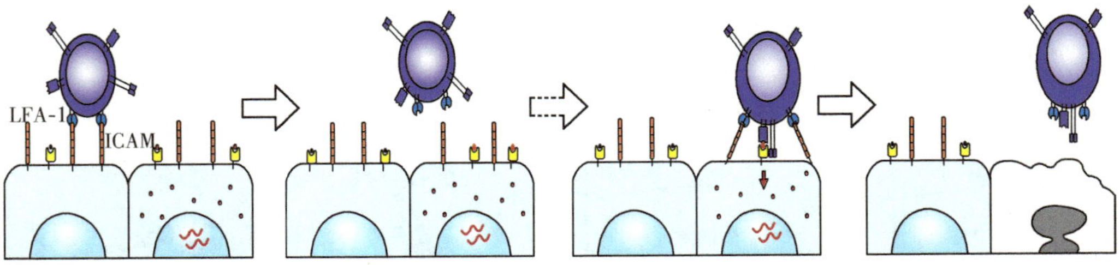

图 11-11 CTL 与靶细胞相互作用起始于非特异性黏附分子的结合

CD8$^+$CTL 与靶细胞起始接触由非特异性黏附分子结合而介导(如 T 细胞表面 LFA-1 与靶细胞表面 ICAM-1 或 ICAM-2 结合)。这种结合允许 T 细胞寻找靶细胞是否提呈特异性抗原,若靶细胞不携带特异性抗原,CTL 即与之脱离,继而与其他靶细胞黏附,直至遇到特异性抗原。TCR 识别信号可进一步加强黏附分子间结合,延长效-靶细胞接触,诱导 T 细胞释放效应分子杀伤靶细胞,随后离开

2. CTL 的极化 CTL 的 TCR 与靶细胞表面肽/MHC Ⅰ类分子复合物特异性结合后,TCR 及共受体向效-靶细胞接触部位聚集,导致 CTL 的极化,即细胞骨架系统(如肌动蛋白、微管)、高尔基复合体及胞浆颗粒等均向效-靶细胞接触部位重新排列和分布(图 11-12),从而保证 CTL 内非特异性效应分子定向分泌并作用于所攻击的靶细胞。

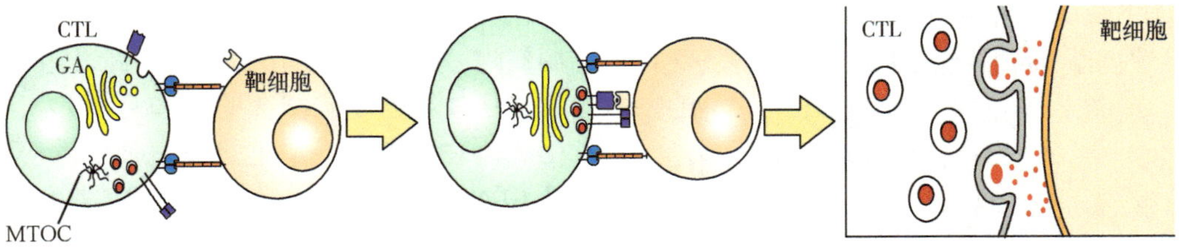

图 11-12 CTL 的极化

CTL 通过黏附分子非特异性与靶细胞黏附,此种黏附不影响 CTL 的颗粒分布。TCR 特异性结合导致 T 细胞极化,即其骨架蛋白、微管组织中心、颗粒及其他亚细胞结构向效-靶细胞接触面重新分布和排列。CTL 将颗粒释放至细胞接触空隙内,以杀伤靶细胞

3. 致死性攻击 CTL 主要借助两类效应分子杀伤靶细胞,即储存于胞浆颗粒内的细胞毒素和诱导性表达的胞毒效应分子(图 11-13)。

(1) 胞内预存的细胞毒素:CTL 可在 5 分钟内杀伤携带特异性抗原的靶细胞,这种快速反应性提示是预存的效应分子发挥胞毒作用。储存于 CTL 胞浆颗粒内的细胞毒素有 3 种:

1) 穿孔素(perforin):其单体以钙离子依赖性方式与靶细胞膜磷酸胆碱结合,可插入靶细胞膜,在钙离子存在情况下,多个单体聚合形成直径为 16nm 的小孔,其外面为亲脂性,内面为亲水性孔道,可使水、钠迅速进入细胞内,导致靶细胞崩解。穿孔素的生物学效应类似于补体激活所形成的膜攻击复合体(MAC)。

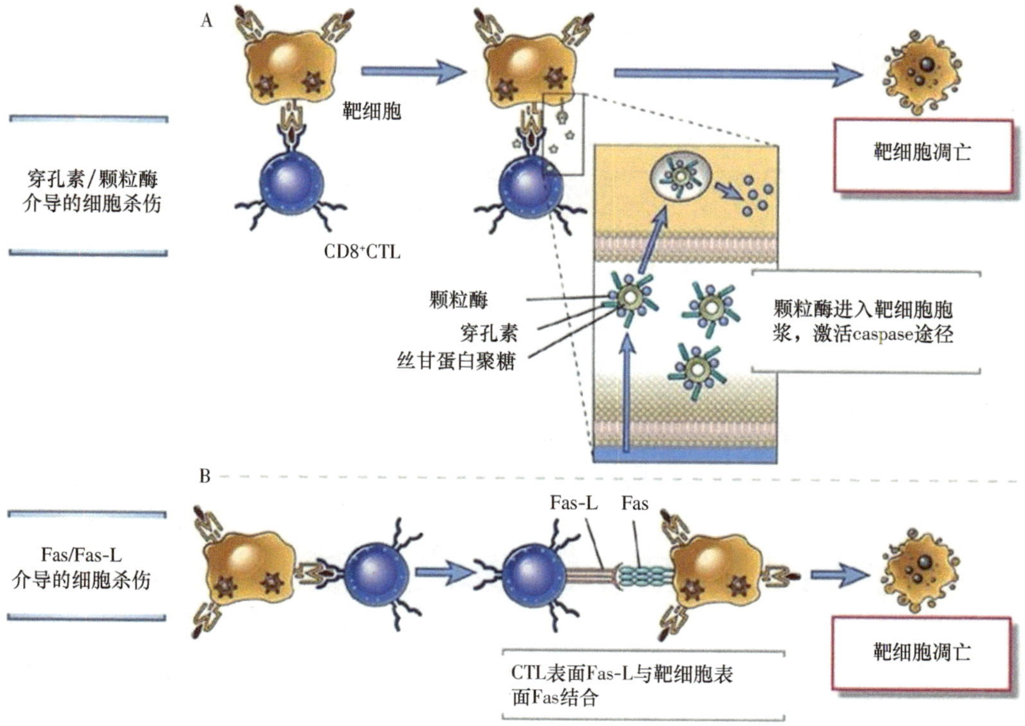

图 11-13　CTL 特异性杀伤靶细胞的机制

CTL 与携带抗原的靶细胞特异性结合，其杀伤靶细胞的机制为：A. CTL 通过脱颗粒而释放穿孔素/颗粒酶与 serglycin 形成的复合物，颗粒酶通过穿孔素依赖性机制进入靶细胞胞浆，活化 caspase 途径，诱导靶细胞凋亡；B. 活化 CTL 表达 FasL，与靶细胞表面 Fas 结合，通过激活 caspase 而诱导靶细胞凋亡

2）颗粒酶（granzyme）：属丝氨酸蛋白酶，人、小鼠分别有 5 个和 10 个成员，其中对人颗粒酶 B 研究最为深入。一般认为颗粒酶随 CTL 脱颗粒而出胞，循穿孔素在靶细胞膜所形成的孔道进入靶细胞，通过激活凋亡相关酶的级联反应，水解与 DNA 酶（caspase activated deoxyribonuclease，CAD）结合的抑制物，使 DNA 酶活化并入核，继而水解 DNA，导致靶细胞凋亡。

目前认为，穿孔素和颗粒酶可与丝甘蛋白聚糖（serglycin）形成多聚体复合物，以内吞膜泡（endocytic vesicle）形式释放至靶细胞膜，通过未知机制，穿孔素诱导颗粒内容物释放至靶细胞胞浆，而无明显孔道形成。进入胞浆的颗粒酶 B 激活 Caspase 途径并剪切 BID，导致线粒体释放细胞色素 C，最终使靶细胞凋亡。其他颗粒酶可通过不同机制诱导凋亡。凋亡细胞内膜磷脂酰丝氨酸翻转至膜外，从而被吞噬细胞识别、吞噬和降解，但不刺激共刺激分子表达，故正常情况下凋亡细胞不刺激免疫应答。

3）颗粒溶解素（granlysin）：仅人 CTL 可分泌此类分子，其具有抗菌作用，在高浓度下可诱导靶细胞凋亡。

（2）诱导表达的胞毒效应分子：①激活的 CTL 细胞膜高表达 FasL，通过与靶细胞表面 Fas 结合而介导凋亡；②分泌 TNF-α、TNF-β，可与靶细胞表面 TNFRI 结合，介导靶细胞凋亡；分泌 IFN-γ，可诱导病毒感染细胞表达 MHC 分子，提高对 CTL 攻击的敏感性。

CTL 诱导靶细胞凋亡的意义为：①清除感染细胞，并保护正常组织细胞不受损害；②靶细胞凋亡过程可激活多种酶，其中内源性核酸酶激活可降解病毒 DNA，其他酶激活可清除非病毒的胞内病原体。

CTL 杀死靶细胞后即与之脱离，继而再次与表达相同特异性抗原的靶细胞结合，对其发动攻击，从而高效、连续、特异性地杀伤靶细胞，而不导致正常组织细胞损害。

（二）Th1 细胞的功能及其机制

多数情况下，巨噬细胞可杀伤吞噬的病原体，而无需进一步活化。但是，某些胞内寄生的病原体（如分支杆菌属的结核或麻风杆菌）主要在巨噬细胞的吞噬小体内生长，通过抑制吞噬体与溶酶体融合或干扰吞噬小体酸化，导致溶酶体酶激活受阻，从而有利于病原体在宿主细胞内存活，并逃避特异性抗体和 CTL 的攻击。针对此类胞内寄生病原体，Th1 细胞可通过活化巨噬细胞及释放各种细胞因子，促进 B 细胞分泌高效的调理性抗体而清除之。因此，对于抵御胞内寄生的病原体或新近被吞噬的胞外病原体，Th1 细胞激活的巨噬细胞发挥重要作用。激活的 Th1 细胞发挥效应有赖于新合成的细胞因子和膜分子，此过程需数小时。

1. Th1 细胞对巨噬细胞的作用 Th1 细胞可产生多种细胞因子和表达膜分子，通过多种途径作用于巨噬细胞。（图 11-14）

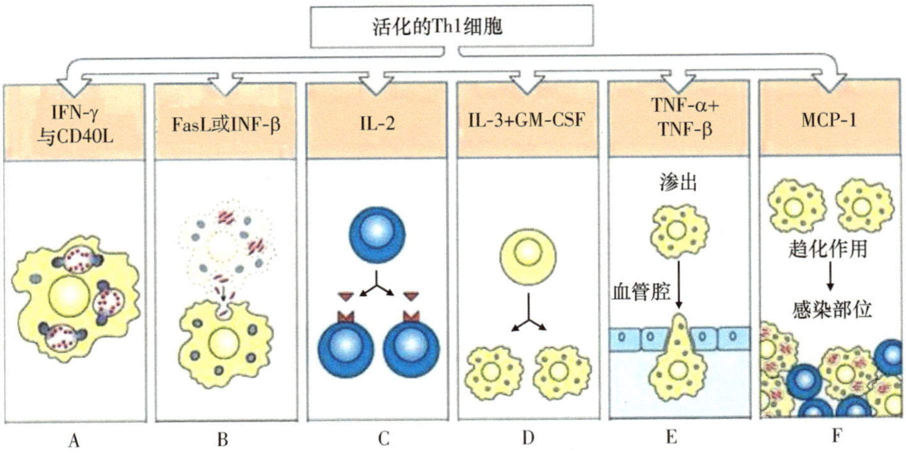

图 11-14 Th1 细胞功能

A. 分泌 IFN-γ（和表达 CD40L）→活化巨噬细胞并促进其吞噬、杀伤病原体；B. 分泌 TNF-β（和表达 FasL）→杀伤慢性感染的巨噬细胞（后者已丧失杀伤胞内寄生菌的能力）；C. 分泌 IL-2→促进 T 细胞增殖；D. 分泌 IL-3、GM-CSF→刺激骨髓造血干细胞分化为巨噬细胞；E. 分泌 TNF-α、TNF-β 等→作用于血管内皮细胞，促进新生的巨噬细胞离开血管进入组织；F. 分泌趋化因子（MCP-1）→募集巨噬细胞至感染部位

（1）激活巨噬细胞：正常情况下巨噬细胞维持非活化状态，不对自身组织细胞造成损伤。Th1 细胞可同时提供巨噬细胞活化所必须的两个信号：①Th1 细胞与巨噬细胞所提呈的特异性抗原结合，可被激活而分泌 IFN-γ（巨噬细胞活化信号）；②Th1 细胞表面 CD40L 与巨噬细胞表面 CD40 结合，使巨噬细胞对 IFN-γ的敏感性增强（敏感信号）。此外，膜型 TNF-α 或 TNF-β 可替代 CD40L，有效激活巨噬细胞。Th2 细胞也表达 CD40L，但不产生 IFN-γ，却产生 IL-10，从而可抑制并限制巨噬细胞活化。

激活的巨噬细胞表达 CD40，可大量分泌 TNF-α，与 IFN-γ协同，通过不同机制促进巨噬细胞杀伤病原体，例如：诱导 NO 和超氧离子产生；促进溶酶体与吞噬体融合；合成并释放各种抗菌肽和蛋白酶；等等。此外，活化的巨噬细胞也可进一步增强 Th1 细胞的效应，其机制为：①激活的巨噬细胞高表达 B7 和 MHC Ⅱ类分子，具有更强提呈抗原和激活 $CD4^+$T 细胞的能力；②激活的巨噬细胞分泌 IL-12，可促进 Th0 细胞向 Th1 细胞分化，进一步放大 Th1 细胞应答的效应。

必须指出，尽管所有巨噬细胞均表达 IFN-γ受体，但只有可向 Th1 细胞提呈特异性抗原的感染巨噬细胞才能被活化，从而有效、特异性地清除病原体。此现象的生物学意义为：活化巨噬细胞所产生介质（如 NO 和超氧离子等）对病原体和宿主细胞均具有毒性作用，尤其在抵御体积较大、难以吞噬的胞外病原体（如蠕虫等）时，常以组织损伤为代价。Th1 细胞仅激活感染的巨噬细胞，使后者的功能具有高度特异性，可最大限度减少对局部组织的损伤。

（2）清除慢性感染的巨噬细胞：慢性感染胞内寄生菌的巨噬细胞丧失活化和杀伤能力，成为病原体的蔽护所。Th1 可通过 FasL-Fas 途径杀伤此类巨噬细胞。某些分支杆菌可能未进入细胞囊泡而存在于胞浆，对巨噬细胞活化不敏感，但可被 $CD8^+$CTL 杀伤。感染的巨噬细胞被 Th1 细胞或 $CD8^+$CTL 杀伤后，均可释出胞内病原体，后者被新生的巨噬细胞摄取、杀伤。

（3）诱生并募集巨噬细胞至感染部位：①Th1 细胞产生 IL-3 和 GM-CSF，促进骨髓造血干细胞分化为巨噬细胞；②Th1 细胞产生 TNF-α和 TNF-β，可诱导血管内皮细胞高表达黏附分子，同时在其分泌的趋化因子（如 MCP-1/CCL2）作用下，促进巨噬细胞和淋巴细胞黏附于血管内皮，继而穿越血管壁，被募集至感染部位。

2. Th1 细胞对 T 细胞的作用 Th1 细胞产生 IL-2 等细胞因子，可促进 T 细胞（包括 Th1 细胞、CTL 等）增殖，从而放大免疫效应。

如果病原体有效抵抗活化巨噬细胞的杀伤效应，就会出现慢性感染和炎症，常发生一种由巨噬细胞及其吞噬的细菌为中心，外周围绕着活化淋巴细胞的病理现象，称为肉芽肿，可阻止细菌扩散。在结核，肉芽肿中心的细胞发生死亡，类似奶酪，故称为奶酪样坏死。由此可见 Th1 的活化可导致明显病变，若不活化，则发生扩散性感染与死亡。

（三）其他T细胞亚群的功能及其机制

1. Th2细胞功能及其机制　Th2细胞在抗蠕虫感染中发挥重要作用，其机制为：①分泌IL-4和IL-13，可促进蠕虫特异性IgE抗体产生，后者对蠕虫起调理作用，使之被嗜酸粒细胞吞噬；②分泌IL-5，可活化嗜酸粒细胞，使之释放多种效应分子（如主要碱性蛋白、主要阳离子蛋白等），破坏虫体；③Th2型细胞因子可激活肥大细胞，使之表达高亲和力FcεRI，可与IgE包被的蠕虫或变应原结合，导致脱颗粒，诱导局部炎症，破坏寄生虫；④产生IL-13可刺激黏液产生，IL-4和IL-13可刺激胃肠道蠕动，从而发挥针对寄生虫的屏障作用；⑤产生IL-4和IL-13，可诱导旁路活化的巨噬细胞，后者参与组织修复和重建。

此外，Th2型细胞因子可抑制经典巨噬细胞激活，并干扰Th1细胞介导的抗胞内感染。

2. Th17细胞功能及其机制　Th17细胞是一类重要的免疫效应细胞，在炎症反应中发挥重要作用，也参与多种免疫病理过程发生和发展。

Th17细胞主要通过分泌多种细胞因子而发挥效应：①分泌IL-17A和IL-17F，诱导感染局部基质细胞分泌趋化因子、TNF、IL-1和CSF等，趋化、活化中性粒细胞（及一定量单核细胞），在抗真菌和细菌感染中发挥重要作用；②分泌IL-22和IL-17，促进多种细胞产生抗菌肽（如防御素）；③分泌IL-22，通过参与损伤修复和屏障功能而维持上皮屏障完整性；④产生IL-21，促进Tfh细胞分化，刺激生发中心B细胞，促进$CD8^+$T细胞、NK细胞增殖和功能。

T细胞介导的细胞免疫应答具有重要意义：①抗感染，主要针对胞内寄生病原体，包括某些细菌、病毒、真菌及寄生虫等；②抗肿瘤，包括CTL的特异性杀瘤作用，巨噬细胞及NK细胞的非特异性杀瘤作用，以及细胞因子直接或间接的杀瘤效应等；③免疫损伤作用，如Th1细胞介导的迟发型超敏反应参与移植排斥反应和某些自身免疫病发生和发展。

四、细胞免疫应答的恢复阶段——T细胞的转归

（一）活化增殖的T细胞被清除

机体存在严密的调控机制，以适时恢复免疫自稳状态，其机制为：①免疫应答晚期，由于抗原被清除，生长信号和抗原刺激信号减弱，导致线粒体释放细胞色素C，激活Caspase9，诱导活化的T细胞发生被动性凋亡；②持续或反复活化的T细胞高表达Fas和FasL，通过激活Caspase8，导致活化诱导的细胞死亡（activation induced cell death，AICD），这些凋亡细胞可被巨噬细胞清除。通过上述机制，及时终止免疫应答，有效维持自身耐受，淋巴细胞库容积恢复至正常。

（二）产生记忆T细胞

免疫应答第5天，抗原特异性记忆Th细胞产生即达高峰，$CD8^+$记忆T细胞的产生则有赖于$CD4^+$ Th细胞辅助。记忆T细胞的主要特点是长寿（高表达抗凋亡分子Bcl-2、Bcl-X_L并缓慢增殖）和快速活化。记忆T细胞分为两类：①中枢记忆T细胞，主要归巢至淋巴组织，对再次入侵的抗原其效应功能有限，但可增殖、产生大量效应细胞；②效应记忆T细胞，归巢至外周组织，再次抗原刺激后可迅速产生细胞因子或发挥胞毒效应，但其增殖能力有限。（详见第十二章）

第二节　B细胞介导的体液免疫应答

B细胞应答过程随刺激机体的抗原种类不同而各异。胸腺依赖性抗原刺激B细胞应答需Th细胞辅助，胸腺非依赖性抗原可直接刺激B细胞产生应答。

一、B细胞对TD抗原的应答

（一）B细胞对胸腺依赖性抗原的识别

1. 初始B细胞遭遇抗原的途径　成熟的初始B细胞驻留淋巴组织，或在外周淋巴组织淋巴滤泡间循环。抗原以不同形式通过不同途径进入淋巴器官，被B细胞捕获（图11-15）：①多数抗原通过淋巴液进入引流淋巴结，分子量小的可溶性抗原（<70kD）通过被膜下窦和滤泡间管道进入B细胞区，直接与抗原特异性B细胞接触；②病原体或大分子免疫复合物进入引流淋巴结后，可由被膜下窦巨噬细胞以完整形式捕获于自身表面，进而传递给B细胞（或滤泡DC）；③中等大小的抗原不能被巨噬细胞捕获，也不能进入被膜下窦和滤泡间管道，则可被髓质驻留的DC摄取，再迁移至淋巴滤泡，将抗原传递给B细胞；④免疫复合物形式的抗原可激活补体，借助FDC表面补体受体捕获抗原，供B细胞识别。

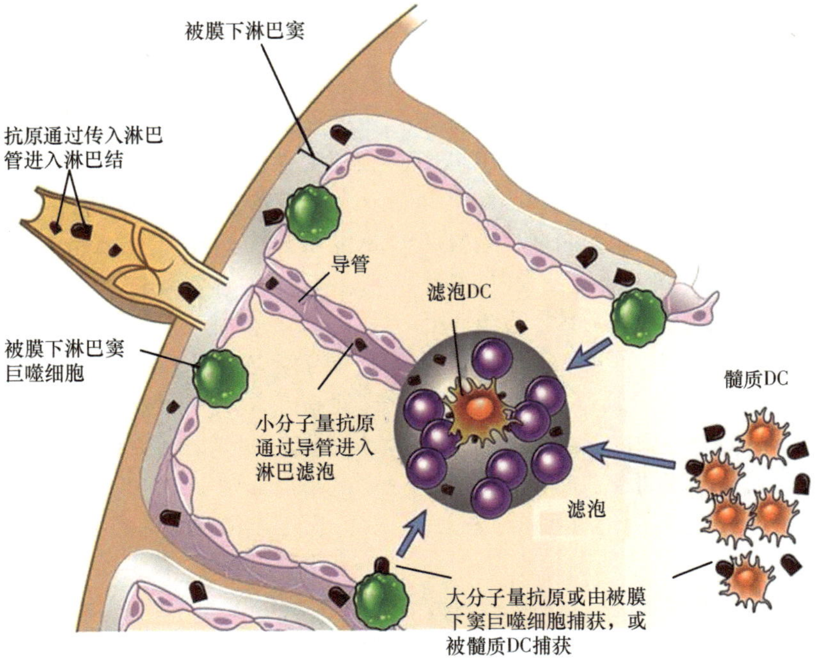

图 11-15 滤泡 B 细胞摄取及识别抗原的途径

淋巴液内小分子量抗原经引流淋巴结被膜下窦而进入淋巴滤泡，供 B 细胞直接识别和摄取；大分子量抗原由被膜下窦巨噬细胞或髓质 DC 捕获，进而传递给滤泡 B 细胞

2. B 细胞对胸腺依赖性抗原的识别 B 细胞针对 TD 抗原的应答有赖抗原特异性 T 细胞辅助。BCR 可直接识别天然抗原表位，而无需 APC 对抗原进行处理和提呈，亦无 MHC 限制性。BCR 识别抗原对 B 细胞的作用是：①BCR 特异性结合抗原，向 B 细胞传递抗原刺激信号；②BCR 与抗原结合，通过内化而摄入，将抗原降解为肽段，形成抗原肽/MHC Ⅱ类分子复合物，并向抗原特异性 Th 细胞提呈抗原，从而获得 Th 细胞辅助。

必须指出，特异性 B 细胞与 Th 细胞相互作用的前提是：Th 细胞所识别的抗原肽来自被 B 细胞识别并内化的抗原。换言之，两者须分别识别同一抗原的 B 细胞表位和 T 细胞表位，此现象称为“联合识别”(linked recognition)(图 11-16)。

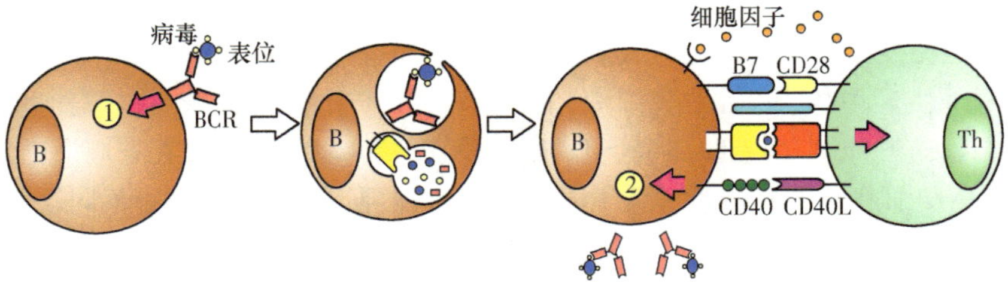

图 11-16 联合识别是 B 细胞和 Th 细胞相互作用的前提

BCR 识别病毒衣壳蛋白所含的 B 细胞表位→病毒内化→同一病毒衣壳蛋白被降解为抗原肽(含可被 TCR 识别的 T 细胞表位)→与 MHC Ⅱ类分子结合为复合物→表达于 B 细胞表面→被抗原特异性 Th 细胞识别→辅助提呈抗原的 B 细胞活化、增殖、分化为浆细胞→产生抗病毒衣壳蛋白抗体

联合识别具有如下生物学意义：

(1) 维持自身免疫耐受：尽管自身反应性 B 细胞可单独识别自身抗原，但自身反应性 T 细胞易产生耐受，因不能联合识别而缺乏 Th 细胞辅助，从而不能对自身抗原产生应答。

(2) 设计 TI 抗原疫苗的理论基础：TI 抗原(如荚膜多糖)可直接激活 B 细胞，由于无联合识别而不能诱导免疫记忆，故不能直接作为疫苗。若将多糖与外源性蛋白(如破伤风类毒素)偶联，该疫苗可被 T 细胞和 B 细胞联合识别，使多糖特异性 B 细胞获抗原特异性 Th 细胞辅助，产生抗多糖抗体和免疫记忆。

(3) 载体效应的基础：半抗原仅被 B 细胞识别，

故不能诱导抗体应答。若将半抗原与蛋白载体偶联，即可被 T 细胞联合识别，从而诱导产生抗半抗原抗体。如青霉素作为半抗原可和宿主蛋白结合，诱导抗体产生，引起过敏反应。

（二）B 细胞活化

初始 B 细胞活化也需双信号和细胞因子参与。

1. 特异性抗原识别信号（第一信号） BCR 直接特异性识别天然抗原表面的表位，B 细胞表面 CD21、CD19 和 CD81 组成 BCR 共受体复合物，可使 B 细胞对抗原刺激的敏感性增强，Ig α/Ig β将第一信号传入 B 细胞内。

通过不同激活途径而形成的补体活性片段均沉积于抗原表面。抗原与 BCR 结合，抗原分子上的补体片段 C3d、C3dg 可与 BCR 共受体中 CD21（CR2）结合。这种抗原-补体片段复合物介导的受体/共受体交联，可激活 CD19 胞内段相关的酪氨酸激酶和 Ig α/Ig β相关的酪氨酸激酶，使 Ig α/Ig β胞浆段 ITAM 磷酸化，经 PLC 和 PI-3K 等传导途径而促进相关基因表达，参与 B 细胞激活（图 11-17）。（详见第九章）

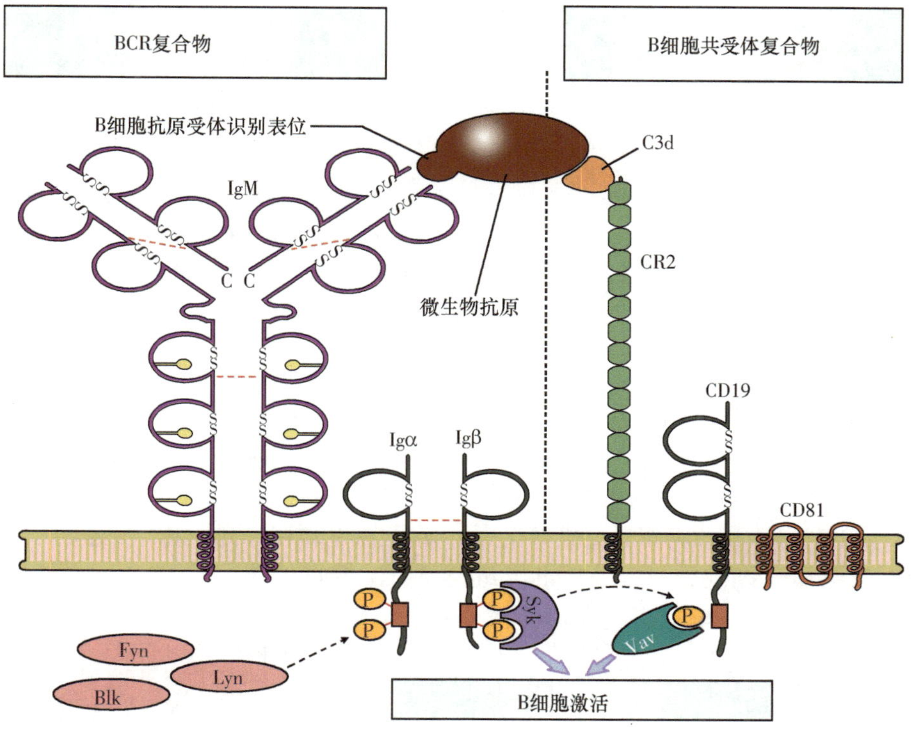

图 11-17　B 细胞激活的第一信号

抗原-C3d 复合物使 BCR（与抗原结合）与 B 细胞共受体复合物（CD21、C3d、CD19）交联→CD19 胞内段和 Ig α/Ig β相关的酪氨酸激酶激活→Ig α/Ig β胞浆段 ITAM 磷酸化→转导抗原识别信号

2. B 细胞激活的共刺激信号（第二信号） 初始 B 细胞完全活化还有赖于 Th 细胞的辅助信号。Th 细胞特异性识别并结合 B 细胞提呈的抗原，Th 细胞表面 CD40L 与 B 细胞表面 CD40 结合，向 B 细胞提供共刺激信号。其效应为：促进 B 细胞进入细胞周期；上调 B 细胞表达 B7 分子，以增强 B 细胞对 Th 细胞的激活作用；促进 B 细胞高频突变及抗体类别转换（图 11-18）。此外，CD30 和 CD30L、4-1BB 和 4-BBL、B7RP 和 ICOS 也参与两者相互作用。

3. 细胞因子的作用 APC 产生的 IL-1 和 Th2 细胞产生的 IL-4 等细胞因子参与 B 细胞活化，诱导 B 细胞依次表达细胞因子受体，对 Th 细胞分泌的细胞因子发生反应。Th 细胞产生的 IL-5 和 IL-6 可促进 B 细胞后期活化。

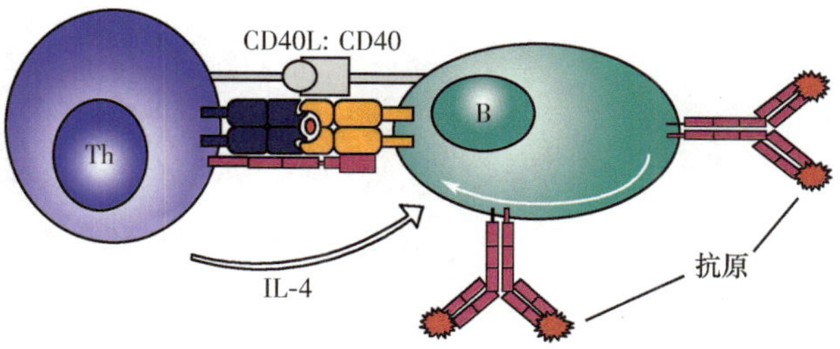

图 11-18　B 细胞激活的第二信号

B 细胞 BCR 识别抗原（→启动第一活化信号）→抗原内化→降解成抗原肽→与 MHC Ⅱ类分子结合成复合物→表达于 B 细胞表面。效应 Th 细胞识别 B 细胞表面的特异性抗原-MHC Ⅱ类分子复合物→与 B 细胞稳定结合；T 细胞表面 CD40L 与 B 细胞表面 CD40 结合→向 B 细胞提供共刺激信号；T 细胞分泌细胞因子（IL-4）→参与 B 细胞活化

4. Th细胞与B细胞相互作用的结构基础——免疫突触 免疫突触确保Th细胞分泌的细胞因子仅作用于与其结合的B细胞。以Th2细胞与B细胞相互作用为例：Th2细胞与B细胞所提呈的抗原特异性结合，使Th2细胞骨架系统和分泌装置均向与B细胞接触的部位发生极化，多种黏附分子对在Th2和B细胞接触面外周形成封闭圈，使Th2细胞所分泌的IL-4等细胞因子被限制在两者接触的狭小空间，以维持局部高浓度，并阻止扩散。由于活化的B细胞才高表达相应细胞因子受体，故这些非特异性细胞因子可选择性作用于与Th2细胞结合的抗原特异性B细胞(图11-19)。

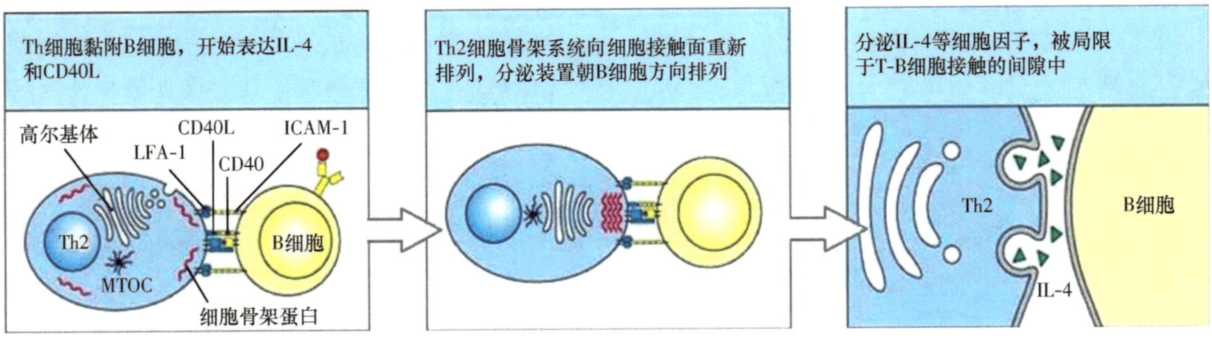

图11-19 Th2细胞与B细胞通过形成突触而相互作用

Th2细胞识别B细胞提呈的抗原；Th2细胞表面CD40L与B细胞表面CD40结合；抗原特异性结合使T-B细胞形成紧密连接→其间隙被外环的黏附分子(Th2细胞表面LFA-1等和B细胞表面ICAM-1等)结合而封闭；Th2细胞骨架系统向细胞接触面重新排列→分泌器朝B细胞方向排列→分泌IL-4等细胞因子，后者局限于Th2细胞与B细胞接触的间隙中

5. B细胞和Th细胞间相互作用的定位 理论上，抗原特异性T细胞和B细胞相遇的概率极低，其原因为：①体内针对任一抗原的特异性初始淋巴细胞克隆数仅占淋巴细胞克隆总数的$1/10^4 \sim 10^6$，故任一抗原特异性T细胞和B细胞相遇的概率仅为$1/10^8 \sim 10^{12}$；②T细胞和B细胞分布于外周淋巴组织的不同区域，使两者更加难以相遇。但是，针对TD抗原的应答中，通过抗原特异性捕获，可使具有相同抗原特异性的T细胞和B细胞被滞留于外周淋巴组织，从而极大增加两者相遇概率。T细胞和B细胞相互作用首先发生于滤泡外，数天后发生于滤泡内(图11-20)。

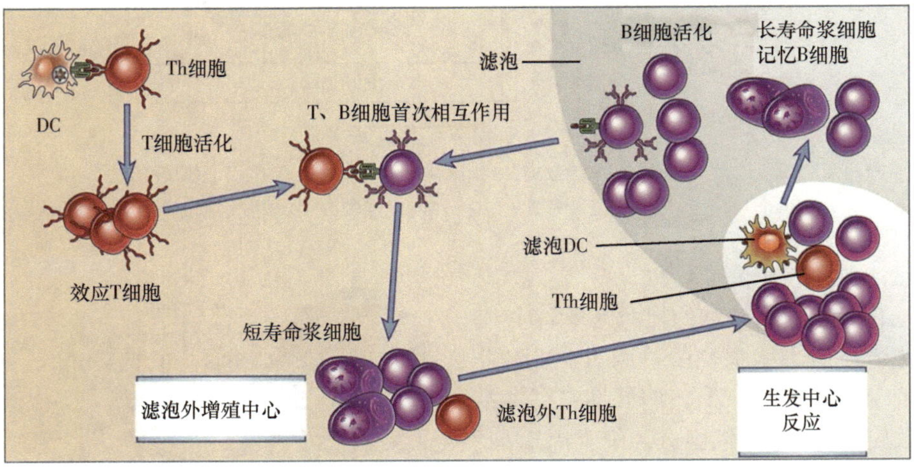

图11-20 T细胞与B细胞在淋巴滤泡内外的相互作用

T细胞在淋巴结T细胞区识别DC提呈的抗原→活化、增殖和分化为效应T细胞；滤泡外Th细胞与滤泡内被抗原活化的B细胞均迁移至T细胞区及淋巴滤泡交界处→两者首次相互作用→产生短寿命浆细胞；部分滤泡外活化的B细胞与T细胞进入淋巴滤泡→在生发中心再次相互作用→产生长寿命浆细胞和记忆细胞

(1)抗原特异性T细胞在T细胞区识别APC提呈的抗原：①摄取抗原的APC迁移至外周淋巴组织T细胞区，参与再循环的初始T细胞持续流经APC；②抗原特异性T细胞借助TCR特异性识别并结合APC表面pMHC，可滞留于淋巴组织T细胞区，并在此增殖、分化为效应细胞；③非Tfh的效应细胞离开淋巴组织，进入感染部位发挥效应；Tfh前体细胞经DC诱导后表达CXCR5，向淋巴滤泡边缘迁移。

（2）B 细胞与 T 细胞在 T 细胞区和淋巴滤泡交界处首次相互作用：①初级淋巴滤泡基质细胞和 FDC 分泌 CXCL13，可将血循环中 CXCR5 阳性初始 B 细胞趋化至淋巴滤泡内，通过上述途径捕获抗原，诱导其表达 CCR7 和特异性 pMHC Ⅱ复合物；②B 细胞在 CCL21 作用下向 T 细胞区迁移；③在 T 细胞区和淋巴滤泡交界处，B 细胞提呈的抗原被特异性 Tfh 前体细胞识别，两者相互作用，Tfh 细胞提供共刺激信号和细胞因子激活 B 细胞。已摄取抗原的 B 细胞若不能与 Tfh 细胞相互作用，则在 24 小时内死亡。

（3）B 细胞与 T 细胞在滤泡内再次相互作用：①经滤泡外活化的部分 B 细胞进入淋巴滤泡，继续增殖形成生发中心；②滤泡外与 B 细胞相互作用的 Tfh 细胞获得初步定型能力，也进入淋巴滤泡；③T-B 细胞在淋巴滤泡生发中心再次相互作用，促进 Tfh 细胞分化成熟，并促进 B 细胞分化为分泌高亲和力抗体的浆细胞和记忆细胞。

（三）B 细胞增殖和分化

1. 生发中心（germinal center，GC）是 B 细胞增殖、分化的主要场所　B 细胞应答可发生于外周淋巴组织不同部位：

（1）滤泡外应答：经滤泡外 T 细胞辅助，部分活化增殖的 B 细胞迁移至淋巴结髓质（脾脏红髓和 T 细胞区之间）并继续增殖，于感染后第 5 天形成初次 B 细胞聚合灶（primary focus）或称滤泡外灶（extrafollicular focus）。部分增殖的 B 细胞在聚合灶分化为浆细胞，其产生一定量低亲和力特异性抗体（主要为 IgM），并发生低度体细胞突变和抗体类别转换，可提供即刻防御性反应。由聚合灶产生的浆细胞或浆母细胞均为短寿命（约 3 天），不能迁移至骨髓（图 11-20）；另一部分活化 B 细胞和 T 细胞则进入淋巴滤泡（见后）。

（2）生发中心（滤泡内）应答：滤泡外 T-B 细胞相互作用后，部分活化并开始增殖的 B 细胞迁移至附近 B 细胞区（即初级淋巴滤泡），继续增殖并形成生发中心（次级淋巴滤泡）。生发中心主要由增殖的 B 细胞组成，但其中约 10% 细胞为抗原特异性 T 细胞。生发中心的结构为：被膜区（mantle zone），由增殖的 B 细胞将静止 B 细胞挤至边缘而形成；暗区，由迅速增殖的 B 细胞（称中心母细胞）形成；亮区，由较慢增殖的 B 细胞（称中心细胞）、Tfh 细胞和滤泡树突状细胞形成（图 11-21）。

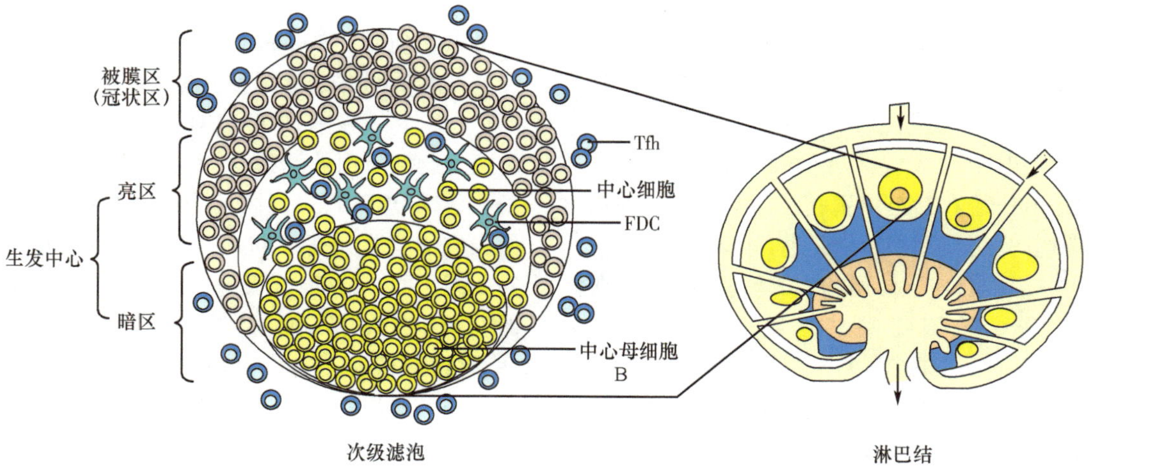

图 11-21　淋巴结生发中心结构及其细胞组成

生发中心外围是 T 细胞区。快速增殖的 B 细胞（中心母细胞）紧密聚集在一起，形成生发中心暗区；较慢增殖的 B 细胞（中心细胞）、滤泡树突状细胞（FDC）和 Th 细胞构成生发中心亮区；再循环的静止 B 细胞在生发中心边缘组成被膜区

生发中心的重要性在于向 B 细胞提供合适的发育微环境，例如：生发中心的 FDC 通过将抗原（免疫复合物形式）长期滞留在其表面，向 B 细胞持续提供抗原信号；B 细胞接受 Tfh 细胞辅助（表达 CD40L 及分泌细胞因子）。通过 DC、Tfh 细胞、B 细胞间复杂的相互作用，使 B 细胞在生发中心经历克隆增殖、抗体可变区的体细胞高频突变、改变自身抗原特异性的抗原受体编辑、抗体类别转换、抗体亲和力成熟及阳性、阴性选择等过程，最终分化为抗体亲和力成熟的浆细胞和长寿命记忆性 B 细胞。

2. Tfh 细胞辅助 B 细胞增殖分化

（1）Tfh 细胞分化的过程（图 11-22）：①致敏或诱导阶段，DC 将抗原提呈给初始 $CD4^+$T 细胞，DC 表面 ICOSL 与 T 细胞表面 ICOS 结合，在 IL-6 与 IL-21 参与下，T 细胞迅速表达 CXCR5，并低表达 Bcl-6，成为 Tfh 前体细胞，在 CXCL13 作用下向 B 细胞区迁移；②定型阶段，在 T 细胞区和淋巴滤泡交界处，Tfh 前体细胞表面 ICOS 与活化的 B 细胞表面 ICOSL 结合，T 细胞上调 Bcl6 表达，成为 Tfh 细胞；③完全极化阶段，Tfh 与 B 细胞在生发中心相互作用（ICOSL-ICOS 及 CD84-CD84），使之完全分化（称 GC Tfh 细胞）。

（2）GC Tfh 细胞的特征：①高表达 Bcl-6、CXCR5、ICOS 和 PD-1；②表达 SAP，可参与介导 T-B 细胞黏附信号，且可活化 Bcl-6，诱导 IL-4 产生；③根据抗原刺激不同，GC Tfh 细胞可产生 Th1、Th2 或 Th17 型细胞因子。

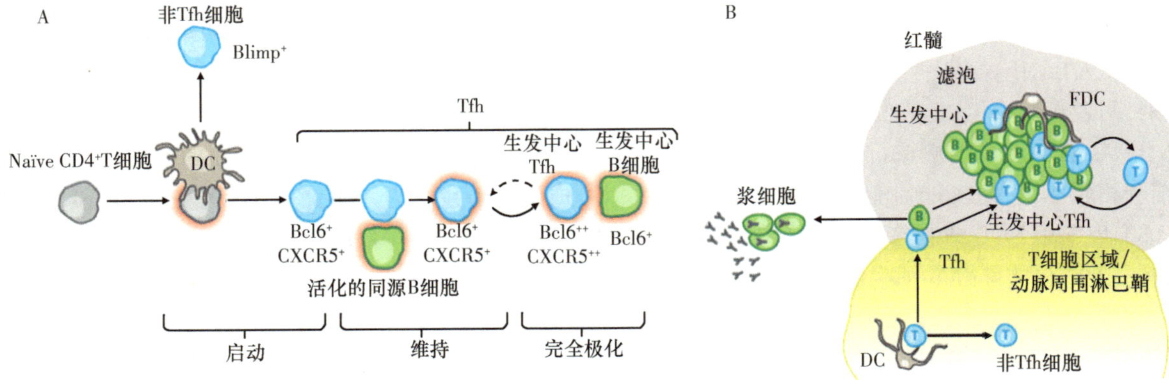

图 11-22 Tfh 细胞分化与分布

A. Tfh 细胞分化阶段包括启动（致敏）、维持（定型）和完全极化；Tfh 细胞表型为 $Bcl6^+CXCR5^+CD4^+T$ 细胞；B. Tfh 细胞在脾脏或淋巴结内分化及分布

（3）Tfh 细胞的功能：

1）Tfh 细胞促进生发中心形成：GCB 细胞高表达 Fas 而低表达抗凋亡分子，对凋亡敏感，故 B 细胞须持续获得生存信号。GC Tfh 细胞可促进 B 细胞生存和增殖，其机制为：①Tfh 细胞表面 CD40L 与 GC 内 B 细胞表面 CD40 结合，可向 B 细胞提供生存和增殖信号，促进生发中心形成；②产生 IL-21，通过自分泌作用于 T 细胞，起放大效应，作用于 B 细胞，诱导 Bcl-6 表达，促进 B 细胞存活与增殖；③产生 IL-4，可促进 B 细胞上调抗凋亡分子 $Bcl-X_L$，促进其生存。

2）Tfh 细胞参与抗体亲和力成熟：①诱导 B 细胞表达活化诱导的胞嘧啶核苷脱氨酶（activation-induced cytidine deaminase，AID），参与体细胞高频突变；②表达 CD40L 和 IL-21，促进结合抗原的 B 细胞生存和增殖，并通过其表面 FasL 杀伤不能与抗原结合的 GC B 细胞，从而参与阳性选择。

3）Tfh 细胞参与抗体类型转换：①通过 CD40L/CD40 信号诱导 B 细胞表达 AID（抗体类别转换所需关键酶）；②产生 Th1 型（如 IFN-γ）或 Th2 型（如 IL-4）细胞因子，参与抗体类别转换。

4）Tfh 细胞促进浆细胞和记忆 B 细胞产生：①产生 IL-21、IL-10、IL-6 和 IL-4 等，促进 GC B 细胞分化为浆细胞；②表达 OX40，促进浆细胞分泌抗体；③对记忆 B 细胞产生不可或缺（机制尚不清）。

3. 体细胞高频突变与 Ig 亲和力成熟 体细胞高频突变是形成抗体多样性的重要机制之一。Ig 重链和轻链 V 区基因的体细胞突变率（1/1000 碱基突变/每次细胞分裂）比其他体细胞突变率高一千倍，即每次细胞分裂，1 个 B 细胞有 50% 机会使其抗原受体获得 1 个突变。经多次分裂突变积累，高频突变可使 1 个 B 细胞克隆的 IgG 核苷酸序列改变 5%，但多数突变的细胞因阴性选择而发生凋亡。

CDR 区突变可改变 BCR 特异性或亲和力，继而突变细胞经历阳性选择，机制为：每轮突变后 B 细胞表达新的 BCR，进入亮区；凡是其 BCR 不能结合原抗原表位或不能与高亲和力 BCR 竞争抗原表位者，则发生凋亡而被清除；仅极少数能与抗原高亲和力结合的 B 细胞才可与 Tfh 细胞相互作用，被阳性选择存活，再返回暗区，进入下一轮增殖、突变和选择。

经上述反复选择，最初进入生发中心的 B 细胞多被清除，仅存留 1 个至数个抗原特异性 B 细胞的子代，后者分化为高亲和力浆细胞或记忆 B 细胞。因此，抗体 V 区体细胞高频突变及选择是抗体亲和力成熟的主要机制，使存活 B 细胞的平均亲和力明显增高（图 11-23）。高频突变的特征是：①突变多发生于抗体与抗原结合的 CDR 区；②IgG 突变多于 IgM；③突变通常和改变抗体与特异性抗原的亲和力有关。

4. 抗体类别转换（class switching） 抗体生物学效应主要由重链恒定区执行。抗体类别转换指抗体可变区不变，但其重链类别（恒定区基因编码产物）发生改变，其可发生于滤泡外灶及生发中心，主要机制是 Ig 恒定区基因与 V 区基因重组（详见第十二章）。

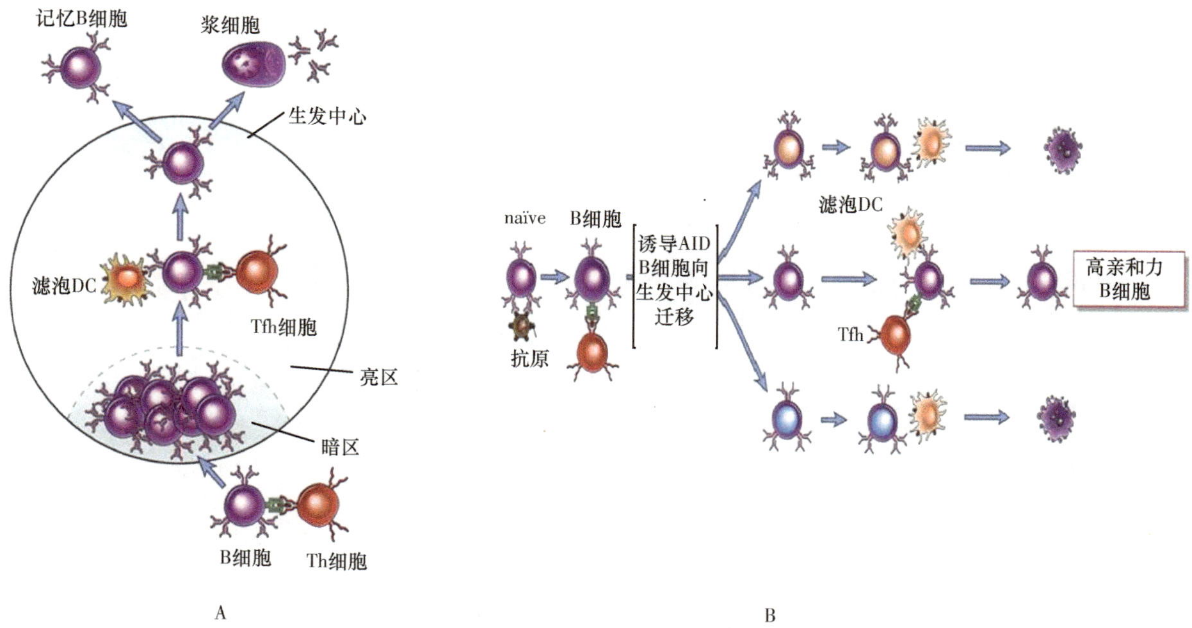

图 11-23　B 细胞在生发中心的成熟

A. B 细胞在初级淋巴滤泡边缘受 Tfh 辅助而被活化→进入淋巴滤泡→增殖形成生发中心暗区；B 细胞经历体细胞高频突变导致 BCR V 区氨基酸置换→迁至亮区→高亲和力识别 FDC 所提呈抗原并获 Tfh 细胞辅助→被选择存活→抗体亲和力成熟及类别转换→分化为可分泌抗体的浆细胞和记忆 B 细胞（另外，浆细胞迁移至骨髓→成为长寿命浆细胞，记忆 B 细胞进入淋巴细胞再循环，本图未显示）；B.（抗体亲和力成熟）B 细胞 BCR 的 V 区基因发生体细胞高频突变→抗体结合抗原的亲和力改变→能与 FDC 提呈的抗原结合并将抗原提呈给 Tfh 细胞的 B 细胞可存活，反之则凋亡；B 细胞对抗原亲和力越高→通过选择而存活的优势越强

影响抗体类别转换的因素为：①抗原种类，如 TI 抗原仅引起有限的抗体类别转换；TD 抗原主要诱导抗体向 IgG 转换；变应原主要诱导抗体向 IgE 转换；②Tfh 细胞辅助作用，如 Tfh 细胞 CD40L 和 B 细胞 CD40 结合对抗体类别转换十分重要；③微环境细胞因子，如蠕虫感染导致 Th2 型细胞因子分泌，IL-4 促进抗体向 IgE 和 IgG1 转换；某些细菌和病毒感染促进 Th1 型细胞因子分泌，IFN-γ促进抗体向调理性和激活补体的抗体 IgG2a 和 IgG3 转换；黏膜细胞产生 TGF-β，在共生菌或病原体作用下，促进 IgA 转换；IL-5 也促进 IgA 产生。

（四）生发中心发育成熟的 B 细胞的转归

B 细胞在生发中心经历增殖、突变与阳性选择的过程中，来自 BCR 和 CD40 的信号可诱导 $Bcl-X_L$ 表达，通过抑制凋亡，促进 B 细胞生存。生发中心的 B 细胞首先分化为浆母细胞，进而分化为以下两类细胞：

1. 浆细胞　部分 B 细胞分化为抗体形成细胞（即浆细胞），离开外周淋巴组织后迁移至骨髓，并从骨髓基质细胞获得生存信号而长期存活。这些浆细胞停止分裂和表达膜 Ig，可高效合成、分泌抗体，成为长时间、持续性提供高亲和力抗体的来源。部分浆细胞进入脾脏红髓或淋巴结髓质，而黏膜组织生发中心分泌 IgA 的浆细胞，则停留于黏膜系统。

B 细胞分化成浆细胞受 B 细胞诱导的成熟蛋白 1（B-lymphocyte-induced maturation protein，BLIMP-1）调控。该分子为转录抑制子，可关闭 B 细胞增殖、抗体类别转换和亲和力成熟所需基因，使 B 细胞分化为浆细胞，其趋化因子受体表达改变，故可离开生发中心而进入外周组织。

2. 记忆 B 细胞　生发中心内部分 B 细胞可分化为记忆性 B 细胞，其为长寿命、低增殖细胞，虽表达膜 Ig，但不产生或仅产生少量抗体。记忆细胞离开生发中心后参与淋巴细胞再循环，一旦遭遇相同抗原刺激，即产生再次应答。

（五）再次应答

病原体初次侵入机体所引发的应答称为初次免疫应答（primary immune response）。初次应答晚期，随抗原被清除，多数效应 T 细胞和浆细胞死亡，同时抗体浓度逐渐下降。但应答过程形成的记忆 T 细胞和记忆 B 细胞因长寿命而得以保留。一旦相同抗原再次入侵，记忆性淋巴细胞可迅速、高效、特异地产生应答，此即再次免疫应答（secondary immune response）（图 11-24）。

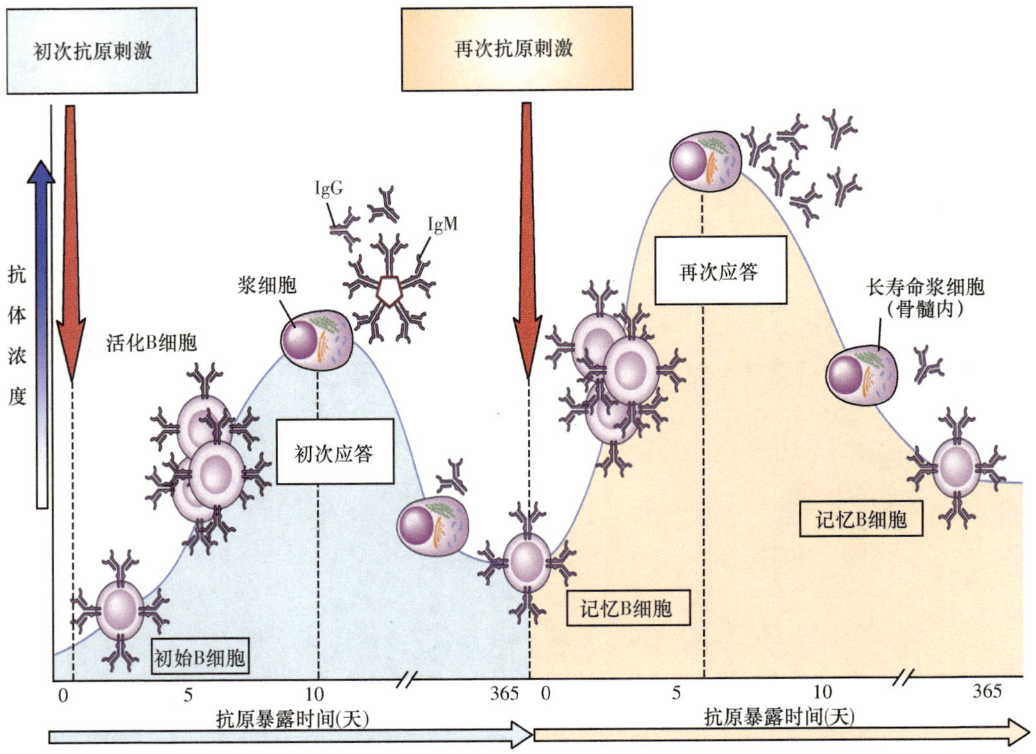

图 11-24 B 细胞的初次应答和再次应答

抗原初次入侵→激活初始 B 细胞→部分分化为短寿命浆细胞→产生并分泌以 IgM 为主的抗体；部分分化为长寿命浆细胞和记忆细胞，浆细胞迁移至骨髓→长期产生抗体，记忆 B 细胞进入循环。相同抗原再次入侵→记忆性 B 细胞迅速活化→增殖、分化为浆细胞→产生高水平以 IgG 为主的抗体。再次应答抗体产生潜伏期明显缩短，抗体维持时间显著延长

1. 初次免疫应答产生抗体的特征 机体初次应答产生抗体的过程可人为划分为若干阶段：①潜伏期(lag phase)，历时 2～3 周，其长短受机体状况、抗原性质及其进入机体途径等因素的影响，在此期体内不能检出抗体；②对数期(log phase)，抗体水平呈指数增长；③平台期(plateu phase)，抗体水平相对稳定，依抗原不同，到达平台期所需时间、平台期抗体水平和持续时间各异；④下降期(decline phase)，抗体因降解或与抗原结合而被清除，其水平逐渐下降(图 11-25)。

初次应答主要产生 IgM 类抗体，后期由于 B 细胞在生发中心发生抗体类别转换，可产生一定量 IgG，所产生抗体总量及其与抗原亲和力均较低。

2. 再次免疫应答产生抗体的特征 相同抗原再次侵入机体，抗原特异性记忆淋巴细胞可迅速、高效地产生特异性应答。由于记忆性 B 细胞所表达 BCR 的亲和力增高，且高表达 MHC Ⅱ类分子和共刺激分子，能有效竞争性结合低剂量抗原，作为 APC 激活记忆性 T 细胞并获其辅助，使 B 细胞分化及产生抗体时间早而快。

再次应答所产生抗体具有如下特征(图 11-26)：①记忆性淋巴细胞膜分子更类似于效应淋巴细胞，对抗原和细胞因子应答更敏感，故再次应答潜伏期明显缩短，抗体迅速到达平台期，下降期平缓；②抗原特异性记忆 B 细胞频率为 $1/10^2 \sim 1/10^3$(静止的特异性 B 细胞频率为 $1/10^4 \sim 1/10^5$)，故再次应答强度明显增高，平台区抗体水平比初次应答高 10 倍以上，且持续时间长；③记忆性 B 细胞已经历抗体类别转换，故再

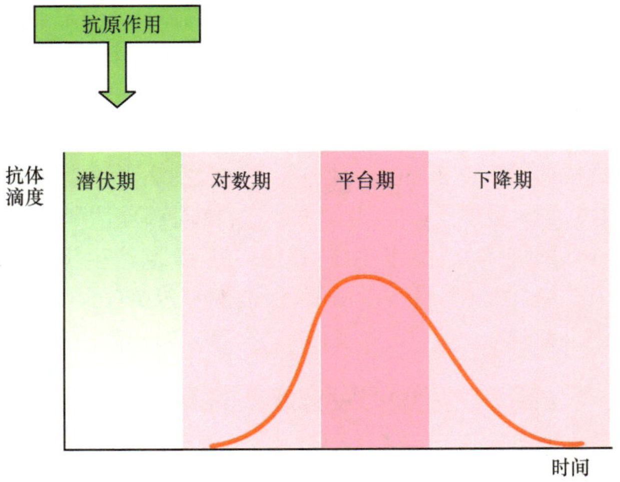

图 11-25 B 细胞初次应答产生抗体的 4 个阶段

①潜伏期，历时 2～3 周，在此期体内不能检出抗体；②对数期，抗体水平呈指数增长；③平台期，抗体水平相对稳定；④下降期，抗体被降解或与抗原结合，其水平逐渐下降

次应答最初几天主要产生大量 IgG，另可产生一定量 IgA、IgE 及少量 IgM；④再次进入机体的抗原可被 BCR 亲和力更高的记忆 B 细胞捕获，并在生发中心再次经历 V 区体细胞高频突变和选择，故随抗原刺激次数增加，记忆 B 细胞所产生抗体的亲和力进行性递增。

再次免疫应答的重要特征是：主要由记忆性淋巴细胞所介导。存在于体内的记忆性 T 细胞和特异性抗体均可阻止初始 T 细胞和 B 细胞被相同抗原所激活。这种抑制机制保证了宿主在再次感染时启用反应最快、效应最强的免疫细胞，以最经济、最有效的方式迅速清除病原体。

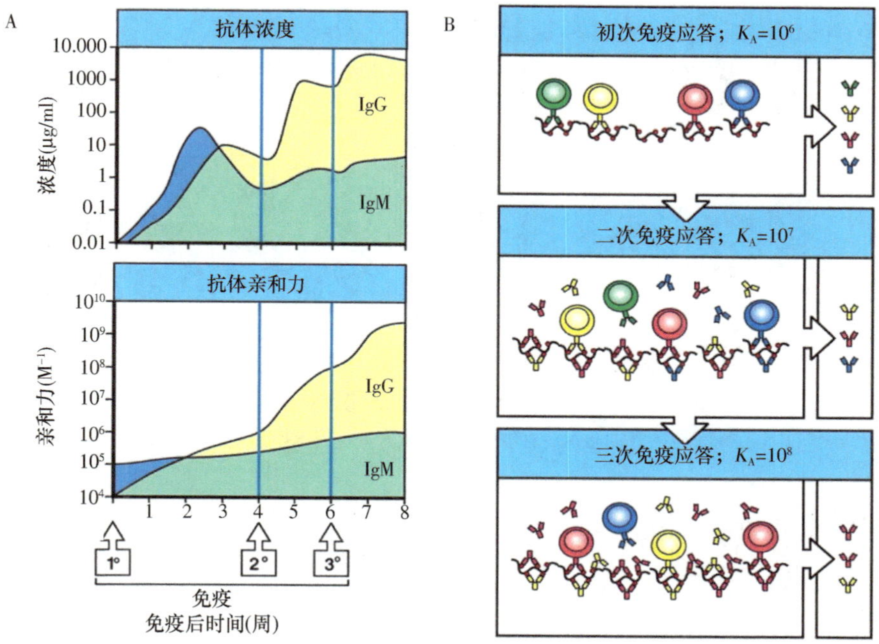

图 11-26　B 细胞再次应答产生抗体的特征及机制

A. 再次应答所产生抗体的特征：初次应答产生抗体总量及亲和力均较低，且以 IgM 为主；对相同抗原的二次应答和三次应答，产生抗体以 IgG 为主，其水平及亲和力随免疫次数增加而增高；B. 再次应答抗体亲和力增高的机制：初次应答中，亲和力为 10^6 或更高的 B 细胞可有效竞争抗原，将之提呈给 Th 细胞，获后者辅助而被阳性选择存活，其产生抗体的平均亲和力较低；二次应答时，仅亲和力更高的 B 细胞才能与这些抗体有效竞争抗原，故所产生抗体的平均亲和力增高；三次应答时，仅有比二次应答抗体平均亲和力更高的 B 细胞才能有效竞争抗原，从而其产生抗体的平均亲和力比二次应答更高

（六）B 细胞应答的效应

许多胞外菌在细胞外增殖，且多数胞内病原体是通过细胞外间液从一个细胞传播至另一细胞。上述存在于细胞外间隙的病原体，主要有赖于 B 细胞介导的体液免疫应答，通过产生特异性抗体而清除之，并阻止细胞内感染传播和扩散。B 细胞应答的主要效应分子为特异性抗体，通过其中和毒素、调理、激活补体、ADCC 及局部阻止抗原入侵黏膜细胞（IgA）等作用来清除非己抗原。B 细胞应答可产生 5 类免疫球蛋白，它们在体内的分布和功能各异，其主要功能详见第一章。

二、B 细胞对 TI 抗原的应答

TI 抗原（如细菌多糖、聚合蛋白及脂多糖）能直接激活静止的 B 细胞而无需 Th 细胞辅助。根据 TI 抗原激活 B 细胞的方式，可将其分为 TI-1 和 TI-2。针对 TI 抗原的应答具有有限的抗体类别转换，但无记忆细胞产生，在针对某些病原体（其表面抗原不能激活 T 细胞应答）的免疫防御中发挥关键作用。

（一）B 细胞对 TI-1 抗原的应答（图 11-27）

TI-1 抗原可直接诱导 B 细胞增殖。

1. 高剂量 TI-1 抗原　其具有 B 细胞丝裂原效应，可非特异性激活多克隆 B 细胞增殖和分化。如 LPS 和 DNA 均可通过与 B 细胞 TLR 结合而使之激活，发挥丝裂原作用。小鼠初始 B 细胞组成性表达多数 TLR，而人初始 B 细胞在受抗原刺激后才高表达 TLR。例如：LPS 与体液中 LPS 结合蛋白结合，继而与 B 细胞表面 CD14 结合，可启动 TLR4 信号途径，导致多克隆 B 细胞激活。

2. 低剂量 TI-1 抗原（比多克隆激活剂量低

$10^3 \sim 10^5$） 其仅激活表达特异性 BCR 的 B 细胞，后者可从低浓度抗原中竞争性结合到足以激活自身的抗原量。

感染早期，体内 TI-1 抗原浓度低，仅可激活抗原特异性 B 细胞，产生针对 TI-1 抗原的特异性抗体，从而中和病原体。此类应答对抵御某些胞外病原体感染发挥重要作用，其特点是：比胸腺依赖性免疫应答产生早，无需辅助性 T 细胞致敏与扩增，感染初期即可及时产生特异性抗体发挥效应。但 TI-1 抗原不能诱导抗体亲和力成熟和记忆 B 细胞产生。

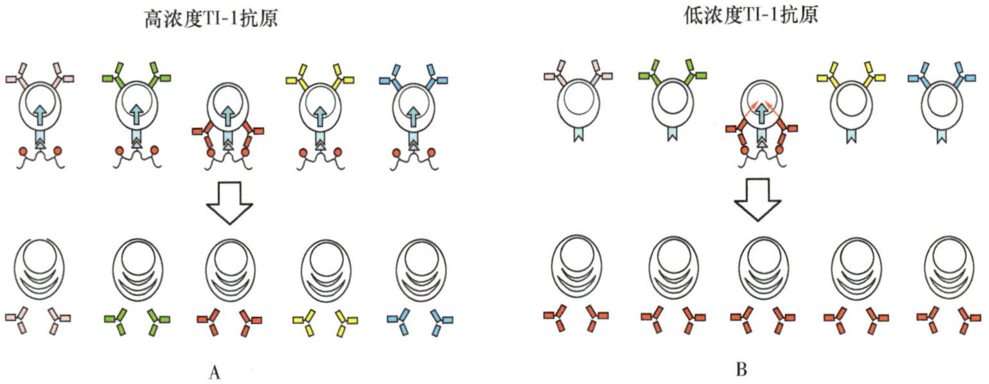

图 11-27 B 细胞对 TI-1 抗原的识别和应答

A. 高剂量 TI-1 抗原可激活多克隆 B 细胞产生抗体，诱导非特异性抗体应答；B. 低剂量 TI-1 抗原仅被抗原特异性 B 细胞足量竞争并结合，诱导 TI-1 抗原特异性抗体应答

（二）B 细胞对 TI-2 抗原的应答

TI-2 抗原（如细菌荚膜多糖）含高密度重复性表位，可与特异性 B 细胞 BCR 广泛交联（图 11-28），且由于 TI-2 抗原不易降解，使抗原信号延长和持续，故可激活成熟的 B 细胞，但不能激活未成熟 B 细胞。另外，过度交联可使成熟 B 细胞产生耐受。婴儿至 5 岁的儿童体内多数 B 细胞尚未成熟，故对 TI-2 抗原不能产生有效抗体应答。对 TI-2 抗原应答的 B 细胞主要是 $CD5^+$B1 细胞和脾脏边缘区 B 细胞（分布于脾脏白髓边缘，不参与再循环）。边缘区 B 细胞出生时很少，其随年龄增长而增加，可能主要参与多数生理性 TI-2 应答。

许多常见胞外菌被荚膜多糖包被，可抵抗吞噬细胞的吞噬作用。它们不仅能逃避吞噬细胞的直接破坏作用，还能避免巨噬细胞提呈抗原而激活 T 细胞应答。B 细胞针对此类 TI-2 抗原所产生的抗体可包被抗原，起调理作用，促进吞噬细胞对病原体的吞噬，有利于巨噬细胞将抗原提呈给特异性 T 细胞。

针对 TI-2 抗原产生的抗体主要为 IgM，也有 IgG2（小鼠 IgG3）和 IgA。这种有限的抗体类别转换机制可能为：DC 识别 TI-2 抗原所含 PAMP，将 TI-2 抗原传递给 B 细胞，并通过分泌 BAFF 而增进抗体产生及诱导类别转换。此外，TI 抗原有助于诱导机体产生天然抗体（natural antibody），后者多为抗碳水化合物的低亲和力抗体，主要由腹腔 B1 细胞和脾脏边缘区 B 细胞产生。

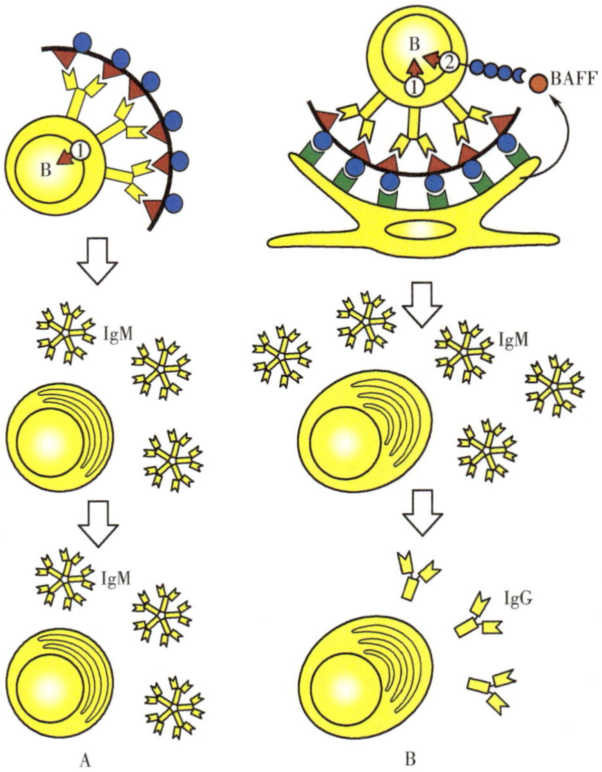

图 11-28 B 细胞对 TI-2 抗原的识别和应答

A. TI-2 抗原可交联多个 BCR，导致 IgM 产生。细胞因子可增强此类应答，并诱导抗体类别转换；B. DC 通过其表面模式识别受体识别并结合 TI-2 抗原，提呈给 B 细胞，产生细胞因子（如 BAFF），后者可诱导 B 细胞抗体类型转换

（李卓娅）

第十二章 适应性免疫应答的特点及免疫调节

适应性免疫应答是机体针对特定抗原刺激而产生的特异性应答，具有诸多特点，如特异性(specificity)、适应性(adaptiveness)、排他性(discrimination)、多样性(diversity)、记忆性(memory)、转移性(transfer ability)、耐受性(immunotolerance)等。其中，特异性、记忆性和耐受性是适应性免疫应答最重要的特点。

(1) 特异性：①特定的免疫细胞克隆仅能识别特定抗原；②应答所形成的效应细胞和效应分子(抗体)，仅能与诱导其产生的特定抗原发生反应。

(2) 记忆性：参与适应性免疫的T/B细胞均具有保存抗原信息的能力。它们初次接触特定抗原并产生应答后，可形成特异性记忆细胞，以后再次接触相同抗原，可迅速被激活并大量扩增，产生强的再次应答。

(3) 耐受性：免疫细胞接受特定抗原刺激后，既可产生针对该抗原的特异性应答，也可导致针对该抗原的特异性不应答，后者即免疫耐受。机体对自身组织成分的耐受遭破坏或对致病抗原(如肿瘤抗原或病毒抗原)产生耐受，均可引发某些免疫病理过程。

第一节 适应性免疫应答的特异性

适应性免疫应答特异性的分子基础是：每个T细胞或B细胞均表达多拷贝的一种抗原受体(TCR或BCR)，人体内有数十亿个淋巴细胞，其抗原受体谱显示极为复杂的多样性，使得机体能对数量众多的抗原(表位)产生特异性应答。

适应性免疫应答其特异性主要表现为：①应答的启动来自特异性抗原刺激，即抗原经APC摄取、加工、处理，以特异性抗原肽-MHC分子复合物的形式表达于APC表面，被TCR特异性识别，并启动、转导T细胞活化信号；②应答效应的靶目标为特异性抗原，即活化的CTL仅杀伤表达特异性抗原的靶细胞，B细胞产生特异性抗体也仅与特异性抗原表位发生反应；③应答的结局是清除特异性抗原异物。

简言之，适应性免疫应答特异性的本质是：TCR、BCR特异性识别抗原多肽，导致特异性T、B细胞克隆活化，即一种TCR或BCR仅能特异性识别一种抗原表位；数量有限的基因片段通过基因重排(gene rearrangement)可产生数量众多的TCR、BCR(Ig)分子，这是保证机体对种类繁多的抗原产生特异性应答的分子基础。

T、B细胞基因重排的机制相同，其要点是：①染色体内胚系基因重排，产生Ig分子V区基因和TCR基因初始库(primary repertoire)；②通过初次基因重排，进而借助物种进化过程中所形成复杂而精确的机制，产生数量巨大的蛋白质分子突变体，它们作为淋巴细胞的抗原受体，可识别极为多样的抗原表位；③淋巴细胞发育过程中，通过体细胞DNA重组(somatic DNA recombination)而形成编码V区的完整基因，其由2或3个胚系基因片段随机组合而成；④胚系基因组中每一片段有多个拷贝，其中包括功能性基因片段(functional gene segment)和假基因(pseudogene)；⑤基因重排过程中，随机挑选任一V(D)J基因片段进行组合，从而形成多样的受体库。

初始受体库由大量抗原特异性初始B、T细胞负载。免疫应答中，B细胞胚系基因重排后的BCR(Ig)基因还通过如下机制被修饰(modification)：①体细胞高频突变(somatic hypermutation)，指B细胞活化后其V区基因发生点突变；②基因转换(gene conversion)；③类别转换。经历上述修饰，体内形成更具多样性的抗体库，此即再次多样性抗体库(secondary diversification of the antibody repertoire)，从而保证抗体更有效地清除特定抗原。

与BCR(Ig)基因重排不同，TCR基因多样性仅通过组合多样性、连接多样性等胚系基因重排机制而获得，但无体细胞高频突变、基因转换和类别转换等机制。

一、BCR(Ig)多样性及其分子基础

(一) BCR(Ig)胚系基因结构

BCR是嵌入细胞膜脂质双层结构中的膜表面免疫球蛋白(mIg)。如同分泌型Ig，mIg也由2条相同的重链和2条相同的轻链所组成。胚系细胞含如下Ig基因：①C基因片段(constant gene segment)，编码

Ig 轻链和重链 C 区；②V 基因片段（variable gene segment）和 J 基因片段（joining segment），两者编码轻链可变区；③V、J 基因片段和 D 基因片段（diversity segment），它们编码重链可变区。上述基因片段定位于不同染色体，呈不连续分布。胚系基因组中 V、D、J 基因簇各含多个片段，其中 V 基因片段数量最多。B 细胞发育成熟过程中，发生 V(D)J 基因重排和等位基因排斥，导致成熟 B 细胞基因组中仅含单一、连续、有功能的 V(D)J 基因。

人胚系重链基因位于第 14 号染色体长臂，由大约 40 个功能性 V 基因片段、25 个成簇分布的 D 基因片段、6 个 J 基因片段和一簇 C 基因片段组成。上述基因外显子间均存在无编码功能、长短不一的碱基序列插入。（图 12-1）

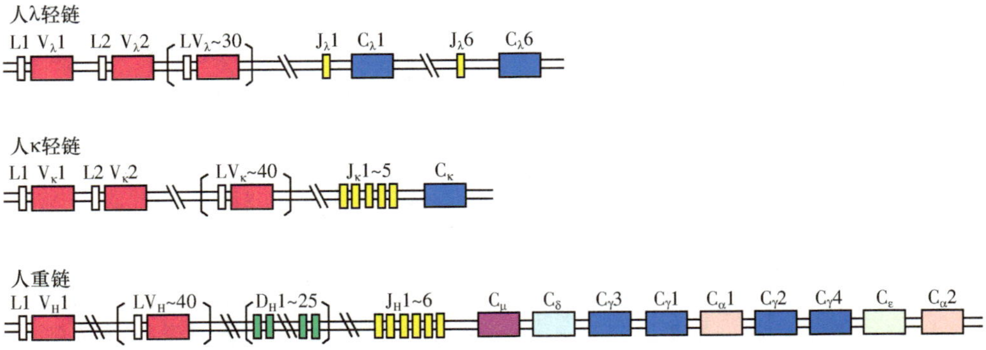

图 12-1 人免疫球蛋白重链和轻链胚系基因结构示意图

人重链可变区基因由 V、D、J 基因片段组成：功能性 V_H 基因片段约 40 个，编码重链可变区 CDR1 和 CDR2；D_H 基因片段位于 V_H 和 J_H 基因簇之间，约 25 个，编码大部分 CDR3；J_H 基因位于 D_H 下游，有 6 个功能性片段，编码部分 CDR3 和 FR4。人重链恒定区（C_H）基因由多个外显子组成，排列顺序为 5'-C_μ-C_δ-$C_\gamma3$-$C_\gamma1$-$C_\alpha1$-$C_\gamma2$-$C_\gamma4$-C_ε-$C_\alpha2$-3'，每个外显子编码一个结构域，但铰链区由单独的外显子编码

人胚系 λ 型轻链基因座位于第 22 号染色体，含约 30 个功能性 V 基因片段、4 对 J-C 基因片段。人胚系 κ 型轻链基因座位于第 2 号染色体，含约 40 个功能性 V 基因片段、5 个成簇分布的 J 基因片段和单一的 C 基因片段。约 50% 个体其整个 Vκ 基因簇通过基因复制产生副本（duplication）而增加 Vκ 基因片段数目。（图 12-1）

（二）BCR(Ig)初次基因重排

机体针对多种、甚至单一抗原表位的抗体分子有多种。这些分子构成抗体库（antibody repertoire）或 Ig 分子库。人抗体库达 10^{13} 数量级。如此多样性的抗体在任一时间均由数量有限的 B 细胞库维系。

非 B 细胞的基因组中，编码大部分 Ig 分子 V 区的基因片段远离编码 C 区的基因，而 B 细胞系经历基因重排后两者靠近。

1. V(D)J 基因重排由侧翼序列（flanking DNA sequence）引导 V(D)J 基因重排时各基因片段须正确连接，如 V 基因片段与 D（重链）或 J（轻链）基因片段相连，而不与其他 V 基因片段相连。重组信号序列（recombination signal sequence，RSS）是位于 V、D、J 基因片段重组位点周围的保守非编码区。1 个 RSS 包含紧随编码区之后的保守七聚体（heptamer，5'CACAGTG3'）、非保守的 12 或 23 对碱基组成的间隔序列（spacer）、保守的九聚体（nonamer，5'ACAAAAACC3'）。12 或 23 对碱基构成的间隔序列在 DNA 双螺旋中对应 1 个或 2 个螺距，使其前后的七聚体和九聚体位于 DNA 双螺旋同侧，有利于基因重组。重组通常发生于同一染色体内，重组时遵循 12/23 规则：含 12 对碱基间隔序列的 RSS 仅与含 23 对碱基间隔序列的 RSS 重组。例如：重链 V_H 可与 D_H 基因片段重组；D_H 可与 J_H 重组；但 V_H 不能与 J_H 重组。（图 12-2）

Ig 分子 CDR1、CDR2 由 V 基因片段编码，CDR3 由重组后的 V、J（轻链）或 VDJ（重链）基因片段编码。人体内约 5% 的抗体重链因额外的 D-D 重排（最终形成 VDDJ 基因）而具有过长的 CDR3 区。

V(D)J 重组为缺失重组（deletional recombination），即通过环出（looping-out）而去除将要重组基因片段间的基因序列，其机制为：①转录方向一致的基因片段重组时，其侧翼序列 RSS 靠拢结合形成闭环而被清除，重组发生于七聚体的末端，产生信号连接产物（signal joint），其间的间隔序列形成闭环，而将要重组的 V、J 或 D 基因则产生一个基因片段连接体（coding joint）（图 12-3）；②转录方向不一致的基因片段重组时，通过更复杂的机制清除间隔序列，2 个七聚体相连时借助间隔序列的倒位（inversion）和整合（integration）而使重组基因片段在基因组中颠换转录方向，并与下游基因片段重组。人类约 50% Vκ、Jκ 以

此方式重组。

2. 多种普遍存在的DNA修饰酶协同作用参与V(D)J基因重排 V(D)J重组酶[V(D)J recombinase]按12/23规则识别RSS的间隔序列，然后剪切DNA双链，并在七聚体末端形成信号连接产物，随后以头对头方式相连接，形成染色体外的环状DNA，其随细胞分裂而丢失。留在染色体上的V、(D)、J基因片段相连接，形成编码连接产物。

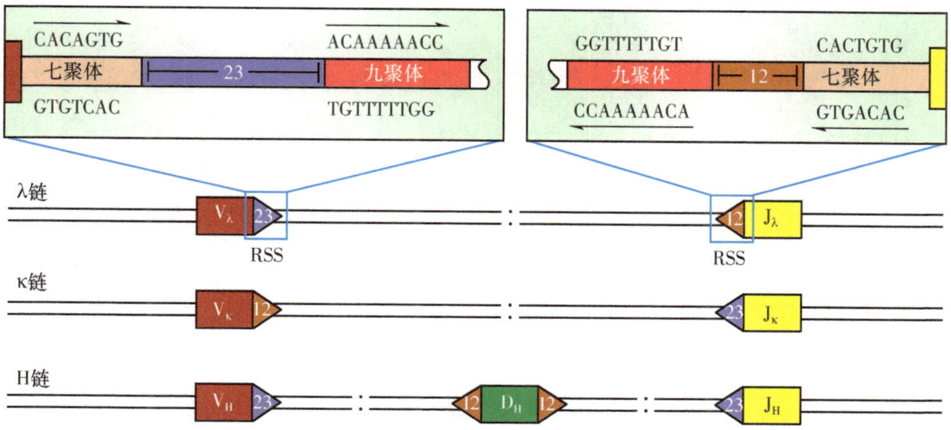

图12-2 侧翼序列中RSS介导基因重组

RSS位于V、D、J编码片段侧方，由七聚体(CACAGTG)、九聚体(ACAAAAACC)和位于两者间的12或23对碱基构成的间隔序列组成

V(D)J重组酶含淋巴细胞特异性组分RAG-1和RAG-2，其分别由重组激活基因1、2(recombination activating gene，RAG-1、RAG-2)编码。RAG-1、RAG-2仅在发育中的淋巴细胞重排其抗原受体时表达。

其他参与V(D)J重组的酶还包括DNA双链断裂修复酶、DNA末端修饰酶，后者包括如下组分：①Ku蛋白，是由Ku70:Ku80构成的异源二聚体，其以环状形式包绕双链DNA；②DNA依赖蛋白激酶(DNA-dependent protein kinase，DNA-PK)的催化亚单位(catalytic subunit，DNA-PKcs)，其与Ku共同组成DNA-PK；③Artemis，具有核酸酶活性；④DNA连接酶IV(DNA ligase IV)和DNA修复蛋白XRCC4，两者组成复合物，连接于DNA末端。

V(D)J基因重排涉及多步酶促反应：①RAG-1、RAG-2和高迁移率族(high-mobility group，HMG)染色质蛋白组成RAG蛋白复合体，识别、排列对齐两RSS，RAG-1特异性识别RSS中的九聚体，借助其内切核酸酶功能剪切RSS 5'端，从而游离出编码片段的3'端；②游离的3'端与互补链的磷酸二酯键共价结合，形成编码区末端的DNA发夹，2个七聚体末端则形成钝头末端；③尚未连接的2个DNA发夹由Ku固定在一起，随后募集DNA-PKcs，形成DAN-PK；④DAN-PK使Artemis磷酸化，通过随机剪切发夹部位DNA，形成单链尾巴。(图12-3)

上述基因重排过程中，还随机发生添加和切除：①DNA修复酶可切除已呈开放状态的发夹末端核苷酸；②末端脱氧核苷酰转移酶(terminal deoxynucleotidyl transferase，TdT)可随机在单链末端添加核苷酸，缺乏TdT的小鼠不能在基因片段连接点添加核苷酸。最后，DNA连接酶将两断端连接，使重组后的基因片段保留于染色体上。

已发现，基因重排障碍可导致某些疾病发生，例如：①RAG敲除或缺乏DNA-PKcs、Ku或Artemis的小鼠，淋巴细胞发育中止于基因重排阶段，或仅有少数B、T细胞形成，从而罹患重症联合免疫缺陷(SCID)；②DNA-PK功能缺陷小鼠，其V(D)J基因重排时编码连接产物的产生出现障碍；③DNA-PKcs、Ku或Artemis缺陷时，出现DNA双链断裂修复障碍，小鼠对电离辐射高度敏感；④人RAG1或RAG2基因突变与Omenn综合征相关，患者体内缺乏循环B细胞，皮肤内有活化的寡克隆T细胞浸润；⑤人Artemis缺陷可致联合免疫缺陷，对放射线敏感，即RS-SCID(radiosensitivity-SCID)。

(三) 抗体库的形成

在骨髓内发育的B细胞，通过RAG介导V(D)J重排，获得初始抗体库。被抗原激活的B细胞经历体细胞高频突变、基因转换和类别转换等，再次增加抗体库的多样性。

激活诱导胞嘧啶核苷脱氨酶(activation-induced cytidine deaminase，AID)仅表达于活化的B细胞内。人或鼠AID缺陷可导致体细胞高频突变和类别转换出现障碍，其机制为：①AID可使mRNA中胞嘧啶(C)转变为尿嘧啶(U)；②AID具有单链DNA胞嘧啶核苷脱氨酶作用，附近有转录时 DNA 双链解开，呈单链状态，此时 AID 作用于嘧啶环，发生脱氨基反应，C 被转换成 U，U 随后被碱基切除修复酶尿嘧啶 DNA 糖基酶（uracil-DNA glycosylase，UNG）切除，产生一个无碱基位点。脱嘌呤/脱嘧啶核酸内切酶（apurinic/apyrimidinic endonuclease 1，APE1）切除余下的核糖，形成单链缺口。UNG、APE1 可在所有细胞内有效修复 C 突变为 U。AID 则仅在活化的 B 细胞内表达、活化，导致 Ig 编码基因区大量 DNA 损伤，增加错误修复后突变的产生。（图 12-4）

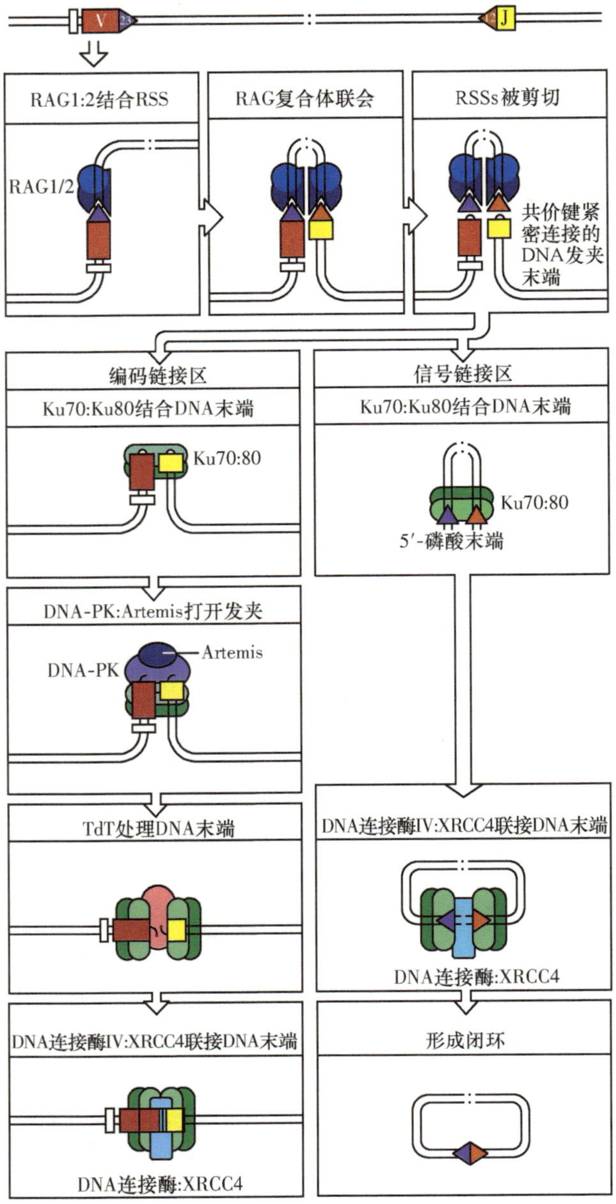

图 12-3 V(D)J 基因重组过程

重组片段侧方的 RSS 分别被 RAG 识别后联会形成 RAG 复合体，编码连接区先后募集 Ku、DNA-PK、Artemis、TdT 和 DNA 连接酶 IV:XRCC4 完成重组；信号连接区募集 Ku 和 DNA 连接酶 IV:XRCC4 形成独立于染色体外的闭环

1. 体细胞高频突变 功能性 Ig 基因重排后，B 细胞在外周淋巴器官生发中心活化时，发生体细胞高频突变。高频突变位点主要位于重排后的 V 区，因该区发生活跃的转录。转录时 DNA 呈短暂的单链状态，有利于 AID 作用。点突变由 AID、UNG、APE1 等协同参与，形成 C-T、G-A 转换突变（transition mutation）。

2. 基因转换 某些动物种属其 BCR（Ig）基因多样性的获得发生于基因重排之后。禽类、兔、牛、猪、羊和马的 V、D、J 胚系基因片段并无多样性，其基因重排后的未成熟 B 细胞 BCR 的 V 区序列相同或相似。未成熟 B 细胞迁移至能提供特定微环境的部位（如 Fabricius 囊等），发生快速增殖，其重排后的基因获得多样性。具体机制为：①基因转变，指禽类和兔依赖 AID、APE1 等从上游假基因中获得片段，替换已重排的 V 区基因中相应片段，如此反复发生，即形成多样性 V 区基因；②羊、牛等 BCR（Ig）基因多样性因 B 细胞在回肠 Peyer 斑内体细胞高频突变而获得。（图 12-5）

3. 类别转换（class switching） 初始 B 细胞表达 mIgM 和 mIgD，初次应答时多产生 IgM 分子；再次应答时，所产生的 Ig 分子 V 区相同，即抗原特异性相同，但多为 IgG、IgA 或 IgE 分子，即重链 C 区改变，此即抗体类别转换。AID、UNG、APE1 等参与抗体类别转换。

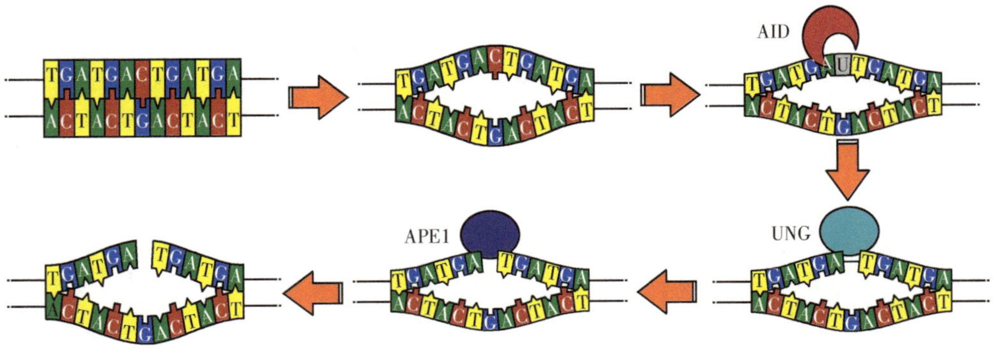

图 12-4 DNA 单链缺口的形成

转录时 DNA 双链打开→AID 将 C 转换成 U→被 UNG 和 APE1 剪切形成单链切口

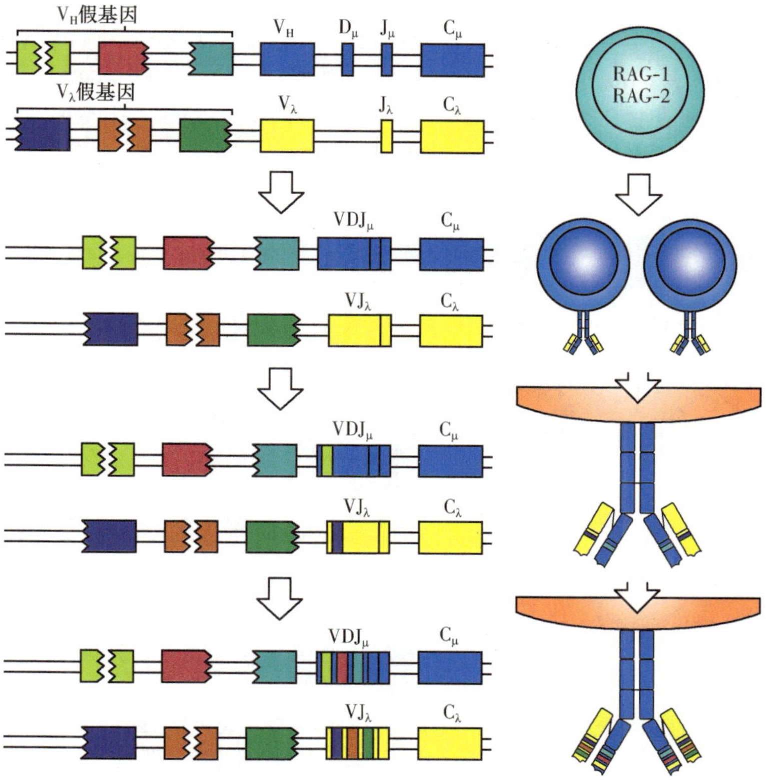

图 12-5　基因转换

禽类 Ig 分子通过基因转换获得多样性：重链基因中功能性的 1 个 V、1 个 J 和 15 个 D 基因重排，轻链功能性的 1 个 V 和 1 个 J 基因片段重排，初次重排形成少量的多样性基因。表达 BCR 的未成熟 B 细胞迁移至 Fabricius 囊→相邻 V 基因片段中的假基因片段插入表达基因中→发生基因转换→进一步扩大 Ig(BCR) 多样性

（四）多样性形成机制

BCR(Ig)通过多种机制获得多样性(diversity)：①组合多样性、连接多样性发生于基因重排阶段，形成 BCR(Ig)分子初次多样性；②免疫应答过程中，已发生基因重排的 B 细胞在外周淋巴器官中通过体细胞高频突变、基因转换和 Ig 分子类别转换等机制而获得再次多样性。

1. 组合多样性(combinatorial diversity)　包括 V(D)J 基因重排时的组合和已重组后轻、重链随机组合所产生的多样性。

(1) 多拷贝 V、D、J 基因片段所致多样性：胚系基因的 V、D、J 基因片段有多个拷贝，不同拷贝的组合导致多样性。例如：人 κ 型轻链基因约有 40 个功能性 Vκ 基因片段和 5 个 Jκ 片段，可产生 200 种(40×5)Vκ 区；λ 型轻链基因约有 30 个 Vλ 和 4 个 Jλ 片段，可产生 120 种(30×4)Vλ 区。因此，V_L 有 320 种(200+120)。人重链基因含 40 个 V_H 片段、接近 25 个 D_H 片段和 6 个 J_H 片段，故 V_H 区有 6000 种(40×25×6)。

(2) 轻、重链组合所致多样性：多样性的轻、重链随机组合，进一步增加 Ig 分子库的多样性。理论上，轻、重链组合多样性达 1.9×10^6(6000×320)。

但是，并非所有基因片段均以相同频率被选择，也并非所有重排后的轻、重链均能匹配。若轻、重链不能形成稳定的 Ig 分子，则这些细胞会继续重排轻链，直至成功或被清除。

2. 连接多样性(junctional diversity)　胚系基因重组时，V、D、J 基因片段连接点可发生核苷酸插入和缺失。Ig 分子 CDR1、2 由 V 基因片段编码，CDR3 由 VJ 或 VDJ 片段编码。V(D)J 重排时连接位点 P-核苷酸、N-核苷酸的插入或缺失可增加 CDR3 区多样性。

P-核苷酸是指基因片段末端、构成回文序列(palindromic sequence)的核苷酸。Artemis 随机剪切 DNA 发夹，形成单链回文序列。绝大多数基因重排时，DNA 修复酶补齐单链尾端，使 P-核苷酸位于结合位点末端。但重链基因和部分人轻链基因重排时，TdT 在回文序列末端插入不需模板(non-template)的 N-核苷酸，当增加多至 20 个核苷酸时，两单链缺口形成互补碱基对，修复酶切除不能互补的碱基后补齐缺口，连接新产生的 DNA 至回文序列之间(含 P-、N-核苷酸)。TdT 主要在 B 细胞重链基因重排期间表达,故 N-核苷酸在 V-D、D-J 结合位点多见。(图 12-6)

重排时结合位点核苷酸亦可被切除,参与切除的外切核酸酶不明。核苷酸缺失导致重链 CDR3 编码基因可小于最短的 D 基因片段。缺失的核苷酸甚至包括 P-核苷酸。随机插入的核苷酸也可导致编码区移码突变而不能产生功能蛋白,此即无效重排(nonproductive rearrangement)。约 2/3 重排属无效重排。

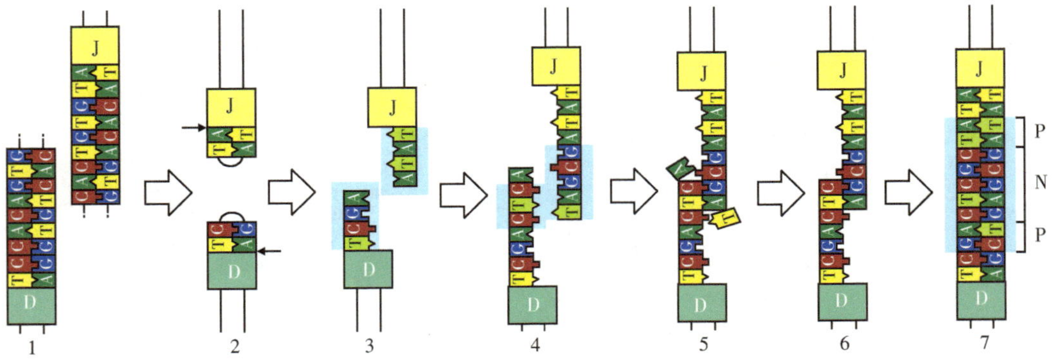

图 12-6 P-、N-核苷酸插入

V、D、J 基因片段重排时形成发夹(2),Artemis:DNA-PK 随机切开发夹形成回文序列(如 3 中的 TCGA)→TdT 随机加入 N-核苷酸(non-template)→延长 DNA 链(4)→切除不能配对的核苷酸(5)→以回文序列(palindromic sequence)为模板插入 P-核苷酸

3. 体细胞高频突变、基因转换和类别转换(见前文)

二、TCR 多样性及其分子基础

胚系 TCRα 基因座与 Ig 轻链基因座类似,位于 14 号染色体,含 70~80 个 Vα 基因片段、61 个 Jα 基因片段和单一 C 基因。Jα 远离 Vα,C 基因含分别编码恒定区、铰链区、跨膜胞浆区的外显子。TCRβ 基因座位于 7 号染色体,52 个功能性 Vβ 基因片段成簇分布,单个 D 基因片段与 6 个 J 基因片段形成簇,另一单个 D 基因片段与 7 个 J 基因片段形成簇,随后是单个 C 基因。TCRβC 基因含分别编码恒定区、铰链区、跨膜区和胞浆区的外显子。TCRα 基因座中 V、J 基因片段被 TCRδ 基因座分隔。(图 12-7)

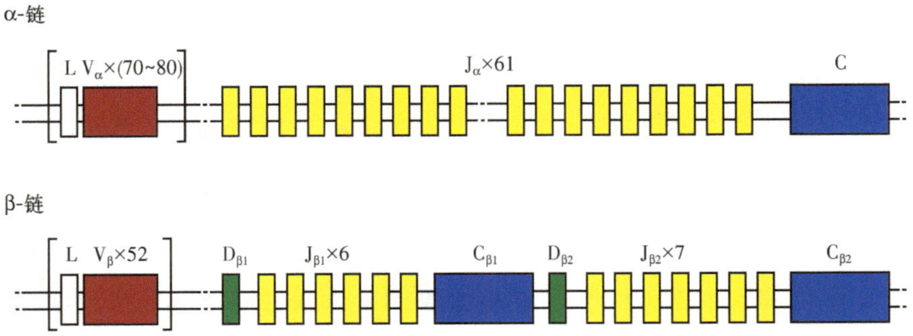

图 12-7 人αβTCR 胚系基因结构

TCRβ 链基因相当于 Ig 重链基因,由 V、D、J、C 基因组成;α 链基因相当于 Ig 轻链基因,由 V、J、C 基因组成。TCR 的 V、D、J、C 基因分别包括数量不等的多个基因片段,每一个 TCRα、β 链基因均分别由其 V、D、J、C 基因片段群中各选择一个基因片段所组成

TCR 重排发生于胸腺,其机制与 BCR 基因重排类似,V、D、J 基因片段含侧翼序列 RSS。RSS 内含 12 或 23 个碱基的间隔序列。重排时被切除的基因片段称 T 细胞受体重排切除环(T cell receptor excision circle,TREC)。TREC 是刚迁移出胸腺的 T 细胞标志。TCRβ 基因重排中的 V、D、J 片段连接处,以及 TCRα 基因重排时 V、J 片段连接处,均可发生 P-、N-核苷酸插入。

TCR、BCR 多样性比较见表 12-1;Ig 分子 CDR1、2、3 均有多样性;TCR 多样性由组合多样性、连接多样性所致,主要位于 CDR3。

表 12-1　人胚系 BCR(Ig)、TCR 基因和基因重排后多样性比较

基因片段	Ig 或 BCR		α:βTCR		γ:δTCR	
	H	κ+λ	β	α	γ	δ
V	40	70	52	~70	5	2
D	23	0	2	0	0	3
三种阅读框中 D 片段阅读	极少	-	多见	-	-	多见
J	6	5(κ)4(λ)	13	61	5	4
链接点 N-、P-核苷酸插入	2	50% 连接	2	1		
组合多样性	1.9×10^6		5.8×10^6			
连接多样性	$\sim3\times10^7$		$\sim2\times10^{11}$			
多样性总和	$\sim5\times10^{13}$		$\sim10^{18}$			

γδTCR 也由基因重排产生。TCR δ基因座位于 14 号染色体 TCR α基因座 V α、J α基因区之间，Vδ 基因片段间隔分布于 V α基因簇的 3'端。若双阴性 T 细胞 TCR γ或 TCR δ的重组早于 TCR β，细胞会向γδT 细胞系发育，概率约为 10%。TCR α基因重排时，整个 TCRδ 座基因随 DNA 间隔序列而被切除，防止 TCRα 基因重排后发生 TCRδ 基因重排（图 12-8）。

TCR、BCR(Ig)基因重排是一连续过程，其发生于 T、B 细胞的不同时期。（图 12-9）

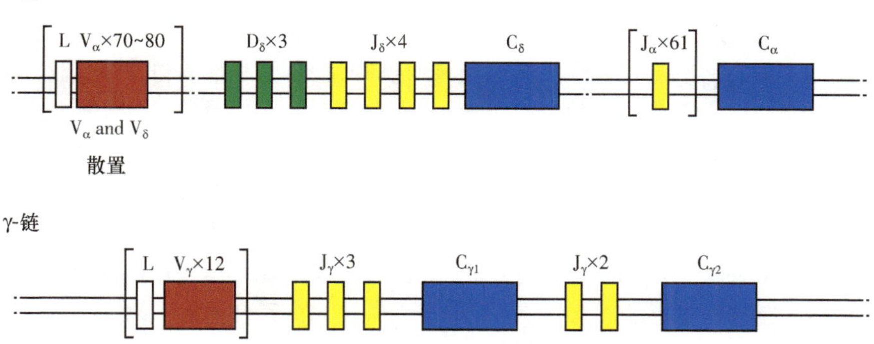

图 12-8　人γδTCR 胚系基因结构

人 TCRδ 链基因位于α链基因座内，δ链基因中有 8 个 V δ基因片段，某些 V δ基因片段与 TCR α链 V α基因共用。TCRδ 链基因相当于 Ig 重链基因，由 V、D、J、C 基因组成；γ 链基因相当于 Ig 轻链基因，由 V、J、C 基因组成。TCR 的 V、D、J、C 基因分别包括数量不等的多个基因片段，而每一个 TCR γ、δ 链基因均分别由其 V、D、J、C 基因片段群中各选择一个基因片段所组成

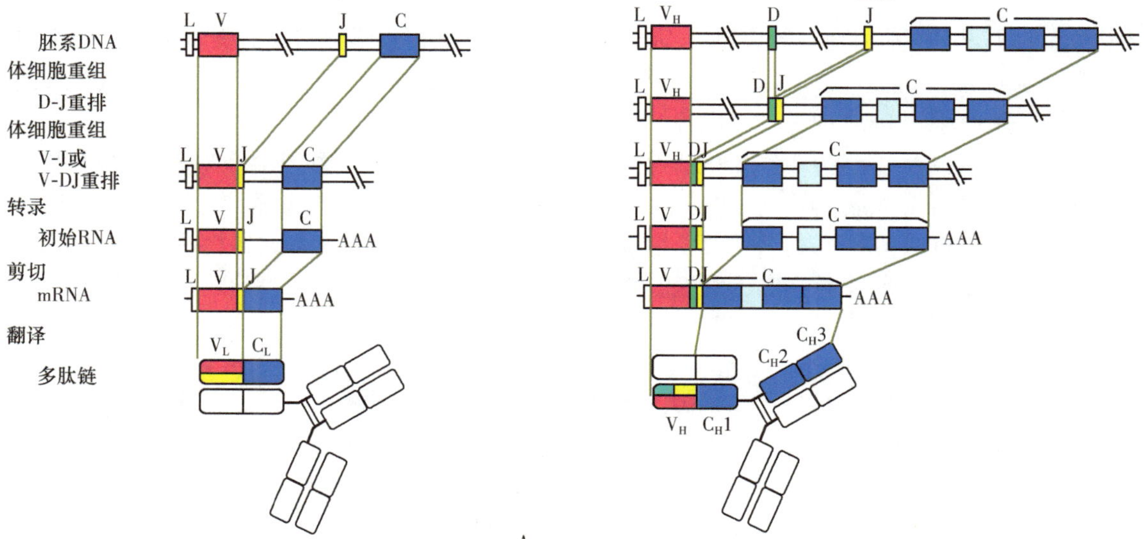

A

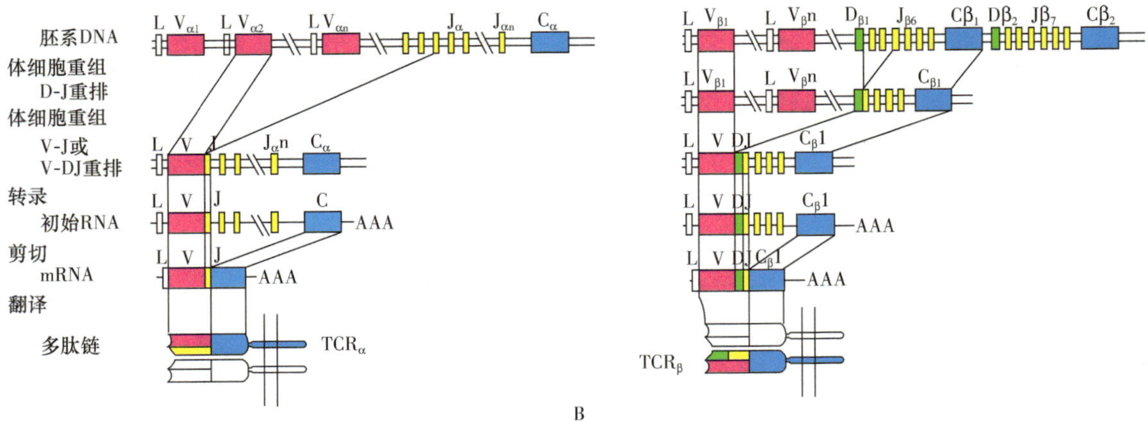

B

图 12-9

A. B 细胞发育与 BCR 基因重排；B. T 细胞发育与 TCR 基因重排

第二节 适应性免疫应答的记忆性

机体初次接触特定抗原，在产生适应性免疫应答的同时，也生成了识别该抗原特异性表位的记忆细胞，后者可长期在体内存留；一旦该抗原再次刺激机体，记忆细胞会产生更快、更强、更有效的免疫应答来清除此抗原，此即适应性免疫应答的记忆性。免疫记忆是适应性免疫应答的主要特点之一，也是借助主动免疫（如疫苗）防治疾病的理论基础。

再次应答（secondary immune response）亦称记忆应答，其具有不同于初次应答的特点。

（1）记忆应答快速而强烈：机体再次接触相同抗原，相应特异性记忆细胞受刺激多，短时间内大量增殖分化，所产生抗体与细胞因子水平比初次应答高数十倍甚至数百倍，从而快速清除该异物抗原。

（2）记忆应答的长效性：免疫记忆的特点之一是其长效性，即免疫记忆细胞可长时间保持对相应抗原的应答强度。初始淋巴细胞寿命一般仅数月，而记忆性淋巴细胞寿命可长达数年。例如：接种牛痘后 8～15 年，疫苗特异性 $CD4^+$、$CD8^+$T 细胞记忆应答的强度仍相当于初始强度的 50%，直至 75 年后，抗病毒抗体滴度维持于稳定水平而无明显下降。上述现象提示，免疫记忆的维持无需抗原反复刺激，其主要依赖于初次应答所产生的长寿命抗原特异性淋巴细胞。未受相同抗原再次刺激的情况下，多数记忆细胞处于静止状态，仅少数记忆细胞处于持续分裂、增殖状态。

（3）抗原原罪现象：若入侵的抗原与机体以往接触过的抗原含共同或相似表位时，针对该表位的免疫记忆细胞优先参与应答，同时抑制针对入侵抗原所含新表位的初次免疫应答，此即抗原原罪现象（original antigenic sin），亦称 Hoskins 效应。由此，机体显著加速和增强针对入侵抗原的免疫应答，从而减少免疫系统能耗。上述现象常见于某些病毒（如流感病毒、登革热病毒和 HIV 等）感染。

抗原原罪现象提示：免疫记忆系统的基本记忆单位并非抗原而是表位。机体初次接触抗原，即可对该抗原所携带的全部表位产生记忆，一旦再次接触的抗原含有与此前保留记忆的相同或相似表位，即可有效激发再次免疫应答。例如：登革热病毒的 4 种类型（DENV 1～4）所含抗原表位极为相似，即使机体初次仅接触其中一种类型，免疫细胞已记忆其全部表位，其后一旦其他类型登革热病毒入侵机体，即可被记忆细胞迅速识别和清除。

抗原原罪现象在记忆性体液免疫及细胞免疫应答中均存在：

（1）记忆性体液免疫应答：已免疫过的机体存在特异性抗体和记忆淋巴细胞，在很大程度上可阻止其他初始 B 细胞（naïve B cell，Bn）和初始 T 细胞（naïve T cell，Tn）克隆在遭遇同一病原体抗原（其某些表位稍有修饰）时被活化。一旦机体再次接触相同抗原，初始淋巴细胞库不产生应答，但对其他抗原的应答则不受影响。

以病毒感染为例，机体仅对其初次接触的病毒抗原表位产生抗体，即使因病毒突变而携带具有更强免疫原性的表位时亦是如此，因为最初的表位特异性记忆 B 细胞可抑制新表位特异性 Bn 细胞被激活。仅当机体遭遇缺乏初始感染病毒全部表位的新流感病毒时，此抑制效应才被打破。

（2）记忆性细胞免疫应答：抗原特异性记忆 T 细胞也可阻止同一抗原激活抗原特异性 Tn 细胞。动物实验发现：给未经免疫的同系小鼠输注记忆性 T 细胞，可抑制其自身 Tn 细胞活化。记忆性 $CD8^+$T 细胞再次激活后具有强大细胞毒活性，可有效杀伤向其提呈抗原的APC（DC等），从而阻止相同抗原特异性Tn细胞活化。

一、记忆性体液免疫应答的特点与机制

（一）记忆性B细胞形成及其特征

一般认为，记忆性B细胞（memory B cell，Bm）起源于生发中心，其过程为：IgM^+初始B细胞在外周淋巴器官接受抗原刺激，迁移至滤泡边缘区域，与抗原特异性$CD4^+T$细胞相互作用，在6～8天内迅速增殖、分化、发育为浆母细胞，形成生发中心，其中约10%～20%浆母细胞分化为可分泌IgM、IgG和IgA的长寿浆细胞，成为维持体液免疫记忆的主要细胞。记忆性B细胞BCR的IgV区基因在生发中心已发生高频突变，是初次应答后保留的高亲和力细胞，约占全部外周血B细胞的40%～60%。抗原再次刺激时Bm细胞快速而强烈地分化增殖，分泌抗体清除抗原，其作用远强于初始B细胞。初始B细胞与记忆B细胞的比较见表12-2。

另外，在非生发中心的其他组织内，若微环境CD40信号减弱，也可诱导记忆性B细胞形成。此类旁路形成的IgM^+记忆性B细胞，其记忆应答的强度较低。

表12-2　初始B细胞与记忆B细胞比较

B细胞类别	Bn	Bm
	参与初次应答	参与再次应答
抗原特异性B细胞出现频率	$1:10^4$-$1:10^5$	$1:10^2$-$1:10^3$
产生抗体的类型	IgM >IgG	IgG，IgA
抗体亲和力	低	高
体细胞高突变	低	高
CD27	不表达	高表达

记忆性B细胞特征性高表达CD27，其占成人外周血或次级淋巴组织中B细胞总数的40%～50%，主要分为两类：①记忆性B1b细胞（$B220^{low}CD19^+CD27^+IgM^+CD11b^+$），属固有免疫样B细胞，其分布于生发中心边缘区，属边缘区B细胞（marginal zone B cell），主要针对TI抗原产生高亲和力IgM抗体（见第六章）；②传统的记忆性B细胞（$B220^+CD19^+CD27^+IgM^+CD11b^-$），属经典的记忆性B细胞，膜表面高表达类型转换的抗体，其分化发育有赖Th2细胞参与，主要针对TD抗原产生应答，可快速、有效地产生类别转换及亲和力成熟的特异性抗体。

Bm表面标志与Bn类似，但具有量和质的差别：①高表达MHC Ⅱ类分子，有利于Bm细胞摄取、处理和加工低剂量抗原；②高表达B7-1、CD40等共刺激分子，可增强对Th细胞的激活作用；③高表达TLR（如TLR6、TLR7、TLR9和TLR10等）、细胞因子受体。

另外，体内还存在一类长寿命浆细胞（long lived plasma cell），其在特定微环境（尤其是骨髓微环境）中长期存活，可能形成机体的记忆性浆细胞库。

（二）记忆性体液免疫应答的特点

记忆性体液免疫应答发生于次级淋巴器官，在抗原持续存在（如持续感染）下，活化的Bm细胞迁移至生发中心，成为生发中心B细胞，其经历体细胞高频突变等而获得再次多样性。Bm应答具有如下特点：①再次应答中，抗原特异性Bm细胞在B细胞库中所占比例比Bn细胞增高100倍；②Bm细胞BCR能以更高亲和力与初次应答后持续存在于体内的抗体竞争结合抗原；③Bm细胞增殖和分化速率明显提高，能对少量抗原产生快而强烈的应答，早期形成大量浆细胞；④记忆性B细胞为长寿细胞，可在体内存活数月至数十年，从而长时间持续保持记忆应答。

记忆性应答中，Bm产生抗体具有如下特点：①初次应答产生的持续抗体和再次应答早期产生的抗体分子可调控抗体亲和力成熟，再次应答所产生Ig分子的亲和力更高；②初次应答早期快速产生IgM，一定潜伏期后产生IgG，再次应答则产生大量IgG、一定量IgA、IgE和少量IgM。

某些情况下，机体接触抗原后产生的Bm并不能在再次免疫应答中体现快速高效的特点，反而接触抗原次数越多应答越弱。例如：非洲疟疾患者体内存在针对疟原虫的Bm，但不能对疟原虫产生强烈的再次应答，即使注射疫苗也难以阻断疟原虫多次感染。其机制可能是：多次感染疟原虫可致DC不能正常分泌B细胞活化因子（BAFF），从而Bm不能有效活化。

二、记忆性细胞免疫应答的特点与机制

（一）记忆性T细胞形成及其特征

一般认为记忆性T细胞（memory T cell，Tm）的前体细胞是效应性T细胞。抗原刺激机体后，Tn细胞活化并迅速增殖、分化为Te细胞。有效清除抗原后，Te细胞数量减少，但针对该抗原的特异性T细胞频率持续高于Tn细胞100～1000倍，其多为Tm细胞。换言之，同一抗原特异性Tm细胞频率明显高于Tn细胞。另外：记忆性$CD8^+T$细胞也可直接来源于过继输注的活化$CD8^+T$细胞；$CD4^+$记忆性T细胞可从不同

分化状态的前体细胞分化而来。

初始 T 细胞表型为 $CD45RA^+CD45RO^-$，记忆性 T 细胞表型为 $CD45RA^-CD45RO^+$。此外，Tm 细胞表面还持续表达 CD44 和 CD127（即 IL-7Rα），高表达 Bcl-2（参与维持长期存活），而其他活化标志（如 CD69）表达下降，且多数 $CD4^+$ Tm 细胞不表达 L-选择素。（表 12-3）

表 12-3 Tn、Te 和 Tm 细胞比较

蛋白质	Tn	Te	Tm	功能
CD44	+	+++	+++	细胞黏附分子
CD45RO	+	+++	+++	调节 TCR 信号转导
CD45RA	+++	+	+	调节 TCR 信号转导
CD62L	+++	−	+++（某些）	淋巴细胞归巢受体
CCR7	+++	+/−	+++（某些）	淋巴细胞归巢受体
CD69	−	+++	−	早期激活抗原
Bcl-2	++	+/−	+++	促进细胞存活
IFN-γ	−	+++	+++	炎性细胞因子
Granzyme B	−	+++	+/−	细胞毒性效应分子
FasL	−	+++	+	参与细胞凋亡
CD122	+/−	++	++	IL-15R、IL-2R 共有链
CD25	−	++	−	IL-2 受体 α 链
CD127	++	−	+++	IL-7 受体 α 链
Ly6C	+	+++	+++	GPI 连接蛋白
CXCR4	+	+	++	CXCL12 受体
CCR5	+/−	++	+++（某些）	CCL3 和 CCL4 受体

维持 Tm 细胞存活的条件为：①Tm 细胞与 Tn 细胞一样，其存活有赖于 IL-7 和 IL-15，其中 IL-7 是维持 $CD8^+$Tm 细胞长期存活和增殖的关键细胞因子（对 $CD4^+$Tm 细胞的作用报道不一）；②Tn 细胞长期存活有赖于与自身抗原肽-自身 MHC 分子复合物直接作用，但 Tm 细胞可能不需要。

（二）Tm 细胞功能亚群及其分化调控

1. Tm 细胞功能亚群 依据 Tm 细胞表面标志、功能特点及在体内分布可将记忆性 $CD4^+$T 细胞和 $CD8^+$T 细胞分为不同亚群。

（1）效应型记忆 T 细胞（effector memory T cell，T_{EM}）：T_{EM} 主要分布于血液、脾脏和某些非淋巴组织，其接受抗原再次刺激可迅速成熟为 Te 细胞，并在早期产生大量 IFN-γ、IL-4、IL-5 和 IL-17。T_{EM} 细胞不表达 CCR7、淋巴结归巢受体（CD62L）和 CD45R，但高表达 CD44 和整合素 β1、β2，还表达某些炎症趋化因子受体。$CD4^+T_{EM}$ 细胞再次接受抗原刺激后，可快速进入炎症组织，并在不同微环境中分化为 CCR5+Th1 细胞和 CCR4+Th2 细胞。

（2）中枢型记忆 T 细胞（central memory T cell，T_{CM}）：T_{CM} 主要分布于淋巴结、脾脏和血液，但不存在于非淋巴组织，受抗原刺激后产生细胞因子及对靶细胞的杀伤作用较慢。T_{CM} 高表达 CCR7 和 CD62L，还表达 CD27 和 CD28，但不表达 CD45RA，可通过再循环归巢至外周淋巴组织 T 细胞区。T_{CM} 对 TCR 交联非常敏感，并可快速表达 CD40L，但其分化为 Te 细胞所需时间比 T_{EM} 长，故再次抗原刺激后的早期不产生大量细胞因子。抗原刺激时，T_{CM} 的 CCR7 表达迅速下调，分化为 T_{EM}，但 T_{CM} 并不直接分化为某些特定的功能亚群（如 Th1 或 Th2 细胞）。

T_{EM} 在淋巴器官与非淋巴器官之间不断游走，在再次免疫应答中发挥关键作用。同一抗原再次接触机体之初，T_{CM} 尚未与抗原接触而处于静息状态，但位于抗原入侵局部和在血管与淋巴管移行的 T_{EM} 可迅速扩增并分泌细胞因子；其后，次级淋巴器官 T_{CM} 接受抗原刺激而被激活，开始大量扩增；抗原入侵晚期，T_{CM} 大量扩增并分化为 T_{EM}，经淋巴管和血管进入抗原入侵的局部，发挥免疫效应。

必须提及，有关 T_{CM} 和 T_{EM} 细胞分化及其调控的机制目前尚未被阐明。已提出 3 种假说：T_{CM} 分化为 T_{EM}；T_{EM} 分化为 T_{CM}；T_{CM} 和 T_{EM} 细胞均为独立的亚群。目前认为两类记忆 T 细胞并非完全独立的亚群。已发现，T_{CM} 和 T_{EM} 细胞在淋巴结和非淋巴结组织迁徙过程中可相互转换。抗原刺激后，主要存在于次级淋巴器官的 T_{CM} 细胞被激活，细胞表面 CCR7 表达下降，然后迁移至外周器官，成为 T_{EM} 细胞。另外，不同种属动物记忆 T 细胞的产生及亚群间转化具有不同途径和机制。

（3）组织定居的记忆性 T 细胞（tissue resident memory T cell，T_{RM}）：近年发现，小肠黏膜 $CD8^+$T 细胞（属肠上皮淋巴细胞）具有与记忆性 T 细胞相似的某些生物学特点，其表型为 $CD103^{hi}CD69^{hi}CD27^{low}$，被命名为 T_{RM}。此外，脑、肺、肝等组织中也发现此类细胞。T_{RM} 细胞的生物学特点为：①多聚集于曾遭受感染的部位；②长寿命，不因感染消退而被清除；③TGF-β 可以抗原非依赖性方式调控 T_{EM} 向 T_{RM} 转化；④主要参与抵御局部持续性感染，在控制早期感染中发挥重要作用。

上述 3 类记忆性 T 细胞在体内相互协作，共同维持机体免疫自稳。

（4）干细胞样记忆细胞（stem cell-like memory T cell，T_{SCM}）其兼有初始 T 细胞表型（$CD45RA^+CD62L^+CCR7^+IL\text{-}7R\alpha^+$）及记忆性 T 细胞和干细胞表型

($CD95^+CXCR3^+LFA\text{-}1^+SCA\text{-}1^+$)。$T_{SCM}$具有干细胞样自我增殖和重组分化能力，在体外培养可分化为不同记忆性T细胞亚群。

2. Tm细胞功能亚群分化调控 Tm细胞还可进一步分化为不同功能亚群。

(1) $CD4^+$Tm亚群分化和调控：

1) $CD4^+$Tm亚群来源于共同前体记忆细胞：初次应答后体内首先形成自分泌IL-2的前体记忆性$CD4^+$ T细胞(其不产生IFN-γ、IL-4等)，再次应答中不同微环境可调控前体记忆细胞分化为不同Tm细胞亚群，如专职APC来源的IL-12可促进前体记忆性$CD4^+$T细胞产生IFN-γ，分化为记忆性Th1细胞。

2) 已分化的$CD4^+$T细胞功能亚群分别形成Tm细胞亚群：例如：①Th1细胞根据其IL-2和IFN-γ分泌情况可分为若干亚类，其中IL-2单阳性或IFN-γ/IL-2双阳性细胞更易于分化为记忆性Th1细胞，而IFN-γ单阳性细胞则为终末细胞；②高浓度IL-4、TGF-β及低浓度IL-12微环境有利于效应性Th2细胞分化为记忆性Th2细胞。有关记忆性Th17细胞、Tfh细胞和Treg细胞形成的机制尚不清楚。

(2) $CD8^+$Tm亚群分化和调控：效应性$CD8^+$T细胞中，存在一类记忆性前体细胞(表型为$CD127^{hi}CD27^{hi}BCL\text{-}2^{hi}KLRG1^{low}$)，可分化为长寿命的抗原特异性$CD8^+$记忆T细胞，其中：$CD8^+T_{EM}$细胞产生效应快速但增殖能力低；$CD8^+T_{CM}$细胞具有更强增殖潜能和生存能力，对凋亡耐受性强。

记忆性$CD8^+$T细胞产生和维持的机制可能为：①记忆性$CD8^+$T细胞形成与APC来源的IL-15密切相关，但不依赖于T细胞所分泌细胞因子；②记忆性$CD8^+$T细胞的维持有赖于直接接触MHC Ⅰ类分子，以及CD28-B7共刺激信号持续存在，但无需抗原刺激，也无需B细胞和$CD4^+$T细胞辅助；③IFN-α及IL-15也可能参与维持记忆性$CD8^+$T细胞。

第三节 适应性免疫应答的耐受性

一、免疫耐受概述

免疫耐受(immune tolerance)指机体免疫系统接触某种抗原后形成的特异性免疫无应答状态。对特定抗原形成耐受的个体，再次接触同一种抗原时，不发生可查见的反应，但对其他抗原仍保持正常应答。免疫耐受可天然形成，如机体对自身组织抗原的自身耐受；也可为后天获得，如人工注射某种抗原后诱导的获得性耐受。诱导耐受形成的抗原称为耐受原(tolerogen)。同一抗原物质既可是耐受原，也可是免疫原，主要取决于抗原的理化性状、剂量、进入途径、机体遗传背景等因素。

免疫耐受与免疫抑制截然不同：前者为特异性(即仅对某一特定抗原)无应答或低应答，但对其他无关抗原仍可产生正常免疫应答；后者为非特异性，即机体对各种抗原均无应答。

(一) 免疫耐受研究简史

免疫耐受被发现并阐明其机制，涉及免疫学发展史诸多重要事件。

1. 天然免疫耐受被发现 Owen于1945年观察到：遗传背景不同的异卵双生小牛各有不同血型抗原，由于两者共用一个胎盘导致血管融合而发生血液相互交流，呈天然联体共生；出生后，孪生个体间均含对方不同血型的血细胞而不发生排斥，成为血型嵌合体(chimeras)，彼此间互相植皮也不发生排斥反应。这种生来即有、对某一抗原的特异性无应答，即天然免疫耐受。

2. 人工免疫耐受的建立 1953年Medawar等将CBA系黑鼠脾细胞转输A系白鼠胚胎或新生鼠体内，结果发现：该A系鼠成长后接受CBA系鼠来源的皮肤移植不发生排斥反应，但可排斥其他品系小鼠皮肤移植物；未经预处理的A系鼠则可对CBA系皮肤移植物产生排斥。该实验提示：处于发育阶段的免疫细胞若接触特定抗原，可形成针对该抗原的特异性无应答，此即人工免疫耐受。(图12-10)

3. 克隆清除学说 在Owen和Medawar等人前期实验基础上，Burnet提出克隆清除学说解释免疫耐受的机制：胚胎期免疫系统尚未发育成熟，抗原异物刺激可致该抗原特异性免疫细胞克隆被排除，从而产生免疫耐受(详见下文)。

简言之，免疫耐受是机体对特定抗原产生应答的结果，可视为一种特殊形式的免疫应答，其也具有特异性和获得性。若将抗原刺激机体产生特异性抗体和致敏淋巴细胞称为正应答，则免疫耐受为负应答。

(二) 诱导免疫耐受的条件

免疫耐受是某些特定情况下由抗原诱导的一种负应答，其发生取决于抗原与机体两方面因素。

1. 抗原相关的因素 免疫耐受的特点为抗原特异性，故抗原是诱导免疫耐受的重要因素，涉及抗原的理化性状、剂量、免疫途径、是否加佐剂等。

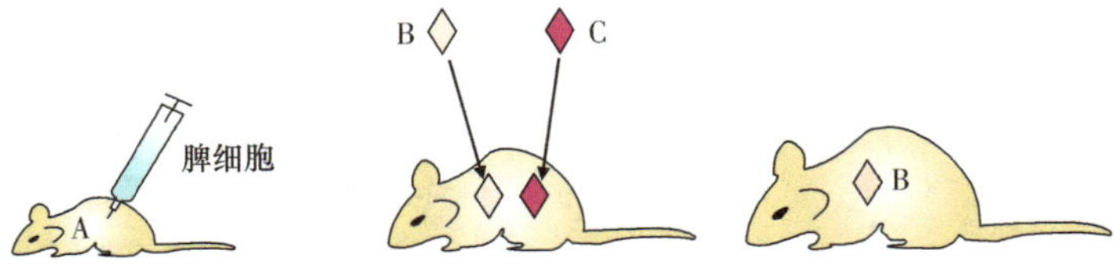

图 12-10 Medawar 的人工免疫耐受实验

给新生小鼠(A 系)注射 B 系小鼠脾细胞→6 周后皮肤移植→A 系鼠对 B 系鼠皮肤移植物不排斥,而对其他品系(C 系)来源的皮肤发生排斥反应。提示:未发育成熟的个体在生命早期接触抗原,可诱导对该抗原的免疫耐受

(1) 抗原性状:一般而言,小分子、可溶性、非聚合单体物质(如非聚合的血清蛋白、多糖、脂多糖等)常为耐受原;大分子、颗粒性及蛋白质聚合物(如血细胞、细菌及丙种球蛋白聚合物等)为良好的免疫原,它们易被吞噬细胞迅速摄取、处理,提呈给淋巴细胞,从而诱导免疫应答。

某种物质的免疫原性和耐受原性与其分子量分别呈正相关和负相关。例如,多聚鞭毛素(104kDa)、单体鞭毛素(40kDa)及由单体鞭毛素提取的"成分A"(18kDa)三者免疫原性依次递减,而耐受原性则依次递增。此外,抗原表位密度高,即抗原分子表面具有许多相同的表位者,其耐受原性强。

(2) 抗原剂量:致耐所需抗原剂量随抗原种类、动物种属、品系及年龄而各异。抗原剂量越大或个体年龄越幼,一般则越易诱导耐受。TI 抗原需高剂量才能诱导 B 细胞耐受,而低剂量与高剂量 TD 抗原均可诱导免疫耐受。低剂量 TD 抗原仅诱导 T 细胞耐受,称为低带耐受(low zone tolerance);高剂量 TD 抗原可诱导 T 细胞和 B 细胞耐受,称为高带耐受(high zone tolerance)(图 12-11)。致耐所需抗原量与个体年龄相关,即随年龄增长而增加。抗原种类也与耐受建立相关,注射大剂量强免疫原性抗原也能致耐,继续注入少量抗原有助于维持耐受。实验证实:若初次接种的抗原剂量过低($<10^{-6}$g)或过高($>10^{-2}$g),则再次接种均不能诱导机体产生高强度的记忆应答。

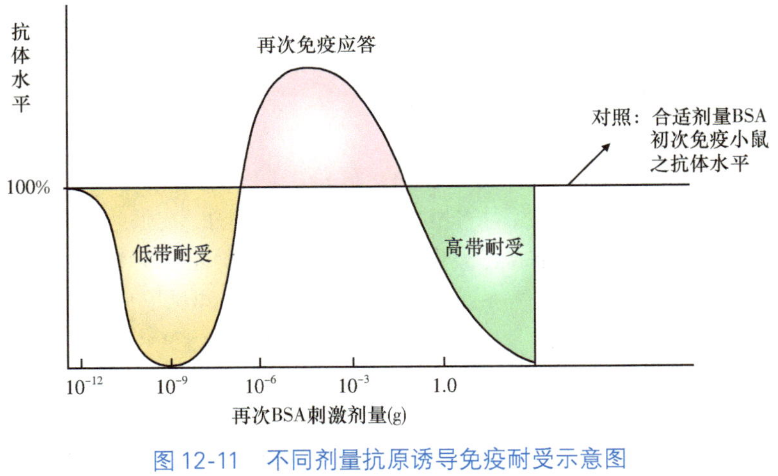

图 12-11 不同剂量抗原诱导免疫耐受示意图

过低或过高剂量抗原再次刺激可诱导免疫耐受。如图所示:横坐标为 BSA 再次免疫小鼠的剂量,纵坐标为 BSA 免疫小鼠后产生的抗体水平;100% 所指横线代表以常规合适剂量初次免疫小鼠诱生的抗体水平

T、B 细胞产生耐受所需抗原剂量明显不同:T 细胞致耐所需抗原量较 B 细胞小 100~10000 倍,且发生快(24 小时内达高峰)、持续久(数月);B 细胞形成耐受不但需要抗原量大,且发生缓慢(1~2 周)、持续时间短(数周)。

(3) 抗原进入机体的途径:一般而言,抗原经静脉注射最易诱导免疫耐受,腹腔注射次之,皮下及肌内注射最难。不同部位静脉注射所致后果不尽相同,例如:IgG 或白蛋白注入门静脉能致耐受;注入周围静脉则引起免疫应答。其机制可能是:肝脏具有"生物过滤"作用,可使抗原解聚,聚合抗原被肝内 Kupffer 细胞吞噬、降解,清除免疫原性强的抗原部分,剩下非聚合抗原进入外周血流或淋巴道，从而发挥耐受原作用。某些半抗原皮内注射能诱导抗体应答及迟发型超敏反应，但口服则导致耐受。另外，抗原不加佐剂易致耐受，加佐剂则易诱导应答。强免疫原一般很难、甚至完全不能诱导耐受。

2. 机体相关的因素　免疫耐受是机体针对抗原刺激产生的负应答。因此，机体免疫功能状态、免疫系统发育成熟程度、遗传背景等在很大程度上影响免疫耐受形成。

（1）机体发育程度或年龄：耐受的诱导与免疫系统发育程度有关，一般在胚胎期最易，新生期次之，成年期最难。未成熟免疫细胞较成熟者易诱导耐受，成熟的免疫细胞诱导耐受所需抗原剂量较未成熟细胞高 30 倍。新生儿免疫系统远比新生鼠成熟，故人类出生后不久即可接种疫苗。

（2）动物种属和品系：免疫耐受诱导和维持的难易随动物种属、品系不同而异。大鼠和小鼠对诱导耐受较敏感，不论在胚胎期或新生期均易诱导成功。兔、有蹄类及灵长类仅在胚胎期较易诱导耐受。同一种属不同品系动物诱导耐受的难易程度各异。例如，0.1mg HGG 即可使 C57BL/6 小鼠致耐；对 A/J 小鼠则需 1mg；对 BalB/C 小鼠即使 10mg 也难以致耐。

（3）机体生理状态：成年机体单独应用抗原诱导耐受不易成功，但与免疫抑制剂联合则可诱导耐受。另外，全身淋巴组织照射可破坏胸腺及次级淋巴器官中已成熟的淋巴细胞，造成类似新生期的状态，此时淋巴器官中重新形成、未发育成熟的淋巴细胞能被抗原诱导，建立持久的免疫耐受。

二、免疫耐受形成的机制

免疫耐受是重要的免疫生物学现象，探讨其机制具有重要理论价值和实践意义。Burnet 于 20 世纪 50 年代后期提出克隆选择学说（clonal selection theory），从一个角度阐述了免疫耐受形成的机制，其要点为：体内淋巴细胞库由众多可识别不同抗原的淋巴细胞克隆所组成，同一细胞克隆表达相同特异性受体，淋巴细胞识别抗原的多样性取决于特异性识别受体的多样性；某一克隆细胞若在胚胎期与相应抗原接触，即被破坏和清除，或被抑制而成为禁忌克隆（forbidden clone），该个体出生后再接触同一抗原则表现为对此抗原无应答，即形成天然免疫耐受。（图 12-12）

半个世纪来，有关免疫耐受机制的研究获得诸多进展，现代免疫学认为，按照免疫耐受发生的部位，可分为中枢耐受及外周耐受，其形成机制各异。

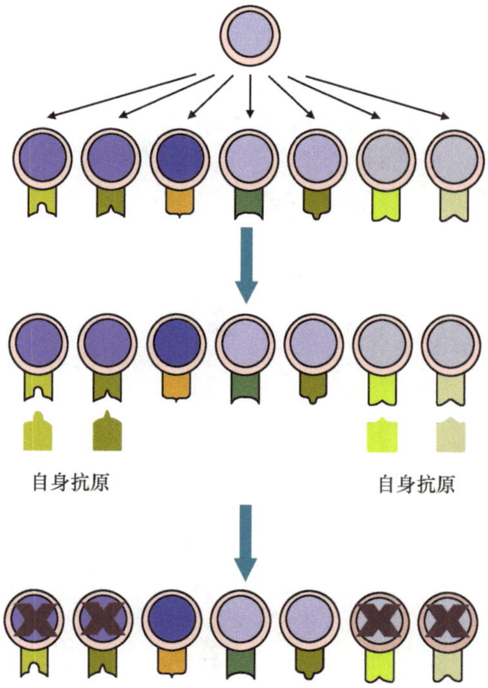

图 12-12　克隆选择学说

（一）中枢免疫耐受

中枢耐受（central tolerance）指未成熟淋巴细胞在中枢免疫器官（胸腺或骨髓）遭遇抗原所形成的特异性免疫无应答。目前认为，T 细胞、B 细胞在中枢免疫器官经历阴性选择，从而建立中枢耐受。

1. T 细胞中枢耐受　T 细胞主要在胸腺发育和成熟，其过程为：DN 胸腺细胞分化为 DP 细胞，通过阳性选择而分化为 SP 细胞，进入胸腺髓质的 SP 细胞，凡其 TCR 能与胸腺基质细胞表面自身肽-自身 MHC 分子复合物高亲合力结合者，即发生凋亡而被清除，机体由此建立对自身组织的耐受。T 细胞通过阴性选择而形成中枢耐受的机制为：

（1）胸腺髓质上皮细胞直接参与阴性选择：已发现，胸腺髓质上皮细胞（medullary thymic epithelial cell，mTEC）受自身免疫调节蛋白（autoimmune regulator，AIRE）和表观遗传机制调控，可镜像表达与其功能无关的外周组织限制性抗原（tissue-restricted antigen，TRA），如胰腺、腮腺等组织的自身抗原，并直接将此类异位抗原提呈给胸腺细胞。在胸腺髓质内，凡能识别并高亲和力结合 mTEC 所表达异位抗原-MHC 复合物的自身反应性 T 细胞，即发生凋亡而被清除。另外，mTEC 还可有效诱导 nTreg 分化，后者也参与阴性选择过程。

（2）胸腺髓质上皮细胞间接参与阴性选择：胸腺髓质 DC 本身并不表达异位抗原，mTEC 可能通过胞外体(exosome)转运、啮咬(nibbling)(即少量捕获其他细胞的胞浆/细胞膜)或缝隙连接等抗原播散(antigen spreading)方式将异位抗原转运给髓质 DC。自身反应性 T 细胞通过识别 DC 表面的异位抗原-MHC 复合物而被清除。(图 12-13)

2. B 细胞中枢耐受　B 细胞可通过不同机制而产生中枢耐受。

(1) B 细胞在骨髓经历阴性选择:如同胸腺髓质上皮细胞,骨髓基质细胞也可异位表达机体其他组织细胞的自身抗原,骨髓内未成熟 B 细胞 BCR 一旦识别并高亲和力结合此类异位自身抗原,即可发生凋亡而被清除。

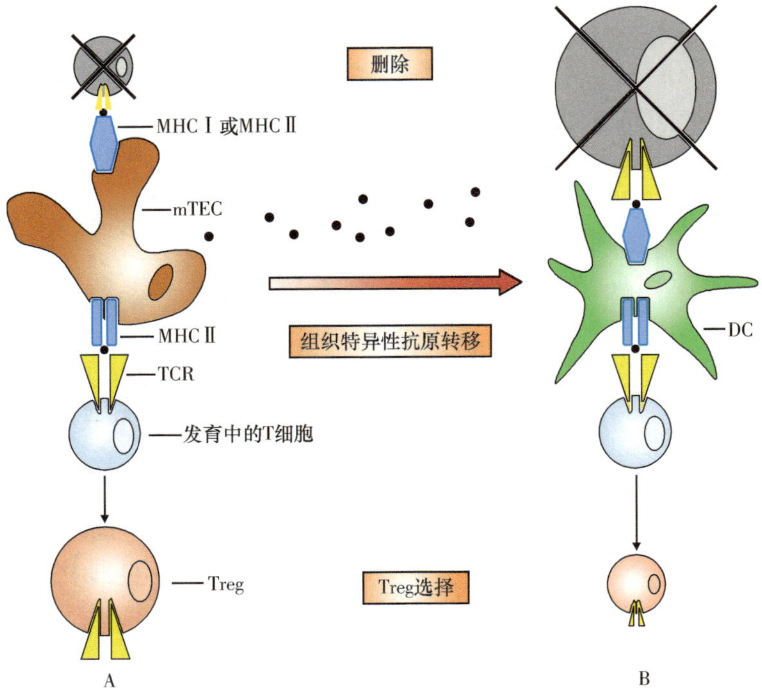

图 12-13　抗原播散在中枢耐受中的作用

A. mTEC 可表达异位抗原,主要通过诱导 Treg 形成而参与阴性选择;B. 髓质 DC 本身不表达异位抗原,但可借助抗原播散而获得异位抗原,主要通过克隆清除参与阴性选择

(2) 受体编辑:在骨髓微环境中,部分未成熟的自身反应性 B 细胞(仅表达 mIgM)遭受自身抗原刺激后,可上调 RAG1 和 RAG2 表达,通过内源性重链或轻链(主要是后者)重排,改变 BCR 特异性,不能再识别自身抗原并产生应答,此为受体编辑(receptor editing)。

但是,B 细胞受体编辑可能对机体产生某些潜在的致病危险:①通过受体编辑而改变 BCR 特异性的 B 细胞,其此前已产生的自身反应性重链或轻链基因并未被删除,成为等位包容(allelically included)的 B 细胞,某些情况下,被沉默的自身反应性重链或轻链基因可能重新表达,从而引发自身免疫病;②受体编辑过程可发生 DNA 断裂,使分裂期的 B 细胞出现染色体转位,从而可能导致 B 细胞肿瘤发生。

(3) 克隆失能:骨髓未成熟 B 细胞表面 mIgM 接触可溶性自身抗原,可启动胞内抑制信号,抑制 mIgM 继续表达,使自身抗原特异性 B 细胞不再对相应自身抗原产生应答。

(二) 外周免疫耐受

尽管绝大多数自身反应性淋巴细胞均通过克隆清除或失能等机制而被删除,但仍有部分细胞逃脱阴性选择而输出至外周。其机制可能为:①胸腺及骨髓基质细胞表达异位自身抗原缺陷,相应的自身反应性淋巴细胞未在胸腺和骨髓中被清除;②自身反应性淋巴细胞抗原识别受体与胸腺、骨髓上皮细胞表面 pMHC 亲和力过低,从而逃避阴性选择并进入外周血。

外周耐受(peripheral tolerance)指成熟淋巴细胞在外周组织遭遇(内源性或外源性)抗原所形成的特异性免疫无应答。免疫系统可通过不同机制形成外周耐受。

1. T 细胞外周耐受

(1) T 细胞失能(anergy):自身反应性 T 细胞缺乏共刺激信号或共抑制信号起主导作用,对自身抗原处于无反应性的失能状态,从而导致外周耐受。其机制可能是:①自身抗原被未成熟 DC(低表达共刺激分子)提呈;②表达自身抗原的组织细胞通常不表达共刺激分子;③CTLA-4、PD-1 等共抑制分子负调节共刺激信号。(图 12-14)

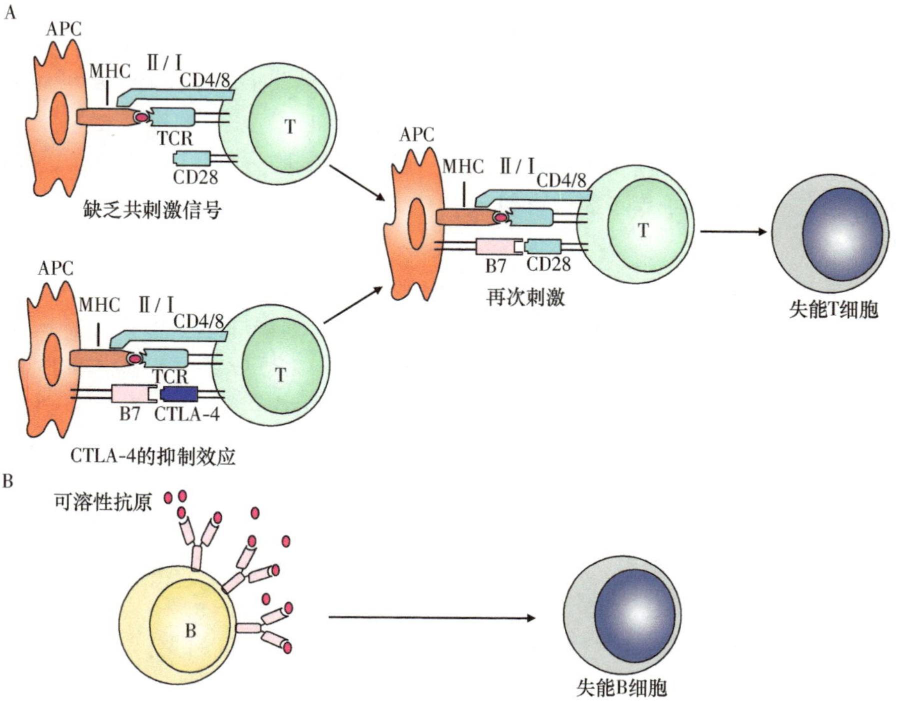

图 12-14　淋巴细胞克隆失能的机制

T 细胞有效活化有赖于 pMHC 与 TCR 结合提供的第一信号,以及共刺激分子提供的第二信号:A. 若无共刺激信号或受 CTLA-4 抑制,T 细胞接触抗原不能被激活反而成为失能,导致特异性 T 细胞耐受;B. 自身反应性 B 细胞表面 5% 以上 mIgM 被可溶性单体抗原分子占据时,即下调 mIgM 表达,成为失能 B 细胞

(2) 克隆清除(clonal deletion):自身反应性 T 细胞反复接触持续存在、较高浓度的自身抗原而持续被激活,可通过 AICD 机制被排除,从而建立并维持外周自身耐受。

(3) 免疫细胞参与外周耐受:多种具有负调节作用的免疫细胞亚群参与外周耐受形成。

1) 耐受性 DC(未成熟 DC、表达 IDO 的 DC 等)的作用:①未成熟 DC 不能提供共刺激信号,从而引起 T 细胞耐受;②表达 IDO 的 DC 可抑制 T 细胞增殖,促进 T 细胞凋亡;③多种 DC(如胸腺 DC 等)可诱生 nTreg、Tr1 等调节性 T 细胞,从而诱导免疫耐受。

2) Treg 细胞的作用:①自身抗原特异性 Treg 与初始 T 细胞竞争性结合 APC(尤其是 DC);②Treg 细胞抑制 DC 功能,间接抑制自身反应性效应 T 细胞活化;③Treg 细胞分泌 IL-10 等抑制性细胞因子,使 T 细胞失活,维持免疫耐受。

3) 髓系来源抑制细胞(myeloid derived suppressor cell,MDSC)的作用:骨髓、血循环和外周淋巴器官中 MDSC 可通过某些机制参与外周免疫耐受:①表达高水平 ARG1、iNOS 和 ROS,并消耗环境中 T 细胞活化所必需的半胱氨酸,阻断自身反应性 T 细胞活化;②下调 TCR 相关ξ链,干扰自身反应性 T 细胞活化信号传递;③下调初始 T 细胞 CD62L 表达,通过影响自身反应性 T 细胞向淋巴结归巢而干扰 T 细胞应答;④诱生 Treg 细胞。

4) NKT 细胞的作用:①活化的 NKT 细胞产生趋化因子 RANTES(即 CCL5),可募集相应 APC,继而诱生 $CD8^+$Treg 细胞;②NKT 细胞产生 IL-13,参与耐受形成。

(4) 抑制性效应分子的作用:某些具有免疫负调节作用的细胞因子(如 TGF-β、IL-10 等)、代谢酶(如色氨酸代谢限速酶 IDO、胆红素代谢限速酶 HO-1)、脂类分子(如花生四烯酸代谢产物脂氧素等)均可通过不同机制参与外周耐受形成。

(5) 免疫忽视(immunological ignorance):一般情况下,得以逃脱胸腺阴性选择的 T 细胞其与自身抗原的亲和力均较低,故不易被激活。此外,机体某些免疫豁免部位(immunologically privileged site),由于存在生理或解剖学屏障而阻隔自身抗原与 T 细胞接触,从而维持局部的外周耐受。

2. B 细胞外周耐受

(1) B 细胞失能:B 细胞失能的机制为,①自身反应性B细胞表面5%以上mIgM被可溶性单体抗原分子占据，即可下调mIgM表达，成为失能B细胞，后者仅表达对抗原刺激不敏感的mIgD，且不表达或仅低表达共刺激分子；②可溶性（自身）抗原通常以单体形式存在，其可与BCR结合，但不使BCR交联，从而诱导B细胞失能；③B细胞针对TD抗原产生应答有赖于T细胞辅助，若自身抗原特异性T细胞处于失能或失活状态，相应自身反应性B细胞不能被有效激活，从而呈现无应答状态。

失能B细胞诱导外周耐受的机制为：①不能激活T细胞，导致T细胞来源的、可抑制B细胞凋亡和促进B细胞增殖的细胞因子缺失；②将自身抗原-MHCⅡ类分子提呈给特异性$CD4^+$T细胞并诱导FasL表达，通过与失能B细胞表面Fas结合，可介导B细胞凋亡。（图11-14B）

（2）克隆清除：某些未能在骨髓中被清除的自身反应性B细胞进入外周淋巴器官和组织，它们对生长因子BAFF依赖性较高，易由$FasL^+$Th细胞诱导表达Fas，从而导致细胞凋亡而被清除，故B细胞易产生耐受。

（3）抑制性信号转导：与自身抗原低亲和力结合的B细胞，可能由于多种抑制性受体的参与而导致免疫无应答，例如，①FcRⅡB可抑制BCR通路所致胞内钙转移和细胞活化；FcRⅡB胞内段含ITIM序列，FcRⅡB与BCR结合并发生酪氨酸磷酸化后，通过与SHP-1结合而减弱或终止BCR信号转导；②BCR激活早期，CD22可与BCR结合并发生酪氨酸磷酸化，磷酸化的CD22胞内段ITIM域可招募SH2并与SHP-1结合，进而抑制BCR信号转导。

（4）受体编辑：如前所述，正常情况下受体编辑仅发生于骨髓中未成熟B细胞，从而参与B细胞中枢耐受。但某些实验条件下也可见于外周B细胞，例如：应用抗IgM抗体刺激与全骨髓细胞共培养的脾脏B细胞，也能诱导后者发生受体编辑，从而介导外周耐受。

3. 口服耐受（oral tolerance） 小鼠实验显示：预先口服抗原后，可明显减低皮下注射相同抗原所致免疫应答的强度；口服髓鞘蛋白可影响实验性变应性脑脊髓炎小鼠模型的建立，但不能阻止已患病小鼠的病情进展。由此提示，口服抗原可诱导机体产生外周耐受。目前对口服蛋白抗原在体内的转归及诱导耐受的机制获得如下认识：

（1）蛋白分子在肠道的转归：蛋白质分子（如口服抗原、食物或共生菌所含蛋白质）在肠道经历如下变化，①部分抗原被胃酸或消化酶水解，其抗原表位被完全破坏而丧失免疫原性；②未被消化的抗原与肠道上皮细胞和黏膜免疫系统接触而被摄取。

（2）肠道摄取蛋白质的途径：①黏膜下DC借助其直接伸入肠腔的突起而捕获抗原；②Peyer斑的M细胞摄取颗粒性抗原，继而转运给上皮下DC；③可溶性抗原被黏膜上皮细胞（属兼职APC）摄取、处理、加工成pMHCⅡ复合物，提呈给黏膜下T细胞；④可溶性抗原经细胞旁路转运至黏膜内，被黏膜下巨噬细胞摄取。

（3）肠道抗原诱导耐受的机制：大部分进入肠道的食物蛋白分子和肠道共生菌可诱导免疫耐受，其机制为，①低剂量抗原可诱生并激活Treg，抑制免疫应答；②高剂量抗原诱导克隆无能或克隆清除；③促进黏膜淋巴组织产生TGF-β等抑制性细胞因子，诱导Th2应答为主的效应（即免疫偏离），或作用于固有免疫（即旁路抑制）。

4. 黏膜免疫耐受 黏膜耐受具有重要病理生理学意义。呼吸道（及肺脏）、消化道、生殖道黏膜耐受的表现及其机制各异。

（1）肠道免疫耐受：其表现为肠道黏膜免疫系统对进入肠道的食物蛋白可产生耐受（见前文），并对肠道共生菌具有低反应性，此与肠道共生菌及肠道组织细胞的特点相关（详见第23章）。

1）肠道共生菌特点：①不表达黏蛋白酶及可介导黏附、定居和入侵的因子，故不能黏附于肠道黏膜上皮细胞及分解黏膜组织表面的保护性黏液层；②含五聚化类脂A，仅具低内毒素毒性。

2）肠道黏膜上皮细胞特点：①低表达TLR（如TLR2、TLR4、MD2和CD14），或TLR仅表达于上皮细胞基底侧（如TLR5），不能与上皮细胞腔侧的共生菌接触，难以有效识别共生菌的PAMP组分；②共生菌群持续存在，促进肠道上皮细胞表达过氧化物酶体增殖物活化受体γ（peroxisome proliferator-activated receptor-γ，PPAR-γ），可阻断TLR活化所启动的NF-κB信号转导，抑制炎症反应发生。

3）肠道固有层免疫细胞特点：固有层免疫细胞（DC、巨噬细胞和Treg细胞等）可分泌IL-10和TGF-β，抑制针对共生菌的炎症反应，维持肠道内环境稳定。

（2）肺脏免疫耐受：肺部下呼吸道形成独特的免疫微环境，以维持下呼吸道黏膜稳态。其中以肺泡巨噬细胞（AM）的作用最为重要：①AM低表达F4/80，高表达甘露糖受体等吞噬性受体，可有效吞噬和清除异物抗原；②AM可分泌大量IL-10和TGF-β等抑制性细胞因子，使肺脏T细胞处于可逆性非活化状态；③AM可抑制肺间质DC的抗原提呈功能，并促进DC产生IL-10；④AM可与其他免疫细胞协同发挥抑炎作

用。(详见第二十六章)

此外,肺脏某些非经典的免疫细胞和分子也参与维持免疫稳态,例如:①II 型上皮细胞可释放抑炎因子 TGF-β、NO 及 IL-10;②肺纤维母细胞产生甘油三酯,可防止氧自由基对肺脏的损伤,前列腺素 E2 可抑制单个核细胞产生 TNF 和 IL-12;③内皮细胞高表达 CD200,可抑制肺脏免疫细胞的功能。

(3) 子宫免疫耐受:子宫黏膜特定微环境参与维持子宫耐受(详见第二十九章)。

1) 子宫黏膜所表达 HLA 抗原的类型:①蜕膜滋养层及合胞体滋养层界面不表达经典 HLA 抗原,从而干扰 NK 细胞及 CTL 的胞毒效应;②母胎界面表达 HLA-C、HLA-E 和 HLA-G 抗原,这些非经典 HLA 抗原具有免疫负调节作用。

2) 子宫黏膜 NK 细胞(dNK)的致耐作用:浸润人蜕膜组织的淋巴细胞中,80% 以上是 $CD56^{bright}CD16^{-}$ NK 细胞(即 dNK),其通过与基质细胞和入侵的胚胎滋养层细胞直接接触而发挥致耐受作用,机制为:①dNK 分泌 IFN-γ及血管调控分子(如血管内皮生长因子、胎盘生长因子和 IL-8),参与调控滋养层入侵和血管重铸,促进蜕膜化过程维持内环境稳态;②滋养层细胞产生可溶性 HLA-G,可诱导 NK 细胞产生 IL-8,此过程也参与滋养层血管重铸。

(4) 肝脏免疫耐受:其主要表现为:①约 80% 肝脏血液来自门静脉,但肝脏并不对其中所含大量异源蛋白、毒物及病原生物产生应答;②嗜肝病原体感染肝脏,可逃逸免疫攻击并诱导全身免疫系统低应答,导致持续性感染;③同种异体肝脏移植排斥反应明显较低。

肝脏免疫细胞参与肝脏耐受的机制为:①库否细胞(肝脏巨噬细胞)低表达共刺激分子,并可产生 IL-10、TGF-β、前列腺素等抑制性效应分子;②肝脏 DC 处于不成熟状态,抗原提呈及产生 IL-12 的能力较弱;③在 IL-10 作用下,肝脏出现 Th2 细胞偏移;④肝脏 NK 细胞表面活化型受体 NKG2D 表达降低而抑制型受体 NKG2A 表达升高,从而抑制其功能。(详见第二十三章)

三、免疫耐受的维持和终止

免疫耐受可在特定情况下建立和维持,也可因致耐因素消失而被终止,并逆转为抗原特异性应答状态。抗原和机体因素是决定耐受维持和终止的关键因素。

1. 免疫耐受的建立和维持 免疫耐受的维持取决于多种因素。

(1) 耐受原持续存在:这是维持免疫耐受的最重要因素。由于体内不断产生新的淋巴细胞,持续存在的耐受原可使新生的淋巴细胞不断致耐。一旦耐受原在体内消失,已形成的免疫耐受可逐渐消退或终止,从而恢复对该抗原的特异性免疫应答。

自身组织细胞、病毒、细菌等耐受原可长期存在于体内,故已建立的免疫耐受不易消退。其他易降解、无自我复制能力的耐受原,须多次重复给予才能维持耐受。某些分解缓慢的耐受原(如多聚 D-氨基酸),注射一次即可使耐受维持 1 年。

(2) 其他因素:免疫系统成熟程度、免疫抑制剂的应用等,也可影响免疫耐受维持时间的长短。例如,免疫系统未成熟时或适当应用免疫抑制剂,耐受维持较久。

2. 免疫耐受的终止 机体自身免疫的终止也涉及多因素和多途径。

(1) 中枢免疫耐受的终止:其机制可能为,①特定型别 MHC 分子可能阻碍 T 细胞在胸腺的阴性选择,导致自身反应性 T 细胞不能被清除;②某些调节性 T 细胞不能通过阳性选择而存活,丧失对自身反应性 T 细胞的抑制性调节作用;③特定型别 MHC 分子可能使微生物抗原特异性 T 细胞通过阴性选择而发生凋亡,使机体丧失清除致病微生物的能力,病原微生物长期感染导致自身组织受损和自身抗原性质发生改变,从而破坏自身耐受。

(2) 外周耐受的终止:如隐蔽性自身抗原释放、交叉抗原的作用、细胞因子产生异常、免疫调节功能紊乱、多克隆淋巴细胞激活等,均可导致自身耐受遭破坏,并引发自身免疫病。(详见第十六章)

3. 人工诱导免疫耐受 人工诱导免疫耐受具有重要的理论与实践意义。在实验研究中已采取的策略为:

(1) 可溶性抗原诱导耐受:给新生或成年动物注入可溶性蛋白抗原,能诱导机体产生免疫耐受。已发现,新生个体比成年个体易于形成耐受。

(2) 口服抗原诱导耐受(机制见上文)。

(3) 重组抗原肽诱导耐受:①某些"拮抗肽"可与 MHC 分子结合,但不能介导 TCR 二聚体发生必要的构型改变,或不能构成 TCR-抗原肽-MHC 分子复合物,从而不能有效启动 TCR 信号,或仅启动阴性信号和部分信号;②针对某些已确定的致病性抗原,在分析其优势致病表位的前提下,通过置换少数氨基酸制备变构肽,后者可与致病性抗原天然表位竞争结合 TCR,阻断、抑制 T 细胞活化,或诱导 Th2 细胞偏移。

(4) TI 抗原诱导耐受:TI 抗原在体内代谢缓慢,其在体内达到一定水平时,能诱导 B 细胞长期耐受。

高浓度TI还可封闭完全分化的抗体形成细胞的表面受体，阻断抗体产生。

（5）静息B细胞提呈抗原诱导耐受：静息B细胞能有效将抗原提呈给T细胞，但其不表达B7等共刺激分子，导致T细胞失能。

（6）阻断共刺激信号诱导耐受：通过阻断共刺激信号，已成功诱导动物形成免疫耐受。例如：CTLA-4-Ig融合蛋白可阻断B7-CTLA-4分子对相互作用，抗CD40L抗体可阻断CD40-CD40L分子对相互作用，相关干预策略均可诱导T、B细胞耐受。

（7）免疫偏离诱导耐受：某些细胞因子可选择性控制免疫应答的类型。其机制是：Th1细胞主要参与细胞免疫应答，通过诱导Th2细胞分化与功能，可干扰Th1细胞的效应。据此，应用Th2型细胞因子（IL-10）可抑制Th1细胞活性，拮抗后者的免疫损伤效应，从而有助于建立免疫耐受。

（8）过继输入Treg细胞：临床资料显示，自身免疫病患者体内出现Treg细胞分化及功能异常。动物实验也发现，过继输注Treg细胞可防治某些自身免疫病。因此，诱生或给予Treg细胞诱导免疫耐受受到高度关注。有待解决的问题是：体外分离和扩增Treg细胞的技术亟待优化；输入体内的Treg细胞如何维持其表型及功能（即负调节作用）的稳定性。

4. 研究免疫耐受的意义 免疫系统如何识别"自己"和"非己"，此乃免疫学理论的核心。由于在胚胎期自身反应性细胞克隆已被排除，从而建立了自身耐受，但对外源性"非己"成分能产生免疫应答并予以清除，从而实现免疫系统识别"自己"和"非己"（耐受自身成分以维持免疫自稳）。换言之，对自身成分的识别是建立在自身免疫耐受的基础上。

研究免疫耐受还可为阐明免疫应答及免疫调节的机制提供依据。机体的免疫调节网络存在正应答和负应答，两者相互联系、彼此制约，从而将免疫应答强度控制在正常生理范围，并维持免疫功能相对平衡。

免疫耐受的诱导、维持和破坏参与许多临床疾病的发生、发展和转归，通过干预、诱导或终止免疫耐受，有可能为某些疾病的防治提供新线索。例如：通过诱导和维持免疫耐受性，可防治超敏反应性疾病、自身免疫病以及移植排斥反应；通过终止免疫耐受，可激发机体产生针对靶抗原的免疫应答，从而有利于病原体的清除及肿瘤防治。

第四节 适应性免疫应答的调节

免疫应答过程有赖于体内多系统、多细胞和多分子间相互协同，共同调节其发生、发展和转归，并控制其质和量，以维持正常机体的免疫自稳，此即免疫调节（immune regulation）。免疫调节是机体通过长期自然选择而形成的自我保护机制，其贯穿于免疫应答过程的始终，涉及免疫细胞发育、分化、识别、活化及其效应等。免疫调节机制一旦发生障碍，免疫功能必然出现异常。

一、感知是免疫调节的前提

（一）免疫系统的"感知"

严格意义上，免疫调节是机体免疫系统"感知"（sensing）、进而"调节"免疫应答的过程。免疫系统通过感知而获取相关应答产物及机体自身组分改变的信息，据此对所感知信息进行加工处理，通过启动反馈性调节，使之形成有利于机体的适度应答，即排斥异物抗原，而对自身抗原产生耐受。

20世纪80年代Roitt的实验研究，为免疫系统的感知功能提供了依据（图12-15）。

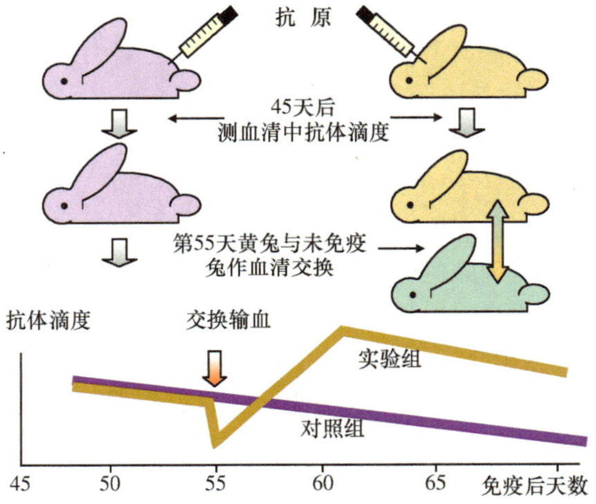

图12-15 机体感知抗体浓度变化并调节抗体产生水平
向家兔注射蛋白质抗原→约45天后可检出高滴度抗体→其后抗体滴度逐渐降低→用未经抗原免疫的家兔血清进行交换→已免疫家兔血清中抗体浓度大幅度减低→针对该抗原的抗体水平急剧上升（甚至超越血清交换前抗体滴度最高值）→抗体水平再次逐渐下降

上述实验提示：①机体对抗原刺激产生应答，体内出现高滴度抗体，其后抗体含量逐渐下降，以使特异性免疫维持在适度水平；②若人为大幅度降低体内抗体水平，免疫系统可敏锐地感知所发生的变化，并有效启动调节机制（虽然此时并未给予额外的抗原刺激）；③其后，再次升高的抗体浓度仍逐渐下降，以最终维持免疫自稳。

（二）免疫系统所"感知"的信息

1. 免疫分子的"量变" 免疫系统感知的大量信息中，主要涉及"质"与"量"的改变，尤以量变更为常见。

（1）抗原剂量：免疫系统可敏锐地感知抗原剂量的差异，抗原浓度过高或过低，均不能诱导抗体产生，而出现所谓“低带耐受”和“高带耐受”（见前文）。

（2）抗体水平：本章前文所述实验依据，有力证明机体可感知抗体水平变化并据此进行调节。此外，独特型-抗独特型抗体网络的调节，也源于机体感知抗体（Ab1）浓度超过域值，从而启动调节机制（见本章下文）。

2. 免疫细胞克隆的“量变” 免疫系统也可感知因抗原刺激而扩增的特异性细胞克隆，并通过不同机制使已发生偏移的克隆库或 BCR/TCR 受体库（repertoire）回复到平衡状态。例如：①T 细胞应答中，免疫系统感知抗原特异性 T 细胞克隆扩增，通过启动活化诱导的细胞死亡（AICD）而维持免疫自稳（见下文）；②免疫应答过程中，某一（或数个）细胞克隆扩增一旦超过域值，即启动独特型-抗独特型细胞网络的级联反应，以控制表达特异性 TCR 或 BCR 的细胞克隆数量和功能（见下文）。

3. 配体与受体间亲和力 免疫系统可感知配体与受体间亲和力差异而调节应答。

（1）TCR 与配体的亲和力：T 细胞在胸腺发育过程中，TCR 与基质细胞表面 MHC（或 pMHC）结合的亲和力过强或过弱，均可导致胸腺细胞凋亡，此即阳性或阴性选择。（见第五章）。

（2）BCR 与配体的亲和力：在外周淋巴器官生发中心内，BCR 与抗原的亲和力决定相应 B 细胞存活和成熟（包括 BCR 亲和力成熟）。

（3）抗原肽与 MHC 分子的亲和力：不同型别 MHC 等位基因产物，其与不同抗原肽的亲和力各异，由此决定某一型别 MHC 分子能否与特定肽段形成 pMHC 复合物，即该 MHC 分子能否提呈特定抗原肽。

（4）IgE 与 FcεR 的亲和力：IgE 与高亲和力 FcεRI 结合，是介导 I 型超敏反应的主要机制。IgE 与低亲和力 FcεRII 结合，则可负调节 IgE 合成。

（5）共信号分子与配体的亲和力：共抑制分子 CTLA-4 和共刺激分子 CD28 的配体均为 B7 分子。激活的 T 细胞逐渐高表达 CTLA-4，后者与 B7 的亲和力远高于 CD28，从而对激活的 T 细胞发挥负调节作用。（第十一章）

（6）HLA-E 与 C 型凝集素受体家族（CD94/NKG2）成员的亲和力：HLA-E 与 CD94/NKG2A（抑制性受体）结合的亲和力明显高于与 CD94/NKG2C（激活性受体）的亲和力，故 HLA-E 可负调节 CTL 和 NK 细胞的杀伤活性。（第六章）

二、网络化的调节模式

机体通过网络化模式进行免疫调节。从宏观至微观，免疫调节网络可分为不同层次。

（一）神经-内分泌-免疫调节网络

免疫系统受机体其他器官系统调节和影响，尤以神经-内分泌系统的调节作用最为重要。例如：应激状态、精神紧张、心理压力、内分泌失调等均可直接或间接影响免疫系统功能。整体水平免疫调节即指神经-内分泌-免疫系统网络调节（图 12-16）。

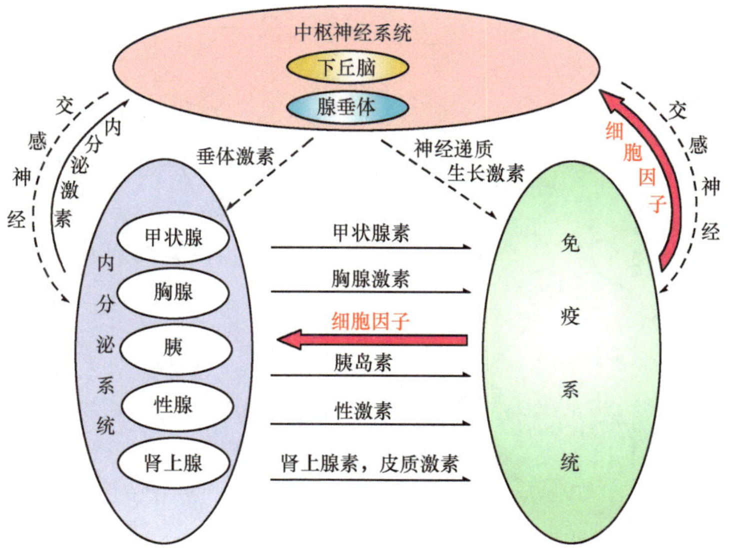

图 12-16　神经-内分泌-免疫调节网络

主要通过神经递质、内分泌激素、细胞因子实现神经-内分泌-免疫系统间的网络调节

1. 神经、内分泌系统调节免疫系统功能 神经-内分泌系统主要通过神经纤维、神经递质和激素发挥免疫调节作用。例如:①交感或副交感神经支配中枢免疫器官(胸腺、骨髓)和外周免疫器官(脾脏、淋巴结等),可分别抑制或增强免疫细胞分化、发育、成熟及效应;②免疫细胞表面及细胞内表达多种神经递质受体和激素受体,神经系统和内分泌系统所产生、释放的神经递质(如肾上腺素、多巴胺、胆碱、5-羟色胺等)和激素(如胰岛素、生长激素、性激素等)可作用于相应受体,从而发挥正向或负向免疫调节作用。

2. 免疫系统调节神经、内分泌系统功能 神经、内分泌系统组织细胞可表达不同细胞因子受体,免疫细胞所产生的细胞因子可与相应受体结合,通过转导相关信息而调节神经、内分泌系统功能。例如:IL-2可抑制Ach释放;TNF-α可促进星形胶质细胞表达脑啡肽;IL-1R广泛分布于中枢神经系统;许多细胞因子可上调或下调激素合成;等等。

(二) 独特型-抗独特型细胞(或抗体)网络

抗原可刺激机体产生特异性抗体。较大数量、结构均一的抗体分子又可作为抗原,在自身体内诱生抗抗体。T、B细胞表面表达特异性TCR、BCR,也可刺激机体产生相应抗抗体。

1974年Jenne提出独特型网络学说,认为体内T、B细胞通过独特型和抗独特型相互识别,形成潜在的调节网络,其要点是:①抗原进入机体前,体内已存在Ab2、Ab3,但其数量未达到能引起连锁反应的阈值,故独特型网络保持相对平衡;②机体接受抗原刺激后,针对该抗原的特异性淋巴细胞克隆增殖,产生大量抗体(Ab1),也形成大量表达含特定独特型BCR的淋巴细胞克隆;③Ab1和BCR所含Id又可作为抗原(表位)而诱导AId(Ab2 α和Ab2 β)产生;④作为负反馈因子,Ab2 α可抑制Ab1分泌,并调节抗原特异性淋巴细胞克隆应答;⑤Ab2 β作为抗原内影像(internal image),可模拟抗原,增强、放大抗原的免疫效应。由此,独特型网络成为调节机体免疫应答的重要机制之一。(图12-17)

(三) 免疫细胞调节网络

1. 调节性免疫细胞网络 体内各种类型免疫细胞均存在发挥调节作用的功能亚群,它们形成细胞网络,通过不同机制和不同环节调节免疫应答。

(1) 调节性T细胞:Treg细胞在胸腺分化而来,其优势表达特征性转录因子FoxP3(调控Treg细胞分化和功能的关键因子),可通过直接接触或分泌抑制性细胞因子而抑制效应性T细胞活化、增殖和功能,并可通过负调节DC功能而间接抑制T细胞激活和功能,从而在维持免疫自稳中发挥重要作用。

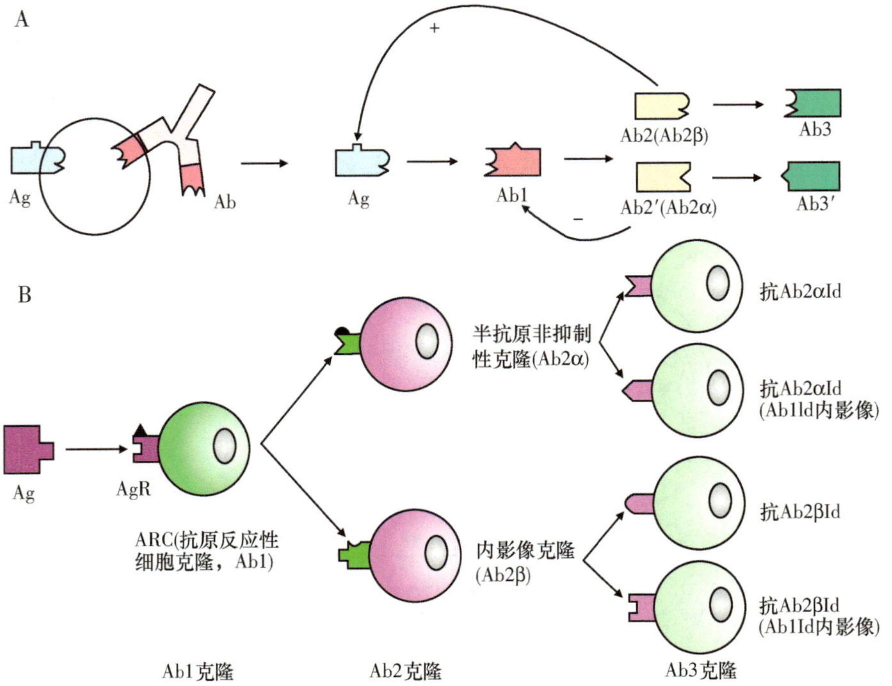

图12-17 独特型-抗独特型网络

A. 独特型-抗独特型抗体网络:抗原刺激机体产生特异性抗体(Ab1)→Ab1 Fab段的独特型作为抗原(表位)→诱生抗独特型抗体(Ab2)→Ab2诱生Ab3→级联反应。该网络中,Ab2α→封闭Ab1,而Ab2β(抗原内影像)→模拟抗原→增强和放大抗原的免疫效应;B. 独特型-抗独特型细胞网络

目前认为，Treg 细胞在维持机体自身耐受及免疫自稳中发挥关键作用。Treg 细胞分化和功能障碍参与多种疾病发生，例如：FoxP3 基因缺失可致 X 染色体连锁的内分泌病性疾病、肠病伴免疫失调综合征(immune dysregulation，polyendocrinopathy，enteropathy，X-linked syndrome，IPEX)；Treg 细胞分化和功能缺陷参与肿瘤发生、发展。另外，基于 Treg 细胞的干预策略已显示巨大的临床应用前景，例如：抑制 Treg 分化和功能，可用于治疗肿瘤及感染性疾病；输注 Treg 细胞可用于治疗移植排斥反应及自身免疫病(如 I 型糖尿病和 MS 等)。

(2) 调节性 B 细胞(Breg)：是一类可抑制体液免疫应答的 B 细胞亚群，主要通过分泌 IL-10 和 TGF-β 等发挥作用，可负控制持续感染和自身免疫病(如关节炎、多发性硬化等)所致过度炎症应答，维持免疫耐受与自稳。

目前认为：Beff/Breg 细胞及 Teff/Treg 细胞平衡在多种自身免疫病和炎性疾病发病中起关键作用。

(3) 调节性 DC(DCreg)：亦称耐受型 DC(tolerogenic DC)，是一类可负调控免疫应答的 DC 亚群，在维持肠道耐受、肿瘤免疫耐受、母胎耐受中发挥关键作用。DCreg 功能特征及其机制为：分泌抑制性细胞因子(如 IL-10、IL-13、TGF-β)；诱生 Treg 细胞；膜表面低表达共刺激分子，但高表达共抑制分子(PD-L1、PD-L2、CD103)；可分泌具有免疫负调节作用的酶类(如精氨酸酶、IDO 等)。

(4) M2 型巨噬细胞：是一类可调控免疫应答的巨噬细胞亚群，其特征为低表达炎性细胞因子(如 TNF-α 等)，高表达抑炎性细胞因子(如 IL-10 等)。

(5) iNKT 细胞：是一类兼有 NK 细胞表型和多样性有限 TCRα/β 肽链(人为 Vα24-Jα28-Vβ11；小鼠为 Vα14-Jα18-Vβ8.2/7/2)的调节性细胞，属 I 型 NKT 细胞，占人 T 细胞总数的 0.01%~0.1%。iNKT 可识别由 CD1d 提呈的半乳糖神经酰胺(αGalCer)，通过高分泌 IFNγ、IL-4 而调节多种免疫细胞(如 T 细胞、B 细胞、NK 细胞等)激活。

iNKT 对不同免疫性疾病的调控作用各异，例如：①通过分泌 IFNγ 而促进 NK 和 CTL 细胞毒作用，并抑制 MDSC 分化及功能，从而发挥抗病毒、抗肿瘤作用；②通过分泌 IL-4 而促进 Treg 增殖，抑制过度免疫应答及炎症反应，发挥抗炎和免疫保护作用，有利于缓解自身免疫病、炎症性疾病(如过敏哮喘)发生和发展。

(6) 髓系来源抑制细胞(MDSC/MISC)：来源于骨髓未成熟髓系细胞(immature myeloid cell，IMC)，属具有 Gr1+CD11b+未成熟表型的异质性细胞群(包括粒细胞和单核细胞前体等)。生理情况下，MDSC 很快分化为单核/巨噬细胞及粒细胞而进入外周淋巴器官，在肿瘤、炎症和感染过程中，MDSC 分化受阻，保留其未成熟表型而富集于肿瘤灶及外周淋巴器官。

MDSC 的作用机制为：①在肿瘤局部富集并扩增，产生精氨酸酶和反应性氧中间物(iNOS、NO)，通过抑制 NK 细胞、CTL、B 细胞功能，抑制 DC 成熟并促进局部 M2 细胞分化，从而抑制机体抗肿瘤免疫，并通过分泌金属蛋白酶(MMP)和 TGF-β 而促进肿瘤转移、侵润；②在外周淋巴器官富集并扩增，通过非特异性抑制作用而调控异常自身免疫应答及炎症反应。

2. 已激活 T 细胞的自身调节网络 体内存在随机形成的多样性免疫细胞克隆，每一克隆的全部细胞均表达同一特异性受体，众多细胞克隆在体内维持平衡。抗原一旦进入机体，即选择表达特异性受体的细胞克隆与之反应，诱导该克隆扩增，从而打破原有的免疫自稳。T 细胞应答中，激活的 T 细胞表面高表达 FasL，可通过与自身或旁邻已激活的 T 细胞表面 Fas 结合，介导细胞凋亡，此即活化诱导的细胞死亡(AICD)。机体通过启动 AICD，使已发生克隆扩增的特异性 T 细胞数量迅速下降，可有效控制特异性 T 细胞克隆扩增水平并清除自身反应性 T 细胞，在应答晚期及时终止免疫应答。(图 12-18)

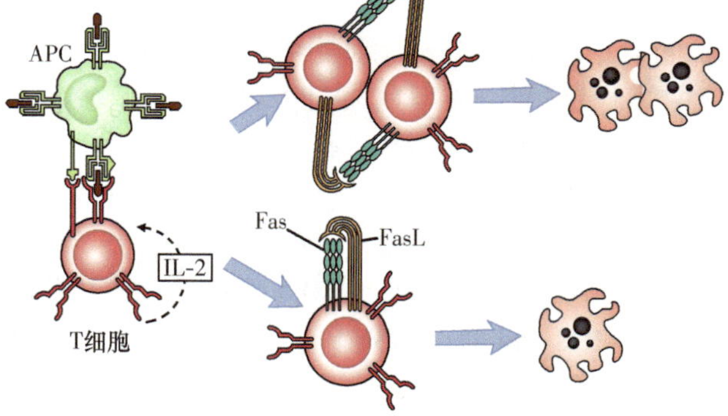

图 12-18 AICD 的调节作用

T 细胞活化→高表达 FasL→与自身或旁邻(活化的)T 细胞表面 Fas 结合→介导活化的 T 细胞死亡→控制特异性 T 细胞克隆数量→维持免疫平衡

3. 不同类别及亚群免疫细胞间的调节网络 不同类别免疫细胞或同一类别但不同功能亚群免疫细胞间相互作用，形成调节网络。

(1) Th1/Th2 细胞间相互调节：Th1 细胞和 Th2 细胞互为抑制性细胞，形成对机体细胞免疫和体液免疫应答的反馈性调节网络。Th1/Th2 细胞平衡是维持机体自稳状态的重要机制，任一亚群比例过高或活性过强，均可导致特定类型免疫应答及其效应呈优

势，此为免疫偏离（immune deviation），并可能因此而导致机体免疫失衡和某些疾病发生。（见第七章）

（2）Treg细胞及Th17细胞间相互调节：目前已确认，任一T细胞亚群均非终末细胞，微环境可对其进行重塑，使之转分化为其他T细胞亚群。除上述Th1/Th2细胞间相互作用外，在微环境影响下，Treg细胞及Th17细胞间也存在相互作用、调控及转分化，并存在二者的过渡细胞类型，从而发挥免疫调节作用。

（3）M1/M2细胞间相互调节：①M1高表达TNF-α、IL-1β、IL-6、IL-12等炎性细胞因子，低表达IL-10等抑炎细胞因子，发挥致炎效应；②M2低表达TNF-α等，但高表达IL-10等，发挥抑炎效应。

（4）DCreg和Treg间相互调节：DCreg通过分泌IL-10而诱生$CD4^+CD25^+Foxp3^+$ Treg细胞；Treg细胞通过下调DC共刺激分子表达而诱导DCreg形成。这种调节回路在维持免疫自稳中发挥重要作用。

（5）DCreg和Breg间相互调节：DCreg可诱导B细胞分化为高分泌IL-10的Breg，后者可抑制抗原特异性效应性T细胞增殖。

4. 免疫细胞表面调节性膜分子的调节网络 多种免疫细胞表面均表达跨膜型调节性膜分子，其胞内段分别含免疫受体酪氨酸活化基序（ITAM）和免疫受体酪氨酸抑制基序（ITIM）。相应受体与配体结合，使受体胞内段构型发生改变，导致ITAM或ITIM磷酸化，可分别启动活化或抑制信号，进而激活或抑制相应免疫细胞活性。本节仅简介T细胞的共信号分子和NK细胞表面的调节性受体。

（1）T细胞表面共信号分子网络：T细胞/APC表面可同时表达多种共刺激分子对及共抑制分子对，两者统称共信号分子，它们形成对T细胞活化的调节网络。以CD28和CTLA-4为例：①T细胞表面CD28为共刺激分子，通过与APC表面B7-1/B7-2结合，可使CD28胞浆段ITAM磷酸化，从而提供T细胞活化第二信号；②CTLA-4属共抑制分子，其与CD28高度同源，随T细胞活化其表达逐渐升高，且与B7结合的亲和力高于CD28，CTLA-4通过与CD28竞争性结合B7，其胞浆段ITIM磷酸化，从而启动抑制性信号，有效下调T细胞应答。（图12-19）

（2）NK细胞表面调节性受体网络：NK细胞表面表达多种调节性受体，形成调控NK细胞活性的网络：①杀伤细胞活化受体（AKR，如NKR-P1等），其与相应糖类配体结合，胞浆段ITAM发生酪氨酸磷酸化，从而启动激活信号，使NK细胞活化；②杀伤细胞抑制受体（IKR，如P58、P70、CD94/NKG2A等），其与相应配体（自身MHC Ⅰ类分子或自身肽-MHC Ⅰ类分

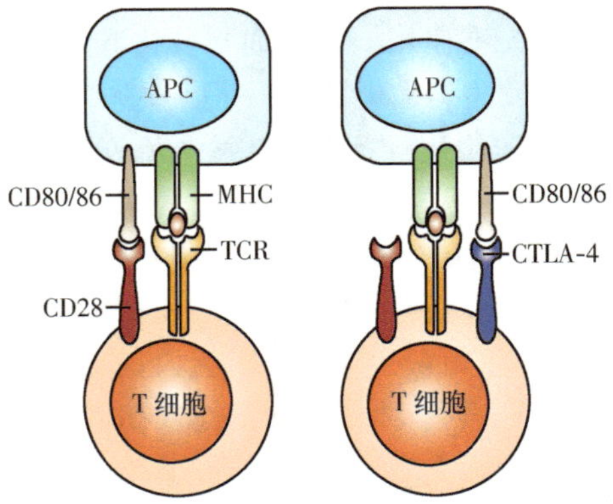

图12-19 T细胞活化过程中CD28、CTLA-4的表达和功能
A. T细胞激活早期，CD28与B7结合→提供T细胞活化的第二信号；B. T细胞活化晚期，CTLA-4与CD28竞争同B7结合→传递抑制性信号

子复合物）结合，胞浆段ITIM发生酪氨酸磷酸化，从而启动抑制信号，可阻断NK细胞活化。正常情况下，IKR介导的抑制性效应占主导地位，NK细胞通过识别宿主组织细胞表面自身MHC Ⅰ类分子而失活；若IKR途径受阻（如肿瘤细胞或病毒感染细胞表面MHC Ⅰ类分子表达下降或缺失），则启动AKR途径，NK细胞被激活并发挥杀伤效应。（详见第七章）

（四）细胞因子调节网络

细胞因子网络可精细、有序地维持机体免疫自稳。

1. 细胞因子网络的组成 细胞因子种类繁多，彼此形成相互作用的调节网络体，表现为：①一种细胞可诱生多种细胞因子；②同一种细胞因子可由多种细胞产生；③不同细胞因子可作用于同一种细胞，显示相互协同或拮抗的效应；④某些细胞因子可诱导或抑制其他细胞因子产生；⑤细胞因子与相应细胞因子受体和其他细胞因子受体的相互调节。（见第三章）

2. 细胞因子受体网络对免疫细胞分化、发育、活化与效应的调节作用 ①调控造血干细胞分化，如IL-7促进淋巴样祖细胞分化；IL-3、M-CSF、GM-CSF等促进髓样祖细胞分化；②调控细胞发育，如前T、B细胞分别在胸腺和骨髓中分化发育为成熟的T细胞和B细胞，均有赖于胸腺和骨髓内细胞因子网络构成的免疫微环境；③调控细胞活化、增殖，如IL-1（APC来源）、IL-4（Th细胞来源）可促进B细胞活化；Th细胞来源IL-2、IL-4和IL-5可促进B细胞增殖；Th1细胞来源TNF-α、IFN-γ、GM-CSF等可促进巨噬细胞活化及功能；④调控免疫效应，如$CD8^+$CTL产生IFN-γ，可抑制病毒复制；Th17细胞分泌IL-17、IL-6、CXCL1，可在应答早期募集中性粒细胞至感染部位。

3. 细胞因子的双向免疫调节作用

(1) 不同细胞因子受体可分别发挥正、负调节作用:①IFN-γ、TNF-α 等可上调 APC 表达 MHC 分子,促进抗原提呈和 T 细胞活化;IL-12、TNF-α 等可促进 CTL 活化及其胞毒作用;②IL-10、TGF-β 等可显著抑制单核/巨噬细胞及 T 细胞活化、增殖、细胞因子释放等。

(2) 同一细胞因子受体的双向调节作用:同一种细胞因子受体作用于不同类别靶细胞,或处于不同微环境及机体不同病理生理状况下,可显示相反的调节作用。例如:微环境中 IL-4 可促进 Th2 细胞分化和功能,从而参与体液免疫应答,但又可抑制 Th1 细胞分化和功能,从而抑制细胞免疫应答;而 IFN-γ 作用相反,可促进 Th1 细胞分化和功能,抑制 Th2 细胞分化和功能。

4. 机体对细胞因子表达的调控　细胞因子信号转导抑制物(supressor of cytokine signaling, SOCS)可阻遏细胞因子的 Jak-STAT 信号转导途径,从而有效调控细胞因子产生和功能。(图 12-20)

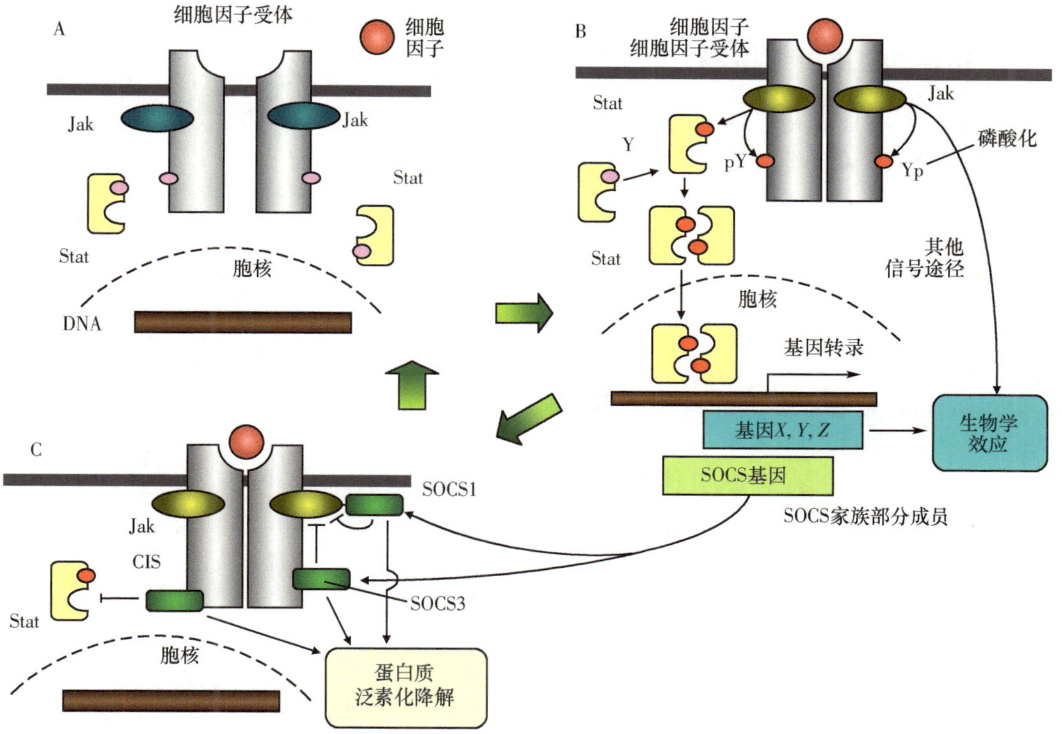

图 12-20　SOCS 负调控细胞因子的机制

A. CK 未与受体结合,Jak-PTK 和转录因子 Stat 处于未激活状态;B. CK 与 CKR 结合→CKR 聚集→Jak 磷酸化→CKR 胞浆段酪氨酸残基磷酸化→招募 STAT→磷酸化→形成二聚体→转位至细胞核→启动多基因(X、Y、Z)转录→发挥生物学效应,SOCS 基因随之被激活;C. SOCS 蛋白产生→分别与 Jak 及 CKR 胞浆段活性部位结合→抑制 Jak、STAT 活性→通过泛素化程序引发蛋白质降解

(五) 细胞内信号转导途径的网络调节

免疫细胞的生物学行为均由细胞内信号转导途径所驱使,主要通过相应信号分子的磷酸化和去磷酸化,决定信号通路的启动、转导和最终效应,且不同信号转导途径间存在复杂的相互协同、相互拮抗的调节网络。由此,在细胞内分子水平和基因水平实现对免疫应答的精细调节。(详见第九章)

(六) 固有免疫调节网络

固有免疫细胞表达的模式识别受体可识别病原相关分子模式(PAMP)及损伤相关分子模式(DAMP),从而启动免疫应答及炎症反应。为维持免疫自稳,体内存在一类(炎症)消退相关分子模式(RAMP),可负调控固有免疫所致炎症反应。(详见第十三章)

三、负调节机制发挥主导作用

理论上,免疫应答既可被启动和诱导,也可被减弱和消退,故广义的免疫调节包括正、负调节,以维持适度应答。但临床常见的诸多免疫病理过程(如自身抗原所致自身免疫病、过敏原所致超敏反应、母胎耐受紊乱所致妊娠异常、同种器官移植排斥反应等),均是错误、过度的免疫应答引发免疫损伤所致。实际上,机体对免疫应答的负调控占据主导作用。

(一) 负调节是维持免疫自稳的关键

1. 维持自身耐受 机体对自身抗原产生耐受是维持内环境稳定的重要机制，而负调节在建立和维持中枢和外周的自身耐受中发挥关键作用。(见上文)

2. 维持适度的免疫应答 针对任何(异物)抗原(以致病微生物为代表)刺激，正常机体必然调动所有潜能产生应答并发动攻击，但过强的应答可导致免疫失衡，甚至对自身组织造成损害。因此，机体适时启动负调节机制，以恢复免疫自稳。

(二) 体内主要的负调节机制

1. 转录水平的负调节作用 微小 RNA(micro RNA,miRNA)是包括数量众多非编码 RNA 分子的家族，其通过靶向众多编码 mRNA 分子的 3' UTR，抑制相关分子转录或直接降解 mRNA。人类基因组已发现 1000 余条 miRNA，且 60% 的 mRNA 具有特异性 miRNA 结合位点，从而调控 mRNA 表达，并广泛参与细胞信号转导、分化、增殖、凋亡。miRNA 调节网络成为调控基因转录表达及免疫细胞功能的重要机制。

2. 蛋白水平的负调节作用

(1) 免疫效应分子的代谢：例如，补体激活所产生的活性片段均不稳定，可通过失活和代谢而被清除；细胞因子的半寿期均较短；体液免疫应答所产生的抗体，可通过形成免疫复合物、体内降解等机制而被清除。

(2) 调节蛋白的负调节作用：例如，补体系统包括多种可溶性和跨膜型调节蛋白，其中绝大多数发挥负调节作用，可在不同环节抑制补体激活并限制补体活性片段的效应。

(3) 反馈性调节免疫分子表达：多数细胞因子对免疫应答的发生和发展起促进作用。因此，在活化的免疫细胞启动细胞因子表达的同时，细胞因子信号转导抑制蛋白(SOCS)基因也被激活，从而有效下调细胞因子表达及功能。(见上文)

(4) 调节性受体的作用：不同类型免疫细胞表面均可表达不同的激活性受体和抑制性受体，从而双向调节免疫细胞的功能。但是，若抑制性受体和激活性受体通路同时被启动，一般均是抑制性受体发挥主导作用。例如：NK 细胞表达 IKR/AKR；T 细胞表达共刺激分子/共抑制分子；等等。

3. 细胞水平的负调节作用

(1) 调控特异性细胞克隆扩增：适应性免疫应答过程中，抗原可诱导表达特异性 BCR/TCR 的细胞克隆发生激活和增殖，从而打破体内淋巴细胞库(repertoire)的平衡。为恢复免疫稳态，机体通过 AICD、独特型网络等机制，可有效遏制少数特异性克隆的过度扩增，将免疫应答控制在适度范围，从而维持免疫自稳。(见上文)

(2) 发挥负调节作用的免疫细胞功能亚群：不同类别免疫细胞均具有异质性，含有调节性功能的亚群(如前述)。

(雷　萍)

第十三章 固有免疫

机体的"免疫"可分为固有免疫和适应性免疫两类。固有免疫(innate immunity)乃长期种系进化过程中逐渐形成,其特点是:个体出生时即具备,作用范围广,并非针对特定抗原,故亦称为非特异性免疫。在种系发生上,低等动物仅具有固有免疫功能,至脊椎动物才出现适应性免疫。固有免疫在机体防御机制中具有重要意义,可视为抵御致病微生物感染的第一道防线。同时,固有免疫相关的效应细胞和效应分子也广泛参与适应性免疫应答的启动、效应和调节。

长期以来,曾认为仅适应性免疫才涉及对靶抗原的识别。目前已证实,固有免疫的发生及其效应也涉及复杂的识别机制。尤其令人感兴趣的是:固有免疫识别机制通常仅针对微生物组分等外源抗原的特定分子结构,而一般不对机体自身成分产生应答。在此意义上,固有免疫(比适应性免疫)能更有效地识别"自己"和"非己",一般也不易引发自身免疫病。

第一节 固有免疫系统的组成

固有免疫系统由屏障结构、固有免疫细胞、固有免疫分子组成。

(一) 屏障结构

1. 种间屏障 种间屏障亦称种属免疫,指由于遗传背景及生物学特性存在差异,不同动物物种及人类分别对特定感染因子具有抵抗性。以病毒感染为例,种间屏障可能取决于宿主细胞是否表达相应病毒受体,如脊髓灰质炎病毒、人类免疫缺陷病毒(HIV)、肝炎病毒的受体仅表达于人和灵长类动物,其他动物则对上述病毒具有天然种属免疫力,但狂犬病毒则可感染多种温血动物。细菌及寄生虫感染亦有类似现象。值得高度重视的是,物种屏障并非绝对不可跨越,某些病原体可引起人畜共患病。如近期发现,某些侵袭禽类的流感病毒株可突破种间屏障而感染人类,其机制尚不清楚。

2. 皮肤黏膜屏障 覆盖于体表的皮肤(尤其上皮细胞)及与外界相通的腔道内衬着的黏膜共同构成皮肤黏膜屏障,将全身各组织器官封闭在内,成为机体抵御微生物侵袭的第一道防线。皮肤黏膜屏障功能如下:

(1) 物理屏障:皮肤表面覆盖多层鳞状上皮细胞,构成阻挡微生物的有效屏障,损伤、烧伤及体内上皮完整性缺失时,易出现严重感染;黏膜上皮细胞的屏障作用较弱,但肠蠕动、呼吸道上皮纤毛的定向摆动、某些分泌液和尿液的冲洗作用等均有助于排除入侵黏膜表面的病原体。

(2) 化学屏障:黏膜和皮肤的附属器所产生的分泌液中含多种杀菌和抑菌物质。例如:①汗腺可分泌乳酸,皮脂腺可分泌不饱和脂肪酸等,均具一定抑菌作用;②眼泪、唾液含溶菌酶和磷脂酶A,唾液含富组蛋白及其相关肽,具有抗菌作用;③胃液低pH并含消化酶、胆汁盐、脂肪酸类,可杀死大多数细菌,是抗消化道感染的重要天然屏障。

呼吸道、消化道、生殖道上皮可分泌黏液,含多种杀菌和抑菌物质,例如:①溶菌酶、抗菌肽、天然抗体等抗菌物质;②糖黏蛋白,可包被微生物,使之不能黏附于上皮细胞并易被巨噬细胞吞噬,遗传性囊性纤维化患者黏液分泌和纤毛运动受损,故易发肺部感染;③阴道上皮分泌糖原,经特定共生细菌代谢而产生乳酸,可限制病原体入侵。

(3) 生物学屏障:寄居于黏膜和皮肤的众多微生物也发挥重要的屏障作用。例如:①口腔中某些细菌可产生过氧化氢,能杀死白喉杆菌、脑膜炎球菌等;②唾液链球菌形成的抗菌物质能对抗多种革兰阴性菌;③肠道中的大肠杆菌能分泌大肠杆菌素,抑制某些厌氧菌和革兰阳性菌定居和繁殖。

人体消化道(及呼吸道和泌尿生殖道)寄生大量共生菌群,后者或其所分泌的抗菌物质可抑制或限制外来微生物定居、繁殖。正常情况下,菌群间及菌群与机体间的平衡对维持人体生态平衡和内环境稳定发挥重要作用。临床上滥用抗生素(尤其是广谱抗生素)可抑制或杀死大部分正常菌群,破坏后者对致病菌的制约和干扰作用,从而引发耐药性葡萄球菌性肠炎、口腔或肺部念珠菌感染等,此即所谓菌群失调症。

3. 体内屏障 指器官、组织内血液与组织细胞间进行物质交换所跨越的解剖结构,它们在抵御病原体入侵和维持内环境稳定中发挥重要作用。

(1) 血-脑屏障(blood-brain barrier):其位于血液

和脑组织间的组织界面，由软脑膜和脉络丛的毛细血管壁、完整的基底膜及星形胶质细胞所形成的神经胶质膜组成（图13-1）。该屏障结构致密，对血液中所含物质具有选择性阻碍作用，允许氧气、二氧化碳和血糖自由通过，但阻止病原体及多数大分子物质（如药物、蛋白质等）通过，由此保护中枢神经系统内环境基本稳定。婴幼儿血脑屏障尚未发育完善，故易发生中枢神经系统感染。

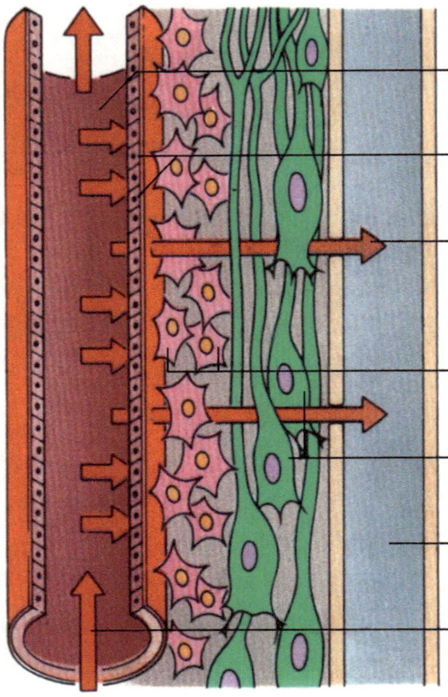

图13-1 血-脑屏障的组成

脑毛细血管壁以及包裹在外的星形胶质细胞胶质膜组成血脑屏障，水、氧、葡萄糖等小分子物质容易通过该屏障，但血液中病原微生物及其他大分子物质难以通过

（2）血-胎屏障（blood-placental barrier）：指由母体子宫内膜基蜕膜和胎儿绒毛膜滋养层细胞组成的屏障，可阻止侵入母体的病原体及其毒性产物进入胎儿体内。妊娠早期（前三个月内）此屏障尚不完善，此时孕妇若感染某些病毒（风疹病毒、巨细胞病毒等）可致胎儿畸形、流产或死胎等。

（3）血-胸腺屏障（blood-thymus barrier）：其位于胸腺皮质，由连续的毛细血管内皮细胞、血管间隙和巨噬细胞、上皮网状细胞及内皮外完整基底膜等组成。血循环中大分子抗原一般不易透过此屏障，从而维持胸腺内环境稳定，保证胸腺细胞正常发育。

（二）固有免疫分子

1. 防御素 多细胞个体中（包括动物、植物、昆虫）已发现400余种具有非特异免疫效应的多肽，其中以防御素最为重要。

防御素（defensin）是一组耐受蛋白酶的分子，对细菌、真菌和有包膜病毒具有广谱的直接杀伤活性。真核细胞中已发现4种防御素，即α-防御素、β-防御素、昆虫防御素和植物防御素，哺乳动物（包括人类）体内仅有α-和β-防御素。α-防御素属阳离子多肽，由中性粒细胞和小肠Paneth细胞产生，主要作用于某些细菌和有包膜病毒，其机制是：①与病原体带负电荷成分（如革兰阴性菌LPS、革兰阳性菌磷壁酸、病毒胞膜脂质等）相互作用，致膜屏障破坏及膜通透性增高，最终导致病原体死亡；②刺激细菌产生自溶酶、干扰DNA/蛋白质合成；③具有致炎和趋化作用，并可诱导IL-8、白三烯B4（LTB4）、IFN-γ、IL-6和IL-10等产生。近期发现α-防御素的某些亚型具有阻止病毒（包括HIV）复制的作用。β-防御素主要由上皮细胞产生，其效应机制尚不清楚。

防御素对无包膜病毒无作用，提示膜与膜间接触是抗微生物作用所必需。除抗微生物活性外，α-防御素可能还参与炎症和伤口修复，其在以中性粒细胞浸润为主的炎症疾病患者体内水平增高。

2. 补体系统 感染早期抗体尚未产生时，补体即可通过MBL或旁路激活途径发挥溶菌作用。补体激活所产生的活性片段具有趋化、调理、免疫黏附及促炎作用（见第一章）。

3. 细胞因子 微生物感染机体，可刺激免疫细胞和非免疫细胞（如感染的组织细胞）产生多种细胞因子，从而发挥非特异性的致炎、致热、引发急性期反应、趋化炎症细胞、激活免疫细胞、抑制病毒复制、胞毒作用等（见第三章）。

4. 溶菌酶 溶菌酶（lysozyme）属不耐热碱性蛋白质，主要来源于吞噬细胞，广泛存在于各种体液、外分泌液和吞噬细胞溶酶体中。溶菌酶可直接作用于革兰阳性菌胞壁的关键组分肽聚糖，从而使细菌溶解，并可激活补体和促吞噬。

5. 其他效应因子 吞噬细胞还可释放氧自由基、一氧化氮、脂质介质（如前列腺素、LTB4、血小板活化因子）等非特异性效应分子。

（三）固有免疫细胞（见第六章）

第二节 固有免疫的识别机制

一、固有免疫的模式识别

免疫识别的机制始终是免疫学基础理论研究的热点。现代免疫学的重要进展之一是阐明固有免疫的识别机制，其理论体系的形成可分为三个阶段(图13-2)。

(一) 克隆选择理论

如前所述，经典免疫学将“免疫(immunity)”定义为机体识别“自己”和“非己”并产生应答的一种生理性功能。因此，机体如何识别“自己”和“非己”被认为是免疫学的核心问题。这一认识的理论基础是Burnet于20世纪50年代末提出的克隆选择学说(clonal selection theory)，其要点为：①由于免疫细胞高突变，在胚胎期已形成大量具有不同抗原特异性的细胞克隆，每一克隆的细胞均表达同一特异性受体；②抗原进入体内后，选择表达特异性受体的免疫细胞与之反应，致该细胞克隆扩增，产生大量后代细胞，它们可合成大量具有相同特异性的抗体；③胚胎期个体免疫系统与自身抗原接触，自身抗原特异性细胞克隆可被清除或处于禁闭状态，使成年个体丧失对“自身”抗原的反应性，从而产生自身耐受。基于克隆选择学说而提出的“自己-非己”(self-nonself,SNS)模式(图13-2A)，即免疫系统通过识别“自己”与“非己”而决定是否启动特异性免疫应答，并将免疫识别的主体限定为特异性免疫细胞(即T细胞和B细胞)。自克隆选择学说提出后，成为解释基本免疫学现象的经典理论。

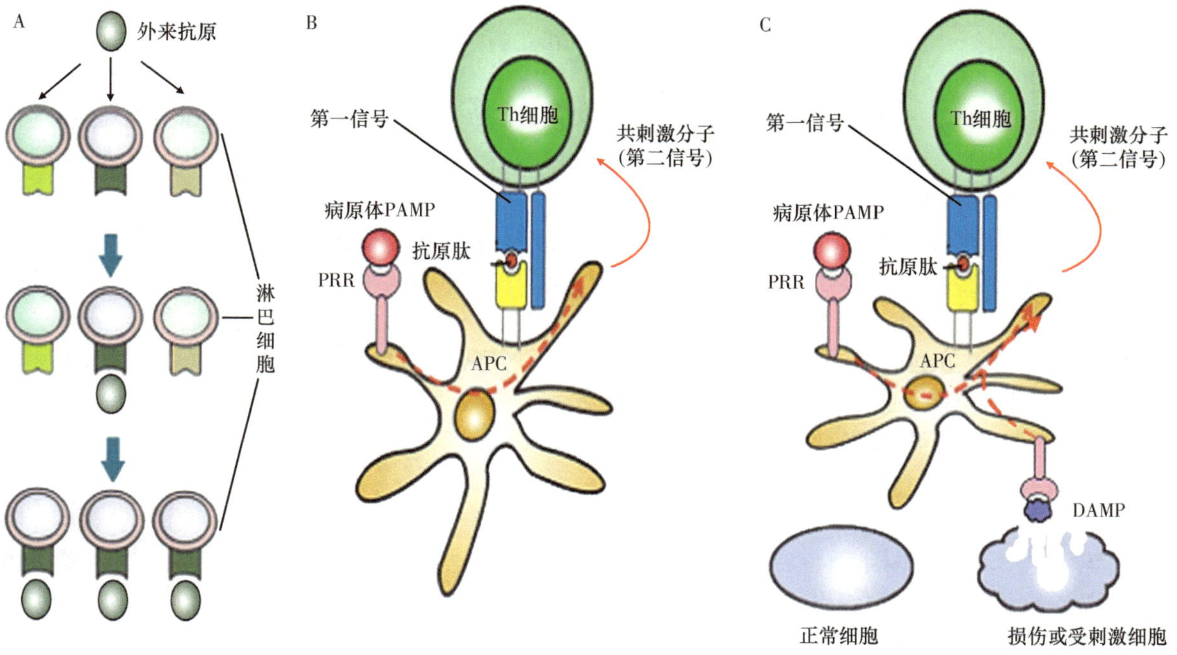

图13-2 三种免疫识别模式理论

A. 克隆选择学说；B. 模式识别学说；C. 危险模式学说

其后，对适应性免疫应答的启动及其调控获得了新的认识：①Mφ和DC等APC摄取抗原，并将经加工处理的抗原肽以MHC限制性方式提呈给T细胞，从而提供T细胞活化的第一信号；②激活的Mφ和成熟DC等高表达共刺激分子(如B7等)，提供T细胞激活的第二信号(即共刺激信号)。但是，SNS理论无法解释共刺激信号的产生。

(二) 模式识别理论

基于T细胞激活的双信号学说以及Toll样受体(TLR)被发现，Janeway于1989年提出模式识别理论(pattern recognition theory)，认为免疫应答不仅涉及对特异性抗原表位的识别，且有赖于固有免疫系统的PRR识别病原微生物所共有(而宿主机体缺乏)的某些模式分子，即PAMP。该理论的要点是：①DC和Mφ表面PRR(如甘露糖受体和清道夫受体)识别并结合病原体细胞壁组分，可介导对病原体的吞噬和摄取，此乃抗原加工、处理、提呈的始动环节；②DC和Mφ表面TLR等(亦属PRR)识别PAMP，启动胞内信号转导，上调共刺激分子(B7)和MHC Ⅱ类分子表达，直接促进特异性Th细胞激活；③TLR启动的胞内信号可诱导细胞因子(如IL-12、趋化因子等)表达，参与Th细胞活化、增殖和定向迁移。继而，激活的Th细胞及其效应可调控CTL、B细胞等适应性免疫细胞的功能状态。

换言之，模式识别理论认为抗原刺激启动适应性免疫应答的关键在于Mφ和DC等固有免疫细胞(均为APC)。在该模式中，PAMP代表病原体(非己)的分子信号,Mφ 和 DC 是参与免疫识别的主体,其表面有限种类的 PRR 可单独或共同识别特定 PAMP 或多种 PAMP 的组合(均为不同类别病原体的保守结构),从而在适应性免疫应答中承担"分拣信号"的作用。另一方面,机体自身成分和环境无害抗原由于不含 PAMP,故不能启动 Mφ 和 DC 的活化以及适应性免疫应答。

模式识别理论明确提出,固有免疫的启动及其效应也涉及复杂的识别机制,这是人们对固有免疫认识的一个重要飞跃。已证实:固有免疫具有不同于特异性免疫的独特的识别特点(表 13-1),其表现为:

(1) 识别的抗原种类:固有免疫系统一般仅识别微生物及其产物(某些情况下可识别变应原和衰老、突变的细胞),但不能识别非微生物的化学物质或大分子。而适应性免疫不仅可识别微生物,也识别非微生物来源的抗原(包括合成的化学物质或大分子)。

(2) 识别的靶分子结构:固有免疫识别的靶结构通常是仅存在于微生物病原体(而不存在于哺乳动物细胞)或其产物的某些特征性组分,它们一般是特定类别微生物所共有、高度保守的结构,统称为病原相关分子模式(PAMP),负责识别的受体称为模式识别受体(PRR)。因此,固有免疫不与机体自身组织结构发生反应,与适应性免疫相比,能更好地区别"异己"与"自己"。适应性免疫可与自身抗原反应,导致自身免疫病,但固有免疫则否。

(3) 识别作用的分子基础:适应性免疫的抗原识别受体是通过基因片段重排而编码,专一地识别不同抗原(表位);固有免疫的识别受体是由种属特异性基因所编码,可识别病原体的共同特征。

(4) 识别的泛特异性:固有免疫的识别仅具有相对局限的特异性,或称为泛特异性。其特点为:适应性免疫可区分同种间不同微生物,甚至区分同一微生物表达的不同抗原组分;固有免疫仅能识别不同种类微生物(如病毒、革兰阴性菌、革兰阳性菌、真菌)所表达的不同病原相关分子模式(PAMP)。

综上所述,机体借助模式识别得以保证淋巴细胞仅对病原微生物等有害物质产生应答,而针对自身组织成分或环境无害抗原的特异性细胞不被激活,由此从新的角度解释了免疫应答的启动和免疫耐受。此即"感染-非己"(infectious-nonself,INS)模式(图 13-2B)。

(三) 危险模式理论

上述 INS 可圆满解释感染免疫等诸多免疫学现象,但显然不适用创伤和自身免疫所致的无菌性炎症。基于此,Matzinger 以模式识别理论为基础,于 1994 年提出"危险模式"理论(danger model theory)。其要点为:①T 细胞须接受双信号(即抗原刺激信号和共刺激信号)才能活化,其控制权在 APC;②各种导致宿主细胞损伤的触发剂(即危险信号),均可诱导 APC 活化并表达共刺激分子,从而提供 T 细胞活化的第二信号(图 13-2C)。

与模式识别理论相同,危险信号理论也认为免疫激活的控制权在 APC,认为 APC 在适当环境下发出第二信号。两者不同之处在于:①危险信号理论认为只要是损伤性刺激,均可产生第二信号并诱导免疫应答,如病原体导致组织损伤时,就能为免疫应答提供有效刺激;②危险理论特别强调免疫耐受,认为任何 T 细胞若其 TCR 接受刺激而缺乏第二信号,均将失能(anergy)。

正常机体内,APC 及自身反应性 T 细胞将自身抗原视为非危险信号,故不产生应答。换言之,能引起细胞损伤的微生物(危险信号)才刺激机体产生免疫应答,反之则被视为"共生物"而导致免疫耐受。

机体所识别的"危险信号"包括两类:①外源性危险信号,即微生物及其代谢产物共有的 PAMP;②内源性危险信号,指组织损伤时所释放的某些胞内保守成分(如 HMGB1、HSP 等 DAMP,以及抗菌肽/防御素、透明质酸、氧自由基、神经介质、IL-33 等)。(详见后文)

表 13-1 固有免疫与适应性免疫的识别特点

识别特点	固有免疫	适应性免疫
识别的抗原种类和靶分子结构	通常仅识别微生物及其产物的特定组分(PAMP)	既可识别微生物分子抗原,也可识别非微生物抗原
识别的特异性	泛特异性,仅识别不同种类微生物	高度特异性,识别精确的抗原表位,可区分同种之间、甚至同一微生物的不同抗原组分
参与抗原识别的受体基因	在胚系中编码	TCR 和 BCR 基因在个体发育过程中重排(体细胞基因重组)
抗原识别受体的分布	非克隆化	克隆化,即高度特异性的不同细胞克隆表达不同识别受体

危险模式理论逐渐被认可并不断被完善，并可解释模式识别理论不能给予满意解释的某些免疫病理过程，如移植排斥反应、肿瘤免疫、超敏反应、自身免疫病、母胎耐受等。目前认为：机体经长期进化，可感知病原微生物入侵和自身组织损伤，并启动相应固有免疫及适应性免疫，以清除病原体并修复组织损伤。

然而，危险模式理论未能对某些免疫相关病理过程的发生机制给予圆满解释，例如：①单卵双胞移植、自体移植或断肢再植，均存在损伤但无排斥反应；②自身免疫病仅发生于少数个体；③已发现，MHC 不相容、无损伤的移植物仍可引起排斥反应。

表 13-1 比较固有免疫和适应性免疫的识别特点。

二、固有免疫识别的分子模式

（一）病原相关分子模式（pathogen associated molecular pattern，PAMP）

1. PAMP 的概念　PAMP 指一类或一群特定微生物病原体（及其产物）共有的某些泛特异性、高度保守且对其生存和致病性必要的分子结构，可被固有免疫细胞识别。不同种类微生物（如病毒、革兰阴性和阳性菌、真菌等）可表达不同 PAMP，包括：①微生物的特征性蛋白，如 N-甲酰甲硫醇；②微生物（而非哺乳动物细胞）合成的脂质复合物和碳水化合物，如脂多糖（lipopolysaccharide，LPS）、磷壁酸（lipoteichoic acid，LTA）、肽聚糖（peptidoglycan，PGN）、甘露糖、酵母多糖（真菌组分）、葡聚糖等；③微生物特异性核苷酸，如复制的病毒所产生双链 RNA（double-stranded RNA，dsRNA）、细菌的非甲基化 CpG DNA 序列等。（见图 13-5）

由于 PAMP 仅来源于病原体，而宿主组织细胞并无此组分，故 PAMP 成为固有免疫区分“自己”与“非己”的重要结构标志。

2. PAMP 的特征

（1）通常为病原微生物所特有：PAMP 与宿主自身抗原的分子结构截然不同，其通常仅由病原微生物产生，而宿主细胞不产生。因此，识别 PAMP 成为固有免疫系统区分“自己”与“非己（微生物）”的分子基础。例如：脂多糖（LPS）是大多数革兰阴性菌细胞壁成分；磷壁酸（LTA）是大多数革兰阳性菌胞壁成分；肽聚糖是革兰阳性/阴性菌和真菌的胞壁成分；甘露糖是微生物细胞壁上糖蛋白和糖脂中的典型成分，而哺乳动物的糖蛋白和糖脂中则含有与之不同的组分，即末端唾液酸和 N-乙酰半乳糖胺（GalNac）；酵母多糖是真菌组分；细菌 DNA 含有非甲基化的胞苷-胍（cystidine-guanidine）CpG DNA 序列。

（2）为微生物生存和致病性所必需：被固有免疫系统所识别的 PAMP 可决定微生物生存或致病性。PAMP 突变或缺失往往导致微生物死亡，或显著降低微生物对外界环境适应性。

（3）宿主泛特异性识别的分子基础：PAMP 是一群或一类特定微生物所共有的恒定结构。因此，宿主由种系编码的有限数量 PRR，即可察觉任何微生物感染的存在。例如：宿主吞噬细胞相应受体一旦识别脂多糖，即向机体提供感染革兰阴性菌的信号。

（二）损伤相关的分子模式（damage associated molecular pattern，DAMP）

各种原因（如炎症、损伤、缺氧、应激等）造成组织损伤，可向细胞间隙或血液循环释放某些内源性因子，即 DAMP。其来源为：①由受损或坏死细胞快速（被动）释放；②由某些激活的免疫细胞（尤其是专职 APC）借助特殊分泌系统（非经典途径）或内质网-高尔基分泌途径而释放。如同 PAMP，固有免疫细胞（包括巨噬细胞、DC 和中性粒细胞等）表面 PRR 也可识别 DAMP，从而启动固有免疫及适应性免疫。迄今已发现多种 DAMP。

1. 高迁移率族蛋白 B1（high mobility group protein B1，HMGB1）　该分子高度保守，因在聚丙烯酰胺凝胶电泳（PAGE）中具有高迁移率而得名。HMGB1 组成性表达于各种组织细胞胞核内，其功能主要是使双螺旋极度扭曲以利各种转录因子和染色质相互作用。HMGB1 分子含与 DNA 结合的结构域：①B 盒（B-box），为其活性结构域；②A 盒（A-box），能取代全长 HMGB1 与相应受体结合，但不介导生物学效应，故纯化的 A-box 可作为 HMGB1 拮抗剂。

某些病理情况下，HMGB1 可由坏死细胞被动释放，或由激活的单核/巨噬细胞主动分泌。胞外 HMGB1 属重要的 DAMP，可通过 B 盒与 APC 表面相应受体 RAGE（receptor of advanced glycation endproduct）或 TLR2、TLR4 结合，启动信号转导（激活 NF-κB 和 c-Jun），发挥多种生物学效应：①作为炎症介质介导早期炎症反应，参与缺血-再灌注导致的组织损伤；②早期炎性刺激（如 TNF-α 和 IL-1β）可促进 $HHGB_1$ 释放，后者又可诱生其他炎症介质，在晚期炎症反应中处于中心位置；③与 CpG-ODN 形成复合物而与受体 RAGE 结合，进而通过 TLR9-MyD88 途径活化 pDC 和 B 细胞，导致某些免疫病理过程发生和发展；④促进 Mϕ、DC 等 APC 激活并表达共刺激分子及 MHC Ⅱ类分子，参与适应性免疫应答的启动。（图 13-3）

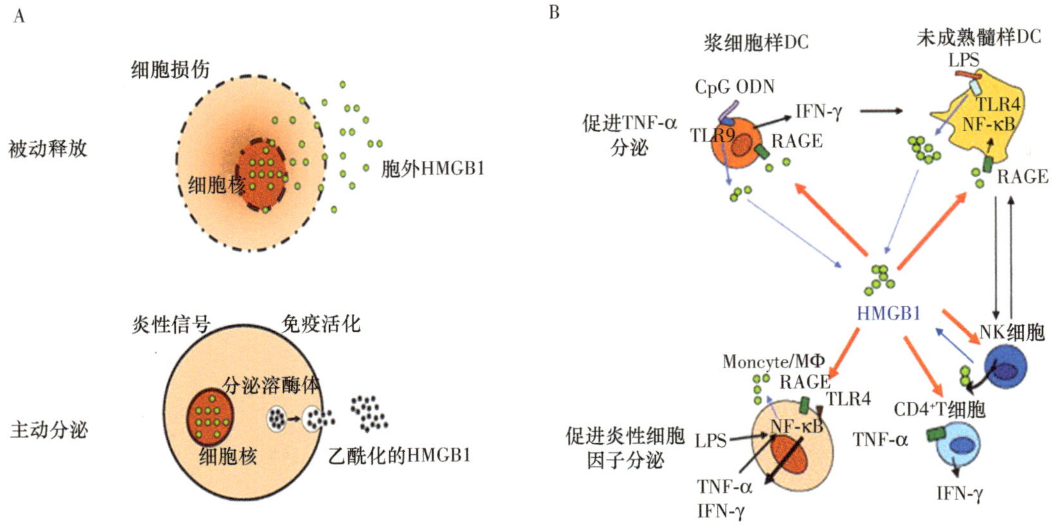

图 13-3 胞外 HMGB1 的来源及其生物学效应

另外,胞外 HMGB1 可与坏死细胞所释放 DNA 或含 DNA 的免疫复合物结合,后者通过被细胞表面 RAGE 识别、结合及内化,进而激活细胞内 TLR9 信号通路。

2. 热休克蛋白(heat shock protein, HSP) HSP 是一类从原核到真核细胞内广泛存在、高度保守的蛋白质。细胞受到某些因素(如高热、感染、缺血、缺氧及化学物质等)刺激时,可迅速、短暂地大量合成 HSP,由细胞主动分泌或坏死细胞被动释放。胞外 HSP 可与 TLR2、4 等受体结合,诱导促炎因子分泌。HSP 也可被 APC 摄取和处理,并被交叉提呈给 T 细胞。

3. 其他 DAMP 由损伤细胞所释放的其他蛋白、甚至某些小分子活性介质也被视为 DAMP,例如:①S100,为一组钙相关结合蛋白,有 20 余种,其中 S100A12 和 S100B 也以 RAGE 为受体,而 S100A8/9 可与 TLR 结合;②肝癌来源的生长因子(hepatoma derived growth factor, HDGF),其可由神经元主动释放,或由坏死细胞被动释放;③IL-1α,其可由非经典途径分泌,LPS 刺激巨噬细胞后,IL-1α前体可转位入核而与 DNA 结合,并作为转录因子而激活转录;④IL-33,为核内分子,可被主动或被动释放至胞外,通过与相应受体(ST2)结合而发挥致炎作用;⑤尿酸,相应受体是位于细胞内的 NOD 家族成员 NALP3,其可刺激 DC 成熟,在体内与抗原偶联可促进 $CD8^+$T 细胞应答,也可作为炎症小体组分而促进 IL-1β和 IL-18 产生。

此外,机体细胞损伤时产生的抗菌肽/防御素、氧自由基、胞外基质降解产物、神经介质和细胞因子等,均被视为 DAMP。已证实,DAMP 参与多种免疫相关疾病(如关节炎、动脉粥样硬化、肿瘤、SLE、移植排斥反应)发生及发展。

另外,按照危险模式理论,机体所识别的危险信号(danger signal)可统称为危险相关分子模式(danger-associated molecular pattern, DAMP),其分为两类:

(1)外源性危险信号:主要指病原体所携带的 PAMP。固有免疫系统的 PRR 通过识别这些外源性危险信号,不仅能精确地区分“自己”和“非己”,也可区别无害的“非己”和病原体相关的“非己”,并藉抗原提呈和共刺激信号两个环节赋予适应性免疫应答识别“自己”与“非己”的能力。

(2)内源性危险信号:主要指 DAMP,它们在炎症和组织损伤时被迅速释放,亦称警报素(alarmin),包括防御素、嗜酸粒细胞源神经毒素(neurotoxin)、HMGB1 等,在宿主防御反应和组织修复中发挥重要作用。

(三)(炎症)消退相关分子模式(resolution associated molecular pattern, RAMP)

多数免疫相关疾病的基本病理过程均涉及炎症反应,故急性炎症消退和免疫自稳对逆转相关疾病进程及阻止慢性炎症发生至关重要。已发现,体内存在抗炎和促进炎症消退的复杂网络,以对抗 PAMP 和 DAMP 所致炎症反应,包括抗炎细胞因子(IL-10、TGF-β、IL-1Rα)、促炎症消退脂质分子[如脂氧素(见第八章)、消退素(resolvin)等]、膜联蛋白(annexin)、糖皮质激素、神经肽、某些免疫细胞功能亚群(如 M2 型巨噬细胞、Treg 细胞等)。

近年发现,PRR 除可识别 PAMP、DAMP 外,还可识别一类(炎症)消退相关分子模式(resolution associated molecular pattern,RAMP)。RAMP 指一类组成性表达、高度保守的内源性分子,在细胞应激状态(如缺氧、低糖、电离辐射、热休克等)下释放,具有使炎症消退的作用,从而负调控 PAMP 和 DAMP 的促炎效应,维持免疫自稳。(图 13-4)

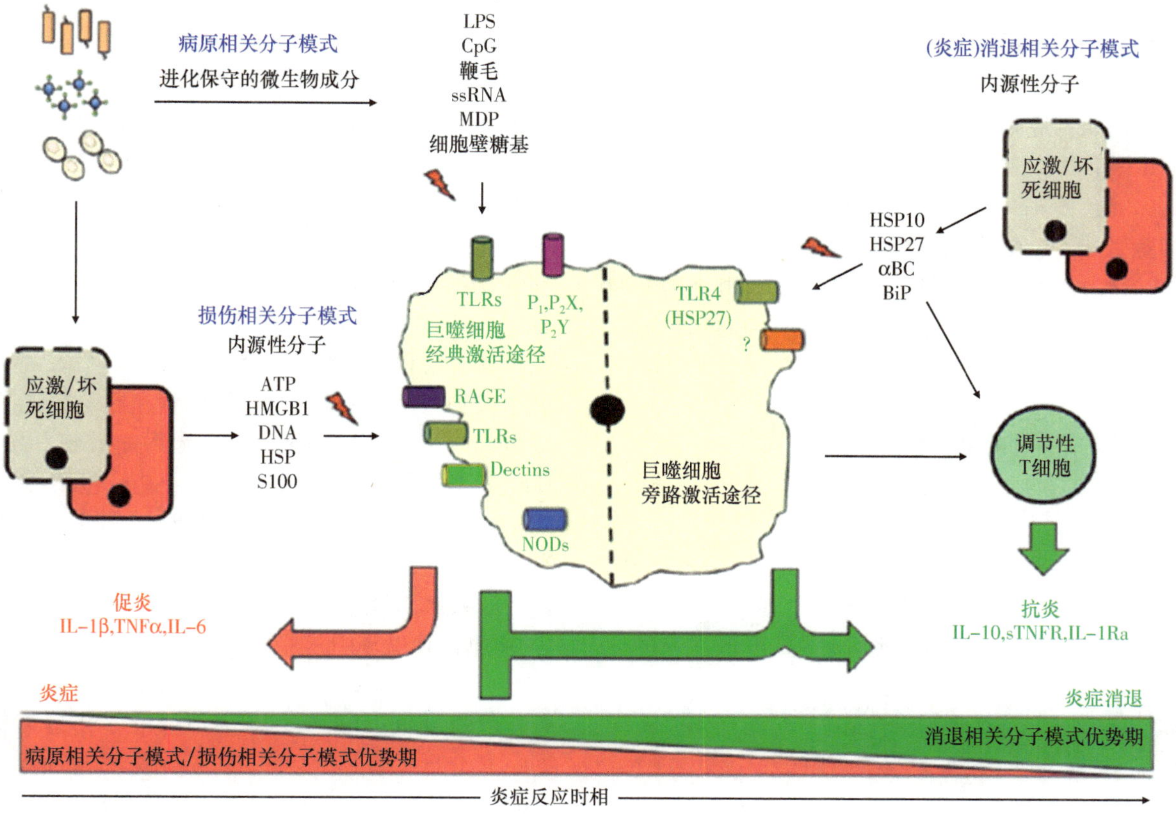

图 13-4 消退相关分子模式的作用

RAMP 如同 DAMP,可在细胞应激或坏死时由相同细胞被动释放,或以自分泌、旁分泌方式主动释放,但两者生物学作用完全相反。RAMP 在 DAMP 作用的同时或继后,通过诱导抗炎介质分泌,或使炎症介质和炎性细胞失活,促进炎症消退,最终中止炎症。有关 RAMP 作用的确切机制(如相应受体、相关信号通路等)尚有待阐明,开展相关领域研究的意义为:①探索炎症消退的新途径;②阐明某些慢性炎症性疾病的发病机制;③为防治自身免疫病提供新策略(如基于 HSP10 治疗类风湿关节炎和慢性银屑病;基于 BiP 治疗类风湿关节炎);④探索诱导免疫耐受的新思路。迄今已发现多种 RAMP:

1. 热休克蛋白 10(HSP10) HSP10 为 HSP60 的共分子伴侣(Co-chaperon),可参与线粒体蛋白折叠。HSP10 具有抗炎和免疫调节作用,依据为:①体外实验中可抑制鼠巨噬细胞和人单核细胞 NF-κB 活化;下调 T 细胞 CD3ζ 链表达;诱导人单核细胞分泌抑炎细胞因子;抑制人单核细胞来源的 DC 分化;②体内实验中可降低鼠内毒素性休克的致死率;延长大鼠皮肤移植物存活时间;缓解大鼠佐剂性关节炎和脂质蛋白肽(PLP)所诱导 EAE 小鼠病情;③临床试验中,可改善类风湿关节炎和慢性银屑病患者临床指标。

2. αB 晶状体蛋白(alpha B-crystallin, αBC) αBC 属胞浆分子伴侣,可保持晶状体的透明。αBC 具有炎症消退作用,体内实验依据为:①与野生鼠相比,$\alpha BC^{-/-}$鼠表现为免疫高反应性,临床症状加重,淋巴结细胞对 MOG(myelin oligiodendrocyte glycoprotein)的增殖反应加强,并促进 IFN-γ和 IL-17 产生;②前房缺血性神经病变小鼠模型中,αBC 可保护视神经功能;③缓解中风小鼠组织损伤,诱导 T 细胞产生抗炎细胞因子。

3. 热休克蛋白 27(HSP27) HSP27 为组成性表达于胞浆的分子伴侣,可被热、辐射和氧化应激等诱导。胞外 HSP27 可发挥抑炎作用,机制为:①促进人单核细胞产生 IL-10;②抑制 IL-4/GM-CSF 诱导单核细胞分化为 DC 的作用;③下调单核细胞表达 CD86,上调 CD14、CD16 和 CD163 表达;④诱导肿瘤相关巨噬细胞(TAM)分化,并诱导共培养的 T 细胞失能,从而有利于肿瘤逃逸免疫监视;⑤抑制 TNF-α 所致 NF-κB 活化。

4. 免疫球蛋白结合蛋白（binding immunoglobulin protein，BiP） BiP 是参与内质网应激［即未折叠蛋白应答（unfolded protein response，UPR）］的主要调控分子。未折叠或错误折叠的蛋白质聚集于内质网腔时，BiP 可启动信号通路级联反应，以缓解内质网压力，减少内质网中蛋白质分子折叠，促进分子伴侣表达，以结合内质网腔中堆积的内容物。

BiP 作为 RAMP 的效应为：①下调 CD86、HLA-DR 表达；②诱生 Treg 细胞，并使单核细胞失活；③上调抑炎细胞因子 IL-10 分泌，下调促炎细胞因子 TNF-α、IL-17 产生；④促进 Th2 型细胞因子产生，阻止 Th1 型细胞因子（IFN-γ）产生；⑤促进骨吸收，抑制破骨细胞生成。

三、模式识别受体

（一）模式识别受体概述

模式识别受体（pattern-recognition receptor，PRR）是一类主要表达于固有免疫细胞（尤其是巨噬细胞、DC 等专职 APC）表面、非克隆性表达、可识别一种或多种 PAMP 的分子。PRR 的主要生物学功能为活化补体、吞噬作用、启动细胞活化和炎性信号转导、诱导凋亡等。

1. PRR 的生物学特征 PRR 具有与特异性 TCR 或 BCR 不同的特点：

（1）较少多样性：TCR 和 BCR 是体细胞基因重组后的编码产物，具有极大多样性；而 PRR 是胚系基因编码产物，所具有的多样性远少于 TCR 和 BCR。因此，固有免疫仅能识别不同种类微生物（如病毒、革兰阴性菌、革兰阳性菌、真菌）所表达的不同 PAMP（或内源性 DAMP），即泛特异性识别。

（2）识别的配体：PRR 一般仅识别微生物及其产物（某些情况下可识别变应原和衰老、突变的细胞），但不能识别宿主自身抗原及非微生物的化学物质或大分子，由此赋予固有免疫具有区别“非己”与“自己”的功能。

（3）非克隆性表达：PRR 存在于多种固有免疫效应细胞（尤其是巨噬细胞、DC 等专职 APC）表面，其表达为非克隆性，即同一类型细胞（如巨噬细胞）所表达 PRR 具有相同特异性。

（4）介导快速生物学反应：PRR 一旦识别 PAMP，效应细胞即立刻被激活并发挥效应，一般不涉及细胞增殖，由此决定固有免疫具有快速反应性。

2. PRR 的类别

（1）分泌型 PRR：分布于血液和淋巴液中，例如：①甘露糖结合凝集素（MBL），属 C 型凝集素，在肝脏中合成，作为急性期反应成分分泌入血清，可识别并结合革兰阳性/阴性菌、酵母菌及某些病毒、寄生虫表面的甘露糖组分，通过激活补体（见第二章）或发挥调理作用，参与清除病原体或凋亡细胞；②C-反应蛋白，可结合细菌细胞壁的磷酰胆碱。另外，LPS 结合蛋白（LBP）、胶原凝集素（collectin）、正五聚蛋白（pentraxin）、纤维胶原素（ficolin）也属分泌型 PRR。

（2）内吞型 PRR：指巨噬细胞表面表达的一类跨膜受体，可识别并结合相应 PAMP，介导吞噬细胞对病原菌的摄取和运输，参与病原菌在溶酶体中的降解及病原体蛋白质的加工和处理。包括：①甘露糖受体（mannose receptor，MR），含多个碳水化合物识别位点，可特异性识别并结合微生物（如分枝杆菌、克雷伯菌、卡氏肺孢菌和酵母菌等）胞壁糖蛋白和糖脂分子末端的甘露糖和岩藻糖残基，介导吞噬或胞吞作用；②清道夫受体（scavenger receptor，SR），包括 SR-AI、SR-AII 和 MARCO，是三次穿膜糖蛋白，可识别乙酰化低密度脂蛋白、革兰阳性和阴性菌某些表面成分（LPS、磷壁酸）及磷脂酰丝氨酸（凋亡细胞重要表面标志），从而有效清除血循环中某些病原体、衰老红细胞和凋亡细胞，并可能参与动脉粥样硬化形成；③β-葡聚糖特异性受体（Dectin-1），与真菌细胞壁组分 β 葡聚糖结合后，可介导吞噬并激活 Src 和 Syk 激酶，从而参与抗真菌免疫应答；④Dectin-2，属 α 甘露聚糖功能受体，可与甘露聚糖型碳水化合物结合，引发 ROS 产生和钾离子外流，并激活 NLRP3 炎症小体和前体 IL-1β，从而参与抗真菌免疫和超敏反应；⑤巨噬细胞诱导的 C-型凝集素（Mincle），可识别真菌 α 甘露聚糖、分枝杆菌糖脂、苴蜜糖二霉菌酸酯，也能识别某些 DAMP（如剪接体蛋白 130）。

另外，DC 表面也表达某些跨膜 PRR，例如：①DC 特异性 ICAM-3 捕获的非整合素（DC-specific intercelular adhesion molucule-3-grabbing non-integrin，DC-SIGN），表达于非成熟单核细胞来源的 DC 表面，可识别病原体（某些病毒、利什曼虫和念珠菌属）所表达的 PAMP，通过活化丝氨酸和苏氨酸激酶 Raf-1，使 NF-κB 亚单位 p65 乙酰化，从而促进 IL-10 转录，参与炎症反应；②DC NK 凝集素受体-1（DC NK lectin group receptor-1，DNGR-1），仅表达于 DC，能通过肌动蛋白与损伤或死亡细胞结合。

（3）信号转导型 PRR：此类 PRR 表达于细胞表面、内体、溶酶体或胞浆内，可通过启动特定信号转导通路而诱导不同基因表达，从而精细调控针对不同 PAMP 的固有免疫应答和炎症反应。主要包括 4 个家族，即 Toll 样受体（TLR）、主要识别肽聚糖的 NOD 样受体（NLR）、识别 RNA 的 RIG-1 样受体（RLR）和识别 DNA 的受体(详见下文)。

(二) Toll 样受体

Toll 是最初在果蝇(其不具备适应性免疫)体内被发现的一种膜蛋白,功能为抵御感染。以后发现,哺乳动物固有免疫细胞可表达其胞外段与 Toll 同源的蛋白,故被称为 Toll 样受体(Toll-like receptor, TLR)。TLR 通过识别并结合相应 PAMP,可启动激活信号转导途径,并诱导某些免疫效应分子(包括炎性细胞因子)表达,在诱导适应性免疫应答和炎性反应中发挥重要作用。Hoffmann JA 和 Beutler BA 由于在 TLR 研究领域的杰出贡献而获得 2012 年诺贝尔医学或生理学奖。

目前在哺乳动物已发现 13 种 TLR,其中 TLR1 ~ 9 较为保守,在人和小鼠体内均有表达,TLR10 仅存在于人体,而 TLR11 ~ 13 仅在小鼠体内被发现。TLR 广泛分布于动物的心、脑、肺、肝、肾、脾及胸腺等多种器官组织,其分布特点是:①不同类别 TLR 可表达于不同细胞;②同一细胞可表达多种 TLR;③同一 TLR 可表达于不同细胞。

按照 TLR 的亚细胞定位,可分为两类:①细胞膜表面 TLR,包括 TLR1、TLR2、TLR4、TLR5、TLR6 等;②细胞内溶酶体、内体及内质网的 TLR,包括 TLR3、TLR7、TLR8、TLR9。某些 TLR 一旦与配体结合,其亚细胞定位可发生改变,例如:静息状态下,TLR2 和 TLR4 均表达于细胞表面,但识别病原体组分(如 LPS)而被激活后,TLR2 可被招募至巨噬细胞吞噬体内,而 TLR4 则被内化至胞浆内。

1. TLR 的分子生物学特征 TLR 是进化上高度保守、胚系编码的 I 型跨膜蛋白。

(1) 分子结构:①胞外区,由 19 ~ 25 个富含亮氨酸重复序列(leucine-rich repeats, LRR)组成,后者即配体结合区,可识别病原体的 PAMP 组分;②跨膜区是富含半胱氨酸的结构域;③胞内段结构域与 IL-1 受体结构同源,信号转导途径亦相同,被称为 Toll /IL-1 受体同源结构域(Toll/ interleukin-1 receptor homologous region, TIR),是 TLR 和 IL-1R 启动下游信号转导的核心元件。不同类别 TLR 其膜外区含不同数量及排列的亮氨酸和半胱氨酸残基。

(2) TLR 的配体(图 13-5):TLR 所识别的配体包括来源于病原体的 PAMP(如 LTA、dsRNA、LPS、flagellin、CpG 基序等)和来源于受损宿主细胞的 DAMP(如热休克蛋白、HMGB1、纤维蛋白原、裂解产物或透明质酸等)。不同类别 TLR 分别选择识别不同配体。TLR 配体的共同特点为:①均属保守的 PAMP(或 DAMP),可被 TLR 识别并提供微生物感染的信号;②TLR 家族成员胞外区的同源性较差,故几乎所有 TLR 均可单独或与辅助分子协同而共同识别多种结构不同的配体;③某些 TLR 须依赖于辅助蛋白才能识别相应配体(表 13-2)。

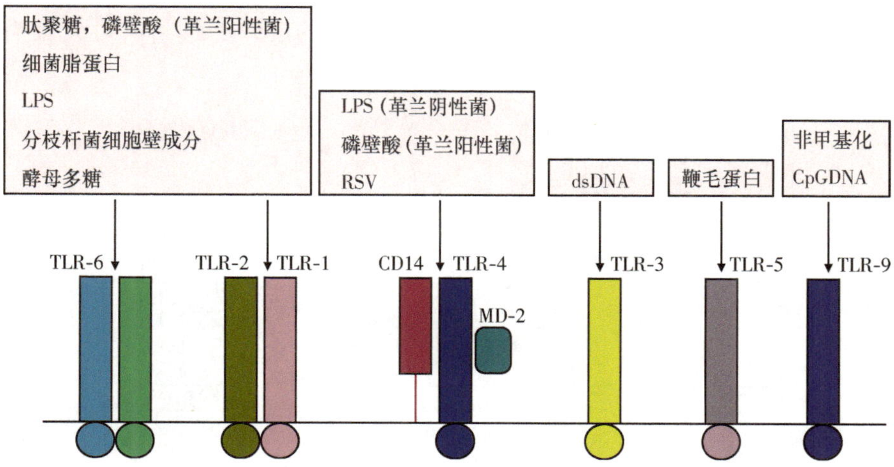

图 13-5 TLR 及其配体

表 13-2 TLR 的定位及配体

受体	定位	外源性配体	内源性配体
TLR1	胞膜	三酰基脂多肽(细菌、分枝杆菌来源)	未知
TLR2	胞膜	脂磷壁酸(LTA)(革兰阳性菌来源) 酵母聚糖(真菌来源) 脂阿拉伯甘露聚糖(分枝杆菌来源)	双糖链蛋白多糖 高迁移率族蛋白 B1(HMGB1) 透明质酸片段

续表

受体	定位	外源性配体	内源性配体
TLR3	溶酶体 内体	dsRNA(病毒来源) 聚肌胞苷酸[poly(I:C)](人工合成)	RNA(死细胞来源)
TLR4	胞膜	LPS(革兰阴性菌来源) 融合蛋白(呼吸道合胞病毒来源) 衣壳蛋白(小鼠乳房肿瘤病毒来源) 紫杉酚(植物来源)	髓系相关蛋白8/14(Mrp8/14) 纤连蛋白Ⅲ型重复外结构 A 透明质酸片段 肺表面活性蛋白 A、HMGB1、氧化磷脂、双糖链蛋白多糖、热休克蛋白、β-防御素2
TLR5	胞膜	鞭毛蛋白(细菌来源)	未知
TLR6	胞膜	二酰基脂肽(支原体来源) 酵母多糖(真菌来源) LTA(革兰阳性菌来源)	未知
TLR7	溶酶体 内体	单链 RNA(ssRNA)(病毒来源) 咪唑喹啉/咪喹莫特(Imiquimod)(人工合成) 咪唑醌醇/R-848、咪唑喹啉/S-27610、洛索立宾(Loxoribine)	核内小 RNA
TLR8	溶酶体 内体	ssRNA(病毒来源) R-848(人工合成)	核内小 RNA
TLR9	溶酶体 内体	非甲基化 CpG DNA(细菌、病毒来源) 疟原虫色素(疟原虫来源)	高迁移率族蛋白 B1(HMGB1) 染色质-IgG 复合物
TLR10	溶酶体 内体	未知	未知
TLR11	胞膜	未知配体(尿路致病菌来源) 穿孔素样分子(弓形虫来源)	未知

(3) TLR 相关的信号转导通路(图 13-6):TLR 功能结构域十分相似,但其配体结合域各异,可分别识别、结合不同配体。TLR 与相应配体结合可启动胞内信号转导,诱导目的基因活化、表达。按照 TLR 胞内区所结合的接头分子不同,可分为两条途径(详见第九章):

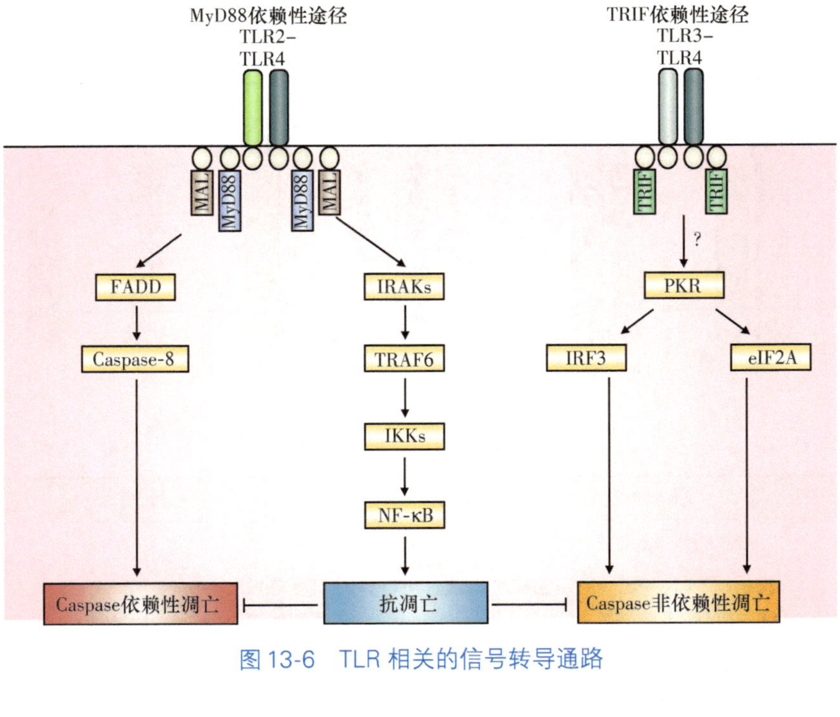

图 13-6 TLR 相关的信号转导通路

1）MyD88 依赖性信号途径：髓样分化因子 88（myeloid differentiation factor 88，MyD88）是一类重要的接头蛋白，该途径是 TLR 信号转导的共同通路（除 TLR3 外），其过程为：①配体与 TLR 结合→TLR 胞内段 TIR 结构域募集同样含 TIR 结构域的接头分子 MyD88→MyD88 的死亡结构域（death domain，DD）与 IL-1 受体相关激酶（IL-1 receptor-associated kinase，IRAK）结合→募集并活化下游 TRAF6 分子→活化 NF-κB→激活炎性细胞因子和Ⅰ型干扰素基因表达；②细胞被 PAMP 过度激活→被 TLR 募集的 MyD88 死亡结构域（DD）可与 FADD 的 DD 相互作用→启动 caspase 依赖的细胞凋亡。

2）MyD88 非依赖性信号途径：亦称 TRIF（TIR domain containing adaptor-inducing interferon-β）依赖性信号途径，其借助接头分子 TRIF 或 TRAM 募集 TRAF3 和 TRAF6，分别通过 TBK1 和 TAK1 诱导 NF-κB 晚期活化及 IRF-3 磷酸化和核转位，继而调控炎性细胞因子和Ⅰ型干扰素表达，此信号途径见于 TLR3 或 TLR4 活化过程。

另外，不同 TLR 识别不同微生物产物，某些 TLR 需与其他 TLR 形成二聚体（如 TLR2 与 TLR6）或与其他细胞膜分子协同（如 TLR 与 CD14 协同识别 LPS）才能启动相关信号转导。

（4）TLR 信号通路的调节：TLR 是宿主抵御病原微生物入侵的重要机制，但过强的 TLR 信号也可导致内毒素休克、自身免疫病等病理过程。因此，体内针对 TLR 存在严密的负调节机制，以适时减弱 TLR 信号并维持免疫自稳。（表 13-3）

表 13-3 TLR 的负调节分子

负调节分子	表达与诱导	作用的 TLR	作用机制
分泌型负调节分子			
sTLR2	组成性表达于乳汁及血浆	TLR2	TLR2 拮抗剂
sTLR4	未知	TLR4	封闭 TLR4 与 MD2 相互作用
胞内负调节分子			
MyD88s（MyD88 短体）	主要分布于脾脏，LPS 诱导	TLR4	MyD88 拮抗剂
IRAKM	单核细胞，LPS 诱导	TLR4、9	抑制 IRAK1 磷酸化
SOCS1	巨噬细胞，LPS 和 CpG 诱导	TLR4、9	抑制 IRAK 活化
NOD2	未知	TLR2	抑制 NF-κB 活化
PI3K	组成性表达于大部分细胞	TLR2、4、9	抑制 p38、JNK、NF-κB 功能
TOLLIP	组成性表达于大部分组织	TLR2、4	抑制 IRAK1 自身磷酸化
A20	巨噬细胞，LPS 诱导	TLR2、3、4、9	使 TRAF6 去泛素化
TRIAD3A	组成性表达于大部分组织和细胞	TLR4、9	使特定 TLRs 泛素化和降解
跨膜型负调节分子			
ST2	巨噬细胞，LPS 诱导	TLR2、4、9	阻止 MyD88 和 MAL 的作用
SIGIRR	主要表达于上皮细胞和未成熟 DC，活化后下调	TLR4、9	与 TRAF6 和 IRAK 相互作用
TRAILR	组成性表达于大部分细胞	TLR2、3、4	稳定 IκBα

1）阻断 TLR 信号通路：多种负调节分子（分泌型、胞内型和跨膜型）可分别作用于 TLR 信号通路各环节，通过阻断信号通路而下调促炎细胞因子产生，减弱炎性反应。

2）下调 TLR 表达：①TGF-β 可抑制 TLR4 表达，并通过蛋白酶体促进 MyD88 降解；②IL-10 可抑制 LPS、脂阿拉伯甘露聚糖（lipo-arabinomannan）通过 TLR 而诱生促炎细胞因子的效应；③TLR2 激动剂可诱生 IL-10，从而抑制 DC 产生 IL-12（由 TLR3 和 TLR4 信号通路所诱导），提示 TLR 间存在对话。

3）启动过强信号介导细胞凋亡：某些 TLR 作为死亡受体（death receptor），可通过启动过强的 TLR 信号而介导细胞凋亡。其机制为：①MyD88 和 IRAK 所活化的 TRAF6 或 TRIF 可活化 NF-κB，使细胞存活；②细胞被 PAMP 过度激活的情况下，被 TLR 募集的 MyD88 其死亡结构域（DD）可与 FADD 的 DD 相互作用，启动 Caspase 依赖的细胞凋亡。

2. TLR 的生物学功能 TLR 作为病原微生物及其产物的第一感受器，是连接固有免疫和适应性免疫应答的桥梁。

（1）激活固有免疫：TLR 可识别微生物及其产物的特定 PAMP，这是机体判定微生物入侵并启动天然抗感染免疫的重要前提。TLR 信号途径通过激活巨噬细胞等固有免疫细胞而启动固有免疫应答，其机制为：①上调吞噬相关基因表达，增强固有免疫细胞吞噬及杀伤能力；②激活 NF-κB 等转录因子，促进细胞因子（如 IL-1、IL-6、TNF-α 和 I 型干扰素等）及趋化因子表达和分泌，介导炎性反应并发挥杀菌作用；③介导某些抗菌肽（antimicrobial peptide，AMP）分泌，参与杀菌作用。

（2）参与启动适应性免疫应答：APC 表面 TLR 与 PAMP 结合而被激活，可表达多种共刺激分子和细胞因子，从而介导 T 细胞激活和增殖，并参与 T 细胞功能亚群分化。

3. 重要的人 TLR（表 13-2）

（1）TLR4：是第一个被发现的哺乳动物 TLR，表达于许多细胞（尤其是巨噬细胞和 DC）表面。TLR4 可识别 LPS，其机制为：循环中 LPS 首先与血清中 LPS 结合蛋白（LPS-binding protein，LBP）结合，由 LBP 转运给巨噬细胞表面高亲和力 LPS 受体（即 CD14），LBP 随之被释放，继而 TLR4 识别 LPS 并启动活化信号，使巨噬细胞激活并参与炎症反应。另外，MD-2 分子也是 TLR4 识别 LPS 所必需的辅助分子。一旦 TLR4 被激活，即可激活受体相关激酶，并激活 NF-κB，后者转位入核内诱导细胞因子产生，介导炎症反应（图 13-7）。缺失 LBP、CD14 或 TLR4 的小鼠不能对 LPS 刺激产生应答。

除 LPS 外，TLR4 还可识别磷壁酸（LTA）、呼吸道合胞病毒（RSV）F 蛋白、热休克蛋白（HSP60）等配体。

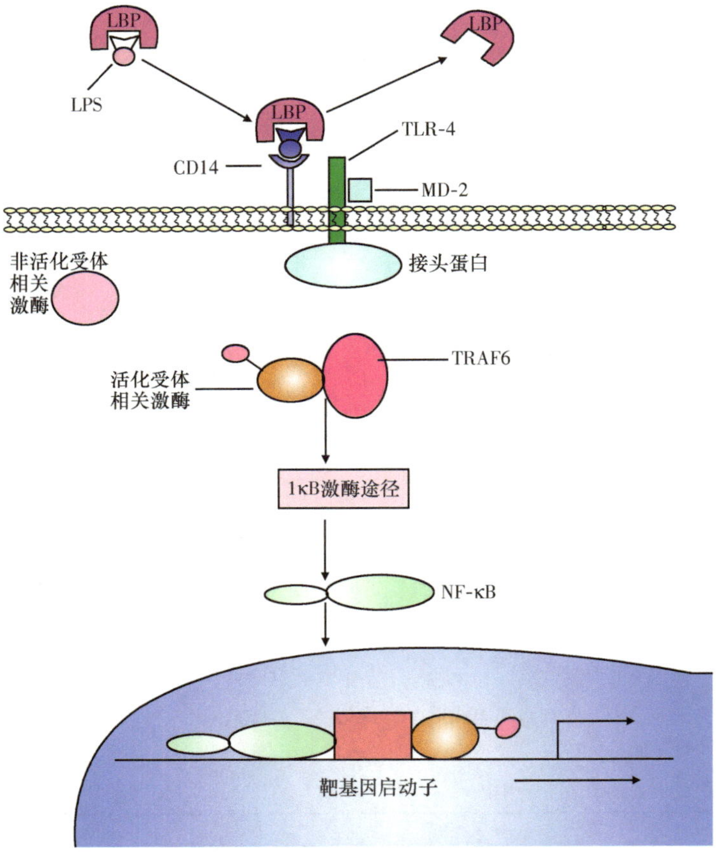

图 13-7 LPS-TLR4 相关的信号转导途径

LBP 与 LPS 结合→将 LPS 传递给巨噬细胞表面 CD14→LBP 被释放→CD14 与 LPS 结合→与 TLR-4 和 MD-2 相互作用→TLR4 活化→激活受体相关激酶→激活 NF-κB→激活核内细胞因子基因

（2）TLR2：有赖于与其他 TLR（如 TLR1 和 TLR6）共同作用，TLR2 可广泛识别多种 PAMP，包括革兰阳性菌的肽聚糖和磷壁酸、细菌脂蛋白、分枝杆菌细胞壁组分、钩端螺旋体的 LPS、酵母菌细胞壁等。TLR2 具有如此广谱的配体识别功能，乃由于其与至少两种其他 TLR（TLR1 和 TLR6）共同作用。换言之，TLR2/TLR6、TLR2/TLR1 两种异源二聚体决定了配体识别的特异性。

（3）TLR3：属胞内型 TLR，可识别病毒在感染周期中产生的双链 RNA（dsRNA），后者是病毒在其感染周期所产生的一种 PAMP。虽然 TLR3 的抗病毒作用仍有待证实，但其可识别 dsRNA 这一重要的病毒 PAMP，从而极大扩展了 TLR 识别病原体的范围。（图 13-8）

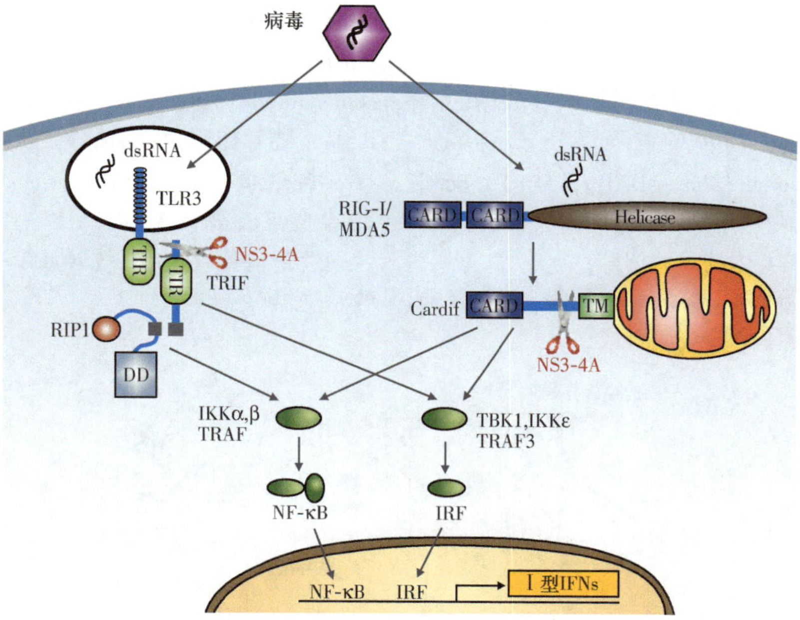

图 13-8 TLR3 和 RLH 对病毒 dsRNA 的识别

TLR3 通过 TIR 结构域相互作用→募集接头分子 TRIF→再募集 RIP1→通过 TRAF 和 IKK 复合物活化 NF-κB。TRIF→募集 TBK1/IKK1 和 TRAF3→活化 IRF3/7。胞浆型 PRR—RLH(RIG-1 和 MDA5)→与 dsRNA 结合→募集线粒体内 Cardif→募集 IKK→激活 NF-κB 和 IRF3/7→诱导 I 型 IFN 表达→参与抗病毒感染

(4) TLR5:可识别细菌鞭毛蛋白。后者乃形成细菌鞭毛的蛋白质,其氨基端和羧基端序列非常保守。这种结构保守的蛋白对细菌致病性极为重要,其可被 TLR 识别具有重要病理生理学意义。

(5) TLR9:属胞内型 TLR,可识别细菌 DNA 中的非甲基化胞苷磷酸鸟苷(cytidine phosphate guanosine, CpG)基序。CpG 具有重要功能,对该基序中胞嘧啶残基进行单个核苷酸替换或使其中胞嘧啶残基甲基化,均可完全破坏细菌 DNA 的致炎作用。已发现,细菌缺少对胞嘧啶的甲基化,而多数 CpG 在哺乳动物基因组中为甲基化,故非甲基化 CpG 基序可被视为 PAMP 发出的重要微生物感染信号。

(三) 其他信号转导型 PRR

1. 核苷酸结合寡聚化结构域样受体[nucleotide-binding oligomerization domain (NOD)-like receptor, NLR] NLR 简称 NOD 样受体(NOD like receptor),属胞浆型 PRR,其分子结构包括 3 部分:C 端富含亮氨酸的重复序列(LRR)可识别配体;中央的 NACHT 结构域对 NLR 寡聚反应及活化非常重要;N 端蛋白相互作用结构域可与接头分子和效应蛋白结合,启动下游信号转导。该家族已发现 22 种人类和 34 种鼠源成员,包括 NALP(NACHT LRR and PYD containing domain)、NOD、CIITA (class Ⅱ transactivator)、IPAF(ICE protease activating factor)和 NAIP 等。不同 NLR 可识别胞浆内不同 PAMP 和内源性分子,从而激活下游 Caspase-1,后者对 IL-1β和 IL-18 前体进行剪切,释放活性 IL-1β和 IL-18。NLR 的分布、识别配体、信号转导等均与 TLR 不同,两者的比较见表 13-4。

表 13-4 NLR 与 TLR 的比较

类别	NLR	TLR
受体性质	PRR	PRR
配体识别结构域	LRR	LRR
介导同型相互作用结构域	PYD、NACHT 和 CARD 结构域	TIR 结构域、DD 结构域(接头蛋白)
受体亚细胞定位	胞浆	胞膜和胞浆(内体)
识别的配体	微生物成分(MDP 和 iE-DAP)	微生物成分(多种)
信号转导	NF-κB 和 Caspase-1	MyD88 依赖途径和 MyD88 非依赖途径
效应功能	IL-1 和 IL-18 的加工和成熟,分泌 IL-1β 诱导细胞凋亡	分泌 I 型 IFN、炎性细胞因子和 IFN 基因诱导产物

(1) NOD 受体家族:其主要与细菌胞壁的肽聚糖(peptidoglcan,PGN)结合。

1) NOD1:其针对性识别革兰阴性菌肽聚糖的降解产物 γ-右旋谷氨酰-内消旋二氨基庚二酸多肽(meso-diamin opimelic acid,Meso-DAP)。体内上皮细胞 TLR 表达较弱或缺失,但高表达 NOD1,后者构成阻止革兰阴性菌侵入人体的重要屏障。

2) NOD2:高表达于小肠 Paneth 细胞,其配体为细菌肽聚糖的降解产物胞壁酰二肽(muramyl dipeptide,MDP),二者结合可通过接头分子 RICK(receptor-interacting serine/threonine kinase)而激活 NF-κB,其生物学作用为,①诱导促炎因子基因表达;②诱导 α-抗菌肽表达;③活化 pro-caspase-1,参与 pro-IL-1β 合成与成熟 IL-1β 的产生。由于革兰阴性菌和革兰阳性菌均具有 MDP,故 NOD2 可作为广谱细菌感染的感受器(图 13-9)。

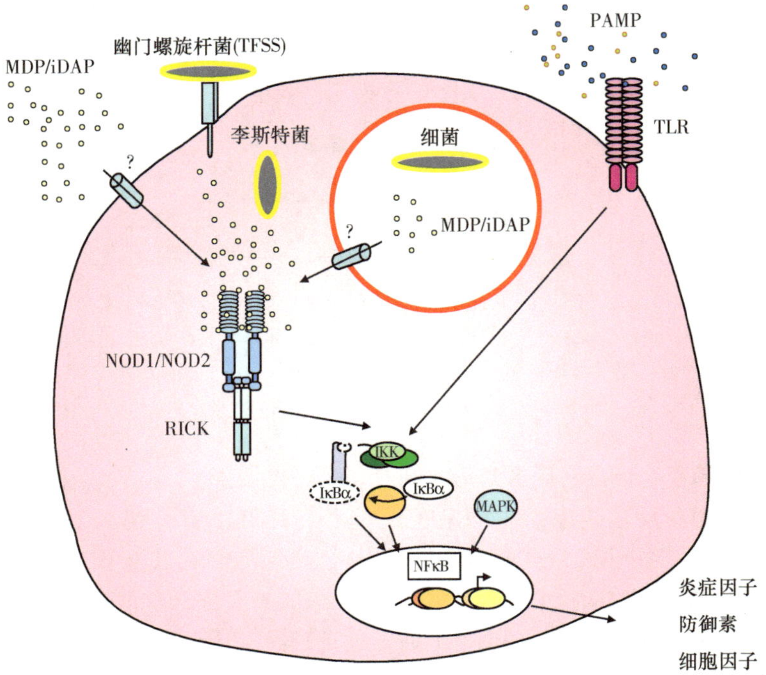

图 13-9 NLR 识别机制

细菌的肽聚糖可被细胞表面 TLR 或胞内 TLR 及 NLR 所识别→接头分子 MyD88→NF-κB 活化→核转位→诱导促炎基因表达。以 NOD2 为例:细菌肽聚糖降解→产生胞壁酰二肽→与 NOD2 结合→接头分子(激酶)RICK(receptor-interacting serine-threonine kinase)→激活 NF-κB→炎症因子表达

NOD 与配体结合,可募集含 CARD 的丝氨酸/苏氨酸激酶 RICK(亦称 RIP2)与受体通过 CARD-CARD 相互作用,最终激活 NF-κB。NOD1 和 NOD2 还可分别激活 p38-ERK、JNK 途径。NOD1 和 NOD2 突变可致人类炎症性疾病发生,并对胃肠道细菌易感性增加。

(2) NALP 受体家族:NALP 是 NLR 中最大的亚家族,共有 14 个成员。多数 NALP 的功能尚不清楚,但多个 NALP 活化可形成炎性复合体,其对炎性细胞因子(如 IL-1 β、IL-18 等)的产生发挥关键作用。

以 NALP3 为例,其可与 MDP、细菌 RNA 等 PAMP 结合而发生构象改变,暴露 NACHT 结构域,继而寡聚化,并通过 PYD-PYD 同型相互作用募集凋亡相关斑点样蛋白(apoptosis-associated speck-like protein containing a CARD,ASC)(小体的中心接头分子),形成炎症小体(inflammasome),亦称炎症复合体。该小体是由胞浆 PRR 参与组装的多蛋白复合物,是存在于多数多细胞动物体内的抗菌防御体系。

炎症复合体作用机制为:NALP3 识别 PAMP 或 DAMP 而激活→招募 ASC→招募、激活 pro-caspase-1→活化的 Caspase-1[即 IL-1β 转换酶(IL-1β converting enzyme)]切割 IL-1 β和 IL-18 前体→产生成熟 IL-1、IL-18。另外,炎性复合体活化还可导致 Caspase-1 依赖的细胞炎症坏死(pyroptosis),是炎性和应激条件导致细胞死亡的重要机制。此通路对识别真菌胞壁组分(酵母聚糖和甘露聚糖)和炎症反应非常重要。(图 13-10)

已发现,NALP3 基因缺陷可导致严重自身炎症性疾病,如 Muckle-Wells 综合征(Muckle-Wells syndrome,MWS)、家族性寒冷型自身炎症综合征(familial cold autoinflammatory syndrome)和新生儿多系统炎症疾病(neonatal-onset multi-systemic inflammatory disease)。其

机制为:NALP3 基因突变,无需配体即可自发寡聚化并诱导细胞表达 IL-1β,从而参与上述疾病发生。临床上用重组 IL-1 受体拮抗剂(IL-1R antagonist,IL-1RA)治疗此类疾病,可迅速缓解患者症状。

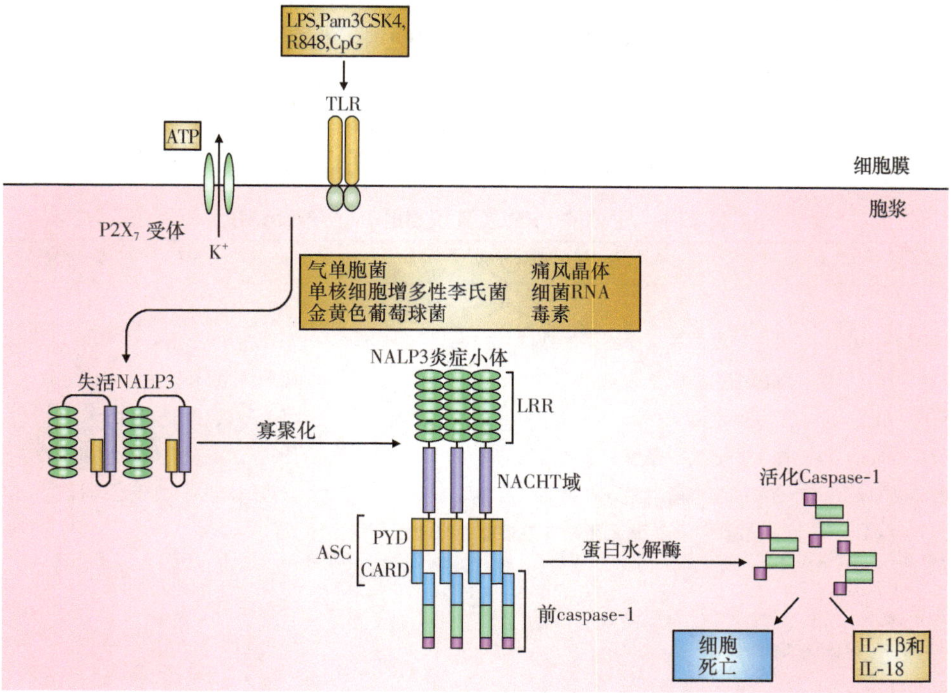

图 13-10 NALP 参与炎症小体形成及相关信号通路

NALP3 与 MDP、细菌 RNA 等 PAMP 结合→NALP3 寡聚化→与 PYD-PYD 同型相互作用→募集接头分子 ASC(apoptosis-associated speck-like protein containing a CARD)→形成炎症小体(inflammasome)复合物分子平台(NALP3、Cardinal、ASC 和 pro-caspase-1)。ASC 通过 CARD-CARD 同型相互作用→募集 pro-caspase-1→活化 Caspase-1→水解 pro-IL-1β 和 pro-IL-18 生成 IL-1β 和 IL-18;介导 Caspase-1 依赖性细胞死亡

目前已发现的炎性小体有 4 种,即 NLRP1 炎性复合体、NLRP3 炎性复合体、IPAF 炎性复合体和 AIM2 炎性复合体。

2. 视黄酸诱导基因 1 样受体[retinoic-acid-inducible gene 1(RIG-1)-like receptor,RLR] 简称 RIG-1 样受体(RIG-like receptor),亦属胞内型 PRR,包括视黄酸诱导基因 1(RIG-1)、黑色素瘤分化相关基因 5(melanoma-differentiation-associated gene 5,MDA5)编码的蛋白和遗传学和生理学实验室蛋白 2(laboratory of genetics and physiology 2,LGP2)等,可识别病毒 RNA。

RIG-1、MDA5 的分子结构为:①N 端含 2 个 CARD(Caspase recruitment domain,CARD)结构域,负责传递信号;②含 1 个 RNA 螺旋酶结构域,可识别 dsRNA 及合成的 dsRNA(poly I:C)。RIG-1 和 MDA5 可识别并结合病毒刺激细胞所产生的大量双链 RNA,募集线粒体内 Cardif 等接头蛋白,进而募集 IKK,激活 NF-κB 和 IRF3/7,后两者协同诱导 I 型 IFN 表达,从而参与抗病毒效应。另一 RLR 成员 LGP2 不含 CARD 结构域,可负调节 RIG-1 和 MDA5 的作用(图 13-8)。

3. DNA 识别受体家族 病毒感染或损伤的宿主细胞胞浆内积累大量外源性或自身 DNA,可触发强的炎症反应。目前已发现可识别 DNA 的 PRR 包括 DNA 依赖的干扰素调节因子激活物(DNA dependent activator of IFN-regulatory factors,DAI)、黑色素瘤缺失因子 2(absent in melanoma 2,AIM2)、DNA 依赖性 RNA 聚合酶Ⅲ(DNA-dependent RNA polymerase Ⅲ,Pol Ⅲ)和 TLR9 等。此类 PRR 的功能是:①识别外源性 DNA,参与抵御细菌和病毒感染;②识别自身 DNA,可激发炎症反应,参与某些自身免疫病发生。

(1) DAI:亦称 DLM-1 或 Z-DNA 结合蛋白(Z-DNA-binding protein 1,ZBP1),优势表达于淋巴结和脾脏细胞,在扁桃体、骨髓、小肠及外周血粒细胞也可被检出。DAI 可直接结合外源性 dsDNA,继而招募 TBK1 和 IRF3,通过 TBK1 和 STIN 途径活化 IRF3,使后者发生核转位,刺激 I 型干扰素产生。

(2) AIM2:AIM2 识别并结合 DNA→与含 CARD 的凋亡相关斑点样蛋白(ASC)结合→形成炎症小体(inflammasome)→激活 NF-κB 和 Caspase-1→诱导促炎因子分泌。

(3) Pol Ⅲ:核内 Pol Ⅲ主要参与 tRNA 功能。胞

浆内 Pol Ⅲ→识别病原体所释放富含 AT 的 dsDNA→将其转录为 5'端带三磷酸基团的 dsRNA→被 RIG-I 识别→产生 IFN-β→激活固有免疫→参与清除病毒。

（4）识别自身 DNA 的 PRR：此类受体以 TLR9 为代表，其识别自身 DNA 涉及多种分子参与。例如：①FcR 可将含核酸的免疫复合物转运至含 TLR9 的小体内；②BCR 通过与含核酸的免疫复合物交联，介导 BCR 和 TLR9 的活化及再定位，激活自身反应性 B 细胞，引发自身免疫病；③HMGB1 通过与坏死细胞所释放 DNA 或含 DNA 的免疫复合物结合，参与 TLR9 对自身 DNA 的识别；④抗微生物多肽 LL37 可结合并保护 DNA 和 RNA，避免核酸酶的降解，促进其运输至早期内体，介导 TLR9 对自身核酸的反应。

主要的 PRR 及其所识别的配体见表 13-5。

表 13-5 主要的 PRR 及其识别的 PAMP/DAMP

模式识别受体（PRR）	配体（PAMP）	生物学活性
1. 分泌型 PRR		
（1）甘露糖结合凝集素 MBL	微生物表面甘露糖富集的寡糖	调理作用、激活补体 MBL 途径
（2）C-反应蛋白（CRP）	细菌细胞壁磷酰胆碱	调理作用、补体活化
（3）LPS 结合蛋白（LBP）	革兰阴性菌 LPS	将 LPS 传递给 CD14
（4）胶原凝集素（collectin）	微生物表面甘露糖或果糖富集的寡糖	调理、激活补体凝集素途径
（5）正五聚蛋白（pentraxin）	细菌细胞壁磷酰胆碱及磷脂酰乙醇胺	调理、补体活化；炎症指标
（6）纤维胶原素（ficolin）	G+菌胞壁 N-乙酰葡萄糖胺与脂磷壁酸成分	
2. 内吞型 PRR		
（1）甘露糖受体	甘露糖富集的寡糖	吞噬作用
（2）CD14	G-菌 LPS	促进 LPS 与 TLR 结合
（3）清道夫受体（SR）	G+/-菌某些表面成分	吞噬作用、清除 LPS 等
3. 信号转导型 PRR		
（1）胞膜型 PRR		
TLR2 TLR2/TLR1 异二聚体 TLR2/TLR6 异二聚体	G+菌 PGN 和 LTA、细菌脂蛋白、分枝杆菌胞壁组分、LPS、酵母菌酵母多糖、白色念珠菌磷脂酰甘露糖；麻疹病毒血凝素蛋白；单纯疱疹病毒成分等	激活胞内信号 NF-κB、诱生黏附分子和炎性细胞因子
TLR4	G-菌 LPS、磷壁酸（LTA）、呼吸道合胞病毒（RSV）F 蛋白、锥虫的甘油肌醇磷脂；热休克蛋白（HSP60，HSP70）、纤维蛋白原	同上
TLR5	细菌鞭毛蛋白	同上
TLR10	未知	
TLR11	泌尿系感染的病原菌及其产物；弓形虫组分	同上
（2）内体膜型 PRR		
TLR3	病毒 RNA，合成 Poly（I：C）	同上
TLR7、TLR8	RNA 病毒 ssRNA；抗病毒药物 Imidazoquinolone	同上
TLR9	细菌非甲基化 DNA 的 CpG 基序；疟原虫色素；单纯疱疹病毒 DNA	产生 Th1 型细胞因子，促进 NK 细胞胞毒活性
（3）胞浆型 PRR		
NOD 样受体	识别 G+/-菌及分枝杆菌产物	激活 NF-κB，诱生黏附分子和炎性细胞因子
RLR	病毒 RNA	激活 NF-κB 和 IRF3/7，协同诱导 I 型 IFN 表达，抗病毒效应
（4）DNA 识别受体家族		
DAI	外源性 dsDNA	促使 IRF3 核转位，刺激 I 型干扰素产生
AIM2	DNA	激活 NF-κB 和 Caspase-1，诱导促炎因子分泌
Pol Ⅲ	病原体所释放富含 AT 的 dsDNA	产生 IFN-β，激活固有免疫，参与清除病毒
识别自身 DNA 的 PRR	自身 DNA	识别自身 DNA，激活自身反应性 B 细胞，引发自身免疫病

第三节 固有免疫的生物学意义

固有免疫作为机体抵御微生物侵袭的第一道防线，在抗感染免疫中发挥极为重要的作用。近年基础免疫学领域取得的重要进展之一是，对固有免疫参与适应性免疫应答的重要作用获得较深入认识。研究表明，固有免疫细胞和分子在很大程度上参与免疫系统对"自己"与"非己"的识别，参与特异性免疫应答的启动，并影响免疫应答强度、类型、免疫记忆形成与维持等（图 13-11）。

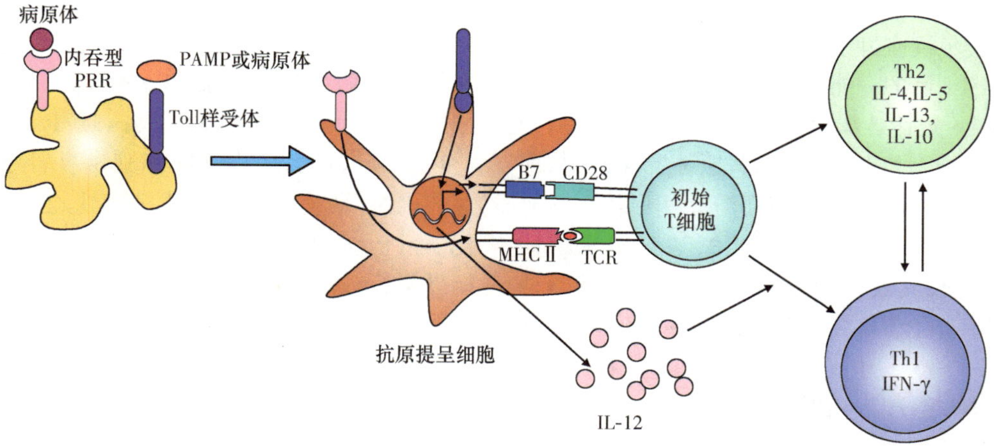

图 13-11 固有免疫对适应性免疫应答的调控

内吞型 PRR 与细菌胞壁结合→介导 APC 摄取病原体→处理为抗原肽；TLR 通路→上调 B7 和 MHC Ⅱ类分子表达；TLR 通路→诱导 IL-12、趋化因子等产生→促进 APC 成熟→激活初始 T 细胞；TLR 通路→诱生 IL-12→诱导 Th0 细胞分化为 Th1 细胞

一、固有免疫参与并调控适应性免疫应答的启动

固有免疫启动适应性免疫应答的机制

1. 参与抗原加工与提呈 巨噬细胞和 DC 均可通过表面模式识别受体而吞噬、摄取病原体，并加工成 pMHC 而提呈给 T 细胞，提供 T 细胞活化的第一信号。

2. 提供 T 细胞活化的第二信号 T 细胞活化需要双信号，即 TCR 识别 pMHC 产生的第一信号，以及 APC（或靶细胞）与 T 细胞表面共刺激分子相互作用提供的第二信号。成熟巨噬细胞和 DC 均为重要的专职 APC，它们通过高表达共刺激分子而向 T 细胞提供第二信号。

3. 提供细胞因子信号 TLR 启动的胞内信号可诱导巨噬细胞和 DC 产生多种细胞因子，从而参与 Th 细胞活化、分化、增殖和定向迁移。

二、固有免疫参与适应性免疫应答的效应

（一）固有免疫参与体液免疫效应

例如：①三条补体激活途径的共同终末效应均为形成膜攻击复合物，从而发挥溶菌、溶细胞效应，补体活化所产生的 C3a、C5a 具有过敏毒素作用；②IgE 致敏的肥大细胞与嗜碱粒细胞通过脱颗粒而介导 I 型超敏反应；③在特异性抗体存在的情况下，巨噬细胞和 NK 细胞可通过调理吞噬及 ADCC 而发挥效应，包括参与清除病原微生物；④中性粒细胞、血小板是参与 III 型超敏反应的主要效应细胞，大量中性粒细胞浸润和血小板聚集可导致血管活性胺释放及血栓形成，从而导致并加重血管炎。

（二）固有免疫参与细胞免疫效应

单核/巨噬细胞是参与 T 细胞应答效应阶段的主要固有免疫细胞。在 Th1 细胞介导的迟发型超敏反应中，大量巨噬细胞浸润局部，通过释放细胞因子、蛋白酶及胶原酶等清除靶抗原或介导炎症反应。

三、固有免疫调节适应性免疫应答

（一）固有免疫影响特异性免疫应答的强度

1. 调节 B 细胞应答 B 细胞表面 CD21（补体受体 2）与 CD19、CD81 形成复合物，其作为 BCR 的共受体，与 BCR-Igα/Igβ 共同组成 BCR-共受体复合物。补体片段 C3d 包被的抗原可同时与 CD21 和 BCR 结合，从而降低 B 细胞对抗原产生应答的阈值，增强 B 细胞

对 TD 抗原初次应答的强度(见第四章、第十一章)。

2. 调节 T 细胞应答 PAMP/DAMP 激活 APC,使之表达 B7,其所提供的 B7/CD28 共刺激信号可降低 T 细胞活化的阈值,增强 T 细胞应答的强度。

(二) 固有免疫影响适应性免疫应答的类型

在适应性免疫应答中,初始(naïve)T 细胞具有分化为不同效应细胞的潜能,其具体分化方向主要取决于微环境组成(尤其是细胞因子种类)。固有免疫细胞借助其模式识别机制,可识别病原体的类别,从而启动不同类型适应性免疫应答而清除病原体。其机制是:固有免疫细胞表面表达 PRR,通过识别不同 PAMP 而被激活,其表达的细胞因子谱各异,从而诱导初始 T 细胞分化为不同亚群,并决定特异性免疫应答的类型。

例如:①Mϕ 通过其 PRR 的模式识别作用而活化,分泌 IL-12 和 TNF-α;活化的 NK 细胞可产生 IFN-γ,进一步激活 Mϕ 并分泌 IL-12;IL-12 可促使 Th0 产生 IFN-γ 并抑制 IL-4 产生,从而诱导 Th0 分化为 Th1 细胞;②某些寄生虫(如蠕虫)感染中,多种固有免疫细胞通过模式识别机制被激活,并分泌不同细胞因子(肥大细胞和嗜碱粒细胞分泌 IL-4;嗜酸粒细胞分泌 IL-5;Mϕ 分泌 IL-10),从而诱导 Th0 细胞分化为 Th2 细胞。

(三) 固有免疫参与 B 细胞记忆、阴性选择和自身耐受

DC 和补体/补体受体等在诱导和维持免疫记忆中发挥重要作用。例如:B 细胞记忆克隆的维持有赖于抗原持续刺激,而滤泡树突状细胞(FDC)借助其所表达的补体受体(CR1、CR2),可将以免疫复合物形式存在的抗原长时间滞留在细胞表面,从而维持记忆性 B 细胞生存。另外,补体在 B 细胞阴性选择和自身耐受形成中也发挥重要作用,其确切机制有待阐明。

在免疫学应用领域,具有非特异免疫刺激作用的佐剂可增强特异性免疫应答或改变其应答类型。目前在实践中得到应用的有效佐剂主要为微生物及其产物(如分枝杆菌、LPS、非甲基化 CpG),它们具有强大的非特异性刺激作用。同时给予佐剂和抗原,可促进 APC 高表达共刺激分子并分泌细胞因子,从而增强特异性免疫应答。

四、固有免疫与疾病

(一) 固有免疫是机体抗感染的第一道防线

组成固有免疫系统的细胞和分子在体内分布广泛且反应快速,故在抵御细菌、病毒及寄生虫感染中发挥重要作用,这在感染早期机体尚未形成特异性免疫的情况下尤为重要。此外,固有免疫也参与抗感染适应性免疫应答的效应阶段。固有免疫缺陷(如吞噬细胞与补体缺陷)可导致对感染的易感性(第十七章)。

(二) 固有免疫与肿瘤

各类固有免疫细胞均具有一定抗肿瘤效应,例如:①NK 细胞、NKT 细胞和 γδT 细胞均可杀伤肿瘤细胞;②激活的巨噬细胞可发挥抗肿瘤作用,TLR2、4、9 参与此过程;③中性粒细胞也可参与攻击肿瘤。目前认为:足量的固有免疫细胞快速浸润并有效活化,有利于杀伤肿瘤细胞;固有免疫相关的慢性炎症则可能参与肿瘤发生、发展。

(三) 固有免疫与移植排斥

TLR2 与 TLR4 激动剂或配体可介导急性移植排斥,或打破已建立的移植耐受。例如:LPS 可通过激活 TLR4 而中止免疫耐受;可溶性 CD14 则可减轻 LPS 的效应。此外,人体内存在针对猪组织细胞某些表面抗原的预存天然抗体,通过快速激活补体可介导猪-人异种移植的超急性排斥反应。

(四) 固有免疫与炎症性疾病

固有免疫参与不同器官的炎症性疾病发生。

1. 过敏性疾病 某些非过敏原因素可介导肥大细胞脱颗粒,产生非 IgE 依赖性的过敏样反应。

2. 肠道炎症 肠道内环境稳定取决于肠上皮细胞、宿主免疫系统和多样化共生菌群的相互作用。固有免疫细胞表面 PRR 参与多种肠道炎症性疾病(如肠道感染性结肠炎、炎症性大肠炎、结肠癌)发生。例如:①TLR 缺陷小鼠出现严重炎性肠病(IBD)(机制可能为:肠道免疫细胞的 TLR 信号通路可上调 IL-10、TGF-β表达,或激活调节性 DC 或 MDSC,从而抑制炎症反应;②炎症小体信号通路是肠组织损伤后重建上皮层完整性所必需,NLRP3 的单核苷酸多态性可通过降低 NLRP3 表达而与 IBD 易感性增高相关;③NOD2 的 LRR 区域多态性与 Crohn's 病易感性相关;④RIG-I 缺陷小鼠对 DSS 所致结肠炎易感性增加,并伴随效应 T 细胞增加和幼稚 T 细胞减少。

3. 心血管疾病 固有免疫参与多种心血管疾病(如动脉粥样硬化、病毒性心肌炎、扩张型心肌病)发生。以动脉粥样硬化为例:①TLR4 基因遗传多态性(如 Asp299Gly 和 Thr399Ile 基因多态性)与动脉粥样硬化和冠状动脉疾病相关;②TLR2、TLR4 或 MyD88 缺陷小鼠,其动脉粥样硬化发生率明显下降;③动脉粥样硬

化斑块内,TLR4 表达显著提高,该通路导致多种炎性细胞因子和趋化因子合成、释放;④炎症情况下,负责运输循环中胆固醇的低密度脂蛋白(low-density lipoprotein,LDL)在血管壁积聚,并在氧化修饰后通过TLR4 识别而促进炎性细胞因子和趋化因子产生;⑤胆固醇晶体可通过激活 NLRP3 炎症小体而介导动脉粥样硬化;⑥LDL 可被清道夫受体识别,激活炎性小体信号通路,导致 IL-1 β成熟;⑦TLR 和炎症小体信号可促进血管炎症发展,导致动脉粥样硬化形成。

4. 代谢性疾病 PRR 可识别某些内源性分子,通过介导慢性无菌性炎症而引发多种慢性代谢性疾病。

(1) 肥胖:①免疫细胞浸润脂肪组织并产生炎性细胞因子,导致局部慢性、低度炎症反应,从而发生肥胖;②饱和脂肪酸可激活脂肪细胞 TLR,触发炎性细胞因子和趋化因子产生;③NLRP3 炎性小体可通过识别肥胖相关的脂肪酸来源的神经酰胺,导致胰腺和脂肪组织中产生 IL-1 β,从而促进肥胖所致炎症、组织功能障碍和胰岛素抵抗。

(2) 糖尿病:①炎性细胞因子增高可降低胰岛素敏感性,参与 II 型糖尿病发生;②II 型糖尿病与NLRP3 密切相关,高浓度葡萄糖可刺激胰岛细胞激活NLRP3 炎症小体,产生 IL-18,引发炎症反应。

(3) 痛风:①尿酸盐晶体是痛风的诱导因素,可激活 NLRP3 炎症小体;②NLRP3 缺失情况下,尿酸盐晶体诱导的细胞浸润也随之消失。

5. 肝脏疾病 肝细胞表面 TLR 可参与肝损伤和修复,并与多种肝脏疾病发病相关。例如:①病毒感染中,TLR 通过识别病毒基因组 RNA 或 DNA,可激活 pDC 产生I 型干扰素,发挥抗病毒效应,并促进 DC 成熟,启动适应性免疫应答;②慢性乙肝患者体内 DC 成熟障碍、功能下调,病毒相关的 PRR(尤其是 TLR)表达异常,DC 产生I 型干扰素下调,导致 T 细胞增殖减弱;③HCV 可利用病毒蛋白 NS3/NS4A 裂解 TRIF,并结合 TBK1,从而抑制 TLR3 信号通路,并通过裂解 IPS-1 而抑制 RIG-I 信号;④TLR 活化参与酒精性肝病、非酒精性脂肪肝病、肝脏缺血再灌注损伤、肝纤维化及肝硬化等发生;⑤HCV 可通过 NALP3 炎症小体促进 IL-1 β活化。

表 13-6 显示 TLR 参与的疾病。

表 13-6 TLR 参与的疾病

病原菌	相关疾病	TLR	作用机制
细菌	脓毒症	TLR4	LPS 诱导炎性因子基因表达和器官损伤
West Nile 脑炎病毒	致死性脑炎	TLR3	病毒 dsRNA 导致脑部感染
恶性疟原虫	疟疾	TLR9	疟原虫通过 TLR9 诱导炎性反应
白色念珠菌	念珠菌病	TLR2	白色念珠菌通过 TLR2 诱导免疫抑制
Bordetella pertusis	实验性自身免疫性脑炎(EAE)	TLR4	Pertusis 毒素募集自身反应性细胞至中枢神经系统
未定	系统性红斑狼疮	TLR9	Chromatin-IgG 复合物激活 B 细胞和 DC
未定	糖尿病	TLR2,3,4,9	TLR 配体增强固有免疫应答
未定	心肌病	TLR2,3,4,9	TLR 配体通过提呈心脏抗原促进 DC 功能
未定	动脉粥样硬化	TLR4	TLR 信号启动促炎反应
未定	哮喘	TLR4	LPS 诱导对吸入抗原的 Th2 应答
细菌	慢性阻塞性肺炎	TLR4	LPS 加剧气道炎症

Plasmodium falciparum 镰状疟原虫,恶性疟原虫;Bordetella pertusis 博德菌

综上所述,固有免疫除具有其自身固有功能外,还可完善机体免疫系统区分"自己"与"非己"的能力,并影响特异性免疫应答强度和类型,参与免疫记忆形成和维持等。迄今,固有免疫识别分子的结构、功能及其作用机制远未清楚,对固有免疫在特异性免疫应答中的作用所知也极为有限,但其重要的生物学意义已被公认并受到高度重视。探讨固有免疫识别机制,及其与特异性免疫的关系,将有助于深化对免疫应答本质的认识,并阐明多种免疫生理现象(如特异性免疫应答、免疫耐受、免疫记忆、免疫调节)和免疫病理过程(如自身免疫病、超敏反应、肿瘤、感染性疾病、移植排斥反应等)的确切机制,因而具有重要的理论与实践意义。

(王 晶 王从义 张 述)

第十四章 黏膜免疫

机体免疫系统按照解剖学关系而被分隔为不同区域,分别对入侵特定组织的抗原产生应答。适应性免疫应答发生于外周淋巴结和脾脏,主要针对入侵组织或通过血液传播的抗原,称为系统免疫系统(systemic immune system)。此外,免疫组织和细胞也可聚集于特定解剖部位(如体腔、皮肤、黏膜等)发挥功能,此为区域免疫系统(regional immune system)。黏膜免疫系统(mucosal immune system,MIS)即体内面积最大、易受病原体入侵、位于体腔表面附近的免疫组织。

MIS 亦称黏膜相关淋巴组织(mucosl-associated lymphoid tissue,MALT),主要指呼吸道、消化道及泌尿生殖道黏膜固有层和上皮细胞间弥散分布的淋巴细胞,以及带有生发中心、器官化(有被膜)的淋巴组织(如扁桃体、小肠集合淋巴结、阑尾等)。人体 MIS 是机体执行免疫功能的重要部位,其特点为:①表面积巨大,仅小肠黏膜表面积即达 $400m^2$(是皮肤面积的 200 倍);②70% 病原体由黏膜入侵机体;③属机体最大的免疫组织,所含淋巴细胞占全身淋巴细胞总数的 3/4,大部分抗体在此处产生,是机体抵御感染的第一道防线。

第一节 黏膜免疫系统概述

一、黏膜免疫系统的组成

黏膜免疫系统由消化道、呼吸道、泌尿生殖道和内耳等的内表面,以及与这些器官相关的外分泌腺(如泪腺、唾液腺、胰腺和乳腺等)和淋巴组织组成。根据功能与分布,可将 MIS 分为两部分:①器官化淋巴组织,其具有一定次级淋巴组织结构,含生发中心,表面被黏膜上皮细胞覆盖,是黏膜免疫应答发生的部位,T、B 细胞在此识别抗原,并增殖、分化为效应细胞;②弥散免疫细胞,包括弥散于全部肠道的上皮内淋巴细胞和固有层淋巴细胞(主要为效应 T 细胞和分泌抗体的浆细胞),是黏膜免疫应答的效应部位。黏膜免疫组织和细胞组成有别于系统免疫系统,且在不同黏膜部位也各异。

分布于不同器官的黏膜组织,根据所覆盖上皮细胞类型、免疫球蛋白类别及其转运机制、是否存在 MALT 和局部免疫细胞组成,可分为两型(图 14-1):

(1) Ⅰ型黏膜组织:①分布于肠道、肺、内子宫颈与子宫,由单层柱状上皮细胞覆盖,上皮下有 MALT,并有 M 细胞;②DC 分布于 MALT 中,可在局部提呈抗原,或迁移至引流淋巴结提呈抗原;③所产生的保护性抗体主要是分泌型 IgA,由上皮细胞表面 pIgR 转运。

(2) Ⅱ型黏膜组织:①分布于口腔、食管、角膜及外宫颈和阴道,由复层鳞状上皮细胞覆盖,缺乏 MALT 结构;②DC 位于复层鳞状上皮内或上皮下,须迁移至引流淋巴结提呈抗原;③所产生的保护性抗体主要是 IgG,由上皮细胞表面 nFcR 转运(见第四章)。

(一) 肠黏膜相关淋巴组织(gut-associated lymphoid tissue,GALT)

GALT 是产生免疫应答的部位,而遍布肠道的弥散淋巴细胞则执行效应功能。(图 14-2)

1. 位于肠壁内的次级淋巴组织 包括 Peyer 集合淋巴结、孤立淋巴结和阑尾。小肠 Peyer 集合淋巴结(约 100~200 个)由淋巴细胞聚集成圆形屋顶样结构凸入肠腔,由大量含生发中心的 B 细胞滤泡和滤泡间 T 细胞区域组成。分布于小肠和大肠(约数千个)的孤立淋巴滤泡主要由 B 细胞组成。覆盖于 Peyer 集合淋巴结和孤立淋巴滤泡肠腔面的黏膜上皮细胞称为滤泡相关上皮细胞(follicle-associated epithelium, FAE),其具有与专司吸收功能的肠上皮细胞(enterocyte)不同的特点:仅产生低水平消化酶;表面微绒毛较少,其中散布淋巴细胞、巨噬细胞、DC 和 M 细胞。

M 细胞是一类特殊的免疫细胞,其具有与肠上皮细胞不同的特点:①细胞腔面有折叠,且不能分泌黏液,而肠上皮细胞表面有微绒毛并包被一层厚的多糖黏液;②比肠上皮细胞更易接近抗原,且肠腔微生物也易借助 M 细胞进入 Peyer 集合淋巴结。

2. 肠系膜淋巴结(mesenteric lymph node,MLN) 肠系膜淋巴结是肠道最大的淋巴结,含 T 细胞区和 B 细胞淋巴滤泡,通过淋巴管输入支与 Peyer 集合淋巴结、孤立淋巴滤泡及肠黏膜相通,在针对肠道抗原的免疫应答中发挥重要作用。

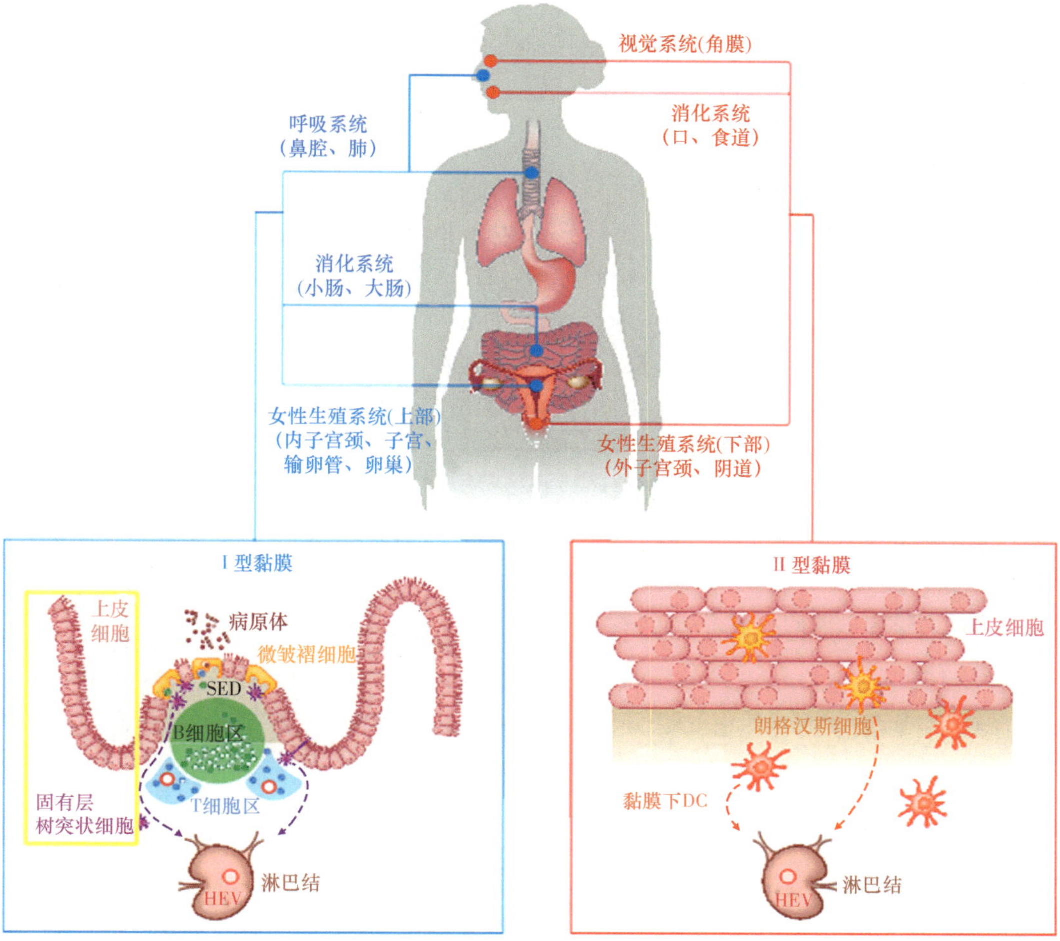

图 14-1　Ⅰ型和Ⅱ型黏膜组织分布与组织结构

Ⅰ型黏膜组织(蓝色)被单层柱状上皮细胞覆盖,具有 MALT 结构、M 细胞和引流淋巴结,主要产生 IgA;Ⅱ型黏膜组织(红色)被复层鳞状上皮细胞覆盖,无 MALT 结构,仅有引流淋巴结,主要产生 IgG

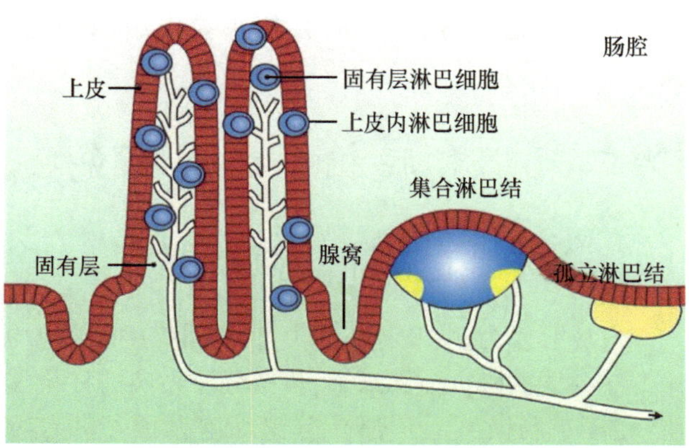

图 14-2　GALT 的组成

肠道由柱状上皮细胞(红色)覆盖,常由隐窝的干细胞更新;黏膜上皮下为固有层。肠壁含器官化淋巴组织(包括集合淋巴结和孤立淋巴滤泡),由黏膜上皮细胞包被;肠道引流淋巴结为系膜淋巴结,其通过入支淋巴管与集合淋巴结、孤立淋巴滤泡和肠黏膜相连。集合淋巴结和系膜淋巴结含 T 细胞区(蓝色)和 B 细胞淋巴滤泡(黄色),而孤立淋巴结主要含 B 细胞。这些淋巴组织是 T 细胞与 B 细胞应答部位。许多淋巴细胞(效应 T 细胞和分泌抗体的 B 细胞)弥散分布于上皮细胞间(IEL)或黏膜下固有层(LPL)

3. 弥散免疫细胞　包括弥散分布于整个肠上皮的上皮内淋巴细胞(IEL)和固有层淋巴细胞(LPL),主要是效应 T 细胞和分泌抗体的浆细胞,是黏膜免疫应答的效应细胞。

(二)呼吸道黏膜免疫组织

1. 鼻相关淋巴组织(nasal-associated lymphoid tissue,NALT)　包括咽扁桃体、腭扁桃体、舌扁桃体及鼻后部其他淋巴组织。NALT 淋巴细胞分布于鼻咽和软腭鳞状上皮下,可直接接触空气和食物中抗原。其中,腭扁桃体、舌扁桃体和腺体共同在咽部组成咽淋巴环,即 Waldeyer 环,构成保护消化道和呼吸道入口的重要防线。儿童因反复感染而致扁桃体增大,但手术摘除扁桃体可能降低患儿对口服脊髓灰质炎疫苗的 IgA 应答。(见第三十二章)

2. 支气管相关淋巴组织(bronchus-associated lymphoid tissue,BALT)　其分布于气管、支气管直至气道末端的肺泡。BALT 与 NALT 相似,由淋巴细胞聚集而成的滤泡所构成,滤泡主要位于上呼吸道支气管上皮下,下呼吸道较少。呼吸道黏膜常接触植物花粉、尘粒、空气传播的病原体及环境中其他吸入性抗原。寄生于呼吸道的共生菌其密度及种属均少于肠道共生菌,呼吸道深部和肺泡通常为无菌环境。

(三) 生殖泌尿道黏膜免疫组织

鳞状上皮细胞覆盖于阴道和男性尿道末端,单层柱状上皮细胞则覆盖于女性上生殖道。阴道上皮含郎格汉斯细胞,上皮下含 DC 和巨噬细胞。泌尿生殖道缺乏黏膜相关淋巴组织,但含 B 细胞和 T 细胞,免疫应答发生于黏膜引流淋巴结。生殖道主要含 IgG 抗体,由生殖道黏膜的浆细胞产生,或来自血循环。

二、黏膜免疫系统的特点

黏膜免疫系统是机体最大的免疫组织,具有如下特点:

(一) 解剖学特点

1. 黏膜上皮细胞与淋巴组织直接接触 表现为:Peyer 集合淋巴结和孤立淋巴结直接被黏膜上皮细胞覆盖;IEL 直接分布于黏膜上皮细胞间;LPL 分布于黏膜下。黏膜上皮细胞与免疫细胞直接接触有利于两者相互作用。

2. MALT 呈不连续的区域性分布 弥散分布的淋巴细胞及器官化的 Peyer 集合淋巴结、孤立淋巴滤泡及扁桃体等,分布于不连续的黏膜区域(如呼吸道、肠胃道和泌尿生殖道等),可对入侵任何部位的抗原产生应答。

3. 黏膜组织含特有的 M 细胞 黏膜屏障将肠腔抗原与淋巴组织隔开,Peyer 集合淋巴结、孤立淋巴结及扁桃体等均含 M 细胞,可通过特殊的抗原摄取机制,跨越黏膜屏障将肠腔抗原转运给黏膜下 DC。

4. 黏膜是病原体入侵的主要门户 多种病原体(如结核杆菌、麻疹病毒、乙肝病毒、蠕虫、HIV 等)易通过黏膜而入侵机体,其解剖学基础为:①黏膜表面积巨大,如小肠黏膜面积约 400m^2,为皮肤面积的 200 倍,且与外界相通;②黏膜薄而具有通透性。

另外,黏膜还广泛参与气体交换(肺)、食物吸收(肠)、感知活动(眼、鼻、嘴及咽喉)和生殖(子宫和阴道)等重要生理功能。

(二) 生理功能特征

1. 黏膜免疫系统持续接触外来无害抗原 正常情况下,系统免疫系统主要接触自身抗原,但黏膜免疫系统则经常接触外来抗原(多为非致病性抗原)。例如:肠道每天通过食物接触大量食物蛋白(每人每年约 30 ~ 35kg);呼吸道接触花粉和环境无害物质;女性生殖道接触精液;等等。

2. 黏膜免疫系统处于有菌环境 正常机体系统免疫系统处于体内无菌环境中,仅对入侵的外来病原体产生应答。黏膜免疫系统则处于与外界相通的有菌环境中,如大肠至少寄生上千种非致病微生物,其中绝大部分是细菌,称为共生菌(commensal microorganisms or microbiota)。这些细菌总数达 100 万亿,在肠道内容物中密度达 10^{12} 个/ml,总重量约 1kg。正常情况下,这些共生菌对宿主无害而有益。另外,非共生病原体也可随食物、水、空气或精液进入黏膜系统,并引发某些疾病。

黏膜免疫系统可区分有害病原体及食物和共生菌来源的无害抗原,对前者产生有效应答,对后者产生耐受或低应答。但是,某些无害抗原一旦发生异位,则可被系统免疫系统识别而产生应答。

3. 黏膜免疫组织存在持续性、生理性炎症状态 正常肠黏膜持续处于类似慢性炎症的状态,大量免疫细胞浸润其中,例如:黏膜上皮主要含 $CD8^+$ 效应/记忆 T 细胞;黏膜下固有层含大量 $CD4^+$ 或 $CD8^+$ 效应/记忆 T 细胞、浆细胞、巨噬细胞、DC 和肥大细胞等。此外,黏膜局部还分泌大量 sIgA,是 MALT 针对大量无害抗原的持续性反应,但并不导致疾病。

4. 免疫负调节在黏膜组织占优势地位 为限制共生菌同时阻止对食物等无害抗原的不必要应答,黏膜免疫系统形成以免疫负调节为主的微环境,其中抑制性巨噬细胞和耐受性 DC 发挥重要作用(详见后文)。

第二节 黏膜相关的固有免疫

一、黏膜的屏障功能

以肠黏膜为例,几种不同类型肠黏膜上皮细胞均来源于共同的隐窝前体细胞,包括分泌黏液的杯状细胞(位于小肠微绒毛顶部)、分泌细胞因子并具有吸收功能的上皮细胞、摄取抗原的 M 细胞(位于淋巴组织 FAE 中)及分泌抗菌肽的 Paneth 细胞(位于隐窝底部),它们以不同方式参与黏膜的屏障功能。

1. 物理屏障功能

(1) 黏液层屏障:位于肠道绒毛顶部的杯状细胞分泌黏液,形成厚的凝胶状黏液层(主要由黏液素糖蛋白和三叶肽组成)覆盖于肠胃上皮细胞表面,使肠道微生物难以接近肠上皮细胞(图 14-3A)。黏液层含两类成分：①分泌的黏液素（MUC2、MUC5 与 MUC6）构成300～700μm厚凝胶状的外黏液层，可被洗脱，其中寄生大量共生菌；②细胞表面的糖蛋白（黏液素），即膜相关黏液素（MUC1、MUC3A/B、MUC12、MUC13、MUC17），其与糖脂共同形成30～500nm厚的糖被膜（glycocalyx），直接牢固地覆盖于黏膜上皮表面，形成黏液内层，且黏滞度高，基本处于无菌状态。（图14-3A）

黏液层的功能：①外黏液层是共生菌栖生地，并向共生菌提供丰富营养；②内层黏液是将共生菌与黏膜隔开的物理屏障；③黏液层可捕获病原体，并通过肠蠕动或呼吸道纤毛运动而将其排除，若黏液分泌缺陷或纤毛运动被抑制（见于遗传性囊肿性纤维化），常伴有肺部感染；④黏液层可作为分泌型IgA的储存库。

（2）上皮细胞及其紧密连接：黏膜上皮细胞间由顶部连接复合体（apical junctional complex）形成紧密连接，使相邻细胞腔面间的间隙被密闭（图14-3B），共同构成物理屏障，可阻止病原体和大分子物质通过。乳糜泻急性期，与霍乱毒素同源的Zonulin表达上调，导致上皮细胞紧密连接解体，从而增强肠上皮通透性。此外，黏膜上皮细胞经常被隐窝的干细胞更新，故不利于病原体定居。但是，由于上皮细胞单薄和通透性强，使其屏障作用次于皮肤，常成为病原体入侵的门户。

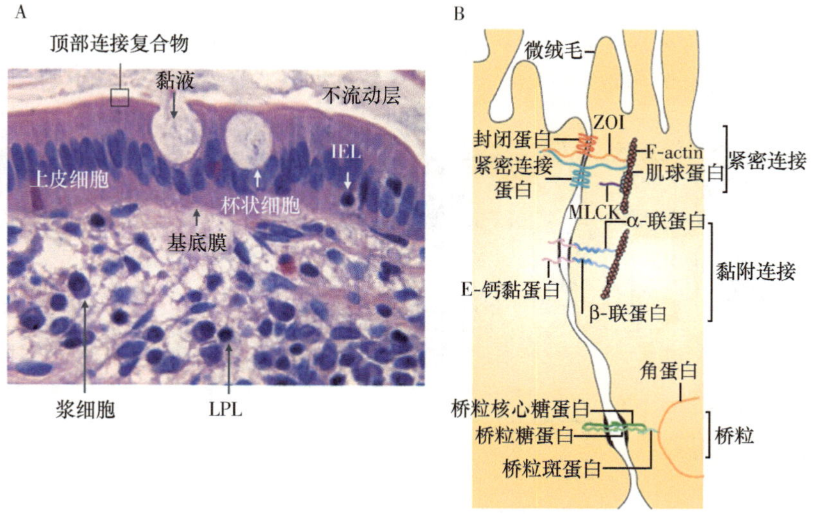

图14-3 黏液层、微绒毛、黏膜上皮细胞及其紧密连接

A. 黏液层覆盖黏膜上皮细胞，黏膜由柱状上皮细胞及其下的固有层及黏膜肌层组成，上皮细胞间含分泌黏液的杯状细胞及分布于近基底膜的IEL；上皮细胞顶部（腔面）由顶部连接复合体将相邻上皮间隙封闭，基底膜下固有层含大量免疫细胞（巨噬细胞、DC、浆细胞和LPL）；B. 显示上皮细胞间的连接复合体，包括紧密连接、黏附连接与桥粒；微绒毛底部，相邻上皮细胞膜在紧密连接处几乎融合，此处为封闭蛋白（claudin）、胞质紧密黏连蛋白1等与F-actin相互作用所形成的紧密连接；E钙黏蛋白、环连素蛋白和F-actin相互作用形成黏附连接，其下的桥粒由桥粒芯蛋白、桥粒胶蛋白等与角质蛋白组成

此外，肠道蠕动及呼吸道上皮纤毛运动，也具有清除局部病原微生物的功能。

2. 化学屏障功能

（1）蛋白水解酶：包括胃蛋白酶、小肠的胰蛋白酶、糜蛋白酶以及胰腺产生的蛋白酶，可将食入的大分子多肽水解为2肽和3肽，使之免疫原性消失。另外，上述酶类对病原体具有毒性，如可溶解某些革兰阳性菌的细胞壁，酸性水解酶再进一步消化之。

（2）抗微生物效应分子：①转铁蛋白，可与细菌竞争性结合铁离子，抑制细菌生长；②溶菌酶，存在于唾液和泪液，另外肠道Paneth细胞也可产生，其通过水解细菌壁的胞壁质而抵抗革兰阳性菌感染；③防御素（defensin），为含30～40个氨基酸的阳离子肽，包括由小肠隐窝基底部Paneth细胞产生的隐窝素（cryptdin）（即α-防御素）和呼吸道、泌尿生殖道黏膜上皮细胞产生的β-防御素。防御素可破坏细菌和真菌细胞膜，导致细胞溶解；可与靶细胞表面病毒受体结合，阻断病毒吸附和感染；对单核细胞、T细胞和B细胞具有趋化作用。

（3）胃内酸性环境：是抵御病原微生物感染的有效化学屏障。

3. 生物学屏障功能 黏膜表面寄生大量共生菌。不同区域黏膜微环境及所寄生的共生菌种类、密度各异，但均参与构成机体的生物学屏障，其机制为：与病原体竞争空间和营养，阻止病原体在肠道定居；产生抗菌物质（如阴道乳酸杆菌产生乳酸，某些细菌产生蛋白样毒素），抑制相关菌株生长。临床大量应用抗生素使菌群失调，因致病菌替代共生菌而致病。另外，共生菌生长和清除的平衡受固有免疫机制调控，该机制缺陷可致非致病菌过度生长并引发某些疾病。

二、黏膜固有免疫细胞的功能

（一）黏膜固有免疫细胞表达模式识别受体及其功能调控

1. TLR 信号促进上皮屏障功能 肠上皮细胞炎症反应可破坏黏膜屏障，导致细菌入侵和病理性炎症。已知共生菌可表达与致病菌类似的 PAMP（如脂多糖、肽聚糖、鞭毛素、CpG DNA 等），故机体严格调控而限制 TLR 介导的针对共生菌的炎症反应。另外，不同区域肠上皮细胞所表达的 TLR 各异，某些 TLR 信号可增强上皮细胞运动、增殖和紧密连接，从而促进上皮屏障功能。

2. PRR 表达水平与表达部位影响其功能 例如：识别鞭毛素的 TLR5 仅表达于上皮细胞基底面，仅当细菌跨越屏障侵入至黏膜下才可被识别（图 14-4A、B）；上皮细胞内所表达的 TLR 和胞浆 NLR（NOD1、NOD2）可分别识别被上皮细胞内化的病原体及直接侵入胞浆的病原体，进而活化 NF-κB 并释放 CXCL8 与 CCL2 等，介导中性粒细胞、单核/巨噬细胞和 T 细胞浸润，引发局部炎症反应，并通过促进 DC 成熟而启动适应性免疫应答（图 14-4A、C）。

此外，固有层 DC 低表达 TLR，但高表达胞内 TLR 信号通路的负调节分子（如 TOLIP、IRAK-M 等），故 TLR 信号不促进炎症因子产生。

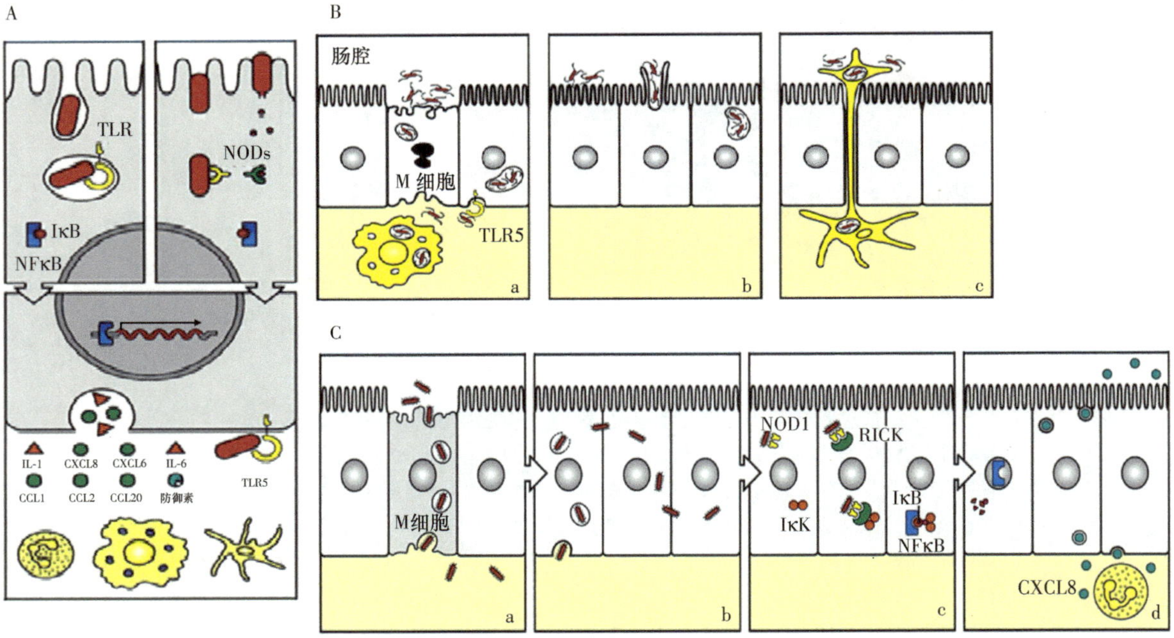

图 14-4 病原体跨越上皮屏障而启动适应性免疫应答

A. TLR 及 NLR 分布于上皮细胞内或其基底面→识别内化或跨越上皮的细菌组分→激活 NF-κB→促进炎性介质产生→活化中性粒细胞、巨噬细胞和 DC→炎症反应；B. 伤寒沙门菌跨越肠上皮屏障的途径：（a）沙门菌黏附并进入 M 细胞（并诱导 M 细胞凋亡）→穿越上皮→感染巨噬细胞和肠上皮细胞；肠上皮细胞基底面 TLR5 识别并结合沙门菌鞭毛素→炎症反应；（b）沙门菌直接从上皮细胞腔面入侵；（c）从上皮细胞间插入肠腔的 DC 的树突状突起摄取沙门菌；C. 志贺菌跨越肠上皮屏障的途径：（a）志贺菌通过 M 细胞穿越上皮屏障；（b）志贺菌从基底面感染上皮细胞，并传播至相邻细胞；（c）志贺菌 LPS 与上皮细胞内 NOD1 结合并使之聚合，激活蛋白激酶 RICK→活化 NF-κB→促进趋化因子和细胞因子基因转录；（d）活化的上皮细胞释放 CXCL8，募集中性粒细胞

3. 肠道上皮细胞 TLR 信号途径活化阈值增高 已发现肠上皮细胞 TLR 信号诱导炎症应答的活化阈值高于其他组织上皮细胞和 DC。

（二）不同类型黏膜固有免疫细胞的功能

1. 黏膜上皮细胞 其具有如下免疫功能：①可循 MHC Ⅰ类分子途径向 $CD8^+$ T 细胞提呈内源性抗原；炎症环境可上调小肠上皮细胞表达 MHC Ⅱ类分子，向 $CD4^+$ T 细胞提呈抗原；可表达 CD-1d，向 NKT 细胞提呈脂类抗原；表达 MIC-A/B，参与激活 B 型 IEL；②产生多种细胞因子，如 IL-1、IL-6、TNF-α 可参与炎症反应，IL-7、IL-10、TGF-β 可调节免疫应答；③分泌抗菌肽和溶菌酶，抵御微生物感染。

2. 巨噬细胞 肠道巨噬细胞具有吞噬和杀伤功

能，同时在黏膜微环境 TGF-β 作用下，可分泌抑炎细胞因子（如 IL-10）。黏膜固有层巨噬细胞 TLR4 表达水平低于其他组织的巨噬细胞，且微生物产物可抑制其炎症因子表达。肺泡巨噬细胞可表达 IL-10、NO 和 TGF-β，但其吞噬能力弱，可抑制 T 细胞应答和气道 DC 提呈抗原。

3. 树突状细胞

（1）黏膜及淋巴组织内的 DC：黏膜下 DC 多为 $CD11b^+CD8^-$ 并表达 CCR6，静止状态下，此类 DC 摄取抗原后可产生 IL-10，从而防止 T 细胞致敏并分化为炎性 T 细胞。致病菌感染时，覆盖 Peryer 集合淋巴结的 FAE 分泌 CCL20（CCR6 的配体），可将 DC 募集至 M 细胞附近，后者将抗原转递给 DC，装载抗原的 DC 迁移至集合淋巴结 T 细胞区，将抗原提呈给特异性 T 细胞。

（2）黏膜固有层 DC：多表达 CD103，其功能为，摄取抗原后即离开黏膜而迁移至系膜淋巴结 T 细胞区，诱导初始 T 细胞分化为效应细胞，并获得肠道归巢能力；对炎性刺激低反应，可产生 IL-10、TGF-β 和视黄酸，促进 Foxp3+iTreg 细胞产生；来源于上皮细胞及基质细胞的胸腺基质淋巴细胞生成素（thymic stromal lymphopoietin，TSLP）、视黄酸、TGF-β、吲哚胺双加氧酶（IDO）、PGE2 等可促进 CD103+DC 的抑炎效应，从而参与维持肠道黏膜免疫系统对食物和共生菌等无害抗原的耐受。

4. 固有淋巴样细胞（ILC）　ILC 是来源于骨髓淋巴细胞前体、不表达特异抗原受体、具有固有免疫功能的淋巴细胞。目前已鉴定出至少 3 组 ILC，其中第三组为淋巴组织诱导细胞（LTi）主要分布于肠黏膜固有层，其生物学特征是：表达特征性转录因子 RORγt 和 NK 细胞受体 NKp44；可产生大量 IL-22 和 IL-17A，其中 IL-22 在维持上皮组织稳态、诱生防御素及抗枸橼酸杆菌感染中起重要作用。（见第六章）

另外，肠道黏膜还存在 CD1 限制性 iNKT 细胞及黏膜相关恒定 T 细胞（mucosa-associated invariant T cell，MAIT），可识别由 B 细胞表面 MHC 关联分子 1（MHC-related protein 1，MR1）提呈的抗原（可能是共生菌抗原），并产生多种细胞因子。（见第六章）

第三节　黏膜相关的适应性免疫

黏膜组织适应性免疫应答的特点是：以 IgA 为主的体液免疫应答；以 Th17/Th1 为主的保护性细胞免疫应答；Treg 细胞介导黏膜免疫系统对无害抗原产生耐受，并阻止炎症反应损伤黏膜屏障。

一、黏膜免疫系统特有的抗原摄取方式

1. M 细胞跨越黏膜屏障转运抗原　黏膜表面的抗原须跨越上皮屏障才能刺激黏膜免疫系统。以肠道黏膜组织为例，M 细胞转运抗原是启动黏膜免疫应答的关键步骤。另外，BALT 和 NALT 中也有类似的 M 细胞存在。

Peyer 集合淋巴结的被膜由 M 细胞与肠上皮细胞［即滤泡相关上皮（FAE）］紧密排列而组成（图 14-5A）。M 细胞是一类特化的上皮细胞，其肠腔面形成不规则微褶皱，且表面无黏液层覆盖（图 14-5A 和 B），可直接接触肠腔内抗原及颗粒状的微生物（如病毒、细菌、微小寄生虫等）。M 细胞通过吞噬或内化而摄取颗粒性抗原，形成内体，并迅速转运至 M 细胞基底面，将未被降解的抗原释放至胞外，此过程称为跨细胞作用（transcytosis）。

M 细胞基底部深深凹陷形成袋状，其内含 T 细胞、B 细胞、DC 和巨噬细胞。M 细胞内的抗原快速释放至袋状结构并被 DC 摄取，后者随之迁移至 Peyer 集合淋巴结 T 细胞区和（或）系膜淋巴结，将抗原提呈给初始 T 细胞（图 14-5A）。但是，某些病原体（如沙门杆菌和某些肠道病毒）也可借助 M 细胞而入侵机体，其机制为：病原体与 M 细胞表面凝集素特异性结合并被内化，损伤的 M 细胞破坏黏膜屏障，导致更多病原体侵入人体。

2. DC 摄取跨越黏膜屏障的肠腔抗原　肠壁黏膜和固有层 DC 可摄取以不同方式跨越黏膜屏障的肠腔抗原（图 14-5B）：①可溶性食物抗原可直接跨越内皮细胞或其间隙，被 DC 摄取；②肠上皮细胞借助其表面新生 nFcR 与肠腔内被 IgG 抗体包被的抗原（如细菌鞭毛素）结合，通过跨细胞作用而将抗原转运至黏膜下，DC 借助其表面新生 nFcR 或其他 FcR 摄取此类调理化的抗原；③肠上皮细胞感染胞内病原体而发生凋亡，DC 可吞噬包裹病原体的凋亡小体；④黏膜下 DC 将其突起沿上皮细胞间延伸至肠腔摄取抗原，而不干扰黏膜屏障的完整性。

黏膜下 $CD11b^+DC$ 通过肠壁淋巴管将抗原带至系膜淋巴结 T 细胞区，激活并促进效应性 T 细胞分化。固有层 $CD103^+DC$ 将抗原提呈给初始 T 细胞，通过分泌 TGF-β 和视黄酸而诱导 Treg 细胞分化。

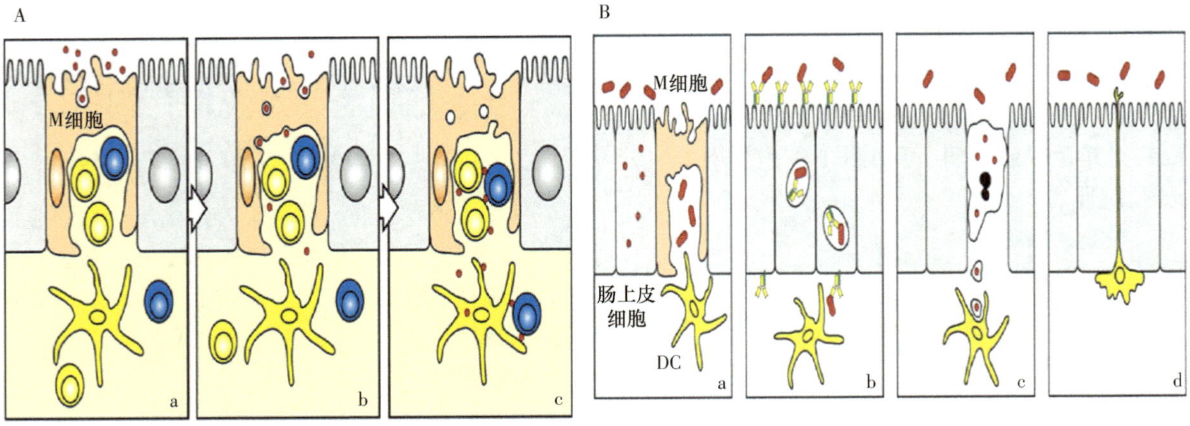

图 14-5 肠道黏膜摄取抗原的途径和机制

A. M 细胞转运抗原给 DC:(a)集合淋巴结被覆盖的 M 细胞基底部膜卷绕,凹陷成袋状,可紧密接触淋巴细胞和 APC;M 细胞通过内化或吞噬而从肠腔中直接摄取抗原;(b)含抗原的内体被转运至 M 细胞基底面,并释放抗原;(c)抗原被转运给 M 细胞基底部口袋内的 DC,后者提呈抗原并激活 T 细胞;B. DC 跨越黏膜摄取抗原:(a)可溶性抗原直接跨越上皮细胞或通过 M 细胞转运,被 DC 摄取;(b)上皮细胞借助其表面新生 nFcR 将 IgG-抗原复合物转运至基底膜面,被 DC 表面 nFcR 或其他 FcR 识别并摄取;(c)肠上皮细胞感染胞内病原体发生凋亡,DC 摄取凋亡小体;(d)DC 的树状突起沿上皮细胞之间伸至肠腔,但不干扰上皮屏障完整性,从而直接摄取抗原

二、黏膜相关的细胞免疫应答特点

MALT 内淋巴细胞可分为两类:①A 型淋巴细胞,即 $CD4^+$ 或 $CD8^+$ αβT 细胞;②B 型淋巴细胞,即 $CD8\alpha\alpha^+$ γδT 细胞、$CD8\alpha\alpha^+$ αβT 细胞及少量 $CD4^-CD8^-$γδT 或 $CD4^-CD8^-$αβT 细胞,此类细胞在胸腺内未经历阳性和阴性选择,不表达典型的 CD4 和 CD8αβ 链,它们的配体为某些 MHC 样分子(MIC-A、MIC-B 等)。

以肠道为例,淋巴细胞主要分布于肠黏膜上皮内、黏膜固有层及器官化的 GALT(系膜淋巴结主要是初始 T 细胞;肠黏膜上皮内和固有层主要是散在分布的效应 T 细胞或记忆 T 细胞)。随解剖部位(大肠和小肠,黏膜上皮和固有层)、年龄和种系不同,T 细胞亚群分布各异,但固有层淋巴细胞一般为 A 型,而上皮内淋巴细胞一般为 B 型。

(一)上皮内淋巴细胞(intraepithelial lymphocyte,IEL)

IEL 分布于小肠和大肠黏膜上皮细胞间,位于基底部,与上皮细胞间无紧密连接结构。约每 100 个小肠上皮细胞即分布 10~15 个 IEL,是数量最多的淋巴细胞。90% 以上小肠 IEL 是 T 细胞,其 TCR 多样性有限;约 80% IEL 表达 CD8,其中 αα 同源二聚体和 αβ 异源二聚体各占 50%(小鼠)。大肠 IEL 相对减少,但 $CD4^+$T 细胞比例高于小肠。IEL 表达 CD103(α_E:β_7 整合素),可与上皮细胞表面 E-cadherin 结合,有助于 IEL 留驻在黏膜上皮内。

1. A 型 IEL 亦称诱导型 IEL(induced IEL,iIEL),小肠 A 型 IEL 多为 CD8αβ+TCRαβ+效应或记忆 T 细胞,具有抗原特异性,其来自 Peyer 集合淋巴结活化的初始 T 细胞。此类细胞 TCR 多样性有限,机制可能为:在肠道局部相似抗原反复刺激下,使 TCR 识别的范围局限且集中。这些 IEL 可迅速被抗原激活,直接在感染部位杀伤感染或损伤的肠上皮细胞。被动转移这种效应细胞可对巨细胞病毒、轮状病毒和弓浆虫等感染提供有效免疫保护(图 14-6A)。

A 型 IEL 可对重复感染迅速产生应答,但其增殖和产生炎性细胞因子的能力均较弱,从而有利于维持免疫自稳,既抵御感染,又不致损害器官完整性。此外,多数 A 型 CD8αβ+TCRαβT 细胞进入肠黏膜后,还共表达 CD8αα,后者参与筛选高亲和力 T 细胞,机制为:CD8αα 可与 CD8αβ 竞争性结合(MALT 内)DC 及肠上皮细胞表面胸腺白血病抗原(thymus leukemia antigen,TL),抑制 TL 介导的细胞死亡(TL-induced cell death,TICD)或 AICD,从而促进高亲和力效应/记忆 $CD8^+$T 细胞存活并使之聚集于黏膜上皮内;低亲和力效应/记忆 T 细胞则通过 TICD 或 AICD 被清除。

除 $CD8^+$TCRαβT 细胞外,黏膜上皮内(尤其结肠)也分布 $CD4^+$TCRαβT 细胞。但 A 型 $CD4^+$T 细胞主要存在于黏膜固有层。

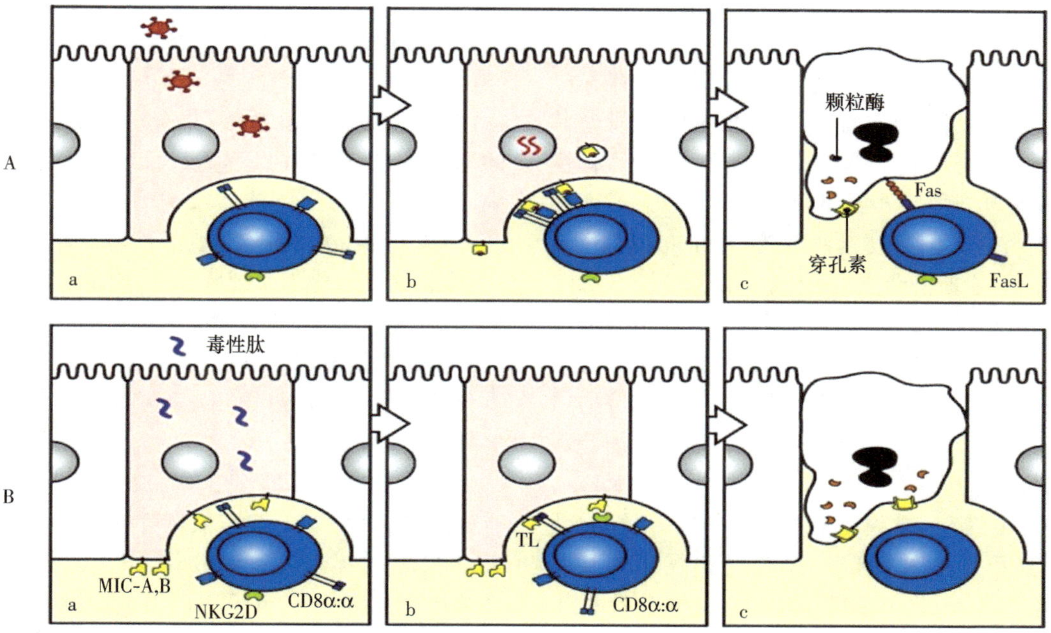

图 14-6 IEL 的功能

A. A 型 IEL 功能:(a)病毒感染黏膜上皮细胞;(b)感染肠上皮细胞表面 MHC Ⅰ类分子将病毒抗原肽提呈给 $CD8^+$ IEL;(c)活化的 $CD8^+$IEL TCRαβ 识别 pMHC Ⅰ,CD8αβ 为共受体,通过释放穿孔素/颗粒酶及 Fas 途径杀伤感染的上皮细胞;B. B 型 IEL 功能:(a)感染、损伤或毒性肽等诱导上皮细胞应激反应→上调 MIC-A 和 MIC-B 表达并产生 IL-15;(b)相邻 IEL 被 IL-15 激活,其表面 NKG2D 结合 MIC-A 和 MIC-B,CD8αα 结合 TL(胸腺白血病抗原);(c)活化的 IEL 释放穿孔素/颗粒酶,杀伤应激细胞

2. B 型 IEL 亦称天然 IEL(natural IEL,nIEL),主要分布于小肠黏膜上皮,包括 $TCR\alpha\beta^+$ IEL 和 $TCR\gamma\delta^+$IEL。在人类,后者占 B 型 IEL 的 10%。B 型 IEL 特征为:①表达 CD8αα,缺乏 CD4 或 CD8αβ,故与 pMHC 亲和力低;②未经历阳性和阴性选择,存在自身反应性 T 细胞,但无攻击效应(因不表达共受体);③B 型 IEL 前体细胞在胸腺经历自身抗原依赖的激动剂选择(agonist selection)而被分化,从胸腺迁移至肠道,在 IL-15 等作用下,其表面 CD8αα 与肠上皮细胞表面非经典 MHC 分子(如 TL)高亲和力结合,而被阳性选择,发育成熟,故 B 型 IEL 不与传统的 pMHC 复合物结合,而是与非经典 MHC Ⅰ类分子结合;④动物出生即存在,随年龄增长而逐渐被 A 型效应/记忆 T 细胞取代;⑤缺乏 CD2、CD28 和 Thy1 等 T 细胞表型,常表达 NK 细胞调节性受体,具有杀伤活性及 ADCC 作用;⑥发育过程中通过胸腺自身抗原选择及肠道 MHC 样分子选择,获得效应和记忆细胞表型,称为天然记忆 T 细胞(natural memory T cell);⑦增殖能力有限,炎症细胞因子表达低下,但可表达 LAG-3、PD-1L、TGF-β 等负调节因子,参与调控黏膜免疫并维持其低反应性。

(1) $TCR\alpha\beta^+$IEL:其 TCR 库多样性少,高表达自身反应性 TCR。自身反应性 $CD8\alpha\alpha^+TCR\alpha\beta^+$IEL 无特异性胞毒作用,也不促进炎症应答,但组成性表达胞毒活性分子和负调节细胞因子,转输 $CD8\alpha\alpha^+$ $TCR\alpha\beta^+$IEL 可阻止被动转移 $CD4^+CD45RB^{hi}$T 细胞所致结肠炎。

(2) $TCR\gamma\delta^+$IEL:此类细胞主要通过其表面 TCR 或 NK 细胞激活受体(如 NKG2D)识别内源性应激产物(如损伤或应激的肠上皮细胞高表达的 MIC-A 和 MIC-B),从而杀伤之(图 14-6B),以阻止病原体扩散。但是,TCRγ-/-小鼠的抗感染能力并未减弱,而是加重肠道组织损伤,提示其主要功能是免疫调节并促进黏膜屏障功能。$TCR\gamma\delta^+$IEL 参与炎症损伤后黏膜修复的机制为:①释放抗菌肽,参与清除炎症刺激物;②释放角质细胞生长因子等,促进上皮修复及屏障功能;③释放 TGF-β,抑制免疫应答和炎症反应。

(二) 固有层淋巴细胞(lamina propria lymphocyte,LPL)

分布于肠黏膜固有层的主要为 A 型淋巴细胞,其中 $CD4^+T/CD8^+T$ 约为 3∶1。LPL 可表达效应细胞或记忆细胞表面标记。

1. $CD4^+$LPL 所有 $CD4^+$T 细胞功能亚群(Th1、Th2、Th17 和 Treg 细胞等)均可见于肠黏膜固有层。

(1) Th1 和 Th2 细胞:无寄生虫情况下,肠道不存在 Th2 细胞。肠道蠕虫感染可诱导强 Th2 细胞应答。Th2 型细胞因子(IL-4 和 IL-13)可协同促进黏液分泌、肠道平滑肌收缩和肠蠕动，被称为屏障免疫。

(2) Th17 细胞：静止状态下，Th17 细胞存在于小肠和结肠固有层，梭状芽孢杆菌相关的分段丝状菌在诱导 Th17 细胞分化中起关键作用。固有层 Th17 细胞的功能为：分泌 IL-17A 和 IL-22（不产生 IFN-γ），参与上皮细胞间紧密连接（tight junction）形成；促进肠上皮细胞产生黏液和 β-防御素，并参与黏膜上皮损伤后修复及再生，从而维持上皮屏障功能。炎症反应可诱导 Th17 细胞分化为分泌 IL-17A 和 IFN-γ（Th17、Th1 细胞表型）及仅产生 IFN-γ（Th1 细胞表型）的亚群。动物实验中，转输 Th17 细胞可致严重肠炎。

(3) Treg 细胞：黏膜固有层 $Foxp3^+Treg$ 细胞数量为外周淋巴组织的 2 倍。固有层和系膜淋巴结 $CD103^+DC$ 通过产生视黄酸和 TGF-β 可有效诱生 Treg 细胞，后者通过分泌 IL-10、TGF-β、IL-2 等发挥平衡黏膜局部免疫的作用，使持续暴露于无害抗原（食物和共生菌）的肠黏膜免疫系统保持平衡。已发现：IL-10、TGF-β 或相应受体基因缺陷可致 Treg 细胞功能障碍，引发肠道失控性炎症或自身免疫病；另外，小肠 Tr1 细胞也是局部 IL-10 的重要来源。

2. $CD8^+LPL$ 活化的 $CD8^+LPL$ 具有杀伤活性，也可产生细胞因子，从而参与炎症反应和介导针对病原体的保护性免疫应答。

综上所述，肠道黏膜相关的细胞免疫应答发挥如下功能：具有胞毒活性的效应/记忆 T 细胞和效应 Th 细胞亚群可快速抵御病原体感染；Treg 细胞和自身反应性 IEL 可维持屏障完整性和免疫稳态，并控制过度的炎症反应。

三、黏膜相关的体液免疫应答特点

（一）黏膜组织的 IgA 应答

黏膜相关的特异性体液免疫主要产生分泌型 IgA，其次是分泌型 IgM 和 IgG。不同黏膜区域所产生抗体类型各异：肠道主要是 IgA 和少许 IgM，正常时无 IgG；泌尿生殖道和呼吸道产生等量 IgA 和 IgG，及少量 IgM。

IgA 是黏膜免疫系统产生的主要抗体。正常肠黏膜所含 IgA^+淋巴细胞比 IgG^+淋巴细胞多 20 倍。血液 IgA 主要是单体，由骨髓浆细胞产生，其 IgA1 和 IgA2 比例约 10:1。黏膜组织固有层浆细胞可产生由 J 链连接的 IgA 二聚体，其中小肠 IgA1 和 IgA2 比例为 3:2，结肠为 2:3，主要存在于黏膜分泌物中。在肠道共生菌刺激下，正常人肠道黏膜每天产生 3～4 克 IgA，占抗体总量 60%～70%。

1. T 细胞依赖性应答 黏膜组织 T 细胞依赖性 IgA 应答发生于肠道 Peyer 集合淋巴结和系膜淋巴结的淋巴滤泡，其基本过程类似系统免疫系统，在生发中心经历高频突变、抗体亲和力成熟及抗体类型转换，形成产生 IgA 的 B 细胞，经过体循环，迁移至黏膜固有层，继续分化为浆细胞。多种 $CD4^+T$ 细胞功能亚群参与上述过程：Tfh 和 Th2 细胞表达 CD40L，并产生 TGF-β 等细胞因子，促进 IgA 类型转换；Th17 细胞通过分泌 IL-17 而上调 pIgR 表达，促进 IgA 跨越上皮屏障。

2. T 细胞非依赖性应答 黏膜持续处于开放的有菌环境，而产生 T 细胞依赖性应答至少需要 5～7 天，难以及时提供有效保护。同时，T 细胞依赖性应答常伴有炎症反应，可干扰黏膜上皮屏障。快速的 T 细胞非依赖性应答可弥补上述缺陷。已发现：腹腔和肠道黏膜固有层 B1 细胞及孤立淋巴滤泡的 B2 细胞可借助 TLR 识别微生物组分而被直接活化，进而产生低亲和力 IgA（和 IgM）。

3. IgA 抗体类型转换（图 14-7）

(1) 胸腺依赖性 IgA 转换：①GALT 中 DC 摄取 M 细胞转运的抗原，迁移至 T 细胞区，将抗原提呈给初始 T 细胞，使之活化、增殖和分化成效应 Th 细胞；②Th 细胞识别 B 细胞提呈的抗原，其表面 CD40L 与 B 细胞表面 CD40 结合，微环境中肠上皮细胞、DC 及 Treg 细胞产生的 TGF-β 可促进 IgA 转换；③DC 借助 TLR 识别共生菌，上调 NO 合成酶表达并产生 NO，后者上调 B 细胞表达 TGF-β 受体，进而促进 IgA 类型转换。

(2) 非胸腺依赖性 IgA 转换：B-1 细胞直接与孤立淋巴滤泡 DC 相互作用，DC 借助 TLR 识别共生菌 PAMP，产生 APRIL、BAFF、视黄酸和 TGF-β，这些信号可替代 $CD4^+T$ 细胞提供的辅助信号，促进 IgA 抗体类型转换。另外，DC 产生的 NO 也可促进非胸腺依赖性 IgA 转换。

（二）IgA 的功能

黏膜固有层浆细胞所产生的 IgA 位于黏膜下，须跨越黏膜上皮屏障才能进入肠腔发挥效应。其机制为：肠隐窝底部不成熟上皮细胞基底面表达多聚免疫球蛋白受体（polymeric immunoglobulin receptor，pIgR），可与连接免疫球蛋白单体（IgA 与 IgM）的 J 链高亲和力结合，进而内化而穿越细胞，将 IgA 从上皮细胞基底膜面转运至肠腔面，继而 pIgR 胞外段被酶解，作为分泌片与 IgA 二聚体共同释放，此即分泌型

IgA(图 14-8)。分泌片的糖基团如同粘胶将 IgA 抗体结合至黏膜表面覆盖的黏液层中,不仅可储存 IgA,且有利于 IgA 阻止微生物黏附,并中和它们所产生的毒素和酶。

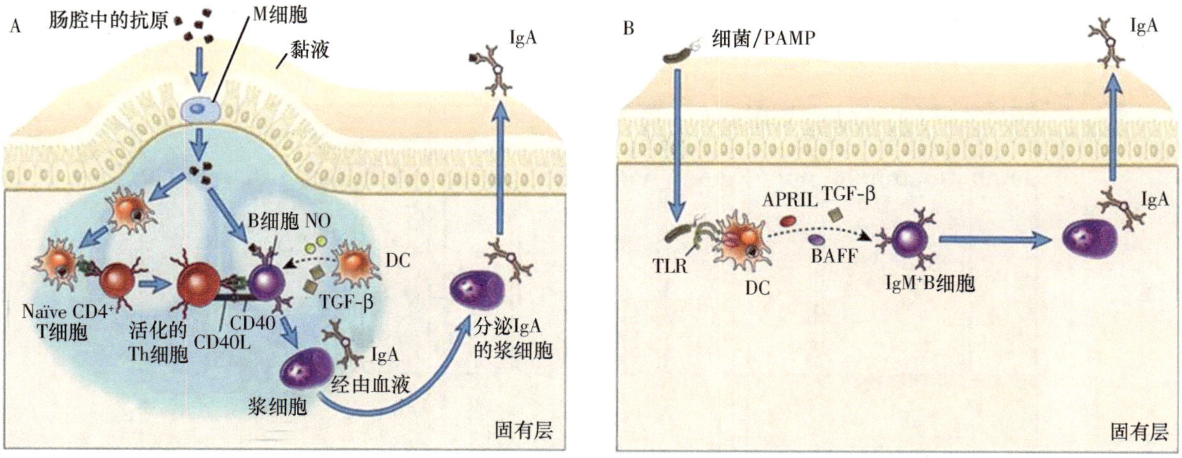

图 14-7 肠道 IgA 类型转换

A. 胸腺依赖性 IgA 类别转换:集合淋巴结的 DC 摄取 M 细胞转运的抗原→迁移至 T 细胞区→将抗原提呈给初始 $CD4^+$ T 细胞→后者激活并分化为效应 Th 细胞→辅助特异性 B 细胞活化及分化;T 细胞表面 CD40L 与 B 细胞表面 CD40 结合,协同 TGF-β→促进 IgA 类别转换;DC 产生 NO→上调 B 细胞表达 TGF-β 受体→促进 IgA 类别转换;B. 胸腺非依赖性 IgA 类别转换:TLR 信号→促进 DC 释放 BAFF、APRIL 和 TGF-β 等→促进 B 细胞(包括 B1 细胞)激活→介导 IgA 类别转换(但亲和力较低)

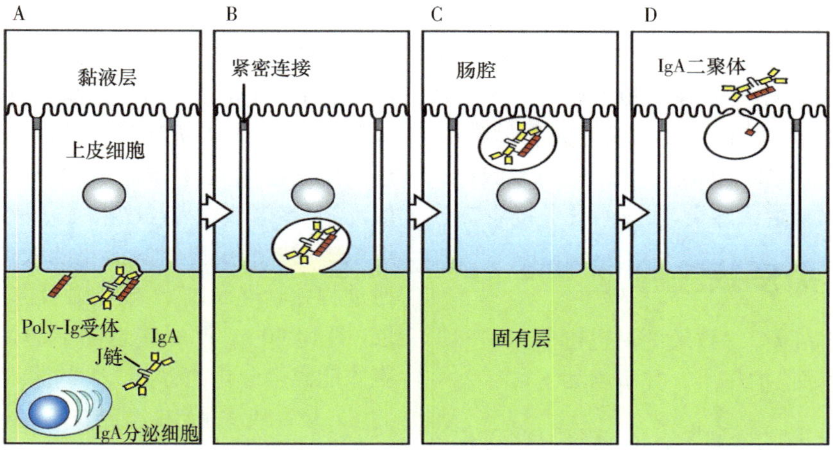

图 14-8 IgA 跨越上皮屏障的机制

A. 黏膜固有层浆细胞分泌 IgA;B. IgA 二聚体穿越基底膜,与上皮细胞基底面 pIgR 结合并内化;C. IgA 二聚体随囊泡被运转至上皮细胞腔面;D. pIgR 被酶解,将其胞外段(分泌片)与 IgA 一起释放至肠腔

一般而言,高亲和力 IgA(由 T 细胞依赖性应答产生)主要中和微生物毒素和病原体入侵,低亲和力 IgA(由 T 细胞非依赖性应答产生)主要作用于共生菌。

1. 阻断微生物与黏膜黏附 分泌型 IgA 不能激活补体,亦非调理素,其主要功能是限制微生物接近黏膜,使大多数共生菌位于肠腔而不入侵体内,从而维持机体和共生菌间生态平衡。一旦致病菌跨越上皮边界,IgA 即协同 IgG 共同抵御入侵者,控制微生物蔓延。

2. 中和病原体及其毒素 ①在黏液层表面的 IgA 中和病原体及其产生的毒素和酶;②在上皮细胞内的 IgA 中和内化的抗原;③在固有层的 IgA 中和进入固有层的病原体及其毒素,并通过 pIgR 跨越内皮屏障将其送回至肠腔,继而被排出腔道(图 14-9)。

3. 限制肠腔共生菌 IgA 可限制肠道共生菌数量并影响其组成,机制为:调节共生菌基因表达谱,选择促炎活性弱的菌种寄生肠道,阻止过度刺激黏膜 B 细胞,防止细菌所致自身免疫应答、炎症反应、变态反应及促恶变 B 细胞克隆增殖,从而维持共生菌与机体生态平衡。病理情况下共生菌进入血循环,则血清中可出现抗共生菌的 IgA 抗体。

4. 母乳 IgA 介导婴儿被动黏膜免疫 哺乳的乳腺含大量分泌 IgA 的浆细胞,乳腺上皮可储存大量分泌型 IgA。来自不同黏膜相关淋巴组织的乳腺浆细胞均表达 CCR10，而乳腺组织分泌其配体 CCL28，故可归巢至乳腺。分泌型 IgA 借助 pIgR 穿越乳腺上皮屏障而进入初乳和母乳。哺乳时，母体 IgA 被婴儿摄入，向其肠道直接提供可针对多种微生物的保护作用。此外，母乳 IgG 与 IgM 也参与哺乳婴儿被动免疫。母乳还含有针对肠毒性细菌的特异性 IgA，可明显降低腹泻和败血症发生。

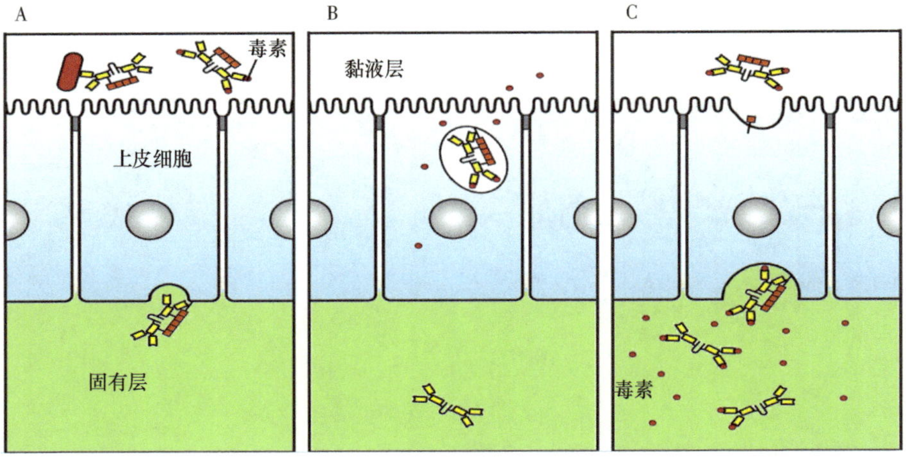

图 14-9 分泌型 IgA 的功能

A. IgA 吸附于覆盖黏膜的黏液层→中和病原体及其毒素→阻止它们接近组织并抑制其功能；B. 上皮细胞内化的抗原可在内体中被 IgA 中和；C. 到达固有层的病原体及其毒素与此处浆细胞所产生的 IgA 结合→形成免疫复合物→借助 pIgR 转运并穿越上皮细胞→排出至腔道

5. 选择性 IgA 缺陷 是人类最常见原发性免疫缺陷病，可致年长患者呼吸道和胃肠道感染、变态反应和自身免疫病发病率增高。多数患者无明显临床表现，其肠黏膜分泌 IgM 至肠腔，可代偿 IgA 缺陷。动物缺失 pIgR 可致共生菌感染，引发系统免疫应答。

四、黏膜免疫效应的"扩散"

机体任一局部黏膜组织致敏的淋巴细胞，可迁移至其他黏膜部位发挥保护作用。其机制如下：

（一）淋巴细胞在黏膜免疫系统内循环

来自胸腺的初始 T 细胞和来自骨髓的初始 B 细胞通过高内皮静脉进入 Peyer 集合淋巴结和系膜淋巴结，微环境中 CCL21 和 CCL19 与初始淋巴细胞表面 CCR7 结合可介导此归巢过程。归巢的初始淋巴细胞有两种转归：①未遭遇特异性抗原，即离开淋巴器官进入血流；②遭遇特异性抗原，则被活化并转变为效应细胞，后者丧失 CCR7 和 L-选择素，随即离开淋巴组织。在黏膜淋巴组织活化的效应 T 细胞和 B 细胞通过胸导管进入血流，经小血管选择性进入黏膜固有层（图 14-10）。仅那些返回黏膜固有层的效应 B 细胞才能完全分化为分泌 IgA 的浆细胞。

GALT 或系膜淋巴结 DC 表达视黄醛脱氢酶（retinal dehydrogenase，RALDH），可将肠道食物中维生素 A 转变为视黄酸，从而诱导淋巴细胞选择性表达 α4：β7 整合素、CCR9，两者分别与肠壁黏膜血管内皮

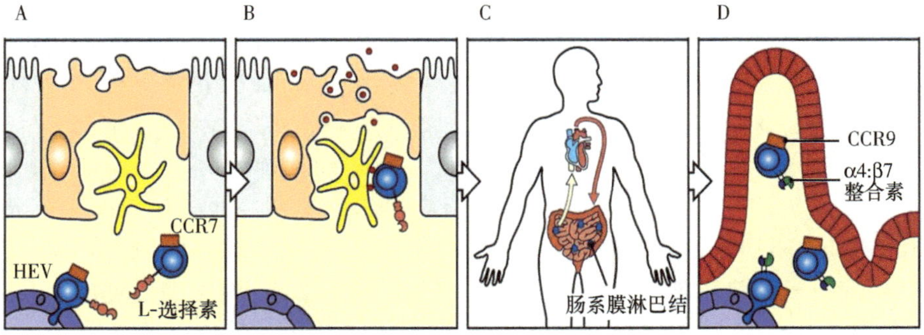

图 14-10 活化的效应淋巴细胞归巢黏膜系统

A. 初始 T 细胞表面 CCR7 和 L-选择素等与相应配体结合→介导 T 细胞穿越高内皮静脉→进入 Peyer 集合淋巴结 T 细胞区；B. T 细胞识别由 M 细胞转运给 DC 的特异性抗原→T 细胞激活→丧失 CCR7 和 L-选择素，但表达 CCR9 和整合素 α4：β7；C. 活化的 T 细胞通过系膜引流淋巴结，经胸导管和血循环返回肠道；D. 效应 T 细胞被趋化至小肠黏膜固有层

细胞表面 MadCAM 和小肠上皮细胞所分泌 CCL25 结合，使淋巴细胞归巢至小肠；淋巴细胞表面 CCR10 还可与结肠、泌乳乳腺、唾液腺、肺、泌尿生殖道黏膜组织分泌的 CCL28 结合，从而归巢至大肠及上述肠外相应黏膜组织。（图 14-11）

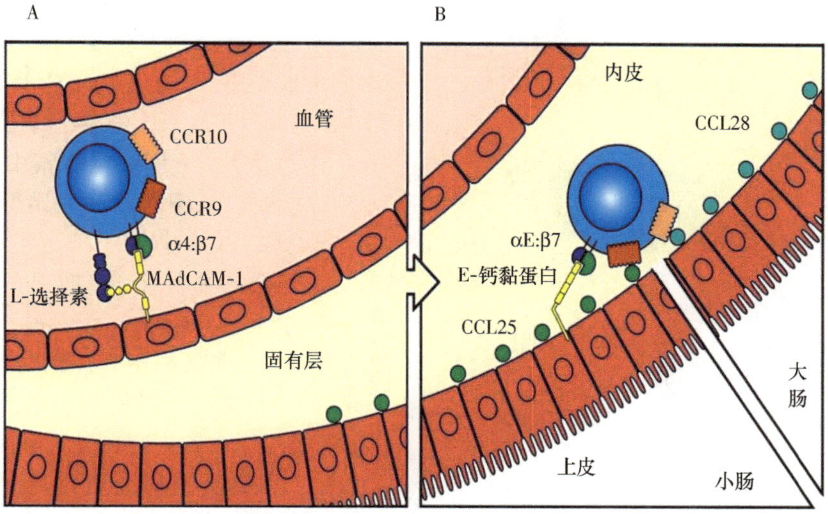

图 14-11　趋化因子和黏附分子介导淋巴细胞归巢黏膜系统

A. 淋巴细胞表面整合素 α4:β7 与黏膜组织血管内皮细胞表面 MAdCAM-1 结合→淋巴细胞进入固有层；T 细胞在小肠致敏而表达 CCR9，在结肠致敏而表达 CCR10；B. 小肠 T 细胞表面 CCR9 与小肠上皮细胞所产生 CCL25 结合→被选择性募集至小肠黏膜固有层；结肠 T 细胞表面 CCR10 与结肠上皮细胞所产生 CCL28 结合→被选择性募集至大肠黏膜固有层。上述效应细胞进入黏膜即停止表达 α4:β7，但表达 αE:β7，后者与上皮细胞表面 E-钙黏蛋白结合，使淋巴细胞留于黏膜内

（二）共同黏膜免疫系统

实验研究发现，一处黏膜组织的淋巴细胞致敏，可诱导其他黏膜部位的保护性免疫。已证实，不同区域活化的黏膜免疫细胞所表达的组织特异性趋化因子受体各异，从而有利于效应淋巴细胞返回至感染部位发挥作用，但所有黏膜血管内皮细胞均表达 MAdCAM-1。因此，在 GALT 致敏的淋巴细胞可作为效应细胞到达其他黏膜组织（如呼吸道、泌尿生殖道和泌乳乳腺）。这种跨越不同区域黏膜的免疫效应，称为共同黏膜免疫系统（common mucosal immune system）。据此，通过在一个黏膜部位接种疫苗，可保护另一黏膜部位免遭感染，例如：通过鼻黏膜途径免疫可在泌尿生殖道显示针对 HIV 的免疫效应；通过肠黏膜途径口服疫苗，可使乳腺产生 IgA，利于婴儿从乳汁中被动获取抗体，从而获得保护性免疫。

系统免疫中，不同部位 DC 激活 T 细胞并诱导其表达组织特异性归巢分子，从而可归巢至感染部位发挥效应。如 GALT 的 DC 选择性诱导 T 细胞表达 CCR9 和 α_4:β_7 整合素，使之归巢肠道；皮肤组织 DC 在局部淋巴结激活 T 细胞表达 α_4:β_1 整合素、皮肤淋巴细胞抗原（cutaneous lymphocyte antigen，CLA）及 CCR4，从而诱导效应细胞归巢至皮肤组织。实践中，皮下或肌肉接种疫苗难以获得满意的黏膜免疫效果，因为激活的效应 T 细胞不能归巢至黏膜组织发挥效应。

（三）黏膜免疫与疫苗给予途径

共同黏膜免疫系统中，不同部位黏膜微环境所表达的趋化因子、黏附分子和细胞因子各异，故特定黏膜免疫应答部位与显示效应部位有明显区域化连接（肠道与乳腺连接；鼻与呼吸道、生殖道连接）（图 14-12）。例如：口服疫苗可在小肠及邻近的结肠、唾液腺和乳腺显示效应，而在大肠远端、扁桃体和生殖道的 IgA 应答则很弱；直肠免疫可诱导局部强应答，但在小肠及其邻近的结肠却无明显应答；鼻或扁桃体免疫可在上呼吸道（而非肠道）引起应答。上述黏膜免疫系统的区域化特征，提示宜选择最佳疫苗接种途径，以激发预期黏膜部位的有效应答。

五、黏膜免疫耐受

肠道食物蛋白通常并未完全降解，其被肠道以具有免疫活性的形式吸收，但系统免疫系统和黏膜免疫系统对口服的蛋白抗原并不产生应答或仅产生低水平应答，即形成口服耐受。实验研究发现，给动物口

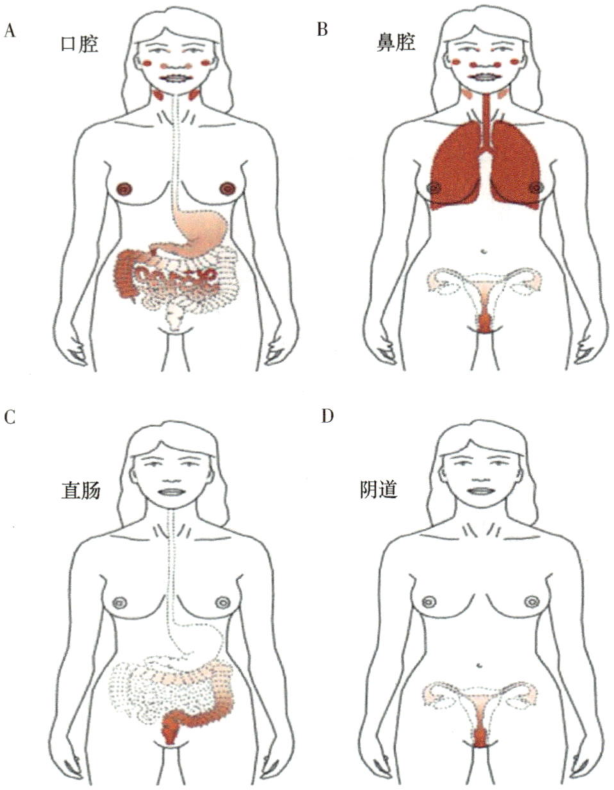

图 14-12 不同接种途径诱导 IgA 应答的部位

用霍乱毒素 B 亚单位经不同黏膜途径免疫人,最强应答发生于疫苗作用的黏膜部位,其次发生于邻近的黏膜部位及特殊的、相互联系的特定黏膜部位。A. 哺乳期妇女口服疫苗的肠-乳连接;B. 鼻黏膜免疫不仅刺激呼吸道免疫应答,还可引起强的生殖道-阴道黏膜免疫应答;C. 直肠免疫主要刺激直肠和相邻的结肠应答;D. 阴道黏膜免疫主要刺激阴道和相邻的子宫-输卵管应答(阴影深浅表明应答强度)

服卵白蛋白,一周后再通过非黏膜途径(如皮下)注射该蛋白,动物对其不产生应答。此外,抗原通过鼻吸入或舌下途径进入机体也可诱导耐受,统称为黏膜耐受(mucosal tolerance)。

GALT 处于致耐环境中,共生菌、T 细胞和 DC 相互作用,IL-10、视黄酸和 TGF-β 是使肠道成为致耐环境的主要因子。口服耐受机制并未完全阐明,可能与如下机制相关:

1. 口服高剂量抗原诱导特异性 T 细胞清除或失能 口服高剂量抗原可导致抗原特异性 T 细胞凋亡或失能。巨噬细胞吞噬和清除凋亡的 T 细胞及上皮细胞时,可产生 TGF-β 并诱导 Treg 细胞分化,其机制可能为:①口服的大剂量抗原进入肝脏,被浆细胞样 DC(pDC)摄取,诱导 70%~80% 抗原特异性 T 细胞凋亡和失能;②系膜淋巴结 $CD11b^+CD103^+$DC 通过诱生 Treg 细胞而诱导口服耐受。

此外也提出其他观点:失能 T 细胞虽可与 APC 结合,但不能形成免疫突触,并丧失穿越内皮细胞的能力;失能 T 细胞可主动抑制特异性 T 细胞迁移,从而放大致耐信号。

2. 口服低剂量抗原诱生调节性 T 细胞 口服低剂量抗原后,在肠道共生菌和肠上皮细胞释放的 IL-10、TGF-β 作用下,肠道 $CD103^+$DC 可诱生 Treg 细胞(包括 iTreg、Th3、Tr1 和 γδT 细胞,但不包括 $CD8^+$ Treg),从而诱导免疫耐受。其中,Treg 细胞产生的 TGF-β 尤为重要,不但诱导特异性 T 细胞耐受,还可促进非炎性 IgA 产生。

此外,Treg 细胞所产生抑制性细胞因子还可导致旁路抑制(bystander suppression),例如:某些自身免疫病其致病自身抗原不明,或由多种致病自身抗原所引起,可口服病灶组织相关抗原,诱导免疫系统对靶抗原及该组织中致病的自身抗原发生耐受。

3. 口服耐受的部位及共刺激/抑制信号 系膜淋巴结是诱导口服耐受的主要部位,而切除系膜淋巴结可阻断口服耐受。但是,Peyer 集合淋巴结缺失并不影响高剂量或低剂量抗原诱导的口服耐受,原因为:固有层 $CD103^+$DC 须进入系膜淋巴结才能诱生 Treg 细胞,并使之具有肠道归巢能力,故肠道归巢分子 CCR9 及 α_4:β_7 缺陷也可阻断口服耐受。

口服耐受属适应性免疫负应答,也有赖于共刺激分子参与。共刺激分子 ICOS 缺陷动物不能诱导口服耐受和鼻吸入耐受;将口服抗原的 ICOS 缺陷动物 $CD4^+$T 细胞被动转输至野生型受者,可转移口服耐受,反之则不行,提示共刺激分子 ICOS 并非参与诱生 Treg 细胞,而是参与其效应功能的发挥。此外,系膜淋巴结 DC 表达 PDL1 和 PDL2 明显高于系统免疫器官的 DC,而该分子缺陷小鼠不能诱生 Treg 细胞,亦不能诱导口服耐受。

4. 口服耐受与临床转化 基于口服耐受现象,实验与临床研究中已通过口服抗原(如自身抗原、过敏原等)防治某些变态反应性疾病和自身免疫病(关节炎、结肠炎、糖尿病、重症肌无力、甲状腺炎等),例如:①对热休克蛋白(HSP)有反应的活动性类风湿性关节炎患者口服 dnaJP1(HSP 的显性表位),其体内产生 TNF-α 的 T 细胞明显降低,产生 IL-10 的 T 细胞明显增加;②高水平胰岛素自身抗体的 I 型糖尿病患者口服胰岛素,可明显延缓糖尿病进展;③动物实验中,口服或鼻吸入抗 CD3 抗体可诱生 Treg 细胞,从而治疗类风湿性关节炎、EAE、红斑狼疮、糖尿病及动脉粥样硬化,口服抗 CD3 抗体已进入 I 期临床。

另外,与口服途径相比,鼻黏膜途径给药具有如下特点:①抗原不被消化,给予的有效剂量明显较小;②与 GALT 的 DC(主要产生 TGF-β)不同,NALT 和

BALT 的 DC 主要产生 IL-10，通过激活 Tr1 细胞而发挥致耐效应。

第四节　机体与共生菌的生态平衡

自然界已发现 55 个细菌门和 13 个古细菌门，人肠道共生菌仅属拟杆菌门（Bacteroidete）和壁厚菌门（Firmicute），以及古细菌成员史氏甲烷短杆菌。尽管适合肠道定居的共生菌门类有限，但其菌属和菌株却呈高度多样性。人体黏膜共生菌总数约 100 万亿，总重量约 1kg，某些共生菌在肠道终生定居（"土著菌"），某些则暂时居住（"外来菌"）。共生菌组成与栖息量可因年龄、饮食及环境因素变化而改变。胎儿未分娩前其肠道为无菌，一旦胎儿出生接触外界，其肠道即刻被共生菌定居。

共生菌的生理功能为：帮助宿主消化食物；吸收钙、镁、铁等离子；降解毒素；产生机体所需辅助因子（如维生素 K1、B1、B2、B6、B12、泛酸、叶酸和短链脂肪酸）；参与免疫系统发育和功能，并与免疫系统协同发挥作用。

一、共生菌对免疫系统的影响

1. 参与出生后免疫系统发育　无菌动物（肠道无共生菌寄生）的免疫系统具有如下特征：外周淋巴器官（包括黏膜免疫器官）体积缩小、缺乏生发中心；血清免疫球蛋白水平降低，所有类型的免疫应答均减弱（尤其是 Th1 和 Th17 细胞应答）；肠道 Peyer 集合淋巴结发育受阻，孤立淋巴滤泡缺如，固有层和上皮内 T 细胞数明显减少，分泌 IgA 的浆细胞减少；某些调节局部免疫的介质（如抗菌肽、IL-7、IL-25、IL-33 和 TSLP）产生缺陷。

不同黏膜区域其微环境各异，所寄生共生菌的种属、量及密度也不同。例如结肠寄生的细菌多于小肠，而肠道寄生的细菌又多于呼吸道，且细菌组成也有很大差异。因此，不同黏膜区域淋巴组织结构与免疫细胞组成各异，以应对区域特异性菌群（包括病原体）。

2. 共生菌参与固有免疫

（1）参与维持上皮细胞正常屏障功能：共生菌直接作用于上皮细胞，控制其增殖并调节上皮细胞的紧密连接，促进上皮屏障完整性。此外，共生菌还可促进杯状细胞分泌黏液，形成黏液层屏障。

（2）干扰病原体入侵：共生菌可与病原体竞争营养和定居空间，并可产生抗菌肽杀伤病原菌，或直接抑制病原体刺激上皮细胞产生的促炎信号，后者为病原体入侵所必需。如长期使用广谱抗菌素杀伤肠道共生菌，可为病原体创造生态龛位（ecological niche）。此外，共生菌刺激 TLR 在肠道抗炎中具有重要作用，缺失 MyD88（TLR 信号通路接头分子）的小鼠易感实验性肠道炎性疾病。

3. 共生菌参与适应性免疫　共生菌不同组分可分别诱导某些免疫细胞亚群分化，例如：①共生菌脆弱类杆菌的多糖（polysaccharide，PSA）可诱导 Treg 细胞分化；②分节丝状菌（SFB）可刺激 Th1、Th17 和 $Foxp3^+$T 细胞分化，若共生菌中缺失这种菌，则如同无菌动物，肠道缺失 Th17 细胞；③共生菌 DNA 可通过 TLR9 促进 Th17 细胞分化；④小鼠口服双歧杆菌可通过诱导 Treg 细胞产生而抑制鼠伤寒沙门菌所致炎症。

另外，多数共生菌主要通过 DC 诱导 $CD4^+$调节性细胞分化，例如：革兰阳性、孢子形成菌群（如 IV 和 XIVa 梭状芽胞杆菌属）可诱导 Treg 细胞在小鼠结肠（非小肠）黏膜固有层聚集；炎性肠道疾病患者粪便中此类菌群比正常人明显减少；口服此类细菌可抵抗小鼠结肠炎。

4. 共生菌维持黏膜局部免疫平衡　共生菌使黏膜免疫系统同时处于"生理性炎症"及免疫抑制状态，使机体对无害抗原不应答，但保留对病原体的防御能力。其机制为：

（1）共生菌调控黏膜局部 DC 功能状态：静止状态下，共生菌可诱导肠上皮细胞和基质细胞产生 TSLP、TGF-β 和 PGE_2，抑制 DC 并诱导 Treg 细胞产生，使肠黏膜微环境呈现免疫负调节状态，从而对无害抗原不应答或低应答。一旦病原体入侵，黏膜 DC 通过 PRR 识别病原体 PAMP 或受炎性因子刺激而被激活，从而有效启动针对病原体的免疫应答（图 14-13）。

（2）共生菌诱导"生理性炎症"：共生菌（以及食物抗原）可刺激肠道处于"生理性炎症"（physiological inflammation）状态，即在无感染情况下，肠道黏膜含大量效应淋巴细胞及慢性炎症相关的白细胞，此现象一般不出现于其他正常器官。其机制为：共生菌（及其产物）与黏膜免疫系统密切接触并持续刺激，导致大量 Th17 细胞、Th1 细胞和分泌 IgA 的浆细胞存在；上述效应细胞受共生菌诱生的 Treg 细胞严密控制，维持一种"活化-静止"及不完全应答的平衡，呈现低度慢性炎症。此种生理性炎症状态可保证黏膜免疫系统高度戒备共生菌的潜在威胁，并及时对入侵的病原体产生有效的保护性应答。

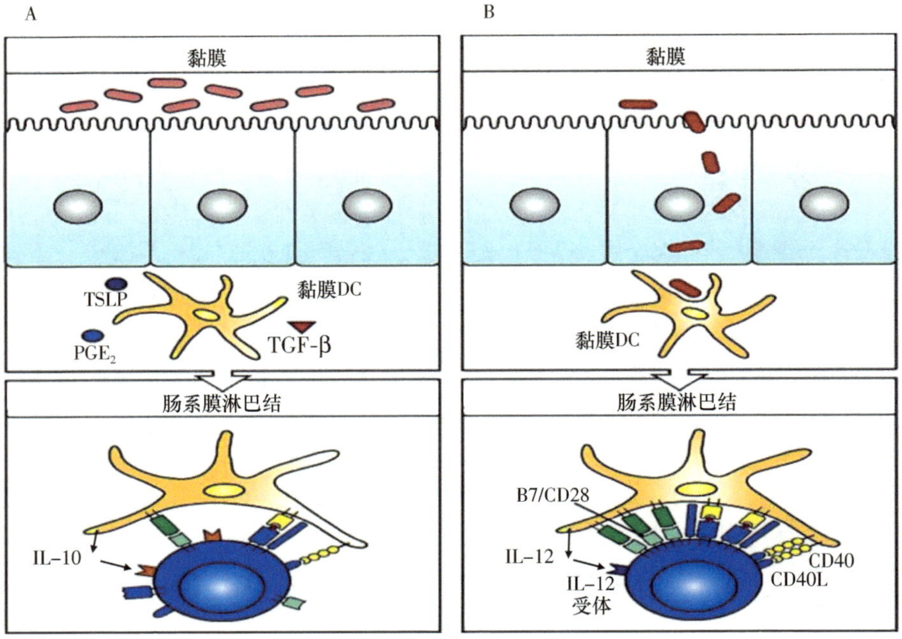

图 14-13 肠道黏膜 DC 耐受共生菌但对致病菌产生应答

A. 正常情况下，黏膜上皮细胞下 DC 可从食物或共生菌摄取抗原→迁移至系膜淋巴结→将抗原提呈给 $CD4^+$初始 T 细胞；上皮细胞和基质细胞持续产生 TGF-β、TSLP 和 PGE2，可抑制 DC 成熟并产生 IL-10，进而诱生 Th3 和 Treg 细胞，维持对无害抗原的耐受状态；B. 病原体或大量共生菌入侵可激活局部 DC→迁移至系膜淋巴结→激活 $CD4^+$T 细胞并诱生 Th1 和 Th2 细胞→保护性免疫应答

免疫系统由于长期接触大量共生菌或病原体，才逐渐进化、形成严密的免疫调节机制，以避免过度应答。这一观点有助于为疾病发生的卫生学说（hygiene hypothesis）提供佐证：随着人类环境日益“净化”，个体生命早期免疫系统不再面临大量微生物感染的压力，导致调节机制被削弱，使免疫系统对自身抗原及无害环境抗原的反应性明显增高。流行病学调查显示：发达国家 I 型糖尿病、Crohn's 病和过敏性疾病发病率增高，此与具有免疫调节作用的某些微生物（如蠕虫、幽门螺旋菌等）被消灭相关。

5. 共生菌下调肠道炎症应答 共生菌可主动抑制致病菌所致上皮细胞炎症反应。正常情况下，核因子 NF-κB 与其抑制物 IκB 结合而存在于细胞浆，细胞受刺激（如 LPS）后，IKK 激酶活化，使 IκB 磷酸化，泛素化被降解，NF-κB 被释放入核，与其靶基因结合并促进基因表达。共生菌抑炎作用的机制为：通过活化核受体 PPARγ 而促进 NF-κB 出核；或抑制 IκB 降解，使 NF-κB 滞留于胞浆而不能入核发挥作用（图 14-14）。

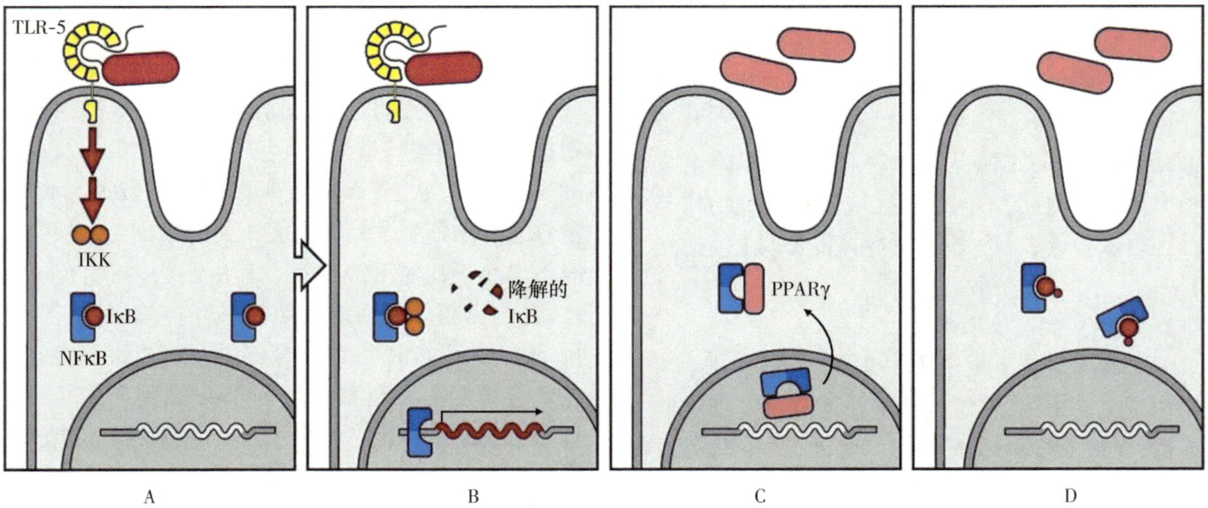

图 14-14 共生菌抑制肠道的炎症应答

A. 上皮细胞 TLR 识别病原体→激活 IKK；B. IκB 磷酸化并被降解→NF-κB 转位入核→促进靶基因转录；C. 某些共生菌活化 PPARγ→NF-κB 出核；D. 某些共生菌阻止磷酸化 IκB 降解→阻断 NF-κB 入核

二、黏膜免疫系统对共生菌低应答

黏膜免疫系统(尤其肠道黏膜)处于对外界开放的状态,可接触大量共生菌及食物抗原,并易受病原体侵犯。黏膜免疫系统对病原体保留有效的抵御能力,同时对共生菌等无害抗原处于不应答或低应答状态。其机制如下:

1. 共生菌侵袭能力低下 正常情况下,机体免疫系统忽视肠腔共生菌存在,共生菌可滞留于黏膜表面而不侵入,不激发炎症和完全性免疫应答。其机制为:①共生菌不产生可介导穿透黏液层与完整上皮屏障并侵入机体的毒力因子;②可识别共生菌 PAMP 的 PRR 分布于黏膜上皮细胞胞内(如 NLR)及基底膜面(如 TLR5),肠腔面仅低表达;③少量共生菌即使跨越黏膜屏障,但由于缺少毒力因子,不能抵抗吞噬细胞摄取和杀伤,被快速杀灭。

2. 黏膜免疫系统使系统免疫系统与共生菌隔绝 正常机体未能检出系统免疫针对共生菌的特异性 T/B 细胞应答,但通过肠外途径接种共生菌抗原则可诱导适应性免疫应答,提示系统免疫并非对共生菌产生耐受,而是由于肠道黏膜屏障、黏液屏障及黏膜免疫系统将共生菌(及其产物)与系统免疫次级淋巴器官隔绝,从而使系统免疫忽视共生菌而无应答。共生菌一旦通过损伤的黏膜屏障进入机体,则可诱导保护性免疫应答。

3. 黏膜免疫系统对共生菌应答能力低下 机制为:①共生菌持续刺激黏膜免疫系统,可诱生共生菌特异性 Th1 和 Th17 细胞,通过产生 IL-22 而促进抗菌肽产生,限制共生菌穿越上皮屏障;②黏膜免疫系统产生高水平抗共生菌 IgA 抗体,可限制共生菌黏附及定居,并阻止其穿越上皮屏障;③共生菌可刺激肠上皮细胞与基质细胞组成性产生 TGF-β、TSLP 和 PGE2,维持局部 DC 处于不成熟状态,并诱生 Treg 细胞,继而限制共生菌穿越上皮屏障,并阻止共生菌特异性 Th1 和 Th17 效应细胞的致炎作用。

三、共生菌与疾病发生

共生菌可参与某些疾病发生,其机制为:

1. 机体对共生菌应答的调控机制异常 如前所述,体内存在共生菌特异性 T 细胞,但其应答受到严格调控。一旦调控机制出现异常(如 IL-10 和 TGF-β 缺陷),则共生菌可激发系统免疫应答,并介导黏膜部位强烈的炎症反应,微环境产生大量炎性细胞因子(如 IL-23、TNF-α、IL-12 等),从而引发肠道炎性疾病(如 Crohn's 病)。

2. 共生菌在体内发生异位 共生菌并非仅与宿主保持共存关系,也对宿主具有潜在致病性。黏膜屏障受损(如肠上皮完整性遭破坏)情况下(见于创伤、感染、内毒素性休克、重症肝炎等),大量正常无害的共生菌(如大肠杆菌)跨越上皮屏障而进入血流,可引起致命性全身感染,并激发系统免疫应答。

3. 共生菌的组成谱

(1)共生菌组成谱与糖尿病:高能量饮食可改变肠道共生菌组成,并导致糖尿病发生,其机制为:共生菌组成谱改变(拟杆菌减少;壁厚菌增加),可选择性增加双歧杆菌,使革兰阴性菌/阳性菌比例及循环 LPS 水平增高,诱导多种促炎细胞因子产生,引起糖耐量降低和胰岛素抵抗。反之,低能量饮食可恢复拟杆菌/壁厚菌比例,使肥胖鼠体重减轻。

(2)共生菌组成谱与自身免疫病:肠道共生菌组成谱与某些自身免疫病发生及病程相关,例如:将分节丝状菌定居于动物肠道,可致抗原特异性 Th17 细胞增加,生发中心 B 细胞增殖,产生大量自身抗体,加重自身免疫性关节炎;将双歧杆菌定居动物肠道,可导致 Treg 细胞增殖,抑制炎症应答,缓解 EAE。

(3)菌群失调(dysbiosis):正常栖息菌群间的平衡被打破可引起菌群失调,导致稳态下非致病菌大量侵入黏膜组织,或致病菌大量繁殖、入侵,通过激活黏膜免疫系统而产生较强炎症性应答,造成病理损伤。已发现菌群失调参与多种疾病(糖尿病、肥胖症、代谢综合征及自身免疫病等)发生,但其确切机制尚有待探讨。

(李卓娅)

第四篇　免疫病理

免疫系统具有重要生物学功能，其对机体的影响具有双重性：①正常情况下，免疫功能维持机体内环境稳定，具有保护性作用；②免疫功能异常，可能导致某些病理过程的发生和发展。

1. 免疫防御(immune defence)　即抗感染免疫，主要指机体针对外来抗原(如微生物及其毒素)的免疫保护作用。在异常情况下，此类功能也可能对机体产生不利影响，表现为：①若应答过强或持续时间过长，则在清除致病微生物的同时，也可能导致组织损伤和功能异常(如发生超敏反应)(见第十五章)；②若应答过低或缺如，可导致免疫缺陷病。(见第十七章)

2. 免疫自稳(immune homeostasis)　机体免疫系统存在极为复杂而有效的调节网络，借以实现免疫系统功能的相对稳定性。该机制若发生异常，可能使机体对"自己"或"非己"抗原的识别和应答出现紊乱，从而破坏自身耐受，导致自身免疫病发生。(见第十六章)

3. 免疫监视(immune surveillance)　由于各种体内外因素影响，正常个体的组织细胞不断发生畸变和突变。机体免疫系统可识别此类异常细胞并将其清除，此为免疫监视。若该功能发生异常，可能导致肿瘤发生或持续的病毒感染。(见第十九章)

本篇介绍超敏反应、自身免疫病、感染免疫、免疫缺陷、移植免疫、肿瘤免疫等免疫病理过程发生发展机制及相关临床疾病。

第十五章　超敏反应

超敏反应(hypersensitivity)指机体受某些抗原持续刺激时，所发生的以生理功能紊乱或组织细胞损伤为特征的病理性、适应性免疫应答。按照超敏反应发生机制及临床特点，可分为4型：①Ⅰ型，是机体针对某些无害环境抗原(如花粉、食物和药物等)所产生的免疫应答，由IgE介导效应细胞释放活性介质所引发；②Ⅱ型，是由针对细胞表面或基质抗原的IgG类抗体与靶细胞结合所引发；③Ⅲ型，是IgG类抗体与相应可溶性抗原结合成抗原抗体复合物，沉积于小血管壁而引发血管炎性反应；④Ⅳ型，由T细胞介导，包括由Th1细胞活化巨噬细胞所致炎症反应、由Th2细胞活化嗜酸粒细胞所致炎症反应、由活化的CTL直接杀伤靶细胞所致炎症反应。该领域研究进展主要集中于Ⅰ型超敏反应，也是本章介绍的重点。

第一节　Ⅰ型超敏反应

Ⅰ型超敏反应亦称变态反应(allergy)或速发型超敏反应(immediate hypersensitivity)，是临床最常见的超敏反应，其特点为：①由IgE介导，肥大细胞和嗜碱粒细胞等效应细胞通过释放生物活性介质而介导炎症反应；②快速发生和消退；③主要表现为生理功能紊乱，而无严重组织损伤；④有明显个体差异和遗传倾向。

一、发病机制

(一) 变应原

引起Ⅰ型超敏反应的抗原称变应原(allergen)，指能选择性激活$CD4^+$ Th2细胞和B细胞、诱导产生特异性IgE类抗体的物质。变应原来源广泛，如某些食物(如牛奶、鸡蛋、花生、豆子和海产品等)、屋尘(含人与动物皮屑、真菌孢子和螨虫)、植物花粉、真菌、羽毛、昆虫、寄生虫、药物及其他化学物质等。这些物质通过吸入、食入、注射或直接接触而使机体致敏。变应原的一般特点为：①极低剂量重复接触机体(如豚草属花粉1 μg/年)，不激活巨噬细胞和DC，可致Th2细胞偏移；②多为小分子可溶性糖蛋白(5～70kD)，化学性质稳定；③许多变应原本身具有酶活性，如室尘螨排泄物含半胱氨酸酶Derp1，可通过酶解黏膜上皮紧密连接而进入黏膜下。

不同变应原其分子结构、化学特征以及进入机体的量和途径各异。迄今对变应原的本质及其引发超敏反应的机制仍存在诸多疑问。例如：某些个体仅对猫的皮屑过敏，而对狗的皮屑不过敏；豚草属花粉较其他植物花粉更易使人致敏；某些变应原引起局部过敏症,而某些可引起全身过敏症;某些变应原引发风疹,而某些引发哮喘;等等。必须强调,多数个体接触变应原后可通过产生 IgM、IgG 或 IgA 类抗体而清除抗原,并不引起病理损伤和临床症状,甚至根本不产生抗体,仅少数过敏体质者接触变应原可产生 IgE 类抗体,引发 I 型超敏反应。因此,某种抗原是否属变应原,除与其本身性质、进入机体的量和途径有关,还与机体遗传背景和环境因素等有关(见后述)。

(二)抗变应原的抗体—IgE

1. IgE 的生物学特点 引起 I 型超敏反应的抗体主要是 IgE 类,亦称变应素(allergin),其半衰期短(平均 2.5 天)。正常人血清 IgE 含量极微,重症过敏症患者可增加 1000 倍,但仍较其他抗体浓度低。IgE 的重要生物学特点是具有同种组织细胞亲嗜性,即 IgE 与同种或亲缘关系相近的动物细胞具有亲和力,故被称为亲同种细胞性抗体。IgE 由鼻咽、扁桃体、支气管、胃肠黏膜等处固有层的浆细胞产生,这些部位也是过敏原入侵并引起过敏反应的好发部位。

2. IgE 产生机制 IgE 的产生涉及 Th2 细胞分化和 IgE 类别转换,在其中发挥关键作用的是转录因子 STAT6。

(1)Th2 细胞分化:变应原破坏黏膜屏障,上皮细胞分泌 IL-25、IL-33、胸腺基质淋巴细胞生成素(TSLP)等细胞因子诱导固有淋巴样细胞(如 ILC2)分泌 IL-5、IL-9、IL-13 等 Th2 型细胞因子,在此微环境下,DC 摄取、加工、处理抗原,并提呈给 Th0 细胞,使之分化为 Th2 细胞。其分子机制为:①IL-4 和 IL-13 可激活蛋白酪氨酸激酶 Jak1 和 Jak3,导致 T 细胞内 STAT6 磷酸化,后者可启动 GATA-3 表达,从而促进 Th2 细胞分化;②STAT6 与 GATA-3、c-maf、NF-AT 和 AP-1 联合作用,可诱导 Th2 细胞产生 IL-4、IL-5 和 IL-13。

(2)IgE 类别转换:BCR 识别变应原后,B 细胞内 STAT6 活化,继而促进 IgC ε外显子(为 IgE 合成所必需)胚系基因转录,同时活化的 Th2 细胞向 B 细胞提供共刺激信号(CD40L)和 IL-4,分别激活 NF-κB 和 STAT6,进一步加强 IgC ε外显子胚系基因转录,促进 IgE 类别转换。

3. IgE 产生的调控 I 型超敏反应中,多种因素可调控 IgE 产生。

(1)IgE 的正反馈效应:IgE 一旦产生,即与肥大细胞和嗜碱粒细胞表面 Fc εRI 结合,借助变应原而形成 Fc εRI-IgE 交联,使肥大细胞和嗜碱粒细胞激活并表达 CD40L 和分泌 IL-4,从而进一步促进 B 细胞的 IgE 类别转换(图 15-1)。基于此,IgE 正反馈环路可作为临床干预策略的靶点。

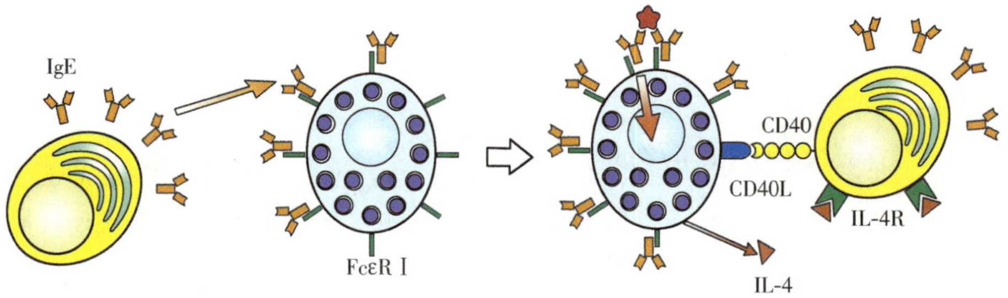

图 15-1 IgE 正反馈效应

浆细胞分泌 IgE→与肥大细胞表面 Fc εRI 结合→通过变应原而形成 Fc εRI-IgE 交联→肥大细胞激活→表达 CD40L 并分泌 IL-4→刺激 B 细胞产生 IgE

(2)IgE 产生的负调控:①Th1 细胞所产生 IFN-γ 和 IL-12 可直接抑制 B 细胞产生 IgE;②NK 细胞与 Mϕ分泌 IL-12 和 IL-18,可促进 Th1 细胞分化并分泌 IFN-γ,继而诱导 SOCS-1 表达,后者结合 Jak 蛋白并抑制 SATA6 活性;③转录抑制因子 Bcl-6 可与 SATA6 竞争性结合 Th2 相关基因启动子中的 SATA6 结合基序,从而抑制 IgE 产生;④IgE 合成还受其低亲和力受体 Fc εRII 调控(见后述)。

(三)IgE Fc 受体(Fc εR)

1. Fc εRI 为高亲和力受体,高表达于肥大细胞和嗜碱粒细胞表面,为由 α 链、β链和两条 γ 链组成的四聚体:①α 链属免疫球蛋白超家族,其胞外区含 2 个 Ig 样功能区,参与识别和结合 IgE Fc 段;②β链为四次跨膜结构,其 N 端和 C 端均位于胞内,且胞质内 C 端含 1 个 ITAM,后者可稳定 Fc εRI 复合物,并可增强信号转导;③两条相同 γ 链的胞外 N 端借二硫键连接成二聚体,胞质内 C 端各含 1 个 ITAM,在信号转导中起重要作用。(图 15-2A)

正常情况下,α 链糖基化程度较高,可阻止 Fc εR I 间自发性聚合。多价变应原与 2 个 Fc εRI-(抗变应原)IgE 分子交联,可使 α 链构象改变,β和 γ 链感知此改变后,通过一系列磷酸化和去磷酸化过程而启动细胞内信号转导,激发肥大细胞活化。

血清IgE水平可调节肥大细胞和嗜碱粒细胞表面Fc εRI表达。如IgE缺陷小鼠肥大细胞和嗜碱粒细胞表面Fc εRI表达水平较野生型小鼠降低80%。IgE调节Fc εRI表达的机制为:①IgE结合Fc εRI后,可阻止Fc εRI内化和裂解,维持细胞表面Fc εRI密度;②IgE与Fc εRI结合可促进Fc εRI合成,从而进一步加重变应原与IgE-Fc εRI复合物结合所引发的临床症状。

2. Fc εRII 为低亲和力受体,即CD23,属C型凝集素,主要表达于B细胞和其他APC表面。CD23包括两型:①膜结合型(mCD23),其经细胞膜表面解聚素和金属蛋白酶10(a disintegrin and metalloproteinase 10,ADAM10)酶解可裂解为大小不等的片段(图15-2B);②分泌型(sCD23),指由mCD23裂解的片段中,位于羧基端、能与IgE结合、较稳定的25kD片段,亦称IgE结合因子(IgE-BF)。迄今,CD23的生物学功能尚不太清楚,可能参与负调控Fc εRI功能和IgE合成。(图15-2C)

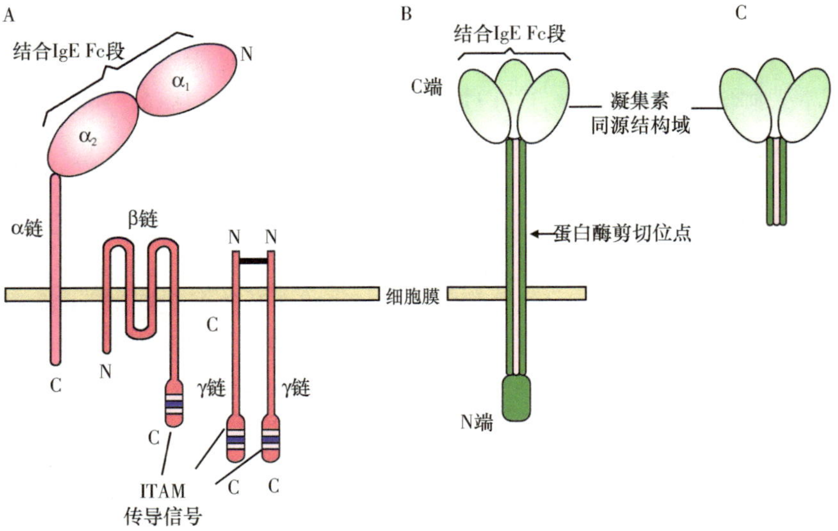

图15-2 Fc εR分子结构示意图

A. Fc εRI,由α、β和γ链构成;B. Fc εRII(mCD23);C. sCD23

(四)参与I型超敏反应的效应细胞

1. 肥大细胞 肥大细胞广泛分布于皮肤、黏膜下层结缔组织的微血管周围,以及内脏器官黏膜下。正常人每个肥大细胞表面表达3~20万个Fc εRI,IgE通过其Fc段与肥大细胞表面Fc εRI结合(交联),继而触发肥大细胞活化并脱颗粒。活化的肥大细胞发挥如下生物学效应:①脱颗粒,内含组胺、肝素、多种酶类及膜代谢增强产生的脂质介质(如前列腺素D_2、5-羟色胺、白三烯等),可作用于靶器官和组织而引起速发相反应;②分泌细胞因子(IL-4、IL-13、TNF-α)和趋化因子(CCL11、CCL24、CCL26等),从而上调血管内皮细胞VLA-4表达,募集嗜酸粒细胞和单核细胞,启动迟发相反应;③表达CD40L,通过与B细胞和DC表面CD40相互作用,可促进肥大细胞分泌IL-4及IL-13,从而诱导IgE类别转换并上调局部IgE合成,形成I型超敏反应的正反馈环。

根据肥大细胞分布、颗粒内容及生物活性,可将其分为两个亚类:①黏膜肥大细胞,在小鼠主要分布于胃肠道黏膜下和某些结缔组织,其胞内颗粒主要含硫酸软骨素、少量组胺,其发育有赖于T细胞分泌的IL-3;人黏膜肥大细胞主要分布于肠黏膜和肺泡组织,其颗粒含类胰蛋白酶,但缺乏其他中性蛋白酶,其存活依赖于T细胞;②结缔组织肥大细胞,在小鼠主要分布于肺和体腔浆膜,其颗粒含大量组胺和肝素,其存活较少依赖于T细胞;人结缔组织肥大细胞分布于皮肤和肠黏膜下,其颗粒含很多中性蛋白酶(如类胰蛋白酶、胃促胰酶、组织蛋白酶、羟肽酶等)。必须提及,上述肥大细胞亚群并不稳定,其分离和纯化有一定难度。

2. 嗜碱粒细胞 其主要存在于血循环中,可组成性表达Fc εRI,通过与IgE Fc段结合而致敏。嗜碱粒细胞功能为:①胞浆内含嗜碱性颗粒,细胞活化后可脱颗粒,释放组胺、白三烯(LTC4、LTD4、LTB4)、血小板激活因子(PAF)及各种酶类,从而介导血管反应并造成组织损伤;②分泌表达IL-4和IL-13,促进Th2细胞应答;③表达CD40L,参与I型超敏反应的正反馈环。

3. 嗜酸粒细胞 主要分布于呼吸道、消化道和泌尿生殖道黏膜组织,循环中嗜酸粒细胞数量甚微,且在静息状态下不表达 Fc εR Ⅰ,脱颗粒阈值很高。Ⅰ型超敏反应中,肥大细胞和 Th2 细胞分泌的 IL-5 促进骨髓中嗜酸粒细胞生成,并能激活其脱颗粒。Th2 细胞分泌的 IL-4 促进血管内皮细胞表达黏附分子(E-selectin 和 VCAM-1)及分泌 CCL11、CCL24 和 CCL26 等趋化因子,从而将嗜酸粒细胞募集至迟发相炎症反应部位。另外,补体 C5a、肥大细胞释放的 PAF、LTB4 等也可趋化嗜酸粒细胞。

嗜酸粒细胞主要通过释放大量致炎介质(如白三烯、血小板活化因子)并合成多种毒性物质(如主要碱性蛋白、阳离子蛋白、神经毒素、嗜酸粒细胞过氧化物酶等)而参与迟发相反应,也参与抵御寄生虫感染。

4. ILC2 ILC2 是新近发现的一类固有淋巴样细胞(见第六章),其膜表面表达 CD278(ICOS)、ST2(IL-33R)和 IL-17BR 等。上皮组织来源的 IL-25、IL-33、TSLP 和类花生酸等可刺激 ILC2 分泌大量效应分子[如双向调节素(amphiregulin, Areg)、IL-4、IL-5、IL-9 和 IL-13 等],发挥如下功能:①促进 Th2 细胞和固有免疫细胞(如 M2)分化;②促进嗜酸粒细胞、肥大细胞和嗜碱粒细胞活化和产生细胞因子;③表达 MHC Ⅱ类分子,具有抗原提呈功能;④表达 ICOS,通过与 B 细胞表面 ICOSL 结合,调节生发中心形成(图 15-3)。

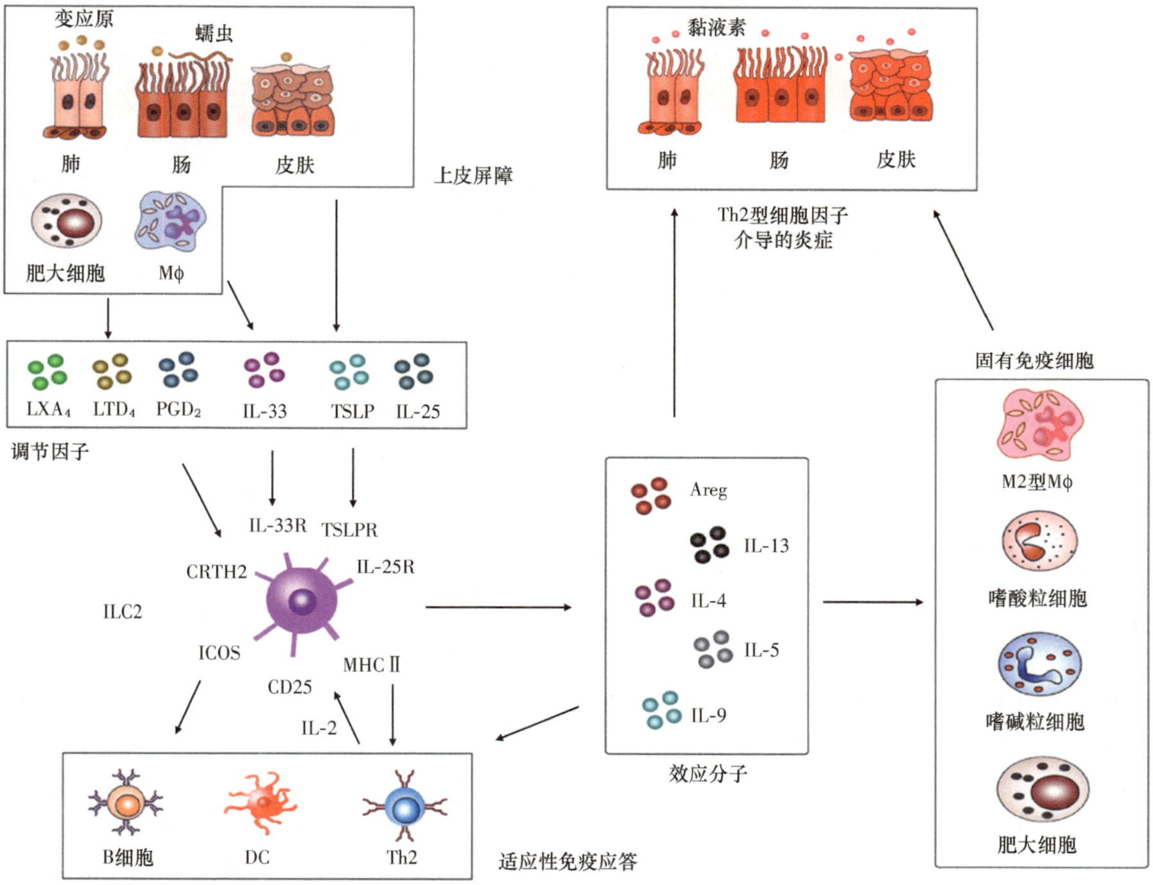

图 15-3 ILC2 在过敏性炎症中的作用

5. 其他炎症细胞 迟发相反应中,炎症灶局部浸润大量 Th2 细胞和嗜酸粒细胞,也可检出 Th1 细胞、Th17 细胞、Th9 细胞、中性粒细胞、单核/巨噬细胞等。上述细胞可释放各种炎性因子、活性介质和酶类,引发炎症反应和组织损伤。近期报道,气管平滑肌细胞、气管肌成纤维细胞(myofibroblast)等在变应原刺激下,也可分泌某些趋化因子或炎症介质,从而参与Ⅰ型超敏反应发生。(图 15-4)

(五)参与Ⅰ型超敏反应的介质

肥大细胞和嗜碱粒细胞产生的介质有两类,即在细胞颗粒内预先贮备的介质和受刺激后新合成的介质。

1. 颗粒内预先形成的贮备介质 此类介质通常以复合物形式存在于颗粒内,当颗粒排至胞外后,即可通过离子交换而被释放。

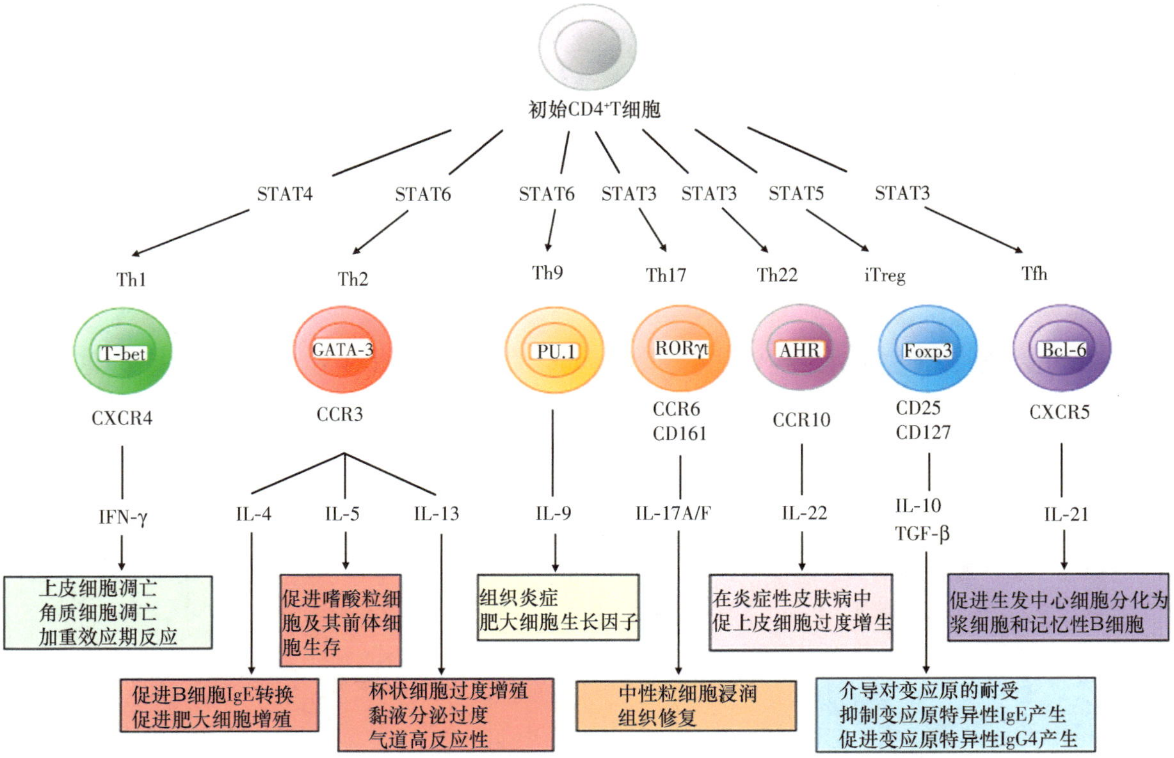

图 15-4 参与Ⅰ型超敏反应的细胞和介质

（1）组胺：通常与肝素、蛋白质结合而呈无活性状态，以呼吸道、消化道、皮肤组织含量较高。颗粒排出后，组胺在一定条件下可通过与颗粒外 Na+交换而被释放。

组胺的生物学活性为：①使小静脉、毛细血管扩张及通透性增高；②刺激支气管、子宫和膀胱等器官平滑肌收缩；③促进黏膜、腺体分泌。大量组胺释放可使全身组织和毛细血管扩张、通透性增高，导致有效血容量减少和血压下降，从而发生过敏性休克。组胺在体内作用时间十分短暂，释放后迅即被血浆中及嗜酸粒细胞所释出的组胺酶破坏。

（2）激肽释放酶：作用于血浆激肽原，使之生成有活性的激肽（如缓激肽），从而在急性炎症中起重要作用：①刺激平滑肌收缩，使支气管痉挛；②扩张血管，增强毛细血管通透性（作用强度超过组胺）；③趋化白细胞；④刺激痛觉神经纤维，引起疼痛。

（3）嗜酸粒细胞趋化因子（ECF-A）：其可趋化嗜酸粒细胞。

2. 细胞内新合成的介质 此类介质主要是细胞膜磷脂代谢产物。

（1）白三烯（leukotriene，LT）：是花生四烯酸经脂氧合酶途径产生的介质，包括 LTC4、LTD4、LTE4 等，能使支气管平滑肌强烈而持久地收缩，是引发支气管哮喘的主要活性介质。此外，白三烯还有增高毛细血管通透性和促进黏膜分泌等功能。

（2）前列腺素（prostaglandin，PG）：是花生四烯酸经环氧合酶途径代谢生成的介质，有 10 余种类型，其中与Ⅰ型超敏反应相关的主要为 PGD2、PGE1、PGE2 和 PGF2α。PGE2 能使支气管平滑肌扩张，而 PGF2α 则使支气管平滑肌收缩。此外，前列腺素还能调节某些介质释放，如高浓度 PGE 能抑制组胺释放，而低浓度则促进组胺释放。

（3）血小板活化因子（PAF）：是花生四烯酸衍生物，可凝聚和活化血小板，使之释放组胺、5-羟色胺等血管活性介质，引起毛细血管扩张和通透性增高。

3. 细胞因子 多种细胞因子（TNF、IL-1、IL-4、IL-5、IL-6、Il-9、IL-13、IL-17、IL-25、IL-33、TSLP 等）、集落刺激因子（IL-3 和 GM-CSF 等）、趋化因子（CCL2、CCL4、CCL11、CCL24 和 CCL26 等）均参与Ⅰ型超敏反应，且肥大细胞颗粒中预先储备有 TNF。上述因子可直接参与炎症反应，并可募集中性粒细胞、嗜酸粒细胞、巨噬细胞等至炎症局部，参与迟发相反应。

不同 T 细胞亚群所分泌细胞因子谱各异，分别参与Ⅰ型超敏反应：①Th1 细胞分泌 IFN-γ，可拮抗 Th2 细胞产生 IL-4，并诱导上皮细胞和角质细胞凋亡，加速效应期损伤作用；②Th2 型细胞因子中，IL-4、IL-13 可促进 B 细胞合成 IgE；IL-4、IL-9 可募集肥大细胞；IL-4、IL-5 和 GM-CSF 可促进嗜酸粒细胞和嗜碱粒细胞成熟；③Th9 细胞分泌 IL-9，可刺激肥大细胞增生和活化；④Th17 细胞分泌 IL-17A、IL-17F 和 IL-8，可募集中性粒细胞，加重迟发相炎症反应；⑤Th22 细胞分泌 IL-22，促进上皮细胞增殖；⑥Tfh 细胞分泌 IL-21，促进生发中心 B 细胞分化为浆母细胞和记忆性 B 细胞；⑦Treg 细胞分泌 IL-10 和 TGF-β，抑制变应原特异性 IgE 产生，促进变应原特异性 IgG4 产生，介导针对变应原的免疫耐受。（图 15-4）

（六）Ⅰ型超敏反应发生过程

1. 致敏阶段　致敏阶段指如下过程：变应原诱发机体产生 IgE，后者以其 Fc 段与靶细胞（肥大细胞、嗜碱粒细胞）表面 Fc εRI 结合，机体呈致敏状态。

2. 发敏阶段　根据Ⅰ型超敏反应发生的迅速程度，可将其分为两个时相：

（1）速发相反应：于再次接触变应原后十余分钟内发作，能迅速消退。致敏的肥大细胞表面 2 个以上 IgE 分子结合同一双价或多价变应原分子后，Fc εRI 发生构象改变而聚集（即桥联反应），进而激活与 Fc εRI β链结合的 Lyn，导致β和 γ 链的 ITAM 磷酸化，继而活化 SyK，其后的信号转导途径与 B 细胞活化过程类似（见第九章）。上述信号转导通路所介导的共同效应是：①促进肥大细胞内储存的颗粒物质释放；②启动Ⅰ型超敏反应相关的细胞因子、趋化因子、黏附分子等合成和分泌。（图 15-5）

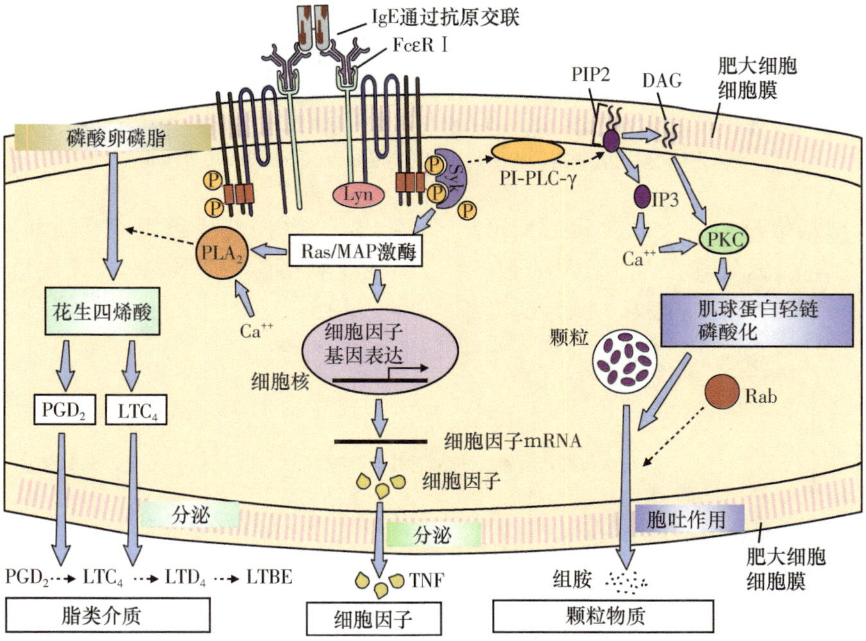

图 15-5　Fc εRI 桥联反应及相关信号转导

另外，Fc εRI β链在 Fc εRI 信号转导中发挥如下效应：①稳定受体复合物；②显著增加肥大细胞膜表面 Fc εRI 数量；③负性调控 Fc εRI 信号。

桥联反应是触发效应细胞脱颗粒的经典模式，但并非必要条件。多种刺激信号（如抗 Fc εR 抗体、抗 IgE 同种型抗体、抗 IgE 独特型抗体、IgE 双聚体或植物凝集素等）均可直接作用于 Fc εR 而介导活性介质释放。体内亦存在 IgE-Fc εR 非依赖性方式介导效应细胞释放活性介质，如 C3a、C5a、吗啡、万古霉素和肾脏造影剂等与相应受体结合所介导的效应，称为过敏样反应。（图 15-6）

细胞脱颗粒后释放血管活性物质及某些酶类，可引起平滑肌收缩、黏液分泌、血压降低及组织损伤等。该反应在接触过敏原后数分钟内即可发生，持续 30～60 分钟。

（2）迟发相反应（late phase reaction）：指经典的速发型超敏反应（如风团反应）后所出现的更长的反应过程，其在刺激后 2～4 小时内发生，持续 1～2 天或更长。该反应实质上是由 Th2 细胞介导的嗜酸粒细胞浸润为主的慢性变态反应性炎症（chronic allergic inflammation），其在 24 小时达高峰，随后逐渐消退。

迟发相反应也可发生于注射 IgE、抗 IgE 抗体或肥大细胞活化剂后。肥大细胞所分泌细胞因子（尤其是 TNF）可上调内皮细胞表达白细胞黏附分子（如 E 选择素、ICAM-1）及分泌白细胞趋化因子，从而募集 Th2 细胞、嗜酸粒细胞和中性粒细胞。活化的 Th2 细胞所分泌 IL-4、IL-5 等可增强上述效应。例如：慢性支气管哮喘中，Th2 细胞所分泌细胞因子和嗜酸粒细胞所分泌效应分子可导致支气管持续水肿、气道狭窄、支气管平滑肌肥厚及增生等。

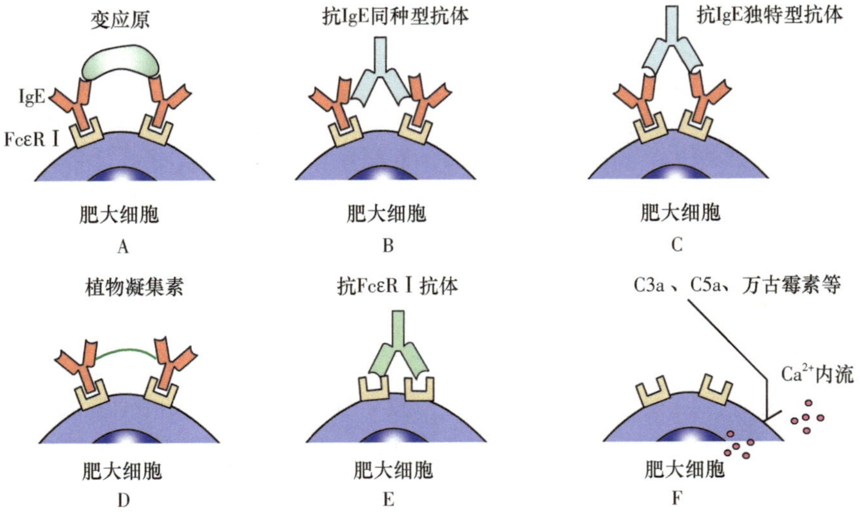

图 15-6 不同机制所致效应细胞脱颗粒

(A)依赖变应原、IgE、Fc εRI 的经典桥联反应;(B、C、D)抗体或植物凝集素、IgE、Fc εRI 共同参与的脱颗粒反应;(E)不依赖 IgE,单独使用抗 Fc εRI 抗体即可诱导肥大细胞脱颗粒;(F)C3a、C5a、万古霉素直接刺激肥大细胞钙离子内流及脱颗粒(无需 IgE、Fc εR 参与)

综上所述,Ⅰ型超敏反应的发敏阶段后期可出现多种炎症细胞参与的迟发相反应,肥大细胞、嗜碱粒细胞(以及中性粒细胞、嗜酸粒细胞、巨噬细胞、血小板等)可受致敏原刺激而发生脱颗粒反应,分泌生物活性物质及酶类,导致组织损伤及疾病发生(图 15-7)。

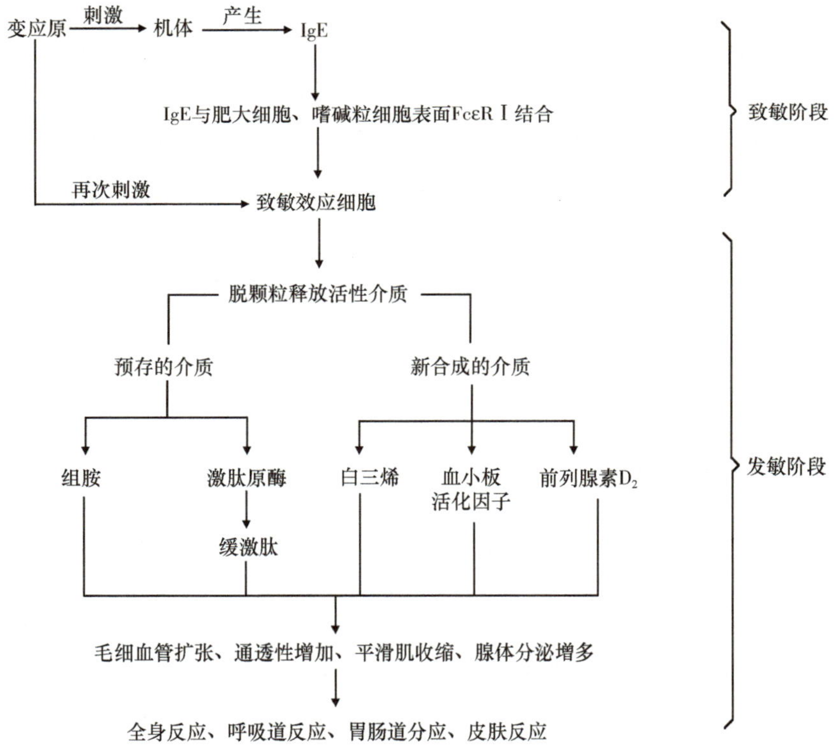

图 15-7 Ⅰ型超敏反应发生机制

二、临床常见Ⅰ型超敏反应性疾病

自然状态下,IgE 所介导变态反应的临床症状受多因素影响,例如:变应原特异性 IgE 产生水平;变应原剂量及进入机体途经;受累组织或器官屏障是否存在缺陷;等等。另外,变态反应可表现为全身性超敏反应及局部超敏反应。

(一) 全身性过敏性反应

变应原直接进入已致敏者血液(如蜂毒),可导致遍布全身、沿血管分部的结缔组织肥大细胞迅速活化并释放活性介质,从而引起全身性过敏反应(anaphylaxis),轻者出现荨麻疹,重者可致过敏性休克。

1. 急性荨麻疹 变应原经血液到达皮肤,引起全身皮肤出现较大的红、肿、痒的风团。急性荨麻疹通常为IgE介导的抗变应原反应,慢性荨麻疹病因尚不清楚。约1/3～1/2慢性荨麻疹是由抗Fc εRI的α链抗体和抗IgE抗体引发,这些自身抗体刺激肥大细胞脱颗粒导致荨麻疹。

2. 过敏性休克 属最严重的Ⅰ型超敏反应性疾病。致敏患者通常在接触过敏原后数分钟即出现症状,若抢救不及时可致死亡。药物过敏性休克以青霉素引发者最为常见。青霉素分子量较小,通常无免疫原性,但其降解产物青霉噻唑醛酸或青霉烯酸与组织蛋白结合则具有免疫原性,可刺激机体产生特异性IgE抗体,使机体致敏,再次接触青霉素即可能发生过敏性休克。少数初次注射青霉素者也可发生过敏性休克,其原因可能是:①曾使用过青霉素污染的注射器或其他器材;②从空气吸入青霉素降解产物或青霉菌孢子等。另外,蜂毒和某些食物(如花生)也可引发过敏性休克,该反应由IgE介导。

(二) 鼻炎和过敏性哮喘

此类变态反应是由呼吸道进入机体的变应原所引发。

1. 过敏性鼻炎 亦称枯草热(hay fever),很多过敏体质者对吸入性变应原所引发、IgE介导的变态反应表现为过敏性鼻炎。机制为:变应原(如花粉)等所释放的可溶性蛋白弥散至鼻腔黏膜下,激活黏膜肥大细胞,使之释放组胺等介质,引起鼻腔痒、打喷嚏、流鼻涕、鼻塞。类似反应若出现于眼结膜,即为变态反应性结膜炎。变态反应性鼻炎和眼结膜炎多由环境抗原(如花粉等)所引发,与季节有关,由动物皮毛、室内尘螨等引发则无季节性。

2. 过敏性哮喘(allergic asthma) 过敏性哮喘是由IgE介导的、更为严重的呼吸道变态反应。在变应原诱导下,呼吸道黏膜下肥大细胞活化,可在数秒钟内引起支气管收缩、血管通透性增加、黏液分泌增多、呼吸困难,严重时危及生命。同一种变应原既可引起过敏性鼻炎和眼结膜炎,也可引起哮喘。

过敏性哮喘初始阶段是典型的速发型超敏反应,但随后的慢性炎症似乎与变应原存在与否无关。目前认为,Th2细胞介导的慢性炎症反应是过敏性哮喘持续发作的重要病理特征(见迟发型超敏反应)。另外,临床上约30%的哮喘是由非变应原因素(如药物、寒冷、甚至运动)所引发。这些非特应症哮喘患者的气道病理改变与上述过敏性哮喘相似,提示可能是通过某些替代途径(如神经递质等)激活肥大细胞脱颗粒。

3. 过敏性湿疹(allergic eczema)

(1) 变态反应性湿疹:发生于儿童期早期的慢性湿疹,通常由食物变应原(如牛奶)引发,属IgE介导的变态反应,亦称过敏性皮炎。其慢性炎症病理改变(如组织损伤与修复、纤维化等)类似于哮喘患者支气管壁。其机制为:皮肤组织浸润Th2细胞,高水平分泌的IL-4、IL-13可抑制角质细胞产生抗菌肽(cathelicidin),从而增强皮肤对变应原的敏感性及微生物的易感性。临床发现,给此类湿疹患儿注射牛痘病毒疫苗,可引发播散性牛痘感染。由此,湿疹增加皮肤对微生物的易感性,感染继而触发变态反应,形成恶性循环。

参与变态反应性湿疹发生的其他免疫学机制为:①微生物组分(PAMP)通过上皮细胞表面PRR(如TLR等)使之激活,从而加重湿疹;②T细胞产生的IFN-γ和TNF-α可诱导角质细胞凋亡。

(2) 非变态反应性湿疹:约1/3湿疹可由非变应原(如化学刺激等)引发,患者血液IgE未见升高,皮损部位可见Th1细胞浸润,属Ⅳ型超敏反应。

4. 食物过敏反应(food allergy) 食物变应原可引发全身性变态反应和胃肠道反应,包括两型:①特异质体质(idiosyncrasies),患者对特殊食物产生异常反应,其表现类似过敏反应,但确切病因尚不清楚;②食物耐受不良(food intolerance),主要因缺少某种代谢食物的酶所致(非免疫应答),如缺乏分解乳糖的酶,导致对牛奶不耐受。

变应原食物的重要特征是可抵抗胃蛋白酶消化,从而以完整变应原形式进入小肠。溃疡、胃酸反流患者服用抗酸剂可能影响潜在变应原消化,导致食物过敏发生。IgE介导的食物过敏表现各异:黏膜肥大细胞活化可致腹泻、呕吐等胃肠道局部症状;变应原进入血液可致荨麻疹或过敏性休克。

三、决定Ⅰ型超敏反应易感性的因素

不同个体对变应原的易感性不同,提示Ⅰ型超敏反应有个体差异。易患Ⅰ型超敏反应的倾向称特应性(atopy),其与遗传及环境因素相关。

(一) 遗传因素与过敏性疾病

过敏症是一种有家族背景、受多基因影响的疾病。尤其是IgE应答与遗传密切相关。临床资料证实，过敏症患者体内IgE水平较高、嗜酸粒细胞数量较多，易患枯草热和哮喘。目前已发现多个与过敏症发病相关的候选易感基因。

1. 位于染色体11q12-13的易感基因 高亲和力的Fc εRI β链基因内含子5、外显子6和7多态性可影响IgE应答，从而与某些人群气道高反应性相关。

2. 位于染色体5q31-33的易感基因

(1) Th2型细胞因子基因：为紧密连锁的基因群，编码产物为IL-3、IL-4、IL-5、IL-9、IL-13和GM-CSF等，可促进IgE类型转换、嗜酸粒细胞存活和肥大细胞增殖。此区域基因多态性与机体IL-4表达水平和Th2细胞数量相关。另外，IL-4基因启动子遗传变异与过敏症患者IgE水平升高相关；IL-4Rα亚单位突变可增强下游信号转导，也与遗传性过敏症相关。

(2) TIM (T cell, immunloglobulin domain and mucin domain)基因家族：其编码T细胞表面蛋白。小鼠Tim-3选择性表达于Th1细胞表面，可负调节Th1应答；Tim-2优先表达于Th2细胞表面，可负调节Th2应答。携带不同TIM基因变异体的小鼠品系对气道高反应性和T细胞分泌IL-4和IL-13水平的敏感性各异。人类TIM基因遗传变异与气道高反应性相关。

(3) p40基因：p40为IL-12的亚单位，p40基因变异导致IL-12产生减少，加重哮喘症状。

(4) β-肾上腺素受体基因：该基因变异可能影响气管平滑肌对β-肾上腺素的反应性，从而参与超敏反应发生。

3. HLA Ⅱ类基因 此类基因决定机体对特异性变应原的应答。例如：HLA-DR4和HLA-DR7阳性者易感遗传性过敏症；HLA-DRB1 * 1501阳性者易对豚草属花粉过敏；某些特定抗原肽-HLA复合物倾向于促进Th2细胞应答，并对某些变应原产生过敏反应。

一般认为，遗传背景可影响机体IgE产生、炎症反应及临床干预的疗效，从而决定Ⅰ型超敏反应(如哮喘)发生和发展。例如：ADAM33金属蛋白酶(由支气管平滑肌细胞和肺纤维原细胞产生)基因多态性与哮喘和气道高反应性有关；某些基因变异通过影响肺部炎症反应、气管病理学改变而增强机体对哮喘易感性。

必须强调，确定过敏症易感基因十分困难，且携带过敏症易感基因也并非必然与疾病表型相关。其原因为：①在不同群体，遗传性过敏症及个体的疾病易感性可能由不同基因所决定，导致遗传背景的群体分析和流行病学调查结果各异；②某些过敏症易感基因呈母方遗传模式，即特定等位基因来源于母方易表达，来源于父方则不表达。与哮喘发生相关的基因见表15-1。

表15-1　哮喘易感性相关基因

基因	基因产物在变态反应中的作用机制
IL-4、IL-5、IL-13基因族，CD14，β2肾上腺受体	IL-4和IL-13促IgE类别转换，IL-5促嗜酸粒细胞生成和活化；CD14是LPS受体，与TLR4相互作用调控Th1和Th2细胞应答；β2肾上腺受体调节支气管平滑肌收缩
MHC Ⅱ类基因	某些等位基因调节T细胞对变应原的应答
Fc εRI β链基因	介导肥大细胞活化
SCF，IFN-γ，STAT6	SCF调节肥大细胞生长和分化；IFN-γ与IL-4作用相反；STAT6介导IL-4信号转导
IL-4Rα	IL-4和IL-13受体的共同亚单位
ADAM33	影响气管修复的金属蛋白酶
DPP10	调节细胞因子和趋化因子活性的肽酶
PHF11	参与B细胞克隆增殖和Ig表达的转录调节子
IL-1R like 1	调节IL-1对T细胞效应的膜受体
磷酸二酯酶4D	降解cAMP和调节气道平滑肌收缩

(二) 环境因素与过敏性疾病

已获共识，Ⅰ型超敏反应是遗传因素和环境因素联合作用的结果。

1. 卫生假说 早已观察到，发达国家过敏性疾病发病率高达20%～37%，而发展中国家仅2%～10%，由此提示环境卫生和个人卫生水平似乎与过敏性疾病发生呈负相关，并据此提出“卫生假说”(hygiene hypothesis)。

支持该学说的相关依据为：①在发达国家或不发达国家，凡儿童期曾遭病原体感染者，其对过敏性疾病有相对强的抗性，如甲型肝炎病毒感染能保护机体不患皮肤过敏性疾病和哮喘；②甲型肝炎曾在北美和欧洲人群中广泛流行，在卫生条件改善后其发病率显著下降，而过敏性疾病发病率却显著增高；③早期感染麻疹病毒似乎能减少患过敏性疾病的机会；④处于生长期的儿童接触易遭感染的环境,可减少其患过敏性疾病的概率;⑤早期接受过大量广谱抗生素和(或)疫苗的儿童,其患过敏性疾病的危险性明显增加;⑥前东德与西德合并后,随生活水平(包括卫生水平)提高,当地人群过敏性疾病发病率显著增高。

卫生假说的机制尚未被完全阐明,已提出如下观点。

(1) Th1 细胞和 Th2 细胞失衡:胎盘构成独特的微环境,局部组织细胞主要分泌 Th2 型细胞因子,以有利于维持母胎耐受,故新生儿脐带血和婴儿期外周血中 Th2 细胞占优势。若儿童期个体经常暴露于病原体的环境中,可逐渐强化 Th1 细胞应答,最终形成有助于维持免疫自稳的 Th1/Th2 细胞平衡状态。但在缺乏病原体感染的环境中(或由于使用抗生素或疫苗),幼童体内难以启动针对胞内病原体感染的 Th1 细胞应答,从而持续存在 Th2 细胞偏移,并易患过敏性疾病。相关的实验和临床依据为:①麻疹病毒感染、结核菌素皮肤试验等可介导 Th1 细胞应答,故对过敏症有保护作用;②甲型肝炎病毒以 Tim1(表达于 Th1 细胞表面)作为受体,可诱导 Th1 细胞分化,从而限制 Th2 细胞应答;③儿童早期感染 RSV 者,通常激发 Th2 细胞应答,日后更易患哮喘。

必须强调,单一 Th1/Th2 失衡并不能圆满解释卫生学说。例如:①个体感染蠕虫,虽能强烈诱导 Th2 应答,并诱生 IgE 和嗜酸粒细胞,但并不必然发生过敏性疾病;②对曾感染蠕虫的儿童长期给予抗蠕虫治疗,能使其过敏症发病率显著提高;③在发达国家 Th2 相关的 I 型超敏反应发病率升高并未伴随着 Th1 相关的自身免疫病发病率降低,反而升高。

近期对卫生假说提出某些新观点:①各种感染均可诱生 IL-10 和 TGF-β等抑制性细胞因子,诱导 Treg 细胞分化,从而下调 Th1 和 Th2 应答,保护机体抵抗过敏症,而在卫生的环境中,儿童很少感染,导致抑制性细胞因子减少;②多种微生物产物如 LPS(TLR-4 的配体)、CpG DNA(TLR-9 的配体)或致炎细胞因子 IFN-γ 等,可刺激 DC 产生 IDO,从而抑制 Th2 细胞所致炎症反应,并促进 Treg 细胞分化。

(2) 体内寄生菌的作用:如上所述,外环境微生物感染通过调控免疫应答类型而影响超敏反应发生。另一方面,体内定居寄生菌种类及数量也与超敏反应发生相关。

1) 呼吸道寄生菌群的作用:传统上认为气道(主要是各级支气管)呈无菌状态,实际上,哮喘患者和健康人群气道均寄生多种微生物,但两者细菌谱存在差异。实验研究表明:动物实验中,呼吸道持续存在特定种类微生物及其产物,可通过诱生 Treg 细胞而预防超敏反应性疾病发生;孕鼠长期吸入革兰阴性非致病菌,可通过激活 TLR 途径而抑制胎鼠 Th2 细胞介导的超敏反应性气道炎症。

2) 肠道寄生菌的作用:肠道内栖息大量寄生菌,在食物消化、脂肪代谢、维持上皮稳定和肠神经功能、机体发育和免疫调节中发挥重要作用。另一方面,肠道寄生菌也与超敏反应(如哮喘)发生相关,机制为:某些类别寄生菌可调节 Th1/Th2 间、Th17/Treg 间平衡及促进 Th17 细胞分化;肠道寄生菌可调控 B 细胞应答,包括促进分泌型 IgA 分泌和抗体类别转换,增强黏膜免疫,促进肠道上皮细胞产生 TSLP 和 IL-10 等细胞因子。

临床资料也发现:婴儿口服广谱抗生素可升高特应症发病率;特应症患者肠道寄生菌群改变,参与超敏反应性炎症发生。

2. 环境污染 空气污染可增加过敏体质者对变应原的敏感性。近期研究发现:柴油尾气臭氧(ozone)成分联合变应原可使有过敏倾向者 IgE 水平提高 20 ~ 50 倍,相关的易感基因是谷胱甘肽-S-转化酶 GSTP1 和 GSTM1。例如,携带上述基因的豚草花粉过敏者,其对豚草花粉和柴油尾气颗粒联合刺激所致气道高反应性显著增高。

四、I 型超敏反应的免疫学防治原则

I 型超敏反应的防治涉及过敏原和机体免疫状态两个方面:①尽可能确定过敏原,使过敏者避免与之接触;②针对 I 型超敏反应发生、发展过程,通过切断或干扰其中某些环节而达到防治目的。目前临床通常采用如下防治策略:

(一) 检出过敏原并避免与之接触

临床检测过敏原最常用方法是直接皮肤试验,也可用放射变应原吸附试验(RAST)检测患者血清特异性 IgE。食品和药物等过敏原较易确定,也容易避免再次接触。花粉、尘螨等过敏原虽能被检出,但难以避免再次接触,可通过脱敏疗法进行防治。

(二) 变应原特异性治疗

1. 异种免疫血清脱敏(desensitization)治疗 对抗毒素皮肤试验阳性者,可通过小剂量多次注射进行脱敏治疗。其机制可能是:小量过敏原进入体内与致敏靶细胞表面 IgE 结合后,所释放的生物活性介质较少,不足以引起明显临床症状,并能及时被体内某些物质所灭活。通过短时间内少量多次反复注射,可使靶细胞内活性介质大部分(甚至全部)被消耗。若再

次注入大剂量过敏原，则不会发生超敏反应，从而达到暂时脱敏的目的。

2. 特异性脱敏治疗 亦称变应原特异性免疫治疗(allergen-specific immunotherapy, ASIT)，原理为：对已检出而难以避免接触的过敏原，可少量、多次皮下注射变应原抽提物或重组变应原，通过主动诱导机体免疫耐受或对免疫应答进行负调节，达到减敏目的。世界卫生组织于1998年认可该治疗是可能影响过敏反应疾病自然进程的唯一疗法，可用于临床防治。目前已研制成功花粉、尘螨、豚草、蛰虫毒液等特异性变应原，在变应性鼻炎、昆虫叮咬、哮喘等超敏反应性疾病中取得较好疗效。

ASIT发挥疗效的机制可能为：

(1) 促进IgG4的同种型转换并降低IgE/IgG4比例：IgG4不能激活补体，可低亲和力结合FcγRⅡ和FcγRⅢ，但不形成免疫复合物，而高水平IgG4可介导免疫耐受。ASIT早期，通过促进免疫细胞产生IL-4和IL-13，可诱导IgG4类型转换从而降低IgE水平，且IgG4可与IgE竞争性结合变应原，从而负调节IgE依赖性超敏反应。此外，IgG4通过与FcγRⅡa和FcγRⅡb结合，可抑制嗜碱粒细胞活化，并减少产生特异性IgE的记忆性B细胞数目。

(2) 诱生Treg细胞：ASIT可诱导变应原特异性Treg细胞分化，后者通过产生IL-10等抑制性细胞因子而抑制超敏反应性炎症。

(3) 负调节免疫细胞趋化和功能：①ASIT提高肥大细胞和嗜碱粒细胞活化的阈值，从而抑制IgE介导的脱颗粒及组胺释放；②ASIT诱生Treg细胞，后者表面OX40与肥大细胞表面OX40L相互作用，可直接抑制Fc εRⅠ依赖的肥大细胞脱颗粒；③ASIT抑制变应原激活的嗜酸粒细胞和$CD4^+$T细胞浸润靶组织，并降低循环嗜碱粒细胞活性和数目；④ASIT耗竭肥大细胞和嗜碱粒细胞内炎症介质。

由于ASIT可能引发严重副作用，使其临床应用受到一定限制。为增强疗效并减少变态反应，近年取得如下进展：①研制新型变应原，如T细胞反应肽、低变应原性重组变应原、化学修饰的变应原等，并联合用单磷酰基脂质A等免疫调节剂或纳米化变应原以替代传统的免疫佐剂，已获较好疗效；②采用口服变应原诱导耐受，该免疫途径所用变应原的量较大，但副作用小，适用于儿童。

3. 佐剂和疫苗治疗 细菌等原核生物DNA含胞嘧啶磷酸化鸟嘌呤(CpG)基序(由胞嘧啶和磷酸化鸟嘌呤组成)，可刺激机体产生较强Th1细胞应答。应用数个CpG序列充当佐剂与变应原共同免疫机体，可改变免疫应答格局，使Th2型应答转向Th1型应答，从而抑制由IgE介导的Ⅰ型超敏反应。亦可借助此原理设计DNA疫苗，在其中加入CpG基序，用于免疫机体，可成功诱导Th1型应答，并可控制已存在的IgE抗体应答。

(三) 变应原非特异性治疗

1. 人源化抗IgE单抗 针对IgE分子的FcεRⅠ结合部位构建人源化单抗，使之与细胞表面FcεRⅠ竞争性结合循环中IgE，可降低肥大细胞或嗜碱粒细胞对IgE的敏感性，并能下调B细胞合成IgE，防止变态反应发生。

2. IgE Fc段 构建IgE Fc段，使其保留与肥大细胞或嗜碱粒细胞表面FcεRⅠ结合的特性，但由于缺乏与变应原结合的Fab段，故不能引发桥联反应，使脱颗粒和活性介质释放受阻，从而避免Ⅰ型超敏反应。

3. 细胞因子或其拮抗剂 ①IFN-γ：可抑制Th2细胞分泌IL-4，下调IgE合成；促进Ig类型转换，通过合成IgG2a而间接抑制IgE产生；②IL-4拮抗剂(IL-4突变体、抗IL-4抗体和重组可溶性IL-4受体等)：可阻断IL-4的生物学活性，减少IgE产生；③CCR3拮抗剂：通过阻断嗜酸粒细胞表面CCR3与相应趋化因子结合，抑制嗜酸粒细胞趋化至炎症局部；④抗IL-5抗体：可阻断炎症细胞向局部募集，并抑制骨髓产生嗜酸粒细胞。另外，抗IL-9、IL-13、IL-17、IL-25和IL-33的单克隆抗体也已进入临床前期实验。

(四) 药物治疗

1. 阻止生物活性介质释放 ①色甘酸二钠、肾上腺糖皮质激素可稳定肥大细胞胞膜，阻止肥大细胞脱颗粒和释放生物活性介质；②儿茶酚胺类药物和前列腺素、甲基黄嘌呤、氨茶碱等，可通过不同环节提高胞内cAMP浓度，从而抑制组胺等活性介质释放。

2. 生物活性介质拮抗药 ①竞争靶细胞受体的药物，如抗组胺药可通过与组胺竞争效应器官细胞表面组胺受体而发挥抗组胺作用；②生物活性介质拮抗药，如乙酰水杨酸为缓激肽拮抗药，苯噻啶可拮抗组胺和5-羟色胺，多根皮苷酊磷酸盐可拮抗白三烯。

3. 改变效应器官反应性 肾上腺素、麻黄素等可解除支气管平滑肌痉挛，并能减少腺体分泌；葡萄糖酸钙、氯化钙、维生素C等可解痉，还能降低毛细血管通透性并减轻皮肤与黏膜炎症反应。

(五) 基于肠道寄生菌的干预策略

鉴于肠道寄生菌与超敏反应发生密切相关，为探索特应性疾病的防治策略提供了重要线索。例如：

①母乳是决定婴儿肠道正常菌群形成的关键因素,双歧杆菌是母乳喂养婴儿肠道的优势菌种,大肠杆菌、拟杆菌属、梭菌较少,而人工喂养的婴儿其肠道菌谱发生改变,故临床上应提倡母乳喂养;②剖宫产婴儿肠道细菌定植延迟,且菌群组成改变(少量双歧杆菌、大量艰难梭菌),从而影响免疫系统发育,并参与特应性疾病发生,故给予某些益生菌(如乳酸杆菌、双歧杆菌),或对益生菌进行修饰(如使其携带药物、抗微生物因子、疫苗及其他活性分子),可有效防治肠道炎症和特应性疾病。

第二节 Ⅱ型超敏反应

Ⅱ型超敏反应亦称细胞溶解型(cytolytic type)或细胞毒型(cytotoxic type)超敏反应。其发生机制是:细胞表面抗原与相应抗体结合,激活补体导致细胞溶解;细胞-抗体复合物也可被巨噬细胞吞噬或被 FcR^+ NK 细胞杀伤。

一、发病机制

(一)致病的抗原与抗体

1. 抗原 根据其来源不同,诱发Ⅱ型超敏反应的抗原可分为两类。

(1)组织细胞表面固有的抗原成分

1)同种抗原:①ABO 血型抗原,是引起血型不相符输血反应的关键成分;②Rh 抗原,在 Rh 阴性妇女再次妊娠时可引起 Rh 阳性胎儿的溶血反应。

2)自身细胞成分:各种理化因素(如辐射、热、化学制剂等)可能引起细胞抗原物质变性,从而被免疫系统识别为“非己”,导致产生自身抗体,引起Ⅱ型超敏反应。例如,某些药物可造成红细胞抗原变性,导致机体产生抗变构红细胞抗体,在补体参与下使红细胞溶解,引起溶血性贫血。

(2)吸附于组织细胞表面的外来抗原或半抗原:某些化学制剂与体内细胞(或血细胞碎片)、变性 DNA 等可分别作为半抗原或载体,构成完全抗原而刺激机体产生抗体,诱发Ⅱ型超敏反应。

2. 抗体 参与Ⅱ型超敏反应的抗体主要是 IgG(IgG1、IgG2 或 IgG3)和 IgM,少数为 IgA。抗体的来源包括被动转移性抗体(如误输入血型不符的血液,其中含高效价天然抗体)、自身抗体等,它们均能与靶细胞膜表面抗原或半抗原特异性结合。

(二)组织损伤机制(图 15-8)

抗体与细胞膜表面相应抗原结合,可通过下列途径杀伤靶细胞:①激活补体经典途径,使细胞(多为血细胞)发生不可逆性破坏或溶解;②介导 FcR^+ 杀伤细胞(如 NK 细胞、巨噬细胞及中性粒细胞)通过 ADCC 作用而杀伤靶细胞;③对 FcR^+ 吞噬细胞发挥调理作用。

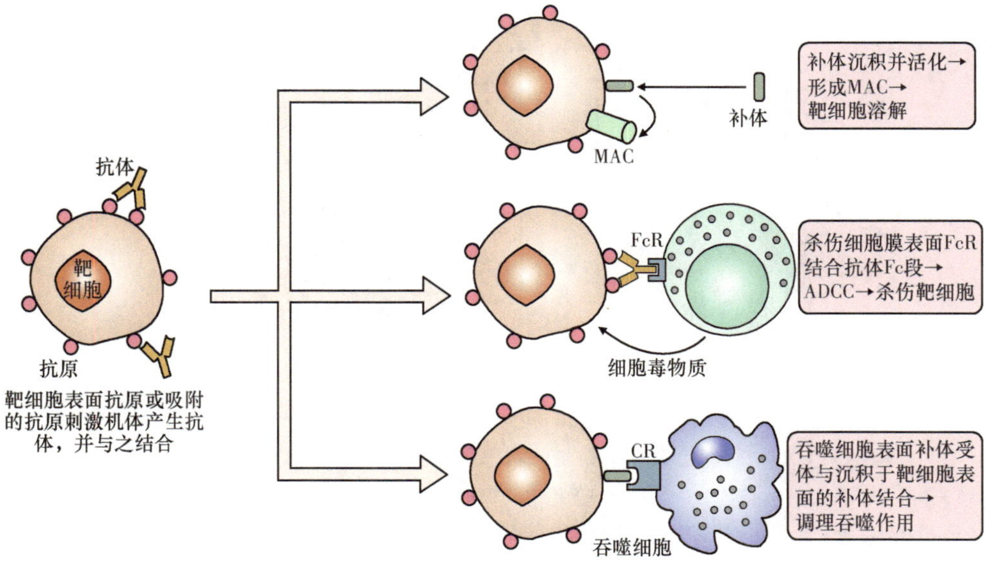

图 15-8 Ⅱ型超敏反应组织损伤机制

二、常见Ⅱ型超敏反应性疾病

根据抗原性质、参与反应的成分和诱发超敏反应机制的不同,可将常见Ⅱ型超敏反应性疾病分为下列几类。

(一)同种异型抗原所致Ⅱ型超敏反应

1. 输血反应 多发生于 ABO 血型不符的输血。如将 A 型供血者的血误输给 B 型受血者,由于 A 型血红细胞表面表达 A 抗原，B 型血清中含抗 A 抗原的抗体，两者结合后在补体参与下，引起溶血反应。

另外，母、胎之间也可出现 ABO 血型不符的情况，但所致新生儿溶血病并不常见，即使发生亦较轻，其原因为：①母体天然血型抗体为 IgM 型，不能通过胎盘进入胎儿体内；②ABO 血型抗原除表达于红细胞表面，也可表达于其他组织细胞，且血清中存在游离血型抗原，进入胎儿体内的血型抗体首先与游离血型抗原结合，从而减少对胎儿红细胞的影响。

2. 新生儿溶血病 多见于母亲为 Rh^- 而胎儿为 Rh^+ 的情况：①第一胎分娩过程中，胎儿 Rh^+ 红细胞可进入母体并刺激母体产生抗 Rh 抗体；②若母体第二次妊娠而胎儿仍为 Rh^+，则母体内 IgG 类抗 Rh 抗体可通过胎盘进入胎儿体内，与胎儿 Rh^+ 红细胞结合，激活补体，导致胎儿红细胞溶解。为预防 Rh 抗原所致新生儿溶血症，可于初产后 72 小时内给母体注射抗 Rh 抗体，以免胎儿 Rh 抗原使母体致敏。（图 15-9）

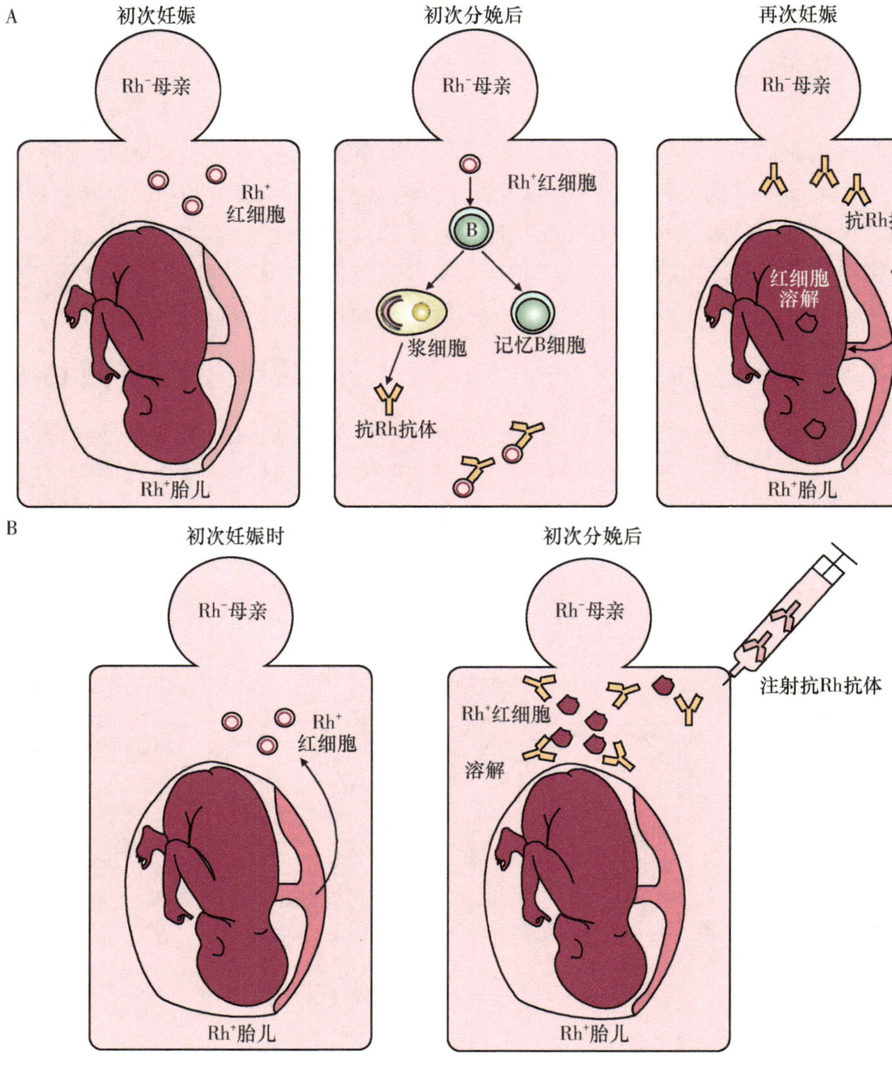

图 15-9 新生儿溶血病发生机制及预防

A. 新生儿溶血病发生机制：Rh^- 母亲（第一胎）妊娠 Rh^+ 胎儿→分娩过程中胎儿 Rh^+ 红细胞进入母体→刺激母体产生抗 Rh 抗体（IgG 类）→母体再次妊娠而胎儿仍为 Rh^+→母体内抗 Rh 抗体可通过胎盘进入胎儿体内→与胎儿 Rh^+ 红细胞结合→激活补体→胎儿红细胞溶解；B. 新生儿溶血病的预防：初次分娩 72 小时内→给母体注射抗 Rh 抗体→中和 Rh 抗原→避免胎儿 Rh 抗原刺激母体产生抗 Rh 抗体

（二）外来抗原或半抗原所致Ⅱ型超敏反应

主要见于药物过敏性血细胞减少症（如溶血性贫血、粒细胞减少症及血小板减少性紫癜等），以青霉素所致溶血性贫血为例：青霉素（为半抗原）与体内蛋白质结合为完全抗原（或直接吸附于红细胞膜），可刺激机体产生抗青霉素的循环抗体（IgG、IgM），后者与青霉素结合为抗原-抗体复合物，通过激活补体而引起溶血。另外，抗体与红细胞膜表面抗原结合后，可调理巨噬细胞吞噬而导致红细胞减少。

（三）改变性质的自身抗原所致Ⅱ型超敏反应

1. 自身免疫性溶血性贫血 可能与遗传因素有关，或因病毒、药物或酶类等作用于红细胞，改变其免疫原性，由此引发自身免疫应答并产生自身抗体，导致溶血性贫血。

2. 链球菌感染后肾小球肾炎 链球菌感染可改变肾小球基膜抗原结构，刺激机体产生抗肾小球基膜抗体。后者与肾小球基膜结合可激活补体，产生具有趋化作用的活性片段，吸引白细胞聚集，释放溶酶体酶，导致肾小球基膜损伤。

（四）与自身成分有共同抗原的外来抗原所致Ⅱ型超敏反应

1. 肾小球肾炎 乙型溶血性链球菌（A族12型）与肾小球基膜含共同抗原成分，抗链球菌抗体可与肾小球基膜发生交叉反应，导致组织损伤。

2. 肺-肾综合征 其病因尚未确定，可能因病毒（如A2型流感病毒）感染或吸入有机溶剂造成肺损害而引起。发病机制可能为：肺组织（尤其是肺泡壁基膜）和肾小球基膜有共同抗原，肺损伤导致肺组织免疫原性改变，所诱生的自身抗体可损伤肺和肾小球基膜。

（五）免疫系统或免疫活性细胞异常所致Ⅱ型超敏反应

由于免疫系统异常，机体把“自己”识别为“非己”，对自身组织细胞产生抗体，后者与细胞表面抗原结合而介导组织损伤（如特发性血小板减少性紫癜），或封闭自身分子而干扰其功能（如重症肌无力）。此外，甲基多巴能诱发B细胞突变，介导机体产生抗自身红细胞的抗体，引起自身免疫性溶血性贫血。

（六）刺激型超敏反应

甲状腺功能亢进患者血清含抗甲状腺刺激素（TSH）受体的IgG抗体，亦称长效甲状腺刺激素（long-acting thyroid stimulator, LATS）。其可与甲状腺细胞表面TSH受体结合，刺激甲状腺素分泌。LATS半寿期远比甲状腺刺激素（TSH）长，可促使甲状腺细胞分泌过多甲状腺素，导致甲状腺功能亢进。另外，慢性荨麻疹患者体内可产生抗Fc εRIα链抗体和抗IgE抗体，两者分别与肥大细胞表面Fc εRIα链或IgE结合，从而刺激肥大细胞脱颗粒，引发荨麻疹。

第三节 Ⅲ型超敏反应

Ⅲ型超敏反应亦称免疫复合物型（immune complex type）或血管炎型超敏反应。其主要特点是：游离抗原与相应抗体结合形成免疫复合物（IC），若IC不能被及时清除，即可在局部沉积，通过激活补体，并在血小板、中性粒细胞及其他细胞参与下，引发一系列连锁反应而致组织损伤。由循环免疫复合物引起的疾病称为免疫复合物病（immune complex disease, ICD）。

一、发病机制

（一）致病的抗原与抗体

1. 抗原 引起Ⅲ型超敏反应的抗原可分为两类：①内源性，如类风湿性关节炎的变性IgG、SLE的核抗原、肿瘤抗原等；②外源性，如各种病原微生物、寄生虫、药物、异种血清等。

2. 抗体 参与Ⅲ型超敏反应的抗体主要是IgG类。在IC形成过程中，除抗原特性外，抗体的质与量（如浓度、亲和力）也有重要意义。

（二）发生过程

1. IC沉积的条件 IC形成是机体清除抗原异物所必需，若IC未被及时清除而沉积于小血管壁，即可导致组织损伤。IC沉积取决于多种因素。

（1）抗原持续存在：这是形成IC的先决条件，常见于：①持续感染时，微生物持续或间歇繁殖，血流中出现大量抗原，此为IC形成提供了条件；②类风湿性关节炎患者体内出现变性IgG，可刺激机体产生抗IgG抗体（即类风湿因子），进而与IgG形成IC；③进入机体的半抗原物质（如某些药物）能与体内蛋白质结合成完全抗原，以及某些食物抗原，均可刺激机体产生相应抗体。

（2）IC自身特性：①颗粒性IC（较可溶性IC）、大分子量IC（较小分子量IC）易被吞噬而清除，而可溶性抗原量过剩时极易形成较小分子IC，不易被吞噬细胞吞噬，可随血液循环并沉积于不同组织部位；②带正电荷抗原形成的IC（如DNA-抗DNA复合物）易与带负电荷的血管、肾小球基底膜结合，引起炎症和持久的组织损伤。

（3）组织学结构和血流动力学因素：IC易沉积于如下部位：血流缓慢的血管分叉处；血流量大而易产

生涡流处；血流静水压力较高处；毛细血管通透性增加处；血管内皮细胞表达特定受体（C3bR 或 FcγR）的部位。

此外，若 FcγR 表达异常，吞噬细胞清除 IC 的功能下降，也可促进 IC 沉积。

2. IC 致病机制 IC 沉积是导致组织损伤的始动因素，其机制为：

（1）沉积的 IC 激活补体产生活性片段导致组织损伤：补体活性片段 C3a、C5a 可趋化肥大细胞、嗜碱粒细胞和中性粒细胞，并可活化肥大细胞和嗜碱粒细胞，使之脱颗粒并释放血管活性物质，导致血管扩张、通透性增加，引起局部渗出和水肿；中性粒细胞可通过其 FcγRIII 吞噬 IC，释放活性氧和溶酶体酶，损伤邻近组织。

（2）IC 通过抗体 Fc 段与效应细胞表面结合而致组织损伤：IC 中 IgGFc 段与肥大细胞、嗜碱粒细胞和血小板表面 FcγRIII 结合，使之活化并释放血管活性物质，加重局部渗出和水肿；血小板活化还可激活凝血系统并形成微血栓，引起局部缺血、出血和组织坏死。（图 15-10）

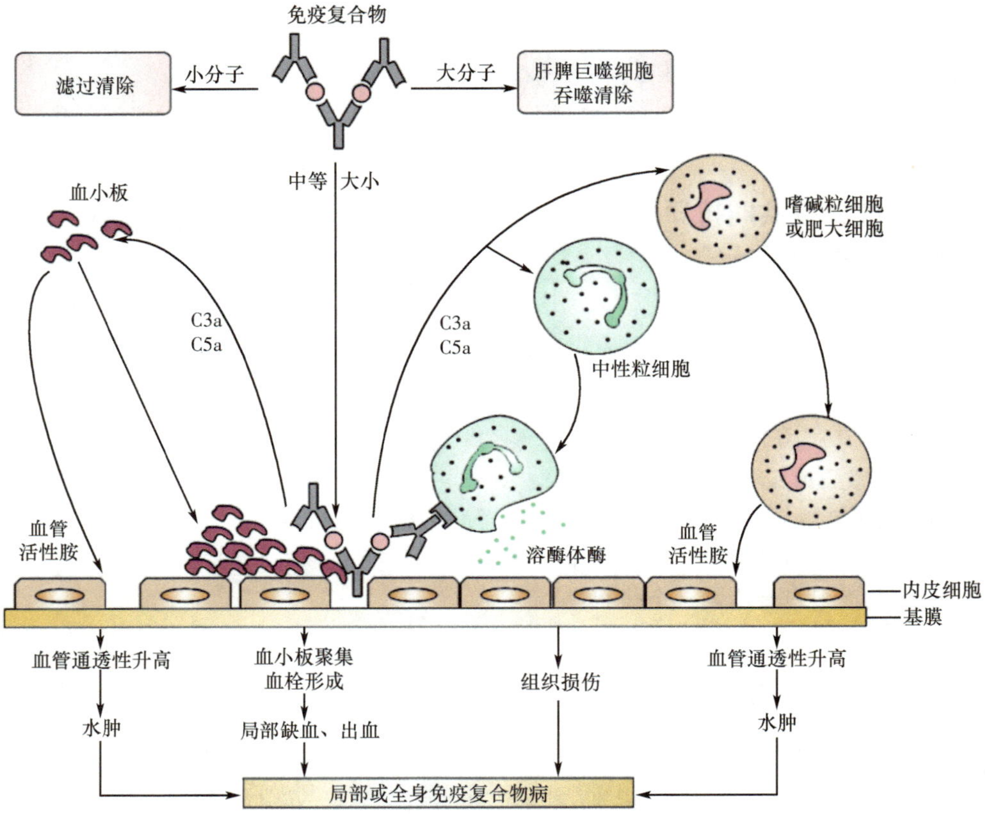

图 15-10 Ⅲ型超敏反应发生机制

二、常见免疫复合物病

（一）局部免疫复合物病

1. 实验性局部过敏反应（Arthus 反应） 给家兔皮下多次注射马血清，局部可出现红肿、出血和坏死等剧烈炎症反应，此现象即 Arthus 反应。其原理是：多次皮下注射异种蛋白刺激机体产生 IgG 类抗体，后者随血循环扩散至皮肤，在局部再次注射相同抗原时，过量抗原与相应抗体形成 IC，沉积于局部血管基底膜，导致病理损伤。

2. 人类局部过敏反应 ①胰岛素依赖型糖尿病患者反复注射胰岛素，体内可产生抗胰岛素抗体，从而在局部出现类似 Arthurs 反应的临床表现；②收获季节农民反复多次吸入植物性蛋白质或真菌孢子，诱导机体产生 IgG 类抗体（并非 IgE 类抗体），所形成的免疫复合物沉积于肺泡壁，可引起变态反应性肺泡炎或间质性肺泡炎，亦称“农民肺”。

（二）急性全身性免疫复合物病

1. 血清病（serum sickness） 一次性注射大剂量异种抗毒素血清，7～14 天后出现寒战、发热、皮疹、关节肿胀等症状，严重时可发生急性肾小球肾炎，此为血清病。发病潜伏期即初次免疫应答产生少量 IgG 类抗体所需时间，而此时循环中还残留大量尚未代谢的异种血清，导致形成可溶性 IC 并随血流运行至全身各处，沉积于组织而引起损伤。

免疫复合物形成利于抗原清除，故血清病通常可自愈。该病可见于下列情况：①抗蛇毒治疗；②大量使用磺胺及青霉素等药物，可能引起类似的血清病样反应；③大量抗 TNF 抗体治疗类风湿性关节炎也偶发血清样病，其发病机制与血清病相似。

2. 链球菌感染后肾小球肾炎（免疫复合物型肾炎） 此病一般发生于某些 A 型溶血性链球菌（主要为 4、12、25、49 型）感染后 2～3 周，80% 以上肾炎属Ⅲ型超敏反应。免疫复合物型肾小球肾炎也可由其他微生物感染、注入异种血清、某些药物或自身抗原等引起。

（三）慢性免疫复合物病

1. 全身性红斑狼疮 发病机制是：体内持续出现 DNA-抗 DNA 复合物，并反复沉积于肾小球、关节或其他部位血管内壁，引起肾小球肾炎、关节炎和脉管炎等。

2. 类风湿性关节炎 患者体内出现变性 IgG 分子，机制可能为：①溶血性链球菌或其他细菌代谢产物、慢病毒或支原体持续性感染，改变自身 IgG 分子结构；②感染过程中，中性粒细胞吞噬细菌后释放溶酶体酶，使 IgG 分子结构发生改变。变性的 IgG 分子可刺激机体产生抗 IgG 的自身抗体（以 IgM 类为主），称类风湿因子（rheumatoid factor，RF）。反复产生的自身抗体与变性 IgG 结合为 IC，沉积于关节滑膜，引起关节炎。

（四）过敏性休克

血流中若迅速出现大量 IC，可发生过敏性休克。例如，大量注射青霉素治疗钩端螺旋体感染时，大量病原体遭破坏并释出抗原，在血流内与相应抗体结合成 IC，激活补体，产生大量过敏毒素，从而引起过敏性休克。

第四节　Ⅳ型超敏反应

Ⅳ型超敏反应（Type Ⅳ hypersensitivity）亦称迟发型超敏反应（delayed Type hypersensitivity，DTH），是由致敏的 T 细胞再次接触相同抗原所引起、以单个核细胞（单核细胞、淋巴细胞）浸润为主的炎性损伤。该反应一般在接触抗原 18～24 小时后出现，48～72 小时达高峰。经典的Ⅳ型超敏反应属细胞免疫应答，细胞免疫缺陷者不发生Ⅳ型超敏反应。近年发现，由 IgE 触发、Th2 细胞介导的慢性过敏性炎症也类似于 DTH（见前文）。

一、发病机制

（一）抗原致敏

引起Ⅳ型超敏反应的抗原包括病毒、胞内寄生菌（如结核杆菌、麻风杆菌）、寄生虫、真菌、细胞抗原（如肿瘤细胞、移植细胞）、某些小分子化学物质（如三硝氯苯等）或金属离子（如 Ni^{2+}）与自身蛋白结合而形成的抗原等。抗原刺激使 T 细胞活化、增殖，产生特异性淋巴细胞，机体形成致敏状态。

（二）细胞免疫介导的 DTH（图 15-11）

1. $CD4^+$Th1 细胞介导炎性反应 致敏 Th1 细胞受相同抗原再次刺激，可通过如下机制介导炎症损伤：①分泌 TNF-α 和淋巴毒素，导致局部组织坏死或凋亡；②分泌 IL-3 和 GM-CSF，促进骨髓产生更多单核细胞；③TNF-α 诱导血管内皮细胞表达黏附分子，促进巨噬细胞黏附于血管内皮，继而穿越血管壁；④分泌趋化因子（如 MCP-1），趋化巨噬细胞，使之集聚至感染灶；⑤TNF-α、IFN-γ 直接激活巨噬细胞；⑥通过 FasL/Fas 途径清除慢性感染的巨噬细胞（此类巨噬细胞丧失活化能力，并成为胞内病原体的庇护所）；等等。

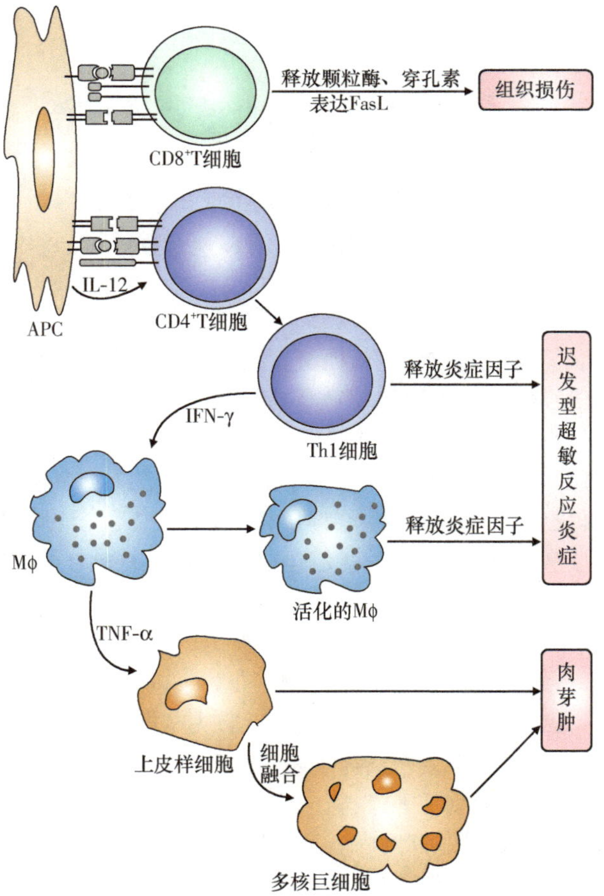

图 15-11　Ⅳ型超敏反应发生机制

2. 巨噬细胞介导炎症反应 激活的巨噬细胞是参与DTH的重要效应细胞，其机制为：①杀伤病原体；②高表达B7和MHC Ⅱ类分子，具有较强提呈抗原能力；③分泌IL-12，促进Th0细胞向Th1细胞分化；④吞噬、清除抗原，并释放溶酶体酶而引起旁邻组织变性坏死。

3. CTL介导细胞毒作用 CTL特异性识别靶细胞表面抗原，杀伤靶细胞，也可释放IFN-γ和TNF-α等细胞因子（见第十一章）。

另外，若抗原持续存在，可致巨噬细胞呈慢性活化状态，局部组织出现纤维化和肉芽肿。

4. Th2型迟发型超敏反应（Th2 type Ⅳ hypersensitivity） 指以Th2细胞浸润为主的慢性炎症反应，是反复发生的速发相反应和迟发相反应的累积效应。以过敏性哮喘为例：支气管上皮细胞高分泌CCL5和CCL11等趋化因子，持续募集CCR3阳性的Th2细胞、嗜酸粒细胞和嗜碱粒细胞，导致气道重塑（气道平滑肌增生与肥大，进而纤维化），最终出现气道永久性狭窄。此型超敏反应的病理特征为：气道对非变应原（如吸烟、二氧化硫等）刺激出现高反应性，且轻度呼吸道病毒或细菌感染即可加重Th2细胞浸润为主的局部炎症反应。另外，其他T细胞亚群（如Th17和Th9细胞等）也参与慢性炎症持续进展，但与肥大细胞活化无关。

二、常见的Ⅳ型超敏反应性疾病

（一）过敏性接触性皮炎（allergic contact dermatitis，ACD）

ACD是由某些小分子化学物或金属离子（如镍离子）等化学致敏原长期与皮肤接触所致的迟发型超敏反应，亦称接触型超敏反应。其发病机制为：①化学致敏原渗入皮肤，并与组织蛋白结合形成"半抗原-载体"复合物；②皮肤DC（包括表皮朗格汉斯细胞和真皮中DC）摄取"半抗原-载体"复合物，迁移至局部淋巴结，激活T细胞；③活化的Th1和$CD8^+$CTL等聚集至接触部位，杀伤结合有"半抗原"的靶细胞，并释放炎性细胞因子介导皮肤炎症损伤。

ACD发病机制的研究近年获如下进展：

1. 丝聚蛋白基因（filaggrin）缺失与接触性皮炎直接相关 丝聚蛋白结合于表皮细胞角质纤维上，构成皮肤表面的物理屏障，阻止外界变应原侵入。该基因突变可致皮肤屏障缺陷，易丢失水分、皮肤干燥，小分子化学物质易渗入皮肤，从而易感ACD。

2. 化学致敏原可引发皮肤应激反应和固有免疫应答 $Ni2^+$可直接结合TLR4，三硝基氯苯和其他小分子化学物质可直接降解皮肤的透明质酸（属DAMP），均可通过TLR2/4途径等激活角质细胞（keratinocyte）和皮肤DC，释放炎性细胞因子（TNF-α、IL-1β、IL-18）及趋化因子，启动炎症反应和适应性免疫应答。

3. Th17细胞参与炎症反应 Th17细胞可分泌IL-17，从而募集中性粒细胞参与炎症损伤。

（二）传染性超敏反应

病原微生物（尤其是某些细胞内寄生微生物）或其代谢产物可作为过敏原，在传染过程中引发Ⅳ型超敏反应，此为传染性超敏反应。

1. 结核菌素型超敏反应 属Th1细胞介导的Ⅳ型超敏反应（Th1 type Ⅳ hypersensitivity）。其原理为：将结核菌素经皮内注入致敏机体，12～18小时后肉眼可见局部硬结，48小时达高峰，以后逐渐消退。结核菌素反应是DTH的典型局部表现。硬结形成机制为：致敏的Th1细胞再次遭遇结核菌素刺激而被激活，产生IFN-γ、TNF-α等激活巨噬细胞，并促进血管内皮细胞表达黏附分子、增加血管通透性，导致炎症反应和组织损伤。另外，Th17细胞和$CD8^+$CTL通过分泌IL-17和IFN-γ等，也参与结核菌素反应。结核菌素反应的临床意义为：①反应阳性提示受试者曾感染过结核杆菌（或接种过卡介苗），从而对结核杆菌具有细胞免疫力；②反应阴性提示受试者此前未曾感染过结核杆菌（或接种过卡介苗），或T细胞功能缺陷。

2. 肉芽肿型超敏反应 若胞内寄生菌在体内长期存留，可持续刺激Th1细胞和巨噬细胞活化并释放大量细胞因子。在此情况下，活化的巨噬细胞并不能杀伤摄入的病原微生物，而是在TNF-α作用下分化为上皮样细胞和多核巨细胞。以这两类细胞为核心，淋巴细胞、巨噬细胞和胶原纤维包绕于周围，形成临床所见肉芽肿。肉芽肿型超敏反应常见于结核杆菌感染和麻风杆菌感染。

3. DTH参与的其他疾病 DTH在同种移植排斥反应、胰岛素依赖型糖尿病、甲状腺炎、多发性硬化、多发性神经炎等疾病发生、发展中也起重要作用。

综上所述，4型超敏反应主要依据其发生机制及参与反应的效应成分不同而划分（表15-2）。须强调的是：超敏反应性疾病发生机制十分复杂，临床所见往往为混合型，但以某一型损伤为主。如Ⅰ型超敏反应时，所释放的血管活性胺可使血管壁通透性增高，同时血清中抗体和抗原也可形成IC。若IC分子大小适宜，则有可能沉积于血管壁，引发Ⅲ型超敏反应。Ⅰ

型超敏反应迟发相持续发展也可演变为Ⅳ型迟发型超敏反应。

Ⅱ型和Ⅳ型超敏反应损伤可同时存在，即同一组织细胞抗原往往可同时引起体液免疫和细胞免疫应答。临床上许多自身免疫病患者血清中既可检出自身抗体，又可针对相应细胞抗原产生迟发型超敏反应。在此情况下，若抗原、抗体结合成IC，也可引起Ⅱ型或Ⅲ型超敏反应。

表 15-2 超敏反应的类型与特点

	Ⅰ型	Ⅱ型		Ⅲ型	Ⅳ型		
抗体或细胞	IgE	IgG、IgM		IgG	Th1 型	Th2 型	CTL
抗原	可溶性无害抗原	细胞或基质相关抗原	细胞表面受体	可溶性抗原	可溶性抗原	可溶性抗原	细胞相关抗原
效应机制	变应原与肥大细胞、嗜碱粒细胞表面IgE结合，使细胞释放活性介质，引起毛细血管扩张、通透性增加、平滑肌收缩、腺体分泌增强	抗体与靶细胞表面抗原结合，在补体、吞噬细胞和NK细胞参与下溶解靶细胞	抗体与靶细胞表面受体结合后，封闭或激活受体后信号转导	免疫复合物沉积于血管基底膜，激活补体，吸引中性粒细胞、肥大细胞、嗜碱粒细胞、血小板等，引起炎症	Th1细胞释放IFN-γ、IL-12活化巨噬细胞，使之吞噬作用加强，并释放趋化因子、炎性因子，引起炎症反应	IgE产生，嗜酸性粒细胞活化，肥大细胞增多等，释放细胞毒素、炎症介质，引起炎症反应	CTL直接杀伤靶细胞或产生多种细胞因子，引起以炎症反应
疾病举例	过敏性鼻炎、过敏性哮喘、过敏性休克、食物过敏症、荨麻疹等	某些药物（如青霉素）引起的血细胞减少症	慢性荨麻疹（抗细胞表面Fc εRI的α链）	血清病、Arthus反应	接触性皮炎、结核菌素变态反应	慢性过敏性哮喘、慢性过敏性鼻炎	移植排斥反应、接触油漆等所引起的过敏性接触性皮炎

由于使用方式不同，特定药物在不同个体或同一个体可诱导不同类型超敏反应。如青霉素所致超敏反应通常以过敏性休克、荨麻疹、哮喘等Ⅰ型超敏反应为主；亦可引起局部Arthus反应和关节炎等Ⅲ型超敏反应；若长期大剂量静脉内注射，还可发生由Ⅱ型超敏反应引起的溶血性贫血；若反复多次局部涂抹，则可引起由Ⅳ型超敏反应所致的接触性皮炎。由青霉素引起的Ⅰ、Ⅲ和Ⅱ、Ⅳ混合型在某些病例中也偶然可见。

此外，同一疾病过程也可能由几种类型免疫损伤共同参与。例如，肾小球肾炎可能与第Ⅱ、Ⅲ、Ⅳ型超敏反应有关；由Ⅱ型超敏反应所致的肾小球肾炎约占5%；大部分肾小球肾炎可能是免疫复合物型损伤，如SLE、血清病、疟疾、链球菌感染或某些病毒感染后的肾炎，以及某些肿瘤合并的肾炎；大鼠实验性肾炎中，其淋巴细胞可在体外与胚胎肾脏抗原相互作用而释放巨噬细胞移动抑制因子，提示Ⅳ型超敏反应所致免疫损伤参与肾炎发病。

（尹丙姣）

第十六章 自身免疫和自身免疫病

免疫系统的生理功能是免疫防御、免疫自稳和免疫监视。免疫系统实现上述功能的前提是识别"自己"与"非己":对"非己"产生应答并清除之;对"自己"则不产生应答,维持耐受。理论上,免疫系统在生理状态下不产生针对自身抗原的免疫应答。

实际上,机体可对自身抗原产生低水平应答,体内可检出自身抗体(如类风湿因子、抗核抗体、抗线粒体抗体、抗独特型抗体等)或自身反应性T细胞(autoreactive T lymphocyte),此即自身免疫(autoimmunity)。有关生理状态下产生自身免疫的机制及其生理功能,目前尚不清楚。已发现,某些自身抗体可能具有生理功能,例如:抗独特型抗体参与免疫网络调节;类风湿因子是针对变性IgG的抗体,可与多价IgG结合,有助于通过单核/巨噬细胞清除循环免疫复合物。由于天然自身抗体效价及自身反应性T细胞活性均较低,一般不致引起自身组织损伤。

某些情况下,自身免疫应答的质和量发生异常,且自身耐受机制遭破坏,自身抗体和自身反应性淋巴细胞攻击并破坏自身组织细胞,导致机体出现病理改变和相应临床表现,即为自身免疫病(autoimmune disease,AID)。

(一) 自身免疫病的分类

已知的自身免疫病有80余种,但由于此类疾病多属慢性病、潜伏期长且病因不清,故尚未得到公认的分类标准。为研究与临床诊断的方便,一般按如下标准进行分类:

1. 按自身免疫应答所针对的靶抗原分布进行分类

(1) 器官特异性自身免疫病(organ specific autoimmune disease):指自身靶抗原选择性定位于特定器官或细胞类型,病理损害和功能障碍局限于该器官,典型疾病为,①慢性淋巴细胞性甲状腺炎(桥本甲状腺炎,Hashimoto′s thyroiditis),患者体内存在针对甲状腺某些组分(如甲状腺球蛋白)的自身抗体,病变严格局限于甲状腺;②胰岛素依赖型糖尿病(insulin-dependent diabetes mellitus,IDDM),即Ⅰ型糖尿病(type 1 diabetes),患者体内存在针对胰岛β细胞的自身反应性T细胞,病变仅局限于胰腺。

(2) 全身性自身免疫病(systemic autoimmune diseases):此类疾病的自身靶抗原为多器官、组织所共有(如染色质、双链DNA、组蛋白和RNA等),病变可累及多个系统和器官,特别是损伤结缔组织,亦称结缔组织病或胶原病,典型疾病是,①系统性红斑狼疮(SLE),受累器官包括皮肤、关节、肾、肺、心等,体内可检出抗多种细胞核成分(ds-DNA、核小体等)的高滴度自身抗体;②类风湿关节炎(RA),受累器官包括全身关节、肺、心脏等多器官,患者体内可检出针对变性IgG的高滴度的自身抗体(即类风湿因子)。

但是,上述分类并不适用于所有自身免疫病,例如:原发性胆汁肝硬化主要病变是小胆管炎症细胞浸润,但患者血清中自身抗体并非特异性针对肝脏,而是抗线粒体细胞色素P450;NOD小鼠可自发罹患自身免疫性糖尿病(属典型的器官特异性自身免疫病),但常可同时罹患膜干燥综合征(典型的全身性自身免疫病)。

2. 按受累组织系统分类 ①结缔组织疾病,如类风湿关节炎(RA)、系统性红斑狼疮(SLE)、皮肌炎(dermatomyositis,DM)等;②神经肌肉疾病,如多发性硬化症、重症肌无力等;③内分泌疾病,如Ⅰ型糖尿病(亦称胰岛素依赖型糖尿病,insulin-dependent diabetes mellitus,IDDM)、慢性甲状腺炎等;④消化系统疾病,如慢性非特异性溃疡性结肠炎、慢性活动性肝炎、恶性贫血等;⑤泌尿系统疾病,如自身免疫性肾小球肾炎、肺肾出血性综合征等;⑥血液系统疾病,如自身免疫性溶血性贫血、特发性血小板减少性紫癜等。

3. 其他分类 ①按自身免疫病发生是否与外因或其他疾病关联,可分为继发性自身免疫病(多为器官特异性,如慢性活动性肝炎、眼外伤后交感性眼炎、外伤后睾丸炎所致男性不育症等)及原发性自身免疫病(可为器官特异性、非器官特异性或中间型);②按自身免疫病病程,可分为慢性(如重症肌无力、自身免疫性甲状腺炎,类风湿性关节炎、SLE等)和急性自身免疫病(如特发性血小板减少性紫癜、自身免疫性溶血性贫血等)。

目前,为开展自身免疫病研究,已建立一系列成熟的动物疾病模型(表16-1)。

表 16-1　常用的自身免疫病动物模型

人类疾病	动物模型	模型建立
Ⅰ型糖尿病	NOD(nonobese diabetic mouse)小鼠	自发患病
自身免疫性甲状腺炎	Obese strain(OS)鸡	自发患病
强直性脊柱炎	HLA-B27 转基因大鼠	自发患病
多发性硬化症	实验性过敏性脑脊髓炎(EAE)小鼠	使用小鼠髓鞘抗原(如髓鞘碱性蛋白、髓鞘少突胶质细胞糖蛋白及其多肽、髓鞘蛋白脂质蛋白及其多肽等)免疫大鼠、小鼠或豚鼠
系统性红斑狼疮	MRL-lpr/lpr 小鼠	自发患病
系统性红斑狼疮	NZB/NZW 小鼠	NZB/NZW 小鼠杂交 1 代可自发患病
类风湿性关节炎	胶原或佐剂诱导类风湿性关节炎小鼠	①用Ⅱ型胶原免疫大鼠、小鼠;②向大鼠等动物关节腔直接注射佐剂
类风湿性关节炎	SKG 小鼠	自发患病
类风湿性关节炎	IL-1Ra 基因敲除小鼠	自发患病
Sjögrens 综合征	NOD. B10-H2^b 小鼠	自发患病
重症肌无力	诱导产生 AchR 抗体/大量注射 AchR	①用 AChR 蛋白免疫大鼠或小鼠;②直接注射抗 AchR 抗体

(二) 自身免疫病的共同特点

1. 自身免疫病患者或实验动物体内可检出高滴度的自身抗体和(或)自身反应性 T 细胞等效应性免疫组分　这些抗体和(或)细胞作用于表达靶抗原的组织细胞,造成相应器官病理性损伤和功能障碍。

2. 应用患者或实验动物血清、淋巴细胞转移输注,可在实验动物模型中使疾病被动转移。

3. 女性易感性明显高于男性　绝大多数自身免疫病(如自身免疫性甲状腺炎、系统性红斑狼疮、干燥综合征、原发性胆汁性肝硬化、甲状腺功能亢进、混合性结缔组织病等),85%以上患者为女性;少数自身免疫病(如多发性硬化症、重症肌无力,炎性盆腔感染等),女性易感性略高;男性对Ⅰ型糖尿病等易感性略高;个别自身免疫病(如强直性脊柱炎)男性明显易感。

4. 有遗传倾向,属多基因复杂性疾病　如同一家庭数个成员均可罹患牛皮癣。更常见的情况是,同一家族多个成员可分别罹患不同自身免疫病,如斑秃(alopecia areata)属自身免疫病,患者家庭其他成员常罹患其他自身免疫病。

5. 多种自身免疫病常有重叠　同一患者常可同时罹患多种自身免疫病。

6. 病情反复发作,慢性迁延,临床治疗效果不佳。

第一节　自身免疫病的致病因素及机制

正常情况下,机体有赖于中枢和外周耐受(见第十二章)而对自身组织保持无应答或低应答状态。若自身耐受出现异常或遭破坏,则可导致 AID 发病(图 16-1)。但是,迄今对自身免疫病发病机制的了解十分有限,其原因为:①自然状态下,人类自身免疫病是自发获得,难以确定特定时间点以供观察,故以人作为研究对象具有较大局限性;②探讨自身抗体、自身反应性 T 细胞参与疾病发生的作用,一般仅涉及自身免疫损伤,而对产生异常自身免疫应答的始动机制,目前知之甚少。

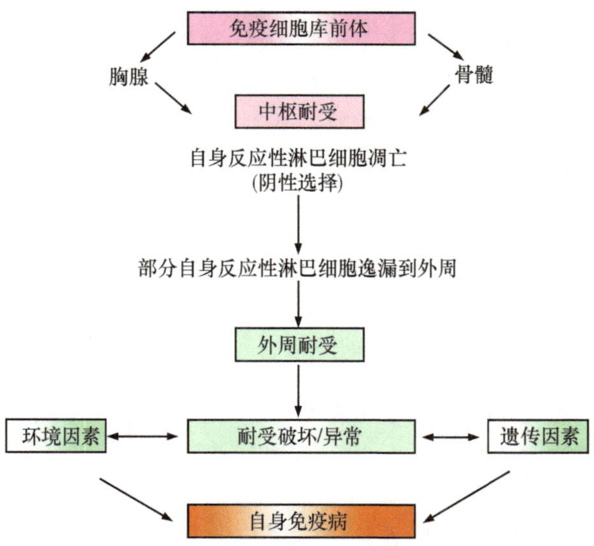

图 16-1　自身耐受与自身免疫病

中枢耐受和外周耐受共同维持机体自身免疫耐受,环境和遗传因素相互作用可打破此耐受,导致 AID 发生

一般认为,遗传因素和环境因素(毒素、药物和感染等)共同参与 AID 发生。例如:①NOD 鼠一般均会患糖尿病,但不同个体患病的年龄各异;不同实验室的 NOD 鼠,其发病的动态曲线亦各异,某些环境因素

作用下,部分 NOD 小鼠甚至可完全逃避患病;②在人类,同卵双生子患同一种 AID 的一致率也远未达到 100% 。

目前,应用某些特定遗传背景的动物,通过注射自身组织或特定蛋白质短肽,同时注射含结核分枝杆菌的完全弗氏佐剂,可直接诱导针对自身组织的适应性免疫应答。上述模型是在人为控制的特殊条件下所建立,却相对真实地重复了人类自身免疫病的发病过程,提供了适用于研究自身免疫病的工具。

一、遗传因素与 AID

现已发现,自身免疫病有家族遗传倾向,其易感性与遗传因素密切相关。例如:单卵孪生子患同一自身免疫病的概率(12% ~ 60%)明显高于异卵孪生子(5%);同一家族不同成员可易感相同或不同的自身免疫病;某些自身免疫病与性染色体相关;某些动物品系,如 NZB 小鼠、NZB/NZW F1 代杂交小鼠、NOD 小鼠、肥胖品系(Obese strain,OS)鸡等高发自身免疫病。个体遗传背景与 AID 易感性相关的机制是:①遗传因素可控制机体针对特定(自身)抗原产生应答以及应答的强度,其中尤以 MHC 基因的作用最为重要;②免疫应答和免疫耐受的建立有赖于多种免疫分子参与,若相关分子编码基因异常,可影响免疫耐受的维持,表现为对 AID 易感。

迄今对 AID 的遗传易感性已获得如下认识:①AID 易感性受多基因影响;②某些基因与多种 AID 易感性相关;③不同种属哺乳动物间,其 AID 易感基因存在相似之处;④易感基因可通过不同环节参与 AID 发生,如激活自身反应性淋巴细胞、减弱机体免疫负调节作用、影响 AID 受损组织定位及其严重程度等。

(一) HLA 与 AID 易感性关联

1. HLA 与 AID 易感性关联的群体分析 在诸多遗传因素中,对 HLA 与 AID 关联进行了最深入研究。大样本群体分析发现,携带某些 HLA 等位基因或单体型的个体患特定自身免疫病的频率远高于正常人群,尤以 HLA Ⅱ类基因与自身免疫病关联最为明显。例如:胰岛素依赖性糖尿病(IDDM)与 HLA-DR3、-DR4、-DQ2、-DQ8 关联;类风湿性关节炎(RA)与 HLA-DR4 关联;高加索人群中,90% 强直性脊髓炎(AS)患者与 HLA-B27 关联;携带 HLA-B8、DW3、DR3 单体型的个体,其发生自身免疫病的危险远比携带其他单体型的个体高。(见第五章)

必须强调,不同人群中 AID 与 HLA 关联的情况并非完全一致,例如:高加索人群中 RA 与 HLA-DRB1 *04 紧密关联,而西班牙和非洲人群中并非如此;不同种族中,硬皮病(SD)与不同 HLA 等位基因关联;重症肌无力(MG)仅在亚洲人中与 HLA-B46 关联;早年发病的重症肌无力(MG)与 HLA-B8 和 HLA-DR3 关联,而晚年发病的 MG 与 HLA-B7 和 HLA-DR2 关联。另外,HLA 还可能与对特定 AID 的抗性关联,如携带 HLA-DQ6、HLA-DR2 等位基因者不易患 IDDM。

2. HLA 与 AID 易感性关联的机制 机体启动自身免疫应答的前提是,自身反应性 T 细胞识别自身抗原肽-MHC 分子复合物从而被激活。换言之,特定的 MHC 等位基因产物能否有效地提呈特定自身抗原肽,决定携带该 MHC 等位基因的个体是否易感某种 AID。目前,HLA 与 AID 易感性关联的机制尚未被阐明,已提出若干假说。

(1) 选择性假说:强调 MHC 等位基因在机体 T 细胞库形成过程中的作用。其要点是:胸腺中某些自身抗原肽表达水平极低或与自身 MHC 分子结合的亲和力极低,导致 T 细胞克隆在胸腺发育过程中难以识别和结合相应自身抗原肽-MHC 分子复合物,从而使某些自身反应性 T 细胞克隆逃避阴性选择而得以保存。简言之,特定 MHC 等位基因使某些自身反应性 T 细胞阴性选择受阻,中枢耐受机制发生障碍。

对人类 AID 研究中已获若干依据支持选择性假说。例如:HLA-DQ β是人类 IDDM 的易感基因,其编码产物 DQ β链 57 位氨基酸残基具有多态性。正常人群 DQ β链 57 位氨基酸残基为天(门)冬氨酸,有利于在 DQ β抗原结合凹槽末端形成盐桥,而高加索人群 IDDM 患者 DQ β链 57 位氨基酸残基为缬氨酸、丝氨酸或丙氨酸,导致 DQ β抗原结合凹槽末端缺乏盐桥。其结果是,HLA-DQ β与自身抗原肽结合的亲和力极低,自身反应性 T 细胞的 TCR 难以识别相应自身抗原肽-HLA-DQ β复合物,成为阴性选择的“漏网之鱼”。人类群体调查发现 HLA-DR3、-DR4 与 IDDM 关联,乃因 HLA-DR3、-DR4 等位基因均与 HLA-DQ β基因紧密连锁。

另外,对 NOD 小鼠的研究也为“选择性假说”提供了某些佐证:同源小鼠 MHC Ⅱ类分子 I-A^{g7} 的 57 位是天(门)冬氨酸,而 NOD 小鼠为丝氨酸,导致后者 I-A^{g7} 与某些自身抗原肽的亲和力极弱,难以启动相应自身反应性 T 细胞在胸腺中的阴性选择。

(2) 分子模拟假说:其要点为,特定 HLA 等位基因产物能更有效地提呈与自身抗原相似的病原体抗原,以分子模拟的方式引发自身免疫病。例如:携带 HLA B27 基因的个体,其提呈与自身抗原相似的病毒抗原的能力较强,故病毒感染后更易出现识别自身抗原的 CTL，造成脊柱细胞损伤，引发强直性脊柱炎。

(3) 基因连锁不平衡假说：某些 MHC 等位基因与 AID 致病基因呈连锁不平衡。

(二) 非 HLA 基因与 AID 易感性相关

与 AID 易感性关联的非 HLA 基因包括参与抗原清除（如参与清除免疫复合物的补体组分）和抗原提呈的基因、参与信号转导的基因、共刺激分子基因、凋亡基因和细胞因子基因等。例如：① AIRE (autoimmune regulator) 单基因缺失者，其外周组织抗原在胸腺上皮细胞表达受阻，使相应自身反应性 T 细胞在胸腺发育时逃避阴性选择而进入外周，导致多个内分泌腺（如胰腺）受损，引起 APECED (autoimmune polydocrinopathy-candidiasis-ectodermal dytrophy)；②补体 C1q、C3 或 C4 纯合子基因缺陷者，由于免疫复合物清除障碍并沉积于血管壁，易患 SLE；③控制细胞凋亡的基因（如 Fas/FasL）缺陷者（包括小鼠品系 1pr、1prcg、gld），其激活诱导的细胞死亡（AICD）机制出现障碍，使自身反应性 T 细胞凋亡受阻，易发生自身免疫性淋巴细胞增殖综合征、SLE 等；④共抑制分子基因（如 CTLA-4）异常参与糖尿病、乳糜泻和自身免疫性甲状腺炎发生；小鼠敲除 CTLA 基因可出现致死性自身免疫病，用抗体阻断 CTLA-4 可明显增强小鼠脑膜炎和糖尿病模型的组织损伤；⑤IL-2 基因缺陷可导致自身免疫性肠炎或溶血性贫血；⑥DNA 酶基因缺陷的个体，由于清除凋亡颗粒的功能障碍，可能通过表位扩展等机制而易患 SLE；⑦某些类风湿性关节炎和 SLE 患者存在 IgVH 基因缺失；等等。

目前，全基因组关联研究（genome wide association study, GWAS）成为探讨 AID 相关遗传背景的重要手段，已鉴定、确认与多种自身免疫病（如 SLE、RA、原发性胆汁性肝硬化等）密切相关的基因或染色体区域，为阐明 AID 发病机制提供了重要线索。

二、自身抗原改变与 AID

某些环境因素（感染、创伤、药物、物理、化学物质等）可使自身抗原释放和（或）性质改变，从而引发异常自身免疫应答，导致 AID 发生并决定其类型。

(一) 隐蔽抗原释放和暴露

由于特殊的解剖部位，体内某些器官或组织（如脑、眼晶体、睾丸、精子等）成分在正常情况下不与免疫细胞接触，称为隐蔽抗原（sequestered antigen）。按克隆清除学说，这些抗原在胚胎期未与免疫系统接触，故相应特异性淋巴细胞未被消灭或抑制。在外伤、感染等情况下，若隔绝屏障被打破，这些隐蔽抗原可能释放入血或淋巴系统，激活相应自身反应性淋巴细胞，导致自身免疫病发生。例如：因输精管结扎术，精子（隐蔽抗原）可释放入血，从而刺激机体产生抗自身精子抗体，并引发自身免疫性睾丸炎；眼外伤导致伤侧眼球的晶状体（隐蔽抗原）释放，可激发机体产生抗晶状体抗体或激活特异性淋巴细胞，从而导致健侧眼球发生交感性眼炎。

(二) 自身抗原改变

1. 自身抗原性质改变 物理因素（如冷、热、电离辐射）、化学因素（如药物等）或生物学因素（如细菌、病毒、寄生虫等）均可改变自身组织抗原的性质，其表现为：①暴露新的抗原表位；②抗原发生构象改变；③抗原被修饰或发生降解，成为具有免疫原性的肽段；④外来半抗原（如某些药物）、完全抗原（如微生物毒素）与自身组织成分中的完全抗原（如蛋白质）、半抗原（如多糖）相结合；等等。

由于自身抗原发生改变，使机体免疫系统将其视为“异己”物质而予以排斥。例如：①肺炎支原体感染可改变红细胞表面 I 型血型抗原，刺激机体产生抗红细胞抗体，导致红细胞破坏；②变性的自身 IgG 可刺激机体产生 IgM 或 IgG 类抗体，称为类风湿因子（rheumatoid factor, RF），自身变性 IgG 与 RF 形成免疫复合物，可引起关节炎等疾病；③多种药物与血细胞或其他组织细胞结合，能通过改变细胞的免疫原性而引起自身免疫病。

2. 自身抗原量的改变 例如：正常人血清中仅存在微量甲状腺球蛋白，并使机体对其产生低带耐受，此时相应 Th 细胞耐受，不能辅助 B 细胞产生自身抗体；甲状腺受损时，血清甲状腺球蛋白水平升高，当其浓度超过“低带耐受”限度时，则相应 Th 细胞耐受被破坏，并辅助相应 B 细胞产生抗甲状腺球蛋白抗体，从而引起自身免疫性甲状腺炎。

表观遗传是调控基因表达的重要机制，从而与 AID 发病密切相关。例如：SLE 患者多个免疫相关基因甲基化水平降低，导致 CD70、CD40L 等表达过高，从而参与疾病发生。

(三) 分子模拟

某些外来抗原（尤其是病原微生物）具有与宿主正常细胞或细胞外基质相似的抗原表位，宿主针对外来抗原产生的抗体（或效应 T 细胞）能与具有相似表位的宿主自身成分发生交叉反应，即分子模拟（molecular mimicry），由此引发炎症反应和自身组织损伤，导致 AID。例如：①A 型溶血性链球菌胞壁成分与人体心肌间质、心瓣膜、肾基底膜及其他结缔组织具有相似抗原表位，机体感染此型链球菌后所产生的抗体，能与心脏和肾等部位的结缔组织发生交叉反应，导致风湿性心脏病和急性肾小球肾炎（图16-2）；②大肠杆菌O14与结肠黏膜有相似抗原表位，故O14株感染可致溃疡性结肠炎；③某些EB病毒抗原与髓磷脂碱性蛋白（MBP）有较高同源性，感染EB病毒可引发多发性硬化症；④多种微生物的热休克蛋白（HSP）与人HSP或其他组织抗原存在相似表位，可引起肾小球肾炎、慢性活动性肝炎、类风湿性关节炎、SLE和心肌炎等AID。（表16-2）

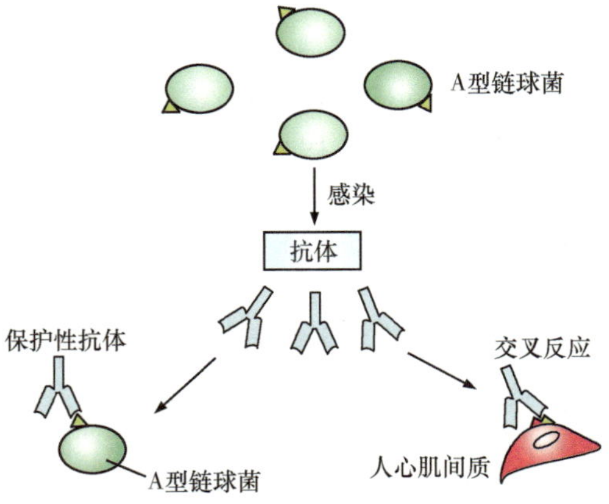

图16-2 A型溶血性链球菌胞壁成分与人心肌间质抗原发生交叉反应

A型溶血性链球菌胞壁与人心肌间质抗原有相似抗原表位→机体针对前者产生的抗体可与后者发生交叉反应→风湿热

（四）抗原表位扩展

依据抗原表位刺激机体免疫应答的强弱，可将其分为两类：①优势表位（dominant epitope），其具有强免疫原性，在抗原初始接触免疫细胞时，可首先激发免疫应答；②隐蔽表位（cryptic epitope），其隐藏于抗原大分子内部或密度较低，故免疫原性较弱，一般不能激发机体产生强应答。自身免疫病组织受损过程中，可能不断暴露新的隐藏表位，APC通过摄取损伤或凋亡细胞的碎片，可能将隐蔽表位提呈给自身反应性淋巴细胞克隆，产生自身免疫应答。换言之，随AID进展，免疫系统不断扩大所识别的自身抗原表位范围，即出现“表位扩展”（epitope spreading）。

表16-2a 自身组织与微生物具有交叉抗原举例

微生物抗原	自身抗原
链球菌M蛋白	心肌球蛋白
Yersinia 菌氧化酶	HLA-B27
逆转录病毒P30 GAG	U1 RNA
EB病毒GP110	HLA-Dw4
EB病毒EBNA-1	类风湿关节炎滑液细胞
EB病毒BBLF1蛋白	HLA-DQw8
乙肝病毒多聚酶	髓鞘碱性蛋白
结核菌热休克蛋白（HSP）	人HSP
细胞磷脂	DNA

表16-2b 病原体HSP60与人自身抗原具有相似表位

HSP60区域	已知自身抗原	自身抗原区域	相似程度（%）	相关疾病
1～17	髓过氧化物酶	594～610	60	肾小球肾炎
7～21	细胞色素P450	359～372	64	慢性活动性肝炎
65～75	甲状腺球蛋白	393～403	58	慢性甲状腺炎
86～100	肌凝蛋白重链	516～530	62	柯萨基心肌炎
101～123	细胞角蛋白	83～105	58	类风湿关节炎
108～117	DNA-结合蛋白	73～82	58	SLE
468～480	乙酰胆碱受体	133～145	63	重症肌无力

表位扩展机制参与多种AID（如SLE、类风湿性关节炎、多发性硬化症和IDDM）发生、发展，其机制是：针对自身抗原隐蔽表位的淋巴细胞克隆在中枢免疫器官发育过程中，有可能逃逸阴性选择而出现于外周成熟淋巴细胞库中。AID发生过程中，某些诱因或自身免疫损伤效应可造成自身组织细胞凋亡或坏死，使含隐蔽表位的自身抗原被暴露或释放，并通过APC摄取、加工、处理，将其提呈给相应自身反应性淋巴细胞克隆。随AID疾病进展，免疫系统不断扩大所识别自身抗原表位的范围，使更多自身抗原遭受免疫攻击，导致疾病迁延不愈并不断加重。

另外，下述两种情况也可被视为表位扩展：①机体对抗原分子某一表位产生的免疫应答，可启动对该抗原其他表位的免疫应答；②单一抗原特异性T细胞可能辅助B细胞产生多种特异性不同的抗体，如SLE患者体内，通常存在抗染色质核小体成分

(如 DNA、H1 组蛋白)的抗体,这是由于 H1 抗原特异性 Th 细胞能同时辅助 H1 特异性 B 细胞和 DNA 特异性 B 细胞,使之分别产生抗 H1 抗体和抗 DNA 抗体。(图 16-3)

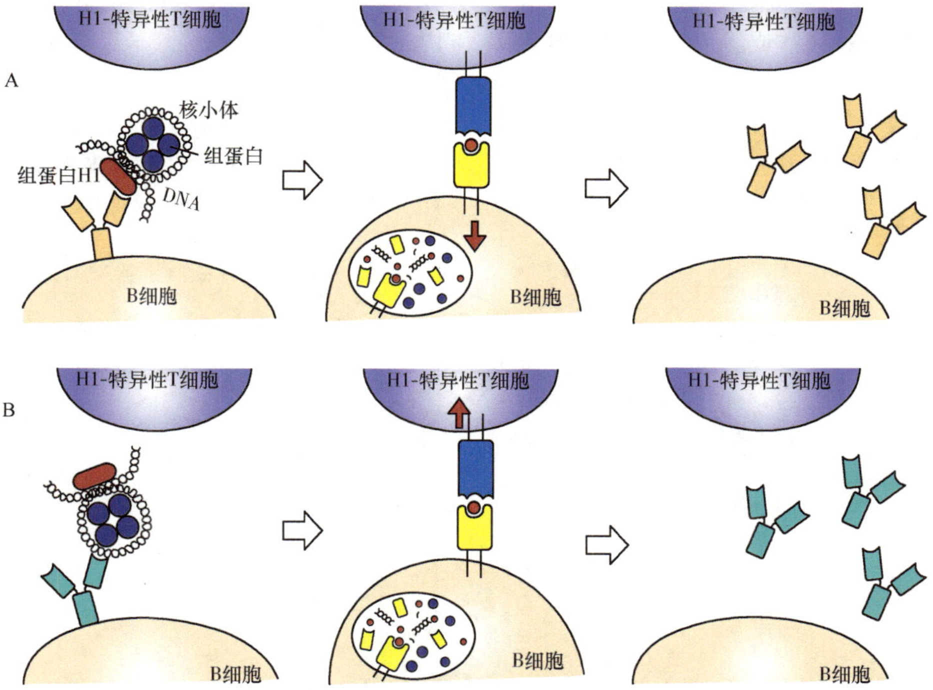

图 16-3 表位扩展示意图

A. 特异性 BCR 结合并内化核小体(内含 H1 组蛋白和 DNA)→H1 特异性 Th 细胞辅助(内化有核小体并向其提呈 H1 蛋白肽的)H1 特异性 B 细胞激活→产生抗 H1 抗体;B. H1 特异性 Th 细胞辅助(内化有核小体并向其提呈 H1 蛋白肽的)DNA 特异性 B 细胞激活→产生抗 DNA 抗体

三、免疫系统异常与 AID

机体通过两种机制建立并维持免疫耐受(见第十二章):①中枢耐受,指 T/B 细胞在中枢免疫器官发育过程中,通过阴性选择而剔除自身反应性淋巴细胞克隆;②外周耐受,指高浓度抗原(多为自身抗原)持续提供强刺激信号,导致未成熟(或已成熟)淋巴细胞发生克隆清除或失能。

另一方面,正常机体内确实存在自身反应性淋巴细胞,例如:许多自身抗原与佐剂联合免疫正常动物,可诱生自身抗体,提示存在自身反应性 B 细胞;体外用自身抗原(如髓鞘碱性蛋白)刺激正常人外周血 T 细胞,在 IL-2 存在条件下,可诱生特异性自身反应性 T 细胞。但是,由于体内存在极为精细而复杂的调节机制,自身免疫应答通常被控制在很低水平。多种环境因素可能导致免疫系统功能异常,使上述致耐受机制发生紊乱,从而引发自身免疫病。

(一) 淋巴细胞异常与 AID

1. 自身反应性淋巴细胞逃避"克隆丢失" 自身反应性 T 细胞(或 B 细胞)在胸腺(或骨髓)内分化成熟过程中,通过识别基质细胞所提呈的自身抗原肽-MHC 分子而发生凋亡,此即阴性选择所致的"克隆丢失"。由于胸腺(或骨髓)功能障碍或微环境发生改变,某些自身反应性淋巴细胞可能逃避阴性选择,免于被"排除",该克隆进入外周可对相应自身抗原产生应答,引起 AID。如 AIRE 基因缺失导致外周组织抗原在胸腺上皮细胞表达受阻,使相应自身反应性淋巴细胞逃避阴性选择而进入外周,造成多个内分泌腺(如胰腺等)受损,引起 APECED。

另外,正常情况下胸腺内少数自身反应性 T 细胞也可能逃避阴性选择而进入外周,但其识别自身抗原后,可通过激活诱导的细胞死亡(AICD)机制而被清除。该过程与 Fas/FasL 途径介导的细胞凋亡有关。若因 Fas/FasL 基因突变而使该途径受阻,外周血中大量自身反应性 T 细胞逃避 AICD,也可能破坏自身耐受,导致 AID 发生。典型例子是:①MRL/Lpr(Fas 基因突变)和 C3H/gld 小鼠(FasL 基因突变)易患 AID;②AICD 缺陷的个体易患自身免疫性疾病,如 Fas 基因突变的个体可发生系统性自身免疫综合征(systemic autoimmunity syndrome),其临床表现类似于 SLE 患者。

2. 淋巴细胞突变 理化、生物或某些原发因素导致淋巴细胞发生突变,使其抗原识别能力异常,可对自身抗原产生免疫应答。

3. T、B细胞旁路活化 正常情况下，体内存在针对自身抗原的T/B细胞克隆，因缺乏足够的活化信号而处于无应答状态（失活或静止）。某些致病因素可能通过不同的旁路机制，直接或间接激活静止的效应T/B细胞，导致自身免疫病发生。

（1）Th细胞旁路激活途径：自身免疫应答均为胸腺依赖性，Th细胞在其中起重要作用。正常情况下，Th细胞易发生耐受，故即使自身反应性B细胞功能正常，机体也不产生自身免疫应答。某些外来抗原具有与自身抗原相似或相同的B细胞表位，但具有不同的T细胞表位。此类外来抗原进入机体，可激活相应Th细胞，从而绕过原已产生耐受的Th细胞，使由于缺乏Th细胞辅助信号而处于静止状态的自身反应性B细胞克隆激活，产生自身免疫应答，此机制称为Th细胞旁路（Th cell bypass）（图16-4）。

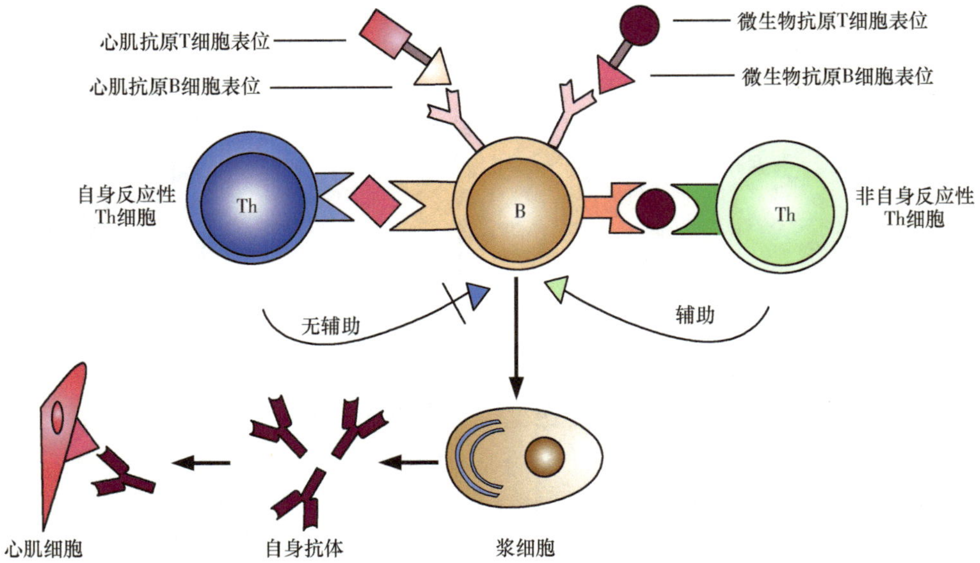

图16-4 Th细胞旁路激活B细胞示意图

外来微生物抗原有和正常心肌细胞相同的B细胞表位和不同的T细胞表位→微生物抗原激活Th细胞→为失活的B细胞提供辅助→该B细胞克隆活化→产生抗体→与心肌细胞表面交叉抗原发生反应→引发AID

临床上某些自身免疫病的发生与上述机制有关。例如：①链球菌可能与心脏瓣膜组织具有相似的B细胞决定簇，但具有不同的T细胞决定簇，故链球菌感染可通过旁路途径而产生针对心脏组织的自身抗体，导致风湿性心脏病；②某些药物可对机体组织细胞的胞膜抗原进行修饰，使胞膜表面形成新的T细胞决定簇，从而可通过旁路途径激活相应Th细胞（即绕过耐受的Th细胞），继而辅助自身反应性B细胞（针对该细胞膜上B细胞决定簇）产生应答，并导致自身免疫病。

（2）多克隆淋巴细胞激活：某些超抗原、免疫佐剂、病毒及细菌组分或产物、药物具有多克隆激活剂活性，可直接激活多克隆T细胞，或绕过耐受的特异性Th细胞，非特异性地直接激活多克隆B细胞，其中包括某些自身反应性T/B细胞克隆，从而导致AID发生。例如：脂多糖（LPS）可非特异性活化大量B细胞（包括自身反应性B细胞），产生自身抗体；EB病毒感染所致传染性单核细胞增多症，患者体内多克隆B细胞激活，产生抗平滑肌、抗核蛋白、抗淋巴细胞和抗红细胞等的自身抗体；金黄色葡萄球菌外毒素TSST-1、肠毒素SEA、SEB等超抗原，可激活大量T细胞（包括自身反应性T细胞）。（图16-5）

（3）独特型旁路激活途径：某些外源性致病因子（如病毒、寄生虫等）本身或它们刺激机体产生的抗体，可与自身反应性T、B细胞抗原受体有“公有独特型”（public idiotype），故这些致病因子或其抗体可激活特异性独特型Th细胞（绕过耐受的Th细胞），使之辅助携带相应“公有独特型”的自身反应性T/B细胞发生自身免疫应答。其机制可能是：①针对某些外来抗原所产生的抗体，具有与自身正常细胞膜抗原相似或相同的表位，故该抗体激发机体所产生的抗独特型抗体能与自身正常细胞表面抗原结合（图16-6A），如小鼠针对外源胰岛素产生的抗胰岛素抗体，能进一步诱生抗独特型抗体，后者不仅能与激发的抗体结合，也能与胰岛素受体结合，导致胰岛素抵抗性糖尿病；②抗微生物抗体本身可能即是一种针对自身抗体的抗独特型抗体，它能激活具有独特型表位的自身反应性B细胞（图16-6B）。

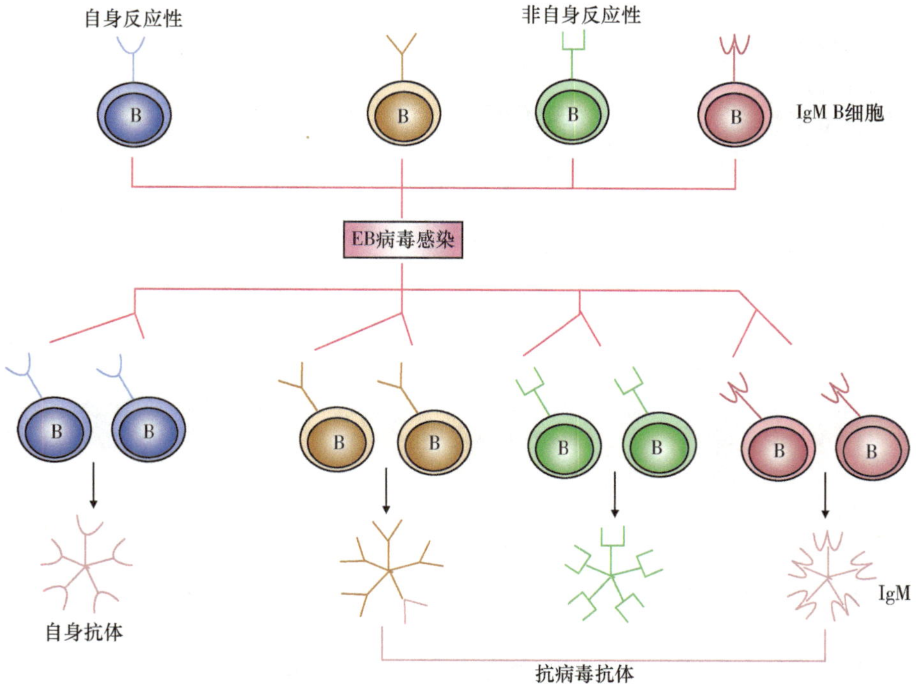

图 16-5　多克隆 B 细胞激活示意图

EB 病毒感染激活多克隆 B 细胞→产生特异性抗病毒抗体,也可产生多种自身抗体

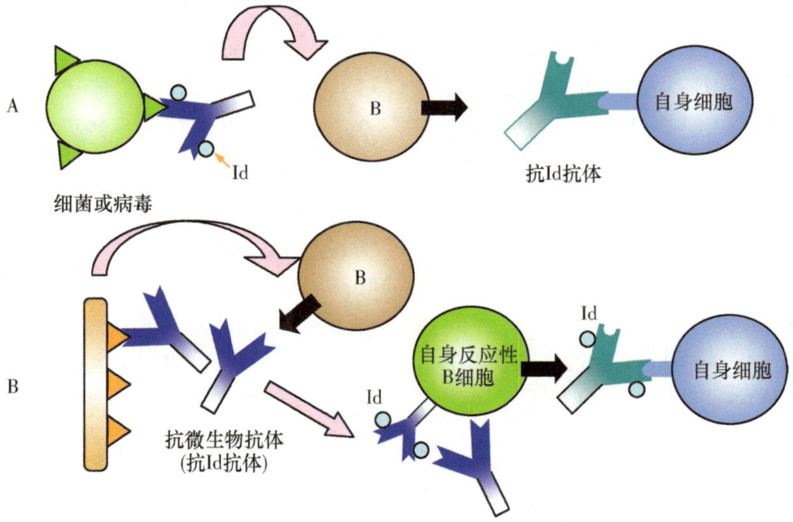

图 16-6　独特型旁路活化机制诱导自身免疫

A. 抗细菌或抗病毒抗体具有与自身正常细胞膜抗原相似或相同的表位(Id)→所产生的抗 Id 抗体类似自身抗体→与自身细胞表面抗原结合→自身免疫反应;B. 抗微生物抗体本身即为自身抗体的抗独特型抗体(抗 Id 抗体)→激活含独特型表位的自身反应性 B 细胞→产生自身抗体→与自身细胞抗原结合→自身免疫反应

(4) Toll 样受体(TLR)激活途径:与自身抗原呈低亲和力结合的淋巴细胞,其可逃避中枢免疫器官的阴性选择而进入外周。正常情况下,这些"漏网"的自身反应性淋巴细胞对自身抗原"忽视"而不产生应答,一旦这种"忽视"被足够强的刺激所打破,即可能产生自身免疫应答。

以感染诱发系统性自身免疫病为例:感染状态下,TLR9 可识别存在于细胞内的非甲基化 CpG 序列。一般情况下,CpG 序列是细菌 DNA 的组分,哺乳动物细胞内 CpG 水平极低,难以有效激活 TLR9。当大量细胞发生凋亡且所形成的碎片未能被及时清除时,凋亡细胞的染色质成分可与特异性 B 细胞的 BCR 结合而被内化,其中的 CpG 序列可与 B 细胞内 TLR9 结合而启动信号转导,并打破原有的"免疫忽视"状态,从而产生抗 DNA 抗体,并引发系统性自身免疫病。(图 16-7)

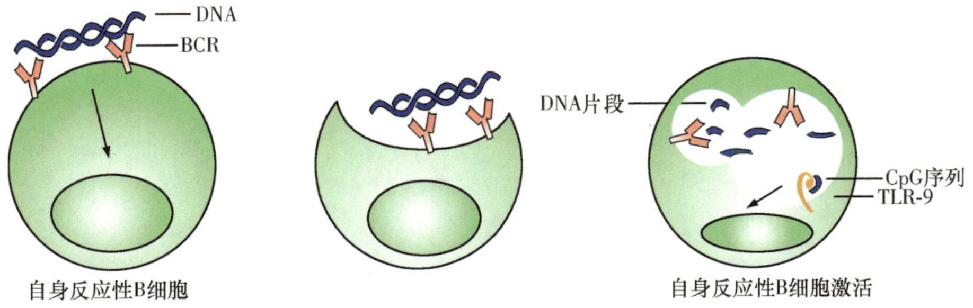

图 16-7 TLR 途径激活自身反应性 B 细胞

感染等因素→过量细胞死亡→凋亡片段清除不足→特异性 B 细胞 BCR 结合并内化 DNA 片段（含 CpG）→被胞内 TLR9 识别→启动 B 细胞活化信号→激活原先被忽略、针对 DNA 的自身反应性 B 细胞→自身免疫应答

4. T 细胞亚群功能失衡 大量实验依据提示，$CD4^+$Th 细胞功能亚群（Th1、Th2、Th17 及 Treg）在体内构成复杂的细胞调节网络，各亚群比例和功能平衡在维持内环境稳定中起重要作用。感染或其他诱因能改变微环境中细胞因子组成，进而影响 T 细胞分化并使 T 细胞功能亚群失衡，最终导致 AID 发生。

（1）Th1 细胞/Th2 细胞失衡：一般而言，Th1 细胞参与器官特异性 AID 发生，而 Th2 细胞对此类疾病发生有拮抗效应。应用 Th1 应答抑制剂（如抗 IL-2 受体、IFN-γ 或 IL-12 的单抗）或 Th2 型细胞因子（如 IL-4、IL-10）可抑制上述 AID；反之，Th1 型细胞因子（如 IFN-γ、IL-12 等）或 Th2 应答抑制剂（如 IFN-γ、抗 IL-4 抗体等）可促进疾病发生、发展。另外，Th2 细胞功能增强还参与非器官特异性 AID（如全身性红斑狼疮等）发生。同理，上述 Th1/Th2 型细胞因子可分别促进或拮抗疾病发生、发展。

（2）Treg 细胞缺陷：Treg 细胞是体内最重要的免疫负调节细胞，在维持自身耐受中发挥关键作用，其分化或功能缺陷可导致自身免疫病发生。例如：①IPEX（免疫失调、多发内分泌病、肠病、X 染色体连锁）综合征患者 X 染色体 Foxp3 基因突变；②小鼠和人 Foxp3 功能缺失，可导致早发性、致命性 T 细胞依赖性淋巴增生，造成多脏器炎症损伤，出现糖尿病、甲状腺炎、溶血性贫血、剥脱性皮炎、脾大、淋巴结病和细胞因子风暴等；③自身免疫病（如多发性硬化症、1 型糖尿病、银屑病和重症肌无力等）患者及 AID 动物模型，Treg 数量和功能（产生 TGF-β、IL-10）下降；④过继输入同品系小鼠 Treg 细胞，可抑制非肥胖型糖尿病（non-obese diabetic，NOD）小鼠发生 I 型糖尿病。

另外，Foxp3 是 Treg 细胞特征性转录因子，其表达直接影响 Treg 细胞分化。已发现，Foxp3 基因上游启动子区保守区域的甲基化程度，与其表达水平呈负相关，从而可通过调控 Treg 细胞分化而参与自身免疫病发生。

（3）$CD4^+$Th17 细胞功能失衡：$CD4^+$Th17 细胞是体内最重要的效应细胞之一，广泛参与炎症反应和组织损伤。已发现，Th17 细胞与 AID 发生、发展密切相关。例如：①RA 患者血清及关节滑液 IL-17 水平升高，关节滑液内 Th17 细胞及中性粒细胞聚集；②MS 患者病灶 IL-17mRNA 水平及脑脊液 IL-17 蛋白水平升高；③IL-17 基因敲除小鼠或抗 IL-17 治疗可部分缓解 EAE 症状；④AID 病灶局部出现大量 Th17 细胞浸润，且浸润程度与疾病严重程度呈正相关。

目前认为，Th17 与 Treg 细胞偏移可能在自身免疫病发生中起重要作用。例如：原发性胆汁性肝硬化患者外周血 Th17 细胞数量、RORγt 表达及微环境 IL-6 水平均升高，而 Treg 数量和 Foxp3 表达则下降。因此，调节微环境细胞因子及 T 细胞内转录因子（Foxp3、RORγt）表达，可能成为干预自身免疫病发生的策略。

5. B 细胞亚群功能失衡 B 细胞过度激活在体液免疫介导的自身免疫病发生中起重要作用。近年发现一类具有负调节功能的调节性 B 细胞（Breg），其主要通过产生 IL-10 而抑制 T 细胞活化及炎症反应。目前认为，Breg 细胞分化和功能异常参与某些自身免疫病（RA、MS 等）发生。

6. 调节性 DC 体内存在一类调节性 DC（DCreg），在建立和维持免疫耐受中发挥重要作用。已发现，DCreg 分化和功能异常与自身免疫病发生相关。

（二）免疫分子异常与 AID

1. MHC Ⅱ类抗原表达异常 正常情况下，体内多数组织器官仅表达 MHC Ⅰ类抗原，而不表达 MHC Ⅱ类抗原。IFN-γ 等细胞因子可诱导组织细胞表面异常表达 MHC Ⅱ类抗原，从而可能将自身抗原提呈给 Th 细胞，启动自身免疫应答，导致自身免疫病。已发现，甲状腺毒症的甲状腺上皮细胞、原发性胆汁性肝硬化的胆管上皮、糖尿病的胰腺内皮细胞和β细胞表面均异常表达MHC Ⅱ类抗原。

2. 细胞因子产生失调　细胞因子产生失调可介导异常自身免疫应答，其机制可能是：诱导MHC Ⅱ类抗原异常表达或表达增加；诱导黏附分子表达增加，使APC与T细胞结合的亲和力增强，促进自身免疫应答发生。相关实验依据为：①将IFN-γ基因插入胰岛素基因启动子中，通过转染胰岛β细胞使之分泌IFN-γ，后者可促进胰岛β细胞表面MHC Ⅱ类分子表达，并导致自身免疫性胰岛细胞损伤；②类风湿性关节炎的关节滑膜T细胞可自发分泌大量TNF-α和GM-CSF，继而强烈激活Mϕ，导致慢性炎症和持续性自身免疫性组织损伤；③IL-2分泌不足造成Fas介导的AICD效应减弱，使自身反应性T细胞清除受阻，也使Treg细胞抑制自身免疫的作用受阻，从而易发生自身免疫病。

3. 共刺激分子表达异常　T细胞对自身抗原产生外周耐受的机制之一是APC表面共刺激分子表达下降或缺失，导致T细胞失能。多种病原微生物产物（如LPS、细菌DNA和病毒核酸等）具有免疫佐剂效应，可直接刺激固有免疫细胞产生细胞因子，导致APC表面黏附分子和共刺激分子（B7、CD40L、CTLA-4等）表达异常，从而终止自身反应性T细胞的外周耐受，引发AID。已发现：CTLA-4基因敲除或用抗CTLA-4抗体封闭APC表面CTLA-4，均可加重EAE小鼠的自身免疫性组织损伤。

4. 微小RNA表达异常　微小RNA（micro RMA，miRNA）是含18～25个碱基的非编码单链小RNA分子，广泛存在于病毒、线虫、植物及动物细胞内，其在进化中高度保守。成熟miRNA通过其核酸序列与特定靶mRNA互补结合，通过降解mRNA或抑制靶基因翻译，从而调控目的基因表达。已证实，miRNA在免疫细胞分化、发育及免疫应答调控中发挥重要作用，并与AID发病相关。例如：RA患者外周血PBMC中miR-146a和miR-16表达增加，且与疾病活动度相关；与骨关节炎相比，RA关节滑液和成纤维细胞内miR-155表达增高，可能通过调节滑液成纤维细胞内基质金属蛋白酶3（MMP-3）参与组织损伤；miRNA表达异常与SLE、银屑病等AID发病相关。

四、参与AID发生的其他因素

（一）神经-内分泌系统与AID

下丘脑-垂体-肾上腺反馈环路对Th和Mϕ具有抑制性调节作用：①该环路产生糖皮质激素，可抑制自身反应性Th细胞和Mϕ活化，并分泌炎性细胞因子（IL-1、IL-6、TNF-α）；②IL-1、IL-6、TNF-α等可反馈性刺激下丘脑-垂体-肾上腺环路，通过产生糖皮质激素而发挥免疫抑制作用。因此，该环路任一环节发生功能障碍，均可能引发自身免疫病（图16-8）。例如：类风湿关节炎患者下丘脑室旁核功能缺陷可抑制糖皮质激素释放，使自身反应性Th细胞和Mϕ产生炎性细胞因子的作用失控，导致血清IL-1、IL-6水平明显升高，引发组织损伤。

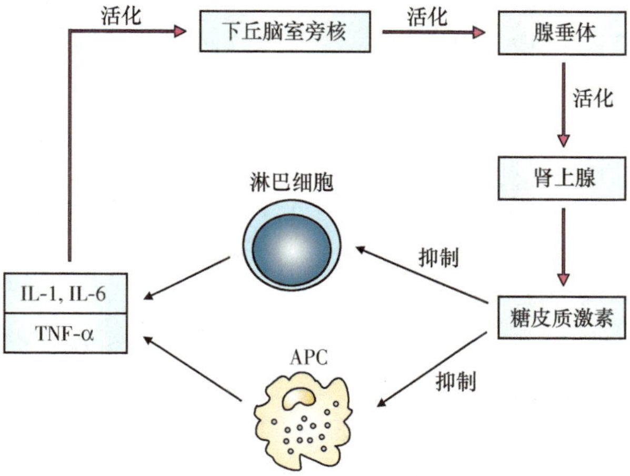

图16-8　下丘脑-垂体-肾上腺反馈环路

（二）生理性因素

1. 年龄　AID发病率随年龄增长而升高，这可能是由于老年人胸腺功能低下引起免疫系统功能紊乱所致。已发现，NZB小鼠SLE样综合征发病率随鼠龄增长而升高。

2. 性别因素　AID与性别相关，实验依据与临床资料为：①女性高发某些AID，其多发性硬化（MS）和SLE发病率是男性的10～20倍；②AID发病率及病情与体内雌激素水平相关，给SLE小鼠应用雌激素可加重其病情，类风湿关节炎患者妊娠时病情通常减轻，而分娩后自身免疫病可能加重，自身免疫性甲状腺疾病女性患者产后易出现甲状腺功能低下；③某些自身免疫病在男性多发，如强直性脊柱炎患者中男女之比为3∶1。

性激素与AID易感性关联的机制尚不清楚。

（三）与AID相关的其他因素

1. 靶器官对AID诱发因素的反应阈值降低　例如，肥胖品系鸡是与人自身免疫性甲状腺病类似的动物模型，其甲状腺上皮细胞对IFN-γ诱导MHC Ⅱ类分子表达的反应阈值明显降低。

2. 肥大细胞与自身免疫　肥大细胞参与人风湿关节炎发病，在关节炎滑膜切片发现大量肥大细胞浸润,并通过产生炎性细胞因子(如 TNF 及 IL-1)而造成关节损伤。

3. NK 细胞与自身免疫 NK 细胞表面 NKG2D 属杀伤细胞激活性受体。人外周血及滑膜细胞中存在一类高表达 NKG2D 的 $CD4^+CD28^-$ T 细胞亚群,可通过与相应配体(MICA、MICB)结合而分泌 IFN-γ,导致 AID 发生。另外发现,IL-15 及 TNF 均可上调 NKG2D 表达,从而加重 AID 病情。

4. 微生物感染与 AID 临床资料和动物实验均已证明,微生物(尤其是病毒)感染是 AID 的重要诱因,其机制可能为:①微生物作为生物学因素使自身抗原变性;②微生物具有与自身组织抗原相同或相似的抗原或抗原表位,导致交叉反应;③多种微生物作为多克隆激活剂而激活自身反应性 T/B 细胞;④病毒感染可诱发淋巴细胞突变;⑤微生物感染造成组织损伤,使隐蔽抗原释放;等等。

综上所述,AID 发生机制十分复杂,表现为:①任一 AID 发病均可能涉及多种因素的综合作用;②不同 AID,其发生机制各异;③患有同一种 AID 的不同个体,其致病机制可有差别;④即使同一患者,在 AID 发生、发展的不同阶段,起关键作用的致病机制也可能不尽相同。

诸多 AID 致病因素中,遗传背景可能是最重要因素,但决非唯一致病因素。例如,在所谓"继发性 AID"中,环境因素与疾病发生的相关性比较清楚,如风湿病发生与 A 族溶血性链球菌感染有关;但是,在不具备相关遗传背景的个体,链球菌感染并不引起风湿病;对所谓"原发性 AID"而言,则往往难以确定作为诱因的环境因素。

五、固有免疫与自身炎症性疾病

自身免疫病是机体针对自身抗原产生异常免疫应答而发病。在此过程中,多种固有免疫细胞也参与自身组织损伤。近年新定义一类自身炎症性疾病(autoinflammatory disease),指无抗原(如微生物)引发、不产生针对特定抗原的细胞免疫和体液免疫情况下,机体所发生的炎症反应。此类疾病与自身免疫病具有许多相似的病理特征,两者均由免疫系统攻击自身组织所致,并均引起炎症反应,但发病机制各异:自身炎症性疾病多属遗传性疾病,伴有基因突变,其发病由固有免疫异常所致,而与适应性免疫应答无关,临床特征为原因不明(不伴有感染)、反复发作的炎症,但患者体内不能检出高滴度自身抗体和(抗原特异性)自身反应性 T 细胞。换言之,固有免疫与适应性免疫异常分别介导自身炎症性疾病和自身免疫病发生。

目前已发现一系列自身炎症性疾病,可分为如下类别:①IL-1β 激活紊乱(IL-1β activation disorder),包括 4Cryopyrin 相关周期综合征(cryopyrin-associated periodic syndrome)、家族性地中海发热(familial Mediterranean fever,FMF)、化脓性关节炎合并坏疽性脓皮病、痤疮综合征(pyogenic arthritis with pyoderma gangrenosum and acne syndrome)等;②NF-κB 活化综合征(NF-κB activation syndrome),包括克罗恩病(Crohn's disease)、Blau 综合征(Blau syndrome)、变异型 Guadeloupe 周期性发热综合征(Guadeloupe variant periodic fever syndrome)等;③蛋白质错误折叠疾病(protein misfolding disorder),包括 TNF 受体相关周期综合征(TNF receptor associated periodic syndrome,TRAPS)、强直性脊柱炎(ankylosing spondylitis);④补体调节性疾病(complement regulatory disease),包括溶血性尿毒症综合征(hemolytic uremic syndrome)、老年性黄斑变性(age-related macular degeneration);⑤细胞因子信号紊乱(disturbances in cytokine signaling),如家族性巨颌症(Cherubism);⑥巨噬细胞活化综合征(macrophage activation syndrome),如原发性和继发性噬血细胞淋巴组织细胞增生症(primary and secondary hemophagocytic lymphohistiocytosis)。近期文献报道,动脉粥样硬化也可被视为由巨噬细胞介导的自身炎症性疾病,TNF-α、MCP1 等参与该病发生。

第二节 自身组织损伤机制

免疫系统可通过不同效应机制损伤自身组织细胞:①针对抗原的特异性免疫应答;②炎症反应及过量效应物质所致损伤作用。导致自身免疫病组织损伤的效应成分主要是自身抗体与自身反应性 T 细胞。实验研究中,将自身免疫病模型动物体内自身抗体或自身反应性 T 细胞等过继输注给健康动物而使之患病,是证实自身免疫病属性及开展相关研究的重要手段,也可用于鉴定引发自身免疫病的致病组分。借助上述研究策略已证实:自身反应性 T 细胞是导致 I 型糖尿病、实验性自身反应性脑脊髓炎(EAE)等组织损伤的主要效应细胞;自身抗体是引发重症肌无力、毒性弥漫性甲状腺肿等组织损伤的主要效应分子。

典型的临床例证为:自然怀孕过程中,IgG 可通过胎盘屏障进入胎儿体内,而 T 细胞则不能通过。若妊娠期母体罹患由自身抗体所致自身免疫病,则新生儿出生后一段时间内会出现与母体相同的自身免疫病临床表现,但其症状可随母体抗体被清除而逐渐消退。临床上通过置换婴儿血液或血浆可加快抗体清除。上述临床例证表明,自身抗体是相关自身免疫病的主要效应分子。

AID 组织损伤多由 II、III、IV 型超敏反应所致，抗体、补体、抗原抗体复合物、T 细胞、巨噬细胞、NK 细胞等均参与其中。（见第十五章）

（一）自身抗体介导组织损伤（II 型超敏反应）

1. 抗细胞表面或细胞外基质抗原的自身抗体介导组织损伤　针对细胞表面或细胞外基质抗原的自身抗体直接与靶抗原结合，通过激活补体、趋化中性粒细胞和单核/巨噬细胞、促进吞噬（调理作用）、ADCC 效应及局部释放炎症介质等机制，引起肥大细胞活化、血小板聚集、血管平滑肌扩张和凝血途径活化等，导致细胞和组织损伤。例如，抗基底膜Ⅳ型胶原的自身抗体引起肺出血-肾炎综合征，即通过上述机制致病。在自身免疫性溶血性贫血、药物引起的溶血性贫血、自身免疫性血小板减少性紫癜、中性粒细胞减少症等疾病中，自身抗体与血细胞结合并激活补体系统，可直接导致细胞溶破；同时，与抗体或 C3b、C4b 片段结合的血细胞经过脾、肝和肺时，由 FcR 和补体受体（CR1、CR2）等介导调理作用，促进巨噬细胞吞噬和清除相应自身血细胞。（图 16-9）

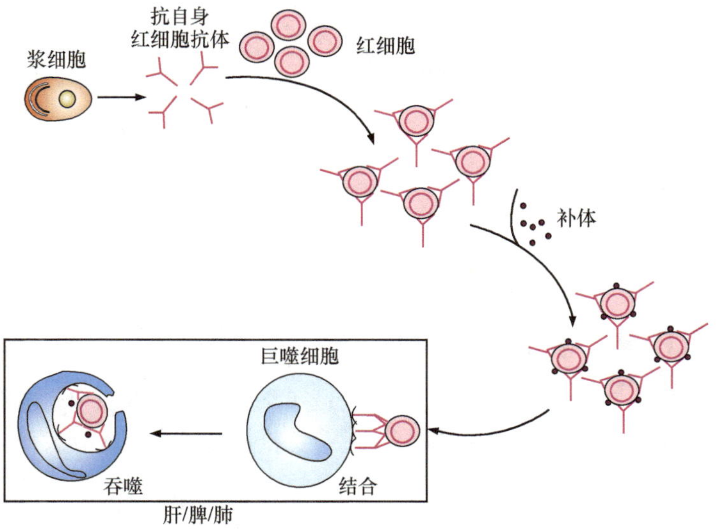

图 16-9　自身抗体介导的自身免疫性溶血性贫血

自身抗体与红细胞结合→激活补体系统→导致如下后果：补体直接溶解红细胞；与抗体和补体 C3b、C4b 片段结合的红细胞经过脾、肝和肺时，巨噬细胞借助其 FcR 和补体受体（CR1、CR2）等介导吞噬调理作用

2. 抗细胞表面受体的自身抗体介导细胞和组织功能障碍　自身抗体与细胞表面特异性受体结合，可通过多种机制导致该受体功能障碍。

（1）模拟配体作用：自身抗体与受体结合，可模拟其配体的作用，刺激靶细胞功能亢进。例如：①毒性弥漫性甲状腺肿患者血清中存在抗促甲状腺激素受体（thyroid stimulating hormone receptor，TSHR）的自身 IgG 抗体，此 IgG 与 TSHR 结合，可模拟促甲状腺激素的作用，持续刺激甲状腺细胞分泌过量甲状腺激素，导致甲状腺功能亢进；②某些低血糖症患者体内产生抗胰岛素受体的（激动剂样）自身抗体，此类抗体与胰岛 β 细胞表面胰岛素受体结合，可发挥类似于胰岛素样的效应，引起低血糖症。

（2）竞争性阻断效应：自身抗体与受体结合，可阻断天然配体与受体结合，或改变受体结构，从而抑制受体功能。例如：①某些胰岛素耐受性糖尿病患者体内产生抗胰岛素受体（拮抗剂样）的自身抗体，此类抗体可竞争性抑制胰岛素与胰岛 β 细胞表面胰岛素受体结合，引发糖尿病；②某些原发性甲状腺功能减退征患者血清中存在高效价结合 TSHR 的抑制性免疫球蛋白（TSHR binding inhibitory immunoglobulin，TBII）或抗促甲状腺激素受体抗体（TSH receptor antibody，TRAb），这些抗体不具有刺激作用，但可封闭甲状腺素受体功能，导致甲状腺组织萎缩。

（3）介导受体内化与降解：自身抗体与受体结合，可介导受体内化并降解，或通过激活补体系统而引发细胞损伤。例如，重症肌无力患者体内存在抗神经肌肉接头部位乙酰胆碱受体的自身抗体，该抗体可竞争性抑制乙酰胆碱与受体结合，并促使乙酰胆碱受体内化、降解，从而阻断或降低骨骼肌细胞对运动神经元所释放乙酰胆碱产生反应，出现以骨骼肌无力为特征的临床表现。（图 16-10）

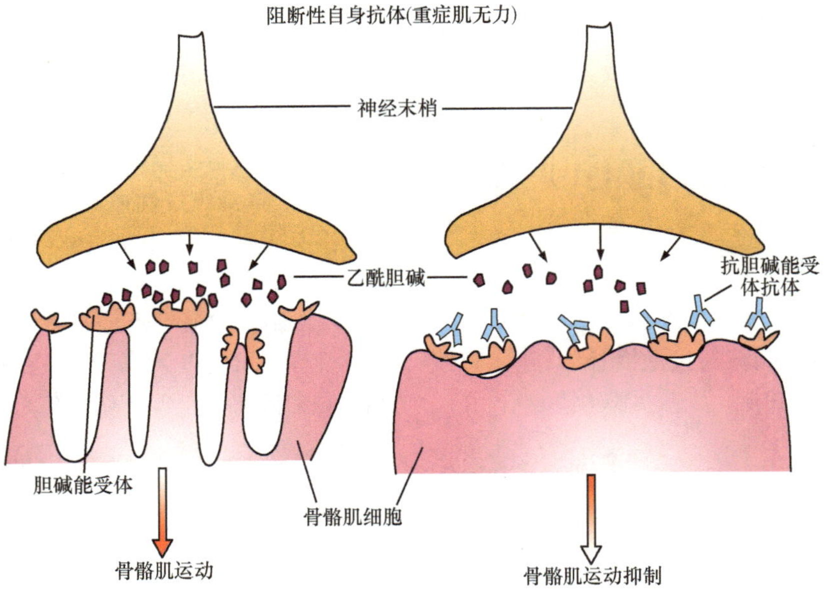

图 16-10 抗乙酰胆碱受体的自身抗体引起重症肌无力的机制
抗乙酰胆碱受体的抗体与乙酰胆碱受体结合→阻止乙酰胆碱与受体结合，或使乙酰胆碱受体内化并降解→肌细胞对运动神经元释放的冲动反应性不断降低→骨骼肌运动受抑制

(二) 自身抗原-抗体复合物介导组织损伤(Ⅲ型超敏反应)

可溶性自身抗原与相应自身抗体结合形成循环免疫复合物，其随血流而沉积于某些组织部位，造成组织损伤。SLE 是此类疾病的代表，其机制是：患者体内持续产生针对自身细胞核抗原(如核体、剪接体和胞质小核糖蛋白复合体)的 IgG 类自身抗体，形成大量循环免疫复合物，沉积于肾小球、关节、皮肤及其他器官的毛细血管，在局部激活补体系统，导致以中性粒细胞浸润为主的局部炎症反应，从而引起肾小球肾炎、关节炎、皮肤红斑及多部位脉管炎等多器官、多系统病变，最终导致广泛而严重的小血管炎性损伤(尤其在肾、脑部)。

(三) 自身反应性 T 细胞介导组织炎性损伤(Ⅳ型超敏反应)

自身反应性 T 细胞在多种 AID(尤其是器官特异性 AID)的免疫损伤中起重要作用，其效应机制属Ⅳ型超敏反应：$CD8^+$CTL 可直接攻击相应靶组织；$CD4^+$ Th1 可辅助 CTL，或通过释放细胞毒性细胞因子(如 TNF-b)和促进其他炎性细胞(如 Mϕ)聚集和激活的细胞因子，引起淋巴细胞和单核细胞浸润为主的炎性病变，直接或间接造成组织损害。例如：①IDDM 发病中，$CD8^+$和 $CD4^+$T 细胞浸润胰岛组织，CTL 特异性杀伤胰岛 β 细胞，Th1 细胞产生细胞因子引起炎症反应并损伤胰岛细胞；②EAE 发病中，MBP 特异性 Th1 细胞介导中枢神经系统损害，过继转移 MBP 特异性 Th1 细胞给正常动物，可成功诱发 EAE。此外，自身反应性 T 细胞在慢性淋巴细胞性甲状腺炎、恶性贫血及自身免疫性心肌炎等 AID 发病中也起重要作用。

(四) 固有免疫细胞介导组织炎性损伤

多种固有免疫细胞参与自身组织炎性损伤，例如：①巨噬细胞被细胞因子激活或被嗜细胞抗体"武装"后，即具有胞毒作用；②NK 细胞可通过 ADCC 效应等损伤靶组织，如桥本甲状腺炎甲状腺内含大量抗甲状腺球蛋白抗体，后者与甲状腺球蛋白结合形成抗原抗体复合物，并沉积于腺上皮细胞表面，其中抗体 Fc 段可与病灶部位 NK 细胞表面 Fc 受体结合，通过 ADCC 作用损伤甲状腺组织。必须强调，某些 AID 可能并非单一机制参与其免疫损伤机制。例如，重症肌无力的组织损伤涉及如下机制：①抗乙酰胆碱受体抗体介导Ⅱ型超敏反应；②自身反应性 T 细胞介导Ⅳ型超敏反应。

第三节 自身免疫病治疗原则

理论上，治疗自身免疫病的理想方法是重新恢复免疫系统对自身抗原的耐受，但迄今尚未实现这一目标。目前，临床干预措施仅限于缓解或减轻 AID 患者临床症状。近年来，通过对自身免疫病动物模型的研究，已在特异性免疫治疗中取得初步进展。但是，不同模型所获结论并非完全一致，且动物与人 AID 发病机制不尽相同，故实现临床应用仍有待时日。(图 16-11)

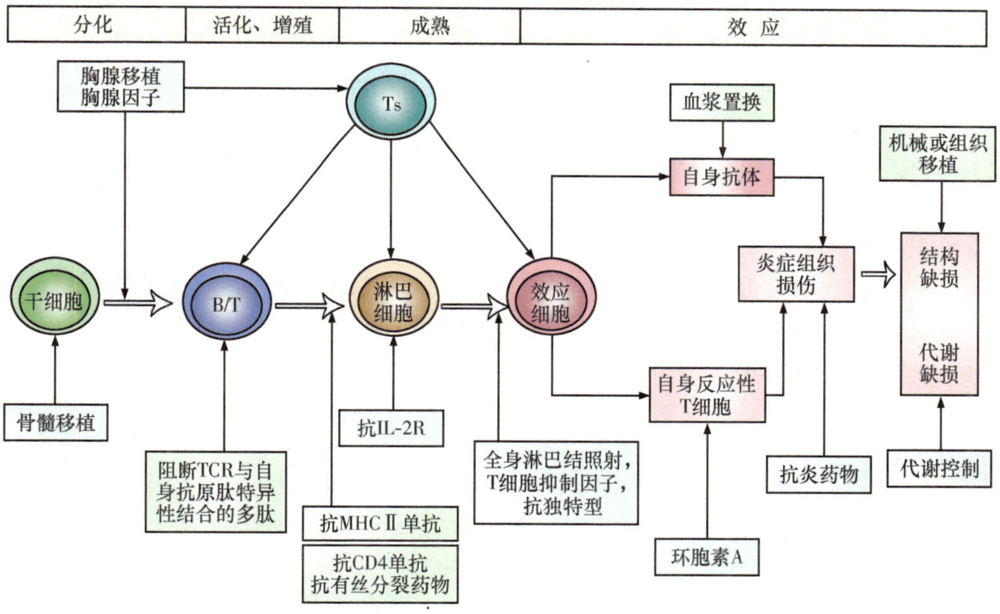

图 16-11　自身免疫病治疗策略

一、自身免疫病的常规治疗

1. 对症治疗

（1）抗炎疗法：应用皮质激素、水杨酸制剂、前列腺素抑制剂等消炎剂及补体拮抗剂等可抑制炎症反应，从而减轻 AID 症状。

（2）替代治疗：对因自身免疫而致某些重要生理活性物质减少的 AID，可进行替代疗法。例如：对重症自身免疫性贫血患者进行输血；对甲状腺炎患者补充甲状腺激素；对糖尿病患者给予胰岛素。此类疗法仅针对自身免疫病受损器官的修复或功能补偿，并不能阻止自身免疫病进程。患者一般需要终生使用替代药物以补偿受损器官功能。

（3）胸腺切除和血浆置换：重症肌无力患者常伴胸腺病变（如胸腺功能异常或胸腺瘤），部分患者经胸腺切除可改善症状。毒性弥漫性甲状腺肿、重症肌无力、类风湿性关节炎和 SLE 等发病与自身抗体相关，可通过血浆置换清除血浆中自身抗体和免疫复合物，从而缓解病情。

2. 免疫抑制疗法

（1）抑制细胞代谢：应用硫唑嘌呤、环磷酰胺、氨甲喋呤等抑制细胞代谢的药物（常与皮质激素联合应用），可杀伤快速增殖的细胞，从而抑制自身反应性淋巴细胞增殖和分化。

（2）免疫抑制剂：环孢霉素 A（CsA）和 FK506 可抑制 T 细胞活化和增殖，一般用于治疗由自身反应性 T 细胞介导的 AID（如 IDDM、EAE 和牛皮癣等）。

二、自身免疫病的免疫生物疗法

在动物实验和少数临床试验中，已尝试多种针对 AID 的免疫生物治疗方案。

（一）诱导针对致病自身抗原的免疫耐受

诱导机体建立针对致病自身抗原的免疫耐受，是治疗 AID 的理想方法。迄今在实验动物中已进行多种尝试，但临床应用尚有待时日。

1. T 细胞疫苗（Tcell vaccine） 在 MBP 诱导 EAE 的实验研究中发现，将少量 MBP 特异性 T 细胞转输给正常鼠，不仅不引发 EAE，且随后注射大量活化的 MBP 特异性 T 细胞或 MBP 加佐剂，也不发生 EAE。另外，将灭活的 MBP 特异性 T 细胞注入 EAE 小鼠，可使其症状获得持续性缓解。上述实验提示：MBP 特异性 T 细胞可作为疫苗，用于防治啮齿类动物 EAE。该疗法的机制可能为：MBP 特异性 T 细胞可诱生针对其 TCR 独特型的调节性 T 细胞，后者可抑制 EAE 发生。

2. 治疗性肽疫苗 制备疫苗的关键是筛选和鉴定致病自身抗原（表位）。例如，人软骨糖蛋白（HCgp-39）是人 RA 重要的致病自身抗原之一，给予来源于 HCgp-39、含 13 个氨基酸的短肽（AG4263），可诱导 RA 患者产生免疫耐受。耐受性肽疫苗的临床疗效涉及诸多因素，如抗原表位筛选、免疫接种频率、免疫途径、剂量、机体免疫功能状态等。

3. 口服自身抗原诱导耐受 口服抗原易诱导免疫耐受，可用于预防或抑制 AID 发生。目前已获准开展的临床试验为：①口服重组胰岛素，用于防治糖尿病；②口服Ⅱ型胶原，用于防治类风湿性关节炎；③口服相应自身抗原，用于治疗多发性硬化症、眼葡萄膜炎。

4. 模拟胸腺阴性选择而诱导耐受 胸腺基质细胞表达自身组织特异性抗原是通过阴性选择而清除自身反应性T细胞的前提。通过诱导胸腺髓质DC表达特定自身组织抗原，可模拟阴性选择以清除自身反应性T细胞，例如：通过诱导DC表达蛋白脂质蛋白（proteolipid protein，PLP）或髓鞘少突神经胶质细胞糖蛋白（myelin oligodendrocyte glycoprotein，MOG），可使EAE动物产生免疫耐受。

（二）阻断T细胞激活

1. 阻断TCR与自身抗原肽-MHC分子复合物特异性结合 制备与MHC分子或TCR具有高亲和力的短肽，通过阻断TCR识别自身抗原肽-MHC分子复合物，干预某些AID。例如：①根据与MHC分子结合的致脑炎MBP短肽序列，制备与该MHC分子有高亲和力的MBP衍生肽，用于EAE动物可有效阻止疾病发生；②Vβ8.2 TCR短肽可阻断MBP与TCR结合，通过抑制特异性T细胞识别致病肽段而阻断EAE进展，临床应用Vβ8.2肽疫苗治疗EAE可有效缓解疾病症状。

2. 阻断共刺激信号 CTLA-4-Ig是CTLA-4与Ig Fc段的重组可溶性融合蛋白，其可与B7-1、B7-2高亲和力结合，通过阻止B7与T细胞表面CD28分子相互作用，抑制T细胞激活。实验研究已证明，反复注射CTLA-4-Ig可抑制MBP诱发的EAE。此外，CTLA-4-Ig及抗CD40L单抗用于治疗多发性硬化症、牛皮癣、SLE等也取得良好疗效。

3. 其他 例如：①应用抗CD3和抗CD4单抗，抑制自身反应性T细胞活化；②应用经修饰的抗CD3单抗，诱导T1DM患者T细胞失能。

（三）清除免疫细胞

1. 靶向清除自身反应性T细胞 例如：①将毒素和放射性物质与自身抗原偶联，可用于选择性杀伤自身反应性淋巴细胞；②制备IgGFc段与IFA-3（CD2受体）胞外区段的融合蛋白，可同时与T细胞表面CD2和巨噬细胞、NK细胞表面FcγR结合，通过ADCC作用杀伤T细胞；③用抗自身反应性T细胞TCR的单抗，特异性清除相关细胞。

2. 靶向清除自身反应性B细胞 应用针对B细胞表面分子的单克隆抗体，通过ADCC作用或诱导凋亡而清除B细胞。例如：应用抗CD20、抗CD22、抗CD52的抗体，可清除自身反应B细胞并用于治疗SLE、RA等。另外，应用抗CD40L抗体，可抑制自身反应性B细胞激活，使患者血清自身抗体滴度下降，缓解肾小球肾炎症状。

（四）基于细胞因子的干预策略

1. 细胞因子疗法 通过给予外源性细胞因子而治疗AID，例如：①应用Th2型细胞因子（IL-4、IL-10或IL-13），通过抑制Th1细胞可治疗EAE；②应用IFN-β抑制IL-12，并拮抗DC分泌促炎细胞因子的作用，可治疗多发性硬化症；

2. 细胞因子阻断疗法 多种炎性细胞因子参与AID发病及病程进展，应用针对细胞因子及其受体的单克隆抗体，通过阻断相应细胞因子效应，可抑制自身免疫应答，从而治疗AID。例如：抗TNF-α抗体或TNF-α阻断剂，可有效改善RA患者症状；抗IL-17或GM-CSF单抗可减轻RA和MS小鼠症状。

（五）重建免疫系统

自身免疫病与患者免疫细胞异常有关，借助同种异体造血干细胞移植（HSCT）以重建患者免疫系统，有可能治愈某些自身免疫病。其机制为：①通过免疫重建，机体对自身抗原重新建立免疫耐受；②免疫重建中，自身反应性T、B细胞克隆可发生凋亡而被清除。目前，临床上已借助HSCT治疗某些重症AID（如SLE、RA、MS等）。

另外，近年已尝试移植骨髓间充质干细胞（bone mesenchymal stem cell，BMSC）、牙龈间充质干细胞（gingival-derived mesenchymal stem cell，GMSC）进行免疫重建，并取得一定进展。

（六）针对AID的其他生物治疗策略

1. 免疫球蛋白 临床应用静脉输注免疫球蛋白（ivIg）治疗AID（如血小板减少性紫癜、SLE等）取得一定疗效。其机制可能是，ivIg能消除体内某些引起AID的感染病原体、封闭Ig Fc受体等。

2. 抑制性CpG 细菌等原核生物含未甲基化的CpG寡核苷酸片段（CpG ODN），是具有免疫刺激作用的最小单位。已证实，含未甲基化CpG为核心的特定六核苷酸序列的CpG ODN才具有刺激性，亦称刺激性CpG基序。近期发现，某些腺病毒和大肠埃希菌DNA序列中部分CpG ODN能抑制刺激性CpG ODN对细胞的活化作用，被称为抑制性CpG基序。人工合成的某些抑制性CpG序列，有可能抑制自身免疫应答。

（王 晶 王从义 张 述）

第十七章　感染免疫与免疫缺陷

感染指病原体突破机体防御屏障，通过与免疫系统相互作用，造成组织器官不同程度损伤的病理过程。感染引发疾病的共同特点是：①病原体侵入并定植于某一组织；②通过适应宿主环境而增殖；③抵抗或逃避机体防御机制，并向其他部位扩散；④释放毒性物质（毒素、毒性酶）或诱发免疫病理应答；⑤最终导致组织损伤。

目前，感染性疾病已成为严重威胁人群健康的公共卫生问题，其表现为：某些传统的传染病死灰复燃（如结核等）或此起彼伏（如传染性肝炎），而新的传染病不断出现（如禽流感）。例如，全球每年约1700万人死于传染病，我国慢性活动性乙肝患者约3000万，活动性结核患者近500万。因此，深入阐明感染免疫的机制并研制更有效的疫苗具有重大理论与实践意义。

第一节　感染免疫概述

抗感染免疫指机体通过固有免疫及感染所诱发的适应性免疫，与入侵的病原体进行斗争的全过程。感染与免疫是矛盾的统一体，是同一事件的两个方面：①病原体攻克机体防御屏障，得以在宿主体内生存繁衍并产生毒性物质，从而对机体造成损害；②宿主机体动员全部防御机制（包括固有免疫及适应性免疫）与病原体进行斗争，以尽可能降低病原体对宿主机体造成的不利影响，直至最终清除病原体，使机体恢复至正常状态，并获得对同类病原体再次入侵不同程度的抵抗力。

一、感染与宿主免疫功能的相互作用

感染与免疫在本质上相互对立，但发生于同一宿主体内。病原体与宿主免疫系统的相互作用贯穿感染过程始终，并决定感染的发生、发展及结局。病原体与宿主的相互作用，以及感染与机体抗感染免疫的相生相克，处于不断发生动态变化和平衡的状态，并受神经、内分泌、免疫网络调节。

（一）机体的抗感染免疫

病原体感染早期，机体通常借助固有免疫机制（如屏障结构、吞噬细胞、NK细胞、补体等）发挥防御作用；继而，病原体抗原使T、B细胞致敏，产生特异性抗体及效应细胞，最终清除入侵的病原体。由于病原体种类、特点及其在体内所处微环境不同，抗感染的适应性免疫应答类型各异：可以体液免疫为主，或以细胞免疫为主；可以Th1型应答占优势，或以Th2型应答占优势。

机体抗感染免疫可导致不同结局：①病原体被完全清除，少数病原体感染（如天花、麻疹、腮腺炎病毒、百日咳、白喉杆菌）可诱导终身免疫；②某些病原体感染则仅诱发短时记忆，临床出现反复或慢性感染；③部分病原体（如DNA病毒与胞内菌）侵入人体后不发生增殖，且无明显临床表现，但可产生不同程度免疫记忆，此为隐性感染。

（二）感染影响机体免疫功能

感染既可增强宿主免疫功能，也可抑制宿主免疫功能。

1. 病原体感染增强机体免疫功能　其表现为：①机体针对入侵的病原体及其产物，启动固有免疫和适应性免疫机制，清除病原体并建立免疫记忆；②隐性感染、免疫接种均可导致“免疫增强”；③某些细菌组分及产物可直接诱导T细胞成熟并激活NK细胞、巨噬细胞，从而增强细胞免疫功能；④某些微生物制剂（如卡介苗、短小棒状杆菌、某些细菌、真菌多糖类物质及G^+菌脂磷壁酸）可增强机体低下的免疫功能，从而辅助治疗肿瘤及某些慢性感染性疾病。

2. 病原体感染抑制机体免疫功能　多种病原体（如胞内菌、病毒及寄生虫）可干扰宿主免疫系统，以维持在宿主体内生存和繁衍。例如：①麻疹病毒、风疹病毒感染的急性期和恢复期，患者外周血淋巴细胞对抗原或有丝分裂原的增殖反应降低，结核菌素试验转阴；②巨细胞病毒持续感染可致宿主“免疫衰老”，使感染者出现仅见于老年个体的免疫功能低下状态，从而升高感染性疾病及肿瘤发生率和致死率，预防或阻断巨细胞病毒感染，则可延缓“免疫衰老”；③粟粒性结核和瘤型麻风患者的体内外试验中，可见T细胞和（或）巨噬细胞对特异性及非特异性抗原均表现为不应答；④某些寄生虫（如锥虫、弓形虫、血吸虫及某

些肠道蠕虫)感染后,宿主对细菌、病毒的免疫应答被不同程度抑制;⑤HIV 感染可引起典型的继发免疫缺陷,最终导致宿主免疫系统全面崩溃,并引发致死性机会菌感染及恶性肿瘤。

3. 感染抑制机体免疫功能的机制 不同病原体抑制机体免疫功能的机制各异。

(1) 病原体组分直接抑制巨噬细胞和 T 细胞:如麻风杆菌组分(酚糖脂、硫酸脑苷脂等)能抑制巨噬细胞及 T 细胞,发挥非特异性抑制效应。

(2) 病原体直接感染淋巴细胞和巨噬细胞:①结核杆菌、利什曼原虫感染巨噬细胞后,可抑制巨噬细胞活化,使之不能合成、分泌杀菌性物质;②HIV 直接感染 $CD4^+T$ 细胞,可使 $CD4^+T$ 细胞数量明显减少,导致细胞免疫和体液免疫全面受损。

(3) 病原体感染诱生 Treg 细胞:如用结核杆菌毒力株 $H_{37}Rv$ 感染小鼠,可明显提高 $CD4^+CD25^+Treg$ 细胞比例,并导致免疫功能明显下降。

(4) 病原体感染干扰细胞因子产生及功能:①人巨细胞病毒感染成纤维细胞过程中,可产生某些物质抑制趋化因子 MCP-1 基因转录;②疱疹病毒感染可抑制单核/巨噬细胞及 DC 产生 IL-12,并影响 Th1 细胞分化;③水痘病毒属成员能促进可溶性 IFN 受体产生,通过竞争性结合干扰素而阻断后者的效应。

(5) 感染诱导免疫耐受:①母体感染乙肝病毒(HBV),可将病毒垂直传播给胎儿,所产出的婴儿 90% 以上呈 HBV 携带状态,且持续终身,此乃 HBV 诱导免疫耐受所致;②部分成年人感染 HBV,大量抗原刺激可诱导对 HBV 的耐受,呈现阶段性病毒携带状态。

(6) 感染诱导免疫细胞凋亡及耗竭:急性感染过程(如脓毒血症早期),病原体组分及其代谢产物(LPS、磷壁酸、肽聚糖、细菌超抗原等)可诱导大量炎性细胞因子(如 TNF、IL-1、IL-6、IL-8、IFN-γ)产生,亦称细胞因子风暴(cytokine storm),从而导致免疫细胞大量凋亡。另外,慢性病毒感染(HIV、淋巴细胞脉络丛脑炎病毒、HBV、HCV、CMV)可导致 $CD8^+T$ 细胞耗竭。

(三) 病原体的免疫逃逸

免疫系统三大功能(免疫防御、免疫自稳、免疫监视)中,免疫防御是最早被认识、最重要的功能。通过长期进化,机体已建立极为严密和精巧的防御机制。但许多情况下,入侵体内的病原体并不能被彻底清除,从而导致持续感染、慢性感染或重复感染。此现象的发生取决于两个方面,即机体免疫功能状态和病原体的免疫逃逸。免疫逃逸的机制为:

1. 病原体不能有效诱导机体产生免疫应答

(1) 病原体藏匿与抗原屏蔽:某些病毒可在免疫赦免区复制,例如,单纯疱疹病毒 1(HSV-1)潜伏于感觉神经元;伤寒杆菌藏匿于胆囊;结核杆菌被包裹于慢性非活动性结核灶内;多达数百种细菌存在于牙斑;弓形虫可经非吞噬方式藏匿于巨噬细胞内;曼氏血吸虫可以宿主红细胞血型抗原和 MHC 抗原作为伪装,逃避宿主识别;等等。

(2) 病原体抗原的免疫原性改变:某些病原体(如高侵袭力梅毒螺旋体)表面抗原免疫原性很弱,难以有效激活淋巴细胞。某些病原体在宿主免疫压力下,可发生基因突变或缺失,导致表位突变[即抗原漂移(antigenic drift)]、抗原转换或抗原变异(antigenic shift)。

例如:接种流感疫苗的人与动物群体免疫可致流感病毒血凝素与神经氨酸酶抗原表位变异,从而影响疫苗的保护性效果;结核杆菌临床分离株出现某些脂蛋白编码基因缺失;流感病毒、HIV 具有高变异性,导致患者已建立的免疫保护力对病毒变异株无效。

(3) 病原体抗原的化学属性:某些病原体其诱导机体产生保护性应答的抗原成分并非蛋白质,而是多糖或糖脂(属 TI 抗原),不能诱导记忆细胞形成和再次免疫应答。

2. 病原体及其产物具有免疫抑制效应

(1) 病原体及其代谢产物直接损伤免疫细胞:①HIV、麻疹病毒及人 T 细胞病毒可感染并损伤 T 细胞;②EB 病毒可感染并损伤 B 细胞;③麻疹病毒与巨细胞病毒可持续抑制固有免疫;④结核杆菌可诱导巨噬细胞凋亡;⑤利什曼原虫可感染并抑制巨噬细胞。

(2) 病原体产生免疫抑制因子:①奈瑟淋球菌分泌蛋白 Porin,可抑制中性粒细胞吞噬作用,并干扰补体激活;②疱疹病毒等可表达 Fc 受体及补体调控蛋白同源物,抑制抗体中和活性及 ADCC 效应;③HBV、轮状病毒、流感病毒及多瘤病毒等可产生抑制 IFN-α/-β 的物质;④EB 病毒等可产生抑制性细胞因子(IL-10 等);⑤某些病毒可产生 MHC Ⅰ类分子类似物,干扰抗原提呈并抑制 $CD8^+T$ 细胞功能;⑥卡波济肉瘤病毒产生多种蛋白,可抑制补体激活及免疫分子(IFN、p53、HLA、BCR)表达。

(3) 干扰免疫细胞活性:如疱疹病毒及巨细胞病毒可激活抑制性受体或抑制激活性受体,从而抑制 NK 细胞杀伤活性。

二、感染与其他免疫相关疾病的关系

感染过程可参与多种免疫相关疾病发生。其机制为:①入侵的病原体直接损伤免疫组织、免疫细胞,导致机体免疫功能低下、紊乱;②针对病原体的免疫应答也可能对宿主机体造成损伤，如抗原-抗体复合物沉积可致相应组织功能紊乱及结构损伤，某些病原体与宿主成分存在共同抗原，通过交叉反应而导致相应组织器官损伤。

1. 感染与炎症反应　病原体感染可通过多种机制引发炎症反应，适度炎症反应有利于机体清除病原体。但是，过强或持续时间过长的炎症反应也可对机体造成损伤，例如：针对HBV的免疫应答可致急性肝损伤；针对SARS病毒的免疫应答可致急性肺损伤。近年发现，过度炎症反应可导致某些凶险的临床过程，如脓毒血症、系统性炎症反应综合征（systemic inflammatory response syndrome，SIRS）及器官特异性过度炎症反应等。

2. 感染与自身免疫病　某些病原体感染机体，可引起自身免疫反应乃至自身免疫病。例如，柯萨奇B组病毒与Ⅰ型糖尿病、EB病毒与类风湿性关节炎、小RNA病毒与自身免疫性肾炎、副流感病毒与多发性硬化症、衣原体感染与动脉粥样硬化（动物实验）等均有明显相关性。

病原体感染引发自身免疫应答的机制之一是：某些病原体与宿主细胞蛋白（尤其是细胞骨架蛋白）间存在一定程度同源性，抗病毒抗体与宿主细胞蛋白可产生交叉反应，从而介导自身免疫应答和自身免疫病。例如：①乙型溶血性链球菌与肾脏和心脏某些组织成分具有共同抗原，感染此菌可引起肾小球肾炎、心肌炎、风湿性关节炎；②大肠杆菌O_{14}型与结肠黏膜组织具有共同抗原，感染此菌可引起慢性溃疡性结肠炎。

其他机制包括：某些病毒属多克隆B细胞激活剂；某些病原体感染可导致自身抗原性质改变；某些感染可上调病变组织细胞表达MHC分子或抑制调节性细胞分化；等等。

3. 感染与超敏反应　某些病原体进入机体，在激发保护性免疫应答的同时，还可引发超敏反应。例如：①多数蠕虫感染可引起Ⅰ型超敏反应；②疟原虫感染可引起溶血性贫血，属Ⅱ型超敏反应；③急性血吸虫感染出现的类血清病、链球菌感染及疟原虫感染引起的免疫复合物肾炎，均属Ⅲ型超敏反应；④结核杆菌及血吸虫感染引起肉芽肿，属Ⅳ型超敏反应。某些寄生虫感染可引起多种类型超敏反应，如血吸虫感染在同一宿主可引起Ⅰ型、Ⅲ型和Ⅳ型超敏反应。

另一方面，近年提出的“卫生学说”认为，感染可能降低过敏性疾病易感性。例如：非洲人群高发蠕虫感染（属Th2细胞应答），亚洲人群高发钩虫及血吸虫感染，均对哮喘具保护作用。（见第十四章）

4. 感染与肿瘤　流行病学调查显示，约18%恶性肿瘤发生与病原体感染（如幽门螺杆菌、乳头状病毒、HBV、HCV、EB病毒、HIV、人单纯疱疹病毒、血吸虫、人T细胞白血病病毒、肝吸虫等）相关。例如：①乳突瘤病毒16型感染与宫颈癌、EB病毒感染与鼻咽癌、乙型肝炎病毒感染与原发型肝癌等；②持续感染HIV或巨细胞病毒的患者，肿瘤发生率明显高于正常人群。

病原体感染参与肿瘤发生的机制可能为：①某些DNA致癌病毒所含双链DNA可与宿主细胞基因组DNA整合，通过病毒基因转化而诱导宿主细胞恶变；②某些RNA致癌病毒在宿主细胞内持续复制、繁殖，可诱导宿主细胞转化与恶变；③感染所致慢性炎症可增加恶性肿瘤风险，如HBV感染所致慢性迁延性肝炎可导致肝硬化并发展为肝癌；持续幽门螺杆菌感染可诱发胃癌。

另一方面，急性感染可能降低某些恶性肿瘤风险。例如：儿童急性感染伴发热，可能降低日后发生黑色素瘤、卵巢癌的风险；成年人急性感染可能降低日后发生脑膜瘤、胶质瘤、黑色素瘤的风险。其机制可能为：大量固有免疫细胞（尤其是NK细胞）浸润及活化，有利于杀伤肿瘤细胞。

5. 免疫缺陷病　病原体感染可导致继发性免疫缺陷，典型的例子是HIV感染所致人类获得性免疫缺陷综合征（AIDS）。（见本章后文）

第二节　胞外菌感染与免疫

某些病原菌感染宿主机体后，主要寄生于细胞外的血液、淋巴液和组织液中，并在宿主细胞外组织间隙中繁殖，称胞外菌（extracellular bacteria），其占病原菌的大多数。胞外菌主要致病特点是：引起局部化脓性炎症，并通过产生内外毒素及侵袭性胞外酶，直接或间接导致组织细胞损害或坏死。机体针对胞外菌的免疫防御机制主要为：皮肤黏膜屏障；吞噬细胞的吞噬、杀伤作用；补体溶菌与调理作用；抗体的中和、调理作用。某些情况下，细胞免疫也起一定作用，但一般不占重要地位。

一、胞外菌感染的致病机制

胞外菌致病主要取决于其侵袭力、所产生毒素等，且不同病原菌致病机制不尽相同。

（一）侵袭力

侵袭力指致病菌抵抗和逃避机体免疫防御机能的能力，包括：突破宿主皮肤、黏膜生理屏障；定植于特定组织;适应体内环境并进行繁殖;向机体其他部位扩散;等等。

1. 黏附与定植 大多数细菌致病开始于细菌对呼吸道、消化道、泌尿生殖道和皮肤等处上皮细胞的黏附,使其得以在局部定居,进而繁殖、扩散并聚积毒性因子,直至形成感染。因此,细菌黏附作用是其引起感染的首要条件,涉及细菌表面黏附因子(adhesive factor)与宿主上皮细胞表面相应受体相互作用,例如:革兰阳性菌(G^+菌)主要通过磷壁酸黏附于黏膜细胞表面;革兰阴性菌(G^-菌)主要通过菌毛黏附,某些G^-菌也可通过外膜蛋白黏附于黏膜细胞表面。细菌黏附因子主要包括:

(1) 菌毛:其具有黏附于组织细胞的能力。例如:肠道杆菌和弧菌的菌毛能使细菌吸附于肠上皮细胞;引起尿路感染的病原性大肠埃希菌具有特殊的P菌毛,使细菌黏附于尿路上皮细胞,避免尿液冲洗。菌毛的黏附作用具有组织选择性,此可能与宿主细胞表面所表达的相应受体有关。G^-菌的受体是糖类,G^+菌的受体一般是类蛋白或糖蛋白。

(2) 细胞壁成分:A族链球菌的黏附由脂磷壁酸(lipoteichoic acid,LTA)介导,后者的活性部位为疏水性脂肪酸。人类很多细胞(口腔黏膜细胞、皮肤表皮细胞、各类血细胞等)表面均表达LTA的受体,即纤维结合素或纤连蛋白(flibronectin)。

(3) 其他因素:细菌可通过理化反应使细菌黏附于人体组织,从而有助于细菌定植。例如:①变形链球菌可产生葡萄糖转移酶,通过合成葡聚糖,促使细菌彼此粘连并黏附于牙齿表面形成"菌斑";②乳杆菌可在菌斑中促进糖类发酵而产酸,导致牙釉质损害及牙质脱钙,造成龋损。

2. 繁殖和扩散 细菌牢固黏附于组织表面后,其转归各异:①某些细菌(如霍乱弧菌)仅在组织表面生长繁殖并引起疾病;②某些细菌(如志贺菌)黏附后即进入细胞内生长繁殖,产生毒素使细胞死亡,造成浅表组织损伤,但不再进一步侵入和扩散;③某些细菌(如化脓性链球菌)通过黏膜上皮细胞或细胞间质进入深层组织或血液中,进一步扩散致病。

某些细菌产生的毒素和侵袭性酶也有助于细菌及其产物的扩散,其机制为:①化脓性链球菌产生透明质酸酶(hyaluronidase),可分解结缔组织中的透明质酸;②链激酶(streptokinase,SK)可激活溶纤维蛋白酶原成为溶纤维蛋白酶,使纤维蛋白凝块溶解;③产气荚膜梭菌产生的胶原酶(collagenase)能分解结缔组织的胶原成分。

(二) 毒素

胞外致病菌引起疾病的主要机制之一是产生结构性毒素或外毒素。

1. 结构性毒素 结构性毒素包括G^-菌产生的内毒素及G^+菌的肽聚糖-磷壁酸。由于青霉素的应用,多数G^+菌已可被有效控制,故G^-菌产生的内毒素成为研究热点。

(1) 内毒素:内毒素是G^-菌细胞壁的脂多糖(LPS),其在菌体崩解时被释放。内毒素可激活单核/巨噬细胞、中性粒细胞并产生多种炎性细胞因子,继而刺激细胞产生前列腺素和白三烯,并激活补体和凝血系统。

(2) 肽聚糖-磷壁酸:肽聚糖-磷壁酸是G^+菌细胞壁组分,其大分子片段可触发炎症反应和休克,所引起的链式激活反应与内毒素相似。

2. 外毒素 外毒素是G^+细菌及某些G^-细菌的代谢产物,其在细菌胞浆内被合成后释放至细胞外,或在细菌死亡溶解后被释放。外毒素化学成分是蛋白质,大都含2个亚单位:①B亚单位为结合蛋白,可与易感细胞膜表面相应受体结合;②A亚单位为活性蛋白,可进入易感细胞并作用于靶部位,从而发挥毒性作用。

外毒素毒性极强,不同种细菌外毒素能选择性作用于不同组织,据此可分为如下类别:①神经毒素(neurotoxin),能选择性作用于神经引起功能紊乱;②细胞毒素(cytotoxin),可作用于细胞代谢的特定环节,导致细胞代谢障碍以至细胞死亡;③肠毒素(enterotoxin),一般在肠道产生并仅作用于局部;④超抗原性外毒素,指某些具有超抗原特性的细菌外毒素[如葡萄球菌肠毒素(A、B、C、D、E)、毒性休克综合征毒素-1(TSST-1)、化脓性链球菌致热外毒素(A、B和C)等],能使多数T细胞克隆激活并产生大量细胞因子,从而发挥毒性效应。

二、机体抗胞外菌感染的免疫学机制

宿主主要通过固有免疫及适应性体液免疫机制抵御胞外菌感染。

(一) 固有免疫效应

1. 皮肤黏膜的屏障作用 皮肤黏膜是机体抗感染的第一道防线,主要通过机械阻挡、分泌杀菌物质、正常菌群拮抗作用及黏膜局部sIgA等发挥抗感染作用。

2. 吞噬细胞的作用 细菌一旦突破皮肤或黏膜屏障侵入组织,吞噬细胞即发挥主要作用,首先是中性粒细胞对胞外菌的吞噬、杀灭。细菌黏附和侵入过程中,宿主细胞产生的趋化因子可使中性粒细胞聚集至炎症部位，构成机体抗胞外菌感染的前线。细菌一般情况下均可在入侵局部被吞噬消灭，仅毒力强、数量过多的细菌才能进入血液或其他器官，由血液、肝、脾等处吞噬细胞继续吞噬和杀灭。

感染初期，吞噬细胞一般通过表面吞噬（借助模式识别受体识别病原体 PAMP）而发挥作用。补体激活或抗体产生后，可通过调理作用发挥更强的吞噬杀伤作用。单核/巨噬细胞在感染早期也参与识别、捕获、摄入和杀伤胞外菌，并可释放多种炎性细胞因子，有助于介导炎症反应而进一步清除胞外菌，同时启动适应性免疫应答。

肝、脾巨噬细胞对快速清除血液中胞外菌起重要作用：经免疫的动物体内产生特异性抗体后，主要在肝脏清除血中的细菌；未经免疫的动物，血中细菌的清除主要在脾中进行。由此可解释，无脾病人偶患肺炎球菌感染可引发致死性败血症。

3. 补体的作用　胞外菌感染激活补体的机制为：①感染早期，细菌胞壁成分（如 G^-菌胞壁脂多糖、G^+菌细胞壁的肽聚糖）可激活补体旁路途径；②稍后，侵入机体的细菌被单核吞噬细胞吞噬，可诱生多种炎性细胞因子，诱导肝细胞产生急性期蛋白（如 C 反应蛋白、MBL），从而激活凝集素途径；③特异性 IgM 或 IgG 与相应细菌结合为复合物，可激活补体经典途径，同时凝聚的 IgA 还能激活旁路途径。

补体抗胞外菌感染的机制为：①补体三条激活途径最终均形成膜攻击复合物（MAC），直接发挥溶菌作用；②补体激活过程产生 C3b、C4b，可发挥调理作用，增强吞噬细胞的吞噬杀菌效应；③补体活性片段（C3a、C5a 等）介导炎症反应，促进病原菌的清除。

补体三条激活途径在胞外菌感染不同时段发挥作用：旁路途径发挥作用最早；MBL 途径在适应性应答产生前发挥作用；经典途径在适应性应答产生后与抗体协同发挥作用。

（二）适应性免疫效应

若固有免疫防御机制难以彻底清除入侵的病原菌，则机体启动适应性免疫应答，其中抗体是清除胞外菌的主要效应分子，其作用机制为：

1. 阻挡致病菌黏附、定植　病原菌吸附至黏膜上皮细胞是导致感染的先决条件。存在于黏膜表面的 sIgA 与相应病原体结合，可阻断病原菌在黏膜上皮细胞表面黏附和定植。

2. 激活补体　机体产生针对胞外菌的 IgG、IgM，可与相应细菌结合而激活补体经典途径，从而发挥杀菌作用（见上述）。

3. 调理吞噬作用　无荚膜细菌易被吞噬细胞吞噬杀灭，而清除有荚膜细菌有赖 IgG 的调理作用，促进吞噬细胞的吞噬作用。

4. 中和作用　抗毒素抗体与外毒素结合，可封闭外毒素毒性部位或阻止其吸附于敏感细胞，所形成的免疫复合物最终被吞噬细胞吞噬、清除。

特异性抗体是抗胞外菌感染的主要效应机制，但某些细菌诱生的抗体对机体无保护作用，反能促进细菌生长。如某些淋球菌感染时，机体可产生无效的封闭抗体，其与淋球菌特异受体结合，可抑制有效抗体与相应抗原表位结合，从而抵抗机体的杀菌作用。

三、胞外菌的免疫逃逸机制

侵入体内的细菌须繁殖达一定数量才能引起明显病理变化。细菌大量繁殖并致病的前提是所在组织生化环境适宜细菌生长，同时细菌可抵御宿主防御机制对其破坏及杀灭作用。胞外菌可借助如下机制逃逸机体免疫效应：

1. 抗吞噬作用　无特异性免疫力的宿主体内，细菌荚膜、微荚膜或其类似结构（如化脓链球菌 M 蛋白、肠道杆菌 O 抗原、伤寒沙门菌 Vi 抗原等）均可抵抗吞噬细胞吞噬和体液中杀菌物质的作用，使病原菌在宿主体内迅速繁殖。例如：①将无荚膜的肺炎链球菌注射至小鼠腹腔，细菌易被吞噬、清除，而注入有荚膜菌株，则细菌大量繁殖，小鼠在 24h 内死亡；②金黄色葡萄球菌产生的血浆凝固酶（coagulase）能加速血浆凝固，形成纤维蛋白的网状结构，阻止吞噬细胞接近和吞噬，同时使其免受抗体等体液因子的作用；③金黄色葡萄球菌和化脓性链球菌可产生溶血素、杀白细胞素，有抑制粒细胞趋化及杀伤粒细胞的作用，对巨噬细胞也有毒性；④某些细菌（如淋病奈瑟菌）的菌毛具有抗吞噬作用。

2. 抗调理作用　①许多 G^+和 G^-细胞荚膜含唾液酸残基，其与血清补体 H 因子有高亲和力，两者结合后 H 因子可解离旁路途径 C3 转化酶，并在细菌表面形成 H-C3b 复合物，阻止 C3 继续活化，从而阻断旁路途径正反馈效应及 C3b 的调理作用；②金黄色葡萄球菌的 SPA 与 IgG Fc 段结合，可使已受该抗体调理的细菌免遭吞噬。

3. 细菌表面抗原基因变异　某些细菌（如淋球菌和大肠杆菌）表面抗原发生基因变异，其编码产物的免疫反应性发生改变，从而逃脱特异性抗体的攻击。

4. 其他机制　①化脓性链球菌感染宿主后，可分泌针对抗链球菌抗体（IgG）的蛋白水解酶；②某些淋病奈瑟菌和变形杆菌菌株产生 IgA 蛋白酶，可裂解

sIgA;③某些葡萄球菌可产生过氧化氢酶,通过清除反应性氧中介物而抵抗免疫杀伤作用。

第三节 胞内菌感染与免疫

某些病原菌侵入机体后,大部分时间须在宿主细胞内生长繁殖,此为胞内菌。根据其寄居特征可分为两类:①兼性胞内菌,其进入机体后主要在胞内寄居、繁殖,而在体外也能在适宜的无生命培养基中生长繁殖;②专性胞内菌,其不论在体内或体外均只能在细胞内生存和繁殖,喜居于内皮细胞、上皮细胞等。胞内菌是一个异质性群体,包括多种性质不同的细菌,其与胞外菌有诸多不同特性,且不同胞内菌的致病性也各异。

一、胞内菌感染的特点及致病机制

(一)胞内菌感染的特点

1. 细胞内寄生 此为胞内菌突出特征,由此决定其致病性及免疫原性。另外,某些胞外菌在致病过程中,亦可因穿越黏膜屏障而入侵,并短暂留存于上皮细胞内。

2. 低毒性 多数胞内菌自身毒性不强,有利于细菌与宿主细胞长期共存。胞内菌感染所致病变,主要由宿主对胞内菌感染产生免疫应答的病理性免疫损伤所致,而胞外菌感染引起的组织损伤主要由细菌所产生毒素的强毒性所致。

3. 慢性疾病过程 胞内菌可与宿主细胞长期共存,持续性感染与保护性免疫间形成动态平衡,导致胞内菌感染潜伏期长、病程进展缓慢。

4. 主要诱导细胞免疫应答 T细胞是抗胞内菌感染的主要效应细胞,其并不直接对胞内菌发挥效应,而是作用于感染胞内菌的宿主细胞。仅当细胞免疫效应导致感染的靶细胞裂解后,胞内菌释出胞外,抗体才能与之直接接触而发挥辅助抗菌作用。

5. 肉芽肿组织反应 胞内菌感染常引起组织肉芽肿形成,其后果是:①阻挡细菌向四周扩散,发挥保护效应;②在局部造成一定病理损害;③肉芽肿溃破后病菌播散,可致远处组织新病灶形成。

6. 迟发型超敏反应 胞内菌感染常伴迟发型超敏反应。若在患者局部注射相应可溶性抗原(如结核患者注射OT),可呈现由T细胞介导、巨噬细胞参与的迟发型超敏反应。

必须指出,并非每种胞内菌感染均具有上述全部特征,例如:①结核杆菌是最典型的胞内菌,但其也可在宿主体内崩解细胞的碎屑中进行胞外繁殖;②小鼠实验性李斯特菌感染具有绝大部分胞内菌特征,但病程却表现为急性。

(二)胞内菌的致病机制

胞内菌感染的过程涉及为对宿主细胞的黏附、入侵及在宿主细胞内生存。

1. 黏附与入侵 对哺乳动物细胞的黏附是病原菌的共同特征。胞内菌与靶细胞的黏附与胞外菌相似,均通过配体与受体结合。单核吞噬细胞膜表面表达两类受体:①调理性受体,包括CR1、CR3、CR4、FcR或FnR(纤维连接蛋白受体);②非调理性受体,为植物血凝素样受体,包括甘露糖型、半乳糖型和单糖型,可分别与不同细菌表面*N*-乙酰葡糖胺、甘露糖、葡萄糖和L单糖、*N*-乙酰半乳糖和半乳糖等配体直接结合而发生黏附。

黏附是细菌侵入宿主细胞的前提。胞内菌入侵机制十分复杂,主要为:①“拉链式”入侵机制,多数胞内菌可产生侵袭素,后者与靶细胞表面整合素或生长因子受体(如EGF受体)结合,在启动吞噬过程的同时介导胞内菌入侵;②“触发式”入侵机制,某些胞内菌(如肠沙门菌)与宿主细胞相互作用,在接触部位形成“膜内陷”,细菌借此进入宿主细胞。

2. 胞内菌在宿主细胞内的生存机制 胞内菌进入宿主体内,吞噬细胞可将其吞噬,但不能有效杀灭和消化之,使其得以在胞内存活。其机制可能为:

(1)逃避吞噬溶酶体的杀伤效应:吞噬体形成过程中,pH先碱后酸。防御素在碱性环境发挥作用,而溶酶体酶在酸性环境发挥作用。吞噬体和溶酶体融合后,吞噬体内的酸性环境有利于溶酶体酶降解、杀死细菌。胞内菌可通过下述机制逃避吞噬溶酶体的杀伤作用:①某些胞内菌具有抗防御素功能(如鼠伤寒杆菌phoP基因编码产物);②某些胞内菌感染可阻止吞噬体酸化和吞噬体与溶酶体融合,如分枝杆菌产生NH_4^+能中和吞噬体酸化,所产生的硫酸脑苷脂和某些糖脂能干扰吞噬体与溶酶体融合;③某些胞内菌(如单核细胞李斯特菌)可产生SH活化的细胞溶素(即李斯特菌溶素),使该菌能逃离吞噬体至细胞质中,从而躲避吞噬溶酶体的杀伤。

(2)逃避吞噬细胞呼吸爆发所致杀伤效应:吞噬细胞的吞噬过程常引发呼吸爆发,通过产生活性氧而杀伤细菌。胞内菌逃避氧爆发所致杀伤效应的机制为:①某些胞内菌被吞噬的方式(如肺炎军团菌通过与靶细胞表面补体受体CR1/CR3结合而介导吞噬)并不激发呼吸爆发,从而有利于维持胞内菌存活;②某些胞内菌能产生超氧化物歧化酶(SOD)和过氧化氢酶,通过降解超氧离子(O_2^-)和过氧化氢(H_2O_2)

而避免吞噬细胞的杀伤作用。

(3) 其他:①某些入侵巨噬细胞的胞内菌(如分枝杆菌等)可抑制巨噬细胞活化,在抑制吞噬杀菌的同时,还下调 MHC Ⅱ类分子表达和细胞因子产生,从而减弱其作为 APC 的功能;②某些胞内菌受到吞噬细胞所分泌毒性效应分子攻击时,可产生热休克蛋白(HSP),后者可减轻细胞内毒性分子阻抑细菌蛋白质折叠与合成的作用,从而有利于胞内菌生存;③某些胞内菌为逃避细胞外环境中影响自身生存的不利因素,采取细胞至细胞间的直接扩散;④某些胞内菌可寄居于内皮细胞、上皮细胞内,以避免被专职吞噬细胞内多种杀菌物质所杀伤。

二、宿主抗胞内菌感染的免疫学机制

胞内菌进入宿主机体而寄生于细胞内,抗体和补体难以发挥作用,未激活的吞噬细胞虽能吞噬胞内菌,但难以将其杀灭。宿主抗胞内菌感染的效应机制主要以适应性细胞免疫为主,固有免疫也发挥一定作用。

(一) 固有免疫效应

1. 吞噬细胞　胞内菌入侵机体,首先被中性粒细胞吞噬和杀伤,尤其在感染早期能减少细菌负荷。但中性粒细胞对胞内菌所致慢性感染作用有限。静止状态的单核吞噬细胞杀菌能力微弱,其一旦识别、吞噬细菌后被活化,则可对胞内菌发挥强杀菌作用。

2. NK 细胞　NK 细胞是抗胞内菌感染的早期防线,机制为:①胞内菌可刺激被感染的细胞表达 NK 细胞激活性受体的配体,从而激活 NK 细胞;②胞内菌可刺激 DC 和巨噬细胞释放 IL-12、IL-15,从而激活 NK 细胞;③激活的 NK 细胞可通过产生 IFN-γ 等细胞因子而进一步激活巨噬细胞,形成正反馈激活环路,增强对胞内菌的应答。

3. γδ T 细胞　γδ T 细胞是抗胞内菌的重要效应细胞,其机制为:①黏膜上皮组织的 γδ T 细胞能识别 CD1 分子提呈的分枝杆菌脂类抗原而被激活;②γδ T 细胞可被 HSP65 或某些分枝杆菌组分(含磷酸盐的非蛋白抗原)直接激活;③激活的 γδ T 细胞能产生 IFN-γ 等细胞因子及颗粒酶样物质,杀伤靶细胞;④γδ T 细胞可参与巨噬细胞和 NK 细胞的早期活化,间接发挥抗菌作用。

另外,γδ T 细胞参与结核菌特征性肉芽肿形成,其机制可能是:γδ T 细胞可释放 MCP-1 和 TGF-β 等细胞因子,促进单核吞噬细胞和淋巴细胞向感染灶聚集,同时抑制中性粒细胞向感染部位浸润,从而有利于肉芽肿形成。

(二) 适应性细胞免疫效应

1. $CD4^+$T 细胞　胞内菌被单核吞噬细胞吞噬,细菌抗原循 MHC Ⅱ类分子途径被加工、处理和提呈给 $CD4^+$T 细胞,由此激发 T 细胞应答。Th1 细胞是抗胞内菌的主要效应细胞,机制为:①表达 CD40 配体和分泌 IFN-γ,通过激活巨噬细胞产生多种抗菌成分(如 ROS、NO 和溶酶体酶等),促进胞内菌的清除;②释放 IFN-γ 激活 NK 细胞,促进其杀伤感染胞内菌的靶细胞;③促进 $CD8^+$T 细胞增殖和活性。

2. $CD8^+$T 细胞　寄居于宿主细胞内的胞内菌,其可溶性抗原可从内体漏逸至胞质,与 MHC Ⅰ类分子结合为复合物而被提呈给 $CD8^+$T 细胞。激活的 $CD8^+$CTL 可杀伤胞内菌寄生的靶细胞,使胞内菌失去寄居场所。

3. 细胞因子　细胞因子在针对胞内菌免疫应答的不同阶段均发挥重要作用。

(1) 白细胞募集:病原菌进入机体并与吞噬细胞接触,可刺激吞噬细胞分泌多种促炎细胞因子,进而介导中性粒细胞和单核细胞由血管外渗并向感染部位早期聚集。

(2) 肉芽肿形成:①IFN-γ 和 TNF-α 在结核病肉芽肿形成中起重要作用,遗传性 IFN-γR 缺陷患者因肉芽肿形成受限,易发生严重胞内菌感染并最终死亡;②TGF-β 和 IL-10 可阻碍肉芽肿形成,但过早抑制肉芽肿形成可能影响机体对胞内菌感染的保护效应。

(3) 激活巨噬细胞:细胞因子(尤其 IFN-γ)激活的巨噬细胞在抗胞内菌感染中发挥重要作用,可迅速杀死易感胞内菌(如李斯特菌),并显著抑制结核菌在胞内生长。

(4) 诱导保护性 T 细胞应答:抗胞内菌感染的主要效应细胞是 Th1 细胞。感染胞内菌的 Mϕ 能迅速产生 IL-12,促进 Th0 向 Th1 细胞分化。Th1 细胞释放 IFN-γ、TNF,可进一步活化巨噬细胞及 NK 细胞,并辅助 $CD8^+$CTL 活化,共同参与抗胞内菌感染。

(5) 下调宿主抗菌应答以避免损伤宿主:抗胞内菌免疫应答中,巨噬细胞还可产生 IL-10,后者可下调 IL-12 和 IFN-γ 产生,从而防止过强免疫应答所致组织损伤。另外,Treg 细胞通过产生 TGF-β,也有助于防止过强免疫应答。

(三) 抗胞内菌感染免疫的时相变化

机体针对胞内菌的免疫应答可分为 3 个阶段:①早期阶段(微生物入侵机体后数分钟之内),吞噬细胞被趋化因子和炎性细胞因子吸引至细菌感染部位并吞噬、杀伤病原菌，此阶段产生的细胞因子（主要是 IL-12）可促进适应性免疫应答；②中期阶段，NK 细胞和 γδ T 细胞是主要的效应细胞，两者均产生 IFN-γ；③晚期阶段，Th1 细胞是介导针对胞内菌感染的迟发型超敏反应的主要效应细胞，并与 γδ T 细胞共同参与胞内菌所致肉芽肿性病变。

胞内菌的类型可显著影响上述各阶段的持续时间及其效应，例如：①小鼠实验性李斯特菌病，宿主应答过程一般少于 10 天，故早期控制尤为重要，因为此阶段细菌分裂迅速，且对吞噬细胞杀菌作用高度敏感；②人结核菌感染可持续数年，结核杆菌分裂很慢而不易受早期应答效应的攻击；中期阶段，固有免疫和适应性免疫效应十分重要；晚期 Th1 细胞应答是决定结核杆菌命运（消灭清除、长期潜伏、全身播散）及疾病转归（恢复健康、亚疾病过程、严重疾病）的关键。

同一种胞内菌感染对不同个体所致后果各异。例如，感染麻风杆菌可在不同个体产生不同的疾病表现：①结节型，患者体内存在高滴度特异性抗体，但细胞免疫应答较弱，麻风杆菌生长和持续存在可致皮肤和皮下组织结构破坏；②结核型，患者体内细胞免疫效应强，但抗体滴度低，围绕神经形成肉芽肿，出现外伤样皮损，但无组织损伤，病灶部位细菌很少。上述差异可能是微环境中细胞因子种类不同所致：结核型患者感染灶局部主要存在 IFN-γ 和 IL-2；结节型患者感染灶局部 IFN-γ 水平低，IL-4 和 IL-10 水平高。

有关胞内菌入侵及抗感染免疫应答的调控机制，迄今尚未被完全阐明，胞内菌耐药现象及干预策略是临床实践中亟待深入探讨的热点领域。

第四节 病毒感染与免疫

由于病毒结构特点及严格的胞内寄生性，其感染过程和所激发的免疫应答有显著特点，阐明其规律及相关机制对病毒性疾病的诊断、预防和治疗具有重要理论和实践意义。

一、病毒致病作用及其机制

（一）病毒感染对宿主细胞的损伤作用

1. 病毒进入细胞 病毒致病的前提是侵入宿主细胞，继而借助宿主细胞的能量和代谢系统进行复制、增殖，直接导致细胞结构受损和功能障碍。病毒入侵过程和机制为：①病毒表面蛋白与宿主细胞膜表面相应受体结合，通常不同病毒均有其特异性受体，某些病毒（如 HIV）可结合一个以上受体；②病毒与细胞表面受体结合后，通过不同方式进入细胞，有包膜病毒多通过包膜与宿主细胞膜融合而进入细胞，然后将核衣壳释入胞质内，无包膜病毒一般通过细胞膜以胞饮方式进入细胞。

2. 病毒直接损伤感染的宿主细胞 宿主细胞被病毒感染后，其转归取决于病毒和宿主细胞的相互作用：病毒进入非容纳细胞，产生顿挫感染而终止感染过程；病毒进入容纳细胞，可通过不同机制损伤宿主细胞。

病毒导致宿主细胞病理改变的机制为：①病毒在宿主细胞内复制、成熟，以细胞裂解方式短时间内一次释放大量子代病毒，此即溶细胞型感染（杀细胞效应）；②有包膜病毒（如流感病毒、疱疹病毒等）以出芽方式释放子代病毒，因其过程相对缓慢，所致病变也相对较轻，但经病毒长期增殖而多次释放子代病毒后，受感染细胞最终仍会死亡，此即稳定状态感染；③某些病毒感染宿主细胞后，可编码致凋亡蛋白或抗凋亡蛋白，介导或抑制宿主细胞凋亡；④病毒通过其编码产物促进宿主细胞增殖、转化；⑤病毒基因整合入宿主细胞染色体部位，或附近存在抑癌基因、癌基因，可诱导细胞恶变；⑥病毒颗粒或未装配的病毒成分组成包涵体，从而破坏细胞正常结构和功能，也可致细胞死亡。

（二）病毒感染对机体的致病作用

1. 病毒对组织器官的亲嗜性与损伤作用 病毒通过宿主细胞膜表面相应受体感染宿主细胞，由于不同组织器官所表达病毒受体各异，故病毒感染具有对特定组织的亲嗜性。病毒感染宿主细胞导致细胞结构和功能损伤，可发展为特定组织器官损伤和功能障碍。

2. 免疫病理损伤 病毒感染可激发适应性免疫应答而导致免疫病理损伤。除免疫细胞清除病毒过程中对宿主细胞的杀伤作用外，其他机制为：

（1）抗体依赖的“增强”作用：抗病毒抗体可介导病毒感染 FcR 阳性细胞，此为“增强”作用。在判断新疫苗效果及进行抗体治疗时，应注意这一特殊现象的负面效应。

（2）免疫复合物所致损伤：病毒与相应抗体结合为中分子复合物，易沉积于机体某些部位，通过激活补体而致相应组织损伤（如慢性 HBV 感染所致肝外损伤）。

（3）诱发自身免疫应答：急性或慢性病毒感染均可诱导、促进或加剧自身免疫应答，其机制可能为：病毒感染修饰自身抗原；隐蔽的自身抗原被暴露；分子模拟；免疫调节功能紊乱。

（4）病毒感染导致机体免疫抑制状态：许多病毒

感染可导致机体免疫应答能力下降或暂时性免疫抑制。例如:①麻疹患儿对结核菌素皮肤试验反应低下,或由阳性转为阴性,此乃麻疹病毒侵犯巨噬细胞和T/B细胞的结果,这种免疫抑制效应往往使病毒性疾病加重、持续及疾病进程复杂化;②HIV感染$CD4^+$ T细胞,使其数量大量减少,导致细胞免疫功能明显低下而发生AIDS,同时也极易发生机会性感染或并发肿瘤;③某些病毒(如HCMV)的糖蛋白UL40(gpUL40)可上调HLA-E表达,从而抑制NK细胞活性;④某些病毒可拮抗细胞因子活性,如腺病毒至少表达4种可拮抗TNF活性的蛋白;⑤痘病毒家族可编码可溶性细胞因子受体,从而阻断相应细胞因子活性;⑥某些病毒可编码趋化因子样或趋化因子受体样分子,从而干扰趋化因子网络功能,介导病毒的免疫逃逸。

病毒致病作用及其机制十分复杂。不同病毒及同一病毒感染的不同阶段其致病作用均存在差异。总体而言,病毒的致病作用是病毒与宿主细胞间相互作用的结果,其表现为:①阻止宿主细胞大分子合成并导致宿主细胞死亡;②引起宿主细胞膜结构及功能改变;③病毒直接或病毒产物间接诱导感染细胞凋亡;④病毒感染免疫细胞导致机体免疫抑制状态;⑤某些情况下,抗病毒免疫应答可损伤宿主组织。

二、机体抗病毒的免疫防御机制

病毒感染机体可诱导固有免疫及适应性免疫:固有免疫在病毒感染早期发挥干扰病毒复制、限制病毒扩散的作用;适应性免疫在清除病毒和防止再感染中发挥重要作用。

(一)抗病毒的固有免疫

多种固有免疫效应机制参与抗病毒感染,其中干扰素和NK细胞的作用尤为重要。

1. 干扰素 干扰素具有广谱抗病毒活性,主要通过阻断病毒复制而发挥效应。受病毒感染的细胞在病毒复制的同时,即产生和释放干扰素,并很快渗入邻近细胞产生干扰现象。因此,干扰素既可阻断受染细胞的感染,又能限制病毒扩散,且其作用贯穿病毒感染起始、扩散、恢复的全过程。

各型干扰素均有抗病毒作用,IFN-α及IFN-β的抗病毒作用强于IFN-γ。干扰素不能直接抗病毒而须经宿主细胞介导,其机制为:病毒感染细胞产生IFN-α/β,以旁分泌方式作用于旁邻未感染细胞,通过与相应受体结合而启动信号转导,使细胞合成多种抗病毒蛋白(如2'-5'腺嘌呤核苷合成酶、磷酸二脂酶、蛋白激酶等),继而降解mRNA并抑制多肽链延伸和抑制转录、翻译,阻断病毒蛋白合成。同时,三种干扰素均能激活巨噬细胞和NK细胞,增强其抗病毒活性。

另外,IFN-γ还具有较强免疫调节作用;I型和II型干扰素还能分别诱导MHC Ⅰ类和Ⅱ类分子表达,从而促进后续的适应性免疫应答。

2. NK细胞 NK细胞效应发生于适应性免疫应答启动之前,甚至可发生于病毒复制之前,故在机体早期抗病毒中发挥重要作用。其效应机制为:①病毒诱生的内源性IFN-α/β可激活NK细胞,从而杀伤病毒感染的靶细胞;②病毒感染可降低感染细胞表面MHC Ⅰ类分子表达,通过阻断抑制性受体的效应,促进NK细胞对感染细胞的杀伤作用;③NK细胞产生IFN-γ、TNF、GM-CSF等细胞因子,发挥细胞毒效应;④体内产生抗病毒抗体后,NK细胞可借助ADCC效应而杀伤病毒感染细胞。

3. 巨噬细胞 巨噬细胞具有直接或间接抗病毒作用,机制为:①激活的巨噬细胞可产生TNF-α,或通过iNOS依赖途径介导抗病毒作用;②激活的巨噬细胞可产生IL-12、TNF-α、IL-1α等细胞因子,发挥免疫调节作用;③巨噬细胞可加工、提呈病毒抗原给T细胞,启动适应性免疫应答。某些情况下,巨噬细胞在感染早期可引起病毒播散。

(二)抗病毒的适应性免疫应答

病毒抗原可诱导机体适应性免疫应答:体液免疫主要针对游离病毒,在预防病毒感染及再感染中起重要作用;细胞免疫可通过杀伤病毒感染的靶细胞而清除病毒。

1. 病毒抗原的加工与提呈 病毒抗原可循不同途径被加工和提呈:①病毒侵入宿主细胞后,其DNA可与宿主细胞基因组DNA整合,进而由宿主细胞表达相应产物,故病毒蛋白属内源性抗原,通常循MHC Ⅰ类分子途径被提呈给$CD8^+$T细胞;②细胞外病毒可被吞噬细胞吞饮,而表达于细胞表面的病毒蛋白可被内吞,两者经溶酶体酶水解,循MHC Ⅱ类分子途径被提呈给$CD4^+$T细胞。因此,病毒感染可诱导较强的CTL应答,也可激发Th细胞应答和体液免疫应答。应用灭活疫苗或纯化的病毒抗原进行免疫时,因缺乏复制性活病毒,完全以外源性抗原形式被提呈,故仅诱导Th活化和抗体产生,一般缺乏CTL介导的细胞免疫效应。

2. 抗病毒的体液免疫效应 体液免疫在抗病毒感染中作用有限,其主要效应为:①阻止病毒吸附及侵入易感细胞;②限制病毒在组织细胞间及经血流播散;③通过激活补体、调理作用、ADCC等机制破坏病毒感染细胞。

一般而言，病毒基因编码的所有蛋白均可诱导抗体产生，但仅针对表达于病毒或受染细胞表面糖蛋白的抗体(即中和抗体)才具有控制感染的作用。各类抗病毒抗体的作用为：①sIgA，由黏膜局部B细胞产生，主要功能是阻止病毒吸附于易感的黏膜细胞；②IgG，是主要的抗病毒抗体，病毒感染的不同阶段可诱生不同IgG亚类，如HIV感染静止期以IgG1为主，疾病进展时IgG1比例下降；HBV感染急性阶段以IgG1和IgG2为主，慢性阶段以IgG4为主；③IgM，体外实验能有效中和病毒，使病毒颗粒凝集，减少感染性病毒颗粒并阻断病毒与相应细胞受体结合。

3. 抗病毒的细胞免疫效应

(1) $CD8^+$T细胞的作用：①特异性杀伤病毒感染细胞；②HBV感染患者$CD8^+$T细胞可通过产生TNF、IFN-γ，在无明显肝损伤的情况下彻底清除HBV；③HIV感染者$CD8^+$CTL可产生T细胞抗病毒因子($CD8^+$ T-cell anti-viral factor，CAF)发挥非杀伤性抗HIV效应；④用DNA免疫HBV转基因鼠，可诱导非杀伤性细胞免疫应答；⑤CTL释放的效应分子可激活靶细胞内核酸酶，通过破坏靶细胞DNA而杀死靶细胞，并阻止病毒复制。另外，CTL在病毒复制前即能发挥作用，故能阻断病毒复制，从而在感染的恢复中起重要作用。

(2) $CD4^+$T细胞的作用：活化的Th1细胞可通过释放TNF、IFN-γ而参与巨噬细胞的募集和活化，并可促进CTL增殖、分化，从而发挥抗病毒作用。另外，病毒特异性$CD4^+$CTL也参与对感染病毒的杀伤作用。

(三) 宿主抗病毒免疫应答的时相变化

机体感染不同种类病毒，其抗病毒应答的动力学变化各异。同一病毒感染不同年龄动物，或用不同途径感染同一动物，其应答规律亦不尽相同。以流感病毒、疱疹病毒等急性病毒感染为例：①感染后4小时出现NK细胞活化，并分泌IFN-α、IFN-β，作用可维持2～3周，NK细胞的杀伤作用于感染后第3天达高峰，第5～6天开始下降；②感染后3天CTL开始活化，8～9天作用达高峰，2周开始凋亡，3周作用消失，但此时已建立T细胞记忆，能维持数月至数年；③感染后4天可检出特异性抗体，2周达高峰，作用可维持数月至数年；④感染后4～5天病毒滴度达高峰，第6天开始下降，第10天感染基本终止，病毒消失。(图17-1)

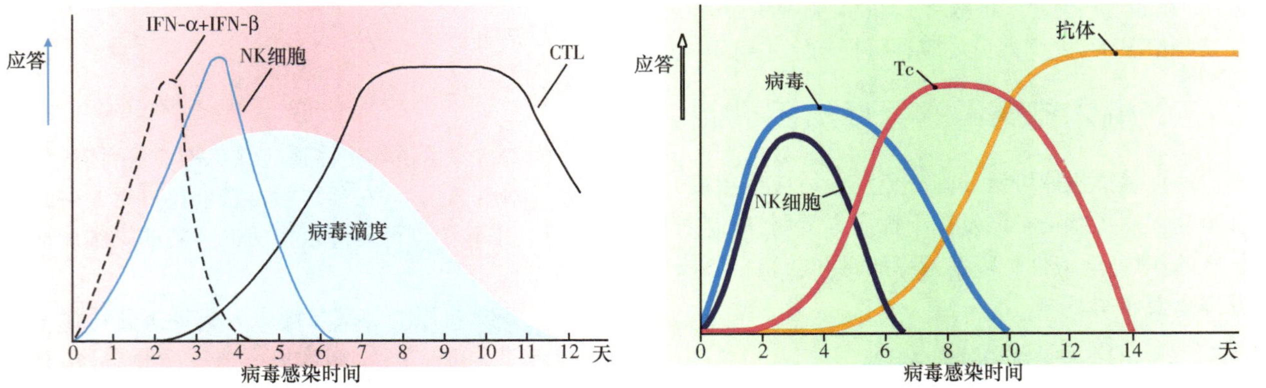

图17-1 宿主抗病毒免疫应答的时相变化

EB病毒或疱疹病毒家族中的某些DNA病毒感染，会发展为潜伏感染状态。此时病毒感染和免疫应答之间相对平衡，CTL应答可控制感染但不能清除病毒，导致病毒在感染细胞内长期(甚至终生)存在，一旦宿主免疫应答缺陷，潜伏状态即转变为发作状态(病毒基因表达，病毒扩散；感染的细胞或被破坏；病毒失控增殖)。

三、病毒的免疫逃逸机制

免疫逃逸是造成病毒持续感染及抗病毒无效的最主要原因。病毒与宿主免疫系统相互作用中，由于各种选择压力的作用，以及病毒生物学结构的易变性，形成针对免疫应答不同环节的逃逸机制。其主要机制如下。

1. 病毒抗原变异 病毒表面抗原变异可逃避抗体的中和或调理作用。以流感病毒抗原HA和NA为例：①抗原漂移(drift)，由基因点突变所致，变异幅度小，仅引起局部中小流行；②抗原转换(shift)，由病毒基因重组或重配所致，变异幅度大，常导致全球大流行。

病毒抗原肽变异可干扰$CD8^+$或$CD4^+$T细胞对病毒抗原的特异性识别。例如：HBV的HBeAg18～27位氨基酸区段为HLA-A2限制性T细胞表位，该区域变异后，HBeAg虽能被加工并提呈给CTL，但不能有效激活CTL，还可与野生型HBsAg竞争CTL表面的

TCR 识别位点，从而干扰 T 细胞应答。

2. 病毒基因整合及限制性表达

（1）病毒基因整合：某些逆转录病毒可在逆转录酶作用下合成中间 DNA，后者以一定方式整合入宿主细胞染色体 DNA 并在宿主细胞内长期保留，其在适当情况下（如机体免疫力低下）转录为病毒 mRNA，继而合成病毒结构蛋白和非结构蛋白，同时合成复制病毒的 RNA 基因组，以相对缓慢的速度增殖，产生病毒子代颗粒，释放至细胞外导致新的感染。

（2）病毒基因限制性表达：如 HSV 在神经元细胞内潜伏感染，基因组中除 1 个区转录外，其他病毒基因表达完全关闭，使感染的神经元细胞几乎不表达任何病毒蛋白，从而逃避免疫系统识别。这种病毒潜伏状态可长时间维持，直至机体出现某些特殊情况（如发生其他疾病、应激、劳累等导致机体状况低下），宿主细胞基因组可被迅速激活，表达相应蛋白（包括病毒蛋白）并进入增殖期，导致细胞破坏并出现临床症状。

3. 病毒潜伏于免疫豁免部位　病毒逃避免疫系统监视的常用策略是，潜伏于宿主免疫细胞不易接近的组织和细胞。例如：中枢神经系统（CNS）是多种病毒长期慢性感染或潜伏的器官，其机制为：血脑屏障可限制淋巴细胞进入 CNS，且神经元细胞不表达 MHC Ⅱ类分子，低表达或不表达 MHC Ⅰ类分子，难以启动针对病毒的适应性免疫应答。

另外，病毒（如 HPV）在角化过程中发生增殖也易被免疫系统忽视，其机制为：HPV 感染具有增殖能力的基底细胞，而基底膜能使感染细胞与宿主免疫系统隔离，在角质形成细胞的角化过程中，HPV 开始进行早期和晚期基因转录翻译，组装成病毒颗粒，并随皮屑脱落。

4. 干扰宿主细胞抗原提呈　某些病毒感染可通过影响 pMHC 形成而干扰免疫应答。例如：①HSV 的早期蛋白（ICP47 及 CMV US6）能干扰抗原转运蛋白（TAP）功能，从而阻断抗原肽合成和转运，使 pMHC 复合物合成受阻；②2 型腺病毒早期蛋白 E3 可与 MHC 分子结合为复合物，从而抑制 MHC 分子末端糖基化并干扰其正确加工和表达；③HCMV 的 gpm152 蛋白可使 MHC Ⅰ类分子滞留于高尔基体内，US（unique short）区域内的即刻早期基因则能编码内质网残基蛋白 US2 和 US11，通过介导新合成的 MHC Ⅰ类分子进入胞质并糖基化，使 MHC Ⅰ类分子迅速降解。

5. 干扰细胞因子表达与功能　IFN 发挥重要的抗病毒作用，许多病毒可通过干扰 IFN 的效应而逃避杀伤。例如：HBV 基因组中编码 HBcAg 的基因起始端 DR2 区核苷酸序列与干扰素应答基因上游一段序列有高度同源性。这段同源序列使 HBV 易与肝细胞基因整合，导致干扰素应答基因封闭，对干扰素反应性下降。

以 HPV 早期蛋白 E6 为例，其干扰 IFN 作用的机制为：①与干扰素调节因子 3（IRF3）结合，使 IFN-βmRNA 转录延迟和表达下降；②与细胞内信号转导接头蛋白 Tyk2 前 287 位氨基酸的 JH6 和 JH7 结构域结合，影响Ⅰ型干扰素的跨膜信号转导；③与 IFN-γ 重要的诱导因子 IL-18 竞争 IL-18 受体 α 链，从而抑制 IL-18 诱生 IFN-γ 的效应。

某些病毒蛋白还可干扰其他细胞因子的表达和效应：①腺病毒早期蛋白 E3、E1B 能拮抗 TNF 裂解感染细胞的作用；②痘病毒 T2 蛋白与 TNF 受体高度同源，其与 TNF 结合可阻止 TNF 的生物学效应；③EBV 的 BCRF 蛋白与人 IL-10 有 84% 同源性，能干扰 IL-12 和 IFN-γ 合成。

6. 免疫耐受　病毒可诱导机体产生免疫耐受，从而维持病毒持续感染，其机制为：①高复制状态的病毒可表达大量抗原，抗原过度刺激可引起某些特异性 T 细胞凋亡，并诱导高带耐受或免疫漏逸（抗原量超过免疫系统清除能力），如 HBV 感染中，外周血大量 HBV 小球形颗粒和管型颗粒（主要含 HBsAg）可诱导免疫耐受；②病毒低复制状态导致抗原表达低下，不能被 APC 提呈并有效激活 T 细胞，从而诱导低带耐受或免疫忽视；③孕妇感染 HBV，胚胎期和新生儿期因接触 HBV 抗原而易被诱导中枢耐受，且免疫耐受不易被打破，这些儿童多数（>90%）持续终身携带 HBV。

7. 抑制免疫细胞功能　某些慢性病毒感染会启动 T 细胞抑制信号，如 HIV 感染可通过启动 PD-1 信号途径而抑制 T 细胞应答。另外，HIV 感染可直接杀伤或灭活免疫细胞（尤其是 $CD4^+$T 细胞），发生免疫逃逸。

第五节　寄生虫感染与免疫

寄生现象是宿主与寄生虫在长期进化过程中相互适应而建立的一种生物学平衡关系，其表现为既能维持寄生，又不危及大多数宿主的生命。这种平衡很大程度上有赖于寄生虫和宿主相互作用的免疫学平衡，即：适应宿主环境是寄生虫成功寄生的前提，逃避宿主免疫效应则是维持寄生的关键因素。

寄生虫结构复杂、种类多样、寄生部位各异、可在宿主体内移行并具有复杂的生活史，故寄生虫感染免疫具有如下特点：①蠕虫感染常见嗜酸粒细胞增多，且 IgE 类抗体参与应答;②多数寄生虫感染可伴带虫免疫或“伴随免疫”现象;③部分寄生虫感染能诱导特异性和非特异性抗体产生;④病理性免疫应答对宿主的损伤超过寄生虫本身的致病作用;等等。

一、寄生虫与宿主的相互作用

寄生虫与宿主的相互作用表现为:①寄生虫在宿主体内移行、定居、发育和繁殖,可对宿主组织造成损害;②寄生虫抗原诱导宿主产生免疫应答,可限制、杀伤寄生虫,减少其对宿主的损害,但也可产生不利于宿主的免疫病理损伤。

1. 寄生虫对宿主的损害作用

(1) 夺取营养:寄生虫在宿主体内生长、发育和繁殖,其所需营养物质主要来源于宿主。肠道寄生虫除掠夺宿主营养成分外,还可损伤宿主肠道功能,影响对营养素的吸收,导致宿主营养不良。

(2) 机械性损伤:细胞、组织或腔道内的寄生虫可机械性损伤宿主细胞和组织。这不仅见于胞内寄生的原虫,也常见于移行中的蠕虫幼虫及成虫。例如:疟原虫破坏红细胞;利什曼原虫损伤单核/巨噬细胞;钩虫损伤小肠黏膜;蛔虫幼虫移行穿破肺泡毛细血管;等等。

(3) 毒性及免疫损伤:寄生虫的分泌物、排泄物和死亡虫体的分解物不仅对宿主有毒性作用,也作为异种抗原具有免疫原性,可诱导宿主产生病理性免疫应答。例如:①血吸虫卵内毛蚴分泌物可在肝内引起虫卵肉芽肿,这是血吸虫病最基本病变,也是其主要致病因素;②疟原虫抗原物质与相应抗体形成免疫复合物,可沉积于肾小球毛细血管基底膜,引起肾小球肾炎;③棘球蚴囊壁破裂,使囊液进入腹腔,可引起宿主发生过敏性休克,甚至死亡;④某些寄生虫产生的毒性物质类似于内毒素和超抗原,可激发机体产生强烈免疫应答并造成组织损害。

2. 宿主对寄生虫感染的防御性应答 天然屏障(如皮肤、黏膜、胎盘)、体液和吞噬细胞等构成宿主抵御寄生虫入侵的第一道防线。例如:从皮肤入侵的寄生虫(吸血虫尾蚴和钩虫丝状蚴),部分在皮肤内即被杀死;胃酸可消灭从口腔进入胃内的虫卵或包囊;进入血液的原虫可被吞噬细胞吞噬。另一方面,宿主适应性免疫应答在抗寄生虫感染中也发挥重要作用。

寄生虫对宿主的危害程度主要取决于寄生虫和宿主间相互关系。一般认为,寄生虫寄居宿主的时间与其对宿主造成的损害呈负相关。此外,宿主遗传特征、饮食及营养状况等因素,也可影响寄生虫感染的后果。

二、寄生虫感染的特点及表现

1. 寄生虫感染与带虫者 寄生虫侵入人体并长期或暂时在人体内生存,此为寄生虫感染,一旦出现明显临床症状和体征则称寄生虫病。受感染寄生虫数量、宿主营养状况、机体免疫功能等因素影响,寄生虫感染与寄生虫病可互相转化。相当多情况下,人体感染寄生虫后并无明显临床症状,但可传播病原体,这些感染者称为带虫者。

2. 慢性感染 寄生虫感染较轻,或少量多次感染,临床出现某些症状而未经规范治疗,则逐渐转入慢性持续感染。由于宿主对大多数寄生虫不能产生完全免疫,故寄生虫病常表现为发病较慢、持续时间较长、免疫力降低。慢性感染过程中,人体往往同时伴有组织损伤和修复过程。

3. 隐性感染 隐性感染指人体感染寄生虫后,既无临床表现,又难以用常规方法检获病原体的现象。例如:机体抵抗力正常时,肺孢子虫、弓形虫、隐孢子虫等常处于隐性感染阶段;一旦机体抵抗力下降或免疫功能异常时(如 AIDS 患者、长期应用激素或抗肿瘤药物者),这些寄生虫增殖力和致病力显著增强,出现明显临床症状和体征,严重者可致死。此类寄生虫又称机会致病寄生虫。

4. 多寄生现象 此现象指人体内同时感染两种或两种以上寄生虫,且寄生虫间相互制约或促进,从而增强或减弱它们的致病作用。例如:蛔虫与钩虫同时存在,可对蓝氏贾弟鞭毛虫起抑制作用;短膜壳绦虫寄生,则有利于蓝氏贾弟鞭毛虫生存。

5. 幼虫移行症和异位寄生 幼虫移行症(larva migrans)指某些寄生幼虫侵入非正常宿主(人或动物)后,不能发育为成虫,这些幼虫在体内长期移行而造成局部或全身性病变。如犬弓首线虫是犬肠道内常见寄生虫,人或鼠误食犬弓首线虫的感染性虫卵,幼虫在肠道内孵出而进入血循环,由于人或鼠不是其适宜宿主,幼虫不能返回小肠发育为成虫,以至在体内移行,侵犯各部组织,造成严重损害。幼虫移行症在损伤组织器官的同时,可出现血嗜酸粒细胞增多、丙种球蛋白及 IgE 水平升高。

三、抗寄生虫免疫

(一) 寄生虫抗原

寄生虫结构和生活史的复杂性决定其抗原的复杂性。寄生虫抗原有不同分类法:按其生活史可分为“期”抗原;按化学成分可分为蛋白抗原、多糖抗原、磷脂抗原等;按功能可分为诊断抗原、保护性抗原、变应原等。

寄生虫抗原按其从虫体的来源可分为三类:

1. 表膜抗原　其存在于虫体表面,可介导寄生虫与宿主相互作用,是宿主免疫系统识别并产生应答的主要靶点。例如:血吸虫童虫中28kD表面蛋白可诱导机体产生保护性免疫;疟原虫孢子入侵肝细胞中起重要作用的环子孢子蛋白具有强免疫原性,其所诱导的抗体能有效阻断环子孢子入侵肝细胞。另外,寄生虫生活史的不同阶段除存在共同抗原外,还存在特异性抗原(即期特异性抗原),如疟原虫红外期特异性抗原(环子孢子蛋白、血凝素相关黏附蛋白)、红内期特异性抗原(裂殖子表面蛋白1、裂殖子顶端膜抗原1)均为疟原虫候选疫苗的靶抗原。由于受免疫选择的压力,此类抗原易变异,以逃避宿主免疫攻击。

2. 分泌排泄抗原　分泌排泄抗原亦称代谢抗原,其来自寄生虫腺体分泌物、消化道排泄物、幼虫蜕皮液及溶解的虫体等,存在于宿主寄生部位的分泌排泄物及血循环中。血循环中代谢抗原具有强免疫原性,能诱导特异性抗体产生,但保护性不强。某些代谢抗原可致免疫病理损伤,如血吸虫卵内毛蚴分泌物参与组织肉芽肿形成。

3. 虫体抗原　虫体抗原包括除上述两种抗原外的其他寄生虫抗原,其成分复杂。提取此类抗原成分可用于寄生虫病的免疫学诊断。

(二) 寄生虫感染相关的免疫应答

1. 寄生虫感染相关的固有免疫

(1) 黏膜屏障作用:如肠黏膜构成阻止阿米巴侵袭肠壁组织的屏障,可捕获溶组织阿米巴滋养体,从而阻止阿米巴对结肠上皮细胞的黏附和胞溶。

(2) 固有免疫细胞的作用

1) 巨噬细胞:①吞噬较小的寄生虫;②分泌多种细胞毒性因子,直接杀死寄生虫;③被细胞因子激活后,能杀死较大的血吸虫蚴虫;④能借助特异性抗体发挥ADCC效应。

2) 中性粒细胞:①通过呼吸爆发或非氧依赖性途径杀伤被吞噬的寄生虫;②产生H_2O_2,杀伤胞外寄生虫;③分泌含强细胞毒性蛋白的颗粒,杀伤胞内寄生虫;④通过ADCC效应,杀死曼氏血吸虫幼虫。

3) 嗜酸粒细胞:嗜酸粒细胞增多是蠕虫感染的特征之一,其作用特点和机制为,①吞噬作用比中性粒细胞弱,主要抵御形体较大、不易被吞噬的寄生虫;②在体外可杀死经调理的曼氏裂体吸虫;③抵抗各种蠕虫的组织迁移和幼虫阶段,此效应有赖于特异性IgE抗体参与;④对原虫无明显作用。

4) γδT细胞:人感染鼠弓形虫、恶性疟原虫或巴西钩虫(蠕虫)的急性阶段,外周血γδT细胞数量增加,提示γδT细胞参与抵御寄生虫感染。疟原虫裂殖体可激活γδT细胞分泌IFN-γ等细胞因子,在早期抗寄生虫感染中发挥作用。

2. 寄生虫感染相关的适应性免疫　不同种类寄生虫其结构、生化特性和致病机制各异,故所触发的适应性免疫应答也不尽相同。

(1) 抗寄生虫感染的体液免疫:主要针对细胞外寄生虫。不同寄生虫由不同部位的APC摄取、加工和提呈,例如:肠腔内寄生的蠕虫抗原由肠上皮细胞、巨噬细胞和DC提呈;细胞内寄生的原虫抗原由脾巨噬细胞加工、提呈。在Th细胞辅助下,B细胞产生抗寄生虫抗原的抗体。一般在感染早期,IgM水平升高,其后IgG水平升高,蠕虫感染常导致IgE升高。

特异性抗体发挥效应的机制为:①与寄生虫结合,使其丧失入侵宿主的能力,如疟原虫裂殖子与特异性抗体结合,可阻断裂殖子入侵红细胞;②与相应寄生虫(如非洲锥虫)抗原结合,通过激活补体而溶解寄生虫;③介导ADCC效应,主要针对某些幼虫(如吸血虫童虫、旋毛虫早期幼虫等);④诱导单核细胞分泌细胞毒性因子,直接抑制或杀伤寄生虫;⑤IgE介导Ⅰ型超敏反应,所引起的局部炎症反应有利于排出肠道蠕虫。

(2) 抗寄生虫感染的细胞免疫:是抗细胞内寄生虫感染的主要效应机制。

1) $CD8^+$CTL:胞内寄生虫通过内源性抗原提呈途径激活$CD8^+$CTL,从而发挥特异性杀伤作用。例如:疟原虫肝内期(红外期)阶段,CTL可直接裂解子孢子感染的肝细胞;CTL对枯氏锥虫感染的纤维细胞和心肌细胞有一定杀伤作用。

2) $CD4^+$Th细胞:胞外寄生虫抗原通过外源性抗原提呈途径激活$CD4^+$Th细胞,①激活的Th1细胞对多数原虫发挥细胞免疫效应;②活化的Th2细胞可辅助B细胞产生抗体,参与对某些蠕虫的免疫。另一方面,不同寄生虫感染也参与诱导Th1或Th2细胞极化。

(三) 抗寄生虫免疫应答的结果

宿主针对寄生虫的免疫应答可同时表现为保护性免疫和免疫病理损伤。

1. 保护性免疫应答　其效应为:①消除性免疫,指宿主对寄生虫产生的保护性免疫应答能清除寄生虫,同时对再感染具有完全抵抗力,这种状态仅见于极少数寄生虫感染(如皮肤利什曼病);②非消除性免疫,指机体对寄生虫感染产生的保护性免疫应答可在一定程度上抵抗再感染,但并不能清除体内已有的寄生虫,宿主保持低度感染状态,多数寄生虫感染所激发的免疫属此类。

另外,抗寄生虫的保护性免疫还存在如下现象:①带出免疫,指用药物治疗清除体内寄生虫后,获得性免疫逐渐消退的现象;②伴随免疫,指血吸虫感染中,机体保护性免疫虽可抵御尾蚴攻击,但不能排除体内已存在的成虫;③带虫免疫,指寄生虫与宿主在漫长共同进化中所形成的平衡机制,既限制虫荷,又不致使宿主短期内死亡,从而成为慢性感染,广义的带虫免疫也包括伴随免疫。

若宿主处于严重免疫低下状态,不能有效控制寄生虫在体内生长、繁殖,即可导致具有明显病理变化和临床症状的寄生虫病。

2. 病理性免疫应答 寄生虫感染慢性病程多伴有宿主免疫病理应答,且可能成为某些寄生虫感染危害宿主的主要病理过程。

(1) 诱发超敏反应:不同寄生虫所致超敏反应的类型各异,某些寄生虫病可同时诱发多种类型超敏反应。例如:曼氏血吸虫感染小鼠,尾蚴性皮炎属Ⅰ型(早期)和Ⅳ型(晚期)超敏反应;血吸虫性肾小球肾炎主要属Ⅲ型超敏反应;肝脏肉芽肿主要属Ⅳ型超敏反应;疟原虫抗原吸附于红细胞表面,特异性 IgG 或 IgM 与之结合,通过激活补体而导致红细胞溶解,属Ⅱ型超敏反应;疟原虫感染所引发免疫复合物肾炎,属Ⅲ型超敏反应。

(2) 免疫应答本身导致的组织损伤:如疟原虫、非洲锥虫和内脏利什曼原虫所致的淋巴结、肝、脾肿大,以及丝虫性象皮肿等。

(3) 继发性免疫缺陷:宿主感染蠕虫或原虫,可抑制机体对异种抗原(细菌、病毒等)的免疫应答,出现继发性免疫缺陷,并导致寄生虫的免疫逃避。

寄生虫诱导机体免疫缺陷的机制为:①某些寄生虫抗原属克隆激活剂,可激活多数 B 细胞克隆,诱导宿主产生大量无保护作用的抗体,感染晚期因 B 细胞克隆耗竭而不能分泌抗体;②实验小鼠感染利什曼原虫、血吸虫等,可诱生、激活 Treg 细胞;③体内产生虫源性淋巴细胞毒性因子(如肝片形吸虫的分泌排泄物可使淋巴细胞凝集;曼氏血吸虫可产生一种热稳定糖蛋白,直接抑制 ADCC 效应)。

(四) 寄生虫的免疫逃逸机制

在寄生虫与宿主长期相互适应过程中,寄生虫能通过多种途径逃逸宿主免疫攻击,此为免疫逃逸(immune evasion),其机制可能是:

1. 抗原变异 寄生虫通过改变自身抗原成分而逃避免疫系统的攻击。例如,某些血液内寄生原虫的表膜抗原表型(如非洲锥虫)易变,导致体内特异性抗体不能与新的变异体(variant)发生反应。

2. 分子模拟(molecular mimicry)和抗原伪装(antigenic disguise) 前者指寄生虫表达与宿主抗原相似的成分,后者指寄生虫将宿主抗原结合至虫体表面。两种情况均可干扰宿主免疫系统对寄生虫抗原的识别。血吸虫肺期童虫可能借助此机制而逃避机体免疫系统攻击。此外,这一现象也是诱发机体产生免疫病理应答的重要原因。

3. 释放可溶性抗原或虫体抗原脱落 寄生过程中,寄生虫释放某些可溶性抗原,以中和或阻断特异性抗体的免疫保护作用。蠕虫虫体也可不断脱落抗原,具有类似作用。

4. 解剖位置隔离 例如:①细胞内寄生虫(红细胞内寄生的疟原虫、巨噬细胞内寄生的利什曼原虫、肌细胞内寄生的旋毛幼虫包囊等)与宿主免疫系统隔离,从而逃避宿主的免疫攻击;②寄生于脑部的猪囊尾蚴可激发脑组织产生轻度反应,形成包膜包绕虫体,连同囊尾蚴体壁细胞分泌的 B 抗原,共同构建具有保护作用的微环境,阻断宿主免疫系统与囊体接触,使之逃避宿主免疫攻击。

5. 干扰信号转导通路 例如:①利什曼原虫感染巨噬细胞后,可干扰巨噬细胞内信号转导,通过影响保护性免疫应答而有利于寄生虫存活;②多种单细胞及多细胞寄生虫可干扰 T/B 细胞激活的信号转导,如啮齿动物的丝状线虫棘唇线虫分泌一种含磷酸胆碱的糖蛋白(ES-62),可干扰 T 细胞和 B 细胞内 PKC、Ras、丝裂原激活蛋白激酶和磷酸肌醇-3-激酶(PI3K)等信号转导途径。

6. 产生封闭抗体 例如:感染曼氏血吸虫、丝虫和旋毛虫的宿主体内可产生封闭抗体,后者与虫体结合,可阻断保护性抗体的作用;血吸虫流行区低龄儿童虽产生高滴度抗体,却对再感染无保护力,此现象可能与封闭抗体产生有关。

第六节 真菌感染与免疫

真菌感染亦称霉菌病,包括两类:①地方性感染,是环境中真菌孢子进入人体所致;②机会性感染,此类真菌并不导致健康人体发病,但可对免疫缺陷者导致严重疾病。感染人体的真菌可在胞外组织或吞噬细胞内生存,故机体可产生抗胞外菌和抗胞内菌的免疫应答。目前对真菌免疫的了解远少于其他病原体,原因为:缺乏适用的动物模型;患者对真菌感染往往不能产生有效免疫应答。

机体抗真菌的主要固有免疫细胞是吞噬细胞：巨噬细胞借助 TLR 和凝集素样受体 dectin 识别真菌，如同清除胞内菌一样清除真菌；某些真菌可抑制 TNF 和 IL-12 产生，并促进 IL-10 产生，从而抑制巨噬细胞激活；中性粒细胞可释放抗真菌物质（如 ROS 和溶酶体酶等）。

适应性细胞免疫在抗真菌中发挥重要作用：①特异性 $CD8^+$T 细胞可杀伤酵母菌；②胞外真菌所表达糖类成分可与 DC 表面 dectin-1 结合，刺激 DC 产生 IL-6 和 IL-23，从而激发强的 Th17 细胞应答，通过募集中性粒细胞和单核细胞而杀伤真菌（如隐球菌与白色念珠菌）；③Th1 细胞应答在清除胞内感染的真菌中发挥重要作用。

长期以来，有关体液免疫应答抵御真菌感染的效应始终存在争议。近期发现，机体针对多种真菌（如白色念珠菌、新型隐球菌、烟曲霉菌及荚膜组织胞浆菌）组分（如 β-1,3 葡聚糖、甘露糖蛋白、葡糖醛甘露聚糖等）所产生的抗体具有保护作用。

第七节　免疫缺陷

免疫系统是防御病原体和其毒性产物的基础，一种或多种免疫成分的缺陷可导致严重的甚至是致死性的免疫紊乱，统称为免疫缺陷性疾病（immunodeficiency disease，IDD）。IDD 患者可出现免疫细胞发育、分化、增生、调节和代谢异常，并导致机体免疫功能降低或缺陷，临床表现为易反复感染、自身免疫现象和某些肿瘤发病率增高。

IDD 按其病因可分为两类：①原发性免疫缺陷病（primary immunodeficiency disease，PIDD），亦称先天性（congenital）免疫缺陷病，由遗传因素或先天性免疫系统发育不良造成免疫功能障碍所致；②继发性（secondary）免疫缺陷病（SIDD），亦称获得性（acquired）免疫缺陷病，由后天因素（如营养不良、感染、药物、放射线、肿瘤等）造成免疫功能障碍所致。常见免疫缺陷病见表 17-1。

表 17-1　常见免疫缺陷病

分类	代表性疾病
抗体（B 细胞）免疫缺陷病	性连锁无丙种球蛋白血症、选择性 IgA、IgM、IgG 亚类缺陷病、伴 IgM 增多的 Ig 缺陷病（高 IgM 综合征）、Ig 重链缺失、κ 链缺陷、婴儿暂时性低丙种球蛋白血症、获得性无丙种球蛋白血症、抗体缺陷伴 Ig 正常、普通易变型免疫缺陷等
T 细胞免疫缺陷病	DiGeorge 综合征、慢性黏膜皮肤念珠菌病、原发性 $CD4^+$T 细胞缺乏症、原发性 T 细胞缺乏症、IL-2 缺乏症、多种细胞因子缺乏症、艾滋病、信号转导缺陷、毛细血管扩张共济失调综合征、CD8 分子缺陷等
联合免疫缺陷病	SCID、Nezelof 综合征、Wiskott-Aldrich 综合征、ADA 缺陷、PNP 缺陷、T 细胞缺陷伴膜糖蛋白缺陷、CD3γ 或 CD3ε 缺陷、MHC Ⅰ和（或）Ⅱ类分子缺陷、移植物抗宿主病、网状组织发育不良等
吞噬细胞功能缺陷病	慢性肉芽肿病、G6PD 缺陷症、髓过氧化物酶缺乏症、白细胞黏附功能缺陷、白细胞移动功能缺陷综合征、Chediak-Higashi 综合征、Job 综合征、中性粒细胞缺乏（减少）症、继发性粒细胞缺乏症、Fc 受体缺陷
补体缺陷病	补体 C1 ~ C9 缺乏、补体调控蛋白缺乏、补体受体缺陷

免疫缺陷病最大特点是易反复感染且难以治愈，是造成死亡的最主要原因。患者易感的病原体种类主要取决于免疫系统受损的组分：体液免疫、吞噬细胞或补体缺陷者易患细菌性感染（尤其化脓性细菌感染），如低丙种球蛋白血症患者常见反复细菌性中耳炎及肺炎；细胞免疫缺陷者易发生病毒、真菌及原虫等胞内寄生性感染，主要表现为肺炎或皮肤黏膜及其他器官慢性感染。另一方面，病原体感染也可导致继发性免疫缺陷，如 HIV 所致获得性免疫缺陷综合征。

另外，免疫缺陷患者易继发其他免疫相关疾病：①恶性肿瘤，如获得性免疫缺陷综合征患者易发生 Kaposis 肉瘤和淋巴瘤；②自身免疫病，如选择性 IgA 缺陷和某些补体成分缺陷可引起全身性红斑狼疮样症状。

一、原发性免疫缺陷病

原发性免疫缺陷病主要由免疫系统遗传基因异常所致，可导致抗体和（或）淋巴细胞功能异常、吞噬细胞和补体缺陷。

（一）原发性固有免疫缺陷

1. 原发性吞噬细胞缺陷

（1）吞噬细胞杀菌活性缺陷：代表疾病是慢性肉芽肿病（chronic granulomatous disease，CGD），多属 X-连锁隐性遗传。发病机制为：吞噬细胞氧化酶（phagocyte oxidase）基因突变导致超氧阴离子产生缺陷，不能有效杀伤吞噬的病原体，并刺激巨噬细胞活化和形成肉芽肿。

（2）白细胞黏附缺陷：属常染色体隐性遗传病，主要由白细胞和内皮细胞黏附分子缺陷所致，表现为白细胞（尤其是中性粒细胞）不能募集至感染部位，反复感染，不能形成脓液。此病包括三型：①1 型白细胞黏附缺陷，β2 整合素β链基因突变，导致白细胞黏附、聚集、趋化、吞噬功能缺陷，也影响 NK 细胞和 T 细胞杀伤功能；②2 型白细胞黏附缺陷，GDP-岩藻糖转运子基因突变，影响白细胞表面 sialyl Lewis X（是 E-和 P-选择素的配体）表达，导致白细胞滚动和迁移功能下降；③3 型白细胞黏附缺陷，KINDLIN-3 基因突变，导致趋化因子诱导的整合素活化缺陷，白细胞不能牢固结合于内皮细胞。

（3）原发性吞噬细胞数目异常：以先天性中性粒细胞增多症（congenital neutrophilia）最为常见，包括 Kostmann 综合征、毛发-软骨发育不良（hair-cartilage hypoplasia）综合征、中性粒细胞减少伴其他免疫缺陷病（X-LA、共济失调毛细血管扩张综合征、选择性 IgA 缺乏）、Schwachman 综合征、周期性中性粒细胞减少症（cyclic neutropenia）、糖原累积病 1b 型等。

（4）单核吞噬细胞功能异常：如 IgG FcR 缺陷、代谢性累积病伴溶酶体酶缺陷等。

2. 原发性 NK 细胞和其他白细胞缺陷 ①Chediak-Higashi 综合征，属常染色体隐性遗传。患者的溶酶体运输调节蛋白 LYST 基因突变，中性粒细胞、单核细胞和淋巴细胞内含巨溶酶体，且吞噬体和溶酶体融合受阻，趋化和吞噬作用缺陷；②IL12/IFN-γ 途径缺陷：IL-12p40、IL-12R β1 链和 IFN-γ 受体两条链基因突变，可阻断 CTL 和 NK 细胞合成 IFN-γ，患者易感非典型分枝杆菌。

3. TLR-NF-κB 信号通路障碍所致免疫缺陷 ①MYD88 和 IRAK4 基因突变，阻断 TLR-NF-κB 信号通路，干扰炎性细胞因子产生，可致严重的侵袭性细菌感染；②UNC93B 基因突变，影响定位于内体的 TLR3、7、8、9 识别核酸，阻断 I 型 IFN 合成和释放，患者易感疱疹性脑炎；③STAT1 失功性突变，阻断 I 型干扰素受体激活，可致严重的病毒感染（尤其是疱疹性脑炎）；④I κB 激酶点突变可影响 IKKγ、NK-κB 活化，I κBα 点突变可阻断 I κBα 磷酸化、泛素化和降解，均可致 NK-κB 活化受阻及免疫功能受损。

4. 原发性补体缺陷 人类补体系统所有成分均可单独发生遗传性缺陷（表 17-2）。多数补体缺陷属常染色体隐性遗传，少数为常染色体显性遗传。在补体调节因子中，以 C1 INH 缺陷最为常见，可致遗传性血管神经性水肿，患者表现为反复发作的局部皮肤、黏膜水肿。其机制为：C1 INH 是体内补体、凝血因子Ⅻ、激肽和纤溶诸系统的关键调节因子，C1 INH 缺陷可致上述各系统过度激活并消耗增多，在此过程中生成的多种产物可使血管扩张和毛细血管通透性增高，患者表现为皮肤和黏膜水肿，当水肿波及喉头时可因窒息而死亡。

（二）原发性抗体缺陷

此病指抗体产生相关的细胞或成分遗传缺陷所致抗体生成障碍，以体内 Ig 水平异常为主要特征。Ig 缺陷可涉全部 5 类 Ig，或其中某一类或亚类。成人血清 IgG<6000mg/L 为低丙种球蛋白血症（hypogammaglobulinemia），<2000mg/L 为无丙种球蛋白血症（agammaglobulinemia）。患者外周血 B 细胞可减少或缺陷，T 细胞数目正常，主要临床特征为反复化脓性感染（表 17-2）。

表 17-2 抗体缺陷

疾病名称	血清 Ig 水平	外周血 B 细胞	主要发病机制
丙种球蛋白缺乏			
X 连锁遗传	各类 Ig 均缺乏	明显减少	Btk 基因突变，Pre-B 受体检测点缺陷
常染色体隐性遗传	各类 Ig 均缺乏	明显减少	μ链，λ5，Igα，BLNK 突变，Pre-B 受体检测点缺陷
低丙种球蛋白血症/类别缺陷			
选择性 IgA 缺陷	IgA1 及 IgA2 ↓ 或缺乏	正常或不成熟	TACI 突变
选择性 IgG2 缺陷	IgG2 ↓ 或缺乏	正常或不成熟	IgHγ2 位点有缺失
普通变异型免疫缺陷	各类 Ig 均下降	正常或减少	ICOS 和 TACI 突变
ICF 综合征	各类 Ig 均下降	正常或减少	DNMT3B 缺陷
婴儿暂时性低丙种球蛋白血症	IgG 及 IgA ↓	正常	分化缺陷或辅助功能缺陷
高 IgM 综合征			
X 连锁	IgM 及 IgD 增多，其他亚类减少或缺乏	正常	CD40L 基因突变；T 细胞介导的 B 细胞、巨噬细胞、DC 活化缺陷；体细胞突变、类别转换、生发中心形成缺陷；细胞免疫缺陷

续表

疾病名称	血清 Ig 水平	外周血 B 细胞	主要发病机制
常染色体隐性遗传细胞免疫缺陷	IgM 及 IgD 增多,其他亚类减少或缺乏	正常	CD40、NEMO 突变;T 细胞介导的 B 细胞、巨噬细胞、DC 活化缺陷;体细胞突变、类别转换、生发中心形成缺陷;细胞免疫缺陷
常染色体隐性遗传仅抗体缺陷	IgM 增多,其他亚类减少或缺乏	正常	AID,UNG 突变
其他			
Ig 重链缺失	G1、IgG2、IgG4 缺乏、IgE 及 IgA2↓	正常	14q32 染色体缺失
κ 链缺失	Igκ 链↓抗体反应↓	正常	2p11 点突变
抗体缺陷伴 Ig 正常	正常	正常	特异性抗体↓
CVID	多种亚类不同程度减少	正常或不成熟或减少	不详

注:X-LA:X-连锁丙种球蛋白缺乏;CVID(common variable immunodeficiency):普通易变型免疫缺陷病;AR(autosomal recessive):常染色体隐性;AD(autosomal dominant):常染色体显性;XL(X-linkage):X 连锁(性连锁隐性)

(三) 原发性 T 细胞缺陷

原发性 T 细胞缺陷涉及 T 细胞(及其前体)发生、分化和功能障碍。单一 T 细胞缺陷病较少见,以 T 细胞缺陷为主的疾病包括原发性 $CD4^+T$ 或 $CD8^+T$ 细胞缺乏症、原发性 T 细胞缺乏症、IL-2 缺乏症、多种细胞因子缺乏症、信号转导缺陷。T 细胞缺陷不仅影响效应性 T 细胞(如 CTL),也间接影响单核吞噬细胞和 B 细胞。因此,多数 T 细胞功能缺陷者常伴体液免疫功能缺陷,虽然某些患者血清 Ig 水平正常,但机体并不能对抗原刺激产生特异性抗体。严重 T 细胞缺陷常表现为联合免疫缺陷,患者易感染各类寄生菌,且过敏性疾病、自身免疫病和淋巴瘤发生率明显升高。T 细胞免疫缺陷病病因复杂,根据病情程度和伴随症状,可将其分为单纯 T 细胞缺陷及伴有其他疾病的 T 细胞缺陷(如重症联合免疫缺陷等)(表 17-3)。

表 17-3 原发性 T 细胞和(或)联合免疫缺陷病

疾病名称	血清 Ig 水平	外周血 B 细胞	外周血 T 细胞	主要发病机制
DiGeorge 综合征	正常或↓	正常	正常或↓	胚胎发育障碍,影响胸腺发育
$CD4^+T$ 细胞缺陷	正常或↓	正常	$CD4^+T$ 细胞↓	未知(无 HIV 感染)
$CD8^+T$ 细胞缺陷	正常	正常	$CD8^+T$ 细胞↓	ZAP70 基因突变,T 细胞功能↓
CD3γ 或 CD3 缺乏	正常	正常	正常	CD3γ、CD3 转录缺陷,T 细胞活性↓
SCID (1)X	减少	正常或↓	明显↓	IL-2,4,6,9,15 受体 γ 链突变
(2)AR	减少	正常或↓	明显↓	T 细胞与 B 细胞成熟障碍
网状组织发育不良	减少	明显↓	明显↓	T 细胞、B 细胞及造血干细胞成熟障碍
ADA 缺陷	减少	逐渐减少		ADA↓→dATP 堆积→T/B 细胞受损
PNP 缺陷	正常或↓	正常	逐渐↓	PNP 缺乏→产生 dGTP→T 细胞受损
WAS	IgM 及针对多糖的特异性抗体↓	正常	逐渐减少	CD43 缺陷,免疫缺陷伴白细胞和血小板缺陷
AT	IgA、IgE 及 IgG 某些亚类↓,IgM 单体↑	正常	减少	普遍性 DNA 修复缺陷,细胞周期检测点紊乱
MHC Ⅱ类分子缺陷	正常或↓	正常	$CD4^+$细胞↓	CIITA 或 RFX-5 基因突变
MHC Ⅰ类分子缺陷	正常	正常	$CD8^+$细胞↓	TAP2 缺乏,CTL 及 NK 细胞活性降低

注:WAS,Wiskott-Aldrich 综合征;AT(ataxia-telangiectasia):共济失调毛细血管扩张综合征

续表

疾病名称	缺陷功能	缺陷机制
1. T 细胞活化缺陷		
MHC 表达缺陷		
裸淋巴细胞综合征	MHC Ⅱ类分子缺陷，$CD4^+$T 细胞缺陷；细胞免疫缺陷，T 细胞依赖的体液免疫缺陷	调控 MHC Ⅱ类分子表达的转录因子缺陷（如 CIITA、RFXANK、RFX5 和 RFXAP）
MHC Ⅰ类分子缺陷	MHC Ⅰ类分子水平下降，$CD8^+$T 细胞减少	TAP1、TAP2、TAPASIN 突变
2. T 细胞信号缺陷		
近似 TCR 信号缺陷	细胞免疫和 T 细胞依赖的体液免疫缺陷	CD3，CD45，STIMI，ORAI1 基因突变
Wiskott-Aldrich 综合征	T 细胞活化和白细胞移动缺陷	WASP 所致的 TCR 依赖的肌动蛋白-细胞骨架重组缺陷
3. 家族性嗜血细胞性组织细胞增多症		
X-连锁淋巴增殖综合征	失控的 EBV 诱导的 B 细胞增殖，失控的巨噬细胞和 CTL 活化，NK 细胞和 CTL 功能缺陷	SAP 突变
穿孔素缺陷	失控的巨噬细胞和 CTL 活化，NK 细胞和 CTL 功能缺陷	穿孔素突变
颗粒融合	失控的巨噬细胞和 CTL 活化，NK 细胞和 CTL 功能缺陷	胞毒颗粒胞吐缺陷（RAB27A、MUNC13-4、SYNTAXIN、AP3 突变）

（四）原发性联合免疫缺陷

联合免疫缺陷病（combined immunodeficiency disease，CID）指 T 细胞和 B 细胞均缺乏或功能紊乱，可由于原发性淋巴细胞发育异常或伴随其他先天性疾病而发生（表 17-3）。此症临床表现和发病机制较复杂，免疫治疗效果一般不佳。

二、继发性免疫缺陷

（一）继发性免疫缺陷概述

继发性免疫缺陷指由于其他疾病或某些理化因素所致免疫功能障碍。导致继发性免疫缺陷的最常见因素为：

（1）物理因素：如脾切除、胸腺切除、扁桃体切除、阑尾切除等外科手术以及创伤、烧伤、麻醉、放射性损伤等，导致体内免疫细胞和免疫器官受损。尤其是淋巴细胞和淋巴组织对射线十分敏感，X 射线照射可致淋巴组织萎缩、外周淋巴细胞数减少及 T 细胞功能显著抑制等，患者免疫功能低下可持续多年。

（2）免疫抑制药物：长期使用化学药物（肾上腺皮质激素、烷化剂、抗代谢药物、部分抗生素）、抗淋巴细胞球蛋白、抗淋巴细胞表面抗原的单克隆抗体等，可明显抑制免疫功能并出现免疫缺陷。例如：长期、大量应用肾上腺皮质激素，可导致免疫功能全面抑制；烷化剂和抗代谢药物，可同时抑制 T、B 细胞的分化成熟，影响机体免疫功能；氯霉素等抗生素，能抑制抗体合成和干扰 T、B 细胞对丝裂原的增殖反应。

（3）营养不良：若免疫器官发育缺乏充足的营养供应，可明显影响免疫系统各组分功能状态。例如：肿瘤恶病质、特殊器官系统功能不全及消耗性疾病，可引起 Ig 或白细胞丢失；慢性肾病、消化系统疾患等可因营养不良而导致免疫功能障碍。不同营养成分缺失所致免疫系统损伤其情况各异，例如：维生素 A、B6、B12、叶酸缺乏可明显降低 T、B 细胞功能；维生素 B1、B2、H、P 缺乏对 B 细胞功能有明显影响；锌、铁及硒缺乏对 T 细胞功能影响较大；维生素 B12、B6、铁、铜缺乏抑制中性粒细胞和巨噬细胞功能。

（4）感染因素：感染是导致免疫功能低下的常见原因。许多病原体感染（病毒、细菌、真菌及原虫等）均可导致机体免疫防御功能低下、病情迁延并易合并其他病原体感染。例如：先天性风疹综合征常伴 T 细胞、B 细胞缺陷；麻疹病毒可与单核细胞表面 CD46 分子交联，导致 IL-12 产生减少而致细胞免疫功能低下；HIV 感染引发 AIDS 等。

（5）恶性肿瘤：肿瘤患者体内环境为免疫负调节占优势，且由于肿瘤恶性生长消耗营养物质、食欲下降导致营养摄入不全以及抗肿瘤治疗所致毒副作用，均可导致机体免疫功能缺陷；免疫系统肿瘤（霍奇金淋巴瘤、淋巴肉瘤、急慢性白血病、骨髓瘤等）可直接导致淋巴细胞增殖及功能紊乱。

（6）其他因素：免疫缺陷病还可继发于其他多种疾病，例如，①染色体异常、酶缺乏、血红蛋白病等遗传性疾病；②组织细胞增生症、肉样瘤等浸润性和血液系统疾病;③糖尿病等自身免疫病、柯兴综合征等内分泌疾病、慢性炎症、大面积烧伤等全身性疾病;④酒精性肝硬化、肝肾功能不全性疾病等。

(二) 获得性免疫缺陷综合征的免疫学发病机制

获得性免疫缺陷综合征(acquired immunodeficiency syndrome, AIDS)亦称艾滋病,病因是感染人类免疫缺陷病毒(human immunodeficiency virus, HIV)。患者主要特征是 $CD4^+T$ 细胞减少,同时伴反复机会感染、恶性肿瘤及中枢神经系统退行性病变。

HIV 致病的免疫学机制为:

1. HIV 侵入 $CD4^+$ 靶细胞的机制 CD4 是 HIV 糖蛋白的特异性受体,故 HIV 主要感染 $CD4^+T$ 细胞,亦能感染巨噬细胞、DC、B 细胞、脑小胶质细胞及 EB 病毒转化的 B 淋巴母细胞系等。

HIV 外膜蛋白 gp120 的第 4 恒定区与 CD4 的 MHC Ⅱ类分子结合部位(或其附近部位)结合,引起 gp120 构型改变,在其第 3 可变区(V3)发生蛋白分解,并通过细胞表面融合受体(fusion receptor)与跨膜蛋白 gp41 融合,使 gp41 暴露。由于 gp41 疏水性较强,其一端插入靶细胞胞膜中,使病毒包膜与靶细胞膜融合,病毒核心即可进入靶细胞。

参与 HIV 侵入不同靶细胞的辅助受体各异:侵入 $CD4^+T$ 细胞依赖后者表面趋化因子受体 CXCR4;侵入 $CD4^+$巨噬细胞依赖 CCR5(图 17-2)。

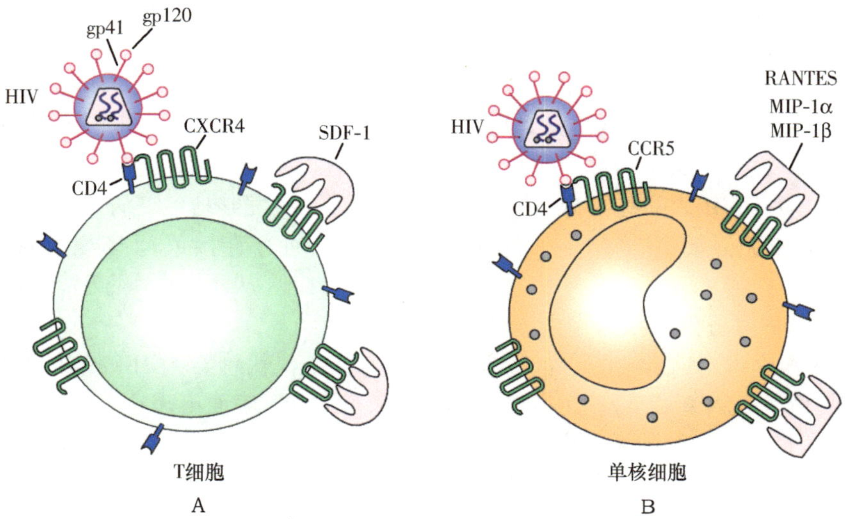

图 17-2 HIV 侵入靶细胞的机制

T 细胞和单核/巨噬细胞表面 CD4 分子是 HIV 衣壳蛋白 gp120 的受体;T 细胞表面 CXCR4(A)和单核/巨噬细胞表面 CCR5(B)是 HIV 侵入相应靶细胞的共受体;共受体的相应配体(趋化因子)可竞争性抑制 HIV 感染靶细胞

2. HIV 损伤 $CD4^+$宿主细胞的机制

(1) HIV 胞内复制损伤 $CD4^+$宿主细胞:①大量 HIV 在细胞内复制,成熟病毒颗粒以芽生(viral budding)方式从细胞释出,导致胞膜损伤和通透性增高,引起渗透性裂解而致细胞死亡;②感染细胞胞质内积聚大量非整合性病毒 DNA、分散不均匀的 mRNA 和病毒核心抗原,可干扰宿主细胞正常代谢,抑制蛋白质合成与表达,影响细胞功能与生存;③感染细胞表面表达的 gp120 与未感染细胞表面 CD4 结合,导致细胞融合,形成多核巨细胞,后者寿命明显缩短。

(2) 特异性 CTL 杀伤 HIV 感染细胞:①HIV 感染后,机体产生 HIV 抗原特异性 $CD8^+CTL$,后者可针对 HIV 感染细胞产生应答和发挥胞毒效应;②HIVgp120 与 CD4 结合可诱生特异性 $CD4^+CTL$,后者胞毒作用受 MHC Ⅱ类分子限制,并能通过"旁观杀伤效应"(bystander killing)杀伤已感染和未感染的 $CD4^+T$ 细胞。

(3) HIV 诱导 T 细胞凋亡:①可溶性 HIVgp120 或被 HIV 感染的 DC 表面 gp120 可与 T 细胞表面 CD4 交联,通过激活钙通道而使胞内 Ca^{2+}浓度增高,导致细胞凋亡;②gp120 可与未感染 HIV 的 T 细胞表面 CD4 结合,介导旁邻 $CD4^+T$ 细胞凋亡;③HIVgp120 与 CD4 交联,可促进感染细胞表达 Fas 抗原,诱导靶细胞凋亡;④HIV 基因编码的 tat 蛋白等可提高 HIV 感染细胞对 Fas 途径致凋亡作用的敏感性;⑤HIV 感染增强细胞因子(IL-4、IL-10 等)分泌,可促进活化的 Th1 细胞凋亡。

(4) 抗 HIV 抗体的细胞毒效应:机体产生抗 gp120 抗体,通过 ADCC 或激活补体而破坏感染 HIV 的细胞。

(5) HIV 导致靶细胞功能障碍:①HIV 抑制细胞膜磷脂合成,从而影响细胞膜功能;②HIV 可使靶细胞 IL-2 分泌能力下降,IL-2 受体表达降低,对各种抗原刺激的应答能力减弱等;③HIV 诱导感染细胞产生细胞毒性细胞因子,并抑制正常细胞生长因子功能;④HIV 感染单核吞噬细胞可损伤其趋化、黏附和杀伤能力,同时减少细胞表面 MHC Ⅱ类分子表达,使其抗原提呈能力下降。

3. HIV 感染导致机体免疫功能紊乱

(1) gpl20 干扰 T 细胞识别抗原和激活:HIVgpl20 与 CD4 结合,可阻断 CD4 的共受体作用,从而干扰 HIV 抗原特异性 $CD4^+T$ 细胞应答。

(2) gpl20 诱导自身免疫应答:①HIVgpl20 和 MHC Ⅱ类分子均可与 CD4 分子结合,提示二者可能存在共同抗原表位,故抗 HIVgpl20 抗体可能与 MHC Ⅱ类分子发生交叉反应;②HIVgpl20 与 IL-2 有同源性,故抗 HIVgpl20 抗体也可能与 IL-2 发生交叉反应。上述针对宿主自身抗原的交叉反应均可抑制免疫功能,并破坏免疫细胞。另外,HIV 某些组分具有超抗原性质,可致多克隆 B 细胞激活,并产生多种自身抗体(见下文)。

(3) HIV 超抗原(SAg)组分的致病作用:HIV 基因编码产物具有 SAg 样作用,其致病机制为,①作为 T 细胞的强活化剂,使表达某些型别 TCR Vβ 链的 $CD4^+T$ 细胞过度激活,最终导致细胞无反应性或细胞死亡,也可增强 T 细胞对 HIV 感染的易感性;②SAg 可激活多克隆 B 细胞,由于 B 细胞功能紊乱和缺乏 Th 细胞辅助,使体液免疫功能降低。

(4) HIV 的 Vif 因子抑制人 T 细胞信号转导通路:APOBEC3G(即 CEM-15)属胞嘧啶脱氨酶家族成员,可催化病毒 cDNA 复制中间体的脱氧胞嘧啶脱氨基转变为脱氧尿苷,具有胞内抗病毒作用。HIV 的 Vif 因子(属病毒感染因子)可与胞内 APOBEC3G 结合,使之快速降解和清除,从而抑制 T 细胞信号转导通路,导致 HIV 感染持续存在。

(5) HIV 诱导免疫抑制:HIV 感染可致机体免疫系统持续活化,从而加速免疫系统"老化",导致免疫耗竭并发展为免疫缺陷,其表现为:①HIV 感染患者体内 $CD4^+$ 和 $CD8^+T$ 细胞寿命仅为正常 T 细胞的 1/3;②HIV 感染者体内 $CD8^+T$ 细胞的端粒长度显著降低,从而降低 $CD8^+T$ 细胞增殖能力;③HIV 感染者体内终末期分化细胞比例增加。上述变化类似于正常的细胞衰老过程。

(6) HIV 感染的继发损害:HIV 可损伤其他免疫细胞,①HIV 感染损伤骨髓造血干细胞,导致外周 $CD4^+T$ 细胞极度降低;②Mϕ 被 HIV 感染而又不易被 HIV 杀死,使其成为 HIV 的庇护所,HIV 可随 Mϕ 游走至全身许多组织细胞,造成多脏器损害;③HIV 可诱导巨噬细胞分泌大量 IL-1 和 TNF-α,导致患者长期低热,并引起恶病质;④淋巴结和脾脏的 DC 通过 FcR 结合病毒-抗体复合物,成为 HIV 的储存场所,并持续感染 Mϕ 和 $CD4^+T$ 细胞。

4. HIV 的免疫逃逸机制

(1) DC 的作用:DC 表面 DC-SIGN(dentritic cell specific intracellular adhesion molecule grabbing nonintegrin, DC-SIGN)为 HIV 受体,能特异性、高亲和力与 gp120 结合,完整地包裹病毒颗粒,使之免于失活和被吞噬,并通过直接或间接途径将 HIV 颗粒传递给 $CD4^+T$ 细胞,从而提高病毒感染率并有效保持病毒的传染性。

(2) 潜伏感染:①HIV 感染细胞后可进入潜伏状态,宿主细胞表面不表达 HIV 蛋白,有利于逃避机体免疫系统识别和攻击;②HIV 的 Nef 蛋白可下调细胞表面 CD4 和 MHC 分子表达,干扰 CTL 对感染细胞的识别;③HIV 包膜蛋白能通过糖基化和特殊构象而逃避特异性抗体与之结合。

5. HIV 感染的自限作用 HIV 感染后不久,T 细胞表面 CD4 分子表达即下降,从而有可能防止病毒的超感染(superinfection)。CD4 分子表达下降也可防止因 CD4 与 gpl20 相互作用所介导的细胞凋亡。HIV 感染后,$CD8^+T$ 细胞分泌 HIV 抑制因子,可抑制 HIV 吸附及侵入细胞,尤其对嗜巨噬细胞性 HIV 株具有很强抑制活性。这些抑制因子可能通过阻断或干扰细胞表面辅助受体而抑制 HIV 侵入宿主细胞。

(郑 芳)

第十八章　移植免疫

临床上应用自体或异体的正常细胞、组织、器官置换病变或功能缺损的细胞、组织、器官，以维持和重建机体生理功能，这种治疗方法称为细胞移植、组织移植或器官移植。移植术后，受者免疫系统可识别移植物抗原并产生应答，移植物中免疫细胞也可识别受者组织抗原并产生应答，此为移植排斥反应。

随着免疫生物学和免疫遗传学发展，逐渐阐明移植排斥反应的免疫学本质及其遗传学基础，为临床开展人类同种移植奠定了基础。数十年来，有赖于组织配型技术、器官保存技术和外科手术方法的不断改进，以及高效免疫抑制剂的陆续问世，器官移植适用范围日趋扩大，移植物存活率不断提高，器官移植已成为治疗多种终末期疾病的有效手段。

探讨移植排斥反应的免疫学机制不仅有助于指导临床实践，也促进了基础免疫学进展。例如：通过研究小鼠皮肤移植排斥反应而发现 MHC，并加深了对 T 细胞功能、T 细胞在胸腺发育过程等基本免疫学问题的认识；通过探索延长移植物存活的策略，推动了对免疫调节药物和免疫耐受的基础和应用研究。同时，移植免疫学研究进展还推进了其他免疫相关疾病（如自身免疫病、超敏反应等）的基础研究和临床实践。

根据移植物的来源及其遗传背景不同，可将移植分为 4 类，即自体移植（autologous transplantation）、同系移植（syngeneic transplantation）、同种（异体）移植（allogeneic transplantation）和异种移植（xenogeneic transplantation 或 xeno-transplantation）。本章重点介绍同种异体移植。

第一节　同种异体器官移植排斥的机制

同种异体器官移植一般均会发生排斥反应，本质上是受者免疫系统针对供者移植物抗原的免疫应答。如同普通抗原诱导的应答，其同样具有特异性和记忆性，T 细胞在移植排斥反应中起关键作用（图 18-1）。

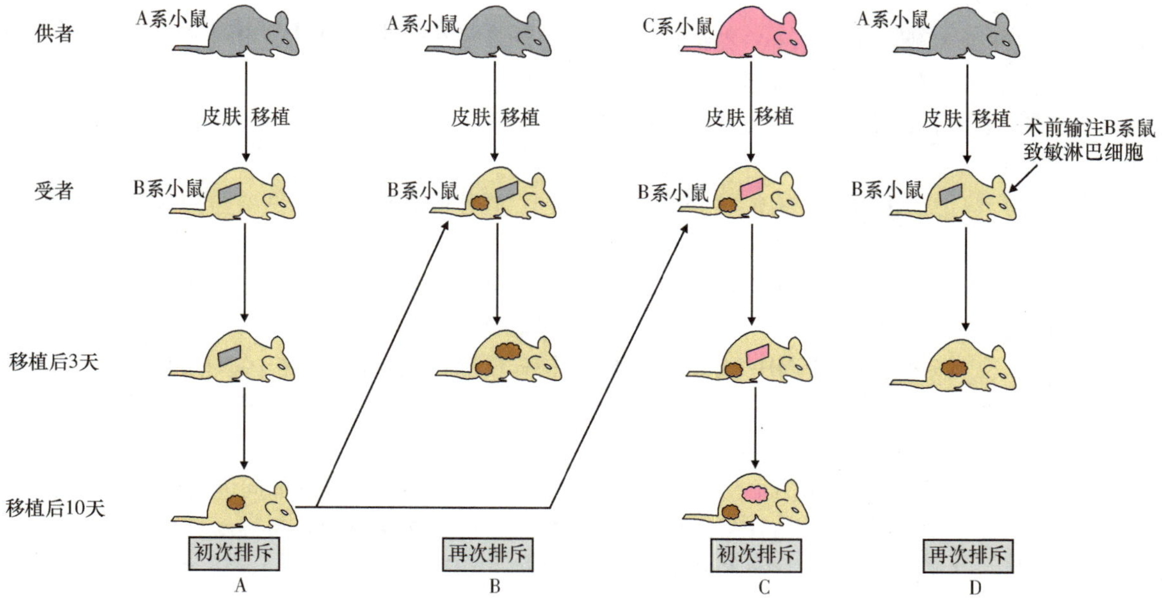

图 18-1　近交系小鼠皮肤移植实验

A. 将 A 系小鼠皮片移植给 B 系小鼠，7～10 天后皮片移植物被排斥，此为初次排斥；B. 若将已发生初次排斥的 B 系小鼠作为受者再次接受 A 系小鼠皮片，则 3～4 天后会发生迅速而强烈的排斥反应，此为再次排斥；C. 曾接受 A 系小鼠皮肤移植的 B 系小鼠，对 C 系小鼠皮肤移植仍然产生初次排斥；D. 取已移植过 A 系小鼠皮肤的 B 系小鼠淋巴细胞（致敏淋巴细胞）输注给未接受过 A 系小鼠皮肤移植的 B 系小鼠，后者初次接受 A 系小鼠皮肤移植即发生再次应答

一、引起同种异体移植排斥反应的抗原

引起移植排斥反应的抗原称为移植抗原或组织相容性抗原。同一种属不同个体间，凡是由等位基因差异而形成的多态性产物，即为同种异型抗原(alloantigen)，针对该抗原的免疫应答称为同种异体反应(alloreactive response)。

1. 主要组织相容性抗原 能引起强烈排斥反应的移植抗原称为主要组织相容性抗原(MHC 抗原)，在人类最重要者为 HLA 抗原。本质上，供、受者间 HLA 型别差异是发生急性移植排斥反应的主要原因(见第五章)。

2. 次要组织相容性抗原

实验研究和临床资料均证明，即使主要组织相容性抗原完全相同，仍可能发生程度较轻、较缓慢的排斥反应，提示还存在其他可诱导排斥反应的抗原，即次要组织相容性抗原(minor histocompatibility antigen，mH 抗原)。mH 抗原表达于机体组织细胞表面，由某些具有多态性的基因编码，可被 MHC 分子提呈，主要包括两类：

1. 性别相关的 mH 抗原 某些近交系小鼠或大鼠中，来源于雄性供者的移植物可被同系雌性受者排斥，而来源于雌性供者的移植物则可被同系雄性受者所接受。由于近交系雌性与雄性个体间遗传背景的唯一差别是雄性携带 Y 染色体，提示 Y 染色体基因编码产物属组织相容性抗原。例如，雄性小鼠的 H-Y 抗原为 mH 抗原，主要表达于精子、表皮细胞及脑细胞表面。

2. 常染色体编码的 mH 抗原 MHC Ⅰ类和Ⅱ类分子可结合并提呈大量经选择的宿主自身蛋白。某些自身蛋白具有多态性，同一种属不同个体所表达的产物各异，可被视为次要组织相容抗原。换言之，即使供受者间 MHC 型别相符，但由于 MHC 分子所结合的自身抗原不同，仍可引发排斥反应。在人类，mH 包括 HA-1～HA-5 等，其中某些表达于机体所有组织细胞，某些仅表达于造血细胞和白血病细胞。

mH 抗原诱导同种异型排斥反应的特点为：①mH 抗原以 MHC 限制性方式被 CTL 和 Th 细胞识别，而不能被 T 细胞直接识别；②不同类型 mH 抗原可被不同型别 HLA 分子提呈；③不同 mH 抗原分子结构不同，其与特定 MHC 分子结合的亲和力亦各异，故在不同供、受者间进行移植，参与排斥反应的、占优势的 mH 抗原种类可能不同；④单个 mH 抗原不符一般引起缓慢的排斥反应，但多个 mH 抗原不相符也可能引起类似于 MHC 不相符所致的快速排斥反应。

在 HLA 全相同的供、受者间进行移植所发生的排斥反应(尤其是 GVHR)，主要由 mH 抗原所致。因此，临床移植(尤其是造血干细胞移植)中应在 HLA 型别相配的基础上兼顾 mH 抗原。

3. 其他参与排斥反应发生的抗原

(1) 人类 ABO 血型抗原：ABO 血型抗原不仅分布于红细胞表面，也表达于肝、肾等组织细胞和血管内皮细胞表面。因此，供、受者间 ABO 血型不合也可引起移植排斥反应，特别是受者血清中血型抗体可与供者移植物血管内皮细胞表面 ABO 抗原结合，通过激活补体而引起血管内皮细胞损伤和血管内凝血，导致超急性排斥反应。

(2) 组织特异性抗原：指特异性表达于某一器官、组织或细胞表面的抗原。目前已获如下初步认识：同种异体不同组织器官移植后发生排斥反应的强度各异，从强到弱依次为皮肤、肾、心、胰、肝，其机制之一可能是不同组织特异性抗原的免疫原性不同。目前对两类组织特异性抗原进行了较深入研究：①内皮细胞(vascular endothelial cell，VEC)抗原，属主要组织相容性抗原，可诱导受者产生强的细胞免疫应答，从而在急性和慢性排斥反应中起重要作用，其编码基因与 MHC 紧密相连；②皮肤 SK 抗原，为一种皮肤蛋白抗原，无同种差异性，以与 MHC 分子结合为复合物的形式存在，皮肤移植后供者 SK-MHC 复合物可通过直接提呈方式被受者 T 细胞识别，并导致排斥反应发生。

二、T 细胞识别同种抗原的机制

同种反应性 T 细胞是参与同种异体移植排斥反应的关键效应细胞，其实验依据为：先天性无胸腺的啮齿类动物(如裸鼠)体内无成熟 T 细胞，不能排斥移植物；新生儿期摘除正常大鼠或小鼠的胸腺，发生同样情况；上述情况中，若注射同系正常小鼠 T 细胞，则小鼠即可对移植物产生排斥反应。(图 18-2)

长期以来，有关宿主对同种移植物的识别和效应机制存在诸多令人困惑的问题：首先，经典 MHC 限制性理论认为，T 细胞仅可识别由自身 MHC 分子提呈的抗原，而无关个体间进行同种异体移植，宿主与移植物所表达的 MHC 抗原型别不一致，受者 T 细胞是如何跨越 MHC 限制性而识别移植抗原；其次，移植物组织细胞一般仅表达 MHC Ⅰ类抗原，而不表达 MHC Ⅱ类抗原，亦不表达 B7 等共刺激分子，它们如何激活宿主 $CD4^+$T 细胞(须识别抗原肽-MHC Ⅱ类分子复合物)和 $CD8^+$T 细胞(须依赖 B7 分子等提供共刺激信号)。

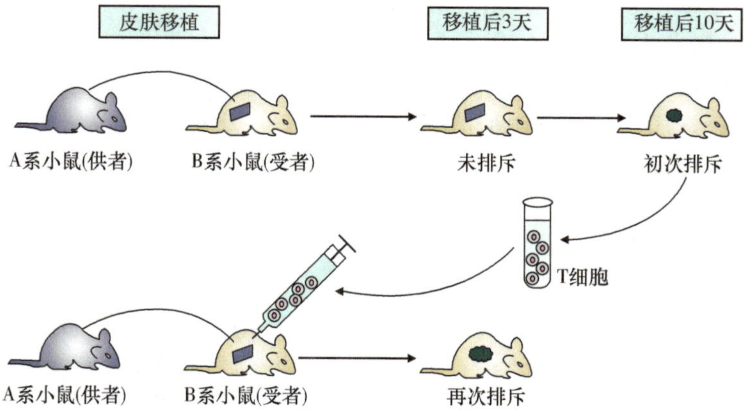

图 18-2　T 细胞是介导排斥反应的关键细胞

将 A 系小鼠皮片移植给 B 系小鼠,7～10 天后发生初次排斥;将已发生初次排斥小鼠的 T 细胞转移至正常 B 系小鼠,对该鼠进行初次 A 系皮片移植,则 3～4 天后会发生再次排斥

目前认为,T 细胞可通过 3 种方式识别同种异型抗原。(图 18-3)

(一) 直接识别

直接识别(direct recognition)指供者 APC 将其表面抗原肽-MHC 分子复合物(pMHC)直接提呈给受者的同种反应性 T 细胞(alloreactive T cell),供其识别并产生应答,而无须经受者 APC 处理。直接识别的基本过程是:移植物中残留有过客白细胞(passenger leukocyte),主要为成熟的 DC 和巨噬细胞等 APC;移植物血管与受者血管接通后,受者 T 细胞可进入移植物中,移植物内的供者过客白细胞(APC)也可进入受者血液循环或局部引流淋巴组织;由此,供者 APC 可与受者 T 细胞接触,前者直接将同种异体抗原提呈给后者,引发移植排斥反应。(图 18-3A)

1. 直接识别的特点　混合淋巴细胞反应(mixed lymphocyte reaction,MLR)提供了 T 细胞直接识别同种抗原的实验证据:同种异体的供、受者间 MHC 分子存在差异,供、受者的淋巴细胞通过直接识别对方淋巴细胞表面的异型 MHC 分子,从而发生增殖和活化。

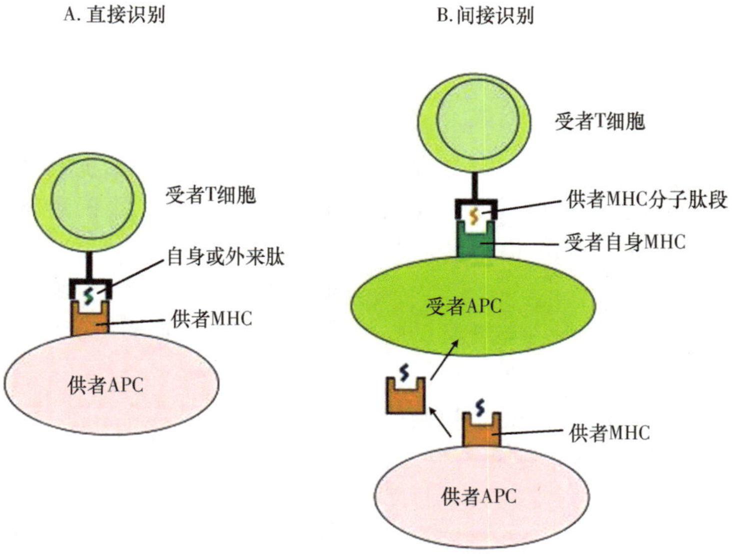

图 18-3　受者 T 细胞对同种异型抗原的直接识别和间接识别

A. (直接识别)受者同种反应性 T 细胞 TCR 直接识别供者 APC 所提呈的外来肽/自身肽-同种异型 MHC 分子复合物;B. (间接识别)受者同种反应性 T 细胞 TCR 识别经受者 APC 加工处理的供者 MHC 抗原肽

直接识别导致的排斥反应有别于机体对一般抗原产生的应答,其特点为:①速度快,因为无须经历抗原摄取、处理和加工;②强度大,因为每一个体中,具有同种抗原反应性的 T 细胞克隆约占 T 细胞库总数的 1%～10%,而针对一般异源性抗原的 T 细胞克隆仅占总数的 1/10 000～1/100 000。

直接识别机制在移植早期急性排斥反应中起重要作用。但是,由于移植物内APC数量有限,同时过路APC进入受者血循环后即分布于全身,并随时间推移而逐步消失,故直接识别在急性排斥反应的中晚期或慢性排斥反应中无重要意义。

2. 直接识别的机制 按照经典的MHC限制性理论,若同种移植供者APC与受者T细胞间MHC型别不同,两者理论上不能发生相互作用,故直接识别与经典理论相悖。现代免疫学对直接识别的机制提出如下解释:

(1) 同种异型反应性T细胞的交叉识别:晶体衍射技术证实,TCR识别抗原肽和MHC分子的复合结构(pMHC)。TCR与pMHC的结合界面由TCR的CDR、MHC分子抗原结合槽的α螺旋及抗原肽组成。其中:TCR的CDR3识别抗原肽;CDR1和CDR2识别MHC分子α螺旋的保守序列(CDR1也识别小部分抗原肽)。

研究表明:①特异性TCR乃识别pMHC在结合界面所形成的复合结构;②TCR对pMHC的识别具有简并性(degeneracy),即同一TCR可能识别不同的pMHC;③CDR3的构型具有包容性(flexibility),可通过构型改变而识别不同pMHC。上述发现为阐明TCR具有交叉反应性的结构基础以及直接识别的机制,提供了重要依据。

机体针对一般抗原产生的免疫应答中,TCR识别外来抗原肽-自身MHC分子所形成的复合结构。但是,TCR识别靶分子并非绝对专一,若外来肽(或供者自身肽)-供者同种异型MHC分子复合物与外来肽-受者自身MHC分子复合物的构象表位相似,则也可被受者同种异型反应性T细胞交叉识别。换言之,供者APC表面所表达多种含供者同种异型MHC分子的复合结构(即新表位),均可能被受者同种反应性T细胞高频交叉识别。(图18-4)

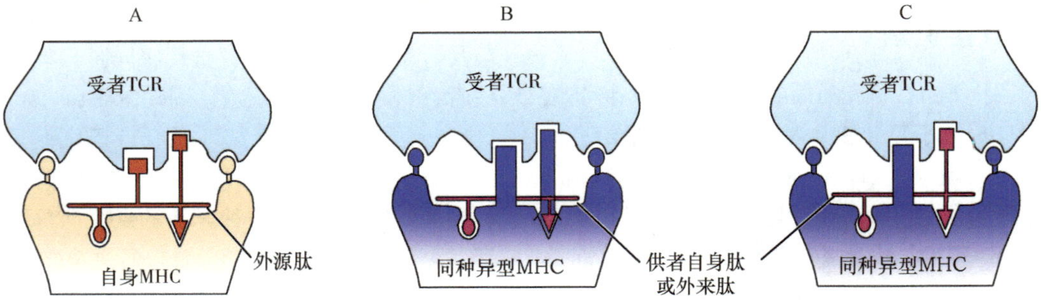

图18-4 受者同种反应性T细胞交叉识别pMHC

具有相同或相似复合结构的不同pMHC可被同一受者TCR所识别。A. 正常免疫应答过程中,受者TCR特异性识别外来抗原肽-自身MHC分子所形成的复合结构;B/C. 同种异体移植中,受者同一TCR可识别供者外来肽/自身肽-供者MHC分子构成的复合结构

在同种反应性T细胞交叉识别的pMHC复合结构中,供者同种异型MHC分子的氨基酸残基是被识别的关键靶标,而抗原肽的作用是稳定MHC分子及所形成的复合结构。

(2) 受者体内记忆T细胞可能是参与交叉反应的主要效应细胞:如上所述,机体接受同种异型抗原刺激而活化的T细胞克隆数,远高于受一般抗原刺激而活化的T细胞克隆。其原因为:具有直接识别能力的同种反应性T细胞并非单一克隆,它们实际上是受者体内识别外源性抗原、但同时又可交叉识别同种异型抗原的多克隆T细胞群。

实验研究表明:参与初次移植排斥的同种反应性T细胞,多具有记忆细胞表型。换言之:数量巨大、参与直接识别、具有交叉反应性的受者T细胞克隆中,既有接受初次刺激而活化的初始T细胞,也有体内已预存的某些记忆T细胞克隆(后者尤其在急性排斥反应早期发挥作用)。其机制为:受者在移植术前一般均已接触过多种异物抗原刺激(如隐性或显性病原微生物感染等),导致识别该外源抗原肽-受者自身MHC分子复合物的T细胞克隆致敏,并形成记忆T细胞;器官移植术后,受者体内记忆T细胞可交叉识别供者APC表面的供者自身肽/供者MHC分子复合物,并因此被激活。

(二) 间接识别

间接识别(indirect recognition)指供者移植物脱落细胞或可溶性同种异型MHC抗原经受者APC加工和处理后,以供者抗原肽-受者MHC分子复合物的形式提呈给受者T细胞,使之活化。间接识别也是移植排斥反应的重要机制。在急性排斥反应早期,间接识别与直接识别机制协同发挥作用;在急性排斥反应中晚期和慢性排斥反应中,间接识别机制起更为重要的作用。(图18-3A)

(三) 半直接识别

近年发现,受者同种反应性 $CD8^+T$ 细胞还可通过半直接途径(semi-direct recognition)而被激活,其特点为其机制为:

(1) 受者同种反应性 $CD8^+T$ 细胞循直接途径识别受者 APC 表面的外来肽/自身肽-供者 MHC Ⅰ类分子(图 18-5A):受者 APC 表面的外来肽/自身肽-供者 MHC Ⅰ类分子复合物的来源为:①供者 APC 通过细胞间直接接触,将其完整的细胞膜(包括同种异型 MHC)转移给受者 APC;②供者 APC 所释放的分泌小体(含 pMHC)与受者 APC 胞膜融合,使后者获得完整的同种异型 pMHC。

(2) 受者同种反应性 $CD4^+T$ 细胞循间接途径识别经受者 APC 加工、处理和提呈的供者 MHC 分子肽-受者 MHC Ⅱ类分子复合物(图 18-5B)。

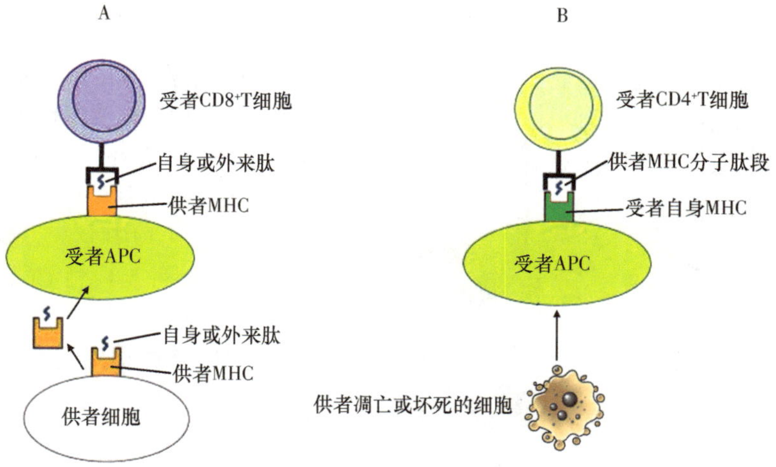

图 18-5 受者 T 细胞半直接识别同种异型抗原

A. 受者同种反应性 $CD8^+T$ 细胞循直接途径识别受者 APC 表面的外来肽/自身肽-供者 MHC Ⅰ类分子复合物;B. 受者同种反应性 $CD4^+T$ 细胞循间接途径识别经受者 APC 加工、处理和提呈的同种异型 MHC 肽-受者 MHC Ⅱ类分子复合物

按照经典理论,$CD8^+T$ 细胞激活有赖 $CD4^+Th$ 细胞辅助,其遵循三细胞联合识别的模式:表达于同一 APC 表面的 MHC Ⅰ类分子和 MHC Ⅱ类分子可将同一抗原不同肽段(表位)分别提呈给 $CD8^+T$ 细胞和 $CD4^+T$ 细胞,激活的 $CD4^+T$ 细胞进而辅助 $CD8^+T$ 细胞激活。此模式中,$CD4^+T$ 细胞 和 $CD8^+T$ 细胞识别同一抗原,故称为联合识别。

同种抗原的直接识别途径属联合识别,即受者同种反应性 $CD4^+T$ 细胞和 $CD8^+T$ 细胞分别直接识别供者 APC 所提呈的同一外来肽/自身肽-供者 MHC 分子复合物。但在半直接识别途径中,受者 $CD8^+T$ 细胞直接识别受者 APC 所表达的外来肽/自身肽-供者 MHC Ⅰ类分子复合物,而 $CD4^+T$ 细胞间接识别受者 APC 所表达的供者 MHC 分子肽-受者 MHC Ⅱ类分子复合物。换言之,后一模式中,$CD4^+T$ 细胞和 $CD8^+T$ 细胞并非识别同一抗原的表位,故称为非联合识别。

此种半直接识别途径参与移植排斥反应的确切生物学意义及其作用特点尚待证实。有文献报道,半直接识别可能在移植排斥早期、晚期均发挥作用,具体机制尚不完全清楚。

三、移植排斥反应的效应机制

(一) 适应性免疫效应机制

1. 针对移植物的细胞免疫应答效应 T 细胞是参与同种移植排斥反应的主要细胞类别。T 细胞分为多个功能亚群,它们参与移植排斥反应的作用及机制各异。

(1) 记忆性 T 细胞:同种反应性记忆性 T 细胞(Tm 细胞)在移植排斥中发挥重要作用,其与同种心、肾、肝移植排斥发生率和严重程度有关。受者体内具有同种反应性的 Tm 细胞可来源于:①移植术前曾接受同种抗原刺激,如怀孕、输血、此前的同种移植等;②受者针对微生物(尤其是病毒)感染而产生的特异性 Tm 细胞,可能与同种抗原具有交叉反应性(cross reactivity)。

同种反应性 Tm 细胞活化和增殖的机制为:①旁观者增殖(bystander proliferation),指不通过 TCR 信号而由细胞因子直接刺激 Tm 细胞活化和增殖;②稳态增殖(homeostatic proliferation),指移植术前大量清除受者体内非特异性T细胞可诱发淋巴细胞减少症，从而诱导反馈性T细胞增殖，以维持淋巴细胞数目稳态。

实验研究证明，感染LCMV、CMV、EBV等病毒的$H2^d$小鼠，其体内可产生同种反应性Tm细胞，机制为：①病毒特异性TCR可识别界面结构类似的同种pMHC，此即分子模拟（molecular mimicry）；②TCR也可识别界面结构完全不同的pMHC，但两者均遵循基本的化学反应规律（熵-焓互补，即不论由熵变或焓变所驱动，两者均能产生相同效应——TCR可识别pMHC），使得稳定结合后的体系其能量最低。

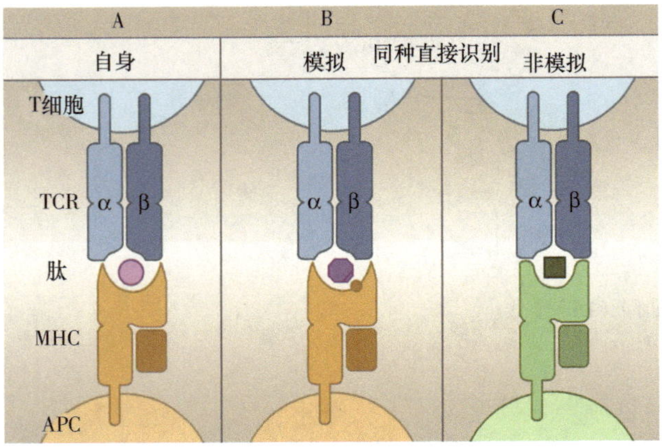

图18-6 TCR识别pMHC模式

A. TCR识别自身pMHC；B. TCR识别模拟自身pMHC的同种pMHC，同种MHC多态性位点在抗原结合槽底部，其所结合肽也与自身MHC所结合肽不同，但与TCR结合的pMHC界面结构类似，即同种pMHC模拟自身pMHC构象；C. TCR识别与自身pMHC结构完全不同的同种pMHC，其并非借助模拟自身pMHC构象，而是通过熵-焓互补，使得TCR可识别界面结构完全不同的pMHC

（2）Th1/Th2细胞：同种反应性Th1细胞是介导急性移植排斥反应的主要效应细胞。受者$CD4^+$Th1识别同种抗原的特点为：①多克隆$CD4^+$Th1细胞可直接识别同种抗原，参与早期急性移植排斥反应；②寡克隆$CD4^+$Th1细胞间接识别同种抗原，是参与中晚期急性移植排斥反应的主要效应细胞。活化的Th1主要通过分泌多种细胞因子而发挥效应，例如：Th1细胞分泌IFN-γ，可激活巨噬细胞活化，介导迟发型超敏反应，并上调专职APC表达MHC Ⅱ分子，从而参与移植排斥反应。

已发现：同种移植中，因间接识别而活化的$CD4^+$Th2细胞具有双重效应，其既可显著延迟皮肤移植排斥反应，也参与心脏慢性排斥反应的发生。

（3）Th17细胞：Th17细胞是参与移植排斥反应的重要效应细胞，相关实验依据为，①肾、肺移植后，移植物内IL-17水平上升，并与急性排斥反应的程度呈正相关；②阻断IL-17或清除Th17细胞，可显著延长移植心脏存活时间；③T-$bet^{-/-}$小鼠Th1细胞缺如，其$CD4^+$Th17细胞可诱导同种反应性炎症，并促进慢性排斥反应的发生。

同种移植排斥反应中，不同类型免疫细胞和T细胞亚群产生的多种细胞因子形成协同、拮抗或相互调节的网络，例如：巨噬细胞产生IL-12，可促进初始$CD4^+$T细胞分化为Th1细胞；Th1细胞分泌IFN-γ，可抑制巨噬细胞分泌IL-23（属IL-12家族）、抑制Th17细胞分化及IL-17产生。研究表明，IL-12/IFN-γ通路与IL-23/IL-17通路间存在交互调节作用。

（4）Treg细胞：Treg细胞是调控移植排斥反应的重要细胞亚群，相关实验依据为：①肺、肝和肾等实质性器官移植中，血循环Treg数量与移植物存活呈正相关；②造血干细胞移植中，由于肠黏膜Treg数量较少，成为急、慢性GVHD优先发生的部位。

（5）CTL：同种反应性$CD8^+$CTL可直接识别、杀伤移植物靶细胞。已报道：β2微球蛋白基因缺陷的宿主，由于CTL不能识别同种抗原，导致其丧失排斥同种移植物的能力。

2. 针对移植物的体液免疫效应机制 近年来，对受者体内产生的抗同种抗原抗体参与诱导排斥反应及移植物失功的作用给予高度关注。临床及实验研究均证明，受者体内产生的抗同种抗原抗体和供者特异性抗体（donor spesific antibody，DSA）可通过与同种移植物细胞表面相应抗原结合而激活补体，介导CDC效应，从而在超急性排斥反应、急性血管排斥反应及慢性排斥反应中发挥重要作用。

（1）抗同种异型抗原抗体的类别及其来源：①某些特定情况下（如怀孕、输血或移植），受者体内可产生抗同种异体HLA抗原（Ⅰ类和Ⅱ类）的抗体，主要为IgG类；②红细胞血型抗原（主要为A、B抗原）属主要组织相容性抗原，表达于机体大部分组织细胞（主要是红细胞、内皮细胞）表面，正常人体天然存在抗（供者来源）异型ABO抗原的抗体，通常属IgM类；③机体可产生针对供者来源次要组织相容性抗原的抗体，如MIC A表达于人内皮细胞表面，肾移植受者体内可检出抗MICA抗体，后者与排斥反应和移植物失功相关；④抗自身组织抗原抗体，如血管平滑肌细胞表达血管紧张素Ⅱ受体-1，其特异性自身抗体参与肾移植术后严重高血压、移植物失功和纤维素样动脉坏死的发生，抗波形蛋白或肌球蛋白特异性抗体与移植心脏慢性血管病变相关；⑤移植器官缺血所致内皮细胞损伤可暴露某些隐蔽的自身抗原，受者体内IgM类天然抗体可识别这些暴露的自身抗原，并通过激活补体而加重移植排斥反应。

（2）体液免疫参与排斥反应的机制：①受者血循

环中抗 HLA 抗体通过调理作用和 ADCC 效应，损伤移植物；②抗 HLA 抗体与移植物血管内皮细胞表面 HLA Ⅰ类和Ⅱ类分子结合为复合物，通过经典途径激活补体，形成攻膜复合体，直接损伤移植物细胞；③补体激活所形成的活性片段发挥调理作用（C3b）、过敏毒素作用及趋化作用（C3a、C5a），损伤血管内皮细胞，并介导多形核白细胞浸润、凝血、血小板聚集、血栓形成等，参与排斥反应发生。一般而言，除超急性排斥反应外，细胞免疫发挥更重要作用；④抗体、补体可上调内皮细胞内某些基因表达，引起动脉及基底膜改变，导致移植物永久性、不可逆的结构损害。

另外，抗同种异型抗体（如抗 MHC Ⅰ类分子抗体）在不依赖补体的情况下也会影响内皮细胞而导致移植排斥（尤其是慢性排斥）发生，其机制为：①促进人脐静脉和心脏微血管内皮细胞增殖，并提高细胞内酪氨酸磷酸化、NF-κB 水平；②刺激人内皮细胞表达 FGF 受体及其磷酸化，促进内皮细胞增殖；③激活内皮细胞，使其表达 CCL2、CXCL1。上述效应均与动脉内膜增生相关。

近期研究发现，长期存活的移植物可能通过形成淋巴样组织而成为新的淋巴样器官，在这些移植物内，浸润的受者来源 DC 可通过间接途径而提呈抗原。相关的实验依据为：发生慢性排斥的移植肾脏中淋巴管密度较正常肾脏淋巴管密度增加 50 倍，并形成由 T 细胞、B 细胞、DC 和浆细胞组成的结节样浸润，使移植物本身成为 T、B 细胞相互作用及同种反应性长寿浆细胞居留的场所。

（二）固有免疫效应机制

同种移植物首先引发固有免疫应答，导致移植物炎症反应及相应组织损伤，随后才发生适应性免疫应答。同种器官移植术中，诸多因素可启动针对移植物的固有免疫损伤效应，例如：①外科手术所致的机械性损伤；②移植物被摘取→植入受者体内，此过程必然出现缺血和缺氧，并导致组织损伤；③移植物植入并恢复血循环所致的缺血-再灌注损伤，通过大量产生氧自由基等机制而损伤组织细胞。上述作用的综合效应是诱导细胞应激，继发炎性“瀑布式”反应，导致移植物组织细胞发生炎症、损伤和死亡（图 18-7）。

尽管固有免疫在移植排斥中的作用早已被确认，但对其重要性的认识还不足，且缺乏有效调控固有免疫的药物与治疗方案。

1. 参与同种排斥反应的非特异性效应分子 移植术中，损伤的组织细胞可释放多种因子，细胞应激也可释放多种炎症介质，它们均参与同种移植排斥反应发生和发展。

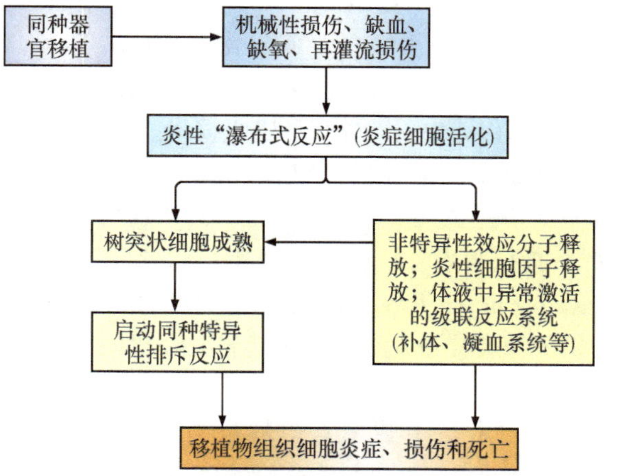

图 18-7 固有免疫参与移植排斥反应

（1）损伤相关的模式分子（DAMP）：坏死的移植物细胞可释放损伤相关的模式分子（DAMP），如热休克蛋白（HSP）、高迁移率族蛋白（HMGB1）等，它们与相应模式识别受体配体（如 TLR2、TLR4 等）结合可启动胞内信号转导，通过激活 NF-κB 等机制而参与排斥反应，例如：促进 DC/Mϕ 成熟、活化；促进炎性细胞因子产生；诱导血管内皮细胞活化；增强移植组织细胞对缺血/再灌注损伤的敏感性等。

（2）促炎介质

1）炎性细胞因子：同种器官移植后，缺血-再灌注损伤（I/R 损伤）、缺氧等因素可致细胞应激反应，瞬间产生大量氧自由基，促进 TNF-α、IL-1、IL-6 等炎性介质释放，导致血管内皮细胞丧失抗氧化屏障而被活化，继而上调 ICAM-1、VCAM-1 等黏附分子表达，并介导单个核细胞浸润移植物。

2）趋化因子：趋化因子是参与移植排斥反应的重要介质，相关实验依据为，移植动物模型和患者发生排斥期间，移植物局部高表达多种趋化因子，且表达量与炎症细胞浸润呈正相关；肾移植后 IL-8、MCP-1 和 RANTES 等趋化因子含量增高，是急性排斥反应的指标；心脏移植中，局部浸润的单个核细胞高表达 CCR1、CCR2、CCR5 和 CXCR3，组织局部 MCP-1、MIP-1、RANTES、IP-10 和 I-TAC 表达也增加。

趋化因子参与启动同种移植排斥反应的机制为：①细胞应激早期，活化的内皮细胞或组织细胞释放多种趋化因子（主要为 CXC 亚族），对中性粒细胞有较强趋化活性，使之募集至移植物局部；②随后，激活的内皮细胞、成纤维细胞和单核细胞等产生 CC 亚族趋化因子（RANTES、MCP-1 等），诱导单核细胞浸润移植物，参与局部炎症反应和组织损伤；③组织局部产生的趋化因子可介导未成熟 DC（表达 CCR1、CCR2、CCR5 和 CXCR1 等）向炎症部位迁移和逐渐成熟，并介导成熟的 DC(表达 CCR4、CXCR4 和 CCR7)归巢至次级淋巴组织;④CXC 亚族趋化因子(如 IP-10、Mig 和 I-TAC 等)可有效趋化 Th1 细胞(表达 CXCR3),使之募集至移植物局部并介导组织损伤。

3) 脂类炎症介质:包括参与花生四烯酸代谢的酶[如环氧化酶 2(cyclooxygenase 2,COX2)]、代谢产物(如前列腺素、白三烯)及血小板活化因子(platelet activating factor,PAF)等,主要由组织损伤后的内皮细胞和多种炎症细胞(如巨噬细胞、DC 等)产生,可参与炎症反应和导致移植物组织损伤。

4) 自由基:包括氧自由基和 NO,由遭受缺血-再灌注损伤的组织细胞或炎症细胞产生,可导致细胞代谢障碍,并损伤细胞膜结构等。

(3) 体液(微环境)中异常激活的级联反应系统:体液中存在补体、凝血、纤溶、激肽等级联反应系统,它们通过相互影响和相互激活,在多种生理和病理过程中发挥重要作用,也参与移植排斥反应的效应机制。

1) 补体系统:缺血-再灌注损伤或移植术并发细菌感染,导致急性期反应蛋白(如 C 反应蛋白和 MBL)、氧自由基等产生,通过激活补体而形成膜攻击复合体和多种活性片段(C3a、C5a 等),从而直接损伤移植物组织细胞或介导移植物局部炎症效应。

2) 凝血系统:移植术中受损的组织细胞可释放组织因子,并激活凝血酶。上述因子均为重要的炎症因子,可直接或间接参与移植物损伤的效应机制。

2. 参与同种排斥反应的固有免疫细胞

(1) DC:DC 包括不同功能亚群,成熟 DC 通过提呈同种异型 HLA 抗原而参与排斥反应发生,某些耐受性 DC 可参与移植耐受的建立,机制为,①释放具有免疫负调节作用的活性分子(如 NO、HO-1、IDO 等),抑制 T 细胞、B 细胞和 NK 细胞活化;②低表达共刺激分子或高表达共抑制分子,诱导同种反应性 T 细胞失能;③某些 pDC 可诱导 $CD4^+CD25^+FoxP3^+$Treg 细胞产生,从而参与诱导和维持移植耐受。

(2) NK 细胞:NK 细胞在 GVHR 和 HVGR 中均发挥重要作用,其机制为,①活化的 T 细胞产生多种细胞因子、趋化因子(CCL3、CXCL10 和 CX3CL1),可募集 NK 细胞并使之激活,从而参与早期急性排斥反应;②NK 细胞与移植物内皮细胞相互作用而释放 IFN-γ,促进内皮细胞高表达 MHC Ⅰ/Ⅱ类分子,并增强内皮细胞对同种反应性 T 细胞杀伤效应的敏感性。

NK 细胞杀伤效应主要取决于其膜表面抑制性受体(IKR)和激活性受体(AKR)之间的平衡。正常情况下,人 NK 细胞表面 IKR 可识别并结合自身组织细胞表面的 MHC Ⅰ类分子,通过启动负调节信号而抑制 NK 细胞杀伤活性。NK 细胞杀伤同种移植物细胞的机制为:①受者 NK 细胞表面的 AKR 识别移植物细胞表面的同种异型 MHC 分子,使 NK 细胞激活;②移植物组织细胞表面 MICA 和 MICB 表达增多,两者均为 NKG2D(属 AKR)的配体,导致 NK 细胞活化;③活化的 T 细胞所产生的多种细胞因子可激活 NK 细胞,增强其胞毒作用,参与移植物的损伤效应。

(3) NKT 细胞:NKT 细胞在不同微环境中所分泌的细胞因子种类各异,从而调控 T 细胞亚类(尤其是 Th1 细胞和 Th2 细胞)分化和功能,并参与不同病理生理过程发生。移植受者体内,NKT 细胞主要通过分泌 IL-4 而介导免疫偏离,即促进 Th2 细胞应答、抑制 Th1 细胞分化和功能,从而诱导移植耐受,并维持免疫豁免器官的免疫耐受。

(4) 巨噬细胞:其在移植排斥不同阶段的作用各异,①移植早期发生缺血再灌注,移植物内巨噬细胞通过吞噬、杀伤作用及分泌炎性细胞因子,损伤移植物细胞;②急性排斥反应中,移植物内浸润的巨噬细胞通过促进炎症反应而加重组织损伤;③慢性排斥反应中,巨噬细胞是主要的效应细胞,参与介导慢性炎症和纤维化;④旁路活化的巨噬细胞(M2)可通过抑制活化的 $CD4^+$T 细胞增殖及分泌 IL-2、IFN-γ 而发挥免疫负调节效应,可能参与诱导移植耐受。

(5) 肥大细胞:①长期存活的受者,移植器官局部 Treg 细胞浸润增多,通过分泌 IL-9 而促进肥大细胞生长和趋化,后者释放的细胞因子参与诱导移植耐受;②肥大细胞释放多种介质(如组织胺、TGF-β、蛋白酶等),可激活成纤维细胞,促进胶原蛋白产生,从而诱导纤维化,最终导致移植器官失功。

(6) 中性粒细胞:是参与早期炎症反应最重要效应细胞。在移植物局部所产生的 CXC 亚族趋化因子和 CPAF、LTB4、补体 C5a 等协同作用下,中性粒细胞向发生缺血-再灌注损伤的移植物部位浸润。活化的中性粒细胞释放大量氧自由基和蛋白溶解酶等,造成移植物组织损伤。

综上所述,固有免疫在移植排斥反应中发挥损伤/保护的双重作用;即使同一类固有细胞,也可分化为功能(及表型)各异的亚群,在移植排斥中发挥不同的作用。因此,进一步探讨固有免疫细胞的异质性及其调控移植排斥的作用机制,对深入阐明移植排斥规律及探索新的防治策略具有十分重要的意义。

(三) 参与同种移植急性排斥反应损伤机制的其他细胞与组织成分

1. 内皮细胞(endothelial cell,EC) 带血管吻合的移植物其血管 EC 表达 MHC Ⅰ、Ⅱ类分子,具有强免疫原性，既是同种抗原的来源，也是移植排斥反应的损伤靶点。另外，人 EC 还表达 MICA，后者属次要组织相容性抗原。肾脏移植受者体内可检出抗 MICA 抗体，已发现后者与排斥反应和移植物失功有关。EC 参与移植排斥的机制为：

（1）移植物 EC 与同种反应性 Tm 细胞直接作用：相关依据为，①人移植物血管 EC 组成性表达 MHC Ⅰ/Ⅱ类分子，并具有提呈抗原能力；②EC 不表达 CD80、CD86，但可组成性表达 LFA-3、PDL-1/2、ICOSL、4-1BBL、CD40 和 OX40L 等，从而向 Tm 细胞提供共刺激信号；③培养的人 EC 可单独激活同种反应性 Tm 细胞，对初始 T 细胞则无此作用。

（2）移植物 EC 参与移植排斥的其他机制：①EC 可促进单核细胞分化、发育为 DC；②移植物 EC 摄取、处理、加工同种抗原，并（“交叉”）提呈给受者 $CD8^+T$ 细胞；③移植物 EC 激活同种反应性 $CD4^+Tm$ 细胞，使之分泌 IFN-γ，这是导致慢性移植物失功的重要原因；④宿主多种免疫效应细胞（如 CTL、NK 细胞、Mϕ、中性粒细胞等）和效应分子（抗体、补体、细胞因子等）可损伤作为同种排斥反应靶细胞的移植物 EC，导致凝血功能和血管功能异常（微血管内凝血、微血栓形成等），加重移植物组织损伤。

2. 过客白细胞（passenger leukocyte） 移植物所含大量定居和迁移而来的骨髓源细胞（如 DC、Mϕ、淋巴细胞等），被称为过客白细胞。移植术后，此类细胞进入受者体内并迁移至次级淋巴器官，可介导强的同种抗原特异性免疫应答。另外，过客白细胞也可迁移至受者胸腺，通过阴性选择而导致受者同种反应性 T 细胞凋亡，从而诱导同种移植耐受。

3. 上皮细胞（epithelial cell） 上皮细胞是移植排斥反应的靶细胞，但也可参与移植排斥反应的损伤作用。以呼吸道上皮细胞（airway epithelial cell，AEC）为例：①活化的 AEC 可产生 CXC 家族趋化因子（如 IP-10/CXCL10 等），通过与相应受体 CXCR3 结合，趋化活化的 T 细胞；② AEC 产生 RANTES、MCP-1/CCL2、GM-CSF 等，可趋化并激活肺泡巨噬细胞；③ACE 可调控肺泡巨噬细胞向肺实质的聚集。

4. 细胞外基质（ECM） ECM 在淋巴细胞活化、迁移和炎症反应中发挥“空间路标”的作用。ECM 参与移植排斥的依据为：①大鼠心脏、肝脏移植后，内皮细胞、肝窦内皮细胞上调细胞型 FN 的表达，从而介导早期 T 细胞浸润；②FN、LN 在组织间隙和血管周围沉积，可趋化单个核细胞浸润；③输注抗 TNF-α 中和抗体，可下调局部 FN 的表达和移植物内 MNC 的浸润，从而显著延长移植物存活时间；④心脏移植物中 FN 表达上调，参与诱导淋巴细胞凋亡；⑤心脏移植患者血清中 MMP-3、TIMP-2 水平升高。

第二节 移植排斥反应的类型

移植排斥反应包括宿主抗移植物反应（host versus graft reaction，HVGR）和移植物抗宿主反应（graft versus host reaction，GVHR）两类。前者见于一般实质器官移植，后者主要发生于骨髓移植或其他免疫细胞移植。

一、宿主抗移植物反应

HVGR 指宿主免疫系统对移植物发动攻击，导致移植物被排斥。各类器官移植排斥反应的免疫学效应机制基本相同，根据排斥反应发生的时间、强度、机制和病理表现，大致可分为超急性排斥、急性排斥、慢性排斥反应三类。本节以肾移植为例进行介绍。

（一）超急性排斥反应

超急性排斥反应（hyperacute rejection）指移植器官与受者血管接通后数分钟至 24 小时内发生的排斥反应，可见于反复输血、多次妊娠、长期血液透析或再次移植的个体。该反应是由于受者体内预先存在抗供者组织抗原的抗体（多为 IgM 类），包括抗供者 ABO 血型抗原、血小板抗原、HLA 抗原及 VEC 抗原的抗体。天然抗体可与供者移植肾组织血管内皮细胞表面的 HLA 抗原结合，通过激活补体而直接破坏靶细胞，或通过补体激活所产生的活性片段引起血管通透性增高和中性粒细胞浸润，导致毛细血管和小血管内皮细胞损伤、纤维蛋白沉积和大量血小板聚集，并形成血栓，从而使带血管的移植物发生不可逆性缺血、变性和坏死。应用免疫抑制药物对治疗此类排斥反应效果不佳。

此外，供体器官灌流不畅或缺血时间过长等非免疫学因素也可导致超急性排斥反应。

（二）急性排斥反应

急性排斥反应（acute rejection）是同种异基因器官移植中最常见的一类排斥反应，一般在移植术后数天至两周左右出现，80%～90% 发生于术后一个月内。病理学检查可见，移植物组织出现大量巨噬细胞和淋巴细胞浸润。及早给予适当免疫抑制剂治疗，急性排斥反应大多可获缓解。

细胞免疫应答在急性排斥反应中发挥主要作用：$CD4^+Th1$ 细胞介导的迟发型超敏反应是主要的损伤机制；$CD8^+CTL$ 和 $CD4^+CTL$ 可直接杀伤表达异型抗

原的移植物细胞;此外,激活的巨噬细胞和 NK 细胞也参与急性排斥反应的组织损伤。

急性排斥反应的发生率极高,其临床表现取决于供-受者间组织相容性程度、移植后的免疫抑制方案以及诱发因素(如感染等)。一般而言,急性排斥反应发生越早,其临床表现越严重;移植后期发生的急性排斥大多进展缓慢,临床症状较轻。

二、慢性排斥反应

慢性排斥反应(chronic rejection,CR)发生于移植后数周、数月、甚至数年。如慢性肾移植排斥反应其病变与慢性肾炎相似,肾脏正常器官组织结构消失,肾功能进行性减退,甚至完全丧失。多种细胞(如多形核白细胞、单核细胞、血小板等)附着于血管内皮受损部位,这些激活的血细胞和内皮细胞所释放的血小板源生长因子(PDGF)及细胞表面黏附分子是介导细胞黏附的主要因素。受损的内皮细胞被血小板和纤维蛋白覆盖,最终导致血管增生性损伤或纤维化,造成器官组织结构破坏及功能丧失。因此,慢性排斥反应亦称慢性移植物失功(chronic allograft dysfunction,CAD)。

不同器官的移植术,其慢性排斥所致移植物损伤的表现各异:肝脏移植物表现为胆管消失,出现胆管消失综合征(vanishing bile duct syndrome);肺脏移植物表现为小气道疤痕组织积聚,出现闭塞性细支气管炎综合征(bronchiolitis obliterans syndrome,BOS);心脏移植物表现为心脏血管病变(cardiac allograft vasculopathy,CAV)。以 CVA 为例,其病理学特征是:①移植物血管中心性动脉硬化,导致移植物低血液灌注,最终出现纤维化和退性变;②血管平滑肌细胞增生,是移植物血管内皮细胞表面同种异型抗原激活淋巴细胞,进而诱导巨噬细胞分泌平滑肌细胞生长因子所致。

慢性排斥反应的机制尚未被阐明,一般认为是由免疫学和非免疫学机制所致移植器官功能进行性衰退。

1. 同种移植慢性排斥反应的危险因素

(1) 免疫学因素:①组织相容性,移植肾脏长期存活(尤其5年以上)与 HLA-A、B 和 DRB1 座位6个等位基因型别配合情况直接相关;②急性排斥反应,是 CR 最主要的危险因素,其发生时间、次数、严重程度均与 CR 发生相关(见下文);③免疫抑制剂使用不当,过量使用可致严重毒性副作用,用量不足则移植物内可出现活化的淋巴细胞和巨噬细胞浸润,后者直接或间接促进细胞因子和黏附分子表达,从而介导 CR 的发生和发展;④移植物组织"异化"为淋巴组织(见后文);⑤术前群体反应性抗体(panel reactive antibody,PRA)水平高是移植后 AR 及 CR 发生的高危因素。

(2) 非免疫学因素:①边缘性供者(器官存在部分功能性损害或高龄)器官勉强用于移植;②脑死亡供者,其受损脑组织可释放大量细胞因子进入血循环,激活相关免疫细胞(如巨噬细胞、T 细胞等);③移植物缺血-再灌注损伤,可上调移植物表达 MHC Ⅱ类分子、细胞因子、黏附分子、共刺激分子等,并导致移植物局部微环境紊乱,从而加剧炎症反应;④高血脂(如术后长期服用强的松、CsA 等),可促进移植物动脉内膜增生;⑤高血压,可促进动脉粥样硬化,同时使肾小球处于高灌注状态,进一步导致肾小球硬化、肾单位减少;⑥某些免疫抑制剂(CsA、FK506 等)具有明显肾毒性,可诱发肾小球入球小动脉收缩,导致局灶性肾小球硬化、肾小球玻璃样变、条带状肾小管萎缩及间质纤维化;⑦巨细胞病毒感染,可引发局部组织损伤和修复、炎性细胞浸润并产生细胞因子,并可能直接损伤移植肾血管内皮细胞,产生类似动脉粥样硬化的病变。

2. 同种移植慢性排斥反应的免疫学机制

一般认为,非免疫学因素(如术中缺血、再灌注损伤等)可参与 CR 发生,但免疫学因素是导致 CR 的主要机制。

(1) $CD4^+T$ 细胞持续性间断活化:CR 过程中,受者 $CD4^+T$ 细胞通过间接识别 VEC 表面 MHC 抗原而被激活,继而 Th1 细胞和巨噬细胞介导慢性迟发型超敏反应性炎症;另外,Th2/Tfh(淋巴滤泡辅助性 T 细胞)辅助 B 细胞产生抗体,通过激活补体和 ADCC 作用,损伤移植器官的血管内皮细胞。

(2) 急性排斥反应反复发作:可引起移植物血管内皮细胞持续性轻微损伤,并持续分泌多种生长因子(如胰岛素样生长因子、血小板源生长因子、转化生长因子等),继而导致血管平滑肌细胞增生、动脉硬化、血管壁炎性细胞(T 细胞、巨噬细胞)浸润等病理改变。

(3) 抗同种异型抗原的抗体:移植后由移植物诱生的抗同种异型抗原的抗体(包括抗 HLA 和非抗 HLA 抗体)与 CR 发生密切相关,其主要机制为:补体激活及所产生的裂解片段可导致组织损伤和坏死、损伤内皮细胞、介导动脉及基底膜改变,从而造成移植物永久性、不可逆的结构损害。

另外,此类抗体也可通过补体非依赖性途径参与慢性移植物排斥反应。例如:①体外实验中,抗 MHC Ⅰ类分子抗体可上调人脐静脉和心脏微血管内皮细胞内酪氨酸磷酸化和 NF-κB 水平,并促进细胞增殖;

②抗 MHC Ⅰ类分子抗体可直接激活体外培养的小鼠内皮细胞，使之表达 CCL2 和 CXCL1。上述效应均与动脉内膜增生相关，后者是 CR 的主要病理特点。

受者体内抗供者特异性抗体（DSA）与 CR 发生有密切关系，涉及 4 个阶段：①单纯出现循环中同种反应性抗体；②移植物内检出补体 C4d 沉积，但未引起明显病理变化，被视为形成“适应”（accommodation）；③除 C4d 沉积外，移植物活检发现病理损伤，但移植物功能仍正常；④除以上表现外，出现移植物功能减退（即进入临床慢性排斥阶段）。此四阶段模式的建立，对研究抗体介导的慢性排斥发生机制及指导临床诊断、治疗具有重要意义。

（4）自身抗体的作用：受者体内自身抗体可参与移植物慢性损伤，机制为，①抗血管平滑肌表面血管紧张素Ⅱ受体-1 的自身抗体，可参与肾移植后严重高血压、移植物失功和纤维素样动脉坏死；②抗波形蛋白或肌球蛋白特异性抗体与慢性移植心动脉病相关，并可降低移植物存活率；③缺血所致移植器官内皮细胞损伤，可暴露某些隐藏的自身抗原，后者可与天然自身抗体结合，导致补体依赖的组织损伤。

（5）Th17 细胞的作用：Th17 细胞可能是参与排斥反应复发及临床隐匿性慢性排斥反应的主要效应细胞，其机制为，①排斥反应初期，同种抗原通过直接或间接识别途径而激活 $CD8^+$、$CD4^+$T 细胞，诱导强烈的排斥反应，此阶段 Th17 细胞的效应居于次要地位；②受者长期应用 CsA 等免疫抑制剂可显著抑制 Th1 细胞分泌 IL-2，使后者抑制 Th17 细胞分化的作用减弱；③Th17 细胞诱生及效应（产生 IL-17）机制不同于 Th1 细胞/CTL，导致临床常用免疫抑制剂难以有效发挥作用；④动物实验证实，Th17 细胞主要通过介导移植物炎症微血管病变及纤维化而参与慢性排斥反应；⑤临床肾脏移植中，Th17 细胞通过分泌 IL-17、IL-21 而介导慢性排斥反应。

（6）移植物组织“异化”为淋巴组织：长期存活的移植物可能通过形成淋巴样组织而变成新的淋巴样器官。在这些移植物内，浸润的受者来源 DC 可通过间接途径识别和提呈同种抗原。已发现：发生慢性排斥的人类移植肾内可形成由 T 细胞、B 细胞、DC 和浆细胞组成的结节样浸润，且浸润细胞可表达趋化因子受体 CCR7，而淋巴样内皮细胞表达 CCR7 的配体 CCL21。由此，移植物本身即成为发生免疫应答的场所，也成为长寿浆细胞居留的场所。临床也已报道，移植物局部浆细胞可参与移植排斥反应，其中某些病例伴有移植物内 C4d 沉积和 IFN-γ 高表达，后者可促进 MHC 分子表达，从而给抗同种抗原的抗体提供更多作用靶点，直接影响移植物存活。

（7）固有免疫的效应：固有免疫参与 CR 发生的机制可能为，①移植术后反复发作急性排斥反应，损伤的移植物组织细胞可持续释放 HMGB1 等 DAMP，移植物局部激活的免疫细胞（巨噬细胞、血管内皮细胞等）也可主动释放 DAMP，后者进一步激活免疫细胞，由此形成恶性循环，导致持续存在低强度急性排斥反应，成为介导移植物组织持续性、慢性损伤的关键因素；②HMGB1 等可促进多种炎症细胞产生 TGF-β，并诱导活性 TGF-β形成，后者是介导组织过度修复和脏器纤维化的重要因子，并可通过不同机制反馈性诱导 HMGB1 等释放。

慢性排斥反应的确切机制迄今尚未完全清楚，且其对免疫抑制疗法不敏感，从而成为目前移植物不能长期存活的主要原因。

三、移植物抗宿主反应

（一）发生 GVHR 的条件

GVHR 是由移植物中抗原特异性淋巴细胞识别宿主组织抗原所致的排斥反应，发生后一般均难以逆转，不仅导致移植失败，还可能威胁受者生命。GVHR 发生依赖于下列条件：①受者与供者间 HLA 型别不符；②移植物含足够数量免疫细胞，尤其是成熟的 T 细胞；③移植受者处于免疫无能或免疫功能极度低下状态（被抑制或免疫缺陷）。

GVHR 所致疾病称为移植物抗宿主病（graft-versus-host disease，GVHD），主要见于造血干细胞移植后。此外，胸腺、脾脏移植及新生儿接受大量输血时也可能发生。

（二）GVHR 发生机制

理论上，骨髓移植供、受者间遗传背景的差异可同时导致 HVGR 和 GVHR。但由于接受骨髓移植的患者多处于严重的免疫缺陷状态，故实际上很少发生明显的 HVGR。

1. 诱导 GVHR 发生的抗原　GVHR 发生率及其临床表现与供、受者间 HLA 型别配合的程度密切相关。此外，次要组织相容性抗原（尤其是 HA-1）不相符也与 GVHR 显著相关。近年报道，HLA-C 和 HLA-DQB1 等位基因产物参与 GVHR 发生，并将其作为选择供者的指标之一。

2. GVHR 损伤机制　GVHR 中，骨髓移植物中成熟 T 细胞被宿主同种异型组织抗原（包括主要与次要相容性抗原）激活，增殖分化为效应 T 细胞，并随血循环游走至受者全身，对宿主组织或器官发动免疫攻击。

近年报道，细胞因子网络失衡可能是造成GVHR组织损伤的重要原因。其机制为：①骨髓移植物预处理所致毒性作用、感染、受者原发疾病等，均可导致细胞因子分泌失衡；②骨髓移植物中识别受者同种抗原的供者T细胞被激活，分泌细胞因子并表达细胞因子受体，形成正反馈调节环路。过量产生的细胞因子(尤其是炎性细胞因子)具有强细胞毒性，并可激活NK细胞和CTL会等效应细胞，对靶细胞发挥胞毒作用。

另外，根据临床表现和病理改变，可将GVHD分为急性和慢性。

(1) 急性GVHD(aGVHD)：①在移植术后数天至2个月内发生，机制为，预处理(射线照射等)导致组织损伤，释放损伤相关分子模式(DAMP)；②预处理激活APC(尤其是宿主血源性APC)、NK细胞、中性粒细胞，介导炎症反应；③活化的$CD4^+$T细胞激发细胞因子风暴，募集效应T细胞和固有免疫细胞，促进炎症反应；④效应性T细胞(CTL、Th1、Th17等)发挥胞毒作用及致炎作用。

(2) 慢性GVHD(cGVHD)：是主要由Th2细胞所介导、以纤维化为主的血管病变，B细胞也参与其中。cGVHD发病机制尚未完全明了，其具有如下特点：①预处理刺激或前期急性GVHD造成胸腺损伤，继而导致同种异型反应性$CD4^+$T细胞阴性选择障碍；②Th2细胞偏移，产生大量炎性细胞因子(IL-4、IL-5、IL-11等)及介导组织纤维化的细胞因子(如IL-2、IL-10、TGF-β1)；③活化的巨噬细胞分泌血小板源生长因子(PDGF)及TGF-β1，诱导成纤维细胞增殖、活化；④Treg数量减少；⑤微环境中B细胞活化因子(BAFF)增多，导致B细胞功能失调，自身反应性B细胞增多并产生自身抗体。上述作用的综合效应是引发自身免疫病样系统综合征，进而导致纤维增生性改变。

(三) GVLR的概念

1. 移植物抗白血病反应(graft versus leukemia reaction，GVLR) 白血病患者进行异基因骨髓移植治疗后，即使GVHR被控制，但白血病复发严重影响预后。临床资料显示：同卵孪生同胞间进行骨髓移植，由于遗传背景完全一致而不发生GVHR，但白血病复发率高达46%；自体骨髓移植患者白血病复发率也很高；而HLA全相同的异基因骨髓移植后，白血病复发率明显较低。由此提示：次要组织相容性差异在诱导GVHR的同时，可能也有助于引发GVLR，即骨髓移植物中供者免疫细胞向残留的白血病细胞发动攻击，从而防止白血病复发。

一定意义上，GVLR也可被视为一种特殊类型的GVHR，但两者并不必然平行发生。诱导GVLR的白血病抗原主要是：①广泛分布的次要组织相容性抗原，如HA-3、HA-4、HA-6、H-Y等；②相对专一性分布的血细胞抗原，如HA-1、HA-2(淋巴细胞或髓细胞系)、CD19(淋巴细胞)、CD45(淋巴细胞或髓细胞)等；③白血病特异性抗原，如BCR-ABLp210、P190(慢性髓细胞性白血病)、PML/RARA(急性髓细胞性白血病)、突变的Ras蛋白(髓性白血病)等；④某些在白血病时表达增高的正常蛋白。

2. GVLR的诱导及其机制 对骨髓移植受者术后输注供者淋巴细胞(donor lymphocyte infusion，DLI)，可在一定程度上诱导受者产生GVLR，其机制可能为：①白血病细胞和正常细胞表型不同，BMT后患者接受DLI治疗，体内可出现特异性识别白血病细胞的供者T细胞克隆，特异性杀伤白血病细胞；②DLI可诱生Treg细胞，抑制GVHD发生；③激活的供者淋巴细胞产生IFN-γ等细胞因子，可诱导白血病细胞高表达Fas抗原，从而通过Fas/FasL途径发生凋亡。

(四) 造血干细胞移植

1. 造血干细胞移植概述 造血干细胞(HSC)移植指将正常或经过基因修饰的造血干细胞输入患者体内，以达到治疗疾病的目的。目前，自体HSC主要用于治疗大剂量化疗所致造血系统破坏或作为基因治疗载体的宿主细胞；同种异体HSC可用于治疗造血系统肿瘤(如淋巴瘤、骨髓瘤、白血病)、某些先天性血液病(如地中海贫血、镰状红细胞贫血等)、免疫缺陷、自身免疫病甚至某些实体瘤等。根据来源不同，HSC移植分为如下3类：

(1) 骨髓移植：20世纪50年代临床上即开始应用骨髓移植治疗血液系统疾病。

(2) 外周血干细胞移植：80年代末，外周血干细胞移植逐渐被推广，通过使用动员剂，使骨髓HSC进入外周血，进而从外周血采集、分离HSC。

(3) 脐血干细胞移植：自80年代后期开展脐血干细胞移植，其优点为，①来源丰富、取材简单，迄今世界范围内已储存7万份可用于移植的脐血；②对供、受者HLA相符的要求相对较低；③不易受病毒或残留肿瘤细胞污染；④HSC增殖和自我更新能力强；⑤脐血T、B细胞相对不成熟，GVHD发生率低；⑥脐血中NK细胞和LAK细胞相对较多，有利于引发移植物抗白血病反应(GVL)；⑦脐血含一定量基质细胞，能提供HSC生长的微环境。该法缺点为：脐血中HSC数量有限，仅适用于治疗儿童患者。

无论采用何种HSC移植方法，关键是获得足够数量HSC($>20\times10^6$/kg)，保证尽可能显著缩短重建造血功能的时间，尤其是T、B细胞数量恢复的时间，以降低患者的感染风险，提高移植成功率。

2. 基于HSC的基因治疗 除记忆性淋巴细胞外，终末淋巴细胞寿命很短，机体每天均更新大量血细胞。因此，若欲持续纠正血细胞的某些功能，HSC成为导入外源基因的理想宿主细胞。此有赖于HSC自身特性：①具有自我更新能力，可在患者体内长期存活并表达外源基因产物；②具有多向分化能力，分化而成的转基因血细胞可分布全身而发挥效应；③多种疾病与造血细胞异常有关，将缺陷基因导入HSC可缓解症状。

HSC基因治疗的适应证为：①要求目的基因能在体内永恒表达并发挥治疗作用的疾病（如糖尿病、高血压病、帕金森病、先天性单基因缺损所致疾病等），其目的基因的理想宿主细胞是HSC；②须在短时间内取得疗效的疾病，要求目的基因在患者体内短期表达，其宿主细胞应是早期祖细胞；③白血病，通过阐明干细胞分化、自我维持、自我更新的调控机制，HSC基因治疗可望根治白血病；④某些免疫相关基因缺陷（如MHC、Ig、TCR、BCR、CK、凋亡相关因子和胞浆酪氨酸磷酸酶等），可导致多能干细胞在分化为不同谱系免疫细胞时出现功能性障碍，从而引起自身免疫病。

将目的基因转入HSC并用于基因治疗的实验研究已取得进展，以鼠白血病病毒（murine leukemia virus，MLV）为载体的逆转录病毒基因转移技术已能将目的基因成功转入鼠HSC，并在子代细胞中获得转基因表达产物。该策略尚待解决的问题是：①HSC经体外扩增后其增殖能力下降，且可能丧失自我更新能力，导致难以获得足够数量符合要求的HSC；②基因转染效率低。

四、免疫赦免

机体某些解剖部位易于接受同种乃至异种组织器官移植，而不发生或仅发生轻微排斥反应。这些部位称为免疫赦免区（immunologically privileged site），包括角膜、眼前房、软骨、脑、胎盘滋养层、某些内分泌腺等。

存在免疫赦免区的机制可能为：①赦免部位（如角膜）缺少输入血管和淋巴管，故血循环中淋巴细胞难以进入赦免区，亦不能接触移植物抗原，不易发生排斥反应；②体内存在特殊屏障，如血-脑屏障能阻止抗体和免疫细胞进入脑组织与之接触，故脑内组织移植易于成功；③某些组织（如软骨组织）免疫原性较弱，移植后不易引起排斥反应；④某些免疫赦免区组织细胞高表达FasL，移植术后即使受者同种反应性T细胞突破组织屏障而进入赦免区，但被激活的T细胞高表达Fas，可通过Fas/FasL途径而发生凋亡，导致免疫耐受（图18-8）。

近期发现胸腺也属免疫赦免器官，在胸腺中进行异基因胰岛移植不易被排斥。

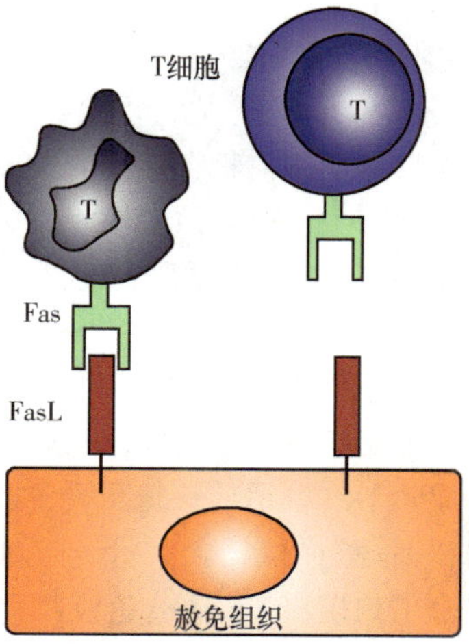

图18-8 Fas/FasL相关的免疫豁免机制

第三节 移植排斥反应的防治策略

一、临床防治同种移植排斥反应的基本原则

器官移植术成败在很大程度上取决于移植排斥反应的防治，其基本原则是严格选择供者、抑制受者免疫应答、诱导移植耐受以及加强移植后的免疫监测等。

（一）供者的选择

供、受者间的组织相容性是决定移植术预后的主要因素，故选择理想的供者极为重要。

1. 红细胞血型检测 人红细胞血型抗原属重要的主要组织相容性抗原，故供者ABO、Rh血型抗原须与受者相同，或至少符合输血原则。

2. 受者血清中细胞毒性预存HLA抗体检测 取供者淋巴细胞和受者血清做交叉细胞毒试验，检测血清是否含有针对供者淋巴细胞的预存细胞毒抗体，以防止超急性排斥反应。

3. HLA分型 HLA型别匹配程度是决定供受者间组织相容性的关键因素。由于广泛应用免疫抑制剂而极大改善实质脏器移植存活率，HLA相符的重要性曾一度遭怀疑。但是,大样本回顾性研究仍然显示,HLA 分型对肾移植仍具有指导意义:供、受者 HLA 错配中,某些错配明显影响存活率,而某些错配对存活无明显影响,甚至有益。据此,已提出“有益错配、中性错配和有害错配”假说。

不同 HLA 基因座编码产物对移植排斥的影响各异,以同种肾移植为例:①HLA-DR 对移植排斥最为重要,其次为 HLA-B 和 HLA-A;②HLA Ⅱ类基因型别相符对防止慢性排斥反应尤为重要;③HLA-DP1 错配是影响再次移植后移植物存活期的重要因素。

不同器官移植中,排斥反应与供、受者间 HLA 配合程度的相关性各异:①实质脏器移植中,过路细胞是介导 HVGR 发生的主要因素,由于移植物中过路细胞数量相对较少,即使 HLA 型别不完全相配,HVGR 仍较易被免疫抑制剂所控制;②肝脏移植物中过路细胞主要为不成熟 DC,可诱导移植耐受,故肝移植后排斥反应较弱;③骨髓移植物含大量免疫细胞,HLA 不相配可致强烈 GVHR,且不易被免疫抑制剂所控制,故对 HLA 配型的要求特别高。为在人群中筛选出合适的造血干细胞抑制供者,我国于 2003 年启动中华骨髓库的建设,截止到 2013 年底,总库容已近 183 万人份,累计为临床提供造血干细胞 3927 例。

4. 交叉配型 目前的 HLA 分型技术尚难以检出某些同种抗原的差异,故有必要进行交叉配型,这在骨髓移植中尤为重要。交叉配型的方法为:将供者和受者淋巴细胞互为反应细胞,即做两组单向混合淋巴细胞培养,两组中任一组反应过强,均提示供者选择不当。

5. 次要组织相容性抗原型别鉴定 在 HLA 尽量相近的前提下,应适当考虑 mH 抗原(尤其对骨髓移植),例如:①在 MHC 型别相符的情况下,雌性受者(其性染色体为 XX)可能排斥雄性供者(其性染色体为 XY)的移植物,而同性别供受体间移植排斥反应一般较轻;②mH 抗原在诱发 GVHD 和 GVLR 中起重要作用,故在分子水平进行 mH 分型对选择骨髓移植供者具有肯定意义。

(二) 移植物和受者的预处理

1. 移植物预处理 实质脏器移植时,尽可能清除移植物中过路细胞有助于减轻或防止 HVGD 发生。同种骨髓移植中,可通过预处理清除骨髓移植物中 T 细胞,以预防 GVHD。必须提及,去除 T 细胞的异基因骨髓移植,其 GVL 效应被减弱,可能导致白血病复发。

2. 受者预处理 实质脏器移植中,供、受者间 ABO 血型物质不符可能导致强的移植排斥反应。为逾越 ABO 屏障,可对受者进行预处理,例如:术前给受者输注供者特异性血小板;借助血浆置换术去除受者体内天然抗 A 或抗 B 凝集素;受者脾切除;等等。

(三) 免疫抑制疗法

免疫抑制疗法在很大程度上决定临床移植术成败。

1. 免疫抑制药物 应用免疫抑制药是迄今临床防治移植排斥的主要策略。

(1) 真菌性大环内酯类:由土壤微生物所产生,主要包括环孢素 A(cyclosporin A,CsA)、FK506 和雷帕霉素(rapamycin)等,它们主要通过干扰 T 细胞信号转导而发挥抑制作用。此类药物作用机制为:T 细胞内有一类免疫嗜素(immunophilin),如亲环蛋白(cyclophilin,Cyp)、FK 结合蛋白、雷帕霉素结合蛋白,它们可分别与 CsA、FK506 和雷帕霉素作用,继而通过竞争性结合 T 细胞信号通路中相应分子而抑制 T 细胞激活。(图 18-9)

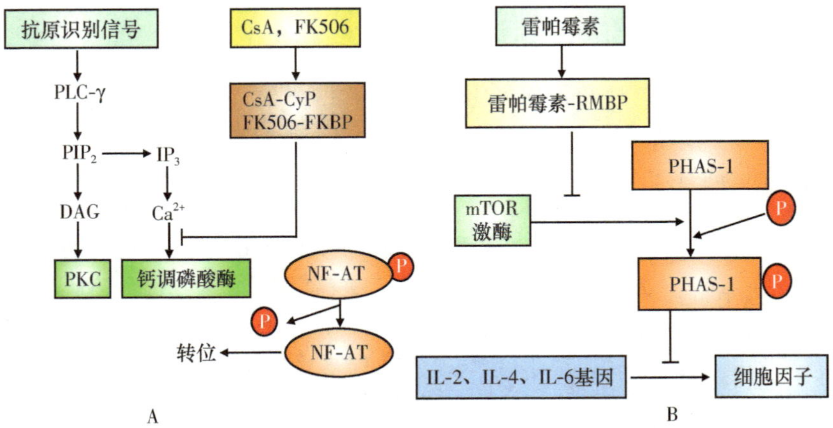

图 18-9 大环内酯类免疫抑制剂对 T 细胞信号转导的阻断作用

A. CsA 与嗜环蛋白结合、FK506 与 FK 结合蛋白(FKBP)结合→竞争性与 PI 信号途径的钙调磷酸酶结合→阻碍 NF-AT 去磷酸化→NF-AT 激活和转位受阻;B. 雷帕霉素与雷帕霉素结合蛋白形成复合物→竞争性结合 mTOR 激酶→PHAS 磷酸化受阻→抑制 IL-2、IL-4、IL-6 等基因转录

（2）FTY-720：属新型免疫抑制剂，作用机制可能为：①抑制淋巴组织中效应T细胞进入外周血；②诱导调节性T细胞分化并抑制Th1细胞功能。

（3）化学类免疫抑制药：是临床上最广泛应用的一大类免疫抑制药。例如：①糖皮质激素，具有抗炎作用，可抑制活化巨噬细胞、降低MHC分子表达、逆转IFN-γ的致炎效应；②硫唑嘌呤，属抗增殖药物，可通过插入分化细胞的DNA而阻止淋巴细胞增殖；③某些中草药具有免疫调节或免疫抑制作用（如雷公藤、冬虫夏草等），可用于治疗器官移植排斥反应。

（4）生物制剂：临床主要应用某些抗免疫细胞膜抗原的抗体，如抗淋巴细胞球蛋白（ALG）、抗胸腺细胞球蛋白（ATG）、抗CD3、CD4、CD8单抗、抗高亲合力IL-2R单抗、抗TCR单抗、抗黏附分子（ICAM-1、LAF-1）抗体等。抗体与相应膜抗原结合，可借助CDC效应等清除体内T细胞或胸腺细胞。

2. 其他干预策略 ①移植前进行血浆置换，可清除受者血液内预存的特异性抗体，以防止超急性排斥反应；②脾切除、放射照射移植物或受者淋巴结、血浆置换、血浆淋巴细胞置换，均取得一定疗效；③骨髓移植中，为使受者完全丧失对骨髓移植物的免疫应答能力，术前常使用大剂量放射线照射或化学药物，以摧毁患者自身的造血组织。

（四）移植后的免疫监测

移植后的免疫监测，对于临床及时采取防治排斥反应的合适措施具有重要指导意义。目前已建立多种免疫监测实验方法，但须结合多项指标及临床表现进行综合分析，例如：①淋巴细胞亚群百分比和功能测定；②免疫分子水平测定（如血清中细胞因子、抗体、补体、可溶性HLA分子水平，细胞表面黏附分子、细胞因子受体表达水平等）。但是，上述指标均特异性不强、灵敏度不高，临床上亟待建立一套能指导临床器官移植的免疫学监测方法。

二、抗同种移植排斥反应的生物治疗策略

临床使用的各种免疫抑制药均有多种毒副作用。因此，诱导受者产生针对移植物的免疫耐受成为移植免疫学领域最富挑战性的课题之一。但是，迄今的实验研究多限于啮齿类（小）动物，大型哺乳动物实验模型的建立尚存在困难，更罕见成功应用于临床的报道。本节简介实验研究中诱导同种移植耐受或抗移植排斥反应的主要免疫干预策略及其原理。

（一）建立嵌合体

移植免疫学范畴，嵌合体（chimerism）指来源于供者的同种异基因细胞在受者体内长期存在的状态。早年发现：异卵双胎小牛的胎盘血管相互融合，血液自由交流，形成造血嵌合体，呈自然联体共生；出生后，两头小牛均对孪生小牛的同种异体组织抗原产生耐受，可彼此进行皮肤移植而不被排斥。其后，陆续有通过建立嵌合体而诱导移植耐受的报道：①通过输注抗淋巴细胞血清和供者骨髓细胞，可诱导受者对移植肾产生耐受；②通过移植同种异体骨髓细胞可在成年哺乳动物体内形成嵌合体，从而诱导对供者器官的移植耐受。

Starzl于1992年报道，某些肝、肾移植而长期存活患者的皮肤、淋巴结、胸腺等组织中，存在供者来源的遗传物质或白细胞。这些患者淋巴细胞与相应供者淋巴细胞在体外进行混合淋巴细胞培养，结果均无反应，提示患者已对供者组织抗原产生耐受。由于仅借助PCR或其他高灵敏度技术方可检出此现象，故称为微嵌合状态（microchimerism）。（图18-10）

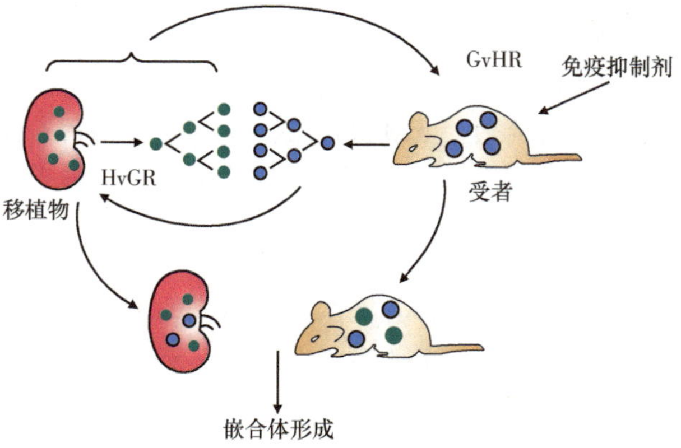

图18-10 嵌合体形成示意图

Starzl提出"双向移植排斥模式"（two-way paradigm）解释微嵌合现象：①移植早期，移植物中过路细胞一旦进入受者血循环即分布于全身，诱导受者免疫细胞激活、增殖，发生HVGR；另一方面，受者白细胞也会进入移植物内，诱导移植物中供者免疫细胞激活、增殖，发生GVHR；②在持续应用强效免疫抑制药物情况下，HVGR和GVHR均被抑制，使受者体内同时存在不完全的双向排斥（GVH和HVG），最终达到无反应的平衡状态，形成供、受者白细胞共存的微嵌合体。长期的微嵌合状态可能导致对移植器官的耐受。

目前已建立不同类型的嵌合体动物模型：

（1）完全造血嵌合体（full hematopoietic chimerism):指受者血细胞完全来源于供者的嵌合体。其原理为:致死量照射的小鼠在成功接受异基因造血干细胞移植后,受者血细胞(包括淋巴细胞)逐渐由供者造血干细胞来源的血细胞所取代。完全造血嵌合体小鼠可接受供者任何组织器官移植而不发生排斥反应。

(2) 混合造血嵌合体(mixed hematopoietic chimerism):指受者血细胞由受者和供者血细胞共同组成的嵌合体。其原理为:对致死量照射的小鼠植入去除T细胞的异基因和同基因造血干细胞(后者取自同品系动物或自身),该动物也可接受供者组织移植物而不发生排斥,其优点是,①无须彻底摧毁受者造血系统(保留部分骨髓细胞),不良反应较小;②嵌合后可诱导针对供、受者双方的双重耐受;③减轻GVHD。一般认为,流式细胞术检测受者外周血中供者来源细胞占细胞总数1%以上方为嵌合体状态。

上述在移植受者体内建立的异基因骨髓嵌合体,亦称中枢嵌合体。其诱导移植耐受的机制是:供者造血细胞在受者中枢免疫器官(胸腺和骨髓)经历阴性选择(使针对供者同种抗原的特异性T细胞被清除),被受者免疫系统视为自我,从而受者体内同时存在来源于供者与受者的免疫细胞,并可接受供者组织器官而不发生排斥。由于供者干细胞可不断被更新,故这种嵌合体乃永久性。无疑,建立这种稳定的异基因造血干细胞嵌合体可能是诱导移植耐受的理想途径。

(二) 主动免疫诱导同种移植耐受

1. T细胞疫苗(T cell vaccine,TCV) TCR可通过其独特型表位(亦称克隆型表位,clonotypic determinant)相互识别,形成"抑制-活化"的调节网络,从而在维持自身耐受中发挥重要作用。在体外用供者抗原刺激受者同种反应性T细胞使之扩增,将其作为疫苗接种受者,可诱导机体产生针对移植物的免疫耐受。其机制是:降低受者体内同种反应性T细胞应答;促进受者B细胞产生抗TCV抗体;上调受者体内针对TCV独特型的T细胞。

2. 移植术前给受者注入供者移植抗原 移植前接受供者抗原,可在某些受者延长移植物存活,而不引起超急性排斥反应,此现象称为移植物存活的主动增强。实验研究提示,抗原进入受者的途径十分重要:大鼠肾移植模型中,移植前一周静脉输入供者血可导致移植物长期存活;皮下注射同样剂量供者血,则引起超急性排斥反应。

临床资料显示,借助供者特异性输血(donor specific transfusion,DST)诱导耐受,可提高移植成功率,其可能的机制是:①促进Th2细胞活化,抑制Th1细胞功能;②诱导受者产生抗供者组织抗原的特异性封闭抗体;③刺激机体产生抗同种反应性TCR的独特型抗体;④异体淋巴细胞在受者体内产生移植物抗宿主样反应,杀伤受者同种反应性T细胞。

此外,动物实验已证实,向受者胸腺或肝脏内注射供者组织成分(如脾细胞),也可诱导针对同种异体抗原的耐受性。

(三) 阻断针对移植物(或宿主)的特异性免疫应答

1. 封闭或阻断T细胞激活的第一信号 相关策略为:①人工合成模拟供者MHC分子优势肽(predominant peptide)的肽段,可封闭受者同种反应性T细胞TCR,通过阻断T细胞激活的第一信号而诱导移植耐受(图18-11);②人工合成次要组织相容性抗原(如HA-1多肽),用于预处理HSC,可封闭或干扰HA-1阴性供者体内特异性TCR的识别,诱导供者免疫细胞对受者HA-1抗原产生耐受,从而防治异基因HSCT所致GVHD;③应用针对同种反应性T细胞TCR的单克隆抗体或抗TCR独特型抗体,有可能封闭或清除同种反应性T细胞,建立同种移植耐受。

另外,T细胞激活的第一信号也有赖于其表面的共受体(CD4、CD8)参与。因此,应用抗CD4和抗CD8阻断性抗体(非清除性抗体)封闭同种反应性T细胞表面CD4、CD8分子,可通过抑制第一信号产生而诱导移植耐受

2. 基于阻断T细胞激活第二信号的干预策略 通过干扰同种反应性T细胞或APC表面某些共刺激分子(或其配体)表达或功能,有可能阻断受者同种反应性T细胞的共刺激信号,并诱导相应T细胞失能而建立移植耐受。目前,CTLA4和免疫球蛋白Fc段的融合蛋白(CTLA4-Ig),已获美国FDA批准用于临床。该融合蛋白通过与CD28竞争性结合B7,可有效阻断CD28-B7信号通路,抑制同种反应性T细胞应答。(图18-12)

鉴于共刺激信号通路存在交叉与重叠,阻断单一信号通路往往难以有效诱导移植耐受。为此,已开展相关研究:①CTLA4-Ig联合抗CD40L抗体,可明显延长小鼠胰岛移植物存活;②联合给予CTLA4-Ig和B/T细胞衰减分子(BTLA),能使MHC完全不匹配的小鼠胰岛移植物长期存活;③为提高CTLA4-Ig与CD86的亲和力,对CTLA4-Ig进行2个氨基酸位点替换突变(L104E、A29Y),该突变体可更有效地诱导移植耐受;④干预诱导性共刺激分子(ICOS)信号途径联合应用抗CD40L抗体,同时进行供者特异性输血,能延长小鼠心脏移植物存活。

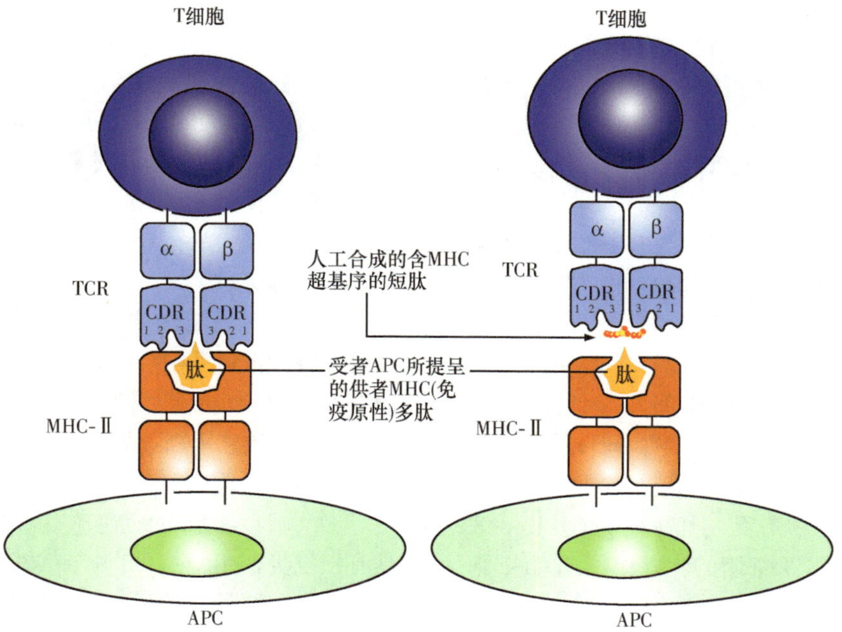

图 18-11 人工合成 MHC 抗原肽阻断 TCR 对同种异体抗原的特异性识别

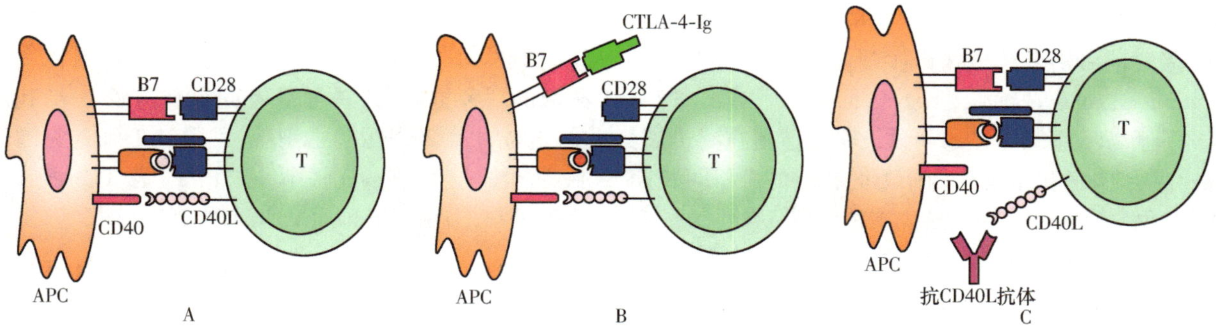

图 18-12 CTLA4-Ig 融合蛋白和抗 CD40L 单抗阻断共刺激通路

A:正常应答;B:CTLA4-Ig 融合蛋白阻断共刺激信号;C:抗 CD40L 抗体阻断共刺激信号

3. 阻断 B 细胞应答 B 细胞功能失调参与 GVHD 发病,相关的干预策略为:①应用抗 CD20 单抗清除 B 细胞,可有效降低急性 GVHD 发病及缓解病情;②给予 TNF-β 受体阻断剂,抑制生发中心形成或阻断 IL-17-BAFF 通路,可抑制 B 细胞功能,治疗慢性 GVHD。

4. 阻断免疫细胞信号转导通路 阻断移植排斥反应相关的信号转导通路,例如:①Notch 信号控制细胞命运和组织自身稳定,阻断该信号通路可抑制急性 GVHD,同时保留 GVL 效应;②蛋白激酶 C(PKC)是参与 T 细胞活化与生存的重要信号分子,PKCθ 抑制剂(AEB071)可抑制 T 细胞产生 IL-2 和 IFN-γ,并增强 Treg 细胞功能,可用于防治 GVHD。

(四)调控免疫细胞功能亚群分化及迁移

1. 定向调控 Th 细胞亚群分化(诱导免疫偏离) 一般认为,Th1 型细胞因子(如 IL-2 和 IFN-γ)是参与排斥反应的重要效应分子;Th2 型细胞因子(如 IL-4、IL-10 等)可拮抗 Th1 细胞并抑制 CTL 功能,从而诱导移植耐受。因此,阻断 Th1 细胞及其所分泌细胞因子的效应,或增强 Th2 细胞及其所分泌细胞因子的效应,将有利于建立移植耐受。

2. 阻断效应细胞向移植物局部浸润 移植物局部产生的 CXC、CX 亚族趋化因子等可分别募集、激活中性粒细胞、单核/巨噬细胞、T 细胞,从而介导对移植物的损伤效应。基于阻断免疫细胞浸润和归巢,已开展如下研究:①CCR7 基因敲除可阻断 DC 和初始 T 细胞向外周淋巴组织归巢,通过抑制同种抗原特异性免疫应答的启动,明显延长心脏移植物存活时间;②通过抑制某些趋化因子(如 MCP-1、MIP-1α、IP-10、CCL22、RANTES、CCL11 等)及其受体(如 CXCR3、CCR5 等)表达,可干扰 T 细胞、DC 和嗜酸粒细胞向移植物局部募集,从而延长皮肤移植存活;③阻断趋化因子及其受体的策略与 CsA 联用,可降低免疫抑制剂用量，且显示更佳的抗排斥效应；④阻断 P-选择素与配体结合，可抑制同种异体反应性 T 细胞归巢；⑤阻断 CCR9、CCR4 和 CCR10 通路，可抑制 T 细胞向皮肤和肠道聚集。

（五）诱生或过继输注调节性免疫细胞

细胞过继输注被视为诱导移植耐受的最佳策略之一，其特点为：①转输的细胞取自同一器官移植供者，来源可靠；②细胞输注属临床疗法而非制剂，相对容易获准在临床应用；③细胞分离、扩增和体外修饰技术均较成熟；④副作用相对较低，安全性高。

1. 诱生或过继输注 Treg 细胞 同种抗原特异性 $CD4^+CD25^+$Treg 细胞可抑制 T 细胞介导的同种移植排斥反应，诱导移植物耐受。其机制为：①Treg 细胞抑制同种反应性 $CD8^+$T 细胞的胞毒作用；②Treg 细胞直接或间接下调 DC 表达共刺激分子或黏附分子，抑制同种反应性 T 细胞激活、增殖，并诱导其失能或凋亡。实验研究表明：从已产生移植耐受的小鼠采集 Treg 细胞，过继输入未产生耐受的同系动物体内，可使后者对同一供者移植物产生耐受，此即“传染性耐受”(infectious tolerance)。

基于 Treg 细胞输注的干预策略已取得重要进展：Treg 细胞纯化和扩增技术不断改进；扩增的 Treg 可长期保持其免疫抑制活性；成功诱生同种异型特异性 Treg 细胞；Treg 细胞输注的临床安全性已被证实。目前，回输 Treg 用于防治 GVHR 已显示较好安全性和疗效。

2. 诱生或过继输注固有免疫细胞

（1）耐受性 DC：耐受型 DC 诱导和维持外周 T 细胞耐受中发挥重要作用（见第六章）。因此，通过诱生或过继耐受性 DC 或使 DC 维持在未成熟状态，可用于防治 GVHD 及建立混合嵌合体。体外诱生耐受性 DC 的方法为：①低剂量 GM-CSF 或联合应用 IL-10，可诱导未成熟 DC 产生；②联合应用 IL-10、TGF-β、GM-CSF 可诱导耐受性 DC 产生。

（2）供者 NK 细胞：可抑制急性 GVHD，并促进 GVL 效应。其机制为：NK 细胞和细胞因子可抑制供者 T 细胞增殖、CD25 表达和 IFN-γ 产生，联合输注 HSCT 和 NK 细胞可明显降低 GVHD 发生。

（3）NKT 细胞：过继 NKT 细胞可以 IFN-γ 和 IL-4 依赖性方式抑制小鼠 GVHD 发生。

（4）调节性巨噬细胞：相关依据为，①移植前注射 CSF-1，可诱导宿主体内调节性巨噬细胞分化，从而抑制供者 T 细胞功能，降低 GVHD 发病率和死亡率；②体外获得鼠源调节性巨噬细胞，移植前过继输入受者体内，可通过产生诱导性 NO 合成酶（iNOS），完全抑制多克隆 T 细胞增殖，从而显著延长移植物存活时间；③对肾移植受者过继调节性巨噬细胞，可降低免疫抑制药物用量，并诱导对移植物的可控性耐受。

（5）髓源性抑制细胞（MDSC）：转输 GM-CSF 和 IL-13 联合诱导的 MDSC，可有效防治 GVHD，其机制为，产生 NO、氧自由基及过氧亚硝基阴离子，对免疫效应细胞发挥胞毒作用；分泌 IL-10 和 TGF-β1，抑制免疫应答；诱生 Treg；诱生 M2 巨噬细胞；抑制 NK 细胞和 DC；等等。

（6）间充质干细胞（MSC）：骨髓来源的 MSC 可迁移至炎症区域，通过直接接触或分泌细胞因子而负调节免疫细胞功能。例如：鼠源 MSC 可通过诱生 FoxP3+T 细胞和阻断抗同种异型抗原抗体产生，抑制心脏移植排斥反应。

（7）凋亡细胞：凋亡细胞（尤其是早期凋亡细胞）具有强抗炎作用，并可负调节 APC 功能。近期发现，细胞凋亡与同种移植耐受密切相关：①给小鼠移植模型输注供者的凋亡白细胞，可明显下调供者体内同种反应性 T 细胞应答，并延长骨髓和心脏移植物存活时间；②生理稳态下，未成熟 DC 在次级淋巴组织微环境（如 IL-10、TGF-β）中，可加工、处理供者凋亡细胞来源的同种抗原，并诱导受者同种反应性 T 细胞耐受；③输注供者来源凋亡细胞，可通过 T 细胞克隆清除、失能、诱生 Treg 细胞、调控 Th1 细胞/Th2 细胞失衡等机制，抑制移植排斥反应或诱导移植耐受。

（六）基于抑炎或致炎效应分子的干预策略

1. 给予非特异性抑炎分子 体内存在某些具有免疫负调节功能的非特异性效应分子（如 IDO、HO-1 等），它们可通过抑制炎症反应或免疫细胞功能而抗排斥反应。相关实验依据为：①将 IDO 的腺病毒表达载体转染同种胰岛细胞，可有效延长其在受者体内存活时间；②转染 HO-1 腺病毒表达载体可显著降低白细胞浸润和血管平滑肌细胞增殖，并减缓缺血-再灌注损伤，从而有效抑制心脏排斥反应发生；③应用 IDO 抑制剂下调妊娠小鼠 IDO 活性，可引发妊娠小鼠对胚胎组织的排斥反应。

2. 阻断炎性效应分子产生或拮抗其功能

（1）阻断 Th1 型细胞因子产生：非细胞毒性抗 CD4 单抗（non-deleting anti-CD4 McAb）可调节 Th1/Th2 细胞平衡，抑制 Th1 型细胞因子产生。另外，此类抗体还可诱导 T 细胞失能，并诱导 Fas/FasL 所致细胞凋亡。已发现，小鼠抗 CD4 单抗所诱导的移植耐受也具有“传染性”，即耐受的 T 细胞可将其耐受性传递给初始 T 细胞，从而维持长久的外周耐受。（图 18-13）

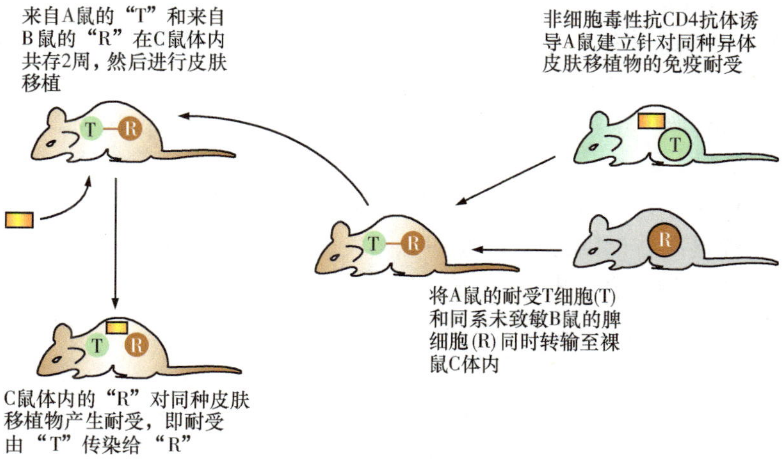

图 18-13　非细胞毒性抗 CD4 抗体诱导传染性耐受

（2）阻断 HMGB1 的效应：HMGB1 是重要的致炎因子，给予抗 HMGB1 抗体或其他拮抗剂，可明显减缓移植排斥反应并延长移植物存活。

（3）阻断 Th17 细胞相关细胞因子：Th17 细胞是参与移植排斥反应的重要效应细胞，靶向 Th17 细胞相关细胞因子可成为治疗靶点，①抗 IL-6R 抗体，可上调 Treg 数量并缓解 GVHD 所致组织损伤；②抑制 IL21/IL21R 信号通路，可下调肠道黏膜 Th1 细胞同时上调 Treg 数量，从而防治排斥反应；③阻断 IL-12-IL-23 轴，可能干预难治性急性 GVHD。

必须指出，上述干预同种异体移植排斥反应的策略目前多处于实验研究阶段。

三、异种移植的实验研究

异种移植的实践始于 20 世纪初。随着临床上广泛开展同种器官移植，器官来源短缺的矛盾日益突出，异种器官移植重新引起人们兴趣。

1. 异种移植供者动物的选择　理论上，与人亲缘关系最近的其他灵长目动物是最理想的移植物来源。但存在诸多问题，例如：灵长目动物数量稀少；饲养与繁殖不易；价格昂贵；其脏器（与成年人相比）体积偏小；存在反转录病毒感染的危险；可能引发伦理学争论，等等。因此，一般均不考虑将此类动物作为异种移植物来源的候选者。

猪由于数量众多，饲养与繁殖方便，其脏器（尤其是心脏）的主要解剖学和生理学指标与人类接近，且一般不致引起伦理学方面的争议，现已被公认是异种移植物的最理想来源。

2. 异种移植排斥机制　异种移植排斥反应比同种移植更为强烈，其机制也远为复杂。

（1）超急性排斥反应：猪→人异种移植后可出现由天然抗体（nature antibody）所介导、补体依赖的细胞毒效应，引起移植物血管内皮细胞溶破、血栓形成以及炎症反应，导致超急性排斥反应，临床表现与同种移植所致超急性排斥反应相同。其发生机制为：①灵长目动物血清中存在针对猪血管内皮细胞表面 α-半乳糖成分（galactose α1-3 galactose，galα1-3gal）的天然抗体，猪→人异种移植后可发生抗原抗体反应；②供者（猪）组织细胞表面的补体调节蛋白（如同源限制因子，HRF）与受者（人）补体成分不协同，不能抑制人补体激活及其溶细胞作用。

（2）急性血管排斥反应（acute vascular rejection，AVR）：发生于异种移植物再灌注后 24 小时内，并在数天至数周内逐渐损害移植物。此型排斥反应的机制尚无定论：①由于术前预处理已清除受者体内的天然抗体，故 AVR 与天然抗体无关；②异种抗原可刺激受者免疫系统，产生诱生抗体，继而介导补体依赖的细胞毒作用，表现为迟发型异种移植排斥反应。

（3）急性及慢性异种排斥反应：异种移植排斥主要由 T 细胞介导。由于异种供者和受者间 MHC 分子差异较大，且异种间细胞因子及其受体不匹配，难以通过直接识别途径激发免疫应答。因此，异种排斥反应主要通过间接识别途径而发生。与同种排斥相比，其反应更强烈，且不易被免疫抑制剂所抑制。

3. 异种移植排斥的防治　超急性排斥反应是异种移植的严重障碍，其防治策略为：

（1）清除受者体内天然抗体：受者体内的天然抗体主要是 IgM 类，少量为 IgG 和 IgA 类。通过亲和层析技术或应用抗 μ 链单克隆抗体，可清除人血清内的抗半乳糖天然抗体，从而可能克服异种移植超急性排斥反应。

（2）清除供者移植物组织器官的半乳糖抗原：①应用纯化的 α 乳糖酶预处理异种移植物，清除其组织细胞表面的半乳糖抗原；②通过反义技术抑制异种移植物细胞表达α半乳糖；③敲除(knockout)猪的半乳糖转移酶基因，使之不表达可与人天然抗体结合的α半乳糖；④通过转基因技术，使猪细胞高表达果糖转移酶，以拮抗α1-3-半乳糖苷转移酶活性，减少galα1-3gal表达。

(3) 阻断受者补体激活途径：①将人补体调节蛋白(如衰变加速因子、膜辅蛋白、同源限制因子等)基因导入猪受精卵，培育其组织器官表达相应蛋白产物的转基因猪，从而阻断补体活化过程；②给予外源性C1抑制剂或可溶性补体受体1等，抑制补体活性。

在克服超急性排斥反应后，异种移植尚须防治急性血管性排斥反应和以T细胞效应为主的急、慢性排斥反应，其策略类似于同种移植(见上述)，但难度更大。

4. 异种移植存在的问题 目前，异种移植仍存在许多尚待逾越的障碍，诸如：①异种移植排斥对免疫抑制药物不敏感；②畜类微生物感染对人类的潜在威胁；③异种器官与人类宿主的生理学不相容性；④异种移植研究的动物模型有待建立和完善；等等。

异种移植为开拓移植脏器来源提供了一种现实的可能性，但同时也面临诸多挑战。一般认为，异种移植的研究有必要进一步深入，但其临床应用尚有待时日。

(方 敏 龚非力)

第十九章 肿瘤免疫

肿瘤免疫学(tumor immunology)是生命科学领域发展极为迅速的一个分支,其研究内容涉及:肿瘤抗原及其免疫原性;肿瘤发生、发展与机体免疫的关系;应用免疫学原理和方法对肿瘤进行诊断、治疗和预防。

肿瘤免疫的概念起源于二十世纪初。1909 年 Ehrlich 首先提出,免疫系统不仅具有抵御病原体感染的功能,也负责清除改变的自身组分,包括癌细胞等。50 年代发现,化学致癌物及病毒诱发的肿瘤具有肿瘤特异性移植抗原,其后又发现多种化学致癌物或致癌病毒诱发的动物肿瘤及动物自发性肿瘤均表达肿瘤相关抗原,证实肿瘤确能被宿主视为“非己”而产生特异性免疫排斥。

20 世纪 60 年代,Thomas、Burnet 和 Good 等提出“免疫监视”(immunosurveillance)学说,其要点是:免疫系统具有完备的监视功能,可精确识别“自己”和“非己”成分;免疫系统不仅可清除侵入人体的微生物、排斥同种异体移植物,还能察觉并消灭体内突变的细胞,防止肿瘤生长。该学说奠定了肿瘤免疫学的理论基础。

20 世纪 70 年代单克隆抗体问世,极大推动了肿瘤免疫诊断技术和肿瘤免疫治疗;80 年代中后期,随着分子生物学和免疫学迅速进展,对肿瘤抗原的性质及其提呈过程以及机体抗肿瘤免疫机制有了较深入认识。据此,Schreiber 等提出肿瘤“免疫编辑理论”(immunoediting),认为免疫系统和肿瘤相互作用经历 3 个阶段:①免疫监视阶段,免疫系统对早期肿瘤进行有效攻击;②免疫相持阶段,表现为免疫系统对肿瘤的杀伤和肿瘤生长处于动态平衡;③免疫逃逸阶段,表现为肿瘤借助不同机制逃避机体免疫系统攻击。该理论揭示,在肿瘤发生、发展的不同阶段,肿瘤与机体免疫系统存在复杂的相互作用。

近年来,通过对肿瘤相关基因、肿瘤抗原及其提呈、机体抗瘤效应、肿瘤逃避机体免疫监视的机制等进行深入研究,极大促进了肿瘤免疫学进展。

第一节 肿瘤抗原及抗肿瘤免疫应答

一、肿瘤抗原概述

肿瘤抗原(tumor antigen)指细胞恶变过程中,由于基因突变或正常静止基因被激活而产生的新抗原(neoantigen)。此类蛋白质在细胞内被降解所形成的某些短肽可在内质网中与 MHC Ⅰ类分子结合,表达于细胞表面,成为被 $CD8^+$CTL 识别的肿瘤特异抗原。此外,某些细胞恶变后,可使正常情况下处于隐蔽状态的抗原表位暴露,成为肿瘤相关抗原。

(一)肿瘤抗原的分类

1. 根据肿瘤抗原特异性分类

(1)肿瘤特异性抗原(tumor specific antigen, TSA):TSA 指仅存在于某种肿瘤细胞表面而不存在于正常细胞的新抗原。20 世纪 50 年代通过近交系小鼠间肿瘤移植,发现存在此类抗原,亦称肿瘤特异性移植抗原(tumor specific transplatation antigen, TSTA)或肿瘤排斥抗原(tumor rejection antigen, TRA)。1992 年在人黑色素瘤细胞表面首次鉴定出具有明确分子结构的 TSA,它是静止基因激活的产物,含 9 个氨基酸,可与 HLA-A1 分子共表达于某些黑色素瘤细胞表面,称为 MAGE-1。TSA 只能被 $CD8^+$CTL 识别,是诱发 T 细胞应答的主要肿瘤抗原。

(2)肿瘤相关抗原(tumor associated antigen, TAA):指某些肿瘤细胞表面的糖蛋白或糖脂成分,其在正常细胞仅微量表达,但在肿瘤细胞表达明显升高(如胚胎抗原)。此类抗原一般可被 B 细胞识别并产生相应抗体。

2. 根据肿瘤抗原发生分类

(1)化学或物理因素诱发的肿瘤抗原:此类肿瘤抗原特点是特异性高而免疫原性较弱,常表现出明显个体独特性。例如:用同一化学致癌剂或同一物理因素(如紫外线、X-射线等)诱发的肿瘤,在不同宿主体内,甚至在同一宿主不同部位,所诱发的肿瘤其免疫原性各异(图 19-1)。因此,针对单一化学致癌物所诱发的不同组织类型肿瘤,难以研制出具有广谱疗效的单一抗癌疫苗。由于人类很少暴露于上述强烈化学、物理刺激的环境中,故多数人肿瘤抗原不属此类抗原。

(2)病毒诱发的肿瘤抗原:病毒诱发的肿瘤中,前病毒基因整合至宿主细胞基因组中,病毒基因编码的蛋白以病毒肽-MHC Ⅰ类分子复合物形式表达于肿瘤细胞表面，诱导机体产生特异性抗瘤免疫应答。同一种病毒所诱发的肿瘤，不管其组织来源或动物种属，均表达相同TSA，即无种属及组织特异性，可引起交叉反应（图19-2）。但是，由不同DNA或RNA肿瘤病毒诱生的肿瘤抗原，其分子结构和生物学特性各异，即具有病毒特异性。病毒所诱生TSA，其诱导宿主产生的应答一般仅针对肿瘤细胞，而对宿主正常组织细胞无作用。

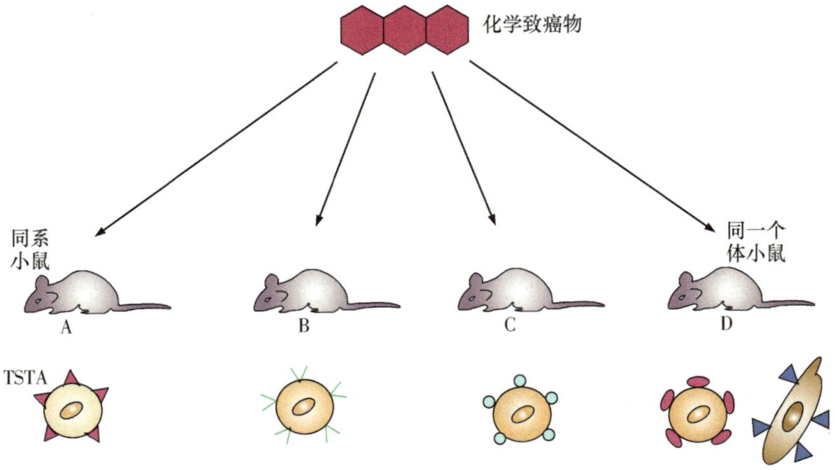

图19-1 化学致癌剂诱发的肿瘤抗原

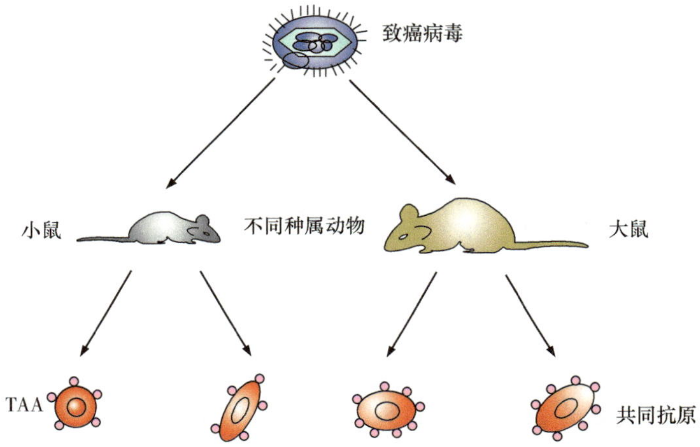

图19-2 致癌病毒诱发的肿瘤抗原

（3）自发肿瘤抗原：指某些无明确诱发因素的肿瘤抗原，多数人类肿瘤抗原属于此类，如突变的癌基因和抗癌基因所编码蛋白质、转化病毒癌基因所编码蛋白质、体细胞突变所产生的独特型表位、黑色素瘤相关抗原、肿瘤-睾丸相关抗原（CT抗原）等。自发肿瘤抗原包括TAA和TSA。

（4）胚胎抗原（fetal antigen）：指胚胎发育期由胚胎组织产生的正常成分，其在胚胎后期表达下降，出生后逐渐消失，或仅存留极微量。细胞恶变时，此类抗原可重新合成。胚胎抗原可分为2类：①分泌性抗原，由肿瘤细胞产生和释放，如肝细胞癌表达的甲胎蛋白（alpha fetoprotein，AFP）；②肿瘤细胞膜相关抗原，其疏松地结合于细胞膜表面，易脱落，如结肠癌细胞表达的癌胚抗原（carcinoembryonic antigen，CEA）、胚胎硫糖蛋白抗原（fetal sulfoslycoprotein antigen，FSA）、α_2-H铁蛋白、胎盘碱性磷酸酶及神经外胚层衍生的癌胚抗原等。一般情况下，宿主对胚胎抗原已产生耐受，故不对其产生免疫应答。胚胎抗原对异种动物具有强免疫原性，可借此制备抗体，用于检测血清AFP和CEA水平。

（二）肿瘤特异性抗原的探寻和筛选

严格意义上，肿瘤抗原是肿瘤免疫的物质基础，其不仅在肿瘤发生、发展及诱导机体抗肿瘤免疫效应中起关键作用，亦可作为肿瘤免疫诊断和免疫治疗的靶分子。但是，由于肿瘤病因不明、肿瘤细胞恶变机制尚不清楚、肿瘤抗原免疫原性较弱等原因，肿瘤特异性抗原的筛选和鉴定一直是限制肿瘤免疫学发展的重要因素。目前该领域取得如下进展：

1. 建立抗原特异性CTL克隆发现TSA 已报

道，体外制备人黑色素瘤特异性 CTL 克隆，应用其杀伤转染人黑色素瘤 cDNA 文库并表达 MHC Ⅰ类分子的靶细胞，已筛选出 CTL 识别的人黑色素瘤特异性抗原（如 MAGE 等）。借助此原理，目前已从不同肿瘤患者体内扩增出多种抗原特异性 CTL 克隆，并据此发现多种人类肿瘤抗原。

2. 应用肿瘤患者血清在重组 cDNA 表达文库中筛选肿瘤抗原 近年建立的 SEREX 技术（serological analysis of autologous tumor antigens by recombinant cDNA expression cloning）是肿瘤抗原研究领域的重大进展，其原理为：建立肿瘤细胞 cDNA 的噬菌体文库；将噬菌体克隆转膜；应用患者血清筛选阳性克隆；通过测序，分析和鉴定肿瘤抗原（图 18-3）。借助此技术，迄今已发现 2000 余种肿瘤抗原。以该技术为基础，其后又建立了鉴定肿瘤抗原的噬菌体文库技术、基因差异筛选技术及蛋白质组技术等。

二、机体抗肿瘤免疫效应

（一）抗肿瘤的固有免疫效应

多种固有免疫细胞具有抗肿瘤作用。

1. NK 细胞 NK 细胞是机体抗肿瘤的第一道防线，无需抗原致敏即可直接杀伤敏感的肿瘤细胞，且不受 MHC 限制。NK 细胞具有较广抗瘤谱，可杀伤同系、同种或异种瘤细胞，对淋巴瘤和白血病细胞尤为有效，在抗新生瘤、已形成肿瘤及转移瘤中均发挥重要作用。但是，NK 细胞对实体瘤作用较弱。

NK 细胞表面调节性受体参与识别肿瘤抗原：①激活型受体（如 NKG2D）可识别人肿瘤细胞表面 MHC Ⅰ类分子相关蛋白 A、B（MICA、MICB）和 RAET-1 蛋白；②抑制性受体可识别宿主自身 MHC Ⅰ类分子。另外，NK 细胞表面 FcγRIII（CD16）可识别肿瘤细胞表面的抗原-抗体复合物。

NK 细胞可被肿瘤细胞激活，其机制为：多种肿瘤细胞表面 MHC 分子表达下调，影响 NK 细胞表面抑制性受体（KIR）对相应配体的识别，使激活性受体（KAR）效应占主导地位，导致 NK 细胞激活并对肿瘤细胞产生杀伤作用。激活的 NK 细胞可通过如下途径非特异性杀伤肿瘤细胞：①通过 FasL/Fas、穿孔素、颗粒酶途径直接杀伤瘤细胞；②NK 细胞表面 FcγR（CD16）通过与抗瘤抗体 Fc 段结合，可介导 ADCC 效应；③分泌 IFN-γ 产生抗瘤效应。

2. 巨噬细胞 巨噬细胞可能在肿瘤早期阶段发挥重要抗瘤效应，其机制为：①ADCC 作用；②Mϕ 介导的细胞毒作用（Mϕ-mediated cytotoxity，MMC），即激活的 Mϕ 分泌 TNF、蛋白水解酶、IFN 及活性氧等细胞毒性分子，直接杀瘤或抑制肿瘤细胞生长；③与致敏 T 细胞、特异性抗体和补体协同发挥抗瘤效应；④发挥抗原提呈作用，参与适应性免疫应答。

3. γδT 细胞 γδT 细胞 TCR 缺乏多样性，其可能通过如下机制识别肿瘤抗原：①表达 NKG2D，识别肿瘤细胞表面相应配体；②识别肿瘤细胞表面磷酸化非肽类抗原；③协同 DC 识别肿瘤抗原。

γδT 细胞杀瘤作用的机制为：①γδT 细胞表面 NKG2D 可识别肿瘤细胞表面相应配体，产生活化信号，通过颗粒酶、穿孔素途径而直接杀伤肿瘤细胞；②γδCTL 可识别 HSP70-肿瘤抗原肽复合物而被激活，发挥杀瘤效应；③活化的 γδT 细胞可诱导 DC 成熟；④活化的 γδT 细胞分泌多种细胞因子，发挥杀瘤或抑瘤作用；⑤激活的 γδT 通过表达共刺激分子和产生 IL-12，可激活肿瘤特异性 T 细胞。

4. NKT 细胞 其识别肿瘤抗原的机制为：①与 γδT 细胞类似，NKT 细胞表达 NKG2D，可识别肿瘤细胞表面相应配体；②NKT 细胞的恒定 TCRα 链可通过 CD1 识别肿瘤细胞表面糖脂（α-GalCer）。

NKT 细胞通过如下机制发挥抗肿瘤效应：①肿瘤细胞或 APC 将肿瘤细胞糖脂 α-GalCer 以 CD1 复合物形式提呈给 NKT 细胞，活化的 NKT 细胞通过 Fas/FasL 等途径杀伤肿瘤细胞；②活化的 NKT 细胞释放 IFN-γ，通过激活 NK 细胞和 $CD8^+$CTL，并促进 DC 成熟，发挥抗瘤效应。

5. 粒细胞 中性粒细胞与单核/巨噬细胞在功能及效应机制上有许多共同之处。肿瘤周围组织可见大量中性粒细胞集聚及浸润。未经活化的粒细胞抗瘤活性很低，活化的中性粒细胞可通过释放活性氧、细胞因子（如 TNF 和 IL-1 等）而非特异性杀伤肿瘤细胞。

（二）抗肿瘤的适应性免疫效应

1. T 细胞介导的抗肿瘤作用 T 细胞可通过如下机制识别肿瘤抗原：①肿瘤细胞扩散至淋巴管并转移至淋巴结，$CD8^+$T 细胞识别肿瘤细胞表面肿瘤抗原-MHC Ⅰ类分子复合物；②脱落的肿瘤细胞或可溶性肿瘤抗原被 APC 摄取、加工和提呈，以 MHC Ⅱ类分子限制性的方式供 $CD4^+$T 细胞识别。

肿瘤抗原一般含多个抗原表位，它们可被肿瘤细胞表面所表达的不同型别 MHC 抗原提呈给 T 细胞，例如：MAGE-3 抗原所含不同表位可分别被 HLA-A1 和 HLA-A2 分子提呈。通过肿瘤抗原表位预测，可人工合成肿瘤抗原肽，用于肿瘤免疫治疗。

细胞免疫在机体抗肿瘤效应中起重要作用。荷瘤动物和肿瘤患者体内均存在肿瘤抗原特异性 T 细胞应答,参与抗瘤效应的 T 细胞包括多个亚群。

(1) $CD8^+T$ 细胞介导的抗肿瘤效应:$CD8^+CTL$ 的杀伤活性在机体抗瘤效应中起关键作用。CTL 通过识别和杀伤潜在的恶性细胞发挥免疫监视作用。一般情况下,机体主要借助 CTL 清除体内出现的少量瘤细胞,此效应在荷瘤早期、肿瘤缓解期或清除术后残余瘤细胞中发挥重要作用(图 19-3)。若肿瘤增殖至一定程度并发生扩散或至肿瘤晚期,多数患者已处于免疫抑制状态,则免疫系统不能有效清除肿瘤。

肿瘤浸润的淋巴细胞(tumor-infiltrating lymphocytes,TIL)中,主要的效应细胞是 CTL,可特异性杀伤相应瘤细胞。体外将荷瘤动物淋巴细胞与瘤细胞共同培养,可获取肿瘤抗原特异性 CTL(图 19-4)。该特异性 CTL 可用于筛选和鉴定编码肿瘤抗原的基因,原理为:通过随机点突变编码多种无关联的内源性细胞蛋白质,将其与 MHC Ⅰ类分子结合为复合物,用于激活 $CD8^+CTL$,后者再作用于肿瘤细胞。若所克隆基因可编码肿瘤抗原,即可被肿瘤特异性 CTL 克隆所识别(图 19-5)。

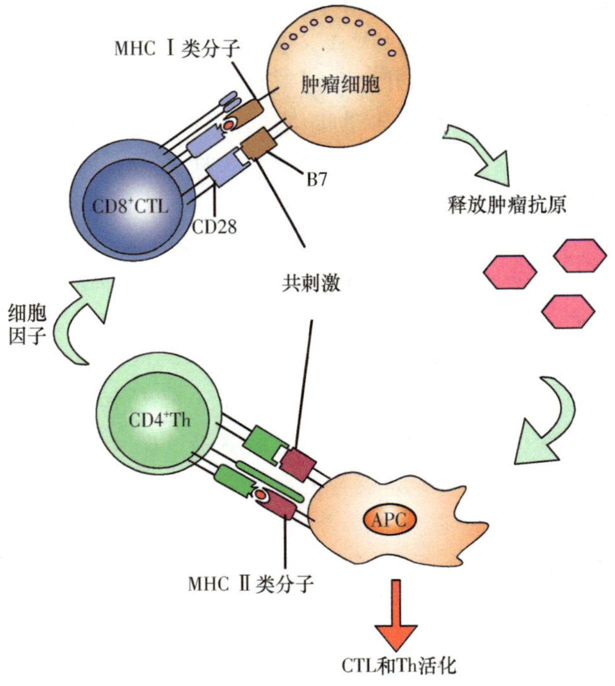

图 19-3 $CD4^+/CD8^+T$ 细胞介导的抗肿瘤免疫

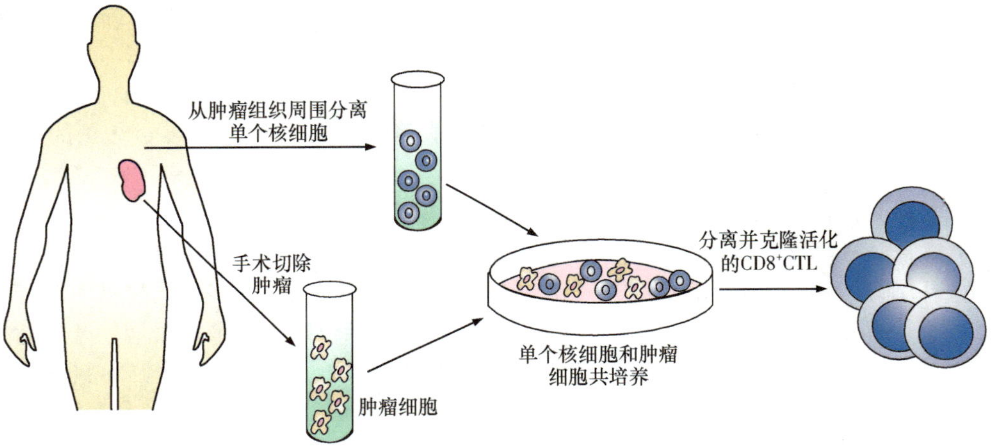

图 19-4 克隆肿瘤抗原特异性 CTL

(2) $CD4^+T$ 细胞介导的抗肿瘤效应:APC 可捕获肿瘤细胞分泌的可溶性抗原、从肿瘤细胞表面脱落的抗原,或摄取从肿瘤组织脱落的肿瘤细胞,经加工处理后,以 MHC Ⅱ类分子限制性方式提呈给 $CD4^+T$ 细胞。不同 $CD4^+Th$ 细胞亚群,其介导抗肿瘤效应的机制各异:①活化的 $CD4^+Th1$ 可辅助 $CD8^+CTL$ 活化;②活化的 $CD4^+CTL$ 可直接杀伤瘤细胞;③活化的 $CD4^+Th2$ 细胞参与辅助 B 细胞产生特异性抗肿瘤抗体;④活化的 $CD4^+T$ 细胞可参与激活固有免疫细胞(如 NK 细胞、DC)。(图 19-3)

2. B 细胞介导的抗肿瘤效应 荷瘤动物或肿瘤患者血清中存在可与瘤细胞发生反应的抗体(包括抗 TAA 和 TSA 抗体),提示机体存在针对肿瘤的体液免疫应答。B 细胞表面 BCR 可直接识别肿瘤抗原肽,在 $CD4^+Th$ 细胞辅助下,B 细胞对可溶性肿瘤抗原产生应答,并分泌抗瘤抗体。但是,由于肿瘤抗原免疫原性较弱,患者体内自然产生的抗体并非抗肿瘤的重要效应机制。抗瘤抗体的作用机制为:

(1) ADCC:抗瘤细胞膜抗原的 IgG 类抗体可通过 ADCC 效应杀伤瘤细胞,这对防止动物肿瘤细胞血流播散及转移具有重要意义。体内能发挥 ADCC 作用的效应细胞包括中性粒细胞、NK 细胞和巨噬细胞等,但对特定瘤细胞,通常仅其中某一类效应细胞起主要作用。

(2) 补体依赖的细胞毒作用(CDC):抗瘤抗体可通过 CDC 杀伤瘤细胞并参与防止癌细胞转移,但不同瘤细胞对 CDC 的敏感性各异(白血病细胞较敏感,肉瘤细胞不敏感)。

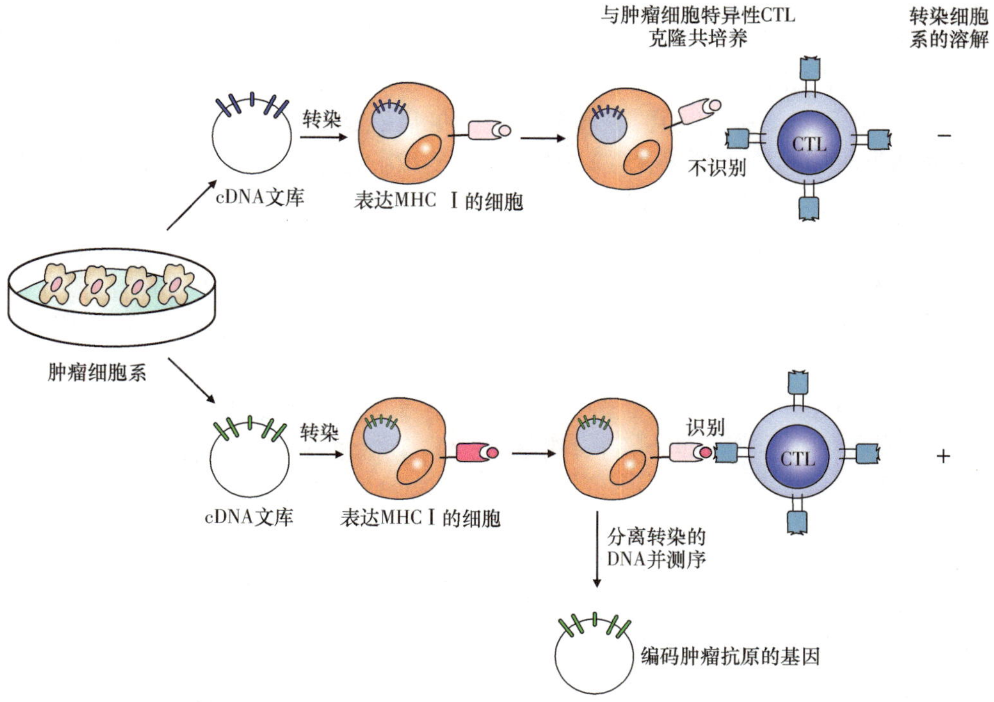

图 19-5 通过肿瘤特异性 CTL 鉴定肿瘤抗原及编码基因

(3) 干扰瘤细胞黏附作用：某些抗瘤抗体与瘤细胞表面抗原结合，可通过如下机制发挥抑瘤作用，①修饰肿瘤抗原，通过干扰瘤细胞黏附特性而影响肿瘤生长；②阻断所结合蛋白抗原的生物学活性，抑制肿瘤增殖。

(4) 形成免疫复合物：抗瘤抗体与肿瘤抗原结合为抗原-抗体复合物，其中抗体的 Fc 段可与巨噬细胞表面 Fc 受体结合，从而富集肿瘤抗原，有利于摄取和提呈肿瘤抗原并激活肿瘤抗原特异性 T 细胞。另外，抗独特型抗体的“内影像”组分可模拟肿瘤抗原，在诱导、维持抗瘤免疫效应中发挥一定作用。

(5) 调理作用：抗瘤抗体可通过调理作用促进巨噬细胞吞噬肿瘤细胞。

必须提及，抗体也可能促进肿瘤发生、发展，例如：①某些抗瘤抗体具有封闭抗体(blocking antibody)效应，通过与肿瘤细胞表面抗原结合，阻碍效应细胞识别和攻击肿瘤细胞，从而有利于肿瘤细胞持续生长；②某些抗瘤抗体可直接促进肿瘤生长，被称为增强抗体(enhancing antibody)；③某些抗瘤抗体可使肿瘤细胞黏附特性改变或丧失，从而促进肿瘤细胞转移。

第二节 肿瘤逃避免疫监视

如前所述，机体免疫监视功能可控制并清除恶变的肿瘤细胞。但是，许多情况下肿瘤细胞仍可逃避宿主免疫系统攻击，导致肿瘤发生和发展，其涉及肿瘤细胞本身、肿瘤生长微环境和宿主免疫系统等，主要机制为：机体免疫监视作用有一定限度，难以完全清除突变细胞，使肿瘤得以发生、发展；肿瘤可诱导机体产生免疫耐受，从而抵御抗肿瘤免疫效应，并导致肿瘤免疫逃逸(tumor immune escape)。

一、免疫监视功能障碍

机体免疫监视障碍是导致肿瘤发生的重要机制。相关依据为：①动物新生期切除胸腺或应用化疗药物、放射线、肾上腺皮质激素、抗淋巴细胞球蛋白处理等均可抑制机体免疫功能状态，从而使病毒诱癌和肿瘤异种移植获得成功；②先天性免疫缺陷、后天适应性免疫缺陷(如 HIV 感染或长期应用免疫抑制药物)的个体，其肿瘤发病率较高。

(一) 抑制性细胞下调免疫监视功能

早已发现，肿瘤局部微环境集聚大量固有免疫细胞、适应性免疫细胞，并表达高水平炎性细胞因子，具有正常组织炎症反应的特点(无菌性炎症)。近年大量研究表明，浸润肿瘤淋巴细胞的多为具有负调节作用的免疫细胞，它们在肿瘤发生、发展中起重要作用。

1. $CD4^+CD25^+$Treg 细胞 小鼠和人类多种肿瘤局部浸润大量 Treg 细胞，其来源为：①肿瘤微环境中趋化因子诱导外周血天然 Treg 向肿瘤局部集聚；②肿瘤微环境中 VEGF、TGF-β1、IL-10 等诱导耐受性

DC分化，后者继而诱生Treg并使胸腺来源的天然Treg扩增；③肿瘤微环境内多种抑制性分子（TGF-β、IDO等）诱导$CD4^+CD25^+T$细胞转化为Treg。

肿瘤局部Treg细胞可显著抑制肿瘤免疫，机制为：①分泌抑制性细胞因子（IL-10、TGF-β等），抑制免疫效应细胞的杀瘤功能；②释放颗粒酶和穿孔素，直接杀伤效应细胞；③干扰细胞代谢，抑制效应细胞功能；④抑制DC，干扰T细胞活化及Treg诱生、增殖。目前，基于Treg细胞的抗肿瘤治疗已成为关注的热点，涉及阻断Treg细胞分化；清除Treg细胞；逆转Treg细胞的免疫抑制作用；等等。

2. 髓系来源抑制细胞（MDSC） MDSC是造血系统在髓系分化阶段产生的一类早期髓性细胞群，可进一步分化为粒细胞、DC及巨噬细胞。小鼠MDSC表面标志为$Gr\text{-}1^+CD11b^+$或$Gr\text{-}1^+CD115^+$；人MDSC为$Lin^-HLA\text{-}DR^-$。荷瘤小鼠脾脏、血液或肿瘤患者外周血中广泛分布MDSC，后者在趋化因子（如CCL2）诱导下聚集于肿瘤组织，可明显抑制机体抗瘤免疫，并与肿瘤生长和恶性程度相关。其机制为：①IFN-γ激活MDSC，使之大量产生NO而抑制肿瘤特异性T细胞活化；②Th2型细胞因子（如IL-13、IL-10）刺激MDSC高表达精氨酸酶1（arginase 1）并催化精氨酸水解，导致过氧化氮类中间代谢产物大量聚集，发挥免疫抑制作用；③精氨酸酶1可下调CD3分子η链表达，影响T细胞功能；④诱导肿瘤特异性T细胞转化为$Foxp3^+Treg$细胞；⑤促进多种促血管形成因子［如VEGF、bFGF（basic fibroblast growth factor）和MMP］表达，直接促进肿瘤血管形成。

3. 肿瘤相关巨噬细胞（tumor-associated macrophage，TAM） 在肿瘤微环境中趋化因子CCL2（MCP-1）、CCL5（RANTES）、CCL7（MCP-3）、CCL8（MCP-2）、CXCL12（SDF-1α/β）及细胞因子VEGF、PDGF和M-CSF等诱导下，循环中单核细胞穿越血管内皮细胞而浸润至肿瘤灶。进而，在肿瘤微环境中细胞因子［如M-CSF（CSF-1）、PGE2、IL-6、IL-4、IL-13和IL-10等］作用下，浸润的单核细胞进一步分化成熟为巨噬细胞，即TAM。

激活的巨噬细胞一般具有杀瘤效应，但TAM却显示杀伤和促进肿瘤生长的双重效应。其促瘤作用的机制为：①生成EGF、FGF、VEGF、PDGF、TGF-β等细胞因子，促进肿瘤血管生成；②产生尿激酶型纤溶酶原激活因子（urokinase-type plasminogen activator，uPA）和基质金属蛋白酶MMP等，重塑肿瘤微环境，促进肿瘤生长和转移；③促进IL-10、TGF-β等抑制性细胞因子及B7-H1、B7-H4等共抑制分子表达，抑制抗肿瘤免疫应答。

4. 肿瘤相关成纤维细胞（tumor-associated fibroblast，TAF） TAF是肿瘤间质的主要细胞成分，来源于肿瘤组织间质成纤维细胞、骨髓来源间质干细胞、血管周细胞转分化、上皮细胞通过上皮-间质转化或内皮细胞通过内皮-间质转化等。TAF参与肿瘤发生的机制为：①分泌多种活性因子（如SDF-1、EGF、TGF-β、HGF、PDGF、VEGF、FGF、IGF-1、MMP等），刺激肿瘤细胞增殖，促进肿瘤血管发生；②清除肿瘤细胞所产生毒性代谢产物，缓冲肿瘤细胞所产生酸性物质，从而促进肿瘤生长；③干扰免疫细胞与肿瘤细胞间信息交流，促进肿瘤细胞恶性生物学行为（如浸润和转移）；④调控肿瘤干细胞表型，影响肿瘤形成。

5. 抑制性T细胞 目前认为，活化的T细胞中存在一类抑制性细胞（Ts细胞）亚群（包括$CD8^+$和$CD4^+T$细胞），其功能特点及作用机制为：

（1）抗原非特异性抑制作用：①肿瘤宿主体内Th1细胞、Th2细胞（以及Tc1、Tc2细胞）通过所产生的细胞因子，分别抑制对方分化及抗瘤效应；②Ts细胞释放可溶性TCR、可溶性IL-2受体及抑制性细胞因子（如TGF-β、IL-10等），抑制肿瘤免疫。

（2）抗原特异性抑制作用：CTL的特异性抑制效应，①识别Th细胞TCR的独特型，从而破坏这些细胞；②具有胞毒作用的$CD4^+Th1$细胞识别APC所提呈抗原，并杀伤APC；③荷瘤宿主体内激活的γδT细胞，可产生抑制CTL活性的CTL-抑制因子（CTL-IF）。

6. 调节性B细胞（Breg） 可负调节免疫应答，影响肿瘤发生、发展（详见第七章）。

（二）免疫效应细胞功能异常

1. NK细胞杀伤功能异常 机制为：①肿瘤细胞表面MICA/MICB（激活性受体NKG2D的配体）表达下降；②肿瘤灶局部MMP将MICA、MICB酶解为可溶性分子，可封闭NK细胞表面NKG2D；③肿瘤微环境产生IL-10、TGF-β，可抑制NK细胞活化；④肿瘤灶浸润Treg、MDSC及未成熟DC，负调控NK细胞活性。

2. T细胞功能异常 肿瘤发展所形成的微环境，可抑制T细胞分化、激活和功能：①肿瘤细胞表面共刺激分子（B7-1、B7-2）、MHC Ⅱ类分子和Fas等表达下降；②肿瘤细胞表面共抑制分子（如B7-H1、B7-H3）和CTL/NK细胞抑制性受体的配体（HLA-G等）表达上调；③肿瘤细胞分泌IL-10、TGF-β等抑制性细胞因子；④肿瘤灶局部浸润Treg细胞、MDSC、iDC等具有负调控作用的免疫细胞；⑤肿瘤细胞合成与分泌多种具有负调节作用的活性分子（如NO、活性氮、IDO等）。

（三）炎症与肿瘤

慢性炎症过程产生大量促进肿瘤生长的活性分子(如 CSF1、GM-CSF、TGF-β、VEGF、IL-2 和趋化因子等),形成有利于肿瘤发生、发展的微环境,从而参与肿瘤发生、发展,显著增加肿瘤进展的风险。例如:慢性反流性食管炎是食管癌发病的高危因素;感染所致慢性炎症是某些恶性肿瘤发生的重要危险因素,如 HBV 及 HCV 感染与肝癌相关、幽门螺杆菌(HP)感染与胃癌相关、巨细胞病毒及 EB 病毒感染与血液系统恶性肿瘤相关、HPV 感染与子宫颈癌相关等;非特异性促炎物质(如 LPS)可促进肿瘤生长、肿瘤血管生成和肿瘤转移;慢性炎症刺激能导致肿瘤释放许多直接促进肿瘤自身生长的因子。

二、肿瘤细胞直接逃避免疫监视

肿瘤免疫逃逸是肿瘤免疫研究的热点,其机制尚未完全阐明,已提出如下观点。

1. 肿瘤细胞缺乏激发免疫应答所必需的成分

(1)肿瘤抗原免疫原性弱及抗原调变:不同肿瘤抗原的免疫原性各异,表达强免疫原性肿瘤抗原的细胞可有效诱导机体产生抗肿瘤免疫应答,从而被清除;表达弱免疫原性肿瘤抗原的细胞则可逃脱免疫监视而增殖,此过程称为免疫选择(immunoselection)。多数瘤细胞仅表达低水平 TSA 或 TAA,且其免疫原性很弱,故肿瘤生长早期难以刺激机体产生足够强度的免疫应答。另外,宿主对肿瘤抗原的免疫应答也可能导致肿瘤细胞表面抗原表达减少或丢失,使肿瘤细胞不易被宿主免疫系统识别,得以逃避免疫攻击。这种现象称为"抗原调变"(antigen modulation)。

(2)MHC 抗原表达异常:①许多人类肿瘤细胞系其表面 MHC Ⅰ类抗原表达降低或缺失,使 CTL 不能识别瘤细胞表面抗原,以至瘤细胞得以逃避宿主免疫攻击;②临床观察显示,MHC Ⅰ类抗原表达减少或缺失的肿瘤患者,其转移率较高、预后较差;③MHC Ⅱ类抗原可能是某些组织细胞分化早期的表面标志,其异常表达反映肿瘤细胞处于去分化状态,使其逃避 T 细胞识别;④肿瘤细胞表面异常表达非经典 MHC Ⅰ类分子(如 HLA-E、HLA-G 等),可被 NK 细胞表面 KIR 识别,从而启动抑制性信号,抑制 NK 细胞的杀瘤作用。

(3)肿瘤细胞表面"抗原覆盖"或被封闭:"抗原覆盖"指肿瘤细胞表面抗原可能被某些物质覆盖。例如:肿瘤细胞高表达唾液黏多糖可覆盖肿瘤抗原,从而干扰宿主淋巴细胞对瘤细胞的识别和杀伤作用。

另外,肿瘤患者血清中存在封闭因子(blocking factor),可封闭瘤细胞表面的抗原表位或效应细胞的抗原识别受体(TCR、BCR),从而使肿瘤细胞不易被机体免疫系统识别,逃避致敏淋巴细胞攻击。封闭因子的本质可能为:①封闭抗体(blocking antibody),其附于肿瘤细胞表面,遮盖肿瘤抗原;②可溶性肿瘤抗原,其封闭效应细胞相应抗原识别受体;③肿瘤抗原-抗体复合物,可通过其抗原组分与效应细胞表面抗原识别受体结合而封闭之,也可通过其抗体组分与瘤细胞表面抗原结合而封闭肿瘤细胞。

(4)肿瘤抗原的加工、提呈障碍:①某些人类肿瘤细胞低表达 MHC Ⅰ类分子或不能将 MHC Ⅰ类分子从胞浆内质网转运至细胞表面,且瘤细胞内参与抗原加工提呈所必需的 LMP-1、LMP-2、TAP-1、TAP-2 的 mRNA 表达降低,导致肿瘤抗原加工和提呈障碍;②转移性恶性肿瘤遗传不稳定性较高,导致其细胞内 LMP 和 TAP 缺失频率明显高于原位肿瘤。

(5)共刺激分子及黏附分子表达下降:某些肿瘤细胞共刺激分子(如 B7-1、ICAM-1、IFA-3、VCAM-1 等)表达下降,不能有效激活肿瘤抗原特异性 T 细胞。

2. 肿瘤细胞逃逸 肿瘤发生早期其瘤细胞量少,不足以刺激机体免疫系统产生足够强的应答。肿瘤生长至一定程度并形成瘤细胞集团后,肿瘤抗原编码基因可能发生突变,从而干扰或逃避机体的免疫识别,这种现象称为肿瘤细胞逃逸(sneaking through)。

3. 肿瘤抗原诱导免疫耐受 肿瘤细胞在宿主体内长期存在并不断增长的过程中,其肿瘤抗原可作用于处在不同分化阶段的特异性淋巴细胞,其中幼稚阶段的淋巴细胞接触肿瘤抗原后即可被诱发免疫耐受(见第十二章)。以小鼠乳腺癌病毒诱发的肿瘤为例:新生期感染过该病毒的鼠,至成年期再感染此病毒时易诱发乳腺癌;若将该肿瘤移植给新生期未经感染过的同系小鼠,则可诱发宿主产生较强的抗瘤免疫应答。

4. 肿瘤细胞诱导免疫细胞凋亡或自身抵抗凋亡 ①多种瘤细胞(如肝癌、肺癌、乳腺癌、胃肠道肿瘤等)高表达 FasL,活化的肿瘤特异性 T 细胞 Fas 表达增高,瘤细胞可通过 FasL/Fas 途径介导肿瘤特异性 T 细胞凋亡;②瘤细胞内某些 Fas 信号转导分子发生获得性缺陷,可抵制 FasL 介导的细胞凋亡,并逃避免疫攻击(图 19-6)。

5. 恶性肿瘤直接或间接抑制机体免疫功能 恶性肿瘤可直接侵犯免疫器官,也可释放免疫抑制因子或激活体内抑制性细胞。

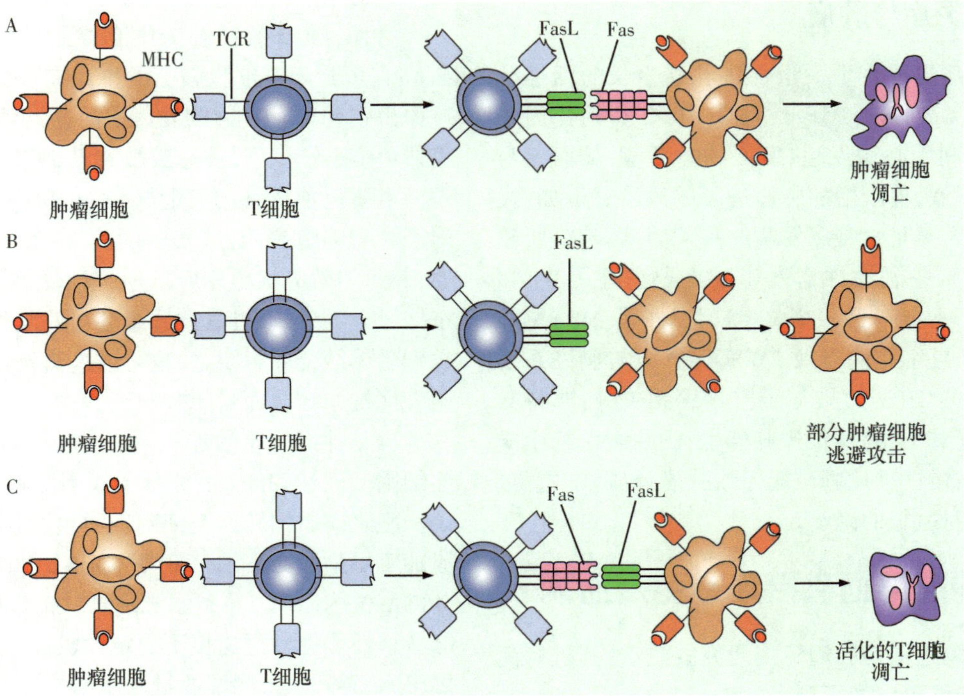

图 19-6 肿瘤细胞抵抗凋亡或诱导免疫细胞凋亡

肿瘤细胞产生的抑制性因子主要有：①细胞因子，如 TGF-β 可强烈抑制 Th 细胞活性，CSF 参与抑制性 Mϕ 产生和肿瘤细胞转移；②前列腺素 E（PGE），具有较强免疫抑制活性，可抑制肿瘤灶局部 T 细胞活性；③游离肿瘤抗原，其从肿瘤细胞表面脱落，并在瘤细胞周围形成抗原屏障，阻碍致敏淋巴细胞或抗体与瘤细胞结合，使瘤细胞得以逃避免疫攻击。

三、肿瘤发生的免疫编辑理论

综上所述，肿瘤与机体免疫系统存在极为复杂的相互作用：一方面，机体具有完善的抗瘤免疫效应机制；另一方面，肿瘤细胞可能通过多种机制逃避机体免疫攻击。肿瘤发生与否及其转归，取决于上述两方面作用的综合效应，且在肿瘤发生、发展的不同阶段，发挥作用的主要机制可能各异。

迄今，肿瘤发生的确切机制尚未被阐明。近年提出肿瘤发生的免疫编辑理论（cancer immunoediting）受到广泛关注，其要点是：免疫系统不但具有清除肿瘤细胞的能力，还具有促进肿瘤生长的作用；癌细胞在体内发生、发展是免疫系统与癌细胞相互作用的动态过程。简言之，肿瘤发生过程中，免疫系统在清除肿瘤细胞的同时，也对肿瘤细胞某些生物学特性（如肿瘤抗原的免疫原性）进行重塑（reshape），此即“免疫编辑”。经历免疫编辑的肿瘤细胞，其恶性程度及对免疫攻击的抵御能力增强，最终摧毁机体免疫系统，导致肿瘤细胞恶性生长并扩散。该理论将肿瘤与免疫系统相互作用分为 3 个阶段：

1. 清除阶段（elimination phase） 即免疫监视阶段，指肿瘤发生早期，由于新生肿瘤具有较强免疫原性，易被免疫系统识别，并通过固有免疫和适应性免疫系统对肿瘤细胞进行攻击。清除阶段免疫系统占主导地位，可有效控制肿瘤生长并杀伤肿瘤细胞，此过程即经典的免疫监视功能。若清除过程彻底，肿瘤细胞被完全排除，免疫编辑就此结束。若某些变异的肿瘤细胞得以逃避免疫系统清除作用而存活，则肿瘤与免疫系统相互作用进入第二阶段。

2. 相持阶段（equilibrium phase） 指在清除阶段幸存的肿瘤细胞，经机体免疫系统“塑造”而具有较低免疫原性，从而与机体免疫系统长期处于势均力敌的平衡状态。处于此阶段的肿瘤细胞不易被免疫系统识别和清除，但又持续处于免疫系统清除压力下，不能过度增殖，体内不能检出可见的肿瘤。此阶段中，针对肿瘤的适应性免疫应答是维持两者平衡状态的主要机制。

3. 逃逸阶段（escape phase） 随时间推移，处于免疫清除压力下的肿瘤细胞可逐渐逃避免疫识别和攻击，其机制包括修饰自身肿瘤抗原、改变肿瘤组织微环境、肿瘤细胞自分泌免疫抑制因子（如 TGF-B、VEGF、IL-10、PGE2、M-CSF 等）并抑制免疫细胞（如 DC、T 细胞、NK 细胞）功能，最终导致肿瘤免疫逃逸，出现恶性增殖和其他恶性生物学行为，发展成为临床可见的肿瘤。

上述3个阶段所持续时间长短各异,其与原发肿瘤恶性程度及机体免疫状态密切相关。

第三节 肿瘤恶性生物学行为的免疫学机制

细胞生长失控、局部浸润和远处转移等恶性生物学行为,是恶性肿瘤最重要的特点,也是导致患者死亡的主要原因。免疫学机制参与肿瘤细胞恶性增殖、局部扩散、血道或淋巴道转移及在远端组织定植。

(一) 免疫学机制介导肿瘤细胞恶性扩增

免疫系统可针对肿瘤抗原产生免疫应答,并发挥抗肿瘤效应。但是,免疫学机制也可导致肿瘤免疫逃逸及肿瘤发生,机制为:①免疫微环境负调节作用增强,减弱抗肿瘤免疫应答及其效应;②肿瘤细胞释放EGF、VEGF和RANKL等,促进细胞存活、增殖及局部炎症反应;③免疫细胞(尤其是固有免疫细胞)产生反应性氧和氮类中介物,通过形成过氧亚硝酸盐而损伤肿瘤细胞DNA,增强肿瘤基因不稳定性,引起基因突变,导致细胞恶变。

(二) 免疫学机制介导肿瘤局部浸润和扩散

原位实体肿瘤灶内,瘤细胞镶嵌在由细胞外基质、基底膜和血管组成的复杂网格结构中。肿瘤细胞可通过多种机制瓦解该网格结构,从而发生侵袭和扩散,例如:①肿瘤细胞下调某些黏附分子(如E-cadherin等)表达,可减弱肿瘤细胞同质黏附及肿瘤细胞与间质细胞、基质细胞的黏附,使肿瘤细胞从原发灶脱落;②肿瘤细胞上调某些蛋白水解酶(如MMP)表达,可降解基底膜及胞外基质;③肿瘤细胞产生赖氨酰羟化酶,使胶原蛋白交联,通过干扰整合素信号通路而促进肿瘤侵袭和转移。

(三) 免疫学机制介导肿瘤细胞转移至血道和淋巴道

参与肿瘤细胞转移的免疫学机制为:①肿瘤细胞浸润周围组织后,Cdc42介导肿瘤细胞高表达整合素β1,使其黏附于内皮细胞,进而跨内皮并进入循环系统;②肿瘤细胞分泌ANGPTL4、TGF-β、表皮调节素(EREG)、COX2、MMP1、MMP2、MMP3、ANGPT2、MMP10和VEGF等,增加周围血管渗透性,进一步促进肿瘤细胞跨内皮迁移;③肿瘤浸润淋巴细胞(TIL)产生TGF-β,诱导肿瘤细胞分泌血管生成素样蛋白4(ANGPTL4),破坏血管内皮细胞间连接;④肿瘤细胞快速生长导致微环境缺氧,促进肿瘤细胞高表达HIF-1α,上调NO依赖的VEGF表达,促进肿瘤细胞跨内皮迁移及转移;⑤肿瘤细胞产生TNF-α,可上调内皮细胞表达E-selectin、P-selectin和VCAM1等黏附分子,促进肿瘤细胞黏附和转移,并保护肿瘤细胞抵抗NK细胞杀伤;⑥肿瘤局部缺氧和炎症微环境是肿瘤细胞转移的强烈诱导剂;⑦肿瘤微环境TGF-β1可诱导肿瘤细胞发生上皮-间质转化,使肿瘤上皮细胞失去细胞极性及与基底膜连接的功能,并抗凋亡和降解细胞外基质,从而促进肿瘤细胞转移;⑧Treg细胞可促进TAM分泌EGF,后者与瘤细胞表面EGFR结合,同时瘤细胞表达CSF1,可趋化表达CSF1R的TAM浸润肿瘤局部,进一步促进瘤细胞侵袭和转移。

(四) 免疫学机制介导肿瘤细胞穿越血管/淋巴管内皮细胞进入远端组织定植

1. 免疫学机制介导肿瘤细胞进入局部组织 ①局部组织巨噬细胞、中性粒细胞、肥大细胞等可释放趋化因子、血管生长因子、基质降解酶等,形成有利于肿瘤向远端组织转移、定植的微环境;②肿瘤相关脂肪细胞分泌IL-6及间充质干细胞分泌CCL5,参与瘤细胞转移和定植;③CTC分泌VEGF、bFGF,促进血小板表达整合素αⅡβ3,调节血小板聚集;CTC表达凝血因子Ⅶa和X的受体,使血小板、肿瘤细胞相互黏附形成癌栓,将肿瘤细胞包裹于其中,保护CTC抵抗NK细胞攻击,并增强肿瘤细胞穿越血管进入远端组织的能力;④循环中瘤细胞表达CD47,有助于抵抗巨噬细胞吞噬,并促进瘤细胞在血液中存活和血行转移。

2. 免疫学机制决定肿瘤细胞转移具有器官、组织倾向性 临床发现,不同类型肿瘤细胞易选择性转移至特定组织器官。例如:肺癌易转移至肾上腺和脑;前列腺癌易转移至骨;肺癌易转移至骨、肝、脑;乳腺癌易转移至肝、肺、骨、脑等;肌肉组织很少出现肿瘤转移。上述转移的倾向性主要取决于转移灶微环境(尤其是局部趋化因子),例如:乳腺癌细胞表达CXCR4和CCR7,可定向转移至表达相应配体SDF1和CCL21的组织脏器;黑色素瘤细胞表达CCR10,可选择性转移至皮肤、肝、脑、淋巴结;胰腺导管腺癌细胞表达CX3CR1,而外周神经元细胞表达相应配体CX3CL1,故易向神经系统转移。

3. 免疫学机制介导肿瘤细胞在远端组织定植 肿瘤细胞浸润转移灶后,可使局部组织正常组织细胞发生转化并招募基质细胞,形成明显有别于原发灶、有利于肿瘤细胞黏附和增殖的微环境。例如:①肺巨噬细胞借助其表面 VCAM1 和整合素β4 与转移的肿瘤细胞结合,激活肿瘤细胞 AKT 信号通路,促进转移细胞存活,同时分泌 CXCL1 促进肿瘤细胞增殖;②肝和肺组织(转移灶)局部产生 TGF-β,可促进结肠癌 TAF 分泌 IL-11,通过 STAT3 信号通路促进转移而来的结肠癌细胞增殖及克隆形成;③骨基质来源的 TGF-β可抑制免疫效应细胞增殖,并诱导肿瘤转移灶产生 ANGPTL4,从而促进转移灶周围血管形成,为浸润生长的肿瘤提供营养;④血小板分泌 SDF1,可募集表达 CXCR4 的 BMDC 转移至转移灶,抑制局部抗肿瘤免疫应答,同时分泌多种血管生成因子(如 VEGF),募集内皮细胞及周细胞到达转部位,促进血管生成,有利于肿瘤微小转移灶的建立和持续生长。

综上所述,多种免疫细胞及免疫相关分子形成特殊的肿瘤微环境,通过不同机制参与肿瘤细胞发生、发展及侵袭、转移。

第四节 肿瘤免疫治疗和诊断

一、肿瘤免疫生物治疗策略及原理

肿瘤免疫生物治疗基本原理是:通过激发或调动机体免疫应答,增强机体抗肿瘤免疫效应,从而控制、杀伤肿瘤细胞。目前,免疫生物治疗已成为与手术、化疗和放疗并列的肿瘤治疗模式,其优点是:特异性针对肿瘤细胞,一般不伤及正常组织细胞;副作用小;效果持久;对转移病灶有效。

(一)肿瘤的主动免疫治疗

1. 肿瘤疫苗 借助主动免疫治疗肿瘤的历史十分悠久,其目标是:激发机体产生有效的抗瘤免疫应答,同时避免激发免疫抑制或其他毒副作用。

(1)肿瘤细胞疫苗:指将自身或异体同种肿瘤细胞,经物理(照射、高温)、化学(酶解)及生物(病毒感染、基因转移等)手段处理,以改变或消除其致瘤性但保留其免疫原性,常与佐剂(卡介苗等)联合应用。

(2)肿瘤抗原疫苗:此类疫苗包括 TAA/TSA 疫苗、MHC-抗原多肽复合疫苗、HSP-肽复合体疫苗、人工合成肿瘤肽疫苗等(包括目前在研的黑色素瘤相关抗原、HPV16E7 抗原及 P21-k-ras、P53 蛋白中特定序列多肽等)。例如:人工合成含 8~12 个氨基酸的肿瘤抗原肽,能直接与 MHC Ⅰ类分子结合而激活特异性 CTL,从而在体内外特异杀伤表达相似天然肽序列的肿瘤细胞。

(3)DC 疫苗:指体外诱生单核细胞来源 DC,并使之负载患者自身肿瘤抗原,接种后可激发机体特异性抗肿瘤免疫应答,杀伤肿瘤细胞。

(4)抗独特型抗体疫苗:此类疫苗可模拟肿瘤抗原而诱导机体产生免疫应答。

(5)DNA 疫苗:指人工克隆编码肿瘤特异性抗原的 DNA,将质粒注入体内并由机体组织细胞有效表达蛋白产物。此策略模拟内源性抗原提呈途径,可诱导机体产生特异性抗肿瘤免疫应答。

(6)抗肿瘤相关病原体(主要是病毒)的疫苗:鉴于多种高发肿瘤与病原体感染相关,(如 HBV 或 HCV 感染与原发性肝癌;HPV 感染与宫颈癌;EBV 感染与鼻咽癌;HTLV-1 感染与成人 T 细胞白血病等),制备相应病原体疫苗可能防治肿瘤发生、发展。接种 HPV 疫苗用于预防宫颈癌是成功的范例。

2. 细胞因子治疗 转输或体内诱生细胞因子可增强肿瘤抗原特异性 T 细胞活化和增殖,从而发挥抗肿瘤效应。临床常用细胞因子包括 IL-2、TNF、IFN 及 GM-CSF 等。但是,由于细胞因子具有多样性生物学功能,此类药物产生明显的毒副作用。

3. 阻断共抑制信号 该策略可促进 T 细胞持续激活并延长活化 T 细胞存活时间。目前,B7 家族分子(如 CTLA-4、PD1、PDL1、B7H3 等)、人源化抗 CTLA-4 抗体(ipilimumab)等已用于治疗晚期转移性黑色素瘤。

4. 非特异性免疫增强剂 包括:①coley 毒素(一种细菌混合物,可激发机体产生强免疫应答);②卡介苗,已常规用于膀胱癌治疗;③TLR 激动剂,如 CpG(TLR9 激动剂)、PolyI:C(TLR3 激动剂)、R848/CL075(TLR7/8 激动剂)、BLP(TLR1/2 激动剂)等。

(二)肿瘤的被动免疫治疗

1. 免疫细胞过继治疗 原理为:体外用肿瘤抗原或细胞因子刺激自体/同种异体免疫细胞,扩增出具有特异性抗肿瘤能力的效应细胞,如肿瘤浸润淋巴细胞(TIL)、细胞因子诱导的杀伤细胞(cytokine induced killer cell,CIK)、DC-CIK、细胞毒性 T 细胞、肿瘤抗原特异性 TCR 转基因 T 细胞、表达嵌合抗原受体的 T 细胞(chimeric antigen receptors-modified T cell,CART)等,将此类细胞重新回输肿瘤患者体内,并辅以合适的生长因子,可发挥杀瘤作用。

2. 体外基因修饰的细胞过继 原理是:克隆具有抗瘤作用的目的基因,将其在体外转染受体细胞后回输体内,可增强机体抗瘤免疫应答或增强抗肿瘤免疫力。常用的抗瘤目的基因为细胞因子(IL-2~12、IFN、TNF、CSF 等)基因、肿瘤抗原(MAGE、CEA 等)基因、MHC 基因、共刺激分子(B7、CD54、LFA-3 等)基因、肿瘤自杀基因(如TK、CD等)、抑癌基因(如RB、P53等)。常用的受体细胞为T细胞、LAK、TIL、巨噬细胞、造血干细胞、成纤维细胞、肿瘤细胞等。

3. 调控肿瘤微环境 鉴于肿瘤微环境中负调节作用占优势,故抑制Treg细胞(以及TAM、MDSC等)分化及其功能,并联合其他生物疗法,是具有应用前景的干预策略。

4. 抗瘤抗体治疗

(1) 抗肿瘤抗体:确认肿瘤特异性抗原并研制相应单克隆抗体,为肿瘤靶向治疗奠定了基础。抗瘤抗体在体内直接与肿瘤细胞结合,可通过CDC等机制发挥杀瘤作用。

(2) “生物导弹”:通过抗瘤抗体与抗瘤药物、生物毒素、细胞因子或同位素偶联而制成,抗瘤抗体可将效应分子引导至肿瘤局部,发挥杀伤作用。常用杀伤效应分子为放射性核素(^{131}I)、抗肿瘤药物(甲氨蝶呤、阿霉素)、毒素(蓖麻毒素、白喉毒素、绿脓杆菌外毒素等)。其中放射性核素应用方便,标记简便,易显像及定位定量检测,并能破坏邻近未被单抗结合的肿瘤细胞。

(3) 双特异性抗体;指抗体的两个Fab段分别针对肿瘤和抗效应细胞表面分子的重组抗体,可引导杀瘤效应细胞向肿瘤灶集中,增强局部抗肿瘤效应。迄今已有200余种抗肿瘤的治疗性单抗进入临床研究,其中抗CD20抗体以及抗VEGFR抗体等已获明显疗效。

二、肿瘤免疫诊断和预后评估

(一) 肿瘤的免疫学诊断

迄今尚未能获得纯化的TSA,故肿瘤免疫诊断主要限于检测TAA。

1. 血清肿瘤相关标志物检测 肿瘤标志物通常指由肿瘤组织自身产生、可反映肿瘤存在和生长的一类分子,包括肿瘤胚胎抗原、异常糖基化蛋白抗原、某些激素、酶(同工酶)以及癌基因产物等。

应用单克隆抗体检测肿瘤标志物的临床意义为:①早期发现和诊断肿瘤;②鉴别良性或恶性肿瘤;③提示肿瘤发生部位和严重程度,为确定治疗方案提供依据;④评价抗瘤治疗效果;⑤监测肿瘤复发。

另外,为有助于肿瘤诊断,临床通常联合检测数种肿瘤标志物进行综合分析,例如:联合测定CA19-9、CA50和CEA用于诊断胰腺癌;联合检测HCG和AFP用于诊断生殖系统恶性肿瘤。

2. 免疫组织化学法辅助诊断肿瘤 借助免疫组化技术检测某些TAA,可用于肿瘤辅助诊断。例如:①检测相同组织来源癌细胞的共同肿瘤抗原,用于鉴别胃癌患者淋巴结中的微小转移灶,以及探寻腹腔渗出液中癌细胞;②检测细胞核抗原,以评估人类恶性黑色素瘤、乳腺癌和恶性霍奇金病等癌细胞增殖情况,用于辅助诊断和预后判断;③检测角蛋白,辅助诊断小细胞未分化癌、低分化癌;④检测上皮膜抗原,辅助诊断各种上皮性肿瘤、淋巴瘤;⑤检测波状蛋白,辅助诊断胸腺癌、甲状腺癌、肾癌、卵巢癌;⑥检测癌胚铁蛋白,辅助诊断肝癌相关疾病;等等。

3. 体内免疫成像诊断 应用抗瘤单抗-核素偶联物可将核素导向肿瘤局部,从而杀伤靶细胞,或对肿瘤进行体内定位诊断。近年报道,将抗瘤单抗(或配体)-荧光素偶联物或其融合蛋白注入体内,采用低温荧光成像技术可对肿瘤进行体内诊断以及光敏治疗。

(二) 评估肿瘤患者免疫功能状态

肿瘤患者免疫功能状态并不能直接反映机体抗瘤免疫效应,但有助于判断肿瘤发展及预后。一般而言,免疫功能正常者预后较好;晚期肿瘤或已有广泛转移者其免疫功能常明显低下;白血病缓解期发生免疫功能骤然降低者,预示可能复发。常用免疫学检测指标包括T细胞及其亚群、巨噬细胞、NK细胞等功能及血清中某些细胞因子水平。

(雷 萍 沈关心)

第五篇　区域免疫生理与病理

免疫学是连接基础生物学科和临床学科的桥梁学科，也被视为转化医学的核心学科。多种疾病发生、发展的免疫学机制，以及基于免疫学的疾病防治策略，已成为基础和临床医学领域关注的热点。

现代免疫学发展日新月异，迄今的研究工作主要集中于机体免疫器官本身，及其对整体病理生理功能的影响。但多数临床疾病发生于非免疫器官的特定区域，这些部位具有不同于传统免疫的某些特点，例如：消化、呼吸、泌尿生殖器官的腔道广泛分布黏膜淋巴组织，它们可与外环境中抗原异物（如病原体、共生菌、食物等）直接接触，发挥区域免疫功能，在局部疾病（如感染、肿瘤、自身免疫病等）发生、发展中起主导作用；某些器官并非传统的免疫器官，但具有独特的免疫学特性（如消化道黏膜免疫组织对共生菌的低反应性及对口服抗原的耐受；肝脏的造血功能及免疫耐受特性；脑组织的血脑屏障及免疫赦免特性；母胎界面的特殊免疫微环境及母胎耐受特性；等等）。

阐明区域免疫的分子与细胞学基础，深入探讨区域免疫参与特定器官（系统）疾病发生的作用及其机制，具有重要的理论和实践意义。有鉴于此，本教材单设一篇，介绍机体主要组织系统和器官的区域免疫。需要强调的是：本篇作为一种尝试，且受限于篇幅，仅简述区域免疫相关的组织解剖特点、免疫微环境、免疫生理与病理及免疫相关疾病，以期使读者了解该领域的概貌和进展；在着眼于区域免疫学研究的同时，须与全身系统免疫的生理和病理相联系。

第二十章　血液系统免疫

骨髓（bone marrow）是造血器官和中枢免疫器官，是产生免疫细胞的器官，也是 B 细胞分化发育的场所。

第一节　骨髓的组织解剖和生理学

一、骨髓解剖学

（一）骨髓的组织结构

骨髓中有丰富的血管系统，形成血窦，骨髓实质位于血窦间，称血索，由造血细胞聚集而成。骨髓实质分为两类，即红骨髓和黄骨髓。

1. 红骨髓（red marrow）　红骨髓位于骨松质腔隙中，呈海绵样，由网状疏松结缔组织组成的基质（stroma）构成支架，支持其内的造血细胞、血管和神经。造血细胞形成条状的造血索（haemopoietic cord）和小岛状的造血岛（haemopoietic island）。红骨髓是造血功能活跃的骨髓，婴幼儿期骨髓腔内全部为红骨髓，成人红骨髓主要分布于人体中轴附近扁骨、不规则骨和长骨的近心端骨骺，如低位颅骨、椎骨、肩胛骨、骨盆、肋骨和胸骨等，造血功能活跃。

2. 黄骨髓（yellow marrow）　黄骨髓主要成分是结缔组织，富含血管和脂肪细胞，其内亦见少量典型红骨髓细胞。5 岁左右，长骨干骨髓腔内开始出现脂肪组织，红骨髓即转变为黄骨髓，其仍有潜在造血功能，一旦造血需要增加，可转变为红骨髓而恢复造血功能。

骨髓血液供应有两个主要来源，即营养动脉和骨膜动脉。营养动脉是其主要来源，在髓腔中分出上行和下行髓状动脉。下行髓状动脉在皮质内表面呈辐射状分布，重新穿入骨内膜后，呈毛细血管样小血管运行于皮质小管系统内。此系统中，营养血管动脉血与皮质毛细血管内肌肉来源的静脉血相混合。骨髓腔内血液流动于高度分支的髓窦网络中，并汇集于一条大的中心髓窦，继而流入全身静脉循环。造血细胞即分布于这些皮质毛细血管重新进入髓腔后形成的窦状网络间隙中，是人体主要的造血部位。

骨髓血窦由单层内皮细胞构成，其外有起支持作用的网状纤维，它们紧密连接而构成屏障，其胞质可形成临时性的大孔（large fenestrae），供新生的血细胞进入血流。

（二）骨髓微环境

骨髓微环境由骨髓基质细胞、细胞外基质、多种免疫分子（细胞因子、黏附分子）、骨髓微血管系统及末梢神经组成，是支持和调控造血干细胞及各类造血祖细胞分化发育的场所，与造血细胞存在密切的解剖关系。

1. 骨髓基质细胞（bone marrow stromal cell，BMSC） BMSC 是复杂的异质细胞群，主要是外膜网状细胞（adventitial reticular cell，ARC），在红骨髓中呈高度分支状，与附着于其上的胶原纤维和网状纤维构成三维网状结构。ARC 可直接黏附造血细胞并支持其增殖和分化；造血功能停止时，外膜网状细胞因富含脂肪球而膨大，大量脂肪组织填充骨髓基质而形成黄骨髓；一旦机体需求大量血液超出红骨髓造血能力时，ARC 恢复为星形。基质还含大量巨噬细胞，可吞噬造血过程中产生的细胞碎片，并在调控造血细胞分化、增殖和成熟中发挥重要作用。

2. 骨髓细胞外基质（extracellular matrix，ECM） ECM 主要来源于外膜网状细胞，主要为三种大分子物质：①胶原，是含量最高的基质成分，主要包括Ⅰ、Ⅱ、Ⅲ、Ⅳ型胶原；②糖蛋白。包括纤粘连蛋白（fibronectin，FN）、层粘连蛋白（laminin，LN）和血粘素（hemonectin，HN）；③蛋白多糖（proteoglycan），是通过O-糖苷键或N-糖苷键把糖胺聚糖共价结合到1个核心蛋白的产物。糖胺聚糖是由多个硫酸二糖单位连接而成的带负电荷长链，不同糖胺聚糖可根据硫酸二糖单位数目及其连接结构的位置和连接方式相鉴别，骨髓微环境中已发现硫酸乙酰肝素（heparan sulphate）、硫酸软骨素（chondroitin sulphate）、透明质酸（hyaluronic acid）和硫酸皮肤素（dermatan sulphate）。

二、骨髓的功能

1. 造血功能 血细胞在骨髓中生长、分裂及分化的过程称为造血（hematopoiesis）。骨髓并非机体最早的造血部位：①妊娠第三周，卵黄囊间充质血岛开始造血，仅产生幼巨红细胞（megaloblast），随后被有核胚胎幼红细胞代替（nucleated fetal erythroblast）；②妊娠第4个月，由无核双面凹状胚胎红细胞代替，至足月方能产生成人红细胞；③胚胎第6周，HSC 迁入肝内造血；④胚胎第4～5个月，脾内 HSC 增殖分化为各种血细胞；⑤胚胎末期开始，骨髓成为主要造血器官。（图 20-1）

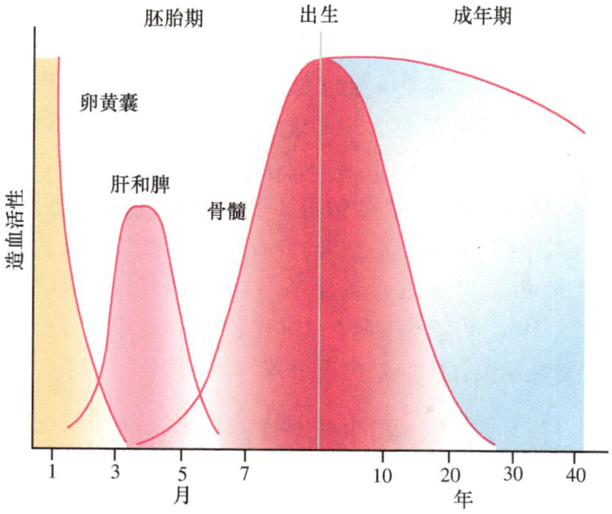

图 20-1 不同发育时期的造血器官

骨髓是人和其他哺乳动物胚胎后期及成年期重要的造血器官，也是各种免疫细胞的发源地。骨髓含具有强大分化潜能的造血干细胞，可在特定微环境中分化为不同造血祖细胞，进而分化为红系祖细胞（erythroid progenitor）、髓样祖细胞（myeloid progenitor）和淋巴干细胞（lymphoid stem cell），最终分别发育为红细胞系、粒细胞系、单核/巨噬细胞系、巨核细胞系、淋巴细胞系和 DC 的前体细胞。髓样祖细胞和淋巴干细胞分别占骨髓细胞总数的60%及15%。正常成人骨髓每天产生血细胞的速度约为 2.5×10^9 个红细胞、2.5×10^9 个血小板、1.0×10^9 个粒细胞/千克体重。造血速度可根据机体实际需要数倍于正常水平，增加红骨髓容量和缩短祖细胞至成熟细胞发育时间均可增强造血。

2. B 细胞分化、发育、成熟的场所 胚胎期 B 细胞分化部位是胚肝。出生后至成年期，B 细胞仅在骨髓内发育成熟。祖 B 细胞（B cell progenitor，pro-B）在骨髓微环境中逐渐发育为成熟 B 细胞，其经历前 B 细胞（pre-B）、未成熟 B 细胞及成熟 B 细胞4个阶段。（见第六章）

此外，人和哺乳动物的肠相关淋巴组织可能也是 B 细胞发育成熟的场所。

3. 再次体液免疫应答发生的场所 外周免疫器官（如脾和淋巴结）是产生初次免疫应答的主要场所，而骨髓是发生再次免疫应答和产生抗体的主要部位。相同抗原再次免疫动物后2～3天，脾、淋巴结等外周免疫器官内活化的记忆性 B 细胞经淋巴或血流迁移至骨髓，在此进一步分化为成熟浆细胞，并产生抗体（主要是 IgG，其次为 IgA）。抗原再次免疫动物后，外周免疫器官可快速应答，但产生抗体的持续时间短；而骨髓可缓慢、持久地大量产生抗体，并成为血清抗体的主要来源。

三、造血干细胞

造血干细胞(haematopoietic stem cell, HSC)是具有高度自我更新能力和多能分化潜能的造血前体细胞。前体细胞(precursor)指在发育过程中较另一细胞更早期的细胞,某些情况下泛指干细胞和祖细胞。HSC属一群原始造血细胞,其存在于造血组织及血液中,而并非固定的组织细胞。HSC是血细胞的“种子”,体内所有血细胞(如淋巴细胞、DC、巨噬细胞、各类粒细胞、红细胞、血小板等)均由其分化而来。

(一) HSC的生物学特征

造血干细胞具有高度自我更新能力,适当的条件下有向各系造血细胞多向分化的潜能。造血干细胞分化是造血细胞数量逐步放大的过程,这些细胞逐步分化成熟,经造血祖细胞分化为形态可辨认的前体细胞,最终形成具有功能的各谱系血细胞。造血组织功能维持和血细胞数量恒定均有赖造血干细胞增生和分化。造血干细胞具有如下生物学特征:

1. 自我更新能力 造血干细胞经不对称有丝分裂而一分为二:1个子代细胞仍维持造血干细胞的全部特征,即自我更新(self-renewal);1个子细胞逐步走上分化道路。自我更新使得干细胞数量和质量维持不变,称为自我维持(self-maintenance)。自我更新和自我维持是造血干细胞基本特征,这也是干细胞有别于祖细胞的主要标志。

干细胞一旦分化出早期祖细胞,即出现对称性有丝分裂,从而获得强增殖能力,但自我更新能力则显著下降。晚期祖细胞则全部进行对称性有丝分裂,即完全丧失自我更新能力。因此,造血干细胞自我更新和自我维持的特性决定其可在体内长期(甚至是永久)重建造血,而早期祖细胞在体内仅能重建短期造血,晚期祖细胞则不能在体内重建造血。

2. 多向分化潜能 细胞分化指原始或幼稚细胞分化为具有特殊形态和功能的细胞(即低分化细胞发育为高分化细胞)。细胞分化强调细胞形态和功能成熟化、方向上的确定性及不可逆性,即只能定向分化为某种特定功能的细胞。细胞分化除形态结构变化外,主要表现是细胞开始表达某些特异蛋白质(如酶、受体等)。(图20-2)

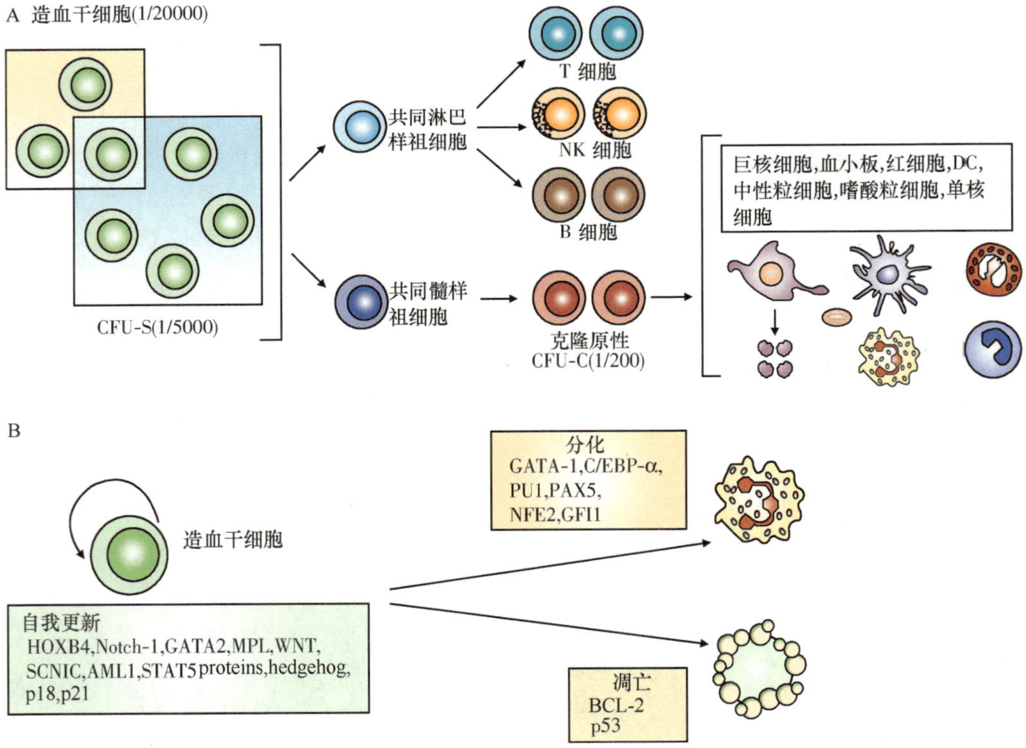

图20-2 骨髓造血干细胞分化与发育

多向分化潜能是造血干细胞有别于其他组织干细胞的特征。造血干细胞能分化为各系造血祖细胞,在此过程中细胞表达不同受体,可接受微环境的信息而定向分化。高度分化的细胞不再具有向其他分化方向转变的可能。但近年发现,分化末期的体细胞也仍保留干细胞潜能。例如:将Oct4、Sox2、Klf4和c-Myc基因转入体细胞,可获得类似干细胞、具有多向分化潜能的细胞,即诱导的多能干细胞(induced pluripotent stem cell，iPS cell)。

3. 相对静止性　正常生理情况下，90%～95%的造血干细胞处于G_0期，不进行DNA合成和有丝分裂，说明仅需少数造血干细胞分裂增殖即可保证机体恒定造血。由此提示，骨髓具有强大造血功能储备，这对机体具有重要生理意义。某些生理和病理情况下，原来处于G_0期的造血干细胞可反复分裂、大量增殖，使得细胞周期中造血干细胞数增加，从而满足机体需要。

4. 高度异质性　即使完全纯化的造血干细胞，其功能、生物物理学特征和表面标志并非完全一致，存在高度异质性(heterogenicity)和等级性(hierarchy)。目前通过分离、纯化所获HSC，是表型、分化水平和造血功能各异的多个细胞亚群的混合物，其包括：①长期重建细胞(long-term repopulating cell，LTRC)，具有高度自我更新能力，植入后能在受者体内重建并维持长时间造血能力；②短期重建细胞(short-term repopulating cell，STRC)，其能在受者体内重建造血能力，但维持时间较短。

5. 表面标志　造血组织中HSC的比例极低，且形态学上难以与其他单个核细胞相区别，故对HSC表面标记的认识，有助于HSC的分离、纯化、研究和临床应用。

(1) CD34：CD34是首先被确定、最常用的人原始HSC的重要标志，为高度糖基化的膜蛋白，属唾液黏蛋白家族。CD34可能作为黏附分子而参与HSC向骨髓归巢和定居。骨髓$CD34^+$细胞为原始HSC，占骨髓细胞的1%～4%，另从胎肝或脐血中也可分离出$CD34^+$细胞。随HSC分化成熟，其表面CD34表达水平逐渐下降，成熟血细胞不表达CD34。外周血单个核细胞中，$CD34^+$细胞约占0.01%～0.09%。此外，CD34还可表达于骨髓基质细胞、大部分内皮细胞、胚胎成纤维细胞和某些脑细胞表面。

近年发现，某些$CD34^-$细胞克隆亦可重建所有造血细胞系，被称为$CD34^-$HSC，其形态学特征类似于纤维母细胞，属黏附生长的HSC。$CD34^+$细胞和$CD34^-$细胞均可存在于骨髓或外周血中，两者可相互转换，形成“干细胞循环”。

(2) $CD117^+$(C-Kit)：CD117即干细胞生长因子受体(SCFR)，属含酪氨酸激酶结构的生长因子受体。$CD117^+$细胞占骨髓细胞的1%～4%。50%～70%的$CD117^+$骨髓细胞表达CD34，约60%～75%的$CD34^+$HSC同时表达CD117。CD117也表达于人肥大细胞和急性髓样白血病细胞表面。SCF通过与CD117结合而促进HSC增殖、分化。在最早期的造血细胞表面，CD117密度较低，随分化发育而密度逐渐增加，至祖细胞阶段密度达最高，而随着向终末成熟血细胞分化，CD117表达又逐渐下降。

(3) 其他表型：①谱系标志(lineage marker)，如血型糖蛋白A、CD2、CD3、CD4、CD8、CD15、CD16、CD19、CD20、CD56和CD66b等；②CD38，已发现$CD34^+CD38^-$比$CD34^+CD38^{low}$亚群具有更强重建造血能力；③CD133，表达于红系祖细胞外的HSC；④CD-CP1，其在骨髓细胞的表达谱与CD133相似；⑤KDR，即血管内皮生长因子受体2(VEGFR-2)，$CD34^+KDR^+$骨髓细胞比$CD34^+KDR^-$细胞具有更强重建造血系统的能力；⑥CD45，早期HSC以表达CD45RO为主；⑦HLA-DR，可能是HSC分化的重要标志之一。DR^+HSC能分化为所有血细胞系，仍属干细胞。

(二) HSC的自我更新与分化

HSC具有自我更新和定向分化两种重要潜能，使机体在生命过程中始终保持造血能力。正常情况下，大部分HSC处于静止期。当机体需要时，其中一部分进入增殖分化状态，发育为各种血细胞。

1. HSC的自我更新　骨髓中内皮细胞、成纤维样骨髓基质细胞及成骨细胞等非造血细胞共同组成的微环境称为HSC微生态(niche)，是维持成年人HSC在骨髓定位、生存、更新与分化的保证。微生态中，非造血细胞通过所表达的膜型配体或分泌的细胞因子调控HSC自我更新和扩增。

(1) Notch-1：是HSC表达的跨膜信号分子，可与表达于内皮细胞、成纤维样骨髓基质细胞及成骨细胞表面的配体Jagged-1结合，通过维持GATA2表达而抑制HSC分化。体外实验表明，培养基中加入可溶性Jagged-1能促进HSC扩增。

(2) HOX因子：HOX因子是由同源盒基因(homeobox gene)编码的一个转录因子家族，各成员均含1个高度保守的DNA结合基序。HSC表达的HOXB4既可诱导HSC增生，又参与维持HSC正常数量，其机制尚不清楚。

(3) Frizzled受体：是HSC表面含7个跨膜区的受体，其配体是WNT(一种脂类修饰的信号蛋白)。两者结合可启动WNT信号转导途径，其效应为抑制BETTA骨架蛋白降解，导致BETTA骨架蛋白聚积并与TCF/LEF(T-cell factor/lymphoid-enhancer-binding family)分子形成复合物，进入胞核，激活一系列下游基因，最终介导HSC自我更新。

(4) 细胞周期依赖性蛋白激酶抑制因子(cyclin-dependent kinase inhibitor，CKI)：该家族成员通过抑制HSC进入细胞周期而抑制HSC更新。

（三）HSC的分化

1. HSC分化的过程 原始HSC首先分化为脾集落形成单位（colony-forming unit spleen, CFU-S），后者因能在射线照射后的小鼠脾脏中形成血细胞集落而得名。这是一个高度异质性的细胞群体，包括：①LTRC，其具有强自我更新能力；②STRC，其自我更新能力相对较弱；③由STRC分化而来的多能祖细胞（multipotent progenitor, MPP），其丧失自我更新能力，但具有多向分化潜能，可继续分化为共同淋巴样前体细胞（common lymphoid precursor, CLP）和共同髓样前体细胞（common myeloid precursor, CMP）；④CLP，可继续分化为B细胞、T细胞和NK细胞；⑤CMP，经过一个过渡阶段（即细胞集落形成单位），可继续分化为巨核系/红系祖细胞（megakaryocyte/erythrocyte progenitor, MEP）和粒系/单核系祖细胞（granulocyte/monocyte progenitor, GMP），前者最终生成红细胞和血小板，后者最终分化为中性粒细胞、嗜酸粒细胞、嗜碱粒细胞和单核/巨噬细胞。（图20-3）

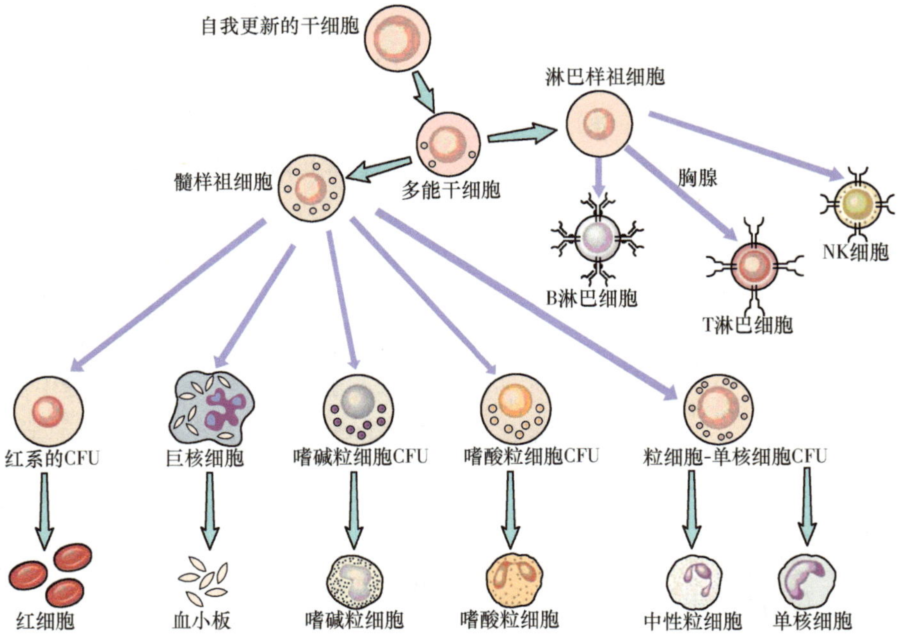

图20-3 造血干细胞的分化

2. HSC分化的调控 HSC及其下游细胞所在微环境决定血细胞发育分化前景。造血微环境调控作用的机制为：①分泌激素、细胞因子或其他介质，参与HSC自我更新和发育的各个步骤；②造血微环境基质细胞通过黏附分子与HSC或细胞外基质相互作用，为HSC及其分化的血细胞提供必要刺激信号；③骨髓基质细胞表达MHC Ⅰ类和Ⅱ类分子，参与B细胞在骨髓中的阳性选择和阴性选择。

在上述机制中，骨髓微环境细胞因子是调控共同前体细胞分化为定向祖细胞的关键因子。例如：①红细胞生成素（EPO）和SCF可在体外诱导CFU-C向MEP定向分化，并进一步分化为红细胞集落形成单位；②GM-SCF、SCF和IL-3可诱导CFU-C定向分化为GMP，后者在G-CSF/GM-CSF或M-CSF/GM-CSF诱导下，可分别分化为中性粒细胞和单核/巨噬细胞；③GM-CSF、IL-5、IL-3可诱导CFU-C分化为嗜酸粒细胞集落形成单位，进而分化、成熟为嗜酸粒细胞；④IL-5、TGF-β可诱导CFU-C分化为嗜碱粒细胞集落形成单位，并在IL-3和IL-4存在下，进一步分化、成熟为嗜碱粒细胞；⑤血小板生成素（TPO）是参与巨核细胞/血小板谱系分化的关键造血生长因子；⑥IL-7是诱导骨髓祖B细胞向B细胞分化的关键因子；⑦多种集落刺激因子可刺激不同谱系、不同发育阶段细胞生长和分化。

第二节 血液系统免疫相关疾病

一、阵发性睡眠性血红蛋白尿

阵发性睡眠性血红蛋白尿（paroxysmal nocturnal hemoglobinuria, PNH）是一种获得性造血干细胞疾病，由于成熟血细胞膜存在缺陷，对补体异常敏感而被破坏，引起血管内溶血，临床特征是睡眠相关、间歇性发作的血红蛋白尿、血细胞减少及反复发作的静脉血栓形成。目前多支持“双发病机制”说：①异常造血干细胞克隆扩增；②磷脂酰肌醇聚糖A（phosphatidylinositol glycan-class A, PIG-A)基因突变，导致造血干细胞胞膜糖基磷脂酰肌醇锚链蛋白(clycosyl phosphatidylinositol anchored protein-AP)缺乏。

正常红细胞膜表面表达可抑制补体激活及膜反应性溶解的蛋白，后者该通过GPI连接蛋白锚着于细胞膜上，统称为GPI-AP。PNH细胞PIG-A基因突变，所表达的PIG突变体被降解或释放出细胞，导致细胞膜表面GPI-AP结合量减少或缺失。PNH造血干细胞由于缺失锚链蛋白，使GPI-AP不能与细胞膜连接，补体可通过经典和旁路途径激活，引发血管内溶血，而粒细胞和血小板功能缺陷则导致机体易感染及血栓形成。

目前研究较清楚的GPI-AP(补体调节蛋白)为：①CD55，正常情况下可抑制C3激活酶活性，CD55缺乏可增强C3～C5转化酶稳定性、C3b增多，从而促进补体激活及溶细胞效应；②CD59，正常情况下可保护细胞膜免遭C5～C9复合物攻击，CD59缺乏导致膜攻击复合物C5b-9增多，增强补体溶细胞作用。

二、自身免疫性溶血性贫血

自身免疫性溶血性贫血(autoimmune hemolytic anemia, AIHA)发病机制为：机体免疫功能紊乱产生抗红细胞自身抗体，后者吸附于红细胞表面，通过抗原抗体反应造成红细胞破坏加速、寿命缩短，引发溶血性贫血。该病根据自身抗体特性可分为三型，本章主要介绍温抗体和冷抗体介导的AIHA。

1. 温抗体型AIHA　此型多呈多克隆性质，常见抗体为IgG(依次为IgG1、IgG3和IgG2)，IgA和IgM较少见。温抗体与红细胞的最适反应温度是37℃。主要溶血部位是脾脏，抗体包被的红细胞可调理脾脏单核/巨噬细胞的吞噬作用：识别阶段由细胞表面IgG Fc受体及C3bR共同介导；附着阶段主要依赖C3bR；摄入阶段主要依赖IgG FcR。

2. 冷抗体型AIHA　此型亦称冷凝集素病(cold agglutinin disease, CAD)，约90% CAD属继发性，其最常见基础疾病为淋巴浆细胞增殖性疾病，如淋巴浆细胞淋巴瘤/巨球蛋白血症、意义未明单克隆球蛋白血症(MGUS)等。约95%病理性冷抗体是高效价、宽温幅单克隆抗体，其中约90%为κ轻链限制性(κ/λ>3.5)的IgM、IgG或IgA(罕见)，IgM靶抗原主要是红细胞膜表面I/i抗原。

CAD主要溶血部位为肝脏，且多见血管内溶血。单克隆IgMκ在外周循环低温环境下与红细胞结合，通过经典途径激活补体，使C3b募集于红细胞膜表面。进入血循环后环境温度上升至一定程度，IgMκ从红细胞膜表面脱落，而C3b仍结合于红细胞。与C3b结合的红细胞大部分借助肝脏巨噬细胞表面C3bR被吞噬破坏，发生血管外溶血。小部分结合较多C3b的红细胞可在血循环继续形成膜攻击复合物并发生血管内溶血。未被肝脏吞噬细胞完全吞噬的红细胞在C3转化酶作用下，C3b被分解为具有保护作用的C3d，补体不再继续激活。结合C3d的红细胞进入外周循环。

三、再生障碍性贫血

再生障碍性贫血(aplastic anemia, AA)简称再障，是多种病因所致造血功能障碍的一组综合征，临床上以全血细胞减少为主要表现，其发病涉及造血干/祖细胞缺陷、免疫紊乱(占全部病例70%)、造血微环境异常及基因突变等因素。本章主要阐述免疫紊乱导致再障发病的机制。

1. T细胞紊乱　T细胞紊乱是导致再障的最主要免疫因素。相当部分再障患者骨髓及外周血T细胞亚群表型、数量、分布及活化状态存在异常，主要表现为$CD8^+$CTL比例增高和$CD4^+$Th1细胞偏移，两类T细胞亚群细胞因子产生异常，导致骨髓造血能力下降。另外发现，Treg细胞缺陷与骨髓衰竭相关，依据为：再障患者均伴有Treg细胞减低；再障小鼠模型输注Treg细胞可逆转全血细胞减少。

2. NK细胞　临床发现部分再障患者NK细胞活性降低，其参与疾病发生的机制可能是：NK细胞活性减低或缺陷者易出现多种病毒感染，病毒扩散及持续感染可诱发再障。

3. NK/T细胞　NK/T细胞可调节Th1和Th2细胞分化，并参与诱导免疫耐受。再障患者NK/T细胞活性减低，可能通过破坏免疫耐受而导致再障发病。

4. B细胞　部分再障患者存在体液免疫异常，表现为：①可检出抗膜突蛋白抗体、抗SSA、抗SSB、抗心磷脂抗体及抗甲状腺过氧化物抗体(TPO-Ab)及抗甲状腺球蛋白抗体(TG-Ab)等自身抗体；②外周血$CD3^-CD19^+$细胞(B细胞)比例略偏高或无明显减低。对此类再障患者给予免疫抑制剂，并定期进行大剂量丙种球蛋白冲击治疗，可获更好疗效。

(周剑锋)

第二十一章 中枢神经系统免疫

中枢神经系统是神经系统的主要组成部分，其与免疫系统存在密切联系，表现为：机体通过免疫学机制保护中枢神经系统免遭感染；神经（内分泌）-免疫调节网络是维持机体自稳状态的重要机制；中枢神经系统失调可导致免疫异常并引发相关神经免疫病（如多发性硬化、视神经脊髓炎等）；中枢神经系统被视为“免疫豁免”部位。

迄今，有关中枢神经系统产生适应性免疫应答及其调控的机制尚未被完全阐明，原因为：中枢神经系统结构极为复杂；对中枢神经系统免疫的细胞学基础知之甚少；外周血循环中免疫细胞迁入中枢神经系统的途径和机制尚不清楚。因此，深入探讨中枢神经系统免疫的分子和细胞学基础，阐明神经免疫疾病的特点和机制，具有重要理论和实践意义。

第一节 中枢神经免疫相关的组织和解剖学特征

中枢神经系统的免疫学生理学特征取决于其组织和结构特征。

一、中枢神经系统免疫相关的解剖学特征

（一）脑脊液

脑脊液（cerebro-spinal fluid，CSF）是中枢神经系统内具有免疫活性的体液，在免疫防御和保护中发挥重要作用。脑脊液为无色透明液体，存在于脑室、蛛网膜下腔和脊髓中央管内，主要由侧脑室内脉络丛产生（图21-1），也有报道室管膜和脑实质可产生脑脊液，另有一小部分脑脊液来自于细胞间液的扩散。

脉络丛主要分布于侧脑室底部和第三、四脑室顶部，为一簇毛细血管网，其上覆盖一层形似微绒毛的室管膜上皮。微绒毛犹如单向开放的膜，仅向室内腔和蛛网膜下腔分泌脑脊液。由脉络丛丰富的侧脑室所产生的脑脊液经室间孔流入第三脑室，再经中脑导水管流入第四脑室。各脑室脉络丛产生的脑脊液均汇至第四脑室并经第四脑室正中孔和外侧孔流入脑和脊髓的蛛网膜下腔，经矢状窦旁的蛛网膜颗粒将脑脊液回渗至上矢状窦，最终回流至静脉系统。

正常成人脑脊液约140～200 ml，脑脊液分泌量约400～500ml/每日。脑脊液不断产生又不断吸收回流至静脉，其功能为：缓冲脑和脊髓所受压力；为神经细胞提供一定营养；运走脑内代谢废物并调节中枢神经系统酸碱平衡；对脑、脊髓发挥保护和支持作用。

除回流至血液外，脑脊液可沿脑部和脊神经排至局部传入淋巴管，将某些可溶性抗原输送至引流淋巴结。例如：脑脊液内水溶性抗原渗透至大脑额叶基部，沿嗅神经根转运至鼻黏膜，继而到达颈深淋巴结，并在该处聚集。由此证明，脑脊液类似中枢神经系统的淋巴液，通过运输抗原而在中枢神经系统免疫应答中发挥重要作用。

（二）脑膜

脑膜位于颅骨与脑实质之间，由外到内包括硬脑膜、蛛网膜和软脑膜三层，用于隔离脑实质和脑脊液（图21-1）。

1. 硬脑膜 是厚而坚韧的双层膜：①外层是颅骨内面的骨膜，称为骨膜层；②内层较外层厚而坚韧，与硬脊膜在枕骨大孔处续连，称为脑膜层。

2. 蛛网膜 是半透明的结缔组织膜，位于硬脑膜深部，其跨越脑，被覆于脑表面，与软脑膜间有较大空隙，称为蛛网膜下腔，腔内充满脑脊液。蛛网膜除随大脑镰和小脑幕分别深入大脑纵裂和横裂外，均跨过脑的其他沟裂，致使蛛网膜下腔在某些部位扩大为蛛网膜下池，其中最大的、位于小脑和延髓背面之间的小脑延髓池，是临床上进行蛛网膜下腔穿刺的部位。

蛛网膜在上矢状窦两侧形成许多绒毛状突起，突入上矢状窦内称为蛛网膜颗粒，脑脊液通过这些颗粒渗入硬脑膜窦内，回流入静脉。

3. 软脑膜 是紧贴于脑表面的透明薄膜，血管丰富且深入沟裂。脑血管在软脑膜内分支成网，并进入脑实质浅层，软脑膜也随血管进入脑实质一段。软脑膜皱襞可突入脑室而形成脉络丛，分泌脑脊液。此外，软脑膜对脑发挥重要的营养作用。

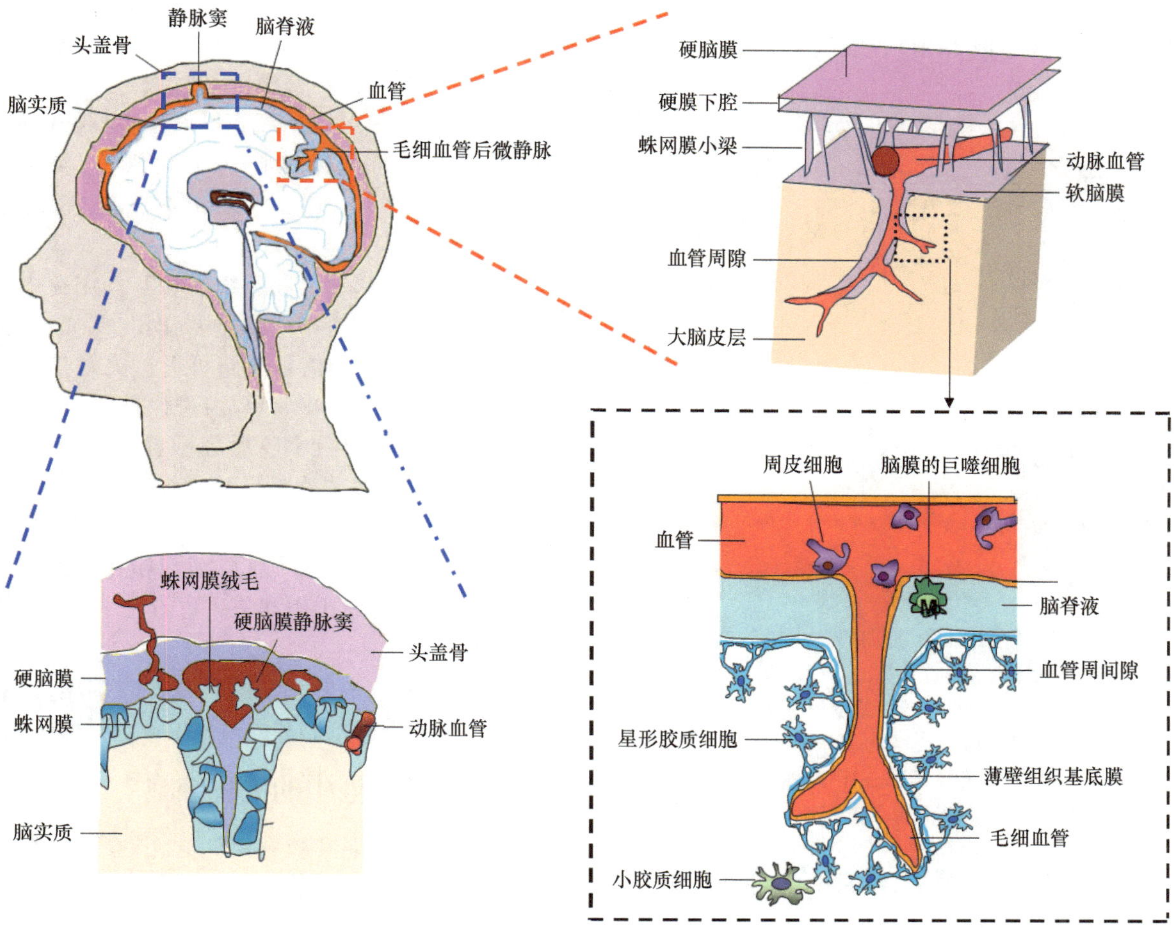

图 21-1　中枢神经系统内脑脊液回流示意图

左上．人头部正中矢状切面，显示脑室、脉络丛、脑实质、淋巴系统和颈深淋巴结等；左下．蛛网膜下隙和脑实质相关的蛛网膜粒结构；右上．蛛网膜下隙和脑实质相关软脑膜下血管的解剖结构；右下．血管周围间隙相关脑毛细血管、胶质界膜及基底膜的细胞组成

脑细胞间液存在于脑神经细胞之间，是脑脊液组成部分。由脑实质神经细胞释放至胞外的内源性物质，可通过细胞间液运输至脑脊液，从而通过前文所述途径转输至颈深淋巴结。另外，上述内源性物质可被蛛网膜下隙的脑膜巨噬细胞和血管周围巨噬细胞所摄取，两种巨噬细胞均具有抗原提呈功能。由此可见，脑膜是颅骨下保护脑组织的重要屏障，既能将脑实质隔离在一个封闭的环境内，又能通过脑膜间细胞外液运送抗原物质，在中枢神经系统免疫应答中发挥重要作用。

（三）中枢神经系统血管

中枢神经系统血管最典型的结构特征即血脑屏障。脑毛细血管具有如下结构特征：①缺少一般毛细血管所具有的孔，或者孔很小，且内皮细胞彼此重叠、连接紧密，可有效阻止大分子物质从内皮细胞连接处通过；②内皮细胞被一层连续不断的基膜所包围；③基膜外有许多星形胶质细胞的血管周足（终足），将脑毛细血管约 85% 的表面包围起来。上述特征导致脑毛细血管形成多层膜性结构，组成防护脑组织的血脑屏障（图 21-2）。

血脑屏障是机体固有免疫的内部屏障之一，由介于血循环与脑实质间的软脑膜、脉络丛的脑毛细血管壁和包于壁外的胶质膜所组成，其仅允许氧气、二氧化碳和血糖通过，但阻挡病原生物等大分子物质由血循环进入脑组织和脑室，从而保护脑组织免遭血循环中有害物质损伤，保持脑组织内环境稳定，对维持中枢神经系统正常生理状态具有重要意义（图 21-2）。

中枢神经系统被视为“免疫豁免”区，其主要原因之一在于：正常状态下血脑屏障可限制免疫细胞和免疫分子侵入中枢神经。然而，多种因素可影响血脑屏障的通透性，并通过诱导血脑屏障各组分表达黏附分子、表面抗原或产生细胞因子和趋化因子，募集、趋化免疫细胞穿越血脑屏障，从而为免疫系统与中枢神经系统间的通讯提供了可能。

综上所述，中枢神经系统免疫相关的组织结构十分独特：①缺少原位 DC 和淋巴流，但具有脑脊液，可发挥细胞间液流动的重要功能；②具有血脑屏障，可维持脑组织内环境稳定，一旦屏障功能异常，也可引发中枢神经系统感染和免疫性疾病。

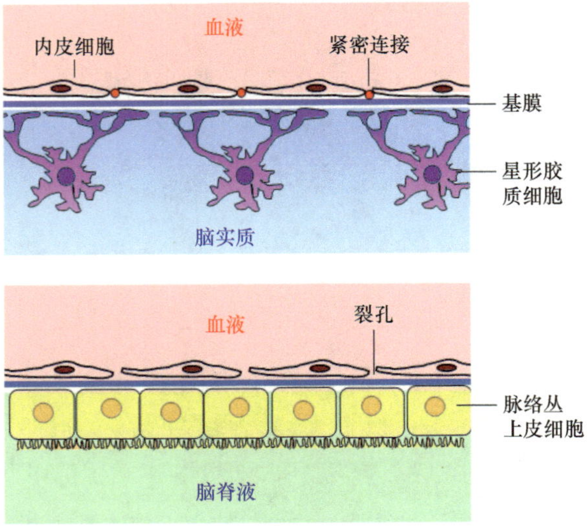

图 21-2 血脑屏障和血脑脊液屏障的比较

血脑屏障由内皮血脑屏障和上皮血脑脊液屏障组成。A. 血脑屏障含双层保护层，包括实质基底膜所组成紧密连接的内皮层，以及星形胶质细胞足突组成的胶质界膜；B. 不同于脑实质，脉络丛的微血管有孔，容许血液和脑脊液自由扩散，血脑脊液屏障由脉络丛上皮细胞组成，形成独特的紧密连接

二、中枢神经系统的免疫细胞

中枢神经系统内分布不同类别的免疫细胞。

（一）定位于脑实质的免疫细胞

1. 巨噬细胞 包括脑膜巨噬细胞、脉络丛巨噬细胞和血管周围的巨噬细胞。它们位于脑实质的外面，依赖血液单核细胞进行更新和维持动态平衡，并通过脑脊液流获得生物信息。中枢神经炎症中，外周血单核细胞向中枢神经浸润，且高表达 MHC Ⅱ类分子、共刺激分子和黏附分子，从而激发中枢神经系统内的适应性免疫应答。

2. 小胶质细胞（microglia） 为中枢神经系统固有的 APC，属组织特化的巨噬细胞，起源于卵黄囊祖细胞，是中枢神经系统最重要的第一道免疫防线，可持续清除神经系统内损伤的神经、斑块及感染性物质。脑实质中，小胶质细胞与血浆蛋白质隔离，被限制在抑制性的免疫微环境中。小胶质细胞可被多种因素（如中枢神经系统炎症、LPS 等）激活，进而发挥不同的生理和病理学效应。例如：慢性神经退行性病变可激活小胶质细胞，并对疾病进程发挥有利或有害的影响。

3. 星形胶质细胞（astrocyte） 其来源于神经上皮干细胞，主要功能是调节细胞外微环境，支持血脑屏障，并通过分泌神经营养因子而营养、保护神经组织。近期研究表明，星形胶质细胞是中枢神经系统内多种炎症介质的主要来源，例如：通过启动 TLR 和 NLR 信号途径，星形胶质细胞可产生多种补体成分、炎性细胞因子（IL-1β、IL-6）及趋化因子（如 CCL2、CXCL1、CXCL10、CXCL12），从而参与中枢神经系统的固有免疫应答。

小胶质细胞和星形胶质细胞相互作用在中枢神经系统固有免疫应答中发挥重要作用，例如：①星形胶质细胞的 CXCL12 信号通路可促进突触传递过程中谷氨酸盐和少量 TNF-α 释放；炎性条件下，CXCL12 和 TNF-α 信号可刺激小胶质细胞释放大量 TNF-α；②高水平 TNF-α 可改变星形胶质细胞对谷氨酸盐的解毒作用，引发兴奋性中毒所致神经细胞丢失。因此，阐明小胶质细胞-星形胶质细胞相互作用的分子机制，有可能为探索干预相关疾病的治疗靶点提供重要线索。

此外，脑膜和血管周间隙存在肥大细胞，但正常脑实质中未发现粒细胞和固有免疫样淋巴细胞。

（二）脑脊液中的免疫细胞

健康个体每毫升脑脊液约含 1000～3000 个细胞，故脑脊液内细胞总数达 1.5×10^5～7.5×10^5 个，其中多为单核细胞及淋巴细胞。

T 细胞占脑脊液淋巴细胞的 90% 以上，其中 $CD4^+$T 细胞和 $CD8^+$T 细胞比例为 3.5∶1。与之不同的是，关节滑液、胸膜积液所含细胞数量是脑脊液的 10～100 倍，其中 T 细胞数量仅占约 25%。脑脊液 $CD4^+$T 细胞中含少量初始 T 细胞，另含 $CD4^+$记忆性 T 细胞（包括 T_{CM} 和 T_{EM}），均表达整合素 α4。已发现，约 40% 脑脊液 T 细胞表达活化标志 CD69，而仅 5% 外周血 T 细胞具有此表型。两者活化状态存在差异的机制尚不清楚。

一般认为，健康个体和神经免疫疾病早期阶段，T 细胞可进入脑脊液，继而经脉络丛进入蛛网膜下隙。小鼠 T 细胞（包括 Th17 和 Treg 细胞）向中枢神经系统迁移受 CCR6 调控，并通过复杂的机制参与神经系统免疫性疾病发生和发展。某些自身免疫性神经系统疾病（如实验性自身免疫性脑脊髓炎）模型中，大量 T 细胞穿越软膜下血管进入蛛网膜下隙，随疾病进展和出现深层组织血管炎症，T 细胞穿越血脑屏障进入脑实质成为主要的病理学特点。

脑脊液中单核细胞约占脑脊液总细胞数的 5%，多表达 CCR5，处于相对活化状态。另外，脑脊液中还存在少量 B 细胞。某些神经免疫病患者脑脊液可发现少量 DC。

第二节　中枢神经系统的免疫生理学

一、中枢神经系统内适应性免疫应答的发生

向小鼠皮下联合输注髓鞘蛋白来源的多肽、完全佐剂和结核菌素，可诱发实验性自身免疫性脑脊髓炎（EAE），该模型是研究中枢神经系统免疫的主要工具。采集注射部位附近淋巴结内激活的T细胞，体外培养后转输至健康小鼠，T细胞首先在肺支气管相关淋巴组织（BALT）滞留，然后向中枢神经系统聚集，引发EAE。模型动物中枢神经系统可见炎性细胞浸润，并出现类似人多发硬化的运动能力减弱症状。

近期借助双光子成像系统发现，抗原特异性$CD4^+$T细胞最初沿炎性软膜下微血管腔内侧表面缓慢移动，在趋化因子和内皮细胞黏附分子诱导下，继续沿蛛网膜下隙软膜下微血管腔外侧表面移动，并与荷载抗原的脑膜和血管周围巨噬细胞相遇，T细胞被激活后侵入脑实质，导致疾病发生。研究证明，EAE发病的必要前提是抗原特异性T细胞与APC在蛛网膜下隙相互作用，但其确切机制尚不清楚。另外发现，清除EAE发病动物的小胶质细胞，可减轻疾病症状，其作用和机制也有待阐明。

除中枢神经系统自身免疫病外，上述事件也见于中枢神经系统感染模型。例如，淋巴细胞性脉络丛脑膜炎病毒特异性$CD8^+$T细胞，最初在蛛网膜下隙识别同源抗原，此与EAE中自身反应性T细胞非常相似。

二、免疫细胞进入中枢神经系统及迁移

中枢神经系统传统上被视为“免疫赦免”区，难以与T细胞接触。近期发现：清除病毒或缺乏病毒抗原刺激的情况下，$CD8^+CD103^+$记忆性T细胞可在脑实质长期存在，并在中枢神经系统免疫监视中发挥重要作用。记忆性T细胞循下述途径进入脑脊液：血液中记忆T细胞跨越穿孔的内皮细胞而侵入脉络丛基质，到达脉络丛上皮基质外侧，最后穿越脉络丛上皮细胞进入脑脊液循环。目前认为，蛛网膜下隙是淋巴细胞进入中枢神经系统的主要部位，某些黏附分子及趋化因子受体参与淋巴细胞向中枢迁移。

1. 黏附分子参与淋巴细胞向神经中枢迁移

（1）P-选择素：脉络丛基质微血管和脑膜血管内壁可组成性表达P-选择素，健康人中枢神经系统内活化的或记忆性$CD4^+$T细胞（$CD4^+CD45RO^+$）可表达相应配体，从而穿越表达P-选择素的脉管系统而进入脉络丛基质，继而向脑脊液和蛛网膜下隙迁移。

（2）整合素α4：临床上应用整合素α4拮抗性抗体（natalizumab）治疗多发硬化症，提示整合素α4可能介导淋巴细胞穿越血脑屏障向中枢迁移。临床前试验也证实，整合素α4β1和α4β7参与淋巴细胞向脑、皮肤和肠等部位炎症灶迁移。上述现象的机制可能为：淋巴细胞表面整合素α4β1可与组成血脑屏障的内皮细胞表面血管细胞黏附分子1（VCAM1）或纤连蛋白CS1相互作用，促进血脑屏障穿透性。

2. 趋化因子受体参与淋巴细胞向神经中枢迁移

CCR6在介导T细胞从血液向中枢神经系统迁移过程中发挥重要作用，相关实验依据为：髓鞘抗原不能诱发CCR6基因敲除小鼠发生EAE；将体外预处理的CCR6基因敲除鼠T细胞转输给野生型小鼠，不能诱发EAE；转输的T细胞聚集在脉络丛，而不能进入中枢神经系统；转输CCR6阴性T细胞的同时，加入少量野生型T细胞，则可诱发EAE。

上述实验均提示，脑膜炎症可导致某些活性因子释放，从而激活血脑屏障，促进$CCR6^+$淋巴细胞向神经中枢迁移。EAE模型中，T细胞迁移过程可归纳为两个阶段：①T细胞穿越脉络丛到达脑膜，在该处与APC遭遇并再度被激活；②侵入脑膜的T细胞发生扩增，由脑膜向脑实质浸润，并诱导脑膜释放效应分子而激活血脑屏障。

三、神经-免疫调节网络

神经系统和免疫系统间形成复杂的双向调节网络：神经系统通过自主神经系统分泌的去甲肾上腺素以及外周神经系统释放的神经肽而调节免疫系统，也可通过调节内分泌激素释放而间接影响免疫系统功能；免疫系统主要通过细胞因子而调节神经系统。上述双向调节在维持机体正常功能中发挥重要作用，双向调节紊乱可导致多种疾病。

另外，中枢免疫器官（胸腺、骨髓）和外周免疫器官（脾脏、淋巴结等）分布有交感或副交感神经，可分别抑制或增强免疫细胞分化、发育、成熟及效应。

（一）神经系统调节免疫系统功能

内分泌激素和神经递质可作用于免疫细胞表面相应受体而发挥调节功能，例如：肾上腺皮质激素可明显抑制各类免疫细胞（淋巴细胞、巨噬细胞、中性粒细胞和肥大细胞等）功能。神经系统可通过产生神经

递质、调节激素分泌及细胞间相互作用而调控全身或局部的炎症反应和免疫应答。

下丘脑-垂体-肾上腺轴(hypothalamic-pituitary-adrenal axis,HPA axis)是神经系统调节免疫系统的最重要通路,其主要环节是:下丘脑受到刺激可分泌促肾上腺皮质激素释放因子(CRF),促进垂体释放促肾上腺皮质激素(ACTH),ACTH 进入血循环可促进肾上腺皮质释放糖皮质激素(glucocorticoid)。各种应激刺激可使血中肾上腺皮质激素水平增高,从而导致免疫抑制。此外,还存在非垂体-肾上腺轴的免疫调节作用,例如:①生长激素和生乳素可促进多种免疫细胞分化并增强其功能;②阿片肽对免疫细胞可发挥增强或抑制作用。

(二) 免疫系统调节神经系统功能

免疫细胞可产生多种细胞因子,通过作用于内分泌组织细胞或神经细胞表面相应受体而影响神经系统功能。例如:①炎症局部释放的细胞因子可作用于大脑等神经器官而发挥调节作用(如 TNF-α 可促进大脑星形胶质细胞分泌脑啡肽;IL-2 可抑制 Ach 释放;中枢神经系统组织细胞广泛表达 IL-1R,可接受 IL-1 刺激);②大脑胶质细胞、神经元及浸润的免疫细胞可在局部释放细胞因子,直接介导神经细胞死亡,从而参与多种神经退行性疾病(如艾滋病性脑病)、阿尔茨海默病及多发性硬化病等)发生和发展。

此外,外周释放的细胞因子具有类激素的功能,可通过多种机制刺激中枢神经系统,例如:①通过血脑屏障的渗漏点进入 CNS;②通过迷走神经而迅速将信号传递给 CNS;③通过激活第二信使(如 NO、前列腺素等)影响神经系统。

研究还发现,免疫细胞本身也可产生某些内分泌激素和神经递质,从而调节神经-内分泌系统。

第三节 常见中枢神经免疫疾病发病机制

中枢神经系统和免疫系统形成复杂的调节网络,两者相互作用在维持内环境稳定和人体健康中发挥重要作用。另一方面,中枢神经系统和免疫系统功能紊乱也参与多种疾病(如脑卒中、帕金森症、阿尔茨海默病、疼痛、艾滋病性痴呆等)发生和发展,但其机制尚未完全阐明。本章重点介绍中枢神经系统脱髓鞘疾病和神经系统退行性疾病的免疫学发病机制。

一、中枢神经系统炎性脱髓鞘疾病

1. 多发性硬化(multiple sclerosis,MS) MS 是以中枢神经系统白质脱髓鞘病变为特点的一种慢性、炎症性中枢神经系统疾病,主要症状为感觉障碍、运动障碍、认知障碍、平衡障碍等,严重者可致活动性障碍和残疾。MS 确切病因尚不肯定,已提出如下假说:①遗传因素,MS 患者常有家族性;②感染与免疫因素,尤其是病毒感染,经数年潜伏期而发病,但迄今尚未从患者组织中分离出任何病毒,也未能建立令人满意的病毒感染所致 MS 动物模型。

按照分子模拟学说,某些病毒可能与 CNS 髓鞘蛋白或少突胶质细胞具有共同抗原,即病毒蛋白氨基酸序列与 MBP 等神经髓鞘组分肽段氨基酸序列相同或极为相近,故病毒感染诱生的抗病毒抗体可与神经髓鞘多肽片段发生交叉反应,导致脱髓鞘病变。相关依据为:①MS 患者血清和脑脊液可检出针对髓鞘蛋白(MBP、MOG)的特异性自身抗体,且抗体水平与 MS 疾病活动程度呈正相关;②MBP 与腮腺炎病毒抗体存在交叉反应。

目前一般认为,MS 是由自身反应性 T 细胞(包括 Th1 和 Th17 细胞)介导的中枢神经系统自身免疫病。实验依据为:①应用髓鞘抗原[如髓鞘碱性蛋白(myelin basic protein,MBP)]免疫 Lewis 大鼠,可诱发类似 MS 的实验性自身免疫性脑脊髓炎(experimental autoimmune encephalomyelitis,EAE);②将 EAE 大鼠识别 MBP 多肽片段的致敏细胞转输给正常大鼠,可引发 EAE。

针对髓鞘抗原的免疫应答导致组织损伤,其机制为:病毒感染或其他致病因子破坏血-脑屏障,促使 T 细胞进入中枢神经系统并趋化、富集至病灶部位,针对相应自身抗原[包括 MBP、髓鞘结合糖蛋白(myelin associated glycoprotein,MAG)、少突胶质细胞糖蛋白(oligodendrocytes glycoprotein,MOG)、含蛋白脂质蛋白(proteolipid protein,PLP)、αβ-晶体蛋白(αβ-crystallin)、磷酸二酯酶及 S-100 等]产生免疫应答,多种效应细胞(如 Th1、Th17 细胞)和效应分子(如 IL-2、IFN-γ)发动免疫攻击,导致髓鞘剥脱,使神经传导速度减慢并出现相应神经系统症状。

2. 视神经脊髓炎(neuromyelitis optica,NMO) NMO 是视神经与脊髓同时或相继受累的急性或亚急性脱髓鞘病变,临床特征为急性或亚急性失明,伴横贯性或上升性脊髓炎。NMO 病因尚不清楚。患者血清可检出自身抗体 NMO-IgG,主要是抗中枢神经系统水通道蛋白 4(aquaporin4,AQP4)的抗体。NMO 病灶组织(主要位于视神经及脊髓)星形胶质细胞足突高表达 AQP4。抗 AQP4 抗体通过血脑屏障进入中枢神经系统,借助 ADCC 及补体依赖的细胞毒作用,降解星形胶质细胞足突,同时通过促进巨噬细胞、嗜酸粒细胞及中性粒细胞产生细胞因子、氧自由基等，损伤包括轴索和少突胶质细胞在内的白质和灰质。

目前缺乏令人满意的 NMO 动物模型，NMO 发病的免疫学机制尚不清楚。一般认为，NMO 是主要由体液免疫介导的中枢神经系统自身免疫病，其依据为：①NMO 患者常伴发其他全身性自身免疫病，体内可检出多种自身抗体（如抗核抗体等）；②脊髓组织病理检查发现免疫球蛋白和补体沉积；③血浆置换对复发的急性期 NMO 患者具有较好疗效。

二、神经系统退行性疾病

1. 阿尔茨海默病（Alzheimer's disease，AD）　AD 是以脑组织选择性损害、淀粉样蛋白沉积和神经纤维缠结为基础病理特征的慢性中枢神经系统退行性疾病。

迄今，AD 的病因和发病机制尚未阐明。临床试验发现如下有意义的现象：①AD 患者脑部存在局部炎症反应，免疫治疗可控制或缓解病情发展，提示免疫学机制参与疾病发生、发展；②长期服用非甾体类抗炎药的人群，其 AD 发病率明显降低；③AD 患者脑部星形胶质细胞和小胶质细胞极度活化，且脑部炎性细胞因子水平升高。

基于上述临床资料，提出神经元退行性变的炎症学说，其要点为：①AD 的神经元损害主要为机体对病原体、β-淀粉样蛋白、神经纤维缠结的炎症反应所致；②炎症反应中，吞噬细胞在吞噬病原体的同时，造成病灶周围神经元损害而使病灶扩散，同时活化的小胶质细胞及补体激活所产生的炎性细胞因子进一步加重疾病进程。

2. 帕金森综合征（Parkinsonian syndrome）　该病是常见的神经系统变性疾病，主要病理改变是中脑黑质多巴胺能神经元变性死亡，其确切病因尚不清楚。近年发现，免疫学机制在该病特征性脑组织损伤及疾病发生中起重要作用，相关依据为：①PD 疾病过程中，小胶质细胞和星形胶质持续、过度活化，通过吞噬、释放中性蛋白酶和分泌细胞因子等，参与黑质纹状体系统炎症反应，对多巴胺能神经元产生毒性和损伤；②PD 患者血脑屏障受损，淋巴细胞浸润脑组织，病灶局部细胞因子水平升高。

此外，PD 患者也出现全身免疫功能紊乱，例如：①细胞免疫功能紊乱，表现为患者外周血 $CD4^+CD45RA^+$ 初始 T 细胞比例下降；$CD4^+CD45RO^+$ 记忆性 T 细胞显著增高；γδT 细胞显著增高；外周血淋巴细胞功能亚群比例和功能异常；炎性细胞因子水平升高；②体液免疫功能紊乱，表现为可检出某些自身抗体。

（闫亚平　李敏淑　施福东）

第二十二章 内分泌系统免疫

机体内分泌系统和免疫系统间存在密切的相互联系及相互调节。免疫细胞表面及细胞内表达多种激素受体,内分泌系统所产生的激素(如胰岛素、生长激素、性激素等)通过作用于相应受体,可发挥正向或负向免疫调节作用。典型的例子是:糖皮质激素具有明确的免疫抑制作用,临床上广泛用于治疗自身免疫病和超敏反应性疾病。

另一方面,内分泌腺体组织细胞可表达不同细胞因子受体,免疫细胞所产生的细胞因子可与之结合,通过传导相关信息而调节内分泌腺体的激素合成。

内分泌疾病源自内分泌腺体分泌相应激素过多或过少,从而导致机体功能紊乱。在遗传和环境等因素作用下,内分泌腺体与其他器官或组织一样,也是免疫系统攻击的潜在靶标。免疫相关的内分泌疾病多为自身免疫病,且组织损伤仅发生于某一内分泌腺体,属器官特异性自身免疫病。此类疾病病因、发病机制及参与组织损伤的免疫应答类型各异。

第一节 甲状腺相关的免疫学

一、甲状腺相关的免疫组织及自身抗原

(一)甲状腺相关的免疫组织

甲状腺由结缔组织包膜深入腺实质而分为许多小叶,每个小叶由甲状腺滤泡和滤泡旁细胞组成。滤泡腔内充满由甲状腺滤泡上皮细胞(thyroid follicular cells,TFC)分泌的透明胶质,富含甲状腺球蛋白(thyroid globulin,TG)和甲状腺过氧化物酶(thyroid peroxidase,TPO)。TPO 催化 TG 的酪氨酸残基发生碘化和聚合反应;促甲状腺激素(thyroid stimulating hormone, TSH)与 TFC 表面 TSH 受体(thyroid stimulating hormone receptor, TSHR)结合,可促进甲状腺素释放至外周血。

正常甲状腺内极少有淋巴细胞,DC 仅占正常甲状腺总细胞的 2%~3%,多为不成熟状态。甲状腺炎模型中,DC 浸润早于淋巴细胞扩增及浸润,并启动炎症反应;早期 TFC 仅表达 MHC Ⅰ类分子,但在某些炎性细胞因子(如 IFN-γ、TNF-α 等)刺激下可表达 MHC Ⅱ类分子,并可分泌多种趋化因子。TFC 不表达共刺激分子,在体外不能诱导 T 细胞增殖,仅当旁邻 DC 提供共刺激分子情况下,TFC 可诱导 T 细胞增殖。

(二)甲状腺相关自身抗原

甲状腺合成甲状腺素过程中产生大量活性氧(ROS),可激发免疫系统针对甲状腺抗原(如 TPO、TG 和 TSHR)产生自身免疫应答。

1. TG TG 是甲状腺内主要蛋白(占 70%~80%),其启动机体自身免疫应答受如下因素调控:

(1)碘化程度:过度碘化的 TG,其分子由圆柱状变为紧凑状,可暴露新的抗原表位并被 T 细胞识别,而适度碘化的 TG 不能被识别。

(2)氧化作用:TG 可被 H_2O_2 裂解出 1 个 40kD 的 N 末端片段(P40)。P40 具有强免疫原性,可被 TFC 摄取并提呈,从而诱发 CBA(H^{2K})小鼠实验性甲状腺炎,也可与 AITD 患者体内抗 TG 抗体结合。

(3)基因多态性:个体携带特定 HLA-DR β 链等位基因及 TG 基因第 33 外显子单核苷酸多态性,其发生 Graves 病的风险比高达 6.1。自身免疫性甲状腺疾病(AITD)患者和易感小鼠均可检出相似的 TG 基因多态性,提示该病发生可能与组织特异性蛋白 TG 相关。

2. TPO TPO 表达于 TFC 膜表面,可催化酪氨酸碘化及偶联而合成甲状腺素,此过程伴随活性氧自由基产生。炎症过程中,TFC 表面 MHC Ⅱ分子表达上调,并通过加工、处理 TPO,并提呈含隐性表位的 TPO 肽段,可激活相应自身反应性 T 细胞。

3. TSHR Graves 病与 TSHR 基因多态性相关,患者体内可检出抗 TSHR 的刺激性抗体。群体调查显示:TSHR 基因编码区 D36H、P52T、D727E 和内含子 1 区 rs2268458、rs179247 单核苷酸多态性与 Graves 病密切相关;G/G 基因型患者胸腺内 TSHR 表达水平高于 A/A 型,具有保护作用。由此提示,TSHR 基因多态性决定其编码产物,通过影响 T 细胞在胸腺内阴性选择,导致针对 TSHR 的自身免疫应答。

二、自身免疫性甲状腺疾病发病机制

Graves 病(Grave's disease,GD)、Hashimoto 病(Hashimoto's disease,HD)等统称自身免疫性甲状腺

疾病（autoimmune thyroid diseases，AITD），属器官特异性自身免疫病。此类疾病均为遗传易感性及环境因素作用下，机体产生异常自身免疫应答，但免疫应答类型各异，例如：Th1 细胞介导 TFC 损伤和凋亡介导 HD 发病；Th2 细胞辅助 B 细胞应答，产生抗 TSHR 的刺激性抗体，从而介导 GD 发病。

（一）遗传因素

AITD 发病与遗传相关，已发现：GD 在同卵双胎中一致率达 36%，而异卵双胎一致率仅 3%；HD 在单卵双胎中一致率为 55%，而异卵双胎为 0%。AITD 相关的易感基因众多，包括 HLA、CD40、CTLA-4、PTPN22、TSHR、维生素 D 受体和 TG 等。

1. AITD 与 HLA 多态性相关　①高加索人群 GD 与 HLA-DRB1＊0301 等位基因呈强相关；②将人 TSHR 蛋白接种转染 DR3 基因的 NOD 小鼠，可诱发 GD；③HLA-DR 分子的抗原结合槽若为带正电荷的 Lys-71 和 Arg-74，可增加 HLA 分子与 TG 抗原肽的亲和力，导致易感 AITD。

2. CTLA4 是 GD 易感基因　①CTLA4 突变型可致患者体内可溶性 CTLA-4（sCTLA-4）水平降低，从而减弱对 CD28/CD80、CD86 共刺激信号的负调控作用，促进 T 细胞激活；②CTLA-4 基因 3'端非翻译区（AT）n 的长短，可决定 CTLA-4 mRNA 稳定性，偏短者易感 GD。

3. PTPN22 是 GD 易感基因　T 细胞内蛋白酪氨酸磷酸酶（protein-tyrosine-phosphatase 22，PTPN22）可抑制 T 细胞活化。PTPN22 蛋白 620 位色氨酸/精氨酸替换（R620W）与 GD 发生相关，其机制与 T1DM 发病类似（见后文）。

4. CD40 是 GD 易感基因　①CD40 基因 5'端非翻译区 Kozak 序列存在单核苷酸多态性，突变型可致甲状腺 TFC 高表达 CD40，从而促进机体针对甲状腺组织的自身免疫应答；②将 GD 患者甲状腺组织接种重度联合免疫缺陷小鼠，应用单抗阻断 CD40/CD40L，可明显抑制针对异种甲状腺组织的体液免疫应答。

（二）环境因素

1. 高碘饮食　NOD（$H2^{h4}$）小鼠易感 AITD，过量碘摄入可诱导小鼠 AITD，机制可能为：TPO 使碘离子大量氧化，所产生 ROS 损伤 TFC 膜磷脂和蛋白，导致 TFC 坏死。

2. 感染　病原体可通过不同机制诱发 AITD：①分子模拟，如耶尔森菌膜蛋白组分与 TSHR 有相似抗原表位，通过交叉反应而引发 AITD；②旁观激活，指病毒感染引发甲状腺局部炎症，上调 TFC 表达 MHC Ⅱ抗原，从而激发机体产生针对甲状腺组织细胞的自身免疫应答。

3. 医源性因素　应用 IFN-α 治疗丙肝患者，易引发 AITD，其机制可能为：①IFN-α 刺激 TFC 上调 ICAM-1（黏附分子）、CD80（共刺激分子）和 TPO 表达，ICAM-1/LFA-1 可介导淋巴细胞在甲状腺富集；②IFN-α 可激活 TFC 内转录因子 IRF-1，参与 TG 基因转录；③TG 基因启动子区为－1623A/G，可促进与 IRF-1 结合并上调 TG 表达，携带该基因者接受 IFN-α 治疗更易引发 AITD。

4. 妊娠　妊娠期女性维持母胎耐受，使机体处于某种程度免疫抑制状态。临床资料表明：妊娠期女性多种自身免疫病（包括 GD）病情可缓解；一旦妊娠结束，免疫抑制状态解除，可导致 AITD 发病；某些甲状腺炎发生于产后数月，其中 20% 患者出现持久性甲减。

（三）异常自身免疫应答

1. 异常自身免疫应答的启动

（1）AITD 始动环节：各种致病因素介导甲状腺细胞损伤可能是 AITD 始动环节，继而引发机体异常免疫应答，其机制为，①坏死或凋亡细胞释放损伤相关分子模式（如 HMGB1），被 APC 表面 PRR（如 TLR）识别，激发局部炎症反应及适应性免疫应答；②细胞凋亡及炎症反应使隐蔽的抗原表位暴露（表位扩展），激发异常自身免疫应答（见后述）。

（2）TFC 参与 AITD：TFC 是甲状腺局部免疫微环境的重要组分，其参与 AITD 发生的机制为，①TFC 可表达 TLR 并识别 DAMP（如 HMGB1 等）；②高浓度碘刺激可促进 TFC 产生促炎因子（如趋化因子和 I 型干扰素）；③局部炎症促进 TFC 上调 MHC Ⅱ分子和其他免疫分子表达，可发挥非专职 APC 的作用；④炎性细胞因子促进 TFC 高表达 CCL21，从而趋化淋巴细胞浸润甲状腺，并形成淋巴结生发中心样结构（异位次级淋巴滤泡），后者可成为自身反应性 T 细胞扩增和自身抗体产生的场所。

但小鼠实验表明：TFC 主要参与维持炎症反应，其激发异常免疫应答的作用较弱。

（3）表位扩展参与 AITD：已发现，以 TG 抗原肽免疫动物，淋巴细胞可逐渐扩大其所识别的抗原表位谱，并针对某些隐蔽的 TG 表位产生应答，从而促进疾病发展。其机制为：抗 TG 的 IgG 抗体可通过 FcR 的调理作用促进 APC 摄取抗原，由于不同单克隆抗体针对不同 TG 表位，APC 摄取抗原抗体复合物后其处理抗原的方式及所暴露的抗原表位各异。例如：5D2

和3C4单克隆抗体可促进隐性T细胞表位暴露；55H8单克隆抗体则抑制隐性T细胞表位暴露。由此，在疾病进展过程中可产生针对隐蔽表位的免疫反应而使疾病加重。

2. 异常自身免疫应答的效应

(1) 体液免疫效应：①Hashimoto甲状腺炎中，抗TPO抗体可抑制TPO活性，从而抑制甲状腺激素合成，最终导致甲减；②Hashimoto甲状腺炎患者体内产生的抗TSHR抗体为阻断性抗体；③抗TPO抗体和抗TG抗体可通过ADCC和CDC效应杀伤甲状腺上皮细胞。

(2) 细胞免疫效应：①IFN-γ、IL-1β、TNF-α可协同诱导TFC表达FasL和Fas，介导TFC凋亡；②TNF-α和IL-1β可促进TFC表达TRAIL，通过TFC表面DR4和DR5诱导自身凋亡；③GD（与HD相比）患者TFC内抗凋亡蛋白Bcl-2表达上升，可抵抗FasL致凋亡效应；④Hashimoto甲状腺炎出现Th1细胞偏移，所产生的IFN-γ可促进Caspases表达，从而提高甲状腺上皮细胞对Fas途径致凋亡作用的敏感性；⑤GD出现Th2细胞偏移，所产生的IL-4和IL-10可上调抗凋亡蛋白Bcl-XL和cFLIP表达，降低细胞对Fas所致凋亡的敏感性；⑥IFN-γ、IL-1β和TNF-α可上调TFC表达ICAM-1、LFA-3和MHC Ⅰ类分子，从而促进$CD8^+$T细胞对靶细胞的识别和细胞毒效应。

(3) Treg细胞功能降低：①Hashimoto甲状腺炎患者Treg细胞表面Fas表达上调而易凋亡；②Graves甲亢患者DC向pDC偏移，分泌IFN-α增加，可与高浓度T3协同损伤Treg细胞。

综上所述，AITD是多种环境因素（如碘摄入量、病毒或细菌感染及外源性细胞因子等）影响遗传易感个体所引发的器官特异性自身免疫病，其免疫学发病机制尚未完全阐明。此外，其他致病因素（如维生素D缺乏、社会心理应激所致神经-内分泌-免疫网络失调等）也参与AITD发生。

第二节 1型糖尿病免疫学发病机制

胰腺分为两部分：①外分泌部，由腺泡组成，可分泌胰腺入肠腔；②内分泌部，是散在于外分泌部腺泡间的细胞团，以薄层纤维结缔组织被膜与外分泌部相隔，称为胰岛。胰岛约占胰腺总体积的1%～2%，由A细胞（占胰岛细胞总数15%～20%，分泌胰高血糖素）、B细胞（占65%～80%，分泌胰岛素和胰淀粉样多肽）、δ细胞（占3%～10%，分泌生长抑素）和γ细胞（占3%～5%，分泌胰多肽pancreatic polypeptide）等组成。胰岛内含丰富的有孔毛细血管，分布于胰岛细胞索间，仅以各自薄层基膜相隔，胰岛细胞释放激素进入血循环。胰高血糖素和胰岛素是调节体内血糖水平的主要激素。正常情况下，胰岛内无免疫细胞浸润。IFN-γ可上调胰岛B细胞表达IDO。

1型糖尿病（type 1 diabetes mellitus，T1DM）属器官特异性自身免疫病，由环境因素作用于遗传易感个体所引发。已发现，80%～90% NOD雌鼠在第4～6月龄时自然发生糖尿病，其遗传学及发病机制与人类T1DM极其相似，是研究T1DM的最佳模型。

（一）诱发T1DM的环境因素

1. 病毒感染 腮腺炎病毒、先天性风疹和柯萨奇病毒等感染与T1DM发病相关，依据为：①T1DM患者或体内存在抗胰岛特异性抗体的个体，其胰岛细胞内可检出肠道病毒基因组或蛋白；②轮状病毒VP7蛋白与胰岛自身抗原IA-2、GAD65具有相似表位（均属B细胞抗原表位），故病毒感染可打破自身耐受；③芬兰人群T1DM发病率最高，与秋冬季肠道病毒（尤其是柯萨奇病毒）感染有关，患者体内抗病毒抗体与首次出现的DM相关抗体显著关联。

2. 其他环境条件 ①牛胰岛素与人胰岛素分子结构存在细微差别，婴儿过早进行牛乳喂养，可形成对牛胰岛素的交叉反应，引发T1DM；②维生素D具有免疫负调节作用，其缺乏与T1DM发病相关；高纬度地区T1DM发病率较高，可能与其光照减少导致维生素D生成减少有关。

3. 卫生假说 该假说认为：幼年遭受一定程度感染，可诱导机体产生适度免疫应答及组织损伤，从而有助于重塑免疫系统调节机制；现代社会随医疗环境和生活水平提高，机体接触致病微生物机会明显减少，导致免疫应答更易失控而发生自身免疫病。

T1DM致病卫生假说的相关依据为：①分别在清洁级和SPF（specific pathogen free）级环境中饲养的NOD鼠，前者因缺乏微生物刺激而更易发病；②完全Freund's佐剂可能通过激活TLR而阻止NOD小鼠发病；③无菌环境下饲养的Myd88（TLR通路关键信号分子）缺陷的NOD小鼠，T1DM发病增加；④某些细菌（如沙门菌）、寄生虫感染，可通过诱生调节性DC而减少T1DM发生；过继此类调节性DC至尚未发病的NOD小鼠，可阻止发病；⑤真菌的酵母聚糖可活化TLR2和C型凝集素受体Dectin-1，促进固有免疫细胞分泌IL-10和TGF-β等抑炎细胞因子，从而阻止NOD小鼠发病；⑥LPS处理的B细胞可阻止NOD小鼠发病；等等。

(二) 适应性免疫参与T1DM发病的机制

1. 胸腺阴性选择障碍 胸腺髓质上皮细胞受转录因子Aire等调控而表达自身外周组织抗原(peripheral tissue antigen,PTA),从而清除自身反应性T细胞克隆并建立自身耐受。

(1) PTA表达异常:其后果为相应自身组织特异性T细胞逃脱阴性选择而进入外周。胰岛素(insulin,INS)属介导T1DM的PTA之一,MafA(v-maf musculoaponeurotic fibrosarcoma oncogene homologue A)参与INS基因转录激活。NOD小鼠胸腺组织MafA和INS水平均明显下调,T1DM患者可检出MafA基因发生插入/缺失Gly346Cys替换及5'非翻译区"数目可变的串联重复序列"(variable number of tandem repeat,VNTR)改变,导致MafA基因表达水平或蛋白活性下降。

(2) INS基因转录调控区VNTR拷贝数:INS基因转录调控区VNTR可调控INS转录本数量,若VNTR拷贝数为23~63则对疾病易感,在140~200则对疾病抵抗。其机制为:VNTR拷贝数越多,INS转录和翻译越多,有利于胸腺内抗原提呈,从而清除相应自身反应性T细胞。因此,胸腺组织高表达胰岛素可促进阴性选择,并阻断糖尿病发生。

2. MHC表达异常及多态性

(1) MHC Ⅰ类和Ⅱ类分子表达异常与NOD小鼠发病密切相关:①MHC Ⅰ分子缺陷的NOD小鼠不发病;②NOD小鼠MHC单体型为H-2g7,表型为Kd/Db(MHC Ⅰ类分子)和I-Ag7(MHC Ⅱ类分子),若以H-2b替换H-2g7,则NOD小鼠不发病,但B6小鼠(H-2b)引入H-2g7也不能诱发疾病;③I-Ag7与抗原肽结合力降低,若使NOD小鼠高表达I-Ag7,则可阻其发病,此与增强胸腺内抗原提呈及阴性选择有关。

(2) 人HLA多态性与T1DM发病相关:①HLA-DQB1*0302编码产物β链第57位是Ala(β57Ala),处于P9位置,与T1DM易感相关;②HLA-DQB1*0301编码产物β链57位是Asp,可与α链的Arg76形成盐桥,暴露带正电荷的Arg,有利于含酸性氨基酸残基的抗原肽结合,则对T1DM有保护作用。

3. 外周克隆清除障碍 外周淋巴器官也存在类似于上述阴性选择机制。转录因子Deaf1可调控淋巴结基质细胞表达胰岛素等PTA,从而清除自身反应性T细胞。已发现:NOD小鼠胰腺引流淋巴结内Deaf1和PTA表达均下降,导致自身反应性T细胞清除障碍;临床T1DM患者也可见Deaf1和PTA表达下调。

4. T细胞参与T1DM发病的作用及机制 T细胞介导的细胞免疫是导致T1DM发病的主要机制,其中Th1细胞是主要效应细胞。

(1) T细胞效应机制:①特异性$CD8^+$T细胞直接杀伤胰岛β细胞;②$CD4^+$Th1细胞分泌IFN-γ等细胞因子,并促进巨噬细胞分泌TNF-α和IL-1β,共同引发迟发型超敏反应性炎症,介导胰岛B细胞损伤;③Th17细胞通过分泌IL-17而促进NOD小鼠发病

另外,Treg细胞也参与T1DM发生;①NOD小鼠和临床T1DM患者Treg细胞数量和功能减弱;②给NOD小鼠过继输注iTreg或nTreg可阻止疾病发生;③NOD小鼠和T1DM患者均出现IL-2/IL-2R通路缺陷及Foxp3表达下降,通过影响Treg细胞分化和功能,参与T1DM发病。

(2) T细胞功能调控紊乱:①T细胞表面共抑制分子(CTLA-4、PD-1)表达下降或被阻断,可加速NOD发病;②共抑制分子多态性与临床T1DM密切关联;③Tim-3表达于活化的Th1细胞表面,其与相应配体galectin-9结合可介导Th1细胞凋亡,阻断NOD小鼠Tim-3通路可促进疾病发展,而给予galectin-9可缓解疾病;④共刺激分子CD226参与T细胞活化,CD226(Gly307Ser)多态性与T1DM相关。

5. B细胞参与T1DM发病的作用及机制 胰岛自身抗原可刺激B细胞分泌特异性自身抗体,通过CDC效应等损伤B细胞。B细胞参与T1DM的确切作用尚存在争议:①临床观察发现,X连锁无丙种球蛋白症患者亦可罹患T1DM,提示无体液免疫的情况下也可发生T1DM;②NOD小鼠缺乏B细胞则不发生T1DM;③临床上给予抗CD20抗体(Rituximab)清除B细胞,可有效缓解T1DM。

另外,调节性B细胞(亦称B10细胞)通过分泌IL-10而发挥免疫负调节作用。将人工诱生的B10细胞过继输注至NOD小鼠,可阻止其发病。内毒素处理的B细胞过继输注NOD小鼠,可通过产生IL-10而阻止发病。

(三) 固有免疫参与T1DM发病的机制

固有免疫参与T1DM发病的始终。T1DM起始阶段,由于吞噬、清除能力下降,导致生理性死亡的胰岛B细胞堆积,一旦达到固有免疫细胞的激活阈值,即可激发炎症级联反应。已发现,NOD小鼠出生后约15天胰岛B细胞凋亡达高峰,其后出现固有免疫细胞浸润达高峰。多种固有免疫细胞参与T1DM发病。

1. 巨噬细胞(Mϕ) ①NOD幼鼠的胰腺即出现Mϕ浸润,Mϕ清除凋亡细胞能力明显下降,并可分泌TNF-α、IL-1β和产生活性氧簇(ROS),从而介导胰岛B细胞死亡;②Mϕ来源的TNF-α参与NOD幼鼠早期

炎症启动；③NOD小鼠巨噬细胞可产生更多IL-12，诱导Th1细胞偏移，介导炎症反应，若清除巨噬细胞或阻断胰岛局部IL-12信号，可阻断NOD小鼠发病；④柯萨奇病毒B4感染可上调B细胞表面某些膜分子表达，使其被巨噬细胞识别、吞噬，并向T细胞提呈胰岛特异性抗原，从而打破免疫耐受；⑤过继上述巨噬细胞至未发病NOD小鼠，可导致其发病，此即“旁观激活”作用。

2. DC ①3周龄NOD小鼠即可见cDC浸润至胰岛，死亡细胞所释放的HMGB-1等可通过TLR途径激活cDC，使之分泌TNF-α、IL-12并高表达共刺激分子，在胰腺引流淋巴结内向$CD4^+$T细胞提呈抗原，激活自身反应性T细胞，并促进Th1细胞分化及功能，从而介导T1DM发生；②胰岛内死亡的β细胞可释放DNA，通过TLR9激活pDC并分泌IFN-α，此乃T1DM发生的早期事件，阻断该通路（将TLR9阻断剂给予2周龄NOD小鼠；阻断IFN-α；清除pDC）均可阻止NOD小鼠发病。

另外发现，pDC参与NOD小鼠发病具有双向效应：起病早期清除pDC可阻止发病；病毒感染pDC可发挥抗病毒效应，从而维持胰岛外周耐受。

3. NK细胞 NK细胞可浸润6～8周NOD小鼠胰岛（早期胰岛炎），12～14周（糖尿病前期）浸润达高峰。在不同病理生理条件下，NK细胞参与T1DM发病的作用具有双向性：①胰岛B细胞表达NK细胞激活型受体NKp46的配体，可介导NK细胞脱颗粒而损伤B细胞，从6～11周开始阻断NKp46，可预防NOD小鼠糖尿病发生；②NK细胞可通过颗粒酶途径杀伤DC，从而诱导外周耐受。

综上所述，T1DM发病是多基因、多步骤和多因素参与的过程，其机制涉及中枢免疫器官阴性选择缺陷；外周克隆清除降低；固有免疫过度激活；Th1细胞偏移；分子模拟；旁观激活；Treg缺陷；T细胞自身负调节分子功能下降；维生素D缺乏；等等。

（何文涛　余学锋）

第二十三章 肝脏免疫

肝脏是机体最大的实质器官，承担代谢、解毒功能，在胚胎期还承担造血功能。近年发现，肝脏内富含免疫细胞，广泛参与固有免疫和适应性免疫，故也被视为一个免疫器官。深入认识肝脏及其免疫功能，对防治肝脏疾病及相关全身性疾病具有重要意义。

第一节 肝脏免疫的组织和解剖学特征

一、肝脏免疫组织解剖学特征

肝脏表面大部分覆有浆膜，其下方为一层富有弹性纤维的致密结缔组织，包裹着肝门静脉、肝固有动脉及肝管的结缔组织从肝门进入肝内。在肝内，肝门静脉、肝固有动脉及肝管的各级分支均伴行，三者在肝内的分布基本一致，并由结缔组织鞘包裹，组成Glisson系统。后者将肝脏分为许多小叶，即肝小叶（hepatic lobule），是肝脏的结构和功能单位。肝小叶中央有一条纵行血管，即中央静脉（central vein）。肝小叶内，肝细胞互相连接而形成单个细胞厚度的细胞板，称肝板（hepatic plate）。肝板以中央静脉为中心向周围呈放射状排列。肝细胞在肝小叶边缘排列成环行板状结构，称为肝界板（hepatic limiting plate）。肝板之间的空间为肝窦（hepatic sinusoid），它们经肝板上的洞孔互相连通。肝窦与肝细胞间由肝窦内皮细胞（liver sinusoidal endothelial cell）组成的非致密、具有筛孔的结构隔开，肝窦内皮细胞和肝细胞间的空间称为狄氏间隙（Disse Space）。肝门静脉、肝固有动脉及肝管在肝小叶间的结缔组织内汇集的部位，称为门管区或汇管区（portal tract）。相邻肝小叶之间的空间称为Mall间隙。（图23-1）

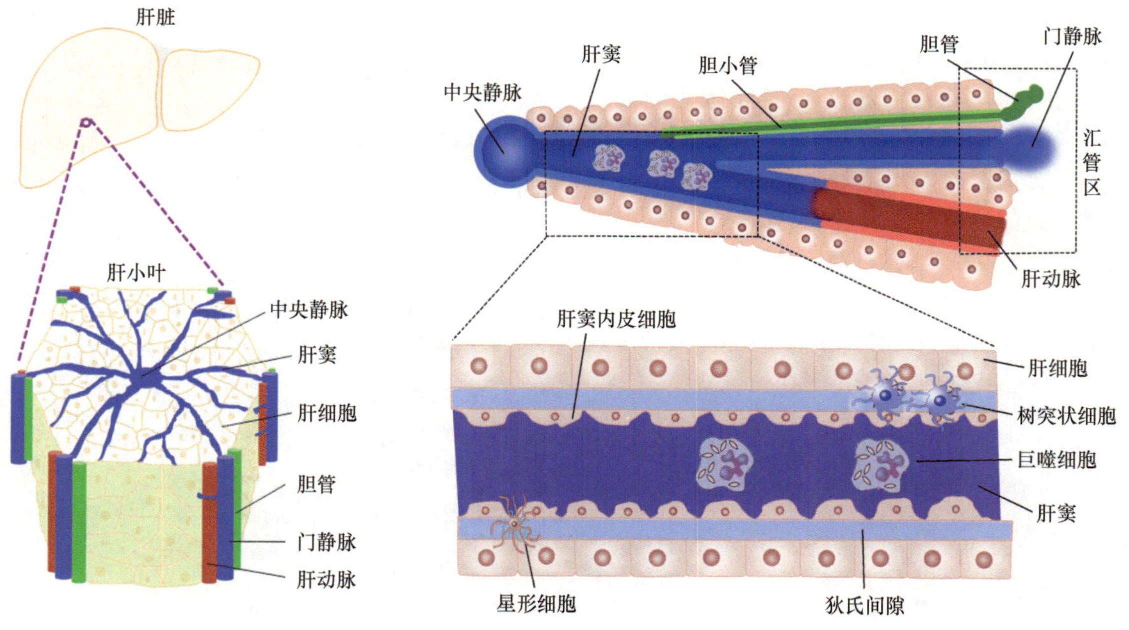

图23-1 肝脏的组织结构

1. 肝脏的淋巴液及淋巴系统 肝脏是机体最大的实质器官，可产生大量淋巴液，约占胸导管淋巴液的25%-50%。肝脏血液供应十分丰富，每分钟经门静脉进入肝脏的血量约占全身血量的约30%，其中含大量来自肠道的营养物质及外来抗原。门静脉入肝后反复分支，最后汇入肝窦。肝脏淋巴液主要来自肝窦和狄氏间隙中的液体，另外胆囊周围毛细血管丛也会产生少量淋巴液。

肝脏内淋巴引流可分为两条通路：①上行通路，指肝小叶中央区域的淋巴液被引流至与肝静脉并行的淋巴管内，最终进入胸内淋巴结（主要是纵膈淋巴结）；②下行通路，指在肝小叶外围，狄氏间隙内液体进入毛细淋巴管，被引流至与门静脉伴行的淋巴管，在肝门处汇集，最终注入肝脏淋巴结。狗体研究表明，肝脏淋巴液80%经下行通路进入肝脏淋巴结。

肝脏淋巴管起源于门管区，并在该区形成发达的网状结构，主要由与门管区并行的直淋巴管及短小的分支淋巴管组成。肝脏淋巴管可根据所在位置分为两组：浅淋巴管位于肝被膜结缔组织内；深淋巴管位于门管区和肝静脉及其属支周围。两组淋巴管之间存在丰富的交通。

2. 肝脏的引流淋巴结 约80%的肝脏淋巴液通过肝门部淋巴管被汇集至肝淋巴结，进而引流至肝十二指肠韧带的淋巴结。人肝淋巴结沿肝门部位的肝总动脉排列，分别位于肝脏横裂内、门静脉后面以及肝系带内肝动脉分叉处。小鼠肝脏淋巴结位于肝门的门静脉附近。（图23-2）

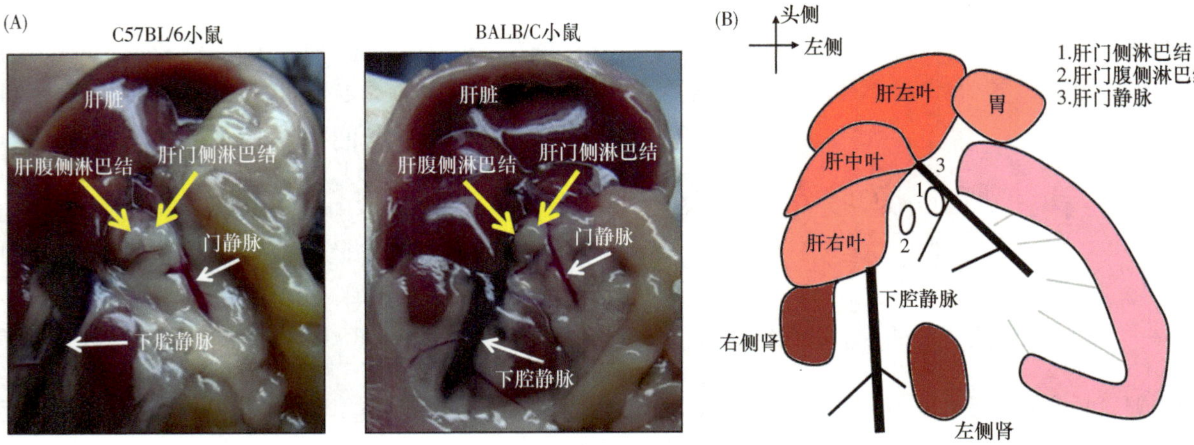

图23-2 肝脏的引流淋巴结

3. 门脉相关淋巴组织 丙型肝炎及某些自身免疫性肝病患者肝脏门管区被发现存在门脉相关淋巴组织（portal tract-associated lymphoid tissue），是肝脏特有的淋巴组织，也是慢性丙肝患者独特的病理学特征之一。其含有类似于淋巴结中淋巴滤泡的结构，主要由B细胞及其周围的T细胞组成，是B细胞活化、增殖及克隆选择的场所。在慢性HCV感染中，门脉相关淋巴组织及生发中心的形成较HBV感染及其他自身免疫性肝病更为明显。

门脉相关淋巴组织可能是肝脏局部免疫应答的场所，构成肝脏淋巴循环的第一道防线。

二、肝脏内淋巴细胞组成与特性

肝脏细胞分为两类：①实质细胞，主要指肝细胞；②非实质细胞，包括枯否细胞、肝窦内皮细胞、星状细胞、淋巴细胞、胆管细胞、卵圆细胞等。肝内淋巴细胞约占非实质细胞的25%，散布于整个肝脏（包括肝小叶和门管区）。肝脏内，NK细胞和NKT细胞约占淋巴细胞总数的50%，另外也有γδT细胞聚集，而T细胞和B细胞比例约分别为30%和10%。肝脏淋巴细胞组成显著有别于经典免疫器官（如脾脏和淋巴结），故被视为固有免疫器官。（图23-3）

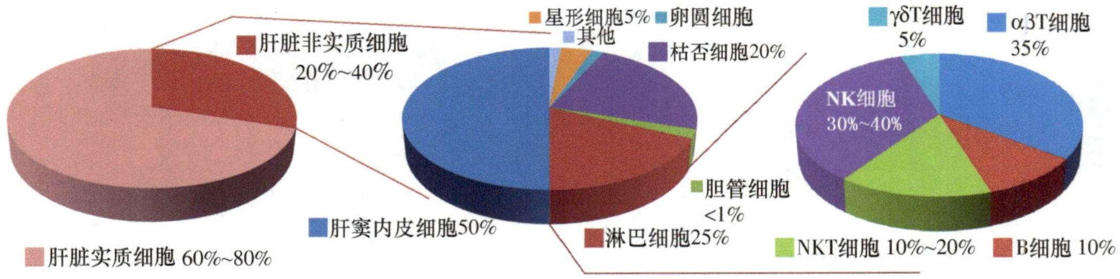

图23-3 肝脏细胞的组成

1. 肝脏NK细胞 NK细胞约占小鼠肝脏淋巴细胞的5%~10%，占人肝脏淋巴细胞的30%~50%。肝脏NK细胞的活化受其表面调节性受体及微环境细胞因子调控。肝脏NK细胞的特征为：①杀伤功能比外周血NK细胞强；②高表达NKG2A，参与介导肝脏耐受；③含不成熟的$CD27^{+}CD11b^{-}$NK细胞亚群；④CXCR6+及不成熟肝脏NK细胞亚群具有免疫记忆功能，可能是体内具有免疫记忆NK细胞的来源。

2. 肝脏 NKT 细胞 NKT 细胞占小鼠肝脏淋巴细胞的 30%～40%，占人肝脏淋巴细胞的 5%～10%。肝脏 NKT 细胞持续表达 LFA1、ICAM1 和 CXCR3、CXCR6，易在肝脏富集。NKT 细胞分为经典和非经典 NKT 细胞，后者包括 $CD8^+$ NKT 细胞亚群。该亚群表达 TCRαβ 或 TCRγδ，但不表达 CD8β，为 $CD8\alpha\alpha^+$NKT 细胞。由于此群细胞在胸腺中极少，也未在其他免疫器官被检出，故推测可能是在肝脏发育而来。

3. 肝脏 γδT 细胞 肝脏是富含 γδT 细胞的器官，γδT 细胞占肝脏淋巴细胞的 3%～5%，占肝脏 T 细胞的 15%～25%。按照 TCR 链组成，肝脏 γδT 细胞分为两组：VγV δ6.3^+T 细胞可产生 IL-4、IFN-γ；$v\gamma4^+$T 细胞可产生 IFN-γ、IL-17。

4. 肝脏 B 细胞 肝脏 B 细胞约占小鼠肝脏淋巴细胞的 30%，约占成人肝脏淋巴细胞的 10%，其表型与脾脏 B2 细胞相似，而非来源于胚胎肝脏的 B1 细胞。肝脏 B 细胞功能为：①产生抗体（少量为 IgM），抵御嗜肝病毒感染和介导病毒性爆发性肝衰竭；②参与免疫调节和免疫监视；③LPS 刺激后可产生大量 IFN-γ 和 IL-12；④促进 NK 细胞产生 IFN-γ；⑤以抗体非依赖方式加重肝脏纤维化；⑥主动吞噬和清除感染肝脏的大肠杆菌。

肝脏 B 细胞和传统脾脏 B2 细胞生物学特征存在差异，其机制尚待阐明。

5. 肝脏 αβT 细胞 肝脏 αβT 细胞占小鼠肝脏淋巴细胞的 30%～40%，其特征为：①$CD8^+$T 细胞数量超过 $CD4^+$T 细胞；②多具有活化的表型；③生理条件下处于耐受状态；④可被嗜肝病毒感染激活，参与清除病原体。

第二节 肝脏相关的免疫生理学

一、肝脏免疫组织的个体发生与发育

胚胎期肝脏主要行使造血功能，造血干细胞（HSC）在胎肝内扩增和一定程度分化，个体出生后造血功能由骨髓承担，但成年小鼠和人类肝脏仍保留造血潜能。

1. 胚胎肝脏的造血功能 小鼠胚胎期，HSC 起源于卵黄囊，随胚胎发育而逐渐迁移至主动脉-性腺-中肾（AGM）区，而后经胎盘到达胎肝，初生时转移至骨髓。胎肝 HSC 的特征为：①表面标志与成年骨髓 HSC 不同；②可分化为成年 HSC 不能产生的某些成熟血细胞类型；③胎肝造血前体细胞可产生共同淋巴细胞前体（FL-CLP），但由于肝脏微环境与骨髓不同，其分化潜能呈现某种谱系限制性（如 FL-CLP 呈现向单核细胞/巨噬细胞分化的潜能）；④胎肝 HSC 所分泌的抑癌蛋白 M（OSM）可调控 HSC 克隆增殖和肝细胞发育。

2. 肝脏的造血/淋巴干细胞 个体出生后，肝脏内有胎肝时期残留的造血/淋巴干细胞，后者在肝内可定向分化为 NK 细胞、NKT 细胞等固有免疫细胞，形成独特的肝脏免疫微环境。以肝脏 NK 细胞为例：①肝脏内 IL-15 可诱导胎肝 $CD34^+CD38^+$细胞分化为 NK 细胞；②肝脏内大量聚集组织特异性的 $DX5^-$未成熟 NK 细胞，其来源于骨髓前体细胞或肝脏自身 NK 细胞。

3. 成年肝脏的造血潜能 成年肝脏仍保留造血潜能，某些条件（如骨髓造血缺陷）可激活此潜能，使淋巴系及髓系细胞可在骨髓外分化发育。近年发现：成人肝内 HSC 数量是外周血的 6 倍，与骨髓 HSC 相当，而成年小鼠肝脏 HSC 数量接近骨髓中的 50%；HSC 可在肝内分化为髓系及淋巴系细胞（如 APC、粒细胞、NK 细胞、血小板、NKT 细胞和 T 细胞等）。

4. 成年肝脏支持胸腺非依赖性 NK、NKT、T 细胞发育 相关实验依据为：①将正常小鼠骨髓细胞转输至胸腺切除鼠，可产生 $CD3^{int}$T 细胞；②肝内 c-kit^+干细胞可原位产生 NK 细胞和胸腺非依赖性 NKT 细胞，此类细胞很少参与外周血循环，提示其并非来源于骨髓；③$CD3^{int}$T 细胞和 NKT 细胞在新生小鼠肝内几乎不存在，小鼠发育至 4 周时方可检出，其后数量和比例逐渐增加，提示成年肝脏干细胞可原位发育为胸腺非依赖性 T 和 NKT 细胞；④辐照和骨髓造血损伤等情况可激活成年肝脏造血功能，介导髓系及淋巴系细胞在骨髓外分化、发育，支持小鼠存活。

二、肝脏的免疫微环境和功能特点

肝细胞和非实质细胞共同构成肝脏免疫微环境，它们相互作用，彼此制约，介导复杂而有序的肝脏免疫应答，在维持肝脏免疫稳态中发挥重要作用。（图 23-4）

1. 枯否细胞 枯否细胞（Kupffer cell）即定居于肝脏的巨噬细胞，约占肝脏非实质细胞的 20% 和全身巨噬细胞的 80%～90%。枯否细胞来源于骨髓单核细胞，位于肝窦内和门管区，其在肝内的分布具有显著区域性：43% 分布于肝小叶边缘区；28% 分布于肝中区；29% 分布于中央区。不同区域的枯否细胞其密度、特性和功能存在差异。枯否细胞功能为：①吞噬门静脉来源的病原物质及内毒素，是肝脏免疫系统的哨兵；②加工、提呈抗原；③参与诱导肝脏 T 细胞耐受；④可进入狄氏间隙而与肝细胞直接接触，吞噬凋亡的肝细胞；⑤分泌细胞因子，调节肝脏微环境。

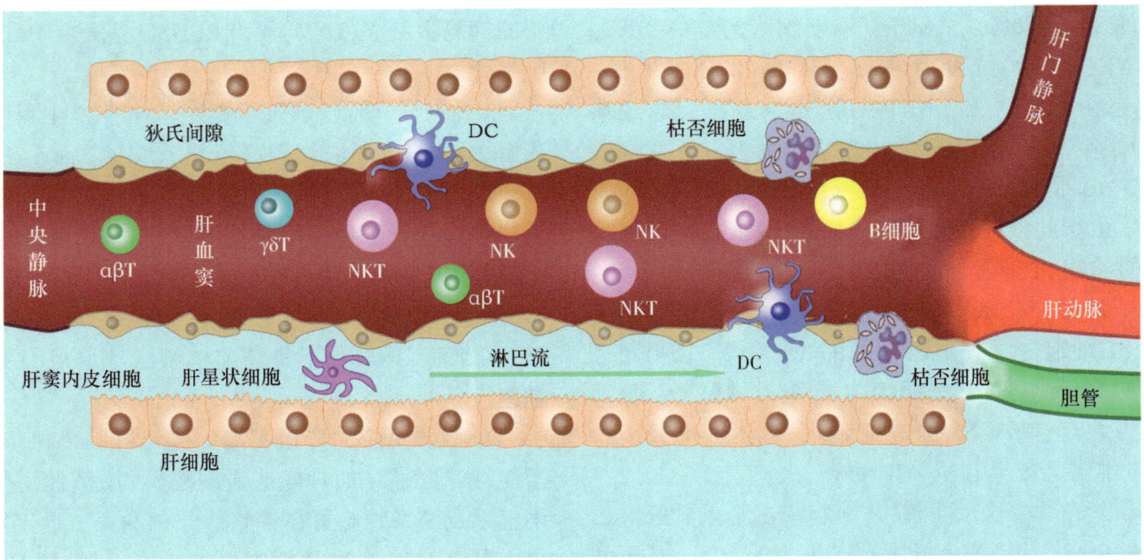

图 23-4 肝脏的免疫微环境

2. 肝窦内皮细胞 肝窦内皮细胞(liver sinusoidal endothelial cell,LSEC)即肝内的血管内皮细胞,约占非实质细胞的 50%,其形态学及功能特征为:①排列疏松,留有间隙,且无基底膜,形成穿孔状构造,有利于血液中免疫细胞与肝细胞及肝窦内细胞相互作用;②肝窦内皮形成特殊的筛网状结构,有利于淋巴细胞穿越肝窦而进入狄氏间隙;③细胞表面高表达甘露糖受体及清道夫受体,且受体的循环利用速度非常高,可有效摄取可溶性分子、吞噬颗粒性物质及凋亡小体;④表达多种模式识别受体、MHC Ⅰ类和 Ⅱ 类分子及共刺激分子(CD80、CD86、CD40 等),具有吞噬及抗原提呈功能;⑤在病原性物质刺激下,可迅速产生 IL-1、IL-6、MCP-1、IP-10、MIP-α/β、NO 和前列腺素等效应分子,发挥抗(病毒等)感染作用;⑥参与肝脏免疫耐受;⑦分泌趋化因子,招募 T 细胞进入肝脏。

3. 肝细胞 构成肝脏实质的肝细胞约占肝脏细胞总数的 2/3。肝细胞在肝小叶内形成肝板结构,而在肝小叶边缘则排列成环形的肝界板结构。肝板状结构为肝内非实质细胞大量滞留提供了空间,而肝细胞与肝窦内皮细胞间的狄氏间隙(Disse space)为肝细胞与非实质细胞相互接触及作用提供了场所。肝细胞表达多种模式识别受体及细胞因子受体,约 80%~90% 的补体和分泌型模式识别受体均由肝细胞合成,保证其对机体感染能迅速产生反应,从而在清除病原微生物中发挥重要作用。

4. 星状细胞 肝脏星状细胞(hepatic stellate cell)又称 Ito 细胞,主要分布于狄氏间隙,仅占肝脏细胞总数的 1%。星状细胞功能为:①星状细胞活化参与肝脏免疫性损伤及肝纤维化;②分泌大量趋化因子;③参与加工、提呈抗原,在针对脂类抗原的免疫应答中扮演重要角色;④是体内主要的脂肪与维生素 A 存储细胞。

5. 树突状细胞 肝脏 DC 由骨髓来源的细胞分化而成,主要分布于肝脏中央静脉附近和门管区。激活的 DC 向狄氏间隙迁移的能力增强,有利于进入肝脏淋巴液中。

三、肝脏的免疫耐受特性

肝脏具有独特的双重血供,25% 血液来源于肝动脉,75% 来源于门静脉。门静脉血液富含肠道来源微生物产物及食物组分,使得肝脏成为机体最早、最常接触病原体等异源物质的器官。正常生理状态下,肝脏可选择性忽略上述异源物质刺激,以维持自身稳态。

1. 肝脏免疫耐受的特点 肝脏作为体内最强大的免疫耐受器官,具有如下特性:

(1) 外源抗原诱导肝脏局部免疫耐受:肝脏是机体最大的代谢解毒器官,大量胃肠道来源的代谢产物和病原体组分持续刺激肝脏免疫细胞,在肝脏局部形成免疫耐受状态。

(2) 肝脏的移植耐受特性:①肝脏原位移植排斥反应明显较弱,即便 HLA 配型不合,移植肝存活率也较高;②肝脏移植成功后,受者对同一供体的其他器官移植排斥显著减弱。

(3) 肝脏耐受可诱导全身耐受:优先与肝脏作用的抗原可诱导全身耐受。例如:可诱导机体产生免疫应答的抗原,若首先进入肝脏,则可诱导机体对该抗原产生全身性耐受。

2. 肝脏免疫耐受形成机制

（1）肝窦结构的特殊性：肝窦的特殊组织结构是肝脏固有免疫优势状态的前提，也对肝脏免疫耐受和肝脏调控全身免疫系统具有重要意义，①血流从门静脉经肝窦抵达中央静脉，而肝窦内皮细胞作为肝内毛细血管壁缺乏基底膜，并非全封闭的管腔，从而提供肝脏血细胞与肝内细胞相互作用的空间基础；②狭窄的肝窦导致血流速度缓慢，且出现周期性血液静止甚至逆流，提供了血细胞与肝内细胞相互作用的时间基础；③肝内血液流速缓慢，但总体血流量巨大（约占全身的30%），提供外周血淋巴细胞与肝内细胞相互作用的数量基础。

综上所述，大量动、静脉血在肝窦内交汇，形成高内毒素、低氧、低压的独特微环境，肝脏各种实质和非实质细胞在其中形成复杂而精细的调控网络，从而诱导肝脏免疫耐受。

（2）肝脏APC的核心作用：肝脏免疫耐受以适应性免疫为主，尤其是T细胞耐受，故肝脏APC在肝脏免疫耐受中发挥关键作用。肝内聚集各类专职和兼职APC，它们表达多种病原识别受体，其诱导机体对不同病原体产生耐受的机制各异。肝脏免疫耐受表现为两种形式：①克隆清除/失能，指通过诱导特异性T细胞凋亡或失能，阻断适应性免疫应答发生，通常形成中心耐受；②免疫偏离，指通过诱导特异性T细胞亚群偏离（如Th1极化），或诱生调节性免疫细胞，进而抑制免疫应答，通常形成外周耐受。上述两种形式相辅相成、缺一不可，共同参与肝脏免疫耐受及相关的全身性免疫耐受。

（3）肝脏固有免疫应答与免疫耐受：肝脏免疫耐受以适应性免疫为主导，但以NK细胞为主的固有免疫应答不足也是导致耐受的重要前提之一。相关的临床依据为，①乙肝慢性感染患者NK细胞表面活化性受体NKG2D表达下调、抑制性受体NKG2A表达上调，导致NK细胞失能，分泌IFN-γ及杀伤能力显著下降，肝内$CD8^+$ T细胞应答不足，上述NK细胞的“耐受”状态部分依赖于肝内IL-10表达水平；②LCMV等病毒慢性感染中，NK细胞可通过直接杀伤活化T细胞而导致病毒持续存在；③移植耐受中，受者NK细胞可杀伤供者APC，有利于移植物存活。

3. 肝脏耐受诱导全身性耐受　肝脏免疫耐受不仅表现为局部特异性免疫不应答，导致肝内病原体持续存在并形成慢性感染，更重要的是可诱导全身性免疫耐受。相关的临床和实验依据为：①对HBV慢性感染耐受者/携带者接种表面抗原疫苗，不能触发免疫应答；②肝移植受者针对相同供者来源的皮肤移植排斥显著降低；③实验动物肝细胞异位表达自身抗原MBP后，难以建立实验性自身免疫性脑脊髓炎模型；④肝细胞异位表达人凝血因子蛋白，可显著降低机体对该蛋白的免疫应答；⑤同时输注体外扩增的肝脏DC，可显著提高同种胰岛移植成功率。

肝脏诱导全身性免疫耐受的机制尚未完全阐明，已提出如下观点：①肝脏局部诱生的抗原特异性调节细胞（如Treg、Tr1及Th3等）可迁移至全身，抑制相应抗原特异性免疫应答；②肝脏局部高表达趋化因子及黏附分子（ICAM-1、VCAM-1、VAP-1等），可选择性招募、滞留抗原特异性T细胞，选择性促进其凋亡/失能，导致特异性免疫无应答。

深入探讨肝脏免疫耐受的机制，有助于阐明某些免疫性疾病发病机制，并为探索相关疾病的防治策略提供新思路。例如：借助转基因技术使肝脏异位表达特定抗原，可诱导机体对该抗原的低应答或无应答，从而达到治疗目的。

四、肝脏的区域免疫应答与调节

肝脏时刻接触肠道来源的病原体等异物，机体通过精确的调节而区分“自己”与“非己”，从而维持肝脏稳态并确保其功能正常发挥，实现对自身抗原的耐受及对病原体等异物的清除。固有免疫在上述过程中发挥重要作用。

1. 肝脏固有免疫应答占据优势　固有免疫在肝脏内呈优势状态，表现为肝脏固有免疫细胞比例高，同时肝脏在机体急性期固有免疫应答中占主导地位。

（1）枯否细胞：其可清除、吞噬病原物质，并分泌大量炎性细胞因子促进固有免疫应答，例如：IL-12、IL-18可激活NK细胞和NKT细胞，促进两者分泌IFN-γ并杀伤病原体感染的细胞；IL-1β、TNF-α、IL-6等可促进中性粒细胞向肝脏迁移并吞噬、杀伤微生物。

（2）NK细胞：其功能受活化性和抑制性受体调节，这在肝脏免疫自稳中尤为重要。例如：病原体感染可下调肝细胞表达MHC Ⅰ类分子，从而减弱NK细胞抑制性信号；NK细胞活化性受体的配体（如Rea-1等）表达上调，可增强NK细胞活化性信号。上述事件均可激活NK细胞，其效应是：①杀伤被感染的肝细胞，控制感染加剧；②分泌大量IFN-γ，反馈性增强APC及NK细胞功能，上调适应性免疫应答。另外，枯否细胞、DC等来源的IL-12、IL-18及肝细胞来源的Ⅰ型干扰素等，也可活化NK细胞并增强其功能。

（3）NKT细胞：NKT细胞可直接识别肝细胞或DC表面CD1d所提呈的脂类抗原，在针对脂类抗原的免疫应答中发挥主导作用。IL-12等细胞因子可使

NKT细胞活化并杀伤感染的靶细胞，并在不同微环境中分别产生IFN-γ（促炎因子）或IL-4（抑炎因子），从而调控肝脏乃至全身免疫应答的极化方向。

（4）补体：约80%补体蛋白由肝细胞分泌，可发挥致炎、调理、溶菌等效应。

（5）急性期反应蛋白：肝脏是急性期蛋白的主要来源。急性损伤或细菌急性感染可诱导机体产生IL-6等炎性因子，刺激肝细胞和巨噬细胞分泌大量急性期蛋白［如C-反应蛋白（CRP）、人血清淀粉样蛋白（SAA）等］，从而增强炎症反应，以清除病原体和修复损伤的组织。

肝脏的固有免疫优势状态有助于快速产生局部免疫应答，从而适时清除病原微生物。另一方面，肝脏的快速固有免疫应答为非特异性，若出现识别异常，常导致肝细胞过度损伤，如乙肝携带者高度易感肝脏损伤。

2. 肝脏的适应性免疫应答 肝脏内多种细胞（如DC、枯否细胞、LSEC、星状细胞、肝实质细胞等）均可捕获、加工、提呈流经肝脏或由感染肝细胞所释放的抗原物质，从而激发适应性免疫应答。

（1）肝脏的T细胞应答：肝脏$CD8^+T$细胞可分泌多种细胞因子（如IFN-γ、TNF-α），或通过颗粒酶/穿孔素途径、Fas/FasL途径杀伤靶细胞，从而发挥抗感染作用。已证明：HBV特异性CTL转输至HBV转基因小鼠体内，可进入肝脏，进而分泌细胞因子、抑制病毒复制、杀伤靶细胞；感染早期活化的$CD8^+T$细胞可被招募至肝脏，针对特异性抗原而迅速增殖（并非发生于引流淋巴结）；肝内CTL功能受到精细调控，PD-1表达可下调CTL功能。肝脏T细胞应答可有效清除病毒，但也可能损伤肝组织，或导致持续性病毒感染和慢性肝脏疾病。

（2）肝脏的B细胞应答：肝脏病毒感染亦可激发体液免疫应答，其参与清除病毒及疾病发生的作用尚不清楚，但监测抗病毒抗体具有重要诊断意义。

肝脏肿瘤局部浸润的$CD4^+T$、$CD8^+T$细胞及特异性抗体均可发挥抗肿瘤效应。据此，借助转输荷载肿瘤相关抗原的DC或促进刺激分子（CD40L等）表达，可诱导效应T细胞产生并杀伤肝癌细胞，有望成为治疗肝癌的新策略。

3. 肝脏的免疫调节作用 肝脏广泛参与局部和整体免疫调节。

（1）免疫细胞间相互作用：肝脏局部免疫应答中，NKT细胞、NK细胞、枯否细胞、DC、星状细胞、LSEC、T细胞及肝实质细胞等通过直接接触或分泌可溶性分子而相互作用，同时肝内免疫细胞与全身外周血免疫细胞间亦发生相互作用，构成复杂的免疫调控网络，共同维持肝脏内环境稳定。例如：正常生理情况下，枯否细胞分泌IL-10、TGF-β等负调节因子维持肝脏内环境稳定；活化的枯否细胞可分泌IL-12、IL-18、TNF-α，进而激活NK细胞和NKT细胞；NK细胞通过其表面受体（如NKG2D）与相应配体相互作用而调控枯否细胞功能；枯否细胞可上调CD1d表达，激发NKT细胞应答；活化的NKT细胞通过分泌IFN-γ及IL-4而调控T细胞应答类型，通过分泌趋化因子CXCL10而募集调节性T细胞，进而抑制免疫应答。

（2）肝脏APC的免疫调节作用：肝脏APC具有独特功能，通过其抗原提呈方式、细胞因子分泌谱、刺激性/抑制性分子表达等决定肝脏免疫应答或免疫耐受状态。

（3）肝实质细胞的免疫调节作用：肝实质细胞在肝脏免疫调节中发挥重要作用，并通过与NK细胞、NKT细胞、枯否细胞、星状细胞、T细胞等相互作用而参与肝脏疾病发生和发展。另一方面，肝脏局部形成的抗原特异性Treg细胞、Tr1细胞等可迁移至全身，通过细胞接触或分泌抑制性细胞因子而负向调控全身免疫应答；肝脏通过局部高表达趋化因子及某些黏附分子，可招募、滞留抗原特异性T细胞，选择性促进其凋亡/失能（所谓T细胞“坟墓”），负向调控机体免疫应答。

（4）肝脏的固有免疫分子及活性物质：①肝脏是产生补体及急性期蛋白的重要场所，二者均具有重要免疫调节作用；②肝细胞分泌胰岛素样生长因子-1（IGF-1），可促进B细胞发育成熟和产生抗体、促进胸腺生长、增加T细胞数量等；③肝癌细胞分泌AFP，可负调节免疫应答；④肝脏产生多胺氧化酶、补体降解酶、PG、cAMP等抑制因子；⑤肝脏产生极低密度脂蛋白（VLDL），也具有免疫调节作用。

肝脏免疫应答具有固有免疫优势状态及免疫耐受趋势，这一独特的区域特性对阐明肝病发生发展机制并探索肝病诊疗策略至关重要。同时，调控肝脏区域免疫应答可影响全身免疫应答，如利用局部免疫耐受诱导全身性免疫耐受，诱导肝脏补体/急性期蛋白产生而调控全身性炎症等。

第三节 重要肝脏疾病的免疫病理学机制

一、病毒性肝炎的免疫学发病机制

肝炎病毒感染宿主而激发抗病毒免疫应答，其后果为：①有效清除病毒；②导致肝脏炎症和损伤，甚至发生急性重症肝炎；③免疫系统和病毒形成相持状态，导致慢性肝炎，并可诱发肝脏纤维化及肝癌。

1. 甲型肝炎　一般认为HAV本身并不直接引起肝细胞病变，而宿主针对HAV的免疫应答可致肝脏损伤。机制可能为：HAV感染患者肝脏内浸润大量炎性细胞，尤其$CD8^+$T细胞显著增多，通过直接杀伤感染的肝细胞而清除病毒，同时伴随肝脏轻度坏死及免疫损伤。

2. 乙型肝炎　其免疫学发病机制为：HBV感染后，NK和NKT细胞被快速招募，直接杀伤感染细胞，或分泌细胞因子等发挥抗病毒效应；CTL是清除HBV的主要效应细胞，并可招募大量免疫细胞浸润肝脏，加剧局部炎症；$CD4^+$T细胞并不直接参与发病，但可促进$CD8^+$T细胞产生和维持，并辅助B细胞产生抗体；抗体可结合病毒颗粒，并借助ADCC效应杀伤病毒感染细胞；免疫应答过强或产生大量抗原抗体复合物可导致重型肝炎发生。

3. 丙型肝炎　70%以上HCV感染患者均会发展为慢性肝炎，其免疫学发病机制为：感染早期，HCV通过某些抑制信号而逃逸固有免疫应答，得以大量复制和扩散；抗HCV抗体可结合病毒，但无法彻底清除之；$CD4^+$T细胞主要发挥辅助CTL及B细胞的作用，其向Th1型极化有助于清除病毒，向Th2型极化则可能抑制免疫应答，导致病毒持续感染；病毒特异性CTL在病毒清除和肝炎发生中起重要作用，但HCV可通过下调CTL表达Fas或上调FasL表达，抑制CTL清除病毒或诱导CTL凋亡，使丙型肝炎发展成慢性肝炎。

二、肝脏肿瘤的免疫学发病机制

肝脏肿瘤的发生涉及生物、物理、化学等因素，其中肝炎病毒（HBV和HCV）引发的慢性感染是HCC发生的主要诱因。多种细胞（包括肝细胞、星状细胞、枯否细胞、NK细胞、CTL、$CD4^+$T细胞、Treg细胞等）参与诱发肝脏肿瘤。例如：枯否细胞表面PD-L1与$CD8^+$T细胞表面PD-1相互作用，可抑制$CD8^+$T细胞功能；反复肝损伤可激活肝星状细胞，产生细胞因子、趋化因子、生长因子和细胞外基质。

肝脏特定微环境是导致肿瘤发生、发展的关键因素：一方面，肝内固有免疫细胞和适应性免疫细胞可识别并杀伤肿瘤，控制肿瘤发展和播散；另一方面，HBV和HCV可抑制固有免疫应答，使病毒不能被完全清除，与机体免疫系统长期维持平衡而处于慢性感染状态，导致某些肿瘤细胞基因发生变异，当其“积累效应”达到一定程度，即可能打破平稳，导致肿瘤发生。例如：HBV和乙醇所致氧化应激可产生氧自由基并激活星状细胞，诱导基因突变（如p53）而打破平衡，出现肿瘤免疫逃逸。

三、自身免疫性肝病的免疫学发病机制

自身免疫性肝病（AILD）是一组炎症性肝胆疾病，主要包括三类：以肝细胞损伤为主的自身免疫性肝炎（AIH）；以胆道损害、胆汁淤积为主的原发性胆汁性肝硬化（PBC）；原发性硬化性胆管炎（PSC）。AILD的免疫学发病机制十分复杂，以PSC为例：自身免疫性因素、感染、毒素等作用于胆管上皮细胞，后者与淋巴细胞、中性粒细胞、细胞因子相互作用，导致胆管损伤和感染，最终发病。

目前对AILD发病机制获得新的认识：肝内Treg细胞的负调功能受损，可促进肝脏自身反应性$CD4^+$ Th细胞功能亚群分化，启动后续效应：①Th1细胞分泌IL-2和IFN-γ，后者可上调肝细胞表面MHC Ⅰ类和Ⅱ类分子表达，介导$CD8^+$ T细胞活化及发挥杀伤功能，并可激活单核细胞/巨噬细胞分泌IL-1、TNF-α而杀伤肝细胞；②Th2细胞可分泌IL-4、IL-10、IL-13，促进B细胞成熟并分化为浆细胞，产生大量自身抗体，通过补体介导的杀伤作用（CDC）或ADCC效应杀伤肝细胞；③Th17细胞可分泌IL-17、IL-22、TNF-α而发挥功能。由此，AIH患者肝脏免疫耐受状态被打破，病理性细胞免疫及体液免疫应答共同导致疾病发生。

肝脏的固有免疫优势状态是导致肝脏免疫耐受的关键，也使得肝脏具备再生及抗免疫损伤的特性，但其机制尚未完全清楚。肝脏免疫病理学有待阐明的科学问题包括：能否通过强化肝脏免疫耐受而负调节炎症反应；能否通过弱化肝脏免疫耐受而驱使局部炎症转化为急性，进而干预慢性炎症及其所诱发的肝癌；嗜肝病毒感染易导致肝脏炎症慢性化，是否源于肝脏免疫耐受过强，能否通过调控肝脏免疫耐受而防治慢性感染；等等。为实现肝脏免疫学研究向临床应用转化，相关研究目标为：深入阐明肝脏免疫及相关疾病的分子机制，探寻可行的治疗靶点；建立更符合人类肝病特点的动物模型；设计更为精巧的肝脏靶向技术。

（田志刚　孙　汭）

第二十四章　胃肠道免疫

胃肠道是人体重要的消化器官，也是与外界相通的腔道。人体通过胃肠道直接获取营养，并持续接受外来食物中抗原物质及微生物的刺激。因此，胃肠道免疫具有重要生理和病理意义。

第一节　胃肠道免疫相关解剖学特点和微环境

胃肠腔道表面覆盖完整的黏膜层，尤其肠黏膜相关淋巴组织（gut-associated lymphoid tissue，GALT），是机体免疫系统的重要组分，在机体抵御消化道病原体感染及维持免疫自稳中发挥重要作用。（图 24-1）

一、胃肠道黏膜上皮组织

（一）胃肠道黏膜上皮组织的细胞构成

肠上皮细胞（IEC）是肠道内与肠道菌群、食物抗原最密切接触的细胞群，在肠道黏膜免疫中发挥极为重要的作用。肠上皮细胞层主要包括 4 类细胞，即肠细胞（enterocyte）、杯状细胞、潘氏细胞（Paneth cell）和肠内分泌细胞（enteroendocrine cell），它们既构成肠道物理屏障，也具有化学屏障和选择通透性的生物免疫屏障作用。

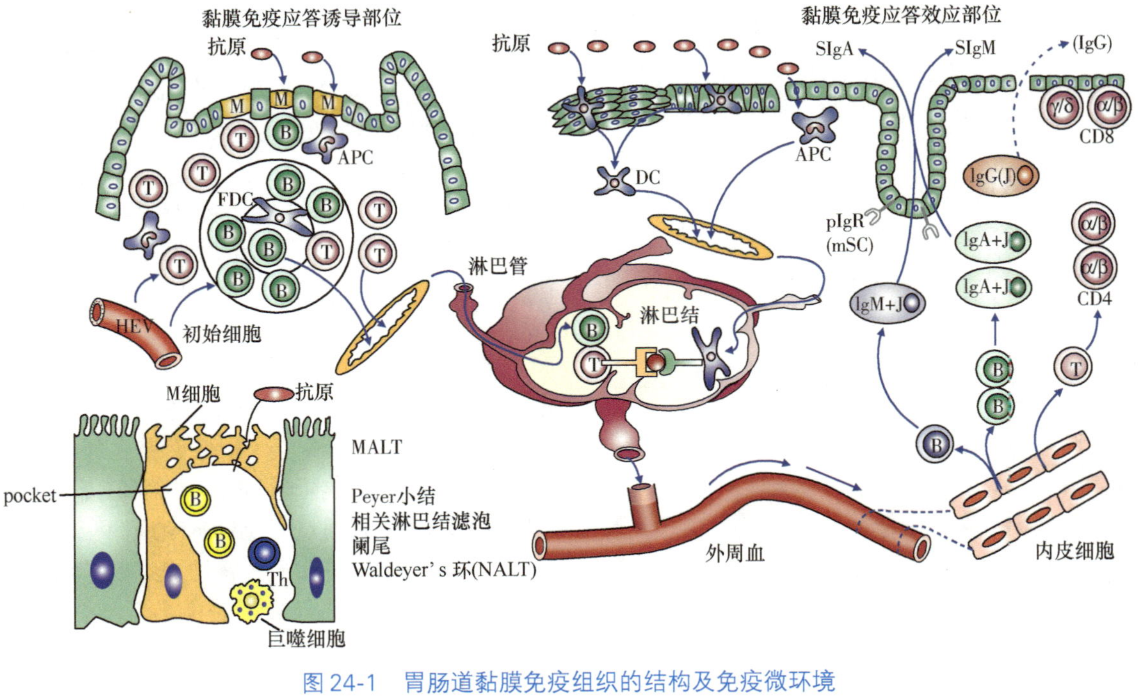

图 24-1　胃肠道黏膜免疫组织的结构及免疫微环境

另外，黏膜组织上皮细胞间还散在分布一类特化的扁平上皮细胞，即 M 细胞，其特点与功能为：①含较短微绒毛，小的胞质囊泡，几乎不含溶酶体，这些结构适于摄取和运输来自腔道的抗原物质；②基底部凹陷成小袋，其中容纳 T 细胞、B 细胞、巨噬细胞、DC 等；③可通过吸附、胞饮或内吞而摄入抗原，并将未降解的抗原转运给小袋中巨噬细胞，由巨噬细胞携带抗原至集合淋巴结，引发黏膜免疫应答。（见第十四章）

（二）胃肠道黏膜上皮组织的屏障功能

黏膜上皮组织屏障作用是黏膜局部固有免疫的重要机制，黏膜完整性受损则易遭感染。

1. 物理屏障作用　上皮组织覆盖机体，构成内外环境间的物理屏障。肠上皮细胞间通过细胞蛋白紧密连接，可阻止直径大于 6～12Å 的肠腔抗原进入。

黏膜上皮组织建立了有效修复机制，以维持屏障完整性，例如：①IEC 表达多种模式识别受体（PRR），可通过识别PAMP等配体而启动NF-κB信号途径，诱导抗凋亡因子表达、刺激细胞增殖和稳定上皮细胞紧密连接，从而修复黏膜上皮屏障，但NF-κB活化失控也可导致肠上皮炎症和损伤；②黏膜固有层间质干细胞(MSC)可产生高水平环氧合酶2(COX2)，通过上调PGE2产生而促进IEC存活及增殖。

2. 化学屏障作用　胃内酸性pH环境可杀伤病原体。同时，黏膜上皮可分泌多种具有抗菌作用的生物介质(图24-2)。例如：①IEC经微生物刺激可分泌β防御素，通过形成孔洞破坏细菌胞膜，并对单核细胞、T细胞和B细胞有趋化作用；②IEC可分泌大量炎性(IL-1α、IL-1β、IL-6、TNF-α)和抑炎性(TGF-β、IL-10)细胞因子，参与炎症反应和免疫调节；③IEC具有转吞作用(transcytosis)，可将黏膜表面可溶性分子和颗粒成分以囊泡形式转运至细胞基底面，再释放至细胞外空间(如EC表面pIgR可转运分泌型IgA和IgM；FcRn可转运IgG)；④IEC表达TLR，通过识别PAMP而促进或抑制炎症反应；⑤IEC可产生黏液，其中所含黏蛋白可竞争性阻止微生物黏附于上皮并维持特异性抗体在黏膜局部的浓度；⑥位于小肠隐窝区基底部的潘氏细胞受到外界刺激后可脱颗粒，释放隐窝素、α防御素、β防御素、基质溶解酶(MMP7)等。

另外，IEC也参与黏膜免疫：①作为抗原提呈细胞提呈抗原；②分泌多种细胞因子(IL-4、IL-10、IL-12、TGF-β等)，发挥免疫调节作用。

3. 生物屏障作用　①肠道黏膜表面存在共生微生物群，可通过竞争而阻止病原微生物黏附肠道黏膜及感染机体；②共生微生物群可产生某些抗微生物物质(如大肠杆菌产生大肠菌素等)。

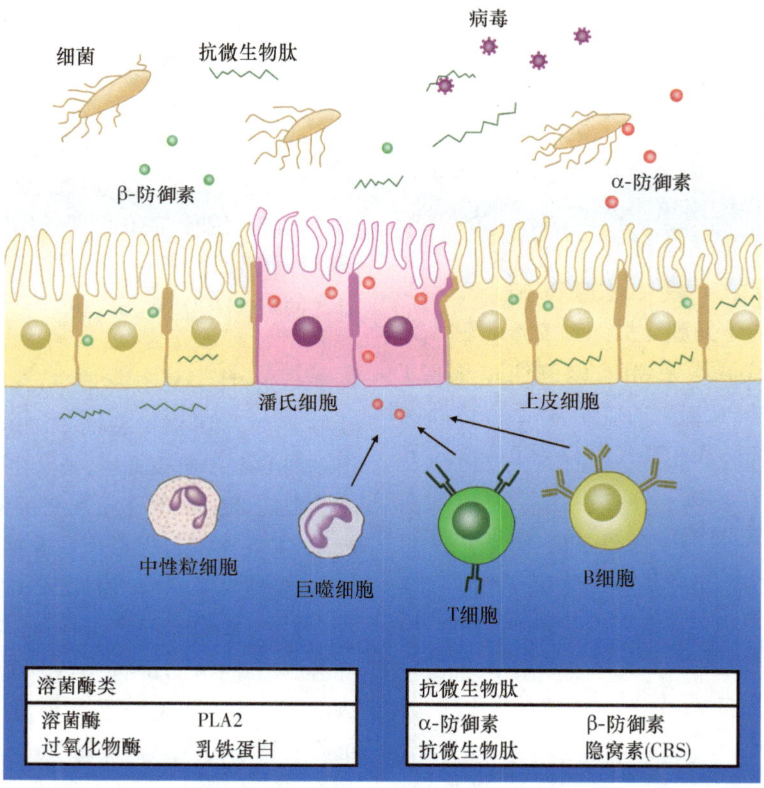

图24-2　胃肠道黏膜表面的抗微生物分子

肠上皮细胞和潘氏细胞分泌抗细菌的酶类、乳铁蛋白及抗微生物肽；中性粒细胞产生抗微生物肽

二、肠道相关淋巴组织和淋巴细胞

(一) 肠道相关淋巴组织

肠道相关淋巴组织(GALT)位于肠黏膜下，由Peyer小结(PP)、阑尾和孤立淋巴滤泡组成。Peyer小结和ILF通过淋巴管道与肠系膜淋巴结(MLN)相联系。(见第十四章)

1. Peyer小结　亦称几何淋巴结，属小肠黏膜淋巴滤泡组织，胚胎期肠道已见其发育。淋巴细胞在小肠固有层聚集形成圆顶状突向肠腔。Peyer小结组成为：①淋巴滤泡，其内可见生发中心；②T细胞区；③圆顶区，位于肠上皮下，由DC、T细胞和B细胞构成(图24-3)。

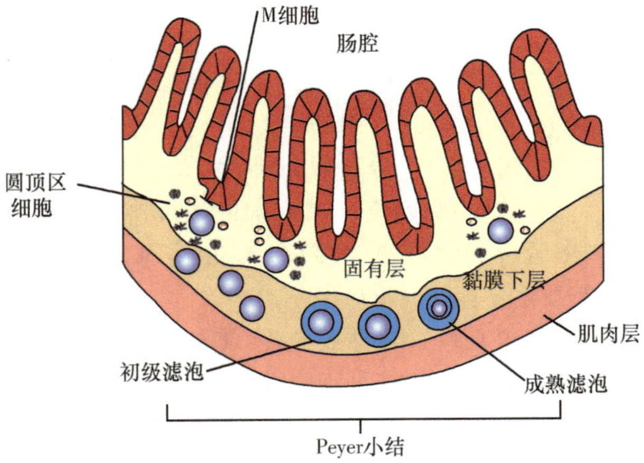

图 24-3 Peyer 小结结构示意图

2. 孤立淋巴滤泡(solitary lymphoid follicle,ILF) 人小肠和大肠肠壁内存在肉眼可见的孤立淋巴滤泡,数量逾 3000 个。与 Peyer 小结结构类似,孤立淋巴滤泡内主要为 B 细胞,且其在个体出生后才发育。

(二)消化道免疫细胞组成及功能特点

1. 淋巴细胞 肠道黏膜淋巴细胞主要分布于上皮层和固有层,上皮层淋巴细胞统称肠上皮淋巴细胞(IEL),多为 T 细胞。

(1)T 细胞:包括 $CD4^+$ 或 $CD8^+$ TCRαβT 细胞,以及某些具有特定表型的 T 细胞亚群,如 CD8ααTCRαβ、TCRγδIEL(二者识别抗原均无 MHC 限制性)。MALT 的初始 $CD4^+$T 可识别 APC 提呈的抗原,在不同微环境中分化为效应性 T 细胞(Th1、Th2、Th17 细胞)或调节性 T 细胞(Treg、Th3、Tr1 细胞)。

肠道固有层中,$FoxP3^+$ IL-10-producing Treg 是一类重要的 T 细胞亚群,其分化有赖于 TLR2 等信号刺激,Treg 细胞缺失的情况下,固有层出现炎症细胞(Th1、Th17 细胞)增殖。肠道微生物可通过改变固有层 T 细胞亚群而影响内环境,如拟杆菌属产生 PSA 可致肠道 IL-17 水平下降。

近期在黏膜固有层发现两类新的 T 细胞亚群:①某些 $CD4^+$T 细胞可识别进入肠淋巴结的抗原并产生应答,再返回固有层;②受 MHC 关联分子 1(MR1)限制的 T 细胞亚群,即黏膜相关恒定 T 细胞(MAIT),可识别肽和糖脂类抗原并被活化。(见第十四章)

(2)B 细胞:MALT 的派氏淋巴结及其生发中心内存在 B1 和 B2 细胞,分别对 TI-Ag 和 TD-Ag 产生应答。黏膜组织 B 细胞应答具有如下特点:①肠道 B 细胞可向肠腔分泌二聚体 sIgA,此过程有赖肠道微生物存在;②细菌鞭毛蛋白可诱导 $CD103^+$DC 活化并产生高水平维甲酸,促进 B 细胞肠道归巢受体 CCR9 表达,诱导 B 细胞向肠道迁移;③NF-κB 活化信号可诱导 IEC 产生胸腺基质淋巴细胞生成素(thymic stromal lymphopoietin,TSLP),通过上调 DC 分泌 IL-10 和下调 IL-12,促进 Th2 细胞应答及 B 细胞应答。

(3)固有淋巴样细胞(ILC):ILC 是一类在进化上高度保守、功能及表型具有异质性的细胞,包括 NK 细胞、淋巴样组织诱导细胞(LTi)及分泌 IL-5、IL-13、IL-17、IL-22 的固有免疫细胞。ILC 大量存在于肠道黏膜组织,在抗微生物固有免疫、淋巴样组织形成、组织重塑和修复中发挥重要作用。

$ROR\gamma t^+$ ILC 属一类分化过程依赖于转录因子 RORγt、Id2 及 IL-7 的固有免疫细胞,是肠道 IL-22 的主要来源,肠道共生菌及适应性免疫应答可抑制 $ROR\gamma t^+$ILC 分泌 IL-22,而上皮损伤可促进其分泌 IL-22。此外,黏膜上皮内还存在其他固有免疫样淋巴细胞:①NK 细胞,其通过表面 NKG2D 识别异常 IEC 所表达的 MICA 和 MICB;②NKT 细胞,其可识别由 CD1d 提呈的脂类抗原。

2. 其他免疫细胞

(1)DC:DC 广泛分布于肠道固有层,其高表达 TLR 等模式识别受体,通过识别 PAMP 信号而被激活,可分泌细胞因子、趋化因子并向肠系膜淋巴结迁移。

肠道组织 DC 是异质性细胞群,依据表型和来源可分为两类:①$CD103^+$DC,来源于 DC 前体细胞,属耐受性 DC,可通过产生高水平维甲酸、TGF-β 而诱导 Treg 细胞分化,TLR/MyD88 信号可诱导 $CD103^+$DC 活化和迁移至 MLN,并激活初始 T 细胞;②$CX3CR1^+$DC,来源于循环 $Ly6C^{hi}$ 单核细胞,其分化有赖 M-CSF 辅助,可跨越肠上皮细胞紧密连接而将突起伸出至肠腔,并摄取抗原,主要作用是促进增殖并抑制固有层 Treg 细胞活性,在慢性炎症中可产生 IL-23、TNF-α 等细胞因子。

另外,肠道 MALT 的 DC 还可根据表型而分为不同亚群。例如:$CD11b^+$DC 和 $CD11b^-CD8^-$DN DC,其位于滤泡上皮细胞间 M 细胞所形成的口袋结构内,可被 M 细胞所转运的抗原激活而表达 CCR7,在微环境 CCL19 和 CCL21 作用下,移行至富含 T 细胞的 IFR,并与 IFR 内 CCR7+$CD8^+$DC 共同对 MALT 发挥调节作用。

(2)黏膜肥大细胞:特征为:①Th 细胞产生的 IL-3 可促进此类肥大细胞发育;②受抗原等刺激或应激状态下可被激活,产生多种生物活性介质和细胞因子,参与黏膜局部免疫应答、胃肠道炎症及超敏反应发生。

三、肠道微生态与肠道黏膜免疫

(一)肠道微生态系统

肠道微生态系统是机体最庞大、最重要的微生态系统。健康成人肠道居留菌总数达10^{14}个,有多达500余种细菌,重量约1 kg,基因总数为人体基因数的140倍。

1. 肠道细菌分类 按照对宿主的作用,肠道菌群可分为3类:①与宿主共生的生理性细菌,为专性厌氧菌,是肠道优势菌群,占总数99%以上,包括双歧杆菌、类杆菌和乳杆菌等;②与宿主共栖的条件致病菌,以兼性需氧菌为主,是肠道非优势菌群,包括肠球菌、肠杆菌等,在肠道微生态平衡时无害,但在特定条件下具有侵袭性;③病原菌,多为过路菌(如变形杆菌、假单胞菌和金黄色葡萄球菌等),长期定植的机会少,若数量超出正常水平则可引起人体疾病。肠道菌群保持共生或拮抗关系,在人体内形成微生态平衡。

2. 肠道细菌分布 人胃肠道各部位所定植的细菌其数量和种类各异:①大量肠道细菌主要位于结肠和远端小肠;②十二指肠、空肠及回肠上端细菌较少,可能与局部pH、蠕动速度和消化酶含量相关;③胃内细菌数量和种类均较少,总菌数约10^3CFU/mL,除幽门螺杆菌及相关菌种外,还包括某些G^+需氧菌(如葡萄球菌、链球菌、念珠菌和乳酸菌等);④盲肠与结肠中细菌较多,达10^{11}~10^{12}CFU/mL,且厌氧菌占98%以上,细菌种类达300余种,以拟杆菌、真杆菌和双歧杆菌及厌氧G^+球菌为主。

此外,细菌在同一肠道局部的空间分布也各异。肠道菌群形成3个生物层:①里层为膜菌群,是与黏膜上皮细胞黏附而形成细菌生物膜的菌群,主要是专性厌氧菌(双歧杆菌、乳酸杆菌等),可与肠黏膜上皮表面特异性受体结合,形成组分相当固定的菌膜结构和生物屏障,构成肠道定植抗力并维持肠道正常生理功能,对机体至关重要;②中间是以类杆菌为主的兼性厌氧菌;③外层为腔菌群,附着于肠黏膜表面,可游动,以大肠杆菌、肠球菌等需氧及兼性需氧菌为主。

肠道正常菌群参与消化、吸收、营养、生物拮抗等生理作用,与机体相互依存又相互制约。正常情况下,肠道菌群和宿主、外界环境形成动态的生态平衡。

(二)共生菌相关的肠道黏膜免疫特点

1. GALT对共生菌群具有低反应性 其机制为:①共生菌自身特点,其不表达黏蛋白酶及与黏附、定居和侵入相关的分子,故不能分解肠道内保护性的黏液层,使之不能与IEC黏附,且小肠蠕动所形成的黏液层流可将共生菌冲离肠道表面;②小肠上皮细胞(IEC)特点,其表面低表达Toll样受体(如TLR2、TLR4等),不能有效识别共生菌PAMP;③肠道黏膜固有层(lamina propria,LP)细胞构成特点,含耐受性DC、巨噬细胞和Treg细胞,可产生多种抑炎细胞因子,下调针对共生菌的炎症反应,维持肠道内环境稳定。

2. 肠道菌群参与固有免疫和适应性免疫 相关依据为:①无菌小鼠GALT缺陷且抗体水平降低,肠道PP结数目减少,肠系膜淋巴结生发中心浆细胞也明显减少;②梭状菌属定植于无菌鼠肠道,可显著上调结肠Treg细胞比例,而片段丝状菌属定植可显著上调肠道Th17细胞比例;③经菌群刺激的小鼠腹腔渗出中性粒细胞,后者在体外的杀菌功能显著高于对照,此效应与NOD1信号通路相关;④肠道菌群有助于维持肠道上皮细胞稳态,并参与修复肠炎所致黏膜损伤。

第二节 消化系统免疫性疾病发病机制

一、溃疡性结肠炎

肠道黏膜长期暴露于大量肠道细菌和食物抗原环境中,故肠道免疫系统既要预防和清除入侵的异物抗原,也须防止针对抗原产生过强炎症反应,从而维持肠道免疫稳态。一旦肠道稳态被打破,则可致肠道炎症性疾病如溃疡性结肠炎(ulcerative colitis,UC)等发生。UC临床表现为持续或反复发作的腹泻、黏液脓血便伴腹痛、里急后重和不同程度的全身症状,可有皮肤、黏膜、关节、眼和肝胆等肠外表现,其病变多从直肠开始,呈连续性、弥漫性分布,病理主要表现为固有膜内弥漫性急、慢性炎症细胞(包括中性粒细胞、淋巴细胞、浆细胞和嗜酸粒细胞等)浸润,尤其是上皮细胞间中性粒细胞浸润及隐窝炎,乃至隐窝脓肿。

UC发病机制目前尚不明确,但肠道免疫紊乱在疾病发生发展中起重要作用。肠道上皮细胞(IEC)是与抗原接触的第一线,其屏障作用可抵御致病菌、共生菌和食物抗原入侵。IEC损伤可致肠腔内大量抗原与肠道免疫细胞接触并使之激活,产生大量炎性因子,造成肠道组织损伤。

有关UC发病机制的研究取得如下进展:①肠道黏膜完整性受损,肠道细菌异位定植,IEC和DC表面TLR识别并结合细菌脂蛋白,通过MyD88依赖或非依赖途径激活NF-κB,促炎因子(如TNF-α、IL-12、IL-23、IL-1β)表达,并激活巨噬细胞及T细胞;②IEC表面NOD1和NOD2识别肠道细菌胞壁的脂多糖和肽聚糖,通过其N端胱冬酶募集域(CARD)募集RIP2(NOD样受体相关蛋白2),从而激活NF-κB,与TLR协同作用;③肠道炎症反应中,固有层NKT细胞数量增加,产生大量Th2型细胞因子(IL-4、IL-13等),可介导肠道上皮细胞损伤，并进一步激活 APC 和 NKT 细胞，放大炎症反应；④肠道细菌刺激 DC 分泌 IL-23，激活 Th17 细胞并分泌 IL-17 和其他炎性细胞因子，介导炎症反应。

近期发现，趋化因子和黏附分子可通过诱导炎症细胞浸润而参与肠道炎症，从而在 UC 发病中起重要作用，其机制为：①CXCR4 介导产生 IgG 的浆细胞浸润至炎症部位黏膜；②CXCL8 募集循环中白细胞至炎症部位；③ICMA-1 介导白细胞向炎症部位血管上皮聚集；④黏附素细胞黏附分子-1（MadCAM-1）与整合素 α4β7 结合，介导淋巴细胞定向定植、归巢。

另外，肠道黏膜的调节性 B 细胞可分泌 IL-10，从而调控炎症反应并影响 UC 发病。

二、克罗恩病

克罗恩病（Crohn's disease，CD）属肠道自身免疫病，其临床表现呈多样化（包括消化道表现、全身性表现、肠外表现及并发症），主要病理改变为节段性、非对称性黏膜炎症，表现为慢性炎症细胞（以淋巴细胞和浆细胞为主）浸润，尤以固有膜底部和黏膜下层为严重。该病发病机制尚未完全阐明，已提出如下观点：

1. 肠道菌群与 CD 临床资料显示：①CD 患者肠道内拟杆菌群和厚壁菌群数量和多样性均减少；②厚壁菌群中普拉梭菌（具有抑炎作用）减少与 CD 患者手术后复发密切相关。据此认为，肠道免疫系统与共生菌群间的平衡状态被打破可能导致克罗恩病发生。

2. 肠黏膜屏障与 CD 肠黏膜屏障功能障碍参与 CD 发生：①肠上皮杯状细胞所分泌黏蛋白可在肠黏膜表面形成黏液层，形成肠道的重要屏障，CD 患者末端回肠 MUC1 基因（介导黏蛋白生成）表达降低，黏蛋白分泌不足，导致屏障功能下降；②CD 患者肠上皮细胞间紧密连接蛋白表达下降，肠腔通透性增高，肠腔内抗原物质更易进入富含免疫细胞的肠黏膜固有层，激发异常免疫应答；③CD 患者 ATG16L（属自噬基因）突变，使肠上皮潘氏细胞分泌抗菌肽（如 α-防御素）减少，肠道菌群组成改变，导致疾病发生。

3. DC/模式识别受体与 CD ①跨上皮（transepithelial）DC 可直接摄取肠腔内抗原物质，其分布和表型异常与 CD 病程相关；②CD 患者 DC 表面 TLR2 及 TLR4 表达上升，对 LPS 反应增强；③CD 患者 DC 诱生 Treg 细胞作用下降；④NOD2 基因多态性可影响肠道黏膜对细菌胞壁酰二肽的反应性，使肠黏膜抑菌能力下降，导致肠道黏膜炎症损伤。

4. Th1、Th17 细胞应答与 CD 传统观点认为，CD 主要与 Th1 细胞应答相关，而溃疡性结肠炎主要与 Th2 细胞应答相关。近期发现，Th17 细胞在 CD 发病中起重要作用。

（1）Th1 细胞参与 CD 发生：①患者黏膜 Th1 型细胞因子（TNF、IL12、IL18 等）水平明显升高；②患者体内浆细胞表达骨桥蛋白增加，可促进 IL-12 表达；患者 Th 细胞内转录因子 Tbet 水平明显升高，可上调 IL-12R 表达和 IFN-γ 分泌，从而促进 Th1 细胞分化。

（2）Th17 细胞参与 CD 发生：全基因组相关性研究表明，IL23R 及其他介导 Th17 细胞分化的基因（IL-12B、JAK2、STAT3、CCR6、TNFSF15）与 CD 易感性密切相关。

近期报道，针对 Th1 和 Th17 细胞的抗 IL-12 和抗 IL-23p40 抗体，在治疗 CD 中显示良好应用前景。

三、肠道细菌移位

细菌移位（bacterial translocation）指细菌或细菌产物从肠腔进入肠系膜淋巴结和其他肠外器官与部位，其发生的先决条件是肠道黏膜屏障功能异常。

正常情况下，胃肠道黏膜是机体抵御微生物和抗原的重要屏障（1ml 粪便含 1×10^{12} 微生物，但门静脉血、肠系膜淋巴结和肠道黏膜下组织通常为无菌）。但某些因素（如感染、应激、药物、饮食、细胞因子、激素、物理因素、机体免疫力低下、肠道菌群失调）可破坏肠道黏膜的屏障功能，导致肠道通透性增加，肠腔内共生菌、致病菌及其产物（脂多糖、肽聚糖等）透过黏膜屏障而到达肠腔外部位（如肠系膜淋巴结、腹腔、门静脉乃至体循环）。发生肠道菌群移位后，固有免疫细胞（如肥大细胞、巨噬细胞、NK 细胞、DC 等）表面的模式识别受体（如 TLR、RLR、NLR）可识别细菌 PAMP 组分，通过启动相关信号转导通路而释放促炎细胞因子和趋化因子，导致病灶微血管内皮细胞通透性改变，炎症细胞（中性粒细胞等）浸润感染或损伤部位，吞噬病原体并被激活，释放炎性细胞因子和毒性介质［如活性氧、活性氮、基质金属蛋白酶 3（MMP3）、组织蛋白酶 G（cathepsin G）、弹性蛋白酶（elastase）等］，并造成自身组织损伤。若炎症得到控制并适时消退，感染部位的受损组织可被修复，机体恢复稳态；若炎症反应过度和失控，则引发严重的疾病过程［如败血症、全身炎症反应综合征（systemic inflammatory response syndrome，SIRS）、多器官功能障碍综合征（multiple organ dysfunction syndrome，MODS）等］。

（付 妤 侯晓华）

第二十五章　心血管系统免疫

心血管免疫学是心血管病学与免疫学交叉融合而形成的分支学科，主要探讨心血管病发生、发展的免疫学机制，及免疫相关的诊疗策略。虽然临床所见多数心血管病并非免疫性疾病，但大量实验研究和临床观察已证明，某些心血管疾病涉及心血管系统和免疫系统的相互作用和相互调节：一方面，心血管疾病可激发固有免疫和适应性免疫应答；另一方面，免疫应答（尤其是自身免疫应答）异常可通过产生自身抗体、释放细胞因子或激活效应性 T 细胞，导致心血管组织损伤及相关疾病发生、发展。

第一节　重要心血管疾病免疫学发病机制

心血管系统由心脏和血管（包括大血管及其分支毛细血管网）组成。在神经、体液等因素调节下，血液通过在心血管系统内循环流动，将氧、营养物质、激素等运送至组织，并将组织代谢产物运走，保证机体新陈代谢，维持生命活动。机体部分组织液进入另一封闭的管道系统，形成淋巴液，经小淋巴管逐步汇集为大淋巴管，经左侧胸导管和右侧大淋巴管分别进入左、右锁骨下静脉，形成淋巴循环。

一、心血管相关的免疫组织解剖学特点

生理情况下，心脏和血管并不具备免疫组织特性。病理情况下，免疫细胞和免疫分子通过血液循环和淋巴循环，进入心脏和血管壁，形成免疫微环境，参与局部炎症、免疫效应及组织损伤，也介导心脏和血管重构。另一方面，致病因素可刺激心肌细胞和血管内皮细胞分泌细胞因子，后者参与组织损伤后修复与重构。

（一）心血管组织解剖

1. 心脏　心肌细胞构成特殊的肌肉组织，包括组成心房肌和心室肌、具有舒缩功能的工作细胞，以及组成心脏起搏传导系统（如窦房结、房内束、房室交界部、房室束和浦肯野纤维等）的特殊分化的心肌细胞。

心脏间质细胞主要是心脏成纤维细胞，其生理功能为：①分泌多种生长因子、细胞因子和基质金属蛋白酶（MMP），维持细胞外基质蛋白（ECM）稳态平衡；②在多种机械、电刺激和化学信号作用下，通过细胞与细胞、细胞与细胞外基质间交互作用，实现对各种信号的整合和传递，从而维持正常心脏结构和功能完整性和一致性。在损伤因素作用下，心脏成纤维细胞通过分泌多种细胞因子与生长因子、细胞外基质蛋白合成与降解失衡、增殖、迁移和表型转化等，参与病理性心室重构过程。

2. 血管　血管壁从管腔面向外依次分为 3 层：①内膜，主要是内皮细胞，炎症状态下可高表达黏附分子，与血流中白细胞表面黏附分子相互作用，从而介导白细胞穿越血管壁，亦属非专职抗原提呈细胞；②中膜，主要是平滑肌细胞，在动脉粥样硬化形成过程中分泌型平滑肌细胞具有分泌细胞因子和吞噬功能，并转化为泡沫细胞；③外膜，主要是成纤维细胞，在血管受损伤时具有修复外膜的能力。

（二）心血管系统免疫细胞的组成和功能特点

心血管病过程中，免疫细胞可浸润心肌和血管壁并发挥免疫效应。

1. 炎症细胞浸润动脉粥样硬化局部　动脉粥样硬化病变（粥样斑块）表现为动脉壁内层不对称性局灶变厚，含细胞、结缔组织、脂类和残骸（图 25-1 左）。来源于血液的炎症细胞构成粥样斑块的重要部分，其余是血管内皮细胞和平滑肌细胞。内皮下脂质负载细胞堆积形成脂纹，发生于粥样斑块形成之前，参与脂纹形成的多数细胞是巨噬细胞和部分 T 细胞，脂纹在年轻人动脉壁内普遍存在，可进展为粥样斑块。粥样斑块的核心由泡沫细胞和细胞外脂滴形成，被平滑肌和富含胶原基质的斑块帽包绕。T 细胞、巨噬细胞和肥大细胞浸润入病灶，在斑块病灶成长的肩部区域最丰富，免疫细胞表达活化标志（如 Ly6C^{high}、CCR2^{+}、CX3CRI^{low}），并出现血小板活化。上述活化细胞通过产生炎症因子（图 25-1 右）而促进动脉粥样硬化形成。心肌梗死是由粥样斑块不稳定破裂、引起血栓形成并导致冠脉闭塞所致。

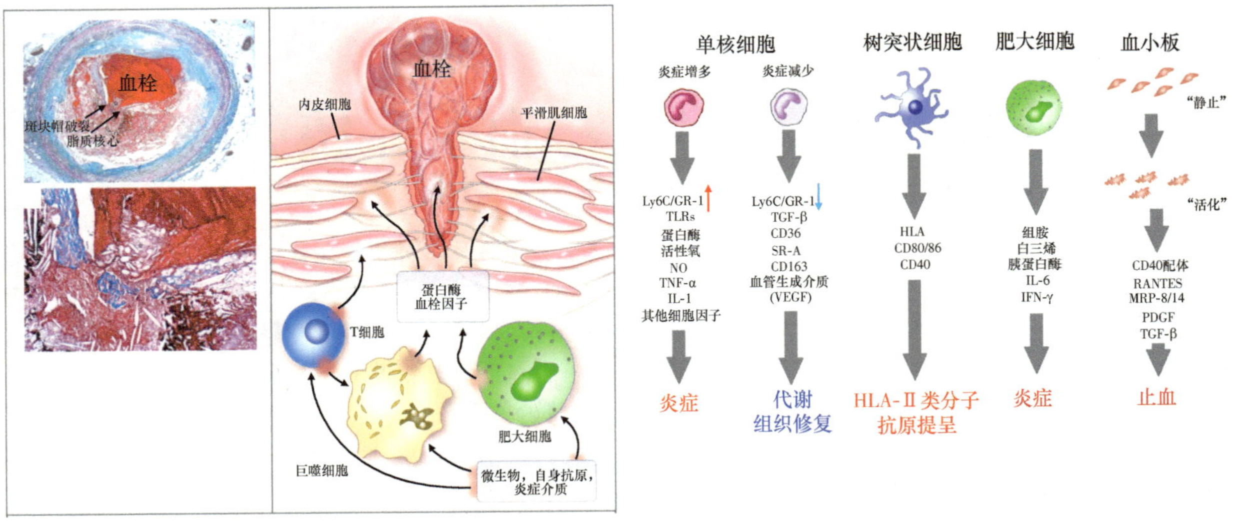

图 25-1 炎症细胞浸润人动脉粥样硬化病灶

2. 炎症细胞浸润高血压血管壁 相关依据为：①自发性高血压模型动物可发现血管周围性炎症，炎症细胞浸润纤维化的心肌；②肾动脉性高血压大鼠模型1个月时，可见巨噬细胞、$CD4^+$Th细胞和$CD8^+$CTL浸润心肌组织内冠状动脉血管壁，引起炎症反应；③炎症细胞浸润与炎性细胞因子TGF-β1、PDGF-A相关。体液免疫应答也参与高血压早期发病。

3. 炎症细胞浸润心肌损伤局部 急性心肌梗死(AMI)大鼠模型中，起始数天主要是中性粒细胞浸润坏死心肌，通过吞噬溶解作用清除坏死心肌；至第6周，大鼠心肌梗死区、交界区和非梗死区均可见淋巴细胞和巨噬细胞浸润，心肌梗死区$CD4^+$细胞浸润占显著优势，也有少数$CD8^+$细胞浸润；血清可检出抗肌球蛋白重链(MHC)抗体。临床观察发现，AMI患者抗MHC抗体阳性者，其死亡率、室壁活动减弱程度和室壁瘤形成率均明显高于抗体阴性组，提示自身免疫可能参与AMI后心室重构。

二、心血管的免疫微环境和应答特点

(一) 缺血心肌的免疫微环境

实验研究发现，心肌梗死大鼠梗死区健存心肌细胞和非梗死区心肌细胞均表达TNF-α，提示局部心脏组织通过自分泌细胞因子而参与心肌重构。其机制可能为：缺氧诱导HIF1α稳定表达及转位活化，进而与细胞核内TNF-α启动子区域转录起始位点上游缺氧反应元件结合，上调心肌细胞TNF-α表达，作用于分泌细胞自身及邻近心肌细胞，诱导心肌细胞凋亡。(图25-2)

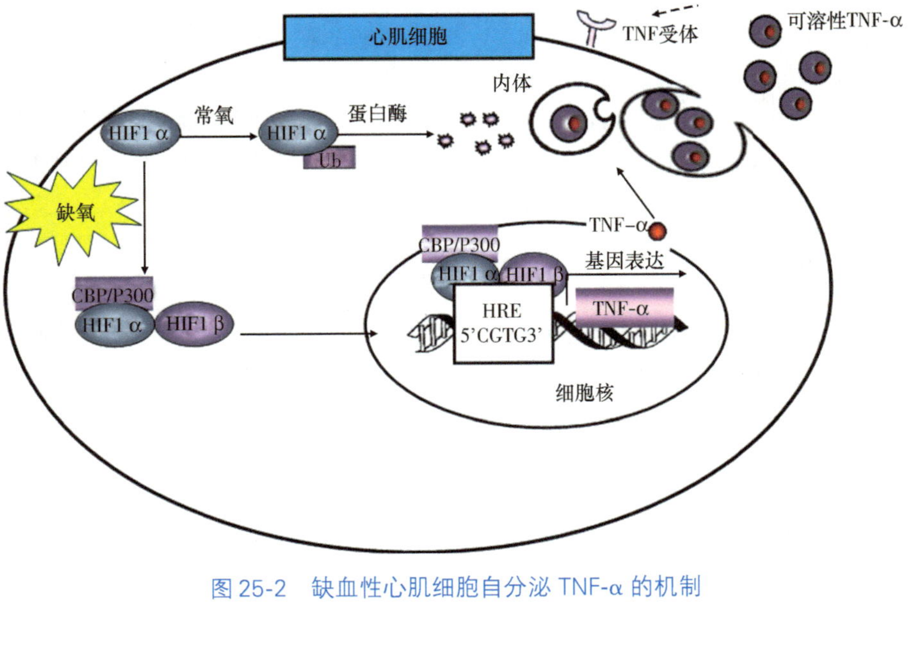

图 25-2 缺血性心肌细胞自分泌 TNF-α 的机制

（二）压力负荷所致心脏和血管重构的免疫微环境

高血压所致心血管压力超负荷可刺激心血管组织异常重构，主要表现为心血管肥厚和纤维化。目前认为，高血压引起的心血管免疫微环境改变，在心血管异常重构中发挥重要作用。其机制之一可能为：血压升高导致心血管组织损伤，释放损伤相关分子模式（DAMP），激活表达相应模式识别受体（PRR）的固有免疫细胞（如巨噬细胞、DC），启动固有免疫并激活T细胞，进而通过诱导Th1/Th2细胞偏移而影响组织损伤修复。

免疫微环境参与压力负荷所致心脏和血管重构的实验依据为：①血流动力学无明显改变的情况下，TLR激动剂及BCG可显著减缓压力负荷所致心血管肥厚和心脏纤维化；②TLR4拮抗剂可逆转TLR4激动剂及BCG抗心血管肥厚和心脏纤维化的作用；③TLR2/4激动剂可上调心脏浸润的免疫细胞表达TLR2、TLR4，并使心脏组织IFN-γ/TGF-β水平升高；④TLR2/4激动剂对心脏的保护作用与其调节心脏组织ERK-AKT和p38-NF-κB信号途径相关；⑤IFN-γ、CFX可显著抑制大鼠高血压所致心血管肥厚、心脏纤维化，改善心脏舒张功能，上调浸润心脏的免疫细胞TLR4表达；⑥CFX对心脏的保护作用与其调控心脏细胞TGF-β-Smad/TAK1、ERK-AKT和p38-NF-κB信号转导相关。

第二节 重要心血管疾病免疫学发病机制

一、动脉粥样硬化的免疫发病机制

（一）固有免疫参与动脉粥样硬化炎症反应

1. 低密度脂蛋白（low density lipoprotein，LDL）介导动脉粥样硬化炎症反应及泡沫细胞形成 高胆固醇血症患者体内过量LDL渗入动脉并集聚于动脉内膜（尤其是血流动力学冲击部位）。氧化和酶修饰导致炎性脂类释放，诱导内皮细胞表达白细胞黏附分子。巨噬细胞借助其表面清道夫受体摄取经修饰的LDL颗粒，从而转化为泡沫细胞。（图25-3A）

2. 固有免疫细胞通过模式识别参与动脉粥样硬化炎症反应 动脉粥样硬化形成过程中，血管组织破坏可释放损伤相关的分子模式（如HMGB1、HSP等），机体还可能存在某些外源的病原相关分子模式（如LPS）。固有免疫细胞（尤其是巨噬细胞）表面模式识别受体（PRR）可识别上述分子模式并被激活，产生炎症细胞因子、趋化因子、氧自由基等炎症介质，参与动脉粥样硬化炎症反应（图25-3B）。

已证实，固有免疫细胞表达不同PRR，通过与不同分子模式结合而参与动脉粥样硬化炎症反应。例如：①TLR4，可识别LPS和某些动脉粥样硬化始动因子（如HSP）；②TLR2，通常与TLR1或TLR6形成异源二聚体，可结合微生物产物，如载脂蛋白CⅢ（apolipoprotein CⅢ，Apo CⅢ）；③清道夫受体A，可结合氧化修饰的LDL；④CD36，可结合氧化低密度脂蛋白（oxidized LDL，ox-LDL）；⑤糖基化终末产物受体（RAG），可结合HMGB1。

3. 细胞因子瀑布效应 动脉粥样硬化形成过程的不同阶段，炎症细胞可产生不同细胞因子，在局部炎症中发挥重要作用。而且，细胞因子效应可逐级放大，形成瀑布效应。例如：动脉粥样硬化斑块内活化的免疫细胞产生IL-1、TNF-α→产生IL-6→诱导肝细胞产生急性期应物（包括CRP、血清淀粉样蛋白A、纤维蛋白原等）→炎症反应持续并逐渐加重。

（二）适应性免疫参与动脉粥样硬化炎症反应

动脉粥样硬化发生过程中，APC摄取并提呈抗原（如氧化LDL、热休克蛋白、微生物），激发适应性免疫应答，激活的效应性T细胞（尤其是Th1细胞）浸润动脉壁，产生IFN-γ等细胞因子，进一步激活巨噬细胞和血管内皮细胞，介导炎症反应和斑块形成。

不同适应性免疫细胞及其亚群参与疾病发生，其作用机制各异：①Th1细胞，可释放IFN-γ等细胞因子，发挥促炎症效应并加速动脉粥样硬化形成；②Th2细胞，通过释放IL-4而促进体液免疫应答，但其参与动脉粥样硬化形成的作用尚存在争议；③Th17细胞，通过分泌IL-17并趋化中性粒细胞而发挥促炎效应；④Treg细胞，通过分泌TGF-β、IL-10缓解炎症反应，对动脉粥样硬化形成发挥调节作用并参与组织修复（图25-3C）；⑤$CD8^+$T细胞，通过产生炎性细胞因子而发挥促炎作用，同时通过特异性细胞毒作用介导组织损伤（如杀伤血管壁平滑肌细胞），从而参与动脉粥样硬化病变和并发症发生；⑥B1细胞，通过产生早期IgM抗体（包括抗ox-LDL的天然中和抗体），发挥抗动脉粥样硬化作用。

目前认为，诸多T细胞功能亚群中，Th1/Th2细胞或Treg/Th17细胞失衡是参与动脉粥样硬化形成的重要机制。

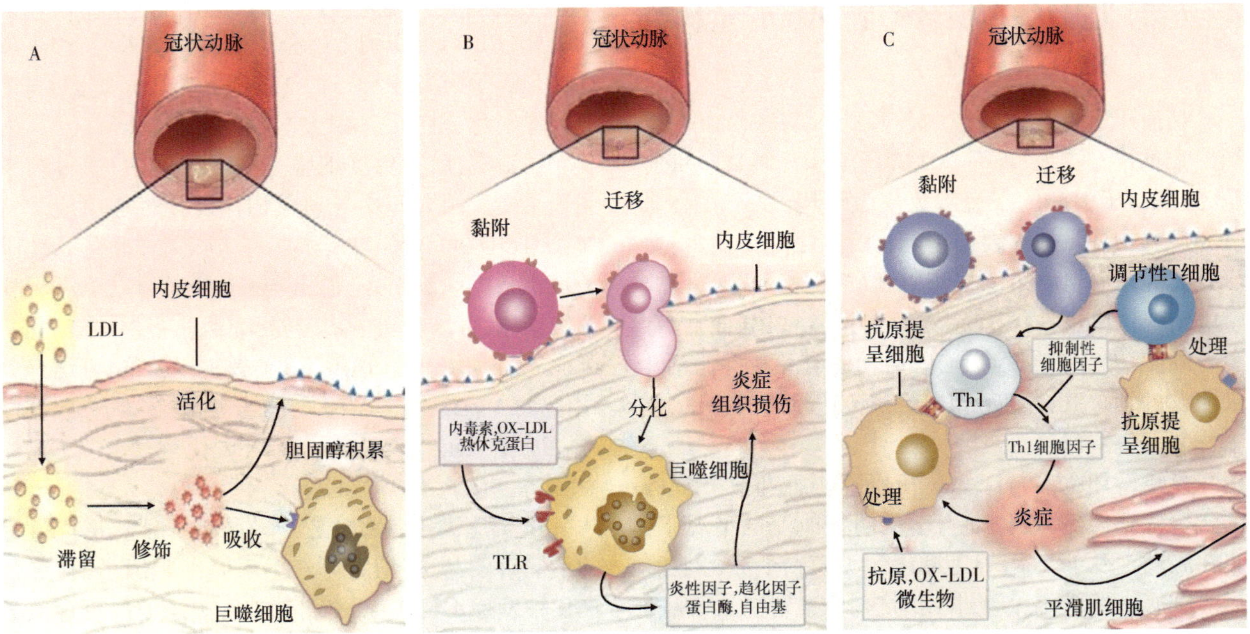

图 25-3 动脉粥样硬化相关的炎症反应

二、高血压的免疫学发病机制

高血压发病的基本过程是:血管紧张素Ⅱ、盐和慢性应激等致病因素刺激脑室周围器官(circumventricular organ,CVO)产生活性氧簇(ROS),激活传入下丘脑中枢(包括室旁核,小神经胶质细胞),增强神经冲动传入脑干中枢,并增强交感神经传出,引起血压轻度升高,即高血压前期。

近年发现,免疫学机制也参与高血压发生。相关依据为:①女性人群血清 C 型反应蛋白(C-reactive protein,CRP)水平升高与高血压发病呈正相关;②恶性高血压、妊高症和难治性高血压患者血清可检出抗血管受体抗体,包括抗 α_1-肾上腺素受体抗体和抗血管紧张素Ⅱ受体 1(angiotensin Ⅱ type 1 receptor,AT1R)抗体;③动物和人类高血压肾脏出现炎症细胞(T 细胞、巨噬细胞等)浸润,并参与肾脏损伤。

近 10 余年,对固有免疫和适应性免疫参与高血压发生的作用及其机制获得更深入认识:①交感神经刺激可促进肾脏产生 IL-6,作用于 T 细胞表面肾上腺素受体,改变 T 细胞极性;②血压升高的直接作用及血管紧张素Ⅱ、儿茶酚胺均可刺激肾脏和血管细胞产生 ROS,并促进趋化因子产生和黏附分子表达;③肾脏和血管所释放内源性蛋白被视为新抗原,可被 DC 摄取并提呈给 T 细胞,活化的 T 细胞与单核/巨噬细胞相互作用,促进巨噬细胞转化为泡沫细胞,并促进白细胞聚集于肾脏;④肾脏和血管细胞可产生 IL-6 和 TGF-β,促进 Th17 细胞分化并释放 IL-17,后者及其他炎性细胞因子可促进血管平滑肌和肾脏产生 ROS,促进血管收缩、钠潴留,导致严重高血压;⑤高血压发生、发展过程中,新抗原或具有共同表位的外来抗原可刺激机体产生抗血管受体的抗体,后者与去甲肾上腺素和 AngⅡ的作用相似,可激动相应受体,从而介导血管重构和心脏重构;⑥文献报道,基于免疫学机制参与高血压发病,已成功研制治疗性降压疫苗(ATRQβ-001),在动物实验中,可长期、平稳降压,保护靶器官,并改善常规高血压药物治疗依从性低、控制率低的缺点。(图 25-4)

三、心力衰竭的免疫发病机制

目前认为,炎症是心肌梗死后关键的病理生理过程。急性心肌梗死(acute myocardial infarction,AMI)后心肌组织可释放或暴露多种自身抗原,激发机体自身免疫应答,导致心肌的免疫损伤。异常免疫应答参与 AMI 的依据为:①AMI 患者血清可检出多种抗心肌自身抗体;②抗心肌肌球蛋白抗体阳性的 AMI 患者,其死亡率、室壁活动减弱程度和室壁瘤形成率均明显升高,提示自身免疫应答可能参与 AMI 后心室重构;③将心肌梗死大鼠淋巴细胞过继转输给正常大鼠,可介导心肌炎症反应。异常免疫应答参与 AMI 的机制可能为(图 25-5):

1. T 细胞功能亚群失衡介导心功能障碍和心力衰竭 相关临床依据为:①急性病毒性心肌炎患者 Th17 细胞功能亢进,血清 IL-17 水平与 B 细胞活性呈正相关,Th2 细胞功能无明显改变;②AMI 患者 Th1 细

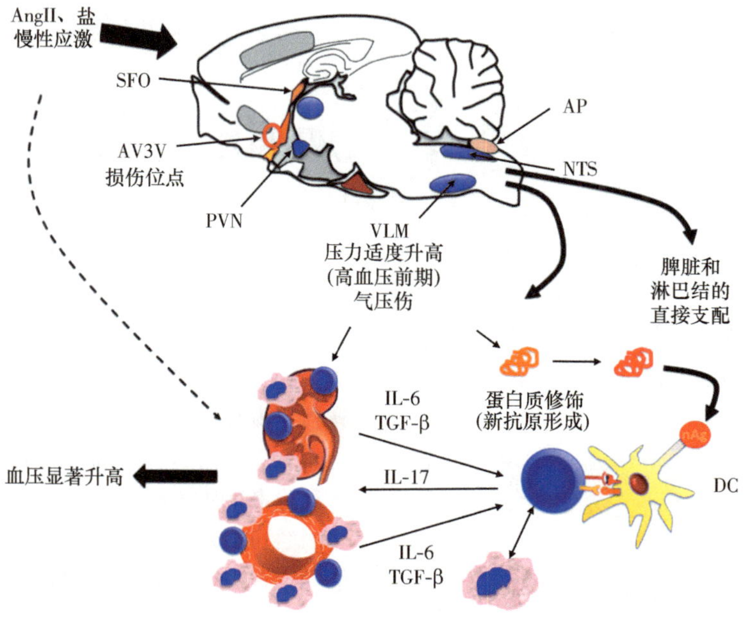

图 25-4　高血压发病的免疫学机制

胞功能亢进，其数目与心功能密切相关；③慢性心力衰竭患者外周血 Treg 细胞数目和功能下降，且与左室舒张末期容积及 N 端脑钠肽前体（N-terminal pro-brain natriuretic peptide，NT-proBNP）水平呈负相关，与左室射血分数呈正相关。

2. Th17 细胞参与心肌损伤　相关实验依据为：①Th17 细胞辅助 B 细胞产生抗心肌抗体，加重 AVCM 的心肌损伤；②给模型小鼠腹腔注射抗 IL-17 单抗，小鼠心肌组织表达 IFN-γ 增加；③IL-17 影响 Bax/Bcl2 平衡，促进心肌细胞凋亡，从而加重心肌缺血再灌注损伤；④IL-17 促进心脏内皮细胞表达 E-选择素和 ICAM-1，增强中性粒细胞与内皮细胞黏附，诱导心肌细胞表达趋化因子受体 CXCELR，介导中性粒细胞浸润心肌局部。

3. Treg 细胞保护心肌损伤并参与心室重塑　相关实验依据为：①促进大鼠 Treg 细胞分化和功能，可减轻实验性自身免疫性心肌炎大鼠心肌组织炎症，也可显著改善梗死后心功能恢复；②Treg 细胞可抑制 LPS 诱导的心肌细胞凋亡及炎性细胞因子分泌，并减缓炎症细胞浸润缺血心肌组织。

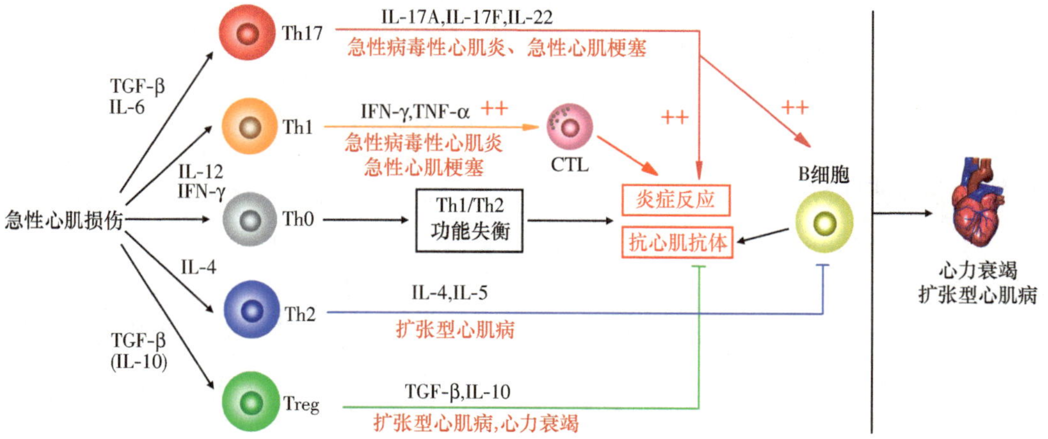

图 25-5　心力衰竭的免疫学发病机制

（廖玉华）

第二十六章　肺脏-气道免疫

肺脏-气道是与外界环境相通的开放系统，承担气体交换、宿主防御、免疫、内分泌等重要生理功能。肺脏-气道相对完善的免疫机制在保护机体抵御有害物质侵袭中发挥重要作用。

第一节　肺脏-气道免疫相关的解剖学和生理学特点

一、肺脏-气道免疫相关的组织解剖特点

（一）肺脏-气道的组织屏障

肺脏-气道的组织屏障包括如下组分：①气道上皮细胞间存在桥粒、紧密连接等结构，其表面表达多种黏附分子，使上皮细胞形成连续性界面，并维持气道上皮腔面完整性，从而发挥生理性屏障作用，有效防止病原体感染；②气道纤毛上皮细胞摆动，有助于清除黏液和颗粒物质；③气道腔内的分泌液含可溶性蛋白质（如溶菌酶、乳铁蛋白、抗菌防御素等），可抑制或杀灭细菌，其作用不依赖对特定微生物的识别。若气道上皮细胞或细胞外基质受损，细菌可附着于上皮并生长、繁殖。例如：病毒（尤其流感病毒）感染可损伤气道上皮组织，导致细菌附着于气道上皮，破坏气道纤毛，抑制黏液纤毛系统的功能，病原菌感染发生率明显升高。

（二）呼吸道黏膜免疫系统

人整个呼吸道内表面均有完整的黏膜覆盖。成年人肺部黏膜表层面积约70余平方米，仅次于小肠黏膜表面积（约400平方米）。肺部黏膜极为脆弱，呼吸道远端的黏膜厚度通常小于1 μm，以保证充分的气体交换面积。24小时内，肺部黏膜表层可接触多达15 000L含各种有机和无机污染物的外界空气。人一生中，肺部黏膜表层不间断地暴露于外界各种抗原刺激下。这些抗原绝大多数是来自各种动植物的非致病抗原（如花粉、动物的毛发皮屑和昆虫产物等），但其中也混杂潜在的致病抗原及空气中复杂的污染物。肺部免疫系统承担的重要职责为：准确区分无害和有害抗原刺激，从而适时产生应答并清除有害抗原；精确调控免疫应答强度和持续时间，以保证呼吸道黏膜脆弱的、血管丰富的上皮的完整性，尤其是保护具有气体交换功能的呼吸道终末端和肺泡上皮。

呼吸道黏膜免疫系统包括两个部分：①支气管黏膜相关淋巴组织（见后文详述）；②鼻相关淋巴组织（NALT），指鼻腔至咽部黏膜的淋巴样组织，包括扁桃体和弥散的淋巴组织，共同构成呼吸道和消化道入口处的防御结构，称为Waldyer环（其中含扁平的膜性细胞，可摄取和运送多种抗原）。气道旁淋巴结、肺门淋巴结和纵隔淋巴结是肺的重要淋巴结，它们接受来自气道黏膜和肺实质的淋巴引流，是肺部产生免疫应答的重要场所。

支气管相关淋巴组织（BALT）存在于大、中气道（尤其是气管、支气管分叉处）黏膜下层，主要由无包膜淋巴组织和散在淋巴细胞组成，属黏膜的次级淋巴组织，与肠黏膜淋巴组织功能类似，其基本结构为：①中心为淋巴滤泡，无传入淋巴管，淋巴细胞通过传出淋巴管流向局部支气管淋巴结，此与其他部位黏膜次级淋巴组织的滤泡不同；②滤泡边缘区域分布高内皮静脉（HEV），后者是淋巴细胞迁入BALT的唯一途径，HEV内皮细胞表面高表达血管细胞黏附分子1（VCAM-1），而其他部位黏膜次级淋巴组织不表达；③滤泡表面覆盖黏膜上皮细胞及某些特化的上皮细胞（M细胞）。BALT内分布不同免疫细胞，例如：淋巴滤泡内主要为B细胞（主要合成IgA和IgM），也可见DC及HLA-DR阳性细胞；淋巴滤泡周围存在成熟的小淋巴细胞；HEV、冠状区和上皮组织周围存在少量$CD4^+T$细胞和巨噬细胞。

目前认为，BALT并非组成性存在于所有哺乳动物（尤其是小鼠和人类），而是在微生物或肺部炎症反应刺激下才出现。这些诱导性淋巴组织，亦称第三级淋巴组织或异位淋巴组织。诱导型BALT（inducible BALT，iBALT）可分布于整个肺脏，一般位于动脉（如肺小动脉）周围毛细血管的间隙。BALT功能受神经、内分泌调节，表现为：BALT分布肽能神经、儿茶酚胺神经纤维，并表达多种神经介质或激素（如P物质、血管活性肠肽、降钙素基因相关肽和β-肾上腺素等）受体，从而影响淋巴细胞功能。

BALT和NALT中的淋巴滤泡是产生气道局部免

疫应答的场所，黏膜固有层的弥散淋巴组织及上皮内淋巴细胞负责执行免疫功能，可产生抗体、分泌细胞因子并发挥细胞毒效应。另外，正常肺实质、远端气道周围及其间隔中含少量淋巴样组织，它们也具有一定免疫防御功能。

二、肺脏-气道的固有免疫

固有免疫是机体抵御病原微生物的第一道防线。整个呼吸道间质与肺实质均分布多种固有免疫细胞，包括肺上皮细胞及内皮细胞、巨噬细胞、树突状细胞、肥大细胞、嗜酸粒细胞等，它们在维持呼吸系统免疫自稳中发挥重要作用，也参与许多呼吸系统疾病发生。

肺部的固有免疫细胞均表达 TLR。不同类型细胞表达不同型别 TLR，同一细胞可表达数种 TLR 型别，例如：①肺泡巨噬细胞表达 TLR1、TLR2、TLR4、TLR6～TLR8，但不表达 TLR3、TLR5 和 TLR9；②浆细胞样 DC 高表达 TLR7 和 TLR9，髓样 DC 则表达 TLR1～TLR4；③气管、支气管、肺泡上皮细胞均表达 TLR1～TLR6 及 TLR9；④肺内皮细胞表达 TLR2、TLR4 及 TLR8。病原体等异物一旦侵入呼吸道，即可被固有免疫细胞相应 PRR 识别和吞噬，启动固有免疫应答。

1. 气道上皮细胞（airway epithelial cell）　气道上皮细胞对抵御经声门抵达传导气道和肺实质的病原体发挥重要作用。纤毛柱状上皮细胞覆盖于传导气道、直至终末细支气管，而呼吸性细支气管则无纤毛柱状上皮细胞。肺泡上皮细胞可分为两类：①扁平的 I 型上皮细胞，组成绝大部分肺泡表面；②类似立方形的 II 型上皮细胞，可产生肺泡表面活性物质及表面活性物质相关蛋白，并参与组成肺的上皮下结构。上皮细胞分泌的某些产物被转运至气道腔表面，可与外环境物质相互作用。气道上皮细胞间分布有神经纤维，一旦上皮损伤而使神经末梢暴露于外界刺激物作用下，可释放某些气道高反应性相关的介质。传导气道经典的防御机制是黏液纤毛系统，可驱使沉积于气道上皮表面的微生物向上移动并排出至肺外。另外，纤毛系统和呼吸道上皮分泌液含抗菌成分（如溶菌酶、乳铁蛋白和 β-防御素等），参与构成宿主的屏障。

气道上皮细胞表达低水平 CD24、TLR1～TLR6 和 TLR9，可识别纤毛黏膜处细菌的 PAMP 而被激活，通过产生某些活性介质而发挥作用：①产生防御素，发挥杀菌作用；②产生趋化因子（如 CXC 和 CC 类），可募集中性粒细胞至气管腔；③产生 IL-1β、IL-6、IL-8、RANTES、GM-CSF、TGF-β 等炎性细胞因子，参与免疫应答及炎症反应。例如：呼吸道上皮细胞可通过 TLR9 识别非甲基化的细菌 DNA，通过激活 NF-κB 而产生 IL-6、IL-8、β2-防御素等。

气道上皮局部固有免疫可通过激活 DC 而参与启动适应性免疫应答，例如：①尘螨 β-(1,3)-葡聚糖可刺激气道上皮细胞产生 CCL20，进而募集未成熟 DC 至气道内；②气道上皮细胞可直接影响肺 DC 功能，进而介导 Th2 细胞应答；③气道上皮细胞可产生胸腺基质淋巴细胞生成素（TSLP）、GM-CSF、IL-1β、IL-25、IL-33、骨桥蛋白等，从而激活 DC。

另外，肺泡上皮细胞不能直接对 LPS 产生反应，但肺泡腔内巨噬细胞的 TLR 识别细菌或其产物的 PAMP，可分泌 TNF-α 和 IL-1β，进而诱导肺泡上皮细胞产生趋化因子。

综上所述，气道上皮细胞在病原体外界物质刺激下，通过募集和激活固有免疫细胞（中性粒细胞、巨噬细胞等），继而激活 DC 并启动 T 细胞应答，在抵御病原体感染中发挥重要作用。

2. 巨噬细胞（Mϕ）　Mϕ 广泛存在于肺泡、间质、血管床及气道。肺泡 Mϕ（alveolar macrophage，AM）是肺部最主要的固有免疫细胞，占支气管肺泡灌洗液（BALF）细胞总数的 90% 以上。抗原被吸入数小时后，肺泡 Mϕ 数量即扩增数倍。

呼吸道-肺泡 Mϕ 与定居于其他组织的 Mϕ 具有基本相同的生物学特征，但由于分布于特定的解剖部位，被视为最早、最易接触抗原的细胞。但是，定位于呼吸系统不同部位的 Mϕ，其功能存在某些差异。气道黏膜 Mϕ 的功能为：①吞噬、杀菌、清除颗粒物质；②加工、处理并提呈抗原，参与启动适应性免疫应答；③产生炎性细胞因子，如 IL-8、趋化因子（CXC），募集肺毛细血管网的中性粒细胞浸润炎症部位；④维持和修复正常肺基质等功能；⑤参与支气管哮喘发病。

人 AM 的功能特点为：①可表达 HLA-DR，但其抗原提呈作用有限，甚至可抑制 DC 的抗原提呈功能；②多数 AM（约 75%）不能辅助抗原特异性淋巴细胞增殖，随 AM 与淋巴细胞比例增加，甚至可抑制淋巴细胞增殖反应，提示 AM 可能分泌某些抑制性因子，有助于防止过度免疫应答所致肺组织损伤并维持气体交换；③具有较强吞噬和处理颗粒抗原的能力，并可将所吞噬、处理的抗原传递给邻近肺组织中的 DC，由后者将抗原提呈给 T 细胞；④分泌趋化因子 MCP-1 和 RANTES，可募集活化的单核细胞和淋巴细胞趋化至肺脏炎症部位；⑤具有抗肿瘤作用。

3. 树突状细胞（DC）　DC 约占全部肺组织细胞的 1%，但广泛分布于呼吸系统黏膜层，从鼻腔、大气道延续至肺泡腔黏膜上皮下，胸膜及肺部血管周围结缔组织也存在 DC。肺内 DC 依据其起源、解剖部位及功能不同，可分为若干亚型：①cDC，高表达 CD11c，可进一步分为 CD11b+和 CD11b-亚群，稳态条件下传导气道内衬所含丰富的上皮内 DC（多为 CD11b-CD103$^+$）形成树突状网络，并通过与支气管上皮细胞形成紧密连接而将树突延伸至气道管腔内；②pDC，表面可表达唾液酸结合的免疫球蛋白样凝集素-H、骨髓间质抗原-1，其解剖学定位尚不清楚，有报道可在肺泡间隔被发现，亦可从大气道提取物中检出；③CD11b+DC 亚群（单核细胞来源），可在炎症条件下（如病毒感染、过敏原或 LPS 刺激）被募集，且表面 CD11c 表达上调（但保留单核细胞来源的 Ly6C 表型）；④产生 IFN-γ 的杀伤性 DC（IFN-γ producing killer dendritic cell，IKDC），其同时具有 NK 细胞和 DC 功能（如分泌Ⅰ型和Ⅱ型干扰素；有效识别、杀伤肿瘤细胞；表达 MHC Ⅱ类分子，具有抗原提呈功能），被视为联系固有免疫和适应性免疫的重要免疫监视细胞。

以 DC 为主的 APC 在肺部形成网络状分布格局，散布于气道黏膜、血管周围结缔组织及胸膜周围，在维护肺脏免疫自稳中发挥关键作用。气道黏膜上皮下 DC 可吞噬、处理入侵的抗原，并沿引流淋巴管道迁徙至支气管肺泡周围引流淋巴结，在该处将抗原提呈给 T 细胞。肺内 DC 具有如下功能：①借助表面 PRR（C 型凝集素受体、TLR、NOD 样受体等），识别、摄取吸入的 PAMP 和内源性 DAMP，启动固有免疫，但对颗粒性抗原和微生物的吞噬能力极其有限；②表达神经肽受体，可对气道黏膜及黏膜下有突触、无髓神经末梢所分泌的神经介质产生应答；③表达前列腺素受体，调控细胞迁移和成熟。

4. 肥大细胞（MC） MC 广泛分布于全身结缔组织，常见于与外界环境接触的呼吸道、消化道黏膜上皮或小血管、淋巴管周围。MC 分为两个亚型，即胞质颗粒含胰蛋白酶（tryptase）的 MC_T 及胞质颗粒含特异性糜蛋白酶（chymase）的 MC_{TC}。肺部及呼吸道黏膜中主要为 MC_T（占 90%）。

MC 通过（即刻或延迟）释放炎症介质，在固有免疫和适应性免疫中发挥重要作用。MC 参与多种肺部疾病发生，其致病作用取决于 MC 在病灶及组织中聚集的数量及所释放介质的浓度。活化的 MC 可参与两类疾病发生：①通过 FcεR Ⅰ介导 MC 活化并快速合成、释放效应性介质、脂质介质，从而诱发速发型变态反应性疾病（如过敏性鼻炎、过敏性哮喘）；②MC 产生细胞因子及趋化因子，诱导延迟型炎症反应，出现于速发型变态反应后 6～24 小时，如慢性持续性哮喘。

此外，MC 是参与弥漫性纤维化的主要效应细胞之一，机制为：MC 可合成、释放 TGF-β、hFGF 等致纤维化的细胞因子，从而介导哮喘患者气道上皮下纤维化。

5. 嗜酸粒细胞（EOS） EOS 约占组织与外周血白细胞的 1% 或更高，正常情况下主要聚集于胃肠道黏膜固有层，肺部仅含极少量 EOS。过敏性疾病、寄生虫感染或其他病理状态下，大量 EOS 迁移至肺部及其他组织，通过释放多种炎症介质及细胞因子而导致组织损伤及功能异常。

近期发现嗜酸粒细胞也具有抗原提呈功能，其可表达 MHC Ⅱ分子，可吞噬并加工、处理抗原。由于肺泡-气道的 DC 和 B 细胞主要处理和提呈吸入的可溶性抗原，而肺泡巨噬细胞（AM）提呈抗原的能力极其有限，故嗜酸粒细胞吞噬、处理、提呈颗粒性抗原的作用显得尤为重要。

EOS 参与炎症反应的启动和发展，并调节固有免疫和适应性免疫。哮喘等肺部疾病中，EOS 不仅是效应细胞，也发挥重要免疫调节功能，可诱导 Th2 细胞向肺炎症局部聚集。另外，EOS 可分泌、释放多种活性介质，发挥不同病理、生理效应，例如：①颗粒介质（包括多种阳离子颗粒蛋白），对寄生虫、RNA 病毒及宿主细胞有毒性作用；②脂质介质，包括 LTC4、PGE2、血栓素及 PAF，其中白三烯可刺激支气管收缩，促进黏液分泌、Th2 细胞因子合成和气道重构；③细胞因子及趋化因子，如 TGF-β、IL-3、IL-4、IL-5、IL-8、IL-10、IL-12、IL-13、IL-16、IL-18、TNF-α、CCL5 及 CCL11 等，参与哮喘、鼻炎及其他炎症性疾病发生。

三、肺脏-气道的适应性免疫应答

外环境的抗原通过传导气道时，空气动力学机制（包括呼吸道纤毛黏液系统的清除、黏膜屏障的阻拦、吞噬细胞的吞噬等作用）可阻挡或清除大部分（>95%）侵入呼吸道的微生物、异物及抗原物质。因此，越接近气管-支气管树远端的气道所接触的抗原数量越少。极少部分抗原可能逃脱上述清除机制而侵入黏膜和肺泡上皮，被该处的 APC 摄入、处理，APC 继而迁徙至支气管肺泡周围的引流淋巴结，将抗原提呈给淋巴结内 T 细胞，引发适应性免疫应答。肺部的专职 APC 包括 DC、B 细胞、肺泡巨噬细胞（AM）及嗜酸粒细胞。另外，肺脏-气道局部刺激因素也可诱导支气管上皮细胞、成纤维细胞及血管内皮细胞表达 MHC 分子，从而具有抗原提呈能力。

1. 肺部适应性免疫应答的特点 发生于气道黏

膜和肺实质的免疫应答具有不同特点。

（1）气道黏膜免疫应答：主要由黏膜下和黏膜固有层淋巴细胞产生应答。进入气道的抗原突破黏膜屏障而进入黏膜下，被该处的DC、Mϕ等APC捕获，经加工处理后，激活局部T、B细胞，并产生抗体。抗体以分泌型IgA（sIgA）为主，穿越上皮细胞而进入分泌液。另外，局部也可产生IgM和IgE，转运至黏膜表面，但IgG主要由血循环而来。各类抗体的功能为：①sIgA可中和或清除抗原，抵御病原体感染，避免外界抗原激发气道黏膜产生不适当的局部和全身应答；②IgM和IgG可与入侵的外界抗原结合为复合物，通过激活补体而发挥溶细胞及调理作用；③IgE介导Ⅰ型超敏反应，并参与抵御寄生虫和病毒感染。

（2）肺实质的免疫应答：逃避上述清除作用而进入肺泡的吸入性颗粒抗原，由肺泡DC或嗜酸粒细胞摄取，经淋巴管转运至肺门淋巴结，提呈给Th细胞，激发适应性免疫应答。激活的T细胞从再循环池进入肺部炎症灶，发挥免疫效应。

2. 参与肺脏-气道适应性免疫效应的T细胞亚群

肺脏-气道适应性免疫应答过程中，局部微环境可诱导初始T细胞分化为不同的功能亚群。

（1）$CD4^+$Th1细胞：Th1细胞分化依赖于微环境中IL-12或IFN-γ。Th1型细胞因子（尤其是IFN-γ）在针对胞内感染病原体的免疫应答中发挥重要作用。IL-12p40、IFN-γ、IL-12受体或IFN-γ受体突变的患者，对胞内感染易感性增强。例如，IFN-γ受体突变的患者易发生结核杆菌播散性感染。

（2）$CD4^+$Th2细胞：IL-4是调控Th2细胞分化的重要因子。近期发现，肺上皮细胞所产生的某些细胞因子，如胸腺基质淋巴细胞生成素（TSLP）、IL-25和IL-33也参与调控Th2细胞分化。临床资料显示，IL-33及其受体ST2基因多态性与哮喘发病相关。

Th2细胞可通过所分泌的细胞因子而发挥效应，并在慢性气道疾病发病中起重要作用。例如：①IL-5可促进EOS分化、活化，并延长其存活时间；②IL-4和IL-13促进B细胞产生IgE，并介导EOS在血管内皮细胞滚动和黏附；③IL-5和嗜酸粒细胞趋化因子（eotaxin）可募集EOS至炎症部位；④IL-3、IL-4、IL-9和IL-10是诱导肥大细胞生成和成熟的关键因子；⑤IL-4、IL-9和IL-13可刺激黏液细胞化生和腺体高分泌黏液；⑥通过STAT6活化的IL-13信号可导致呼吸道对乙酰甲胆碱的高反应性。

另外，Th2型细胞因子在哮喘患者气道重塑中起重要作用。例如：IL-4、IL-13可刺激成纤维细胞生长和细胞外基质蛋白（ECM）合成；IL-5、IL-6和IL-9可与TGF-β协同，参与哮喘患者气道上皮下纤维化和气道重塑。

（3）Th17细胞：微环境中IL-6和TGF-β可诱导Th17细胞分化，而IL-23参与Th17细胞克隆扩增和维持。感染过程中，固有样淋巴细胞（NKT细胞、γδT细胞）及NK细胞是早期IL-17和IL-22的来源。疫苗接种可在肺组织中诱生$CD4^+$Th17细胞，后者参与抵御多种病原微生物感染（包括胞内菌、胞外菌及真菌）。例如：结核分枝杆菌ESAT-6疫苗可诱生Th17细胞，后者可促进具有抗结核作用的Th1细胞聚集；结核病患者和潜伏感染者中，Th17细胞参与针对结核分枝杆菌（M. tuberculosis，Mtb）的适应性免疫应答，可阻止疾病发展。

（4）调节性T细胞（Treg）：Treg细胞参与针对肺内吸入性抗原的免疫耐受。清除Treg细胞或敲除IL-10和TGF-β（由Treg细胞产生的细胞因子）基因，可增强实验动物呼吸道对变应原及过敏性炎症的敏感性。

3. 参与肺脏-气道适应性免疫的B细胞 肺部B细胞的主要功能是分泌抗体，以抵御病原微生物感染。另外，B细胞也具有APC的功能，但其作用远弱于肺部DC。

第二节 重要肺脏-气道疾病的免疫学发病机制

一、呼吸道过敏性疾病——支气管哮喘

支气管哮喘是慢性变态反应性气道炎症，属典型的Ⅰ型超敏反应性疾病（详见第十五章）。目前发现，T细胞也在哮喘发病中起重要作用，其机制为：

（1）Th2细胞：其通过产生Th2型细胞因子参与过敏性支气管哮喘发病及进程。例如：①IL-4促进B细胞产生IgE；②IL-5、IL-13等可募集EOS，并介导气道高反应性（AHR）；③IL-4、IL-5、IL-13可激活MC、EOS及肺泡Mϕ，并分泌多种炎症介质（组胺、前列腺素、白三烯等）、趋化因子（嗜酸粒细胞趋化因子、中性粒细胞趋化因子）和细胞因子（转化生长因子、血小板活化因子等），导致气道收缩、黏液分泌增加、血管渗出增多等。

（2）Th17细胞：其通过分泌IL-17等细胞因子，可募集中性粒细胞。中性粒细胞所致气道炎症在部分非EOS性哮喘及慢性重症哮喘发病中起重要作用。

（3）Treg细胞：Treg细胞可抑制Th2细胞对变应

原的应答，对支气管哮喘发挥负调节作用。目前认为，Treg 细胞异常所致 Th2 细胞分化和功能失控，可能是过敏性哮喘发病机制之一。

二、慢性阻塞性肺疾病

慢性阻塞性肺疾病（chronic obstructive pulmonary disease，COPD）的病理特征是累及气道、肺实质及肺血管的慢性炎症和组织结构重塑，吸烟是此病重要病因。已证实，T 细胞介导的气道炎症是 COPD 发病的关键机制之一，甚至认为 COPD 可能是由吸烟等病因所引发的自身免疫病。

1. COPD 相关的固有免疫应答 吸烟所产生的有毒气体和颗粒可致上皮细胞损伤、死亡及基质分解，释放损伤相关分子模式（DAMP）（如 HMGB1、HSP、透明质酸、蛋白多糖等），通过与肺部上皮细胞和固有免疫细胞（巨噬细胞、DC、中性粒细胞等）表面模式识别受体（TLR4、TLR2 等）结合，使细胞激活并释放炎症因子、蛋白酶等炎症介质，导致呼吸道炎症反应并加剧肺组织损伤。

2. COPD 相关的适应性免疫应答 多种适应性免疫相关的机制参与 COPD 和肺气肿发病。

（1）DC-Th1 细胞与 COPD：COPD 发病、进展及严重程度与 DC 激活 T 细胞的能力相关，其机制为，活化的 DC 所产生 IL-12 激活 STAT4 信号通路，导致肺组织浸润的 $CD4^+T$ 细胞向 Th1 细胞偏移，后者通过分泌相应细胞因子而介导炎症反应。临床资料显示，COPD 气流受限程度与 Th1 细胞功能、STAT4 活化及 IFN-γ 水平相关。

（2）趋化因子与 COPD：COPD 吸烟者肺组织中，$CD8^+$、$CD4^+T$ 细胞可表达 CXCR3、CCR5 及 CXCR6 等趋化因子受体，但并不表达 CCR3 或 CCR4，同时气道和肺动脉内皮细胞高表达 CXCR3（CXCL10、CXCL9 的受体），而无 COPD 的吸烟者及非吸烟者则无此现象。另外，上述受体和配体表达水平与 COPD 病情严重程度密切相关。

（3）$CD8^+CTL$ 与 COPD：①CTL 与活化的固有免疫细胞（通过氧化应激和释放蛋白酶等）协同，可介导肺脏组织细胞坏死和凋亡；②COPD 病程不同阶段，CTL 产生的多种细胞因子分别参与组织损伤、气道重塑和肺气肿；③肺内 $CD8^+T$ 细胞数量与气流受限程度及肺气肿程度相关。

（4）其他：①Treg 细胞、γδT 细胞通过调节适应性免疫应答强度而影响 COPD 进程；②B 细胞应答所产生的抗体介导组织损伤和补体沉积；③Th17 细胞可能参与 COPD 和肺气肿相关的慢性炎症。

三、呼吸系统感染性疾病

（一）肺结核

参与宿主抗结核分枝杆菌免疫的效应细胞主要为单核/巨噬细胞和 T 细胞（包括 $CD4^+T$ 和 $CD8^+T$ 细胞），与结核保护性密切相关的主要是 Th1 型细胞因子。近年发现，B 细胞介导的体液免疫在结核发病过程中也可能起重要作用，其机制为：产生抗结核菌抗体；提呈抗原；产生细胞因子；调控白细胞杀菌作用等。

1. APC 对结核菌抗原的处理和提呈 APC 对结核菌抗原的处理和提呈涉及多条途径：①被 APC（包括巨噬细胞和 DC）摄取的结核菌蛋白抗原作为外源性抗原，循 MHC Ⅱ类分子途径被处理和提呈，可激活 $CD4^+Th$ 细胞；②胞外感染的结核菌被摄取至内体，通过损伤内体膜而逃逸至胞质，循 MHC Ⅰ类分子途径被交叉提呈，激活 $CD8^+T$ 细胞；③结核菌胞壁富含糖脂质（如甘露糖苷、分枝菌酸、磷脂酰肌醇等），可循 CD1 分子途径被处理，继而提呈给 γδT 细胞和 NKT 细胞，此途径在机体抗结核菌感染中发挥独特的重要作用。已发现，CD1 高表达于 DC 而低表达于巨噬细胞，故后者摄取的结核糖脂须转移至旁邻 DC，继而循 CD1 分子途径被提呈。（详见第十章）

2. 针对结核菌的细胞免疫应答 $CD4^+$ 和 $CD8^+T$ 细胞均参与抗结核菌的效应机制：

（1）$CD4^+Th1$ 细胞：是参与抗结核感染的主要效应细胞，通过产生多种炎性细胞因子而介导迟发型超敏反应，发挥抗结核效应。（见第十一章、第十五章）

（2）$CD4^+Th17$ 细胞：Th17 细胞是参与抗结核感染的重要效应细胞。临床研究显示，与健康受试者或结核菌潜伏感染者相比，活动性结核患者血液和胸腔积液中 Th17 细胞数明显减少。其机制为：结核菌产物可下调 $CD4^+Th$ 细胞表达 IL-6 受体，从而抑制 Th17 细胞分化。由此提示，Th17 细胞分化和功能障碍是导致活动性结核发生、发展的重要机制。

（3）$CD8^+T$ 细胞：$CD8^+CTL$ 在抗结核感染中发挥重要作用，其机制为，特异性杀伤表达结核菌抗原的靶细胞；释放 Th1 类细胞因子（如 IFN-γ），与巨噬细胞协同发挥杀菌作用。

（4）Treg 细胞：Treg 细胞可抑制 Th1 细胞分化及功能，下调 Th1 型细胞因子（如 IFN-γ）分泌，抑制巨噬细胞激活，从而削弱机体对结核分枝杆菌的清除，导致感染慢性化。另一方面，Treg 细胞通过抑制过强的 Th1 细胞应答，也可能减缓后者所致免疫病理损害。

(5) 固有免疫样T细胞:包括γδT细胞和NKT细胞,主要识别由CD1分子提呈的分枝杆菌细胞壁脂类和磷脂酰胆碱甘露糖苷,参与局部抗结核感染免疫及肉芽肿形成。

(6) 巨噬细胞:巨噬细胞在机体抗结核菌感染及结核菌所致病理改变中发挥重要作用,①巨噬细胞是重要的APC,参与启动机体针对结核菌的适应性免疫应答;②在针对结核菌的Th1细胞应答(迟发型超敏反应)中,主要通过趋化和激活巨噬细胞而发挥抗结核菌效应;③巨噬细胞也是结核分枝杆菌的栖居场所,参与结核菌体内扩散和肉芽肿形成。

(二) 人患禽流感

人患禽流感(bird influenza),是由禽流感病毒所致人类疾病。禽流感病毒属甲型流感病毒,由于其血凝素结构等特点,一般仅感染禽类。若病毒复制中发生基因重组而致结构改变,则获得感染人的能力,造成人患禽流感疾病。高致病性H5N1亚型和2013年3月在人体首次发现的新型禽流感H7N9亚型均出现临床死亡病例,受到高度关注。

机体产生抗禽流感病毒免疫应答的主要环节是:①禽流感病毒首先侵入人体呼吸道黏膜上皮细胞并大量复制,继而感染肺泡巨噬细胞和DC;②禽流感病毒所携带的病原相关分子模式(PAMP)与巨噬细胞、DC表达的模式识别受体(如TLR、RLR)结合,启动固有免疫应答,通过产生趋化因子和炎性细胞因子,进一步招募大量炎症细胞(如中性粒细胞、单核/巨噬细胞)浸润至肺脏,促进局部炎症反应;③激活的APC(巨噬细胞、DC等)向T细胞提呈抗原,启动适应性免疫应答。上述针对禽流感的免疫应答所致后果是:通过体液和细胞免疫效应,有利于控制细胞内病毒复制并中和细胞外病毒;大量炎症细胞浸润肺脏并高表达炎性细胞因子,导致严重的病毒性肺炎和继发感染等并发症。

目前认为,HPAIV H5N1病毒引发人类严重疾病,可能是固有免疫应答过度诱导的结果。体外实验发现:H5N1 IAV可诱导原代内皮细胞及多种免疫细胞(如巨噬细胞和DC等)高分泌炎性细胞因子和趋化因子;体内感染的不同阶段,H5N1所携带的多种组分可诱导或抑制固有免疫应答,导致固有免疫应答失衡,造成病毒传播和严重炎症反应所致组织损伤,并可能引发严重并发症(如SIRS和ARDS)。鉴于H5N1感染所致急性损伤和严重病情与高细胞因子血症相关,提示免疫调节剂治疗可能有助于减缓组织损伤和临床症状。

(张建初　施焕中)

第二十七章 肾脏免疫

肾脏的最重要功能是排泄机体新陈代谢过程中的代谢产物，以维持内环境稳定。现已发现，肾脏生理和病理过程与免疫密切相关，多种肾脏疾病的始发机制是免疫学异常，多数肾炎是免疫相关的炎症性疾病。

第一节 肾脏相关的免疫组织解剖及免疫病理

一、肾脏相关的免疫组织解剖

人肾脏位于腹膜后脊柱两旁，约从第12胸椎到第3腰椎位置，左右各一。肾脏外层包绕一层坚韧的纤维弹性包膜，其解剖结构由外往内依次为皮质、皮髓交界、髓质和集合系统。肾脏的功能单位为肾单位，由如下结构组成：①肾小球，包括肾小球毛细血管丛[由3种主要细胞(系膜细胞、内皮细胞、脏层上皮细胞)、基底膜和作为支撑框架的系膜细胞组成]和包曼囊(表面覆盖一层上皮细胞)；②肾小管，其不同节段由高度分化、形态和功能各异的各种上皮细胞构成，具有明显极性，肾小管管腔侧和基底膜侧表达不同转运蛋白，在水和溶质定向转运中发挥关键作用；③集合管，可连接肾单位至集合系统。

肾脏血流丰富，占心排出量20%~25%，肾动脉分支进入肾脏后，分成段间动脉，然后依次分支为叶间动脉、弓状动脉、小叶间动脉，最后形成入球小动脉进入肾小球，经肾小球毛细血管丛，由出球小动脉流出，形成复杂的肾小管周围毛细血管网，最终汇成肾静脉。大量血液流经肾脏血管，以维持足够滤过率。肾小球具有独特的解剖、生理结构，对维持机体内环境稳定极为重要，但也导致各种抗原、抗体和免疫复合物易在肾脏沉积并造成损害。

迄今尚未发现正常肾组织存在固有免疫样淋巴细胞，但肾间质和肾小管间质分布大量巨噬细胞(MΦ)和DC，统称为肾脏单个核吞噬细胞系统(renal mononuclear phagocytic system，rMoPh)。小鼠肾间质rMoPh表面表达MHC Ⅱ类分子和F4/80(为组织驻留MΦ的表型)，并具有提呈抗原功能。

静息状态下，小鼠骨髓造血单核/巨噬细胞和DC前体(hematopoietic monocyte/MΦ/DC precursor，MDP)分化为共同DC前体和前体DC，后者经血循环至肾脏，分化为$CD103^+$rMoPh($CD11b^-$MHC $Ⅱ^+$$CX3CR1^-$$CD11c^+$ $F4/80^-$ $CD103^+$)和$CD11b^+$ rMoPh($CD11b^+$ MHC $Ⅱ^+$ $CX3CR1^+$$CD11c^{+/-}$ $F4/80^{+/-}$ $CD103^-$)亚群。另外，MDP也可分化为Ly-$6C^+$和Ly-$6C^-$单核细胞，二者经血循环至肾脏均可分化为$CD11b^+$rMoPh亚群，占总rMoPh的90%以上，而$CD103^+$rMoPh亚群仅占5%以下，其功能尚不清楚(皮肤、肺和小肠组织的类似细胞可交叉提呈抗原并诱生Treg细胞)。

肾脏炎症状态下，骨髓MDP主要分化为炎性Ly-$6C^+$Mo，后者在CCR2/CCL2作用下(连同少量Ly-$6C^-$ Mo)浸润肾脏，即为炎性rMoPh，具有M1型MΦ(简称M1)和炎性DC的特性。在慢性肾炎过程中M1还可转化为M2。人$CD11b^+$rMoPh表型为$CD11b^+$$CD68^+$BDCA-$1^+$$CD14^+$DC-$SIGN^+$$CD11c^+$MHC $Ⅱ^+$$CD207^-$。(图27-1)

此外，人类多种肾病中(如同种异体肾移植、急慢性间质型肾炎、IgA肾病及膜型肾病等)，B细胞也可被募集至肾小管间质，但不进入肾小球丛，其与浸润的T细胞和DC均围绕新生淋巴管聚集，形成器官化小结节，亦称三级淋巴器官(tertiary lymphoid organ)，但其功能意义尚不完全清楚。肾小管间质内B细胞的功能为：提呈抗原，启动局部免疫应答；分泌细胞因子，促进T细胞增殖和淋巴管新生；促进机体对自身抗原产生免疫应答。

二、免疫相关的肾脏病理生理

(一) 适应性免疫与肾脏病理生理

1. 体液免疫与肾脏病理生理 一般认为，体液免疫效应是导致肾脏疾病发生的主要机制。激发肾脏体液免疫应答的抗原包括两类：①内源性抗原，即自身抗原，包括肾小球或肾小管组织成分，或体液中可溶性抗原，如核酸(RNA、DNA)、组蛋白、脱落的胞膜成分、结缔组织或血清蛋白(补体、胰岛素、风湿因子等)；②外源性抗原，包括外源性血清蛋白(破伤风抗毒素、免疫球蛋白)、药物(青霉素、卡托普利等)或食物过敏原(牛奶)、微生物(如细菌、病毒、真菌、原虫、寄生虫等)。上述抗原激发机体体液免疫应答，所产生的特异性抗体参与清除抗原物质，也可介导肾脏组织炎症反应和损伤。

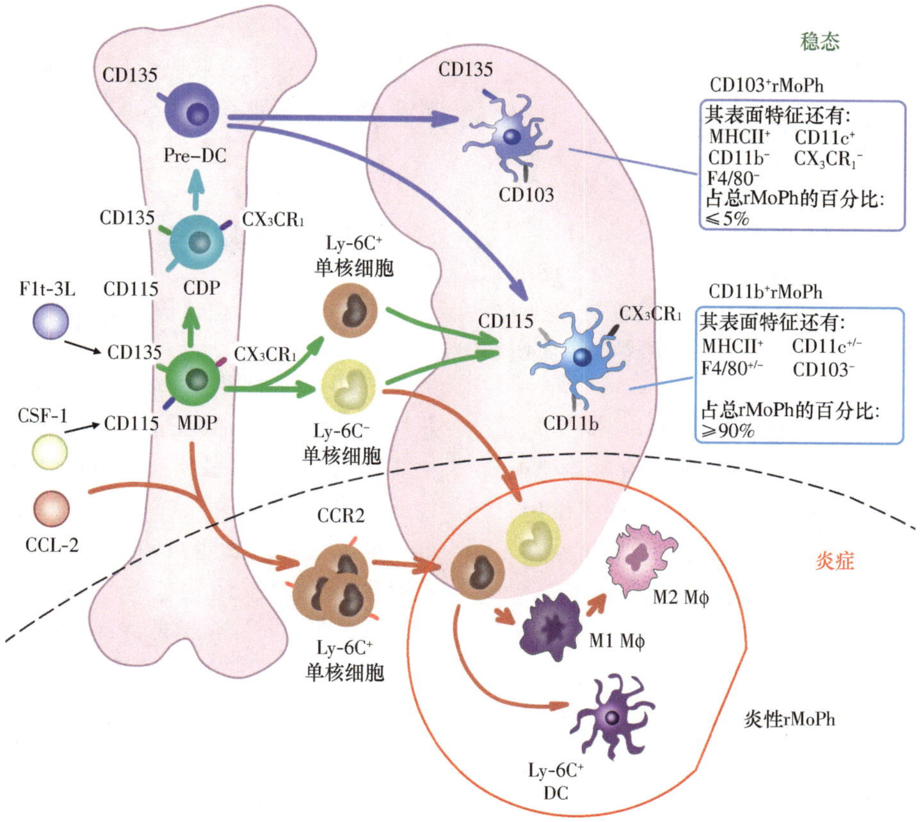

图 27-1 静息和炎症状态下肾单核巨噬细胞系统的分化发育

抗体是介导肾小球损伤的重要效应分子,其作用机制为:①针对肾脏组织细胞的自身抗体通过与细胞表面相应抗原结合,可激活补体并介导肾脏组织损伤;②抗体与可溶性抗原结合为循环免疫复合物(CIC)沉积于肾小球毛细血管壁,通过激活补体而引起炎性细胞浸润和活化、血小板聚集和血管活性胺类物质释放,最终导致肾小球毛细血管通透性增加、缺血和组织受损;③某些抗体(如抗毒素)具有细胞毒性,其通过肾小球滤过时可直接损伤肾组织。(见第十五章)

抗体对肾小球的损伤作用受诸多因素影响:①抗体与其他大分子的相互作用,如狼疮肾炎中,与 DNA 和组蛋白结合的抗体对肾脏损害最大;抗体与补体结合能力可影响其介导肾小球损伤的严重程度;②抗体特征,如带正电荷的抗体易引发肾炎;③预存抗体(如抗 ABO 血型抗体)的作用;④宿主遗传背景,可影响抗体介导的肾小球肾炎严重程度;⑤抗体亲和力及相关参数,可影响抗原-抗体复合物定位(肾小球内皮、上皮细胞或系膜)。

2. 细胞免疫与肾脏病理生理 近年来,细胞免疫参与肾损伤的作用逐渐受到重视。临床资料显示,人类各种肾小球肾炎细胞增生和新月体形成中,均可见 T 细胞进入肾小球毛细血管,但其浸润程度与肾小球损伤严重程度并不相关。浸润肾小球和肾间质的 T 细胞主要为 $CD4^+$ 或 $CD8^+$T 细胞,尤以前者为多。

目前认为,不同 T 细胞功能亚群可通过不同机制(如细胞毒作用;分泌胞毒性细胞因子;激活巨噬细胞等)参与肾脏的免疫损伤。其中,Th1 和 T h2 细胞介导肾脏疾病的作用始终是关注的热点:①Th1 细胞应答可介导肾小球细胞增殖、细胞浸润和新月体形成,导致肾小球增殖性病变;②Th2 细胞应答可介导肾小球膜性病变,同时减轻肾小球细胞增殖、细胞浸润和新月体形成。

近期研究表明,浸润肾脏组织的 Th17 细胞是参与肾脏疾病(如狼疮性肾炎、新月体性肾炎、原发性肾病综合征、糖尿病肾病等)发生的重要效应细胞,其机制为:①分泌 IL-17,通过与 IL-17 受体结合而刺激肾脏固有细胞产生炎症介质;②直接释放或刺激肾脏固有细胞产生趋化因子,从而趋化大量炎症细胞,导致肾脏组织持续性炎症反应和损伤。

细胞免疫参与肾脏疾病发生的临床依据为:微小病变型肾病中,肾小球内并无 IC 沉积,但患者淋巴细胞经体外培养可释放血管通透性因子;急性肾小球肾炎早期,肾小球内可见较多单个核细胞浸润。有关细胞免疫是否可直接诱发肾炎,迄今尚无明确结论,主要原因为:①缺乏公认的借助过继致敏 T 细胞而诱发肾小球肾炎的动物模型；②借助免疫组化分析不同类型肾小球肾炎的肾小球组织，仅能检出少量、一过性T细胞浸润。

(二) 固有免疫与肾脏病理生理

1. 固有免疫模式识别与肾脏病理生理 肾脏rMoPh细胞表面高表达各种模式识别受体(TLR、NLR等)。近期发现，肾脏近曲小管和远曲小管上皮细胞组成性表达TLR2、TLR4及NOD1、NOD2等，它们可识别PAMP和DAMP而参与肾脏缺血再灌注损伤和急、慢性肾炎。

2. 固有免疫细胞与肾脏病理生理

(1) 单核/巨噬细胞 巨噬细胞是肾脏炎症细胞的主要组分，在慢性肾脏疾病进程中起重要作用，且肾小球损伤程度与巨噬细胞浸润程度呈正相关。

巨噬细胞主要来源于骨髓，其浸润肾脏并分化为不同功能亚群，发挥致炎作用。其中，经典活化的巨噬细胞(M1)和旁路活化的巨噬细胞(M2)在慢性肾脏疾病进展中不断相互作用和转化，并通过不同机制参与肾脏疾病发生和发展。

1) 肾脏疾病初期：损伤的肾细胞所释放致炎因子可趋化骨髓及外周血单个核细胞浸润至肾脏损伤局部，进而分化为M1。M1可释放多种炎性细胞因子(如IL-1、IL-6、TNF-α、MCP-1等)及其他炎症介质(如HMGB1等损伤相关的分子模式)，介导肾脏局部炎症反应，并损伤肾脏组织细胞(内皮细胞、肾小管上皮细胞等)。

2) 肾脏疾病进展期：随着M1不断吞噬凋亡细胞，并在微环境IL-10、PDGF等作用下，可转化为M2。M2通过释放TGF-β、CTGF、EGF等生长因子，促进局部组织修复，并抑制过度的炎症反应。持续活化的M2分泌大量TGF-β等细胞因子，可介导肾脏纤维化。

3) 肾脏疾病后期：由于缺乏生长因子，M2通过吞噬组织修复过程中所产生ECM，可逐渐向M1转化。M1释放MMP9/13等活性物质，可清除过多的ECM及纤维组织，避免肾脏纤维化发生。

已证明，慢性肾脏疾病主要病理改变为炎症反应、间质纤维化及肾小管和血管萎缩，巨噬细胞参与上述全部病理过程发生和发展。

(2) 肾脏固有细胞：组成肾脏组织的固有细胞(如肾小球系膜细胞、内皮细胞等)也具有一定免疫功能，并参与肾脏炎症反应发生、发展。例如，肾小球毛细血管间的系膜细胞具有如下功能：①调节毛细血管内血流动力，并促使肾小球内有害大分子滤出；②表达多种受体，通过与相应配体结合而介导炎症反应，导致系膜细胞增生、ECM沉积，最终引起肾小球损伤；③提呈抗原。

迄今，各种肾脏疾病的发病机制仍未完全阐明。一般公认，体液免疫效应是介导肾脏疾病发生的重要机制，细胞免疫也在一定程度上参与其中。

第二节 常见肾脏疾病的免疫学发病机制

一、急性肾小球肾炎

急性肾小球肾炎(acute glomerulonephritis)是以急性肾炎综合征(血尿、蛋白尿、水肿和高血压等)为主要临床表现的肾脏疾病。该病常见病因是β-溶血性链球菌"致肾炎菌株"(常见为A组12型等)感染，链球菌胞壁成分M蛋白和某些分泌产物引发机体免疫应答，导致肾损伤。迄今，急性肾小球肾炎的免疫学发病机制尚不完全清楚，可能的机制为：

1. 链球菌相关的免疫复合物形成并沉积于肾小球 溶血性链球菌感染可刺激机体产生相应抗体，在抗原略多于抗体的情况下，形成可溶性循环免疫复合物，沉积于肾小球内皮下激活补体系统，进而趋化炎症细胞(尤其是中性粒细胞)，后者和病变的肾小球细胞可产生一系列炎症介质(细胞因子、活性氧等)，使肾小球发生弥漫性炎症反应，并出现毛细血管内凝血。此外，$CD4^+$T细胞和单核细胞亦可浸润肾小球和肾间质，参与局部炎症反应。

2. 链球菌和肾组织抗原发生交叉反应 其机制为：①链球菌与某些肾小球基底膜成分具有共同抗原表位(蛋白质或糖链位点)，机体针对链球菌产生的抗体可与肾脏组织抗原发生交叉反应；②携带正电荷的链球菌抗原成分，可通过电荷反应种植于肾小球基底膜，特异性抗体可同时与附着于肾组织的链球菌及肾脏表达的共同抗原结合，形成原位免疫复合物，引发肾炎及肾组织损伤。

3. 正常肾脏组织抗原改变 致肾炎链球菌感染诱导人体产生神经氨酸酶，可水解血循环中IgG的唾液酸残基(sialic acid residue，SAR)，暴露IgG分子的隐藏抗原表位，后者与体内抗IgG抗体结合为免疫复合物而沉积于肾小球，通过激活补体而介导肾炎发生。

免疫学检测可用于诊断急性肾炎，也可评价疾病进展情况。急性肾小球肾炎患者可出现如下免疫异常：①抗链球菌溶血素(ASO)、抗链激酶(ASK)、抗透明质酸酶(AH)、抗DNA酶等抗体(IgG和IgM)滴度均升高，起病1～2月恢复正常；②起病2周内血清总补体和C3水平下降，4～6周恢复正常，若持续降低则提示肾脏病变持续。

二、肾小管间质性肾炎

肾小管间质性肾炎(tubulointerstitial nephritis, TIN)是由多种病因引起、发病机制各异、以肾小管间质炎症损伤为主的一组疾病,可分为两类:①急性肾小管间质性肾炎,特点是肾间质水肿、炎症细胞浸润;②慢性肾小管-间质性肾炎,特点是肾间质纤维化、肾小管萎缩。本章主要介绍急性肾小管间质性肾炎,药物和感染为此病最常见病因,但发病机制尚未完全阐明,一般认为免疫学机制参与疾病发生。

1. 细胞免疫参与急性 TIN 肾小管间质抗原(如肾小管基膜相关抗原)和外源性可溶性抗原(药物、代谢物等)是启动免疫应答并导致组织损伤的重要因素。该病病理学特征为:患者肾小管间质水肿,伴灶性或弥漫性炎症细胞浸润(包括多形核细胞、单个核细胞),但无抗体沉积,某些类型小管间质性肾炎偶见抗肾小管基膜抗体和免疫复合物。

不同类型急性 TIN 中,其肾小管间质所浸润的炎症细胞种类和部位存在差异,例如:药物相关性 TIN 患者的细胞浸润多出现于远端肾小管,以 T 细胞为主,也可见嗜酸粒细胞;细菌感染性 TIN 患者,以中性粒细胞浸润为主;病毒感染性 TIN 以单核细胞浸润为主,也可见淋巴细胞浸润。

2. 体液免疫参与急性 TIN 体液免疫也在肾小管间质免疫损伤中发挥一定作用,相关的致肾炎抗原包括基膜抗原、肾小管细胞产物和表面抗原,以及其他可溶性抗原。体液免疫的损伤机制为:抗体直接损害肾小管细胞;免疫复合物形成或沉积,损伤小管间质(伴随单个核细胞浸润肾小管间质)。

三、IgA 肾病

IgA 肾病(IgA nephropathy)即 Berger 病,属原发性肾小球病,是我国肾小球源性血尿最常见病因,特征为:反复发作性的肉眼血尿或镜下血尿;肾小球系膜区 IgA 沉积。患者循环中 IgA 和 IgA 免疫复合物增加,在 IgA 肾病发病中起重要作用。

1. IgA 肾病患者体内病理性 IgA 的来源 人体 IgA 主要来源于黏膜组织和骨髓:①正常黏膜组织主要产生 IgA2,而患者循环中 IgA1 选择性增高,且肾组织系膜沉积物主要是 IgA1,故黏膜来源 IgA 在发病中不起关键作用;②患者骨髓产生多聚体和单聚体 IgA1 增加,而 IgA2 正常,提示骨髓来源的 IgA 在肾病发生中起重要作用。

2. IgA 肾病患者体内 IgA 升高的机制 IgA 合成增加或分解降低均可导致循环 IgA 水平增高。IgA 合成增加的可能机制是:①正常情况下,体液免疫应答所产生抗体可反馈性抑制 B 细胞持续、过量产生抗体;②IgA 肾病患者 IgA 结构异常,上述反馈性抑制作用降低,同时伴多克隆 B 细胞激活,导致 IgA 产生失控。有关 IgA 分解降低的机制尚不清楚。

3. IgA 参与肾病发生的作用及其机制 系膜 IgA 沉积物均伴有补体沉积,提示 IgA 可能通过激活补体而介导炎症损伤,其机制为:多聚体 IgA 易形成可溶性 IgA 免疫复合物,主要通过激活补体旁路途径而发挥致炎作用。

另外,其他机制也可能参与 IgA 肾病发生,例如:①系膜细胞在 IgA 发病中起重要作用;②IgA 肾病患者体内存在抗自身系膜抗原的 IgG 抗体,其效价与血尿、蛋白尿相关,但与 IgA 沉积的相关性尚不明确。

(徐 刚)

第二十八章 肌肉、关节和结缔组织免疫

肌肉、关节及结缔组织是广泛分布于机体的组织器官,固有免疫和适应性免疫异常与这些组织疾病的发生密切相关,如累及骨、关节及周围软组织(如肌肉、滑囊、肌腱、筋膜、神经等)的风湿性疾病(rheumatic diseases)即是一组常见的免疫相关疾病。风湿性疾病中的一大类是弥漫性结缔组织病(connective tissue disease,CTD),其发病基础是免疫功能紊乱,可累及包括肌肉、骨骼等在内的多个系统。

第一节 肌肉、骨关节和结缔组织相关的免疫解剖学

一、肌肉相关的免疫解剖学特征

肌组织主要由肌细胞组成,肌细胞间含少量结缔组织、血管、淋巴管和神经等。肌细胞亦称肌纤维,根据其光镜下的解剖学特点可分为两类:①有明暗相间横纹的肌纤维称为横纹肌,包括骨骼肌(主要分布于躯干、四肢)和心肌;②无明暗相间横纹的肌纤维称为平滑肌。肌肉疾病(muscular disorder)通常指骨骼肌疾病,但心肌和平滑肌也可受累。

骨骼肌由平行排列的骨骼肌纤维组成,其结构为:肌细胞膜及胞外基膜构成肌膜;每条肌纤维由一薄层疏松结缔组织包裹,称肌内膜;数条至数十条肌纤维聚集成束,其外包裹一层较厚的疏松结缔组织,称肌束膜;包裹于整块肌肉外面的致密结缔组织称肌外膜,即深筋膜。

生理状态下,肌组织内鲜有免疫细胞。炎症等病理状态下,免疫细胞可浸润肌纤维及周围结缔组织,并发动免疫攻击,例如:CTL可浸润多发性肌炎病灶,损伤肌纤维;$CD4^{+}$T细胞可浸润皮肌炎病灶,介导血管周围炎症等。

二、结缔组织相关的免疫解剖学特征

结缔组织来源于胚胎期间充质,由细胞和大量细胞外基质构成,结构特点是:细胞数量较少,散在分布于细胞外基质;细胞无极性;细胞外基质多,由纤维、基质和组织液组成。

(一)结缔组织的组织学特征

结缔组织通常指柔软的固有结缔组织,包括疏松结缔组织、致密结缔组织、脂肪组织和网状组织,具有支持、连接、保护、营养和物质运输等功能。广义的结缔组织还包括液态的血液、坚固的骨组织和软骨组织。

1. 疏松结缔组织的组织学特征 疏松结缔组织亦称蜂窝组织,广泛分布于器官、组织和细胞之间,主要由细胞组分、纤维和基质构成,特点是细胞种类多、纤维数量少、排列疏松、富含基质、血管丰富。

(1)细胞组成:主要是成纤维细胞,以及分布其间的其他细胞(如巨噬细胞、浆细胞、肥大细胞、脂肪细胞、未分化的间充质细胞等)。炎症反应时多种白细胞可由血液渗出至结缔组织。(详见后述)

(2)纤维:①胶原纤维,其含量最多,韧性大,抗拉力强,主要成分是由成纤维细胞产生的Ⅰ型胶原蛋白,组织损伤时胶原纤维生成明显增多,以修补创面并形成瘢痕;②弹性纤维,含量较胶原纤维少,但分布广泛,富于弹性,伸展性强,与胶原纤维混合交织,使疏松结缔组织具有弹性和韧性,使所连接组织或器官的形态、位置相对固定并有一定可变性;③网状纤维,数量少,纤维较细并多分支,主要由Ⅲ型胶原蛋白构成,分布于网状组织、上皮基膜的网板,是造血器官、淋巴组织的重要成分,构成这些器官的支架,起固定、支持和连接的作用。

(3)基质(ground substance):是由生物大分子构成的无定形胶样物,有一定黏性,填充于细胞和纤维之间,其主要成分是:①蛋白多糖,亦称黏多糖,是基质主要成分,大量蛋白多糖聚合体形成多孔隙的分子筛(molecular sieve),可限制大于其孔径的有害物质(如细菌和异物等)扩散,从而发挥防御屏障功能;②纤连蛋白(fibronectin),由成纤维细胞合成,存在于胶原纤维和结缔组织细胞周围,参与细胞识别、黏附、迁移和增殖。

(4)组织液:分布于基质空隙,是毛细血管动脉端渗出的血浆成分,可经毛细血管静脉端回流入血液循环,成为血液与细胞间进行物质交换的重要媒介。组织液渗出、回流受阻,或机体电解质、蛋白质代谢障碍时,基质组织液含量可能异常增多或减少,从而发生组织水肿或脱水。

2. 致密结缔组织的组织学特征 致密结缔组织主要成分是纤维,其纤维粗大,排列致密,细胞和基质

成分较少，主要发挥支持和连接功能。根据纤维性质和排列方式可分为两类：①规则致密结缔组织，主要构成肌腱和腱膜，骨骼肌借助肌腱附着于骨骼表面，腱的再生能力很强。病理情况下，肌腱等附着点可成为自身免疫病的靶器官，如强直性脊柱炎患者常出现筋膜炎、跟腱炎及其他部位的肌腱端病（详见第三节）；②不规则致密结缔组织，主要见于真皮、硬脑膜、巩膜及许多器官的被膜处，纤维间含少量基质和成纤维细胞、纤维细胞、神经束等。

3. 脂肪组织和网状组织的组织学特征　脂肪组织主要由大量群集的脂肪细胞构成，并由疏松结缔组织分割为许多脂肪小叶。网状组织由网状细胞、网状纤维和基质构成，不单独存在于体内，而是参与构成造血组织和淋巴组织，为血细胞发生和淋巴细胞发育提供适宜微环境。

（二）疏松结缔组织的免疫微环境

疏松结缔组织内含多种免疫细胞及免疫相关细胞。

1. 成纤维细胞　是疏松结缔组织的主要细胞，主要来自间充质细胞，是组成器官及维持其正常功能的基础结构细胞。成纤维细胞胞体较大，呈扁平形，常附着于胶原纤维或弹性纤维上，主要功能是产生结缔组织的各种纤维和基质，参与创伤修复。成纤维细胞可在趋化因子介导下发生趋化运动，并具有一定吞噬功能。静止状态的成纤维细胞称为纤维细胞（fibrocyte），创伤等情况下纤维细胞可再转化为成纤维细胞，合成分泌新的细胞外基质，与增生的毛细血管共同形成新生肉芽组织。

2. 免疫细胞　①巨噬细胞，其数量较多，包括功能活跃地游走巨噬细胞和散在分布的静止巨噬细胞（即组织细胞，histocyte），后者在炎症、异物等刺激下可被活化为游走的巨噬细胞，具有广泛的免疫功能，并参与清创和创伤修复；②浆细胞，在一般结缔组织中很少，但在病原体或异物蛋白侵入部位（如消化管和呼吸道黏膜结缔组织）含量较多，病理情况下（如慢炎症病灶或肉芽肿内）浆细胞增多；③肥大细胞，主要分布于机体与外界接触的部位（如皮肤、消化道和呼吸道结缔组织），常沿小血管周围成群分布；④未分化间充质细胞，分布于小血管周围，具有分化潜能，在炎症和创伤修复中可增殖分化为成纤维细胞、脂肪细胞、内皮细胞和平滑肌细胞等；⑤白细胞，在黏附分子和趋化因子介导下由血管壁浸润结缔组织，参与炎症反应。

三、骨关节相关的免疫解剖学特征

关节是骨与骨之间相互连接形成的结构，分为可动关节和不动关节，其结构为：①关节囊，外层为致密结缔组织，内层是较疏松的滑膜（synovial membrane），后者参与正常关节运动、滑液形成以及营养和保护软骨细胞等；②关节软骨，为薄层透明软骨，其基质中胶原纤维呈拱形走向，有加固作用，接近骨组织的软骨基质发生钙化；③滑液，存在于关节囊内，含大量水分、少量透明质酸、黏蛋白及少量淋巴细胞和巨噬细胞，滑液可润滑关节软骨并向软骨细胞提供营养。有赖于关节运动的协助，滑膜液可进入滑膜淋巴管。正常关节内仅含少量由血浆滤出的滑液（细胞数<2000/mm^3），关节病变时滑液容积和细胞组分可发生改变。（图 28-1）

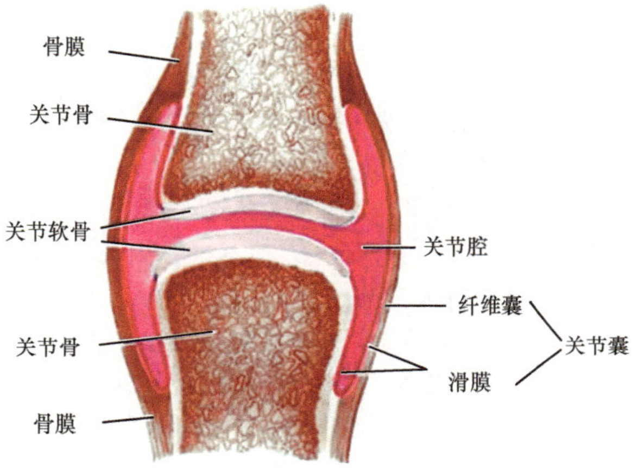

图 28-1　关节解剖结构模式图

（一）关节滑膜的组织解剖学

滑膜包括两层，两者间缺乏成型的基膜将之分开。

1. 滑膜衬里层　由 1～3 层滑膜衬里细胞（synovial lining cell，SLC）构成，细胞在关节囊内表面呈上皮样非连续排列，可吞噬、清除滑液中碎片。根据超微结构和细胞化学特征，滑膜细胞主要分为 A 型细胞（约占 20%～30%）和 B 型细胞（约占 70%～80%）（详见下文）。

2. 滑膜衬里下层　由纤维血管结缔组织构成，并与致密胶原纤维性关节囊合并。正常情况下，衬里下层除散在分布成纤维细胞、巨噬细胞和少量肥大细胞，罕有其他炎症细胞。炎症及免疫病理过程中，滑膜可成为靶器官，如 RA 患者滑膜衬里层是炎症始发部位。

3. 关节滑膜的淋巴、血管和神经组织　滑膜衬里下层的疏松结缔组织含血管、淋巴管分支、神经和多种常驻细胞。毛细血管前微动脉在衬里层血液供应中起主要作用，血管内皮细胞表达 CD34、CD31 等。滑膜淋巴管可清除滑膜或滑液内的代谢产物，水肿及慢性炎症的衬里下层中淋巴系统非常丰富。滑膜分布有丰富的交感和感觉神经，可调节滑膜血流量。

(二) 关节滑膜内免疫细胞构成及特点

滑膜的细胞组成包括滑膜衬里层A型和B型细胞，及散在分布于滑膜衬里下层的巨噬细胞、成纤维细胞、脂肪细胞等。

1. 滑膜衬里层A型细胞 来源于血液中单核细胞，可被微生物和多种细胞因子（IFN-γ、IL-4、IL-10等）激活而转化为滑膜巨噬细胞（即A型滑膜细胞）。此型细胞特征为：具有明显高尔基体、大液泡和小泡，几乎不含粗面内质网，质膜表面伸出丝状伪足；表达巨噬细胞表面标志（如CD45、CD163、CD97、CD68）并高表达MHC Ⅱ类分子（HLA-DR）。

2. 滑膜衬里层B型细胞 可能来源于滑膜的间充质干细胞，紧邻滑膜下层分布，膜表面不表达MHC Ⅱ类抗原。其胞质内分布丰富的粗面内质网，具有强的蛋白合成能力，可产生重要的关节润滑物质（如透明质酸、润滑素），可选择性表达某些黏附分子，参与介导淋巴细胞进入滑液。此型细胞形态及功能类似于成纤维细胞，主要参与细胞外基质（ECM）重塑及组织修复。成纤维细胞具有一定异质性，不同器官成纤维细胞的形态，所产生细胞因子、趋化因子和生长因子等存在差异。滑膜成纤维细胞还具有屏障作用，疾病状态下可参与调控组织损伤、炎症消除，并影响疾病预后。

3. 其他免疫细胞 关节滑膜衬里层存在大量滑膜B细胞和成纤维细胞。另外，RA等免疫性疾病患者滑膜内浸润大量单核/巨噬细胞，后者参与慢性炎症、自身免疫应答，以及组织损伤和修复等。

另外，脂肪细胞是构成脂肪组织的主要细胞，分布于滑膜衬里下层，可由间充质干细胞分化而来。根据细胞形态和功能的不同，脂肪组织分为白（黄）色脂肪组织和棕色脂肪组织，分别包括两类脂肪细胞。脂肪细胞谱系尚未明了，有学者认为，脂肪前体细胞（前成脂肪细胞）是未分化的成纤维细胞，可被刺激而形成脂肪细胞。另外，脂肪细胞中还含具有多能分化潜能的脂肪干细胞，生物学特征类似间质干细胞。

第二节 肌肉、关节和结缔组织疾病的免疫学发病机制

固有免疫和适应性免疫共同参与肌肉、关节和结缔组织病理过程发生。固有免疫参与类风湿关节炎等滑膜病变发生的机制为：①滑膜内非特异性炎症可介导DC成熟和分化，从而向T细胞提呈抗原，诱导Th1或Th2细胞应答；②细菌及其产物激活滑膜巨噬细胞，使之分泌多种细胞因子，进而激活DC、B细胞和NK细胞；③关节内补体系统被激活，可增强局部炎症反应和B细胞应答。

适应性免疫参与肌肉和关节疾病的主要机制为：滑膜APC（DC、巨噬细胞）摄取、加工、处理、提呈某些滑膜关节组织自身抗原，激活$CD4^+$T细胞并辅助B细胞产生自身抗体；效应性T细胞和激活的巨噬细胞产生多种炎性细胞因子，介导滑膜慢性炎症；细胞毒性细胞（CTL、NK细胞）介导Fas阳性的滑膜组织细胞凋亡。

多种免疫效应分子在肌肉和关节病理过程中发挥重要作用，例如：TNF-α可持续破坏关节软骨和骨，造成关节畸形；IL-1可引起全身性症状（如低热、乏力等）；自身抗体（包括类风湿因子）发挥体液免疫效应，导致组织损伤；多种炎性细胞因子导致急性期蛋白（C反应蛋白）合成增多和红细胞沉降率升高。

免疫紊乱所致结缔组织病中，不同疾病的靶组织及临床表现各异。例如：类风湿关节炎以滑膜炎为特征；多发性肌炎和皮肌炎以肌肉炎症为特征；系统性红斑狼疮以小血管炎为特征；干燥综合征以唾液腺炎和泪腺炎为特征；系统性硬化症以皮下纤维组织增生为特征；强直性脊柱炎（属脊柱关节病）以附着点炎症为特征。

一、类风湿关节炎

类风湿关节炎（rheumatoid arthritis，RA）是最常见的自身免疫性慢性炎性关节病，主要病理改变为滑膜炎，表现为滑膜组织异常增生、软骨和骨进行性破坏及大量炎性细胞浸润。RA发病机制至今尚未完全明确，一般认为是未知致病性抗原作用于有遗传倾向的个体，导致免疫异常，引发炎症反应和滑膜增殖性病变，导致关节破坏，患者出现关节畸形及功能障碍。RA病因不清，环境因素可能是触发因子，易感者对感染（病毒、细菌）、精神、神经及内分泌因素等具有较高敏感性。

1. RA发病的细胞学基础 多种免疫细胞参与RA发病及进程。

（1）滑膜内层衬里细胞：①A型滑膜细胞，是病灶部位的重要APC，也是局部炎性细胞因子（TNF-α、IL-1和IL-6等）的主要来源；②B型滑膜细胞，是介导RA关节破坏的主要细胞，其过度增生可致滑膜增厚，并通过产生细胞因子、蛋白酶而损伤骨和软骨组织。正常滑膜A型和B型滑膜细胞数量保持相对平衡，RA患者两种细胞（尤其是A型细胞）数量均明显

增加。

（2）滑膜T细胞和B细胞：正常滑膜间质仅含少量细胞，但RA患者滑膜间质浸润大量活化的淋巴细胞（尤其是$CD4^+T$细胞）和B细胞。致病自身抗原使$CD4^+T$细胞激活失控，进而激活多克隆B细胞，产生大量自身抗体，与相应自身抗原结合为免疫复合物，沉积于关节内、外血管壁，通过激活补体而加重炎症反应和关节损伤，从而在RA发病始动阶段和持续进程发挥重要作用。大量$CD4^+T$细胞（尤其是Th1细胞）浸润滑膜，进入激活巨噬细胞并促进CTL分化，产生大量炎性细胞因子而引发迟发性过敏反应（DTH），导致炎性损伤。

（3）其他免疫细胞：①RA患者滑膜和滑液均含丰富DC，关节局部轻微创伤、感染、过敏、超抗原或免疫复合物等，均可激发滑膜组织炎症反应，导致滑膜衬里层巨噬细胞释放细胞因子，促使滑膜组织DC分化和成熟；②RA滑膜部位肥大细胞数量显著增多（可达正常人10倍以上），其他炎性关节病（如骨关节炎、痛风等）也可见此现象；③RA滑膜组织内存在NK细胞，可刺激B细胞产生类风湿因子（RF）；④皮质下骨和骨髓中的骨髓细胞液参与滑膜炎症反应，其功能为介导巨噬细胞向滑膜迁移，协助支持细胞（sertoli cell）辅助B细胞生存。

2. RA发病相关的免疫效应分子

（1）细胞因子：RA滑膜细胞可产生多种细胞因子，参与滑膜细胞活化、增殖，以及炎症迁延及骨损伤等。例如：①IL-1，主要由滑膜巨噬细胞产生，可刺激B型细胞活化并释放多种调节因子，诱导成纤维细胞增生并释放糖胺聚糖；②TNF-α，是参与RA的主要促炎细胞因子，导致侵袭性、破坏性滑膜炎发生，早期应用TNF-α抑制剂可长期缓解RA；③IL-6，主要由B型滑膜细胞产生；④IL-15、IL-18，均由滑膜巨噬细胞产生，可刺激滑膜成纤维细胞增生并产生趋化因子、IL-6、GM-CSF等，给予IL-18抑制剂可显著环节胶原诱导的关节炎病情。此外，T细胞分泌的IFN-γ、IL-17等也参与RA发病。

（2）黏附分子：多种细胞因子可刺激血管内皮细胞表达细胞间黏附分子（ICAM），从而介导循环中单核细胞和中性粒细胞趋化至滑膜组织。

（3）自身抗体：RA患者体内可检出多种自身抗体，①类风湿因子RF（主要为IgM和IgG），是针对IgG Fc段的自身抗体，可与变性的IgG及自体（或异体）IgG结合，通过经典途径激活补体；②抗环瓜氨酸肽（anticyclic citrullinated peptide，CCP）抗体，在RA患者检出率近90%，不仅参与RA发病，也可作为判断免疫高反应性和亚临床炎症的指标；③抗角蛋白抗体（anti-keratose antibody，AKA）和抗核周因子（antiperinuclear factor，APF），可在临床症状前出现，特异性高于RF，对RA有较高临床诊断意义。

此外，RA活动期患者可出现高丙球蛋白血症、低补体血症及炎性细胞因子（IL-1、IL-2，TNF等）水平升高。

二、多发性肌炎和皮肌炎

特发性炎性疾病（idiopathic inflammatory myopathies，IIM）是一组以四肢近端肌肉受累为突出表现的异质性疾病，以多发性肌炎（polymyositis，PM）和皮肌炎（dermatomyositis，DM）最为常见。本病机制尚未明，一般认为是环境因素作用于遗传易感性个体产生异常免疫应答所致。

1. 体液免疫异常　PM/DM患者体内可检出多种自身抗体，包括两类：①肌炎特异性自身抗体（myositis-specific autoantibody，MSA），主要包括抗氨基酰tRNA合成酶（aminoacyl-tRNA synthetase，APS）抗体［如针对组氨酸（Jo-1）、苏氨酸等氨酰基合成酶的抗体］、抗信号识别颗粒（signal recognition particle，SRP）抗体和抗Mi-2抗体；②肌炎相关性自身抗体（myositis-associated autoantibody，MAA）。

2. 细胞免疫异常

（1）免疫细胞浸润及特征性病理改变：PM的特征性病理改变是，肌内膜区或非坏死肌纤维内有$CD8^+T$细胞浸润，从而特异性杀伤肌纤维，引起肌肉损伤。非IIM肌病（如药物性、代谢性肌病等）主要表现为巨噬细胞浸润。此外，PM中亦可见巨噬细胞、$CD4^+T$细胞、DC和少量NK细胞浸润。

DM病理特点是炎症反应发生于血管周围或肌间隔及其周围，而非肌束内。病变组织可检出$CD4^+T$细胞、巨噬细胞、DC（偶见B细胞）浸润。DM发病早期事件之一是补体激活，补体活性片段和膜攻击复合物沉积于内皮细胞，损伤毛细血管并导致毛细血管密度减低，剩余的毛细血管代偿性扩张，类似毛细血管后微静脉，亦可见新生毛细血管。毛细血管减少及肌组织内束周萎（晚期）是DM的特征性表现，同时伴有血管周围炎症、缺血（少见）。

（2）MHC Ⅰ类分子表达异常：正常骨骼肌细胞几乎不表达MHCI类分子，但IIM非坏死肌纤维（在肌膜，部分见于胞质）早期可广泛表达MHC Ⅰ类分子，这是IIM病理学特征之一。MHC Ⅰ类分子阳性细胞可作为CTL特异性杀伤作用的靶细胞，从而在IIM发病中起重要作用，相关依据为：动物实验中，骨骼肌过度表达MHC Ⅰ类分子的小鼠可出现与人类肌炎类似的生化、组织学、免疫学特征及肌无力表现;临床观察发现,肌炎患者肌纤维表达 MHC Ⅰ类分子早于炎性细胞浸润。

(3) 炎症介质产生增多:肌肉组织炎症细胞、内皮细胞和肌纤维本身均可产生大量炎性细胞因子(IL-1α,IL-1β,TNF-α 和 IFN-α 等),从而参与肌炎发病。近年发现,PM/DM 患者肌肉间质可检出大量高迁移率蛋白 1(high mobility group box 1,HMGB1),释放至细胞外的 HMGB 1 属损伤相关的分子模式(DAMP),在 IIM 炎症反应及组织损伤中发挥重要作用。

另外,非免疫学机制(如内质网应激和缺氧等)可能也参与 IIM 发生、发展,相关依据为:①肌炎患者炎症反应程度并非必然与肌纤维破坏或肌无力等临床表现呈正相关;②肌纤维结构遭破坏并非必然依赖于炎性细胞存在;③抗炎治疗对部分肌炎患者无效,且类固醇激素虽可减少肌组织中炎症细胞,但不能明显改善临床症状。

三、系统性红斑狼疮

系统性红斑狼疮(SLE)是一种原因不明的慢性自身免疫病,可累及多系统、多脏器,临床表现多样,病情迁延,血清可检出以抗核抗体(antinuclear antibody,ANA)为代表的多种自身抗体。该病病因不明,遗传、环境、激素、吸烟、感染、药物等因素均与发病密切相关,多种因素共同导致机体免疫功能紊乱和疾病发生。

1. 免疫细胞异常 SLE 患者体内适应性免疫细胞及固有免疫细胞均出现异常。

(1) B 细胞异常:SLE 患者 B 细胞数量和活性均明显增加,可产生大量自身抗体,通过形成免疫复合物、激活补体、调理吞噬、ADCC 等介导免疫损伤。另外,B 细胞亚群失衡(如调节性 B 细胞下降)及功能异常也参与 SLE 发病。

(2) T 细胞异常:表现为,①Treg 细胞功能降低;②Th2 细胞功能增强,可通过释放 IL-4 等促进 B 细胞增殖、分化,促进自身抗体产生;③TCR 信号传导缺陷,导致 Th1/Th2 细胞失衡,引起多克隆 B 细胞激活及大量产生自身抗体;④Th17 细胞功能增强。

(3) 单核/巨噬细胞异常:主要表现为单核/巨噬细胞不能有效结合并处理免疫复合物,并在疾病活动期释放大量 IFN-γ,导致免疫调节功能异常。

(4) NK 细胞异常:表现为对 B 细胞功能的抑制作用减弱。

2. 致病性自身抗体 SLE 患者体内可检出众多致病性自身抗体,包括针对核小体、双链 DNA(dsDNA)和磷脂等不同抗原的抗体。其中,最主要的是针对一系列细胞核组分的 ANA。不同自身抗体参与 SLE 发病的机制各异:某些自身抗体可形成免疫复合物,引发免疫复合物性肾小球肾炎、关节炎、皮疹、血管炎、浆膜炎等;某些抗体作用于细胞膜抗原,导致溶血性贫血(如抗红细胞抗体)、血小板减少性紫癜(如抗血小板抗体)、中枢神经系统损伤等。

3. 致病性免疫复合物 免疫复合物沉积是引发 SLE 特征性组织损伤的重要机制。促进免疫复合物在组织沉积并致病的因素为:免疫复合物过量;中等分子量免疫复合物不易被清除;复合物的阳离子易与组织的阴离子结合,复合物中抗体能识别某些特定组织成分(如肾小球肌动蛋白);免疫复合物和凋亡小体的清除、分解减弱。

免疫复合物主要通过与红细胞表面补体受体 1(CR1)结合而被转运至肝脏和脾脏,SLE 患者红细胞表面 CR1 分子表达降低,导致致病性免疫复合物长期存在并引起组织损伤。

4. 细胞因子 SLE 患者异常活化的淋巴细胞可产生大量细胞因子,在疾病发生、发展中起重要作用,例如:①SLE 患者淋巴细胞高分泌 IL-6,并表达 IL-6 受体;②SLE 患者 IFN-α 水平升高,与疾病活动性相关(临床应用 IFN-α 进行治疗时,部分患者可出现自身抗体甚至 SLE 样症状)。

5. 免疫调节异常 主要表现为:①免疫复合物和凋亡细胞清除能力下降;②激活诱导的细胞死亡(AICD)减弱,B 细胞和 T 细胞存活时间延长,反应性增高;③细胞因子分泌失衡,IFN-α、IFN-γ、IL-6、IL-10 等水平升高,而 IL-2 和 TGF-β 降低;④调节性 T 细胞(Treg)及 $CD8^+$抑制性 T 细胞数量和功能缺陷。

6. 细胞凋亡异常 近年证实,细胞凋亡异常参与 SLE 发病。Fas 基因缺陷的 SLE 模型鼠,其外周血淋巴细胞凋亡明显降低,体内淋巴细胞过度增殖,不能通过凋亡而清除自身反应性 T 细胞,导致异常自身免疫应答和疾病发生。

四、强直性脊柱炎

脊柱关节病(spondyloarthropathy, SpA)指以中轴、外周关节及关节周围组织慢性进展性炎症为主要表现的一组疾病。该病以强直性脊柱炎(ankylosing spondylitis,AS)为基本型,还包括反应性关节炎、银屑病关节炎、肠病性关节炎及未分化脊柱关节病等。其中,AS 多见于青少年,是病因不明、与 HLA-B27 关联的慢性炎症性疾病。AS 的基础病变是附着点病,包括肌腱、韧带、关节囊等附着于骨的部位发生炎症、纤维化甚至骨化。AS 病因及发病机制尚不清楚，遗传和环境因素等在该病发病中起重要作用。

1. 遗传因素　AS 是一种经典的遗传易感性疾病。

（1）HLA-B27：AS 发病与 HLA-B27 密切相关，并有家族聚集倾向，患者一级亲属罹患本病的风险较一般人群高 20 ~ 40 倍，我国 AS 患者中 HLA-B27 阳性率高达 90%。HLA-B27 与 AS 关联的机制尚部清清楚。有观点认为：病灶部位细胞表面 HLA-B27 可提呈致病抗原，供 $CD8^+T$ 细胞识别并使之对靶细胞发动攻击，导致组织损伤。

（2）非 HLA-B27 基因：除 HLA-B27 外，其他 HLA-B 等位基因（HLA-B60、B61、B7、B13、B22、B39、B40、B41、B42）与 HLA-B27 阴性的 AS 相关。此外，HLA-DRB1 *01、DRB1 *07、DRB1 *08 等位基因也可能（独立于 HLA-B27）与 AS 关联。

2. 环境因素　环境因素在 AS 发生中起重要作用，相关依据为：①HLA-B27 转基因鼠仅在有菌环境中才出现与 SpA 类似的症状；②将已开始患病的模型鼠移至无菌环境后，其症状可好转甚至消失；③高达 60% 的 AS 患者存在肠道炎症；④幼年外周关节炎患者，若存在肠道炎症，其发生中轴关节病的可能性增加；⑤AS 患者血清中针对某些细菌（如肺炎克雷伯菌和大肠埃希菌）的 IgA 抗体水平升高。

3. 免疫因素　骶髂关节炎是 AS 病理性标志和早期表现之一。已发现：AS 患者受累的骶髂关节局部浸润大量 $CD3^+T$ 和 $CD68^+$巨噬细胞；受累组织及周围可检处 TNF-α、IL-1 和 IL-6 等炎性细胞因子；动物实验中，TNF-α 过表达可致抵髂关节炎，给予抗 TNF-α 制剂治疗可获显著效果。

（董凌莉　高荣芬）

第二十九章 皮肤免疫

第一节 皮肤免疫系统的组织解剖和功能

皮肤是人体最大的组织器官,构成机体和外界环境间的免疫屏障。1983 年 Streilein 提出皮肤相关淋巴样组织(skin-associated lymphoid tissue, SALT)概念,其包括角质形成细胞、朗格汉斯细胞、表皮内 T 细胞、血管内皮细胞及皮肤引流淋巴结。1986 年 Bos 提出皮肤免疫系统(skin immune system,SIS)概念,除前述 SALT 所包括免疫细胞,还包括真皮 DC、肥大细胞、细胞因子、趋化因子和抗体等。SIS 功能为:①固有免疫功能,如角质形成细胞间紧密连接构成细胞屏障,巨噬细胞等吞噬、溶解和杀灭病原微生物的作用,以及补体溶细胞作用等;②适应性免疫功能,指角质形成细胞、朗格汉斯细胞和真皮 DC 等的抗原提呈作用,T 细胞及其亚群的效应,及免疫分子(如细胞因子和抗体等)的效应等。

近年发现,真皮在皮肤免疫中具有重要意义。1989 年 Sontheimer 提出真皮微血管单元(dermal microvascular unit,DMU),被视为 SIS 的亚系统,包括血管内皮细胞、真皮微血管周围 T 细胞、真皮 DC、肥大细胞和单核/巨噬细胞等。1993 年 Nickoloff 等提出真皮免疫系统(dermal immune system,DIS)概念,除包括 DMU 所提及细胞,还包括成纤维细胞及体液成分(细胞因子、神经肽等)。(表 29-1)

表 29-1 皮肤免疫系统细胞和体液组分

细胞成分	体液成分
角质形成细胞	β-防御素(β-defensin)
未成熟 DC(LC)	抗菌肽(cathelicidin)
成熟 DC(DDC,IDEC,Tip-DC)	补体及其调节蛋白
单核/巨噬细胞	甘露糖结合凝集素(MBL)
粒细胞(中性粒细胞、嗜酸粒细胞、嗜碱粒细胞)	细胞因子
肥大细胞	趋化因子
血管内皮细胞	神经肽
淋巴管内皮细胞	类十二烷酸,前列腺素
T 细胞及其亚群	免疫球蛋白

注:LC:朗格汉斯细胞;DDC:真皮 DC;IDEC:炎症性表皮 DC;Tip-DC:产生 TNF/INOS 的 DC

一、皮肤免疫系统的细胞组成

SIS 细胞包括两类:①定居细胞,如角质形成细胞、DC、组织巨噬细胞、肥大细胞和血管淋巴管内皮细胞等;②可被召集和再循环的细胞,前者包括单核细胞、肥大细胞、粒细胞和 T/B 细胞,后者包括 DC 和 T 细胞等。

1. 角质形成细胞(keratinocyte,KC) KC 是表皮屏障的第一道防线,通过识别病毒核酸、脂多糖、鞭毛蛋白和酵母聚糖等,在早期监视病原体中发挥重要作用。同时,KC 和朗格汉斯细胞一样,能摄取、加工和向 T 细胞提呈抗原,还能释放多种细胞因子和趋化因子,调节免疫应答和参与炎症反应。

角质形成细胞表达多种膜分子,包括:

(1)黏附分子:包括细胞间黏附分子-1(ICAM-1)、淋巴细胞功能相关抗原-3(LFA-3)、整合素 α2β1/α5β1 和 α6β4 及钙黏附素(E-、P-Cadherin)等。整合素 α5β1 与受体结合可介导内吞及杀灭病原体;ICAM-1 与 LFA-1 结合可诱导免疫细胞向表皮迁移,同时提供共刺激信号,调节细胞间相互作用。

(2)MHC 分子:正常情况下 KC 主要表达 MHC Ⅰ类分子,炎症条件下(如盘状红斑狼疮、银屑病和湿疹)可上调 MHC Ⅰ类和 Ⅱ 类分子表达,参与适应性免疫应答。

(3)表面受体:包括多种细胞因子受体、模式识别受体(PRR),可监测外界环境变化,并在病原体入侵时向免疫细胞提供促炎和趋化信号。KC 表达多种 PRR,包括:①TLR,在炎症和感染性皮肤疾病(如银屑病、痤疮、特应性皮炎、单纯疱疹和带状疱疹感染等)表达上调;②组成性表达 NOD-1 和 NOD-2,参与抗菌作用;③正常皮肤 KC 低表达或不表达受体 dectin-1(一种 C 型凝集素受体,属模式识别受体,可识别 β-葡聚糖的特定糖基),细菌感染时可诱导 dectin-1 表达,进而参与病原体内化;④近期报道,KC 还表达 RIG-1 样受体(RLR),可识别病毒单链 RNA 和双链 RNA。

KC 分泌多种免疫效应分子:①细胞因子,如 IL-1、IL-6、IL-7、IL-12、IL-15、IL-17、IL-18、IL-23、INF-α、INF-β、INF-γ、TNF-α 和 TGF-α 等,参与炎症反应和调

节免疫应答；②趋化因子，如 CXCL8、CXCL10、CCL2、CCL17 和 CCL20 等，可吸引单核细胞、LC、DC 及 T 细胞向皮肤归巢；③抗微生物物质，如抗菌肽、防御素及中性粒细胞明胶酶相关脂笼蛋白等，可刺激宿主免疫应答，调节免疫功能。

2. 朗格汉斯细胞（LC） LC 是皮肤组织特有的 DC，在皮肤免疫及相关疾病发生中起重要作用。对 LC 的研究已延续百余年（图 29-1）：1868 年 Paul Langerhans 在皮肤组织中发现氯化金染色阳性的细胞，被认为是皮肤中神经组织/神经末梢感受器（图 29-1A）；1961 年发现 LC 与黑素细胞具有共同的树突状形态，同时在白癜风患者，LC 常位于受损的黑素细胞所在区域，故 LC 被认为是“衰老/破坏的黑素细胞”（图 29-1B）；1980 年发现 LC 是一类与单核/巨噬细胞和 DC 类似、参与介导适应性免疫应答的细胞（图 29-1C）；1985 年发现，仅接触抗原后激活的 LC 才能诱导免疫应答，而未接触抗原的 LC 则保持其非活化状态，不能诱导免疫应答（图 29-1D）；2005 年发现，表皮 LC 摄取抗原后，可迁移至真皮淋巴结，通过激活 Treg 细胞而抑制免疫应答，真皮 DC 摄取抗原后迁移至淋巴结，诱导 T 细胞激活和增殖（图 29-1E）；发现 LC 对不同外界刺激因素所产生效应各异（图 29-1F）。

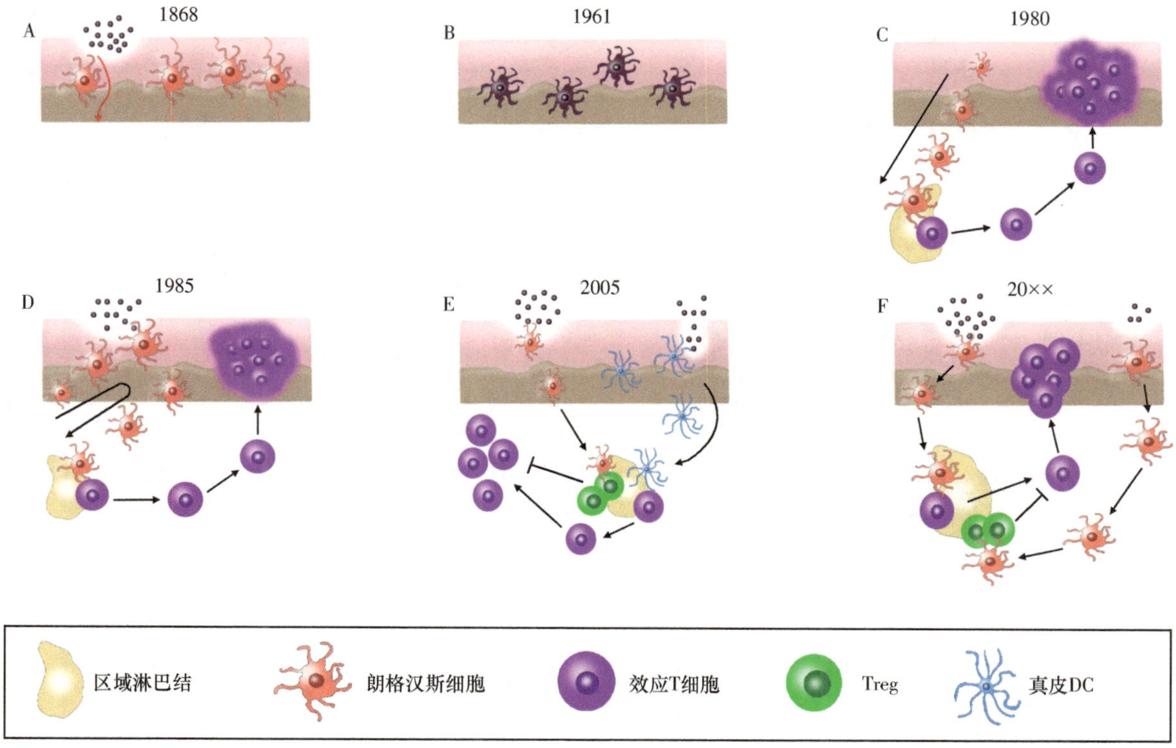

图 29-1 朗格汉斯细胞功能研究进展示意图

目前已明确，LC 是来源于骨髓的树突状非色素性细胞，占表皮细胞的 2%～8%。LC 膜分子包括 CD1a、MHC Ⅰ类和Ⅱ类分子、CD45 及 CD45RO、β1 和 β2 整合素、Langerin（即 CD207，为 LC 标志物，可诱导 LC 内 Birbeck 颗粒形成）、趋化因子受体（如 CCR6 等）。CD1a 在未成熟 LC 高表达，而成熟和培养的 LC 表达明显减少。LC 可分泌多种细胞因子（如 IL-1、IL-4、IL-6、IL-10、IL-15、TNF-α 等）和趋化因子，如巨噬细胞衍生的趋化因子（macrophage derived chemokine，MDC）、巨噬细胞炎性蛋白-α（macrophage inflammatory protein-α，MIP-α）和单核细胞趋化蛋白-1（MCP-1）等，后者介导 LC 从外周血向皮肤归巢以及摄取抗原后从表皮迁移至真皮淋巴结。LC 可诱导 Treg 细胞激活，抑制效应性 T 细胞活化与增殖，并参与维持免疫耐受，而真皮 langerin+DC 则无此功能。

3. 皮肤 DC 其功能为：①借助表面 TLR 识别 PAMP 而被激活，分泌 TNF-α 等，促进与病原体接触的 KC 产生 TNF-α 和 IL-1；②激活的 DC 迁移至皮肤引流淋巴结，启动适应性免疫应答。

皮肤 DC 包括如下类别：①表皮 DC，即 LC（见前文所述）；②真皮定居 DC，是常驻真皮的 DC，具有摄取和提呈抗原能力，表面标志为 CD1c；③“炎症性”真皮 DC，来源于血循环 DC 前体细胞，在炎症和趋化因子信号刺激下迁移至皮肤，表面标志为 $CD11c^{+}CD1c^{-}$，亦称产生 TNF 和 iNOS 的 DC”（TNF and iNOS producing DC，Tip-DC），可激活 Th17 细胞；④浆细胞样 DC（pDC），是一类特殊的常驻（皮肤）DC，表面标志为 BDCA-2，病毒感染时可产生高水平Ⅰ型 IFN。（图 29-2）

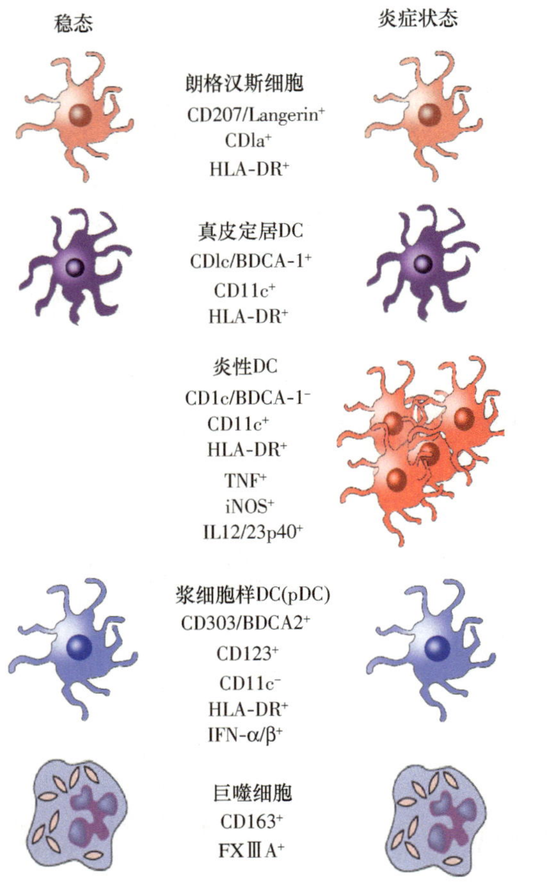

图 29-2 皮肤 DC 和巨噬细胞类别及表面标志

正常皮肤含表皮 LC、真皮定居的 DC、浆细胞样 DC 和巨噬细胞，炎症性皮肤还含“炎症性”DC

4. 组织巨噬细胞 其由循环中单核细胞渗出血管进入皮肤分化发育而来，可杀灭病原体、吞噬异物及衰老变性的组织细胞和杀伤肿瘤细胞，并能作为抗原提呈细胞参与适应性免疫应答。(图 29-2)

5. 肥大细胞(mast cell) 未成熟肥大细胞通过血循环分布于全身不同部位(如皮肤、肺和胃肠道)，干细胞刺激因子以及内皮细胞和成纤维细胞所分泌细胞因子可诱导其成熟。皮肤肥大细胞主要分布于真皮血管、毛囊、神经和皮脂腺周围。

肥大细胞被不仅参与 IgE 介导的Ⅰ型超敏反应，并在抗感染固有免疫和适应性免疫应答中发挥重要作用，也参与炎症性自身免疫病发生。其作用机制为：①通过吞噬和产生 ROS 而直接杀灭病原体；②组成性表达或在 LPS 及脂胞壁酸作用下产生抗微生物肽(如抗菌肽)；③参与肿瘤初期炎症反应，可促进或阻遏不同类型肿瘤生长；④参与血管形成、组织重构和伤口愈合等过程。

6. 皮肤淋巴细胞及其归巢 正常人皮肤含一定数量 T 细胞，但几乎不含 B 细胞。表皮中 T 细胞约占淋巴细胞总数的 2%，多为表达 TCRαβ 的 CD4$^+$或 CD8$^+$T 细胞。绝大多数(90% 以上)T 细胞位于真皮，多为 CD4$^+$CD45RO$^+$记忆 T 细胞，其余为 CD8$^+$T 细胞。参与 T 细胞归巢的黏附分子主要为皮肤淋巴细胞相关抗原(CLA)和选择素-E，以及 VLA-4、LFA-1 与 ICAM-1/2 等。(表 29-2)

表 29-2 皮肤 T 细胞所表达趋化因子/趋化因子受体及与皮肤疾病的关系

趋化因子受体	皮肤中趋化因子	表达相应受体的 T 细胞亚群	皮肤相关疾病
CCR4	CCL17，CCL22	皮肤归巢 CD4$^+$CLA$^+$T 细胞	蕈样肉芽肿
		Th2，Th17，Treg	特应性皮炎，银屑病
CCR6	CCL20	Th17，Treg	银屑病
CCR8	CCL1	Th2，γδT 细胞，Treg	特应性皮炎
CCR10	CCL27	皮肤归巢 CD4$^+$CLA$^+$和 CD8$^+$T 细胞	特应性皮炎，银屑病
CCR1，2，5	CCL18	CCL18 诱导 CLA$^+$记忆 T 细胞迁移至皮肤	特应性皮炎
CXCR3	CXCL9，10，11	CD4$^+$CD45RO$^+$T 细胞	银屑病，蕈样肉芽肿
CXCR4	CXCL12	CD4$^+$CD45RO$^+$T 细胞	蕈样肉芽肿

综上所述，皮肤免疫系统是由多种细胞成分构成、复杂的免疫调节环路(图 29-3)。尤其是皮肤特有的表皮角质形成细胞，在应激作用下，可激活多种皮肤免疫细胞(如 DC 和 T 细胞)，使之产生多种细胞因子，介导炎症反应，并招募和激活更多免疫细胞。(图 29-4)

二、皮肤微环境中的免疫活性分子

1. 细胞因子 皮肤微环境中存在多种细胞因子(表 29-3)，并形成细胞因子网络。

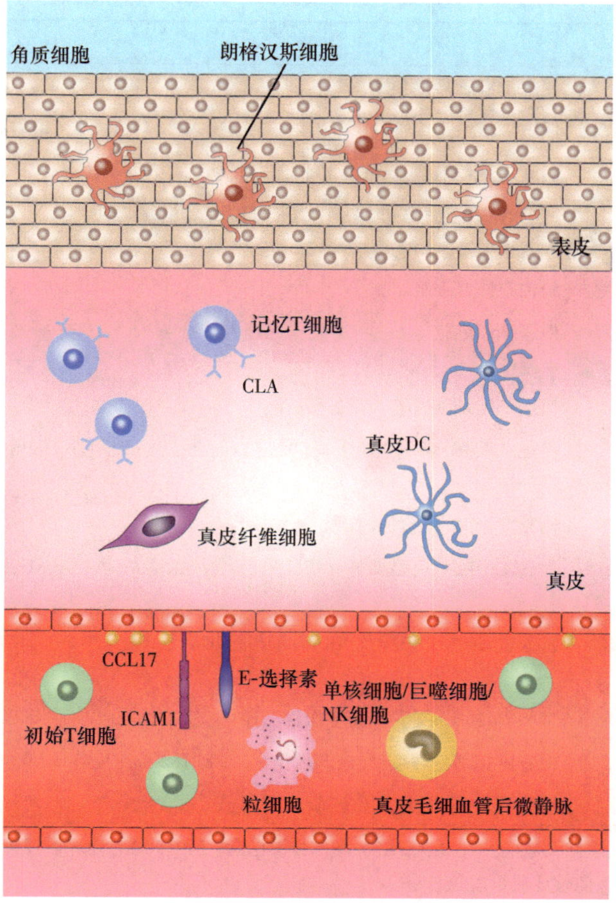

图 29-3 皮肤免疫系统的细胞组分

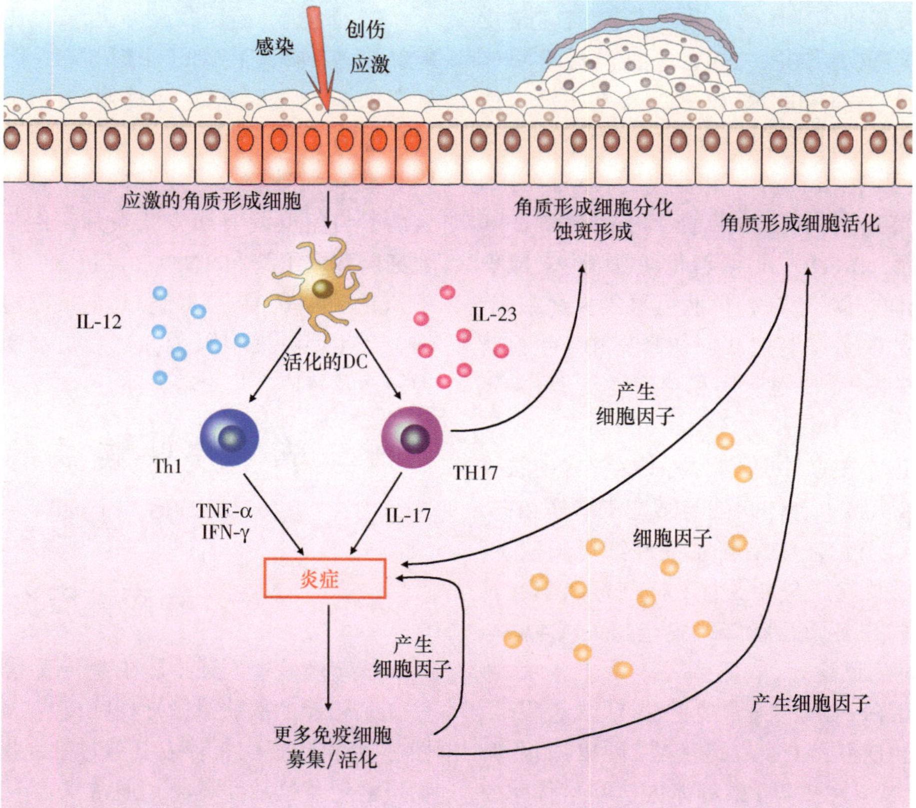

图 29-4 皮肤角质形成细胞与其他免疫细胞间形成调节网络

表 29-3 皮肤微环境中细胞因子种类、来源和功能

细胞因子	来源	功能	参与皮肤疾病的作用
IL-2	活化的 T 细胞	促进 T 细胞活化和增殖	Ⅳ 期黑色素瘤
IL-4	Th2 细胞	促进 Th2 细胞应答	银屑病
IL-5	Th2 细胞,肥大细胞	刺激嗜酸粒细胞,促进 B 细胞合成 IgA	
IL-6	淋巴样细胞,内皮细胞	产生 CRP,促进 B 细胞分化为浆细胞,促进抗体产生,使中性粒细胞数量增加	
IL-8	角质形成细胞,内皮细胞	趋化中性粒细胞	
IL-10	Th2 细胞,角质形成细胞	促进 Th2 细胞应答,抑制细胞免疫及 TNF-α 分泌,抑制纤维化	银屑病 瘢痕组织
IL-12	单核/巨噬细胞,DC	促进 Th1 细胞应答和炎症反应	CTCL、银屑病
IL-15	单核/巨噬细胞	促进 NK 细胞活化与增殖,促进血管形成及 TNF-α 分泌	银屑病
IL-18	活化的 T 细胞	诱导产生 IFN-γ,促炎作用	
TNF-α	T 细胞,单核/巨噬细胞	促进 Th1 细胞应答和释放细胞因子,促细胞凋亡	AD、BP、PG、PV、银屑病、皮肌炎、SCLE,Sweet's syndrome、EAC
IFN-α	白细胞,成纤维细胞	抗病毒,增强 T 细胞及 NK 细胞功能,抑制纤维化	增生性瘢痕、恶性黑色素瘤、浅表性基底细胞癌、KS/AIDS、CTCL
IFN-β	白细胞,成纤维细胞	抑制内皮细胞迁移及新生血管形成	KS/AIDS
IFN-γ	T 细胞,NK 细胞	促进巨噬细胞吞噬,促进调理作用,抑制 Th2 细胞应答	AD
TGF-β	角质形成细胞	诱导凋亡,抑制炎症反应,促进胶原及蛋白合成	瘢痕组织

注:AD:特应性皮炎, BP:大疱性类天疱疮, CTCL:皮肤 T 细胞性淋巴瘤, EAC:离心性环形红斑,KS:卡波氏肉瘤, PG:坏疽性脓皮病, PV:寻常型类天疱疮, SCLE:亚急性皮肤型红斑狼疮

2. 抗菌肽(antimicrobial peptide,AMP) AMP 是一类能直接杀灭多种病原体的小分子多肽,在正常皮肤固有免疫中起重要作用。AMP 主要包括溶酶体酶、皮西丁蛋白(dermicidin,即 CD207,存在于汗水的天然抗体,可杀死大肠杆菌、葡萄球菌、鹅口疮酵母菌等)、核糖核酸酶 7(Rnase7)、银屑素(psoriasin,即 S100A7)、乳铁传递蛋白、β-防御素-2、β-防御素-3 和抑菌肽 LL-37 等。β-defensin 可趋化 T 细胞、未成熟 DC 和单核细胞向皮肤迁移;抑菌肽可募集炎症细胞、促进细胞因子分泌,并参与皮肤创伤修复和新生血管形成。炎症性皮肤病(如银屑病和特应性皮炎)中某些 AMP 表达增加。

3. 补体 正常皮肤中通常无补体存在,皮肤炎症时补体系统被激活。补体缺陷与某些皮肤病相关,例如:C1r、C1s、C2 和 C4 缺陷与系统性红斑狼疮、红斑狼疮样综合征及皮肌炎相关;C1 抑制剂缺陷与遗传性血管性水肿、SLE 及盘状红斑狼疮相关;C4 缺陷能增加白癜风发病风险。

4. 免疫球蛋白(Ig) 正常皮肤中 Ig 含量很低,某些自身免疫性皮肤病(如红斑狼疮、硬皮病、天疱疮、类天疱疮及疱疹性皮炎)患者体内自身抗体水平明显升高,后者与相应自身抗原形成免疫复合物,沉积于皮肤及其他器官组织,导致疾病发生。

5. 神经肽(neuropeptide,NP) 皮肤内神经纤维能释放多种神经肽,如 P 物质、降钙素基因相关肽、神经激肽 A、神经降压肽、垂体腺苷酸环化酶激活肽、血管活性肠肽、神经肽 Y、β-内啡肽、脑啡肽、生长抑素、丙甘肽和强啡肽等。皮肤内 NP 通过与相应受体结合而参与免疫调节和皮肤炎症。例如:SP 可促进肥大细胞释放组胺和 TNF-α,促进 KC 产生促炎细胞因子;VIP 和 PACAP 可抑制 LC 的抗原提呈作用,抑制 T 细胞产生促炎细胞因子;NP 参与湿疹、接触性皮炎、银屑病及特应性皮炎等发生。

第二节 皮肤疾病的免疫学发病机制

一、特应性皮炎

特应性皮炎(AD)是在遗传背景下由过敏原诱发、IgE 依赖的皮肤过敏性炎症反应,属一种常见的慢性过敏性皮肤病,常伴发其他过敏性疾病(如哮喘、食物不耐受及过敏性鼻炎),通常发生于儿童,可持续至成年。AD 早期为 IgE 介导的速发型超敏反应,晚期

为迟发型超敏反应。(图 29-5)

1. AD 急性期 发病机制为:①外界因素导致表皮屏障功能下降及过敏原入侵;②APC(主要是 LC)摄取过敏原并迁移至局部引流淋巴结,向初始 T 细胞提呈抗原,使之激活并分化为 Th2 细胞;③微环境趋化因子(CCL5、CCL11、CCL17)可介导 Th2 细胞和嗜酸粒细胞由真皮迁移至表皮;④Th2 细胞分泌 IL-4 和 IL-13,诱导 B 细胞发生 IgE 类别转换;⑤循环中 IgE 与肥大细胞表面 IgE 受体结合而使之致敏;⑥再次接触同一致敏原,可致肥大细胞脱颗粒,释放组胺、IL-8 和 IL-13 等炎症介质,导致 AD 发生。

Th2 细胞是参与 AD 发生的重要效应细胞,其通过分泌多种细胞因子而发挥作用,以 IL-4 和 IL-13 为例:①可诱导 B 细胞发生 IgE 类别转换并分泌 IgE;②促进 Th2 细胞存活和分化;③诱导表皮角质形成细胞分泌胸腺基质淋巴生成素(TSLP),从而强烈激活 DC,后者表面 OX40 与 Th2 细胞表面 OX40L 结合,进一步激活 Th2 细胞;④可抑制角质形成细胞(KC)终末分化,导致表皮屏障破坏,并抑制 KC 产生抗微生物肽,增加皮肤感染发生率。

2. AD 慢性期免疫病理学特点及其机制 多种炎症效应细胞参与 AD 慢性期免疫病理过程,涉及:①炎症性 DC(IDC)数量增加,可产生许多炎症介质(如 CCL17 和 CCL18 等)并增强 Th2 细胞介导的炎症反应;②Th2 细胞和 DC 产生的细胞因子和趋化因子可增加循环中嗜酸粒细胞和肥大细胞前体细胞数量,并促使它们从血管渗出,向炎症部位迁移;③LC 和 pDC 可促进 Th22 细胞分化和激活;④Th22 细胞所分泌 IL-22 与 KC 表面高表达的 IL-22 受体结合,可导致表皮角化和终末分化缺陷(角化不全),但通常不伴表皮增生和棘层肥厚(与银屑病慢性期皮损表现相反);⑤Th17 细胞分化及 IL-17 分泌下调,负调控抗微生物肽产生;⑥Th1 细胞分泌 IFN-γ 及各种蛋白酶、自由基,参与损伤表皮细胞及组织修复和纤维化。

二、银 屑 病

银屑病(psoriasis)是一类慢性炎症性皮肤自身免疫病。多种免疫细胞(主要通过所分泌的炎性细胞因子)参与与银屑病发生和发展。(图 29-6)

1. LC 正常皮肤受抗原、TNF-α 等刺激,LC 会向局部淋巴结迁移,但银屑病缺乏这种迁移现象,滞留于病灶真皮的 LC 持续在局部提呈抗原,并加剧炎症反应。

2. 角质形成细胞 外界因素刺激角质形成细胞表达 TLR,产生大量细胞因子(如 TNF-α、IL-1α、IL-6、IL-18 及趋化因子 CCL20)和抗菌肽,进而激活 T 细胞。

3. T 细胞及其功能亚群 银屑病斑块中 $CD4^+$ Th1 细胞和 $CD8^+$ CTL 浸润明显增加,通过分泌 IFN-γ、IL-17、IL-21 及 IL-22,参与银屑病炎症反应。

(1) Th17 细胞:①分泌 IL-17、IL-22 和 TNF-α,作用于角质形成细胞,导致表皮增生、棘层肥厚、角化不全等病理改变;②分泌 IL-23,参与激活 Th17 细胞并产生 IL-22,作用于角质形成细胞,维持和加剧炎症反应;③IL-17 可诱导 KC 产生 T 细胞、中性粒细胞和单核细胞趋化因子。

(2) Th1 细胞:可分泌 IL-12、IFN-γ,其水平与银屑病严重程度相关:①IFN-γ 可促进角质形成细胞增殖、抑制其凋亡,并促进内皮细胞表达 ICAM-1,促进淋巴细胞再循环;②IFN-γ 可与 IL-17 协同,促进角质形成细胞产生 IL-6 和 IL-8;③IFN-γ 可诱导 KC 产生炎性趋化因子(如 CCL1、CCL2、CCL3、CCL5 等),促进中性粒细胞向表皮迁移,形成表皮内 Munro 微脓肿(中性粒细胞聚集于角质层而形成的微脓肿,可见于脓疱型银屑病等);④分泌 TNF-α,促进炎症介质释放和血管内皮细胞表面黏附分子表达,介导白细胞聚集,增强炎症反应。

(3) Th22 细胞:①产生 IL-22,可协同 IL-17A 与 IL-17F,增强角质形成细胞产生抗菌肽和 IL-8,后者可募集中性粒细胞至银屑病皮损部位;IL-22 和其他 IL-20 家族成员能促进棘层肥厚发生和角质形成细胞分化受损(角化过度伴角化不全),导致大量鳞屑产生;IL-17 和 IL-22 能诱导 KC 合成 AMP(如防御素,中性粒细胞明胶酶相关脂笼蛋白 2 和抑菌肽 LL-37 等),故与 AD 相反,银屑病较少发生皮肤感染。

(4) Treg 细胞:银屑病局部炎症促使 Treg 细胞分泌 IL-17,加剧炎症反应。

4. 真皮内浆细胞样 DC(pDC) ①pDC 可产生 IFN-a,诱导 IDC 成熟和分化;②DC 来源的 IL-23 可刺激 Th17 和 Th22 细胞分泌 IL-17 和 IL-22。

5. IDC 可分泌 TNF-α、iNOS、IL-20 和 IL-23,诱导 Th1 和 Th17 细胞应答。

另外,微环境中其他炎症介质也参与银屑病发病,例如:①血管内皮生长因子(VEGF)水平升高,可促进真皮乳头内毛细血管生成,形成银屑病特征性 Auspitz 征;②抑菌肽 LL-37 表达上调,可刺激 pDC 合成 IFN-α,同时刺激 DC 产生 TNF、IL-6 和 IL-23,促使其向成熟型 DC 溶酶体相关膜蛋白阳性 DC(DC-LAMP+DC 转化)。

表 29-5 比较特应性皮炎和银屑病免疫学发病机制。

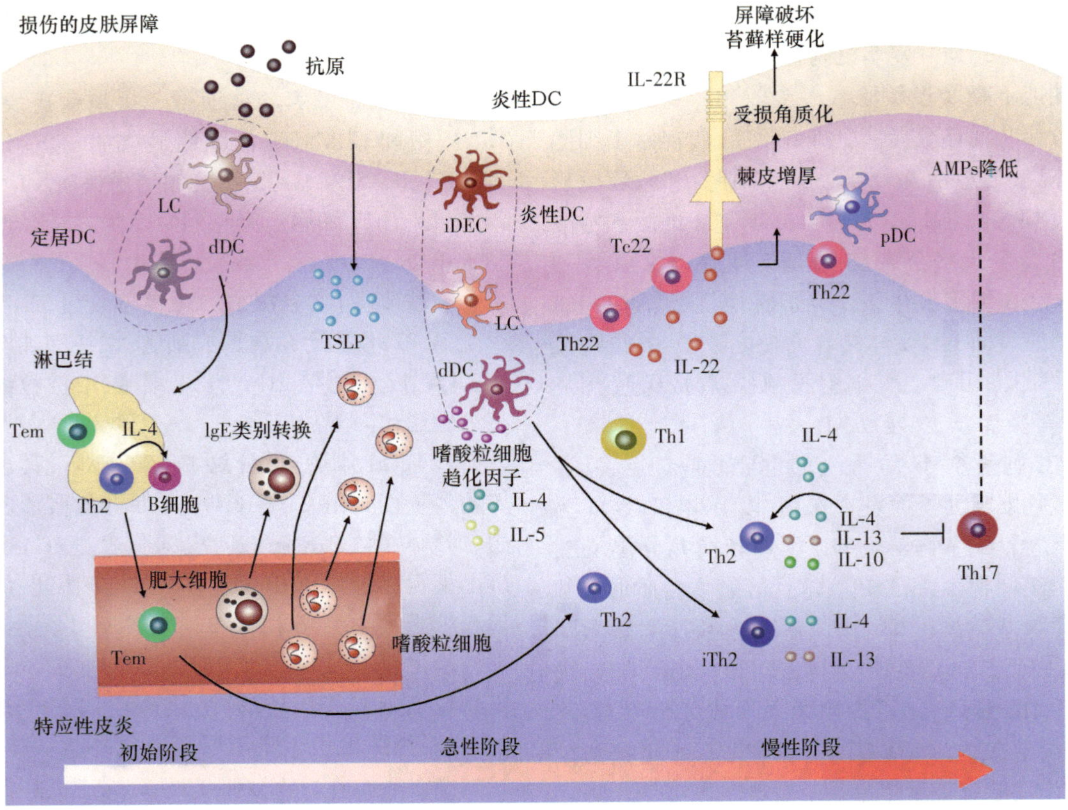

图 29-5 特应性皮炎的免疫学发病机制

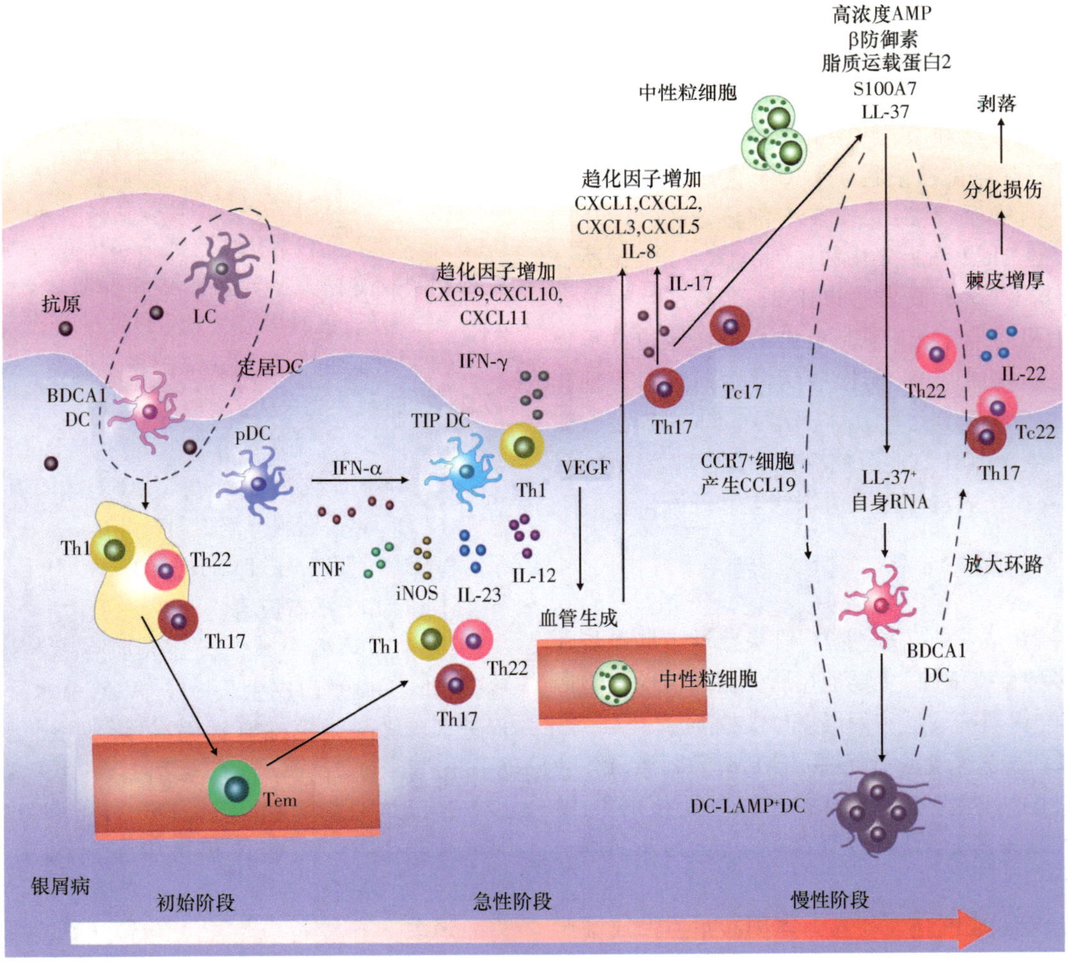

图 29-6 银屑病的免疫学发病机制

表 29-4 特应性皮炎和银屑病免疫学发病机制的比较

特异性皮炎	银屑病
皮损处淋巴细胞浸润和产生的生物活性介质	
Th2/Th22 细胞增加(Tc22>Th22)	Th1/Th17 细胞增加伴 Th22 细胞浸润
慢性期 Th1 细胞应答减弱	
Th17 细胞活化减弱	Th17 细胞活化增强
抗微生物感染能力减弱	抗微生物活性物质生成增加
真皮中炎症性 DC 数量多于表皮	产生 INOS，TNF-α 和 IL-23
可产生 CCL17、CCL18 和 CCL22	在真皮内产生炎症性 DC
循环中淋巴细胞和抗体的变化	
Th2 细胞>Th1 和 Th17 细胞	Th1、Th17、Th22 细胞增加
IgE 和嗜酸粒细胞增加	IgE 和嗜酸粒细胞正常
IgE 自身抗体水平和疾病活动性相关	自身抗体不常见

（陶　娟）

第三十章　女性生殖道免疫

生殖免疫是涵盖现代生殖医学和免疫学的交叉学科，主要研究正常妊娠所涉及的免疫学问题，并从免疫学角度探索促进生殖健康和防治生殖道疾病的新策略。生殖免疫学主要涉及三个领域：①母-胎免疫调节，是生殖免疫学研究的重点和热点，其关键科学问题是母体对同种异体抗原（胚胎）产生耐受的机制，尤其是胚胎抗原特异性的母胎免疫调节，以深入阐明某些妊娠相关疾病的机制，并为探索肿瘤免疫诊断与治疗提供新线索；②生殖道黏膜免疫调节，阐明不明原因不孕症的发病机制，探索相关诊断与治疗策略，研制新型免疫避孕疫苗，用于人口控制；③生殖内分泌-免疫调节及其机制。

第一节　女性生殖道黏膜免疫系统的组织解剖学

一、女性生殖道黏膜免疫系统的组织解剖特点

黏膜是机体与外界沟通的最大屏障，也是外源抗原进入机体的主要门户。呼吸道、肠道及泌尿生殖道黏膜上皮细胞下，聚集有无包膜的淋巴组织，称为黏膜相关淋巴组织（MALT），其没有输入淋巴管道，抗原由黏膜上皮表面进入。不同于胃肠道存在正常菌群，生殖道自子宫颈阴道部以上为无菌环境，宫颈内口是否无菌取决于机体所处月经周期的阶段。阴道和宫颈部的复层扁平上皮具有屏障功能，可清除病原体，同时允许精子通过。

生殖道和肠道有相同胚胎起源且解剖部位接近，但两者黏膜免疫系统组织结构及生理功能存在显著差异。与GALT和NALT相比，生殖道黏膜淋巴组织具有如下特点：①人类女性生殖道黏膜未发现M细胞；②生殖道黏膜上皮细胞（包括阴道、宫颈、输卵管上皮、子宫内膜上皮）及基质细胞均具有抗原提呈功能；③绝经前妇女子宫基底膜存在集合淋巴结，其受月经周期影响，感染、妊娠状态下集合淋巴结内淋巴细胞明显增多。

二、女性生殖道黏膜的免疫细胞

（一）女性生殖道黏膜的固有免疫细胞

1. 白细胞　女性生殖道黏膜中白细胞占细胞总数的6%～20%，输卵管和子宫内白细胞比例比宫颈和阴道高，绝经后子宫内膜白细胞减少。白细胞中多数是T细胞（30%～60%），输卵管内有很多粒细胞，而其他生殖道组织中粒细胞数目很少。子宫内膜含大量白细胞，分布于上皮间和基质内，可弥散分布，也可聚集于腺体附近。月经周期不同时相，子宫内膜中白细胞数量和构成比各异。子宫白细胞不表达雌/孕激素受体，故女性激素可能是通过表达雌/孕激素受体的上皮细胞或基质细胞而发挥调控作用。

2. 抗原提呈细胞　所有生殖道组织均含一定数量B细胞和巨噬细胞：恒河猴阴道、宫颈阴道部、颈管的黏膜下有中等数量$CD68^+$巨噬细胞，生殖道黏膜下层存在不同数量$CD20^+$B细胞；某些动物阴道黏膜下和宫颈阴道部黏膜下存在集合淋巴结，内含巨噬细胞和B细胞。

郎格汉斯细胞（LC）主要分布于阴道和宫颈黏膜上皮，周围是激素依赖性、呈周期变化的上皮细胞，发挥抗感染作用，同时可耐受精子抗原。宫颈和阴道黏膜的$CD1\alpha^+$郎格汉斯在不同区域有差别，但数目和分布与月经周期无关。LC数目与月经周期宫颈阴道部和阴道上皮厚度的变化相关，但并不伴有上皮内免疫细胞数量改变。除经典的APC（如巨噬细胞、DC、B细胞）外，女性生殖道（包括阴道、宫颈、子宫、输卵管）黏膜上皮细胞和基质细胞均有抗原提呈功能。

（二）女性生殖道黏膜的适应性免疫细胞

子宫内膜中有集合淋巴结，以B细胞为中心，周围是大量$CD8^+$T细胞，再外围是巨噬细胞环。巨噬细胞、$CD4^+$和$CD8^+$T细胞、$CD56^+$NK细胞分布于整个子宫内膜。子宫内膜T细胞2/3以上是$CD8^+$T细胞，其中γδT细胞约占5%～10%，且在月经周期中相对稳定。

输卵管、宫颈、阴道缺乏集合淋巴结，但分布 $CD8^+$ 和 $CD4^+T$ 细胞及巨噬细胞。宫颈阴道部和阴道基质含少量 T 细胞，宫颈阴道部和阴道上皮内有大量 $CD8^-$ 细胞。宫颈阴道部 T 细胞表达 CCR5，是 HIV-1 感染的共受体。宫颈阴道黏膜分布 $CD4^+$ 和 $CD8^+T$ 细胞、$CD20^+B$ 细胞及浆细胞等，其类型在不同区域各异，但数目和分布与月经周期无关。浆细胞位于颈管内、宫颈阴道部、阴道和输卵管。颈管内和输卵管上皮细胞持续表达分泌片。T 细胞、巨噬细胞、DC 分布于整个下生殖道上皮，宫颈和阴道 $CD3^+T$ 细胞的胞毒活性较高，且与月经周期无关，但子宫内 T 细胞的胞毒活性受性激素调节。

第二节 女性生殖道黏膜的免疫生理

迄今，对生殖道黏膜免疫的机制所知有限。女性生殖道免疫应答有其特殊性，既涉及对细菌病毒等病原体的抵抗，又涉及对同种异体精子、胎儿的耐受。而且，无菌的上生殖道和有菌的下生殖道其免疫微环境不同，生殖道黏膜上皮细胞对病原体的应答也各异。既往研究发现，女性生殖道缺乏完整的淋巴结构，故在生殖道原位难以有效激发 IgA 产生，而有赖于佐剂的辅助。

一、女性生殖道黏膜的抗体产生

人类女性生殖道黏膜系统主要产生 IgG，也可产生 sIgA，但缺乏产生共同黏膜免疫应答的典型 MALT。经生殖道给予抗原刺激，可在局部产生 IgA，且其他黏膜部位的免疫应答可通过共同黏膜免疫而诱导生殖道产生特异性抗体。

宫颈浆细胞可分泌 IgA 及少量 IgG 和 IgM。宫颈黏液中约 80% IgA 呈多聚体形式，而阴道液中仅 55% 为多聚体。大鼠子宫上皮细胞可高表达多聚 IgA（pIgA）受体。动情周期中，子宫组织内多聚 IgA 受体 mRNA 水平与 IgA 多聚受体表达相关，并受雌激素和孕酮调节。人类子宫内膜偶可检出浆细胞，但宫腔内大部分 IgA 是由组织合成并转移而来。近年发现，人类颈管分泌物中免疫球蛋白水平比宫颈阴道分泌物高。颈管和宫颈阴道分泌物中，IgG 占 80%，IgA 占 12%；而消化道黏膜分泌物中 IgA 占大部分（80%）。颈管和宫颈阴道分泌物中 IgG 和 IgM 主要来自血清，而 IgA 和 sIgA 由局部分泌。IgA 和 sIgA 水平降低可能与阴道和宫颈对感染的敏感性有关。

由于存在共同黏膜免疫，抗原刺激其他黏膜部位，也可诱导生殖道黏膜免疫组织产生免疫应答。20 世纪 70 年代即发现，口服脊髓灰质炎疫苗可在子宫、宫颈和阴道分泌物中检出特异性抗体。

二、女性生殖道黏膜中淋巴细胞归巢

女性生殖道黏膜内激活的淋巴细胞由区域淋巴结进入血流，借助淋巴细胞表面归巢分子与黏膜后微静脉内皮细胞表面相应归巢受体相互作用而返回黏膜固有层。已发现，不同部位黏膜所表达的归巢受体不尽相同。例如：生殖道黏膜不表达 α4β7 整合素的配体 MAdCAM-1，故 α4β7 阳性 T 细胞不会迁移至生殖道。有关生殖道淋巴细胞归巢和居留的机制知之甚少，如下因子可参与其中。

1. 黏附分子 多种黏附分子参与生殖道淋巴细胞归巢，例如：①衣原体感染后，小鼠生殖道黏膜相关淋巴组织中整合素 α4β7 及其配体 MAdCAM-1、E-选择素、P-选择素及配体 ICAM-1、VCAM-1 表达均短暂上调；②抗原经阴道黏膜免疫小鼠后，E-选择素、ICAM、VCAM、VAP-1 和 E-cadherin 表达增加；③子宫及阴道血管内皮细胞表面 E-选择素、ICAM、VCAM、VAP-1，子宫腺上皮细胞表面 E-cadherin，子宫间质细胞表面 ICAM，阴道扁平上皮细胞表面 E-选择素、ICAM、E-cadherin 等，均参与淋巴细胞归巢和居留；④生殖道局部 T 细胞和 B 细胞表面高表达上述黏附分子的配体 αEβ7、LFA-1、VLA-4、PSGL-1；⑤黏膜内皮细胞表面 P-选择素、E-选择素及小鼠子宫及阴道血管内皮细胞表面血管黏附蛋白-1（VAP-1），在淋巴细胞紧密黏附和滚动过程中发挥重要作用。

2. 趋化因子 多种趋化因子参与介导生殖道黏膜淋巴细胞归巢，例如：①胸腺表达的趋化因子（thymus expressed chemokine，TECK）即 CCL25，可介导黏膜免疫小鼠 B 细胞（高表达 CCR9）向生殖道归巢；②巨噬细胞炎性蛋白（macrophage inflammatory protein，MIP）可募集 CCR6+CD45RO+T 细胞，而生殖道黏膜低表达 MIP-1α/CCL3 和 MIP-1β/CCL4，故 CCR5+T 细胞较少；③黏膜上皮细胞分泌 MCP-1（即 CCL2）可介导 CCR+单核/巨噬细胞（及 T 细胞、NK 细胞、嗜碱粒细胞）趋化和激活；④黏膜相关上皮趋化因子（mucosa associated epithelial chemokine，MEC）即 CCL28，可趋化 CCR10/CCR3 阳性的嗜酸粒细胞和记忆性淋巴细胞至黏膜组织；⑤Fractalkin 可介导 CX3CR1 阳性的单核细胞、T 细胞、NK 细胞等黏附和趋化；⑥RANTES（即 CCL5）可趋化多种白细胞（中性粒细胞除外），HIV-1 感染的女性生殖道 RANTES 水平升高，可与 HIV-1 竞争结合共受体；⑦IL-8（即 CXCL8）可趋化中性粒细胞及部分 T 细胞、嗜碱粒细胞。

三、女性生殖道黏膜免疫的调节

女性生殖道黏膜免疫受抗原、细胞因子及性激素调节。例如:子宫及阴道上皮细胞和基质细胞的抗原提呈作用受激素和细胞因子调控,随动情周期不同时相而各异;性激素并不影响生殖道免疫细胞数目和分布,但可通过调节多聚 IgA 受体 mRNA 表达而影响生殖道黏膜免疫。

1. 性激素调节女性生殖道黏膜免疫 月经周期的不同时期,不同激素对不同解剖部位的调节作用各异。多数内源性激素对生殖道免疫的调节机制已被阐明,但外源性合成激素或内分泌失调对生殖道黏膜免疫的影响尚未完全清楚。有证据显示,环境或合成分子可改变正常的生殖道免疫。

(1) 性激素调节阴道黏膜免疫:在阴道,雌激素可通过下调共刺激分子表达而抑制抗原提呈。动情期大鼠阴道黏膜抗原提呈作用减弱,可降低机体对精子抗原的敏感性。

(2) 性激素调节子宫免疫:①绝经前妇女子宫组织内有集合淋巴结,绝经后缺如;②子宫内膜 $CD3^{+}$T 细胞胞毒活性受激素调控,绝经后最高,绝经前子宫内膜增生期为中等活性,分泌期则呈低度甚至无胞毒活性;③动情前期子宫上皮抗原提呈作用最强,此时处于排卵前雌激素高峰期,而动情期抗原提呈作用最弱,有利于精子进入子宫而不被排斥。

综上所述,阴道和子宫黏膜免疫受激素调控,月经周期中激素平衡、绝经、口服避孕药使用等均是重要影响因素。

(3) 性激素对乳铁蛋白(lactoferrin)的影响:乳铁蛋白是一种铁结合糖蛋白,存在于女性生殖道内,可杀死细菌并调节炎症和免疫应答。雌性大鼠生殖道不同区域其乳铁蛋白表达及对雌激素调控作用的反应性各异。乳铁蛋白在阴道和输卵管峡部上皮持续表达;动情前期和动情期成熟大鼠子宫上皮乳铁蛋白水平升高,故激素可通过调控乳铁蛋白表达而影响女性生殖道黏膜免疫。

2. 细胞因子调节女性生殖道黏膜免疫 例如:①IFN 或 IL-6 可增强大鼠子宫上皮细胞的抗原提呈功能;②IFN-γ 可促进分泌片由组织转运至子宫腔内,使 IgA 水平升高;IFN-γ 可促进上皮内淋巴细胞和多形核白细胞浸润。

另一方面,月经周期可影响宫颈黏膜细胞因子水平,例如:①IL-10 峰值与排卵前雌激素峰值一致;②使用口服避孕药的妇女,IgA、IgG、IL-1β 水平与孕酮水平呈正相关,且宫颈黏液中 Ig 多为 IgA。

3. 免疫途径影响女性生殖道黏膜免疫 由于存在共同黏膜免疫系统,免疫其他黏膜部位可在生殖道产生应答。例如:①经鼻免疫可诱导阴道产生 IgA、IgG,持续至少一年,且血清 IgA、IgG 水平高于经阴道免疫;②霍乱弧菌蛋白刺激肠黏膜,可诱导生殖道黏膜免疫应答,感染霍乱弧菌的女性其血清不能检出抗霍乱毒素 B 亚单位的 sIgA,但可在宫颈分泌物中检出;③经皮肤免疫破伤风类毒素,可使血清、唾液和阴道内特异性 IgG 明显升高,特异性 IgA 轻度升高,子宫和阴道组织黏膜出现较多抗体分泌细胞,而小肠和唾液腺中较少。

第三节 母-胎免疫调节——母胎耐受的机制

正常妊娠类似于同种半异体移植,但母体并不排斥携带父源 HLA 抗原的胚胎,而是通过母-胎对话建立独特的母胎界面免疫耐受微环境,允许胎儿在子宫内生长、发育直至分娩。代孕情况下,母体可正常分娩 HLA 型别完全不同的胎儿,进一步证实妊娠期母体免疫系统对同种异体胚胎抗原形成耐受。母胎耐受长期是生殖医学和免疫学领域关注的热点,但许多关键的科学问题仍待阐明。

一、母-胎界面的组成及其免疫学特征

受精卵形成后,逐渐发育成囊胚,子宫内膜的蜕膜化改变与囊胚发育同步。受精卵抵达宫腔后,经定位、黏附、穿透过程着床于子宫蜕膜。着床后的囊胚滋养细胞开始分化,形成绒毛的初始结构并逐渐形成胎盘,从而在胎盘与蜕膜相接部位构成母-胎界面。母体免疫耐受即主要形成于母亲和胎儿直接接触的部位——母-胎界面。目前认为,母胎界面免疫耐受的形成,是母、胎双方相互作用的结果:来自胎儿一方的滋养细胞表达胚胎抗原并分泌细胞因子,以逃避母体免疫系统攻击;母体蜕膜形成以固有免疫为主的调节机制,以利于胚胎存活。

(一) 胎盘

绒毛膜绒毛(chorionic villus)是人类胎盘的基本结构单位,其组成为:①绒毛干,由带血管的间质构成;②基底膜,被覆于绒毛干;③细胞滋养层细胞(cytotrophoblast cell),是具有分化潜能的上皮来源的干细胞,是胎盘绒毛的主要构成细胞,也是母胎界面唯一与母体免疫系统直接接触的胎儿细胞。受精后约 3 周末,绒毛分化为三级绒毛,建立胎儿胎盘循环,每

个绒毛结构分出许多分支，部分绒毛末端漂浮于含母体血液的绒毛间隙中，称游离绒毛（free villus，floating villus，FV），它们依靠表面覆盖的合体滋养细胞进行母胎间物质交换；部分绒毛依靠滋养细胞增殖、分化，长入底蜕膜形成固定绒毛（anchoring villus），建立母胎间的生理性连接，发挥固定胎盘的作用。

晚期囊胚着床后，细胞滋养细胞分化、增殖为两层细胞，外层为合体滋养细胞，内层为细胞滋养层细胞。后者沿绒毛和绒毛外两个方向分化，最终形成生物学特性明显不同的两类细胞：①绒毛细胞滋养层细胞（villous cytotrophoblast，VCT），可融合为多核的合体滋养层细胞（syncytiotrophoblast，ST），覆盖于漂浮绒毛表面，形成母胎间物质交换的屏障，并承担胎盘主要内分泌功能（分泌 HCG、hPL、leptin、SP、INSL4 等）；②绒毛外滋养细胞（extravillous cytotrophoblast），可从固定绒毛的顶端入侵至子宫蜕膜深部，聚集形成孤岛，并取代子宫螺旋动脉血管内皮细胞和表达黏附分子，完成血管重铸，其侵袭过程类似于肿瘤细胞（图 30-1）。若滋养细胞侵袭不足，则螺旋动脉可保留其收缩功能，使过多的血液流向绒毛间隙，对发育中的胚胎和胎盘增加压力和氧压力，导致自然流产。另外，妊娠高血压综合征、胎儿宫内发育迟缓等均伴随滋养细胞对螺旋动脉壁侵袭不足或缺如；促进滋养细胞生物学功能可明显改善自然流产模型小鼠妊娠的转归。

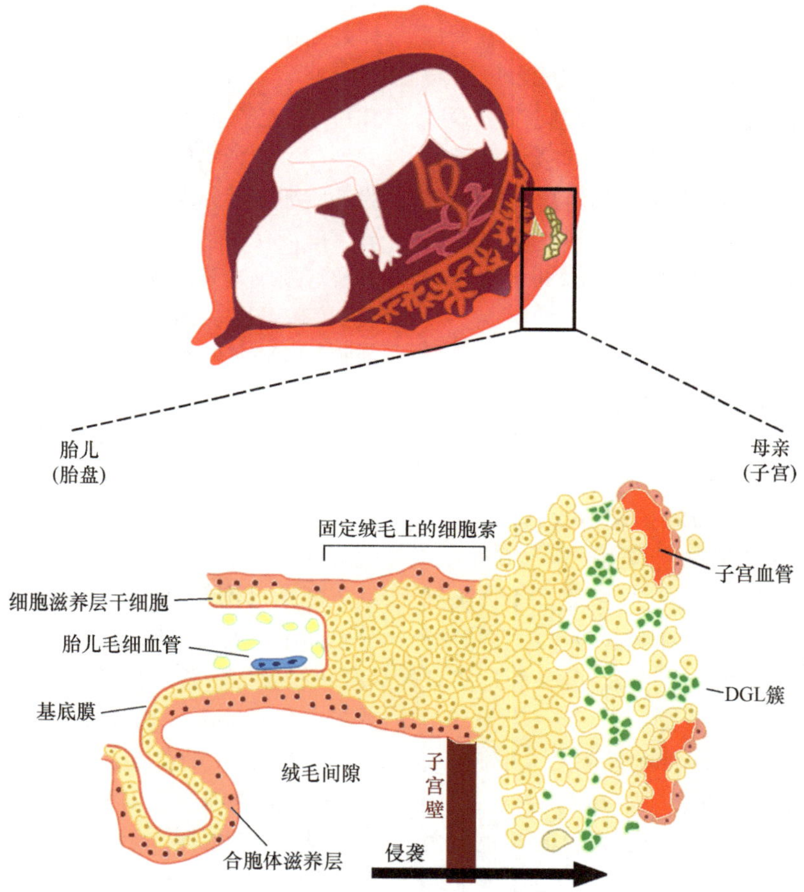

图 30-1　人早孕母胎界面解剖结构示意图
下图为局部放大后的母胎界面组织学结构

此外，滋养细胞还具有重要的免疫功能：

（1）表达 HLA-G 抗原：滋养细胞不表达 HLA-A、-B 抗原，但高表达非经典 HLA-G 抗原，并分泌可溶性 HLA-G 进入母血。HLA-G 可在母胎界面发挥如下作用：①与 CD8 结合，通过启动 Fas/FasL 途径而诱导 $CD8^+$T 细胞凋亡，并可抑制 $CD4^+$T 细胞增殖，协助清除绒毛间隙中的母体 T 细胞；②HLA-G 可与 NK 细胞表面某些抑制型受体（如 KIR2DL4、ILT2、ILT4 等）结合，但不与激活型受体（如 CD160）结合，从而抑制母体 NK 细胞对滋养细胞的杀伤效应。

（2）分泌抑制性蛋白：①滋养细胞表达 FasL，与 T 细胞表面 Fas 结合而导致邻近蜕膜 T 细胞凋亡；②合体滋养细胞表达 IDO（吲哚胺 2，3-双氧合酶），可分解母胎界面的色氨酸，从而抑制局部 T 细胞增殖；③滋养细胞表达补体调节蛋白 MCP、DAF 等，可阻断补体对滋养细胞的攻击。

（3）分泌细胞因子：滋养细胞可分泌多种细胞因子（IL-4、IL-12 等）和趋化因子（CCL3、CCL2、CXCL12、CXCL16 等），促进滋养细胞自身增殖、分化，并调节母胎界面局部的免疫耐受微环境，感染状态下则可趋化、激活母体中性粒细胞，参与局部炎症反应和免疫应答。

（二）蜕膜

受精后，子宫内膜在黄体持续分泌的孕酮作用下发生蜕膜化，表现为内膜腺体增大弯曲，腺上皮细胞内及腺腔中含大量糖原，血管充血，结缔组织细胞肥大，形成子宫蜕膜。晚期囊胚着床后，根据蜕膜与囊胚的位置关系，蜕膜可分为 3 部分：①底蜕膜（basal deciduas），即囊胚植入处的蜕膜，位于囊壁与子宫壁之间，可发育成胎盘的母体部分，是母胎界面母体面的主要结构；②包蜕膜（capsular deciduas），即覆盖在囊胚表面的蜕膜；③真蜕膜（true decidua），指除底蜕膜和包蜕膜外所有覆盖宫腔的蜕膜。人早孕期子宫蜕膜的细胞组成相当复杂而特殊，不仅含大量蜕膜基质细胞，且富含骨髓来源细胞（如巨噬细胞、T 细胞和特殊类型 NK 细胞等），形成母胎界面独特的内分泌-免疫微环境。

1. 蜕膜免疫细胞（decidual immune cell，DIC）

胚胎着床后的早孕期，母体内大量免疫细胞迁移至子宫蜕膜，参与维持母胎耐受和抗感染免疫。蜕膜免疫细胞主要包括 NK 细胞（约占 70%）、T 细胞（约占 15%）、巨噬细胞（约占 15%）和少量 DC（1%），它们具有如下特点：①特殊的功能亚群，即 $CD56^{bright}/CD16^{-}$NK 细胞、γδT 细胞、M2 细胞（主要产生抑炎细胞因子）；②母胎界面出现 Th2 细胞偏移；③通过旁分泌某些细胞因子，调控滋养细胞生长、分化和迁移并维持妊娠。

（1）蜕膜 NK 细胞：90%～95% 外周血 NK 细胞表型为 $CD56^{dim}CD16^{+}$，以杀伤功能为主。蜕膜 $CD56^{bright}CD16^{-}$NK 细胞可由外周血募集而来，也可由子宫母胎界面产生 IL-22 的未成熟 NK 前体细胞（CD34-CD117+CD94-）发育而来。$CD56^{bright}CD16^{-}$ NK 细胞是蜕膜免疫细胞的主要组分，主要通过分泌细胞因子而发挥免疫调节功能，其具有如下生物学特点：

1）趋化运动：蜕膜 NK 细胞表达 CCR7，并能被 CCL19、CCL21 趋化，而不表达 CCR7 的 $CD56^{dim}CD16^{+}$ NK 细胞不能被趋化。另外，母-胎界面滋养细胞分泌 CXCL12，对蜕膜 NK 细胞具有更强趋化作用。

2）参与母胎耐受：人早孕期 CXCL12 可上调蜕膜 NK 细胞的耐受表型，并诱导 Th2 细胞偏移，同时下调蜕膜 NK 细胞的细胞毒性，从而有利于形成母-胎界面免疫耐受微环境。

3）参与胎盘发育和胎盘血管形成：蜕膜 NK 细胞分泌 IFN-γ，可损伤底蜕膜螺旋动脉血管壁的完整性，并破坏螺旋动脉内皮和平滑肌细胞的紧密结构，有利于滋养细胞入侵和取代，完成子宫螺旋动脉重塑。另外，蜕膜 NK 细胞通过分泌细胞因子，为滋养细胞侵入创造合适的蜕膜环境。

4）表型特征：蜕膜 NK 细胞表达某些 KIR 家族受体（如 KIR2DL1），可与胎儿组织细胞表面 HLA-C2 等结合。

（2）蜕膜 T 细胞：①蜕膜 T 细胞主要为 γδT 细胞，约占蜕膜免疫细胞 15%，参与维持母-胎免疫耐受和孕期抗感染免疫；②围着床期子宫内膜局部出现 Th2 细胞偏移，有利于着床和维持妊娠；③妊娠期母体外周血、蜕膜及胎儿脐带血 Treg 细胞扩增，参与母-胎免疫耐受形成；④人外周血与母-胎界面均存在 Th17 细胞，在母-胎界面发挥调节作用。

（3）蜕膜单核/巨噬细胞：母胎界面滋养细胞和蜕膜基质细胞可分别分泌 CXCL16、CCL2，共同从外周血募集单核/巨噬细胞。巨噬细胞参与胚胎植入、胎盘发育及宫颈成熟等妊娠过程。蜕膜巨噬细胞主要为 M2 表型（高表达 RANK、CD206、CD209 及 CD11c）。滋养细胞及蜕膜基质细胞产生的 RANKL 可下调蜕膜巨噬细胞表面 CD80、CD86 表达及 IL-12、IL-23 分泌，但上调 IL-10 分泌，从而参与母胎耐受形成。

2. 母-胎界面非免疫细胞

（1）蜕膜基质细胞（decidual stromal cell，DSC）：蜕膜基质细胞约占蜕膜细胞总数的 75%，它们起源于间质纤维母细胞，由子宫内膜前基质细胞（preDSC）分化而来。妊娠早期，前蜕膜基质细胞在孕酮作用下发生蜕膜化，形态由梭形变为圆形，胞质高表达肌间线蛋白（desmin），大量分泌泌乳素（prolactin）等多种激素，参与蜕膜的营养供应并形成内分泌微环境。此外，蜕膜基质细胞具有免疫细胞的某些特性，例如：①表达特定黏附分子、白细胞分化抗原（CD10、CD13）、共刺激分子（CD80、CD86），可能在蜕膜局部将胚胎抗原提呈给蜕膜 T 细胞，介导母-胎间免疫应答或耐受；②蜕膜基质细胞产生 CCL2，可上调蜕膜免疫细胞分泌 IL-4 和 IL-10，下调 IFN-γ 和 TNF-α 分泌，参与维持母-胎界面 Th2 型免疫优势。

（2）胚胎来源的滋养细胞：滋养细胞起源于上皮细胞，是母-胎界面胚胎来源的唯一细胞组分。位于绒毛内层的细胞滋养层细胞有两种分化潜能：①融合为合体滋养细胞而覆盖绒毛表面，作为母-胎间物质交换的间隔，并承担胎盘主要内分泌功能；②分化为绒毛外细胞滋养层细胞，入侵至蜕膜深部聚集为孤岛，取代子宫螺旋动脉血管内皮细胞，重塑子宫脉管系统，为胚胎发育提供充足营养。蜕膜免疫细胞在螺旋动脉内外均与滋养细胞密切接触，所产生的细胞因子形成网络，调节母-胎界面免疫应答，并调控滋养细胞生长、分化和侵袭，对妊娠的维持发挥重要的局部调节作用。

滋养细胞作为唯一与母体蜕膜及其免疫细胞直接接触的胚胎细胞，在母-胎耐受中起着至关重要的作用：①滋养层细胞不表达经典 MHC Ⅰ、Ⅱ类分子，可逃逸母体对胎儿（半异体移植物）的排斥反应；②绒毛外细胞滋养层细胞表面表达非经典 MHC Ⅰ类抗原（HLA-G 和 HLA-C），可抑制蜕膜 NK 细胞的攻击，并参与诱导母体对父源组织抗原的免疫耐受。

另外，滋养细胞可分泌多种细胞因子和趋化因子，形成有利于正常妊娠所必需的母-胎界面免疫耐受微环境。例如：①分泌 CXCL12，募集蜕膜 NK 细胞，并呈剂量依赖性地抑制外周 NK 细胞穿孔素表达与杀伤活性；②分泌 CXCL16，募集蜕膜单核/巨噬细胞和 T 细胞，诱导 M2 转化，促进蜕膜 γδ T 细胞增殖，下调 γδ T 细胞 GrB 表达；③分泌 TSLP，促进蜕膜 DC 分泌高水平 IL-10、CCL17，诱导 Th2 细胞偏移及 Treg 细胞扩增。

综上所述，早孕期母-胎界面存在特殊的细胞类型（蜕膜基质细胞、特征性的蜕膜免疫细胞、滋养细胞等），并形成细胞-细胞因子-细胞外基质-局部性激素相互作用、相互调节的复杂网络，从而精密调控母体免疫状态和胚胎生长发育，直至分娩完成。

二、母胎免疫耐受机制

母胎耐受及其机制，是长期困惑免疫学家的难题：①同种异基因组织器官移植必然会发生排斥反应，人是二倍体动物，胎儿携带父方 MHC 单体型，但胎儿作为特殊的同种移植物，却得以在母体内长期存活，直至安全分娩；②母体确实可产生针对父源 HLA 抗原的免疫应答，例如多次妊娠的母体内可检出抗父亲异型 HLA 的抗体，早期用于 HLA 血清学分型的抗体即来源于此。

迄今，有关胎儿逃脱母体免疫攻击的机制尚未完全被阐明，近年对母胎耐受提出某些新观点。

1. 母胎界面 HLA 分子表达特点　胚胎滋养细胞具有特征性的 HLA 分子表达格局，从而参与孕早期胎盘形成和维持正常妊娠，其机制为：①位于母胎界面的胎儿滋养层细胞不表达经典 HLA Ⅰ类分子（HLA-A、HLA-B），从而可逃逸母体 CTL 对胎儿（半异体移植物）细胞的杀伤作用；②胎儿滋养层细胞可表达 HLA-C 及某些非经典 HLA Ⅰ类分子（如 HLA-G、HLA-E），通过与早孕期蜕膜 NK 细胞表面抑制性受体（KIR）结合，可启动抑制性信号通路，抑制 NK 细胞对胎儿细胞的胞毒作用。另外，绒毛外细胞滋养细胞还可产生可溶性 HLA-G，参与形成母胎界面免疫抑制微环境。临床资料显示，滋养细胞 HLA-G 表达障碍可致反复妊娠失败（包括原因不明习惯性流产）及产前子痫等妊娠疾病发生。

2. 母胎界面细胞因子的分泌格局　已发现，子宫上皮细胞和滋养层细胞可分泌 TGF-β、IL-4 和 IL-10 等，从而抑制 Th1 细胞应答，导致 Th2 细胞偏移，参与母-胚耐受的建立和维持。临床资料显示：孕早期母-胎界面及外周血 Th2 细胞偏移是妊娠成功的标志；而 Th1 细胞偏移则导致妊娠失败。动物实验也证实，给予外源性 Th1 型细胞因子（如 IFN-γ 和 IL-12 等），可引发类似于人自发流产的反应。但是，上述现象的机制尚未被阐明。

3. 母-胎界面微环境中 IDO 水平升高　色氨酸属必需氨基酸，参与细胞活化和增殖。IDO 是催化色氨酸沿犬尿酸途径分解代谢的限速酶，其活性增强导致组织细胞局部“色氨酸饥饿”，且其水解色氨酸的中间代谢产物具有细胞毒性，可致淋巴细胞损伤和凋亡。母胎界面滋养细胞和 APC 可高表达 IDO，从而负调控针对胎儿抗原的 T 细胞应答，并抑制 CTL 对胎儿组织的杀伤效应。实验研究发现，早孕期应用 IDO 抑制酶可致同种异基因胎鼠被快速排斥，但对同基因胎鼠无影响。

4. Treg 细胞负调节作用　$CD4^+CD25^+$Treg 细胞在维持免疫微环境稳定和免疫耐受中起关键作用。近年发现：妊娠期母体外周血、蜕膜及胎儿脐带血内均含大量 Treg 细胞；动物模型正常妊娠组 Treg 显著高于自然流产；过继转输 Treg 至流产模型小鼠，可改善妊娠预后。由此提示，Treg 细胞在母胎耐受形成和维持中发挥重要作用。

5. 下调共刺激信号　正常妊娠蜕膜组成性表达 B7-2、CTLA-4 等共抑制分子分子，通过阻断或抑制 T 细胞共刺激信号而参与免疫耐受微环境的形成。

6. 补体激活受阻　滋养层细胞和子宫蜕膜可高表达补体 C3 和 C4 的抑制分子 Crry，从而阻断母体内抗同种抗原的抗体循经典途径激活补体。

第四节　母-胎免疫异常相关疾病的发病机制

一、反复自然流产

反复自然流产（recurrent spontaneous abortion，RSA）是一种常见妊娠并发症，80% 以上患者病因不明,仅少数病例因内分泌、染色体异常及生殖道畸形或占位性病变等因素致病。近年发现,多数RSA患者体内缺乏封闭抗体,可能是原发性流产和继发性流产的共同致病因素。据此认为,RSA发病与免疫功能异常相关,并可分为如下类型:

(1)母-胎同种免疫识别低下型:特征为封闭抗体缺乏,是RSA的主要病因类型:①原发性流产常表现为封闭抗体及封闭抗体的抗独特型抗体共同缺乏;②继发性流产仅表现为封闭抗体的抗独特型抗体缺乏。上述封闭抗体缺乏可致母体细胞毒性细胞功能增强及细胞因子产生增高,通过杀伤胚胎组织细胞而致RSA发病。

(2)母-胎免疫识别过度型:①自身免疫异常型(如抗透明带抗体、抗磷脂抗体等),磷脂成份通过与β2-糖蛋白结合,暴露其特异性抗原表位而与抗磷脂抗体结合,可介导血小板与血管内皮细胞黏着,促使血栓形成,随胎盘血管血栓形成加重,引起胎盘梗死,导致流产;②同种免疫异常型(母-胎ABO血型不合),体内血型抗体异常增高,作用于滋养层细胞或通过胎盘进入胎儿体内,导致胎儿-胎盘单位组织细胞损伤,严重者可致流产。

(3)母-胎免疫识别紊乱型:表现为母体对胚胎免疫保护作用削弱及对胚胎免疫损伤作用增强,机制为:①体内封闭抗体缺乏;②对表达自身抗原及同种抗原的组织细胞损伤作用异常增高。

二、子痫前期

子痫前期是妊娠特有疾病,发病率高,是引起孕产妇及围产儿死亡的重要原因之一,主要病理改变是全身小动脉痉挛,由此导致高血压、蛋白尿和水肿三大症状,重症可致多器官严重缺血缺氧及功能衰竭、胎盘早剥、死胎等,严重危及母儿健康。该病主要发病机制为:母胎免疫耐受被打破,母体对滋养细胞发动免疫攻击。如下原因造成母-胎免疫适应不良:

1. 母胎免疫不合 机制为:①由于HLA基因多态性,决定母体对胚胎抗原应答水平差异;②某些HLA复合体基因座(HLA-DQB1与TAP、LMP、TNF、Hsp-70等)等位基因可能与子痫前期致病基因连锁;③患者夫妇或母儿间存在共享HLA基因,影响母体产生封闭抗体,导致发病。

2. 胎儿抗原负荷过重 跨越胎盘屏障进入母体血循环的胎儿细胞类型包括滋养细胞、淋巴细胞、有核红细胞。正常妊娠时约有10万个滋养细胞进入母体循环,可通过与相应抗体结合为免疫复合物而被母体网状内皮系统吞噬。子痫前期患者进入子宫静脉的滋养细胞较正常孕妇高20倍,过多的胎盘脱落细胞颗粒及胎盘激素产物可明显促进单核细胞及粒细胞激活并产生活性介质(细胞因子、蛋白酶及游离自由基),导致内皮广泛损伤及血管舒缩功能失常。临床上,伴有胎盘亢进症的异常妊娠(如葡萄胎、糖尿病、多胎等)易并发子痫前期。

另外,胚胎染色体为三倍体者也易发病,机制为:三倍体胚胎内的父系抗原表达显著高于正常二倍体,胎儿抗原负荷加大,成为致病的主要原因。

3. 母体免疫耐受缺陷 母胎免疫耐受的主要机制之一是与母体直接接触的胎儿滋养细胞不表达经典MHC分子,仅表达HLA-C、-E、-G、-F等非经典MHC Ⅰ类分子,后者与蜕膜淋巴细胞表面抑制性受体结合,发挥免疫抑制作用。正常妊娠胎盘HLA-G主要表达于具有侵蚀性的滋养细胞表面,而多数子痫前期患者胎盘HLA-G表达下降或缺失,且外周血可溶性HLA-G水平降低,导致母体的保护性屏障缺陷。另外,近期提出子痫前期发病的自身免疫学说,认为子痫前期属自身免疫病,或是由母体排斥胎儿同种异型抗原所诱发的异常自身免疫应答。

综上所述,子痫前期发病机制可能是:在免疫遗传因素基础上,同时存在滋养细胞抗原超负荷,导致母胎间免疫平衡失调,免疫营养作用被破坏,滋养细胞遭免疫损伤而功能异常,导致血管重铸障碍。

(姚晓英 杜美蓉 李大金)

第三十一章 眼免疫

眼是重要的感觉器官，可将光刺激转化为光冲动传至特定视皮质中枢而引起视觉。为保证正常视觉功能，机体须建立严密而有效的保护机制，使眼组织免遭各种有害因素损害。免疫作为机体重要防御功能之一，也承担保护眼组织的功能。眼科免疫学近年飞速发展，表现为：①眼的免疫学特点得到深入研究并被系统描述；②进一步阐明常见免疫相关眼病的发病机制；③发现某些新的免疫相关眼病。上述进展为探索某些免疫相关眼病的诊断、防治策略奠定了基础。

眼部免疫与机体整体免疫有诸多相似之处，但由于特殊的解剖及功能，使眼局部免疫具有如下特点：①眼表面存在抵御感染的完善屏障及多种生物活性物质；②眼组织表达多种自身抗原，正常情况下发挥重要生理功能，但某些情况可被免疫系统识别，引发自身免疫应答，并导致自身免疫性眼病或参与某些眼病发生；③眼组织通过复杂而精细的保护机制，可耐受眼组织抗原，保持自身免疫稳定性，避免疾病发生。

第一节 眼相关的免疫组织学与生理学特点

一、眼相关的免疫组织解剖学特点

（一）眼组织屏障结构及眼表生物活性物质

1. 眼睑 眼睑是构成眼组织屏障的第一道防线，眼睑和睫毛灵活运动对眼球发挥重要保护作用，并可将富含生物活性物质的泪液均匀分布于眼球表面。眼睑的 Meibomian 腺可分泌类脂质，参与泪膜形成，对眼表起润滑作用。

2. 泪液 眼泪有两大功能：

（1）眼表润滑和滋养作用：泪液覆盖于眼表面形成一层液体薄膜，通过眼睑瞬目动作而润滑眼表，并能及时冲洗掉进入结膜囊的异物及病原微生物，其中水、无机盐和蛋白质还可滋养角膜。

（2）抵御感染：泪液富含免疫球蛋白（尤其是 IgG、IgA 和 IgM）以及溶酶体酶、乳酸脱氢酶、过氧化酶等活性物质，可杀灭或中和外来病原体等有害物质，发挥重要的防御作用。此外，结膜囊中存在多种正常菌群，有利于干扰外来细菌入侵。

（二）眼内免疫细胞的类型、分布和功能

1. 结膜 结膜上皮细胞表达多种 TLR（如 TLR1、2、3、5 和 6 等）及可溶性抗菌肽（antimicrobial peptide，AMP），结膜固有层的结膜相关淋巴组织（conjunctiva-associated lymphoid tissue，CALT）含淋巴细胞（T/B 细胞）及固有免疫细胞（巨噬细胞、粒细胞、肥大细胞和 DC 等），共同参与结膜局部的固有免疫和适应性免疫应答。上皮层淋巴细胞以 $CD8^+$ T 细胞常见，而固有层 $CD4^+$和 $CD8^+$ T 细胞比例基本相当。B 细胞分化而来的浆细胞占结膜白细胞的 20%，可分泌抗体，以多聚 IgA 为主，少量为 IgM 和 IgG，参与形成泪膜并抵御微生物入侵。

2. 角膜 角膜缺乏相关血管及淋巴管组织，所含免疫细胞主要是 DC（位于角膜上皮层基底部）和巨噬细胞（分布于整个角膜），两类细胞密度由角膜周边向中央逐渐降低。由于角膜缺乏引流淋巴组织，且角膜局部 APC 仅低表达 MHC Ⅱ类分子，故提呈抗原作用较弱。病理状态下，血管新生及炎症细胞浸润可致淋巴细胞分布至整个角膜。

3. 葡萄膜 葡萄膜分为虹膜、睫状体和脉络膜三部分，均分布 DC，可发挥抗原提呈功能。正常情况下，由于存在血管内皮紧密连接结构，虹膜和睫状体实质内仅散在极少量淋巴细胞，但炎症情况下可出现大量淋巴细胞。由于特殊的血管结构，正常脉络膜层富含淋巴细胞等免疫细胞及补体，也表达模式识别受体（TLR 和 NOD 受体）。葡萄膜是眼部最易发生炎症的组织。近期发现，NOD2 可能在葡萄膜炎发生中起着重要作用，NOD2 突变可致 Blau 综合征伴发的葡萄膜炎。

4. 视网膜 视网膜分布二类 APC：①血管旁巨噬细胞（perivascular macrophage），表型为 F4/80^+MHC $Ⅱ^-$，其抗原提呈能力较弱；②视网膜神经胶质细胞（microglia），表型为 $CD11b^+$ F4/80^+ $CD8a^+$ $CD80^+$ MHC $Ⅱ^+$，位于视网膜神经纤维层及内、外丛状层，参与防御、免疫调节和组织修复；视网膜损伤时，神经胶质细胞在 12 小时内浸润损伤部位，24 小时达到高峰。

视网膜色素上皮是维持视网膜免疫赦免的重要解剖屏障,其功能为:表达 TLR 并分泌细胞因子、趋化因子及生长因子等,参与局部固有免疫;吞噬抗原并向 T 细胞提呈抗原,参与适应性免疫应答。图 31-1 显示眼球组织结构。

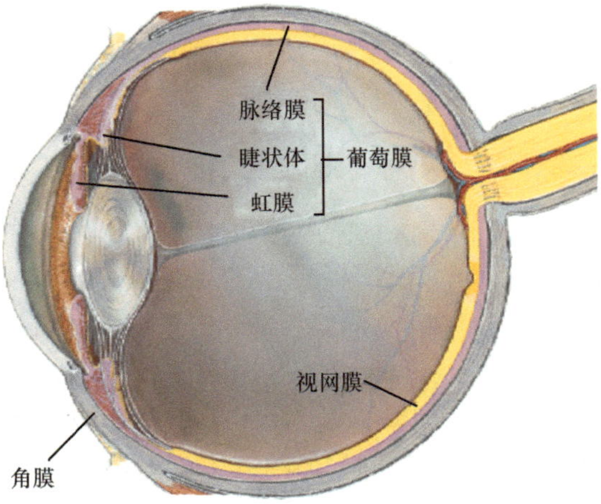

图 31-1 眼球组织解剖结构

二、眼相关的免疫生理学特点

(一) 眼组织抗原

眼组织表达多种器官特异性抗原,其中某些抗原参与葡萄膜炎发生。

1. 视网膜 S 抗原 S 抗原是视网膜内可溶性抗原,主要表达于视网膜光感受器和松果体细胞。S 蛋白功能为:特异性结合光兴奋和磷酸化的视紫红质,抑制光依赖的环-磷酸鸟苷二酯酶活性,以调控 cGMP 分解并影响光化学转化过程。将高纯度视网膜 S 抗原与完全弗氏佐剂联合免疫豚鼠或 Lewis 大鼠,可复制葡萄膜视网膜炎模型,其病理特点为:前房细胞纤维素性渗出;虹膜后粘连;脉络膜视网膜大量炎症细胞浸润和组织结构破坏。另外,视网膜 S 抗原可诱导猴子、多品系大鼠、小鼠发生葡萄膜视网膜炎。近年发现,视网膜 S 抗原多个肽段均具有致葡萄膜炎活性。

2. 光感受器间维生素 A 类结合蛋白(interphotoreceptor retinoid-binding protein,IRBP) 属糖蛋白,表达于光感受器间基质,在光感受器和视网膜色素上皮间维生素 A 转运中起运载体作用。将 IRBP 和弗氏完全佐剂联合免疫 Lewis 大鼠,可诱导葡萄膜视网膜炎,其眼组织病理改变与人类葡萄膜炎相似。

3. 葡萄膜抗原 一般认为此抗原与黑色素相关。已报道,葡萄膜抗原联合弗氏完全佐剂可诱导类似人类葡萄膜炎的动物模型。

4. 晶状体抗原 晶状体抗原分为水溶性(包括 α、β、γ 蛋白)和非水溶性。晶状体抗原与弗氏完全佐剂联合免疫动物并不能诱导葡萄膜炎,须在免疫后一定时间刺破晶状体囊膜方可引起炎症改变。由此提示,老年性白内障术后炎症反应可能与晶状体抗原诱发的免疫应答相关。

(二) 眼相关的免疫应答特点

1. 结膜 结膜是眼球与外界接触的最前线,可表达 TLR 并分泌抗菌多肽等,参与抗细菌或病毒的固有免疫。结膜含淋巴组织,参与适应性免疫应答,并参与Ⅰ型超敏反应和Ⅳ型超敏反应所致结膜炎症。

2. 角膜 角膜属“免疫豁免”组织,其机制为:缺乏血管结构并存在血房水屏障;正常角膜仅含极少量未成熟 DC;角膜抗原免疫原性弱;紧邻角膜内皮的房水富含免疫抑制分子(如 TGF-β);等等。角膜组织可表达 TLR,介导抵御微生物的固有免疫。病理情况下,角膜新生血管、移植床新生血管状态等可诱导免疫细胞浸润,介导角膜移植排斥反应。

3. 葡萄膜 葡萄膜组织富含血管和色素,且血流缓慢、血管容量大、面积广、通透性强,故血流中各种微生物、补体、抗原及抗体等极易沉积于葡萄膜,引发固有免疫及适应性免疫应答,导致葡萄膜炎症发生。此外,葡萄膜表达酪氨酸蛋白相关抗原等自身抗原,且紧邻视网膜抗原(如光感受器间维生素 A 类结合蛋白、S 抗原等),故葡萄膜也易发异常自身免疫应答及相关疾病。

4. 视网膜 血-视网膜屏障和玻璃体腔含大量免疫抑制分子(如 TGF-β 等),使视网膜处于免疫赦免状态。视网膜屏障功能受损(如视网膜色素上皮损伤等),细菌、病毒、真菌等可激发局部固有免疫及适应性免疫应答,导致代谢物质沉积、炎症细胞浸润和激活、补体激活,最终出现视网膜病变。

(三) 眼的免疫赦免特性

经典理论认为,眼组织位于“免疫赦免”区,正常情况下免疫系统不能识别眼组织抗原和产生应答。眼组织的免疫赦免部位分为眼前段和眼后段,目前对前者研究较深入。

1. 眼前段免疫耐受 眼前段(包括角膜、前房、晶状体等)耐受即前房相关免疫偏离(anterior chamber associated immune deviation,ACAID),指前房部位接种抗原,可诱导产生抗原特异性、非补体结合性抗体和细胞毒性 T 细胞前体细胞,但不能诱导迟发型超敏反应。ACAID 的生物学意义在于,机体对进入房水的抗原产生耐受,可避免免疫攻击所致眼组织炎症损伤，从而有效保护视功能。临床角膜移植术成功率极高，ACAID 是关键因素之一。但另一方面，ACAID 也可能参与眼内肿瘤生长和转移。

ACAID 形成机制尚未完全清楚。眼前段组织缺乏淋巴系统，使进入前房的抗原处于"隔离"状态而不能被运送至局部淋巴结，从而阻止对前房内抗原产生免疫应答，故既往多认为 ACAID 属被动的免疫赦免。近年发现，ACAID 并非单纯因解剖屏障使其与免疫系统"隔离"所致，而是涉及眼、胸腺、脾脏和交感神经系统的主动免疫赦免，其机制为：①房水含大量免疫抑制因子（如 TGF-β、α-MSH、SOM 和 VIP 等），角膜内皮细胞低表达 MHC Ⅰ类分子，形成特殊的免疫微环境；②抗原进入前房后，可诱生一类特殊的 ACAID 相关 APC（高表达 F4/80、IL-10 和 TGF-β；低表达 CD80、CD86 等共刺激分子），其抗原提呈作用弱，并可诱导 NKT 细胞、$CD4^+$/$CD8^+$Treg 细胞等分化；③上述发挥负调节作用的细胞亚群可主动抑制针对前房抗原的自身免疫应答（尤其是 T 细胞应答）。另外，眼、胸腺和脾脏中丰富的交感神经在 ACAID 形成中起重要作用，化学切除实验动物交感神经，可阻断 ACAID 的诱导。

2. 眼后段免疫耐受 眼后段与视网膜下间隙、玻璃体相关，其部位的界定及特征等尚未完全清楚，有关其耐受机制的研究较少。已发现，眼后段也存在类似 ACAID 的机制，即可诱导对自身抗原的耐受。有文献报道，玻璃体内 TGF-β 样因子、视网膜 Müller 细胞、视网膜色素上皮细胞、睫状体内 DC 等参与眼后段免疫耐受形成。

第二节 常见免疫性眼病发病机制

眼部可罹患多种自身免疫性眼病（如 Vogt-小柳原田综合征、交感性眼炎等）和某些自身炎症性疾病（如强直性脊椎炎伴发的葡萄膜炎、Behcet 病等）。

一、眼的自身免疫病

（一）Vogt-小柳原田综合征

该综合征是以肉芽肿性全葡萄膜炎为特征的自身免疫病，是我国最常见的葡萄膜炎类型，也是我国最重要的致盲性葡萄膜炎类型之一。此病病因和发病机制尚不完全清楚。脉络膜黑色素相关抗原、视网膜抗原诱导的自身免疫应答可能在发病中起关键作用。早年研究认为，Th1 细胞激活及其产生的细胞因子是参与发病的重要因素。近年发现：Th17 细胞在此病发生中发挥更为重要的作用；$CD4^+CD25^{high}$Treg 细胞数量和功能降低，不能有效抑制 Th17 细胞激活，是参与此病发生、复发和慢性化的重要机制。

（二）甲状腺相关免疫眼病

甲状腺相关免疫眼病（thyroid-associated immune ophthalmopathy）是眼眶常见疾病，亦称 Graves 眼病或甲状腺相关眼病。此病病因和发病机制尚未完全清楚。患者眼眶内血管旁浸润大量 T 细胞、B 细胞、浆细胞和巨噬细胞，提示该病为免疫相关疾病。既往认为眼外肌是免疫攻击的靶细胞，其后发现免疫攻击的靶细胞是成纤维细胞，相关实验依据为：①患者眼眶成纤维细胞表达促甲状腺激素受体（TSHR）；②患者血清检出高水平抗 TSHR 抗体；③球后 $CD8^+$T 细胞不能识别自身眼外肌提取物，但能识别成纤维细胞提取物；④球后成纤维细胞可促进球后 T 细胞增殖，而眼外肌细胞无此作用；⑤成纤维细胞表达 HLA-DR，而眼外肌不表达；⑥成纤维细胞刺激 T 细胞增殖受 MHC Ⅱ分子和 CD40-CD40L 通路限制性。

TSHR 诱导异常自身免疫应答，导致甲状腺相关免疫眼病发生。患者体内检出的抗 TSHR 抗体是多种抗体的混合物，它们参与疾病发生的作用取决于与相应靶抗原结合的位点及亲和力。抗体与相应膜抗原结合可激活 $G\alpha s$、$G\alpha q$、Akt 和 PKC 通路，或中和 TSHR。眼眶局部巨噬细胞和 B 细胞可将 TSHR 多肽提呈给 T 细胞，激活的 T 细胞促使成纤维细胞进一步释放炎症因子及合成透明质酸，继而趋化免疫细胞并促进眼外肌和脂肪重塑。新近发现，胰岛素样生长因子-1 受体（IGF-1 receptor，IGF-1R）及其他生长因子也参与此病发生。

（三）强直性脊椎炎伴发的葡萄膜炎

强直性脊椎炎是一种病因尚不清楚的特发性慢性椎关节病变。此病病因和发病机制尚未完全清楚，一般认为是由环境因素在易感个体所诱发。该病的特点是与 HLA-B27 强关联，分子模拟假说对强直性脊椎炎及其伴发葡萄膜炎的机制提出如下解释：HLA-B27 与 $Gram^-$ 肠道细菌具有某些共同或相似的抗原表位，机体针对细菌产生的抗体与自身 HLA-B27 抗原发生交叉反应，造成组织损伤。但是，该假说难以解释携带 HLA-B27 基因的个体全身所有组织均表达 HLA-B27 抗原，但炎症反应和组织损伤却选择性发生于少数组织（如脊椎和眼）。

近期提出新的观点，例如：①三分子模拟（trimolecular mimicry），认为 HLA-B27、外来（细菌）抗原及特异性表达于脊椎和眼部的细胞角蛋白间具有共同表位，由此决定损伤仅发生于相应组织；②HLA-B27选择性提呈特异性脊椎抗原，后者与眼部抗原具有共同表位，故强直性脊椎炎患者常伴发葡萄膜炎。

二、眼的自身炎症性疾病

自身炎症性疾病（autoinflammatory disease）是新近定义的一类疾病，其与自身免疫病有诸多共同点，均是免疫系统对自身组织攻击所致的炎症反应，但两者也有明显差别：自身免疫病是淋巴细胞识别自身抗原并产生适应性免疫应答所引发，具有记忆性；自身炎症性疾病主要由固有免疫所引发，是不明原因激活固有免疫细胞（粒细胞、单核/巨噬细胞等）所介导、造成自身组织损伤的炎症反应，通常不产生自身抗体，表现为周期性发热、斑疹和关节肿痛等。

Behcet病是一种以反复发作的葡萄膜炎、口腔溃疡、多形性皮肤病变、生殖器溃疡为特征的疾病。早年认为此病是自身免疫病，但近年认为属自身炎症性疾病。该病难以确定特异性致病自身抗原，表现为以中性粒细胞浸润为主的炎症反应。其发病机制为：某些环境因素（如细菌、病毒感染等）启动固有免疫并激活Th1和Th17细胞，病损局部高表达IL-8、IL-12、IL-17、CXCL8和TNF等炎症介质，趋化大量中性粒细胞，后者高分泌趋化因子，吸引更多中性粒细胞并产生大量过氧化物等，介导和加重炎症反应，导致血管炎症及组织（口腔、生殖器及皮肤黏膜）损伤。

另有文献报道，认为强直性脊椎炎伴发的葡萄膜炎属自身炎症性疾病。

三、免疫相关眼病

（一）年龄相关性老年性黄斑变性（age-related macular degeneration，AMD）

AMD是导致老年人群不可逆性视力损伤的最常见原因之一，主要病理改变包括视网膜脱色素上皮细胞内脂褐素蓄积、玻璃膜疣生成和脉络膜新生血管形成。

AMD发病机制尚不完全明确，可能与黄斑长期慢性光损伤、遗传、代谢、营养、炎症等因素有关。近年发现，免疫异常与AMD发生密切相关：①补体激活与失衡，多种补体调节蛋白（C1抑制因子、C4结合蛋白、H因子、I因子等）参与AMD发病；②多种炎症因子（TNF-α、IL-1、IL-6、IL-2、IFN-α、LPS等）参与自身免疫应答和疾病发生；③维持眼组织免疫赦免的免疫稳态失调；④炎症反应所致脂质过氧化物及活性氧堆积超过机体清除能力；⑤炎症细胞对持续存在的刺激产生低度免疫应答；⑥视网膜小胶质细胞免疫自限机制失调，导致持续炎症；⑦老化细胞自噬功能减弱，异常蛋白清除障碍。

（二）糖尿病性视网膜病变（diabetic retinopathy，DR）

DR是高血糖所致全身各组织器官微血管病变引发的视网膜病变和功能障碍，是糖尿病眼病最严重的不可逆性并发症。血糖水平、糖尿病病程长短及遗传和环境因素均与DR发生、发展相关。DR发病机制复杂，涉及高级糖基化终末产物（advanced glycosylation end product，AGE）形成增加、多元醇通路活性增加、蛋白激酶C激活、氨基己糖途径激活及氧化应激加强等。近年研究表明，慢性炎症和免疫异常参与DR发病全过程：①DR玻璃体腔内巨噬细胞明显增加，其分泌大量炎症因子（IL-1、TNF-α、VEGF、bFGF、Ang-1、Tsp-1等），参与DR发病；②DR房水及血清炎性细胞因子（VEGF、IL-6和IL-8）显著增加；③视网膜色素上皮细胞（RPE）激活并释放炎性因子，导致血管狭窄闭塞、加重循环障碍，参与疾病发生；④丝裂原活化蛋白激酶（MAPK）信号转导通路激活；⑤去乙酰化酶Sirtl活性降低，而黏附分子CAM-1表达升高，导致白细胞黏附增强。

（杨培增　杜利平）

第三十二章 耳鼻咽喉免疫

第一节 耳鼻咽喉免疫学基础

一、内耳免疫学基础

由于存在血脑屏障和血迷路屏障,脑和内耳曾被视为免疫豁免器官。近30年大量研究表明,内耳具有免疫应答、免疫防御和免疫调节功能。病理情况下,内耳组织抗原可激发内耳自身免疫应答,导致内耳损害。

1. 内耳相关的免疫组织解剖特点 内耳的黏膜相关淋巴组织(MALT)是产生局部适应性免疫应答的主要场所,其中内淋巴囊(endolymphatic sac,ES)尤为重要。内耳ES免疫相关的组织学和功能特点为:①ES可吸收、过滤内淋巴液;②ES内含sIgA、IgG、IgA、IgM,上皮内、上皮下及囊腔内存在多种淋巴细胞,ES毛细血管属有窗型,故其组织和功能类似于MALT的效应器官;③内耳遭抗原刺激,外周淋巴细胞可通过"归巢"机制,借助相应黏附分子(归巢受体/地址素)经螺旋轴静脉及其汇集静脉进入ES;④ES内淋巴细胞可在局部增殖,并在局部产生抗体。另外,内耳囊周组织有丰富的小淋巴管、毛细血管及小静脉网,并可分泌sIgA,亦被视为MALT的一部分。另外,血-迷路屏障(blood labyrinth barrier)对维持内耳内环境稳定十分重要,主要表现于螺旋韧带处细胞间较松散连接(外淋巴表面)及血管纹区细胞间紧密连接(内淋巴表面)。

2. 内耳的免疫细胞及其来源 参与内耳免疫应答的淋巴细胞和抗体来源于体循环,其中蜗轴螺旋静脉(spiralmodiolar veto,SMV)及集合静脉(collecting venules,CV)发挥重要作用。内耳接受抗原刺激后,某些炎症介质(如IL-2、IL-6等)刺激SMV及CV,使之表达细胞间黏附分子-1(ICAM-1)及血管细胞黏附分子-1(VCAM-1),从而具有高内皮静脉(HEV)的特征,可促使炎性细胞(巨噬细胞、T细胞、B细胞、NK细胞等)从血管内溢出并向炎性部位聚集。已证明,ES上皮间及上皮下存在所有免疫细胞类型,它们均参与内耳免疫应答。

3. 内耳免疫应答特点 ES是内耳摄取、处理抗原并产生免疫应答的主要部位。另外,ES还可从鼻咽部淋巴组织(亦属MALT)接受抗原信息:①临床资料显示,手术切除ES可明显降低内耳免疫应答强度及Corti器损伤程度;②动物实验发现,体循环中T细胞可越过血-迷路屏障进入ES并在该处增殖。

黏附分子在内耳免疫应答中发挥重要作用,相关依据为:①抗原刺激内耳后,SMV、CV、ES、螺旋韧带等部位均高表达ICAM-1,10~24小时达高峰,峰值与细胞浸润高峰一致,两周后逐渐消退;②对实验动物给予抗ICAM-1抗体,可明显减缓炎症细胞浸润;抗原刺激后,上述区域亦高表达其他黏附分子,其峰值出现于第二天,血中IL-1与VCAM-1水平同步增加。

综上所述,内耳免疫应答的基本过程是:外源性或内耳自身抗原均可诱导聚集于内耳血管、内淋巴管和囊壁的免疫细胞产生应答,并分泌抗体;抗原与抗体相互作用,或通过激活补体,可导致内耳毛细血管扩张、通透性增加、血管纹分泌亢进;若体液渗入膜迷路,抗原抗体复合物可沉积于ES壁使之吸收功能障碍,产生膜迷路积水。另有报道,细胞凋亡可能参与免疫介导的内耳损伤。

二、鼻部免疫学基础

(一) 鼻黏膜免疫细胞组成和功能

鼻黏膜有丰富的淋巴细胞(T细胞、B细胞)和APC(朗格汉斯细胞、DC、巨噬细胞),构成黏膜相关淋巴组织。此外,鼻黏膜固有层和黏膜下层含肥大细胞、嗜碱粒细胞和浆细胞,以及具有修复功能的成纤维细胞等。

1. 上皮细胞 鼻黏膜上皮细胞是一类具有免疫功能的组织细胞,表现为:可分泌黏液并依靠其纤毛清除外来物质,发挥屏障作用;可产生多种细胞因子和趋化因子,如IL-6、IL-8、IL-11及RANTES、GM-CSF、MCP-1等,并发挥不同功能。例如:①IL-8可趋化中性粒细胞及某些淋巴细胞至鼻窦黏膜;②RANTES是白细胞激活剂,并可诱导白细胞浸润炎症部位;③慢性炎症或遭物理化学损伤时,上皮细胞产生大量TGF-β、bFGF、IGF-1和内皮素-1等,可刺激成纤维细胞参与组织重塑和纤维组织增生;④变应性鼻炎患者部分上皮细胞表达HLA-DR及CD86,故可参与抗原提呈。

综上所述,鼻黏膜上皮细胞广泛参与局部免疫应答、炎症反应和组织重塑。

2. 淋巴细胞 变应性鼻黏膜炎症的特征是黏膜上皮及黏膜下层出现T细胞浸润:①变态反应迟发相,鼻黏膜$CD4^+$T细胞增加,并与鼻黏膜EOS数目及IL-4、IL-5、GM-CSF等mRNA表达增加相关;②常年性变应性鼻炎患者鼻黏膜上皮间γδT细胞增加,后者可参与诱导B细胞产生IgE。

鼻黏膜上皮和固有层中也有B细胞:变应性鼻炎局部鼻黏膜B细胞被抗原刺激而活化,可合成、分泌IgE;变应性鼻炎患者发作期,鼻内$CD23^+$B细胞减少,提示成熟$CD23^+$B细胞转变为记忆B细胞。

3. 嗜酸粒细胞(EOS) 变应性鼻炎患者鼻黏膜上皮及黏膜下EOS数量增加,RANTES和Eotaxin(嗜酸粒细胞趋化蛋白)可促进EOS募集和活化。变应性疾病中,EOS可合成与释放主要碱性蛋白(MBP)、嗜酸粒细胞阳离子蛋白(ECP)、嗜酸粒细胞源性神经毒素(EDN)、细胞因子(IL-3、IL-5、GM-CSF、TGF-β等)、趋化因子(RANTES,MIP-1α)、氧自由基等,它们可分别增加血管通透性、黏液分泌并介导表皮改变和损伤。

4. 肥大细胞(MC) 鼻内主要存在黏膜型MC。MC是参与人速发型变态反应的初级效应细胞,激活的MC可直接影响次级效应细胞(嗜酸粒细胞、中性粒细胞)募集和激活。MC脱颗粒是机体的防御反应,也是Ⅰ型超敏反应和炎症等病理过程的基础。人肥大细胞分为两个亚群:①仅含类胰蛋白酶(trypsin)的MC_T;②除类胰蛋白酶外还含胃促胰酶(chymase)、组织蛋白酶G、羟基肽酶的MC_{TC}。变应性鼻炎患者鼻黏膜上皮内MC_T数量显著增加,主要分布于鼻黏膜上皮细胞间及表浅固有层,深固有层主要为MC_{TC}。肥大细胞可释放Th2型细胞因子,并诱导IgE产生,在IgE免疫应答中发挥重要作用。另外,肥大细胞参与调控迟发相变态反应,并参与肥大细胞细胞因子级联反应所致持续性变应性炎症。

5. 嗜碱粒细胞 鼻部嗜碱粒细胞特点为:①鼻黏膜或其表面液体层中一般不能检出嗜碱粒细胞;②变应性鼻炎患者鼻黏膜及分泌物中存在嗜碱粒细胞,其数量与疾病严重程度相关;③变态反应迟发相中,嗜碱粒细胞可释放炎症介质;④嗜碱粒细胞可被变应原快速激活并释放IL-4、IL-13,从而可能参与Th2型细胞应答;⑤嗜碱粒细胞可能在IgE免疫应答早期发挥调节作用。

6. 树突状细胞 呼吸道DC在上皮细胞表面形成紧密的网状结构,是主要的APC,其中朗格汉斯细胞是鼻内DC的重要组分。气道DC提呈抗原所致Th2细胞偏移,在初次致敏或对抗原产生耐受中发挥重要作用。但尚不清楚,朗格汉斯细胞成熟是否发生于鼻黏膜,或必须迁移至黏膜相关淋巴组织。

7. 巨噬细胞 鼻黏膜经非特异性刺激后,鼻内巨噬细胞增加。变应性鼻炎患者鼻内巨噬细胞及朗格汉斯细胞均显著增加。巨噬细胞可分泌多种细胞因子(如IL-1、TNF-α、TGF-β及IFN-γ等),发挥免疫调节作用。鼻部巨噬细胞提呈抗原的作用比DC弱。

8. 成纤维细胞 其可分泌多种细胞因子(如GM-CSF)和趋化因子(如IL-8、RANTES、eotaxin),通过募集效应细胞、维持肥大细胞和嗜酸粒细胞生长及存活,从而在变应性炎症中起重要作用。

(二)鼻部免疫微环境和应答特点

1. 鼻黏膜 鼻黏膜是局部黏膜免疫系统重要组分,除鼻前庭外,鼻腔和鼻窦表面均由黏膜上皮(由假复层纤毛或无纤毛柱状上皮组成)覆盖。鼻黏膜由上皮层、基底膜、固有层和黏膜下层构成。黏膜上皮层存在三类细胞,即基底细胞、杯状细胞及纤毛或无纤毛柱状上皮细胞,均结合于基底膜,并黏附于邻近细胞,形成上皮屏障。

鼻黏膜上皮细胞、黏膜下腺体、分泌性细胞不仅产生分泌物,且含由血管渗出的血浆蛋白或其他免疫效应分子,共同形成鼻黏膜的免疫微环境,在上呼吸道黏膜防御中起重要作用。

2. 鼻分泌物 其功能为:①在黏膜上皮表面形成随纤毛运动而向鼻咽部运动的黏液毯,是鼻黏膜的重要保护机制之一;②是鼻腔特异性(如抗体)和非特异性保护物质(如白蛋白、蛋白溶解酶、溶菌酶、乳铁蛋白、蛋白分解酶等)主要来源;③变应性鼻炎患者杯状细胞数目增加,分泌物增多,经鼻吸入气传变应原后,较大颗粒沉积于鼻黏膜表面,被黏液毯转运至鼻咽部,而水溶性抗原物质易被洗脱,并由鼻黏膜吸收。

3. 基底膜 由基底板状层和板层网状结构组成。慢性炎症时板层网状结构增厚,并有抗体、Ⅰ/Ⅱ型胶原及纤连蛋白(fibronectin)沉积。结缔组织细胞合成并分泌某些大分子物质,构成复杂的网状结构(即细胞外基质)充填细胞外间隙。变应性炎症组织重塑的最重要组织学改变为细胞外基质沉积,尤其是基底膜增厚和透明样变。慢性炎症时,组织重塑主要表现为基底膜结构异常。

4. 黏膜固有层和黏膜下层 该部位含丰富的浆液腺、黏液腺、神经和复杂的血管网(包括小动脉、小静脉、毛细血管网以及特有的动静脉吻合和血管窦)。黏液腺主要分泌大分子黏蛋白,构成黏膜的凝胶层;浆液腺主要分泌具有抗菌作用的 SIgA、乳铁蛋白、溶菌酶等。

黏液腺增生肥大所致黏液分泌亢进,是变应性鼻炎常见特征性改变。一定量黏液对保护和促进纤毛功能有重要作用;黏液产生过量可致黏度增加和抗菌成分减少,从而不利于黏膜纤毛系统清除能力。

三、扁桃体免疫学基础

(一) 扁桃体解剖学特征

扁桃体位于口咽两侧腭舌弓与腭咽弓围成的三角形扁桃体窝内,为咽淋巴组织中最大者。出生时扁桃体尚无生发中心,随年龄增长,免疫功能逐渐活跃,尤其至 3~5 岁,因接触外界变应原机会较多,扁桃体显著增大(肥大)被视为正常生理现象。青春期后,发生于扁桃体的免疫应答趋于减退,体积逐渐缩小。

扁桃体是一对呈扁卵圆形的淋巴上皮器官,其内侧游离面朝向咽腔,表面有鳞状上皮黏膜覆盖,黏膜上皮向扁桃体实质陷入,形成多个深浅不一的盲管,称为扁桃体隐窝,常为细菌、病毒存留繁殖的场所,易形成感染"病灶"。扁桃体由淋巴组织构成,内含许多结缔组织网和淋巴滤泡间组织。构成扁桃体包膜的结缔组织深入扁桃体组织内,形成小梁(支架),小梁间有许多淋巴滤泡,滤泡中生发中心的淋巴细胞多呈丝状分裂。滤泡间组织为发育期的淋巴细胞。

(二) 咽部及扁桃体淋巴组织、免疫细胞组成

咽黏膜下淋巴组织丰富,较大淋巴组织团块呈环状排列,称为咽淋巴环(Waldeyer 淋巴环):①内环,主要由咽扁桃体(腺样体)、咽鼓管扁桃体、腭扁桃体、咽侧索、咽后壁淋巴滤泡及舌扁桃体构成,其淋巴流向颈部淋巴结;②外环,由颈部淋巴结(包括咽后淋巴结、下颌角淋巴结、颌下淋巴结、颏下淋巴结等)彼此交通而构成。(图 32-1)

(三) 扁桃体的免疫功能

人类扁桃体、淋巴结、消化道集合淋巴小结和阑尾等均属末梢免疫器官。扁桃体生发中心含吞噬细胞和淋巴细胞,并产生多种免疫效应分子,从而可吞噬、杀伤、清除通过血液、淋巴或组织等途径侵入咽喉局部的病原体和有害物质。

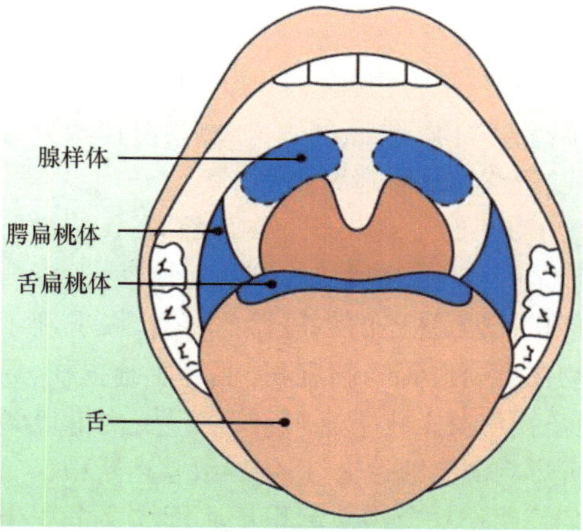

图 32-1　扁桃体组织结构示意图
扁桃体和腺体组成的淋巴性咽环;扁桃体和腺体在肠道和呼吸道入口形成淋巴性咽环,抵御入侵的病原体

第二节　耳鼻咽喉疾病的免疫学发病机制

一、梅尼埃病的免疫学发病机制

梅尼埃病(meniere's disease, MD)是特发性内耳病,病理改变为膜迷路积水。历经百余年实验和临床研究,该病病因和发病机制仍未被阐明。相关研究主要基于内淋巴循环纵流和幅流学说,即内淋巴液由耳蜗血管纹及前庭暗细胞产生,经内淋巴管流入淋巴囊(ES)并被吸收,由此维持其容量、成分稳定。目前一致认为,内淋巴分泌过多或吸收障碍可形成内淋巴积水,但出现吸收与分泌障碍的病因不清。有关 MD 的免疫病理机制,已提出如下两种学说:

1. 变态反应学说　该学说要点为:I 型变态反应与 MD 有直接因果关系,即由抗原激发机体产生特异性 IgE 并附着于肥大细胞,处于致敏状态的机体再次接触同一抗原即可发病。近年来过敏因素所致梅尼埃病比例有所增长(约占 30%~40%),以食物过敏原占多数,呼吸道过敏原次之,发病有明显季节性,出现花粉症表现,常伴其他过敏性疾病。内耳变态反应时,血管纹处出现大量组胺及 5-羟色胺,毛细血管通透性增强,血液中水分进入内淋巴引起膜迷路积水。

但也有报道,认为 MD 不属 IgE 所致 I 型变态反应,如用抗组织胺治疗效果不佳。近 20 年来也注意到 MD 与Ⅲ、Ⅳ型变态反应相关,但尚待提供基础研究的证据。另有学者在皮肤试验中发现,MD 患者阳性率与对照组无显著差异。

2. 免疫损害学说　早期报道,MD 发病与免疫损

伤有关。目前认为免疫复合物在内耳沉积参与 MD 发病，其机制可能为：

（1）免疫复合物沉积于内耳血管纹：可致血管通透性增高，破坏血-迷路屏障，导致内淋巴液分泌及吸收障碍，最终出现膜迷路积水。

（2）免疫复合物沉积于内淋巴囊：①内淋巴囊毛细血管是有窗毛细血管，有较高通透性，免疫复合物易于沉积；②内淋巴的渗透性比血清高，有利于免疫复合物在囊周血管局部沉积，引起血管损伤、局部缺血、上皮损伤及上皮下区域纤维变性，内淋巴囊上述损伤可影响淋巴液运输，最终导致膜迷路积水。

（3）免疫复合物既沉积于血管纹又沉积于内淋巴囊。

二、变应性鼻炎的免疫学发病机制

该病属 IgE 介导的 I 型超敏反应，临床表现为喷嚏、清涕、鼻塞、鼻痒等典型症状。变应性鼻炎发病的基本过程和机制类似于其他 I 型超敏反应性疾病（见第十五章）。

近年认为，变应性鼻炎是体外环境因素导致 Th1 和 Th2 细胞应答失衡而引发。以鼻腔黏膜 Th2 应答为主的变应性炎症反应，其主要免疫病理学特征是大量 Th2 细胞浸润鼻黏膜并分泌多种细胞因子，导致患者出现速发相反应（急性）和迟发相反应（慢性）症状。Th2 型细胞因子中，IL-4 和 IL-5 参与变应性鼻炎发生的作用最为重要：IL-4 可诱导 B 细胞合成 IgE；IL-5 可促进嗜酸粒细胞发育、活化、浸润，并延长其存活时间。

另外，P 物质（SP）是含 11 个氨基酸残基的神经肽。人鼻黏膜分布 SP 能神经纤维，鼻分泌物也可检出 SP。SP 能神经的兴奋性增强，可大量释放 SP，引起血管扩张、渗透性增高、黏膜水肿、腺体分泌增加等，并促进肥大细胞脱颗粒及组胺释放，引起变态反应。实验研究发现，多次反复应用辣椒素（capsicin，CAP）可逐渐消耗 SP，并使 SP 能神经被阻滞和变性，从而缓解变应性鼻炎病情。

三、慢性扁桃体炎的免疫学发病机制

某些异常情况下（如受凉受潮、衰弱、内分泌紊乱、自主神经功能失调、生活及劳动环境不良等），慢性扁桃体炎易产生各种并发症，如风湿性关节炎、风湿热、心脏病、肾炎、长期低热等。

慢性扁桃体炎被视为全身感染的“病灶”之一，其机制尚未完全阐明。较为流行的是变态反应学说，其要点为：存在于病灶器官（如腭扁桃体）的病原体及其毒素代谢产物，可刺激机体产生抗体，使之处于过敏状态；病灶器官实质细胞因感染而损伤并离体，可作为自身抗原诱导产生自身抗体；过敏机体若与同一抗原再次接触，则可激发过敏反应，引起体内多个病灶性疾病。近年报道，病灶性疾病的发生，可能与腺病毒感染或腺病毒、链球菌混合感染有关。

此外还有其他学说，例如：感染及变态反应学说，即感染与变态反应并存并相互影响而形成恶性循环；细菌与病毒感染说，即原发灶细菌或毒素直接经血循环扩散而作用于全身，引发相关脏器病变；等等。

（孔维佳）

第三十三章　口腔免疫

第一节　口腔免疫学基础

口腔免疫学是研究口腔免疫相关组织和器官、口腔免疫生理和免疫病理以及口腔疾病免疫学发病机制的分支学科。口腔免疫包括口腔颌面部软硬组织的固有免疫和适应性免疫，主要涉及：口腔的免疫组织和解剖；口腔免疫组织对抗原的识别和应答；口腔免疫系统对抗原物质的排异效应及其机制；口腔组织免疫耐受的维持和破坏及其机制；免疫功能异常所致口腔病理变化及其机制；免疫学方法和技术在口腔疾病诊断、治疗和预防中的应用。

一、口腔颌面部免疫组织的特点

口腔免疫的特点由其解剖部位所决定，口腔颌面部不仅具有鼻腔、咽腔、鼻窦、筛窦等自然腔隙，还有舌、牙齿、唾液腺、口腔黏膜等特殊组织结构。此外，口腔内富集的菌斑是牙周病、龋病等病原菌和异物抗原的重要来源。因此，口腔免疫具有如下特点：①口腔免疫以固有免疫为主；②口腔免疫受控于全身免疫系统；③口腔是抗原异物进入机体的重要渠道，是免疫防御的重要屏障。

（一）口腔黏膜的组织解剖和功能特点

1. 口腔黏膜的解剖学特点　口腔黏膜被覆于整个口腔内面，与很多解剖结构相连。口腔组织的健康依赖于黏膜完整性。口腔黏膜的机械屏障比皮肤弱，是抗原进入机体的重要部位。从免疫学角度，口腔黏膜可分为5层：①黏膜层，为一层连续的薄层，覆盖于整个口腔、呼吸道、消化道表面，内层较薄，被覆于上皮细胞顶面，外层为具有黏性的黏蛋白和唾液的混合物，可有效捕获异物，同时唾液含多种杀菌成分和抗体，可阻止病原微生物吸附于口腔黏膜表面；②角化层，可增强黏膜强度，保持黏膜完整性，但唇、颊、口底和软腭黏膜无角化层；③颗粒层，其细胞间有间隙，可与外界进行物质交换，抗体亦可在此与抗原形成复合物，病理情况下，细胞通透性可发生改变；④基底层，其结构较致密，可阻止异物进入固有层；⑤固有层及黏膜下层，前者为致密的结缔组织，后者有丰富的血管和淋巴细胞，可产生免疫应答。

2. 口腔黏膜免疫组织特点　完整口腔黏膜的功能为：抵御微生物入侵及维持口腔健康；阻止黏膜抗原进入；对异物抗原的排异。

口腔黏膜免疫组织包括两部分：①黏膜滤泡淋巴组织，亦称传出淋巴样区（efferent lymphoid area），是产生口腔免疫应答的部位，B细胞和T细胞分别在此产生免疫球蛋白和细胞毒素；②位于黏膜固有层并广泛分布的分散淋巴样组织。

分散的黏膜淋巴样组织中淋巴细胞组成为：①上皮内淋巴细胞（intraepithelial lymphocyte，IEL），位于基膜和上皮细胞之间，正常情况下每100个上皮细胞中有6～40个淋巴细胞，多为T细胞；②固有层淋巴细胞（lamina propria lymphocyte，LPL），位于上皮层下及固有层，B细胞与T细胞约各占50%，其中B细胞主要是分泌IgA的浆细胞，还含可产生IgM、IgG、IgE的浆细胞，而$CD4^+$和$CD8^+$T细胞比例与血液相同。

口腔黏膜固有层含多种固有免疫细胞：①巨噬细胞，分布于整个口腔黏膜，多集中于上皮下黏膜浅层，由黏膜淋巴样组织分化而来，其参与口腔免疫防御，并可产生IL-1、IL-6等细胞因子，参与调控B细胞分化和应答；②NK细胞（$CD16^+CD56^+$），其数量稀少，且功能活性尚不明；③丰富的肥大细胞前体，受到刺激可快速分化、成熟，参与宿主局部防御。

（二）口腔淋巴样组织结构与功能特点

1. 口外淋巴结（extraoral lymph node）　分为两类：①环形链，包括面、腮腺、耳前、耳后、枕、下颌下、颏下、颈浅及颈前共9组淋巴结；②垂直链，包括咽后和颈深淋巴结，后者沿脊副神经排列的淋巴结又称副链，锁骨上淋巴结称为横链。舌、口底、腭、颊与唇黏膜和牙龈、牙髓的淋巴毛细管网络引流至较大淋巴管，与起源于深部（舌肌肉等）的淋巴毛细管网络汇合，进而分别引流至颏下、颌下、颈深上、咽后淋巴结等。因此，微生物抗原一旦穿越上皮而抵达固有层，即直接进入淋巴管或被巨噬细胞捕获，然后转送至相关的淋巴结并激发免疫应答。

2. 口内淋巴样组织（intraoral lymphoid tissue）　口内淋巴样组织有4种类型，在免疫监视中发挥不同作用。

(1) 腭扁桃体：位于鼻咽隐窝内，有 10～20 个。上皮下含网状细胞和淋巴细胞，并形成淋巴小结，部分可见生发中心，周围是由淋巴样细胞、淋巴细胞和浆细胞构成的帽状结构。腭扁桃体无输入淋巴管，但有输出淋巴管。抗原可穿透隐窝上皮而进人扁桃体。腭扁桃体淋巴滤泡含 B 细胞，滤泡周围是胸腺依赖区。B 细胞在生发中心增殖并产生抗体。致敏淋巴细胞和抗体均可通过上皮进人咽部，发挥局部防御功能。

(2) 舌扁桃体：位于舌轮廓乳头后两侧，其上覆盖的扁平上皮凹陷成隐窝。其结构和功能类似腭扁桃体。

(3) 唾液腺淋巴样组织(salivary gland lymphoid tissue)：包括大唾液腺(腮腺、下颌下腺、舌下腺)及口腔黏膜下小唾液腺中均含淋巴细胞与浆细胞，淋巴样细胞位于导管附近或腺泡间，呈散在分布。多数浆细胞产生 IgA，少数产生 IgM 或 IgG。腺体内浆细胞在局部可产生 SIgA，分泌至唾液中。

(4) 牙龈淋巴样组织(gingival lymphoid tissue)：菌斑积聚导致牙龈中常出现淋巴细胞及其他炎症细胞浸润。炎症发生时，浆细胞依次出现于牙龈、连接上皮附近、血管旁，然后在牙龈结缔组织中弥漫性浸润，产生大量 IgG(IgG：IgA 约 4～7：1)。牙龈中还存在巨噬细胞，可吞噬并处理、提呈菌斑抗原，进而激发机体产生特异性抗体，故牙龈结合上皮中的抗体可来源于全身或局部。

牙龈淋巴样组织免疫应答的效应具有双向性：①抗体可与位于牙齿的细菌结合，形成免疫复合物并使之被吞噬；②革兰阴性细菌可被抗体、补体杀灭；③补体激活介导炎症反应，使巨噬细胞释放溶菌酶，溶解的细菌可释放内毒素，从而损伤牙龈组织。

二、口腔液体及其免疫作用

(一) 唾液

口腔中唾液主要由腮腺、下颌下腺和舌下腺分泌(称为混合唾液)，一般流量为 0.5～111ml/h。唾液可发挥机械性冲洗作用。另外，唾液含多种具有杀菌效应的活性介质。

1. 固有免疫效应分子 包括：①溶菌酶(lysozyme)：其存在于唾液、泪液等分泌物中，可使细菌胞壁粘肽中乙酰氨基葡萄糖(N-acetylglucosamine)与乙酰胞壁酸(N-acetyl muramicacid)的结合被解离，从而发挥杀菌功能；②过氧化物酶(peroxidase)，是一种热不稳定酶，在硫氰酸盐离子和过氧化氢存在下，可通过抑制细菌摄入赖氨酸而杀死乳酸杆菌，也可通过抑制糖酵解酶而致某些链球菌失活；③乳铁蛋白(lactoferrin)，一种稳定蛋白质，通过消耗铁浓度而抑制细菌生长，具有广谱抑菌作用；④唾液含少量来自龈沟液的补体 C3。由于唾液中抗体主要是 IgA(无固定补体作用)，故不能激活补体。

另外，混合唾液含大量白细胞，主要通过龈沟液进入口腔，其中 98.9% 为多形核白细胞，1% 为淋巴细胞。唾液为低渗性，故 60% 的细胞形态不良。这些白细胞通过吞噬，以及释放溶菌酶、水解酶、过氧化物酶等，影响口腔菌群。

2. 适应性免疫效应分子 唾液中主要含有 SIgA。唾液腺每天约分泌 500ml 唾液，100ml 唾液含 19mg IgA，故每日约有 100mg IgA 分泌至口腔。口腔 IgA 的功能为：防止微生物黏附于黏膜表面；参与溶菌、中和病毒，故 IgA 亦被视为“防腐漆”。另外，IgA 可与溶菌酶协同发挥抑菌作用。

唾液 SIgA 由唾液腺局部浆细胞产生，其机制为：①口腔抗原物质直接进入唾液腺组织，激发 B 细胞应答并分泌 SIgA(依据：抗原可直接进入唾液腺导管而激发 SIgA 产生)；②抗原激发肠道黏膜免疫组织，所产生的浆细胞转移至唾液腺(依据：口服变形链球菌后，唾液和乳汁中可产生 SIgA)。

(二) 龈沟液

健康牙龈沟深 0.5～2mm，体液和细胞可从牙龈毛细血管通过结合上皮进入龈沟内，成为龈沟液(gingival cervicular fluid)。龈沟内存在多种微生物及其产物，是抗原物质进入上皮组织的途径之一。龈沟液具有如下免疫功能：

1. 非特异性防御作用 龈沟上皮及结合上皮具有抵御微生物入侵的能力，而结合上皮较口腔黏膜其他非角化上皮更易被渗透。龈沟中的细胞(包括中性粒细胞、单核细胞)可通过牙龈血管渗出，龈沟中体液成分含补体 C3、C4、C5 及 C2 激活剂前体、溶菌酶、透明质酸酶和胶原酶等。由此提示：龈沟液中存在补体激活及其他抗菌机制。

2. 特异性防御作用 龈沟液可检出 IgA、IgM(从牙龈血管渗出)，也含 T 细胞和 B 细胞(比例为 1：3)。

(三) 牙齿相关的局部与全身免疫

以龈缘为界，牙齿表面的免疫效应各异：①唾液区(salivary domain)，有赖于局部唾液中 SIgA 发挥免疫效应；②龈区(gingival domain)，全身血液中免疫组分(抗体、淋巴细胞、巨噬细胞等)由牙龈毛细血管渗出，通过龈沟上皮进入龈沟。临床上，龈区与牙周病、牙颈部龋有关；唾液区与裂隙龋有关，并保护牙的颊、舌面。

第二节 口腔疾病的免疫学发病机制

一、龋 病

龋病（caries）指口腔环境中以变形链球菌为主要致龋菌的多因素影响下，牙齿硬组织发生的慢性、进行性破坏的细菌感染性疾病，其主要致病因素为牙菌斑（由致龋细菌组成并附着于牙面）、致龋食物、牙齿自身结构及所处环境状况等。龋病临床特征是牙齿硬组织在色、形、质3方面发生实质性损害。

龋病虽属细菌感染性疾病，但游离于口腔或唾液中的细菌并不引起龋病，牙菌斑是细菌的致龋场所，是细菌在牙面生长、繁殖、代谢的微生态环境。研究表明，SIgA可有效降低实验性动物模型龋病发病率，其不仅抑制变形链球菌产生葡糖基转移酶，还可降低葡糖基转移酶活性，阻断蔗糖转变为大分子多糖，使菌斑附着力降低，从而对牙齿发挥保护作用。

针对龋源性变形链球菌的中和抗体，主要包括唾液中SIgA和龈沟液中IgG。已发现，血清IgG抗体对龋源性变形链球菌的作用很弱；一般龋齿越多，针对变形链球菌的SIgA效价越高。动物实验中，胸腺缺陷或T细胞功能不全者龋齿发病率升高。

二、舍格伦综合征

舍格伦综合征亦称干燥综合征（Sjogren' syndrome，SS），是以眼干、口干为主要特征的全身性自身免疫病。该病病因及发病机制尚不明确，其特征性病理学改变为：腺体内局灶性淋巴细胞及组织细胞增生浸润，严重时腺小叶内腺泡全部消失，而为淋巴细胞、组织细胞所取代，但小叶的外形轮廓并未破坏。

近年发现，SS与多克隆B细胞过度激活和T细胞亚群功能缺陷相关，故被称为自身免疫性外分泌腺病。SS患者免疫学异常的表现为：高丙种球蛋白血症，最常见的自身抗体是类风湿因子，并可检出3种器官非特异性抗体（抗SS-A、抗SS-B和抗SS-C 3抗体）和1种器官特异性抗体（抗涎腺导管抗体）；SS患者HLA-B8、HLA-DR3及HLA-DRW4等位基因频率升高。目前推测SS发病机制可能是：个体携带易感基因并出现Treg细胞缺陷，在病毒（EB病毒、巨细胞病毒）、化学药物等诱发下，使涎腺、泪腺等外分泌腺细胞表面抗原性质发生改变，导致自身免疫应答，产生抗外分泌腺上皮的自身抗体及抗涎腺导管抗体等，造成腺体障碍及组织损伤。

（陈莉莉）

附　　录

附录Ⅰ　中英文名词及缩略语对照

a disintegrin and metalloproteinase 10, ADAM10　解聚素和金属蛋白酶 10
α-branched galactosylceramide, α-GalCer　α-半乳糖神经酰胺
absent in melanoma 2, AIM2　黑色素瘤缺失因子 2
abzyme　抗体酶
accessibility　易接近性
accessory cell, A cell　辅助细胞
accommodation　适应
acetylation　乙酰化
acid fibroblast growth factor, aFGF　酸性 FGF
acid-sensing ion channel, ASIC　酸敏感离子通道
acquired immunity　获得性免疫
acquired immunodeficiency syndrome, AIDS　获得性免疫缺陷综合征
activation induced cell death, AICD　活化诱导的细胞死亡
activation-induced cytidine deaminase, AID　活化诱导的胞嘧啶核苷脱氨酶
activatory killer receptor, AKR　活化型杀伤细胞受体
active immunization　主动免疫
active immunity　主动免疫
acute glomerulonephritis　急性肾小球肾炎
acute lung injury, ALI　急性肺损伤
acute myocardial infarction, AMI　急性心肌梗死
acute rejection　急性排斥反应
acute respiratory distress syndrome, ARDS　急性呼吸窘迫综合征
acute vascular rejection, AVR　急性血管排斥反应
adapter protein, AP　接头蛋白
adaptive immune response　适应性免疫应答
adaptive immunity　适应性免疫
adaptive Treg, aTreg　适应性 Treg 细胞
adaptiveness　获得性
adaptiveness　适应性
addressin　地址素
adenosine deaminase, ADA　腺苷脱氨酶
adenylyl cyclase, AC　腺苷酸环化酶
adherent cell　黏附细胞
adhesion molecule, AM　黏附分子
adhesion ring　黏附环
adipokine/adipocytokine　脂肪因子
adiponectin　脂联素
adjuvant　佐剂
advanced glycosylation end product, AGE　高级糖基化终产物
adventitial reticular cell, ARC　外膜网状细胞
aerobic glycolysis　有氧糖酵解
affinity maturation　亲和力成熟
agammaglobulinemia　无丙种球蛋白血症
age-related macular degeneration, AMD　年龄相关性/老年性黄斑变性
airway epithelial cell, AEC　呼吸道上皮细胞
alarmin　警报素
allele　等位基因
allelic exclusion　等位基因排斥
allelically included　等位包容
allergen　变应原
allergen-specific immunotherapy, ASIT　变应原特异性免疫治疗
allergic asthma　过敏性哮喘
allergic contact dermatitis, ACD　过敏性接触性皮炎
allergic eczema　过敏性湿疹
allergin　变应素
allergy　变态反应
alloantigen　同种异型抗原
allogeneic transplantation　同种(异体)移植
alloreactive response　同种反应性应答
alloreactive T cell　同种反应性 T 细胞
allotype　同种异型
alopecia areata　斑秃
alpha B-crystallin, αBC　αB 晶状体蛋白
alpha fetoprotein, AFP　甲胎蛋白
alternative pathway of T cell activation　T 细胞旁路激活
alternative pathway, AP　旁路途径
alternatively activated macrophage　旁路活化的巨噬细胞
alveolar macrophage, AM　肺泡巨噬细胞
Alzheimer's disease, AD　阿尔兹海默病
aminoacyl-tRNA synthetase, APS　氨基酰 tRNA 合成酶
amphiregulin, Areg　双调节蛋白
anaphylaxis　过敏反应
anapphylaxis　全身性过敏反应
anchor residue　锚定残基
anchor site　锚定位
anchoring villus　固定绒毛
androgen receptor　雄激素受体
anergy　失能
angiotensin Ⅱ type 1 receptor, AT1R　血管紧张素Ⅱ受体 1
ankylosing spondylitis, AS　强直性脊柱炎
annexin　膜联蛋白
anterior chamber associated immune deviation, ACAID　前房相关免疫偏离
antibody dependent cell-mediated cytotoxicity, ADCC　抗体依赖性细胞介导的细胞毒作用
antibody repertoire　抗体库
antibody, Ab　抗体
anticyclic citrullinated peptide, CCP　抗环瓜氨酸肽
antigen modulation　抗原调变
antigen presentation　抗原提呈
antigen processing　抗原加工或处理
antigen receptor signalosome　抗原受体信号小体
antigen spreading　抗原播散
antigen, Ag　抗原
antigenic determinant, AD　抗原决定基
antigenic disguise　抗原伪装
antigenic drift　抗原漂移
antigenic shift　抗原转换,抗原变异

antigenicity 抗原性
antigenized antibody, AgAb 抗原化抗体
antigen-presenting cell, APC 抗原提呈细胞
anti-idiotype antibody, AId 抗独特型抗体
anti-keratose antibody, AKA 抗角蛋白抗体
antimicrobial peptide, AMP 抗菌肽
antimicrobial peptide, AMP 抗微生物肽段
antimicrobial protein and peptide, AMP 抗菌蛋白或多肽
antinuclear antibody, ANA 抗核抗体
antiperinuclear factor, APF 抗核周因子
apical junctional complex 顶部连接复合体
aplastic anemia, AA 再生障碍性贫血
apolipoprotein CIII, Apo CIII 载脂蛋白 CIII
apoptosis 凋亡
apoptosis-associated speck-like protein containing a CARD, ASC 含 CARD 的凋亡相关微粒样
apoptotic body 凋亡小体
apurinic/apyrimidinic endonuclease 1, APE1 脱嘌呤/脱嘧啶核酸内切酶
aquaporin4, AQP4 水通道蛋白 4
arginase 1 精氨酸酶 1
Arthus reaction Arthus 反应 局部过敏反应
aryl hydrocarbon receptor, AhR 芳香烃受体
asialoglycoprotein-receptor, ASGP-R 脱唾液酸糖蛋白受体
association 关联
astrocyte 星形胶质细胞
ataxia-telangiectasia, AT 共济失调毛细血管扩张综合征
atopy 特应性
atypical chemokine binders, ACB 非经典趋化因子结合物
atypical chemokine receptor, ACR 非典型趋化因子受体
autocrine 自分泌
autoimmune disease, AID 自身免疫病
autoimmune hemolytic anemia, AIHA 自身免疫性溶血性贫血
autoimmune regulator, AIRE 自身免疫调节蛋白
autoimmune thyroid diseases, AITD 自身免疫性甲状腺疾病
autoimmunity 自身免疫
autoinflammatory disease 自身炎症性疾病
autologous transplantation 自体移植
autophagosome 自噬小体
autophagy 自噬
autophagy-related protein, ARP 自噬相关蛋白
autoreactive T lymphocyte 自身反应性 T 细胞
autosomal dominant, AD 常染色体显性
autosomal recessive, AR 常染色体隐性
azathiopurine 硫唑嘌呤
azoprotein 偶氮蛋白
B and T lymphocyte attenuator, BTLA B/T 细胞衰减因子
B cell attracting chemokine 1 B 细胞趋化因子 1
B cell progenitor, pro-B 祖 B 细胞
B cell receptor, BCR B 细胞(抗原)受体
B lymphocyte B 淋巴细胞
βselection β 选择
B7 homologue2, B7-H2 B7 同源物
bacterial translocation 细菌移位
bacteroidetes 拟杆菌门
bare lymphocyte syndrome, BLS 裸淋巴细胞综合征
basal deciduas 底蜕膜
basic fibroblast growth factor, bFGF 碱性成纤维细胞生长因子
basic structure 基本结构
basophil 嗜碱粒细胞
bifunction antibody, BfAb 双功能抗体
biliverdin 胆绿素
binding immunoglobulin protein, BiP 免疫球蛋白结合蛋白
bird influenza 禽流感
bispecific Ab, BsAb 双特异性抗体
Blau syndrome Blau 综合征
blocking antibody 封闭抗体
blocking factor 封闭因子
blood DC antigen 2, BDCA2 血液 DC 抗原 2
blood labyrinth barrier 血-迷路屏障
blood-brain barrier 血-脑屏障
blood-placental barrier 血-胎屏障
blood-thymus barrier 血-胸腺屏障
B-lymphocyte-induced maturation protein, BLIMP-1 B 细胞诱导的成熟蛋白 1
bone marrow 骨髓
bone marrow stromal cell, BMSC 骨髓基质细胞
bone mesenchymal stem cell, BMSC 骨髓间充质干细胞
bronchiolitis obliterans syndrome, BOS 闭塞性细支气管炎综合征
bronchus-associated lymphoid tissue, BALT 支气管相关淋巴组织
bystander 旁观者
bystander killing 旁观者杀伤效应
bystander proliferation 旁观者增殖
bystander suppression 旁观者抑制
C1 inhibitor, C1INH C1 抑制因子
C3 convertase C3 转化酶
C4 binding protein, C4bp C4 结合蛋白
C5 convertase C5 转化酶
C8 binding protein, C8bp C8 结合蛋白
Ca^{2+} dependent cell adhesion molecule family, Cadherin 钙依赖性细胞黏附素家族
Ca^{2+} release-activated Ca^{2+} channel, CRAC 通道 钙离子释放激活的钙通道
calcineurin 钙调磷酸酶/钙调神经磷酸酶
calcitonin gene-related peptide, CGRP 降钙素基因相关肽
calmodulin, CaM 钙调蛋白
calmodulin-dependent kinase, CaMK 钙调蛋白依赖的蛋白激酶
calnexin 钙联蛋白
calreticulin 钙网蛋白
cancer immunoediting 肿瘤(发生)的免疫编辑理论
capsicin, CAP 辣椒素
capsular deciduas 包蜕膜
carbohydrate-recognition domain, CRD 糖识别域
carcinoembryonic antigen, CEA 癌胚抗原
carcinoembryonic antigen-related cell adhesion molecule 1, CEACAM1 CEA 相关细胞黏附分子
cardiac allograft vasculopathy, CAV 心脏移植血管病变
caries 龋病
carrier 载体
caspase activated deoxyribonuclease, CAD 胱冬酶激活的 DNA 酶
caspase recuriment domain, CARD 胱冬酶募集域
catalytic antibody 催化抗体
catalytic subunit 催化亚单位
cathelicidin 抗菌肽
cathepsin G 组织蛋白酶 G
caveolae 胞膜小窝
CD1d-dependent natural killer-like T cell CD1d 依赖性自然杀伤细胞样 T 细胞
$CD4^+$ immature single-positive, CD4ISP 未成熟 CD4 单阳性
$CD8^+$T-cell anti-viral factor, CAF $CD8^+$T 细胞抗病毒因子
CDR-grafted Ab CDR 移植抗体
cell communication 细胞通讯
cell cycle 细胞周期
cellular address code 细胞地址密码
cellular drinking 胞饮
cellular immunity 细胞免疫

centimorgan　厘摩
central memory T cell, TCM　中枢型记忆 T 细胞
central supramolecular activation cluster SMAC, c-SMAC　中央超分子活化簇
central tolerance　中枢耐受
central vein　中央静脉
cerebro-spinal fluid, CSF　脑脊液
checkpoint　检查点
Chemo Centryx chemokine receptor, CCX　趋化因子受体
chemokine　趋化因子
chemokine-like function class, CLF class　趋化因子样功能类别
chemotaxis　趋化
cherubism　家族性巨颌症
chimeras　(血型)嵌合体
chimeras　嵌合体
chimeric Ab　(人-鼠)嵌合抗体
chimeric antigen receptor, CAR　嵌合抗原受体
chimeric antigen receptor-modified T cell, CART　表达嵌合抗原受体的 T 细胞
chimerism　嵌合现象,嵌合体
cholera toxin, CT　霍乱肠毒素
chondroitin sulphate　硫酸软骨素
chorionic villus　绒毛膜绒毛
chromatin remodeling　染色质结构重塑
chronic allergic inflammation　慢性变态反应性炎症
chronic allograft dysfunction, CAD　慢性同种移植物失功
chronic granulomatous disease, CGD　慢性肉芽肿病
chronic obstructive pulmonary disease, COPD　慢性阻塞性肺疾病
chronic rejection　慢性排斥反应
chymase　糜蛋白酶
ciliary neurotrophic factor receptor, CNTFR　睫状神经营养因子受体
circulating DC　循环树突状细胞
circumventricular organ, CVO　脑室周围器官
cis　顺式
cis acting element　顺式作用元件
class　类
class II-associated invariant-chain peptide, CLIP　HLA II 类分子相关恒定链肽段
class specific recombinase　类别特异性重组酶
class switching　类别转换
class Ⅱ transactivator, CⅡTA　Ⅱ类转录活化因子
classic pathway, CP　经典途径
classic signalling chemokine receptor　经典趋化因子受体
classical HLA gene　经典 HLA 基因
classically activated macrophage　经典活化的 Mϕ
claudin　封闭蛋白
cleft　裂隙
clonal deletion　克隆清除
clonal selection theory　克隆选择学说
clonotypic determinant　克隆型决定基
cluster of differentiation, CD　分化群
clusterin, SP40/40　群集素
coagulase　血浆凝固酶
coatedpit　胞膜小窝
cobra venom factor, CVF　眼镜蛇毒因子
co-chaperon　共分子伴侣
coding joint　编码基因片段连接体
codominant　共显性
co-inhibitory molecule　共抑制分子
cold agglutinin disease, CAD　冷凝集素病
collagen, CA　胶原蛋白
collagenase　胶原酶
collagen-like domain　胶原样结构域
collagen-like region, CLR　胶原样区
collectin　胶原凝集素
collecting venules, CV　集合细静脉
colony stimulating factor, CSF　集落刺激因子
colony-forming unit spleen, CFU-S　脾集落形成单位
combinatorial diversity　组合多样性
combined immunodeficiency disease, CID　联合免疫缺陷病
commensal microorganisms or microbiota　共生菌
common antigen　共同抗原
common lymphoid precursor, CLP　共同淋巴样前体细胞
common lymphoid progenitor, CLP　共同淋巴样祖细胞
common mucosal immune system　共同黏膜免疫系统
common myeloid precursor, CMP　共同髓样前体细胞
common myeloid progenitor, CMP　共同髓样祖细胞
common variable immunodeficiency, CVID　普通易变型免疫缺陷病
complement control protein homologue, CCPH　补体调节蛋白同源物
complement control protein, CCP　补体调节蛋白
complement dependent cytotoxicity, CDC　补体依赖性细胞毒作用
complement factor H relative protein, CFHR　补体 H 因子相关蛋白
complement receptor, CR　补体受体
complement regulatory disease　补体调节性疾病
complement subcomponent C1r/C1s-like domain　CUB 区
complement system　补体系统
complement, C　补体
complementarity determining region, CDR　互补决定区
complete antigen　完全抗原
complete Freund's adjuvant, CFA　完全弗氏佐剂
concanavalin, Con A　刀豆素 A
conformational determinant　构象决定基
congenic mice　同类系小鼠
congenital　先天性
congenital neutrophilia　先天性中性粒细胞增多症
conjugated antigen　结合抗原
conjugated linoleic acid, CLA　共轭亚油酸
conjunctiva-associated lymphoid tissue, CALT　结膜相关淋巴组织
connective tissue disease, CTD　结缔组织病
consensus motif　共同基序
constant gene segment　恒定(区)基因片段
constant region, C 区　恒定区
constitutive chemokine　组成性趋化因子
conventional DC, cDC　常规 DC
convertase　转化酶
co-receptor　共受体
co-signaling molecule　共信号分子
co-stimulatory molecule　共刺激分子
counter receptor　反受体
C-reactive protein, CRP　C 反应蛋白
Crohn's diseases, CD　克罗恩病
cross reacting antigen　交叉反应抗原
cross reaction　交叉反应
cross reactivity　交叉反应性
cross-presentation　交叉提呈
cryopyrin-associated periodic syndrome　冷焦蛋白相关周期综合征
cryptdin　隐窝素
cryptic epitope　隐蔽表位
C-type lectin molecule　C 型凝集素分子
cutaneous lymphocyte antigen, CLA　皮肤淋巴细胞抗原
cutaneous lymphocyte-associated antigen, CLA　皮肤淋巴细胞相关抗原
cyclic neutropenia　周期性中性粒细胞减少症

cyclic-AMP-responsive-element binding protein, CREBP 环腺苷酸反应元件结合蛋白
cyclic-diguanylic acid, c-di-GMP　环二鸟苷酸
cyclin　周期蛋白
cyclin-dependent kinase inhibitor, CKI　周期蛋白依赖性激酶抑制因子
cyclin-dependent kinase, Cdk　周期蛋白依赖性激酶
cyclooxygenase 2, COX2　环氧合酶 2
cyclophilin, Cyp　亲环蛋白
cyclosporin A, CsA　环孢素 A
cysteingl containing aspartate specific protease 含半胱氨酸的天冬氨酸特异性蛋白酶
cystidine-guanidine　胞苷-胍
cytidine phosphate guanosine, CpG　胞苷酸鸟苷基序
cytoadhesin　细胞黏附素
cytokine induced killer cell, CIK　细胞因子诱导的杀伤细胞
cytokine receptor, CKR　细胞因子受体
cytokine storm　细胞因子风暴
cytokine, CK　细胞因子
cytolytic type　细胞溶解型
cytosolic pathway　胞质溶胶途径
cytotoxic T lymphocyte, CTL　细胞毒性 T 细胞
cytotoxic type　细胞毒型
cytotoxin　细胞毒素
cytotrophoblast cell　细胞滋养层细胞
damage associated molecular pattern, DAMP　损伤相关分子模式
danger model theory　危险模式理论
danger signal　危险信号
danger-associated molecular pattern, DAMP　危险相关分子模式
DC NK lectin group receptor-1, DNGR-1　DCNK 凝集素受体-1
DC-specific ICAM3-grabbing nonintegrin, DC-SIGN　DC 特异性 ICAM-3 捕获的非整合素
death by neglect　忽视所致死亡
death domain, DD　死亡结构域
death receptor　死亡受体
decay-accelerating factor, DAF　衰变加速因子
decidual stromal cell, DSC　蜕膜基质细胞
decline phase　下降期
decoy receptor　诱饵受体
defensin　防御素
degeneracy　简并性
degranulation　脱颗粒
dehydroepiandrosterone, DHA　脱氢表雄甾酮
delayed type hypersensitivity T lymphocyte, TDTH 细胞　迟发型超敏反应 T 细胞
delayed Type hypersensitivity, DTH　迟发型超敏反应
deletional recombination　缺失重组
dendritic cell, DC　树突状细胞
dense deposit disease, DDD　致密沉积病
dermal immune system, DIS　真皮免疫系统
dermal microvascular unit, DMU　真皮微血管单元
dermatan sulphate　硫酸皮肤素
dermatomyositis, DM　皮肌炎
desensitization　脱敏
desidual immune cell, DIC　蜕膜免疫细胞
desmin　线蛋白
diabetic retinopathy, DR　糖尿病性视网膜病变
diabody　双价小分子抗体
differentiation　分化
diploid　二倍体
direct recognition　直接识别
discrimination　排他性
dislocation　错位
Disse Space　狄氏间隙
disturbances in cytokine signaling　细胞因子信号紊乱
diversity　多样性
diversity gene segment　D 基因片段
DNA dependent activator of IFN-regulatory factor, DAI　DNA 依赖性 IFN 调节因子激活物
DNA ligase IV　DNA 连接酶 IV
DNA methylation modification　DNA 甲基化修饰
DNA-dependent protein kinase, DNA-PK　DNA 依赖性蛋白激酶
DNA-dependent RNA polymerase III, Pol III　DNA 依赖性 RNA 聚合酶 III
docking site　停泊位点
domain　结构域
dominant epitope　优势表位
donor lymphocyte infusion, DLI　供者淋巴细胞输注
donor specific transfusion, DST　供者特异性输血
donor spesific antibody, DSA　供者特异性抗体
double positive cell, DP　双阳性细胞
double positive, DP　双阳性
double-stranded RNA, dsRNA　双链 RNA
dual antigen recognition　双重抗原识别
dual-function chemokine　双功能趋化因子
Duffer antigen/chemokine receptor, DARC　Duffy 抗原趋化因子受体
duplication　副本
dysbiosis　菌群失调
dysbiosis　生态失调
early double positive, EDP　早期双阳性
E-cadherin　E-钙黏蛋白
ecological niche　生态龛位
effector memory T cell, TEM　效应型记忆 T 细胞
effector T cell, Te　效应性 T 细胞
efferent lymphoid area　传出淋巴样区
elimination phase 清除阶段
endocrine　内分泌
endocytic vesicle　内吞膜泡
endocytosis　胞吞
endogenous antigen　内源性抗原
endolymphatic sac, ES　内淋巴囊
endoplasmic reticulum protein57, ERp57　内质网蛋白 57
endoplasmic reticulum, ER　内质网
endoplasmic reticulum-resident aminopeptidase, ERAP　内质网氨肽酶
endosome　内体
endosome pathway　内体途径
endosome-lysosome pathway　内体-溶酶体途径
endothelial cell, EC　内皮细胞
endothelial leukocyte adhesion molecule-1, ELAM-1　内皮细胞白细胞黏附分子-1
endothelium-selectin　内皮细胞选择素（选择素 E）
enhancing antibody　增强抗体
enterocyte　肠（上皮）细胞
enteroendocrine cell　肠内分泌细胞
enterotoxin　肠毒素
enzyme linked receptor　酶偶联受体
eosinophil, Eos　嗜酸粒细胞
eotaxin　嗜酸粒细胞趋化因子
epidermal growth factor-like domain　上皮生长因子样结构域
epigenetic　表观遗传学
epigenetic modification　表观遗传修饰
epithelial cell　上皮细胞
epithelial growth factor, EGF　表皮生长因子
epitope　表位

epitope spreading　表位扩展
equilibrium phase 相持阶段
erstradiol, E2　雌二醇
erythroid progenitor　红系祖细胞
erythropoietin, EPO　红细胞生成素
escape phase 逃逸阶段
E-selectin　E-选择素
E-selectin ligand 1, ESL-1　E 选择素配体-1
estrogen receptor, ER　雌激素受体
estrogen related receptor, ERR　雌激素相关受体
ETS-domain transcription factor　ETS 结构域转录因子
exocytosis　胞吐(作用)
exogenous antigen　外源性抗原
exosome　胞外体
experimental allergic encephalomyelitis, EAE　实验性变应性脑脊髓炎
experimental autoimmune encephalomyelitis, EAE　实验性自身免疫性脑脊髓炎
extracellular bacteria　胞外菌
extracellular matrix, ECM　细胞外基质
extrafollicular focus　滤泡外灶
extramammary Paget's disease, EMPD　乳房外湿疹样癌
extraoral lymph node　口外淋巴结
extravillous cytotrophoblast　绒毛外滋养细胞
factor B, fB　B 因子
factor D, fD　D 因子
factor H, fH　H 因子
factor I, fI　I 因子
FADD-like interleukin-1β-converting enzymase protease, FLICE　-FADD 样 ICE 蛋白酶
familial cold autoinflammatory syndrome　家族性寒冷型自身炎症综合征
familial Medierranean fever, FMF　家族性地中海发热
Fas associated death domain, FADD　Fas 相关死亡结构域
Fas ligand, FasL　Fas 配体
fatty acid β-oxidation, FAO　脂肪酸 β-氧化代谢
Fc fusion protein　Fc 融合蛋白
fetal antigen　胚胎抗原
fetal sulfoslycoprotein antigen, FSA　胚胎硫糖蛋白抗原
fibrinogen, FB　纤维蛋白原
fibrinogen-like domain, FBD　纤维蛋白原样结构域
fibroblast growth factor, FGF　成纤维细胞生长因子
fibroblastic cell　成纤维细胞
fibrocyte　纤维细胞
fibronectin, FN　纤连蛋白
ficolin, FCN　纤维胶原素
filaggrin　丝聚蛋白
Firmicutes　壁厚菌门
flanking DNA sequence　侧翼 DNA 序列
flexibility　包容性
focal adhesion kinase, FAK　黏着斑激酶
follicle-associated epithelium, FAE　滤泡相关上皮细胞
follicular dendritic cell, FDC　滤泡树突状细胞
follicular helper T cell, Tfh　滤泡辅助性 T 细胞
follicular regulatory T cell, Tfr　滤泡调节性 T 细胞
food allergy　食物过敏反应
food intolerance　食物耐受不良
forbidden clone　禁忌克隆
forkhead/winged-helix transcription factor, FoxP3 叉状头/翼状螺旋转录因子
fragment of antigen binding, Fab　抗原结合片段
fragment crystallizable, Fc　可结晶片段
framework region, FR　骨架区
free villus, floating villus, FV　游离绒毛
fucose, Fuc　岩藻糖
full hematopoietic chimerism　完全造血嵌合体
functional gene segment　功能性基因片段
fusion receptor　融合受体
G protein-coupled receptor kinase 2, GRK2　G 蛋白偶联受体激酶 2
galectin-9　半乳糖凝集素-9
gamma-activated sequence, GAS　γ 活化序列
gene conversion　基因转换
gene frequency　基因频率
gene rearrangement　基因重排
genetic engineering antibody　基因工程抗体
genome wide association study, GWAS　全基因组关联研究
genotype　基因型
germinal center, GC　生发中心
germinal centre dendritic cell, GCDC　生发中心 DC
gingival cervicular fluid　龈沟液
gingival domain　龈区
gingival lymphoid tissue　牙龈淋巴样组织
gingival-derived mesenchymal stem cell, GMSC　牙龈间充质干细胞
glucocorticoid　糖皮质激素
glucocorticoid-induced TNF receptor, GITR 糖皮质激素诱导的 TNF 受体
glucose transporter 1, Glut1　葡萄糖转运分子
glutaminolysis　谷氨酰胺代谢
glycocalyx　糖被膜
glycolysis　糖酵解
glycosy phosphatidylinositol, GPI　糖基化磷脂酰肌醇
glycosylphosphatidylinositol-anchored proteins, GPI-AP　糖基磷脂酰肌醇锚链蛋白
glycosylation　糖基化
glycosylation dependent cell adhesion molecule, GlyCAM　糖基化依赖性细胞黏附分子
glycosylphosphatidylinositol, GPI　糖基磷脂酰肌醇
G-protein coupled receptor, GPCR　G 蛋白偶联受体
graft versus host reaction, GVHR　移植物抗宿主反应
graft versus leukemia reaction, GVLR　移植物抗白血病反应
graft-versus-host disease, GVHD　移植物抗宿主病
granlysin　颗粒溶解素
granulocyte/monocyte progenitor, GMP　粒系/单核系祖细胞
granulocyte-CSF, G-CSF　粒细胞集落刺激因子
granzyme　颗粒酶
Graves´ disease, GD　Graves 病
ground substance　基质
group　组
growth factor, GF　生长因子
growth hormone receptor, GHR　生长激素受体
Guadeloupe variant periodic fever syndrome, Guadeloupe 周期性发热综合征
guanylate binding protein　G 蛋白/鸟苷酸结合蛋白
glutaminolysis　谷氨酰胺代谢
gut-associated lymphoid tissue, GALT　肠黏膜相关淋巴组织
haematopoietic stem cell, HSC　造血干细胞
haemolytic uremic syndrome　血红蛋白尿综合征
haemopoietic cord　造血索
haemopoietic island　造血岛
hair-cartilage hypoplasia　毛发-软骨发育不良综合征
haplotype　单体型
hapten　半抗原
Hashimoto's disease, HD　桥本病
Hashimoto's thyroiditis　桥本甲状腺炎
hay fever　枯草热
heat shock protein, HSP　热休克蛋白

heavy chain,H 重链
hematopoiesis 造血
hematopoietic monocyte/macrophage/DC precursor, MDP 造血单核/巨噬细胞和 DC 前体
hematopoietic monocyte/MF/DC precursor, MDP 造血单核/巨噬细胞和 DC 前体
heme oxygenase-1,HO-1 血红素加氧酶-1
hemolytic uremic syndrome 溶血性尿毒症综合征
hemonectin,HN 血黏素
heparan sulphate 硫酸乙酰肝素
heparin-binding EGF-like growth factor,HB-EGF 肝素结合 EGF 样生长因子
hepatic limiting plate 肝界板
hepatic lobule 肝小叶
hepatic plate 肝板
hepatic sinusoid 肝窦
hepatic stellate cell 肝脏星状细胞
hepatoma derived growth factor,HDGF 肝癌来源的生长因子
heptamer 七聚体
hereditary angioedema,HAE 遗传性血管神经性水肿
herpesvirus virus entry mediator, HVEM 单纯疱疹病毒侵入介质
heterogeneity 异质性
heterophile antigen 异嗜性抗原
hierarchy 等级性
high mobility group box 1,HMGB1 高迁移率族蛋白 B1
high zone tolerance 高带耐受
highly unconventional chemokine,HULCK 高度非常规趋化因子
hinge region 铰链区
histocompatibility antigen 组织相容性抗原
histocyte 组织细胞
HLA Ⅱ deficiency HLA Ⅱ类分子缺陷症
homeobox gene,HOX 基因 同源盒基因
homeostatic chemokine 自稳性趋化因子
homeostatic proliferation 稳态增殖
homing receptor 归巢受体
homologous restriction factor,HRF 同源限制因子
host versus graft reaction, HVGR 宿主抗移植物反应
human anti-murine antibody,HAMA 人抗鼠抗体
human immunodeficiency virus,HIV 人类免疫缺陷病毒
human leukocyte antigen,HLA 人白细胞抗原
humanized Ab 人源化抗体
humoral immunity 体液免疫
hyaluronic acid 透明质酸
hyaluronidase 透明质酸酶
hybridoma 杂交瘤
hygiene hypothesis 卫生假说
hyperacute rejection 超急性排斥反应
hypersensitivity 超敏反应
hypersensitivity disease 超敏反应性疾病
hypervariable region,HVR 高变区
hypogammaglobulinemia 低丙种球蛋白血症
hypothalamic-pituitary-adrenal axis,HPA axis 下丘脑-垂体-肾上腺轴
hypoxia-inducing factor, HIF 缺氧诱导因子
idiopathic inflammatory myopathies,IIM 特发性炎性疾病
idiosyncrasies 特异质体质
idiotope 独特位
idiotype,Id 独特型
idiotypic determinant 独特型决定基
IFN-regulatory factor,IRF 干扰素调节因子
IFN-stimulated gene factor,ISGF 干扰素刺激基因因子
IFN-stimulated response element,ISRE 干扰素刺激反应元件
IFN-γ producing killer dendritic cell,IKDC 产生 IFN-γ 的杀伤性 DC
IFN-γ-activated sequence,GAS γ干扰素活化序列
Ig superfamily,IgSF 免疫球蛋白超家族
IgA nephropathy IgA 肾病
Ig-binding factor,Ig-BF Ig 结合因子
IgE Fc receptor,FcεR IgE Fc 受体
IgG Fc receptor, FcγR IgG Fc 受体
Ig-like transcript,ILT 免疫球蛋白样转录体
IL-1 receptor accessory protein,IL-1R AcP IL-1 受体相关蛋白
IL-1 receptor antagonist,IL-1ra IL-1 受体拮抗剂
IL-1 receptor-associated kinase,IRAK IL-1 受体相关激酶
IL-1β activation disorder,IL-1β 激活紊乱
IL-1β converting enzyme IL-1β 转换酶
immature B cell 未成熟 B 细胞
immature DC 未成熟 DC
immature myeloid cell,IMC 骨髓未成熟髓系细胞
immediate effect 速发效应
immediate hypersensitivity 速发型超敏反应
immune adherence 免疫黏附
immune complex disease,ICD 免疫复合物病
immune complex type 免疫复合物型
immune defence 免疫防御
immune deviation 免疫偏离
immune dysregulation, polyendocrinopathy, enteropathy, X-linked syndrome,X 连锁多内分泌腺疾病、肠病伴免疫失调综合征
immune evasion 免疫逃逸
immune homeostasis 免疫自稳
immune regulation 免疫调节
immune response 免疫应答
immune surveillance 免疫监视
immune synapse 免疫突触
immune system 免疫系统
immune tolerance 免疫耐受
immuno- proliferative disease 免疫增生病
immunoadjuvant 免疫佐剂
immunodeficiency disease,IDD 免疫缺陷病
immunodominant group 免疫显性基团
immunoediting 免疫编辑
immunoevasin 免疫逃逸素
immunogen 免疫原
immunogenicity 免疫原性
immunoglobulin,Ig 免疫球蛋白
immunoglobulin-like transcript,ILT 免疫球蛋白样转录物
immunological ignorance 免疫忽视
immunologically privileged site 免疫赦免区
immunophilin 免疫嗜素
immunopotentiating reconstituted influenza virosome,IRIV 免疫增强的重构流感病毒小体
immuno-proliferative disease 免疫增生病
immunoproteasome 免疫蛋白酶体
immunoreceptor tyrosine-based active motif, ITAM 免疫受体酪氨酸活化基序
immunoreceptor tyrosine-based inhibitory motif, ITIM 免疫受体酪氨酸抑制基序
immunoselection 免疫选择
immunostimulating complex,ISCOM 免疫刺激复合物
immunotoxin 免疫毒素
inbred mice 近交系小鼠
incomplete antigen 不完全抗原
incomplete Freund's adjuvant, IFA 不完全弗氏佐剂
indirect recognition 间接识别
individuality 个体独特性
indoleamine 2,3-dioxygenase,IDO 吲哚胺 2,3-二氧化酶

induced IEL, iIEL　诱导型上皮内淋巴细胞
induced pluripotent stem cell, iPS cell　诱导的多能干细胞
induced proximity　诱导性接近
inducible BALT,iBALT　诱导型 BALT
inducible co-stimulator, ICOS　诱导型共刺激分子
inducible nitric oxide synthase,iNOS　诱导型 NO 合酶
inducible Treg,iTreg　诱导型调节性 T 细胞
infectious tolerance　传染性耐受
infectious-nonself,INS　感染-非己
inflammasome　炎症小体
inflammation modulatory protein,IMP　炎症调节蛋白
inflammatory chemokine　炎性趋化因子
inhibitor of NF-κB,IκB　NF-κB 抑制因子
inhibitor of NF-κB,IκB　抑制因子
inhibitory killer receptor,IKR　抑制型杀伤细胞受体
innate immunity　固有免疫
innate lymphoid cell,ILC　固有淋巴样细胞
innate molecule pattern,IMP　固有分子模式
innate-like B lymphocyte,ILB　固有样 B 淋巴细胞
innate-like lymphocyte, ILL　固有样淋巴细胞
insulin,INS　胰岛素
insulin-dependent diabetes mellitus,IDDM　胰岛素依赖性糖尿病
integral membrane protein,IMP　膜整合蛋白
integration　整合
integrin family　整合素家族
intercellular adhesion molecule,ICAM　细胞间黏附分子
interceptor　内化受体
interdigitating DC,IDC　并指状 DC
interferon response factor 4,IRF4　干扰素应答因子 4
interferon,IFN　干扰素
interleukin 1 receptor antagonist,IL-1RA　IL-1 受体拮抗物
interleukin,IL　白细胞介素
internal image　(抗原)内影像
internalization　内化
internally repetitive DNA sequence　内部重复 DNA 序列
interphotoreceptor retinoid-binding protein,IRBP　视网膜感光细胞间视黄醇类结合蛋白
interstitial DC　间质树突状细胞
intrabody　胞内抗体
intracellular domain, ICD　胞内结构域
intracrine　胞内分泌
intraepithelial lymphocyte,IEL　上皮内淋巴细胞
intraoral lymphoid tissue　口内淋巴样组织
invariant NKT,iNKT　恒定 NKT 细胞
inversion　倒位
ion channel　离子通道
isoform　变构体
isotype　同种型
isotype switch　同种型转换
IκB kinase,IKK　IκB 激酶
joining chain, J 链　连接链
joining gene segment　J 基因片段
junctional diversity　连接多样性
juxtacrine　近分泌
keratinocyte growth factor,KGF　角质形成细胞生长因子
keratinocyte,KC　角质形成细胞
killer imunoglobulin-like receptor, KIR　杀伤细胞免疫球蛋白样受体
killer lectin-like receptor,KLR　杀伤细胞凝集素样受体
knockout　敲除
Kupffer cell　枯否细胞
kynurenine　犬尿氨酸
laboratory of genetics and physiology 2,LGP2　遗传学和生理学实验室蛋白 2
lactoferrin　乳铁蛋白
lag phase　潜伏期
lamina propria lymphocyte, LPL　固有层淋巴细胞
lamina propria,LP　(黏膜)固有层
laminin,LN　层黏连蛋白
Langerhans cell,LC　朗格汉斯细胞
large fenestrae　大孔
large fenestrae　大孔
large granular lymphocyte,LGL　大颗粒淋巴细胞
large multifunctional proteasome,LMP　巨大多功能蛋白酶体
larva migrans　幼虫移行症
late phase reaction　迟发相反应
LC3-associated phagocytosis,LAP　LC3 相关吞噬作用
lectin　凝集素
lectin domain　凝集素结构域
lectin pathway,LP　凝集素途径
leptin　瘦素
leucine-rich repeats,LRR　亮氨酸重复序列
leucocyte migration inhibitory factor,LIF　白细胞移动抑制因子
leukemia inhibitory factor,LIF　白血病抑制因子
leukocyte adhesion deficiency, LAD　白细胞黏附缺陷症
leukocyte adhesion molecule　白细胞黏附分子
leukocyte common antigen, LCA　白细胞共同抗原
leukocyte differentiation antigen, LDA　白细胞分化抗原
leukocyte differentiation molecule, LDM　白细胞分化分子
leukocyte -electin　白细胞选择素(选择素 L)
leukocyte endothelial cell adhesion molecule,LECAM　白细胞内皮细胞黏附分子
leukocyte immunoglobulin like receptor,LILR　白细胞免疫球蛋白样受体
leukocyte integrin　白细胞整合素
leukocyte-selectin　白细胞选择素(选择素 L)
leukotriene,LT　白三烯
ligand　配体
ICOS ligand ,ICOSL ICOS 配体
ligand-gated receptor channel　配体门控受体通道
light chain isotype exclusion　轻链同种型排斥
light chain,L　轻链
lineage　谱系
lineage marker　谱系标志
linear determinant　线性决定基
linkage disequilibrium　连锁不平衡
linked recognition　联合识别
linker for activation of T cell,LAT　T 细胞活化连接分子
lipid raft　脂筏
lipo-arabinomannan　脂阿拉伯甘露聚糖
lipopolysaccharide,LPS　脂多糖
lipoteichoic acid, LTA　脂磷壁酸
lipoxin,LX　脂氧素
lipoxygenase,LPO　脂加氧合酶
liver kinase B1,LKB1　肝激酶 B1
liver sinusoidal endothelial cell,LSEC　肝窦内皮细胞
log phase　对数期
long acting thyroid stimulator,LATS　长效甲状腺刺激素
long lived plasma cell　长寿命浆细胞
long-term repopulating cell, LTRC　长期重建细胞
looping-out　环出
low density lipoprotein ,LDL　低密度脂蛋白
low molecular weight polypeptide,LMP　低分子量多肽
low zone tolerance　低带耐受
LPS-binding protein,LBP　LPS 结合蛋白
lymophoid DC,LDC　淋巴样 DC

lymphocyte activation gene 3, LAG-3 淋巴细胞激活基因 3
lymphocyte function associated antigen, LFA 淋巴细胞功能相关抗原
lymphocyte transforming test 淋巴细胞转化试验
lymphoid precursor 淋巴样前体细胞
lymphoid progenitor 淋巴样祖细胞
lymphoid stem cell 淋巴干细胞
lymphokine 淋巴因子
lymphoproliferative disorder 淋巴增殖性疾病
lymphotoxin, LT 淋巴毒素
lysine, K 赖氨酸
lysosome 溶酶体
lysozyme 溶菌酶
M. tuberculosis, Mtb 结核分枝杆菌
macroautophagy 巨自噬
macrophage activation syndrome 巨噬细胞活化综合征
macrophage derived chemokine, MDC 巨噬细胞来源趋化因子
macrophage inflammatory protein, MIP 巨噬细胞炎性蛋白
macrophage inflammatory protein-α, MIP-α 巨噬细胞炎性蛋白-α
macrophage, Mϕ 巨噬细胞
macrophage-CSF, M-CSF 巨噬细胞 CSF
MAG 髓鞘相关糖蛋白
major histocompatibility complex, MHC 主要组织相容性复合体
mammalian target of rapamycin, mTOR 哺乳类雷帕霉素靶分子
mannose-binding lectin, MBL 甘露聚糖结合凝集素
mannose receptor, MR 甘露糖受体
mannose, Man 甘露糖
mantle zone 被膜区
marginal zone B cell, MZB 边缘区 B 细胞
mast cell growth factor, MGF 肥大细胞生长因子
Mast cell leukemia, MCL 肥大细胞白血病
mast cell, MC 肥大细胞
master regulator 关键调节子
mature B cell 成熟 B 细胞
mature DC 成熟 DC
MBL-associated serine protease, MASP MBL 相关丝氨酸蛋白酶
medullary thymic epithelial cell, mTEC 胸腺髓质上皮细胞
megakaryocyte/erythrocyte progenitor, MEP 巨核系/红系祖细胞
megaloblast 幼巨红细胞
melanoma-differentiation-associated antigen, MDA 黑色素瘤分化相关抗原
membrane attack complex, MAC 攻膜复合体
membrane bound cytokine receptor, mCKR 膜结合型细胞因子受体
membrane co-factor protein, MCP 膜辅蛋白
membrane Ig, mIg 膜免疫球蛋白
membrane inhibitor of reactive lysis, MIRL 膜反应性溶破抑制物
memory 记忆性
memory B cell, Bm 记忆性 B 细胞
memory T cell, Tm 记忆性 T 细胞
meniere's disease, MD 梅尼埃病
mesenteric lymph node, MLN 肠系膜淋巴结
Meso-DAP meso-diaminopimelic acid 内消旋二氨基庚二酸
messenger 信使
MHC binding site MHC 结合位
MHC class Ⅱ compartment, MⅡC MHC Ⅱ类分子小室
MHC class I chain related gene, MIC MHC Ⅰ类相关基因
MHC class I peptide-loading complex, PLC MHC Ⅰ类分子肽装载复合物
MHC like molecule MHC 样分子
MHC restriction MHC 限制性
MHC-related protein 1, MR1 MHC 关联分子 1
micro RNA, miRNA, miR 微小 RNA
microautophagy 微自噬
microchimerism 微嵌合状态
microglia (神经)小胶质细胞
mIg 膜免疫球蛋白
migration 迁移
migratory DC 迁移 DC
minibody 微抗体
minimal recognition unit, MRU 最小识别单位
minimolecular Ab 小分子抗体
minor histocompatibility antigen, mH 抗原 次要组织相容性抗原
minor lymphocyte stimulating antigen, MLSA 次要淋巴细胞刺激抗原
mitogen 丝裂原
mitosis 有丝分裂
mixed hematopoietic chimerism 混合造血嵌合体
mixed lymphocyte reaction, MLR 混合淋巴细胞反应
molecular chaperone 分子伴侣
molecular mimicry 分子模拟
molecular sieve 分子筛
monoclonal antibody, mAb 单克隆抗体
monocyte, Mon 单核细胞
monocyte-derived DC 单核细胞来源 DC
monokine 单核因子
mononuclear phagocyte system, MPS 单核吞噬细胞系统
motif 模体, 基序
M-phase-promoting factor, MPF M 期促进因子
mucin like family 黏蛋白样家族
mucin-type polypeptide cell adhesion molecule, MTP-CAM 黏蛋白型多肽细胞黏附分子
Muckle-Wells syndrome, MWS Muckle-Wells 综合征
mucosa associated epithelial chemokine, MEC 黏膜相关上皮趋化因子
mucosa-associated invariant T cell, MAIT 黏膜相关恒定 T 细胞
mucosal addressin cell adhesion molecule, Mad-CAM 黏膜地址素细胞黏附分子
mucosal addressin, MAd 黏膜地址素
mucosal-associated lymphoid tissue, MALT 黏膜相关淋巴组织
mucosal immune system, MIS 黏膜免疫系统
mucosal tolerance 黏膜耐受
muiltipotent progenitor, MPP 多能祖细胞
multichain immune recognition receptor, MIRR 多链免疫识别受体
multimerization 多聚化
multiple allele 复等位基因
multiple sclerosis, MS 多发性硬化
multipotent progenitor, MPP 多能祖细胞
muramyl dipeptide, MDP 胞壁酰二肽
murine leukemia virus, MLV 鼠白血病病毒
muscular disorder 肌肉疾病
mycoplasma arthritis mitogen, MAM 关节炎支原体丝裂原
MyD88 short MyD88 短体
myelin associated glycoprotein, MAG 髓鞘结合糖蛋白
myelin basic protein, MBP 髓鞘碱性蛋白
myelin oligodendrocyte glycoprotein, MOG 髓鞘少突神经胶质细胞糖蛋白
myeloid DC, MDC 髓样 DC
myeloid derived suppressor cell, MDSC 骨髓来源抑制细胞
myeloid differentiation factor 88, MyD88 髓样分化因子 88
myeloid origin of DC DC 的髓系起源
myeloid progenitor 髓样祖细胞
myeloperoxidase, MPO 髓过氧化物酶
myocyte enhancer factor, MEF 肌细胞增强因子
myofibroblast 肌成纤维细胞
myositis-associated autoantibody, MAA 肌炎相关自身抗体

myositis-specific autoantibody, MSA 肌炎特异性自身抗体
Mϕ-mediated cytotoxity, MMC Mϕ 介导的细胞毒作用
N-acetylgalactosamine, GalNAc N-乙酰半乳糖胺
N-acetylglucosamine, GlcNAc N-乙酰葡萄糖胺
N-acetylmannosamine, ManNAc N-乙酰甘露糖胺
NADPH oxidase 还原型辅酶Ⅱ氧化酶
naïve B cell, Bn 初始 B 细胞
naïve T cell, Tn 初始 T 细胞
nanoparticle, NP 纳米颗粒
nasal-associated lymphoid tissue, NALT 鼻相关淋巴组织
natural antibody 天然抗体
natural cytotoxicity receptor, NCR 自然胞毒受体
natural helper cell(or nuocyte) 自然辅助细胞
natural IEL, nIEL 天然上皮内淋巴细胞
natural killer cell, NK 细胞 自然杀伤细胞
natural memory T cell 天然记忆细胞
natural selection theory 自然选择学说
natural Treg, nTreg 自然调节性 T 细胞
nature killer T cell NKT 细胞
necrosis 坏死
negative selection 阴性选择
neoantigen 新抗原
neonatal FcR, FcRn 新生 Fc 段受体
neonatal-onset multi-systemic inflammatory disease 新生儿多系统性炎症性疾病
nerve growth factor, NGF 神经生长因子
network theory 网络学说
neurokinin 1 receptor, NK1R 神经激肽 1 受体
neuromyelitis optica, NMO 视神经脊髓炎
neuronal apoptosis inhibitory protein, NAIP 神经原性细胞凋亡抑制蛋白
neuropeptide, NP 神经肽
neuropilin-1, Nrp1 神经毡蛋白 1
neurotoxin 神经毒素
neutrophil extracellular trap, NET 中性粒细胞胞外杀菌网
NF-κB activation syndrome NF-κB 活化综合征
NF-κB essential modulator, NEMO NF-κB 主要调节物
nibbling 啮咬
niche 微生态
nicotinamide adenine dinucleotide phosphate, NADPH 辅酶 II
nitric oxide, NO 一氧化氮
NOD like receptor protein, NLRP NOD 样受体蛋白
NOD like receptor, NLR NOD 样受体
nonamer 九聚体
non-classical chemokine 非经典趋化因子
non-classical HLA gene 非经典 HLA 基因
non-deleting anti-CD4 McAb 非细胞毒性抗 CD4 单抗
nonobese diabetic, NOD 非肥胖性糖尿病(鼠)
non-overlapping 非覆盖型
nonproductive rearrangement 无效重排
non-professional APC 非专职 APC
non-specific immunity 非特异性免疫
Np95/ICBP90-like RING finger protein, NIRF Np95/ICBP90 样环指蛋白
N-terminal pro-brain natriuretic peptide, NT-proBNP N 端脑钠肽前体
nuclear factor 核因子
nuclear factor of activated T cell, NFAT 活化 T 细胞核因子
nuclear factor-κB, NF-κB 核因子-κB
nucleated fetal erythroblast 有核胚胎幼红细胞
nucleotide-binding domain, NBD 核苷酸结合域
nucleotide-binding oligomerization domain(NOD)-like receptor, NLR, 核苷酸结合寡聚化结构域样受体(NOD 样受体)
nucleotide-binding oligomerzation domain, NOD 核苷酸结合寡聚结构域
obese strain chicken, OS chicken 肥胖品系鸡
Obese strain, OS 肥胖品系
omentin 网膜素
oncostatin M receptor, OSMR 抑瘤素受体
oncostatin M, OSM 抑瘤素-M
opsonization 调理作用
oral tolerance 口服耐受
organ specific autoimmune disease 器官特异性自身免疫病
original antigenic sin 抗原原罪现象
overlapping 覆盖型
oxidative modification 氧化修饰
oxidative phosphorylation, OXPHOS 氧化磷酸化
oxidative stress, OS 氧化应激
oxidized LDL, ox-LDL 氧化低密度脂蛋白
oxygen burst 氧爆发
ozone 臭氧
palindromic sequence 回文序列
pancreatic polypeptide 胰多肽
panel reactive antibody, PRA 群体反应性抗体
Paneth cell 潘氏细胞
paracrine 旁分泌
Parkinsonian syndrome 帕金森综合征
paroxysmal nocturnal hemoglobinuria, PNH 夜间阵发性血红蛋白尿
passenger leukocyte 过客白细胞
passive immunity 被动免疫
passive immunization 被动免疫
pathogen associated molecular pattern, PAMP 病原相关分子模式
pattern recognition theory 模式识别理论
pattern-recognition receptor, PRR 模式识别受体
pentraxin 正五聚蛋白
peptide-MHC complex, pMHC 抗原肽-MHC 分子复合物
pepsin 胃蛋白酶
peptide binding cleft 肽结合槽
peptide editing 肽编辑
peptide-MHC tetramer 肽/MHC 分子四聚体
peptidoglycan, PGN 肽聚糖
perforin 穿孔素
peripheral node addressin, PNAd 外周淋巴结地址素
peripheral SMAC, p-SMAC 外周超分子活化簇
peripheral tissue antigen, PTA 外周组织抗原
peripheral tolerance 外周耐受
perivascular macrophage 血管旁巨噬细胞
peromidase 过氧化物酶
peroxisome proliferator-activator receptor, PPAR 过氧化物酶增殖及激活物受体
phage antibody 噬菌体抗体
phagocyte 吞噬细胞
phagocyte oxidase 吞噬细胞氧化酶
phagocytosis 吞噬
phagolysosome 吞噬溶酶体
phagosome 吞噬小体
phenotype 表型
phosphatidylinositol glycan-class A, PIG-A 磷脂酰肌醇聚糖 A
phosphodiesterases, PDE 磷酸二酯酶
phospholipase 磷酸酯酶
phospho-p38 mitogen-activated protein kinase α, p-p38MAPKα 磷酸化 p38 细胞丝裂原活化蛋白激酶 α
phosphoprotein phosphatase, PPP 磷蛋白磷酸酶
phosphor-nuclear factor kappa B, p-NF-κB 磷酸化核因子-κB

phosphorylation　磷酸化
physiological inflammation　生理性炎症
phytohemagglutinin, PHA　植物血凝素
pinocytosis　吞饮
plasmacytoid DC, pDC　浆细胞样 DC
platelet　血小板
platelet activating factor, PAF　血小板活化因子
platelet glycoprotein Ⅳ　血小板糖蛋白Ⅳ
platelet-derived growth factor, PDGF　血小板源生长因子
platelet-selectin　血小板选择素，即选择素 P
plateu phase　平台期
pocket　小袋
pokeweed mitogen, PWM　美洲商陆
poly(ADP-ribose) glycohydrolase, PARG　聚(腺苷二磷酸核糖)水解酶
poly(ADP-ribose) polymerase, PARP　多(腺苷二磷酸核糖)聚合酶
polyadenylic acid-polyuridylic acid　聚腺苷酸-聚尿苷酸
polyclonal antibody　多克隆抗体
polygeny　多基因性
polyinosinic acid-polycytidylic acid　聚肌胞苷酸
polymeric IgA, pIgA　多聚 IgA
polymeric immunoglobulin receptor, pIgR　多聚免疫球蛋白受体
polymorphism　多态性
polymyositis, PM　多发性肌炎
polysaccharide, PSA　多糖
portal tract　门管区
portal tract-associated lymphoid tissue　门脉相关淋巴组织
positive selection　阳性选择
pre B cell　前 B 细胞
pre-autophagosomal structure, PAS　自噬小体前体
pre-B cell receptor, pre-BCR　前 B 细胞受体
precursor　前体细胞
precursor DC, pre-DC　DC 前体细胞
predominant peptide　优势肽
pre-monocyte　前单核细胞
primary and secondary hemophagocytic lymphohistiocytosis　原发性和继发性噬血细胞淋巴组织细胞增生症
primary focus　初次 B 细胞聚合灶
primary immune response　初次免疫应答
primary immunodeficiency disease, PIDD　原发性免疫缺陷病
primary repertoire　初始库
pro B cell　祖 B 细胞
professional APC　专职 APC
programmed death-1, PD-1　程序性死亡分子 1
prolactin　泌乳素
proliferation　增殖
properdin pathway, PP　备解素途径
properdin, P 因子,　备解素
prostaglandin, PG　前列腺素
proteasome　蛋白酶体
proteasome subunit, beta type, PSMB　β 型蛋白酶体亚单位
protein kinase B, PKB　蛋白激酶 B
protein kinase C, PKC　蛋白激酶 C
protein kinase, PK　蛋白激酶
protein misfolding disorder　蛋白质错误折叠疾病
protein tyrosine kinase, PTK　蛋白酪氨酸激酶
protein tyrosine phosphatase, PTP　蛋白酪氨酸磷酸酶
proteoglycan　蛋白多糖
proteolipid protein, PLP　蛋白脂质蛋白
proteolytic pathway, PIP　蛋白酶解途径
P-selectin　P-选择素
P-selectin glycoprotein ligand-1, PSGL-1　P 选择素糖蛋白配体-1
pseudogene　假基因
psoriasis　银屑病
public idiotype　公有独特型
purified protein derivative, PPD　纯化蛋白衍生物
purine nucleotide phosphorylase, PNP　嘌呤核苷磷酸化酶
pyogenic arthritis with pyoderma gangrenosum and acne syndrome　化脓性关节炎合并坏疽性脓皮病、痤疮综合征
pyrin effector domain, PYD　热蛋白效应结构域
pyroptosis　细胞炎症坏死
random movement　随机运动
rapamycin　雷帕霉素
reactive nitrogen intermediate, RNI　活性氮中间物
reactive nitrogen species, RNS　活性氮
reactive oxygen intermediate, ROI　活性氧中间物
reactive oxygen species, ROS　活性氧
receptor aggregation-dependent transactivation phenomenon 受体聚集依赖性反式激活现象
receptor editing　受体编辑
receptor interacting protein , RIP　受体相互作用蛋白
receptor mediated endocytosis　受体介导的胞吞作用
receptors guanylate cyclase, RGC　受体型鸟苷酸环化酶
receptors serine/threonine protein kinase, RSTK　受体型丝/苏氨酸蛋白激酶
receptors tyrosine kinase, RTK　受体型酪氨酸蛋白激酶
recombinant mice　重组体小鼠
recombination activating gene, RAG　重组激活基因
recombination signal sequence, RSS　重组信号序列
recurrent spontaneous abortion, RSA　反复自然流产
red marrow　红骨髓
regional immune system　区域免疫系统
regulator of complement activation, RCA　补体活化调节蛋白
regulatory B cell, Breg　调节性 B 细胞
regulatory DC, DCreg　调节性 DC
regulatory factor, RF　调节因子
regulatory macrophage　调节性巨噬细胞
regulatory T cell, Treg　调节性 T 细胞
relative risk, RR　相对危险性
renal mononuclear phagocytic system, rMoPh　肾脏单个核吞噬细胞系统
repertoire　库、全套
reshape　重塑
reshaping Ab　改型抗体
resistin　抵抗素
resolution associated molecular pattern, RAMP　(炎症)消退相关分子模式
resolvin　消退素
respiratory burst　呼吸爆发
retinal dehydrogenase, RALDH　视黄醛脱氢酶
retinoic acid　视黄酸、维甲酸
retinoic-acid-inducible gene 1(RIG-1)-like receptor, RLR　视黄酸诱导基因 1 样受体
retinol binding protein 4, RBP4　视黄醇结合蛋白 4
retrocrine　反分泌
rheumatic diseases　风湿性疾病
rheumatoid arthritis, RA　类风湿关节炎
rheumatoid factor, RF　类风湿因子
ribonucleotide reductase　核糖核苷酸还原酶
RIG-1-like receptor, RLR　RIG-1 样受体
ring finger protein, RNF　环指蛋白
rolling　滚动
S protein, SP　S 蛋白
salivaiy domain　唾液区
salivary gland lymphoid tissue　唾液腺淋巴样组织

scaffold protein 支架蛋白
scavenger receptor, SR 清道夫受体
scavenger 清道夫
schwannoma-derived growth factor 神经鞘瘤生长因子
secondary 继发性
secondary diversification of the antibody repertoire 再次多样性抗体库
secondary immune response 再次免疫应答
secreted Ig, SIg 分泌型免疫球蛋白
secretory component receptor 分泌成分受体
secretory IgA, SIgA 分泌型 IgA
secretory piece, SP 分泌片
selectin family 选择素家族
self-maintenance 自我维持
self-nonself, SNS 自己-非己
self-renewal 自我更新
semi-direct recognition 半直接识别
senescence 老化
sensing 感知
sentinel cell 哨兵细胞
sentrin/SUMO-specific protease, SENP 小类泛素修饰因子特异性蛋白酶
sequence motif 序列基序
sequential determinant 序列决定基
sequestered antigen 隐蔽抗原
serine protease, SP 丝氨酸蛋白酶
serological analysis of autologous tumor antigens by recombinant cDNA expression cloning SEREX 技术(通过重组 cDNA 表达克隆对自体肿瘤抗原的血清学分析技术)
sertoli cell 支持细胞
serum sickness 血清病
severe combined immunodeficiency disease, SCID 重症联合免疫缺陷病
sex hormone receptor 性激素受体
sheep red blood cell receptor, SRBCR 绵羊红细胞受体
short consensus repeats, SCR 短同源重复序列
short-term repopulating cell, STRC 短期重建细胞
sialic acid-binding Ig-like lectin, Siglec 唾液酸结合 Ig 样凝集素
sialyl Lewis(x), SLe(x) 唾液酸化的路易斯寡糖
side chain theory 侧链学说
signal immunoglobumin IL-1R-related molecule, SIGIRM 单免疫球蛋白 IL-1 受体相关分子
signal joint 信号连接
signal recognition particle, SRP 信号识别颗粒
signal regulator, SR 信号调节分子
signal regulatory protein, SRP 信号调节蛋白
signal transducer and activator of transcription, STAT 信号转导及转录活化因子
signal transduction 信号转导
signalosome 信号小体
silencer of death domain, SODD 死亡结构域沉默子
silent receptor 沉默受体
single chain Fv, ScFv 单链抗体
single domain antibody 单域抗体
single positive cell, SP 单阳性细胞
single-nucleotide polymorphism, SNP 单核苷酸多态性
Sjogim syndrome, SS 干燥综合征
Sjogren' syndrome, SS 干燥综合征
skin immune system, SIS 皮肤免疫系统
skin-associated lymphoid tissue, SALT 皮肤相关淋巴样组织
SLAM-associated protein, SAP 信号淋巴细胞激活分子相关蛋白
small ubiquitin-related modifier, SUMO 小类泛素修饰因子
smallpox inhibitor of complement enzyme, SPICE 天花病毒补体酶抑制因子
sneaking through 逃逸
solitary lymphoid follicle, ILF 孤立淋巴样滤泡
soluble adhesion molecule, sAM 可溶性黏附分子
soluble cytokine receptor, sCKR 可溶性细胞因子受体
soluble HLA, sHLA 可溶性 HLA
somatic DNA recombination 体细胞 DNA 重组
somatic hypermutation 体细胞高频突变
sorting motif 分选基序
spacer 间隔序列
specific pathogen free, SPF 无特殊病原体
specific immunity 特异性免疫
specificity 特异性
sphingosine kinase, SphK 鞘氨醇激酶
sphingosine-1-phosphate, S1P 1-磷酸-鞘氨醇
spiralmodiolar veto, SMV 蜗轴螺旋静脉
spleen tyrosine kinase, Syk 脾酪氨酸激酶
splicing variant of CD44, CD44v CD44 拼接变异体
spondyloarthropathy, SpA 脊柱关节病
Src homology Src 同源序列
β-defensin β-防御素
standard isoform of CD44, CD44s CD44 标准异构体
staphylococcus protein A, SPA 金黄色葡萄球菌 A 蛋白
staphylococcus enterotoxin, SE 金黄色葡萄球菌肠毒素
static acid residue, SAR 唾液酸残基
stem cell factor, SCF 干细胞因子
stem cell-like memory T cell, T_{SCM} 干细胞样记忆细胞
streptokinase, SK 链激酶
stroma 基质
subclass 亚类
substance P P 物质
subtype 亚型
surface marker 表面标志
SUMO-activating enzyme subunit 1/Ubiquitin-Like modifier activating enzyme 2, aos1/Uba2 小类泛素修饰因子活化酶亚基 1/小类泛素修饰因子活化酶 2
sumoylation SUMO 化
superantibody 超抗体
superantigen, SAg 超抗原
superinfection 超感染
supermolecular activation cluster, SMAC 超分子活化群
supertype 超型
suppressor of cytokine signaling, SOCS 细胞因子信号抑制物
supramolecular adhesion complex, SMAC 超分子黏附复合物
surface membrane mIg 膜表面免疫球蛋白
switch recombination 转换重组
switch region 转折区
syncytiotrphoblast, ST 合体滋养细胞
syngeneic transplantation 同系移植
synovial lining cell, SLC 滑膜衬里细胞
synovial membrane 滑膜
synthesis phase S 期
systemic autoimmune disease 系统性自身免疫病
systemic autoimmunity syndrome 系统性自身免疫综合征
systemic immune system 系统免疫系统
systemic inflammatory response syndrome, SIRS 全身性炎症反应综合征
systemic lupus erythematosus, SLE 系统性红斑狼疮
T cell antigen receptor, TCR T 细胞抗原受体
T cell immunoglobulin and mucin domain, TIM T 细胞免疫球蛋白和黏蛋白域
T cell receptor excision circle, TREC T 细胞受体重排切除环
T cell receptor, TCR T 细胞受体

T cell repertoire　T 细胞库
T cell vaccine, TCV　T 细胞疫苗
T lymphocyte　T 淋巴细胞
TAK1-binding protein,TAB TAK1 结合蛋白
talin　踝蛋白
TAP associated protein,tapasin　TAP 相关蛋白
T-cell Vaccine　T 细胞疫苗
template theory　模板学说
terminal deoxynucleotidyl transferase,TdT　末端脱氧核苷酰转移酶
tertiary lymphoid organ, TLO　三级淋巴样器官
tethering　锚定
TGF-β activated kinase,TAK TGF-β 激活的激酶
Th cell bypass　Th 细胞旁路
Th1 type Ⅳ hypersensitivity　Th1 细胞介导的Ⅳ型超敏反应
Th2 type Ⅳ hypersensitivity　Th2 型迟发型超敏反应
thrombospondin,TSP　血栓海绵蛋白
thymic dendritic cell　胸腺树突状细胞
thymic stromal lymphopoietin,TSLP　胸腺基质淋巴细胞生成素
thymocyte　胸腺细胞
thymus expressed chemokine,TECK　胸腺表达的趋化因子
thymus leukemia antigen, TL　胸腺白血病抗原
thymus-dependent antigen, TD-Ag　胸腺依赖性抗原
thymus-dependent lymphocyte　胸腺依赖性淋巴细胞
thymus-independent antigen, TI-Ag　胸腺非依赖性抗原
thyroid follicular cells,TFC　甲状腺滤泡上皮细胞
thyroid globulin,TG　甲状腺球蛋白
thyroid peroxidase,TPO　甲状腺过氧化物酶
thyroid stimulating hormone receptor, TSHR　促甲状腺激素受体
thyroid stimulating hormone, TSH　促甲状腺激素
thyroid-associated immune ophthalmopathy　甲状腺相关免疫眼病
tight junction　紧密连接
TIR domain-containing adaptor inducing IFN-β,TRIF 含 TIR 域接头分子产生的 IFN-β
TIR domain-containing adaptor protein,TIRAP 含 TIR 域接头蛋白
tissue resident memory T cell,T_{RM}　组织定居的记忆性 T 细胞
tissue-restricted antigen,TRA　外周组织限制性抗原
TL-induced cell death, TICD　TL 诱导的细胞死亡
TNF core family　TNF 核心家族
TNF receptor associated periodic syndrome,TRAPS　TNF 受体相关周期综合征
TNFR Ⅰ -associated death domain protein,TRADD　TNFR Ⅰ 相关死亡结构域蛋白
TNF-receptor-associated factor 2,TRAF2　TNF 受体相关因子 2
tolerogen　耐受原
tolerogenic DC　耐受型 DC
Toll/interleukin-1 receptor homologous region, TIR　Toll/IL-1 受体同源结构域
Toll-interacting protein,Tollip Toll 相互作用蛋白
Toll-like receptor,TLR　Toll 样受体
trafficking　迁徙
trans　反式
trans acting factor　反式作用因子
transcript processing switch　转录物加工转换
transcriptional regulation　转录调节
transcytosis　转胞吞作用
transepthelial　跨上皮
transfer ability　转移性
transferrin receptor,TfR　转铁蛋白受体
transformation growth factor-activated kinase 1,TAK1 激活 TGF 的激酶
transforming growth factor-β,TGF-β　转化生长因子-β
transient receptor potential cation channel M4,TRPM4　瞬时受体电压阳离子通道
transition mutation　转换突变
transitional B cell　过渡型 B 细胞
transporter associated with antigen processing　抗原处理相关转运蛋白
transporter of antigen peptide,TAP　抗原肽转运蛋白
trichosanthin,TCS　天花粉蛋白
Trif-related adaptor molecule,TRAM Trif 相关的接头分子
trimolecular mimicry　三分子模拟
tripartite motif,TRIM　三结构基序
tripartite motif,TRIM　三结构基序家族
tryptase　胰蛋白酶
TSH receptor antibody,TRAb　抗促甲状腺激素受体抗体
TSHR binding inhibitory immunoglobulin,TBII　结合 TSHR 的抑制性免疫球蛋白
tubulointerstitial nephritis,TIN　肾小管间质性肾炎
tumor antigen　肿瘤抗原
tumor associated antigen, TAA　肿瘤相关抗原
tumor associated macrophage　肿瘤相关巨噬细胞
tumor immune escape　肿瘤免疫逃逸
tumor immunology　肿瘤免疫学
tumor necrosis factor receptor -associated factor,TRAF TNF 受体相关因子
tumor necrosis factor,TNF　肿瘤坏死因子
tumor rejection antigen,TRA　肿瘤排斥抗原
tumor specific antigen,TSA　肿瘤特异性抗原
tumor specific transplatation antigen,TSTA　肿瘤特异性移植抗原
tumor-associated fibroblast, TAF　肿瘤相关成纤维细胞
tumor-associated macrophage,TAM　肿瘤相关巨噬细胞
tumor-infiltrating lymphocytes,TIL　肿瘤浸润的淋巴细胞
true decidua　真蜕膜
two-way paradigm　双向移植排斥模式
type　型
type 1 diabetes mellitus,T1DM　1 型糖尿病
type 1 macrophage,M1　1 型巨噬细胞
type 1 NKT cell　1 型 NKT 细胞
type 2 macrophage,M2　2 型巨噬细胞
type Ⅳ hypersensitivity　Ⅳ型超敏反应
tyrosine kinase-coupled receptor, TKCR　蛋白酪氨酸激酶偶联受体
ubiquitin　泛素
ubiquitination　泛素化
ubiquitin-conjugating enzyme,Ubc　泛素结合酶
ubiquitin-proteasome pathway,UPP　泛素-蛋白酶体途径
ulcerative colitis,UC　溃疡性结肠炎
unfolded protein response, UPR　未折叠蛋白应答
upstream regulatory region,URR　上游调节区
uracil-DNA glycosylase,UNG　尿嘧啶 DNA 糖基化酶
urokinase-type plasminogen activator receptor,uPAR　尿激酶型纤溶酶原激活因子受体
urokinase-type plasminogen activator,uPA　尿激酶型纤溶酶原激活因子
V(D)J recombinase　V(D)J 重组酶
vaccinia virus complement control protein,VCP　痘苗病毒补体调控蛋白
vanishing bile duct syndrome　胆管消失综合征
variable gene segment　V 基因片段
variable number of tandem repeat,VNTR　数目可变的串联重复序列
variable region,V 区　可变区
variant　变异体
vascular addressin　血管地址素
vascular cell adhesion molecule,VCAM　血管细胞黏附分子
vascular endothelial cell growth factor,VEGF　血管内皮细胞生长因子

vascular endothelial cell, VEC 血管内皮细胞
vasoactive intestinal polypeptide, VIP 肠血管活性多肽
vehicle 载运体
veiled cell, VC 隐蔽细胞
very late appearing antigen, VLA 迟现抗原
villous cytotrophoblast, VCT 绒毛细胞滋养层细胞
viral budding 芽生
viral like particle, VLP 病毒样颗粒
visfatin 内脂素
vitronectin receptor, VnR 玻连蛋白受体
vitronectin, VN 玻璃连结蛋白
v-maf musculoaponeurotic fibrosarcoma oncogene homologue A, MafA v-maf 肌肉腱膜纤维肉瘤癌基因同源物
voltage-gated sodium channels, VGSC 电压门控钠离子通道
Wiskott-Aldrich syndrome protein, WASP WA 综合征蛋白
wound-healing macrophage 创伤愈合的巨噬细胞
xenoantigen 异种抗原
xenogeneic transplantation, xeno-transplantation 异种移植
X-linked recessive, XR X 连锁隐性(遗传)
X-linkage, XL X 连锁遗传(性连锁隐性遗传)
yeast artificial chromosomes, YAC 酵母人工染色体
yellow marrow 黄骨髓
Z-DNA-binding protein 1, ZBP1 Z-DNA 结合蛋白
α2-macroglobulin, α2M α2-巨球蛋白
αβ-crystallin αβ-晶体蛋白
β-barrel β 桶状
β-sandwich β 三明治
β-sheet β-片层

附录Ⅱ 主要参考书目

1. Abbas AK, Lichtman AH. 2012. Cellular and Molecular Immunology. 7th ed. Philadelphia: W. B. Saunders Co
2. Murphy K. 2012. Janeway's Immunobiology. 8th ed. New York: Garland Science
3. 曹雪涛主编. 2013. 医学免疫学(五年制). 第六版. 北京:人民卫生出版社
4. 周光炎主编. 2013. 免疫学原理. 第三版. 北京:科学出版社
5. 何维主编. 2010. 医学免疫学(八年制). 第二版. 北京:人民卫生出版社
6. 曹雪涛主编. 2011. 免疫学前沿进展. 第二版. 北京:人民卫生出版社
7. 龚非力主编. 2012. 医学免疫学(五年制). 第三版. 北京:科学出版社

附录Ⅲ 索 引

T